Handbuch Literatur & Psychoanalyse

Handbücher zur kulturwissenschaftlichen Philologie

——

Herausgegeben von Claudia Benthien,
Ethel Matala de Mazza und Uwe Wirth

Band 5

Handbuch
Literatur & Psychoanalyse

Herausgegeben von
Frauke Berndt und Eckart Goebel

unter Mitarbeit von
Johannes Hees und Max Roehl

DE GRUYTER

ISBN 978-3-11-065257-4
e-ISBN (PDF) 978-3-11-033268-1
e-ISBN (EPUB) 978-3-11-039010-0
ISSN 2197-1692

Library of Congress Cataloging-in-Publication Data
A CIP catalog record for this book has been applied for at the Library of Congress.

Bibliografische Information der Deutschen Nationalbibliothek
Die Deutsche Nationalbibliothek verzeichnet diese Publikation in der Deutschen
Nationalbibliografie; detaillierte bibliografische Daten sind im Internet über
http://dnb.dnb.de abrufbar.

© 2019 Walter de Gruyter GmbH, Berlin/Boston
Dieser Band ist text- und seitenidentisch mit der 2017 erschienenen gebundenen
Ausgabe.
Satz: fidus Publikations-Service GmbH, Nördlingen
Druck und Bindung: Hubert & Co. GmbH & Co. KG, Göttingen
♾ Gedruckt auf säurefreiem Papier
Printed in Germany

www.degruyter.com

Vorwort

Das Handbuch entstand zwischen 2014 und 2017. Wir danken den Autorinnen und Autoren für ihre Beiträge und für ihre Geduld. Für die Unterstützung bei der Redaktion bedanken wir uns bei Johannes Hees und Max Roehl sowie bei Kathrin Rabe und Roland Spalinger.

Für die Arbeit am Glossar danken wir Stefan Breitrück, Johannes Hees, Stephan Kammer, Julia Kerscher, Sebastian Meixner, David Pister, Max Roehl, Corinna Sauter, Niklas Schlottmann, Lily Tonger-Erk und Thomas Wortmann sowie der studentischen Arbeitsgruppe des von Frauke Berndt geleiteten Projektmoduls *Literatur und Psychoanalyse* im Rahmen des Tübinger Masterstudiengangs *Literatur- und Kulturtheorie*: Maike Bock, Mirka Mihm, Benedikt Rittweiler, Anna Schlüchter und Katrin Wild.

Die Werke von Sigmund Freud werden im Handbuch mit Bandzahl und Seitenangabe zitiert nach der Ausgabe: *Gesammelte Werke. Chronologisch geordnet.* 17 Bde. Hrsg. von Anna Freud et al. London 1940–1952; Registerband 18, zgst. von Lilla Veszy-Wagner, Frankfurt a. M. 1968, Nachtragsband 19, hrsg. von Angela Richards, Frankfurt a. M. 1987.

Zürich und Tübingen im Sommer 2017
Frauke Berndt und Eckart Goebel

Inhaltsverzeichnis

I. Literatur & Psychoanalyse: Historisch-systematische Einleitung

I. Literatur & Psychoanalyse: Historisch-systematische Einleitung

Eckart Goebel

> Hamlet: Words, words, words.
> [...]
> Hamlet (within): Mother, mother, mother!
> William Shakespeare

1. Literatur & Psychoanalyse

Das vorliegende Handbuch stellt sich die Aufgabe, über die systematische und die historische Dimension der engen und komplizierten Beziehungen zwischen *Literatur & Psychoanalyse* möglichst umfassend Auskunft zu geben. Zunächst ist zu bestätigen, dass die in den nachfolgenden Artikeln dargestellten Beziehungen zwischen *Literatur & Psychoanalyse* tatsächlich bestehen. Denn man darf ja durchaus mit einiger Berechtigung fragen: Was hat eine Psychotherapie neurotisch bedingter Leiden, bis heute von Ärztinnen und Ärzten sowie Psychologinnen und Psychologen praktiziert, die keineswegs zwingend den schönen Künsten ergeben sind, überhaupt mit Literatur zu schaffen – konventionell verstanden als schriftlich fixierte, ästhetisch geformte Fiktion? Ist ein musischer *touch* innerhalb des medizinisch-therapeutischen Rahmens nicht der peinliche Makel einer seit jeher umstrittenen und als frei assoziierendes, dubioses Couchgespräch beargwöhnten Heilkunst, die sich derzeit in Konkurrenz mit Psychopharmaka und gegenüber den Neurowissenschaften behaupten muss? Wenn die ‚schöne Literatur‘ sich als ein den Baustoffen des Theoriegebäudes der Psychoanalyse beigemischtes Element erweist, ist das nicht – und diese Sorge hatte bereits Sigmund Freud selbst – ein Beleg für einen diskreditierenden Mangel an strenger Wissenschaftlichkeit? Mit dem Verhältnis von *Literatur & Psychoanalyse* geht es also nicht zuletzt um das „Darstellungsproblem der Psychoanalyse" (Lüdemann 1994, 11) selbst und damit auch um deren Poetik.

Ein erhellender Hinweis, den der Begründer der Psychoanalyse, seinerseits Neurologe, 1926 während der Feier seines 70. Geburtstags formuliert haben soll, wurde 1950 von Lionel Trilling überliefert und von Jean Starobinski später erneut zitiert: „When, on the occasion of the celebration of his seventieth birthday, Freud was greeted as the 'discoverer of the unconscious,' he corrected the speaker and disclaimed the title. 'The poets and philosophers before me discovered the unconscious,' he said. 'What I discovered was the scientific method by which the

https://doi.org/10.1515/9783110332681-001

unconscious can be studied.'" (Trilling 1951 [1950], 34; Starobinski 1990 [1970], 91)

Ob authentisch überliefert oder nicht: Freuds oft zitierter Einspruch hat seinen Vorläufer in einem Absatz aus seiner 1907 veröffentlichten Deutung der Novelle *Gradiva. Ein pompejanisches Phantasiestück* (1903) von Wilhelm Jensen, in der Freud „Dichter" und „Psychiater" als aufeinander verwiesene „Bundesgenossen" (VII, 33) beschreibt und so auf die Frage nach der Relevanz der Literatur für die Psychoanalyse eine bejahende Antwort gibt:

> Der Dichter soll der Berührung mit der Psychiatrie aus dem Wege gehen, hören wir sagen, und die Schilderung krankhafter Seelenzustände den Ärzten überlassen. In Wahrheit hat kein richtiger Dichter je dieses Gebot geachtet. Die Schilderung des menschlichen Seelenlebens ist ja seine eigentlichste Domäne; er war jederzeit der Vorläufer der Wissenschaft und so auch der wissenschaftlichen Psychologie. [...] So kann der Dichter dem Psychiater, der Psychiater dem Dichter nicht ausweichen, und die poetische Behandlung eines psychiatrischen Themas darf ohne Einbuße an Schönheit korrekt ausfallen. (VII, 70)

In dieser Einleitung wird nach einem Blick auf die Beziehungsgeschichte zwischen *Literatur & Psychoanalyse* seit 1900 (2.) mit Bezug auf Freuds Deutungen des *König Ödipus* und des *Hamlet* gezeigt, dass die Literatur für den Begründer des psychoanalytischen Diskurses zeitlebens eine große Rolle spielte, und erörtert, warum das der Fall war (3.). Danach werden Freuds Thesen zur Persönlichkeit von „Dichter[n]" und zur Genese literarischer Werke vorgestellt (4.) sowie die Leerstelle der ‚Dichterinnen' und also überhaupt des Weiblichen in der Diskursbegründung markiert (5.). Daran anschließend werden Grundzüge der aus der Analogie zum Traum entwickelten Theorie des literarischen Textes nachgezeichnet (6.). Differenziert wird mithin zwischen dem beachtlichen Einfluss der Literatur auf die Entstehung der Psychoanalyse, ihrer Theorie des ‚Dichters' und seiner Texte, der psychoanalytischen Rezeptionstheorie (Traumerlebnis) sowie der aus deren methodischer Reflexion elaborierten Hermeneutik (Traumdeutung) (vgl. Schönau und Pfeiffer 2003, 80). Die Fokussierung auf Freud resultiert nicht nur daraus, dass er die Psychoanalyse begründet hat, sondern folgt auch aus der Tatsache, dass die späteren Beiträge zur Literatur von Wilhelm Stekel bis Jacques Lacan die Einsichten seiner Schriften entweder ausarbeiten oder sogar programmatisch zu ihnen zurückkehren. Das Gleiche gilt für die älteren von Reinhold Wolff herausgegebenen Beiträge zur Systematik *Psychoanalytischer Literaturkritik* (1975) sowie für die exzellenten, in der deutschsprachigen Hochschullehre vielfach bewährten Überblicksdarstellungen, wie sie unter anderem Peter von Matt, Walter Schönau und Joachim Pfeiffer oder Henk de Berg erarbeitet haben (vgl. de Berg 2005 [2003]; von Matt 2013 [1972]; Schönau und Pfeiffer 2003 [1990]). In Ergänzung zu diesen Einführungen wird in dieser Einleitung zuletzt ein Akzent auf die für die Beiträge dieses Bandes besonders relevanten Studien aus jüngerer Zeit (vgl. z. B. Alt und Anz 2008) gesetzt, die intensiv an einer Rekonstruktion der ‚Poetik der Psychoanalyse' arbeiten und im Zuge dessen erneut das psychoanalytische Wissen (in) der Literatur profilieren (7).

Freuds bei näherer Betrachtung von starker Ambivalenz gekennzeichneter Versuch, „die Psychoanalyse durch die Bundesgenossenschaft mit den Dichtern zu legitimieren und diese zugleich ihrer Autorschaft zu berauben", zeitigte „eine Theorie der Literatur, die den Charakter einer Kompromißbildung nicht verbergen kann" (Haselstein 1991, 17). Dieser noch genauer zu erläuternde Kompromiss führte dazu, dass sich viele Beiträge zur psychoanalytischen Literaturwissenschaft zwei ‚Lagern' zuordnen lassen: Jenen, die die Psychoanalyse als eine Hermeneutik betrachten, welche die Literatur zu ihrem Objekt macht wie sonst das Unbewusste, stehen diejenigen gegenüber, die in der Psychoanalyse eine Theorie des Unbewussten erkennen, „die nicht nur durch ihre eigene Geschichte immer schon auf die Literatur verwiesen ist, sondern in der selbst die Mechanismen am Werk sind, die auch die Strukturen literarischer Texte bestimmen" (Geisenhanslüke 2015, 90).

Im vorliegenden Band werden im Gegenzug zu dieser tradierten Polarisierung vor allem die zahlreichen Querverbindungen herausgearbeitet, die zwischen den beiden mittlerweile für den produktiven Austausch geöffneten Lagern bestehen. Wenn das Thema *Literatur & Psychoanalyse* daher nun in einem ersten Schritt in vier Teilbereiche aufgegliedert wird, geschieht das vor allem in heuristischer Absicht und im Interesse eines vorläufigen Überblicks über die Sache. Die Artikel dieses Handbuchs gelten insbesondere der Literatur als dem Gegenstand der Psychoanalyse, dem psychoanalytischen Wissen der Literatur, der literarischen Dimension der Psychoanalyse und dem Verhältnis zwischen Psychoanalyse und Kultur- beziehungsweise Literaturwissenschaft.

Dabei erschließt sich sukzessiv, wie eng die vier Aspekte simultan miteinander verwoben sind, „welche Bedeutung literarische Fiktion für die psychoanalytische Theoriebildung hatte und wie sich psychoanalytisches Wissen in literarischen Texten neu organisiert und in seinen Funktionen verändert" (Alt und Anz 2008, V). Erkennbar wird, dass im gegenwärtigen Theoriediskurs die vom Begründer der Psychoanalyse ererbte Polarität zwischen dem Insistieren auf der scharfen Grenze zwischen Objekt- und Metasprache einerseits und deren subtiler Dekonstruktion andererseits als weithin überwunden gelten kann. Im Bemühen um ein Junktim von Klarheit der Darstellung und der aus der Sache folgenden Offenheit für neue Verbindungen und Figuren orientiert sich dieses Handbuch nicht nur an Freuds bewegender These, dass „der letzte Dichter erst mit dem letzten Menschen sterben werde" (VII, 213), sondern auch formal an seiner Skizze zu der ins Unbekannte hinein offenen Grenze der Traumdeutung. Denn wenn die dem Traum analoge „Form der Literatur ihr Wissen ist, dann liegt das psychoanalytische Wissen des Textes in seiner Unabschließbarkeit" (Alt und Anz 2008, 10):

> In den bestgedeuteten Träumen muß man oft eine Stelle im Dunkel lassen, weil man bei der Deutung merkt, daß dort ein Knäuel von Traumgedanken anhebt, der sich nicht entwirren will, aber auch zum Trauminhalt keine weiteren Beiträge geliefert hat. Dies ist dann der Nabel des Traums, die Stelle, an der er dem Unerkannten aufsitzt. Die Traumgedanken, auf die man bei der Deutung gerät, müssen ja ganz allgemein ohne Abschluß bleiben und nach allen Seiten hin in die netzartige Verstrickung unserer Gedankenwelt auslaufen. Aus einer dichteren Stelle dieses Geflechts erhebt sich dann der Traumwunsch wie der Pilz aus seinem Mycelium. (II/III, 530)

Wie ein Blick in die Artikel leicht bestätigt, hätte ein präziserer Titel des vorliegenden Bandes lauten können *Literatur, Psychoanalyse und Philologie*. Es ist die im knappen Titel *Literatur & Psychoanalyse* unsichtbare Philologie, auf die sich das kolorierte & des Covers bezieht. Seit den Anfängen der Psychoanalyse war es die Literaturforschung, deren Wissen die Konjunktion – das zwiefach verschlungene & – zwischen Literatur und Psychoanalyse stiften half. Walter Muschgs Zürcher Antrittsvorlesung über *Psychoanalyse und Literaturwissenschaft* von 1930, in der Freuds Seelenlehre „als Ferment in der Entwicklung der modernen Dichtung" (Muschg 1973 [1930], 160) anerkannt und für eine „Verständigung zwischen Psychoanalyse und Literaturwissenschaft" (Muschg 1973 [1930], 174) geworben wird, war ein frühes und eindrucksvolles Beispiel. Andererseits lässt sich rasch belegen, dass die Reaktionen der Literaturwissenschaft auf die Psychoanalyse vielfach und überwiegend durch „*Widerstände*" (Schönau und Pfeiffer 2003, 130) geprägt beziehungsweise „lange Zeit überwiegend aggressiv" (Wolff 1975, 415; vgl. Urban 1973) waren. Exemplarisch wirft ihr 1929 Oskar Walzel vor, dass sie „in letzter Übersteigerung materialistischer Deutung der Welt den Dichter völlig zum willenlosen Werkzeug nicht bloß des Stofflichen in ihm macht, sondern alle seelische Entwicklung restlos auf geschlechtlichen Konflikt zurückführt" (Walzel 1973 [1929], 135).

Ein Sonderfall ist auch hier Deutschland, wo nach 1933 jegliches Wissen um die Psychoanalyse getilgt werden sollte. Im historischen Abriss *Über Schwierigkeiten im Umgang mit Literatur und Psychoanalyse*, der seiner auch fachgeschichtlich wichtigen Anthologie von Texten von 1909 bis 1933 vorangestellt ist, zitiert Bernd Urban aus dem antisemitischen Hetzblatt *Der Stürmer*, das nur wenige Monate vor Freuds Tod am 29. Juli 1939 meldet, das ‚Dritte Reich' habe „mit dem ‚psychoanalytischen' Saustall aufgeräumt" (*Der Stürmer*. Nr. 29. Juli 1939; zit. Urban 1973, XXXIX). Zu den Folgen der nationalsozialistischen Kulturvernichtungspolitik gehört nach dem Zweiten Weltkrieg im Westen Deutschlands eine ‚Verspätung' auch der Rezeption der Psychoanalyse und also einer von ihr inspirierten Literaturforschung. Das publizistische, institutionelle sowie editorische Wirken von

Alexander und Margarete Mitscherlich in der BRD ist ein prominentes Beispiel für den Versuch, die Neuaneignung des Freud'schen Werkes – „das kostbarste Instrument der Menschenkenntnis, das wir besitzen" (Mitscherlich und Mitscherlich 2004 [1967], 85) – zu lancieren. Eine gleichermaßen individual- wie sozialpsychologisch konturierte Arbeit sollte helfen, die durch eine „auffallende Gefühlsstarre" (Mitscherlich und Mitscherlich 2004 [1967], 40) und einen „antipsychologische[n] Affekt" (Mitscherlich und Mitscherlich 2004 [1967], 84) beherrschten Deutschen der Nachkriegszeit mit ihrer bedrückenden *Unfähigkeit zu trauern* zu konfrontieren (→ IV.13. TRAUMALITERATUR) und dergestalt zur ‚intellektuellen Neugründung der Bundesrepublik' beizutragen (→ IV.14. NACHKRIEGSLITERATUR).

Inzwischen wird die konjugierende Funktion der Philologie – historische Abrisse zur Geschichte psychoanalytischer Literaturwissenschaft setzen den *„Durchbruch um das Jahr 1972"* (Schönau und Pfeiffer 2003, 133) an – seit Jahrzehnten in einer Fülle von Beiträgen ausführlich und immer wieder brillant wahrgenommen. Bibliographien, die den Zeitraum von 1945 bis 2001 umfassen, listen nahezu 4000 Titel (vgl. Schönau und Pfeiffer 2003, V). Doch wurde diese Vermittlungspraxis ihrerseits bislang kaum als geduldige ‚diplomatische Mission' adäquat erkannt und gewürdigt, nicht einmal von der Philologie selbst. Auf die oft gestellte Frage nach den Funktionen der Literaturforschung im Ensemble kultureller Praktiken lässt sich angesichts der internationalen Forschung antworten: Zu ihren Aufgaben zählt auch, dass sie zwischen *Literatur & Psychoanalyse* vermittelt, indem sie „die Doppelfunktion der Literatur als Objekt der therapeutischen Erkenntnis und Formierungsinstanz des psychoanalytischen Diskurses" (Alt und Anz 2008, 6) detailliert rekonstruiert. Literaturwissenschaft heute bemüht sich um weitere Antworten auf die von Starobinski gestellte Frage nach den Elementen der Literatur, welche die Psychoanalyse in ihr System einbaut, und der Konsequenz aus diesen Anleihen:

> Wenn es richtig wäre, daß die Literatur, in wie geringem Maße auch immer, eine der Quellen für die Psychoanalyse darstellte, würde diese, nachdem sie ein Instrument der Literaturwissenschaft geworden ist, der Literatur nur ihr Eigentum zurückerstatten; sie wäre kein Eindringling [...], aber andererseits hätte sie vielleicht nicht das Recht, sich die Autorität wissenschaftlicher Erkenntnis anzumaßen, wie sie es oft tut: sie spräche, ohne es zu ahnen, die Sprache der Literatur. (Starobinski 1990 [1970], 85)

2. „Gedanken an Freud natürlich": Die Beziehungsgeschichte zwischen *Literatur & Psychoanalyse* seit 1900

Mit Blick auf die Beziehungsgeschichte zwischen *Literatur & Psychoanalyse* zerfällt die Literaturgeschichte in zwei Kapitel von freilich sehr unterschiedlicher

Länge. Das erste Kapitel umfasst die Masse der uns überlieferten literarischen Texte von den historischen Anfängen in Antike und Mittelalter (→ IV.3. MITTELALTERLICHE EPIK) bis zur Etablierung der Psychoanalyse durch den Wiener Nervenarzt Sigmund Freud. Das zweite, ungleich kürzere Kapitel beginnt im Jahr 1900, dem offiziellen Erscheinungsjahr der *Traumdeutung*, und reicht bis heute. Seit dieser Zeit übernimmt es die philologische Erkenntnis, in den epistemischen Konflikten, die sich zwischen *Literatur & Psychoanalyse* entspinnen, zu vermitteln – oder psychologisch formuliert: Es ist die Philologie, die am Ort des & eine dritte Position einnimmt und dergestalt eine Triangulierung ermöglicht, durch die eine produktive Beziehung zwischen *Literatur & Psychoanalyse* in Vergangenheit, Gegenwart und Zukunft befördert wird. Ein glanzvolles Beispiel für eine behutsam abwägende Darstellung des kultur- und literarhistorischen Kontexts, innerhalb dessen Freuds Schriften zunächst entstanden, liegt seit 1988 mit Michael Worbs' Standardwerk *Nervenkunst* vor, in dem die vielfältigen Beziehungen zwischen *Literatur und Psychoanalyse im Wien der Jahrhundertwende* umfassend dargestellt wurden.

Am 23. September 1912 notiert Franz Kafka mit Blick auf seine in der Nacht zuvor niedergeschriebene Erzählung *Das Urteil* in seinem Tagebuch: „Gedanken an Freud natürlich" (Kafka 2002, 461). Die Literaturforschung hat seit 1900 „Gedanken an Freud" mitzudenken – und zwar sowohl im Hinblick auf ihren Gegenstand als auch im Hinblick auf die eigenen Verfahren. Zu den „Gedanken an Freud" zählen gleichwohl ‚natürlich' auch ‚Gedanken gegen Freud' und hier zumal jene früh zum Topos avancierte schlaue Form der Abwehr, der zufolge die Psychoanalyse ‚ja inzwischen veraltet' sei, wie sie Robert Musil 1931 im Zeichen der *Neuen Sachlichkeit* im *Querschnitt* amüsant variierte:

> [D]ie grundlegenden Erlebnisse der Psychoanalyse [stammen] bestimmt von der Kleidung der siebziger und achtziger Jahre ab, und nicht vom Skikostüm. Und nun gar bei Betrachtung im Badetrikot: wo ist heute der Schoß? Wenn ich mir die psychoanalytische Sehnsucht, embryonal zu ihm zurückzufinden, an den laufenden und crawlenden Mädchen- und Frauenkörpern vorzustellen versuche, die heute an der Reihe sind, so sehe ich, bei aller Anerkennung ihrer eigenartigen Schönheit, nicht ein, warum die nächste Generation nicht ebensogern in den Schoß des Vaters wird zurückwollen. Was aber dann? Werden wir statt des Ödipus einen Orestes bekommen? Oder wird die Psychoanalyse ihre segensreiche Wirkung aufgeben müssen? (Musil 1978 [1931], 530)

Nur fünf Jahre später, 1936, betitelte der aus dem ‚Dritten Reich' ausgebürgerte Thomas Mann seinen Wiener Festvortrag aus Anlass des 80. Geburtstags des Begründers der Psychoanalyse daher bereits trotzig: *Freud und die Zukunft*. Im 1947 erschienenen Roman *Doktor Faustus* ist es dann folgerichtig der mit Vorzug Deutsch sprechende Satan selbst, der die These von der ‚veralteten Psychoanalyse' gehässig vorträgt: „Psychologie – daß Gott erbarm', hältst du's noch mit der? Das ist ja schlechtes, bürgerliches neunzehntes Jahrhundert! Die Epoche ist ihrer jämmerlich satt, bald wird sie das rote Tuch für sie sein, und der wird einfach eins über den Schädel bekommen, der das Leben stört durch Psychologie." (Mann 2007 [1947], 363–364)

In brutalem Einverständnis mit Manns deutschem Satan, der also offenbar präzise imaginiert war, dekretiert Carl Schmitt noch 1956 in seinem Vortrag über *Hamlet oder Hekuba*: „Die psychoanalytischen Interpretationen mit Vater- und Mutterkomplex waren der letzte Abschnitt und zugleich der Todeskrampf des rein psychologischen Stadiums der Hamlet-Deutung." (Schmitt 1985 [1956], 52; → IV.11. LITERATUR DER MODERNE)

Vor dem Hintergrund dieser Beziehungsgeschichte intensiver und immer wieder auch aggressiver ‚Gedanken an und wider Freud' arbeitet die Literaturwissenschaft auf der einen Seite den eindrucksvollen Innovationsschub heraus, den die Psychoanalyse als Erweiterung und Verfeinerung der Hermeneutik und ihrer kritischen Derivate bis zu Dekonstruktion und Medientheorie für ein präziseres Textverständnis sowie für die Selbstverständigung ihrer Produzenten bedeutet. Biographik, Kreativitätsforschung, Rhetorik, Texttheorie, Semiotik, Produktions- und Rezeptionsästhetik, Lyrik-, Erzähl- und Dramentheorie, Intertextualitätstheorie und Medientheorie, ferner die bei nahezu sämtlichen Lektüren „wohl oder übel" (von Matt 2013 [1972], 56) betriebene Literaturpsychologie sowie schließlich und nicht zuletzt die Schriftstellerinnen und Schriftsteller selbst profitieren von Kafka bis Kehlmann, so kann Literaturforschung zeigen, von den Einsichten Freuds und jener, die ihm folgten. Literatur liefert der psychoanalytischen Theorie Beispiele, erzeugt aber – umgekehrt – auch psychologisches Wissen: „In dem Moment, da der literarische Diskurs neues psychoanalytisches Wissen generiert, leistet er eine Differenzierung, die ihrerseits von der diskursiven Ordnung der Psychoanalyse weiterverarbeitet werden kann. Umgekehrt ist es das psychoanalytische Wissen, das die Form eines literarischen Textes zu konstituieren, seinen Gattungscharakter und die Wahl seiner Mittel zu steuern vermag." (Alt und Anz 2008, 5)

Während sie einerseits die methodischen Innovationen der Psychoanalyse für ihr eigenes Tun und ihre Gegenstände herausstellt, vermag die Philologie auf der anderen Seite literarische Texte sowie die Dichter und deren Biographie mit guten Argumenten – dazu unten mehr (vgl. Abschnitt 4.) – vor Übergriffen und erwartbaren ‚Thesen' literaturwissenschaftlich vielfach ungeschulter psychoanalytischer Lektüren zu schützen. Das Wissen um Termini der Psychoanalyse kann genaues Lesen nicht ersetzen. Die Meinung, ein Schriftsteller habe ‚einen Ödipuskomplex gehabt', ist keine Einsicht, sondern eine Banalität: Sie besagt nur, dass jener Dichter ein Mensch männlichen Geschlechts war. Dabei verletzt sie die

ontologische Grenze zwischen ,Welt' und ,Textwelt', zwischen empirischen Autorinnen und Autoren sowie literarischen Aussageinstanzen, wie beispielsweise
narrativen Instanzen (,Erzählern') oder dramatischen Figuren. Durchgearbeitet
werden in Hermeneutik und Literaturgeschichte die wider ungeschickte psychoanalytische Interpretationen zu Recht erhobenen Bedenken „gegen den monoto-
nen *Schematismus der Deutungen*, gegen ihren *Reduktionismus* und *Psychologis-
mus* [...], gegen die unhistorische Sicht auf die Literatur, gegen den *spekulativen
Charakter* der Deutungen *in absentia*, gegen die Vernachlässigung der formalen
Aspekte oder des Ästhetischen überhaupt" (Schönau und Pfeiffer 2003, 106).

Erleichtert wird durch fortgesetzte philologische Arbeit am Thema *Literatur & Psychoanalyse* am Ende auch ein ebenfalls weithin unterschätzter Aspekt:
Gemeint ist ein gelassenerer Umgang mit dem vermeintlich deprimierenden,
artistische Kreativität durch deren Entzauberung angeblich hemmenden ,Men-
schenbild', das die Freud'sche Lehre zeichnet. Wird dieses ,Menschenbild' in
aller Drastik exponiert, entbehrt das dann vor Augen stehende ,Ich des analytischen Menschen' kaum des Aspekts tragischer Komik und bewirkt womöglich
nicht nur Mitleid mit uns allen, sondern auch ein kathartisches Gelächter, dem
selbst die Liebe im Geist des von Lacan gelesenen platonischen *Symposions* (385–
378 v. Chr.) als „ein komisches Gefühl" (von Koppenfels 2009) erscheinen mag
(→ IV.2. Komödie):

> Wenn das Ich nichts als ein narzißtisches Gefäß ist, ein ,armes Ding', eingekeilt zwischen
> dem Druck der Realität, dem Zerren des Triebs und der Peitsche des Über-Ichs, wenn es nur
> ein aus vielen Identifizierungen zusammengeschustertes Kompromißgebilde ist, ein melan-
> choliezerfressener oder größenwahnsinniger Akteur im heillosen Liebesspiel des Subjekts
> mit sich selbst, dann fällt auch auf die Affekte, die schrille Begleitmusik dieses Spiels, der
> Verdacht des Wahns. (von Koppenfels 2007, 72)

3. Ödipus und Hamlet: Die Rolle der Literatur in der psycho-analytischen Diskursivitätsbegründung

Freuds Hauptwerk, die 1899 – dem nachdatierenden Titelblatt zufolge im symbolisch aufgeladenen Jahr 1900 – der Öffentlichkeit vorgelegte *Traumdeutung*,
ist die erste umfassende Darstellung der (Vor-)Geschichte, der Methode und der
Theorie einer fortgesetzt zwischen Erklären und Verstehen schwingenden, seinerzeit revolutionären Seelenlehre. Charakteristisch für Freuds oft bewunderte
Prosa ist eine „offenbare Ambiguität", eine „zwiespältige Rede, die bald Aussagen über – einer Energetik unterworfene – Kräftekonflikte macht, bald Aussagen über – einer Hermeneutik unterworfene – Sinnbeziehungen" (Ricœur 1993
[1965], 79). Grundthesen blieben für den Autor der *Traumdeutung* gleichwohl

verbindlich: die Annahme eines machtvollen, vom Tagesbewusstsein beständig Kompromisse erzwingenden Unbewussten im Seelenleben der Menschen, die Unterscheidung zwischen Primär- und Sekundärprozess (seit 1911 differenziert Freud in Analogie dazu zwischen Lust- und Realitätsprinzip), das Verständnis jedes Traums als (verkleideter) Erfüllung eines (verdrängten) Wunsches, die zentrale Stellung des Ödipuskomplexes beziehungsweise die um 1900 skandalöse Behauptung einer infantilen Sexualität. Im Rückblick aus den 1920er Jahren wird „P s y c h o a n a l y s e" von ihrem Begründer kompakt definiert als „der Name 1) eines Verfahrens zur Untersuchung seelischer Vorgänge, welche sonst kaum zugänglich sind; 2) einer Behandlungsmethode neurotischer Störungen, die sich auf diese Untersuchung gründet; 3) einer Reihe von psychologischen auf solchem Wege gewonnenen Einsichten, die allmählich zu einer neuen wissenschaftlichen Disziplin zusammenwachsen." (XIII, 211)

Die Traumdeutung legt jedoch nicht nur den Grund zu einer Variante der Psychotherapie und der sie im sehr komplexen siebten Kapitel flankierenden Metapsychologie. Sie markiert historisch auch den Beginn psychoanalytischer Literaturdeutung, da sich bereits in diesem Buch, wenn auch an eher verborgener Stelle – im Kontext der Inventarisierung typischer Träume vom Tod teurer Personen –, die beiden einflussreichen Lektüren von Sophokles' *König Ödipus* (429–425 v. Chr.; → III.6. ÖDIPUS) und Shakespeares *Hamlet* (1604) finden (→ III.9. HAMLET). Traumdeutung und psychoanalytische Literaturdeutung beginnen also synchron, und mit gutem Grund kann behauptet werden, dass Freud „eines der wichtigsten Elemente seines ganzen psychoanalytischen Modells an bestimmten *literarischen Gegenständen* gefunden, an ihnen exemplifiziert und nach ihnen benannt hat" (von Matt 2013 [1972], 10).

In der *Traumdeutung* entwickelt Freud seine Lektüre des *Hamlet* aus dem Shakespeare-Buch von Georg Brandes und greift mit ihr kulturstrategisch effektvoll in die passionierte *Hamlet*-Debatte ein, die von Johann Wolfgang Goethe über August Wilhelm Schlegel, Samuel Taylor Coleridge und Georg Wilhelm Friedrich Hegel bis zu Friedrich Nietzsche und dessen Vorkämpfer Brandes über Dichter, Denker und Depressionen geführt worden war (vgl. II/III, 272). Die Auseinandersetzung mit *Hamlet* setzt sich auch nach Freud mit T. S. Eliot, Carl Schmitt und René Girard fort, die sich wiederum gereizt an Freud abarbeiten. Shakespeares berühmtestes Stück deuten, das heißt, weithin sichtbar Stellung nehmen im Selbstverständigungsprozess der europäischen Intellektuellen. Bei Freuds *Hamlet*-Deutung, die eine entschlüsselnde Erklärung für das rätselhafte Zögern des melancholischen Dänenprinzen gibt, das heißt, eine „entziffernde Hermeneutik" (Haselstein 1991) betreibt, handelt es sich um die erste, im literarhistorischen Diskurs treffsicher platzierte psychoanalytische Literaturinterpretation, die Freud bereits 1897 in einem Brief an Wilhelm Fließ skizziert (vgl.

Freud 1962 [1950], 194). Denn, so legt ein subtiles Argument Starobinskis nahe: Die von Freud zuvor gemusterte *Ödipus*-Tragödie des Sophokles, die den Mord des antiken Heros am eigenen Vater Laios (→ III.5. LAIOS), die spätere Heirat mit der eigenen Mutter Iokaste sowie die Konsequenzen dieses erlittenen Schicksals beziehungsweise erfüllten (geheimen) Wunsches aller (männlichen) Menschen auf die Bühne bringt, soll ihrerseits *kein* Interpretandum sein, sondern die Bedingung der Möglichkeit von Deutung überhaupt vorstellen: „Ödipus braucht nicht gedeutet zu werden: er ist die Leitfigur der Interpretation." (Starobinski 1990 [1970], 128) In dieser Perspektive liefert Sophokles' Tragödie das uralte Paradigma für das Verständnis des *Hamlet*, dessen zur Rache im Auftrag seines toten Vaters (angeblich) unfähiger Titelheld exemplarisch an dem ihm unbewusst bleibenden und also unverarbeiteten Ödipuskomplex laborieren soll, sodass er von Freud folgerichtig als Hysteriker diagnostiziert wird.

Der aus der Betrachtung des *Königs Ödipus* destillierte beziehungsweise durch die Evokation seines schrecklichen Schicksals illustrierte und dann nach ihm benannte Komplex rückt zum ubiquitären „„psychodramatische[n] Substrat'" (von Matt 2013 [1972], 68) auf, das nicht nur die Psychoneurosen, sondern auch die Träume, Tagträume, Phantasien und die von Freud als ästhetisch aufpolierter Tagtraum aufgefasste Dichtung (vgl. Abschnitt 4.) als peinigender und zugleich immer tiefer verdrängter Glutkern befeuert: „Sein Schicksal ergreift uns nur darum, weil es auch das unsrige hätte werden können [...]. Vor der Person, an welcher sich jener urzeitliche Kindheitswunsch erfüllt hat, schaudern wir zurück mit dem ganzen Betrag der Verdrängung, welche diese Wünsche in unserem Innern seither erlitten haben." (II/III, 269)

Im Anfang psychoanalytischer Deutungskunst steckt zudem die kulturwissenschaftliche Amplifikation dieser am neurotischen Individuum entwickelten Seelenlehre – wiederum aus dem Geist der Philologie: Freud sah durch den Vergleich zwischen der antiken Tragödie *König Ödipus* und der Renaissancetragödie *Hamlet* „das säkulare Fortschreiten der Verdrängung im Gemütsleben der Menschheit" (II/III, 271) dokumentiert, womit der Schritt von der Geschichte des Individuums zur Geschichte der Gattung getan war. Freud entwarf also in der *Traumdeutung* an literarischen Texten auch „in nuce eine Geschichtstheorie auf psychoanalytischer Basis" (von Matt 2013 [1972], 29), wodurch grundsätzlich die Relevanz literaturwissenschaftlicher Forschung für eine allgemeine Kulturwissenschaft fundiert ist. *Kulturwissenschaftliche Philologie*, zu deren Reihe das vorliegende Handbuch ja gehört, kann sich auf Freud als einen ihrer Begründer berufen, weil der theoretische Ansatz der in *Totem und Tabu* (1912/1913) erstmals monographisch präsentierten Hypothesen zur Kulturgeschichte als einem Prozess immer stärkerer Verdrängung der Wünsche bereits in der *Traumdeutung* aus dem komparatistischen Studium klassischer Werke der europäischen Literatur entsprungen war (→ II.5. KULTURTHEORIE) – eine philologische ,Arbeit am Mythos' der Kultur selbst, die durch die beiden *Moses*-Studien 1914 im frühen und 1939 im späten Œuvre gerahmt wird (→ III.1. MOSES).

Der argumentative Kreis schließt sich bei Freud selbst, da *Totem und Tabu* ebenfalls mit einem Beitrag zur Theorie der antiken Tragödie endet und dergestalt elegant wieder in die Deutung von Literatur einmündet. Erneut schreibt sich Freud spektakulär in eine literarhistorische ,Generaldebatte' ein, indem er eine verblüffende Antwort auf die seit Jahrhunderten strittige Frage gibt, worin ,tragische Schuld' besteht. Freud identifiziert im zermalmten Helden der griechischen Tragödie den vom aufbegehrenden Bruderclan ermordeten ,Urvater', der auf der Bühne nun auch noch selbst die Schuld an den ihm zugefügten Leiden tragen muss, während er im Übrigen die Tragödie der Brüder untereinander weniger beachtet (→ III.2. KAIN UND ABEL):

> Die Szene auf der Bühne ist durch zweckmäßige Entstellung, man könnte sagen: im Dienste raffinierter Heuchelei, aus der historischen Szene hervorgegangen. In jener alten Wirklichkeit waren es gerade die Chorgenossen, die das Leiden des Helden verursachten; hier aber erschöpfen sie sich in Teilnahme und Bedauern, und der Held ist selbst an seinem Leiden schuld. Das auf ihn gewälzte Verbrechen, die Überhebung und Auflehnung gegen eine große Autorität, ist genau dasselbe, was in Wirklichkeit die Genossen des Chors, die Brüderschar, bedrückt. So wird der tragische Held – noch wider seinen Willen – zum Erlöser des Chors gemacht. (IX, 188)

Freuds Weg führt von der Interpretation der Tragödie in der *Traumdeutung*, die den Ödipuskomplex einführt, über die Erforschung der Anfänge der Kultur in *Totem und Tabu* zurück zur Tragödie, die dergestalt als das literarische Alpha und Omega der Psychoanalyse gelten kann (→ IV.1. TRAGÖDIE). Denn im Lichte der kühnen Thesen zur Tragödie als artistischer Heuchelei im Auftrag gerissener Söhne stellt Freud zuletzt apodiktisch fest, dass „im Ödipus-Komplex die Anfänge von Religion, Sittlichkeit, Gesellschaft und Kunst zusammentreffen, in voller Übereinstimmung mit der Feststellung der Psychoanalyse, daß dieser Komplex den Kern aller Neurosen bildet" (IX, 188).

4. ,Dichter' und ,Dichtung' als Gegenstand der Psychoanalyse

In der *Traumdeutung* kam der Literatur Hebammen- wie Patenfunktion gleichermaßen zu, da sie erstens bei der Herausarbeitung des Kernkomplexes der Psychoanalyse zu helfen und diesem danach zweitens den einprägsamen Namen zu geben hatte – eine Funktion, die sie 1914 noch einmal übernimmt, als Freud in Anlehnung an den von Ovid in den *Metamorphosen* (1 v. Chr.–10 n. Chr.) klassisch gestalteten Mythos den Erfolgsbegriff des Narzissmus einführt (→ III.8. NARZISS UND ECHO). Zuvor aber erhofft sich der noch um Anerkennung seiner Theorie kämpfende Arzt im umfangreichsten Beitrag zur Literatur *Der Wahn und die Träume in W. Jensens Gradiva* (1907) erneut eine „Bekräftigung seiner Ergebnisse bei Dichtern" (VII, 81) und entwirft eine vergleichende Skizze des von Literatur und Psychoanalyse jeweils ‚anders' freigelegten Zugangs zum Unbewussten. Die Skizze ist hier ausführlich wiederzugeben, weil sie der wichtigste Referenztext für jenes der zwei ‚Lager' ist, das die Bundesgenossenschaft von *Literatur & Psychoanalyse* akzentuiert, die Freud im selben Jahr sogleich wieder aufkündigen wird: Analytiker – Analytikerinnen sieht Freud so wenig vor wie ‚Dichterinnen' (vgl. Abschnitt 5.) – und „Dichter" schöpfen

> wahrscheinlich aus der gleichen Quelle, bearbeiten das nämliche Objekt, ein jeder von uns mit einer anderen Methode, und die Übereinstimmung im Ergebnis scheint dafür zu bürgen, daß beide richtig gearbeitet haben. Unser Verfahren besteht in der bewußten Beobachtung der abnormen seelischen Vorgänge bei anderen, um deren Gesetze erraten und aussprechen zu können. Der Dichter geht wohl anders vor; er richtet seine Aufmerksamkeit auf das Unbewußte in seiner eigenen Seele, lauscht den Entwicklungsmöglichkeiten desselben und gestattet ihnen den künstlerischen Ausdruck, anstatt sie mit bewußter Kritik zu unterdrücken. So erfährt er aus sich, was wir bei anderen erlernen, welchen Gesetzen die Betätigung dieses Unbewußten folgen muß, aber er braucht diese Gesetze nicht auszusprechen, nicht einmal sie klar zu erkennen, sie sind infolge der Duldung seiner Intelligenz in seinen Schöpfungen verkörpert enthalten. Wir entwickeln diese Gesetze durch Analyse aus seinen Dichtungen, wie wir sie aus den Fällen realer Erkrankung herausfinden, aber der Schluß scheint unabweisbar, entweder haben beide, der Dichter wie der Arzt, das Unbewußte in gleicher Weise mißverstanden, oder wir haben es beide richtig verstanden. Dieser Schluß ist uns sehr wertvoll; um seinetwegen war es uns der Mühe wert, die Darstellung der Wahnbildung und Wahnheilung sowie die Träume in J e n s e n s ‚Gradiva' mit den Methoden der ärztlichen Psychoanalyse zu untersuchen. (VII, 120–121)

1907 ist der „Dichter" also noch ein fast gleichberechtigter Partner der Psychoanalyse, den der Mut auszeichnet, sich – genau wie Freud selbst in der die Niederschrift der *Traumdeutung* erst ermöglichenden Selbstanalyse – dem eigenen Unbewussten unerschrocken auszusetzen und vor dem Urteil des Bewusstseins gelten zu lassen, was er dort sieht und ‚erlauscht'. Mit anderen Mitteln – durch die Untersuchung des eigenen Unbewussten, nicht durch das Studium abnormer seelischer Vorgänge bei anderen – kommt der ‚Dichter' zu denselben Resultaten wie der erste Psychoanalytiker, die er jedoch ‚anders' artikuliert: ideographisch, nicht nomothetisch. In der Literatur sind die Gesetze, nach denen das Unbewusste funktioniert, ‚verkörpert', von der Psychoanalyse werden sie hingegen auf den Begriff gebracht: Das ist der Schritt, der von der Tragödie des Sophokles zum Konzept des Ödipuskomplexes führt.

Im Jahr 1907 beginnt Freud aber zugleich, den ‚Dichter' schrittweise aus der Position des Bundesgenossen in die Position des analysierten Objekts zu schieben; Dichtung wird aus einer Parallelaktion, die in Figuren und nicht in Begriffen spricht, immer mehr zum Gegenstand, beinahe zum Symptom. Standen Psychoanalyse und Dichtung zunächst auf der einen und die psychisch Kranken auf der anderen Seite, so stehen seit dem zu Unrecht als Gelegenheitsarbeit unterschätzten Vortrag über den *Dichter und das Phantasieren* (gehalten 1907, veröffentlicht 1908) und vollends seit den *Formulierungen über die zwei Prinzipien des psychischen Geschehens* (1911) die ‚Dichter' Seite an Seite mit den Neurotikern (→ IV.5. FAMILI-ENROMAN). Sie sind nun ebenfalls zum ‚Fall' (→ IV.6. FALLGESCHICHTE) für die zur Position unanfechtbarer Autorität aufgerückte Psychoanalyse geworden. Künstlerische beziehungsweise literarische Kreativität werden latent pathologisiert; und darin besteht wohl der entscheidende Bruch mit der Literatur, insofern Freud die Psychoanalyse von ihr emanzipieren will. Dafür spielt er jetzt „das begriffliche Wissen der Psychoanalyse gegen das individuelle unbewußte Wissen der Dichter aus und überträgt diese Konstellation auf den Prozeß einer psychoanalytischen Lektüre eines literarischen Textes" (Haselstein 1991, 20). Im Vortrag wird der ‚Dichter' zum „„Träumer am hellichten Tag'" (VII, 219), und Freud nimmt eine Identifizierung „des Dichters mit dem Tagträumer, der poetischen Schöpfung mit dem Tagtraum" (VII, 221) vor. Der ‚Dichter' ist jedoch ein Tagträumer, dem es gelingt, seine Phantasien so raffiniert zu artikulieren, dass sie die Rezipienten nicht abstoßen, sondern ihnen vielmehr in einer von Versagungen gezeichneten Welt als Surrogat dienen können (→ IV.12. TRAUMLITERATUR). In der „Technik der Überwindung jener Abstoßung", die direkt mitgeteilte Phantasien vielfach auslösen, besteht laut Freud „die eigentliche *Ars poetica*" (VII, 223), die insgesamt ein Geheimnis bleiben werde, von der er aber zwei Mittel zu erraten meint:

> Der Dichter mildert den Charakter des egoistischen Tagtraumes durch Abänderungen und Verhüllungen und besticht uns durch rein formalen, d. h. ästhetischen Lustgewinn, den er uns in der Darstellung seiner Phantasien bietet. Man nennt einen solchen Lustgewinn, der uns geboten wird, um mit ihm die Entbindung größerer Lust aus tiefer reichenden psychischen Quellen zu ermöglichen, eine Verlockungsprämie oder eine Vorlust. Ich bin der Meinung, daß alle ästhetische Lust, die uns der Dichter verschafft, den Charakter solcher Vorlust trägt und daß der eigentliche Genuß des Dichtwerkes aus der Befreiung von Spannungen in unserer Seele hervorgeht. (VII, 223)

Es ist nun trotz des wichtigen Hinweises auf die ästhetische Form – laut Dominic Angeloch begreift die frühe Psychoanalyse das Kunstwerk „wesentlich als Form" (Angeloch 2016, 100) – gleichwohl die Unterhaltungsliteratur, womöglich selbst die „Trivialliteratur" (von Matt 2013 [1972], 108), die Freud das Modell liefert, an dem er seine Theorie der Dichtung als Objekt der Psychoanalyse erläutert. Der einzige Autor, den Freud im *Dichter*-Vortrag erwähnt – er wurde immerhin nach dem Erscheinen von Rainer Maria Rilkes *Neuen Gedichten* (1907/1908), Musils *Verwirrungen des Zöglings Törleß* (1906) und Manns *Buddenbrooks* (1901) gehalten –, ist Ludwig Anzengruber. Die „anspruchsloseren Erzähler" bieten einer dankbaren Leserschaft das Wunschbild einer Wirklichkeit, in der die Protagonisten das Gefühl der Sicherheit nie verlässt, und vermitteln „jenes eigentliche Heldengefühl, dem einer unserer besten Dichter den köstlichen Ausdruck geschenkt hat: ‚Es kann dir nix g'schehen' (Anzengruber.)" (VII, 220). Ohne Mühe, so resümiert Freud die vom Aspekt der Demütigung der modernen, ihm zeitgenössischen ‚Dichter' nicht freie Konzeption, erkennt man in diesen Produkten, die für Literatur überhaupt einstehen, „[s]eine Majestät das Ich, den Helden aller Tagträume wie aller [sic] Romane" (VII, 220). Der ‚Dichter' ist vom Heros, der sich dem Unbewussten aussetzt, zum realitätsscheuen Tagträumer geworden, der sich seine Heldentaten bloß einbildet. Gerade die gefährliche Katabasis hinab in die verdrängten Wünsche der Kindheit hatte dem ‚Dichter' aber in der *Traumdeutung* Freuds großen Respekt eingebracht. Der Blick auf die entsprechende Stelle, die sich nicht auf Anzengruber, sondern auf Gottfried Keller bezieht, führt den Umschwung, den Freud jetzt einleitet, markant vor Augen: „Das tiefste und ewige Wesen der Menschheit, auf dessen Erweckung der Dichter in der Regel bei seinen Hörern baut, das sind jene Regungen des Seelenlebens, die in der später prähistorisch gewordenen Kinderzeit wurzeln. Hinter den bewußtseinsfähigen und einwandfreien Wünschen [...] brechen im Traum die unterdrückten und unerlaubt gewordenen Kinderwünsche hervor [...]." (II/III, 252)

In den *Formulierungen über die zwei Prinzipien des psychischen Geschehens* – das Lust- und das Realitätsprinzip – entzieht Freud dem ‚Dichter' endgültig den Status des Heros, der nach dem kraftvollen Bild der *Traumdeutung* als neuer Odysseus in die Unterwelt hinabsteigt, die Schatten der nur scheinbar abgestorbenen Kindheitswünsche mit Blut füttert, um sie zum Reden zu bringen, damit er den ‚Entwicklungsmöglichkeiten' des Unbewussten Ausdruck verschaffen kann. 1911 wird der ‚Dichter' an den Neurotiker herangerückt, den Freud zu Beginn des *Prinzipien*-Textes als einen Menschen definiert hatte, der sich von Teilen der Realität abwendet, weil sie ihm oder ihr unerträglich sind. Der Künstler ist nun ein Tagträumer, der, wenn er Erfolg hat, am Ende zum Liebling des Publikums avanciert, ohne jemals wirkliche Arbeit zur „Veränderung der Außenwelt" (VIII, 237) geleistet zu haben. Der Heros kehrt wieder als gefeierter Star des Literaturbetriebs:

> Der Künstler ist ursprünglich ein Mensch, welcher sich von der Realität abwendet, weil er sich mit dem von ihr zunächst geforderten Verzicht auf Triebbefriedigung nicht befreunden kann, und seine erotischen und ehrgeizigen Wünsche im Phantasieleben gewähren läßt. Er findet aber den Rückweg aus dieser Phantasiewelt zur Realität, indem er dank besonderer

Begabungen seine Phantasien zu einer neuen Art von Wirklichkeiten gestaltet, die von den Menschen als wertvolle Abbilder der Realität zur Geltung zugelassen werden. Er wird so auf eine gewisse Weise wirklich der Held, König, Schöpfer, Liebling, der er werden wollte, ohne den gewaltigen Umweg über die wirkliche Veränderung der Außenwelt einzuschlagen. Er kann dies aber nur darum erreichen, weil die anderen Menschen die nämliche Unzufriedenheit mit dem real erforderlichen Verzicht verspüren wie er selbst, weil diese bei der Ersetzung des Lustprinzips durch das Realitätsprinzip resultierende Unzufriedenheit selbst ein Stück der Realität ist. (VIII, 236–237)

Mit dem Vortrag über den *Dichter und das Phantasieren* und den zitierten Passagen aus dem *Prinzipien*-Text hat Freud nicht nur die Kooperation mit dem ‚Dichter‘ aufgekündigt, sondern mit der Tagtraumthese auch eine Antwort auf die Frage nach der Genese der Werke gegeben, die ein oft kritisiertes Genre psychoanalytischer Literaturinterpretation auf den Weg bringt: die Psychobiographie. Wenn der Künstler in seinen Texten seine nicht realitätskonformen Phantasien, „die unterdrückten und unerlaubt gewordenen Kinderwünsche" (II/III, 252), niederschreibt, dann lassen sich aus ihnen – so der methodische Ansatz – Rückschlüsse auf den konkreten Zuschnitt der neurotischen Leiden der ‚Dichter‘ ziehen. Freud selbst hat in seinen Interpretationen zum *Hamlet* in der *Traumdeutung* (1900), zu *Gradiva* (1903) in *Der Wahn und die Träume in W. Jensens Gradiva* (1907) oder etwa zu den *Brüdern Karamasow* (1879/1880) in *Dostojewski und die Vatertötung* (1928) mitunter bizarre Spekulationen zur Biographie der diskutierten Autoren ersonnen: Shakespeare betrauerte seinen Vater, Jensen begehrte seine Schwester, und Dostojewski litt an einem „Onaniezwang[ ]" (XIV, 417). Wenigstens Jensen konnte sich als greiser Zeitgenosse dem Zugriff der Spekulationen noch widersetzen. Seinem Interpreten schrieb er: „Nein. Eine Schwester habe ich nicht gehabt, überhaupt keine Blutsverwandte." (Freud 1981 [1973], 15)

Insofern die ‚Dichter‘ auf dem Wege unerschrockener Introspektion zur Erkenntnis des Unbewussten vorstießen (→ IV.4. Bekenntnisliteratur), dessen vielfältigen Entwicklungsmöglichkeiten lauschten und ihnen Ausdruck verschafften, „anstatt sie mit bewußter Kritik zu unterdrücken" (VII, 121), wurden sie im Heroen-Modell des *Gradiva*-Aufsatzes zu Zeugen der frühen Psychoanalyse. Im Anschluss an diese Skizze sind zahlreiche Studien vorgelegt worden, in denen ‚Dichter‘ als Vorläufer der Wissenschaft oder als scharfsinnige Mitdenker präsentiert werden – etwa Freuds Wiener literarische Zeitgenossen mit Arthur Schnitzler, dem dichtenden Arzt, oft bewunderten Meister des ‚inneren Monologs‘ in der Novelle *Leutnant Gustl* (1900) und Freuds ‚Doppelgänger‘, an der Spitze (→ IV.9. Literatur – Film: Doppelgänger): „Im *Jungen Wien* kulminiert [...] eine im späten 19. Jahrhundert in der europäischen Literatur sich durchsetzende Wendung zu *Introversion* und *Psychologie*, die bereits im realistischen

Roman des 19. Jahrhunderts wie auch im älteren psychologischen Roman angelegt war [...]." (Worbs 1988, 64; → IV.8. LITERATUR DER ROMANTIK)

Da Freud aber den ‚Dichter' im Vortrag über den *Dichter und das Phantasieren*
kurz nach dem *Gradiva*-Aufsatz im Gegenzug zum Heroen-Modell als wenig heroischen Tagträumer identifiziert hatte, der die kompensatorischen Phantasien
vom ungelebten Heldenleben indes geschickt so zu modellieren weiß, dass sie
andere Menschen nicht anwidern, sondern vielmehr auf deren Genuss begierig
machen, wurden die ‚Dichter' zunehmend zu ‚Fällen' konvertiert. Die Funktions-
beschreibung der Rolle der Phantasie in einem vom Leiden an den Versagungen
der Realität geprägten Seelenleben realitätsscheuer Menschen vertiefte den von
Freud selbst nahegelegten Verdacht einer besonderen Nähe des Künstlers zum
gleichfalls realitätsabgewandten Neurotiker. Dieser Verdacht wurde von Stekel zu
der für die Reputation psychoanalytischer Literaturforschung „verhängnisvollen"
(Urban 1973, VIII) These verschärft, dass *„jeder Dichter [...] ein Neurotiker"* (Stekel
1973 [1909], 6) sei, womit das Betreten des „biografistischen/pathografischen
Holzweges" (Angeloch 2016, 100) eingeläutet wurde. Damit wird das in Freuds
Schriften initiierte und seither ebenso kontroverse wie florierende psychobiogra-
phische Gewerbe insofern radikalisiert, als der ‚Dichter' nun hemmungslos als
genialer Kranker gezeichnet werden kann, den der Arzt souverän analysiert: „Wir
lernen aber aus dem herrlichen Werke, wieviel wir der Neurose des Dichters zu
verdanken haben. Hätte *Grillparzer* seine Werke schaffen können, wenn er ein
fern von allen seelischen Konflikten dahinlebender, *gesunder* Mensch gewesen
wäre? Nein und nimmermehr!" (Stekel 1973 [1909], 7)

Otto Ranks Buch über *Das Inzestmotiv in Dichtung und Sage* (1926), um eines
der bekanntesten literaturwissenschaftlichen Bücher aus der Freud-Schule zu
nennen, das Stekels Exzesse zurückweist, bietet ein materialreiches Kompen-
dium von Analysen des künstlerischen Schaffensprozesses, die vielfach psychoanalytische Grundthesen bestätigen und dadurch ein Gleichgewicht zwischen
Literatur und Analyse restituieren helfen. So zitiert Rank etwa einen Aphorismus
Goethes aus einem Brief an Friedrich Schiller über die öffentliche Nutzbarkeit
privater Phantasien: „‚Man befriedigt bei dichterischen Arbeiten sich selbst am
meisten und hat noch dadurch den besten Zusammenhang mit anderen.'" (Rank
1973 [1926], 84) Unter kritischer Absetzung von Stekel gelingt es Rank auch, zu
einer differenzierteren Bestimmung des Verhältnisses zwischen ‚Dichter' und
Neurotiker zu kommen:

> Was der Dichter so letzten Grundes mit dem Neurotiker gemeinsam hat, ist das übermäch-
> tige, vorzeitig nach Betätigung und Phantasiebildung drängende Triebleben und die zu
> seiner Eindämmung erforderlichen mächtigen Hemmungen, die das Schuldgefühl konstitu-
> ieren. Bis zu diesen Konflikten läuft die Entwicklung ziemlich parallel; dann findet aber der

Künstler den Weg, das schädliche Übermaß an unbezähmbarem Trieb und an drückendem Schuldgefühl in rechtfertigender Befreiung unter sozialer Sanktion zu entladen, während der Neurotiker zwischen Trieb und Schuldgefühl schwankend des Konfliktes in keiner Weise Herr zu werden vermag. (Rank 1973 [1926], 80)

Die von Theodor W. Adorno in der *Ästhetischen Theorie* (1970) bündig formulierte Kritik an der Psychoanalyse (→ II.3. KRITISCHE THEORIE), sie verwechsle die durchweg als Tagträume verstandenen Kunstwerke mit „Dokumenten" über den Zustand neurotischer Patientinnen und Patienten, hatte vor allem Psychobiographien in der Nachfolge Stekels, „die Banausie feinsinniger Ärzte" (Adorno 1997 [1970], 19–20) im Visier: „Kunstwerke sind [der Psychoanalyse] nichts als Tatsachen, aber darüber versäumt sie deren eigene Objektivität, ihre Stimmigkeit, ihr Formniveau, ihre kritischen Impulse, ihr Verhältnis zur nicht-psychischen Realität, schließlich ihre Idee von Wahrheit." (Adorno 1997 [1970], 21) Auf der anderen Seite aber betonte Adorno, die psychoanalytische Kunsttheorie habe der idealistischen voraus, „daß sie ins Licht rückt, was im Inwendigen der Kunst nicht selbst kunsthaft ist" (Adorno 1997 [1970], 20; vgl. Goebel 2009, 211–244). Im Einklang mit dieser Beobachtung pointierte Wolff die aufklärerische Wirkung der frühen psychoanalytischen Literaturwissenschaft: Sie widersprach der bürgerlichen „Divinisierung der Literaten wie der Ästhetisierung der Literatur", indem sie „im ‚Interesselosen' der ästhetischen Kommunikation ein (triebbestimmtes) Interesse dekouvrierte, Kompensationsmechanismen im Selbstverständnis der Literaten und infantile Idealisierungsbedürfnisse in ihrer Genialisierung durch das Publikum (einschließlich der Literaturwissenschaft) am Werke sah" (Wolff 1975, 415).

Vor dem Hintergrund der einflussreichen These Roland Barthes' vom ‚Tod des Autors' hat Starobinski wiederum gegen den vollständigen Exorzismus unvermeidlich spekulativer Psychobiographien geltend gemacht, die Psychoanalyse erneuere „das alte Problem der Bindeglieder von Leben und Werk", insofern sie daran erinnere, dass „das Werk, von dem Menschen getragen, der es hervorgebracht hat, selbst Ausdruck des Wunsches ist, Manifestation eines Begehrens" (Starobinski 1990 [1970], 104).

1965 gibt Paul Ricœur in seinem programmatisch unter den Titel *De l'interprétation* gestellten *Essai sur Freud (Die Interpretation. Ein Versuch über Freud)* ebenfalls „der schlechten Psychoanalyse der Kunst, der biographischen Psychoanalyse" (Ricœur 1993 [1965], 179), die bis in die 1960er Jahre das Gros psychoanalytisch orientierter Literaturwissenschaft ausgemacht hatte, den Laufpass, indem er auf den kardinalen Kunstfehler hinweist, dass eine Analyse *in absentia*, das heißt ohne Anamnese und *talking cure*, unmöglich ist:

> In der Tat läßt sich die analytische Erklärung von Kunstwerken nicht mit einer therapeuti-
> schen oder didaktischen Psychoanalyse vergleichen, aus dem einfachen Grunde, weil sie
> nicht über die Methode der freien Assoziation verfügt und ihre Deutungen nicht in das Feld
> der dualistischen Beziehung zwischen Arzt und Patient zu stellen vermag; in dieser Hin-
> sicht sind die biographischen Dokumente, auf die sich die Deutung stützen kann, nicht
> bedeutungsvoller als die Auskünfte Dritter während einer Kur. Die psychoanalytische
> Kunstdeutung ist fragmentarisch, weil sie nur analogisch ist. (Ricœur 1993 [1965], 173)

Literarische Texte sind ein *„psychisches Produkt"* (Schönau und Pfeiffer 2003, 76).
Anders als die Träume der Nacht, die sich als Ereignis oder Heimsuchung einstellen, sind literarische Texte aber ein bewusst ästhetisch geformtes psychisches
Produkt; sie sind *„geschaffene* Abkömmlinge" (Ricœur 1993 [1965], 183) der Triebrepräsentanzen. In einer verblüffenden Nähe zu Adornos *Ästhetischer Theorie* hat
Ricœur schließlich – gegen die psychoanalytische Idee des Kunstwerks als Notat
wesentlich regressiver Phantasien – den Aspekt von Zukünftigkeit akzentuiert,
sodass er das Kunstwerk als „Symptom und Kur zugleich" (Ricœur 1993 [1965],
183) beschreibt:

> [W]enn diese Werke [der Moses des Michelangelo oder der König Ödipus des Sophokles]
> Schöpfungen sind, dann insofern, als sie nicht bloße Projektionen der künstlerischen Kon-
> flikte sind, sondern die Skizzierung ihrer Lösung; der Traum blickt zurück, in die Kindheit,
> in die Vergangenheit; das Kunstwerk ist dem Künstler selber voraus: es ist mehr ein pros-
> pektives Symbol der persönlichen Synthese und der Zukunft des Menschen als ein regressi-
> ves Symptom seiner ungelösten Konflikte. (Ricœur 1993 [1965], 184)

Nach 1900 verkompliziert sich das ambivalente, durch Bundesgenossenschaft wie
Pathologisierung, Beeinflussung wie Kränkung charakterisierte Verhältnis zwischen *Psychoanalyse & Literatur* erheblich, da sich die ‚Gedanken an Freud' nun
zunehmend in der literarischen Produktion selbst geltend machen. Psychoanalyse wurde, um erneut Muschg zu zitieren, zum „Ferment in der Entwicklung der
modernen Dichtung", wobei hier zwischen den folgenden Modi der literarischen
Psychoanalyserezeption zu differenzieren ist: Die Rezeption der Psychoanalyse
steht im Interesse einer *Selbstverständigung* der Schriftsteller über sich und ihre
Arbeit, bei Krisen oder Schreibhemmungen sogar in Form der Inanspruchnahme
einer analytischen Kur, so etwa bei Hermann Hesse. Psychoanalytisches Wissen
wird ferner inhaltlich thematisch. Hier reicht das Spektrum von der Nutzung psychoanalytischen Wissens für Details der Figurenzeichnung über die Fingierung
authentisch wirkender Träume (→ IV.12. TRAUMLITERATUR) sowie den bewussten,
womöglich ironischen Gebrauch psychoanalytisch geladener ‚Symbole' – Dreh-
bleistifte in Rilkes *Malte Laurids Brigge* (1910) oder in Manns *Zauberberg* (1924) –
bis hin zu Versuchen, das ödipale Basismodell selbst zu inszenieren. Als exem-

plarisch kann hier Eugene O'Neills 1931 uraufgeführtes Drama *Mourning Becomes Electra (Trauer muss Elektra tragen)* gelten.

Insbesondere der französische Surrealismus propagiert mit dem Konzept der *écriture automatique* das Verfahren, sich dem bildgebenden Potenzial des Unbewussten nach Möglichkeit ganz hinzugeben, ohne es „mit bewußter Kritik zu unterdrücken" (VII, 121). Im Surrealismus avancierte Freud, wie er selbst in einem Brief an Stefan Zweig vom 20. Juli 1938 notiert, „zum Schutzpatron", obwohl er auch weiterhin gegen die Ästhetik der Avantgarde geltend machen wolle, die Kunst „verweigere sich einer Erweiterung, wenn das quantitative Verhältnis von unbewußtem Material und vorbewußter Verarbeitung nicht eine bestimmte Grenze einhält" (Freud 1960, 441).

Rank zitiert eine Passage aus einem Brief von Schiller an Christian Gottfried Körner vom 1. Dezember 1788, die diese Idee einer Öffnung für unbewusstes Material und dessen anschließender Verarbeitung verblüffend genau antizipiert und womöglich bei Freuds Reflexionen zum literarischen Schaffensprozess im Hintergrund stand:

> Es scheint nicht gut und dem Schöpfungswerke der Seele nachteilig zu sein, wenn der Verstand die zuströmenden Ideen, gleichsam an den Toren schon, zu scharf mustert. Eine Idee kann, isoliert betrachtet, sehr unbeträchtlich und sehr abenteuerlich sein, aber vielleicht wird sie durch eine, die nach ihr kommt, wichtig, vielleicht kann sie in einer gewissen Verbindung mit anderen, die vielleicht ebenso abgeschmackt scheinen, ein sehr zweckmäßiges Glied abgeben: alles kann der Verstand nicht beurteilen, wenn er sie nicht so lange festhält, bis er sie in Verbindung mit diesen anderen angeschaut hat. Bei einem schöpferischen Kopfe hingegen, deucht mir, hat der Verstand seine Wache von den Toren zurückgezogen, die Ideen stürzen pêle-mêle herein, und alsdann erst übersieht und mustert er den großen Haufen. – Ihr Herren Kritiker, und wie Ihr Euch sonst nennt, schämt oder fürchtet Euch vor dem augenblicklichen, *vorübergehenden Wahnwitze*, der sich bei allen eigenen Schöpfern findet und dessen längere oder kürzere Dauer *den denkenden Künstler von dem Träumer unterscheidet*. Daher Eure Klagen über Unfruchtbarkeit, weil Ihr zu früh verwerft und zu strenge sondert. (Rank 1973 [1926], 63)

Schillers brillantes Modell des „schöpferischen Kopfes" skizziert *avant la lettre* eine Analogie zur Literatur, die zu diskutieren sein wird (vgl. Abschnitt 6.): den großen Haufen der hereingestürzten Ideen, Bilder und Motive so sorgfältig zu ordnen, dass die feinere Körnung des Textgewebes wie ein Traum mit Verdichtungen, Verschiebungen, Visualisierungen und Symbolisierungen arbeitet beziehungsweise damit gesättigt ist. Im Licht dieser Beobachtung wäre zum Beispiel die von Thomas Mann im Verlauf seiner Laufbahn als Schriftsteller immer weiter verfeinerte Leitmotivtechnik vor dem Hintergrund seiner Freud-Rezeption neu zu lesen.

5. Die Position der Frau(en) in der Psychoanalyse[1]

Obwohl Freud mit ‚starken Frauen' – psychoanalytisch gebildeten noch dazu – wie Lou Andreas-Salomé, Marie Bonaparte oder Helene Deutsch in Kontakt stand, obwohl zwei – Joan Riviere und Alix Strachey – seine Schriften ins Englische übersetzten, obwohl er gleich mit zwei Frauen zusammenlebte – Ehefrau Martha Freud und Schwägerin Minna Bernays –, obwohl er vor allem im letzten Lebensjahrzehnt eine enge Bindung an sein Dienstmädchen Paula Fichtl entwickelte (vgl. Appignanesi und Forrester 1994 [1993]), obwohl er seine Tochter Anna Freud – die vierte Frau in der Wiener Wohngemeinschaft, die später zwischen 1940 und 1952 die *Gesammelten Werke* herausgab – analysierte und ausbildete, obwohl er weitaus mehr Patientinnen als Patienten hatte, blieb die Psychologie der Frau für Sigmund Freud ein *„dark continent"* (XIV, 241). Zu der Metapher inspirierte ihn Joseph Conrads Roman *Heart of Darkness* (1899; *Herz der Finsternis* → II.6. POSTCOLONIAL UND CRITICAL RACE STUDIES), weil ihn am Mädchen vor allem eines interessiert – das ‚Andere' des Ödipuskomplexes in der Mutter-Tochter-Beziehung: „Die Einsicht in die präödipale Vorzeit des Mädchens wirkt als Überraschung, ähnlich wie auf anderem Gebiet die Aufdeckung der minoisch-mykenischen Kultur hinter der griechischen" (XIV, 519), schrieb er 1931 in der Abhandlung *Über die weibliche Sexualität*.

In der *Neuen Folge der Vorlesungen zur Einführung in die Psychoanalyse* (1933) heißt es in der 33. dementsprechend pointiert – und auch hier wieder im Rückgriff auf die Literatur, nämlich ein Gedicht von Heinrich Heine: „Über das Rätsel der Weiblichkeit haben die Menschen [sic] zu allen Zeiten gegrübelt". „Auch Sie werden sich von diesem Grübeln nicht ausgeschlossen haben, insoferne Sie Männer sind; von den Frauen unter Ihnen erwartet man es nicht, sie sind selbst dieses Rätsel." (XV, 120) Tatsächlich war das gesellschaftliche und ideologische Umfeld für Frauen nicht gerade günstig – die Kritik am Patriarchat, von dem sich Freud nie distanziert hat, ist seit einem halben Jahrhundert notorisch (vgl. Bovenschen 1979). Georg Simmel legt seit seinem Essay *Zur Psychologie der Frauen* (1890) sowie in darauf folgenden weiteren Versuchen das Fundament für eine Beurteilung ‚der Frau' und – auf Grundlage dieses Frauenbegriffs – der historischen Frauen als dem Mann gegenüber minderwertigen Wesen. Und 1903 erscheint Otto Weiningers verheerende Studie *Geschlecht und Charakter. Eine prinzipielle Untersuchung*, in der er biologisch begründet, warum ‚das Weib' je geistloser ist, desto weiblicher, ergo begieriger es ist. Der Mann allein ermögliche der Frau eine Art Teilhabe am kulturellen Leben. Bei Jean-Martin Charcot

---

1 Dieser Abschnitt wurde von Frauke Berndt verfasst.

studiert Freud ab 1885 am Hôpital de la Salpêtrière unter anderem die Techniken der Hypnose (erst unter dem Einfluss von Hippolyte Bernheim wendet sich Freud 1889 von Charcot ab). An dieser Klinik wird die Hysterie erfunden, photographisch dokumentiert (vgl. Didi-Huberman 1997 [1982]) und mit martialischen Methoden behandelt, unter anderem mit der sogenannten Ovarienpresse – zeitgenössisch *en vogue* waren auch radiologische und gynäkologische Experimente (z. B. Hysterektomie). Die gemeinsam mit Josef Breuer verfassten *Studien zur Hysterie* (1895) – eine Sammlung von Fallanalysen – geben den Auftakt zur Diskursivitätsbegründung der Psychoanalyse. In der Abhandlung *Die Sexualität in der Ätiologie der Neurosen* (1898) macht Freud Missbrauchserfahrungen für die Hysterie verantwortlich, die er als Konversionsneurose versteht, so etwa bei seinen frühen Patientinnen wie der Frauenrechtlerin Bertha Pappenheim – alias Anna O. aus den Hysteriestudien –, Ida Bauer – alias Dora aus dem *Bruchstück einer Hysterie-Analyse* (1905) – oder der Publizistin, Frauenrechtlerin und Kinderbuchautorin Emma Eckstein, die eng mit der Freud-Familie befreundet war.

Die Position ,der Frau' ist daher nicht nur in Freuds Fallbeschreibungen, sondern auch in seinen metapsychologischen Schriften ambivalent: Einerseits spielt ,die Frau' – also der Frauen*begriff*, den man nicht mit dem von Judith Butler kritisierten Kollektivsingular verwechseln sollte (vgl. Butler 1991 [1990], 15–22) – in der Konstitution des männlichen Subjekts eine zentrale Rolle, andererseits gibt es kein weibliches Subjekt beziehungsweise es gibt es nur als ,Rätsel'; das ist nicht zuletzt insofern interessant, als es zeigt, dass keine Subjektphilosophie ohne Gender-Index auskommt. Mit der Transformation des topischen Modells der Psyche (Unbewusstes, Vorbewusstes, Bewusstes) in das Modell der drei Instanzen (Ich – Es – Über-Ich) spielt ,die Frau' seit den 1910er Jahren eine Hauptrolle im ödipalen Drama. Dessen Protagonist – das männliche Kind – bildet nicht zuletzt sexuelle Identität auch dadurch aus, dass es – eingeschüchtert durch die Kastrationsdrohung – sein unmittelbares Begehren nach der Mutter sowie die Rivalität mit dem Vater aufgibt, um sich mit diesem zu identifizieren und die Mutter durch andere Frauen zu ersetzen. Damit geht – im Fall veralteter Normen – der *Untergang des Ödipuskomplexes* (1924) einher, während das männliche Subjekt im missglückten Fall sexuelle Perversionen ausbildet: Fetischismus, Masochismus, Sadismus, Melancholie, Narzissmus oder (männliche) Homosexualität, die Freud ebenfalls lediglich als Abweichung vom ,Normalen' betrachtet, nämlich als invertierte Sexualität und damit als Perversion. Vehement wendet er sich gegen den Sexualforscher Magnus Hirschfeld, der anders als Karl Heinrich Ulrich zwar kein drittes Geschlecht vorsieht, aber alle möglichen Zwischenformen. Wiederum ist es ein literarischer Text – *Eine Kindheitserinnerung des Leonardo da Vinci* (1910) – den Freud ausbeutet, um dann zum Gegenschlag anzusetzen:

> Die homosexuellen Männer, die in unseren Tagen eine energische Aktion gegen die gesetzliche Einschränkung ihrer Sexualbetätigung unternommen haben, lieben es, sich durch ihre theoretischen Wortführer als eine von Anfang an gesonderte geschlechtliche Abart, als sexuelle Zwischenstufen, als ein ‚drittes Geschlecht' hinstellen zu lassen. Sie seien Männer, denen organische Bedingungen vom Keime an das Wohlgefallen am Mann aufgenötigt, das am Weibe versagt hätten. So gerne man nun aus humanen Rücksichten ihre Forderungen unterschreibt, so zurückhaltend darf man gegen ihre Theorien sein, die ohne Berücksichtigung der psychischen Genese der Homosexualität aufgestellt worden sind. (VIII, 168–169)

Weil Freud die Anerkennung des Ödipuskomplexes zum „Schiboleth" der Psychoanalyse erklärt (V, 128, Anm. 2) – zu ihrem anthropologisch wie kulturell verankerten Dogma und Mantra –, muss ihm das kleine Mädchen als Mängelwesen erscheinen: Denn – so einfach ist die Rechnung – es hat keinen Penis oder mit der Klitoris nur einen verkümmerten, ist also zum ‚Penisneid' bestimmt. Während der Knabe den Ödipuskomplex überwindet, richtet sich das Mädchen in ihm ein. Den Mangel kann es, so Freud, narzisstisch nur durch Geburt und Mutterschaft ausgleichen. Es wendet sich von der Mutter ab und dem Vater zu, von dem es sich einen ‚Penis' wünscht: „Die weibliche Situation ist aber erst hergestellt, wenn sich der Wunsch nach dem Penis durch den nach dem Kind ersetzt, das Kind also nach alter symbolischer Äquivalenz an die Stelle des Penis tritt" – am besten „ein Knäblein" (XV, 137), wie es in der Vorlesung *Die Weiblichkeit* heißt. Was beim männlichen Subjekt daher als Perversion erscheint, das ist in der weiblichen Sozialisation ‚normal': Narzissmus und weiblicher Masochismus (vgl. XV, 141; XIII, 369–383); die Frau leidet also grundsätzlich unter einem „Männlichkeitskomplex" (XV, 143). In der Abhandlung *Über die Psychogenese eines Falles von weiblicher Homosexualität* (1920) liegt die Lösung daher auf der Hand – und provoziert weit weniger Abwehr als die männlichen Fälle: Die Patientin, so weiß Freud, „wurde durch die schlanke Erscheinung, die strenge Schönheit und das rauhe Wesen der Dame an ihren eigenen, etwas älteren Bruder gemahnt" (XII, 283).

Nicht nur die feministische Psychoanalyse und in ihrem Umfeld vor allem die poststrukturalistischen Theoretikerinnen und Theoretiker kritisieren Freuds ‚Phallogozentrismus' (Jacques Derrida) scharf (→ II.4. POSTSTRUKTURALISTISCHE THEORIE), sondern auch Freuds Zeitgenossinnen warten mit Gegenentwürfen auf. Melanie Klein, die sich darüber mit Anna Freud überwirft, vermutet in den *Frühstadien des Ödipuskomplexes* (1928), dass das Mädchen ein Bewusstsein ihres Körperinneren hat, den Penis also nicht beneidet, sondern begehrt; und Karen Horney bewertet in einer Reihe von Aufsätzen den Penisneid als Abwehr des Wissens über die Vagina und den männlichen Gebärneid (vgl. Horney 1977 [1967]). Die eigentliche Abrechnung mit dem Phallus – und damit die Kastration der Psychoanalyse Freud'scher wie gleichzeitig auch Lacan'scher Provenienz – vollzieht Luce Irigaray, insbesondere in *Speculum. De l'autre femme* (1974; *Spe-*

culum. Spiegel des anderen Geschlechts) und *Ce sexe qui n'en est pas un* (1977; *Das Geschlecht, das nicht eins ist*). Auch ihr Interesse richtet sich auf die präödipale Phase und mithin auf die Mutter-Tochter-Beziehung. Der metaphysischen Einheit, die den philosophischen Phallogozentrismus bestimmt, setzt sie mit dem weiblichen Geschlecht ein Mysterium gegenüber, das weder eines noch zwei ist – und das in einer *écriture féminine* als dezentriertes Schreiben in Erscheinung tritt, wie es sowohl Julia Kristeva als auch Hélène Cixous theoretisch umstellen (→ II.7. GENDER UND QUEER STUDIES):

> Dieses Geschlecht, das sich nicht sehen läßt, hat ebensowenig eine eigene Form. Und wenn die Frau gerade durch diese Unvollkommenheit der Form ihres Geschlechts genießt, die bewirkt, daß sie unaufhörlich und auf unbestimmte Weise sich berührt, so wird dieser Genuß durch eine Zivilisation verleugnet, die den Phallomorphismus privilegiert. Der der einzig definierbaren Form entsprechende Wert blockiert jenen, der in der weiblichen Auto-Erotik im Spiel ist. Das Eine dieser Form, des Individuums, des Geschlechts, des Eigennamens, des Eigen-Sinns ... tritt, indem es spreizt und teilt, an die Stelle dieser Berührung von mindestens zwei (Lippen), die die Frau in Kontakt mit sich selbst hält, aber ohne mögliche Absonderung dessen, was sich berührt. (Irigaray 1979 [1977], 25)

Auf einen zentralen Aspekt macht die Psychoanalytikerin Christa Rohde-Dachser aufmerksam, die eine *Expedition in den dunklen Kontinent* unternimmt, um 1991 einerseits eben die *Weiblichkeit im Diskurs der Psychoanalyse* ihrerseits zu analysieren, weil sie feststellt, dass „man Freuds Theorie der weiblichen Entwicklung auch als eine *Theorie der Nicht-Individuation* bezeichnen" könnte (Rohde-Dachser 1991, 5). Andererseits macht sie auf die Rolle der Literatur aufmerksam, die als imaginärer Raum der Psychoanalyse fungiert und deren kollektives Unbewusstes bebildert: Edgar Allan Poes *The Oval Portrait* (1842; *Das ovale Porträt*) oder Frank Wedekinds *Lulu*-Dramen (1892–1913). Vor diesem Hintergrund unterzieht sie Freuds Schriften selbst einer luziden metaphorologischen Kritik. So weist sie etwa die Kontiguität der Metaphern für das Weibliche, das Unbewusste und die „Geschlechtsmetaphern in Freuds Theorie des psychischen Apparats" nach (vgl. Rohde-Dachser 1991, 143–165). Insbesondere Freuds immer wieder von ihm selbst und anderen analysierter „TRAUM VOM 23./24. JULI 1895" (‚Traum von Irmas Injektion', II/III, 111–112) hält sie für eine „patriarchalische Beziehungsphantasie", die nun auch die Positionen von Analytikerin und Analysandin ‚gendert': „In der hier unternommenen Interpretation handelt der Irma-Traum also in eindrucksvollen Bildern vom Verstummen der Frau, ihrer Transformation von einem Gast, der empfangen werden möchte und frei über seine Befindlichkeit spricht, in ein (weibliches) Untersuchungsobjekt, dessen Körper Rätsel aufgibt, über deren Lösung eine Männerrunde unter sich verhandelt." (Rohde-Dachser 1991, 169; i. O. hervorgeh.)

Nicht nur in Freuds Schriften, sondern in ihnen als Spiegel des kulturellen Imaginären bündelt vor allem die Mutterimago kulturelle Energien, wie sie – trotz aller Ablehnung – an den Jung'schen Archetypen teilhaben: Mütterlich konnotiert sind „Kindermädchen, Kindsfrau, Gouvernante" (I, 444) – Agentinnen des Missbrauchs –, mütterlich ist das Organ – *hystera* –, das der ‚Frauenkrankheit' zugrunde liegt, und unheimlich ist das weibliche Genital, das den Katalysator der männlichen Subjektkonstitution bildet und das – in sublimierter Form der Mutter-Kind-Dyade – das verlorene Paradies wiederholt, wie es nicht zuletzt die autofiktionale Literatur des 19. Jahrhunderts imaginiert (vgl. Berndt 1999). Diese ‚Mutter' ist es, die sowohl Eros als auch Thanatos dient, an der phylo- und ontogenetischer Ursprung in eins fallen, die hetärische, tellurische und aphroditische Züge aufweist – Freud kennt Johann Jakob Bachofens *Das Mutterrecht. Eine Untersuchung über die Gynaikokratie der alten Welt nach ihrer religiösen und rechtlichen Natur* (1866) –, die als „phallische [ ] Mutter" (XV, 135–139) im Namen des Vaters handelt und diesen selbst als ‚Retter' erscheinen lassen kann, und die als archaische Mutter die Sphinx symbolisiert, dessen Rätsel Ödipus zu lösen hat, um nicht verschlungen und vernichtet zu werden.

Die Imaginationen des Weiblichen sind in den Literaturwissenschaften auf historisch breiter Basis erforscht worden – als historisches Motiv, im Werk einzelner Autorinnen und Autoren und in zahlreichen Interpretationen einzelner Texte –, z. B. die hohen Frauen des Mittelalters, die Mystikerinnen, die starken Frauen des Barocks, die empfindsamen Frauen der Aufklärung, die bürgerlichen Frauen des langen 19. Jahrhunderts, die Suffragetten, die Trümmerfrauen, die Königinnen, die Heldinnen, die Ehebrecherinnen, die Hetären, die Kurtisanen, Prostituierten, die Dienstmädchen, die Heilpraktikerinnen, die Hysterikerinnen, die Nymphomaninnen, die Anorektikerinnen, die Marien, die Venus-, Eva-, Pandora-Figuren, die Nymphen, Nixen und Elementargeister, die Mannweiber, die Kindfrauen, die *femmes fatales* und/oder *femmes fragiles*, die Musen, die schönen Leichen (vgl. Bronfen 1994). Im vorliegenden Handbuch soll aber nicht diese Motivgeschichte rekonstruiert werden. Das Interesse richtet sich vielmehr auf die paradigmatischen Figuren, die Ödipus, Hamlet und Moses Konkurrenz machen – die mythologischen Figuren, die Freud ablehnt, verdrängt oder verleugnet: Einen „Elektrakomplex" (XIV, 521) lehnt er in der Abhandlung *Über die weibliche Sexualität* (1931) im Frontalangriff gegen Jung ab, einen Antigonekomplex zieht er nicht in Erwägung, einen Medeakomplex versteckt er schamhaft hinter dem ‚Fall Dora'. Und doch sind es die beiden Töchter, Antigone (→ III.7. ANTIGONE) und Elektra (→ III.4. ELEKTRA), sowie die Mutter/das Mädchen Medea (→ III.3. MEDEA), anhand derer diese ‚Komplexe' profiliert werden. Dafür bedarf es also einer Spurensuche, welche die Verschiebungen und Verdichtungen in Freuds Theoriegebäude berücksichtigt. Den Ausgang nehmen die Rekonstruktionen daher bei der

Literatur, die psychoanalytisches Wissen figuriert – Wissen, das Freud ‚nicht sehen' kann oder will, das aber vor allem die Psychoanalytikerinnen und Psychoanalytiker in der zweiten Hälfte des 20. Jahrhunderts in Theorie übersetzen.

6. *Ars analogia*: Die Analyse von Traum und Text

In Abgrenzung von älteren Spielarten psychoanalytischer Lektüren der heroisierenden, pathologisierenden und psychobiographischen Machart und in Ergänzung zu Forschungen zur „Organik des Kunstwerks" (Angeloch 2016, 103–105), dessen psychogenetische Entwicklungsstufen vom Traum zum Artefakt Angeloch prägnant darstellt, hat sich auf Basis der Annahme einer strukturalen Analogie zwischen Traum und Text inzwischen die Einsicht durchgesetzt (→ II.2. RHETORIK UND POETIK), dass eine „psychoanalytisch inspirierte Poetik [...] sich weniger an den Schriften zur Literatur orientieren [kann], die Freud vorgelegt hat, als vielmehr an der *Traumdeutung*" (Geisenhanslüke 2015, 104). Die methodische Grundlage dieses Ansatzes erläutert Wolff: Ist das literarische Werk wie ein Traum gebaut, liegt mit Freuds Traumtheorie eine psychoanalytische Theorie des Textes vor, die „das literarische Werk analog zum manifesten Traumtext [...] als Ergebnis assoziativer Verdichtungen, Verschiebungen etc. [auffasst], d. h. sie gelangt über das explikative Konstrukt des Primärvorgangs zu jenen Merkmalsräumen, die sie am Text abhebt und zur Interpretation, zur Rekonstruktion des latenten Gehalts verwendet" (Wolff 1975, 426).

Die exzellente Brauchbarkeit der Unterscheidung zwischen manifestem Traumtext und dem ihm verdichtet innewohnenden latenten Traumgehalt für die Analyse literarischer Texte lässt sich vorab wohl am einfachsten dadurch illustrieren, dass man sie mit der Basisunterscheidung parallelisiert, die in der Erzähltheorie zwischen *Story* und *Plot* vorgenommen wird. Dem erinnerten manifesten Traumtext entspricht in der Literatur der *Plot*, also die uns in der Regel gedruckt vorliegende *Erzählung*, dem latenten Trauminhalt hingegen die *Story*, also die dem *Plot* vorausliegende, vom Dichter kunstvoll bearbeitete *Geschichte*. Genauso, wie die Traumarbeit den latenten Traumgedanken modifiziert, um als Resultat dieser Arbeit den manifesten Traum der Erinnerung darzubieten, bearbeitet der Dichter die ursprüngliche *Story*, um dann den *Plot* als Resultat der Textarbeit dem Publikum vorzulegen. Den verdichtend, verschiebend, verzerrend, auslassend, umstellend, symbolisierend verfahrenden Werkmeistern des Traums korrespondieren die zahlreichen Kunstgriffe der Narration, die *Bauformen des Erzählens* (1955): „Die Bauformen einer Erzählung erhalten ihre Kontur erst dadurch, daß die monotone Sukzession der erzählten Zeit beim Erzählen auf verschiedene Weise *verzerrt, unterbrochen, umgestellt* oder gar *aufgehoben* wird." (Lämmert 1980 [1955], 32) Eberhard Lämmerts Definition der Erzählarbeit lässt sich mühelos für die Traumarbeit umschreiben: Der manifeste Traum entsteht dadurch, dass der latente Traumgedanke durch die Traumarbeit auf verschiedene Weise verzerrt, unterbrochen, umgestellt oder gar aufgehoben wird. Um die Nützlichkeit, aber auch die Probleme dieses Ansatzes besser darlegen zu können, sind hier nun Grundgedanken der *Traumdeutung* in ihrem logisch eindrucksvoll geschlossenen Zusammenhang knapp zu referieren. Die für ein Handbuch über *Literatur & Psychoanalyse* wichtigsten sieben Thesen Freuds sind die folgenden:

Erstens: Der Traum ist der „W ä c h t e r d e s S c h l a f e s" (II/III, 239, im Folgenden allein unter Angabe der Seitenzahl zitiert). Dieses *Wächteramt* des Traums kann an einfachen Träumen gut erläutert werden: Der Durstige zum Beispiel träumt, dass er trinkt, und durch diese halluzinatorische Wunscherfüllung bleibt der Schlaf erhalten, bis das Bedürfnis zu groß wird und der Träumende erwacht.

Zweitens: Der Traum ist eine *Wunscherfüllung*. Die Aufgabe der Wunscherfüllung lässt sich leicht mit dem Wächteramt verbinden, insofern sie das Instrument ist, wodurch der Traum sein Wächteramt ausübt: Wir haben starke physische Bedürfnisse, etwa intensive erotische Wünsche, ferner Sorgen (denen der innige Wunsch, sie seien behoben, entspricht) etc. Die Träume spielen diese Wünsche, deren Intensität uns anderenfalls womöglich um den Schlaf brächte, als erfüllte beziehungsweise die Sorgen als behobene vor und sichern dadurch den Schlaf.

Drittens: Es gibt verschiedene *Arten von Träumen* – einfache, typische sowie komplizierte beziehungsweise unverständliche, die eine eingehende Deutung erheischen und eine genaue Kenntnis der Lebensumstände des Träumenden voraussetzen. Einfache Träume wären die genannten des Durstigen vom Trinken oder die des Rauchers auf Entzug von Bergen von Tabak. Typische Träume hingegen sind zum Beispiel Flugträume, in denen kindliche Glückserfahrungen von Erwachsenen noch einmal genüsslich nachgelebt werden, was ebenfalls zum Erhalt des Schlafs beiträgt. Das eigentliche Problem stellen die komplizierten Träume dar, in denen sich Erinnerungen vom jüngst vergangenen Tage mit wildfremd erscheinenden Elementen mischen, absurde Handlungen vorgehen, die ihrerseits nur partiell erinnert werden beziehungsweise ‚verwaschen', fragmentarisch sind usw. Diesen komplizierten Träumen gilt die Arbeit der Traumdeutung, deren größte Herausforderung wiederum jene Träume sind, welche die beiden Traumfunktionen – diejenige des Wächteramts und diejenige der Wunscherfüllung – nicht auszuüben, sondern uns vielmehr aus dem Schlaf zu reißen scheinen. Freud muss erklären, wie Träume, die zunächst in schroffem Widerspruch zu Wächteramt und Wunscherfüllung stehen, mit diesen Grundbestimmungen in Einklang zu bringen sind. Dazu ist erforderlich, dass er vorab klarstellt:

Viertens: Der Traum ist ein aus zahlreichen physischen (Außenreize, Leibreize etc.) und psychischen (rezenten und archaischen) *Traumquellen* gespeistes, aus unterschiedlichen Wünschen, dann einfachen und typischen Elementen zusammengesetztes Konglomerat. Die nächtliche Traumarbeit steht vor der Aufgabe, „alle vorhandenen Traumreizquellen zu einer Einheit im Traume zusammenzusetzen" (185–186). Wenn Freud zeigen möchte, dass der Traum einen klaren Sinn hat und sich, sobald er gedeutet wurde, als ein „vollwichtiges, gleichwertiges Glied in die Verkettung unserer seelischen Aktionen einfügt" (100), muss er zunächst die Elemente isolieren, aus denen die Legierung des Traums besteht. Zusätzlich ist dann zwischen zwei großen Gruppen von Wünschen zu unterscheiden, schematisch gesagt und als weitere These formuliert:

Fünftens: Für das Tagesbewusstsein Erwachsener gibt es erlaubte und *unterdrückte* beziehungsweise *verdrängte, verbotene Wünsche*. Während erlaubte Wünsche – etwa der Wunsch, Wasser zu trinken – leicht erinnert werden, bleiben verbotene Wünsche beim noch ungedeuteten Traum vielfach unerkannt. Wichtig ist festzustellen, dass der logische Nexus der Konstruktion hier gewahrt bleibt. Der Traum ist der Wächter des Schlafs. Wird der Wunsch zu stark, wird dieser Wächter überwunden, und der Schläfer erwacht. Insofern besteht zwischen dem Erwachen aus Durst und dem Erwachen aus einem Alptraum kein struktureller Unterschied. Der Unterschied besteht darin, dass in einem Fall der Wunsch erinnert wird, im anderen Fall aber unbekannt bleibt. An der Stelle des klaren Wunsches steht ein unklarer Traum. Deshalb präzisiert Freud die These von der Wunscherfüllung: „Der Traum ist die (verkleidete) Erfüllung eines (unterdrückten, verdrängten) Wunsches." (166)

Diese Präzisierung wiederum nötigt zu einer weiteren Unterscheidung, diesmal im Feld verbotener Wünsche. Diese können aktuell sein, archaisch oder eine Legierung aus beidem. Beispiele für verbotene Wünsche aus dem Leben Erwachsener wären kriminelle Impulse, Todeswünsche oder etwa Ehebruchsphantasien etc. (→ IV.10. KRIMINALLITERATUR). Es können im Traum aber auch verdrängte Wünsche aus tieferen Schichten der Biographie auftauchen, aus der Jugend und selbst der frühen Kindheit: „In das Nachtleben scheint verbannt, was einst im Wachen herrschte, als das psychische Leben noch jung und untüchtig war, etwa wie wir in der Kinderstube die abgelegten primitiven Waffen der erwachsenen Menschheit, Pfeil und Bogen, wiederfinden. Das Träumen ist ein Stück des überwundenen Kinderseelenlebens." (572–573)

Hier zeigt sich, worin die Verbindung zwischen verbotenen aktuellen und archaischen Wünschen besteht. Der verbotene Wunsch setzt sich über die Erziehung beziehungsweise über die für Erwachsene geltenden sozialen Normen hinweg. Der Träumende regrediert mit seinen in der Erwachsenenwelt als ‚böse' gewerteten Wünschen auf eine Stufe vor der Erziehung, wird psychisch wieder zum Kleinkind, weshalb verbotene Wünsche und Begierden oft als ‚kindisch' bezeichnet werden:

> Das Kind ist absolut egoistisch, es empfindet seine Bedürfnisse intensiv und strebt rücksichtslos nach ihrer Befriedigung, insbesondere gegen seine Mitbewerber, andere Kinder, und in erster Linie gegen seine Geschwister. Wir heißen das Kind aber darum nicht ‚schlecht', wir heißen es ‚schlimm'; es ist unverantwortlich für seine bösen Taten vor unserem Urteil wie vor dem Strafgesetz. Und das mit Recht; denn wir dürfen erwarten, daß noch innerhalb von Lebenszeiten, die wir der Kindheit zurechnen, in dem kleinen Egoisten die altruistischen Regungen und die Moral erwachen werden, daß [...] ein sekundäres Ich das primäre überlagern und hemmen wird. (256)

Das primäre oder Lust-Ich der Kindheit untersteht dem Primärprozess beziehungsweise es folgt kompromisslos dem Lustprinzip. Das Ich der Erwachsenen hingegen folgt den Regeln des Sekundärprozesses beziehungsweise dem Realitätsprinzip (→ III.10. DER FÜRST). Was die aktuellen und die archaischen Wünsche eint, ist der Charakter des Verbotenen und daher Unterdrückten beziehungsweise Verdrängten, sodass sie zwar intensiv genug sind, den Schlaf zu stören, nicht aber stark genug, den im Kampf unterliegenden Wächter des Tagesbewusstseins daran zu hindern, sie derart zu entstellen, dass ihr Inhalt und Sinn der bewussten Erinnerung nicht zugänglich ist und eine Deutung notwendig wird. Deshalb kann Freud feststellen:

Sechstens: Der manifeste Trauminhalt ist ein *Kompromissgebilde*, das nicht nur aus den vielen Traumquellen gespeist wird, sondern auch aus dem Konflikt hervorgeht, der sich zwischen dem verbotenen Wunsch, der dem Primärprozess angehört, und dem Wächter abspielt, der strikt dem Sekundärprozess folgt. Diese These führt zu der weiteren, dass stets zwischen *latentem Traumgedanken* und *manifestem Trauminhalt* zu differenzieren sei. Der erinnerte manifeste Traum ist, wie eine Schlüsselpassage darlegt, das Resultat von mindestens drei Veränderungen mit den entsprechenden semantischen Reibungsverlusten: der *neuen Formulierung* des Inhalts, der *Übersetzung* in eine andere Sprache und schließlich des *Medienwechsels* vom Text zum Bild. Freud führt aus (→ II.8. MEDIENTHEORIE):

> Traumgedanken und Trauminhalt liegen vor uns wie zwei Darstellungen desselben Inhaltes in zwei verschiedenen Sprachen, oder besser gesagt, der Trauminhalt erscheint uns als eine Übertragung der Traumgedanken in eine andere Ausdrucksweise, deren Zeichen und

Fügungsgesetze wir durch die Vergleichung von Original und Übersetzung kennenlernen sollen. Die Traumgedanken sind uns ohne weiteres verständlich, sobald wir sie erfahren haben. Der Trauminhalt ist gleichsam in einer Bilderschrift gegeben, deren Zeichen einzeln in die Sprache der Traumgedanken zu übertragen sind. Man würde offenbar in die Irre geführt, wenn man diese Zeichen nach ihrem Bilderwert anstatt nach ihrer Zeichenbeziehung lesen wollte. Ich habe etwa ein Bilderrätsel (Rebus) vor mir [...]. (283–284)

Dass im Schlaf verbotene Wünsche aufsteigen können, liegt in der weitgehenden Ausschaltung des Tagesbewusstseins begründet: „Hinter den bewußtseinsfähigen und einwandfreien Wünschen [...] brechen im Traum die unterdrückten und unerlaubt gewordenen Kinderwünsche hervor." (252) Mit Blick auf die verbotenen Wünsche lässt sich eine Staffelung beobachten. Archaisches Material, das durch Erfahrungen jüngerer Zeit wieder rezent geworden ist, kommt herauf und hängt wie lastender Tang an den aktuellen Traumwünschen. Ein aktueller Wunsch kann daher auch die Maske eines archaischen Wunsches sein: So kommt „jedem Traum in seinem manifesten Inhalt eine Anknüpfung an das rezent Erlebte zu, in seinem latenten Inhalt aber eine Anknüpfung an das älteste Erlebte" (223–224). Das wohl bekannteste Beispiel ist die Liebe mit ihren Träumen vom Glück. In jeder neuen Liebe von Erwachsenen kommen wieder Erinnerungen an alle vorgängigen, mehr oder minder gut verarbeiteten Objektwahlen und -verluste bis zurück zu den allerersten Erfahrungen herauf und färben die neue Liebeserfahrung ein. Sind unverarbeitete, verdrängte Katastrophen darunter, kann die Erneuerung der Liebe den Ausbruch einer neurotischen Krise bewirken. Inhalte alter Kindheitskonflikte, die womöglich niemals durchgearbeitet wurden und daher den Erwachsenen potenziell krank beziehungsweise neurotisch machen, werden nach diesem Modell in den Träumen greifbar und ermöglichen es der Psychologin oder dem Psychologen, den Ort der Katastrophe aufzuspüren. Darin liegt die zentrale Bedeutung der Träume für die von Freud inaugurierte Psychotherapie, während derer die Träume der Analysandinnen und Analysanden interpretiert werden, die sich im Prozess der Analyse regelhaft vermehren und intensivieren. Es ist „eine hervorragende Besonderheit unbewußter Vorgänge, daß sie unzerstörbar bleiben. Im Unbewußten ist nichts zu Ende zu bringen, ist nichts vergangen oder vergessen." Daraus folgert Freud: „Die Kränkung, die vor dreißig Jahren vorgefallen ist, wirkt, nachdem sie sich den Zugang zu den unbewußten Affektquellen verschafft hat, alle die dreißig Jahre wie eine frische." Und er schließt: „Gerade hier hat die Psychotherapie einzugreifen. Ihre Aufgabe ist es, für die unbewußten Vorgänge eine Erledigung und ein Vergessen zu schaffen." (583–584)

Siebtens: Weil es die Träume sind, die den Weg zur Erkenntnis dieser Konflikte eröffnen, kann Freud abschließend in einem berühmt gewordenen Satz feststellen: „Die Traumdeutung aber ist die Via regia zur Kenntnis des Unbewußten im Seelenleben." (613)

Vergleicht man nun die komplexe Struktur der *Traumdeutung* mit Freuds Schriften zur Literatur, zeigt sich, dass das von ihm im Vortrag über den *Dichter und das Phantasieren* skizzierte Modell einfache Wünsche betrifft. Trivialliteratur und simple Wunschträume entsprechen einander. Die Einsichten zu komplizierteren Formen des Traums hingegen machen es möglich, komplexere Formen von Literatur zu studieren, die dem Wunsch nach einfacher Unterhaltung nicht nur nicht willfahren, sondern vielfach zuwiderlaufen. Kompliziertere Texte entsprechen daher in der Welt der Literatur dem, was in Freuds Phänomenologie des Traums der Alptraum wäre, in dem verdrängtes Material entstellt wiederkehrt. Avantgardistische Texte wie James Joyces *Finnegans Wake* (1939), Dada-Artefakte, intermediale Experimente, Montagen, etc. wiederum finden eine verblüffend genaue Entsprechung in den auf den ersten Blick abstrusen, unvollständigen, aus vielen Elementen zusammengeschusterten Träumen. Die folgende Notiz liest sich daher wie ein Beitrag zur Avantgarde-Poetik des 20. Jahrhunderts. Als Ergebnis der intensiven „Pressung der Traumarbeit" entsteht der manifeste Traum, der die Charakteristik einer Montage von Elementen zeigt, die aus ihrem ursprünglichen Kontext herausgebrochen wurden: „Wenn [...] die ganze Masse dieser Traumgedanken der Pressung der Traumarbeit unterliegt, wobei die Stücke gedreht, zerbröckelt und zusammengeschoben werden, etwa wie treibendes Eis, so entsteht die Frage, was aus den logischen Banden wird, welche bishin das Gefüge gebildet hatten." (317)

Die Traumdeutung steht angesichts dieser eindrucksvollen Vorgänge insgesamt vor der Aufgabe, die Traumarbeit Stück für Stück wieder rückgängig zu machen. Dafür wird es notwendig, die „Werkmeister" (313) der Traumarbeit und ihren Agenten zu identifizieren. Im Schlaf figuriert die vom ruhenden Tagesbewusstsein eingesetzte Instanz der *Zensur* als eben jener ‚Nachtwächter‘, der die Entstellung verbotener Wünsche durch die Traumarbeit bewirkt: „Der Schriftsteller hat die Zensur zu fürchten, er ermäßigt und entstellt darum den Ausdruck seiner Meinung. [...] Je strenger die Zensur waltet, desto weitgehender wird die Verkleidung, desto witziger oft die Mittel, welche den Leser doch auf die Spur der eigentlichen Bedeutung leiten." (148) Die vier ‚Werkmeister‘, deren Tätigkeit im Dienste der Zensur Freud die Gestaltung des Traums hauptsächlich zuschreibt, sind: die *Verdichtung*, die *Verschiebung*, die *sekundäre Bearbeitung* und die *Rücksicht auf Darstellbarkeit* – mithin diejenigen Strukturen, die Freud kurz nach der *Traumdeutung* sowohl 1904 in seiner Studie *Zur Psychopathologie des Alltagsle-*

bens bei den verschiedenen Formen der Fehlleistungen beschreibt – *Über Verges-sen, Versprechen, Vergreifen, Aberglaube* [sic] *und Irrtum* – als auch 1905 in der epo-chalen Abhandlung *Der Witz und seine Beziehung zum Unbewußten* (→ IV.7. WITZ):

a) *Verdichtung* bezeichnet bei Freud den Umstand, dass „die Traumelemente aus der ganzen Masse der Traumgedanken gebildet werden und daß jedes von ihnen in bezug auf die Traumgedanken mehrfach determiniert erscheint" (290). Einfache Beispiele, die Freud bringt, sind „Sammelpersonen" (301) im Traum, wie zum Beispiel eine schöne Frau, die einen Vollbart oder der Junge, der blaue Ohrringe trägt. Hier wird die Verdichtung mehrerer Elemente zu *einem* Bild, die Visualisierung der Überdetermination evident. Erläutern lässt sich, was Verdich-tung meint, auch mit Blick auf das, was Freud treffend „Wortklumpen[ ]" (302) nennt, die zuweilen im Traum erscheinen. So analysiert er etwa das wunderbare Wort „*Maistollmütz*'", das im Traum einer Patientin vorkam. In ‚Maistoll-mütz' steckt der Mais, aus dem man Polenta macht, aber auch eine mannstolle Miss, die nach Olmütz gereist ist, ferner, weil die Patientin mit jener Miss Prob-leme hat: „m i e s = ekel, übel im scherzhaft gebrauchten jüdischen Jargon." (302) In der Verdichtung ereignet sich die faszinierende „Silbenchemie" (303, Anm. 1) der Traumarbeit, über die Freud vermerkt: „Worte werden vom Traum überhaupt häufig wie Dinge behandelt und erfahren dann dieselben Zusammensetzungen wie die Dingvorstellungen. Komische und seltsame Wortschöpfungen sind das Ergebnis solcher Träume." (301–302)

Wie die Verdichtung funktioniert, kann man einprägsam auch an Freuds eigenem „Traum von der botanischen Monographie" erläutern: „*Ich habe eine Monographie über eine (unbestimmt gelassene) Pflanzenart geschrieben. Das Buch liegt vor mir, ich blättere eben eine eingeschlagene farbige Tafel um. Dem Exem-plar ist ein getrocknetes Spezimen der Pflanze beigebunden.*" (287–288) Wie sich zeigt, ist das Wort ‚botanisch' der Link zwischen Trauminhalt und Traumgedan-ken. In ‚botanisch' verdichten sich, wie Freud durch Hinweise auf Daten seines eigenen Lebens illustriert, eine Vielzahl von latenten Vorstellungen: ein Profes-sor Gärtner, seine ‚blühende' Frau, eine Patientin namens Flora, eine Geschichte mit vergessenen Blumen, den Lieblingsblumen seiner Frau etc.

b) Während die Verdichtung die Verschleierung der Traumgedanken durch eine nahezu unverdauliche Überdosis an Informationen bewirkt, da sich hier die Mehrschichtigkeit der stets überdeterminierten Träume zeigt, bewirkt die *Ver-schiebung* die eigentliche Entstellung, die List der Zensur qua Ablenkung vom eigentlichen Wunsch. Manche Traumelemente wirken, „als ob eine V e r s c h i e -b u n g – sagen wir: des psychischen Akzentes – [...] zustande käme" (183). Aus dem Alltagsleben ist die analog verfahrende Gesprächsstrategie bekannt, auf eine gleichgültige Nebensache auszuweichen, wenn die Erörterung der Haupt-sache vermieden werden soll, wobei aber plötzlich die Nebensache zum ‚geladenen' Objekt des Konflikts werden kann. Ähnlich besteht die Spur des latenten Traumgedankens bei der Verschiebung darin, dass der Affekt im manifesten Traum erhalten geblieben ist, nur aber an einer anderen Stelle sitzt. Der Affekt wird von der Sache, die eigentlich bewegt, verschoben und verbindet sich mit einer Nebensache: „Jene ursprünglich indifferenten Elemente sind eben nicht mehr indifferent, seitdem sie durch Verschiebung die Wertigkeit vom psychisch bedeutsamen Material übernommen haben." (188–189) Die Verschiebung kann so radikal ausfallen, dass dasjenige, „[w]as in den Traumgedanken offenbar der wesentliche Inhalt ist, [...] im [manifesten] Traum gar nicht vertreten [ist]" (310). Die Verschiebung ist daher wohl die stärkste Maßnahme der Zensur, was sich am Käfertraum einer Patientin erläutern lässt: *„Sie besinnt sich, daß sie zwei Maikäfer in einer Schachtel hat, denen sie die Freiheit geben muß, weil sie sonst ersticken. Sie öffnet die Schachtel, die Käfer sind ganz matt; einer fliegt zum geöffneten Fenster hinaus, der andere aber wird vom Fensterflügel zerquetscht, während sie das Fenster schließt, wie irgend jemand von ihr verlangt (Äußerungen des Ekels)."* (295)

Wie Freuds Analyse zeigt, ist hier etwas im Leben der Patientin Bedeutendes auf die Maikäfer verschoben worden, die in einem Gespräch am Tag zuvor der Gegenstand einer ganz anderen Konversation waren. Es geht in dem Traum, wie er detailliert darlegt, um die Beziehungen der Sexualität zur Grausamkeit. Das Moment der Grausamkeit kann im Traum wiedererscheinen, „aber in andersartiger Verknüpfung und ohne Erwähnung des Sexuellen, also aus dem Zusammenhang gerissen und dadurch zu etwas Fremdem umgestaltet" (311). Der Käfertraum ist von fast didaktischer Klarheit, die sich erschließt, wenn man in der Schachtel, in der die zwei ermatteten Maikäfer liegen, das Ehebett erkennt und weiß, dass die Patientin mit ihrem Mann jeden Abend darum streiten muss, ob das Fenster, wie er es wünscht, geschlossen wird oder aber, wie sie es gerne hätte, offenbleibt. Der Käfertraum artikuliert – verschoben – den Wunsch der Patientin, sich aus einer als erstickend erfahrenen Ehe zu befreien, ohne dass sie dabei zerquetscht würde.

In zwei berühmten Aufsätzen haben Roman Jakobson – in *Der Doppelcharakter der Sprache: Die Polarität zwischen Metaphorik und Metonymik* (1956) – und Jacques Lacan – in *L'instance de la lettre dans l'inconscient ou la raison depuis Freud* (1957; *Das Drängen des Buchstabens im Unbewussten oder die Vernunft seit Freud*) – vorgeschlagen, „die Termini Verschiebung und Verdichtung, die sich bei Freud als Metaphern energetischer Besetzung verstehen, als eben jene von Freud geforderte Zeichenbeziehung, nämlich als Metonymie und Metapher" aufzufassen (Haselstein 1991, 81; → II.1. Semiotik): Die Metonymie ist eine rhetorische Figur der Verschiebung bei einer gegebenen Kontiguität zweier Terme – statt Bismarck erscheint eine Pickelhaube –, „während die Symbolik der metaphorischen Dimension entspricht, wo die Assoziation durch Ähnlichkeit herrscht"

(Laplanche und Pontalis 1991 [1967], 605): Der Traum zeigt eine Zigarre. Die Engführung der Metapher mit der Verdichtung sowie der Metonymie mit der Verschiebung impliziert die für ein Verständnis der ‚Rhetorik des Unbewussten‘ wichtige These, „daß die nicht-kommunikative, durch den Verdrängungswiderstand entstellte ‚Sprache‘ des Unbewußten den gleichen Regeln folgt (besser: nach den gleichen Regeln beschreibbar ist) wie die kommunikative Sprache des rhetorisch-literarischen Diskurses" (Wolff 1975, 423). Vor dem Hintergrund der literaturtheoretischen Diskussionen seit 1975 lässt sich Wolffs Erläuterung dahingehend ergänzen, dass die Einsicht in den Nexus zwischen Metapher und Verdichtung sowie zwischen Metonymie und Verschiebung nicht nur dabei hilft, die Sprache des Unbewussten besser zu begreifen. Sie ermöglicht es umgekehrt auch, die Logik einer Literatur klarer nachzuvollziehen, die gleichfalls nicht als kommunikative Sprache intendiert ist, sondern sich, nicht nur in Dada oder hermetischer Lyrik, prinzipiell der Kommunikation verweigert. Für die Philologie ist inzwischen weniger von Interesse, dass das Unbewusste wie eine Sprache strukturiert ist, als vielmehr, dass literarische Sprache wie ein aus Verdichtungen und Verschiebungen komponierter Traum funktioniert. Für die Wahrnehmung dieser Logik und ihrer subtileren Ausprägungen sensibilisiert die Argumentation der *Traumdeutung*.

c) Mit der *sekundären Bearbeitung* adressiert Freud die intellektuelle Glanzleistung der Zensur. Was der Erinnerung vorliegt, das ist ein Traum, der vom Zensor – so die brillante These – „schon einmal gedeutet worden" ist (494). Die sekundäre Bearbeitung verharmlost den ursprünglichen Traum, indem sie aus dem ihr „dargebotenen Material e t w a s w i e e i n e n T a g t r a u m zu gestalten" versucht (496). Sie verantwortet „Einschränkungen und Auslassungen", aber auch „Einschaltungen und Vermehrungen" (493), die Konsistenz und Kohärenz fingieren, um dem Bewusstsein eine Einfachheit des Traumes vorzuspielen, die auf der Ebene des Konfliktes und des mühsam erreichten Kompromisses nicht gegeben war. Freud kann für die zensurierende Arbeit sekundärer Bearbeitung daher – nur scheinbar paradox – konstatieren: „Klar erscheinen uns jene Traumpartien, an denen die sekundäre Bearbeitung etwas ausrichten konnte, verworren jene anderen, wo die Kraft dieser Leistung versagt hat." (505)

d) Die *Rücksicht auf Darstellbarkeit* wird hier abschließend abgehandelt, weil sich an ihr ein Problem für die exklusiv am Modell des Erzähltextes orientierte Deutung zeigt, denn die Traumdarstellung nimmt zumal Rücksicht darauf, „daß der Vorstellungsinhalt nicht gedacht, sondern in sinnliche Bilder verwandelt" (540) werden muss. Die bildliche Wiedergabe von Gedanken beziehungsweise die Repräsentation logischer Beziehungen durch Bilder nötigt Freud zu knappen Reflexionen über die Grenzen der Künste: „In einer ähnlichen Beschränkung befinden sich ja die darstellenden Künste, Malerei und Plastik im Vergleich zur

Poesie, die sich der Rede bedienen kann, und auch hier liegt der Grund des Unvermögens in dem Material, durch dessen Bearbeitung die beiden Künste etwas zum Ausdruck zu bringen streben." (317)

Aus der Rücksicht auf Darstellbarkeit folgt zunächst die Einsicht, dass die im Traum zuweilen präsentierte intellektuelle Tätigkeit nicht überschätzt werden sollte. Um beim Analogon der Montage zu bleiben: Die Druckseite aus einer philosophischen Abhandlung etwa wäre nicht zu lesen, sondern als unselbstständiges Moment des montierten Materials zu rezipieren, als Teil des Rebus: „Es gibt ja Träume, in welchen die kompliziertesten Geistesoperationen vor sich gehen, begründet und widersprochen, gewitzelt und verglichen wird wie im wachen Denken. Allein auch hier trügt der Schein; wenn man auf die Deutung solcher Träume eingeht, erfährt man, daß das alles Traummaterial ist, nicht Darstellung intellektueller Arbeit im Traum." (317–318)

Entscheidend für die Problematik der Traumdeutung ist aber, dass Freud mit dem Begriff der Darstellbarkeit auf den *Medienwechsel* hinweist, der sich auf dem Weg vom Traumgedanken zum manifesten Traum vollzieht. Zwar bleibt die eingangs formulierte These triftig, dass die moderne Erzählforschung zur Verfeinerung der Traumdeutung beitragen kann, weil sie ein umfassendes Begriffsarsenal ausgebildet hat und einen hohen Grad an Anwendbarkeit ermöglicht. Doch fordern die unterschiedlichen Dimensionen des Traumes aus literaturwissenschaftlicher Perspektive eine Erweiterung des ursprünglichen Modells: Nur der niedergeschriebene Bericht des Traumes bildet einen *narrativen*, das heißt durch eine (in der Regel homodiegetische) Erzählinstanz vermittelten *Text*, während der erlebte und erinnerte manifeste Trauminhalt durch die Forderung nach Darstellbarkeit, die er mit Symbolisierung, Verkörperung (Figuren) und Handlung beantwortet, in die Nähe des *Dramas* rückt. Im Traum wird der Gedanke szenisch aufgeführt. Der zugrunde liegende Wunsch wiederum, der latente Traumgedanke, scheint der *lyrischen Klage* verwandt – eine Hypothese, die auch deshalb plausibel erscheint, weil deren Aussageinstanzen zumeist nicht aus der Perspektive anderer sprechen, sondern mit allen Mitteln der Kunst als ‚egoistische' und ‚regressive' Stimmen. Für diese Aussagesituation, in der es weniger um Repräsentation als vielmehr darum geht, Präsenzeffekte zu erzeugen, wurde daher lange Zeit Margarete Susmans Begriff des ‚lyrischen Ichs' verwendet (vgl. Susman 1910): „Man darf annehmen, dass in der ‚Magie' der lyrischen Rede etwas mitschwingt von dem archaischen *Klangzauber der mütterlichen Rede*, deren ‚Botschaft' für das Kind zunächst noch nicht in der Wortbedeutung enthalten ist, sondern in Rhythmus, Tempo, Dauer, Tonskala, Nuance der Töne, Klangfarbe der Stimme der Mutter." (Schönau und Pfeiffer 2003, 62–63)

Folglich wäre die zweiteilige Unterscheidung zwischen latentem Traumgedanken und manifestem Trauminhalt womöglich mit Blick auf die von Freud erstmals erforschten Transformationsprozesse auf ein dreiteiliges Modell zu erweitern, das sich an der klassischen Gattungstrias orientieren kann, deren psychologische Basis damit ebenfalls sichtbar wird: Der latente Traumgedanke (Lyrik: Stimme, Präsenz) wird in den ‚visuellen' Trauminhalt übersetzt (Drama: Körper, Performanz) und zuletzt als erinnerte Traumerzählung niedergeschrieben (Prosa: Schrift, Repräsentation). Der Traum wird zweimal ‚zensiert', zweimal überarbeitet – und zwar mittels verschiedener Verfahren (zweier Medienwechsel). Aus literaturwissenschaftlicher Sicht führt diese Struktur zu zwei verschiedenen Agenten: Die Stafette des Wunsches wandert vom Lyriker zum Dramatiker und verbleibt zuletzt in der Hand des Erzählers. Die Vermutung ist also, dass eine ausschließlich am narrativen Text orientierte Deutung den manifesten Trauminhalt mit dem niedergeschriebenen Traum unzulässig identifiziert, wie es etwa im Kapitel zur Verdichtungsarbeit in der *Traumdeutung* zum dürren Ausdruck kommt: „Der Traum füllt niedergeschrieben eine halbe Seite." (284)

In der Transformation des geträumten Dramas in einen Erzähltext spiegelt sich der historische Übergang, der von Freuds zunächst praktizierter Hypnose zur mit dem Verfahren der freien Assoziation arbeitenden Gesprächstherapie führt und damit zu dem, was noch heute als Psychoanalyse gilt. Auch diese Entwicklung kann als Gattungswechsel beschrieben werden, „als Übergang von einer mimetisch-dramatischen Praxis zur Erzählung – als Verzicht auf Mimesis und Gefühl" (von Koppenfels 2007, 79). Dieser Prozess zeichnet sich bereits in den frühen *Studien zur Hysterie* ab, in denen aus den „dramatischen Wurzeln der Psychoanalyse" (von Koppenfels 2007, 56), die in den tragierten hysterischen Anfällen bei Jean-Martin Charcot in Paris vor Augen standen, nunmehr Erzählungen hervorgehen: So wie die ‚Urpatientin' Bertha Pappenheim – alias Anna O. – versucht, „aus Theater Erzählungen hervorzubringen, versuchen Breuers und Freuds Hysteriegeschichten – Freud nennt sie ‚Novellen' –, Theater in eine Erzählung zu inkorporieren" (von Koppenfels 2007, 56), ohne dass der dramatische Kern jemals ganz vergessen würde, wie sich bei Freud selbst an der Bedeutung zeigt, welche die Tragödie für seine metapsychologischen Reflexionen besitzt.

Der Diskurstyp der Wünsche ist mit dem poetischen Diskurs vergleichbar, „der wie das Begehren auf Überschreitung des Gesagten und des Sagbaren angelegt ist und wie der Wunsch stets durch eine Interpretation auf Bedeutung rückführbar ist" (Haselstein 1991, 85). Doch bleibt die Interpretation „angesichts der Singularität der Signifikanten hier wie da stets [eine] tragische Unternehmung" (Haselstein 1991, 84). Ulla Haselstein zufolge liegt die ‚Tragik' der Interpretation der Wünsche wie der Literatur darin, dass durch die Abhängigkeit der Interpretation von Begriffen die Einmaligkeit des Wunsches und des poetischen Diskurses unausweichlich verloren geht, weil sie im Begriff aufgelöst wird. Verloren geht in der Deutung – auch und womöglich, *weil* sie gelingt – das, worum es im

Traum ‚eigentlich' ging. Diese ‚Tragik' der Unerreichbarkeit des Wunsches wird bereits erfahrbar, sobald der Traum niedergeschrieben wird und sein Notat nur ‚eine halbe Seite füllt'. Die Enttäuschung liegt darin, dass sich die Erfahrung des Dramas und zumal der Gefühlswert der übertragenen Bilder in einem Erzähltext nicht reproduzieren lassen.

Diese Problematik der Unerreichbarkeit der *dream sensation* wurde in der Literatur früh erkannt. Im Jahr 1899 erschien mit Joseph Conrads Erzählung *Heart of Darkness* zeitgleich mit der *Traumdeutung* deren radikale Infragestellung im Zeichen der ‚Tragik', insofern hier mit dem Erzähler Marlow eine homodiegetische Erzählinstanz auftritt, die an der Klippe des Solipsismus scheitert. Die ‚Gedanken an und wider Freud' können sich seither auch verschoben als ein Zitat aus *Heart of Darkness* artikulieren. Exemplarisch ist hier das lyrische Werk von Eliot, dessen erste Gedichtsammlung *Prufrock and Other Observations* von 1917 bereits ein klar an Freuds Diagnostik orientiertes Prosagedicht mit dem Titel *Hysteria* enthält (vgl. Eliot 1971a, 24). Nicht nur *The Hollow Men* (*Die hohlen Männer*) von 1925 tragen dann ein Zitat aus *Heart of Darkness* als Motto – „Mistah Kurtz – he dead" (Eliot 1971a, 77) –, auch die erst 1971 publizierte ursprüngliche Fassung von *The Waste Land* (1922; *Das wüste Land*) zitiert das berühmte Ende von Conrads Erzählung über den Horror absoluter Erkenntnis auf dem Titelblatt. Eliot setzt mit dieser geschickten Zitatpolitik indirekt auch seine intensive Auseinandersetzung mit der Psychoanalyse fort (vgl. Eliot 1971b, 3).

In einer berühmt gewordenen Passage von *Heart of Darkness* schneidet der einsame Marlow den schwarzen Erzählfaden ab und bestreitet die Mitteilbarkeit seiner traumartigen Erfahrungen, da sich das ‚eigentliche' Traumgefühl der epischen Reproduzierbarkeit entziehe. Marlow formuliert damit die Herausforderung, vor der Mitteilung und Deutung der Träume bis heute stehen:

> ‚Do you see him? Do you see the story? Do you see anything? It seems to me I am trying to tell you a dream – making a vain attempt, because no relation of a dream can convey the dream-sensation, that commingling of absurdity, surprise, and bewilderment in a tremor of struggling revolt, that notion of being captured by the incredible which is the very essence of dreams …'
> He was silent for a while.
> ‚… No, it is impossible; it is impossible to convey the life-sensation of any given epoch of one's existence – that which makes its truth, its meaning – its subtle and penetrating essence. It is impossible. We live, as we dream – alone …' (Conrad 1988 [1899], 29–30)

7. Die Poetik der Psychoanalyse

Im Einklang mit Adornos Kritik, die Psychoanalyse verwechsle Kunstwerke mit „Dokumenten" (Adorno 1997 [1970], 20), hatte Starobinski wenig später Freuds „Gereiztheit gegenüber dem Künstler" bestätigt und zuletzt beim Begründer der Psychoanalyse einen „literarischen Komplex" (Starobinski 1990 [1970], 99) diagnostiziert. Seit den Studien insbesondere von Shoshana Felman, Geoffrey Hartman, Samuel Weber und Avital Ronell wird im Lichte dieser Kritik die vermeintlich unanfechtbare Superiorität des ärztlichen Blicks der Psychoanalyse auf ihren ‚Gegenstand' – die Literatur und ihre Produzentinnen und Produzenten – durch subtile Lektüren klassischer psychoanalytischer Texte in Zweifel gezogen, die deren unbewusste Literarizität – die Poetik der Psychoanalyse – ans Licht bringen. Die Grenze zwischen Objekt- und Metasprache wird damit zur durchlässigen Membran, und *reading after Freud* (vgl. Nägele 1987) meint seither gleichermaßen *selon* und *après*. Felman eröffnete den (Rück-)Blick der Literatur auf die Psychoanalyse folgendermaßen:

> We would like to suggest that, in the same way that psychoanalysis points to the unconscious of literature, *literature, in its turn, is the unconscious of psychoanalysis*; that the unthought-out shadow in psychoanalytical *theory* is precisely its own involvement with literature; that literature *in* psychoanalysis functions precisely as its ‚*unthought*': as the condition of possibility *and* the self-subversive blind spot of psychoanalytical *thought*. (Felman 1982, 10)

Im Interesse *beider* Parteien wurde die Gleichstellung von *Literatur & Psychoanalyse* postuliert, „since psychoanalysis itself is equally a body of language, and literature also a body of knowledge" (Felman 1982, 6). Ein klares Herrschaftsverhältnis, charakterisiert durch die narzisstische Kränkung der in der Regel *in absentia* analysierten Dichter einerseits und durch das szientifische Größenselbst der Analyse andererseits, wäre, so lautete Felmans Appell, durch „a real *dialogue*" (Felman 1982, 6) zu ersetzen. Diesen Dialog setzen die Beiträge des vorliegenden Handbuches einerseits in Artikeln zu den *Theorien, Methoden und Konzepten* des 20. und 21. Jahrhunderts fort, die sich kritisch mit der Psychoanalyse auseinandersetzen und sie interdisziplinär weiterentwickeln. Die *exemplarischen Analysen* zu *paradigmatischen Figuren* und *historischen Formen* sind wiederum nicht so konzipiert, dass Psychoanalyse einfach auf Literatur angewendet würde. Vielmehr steht Literatur als ein epistemisches Medium im Zentrum, das psychoanalytisches Wissen *nach* wie *vor* Freud generiert – Wissen, das Einsichten der Psychoanalyse aufgreift, vor allem aber Wissen, das genuin psychoanalytisch ist, bevor, vielfach erst Jahrhunderte später, der entsprechende Diskurs begründet worden sein wird. Es ist insbesondere dieses Wissen der Literatur, ohne das es wohl keine Psychoanalyse gegeben hätte.

Literatur

Adorno, Theodor W. *Ästhetische Theorie*. Hrsg. von Rolf Tiedemann. Frankfurt a. M. 1997 [1970].

Alt, Peter-André und Thomas Anz (Hrsg.). *Sigmund Freud und das Wissen der Literatur*. Berlin, New York 2008.

Angeloch, Dominic. „Psychoanalyse und Literaturtheorie". *Handbuch Literatur & Emotionen*. Hrsg. von Martin von Koppenfels und Cornelia Zumbusch. Berlin, Boston 2016: 100–121.

Appignanesi, Lisa und John Forrester. *Die Frauen Sigmund Freuds*. Übers. von Brigitte Rapp und Uta Szyszkowitz. München, Leipzig 1994 [1993].

Berg, Henk de. *Freuds Psychoanalyse in der Literatur- und Kulturwissenschaft. Eine Einführung*. Übers. von Stephan Dietrich. Tübingen, Basel 2005 [2003].

Berndt, Frauke. *Anamnesis. Studien zur Topik der Erinnerung in der erzählenden Literatur zwischen 1800 und 1900 (Moritz – Keller – Raabe)*. Tübingen 1999.

Bovenschen, Silvia. *Die imaginierte Weiblichkeit. Exemplarische Untersuchungen zu kulturgeschichtlichen und literarischen Präsentationsformen des Weiblichen*. Frankfurt a. M. 1979.

Bronfen, Elisabeth. *Nur über ihre Leiche: Tod, Weiblichkeit und Ästhetik*. Übers. von Thomas Lindquist. München 1994 [1992].

Butler, Judith. *Das Unbehagen der Geschlechter*. Übers. von Kathrina Menke. Frankfurt a. M. 1991 [1990].

Conrad, Joseph. *Heart of Darkness*. New York, London 1988 [1899].

Didi-Huberman, Georges. *Erfindung der Hysterie: Die photographische Klinik von Jean-Martin Charcot*. Übers. von Silvia Henke, Martin Stingelin und Hubert Thüring. München 1997 [1982].

Eliot, Thomas Stearns. *Collected Poems 1909–1962*. San Diego, New York, London 1971a.

Eliot, Thomas Stearns. *The Waste Land. A Facsimile and Transcript of the original Drafts including the Annotations of Ezra Pound*. Hrsg. von Valerie Eliot. New York 1971b.

Felman, Shoshana (Hrsg.). *Literature and Psychoanalysis. The Question of Reading: Otherwise*. Baltimore, London 1982.

Freud, Sigmund. *Briefe 1873–1939*. Hrsg. von Ernst und Lucie Freud. Frankfurt a. M. 1960.

Freud, Sigmund. *Aus den Anfängen der Psychoanalyse. Briefe an Wilhelm Fließ. Abhandlungen und Notizen aus den Jahren 1887–1902*. Frankfurt a. M. 1962.

Freud, Sigmund. *Der Wahn und die Träume in W. Jensens ‚Gradiva' mit dem Text der Erzählung von Wilhelm Jensen*. Hrsg. von Bernd Urban und Johannes Cremerius. Frankfurt a. M. 1981 [1907|1903].

Geisenhanslüke, Achim. *Textkulturen. Literaturtheorie nach dem Ende der Theorie*. München 2015.

Goebel, Eckart. *Jenseits des Unbehagens. ‚Sublimierung' von Goethe bis Lacan*. Bielefeld 2009.

Haselstein, Ulla. *Entziffernde Hermeneutik. Zum Begriff der Lektüre in der psychoanalytischen Theorie des Unbewußten*. München 1991.

Horney, Karen. *Die Psychologie der Frau*. München 1977 [1967].

Irigaray, Luce. *Das Geschlecht, das nicht eins ist*. Übers. von Eva Meyer und Heidi Paris. Berlin 1979 [1977].

Jakobson, Roman. „Der Doppelcharakter der Sprache: Die Polarität zwischen Metaphorik und Metonymik" [1956]. Übers. von Georg Friedrich Meier. *Theorie der Metapher*. Hrsg. von Anselm Haverkamp. 2. Aufl., Darmstadt 1996: 163–174.

Kafka, Franz. *Tagebücher. Kritische Ausgabe.* Hrsg. von Hans-Gerd Koch, Michael Müller und Malcolm Pasley. Frankfurt a. M. 2002.

Koppenfels, Martin von. *Immune Erzähler. Flaubert und die Affektpolitik des modernen Romans.* München 2007.

Koppenfels, Martin von. „Ein komisches Gefühl. Lacan als Leser des Symposion". *Narziss und Eros. Bild oder Text?* Hrsg. von Eckart Goebel und Elisabeth Bronfen. Göttingen 2009: 269–295.

Lacan, Jacques. „Das Drängen des Buchstabens im Unbewussten oder die Vernunft seit Freud" [1966]. Lacan, Jacques. *Schriften II.* Hrsg. und übers. von Norbert Haas. Olten, Freiburg i. Br. 1975: 15–55.

Lämmert, Eberhard. *Bauformen des Erzählens.* Stuttgart 1980 [1955].

Laplanche, J.[ean] und J.[ean]-B.[ertrand] Pontalis. *Das Vokabular der Psychoanalyse.* Übers. von Emma Moersch. 10. Aufl., Frankfurt a. M. 1991 [1967].

Lüdemann, Susanne: *Mythos und Selbstdarstellung. Zur Poetik der Psychoanalyse.* Freiburg i. Br. 1994.

Mann, Thomas. *Doktor Faustus. Das Leben des deutschen Tonsetzers Adrian Leverkühn erzählt von einem Freunde.* Frankfurt a. M. 2007 [1947].

Matt, Peter von. *Literaturwissenschaft und Psychoanalyse.* Stuttgart 2013 [1972].

Mitscherlich, Alexander und Margarete Mitscherlich. *Die Unfähigkeit zu trauern. Grundlagen kollektiven Verhaltens.* München 2004 [1967].

Muschg, Walter. „Literaturwissenschaft und Psychoanalyse" [1930]. *Psychoanalyse und Literaturwissenschaft. Texte zur Geschichte ihrer Beziehungen.* Hrsg. von Bernd Urban. Tübingen 1973: 156–177.

Musil, Robert. „Der bedrohte Ödipus" [1931]. *Prosa und Stücke. Kleine Prosa. Aphorismen. Autobiographisches. Essays und Reden. Kritik.* Hrsg. von Adolf Frisé. Reinbek beim Hamburg 1978: 528–530.

Nägele, Rainer. *Reading After Freud. Essays on Goethe, Hölderlin, Habermas, Nietzsche, Brecht, Celan, and Freud.* New York 1987.

Rank, Otto. „Das Inzestmotiv in Dichtung und Sage" [1926]. *Psychoanalyse und Literaturwissenschaft. Texte zur Geschichte ihrer Beziehungen.* Hrsg. von Bernd Urban. Tübingen 1973: 54–94.

Ricœur, Paul. *Die Interpretation. Ein Versuch über Freud.* Übers. von Eva Moldenhauer. Frankfurt a. M. 1993 [1965].

Rohde-Dachser, Christa. *Expedition in den dunklen Kontinent. Weiblichkeit im Diskurs der Psychoanalyse.* Berlin u. a. 1991.

Schmitt, Carl. *Hamlet oder Hekuba. Der Einbruch der Zeit in das Spiel.* Stuttgart 1985 [1956].

Schönau, Walter und Joachim Pfeiffer. *Einführung in die psychoanalytische Literaturwissenschaft.* Stuttgart, Weimar 2003 [1990].

Starobinski, Jean. *Psychoanalyse und Literatur.* Übers. von Eckhart Rohloff. Frankfurt a. M. 1990 [1970].

Stekel, Wilhelm. „[Traum – Poesie – Neurose]" [1909]. *Psychoanalyse und Literaturwissenschaft. Texte zur Geschichte ihrer Beziehungen.* Hrsg. von Bernd Urban. Tübingen 1973: 1–11.

Susman, Margarete. *Das Wesen der modernen deutschen Lyrik.* Stuttgart 1910.

Trilling, Lionel. „Freud and Literature" [1950]. *The Liberal Imagination. Essays on Literature and Society.* London 1951: 34–57.

Urban, Bernd (Hrsg.). *Psychoanalyse und Literaturwissenschaft. Texte zur Geschichte ihrer Beziehungen*. Tübingen 1973.

Walzel, Oskar. „Libidodichtung" [1929]. *Psychoanalyse und Literaturwissenschaft. Texte zur Geschichte ihrer Beziehungen*. Hrsg. von Bernd Urban. Tübingen 1973: 125–136.

Wolff, Reinhold. „Versuch einer Systematik". *Psychoanalytische Literaturkritik*. Hrsg. von Reinhold Wolff. München 1975: 414–468.

Worbs, Michael. *Nervenkunst. Literatur und Psychoanalyse im Wien der Jahrhundertwende*. Frankfurt a. M. 1988.

II. Theorien – Methoden – Konzepte

II.1. Semiotik

Stephan Kammer

1. Einleitung: Semiologik der Psychoanalyse

Theoretische Ansätze zu einer allgemeinen Semiologie gibt es um 1900 – mit Ausnahme der allerdings zeitgenössisch nicht rezipierten Arbeiten von Charles Sanders Peirce – nicht. In disziplinären Zusammenhängen, die für die Etablierung der Psychoanalyse implizit oder explizit einschlägig sind, spielen gleichwohl Zeichenmodelle eine zentrale Rolle. Insbesondere in den anthropologischen Leitwissenschaften der Jahrhundertwende, Physiologie und (Experimental-)Psychologie, prägen Verfahren der Zeichengebung und -deutung die praktischen, technischen und methodischen Aktivitäten. Ihre Relevanz für die Psychoanalyse ist in den nachfolgenden Auseinandersetzungen mit der psychoanalytischen Semiologie gerade auch aus disziplinimmanenten Gründen gleich doppelt vernachlässigt worden: in der strikt ‚geisteswissenschaftlichen‘ Rezeption ohnehin, in der wissenschaftsgeschichtlich differenzierten Vindikation der physiologischen und psychologischen Grundlagen der Psychoanalyse aber lange Zeit nicht minder (vgl. u. a. Métraux 1999; Wegener 2004, 123–194). Dass Freud als Naturwissenschaftler und Mediziner allerdings mit diesen semiologischen Modellen vertraut ist, darf vorausgesetzt werden. Das theoretische, analytische und behandlungstechnische Œuvre der Psychoanalyse zeigt überdies eine Vielzahl von semiologischen beziehungsweise zeichenaffinen Konzeptbezügen und Termini, die in der Disziplinbildung genuin begründet werden und/oder vieldeutigeren Zeichenkonzepten ein spezifisch psychoanalytisches Profil zu verleihen suchen. Dies überrascht umso weniger, als die Axiomatik der Psychoanalyse samt und sonders auf eine fundamentale Semiologik angewiesen ist – vereinfacht gesagt: Repräsentations- und Verweiszusammenhänge, gekoppelt mit Ordnungen der Sinn- und Bedeutungsstiftung, bilden nicht nur die Voraussetzung für das theoretische und praktische Funktionieren der Psychoanalyse, sondern sie sind auch maßgeblich in die Konstitution ihres Gegenstandes eingegangen. Den zentralen Verhandlungsort dieser Fundamentalsemiologie stellt Freuds Symptomdiskussion dar (vgl. Abschnitt 3.2.).

In der Weiterentwicklung sowie (vor allem) in der kultur- und literaturwissenschaftlichen Rezeption der Psychoanalyse dominieren allerdings andere semiologische Ansätze. Sie tragen weniger der konstitutiven Heterogenität von Zeichenmodellen in der Genese der Psychoanalyse – und möglicherweise deren Bedeutung für sie – Rechnung, sondern stülpen in Form nachträglicher Rationa-

https://doi.org/10.1515/9783110332681-002

lisierung generalisierende beziehungsweise generalisierte Zeichenkonzepte über Freuds ‚wilde' Fundamentalsemiologie. Das gilt insbesondere für die beiden literatur- und kulturwissenschaftlich folgenreichsten Freud-Lektüren. Im Falle von Jacques Lacans Synthetisierung von Psychoanalyse und strukturalistischer Semiotik scheint dies dem methodologischen Selbstverständnis nach insofern unproblematisch, als Absichten und Voraussetzungen seiner Freud-Revision erstens von Anfang an offenliegen und zweitens die semiologischen Einsätze der Psychoanalyse darin radikal ahistorisch, das heißt in einem paradoxen Verhältnis von Nachträglichkeit und Vorläuferschaft gefasst werden. Erst im Licht des Saussureschen Sprachmodells, dessen Funktionseinsicht sie allerdings vorweggenommen habe, kommt Lacan zufolge die Psychoanalyse, kommen mit anderen Worten ihr Subjektbegriff und ihr Entwurf des psychischen Apparats recht eigentlich zu sich. „[D]en Formalisierungen der Linguistik" sei die Psychoanalyse aber gleichzeitig nicht allein „weit voraus" gewesen, sie habe ihnen auch, „allein durch ihr Wahrheitsgewicht, den Weg gebahnt" (Lacan 1991 [1957], 38). Nach Jacques Derridas einflussreicher Lektüre folgt Freuds Œuvre seit seinen voranalytischen Anfängen mehr oder minder konsequent einer Modellierung des psychischen Apparats, der zufolge dessen „Struktur [...] durch eine Schriftmaschine dargestellt" und dessen Inhalt „von einem Text [...] von unreduzierba[r] graphischer Wesensart [...] *repräsentiert*" wird; es „gibt [...] keine textlose Psyche" (Derrida 1976, 306), lauten zugleich Ausgangshypothese und Bilanz seines Aufsatzes *Freud et la scène de l'écriture* (1966; *Freud und der Schauplatz der Schrift*). Mehr noch: Es offenbare sich „im Freudschen Durchstoß [...] ein Selbstbezug der historisch-transzendentalen Szene der Schrift" (Derrida 1976, 347): die Psychoanalyse als Vorläuferin der Grammatologie (→ II.4. POSTSTRUKTURALISTISCHE THEORIE).

Als eher unübersichtlich erweist sich die Lage dagegen angesichts eines Zeichenkonzepts, das für sich schon eine – vorsichtig ausgedrückt – vielgestaltige, ja in sich vielfach strittige Begründungs- und Verwendungsgeschichte hat: Stellt sich doch beim Symbol „von vornherein die Frage, ob und inwiefern die einzelnen Theorien [...] überhaupt etwas anderes miteinander gemein haben als den Begriff" (Berndt und Drügh 2009, 9). Dementsprechend hat man in der psychoanalytischen Begriffsverwendung schon früh nach Kontur, Gebrauch und Tragweite des Symbolbegriffs gefragt (vgl. Jones 1987 [1916], 50–114; Rank und Sachs 1913, 11–20); dies wäre auch in Bezug auf Freuds Schriften zu diskutieren. Unerlässlich dafür wäre indes eine konsequente historisch-kritische Ausgabe vor allem der *Traumdeutung* (1900), in deren acht Auflagen gerade die Rolle der Traumsymbolik und ihrer Deutung fundamentale, im Einzelnen aber methodisch nicht eingehender reflektierte Änderungen erfahren hat (vgl. Rolf 2006, 201–208). Festzuhalten bleibt, dass sich – entgegen Freuds epistemologischen Grundannahmen – sowohl in der Geschichte seines eigenen Œuvres und desjenigen seiner ,orthodoxen' Schüler als auch in den zunächst individuellen (Imago), dann kollektiven und universalen Ontologisierungen (Archetypus) des Symbols, insbesondere in der ,analytischen Psychologie' Jungscher Manier, eine Entdynamisierung nicht nur des Symbolbegriffs, sondern generell der semiologischen Epistemik der Psychoanalyse abzeichnet.

2. Anthropologische Zeichenregimes im ausgehenden 19. Jahrhundert

Gerne wird bei der Vernachlässigung des naturwissenschaftlichen Anteils an der Begründung der Psychoanalyse übersehen, dass Zeichenkonzepte auch für die ,positiven' Leitwissenschaften der Anthropologie im ausgehenden 19. Jahrhundert von eminenter Bedeutung sind. Die drei für die Entwicklungsgeschichte der Psychoanalyse wichtigsten seien im Folgenden knapp skizziert.

2.1. Symptom

Das Symptom als Zeichenform hat seinen Ort in der medizinischen Diagnostik. „Die Bezeichnung ,Symptom' gibt man allen anormalen Erscheinungen, die in den Organen oder den Funktionen unter dem Einfluss der Krankheit erzeugt werden", definiert bündig der *Dictionnaire encyclopédique des sciences médicales*. Bedeutsam ist dabei im fortgeschrittenen 19. Jahrhundert die semiologische Pathogenese dieser Zeichenklasse: „Kein Symptom tritt zutage, solange der physiologische Zustand andauert; dieser gibt ausschließlich zu Phänomenen Anlass." (Hecht 1884, 155; Übers. S. K.) Kein Symptom entsteht also, frei übersetzt, solange der physiologische Zustand andauert, weil dieser nur Erscheinungen hervorbringt. Symptome sind somit, was ihre Entstehung betrifft, die natürlichen, ,physikalisierten' Zeichen eines pathologischen Zustands beziehungsweise Ablaufs. Sie erhalten ihren spezifischen Zeichenstatus erst und ausschließlich aufgrund der epistemisch wichtigen Grenzziehung zwischen dem ,Normalen' und dem ,Pathologischen' (vgl. Canguilhem 1977 [1943/1950], 11–156) „durch die erkennbare Abweichung vom Phänomen der Gesundheit" (Eckart 1998, 1703). Aus den Symptomen fügt sich das Syntagma, der ,Text' der Krankheit, seit die Epistemologie der Medizin „[j]enseits der Symptome [...] keine pathologische Wesenheit" mehr kennt (Foucault 1973 [1963], 105). Die ärztliche Diagnosekompetenz misst sich dementsprechend an der Fähigkeit, „[n]ach Feststellung der Einzelsymptome [...] von dem inneren Zusammenhange derselben, von ihrer gegenseitigen Abhängigkeit ein klares Bild" (Samuel 1889, 302) zu gewinnen. Nicht der Zeichencharakter des Symptoms ist deshalb – wie noch in der älteren medizinischen Semiotik, der ein Verhältnis von wahrnehmbarem Zeichen und verborgenem Wesen der Krankheit zugrunde gelegen hat (vgl. Hess 1993), angenommen wurde – dafür verantwortlich, dass sich dieser Text der Krankheit dem diagnostischen Blick nur im Ausnahmefall zur Gänze offenbart, sondern der dem „Bau des menschlichen Organismus" geschuldete Umstand, dass lediglich „Oberhaut und wenige sichtbare Schleimhäute der unmittelbaren Besichtigung zugänglich sind" (Samuel 1889, 299). Dementsprechend hält das enzyklopädisch kodifizierte medizinische Wissen des ausgehenden 19. Jahrhunderts auch nur wenig von einer Kategorie „latente[r] Symptome (*S. occulta*)". Was als solches erscheinen mag, ist das Ergebnis mangelhafter diagnostischer Kompetenz, da derartige Symptome „nur dem verborgen" bleiben, „der sie nicht richtig zu suchen versteht, sie sind also nur schwerer auffindbar, können aber constatirt werden" (Samuel 1889, 300).

2.2. *Méthode graphique*

Zugänglichkeit, Fixierbarkeit und Unverfälschtheit von Körperzeichen dominieren auch die Diskussion über ein zweites, der pathologischen Grenzziehung zwischen Normalzustand und Krankheit allerdings konzeptuell vorgelagertes Zeichenregime. Seit den 1840er Jahren werden zunächst in der Physiologie Aufzeichnungsdispositive eingesetzt, dank derer die Phänomene sich selbst und in ihrer eigenen ‚Sprache' schreiben sollen. Da die menschliche Sinneswahrnehmung für die Beobachtung elementarer organischer Abläufe unzulänglich ist und zugleich die Sprache deren Befunde nur höchst mangelhaft auszudrücken und zu übersetzen vermag, müssen Verfahren graphischer Selbstaufzeichnung an die Stelle des unbewehrten Auges und der Beschreibung treten. Die *méthode graphique*, wie Étienne-Jules Marey sie 1878 in seiner maßgeblichen Monographie kodifiziert, will die Komplexität von Datenmengen und/oder Abläufen in die anschauliche Evidenz von Kurven übersetzen: „[U]ndurchschaubare Statistiken" sollen „für den Blick verdichtet", komplexe Bewegungsphänomene (wie etwa der Vogelflug oder Wellenbewegungen) mittels „vielfacher Inskriptionen" (Marey 1878, vi; xv) zerlegt und fixiert werden (vgl. de Chadarevian 2001, 161–188). Vor allem aber soll die graphische Methode auf experimentellem Weg Zeichen erzeugen. Die Apparateparks der physiologischen und bald auch psychologischen Labors halten dann den „zeitlichen Ablauf von Bewegungsvorgängen *direct in der Form von Curven*" fest, die den optimistischeren unter den Propagatoren der ‚graphischen Methode' als internationale „wissenschaftliche Weltsprache" erscheint – „den Gebildeten aller Zungen verständlich" (Langendorff 1891, 10). Die experimentellen Arrangements wollen sich aber auch von der kontingenten Ereignishaftigkeit ‚natürlicher' Vorgänge unabhängig machen. Ihre instrumentelle Verstärkung der Beobachtung folgt dem epistemischen Register der *observation provoquée* und stellt ein Inventar von Sichtbarkeiten und Wahrnehmbarkeiten her, die der nachträglichen Logik des Symptoms entgegenstehen (vgl. Bernard 1865, 35–39). Verstanden als „Eingreifen in den Verlauf der Dinge", dank dem schnellere und sicherere „Kenntnis der Gesetze des Geschehens" (Wundt 1906, 200) zu formulieren sein soll, wird diese invasive Erkenntnistechnik zur Matrix des anthropologischen Wissens um 1900.

2.3. Indiz und Spur

Das dritte, vielfältig einsetzbare, aber auch schwerer zu bestimmende Zeichenregime, das die kulturellen Semiopraktiken um 1900 bestimmt, hat man auf den Begriff der ‚Spur' gebracht (vgl. Ginzburg 1988, 78–125; Krämer, Kogge und Grube 2007). Seit Carlo Ginzburgs grundlegendem Aufsatz zum ‚Indizienparadigma' in den Humanwissenschaften der Jahrhundertwende sind die Instanzen und Orte dieses Zeichengebrauchs und die dafür nötigen epistemischen Verfahren sichtbar gemacht worden. Gemeinsam ist ihnen die Aufmerksamkeit für das ‚kaum Wahrnehmbare' (Sybille Krämer), das gleichzeitig und gerade aufgrund dieses Status als verlässliches Zeichen gelten darf. Im anthropologischen Wissen der Zeit reaktualisieren die dem Indizienparadigma zuzuordnenden Zeichen ältere Vorstellungen des ‚natürlichen' und zugleich ‚unwillkürlichen' Zeichens, denen seit den semiotischen Debatten um 1750 ein Wahrheitsprivileg zukommt: Da diese Zeichen im Unterschied zu denen der Sprache, aber auch zu Körperzeichen der Gestik und Mimik weder intentional beeinflussbar noch technisch meisterbar seien, artikuliere sich in ihnen bevorzugt – da unverstellt – Natur und Charakter des zeichenproduzierenden Individuums. Dieses Zeichenregime haben eigene Lektürepraktiken besiedelt – Physiognomie, Phrenologie oder Graphologie, die allesamt in den Jahrzehnten um die Jahrhundertwende Konjunktur haben beziehungsweise eine Neuauflage erlebt. Zwar bleibt der anthropologische Erfolg dieser Lektüreprogramme erwartbar gering; ihr Leitparadigma des ‚Ausdrucks' macht aber ästhetische Karriere. Im Bereich der polizeilichen Identitätsverwaltung etabliert sich das Regime hingegen nachhaltig. Anthropometrische Verfahren (z. B. die *Bertillonnage*), insbesondere aber der Fingerabdruck, sind um 1900 als Standards etabliert, in deren Erkenntnis- und Indexierungssystemen der Körper des (kriminellen) Individuums zum unhintergehbaren Bezugspunkt seiner archivalischen Verwaltung wird (vgl. Cole 2002). Dass sich das Zeichenregime allerdings nicht nur in solchen unmittelbar pragmatischen Kontexten etabliert, zeigt die Genregeschichte des Kriminalromans: Der Einsatz von Spuren und daran geknüpfte Prozeduren des Schließens bilden darin nicht nur ein erzählerisches Charakteristikum, sondern scheinen auch als Evolutionskriterium bei der Herausbildung des Genres zu funktionieren (vgl. Moretti 2000; → IV.10. KRIMINALLITERATUR).

3. Die Zeichen der Psychoanalyse

3.1. Das semiologische Unbewusste

Bekanntlich ist Freud keineswegs der Einzige, der im ausgehenden 19. Jahrhundert unbewusste Anteile der menschlichen Existenz annimmt und zu erschließen beginnt. Das ‚Unbewusste' wäre – in einer der vielen terminologischen Varianten, die in dieser Zeit kursieren – gleichsam als Grundtatsache und -zustand der menschlichen Existenz zu betrachten, nicht etwa als „ein so großen Beschränkungen unterliegendes Bewußtseyn" (Schopenhauer 1991 [1819], 161), das vielmehr seinerseits als „höchste Efflorescenz" (Schopenhauer 1991 [1819], 165) des Unbewussten zu gelten habe. In Psychologie, Physiologie und Anthropologie versuchen Forscher seit der zweiten Hälfte des 19. Jahrhunderts überdies, ‚Unbewusstes' nicht zuletzt dadurch zu erkunden, dass sie es experimentell provozieren und dann seine Effekte aufzeichnen (vgl. Abschnitt 2.2.). Von ‚hereditärem' oder ‚zerebralem Unbewusstem' ist beispielsweise die Rede (vgl. Gauchet 1992; Schmidgen 2014) – ganz zu schweigen von den vielfältigen und heterogenen Forschungen zu Automatismen, Suggestion oder Hypnose, in denen zum Teil schon Jahrzehnte vor Freud das Subjekt längst nicht mehr ‚Herr im eigenen Haus' ist. Die ingeniöse Annahme, die am Anfang der Psychoanalyse steht, charakterisiert allerdings das von ihr gesetzte Unbewusste nicht nur als (unter entsprechenden Bedingungen) spurenerzeugendes, sondern auch als zeichengebendes und zeichendistribuierendes. Nicht zuletzt dadurch artikuliert sich die Psychoanalyse als *discours mixte* (vgl. Ricœur 1965), der trotz der beinahe zeitgleich sich verfestigenden Spaltung zwischen Natur- und Geisteswissenschaften nur mit erheblichem Erkenntnisverlust einer der epistemischen Provinzen allein zuzuschlagen sein dürfte. Aufgrund seiner semiologischen Struktur ist das psychoanalytische Unbewusste allein unter den Prämissen naturgesetzlicher Ordnungen wie beispielsweise der Vererbungslehre oder der Gehirnphysiologie nicht zu kartieren; genauso wenig ist ihm allerdings auch nur mit ästhetisch-intentionalen Zeichenkonzepten beizukommen. Es gilt, die Zusammenhänge von Repräsentation,

Performativität und Referentialität zu zeigen, die dieses Unbewusste erzeugt beziehungsweise benutzt; es gilt, die Mechanismen der Sinnstiftung und Bedeutungsgenerierung zu beschreiben, in die es die Individuen verstrickt.

3.2. Symptom, psychoanalytisch

Den konzisesten Überblick über den psychoanalytischen Zuschnitt des Symptombegriffs geben die beiden Vorlesungen, mit denen Freud im Herbst 1916 den dritten Teil seiner *Einführung in die Psychoanalyse* begonnen hat, auch wenn Struktur und Funktion des Symptoms beziehungsweise der Symptombildung – der „Vorgang: *Konflikt, Verdrängung, Ersetzung unter Kompromißbildung*" (I, 537) – bereits sehr früh in Freuds Schriften etabliert worden sind. Der Ort, an dem das Symptom in der Vorlesung behandelt wird, ist „die psychoanalytische Auffassung der neurotischen Erscheinungen" (XI, 252). Im Unterschied zum aktuellen medizinischen Verständnis des Symptoms als syntagmatisches, für sich genommen bedeutungsloses Element des Krankheitstexts (vgl. Abschnitt 2.1.) setzt Freud auf eine komplexere und vor allem dynamischere Zeichenbeziehung. Jede scheinbar noch so gleichgültige „Symptomhandlung" ist als solche „nicht zufällig", sondern hat „ein Motiv [...], einen Sinn und eine Absicht"; sie gehört „in einen angebbaren seelischen Zusammenhang" und gibt „ein kleines Anzeichen von einem wichtigeren seelischen Vorgang" (XI, 254). Freuds Umschreibungen scheinen dabei zwischen einem im Vergleich zur etablierten Verwendungsweise ungleich performativeren Verständnis der Symptome als „neurotisch[e] Erscheinungen" (XI, 252) selbst und einer klassisch repräsentationsorientierten Auffassung des Symptoms zu schwanken. Im letzteren Sinn spricht er von „Darstellung, Wiederholung" (XI, 270) und bezeichnet das Symptom als an sich „sinnreich[es], gut motiviert[es]" (XI, 260) Zeichen, dessen Motivationsgefüge und Mechanismus allerdings zunächst Arzt ebenso wie Krankem gleichermaßen undurchsichtig bleiben muss. Symptome sind „Abkömmlinge unbewußter Vorgänge, die sich aber unter mannigfaltigen günstigen Bedingungen bewußt machen lassen" (XI, 288). Dies aber ist zugleich der „Weg, [sie] zum Verschwinden zu bringen", denn „es besteht ein Verhältnis von Vertretung zwischen dieser Unbewußtheit und der Existenzmöglichkeit der Symptome" (XI, 288). Das komplexe Bedingungs- und Funktionsgefüge des Symptoms wird in den neun ‚Formeln' von Freuds Aufsatz über *Hysterische Phantasien und ihre Beziehung zur Bisexualität* von 1908 zusammengefasst (vgl. VII, 189–199).

Dieser dynamische, komplexe Zeichenstatus des Symptoms setzt sich dort fort, wo sich Freud genötigt sieht, zwischen ‚individuellen' und ‚typischen' Symptomen zu unterscheiden und damit aber auch die medizinische Semiologik des

Symptoms zu verlassen. Die psychoanalytische Herangehensweise zeichne die Absicht aus, zwischen Symptom und dem „Erleben des Kranken" einen „Zusammenhang herzustellen" (XI, 278). Im Fall „„typische[r]' Symptome" sei dieses so gut wie unmöglich, glücke aber umso besser, „[j]e individueller das Symptom ausgebildet ist" (XI, 278). Freud zieht den Schluss, „daß wir zwar den Sinn der individuellen neurotischen Symptome durch die Beziehung zum Erleben befriedigend aufklären können, daß uns aber unsere Kunst für die weit häufigeren typischen Symptome derselben im Stiche läßt" (XI, 279). An dieser Stelle wechselt die Semiologik der Psychoanalyse in eine Zeichenpragmatik über: Nicht von ungefähr gilt als Gemeinplatz, dass die semiologischen beziehungsweise semiogenen Operationen des Unbewussten – zuvörderst die von Freud anhand der ‚Traumarbeit' beschriebenen – homolog zu denen der rhetorischen *elocutio* sind, ihre Gesetzmäßigkeiten auf die Basismanipulationen des Hinzufügens, Weglassens, Umstellens und Ersetzens zurückzuführen sind (→ II.2. RHETORIK UND POETIK). Es ist aber nicht nur deshalb auch das Symptomverständnis der Psychoanalyse, das von allen dort verhandelten Zeichenformen die strukturell höchste Affinität zur Logik der neuzeitlichen Literatur aufweist: „[D]aß die Krankengeschichten, die ich schreibe, wie Novellen zu lesen sind", wie Freud bereits 1895 feststellt, liegt ursächlich an der „innige[n] Beziehung zwischen Leidensgeschichte und Krankheitssymptomen" (I, 227). Psychoanalyse erhebt – wie wesentliche Teile der Literatur seit dem fortgeschrittenen 18. Jahrhundert – den epistemologisch vertrackten, weil scheinbar paradoxen Anspruch, ein Wissen des Individuellen zu erzeugen (→ IV.6. FALLGESCHICHTE).

3.3. Symbol: Zwischen Zeichendynamik und Ontologisierung

Deutlich werden die Folgen dieses Anspruchs vor allem an der Geschichte des psychoanalytischen Symbolbegriffs. Dem von symboltheoretischer Seite formulierten Stoßseufzer, Freud hätte womöglich gut daran getan, der Kolonisierung eines großen Teils der psychoanalytischen Semiologik durch den vagen, unkonturierten Symbolbegriff einiger seiner Schüler zu widerstehen, darf man wohl aus zeichentheoretischer Perspektive nicht widersprechen (vgl. Rolf 2006, 201; 208). Insbesondere der generellen Tendenz, die komplexe Zeichendynamik des Symptomverständnisses durch Ontologisierung und Typisierung zu entschärfen, ja eigentlich zu sabotieren, hat die Spielmarke des Symbols immer wieder beträchtlichen Vorschub geleistet; dies zeigt sich nicht zuletzt daran, dass das jeweilige Symbolverständnis schon früh in der Geschichte der Psychoanalyse und ihrer Fraktionierungen gleichsam als Prüfstein der rechten Lehre hat dienen können (vgl. Jones 1987 [1916], 83).

Seinen ersten methodischen Auftritt hat das Symbol in *Zur Ätiologie der Hysterie*, die Freud im *Entwurf einer Psychologie* von 1895 skizziert. Die Logik dieses Konzepts entspricht dabei der des Symptoms. Die Herleitung akzentuiert Korporealität und gleichzeitig Zeichenhaftigkeit des hysterischen Symptoms A, einer „überstarke[n] Vorstellung" mit somatischen Auswirkungen, die „in einem bestimmten Verhältnis" zu einer zweiten, erst in der Analyse zu ergründenden Vorstellung B steht: „Es hat [...] ein Erlebnis gegeben, welches aus $B + A$ bestand. A war ein Nebenumstand, B war geeignet, jene bleibende Wirkung zu tun. Die Reproduktion dieses Ereignisses in der Erinnerung hat sich nun so gestaltet, als ob A an die Stelle von B getreten wäre. A ist das Substitut, das *Symbol* für B geworden." (N, 440)

Sowohl der Substitutionsvorgang der Symbolbildung, die im *Entwurf* als phys(iolog)ischer Ablauf verstanden wird, als auch das durch ihn Verdrängte bleiben dabei im Unterschied zu anderen Symbolsystemen unbewusst beziehungsweise „vom *Denkvorgang ausgeschlossen*" (N, 443). Das Hauptproblem, das dieses Symbolverständnis aufwirft, besteht in der Kombination von Motiviertheit und Kontingenz, ist doch einerseits der Symbolisierungsanlass durchaus Teil des abwehrprovozierenden Erlebnisses, aber andererseits eben im Verhältnis zum ‚eigentlichen' Anlass der Unlusterzeugung vollkommen unbestimmt. Der therapeutische Eingriff besteht denn auch wie in der Bewusstmachung der Symptombedeutung darin, das Symbolisierungsgeschehen zu rekonstruieren und die „Erinnerungsspur von B" gegen den Verdrängungswiderstand „aufzufinden und ins Bewußtsein zu bringen" (N, 442).

In einem nächsten Schritt und vor allem mit der Fokussierung von Traum und Traumarbeit kompliziert vor allem die vielgestaltige semiologische Überformung des Verhältnisses von Substitut und Substituiertem den Symbolbegriff. Otto Rank und Hanns Sachs haben diesen semiologischen Synkretismus bereits 1913 zugespitzt, wenn sie das Symbol als „eine besondere Art der indirekten Darstellung" bezeichnen, „die durch gewisse Eigentümlichkeiten von den ihr nahestehenden des Gleichnisses, der Metapher, der Allegorie, der Anspielung und anderen Formen der bildlichen Darstellung von Gedankenmaterial (nach Art des Rebus) ausgezeichnet ist" und „gewissermaßen eine ideale Vereinigung all dieser Ausdrucksmittel dar[stellt]" (Rank und Sachs 1913, 11). Genauer besehen erhält dabei die in der Symbolisierung bis jetzt kontingente Ersetzung selbst semiologisches Profil, womit nun die unterschiedlichsten (auch medialen) Figurationen die Zeichengebungsmechanismen des psychischen Apparats erhellen sollen. Ob Lettrismus, Klangähnlichkeit oder Rebus, Kofferwörter, Homophonie oder lexikalische Zweideutigkeit, ob Ähnlichkeit, Fehlleistung – die Freud auch „Symptomhandlung" (IV, 224) nennen wird – oder Witz: Die Semiologik des Unbewussten scheint in ihren bevorzugten Mitteln nicht eben wählerisch, solange die Arbeitsziele der ‚Verschiebung‘, ‚Verdichtung‘ sowie die ‚Rücksicht auf Darstellbarkeit‘ gewährleistet bleiben (→ IV.7. WITZ) .

Dann kommt die Absicht hinzu, Bedeutungs(produktions)systeme jenseits individueller psychischer Artikulationen stabilisieren und fixieren zu wollen. Hatte das Methodenkapitel der *Traumdeutung* noch auf die Problematik jeglicher Generalisierung verwiesen und deswegen die „symbolisch[e] Deutung“ parallel zur „Chiffriermethode“ als unbrauchbar „[f]ür die wissenschaftliche Behandlung des Themas“ erklärt (II/III, 102–104), so scheinen beide verfemten Verfahren mit der Hinzufügung des Kapitels *Die Darstellung durch Symbole im Traume/ Weitere typische Träume* (VI.E) in den Ausgaben seit 1909 wieder ins Recht gesetzt zu werden. Konterkarieren nämlich die ‚typischen Träume‘ – diese allerdings in bescheidenerem Umfang bereits in der Erstauflage – Freuds Widerstand gegen alle Versuche, „den Trauminhalt als Ganzes“ ausdeuten zu wollen, so widerspricht der seit der zweiten Auflage der *Traumdeutung* ebenfalls ständig wachsende Katalog symbolischer Darstellungen den Mahnungen, sich auf einen „feststehenden Schlüssel“ (II/III, 101–102) zur Dechiffrierung der manifesten Traumelemente lieber nicht zu verlassen. Rank und Sachs erheben diese Entindividualisierungstendenz des Symbols schon 1913 zum festen Definitionsbestandteil, wenn sie „für das eigentliche Symbol im psychoanalytischen Sinne [...] folgende Charakteristika“ angeben: „Die Stellvertretung für Unbewusstes, die konstante Bedeutung, die Unabhängigkeit von individuellen Bedingungen, die entwicklungsgeschichtliche Grundlage, die sprachlichen Beziehungen, die phylogenetischen Parallelen [...].“ (Rank und Sachs 1913, 18) Ernest Jones komplementiert diese ontologischen Charakteristika mit ebenfalls sechs funktionalen Merkmalen. Das Symbol dient (1.) als „Substitut“, das (2.) mit dem vertretenen „ursprüngliche[n] Element [...] etwas gemeinsam hat“ und jedenfalls (3.) „konkret auf die Sinne wirkt“. Die „[s]ymbolische Denkweis[e]“ ist (4.) ontogenetisch und phylogenetisch primitiver und damit im individuellen Fall eine Art Regressionsphänomen im Gefolge kognitiver und/oder intellektueller Beeinträchtigung. Symbole (re-)präsentieren (5.) Ideen, „die mehr oder weniger verborgen oder geheim oder im Hintergrund gehalten“ sind; sie entstehen (6.) „spontan, automatisch und, im weiteren Sinne des Wortes, unbewußt“ (Jones 1987 [1916], 52–53). Die Grenzverteidigung der psychoanalytischen Orthodoxie gegen radikalere Generalisierungen des Symbolkonzepts (Herbert Silberer, Carl Gustav Jung) gelingt dann nur noch mit erheblichem theoretischem Aufwand: Jones implantiert dem Symbol dafür die Symptomätiologie einer ‚Identifizierung‘, die Freuds früheste Verwendung des Konzepts bereits angedeutet hat und die er auch formal mit dem Rückgriff auf die ‚Symbolformel‘ *A* plus *B* zu zitieren scheint (vgl. Jones 1987 [1916], 107; 109–110). Die aus psychoanalytischer Perspektive unstatthaften Symbolverwendungen setzten dagegen diese strenge psychische Zeichengenealogie aufs Spiel, indem sie Symbol mit

Metapher verwechselten und „Analogie" oder „Gleichnis" (Jones 1987 [1916],
112) als Antriebsprinzipien der Zeichengenerierung behaupteten. An dieser Stelle
wiederholt die psychoanalytische Symboldiskussion im besten Fall offensichtlich die ästhetischen beziehungsweise aisthetischen Debatten des 18. Jahrhunderts (Baumgarten, Kant, Goethe) (vgl. Berndt und Drügh 2009, 23–30), während
sich unreflektierte Einsätze oder sorglosere Generalisierungen des Symbols in
psychoanalytischen und anderen ‚tiefenpsychologischen‘ Zusammenhängen den
unbedarften literaturwissenschaftlichen Verwendungen des Motivbegriffs anäh-
neln.

4. Revisionen des psychoanalytischen Symbolbegriffs

Die programmatische Verwechslung von Ontogenese und Phylogenese, der Hang
zur anthropologischen Ontologisierung, denen viele der psychoanalytischen und
psychoanalytisch inspirierten Symbolverwendungen aufsitzen, liegt keineswegs
in der Sache des Symbols begründet. Die Freudsche Symbolkonzeption kann
vielmehr gerade aus literaturwissenschaftlicher Perspektive in doppelter Hinsicht gewinnbringend gegen den Strich der psychoanalytischen beziehungsweise
psychologischen Fraktionsbildungen gelesen werden.

Zum einen wäre an die von Alfred Lorenzers *Kritik des psychoanalytischen
Symbolbegriffs* (1970) pointierte Feststellung zu erinnern, dass das Symbol als
genuine Schnittstelle zwischen individueller Psychodynamik und kulturellem
Darstellungsinventar psychodynamischer Artikulationen dient: „Die privaten
Inhalte, die den Symbolisierungen zugrundeliegen, erweisen sich [...] im selben
Maße gesellschaftlich vorgegeben wie privat." (Lorenzer 1970, 38) Anstatt die
Artikulationen jedes individuellen Unbewussten als Reinszenierung anthropo-
logisch universaler Sachverhalte zu entschärfen, erlaubt das Festhalten an der
Ambivalenz des Symbols, das Spannungsverhältnis von psychischen Abläufen
und kulturellen Prägungen wahrnehmbar zu machen: „Die Gehalte sind bei Sym-
bolen wie bei Symbolisierungen [...] zugleich subjektiv angeeignet und gesellschaftlich vermittelt, weil [sich] die Symbolbildungen beide Male innerhalb der
Sprachlichkeit [...] abspielen." (Lorenzer 1970, 38) Man wird ‚Sprachlichkeit‘ in
diesem Zusammenhang auf semiologische Relationalität im Allgemeinen ausdeh-
nen müssen; indes ist die Einsicht, dass Symbole psychoanalytischer Relevanz
nicht als Artikulationen eines ahistorischen, überindividuellen Bedeutungssys-
tems verstanden werden sollen, sondern aus der Relationsbildung zwischen individueller Psychodynamik und historisch beziehungsweise kulturell kodifiziertem
Zeicheninventar Relevanz und Brisanz gewinnen, nicht nur für das psychoana-

lytische Subjektverständnis bedeutsam, sondern auch und insbesondere für die kulturwissenschaftlichen Aneignungen psychoanalytischer Interpretamente. Aus der Methodenperspektive der Literaturwissenschaft vermag womöglich die Gegenüberstellung der starren Universalien von Motiv- und Stoffkatalogen und einer figuren-, handlungs- und darstellungsspezifizierten Textanalyse die konzeptuellen Unterschiede zwischen diesen beiden Symbolverwendungen zu erhellen (→ II.5. KULTURTHEORIE).

Zum anderen sind die impliziten Präzisierungen festzuhalten, die das anthropologische Zeichenregime um 1900 durch die psychoanalytische Semiologik erfährt. Die Differenzierungen des psychoanalytischen Symbolbegriffs (vgl. Abschnitt 3.3.), die dem individuellen Symbolisierungsgeschehen ein semiologisches Profil geben, unterlaufen das Neutralitätsversprechen der *méthode graphique*, indem sie die Unbeeinflussbarkeit der Aufzeichnungs- und Zeichengebungsverfahren grundsätzlich infrage stellen. Gleichzeitig wird das aus der anthropologischen Ideologie des späten 18. Jahrhunderts überkommene Ideologem des ‚unwillkürlichen Zeichens‘ und seine Aufrichtigkeitsgarantie zur Disposition gestellt (vgl. Abschnitt 2.3.). Diese ambivalente Haltung setzt sich bis zu den behandlungstechnischen Prämissen der Psychoanalyse fort. Zwar scheint Freuds Semiologie mit dem dominanten Indizienparadigma in den Wissenschaften vom Menschen insofern kompatibel, als er selbst immer wieder von ‚unbewusst-verräterischen‘ Artikulationen des Individuums spricht. Berücksichtigt man allerdings, dass diese Artikulationen auf das (mediale, topische, technische) Inventar der Zeichengebung ganz grundsätzlich angewiesen sind, müsste sich das Phantasma unwillkürlicher und als solcher natürlich-wahrheitsfähiger Zeichenproduktion streng genommen erledigt haben. Wenn Freuds Anleitungen zum therapeutischen Verhalten des Analytikers Neutralität und Transparenz einer Aufzeichnung, wie sie die *méthode graphique* versprochen hat, durch die rezeptionsleitende Prämisse ‚gleichschwebender Aufmerksamkeit‘ ersetzen, trägt das dieser Verschiebung Rechnung: Es gibt keine psychische Artikulation ohne Darstellung, dementsprechend aber auch keine Analyse solcher Artikulationen, die Verfahren und Regeln solcher Darstellung ignoriert. Die Einsicht in die Unhintergehbarkeit der Vermittlung darf man wohl getrost als Prüfstein jeder psychoanalytischen beziehungsweise psychoanalytisch orientierten Semiologie oder Mediologie bezeichnen (→ II.8. MEDIENTHEORIE).

Literatur

Bernard, Claude. *Introduction à l'étude de la médecine expérimentale*. Paris 1865.

Berndt, Frauke und Heinz J. Drügh (Hrsg.). *Symbol. Grundlagentexte aus Ästhetik, Poetik und Kulturwissenschaft*. Frankfurt a. M. 2009.

Canguilhem, Georges. „Versuch über einige Probleme, das Normale und das Pathologische betreffend" [1943/1950]. Canguilhem, Georges. *Das Normale und das Pathologische. Anthropologie*. Hrsg. von Wolf Lepenies und Henning Ritter. Frankfurt a. M., Berlin, Wien 1977: 11–156.

Chadarevian, Soraya de. „Die ‚Methode der Kurven' in der Physiologie zwischen 1850 und 1900". *Ansichten der Wissenschaftsgeschichte*. Hrsg. von Michael Hagner. Frankfurt a. M. 2001: 161–188.

Cole, Simon A. *Suspect Identities. A History of Fingerprinting and Criminal Identification*. Cambridge, London 2002.

Derrida, Jacques. „Freud und der Schauplatz der Schrift" [1966]. Derrida, Jacques. *Die Schrift und die Differenz*. Übers. von Rodolphe Gasché. Frankfurt a. M. 1976: 302–350.

Eckart, Wolfgang U. „Zeichenkonzeptionen in der Medizin vom 19. Jahrhundert bis zur Gegenwart". *Semiotik/Semiotics. Ein Handbuch zu den zeichentheoretischen Grundlagen von Natur und Kultur*, Bd. 2. Hrsg. von Roland Posner, Klaus Robering und Thomas A. Sebeok. Berlin, New York 1998: 1694–1712.

Foucault, Michel. *Die Geburt der Klinik. Eine Archäologie des ärztlichen Blicks*. Übers. von Walter Seitter. München 1973 [1963].

Gauchet, Marcel. *L'inconscient cérébral*. Paris 1992.

Ginzburg, Carlo. „Spurensicherung. Der Jäger entziffert die Fährte, Sherlock Holmes nimmt die Lupe, Freud liest Morelli – die Wissenschaft auf der Suche nach sich selbst". Ginzburg, Carlo. *Spurensicherungen. Über verborgene Geschichte, Kunst und soziales Gedächtnis*. München 1988: 78–125.

Hecht, L. „Symptôme". *Dictionnaire encyclopédique des sciences médicales*, Bd. 14. Paris 1884: 155–161.

Hess, Volker. *Von der semiotischen zur diagnostischen Medizin. Die Entstehung der klinischen Methode zwischen 1750 und 1850*. Husum 1993.

Krämer, Sybille, Werner Kogge und Gernot Grube (Hrsg.). *Spur. Spurenlesen als Orientierungstechnik und Wissenskunst*. Frankfurt a. M. 2007.

Lacan, Jacques. „Das Drängen des Buchstabens im Unbewussten oder die Vernunft seit Freud" [1957]. Lacan, Jacques. *Schriften II*. Hrsg. und übers. von Norbert Haas. 3. Aufl., Weinheim, Berlin 1991: 15–55.

Langendorff, Oskar. *Physiologische Graphik. Ein Leitfaden der in der Physiologie gebräuchlichen Registrirmethoden*. Leipzig, Wien 1891.

Lorenzer, Alfred. *Kritik des psychoanalytischen Symbolbegriffs*. Frankfurt a. M. 1970.

Jones, Ernest. „Die Theorie der Symbolik" [1916]. Jones, Ernest. *Die Theorie der Symbolik und andere Aufsätze*. Frankfurt a. M. 1987: 50–114.

Marey, Étienne-Jules. *La méthode graphique dans les sciences experimentales et particulièrement en physiologie et en médecine*. Paris 1878.

Métraux, Alexandre. „Metamorphosen der Hirnwissenschaft. Warum Sigmund Freuds ‚Entwurf einer Psychologie' aufgegeben wurde". *Ecce Cortex. Beiträge zur Geschichte des modernen Gehirns*. Hrsg. von Michael Hagner. Göttingen 1999: 75–109.

Moretti, Franco. „The Slaughterhouse of Literature". *Modern Language Quarterly* 61 (2000): 207–227.

Rank, Otto und Hanns Sachs. *Die Bedeutung der Psychoanalyse für die Geisteswissenschaften.* Wiesbaden 1913.

Ricœur, Paul. *De l'interprétation. Essai sur Freud.* Paris 1965.

Rolf, Eckhard. *Symboltheorien. Der Symbolbegriff im Theoriekontext.* Berlin, New York 2006.

Samuel, Simon. „Symptom". *Real-Encyclopädie der gesammten Heilkunde. Medicinisch-chirurgisches Handwörterbuch für praktische Ärzte*, Bd. 19. Hrsg. von Albert Eulenburg. 2. Aufl., Wien, Leipzig 1889: 299–303.

Schmidgen, Henning. *Hirn und Zeit. Die Geschichte eines Experiments 1800–1950.* Berlin 2014.

Schopenhauer, Arthur. *Die Welt als Wille und Vorstellung.* Schopenhauer, Arthur. *Werke in fünf Bänden*, Bd. 1–2. Hrsg. von Ludger Lütkehaus. Zürich 1991 [1819].

Wegener, Mai. *Neuronen und Neurosen. Der psychische Apparat bei Freud und Lacan. Ein historisch-theoretischer Entwurf zu Freuds Entwurf von 1895.* München 2004.

Wundt, Wilhelm. „Die Aufgaben der experimentellen Psychologie". Wundt, Wilhelm. *Essays.* 2. Aufl., Leipzig 1906: 187–212.

II.2. Rhetorik und Poetik

Martin von Koppenfels

1. Einleitung: *Talking cure* und Rhetorik

Von ihrem skandalumwitterten Ursprung an – der ,kathartischen Kur' Josef
Breuers und Sigmund Freuds – verlegt die Psychoanalyse die Therapie derart
ausschließlich in den Akt und die Szene des Sprechens wie keine der ärztlichen
Praktiken, die bei ihrer Geburt Pate standen. Dem entspricht bei Freud eine Lehre
vom Menschen, die diesen so radikal als sprechendes Wesen konzipiert, wie
es kein anthropologischer Entwurf zuvor getan hatte. Was für die Konstruktion
dieser Lehre an gedanklichen Baustoffen vonnöten war, konnte nicht ausschließlich der Neurophysiologie oder der Assoziationspsychologie des ausgehenden
19. Jahrhunderts entnommen werden, unter deren Ägide Freuds ärztliche Ausbildung gestanden hatte. Stattdessen ist anzunehmen, dass er, wenn es um die
Artikulation des Verhältnisses von Subjekt und Sprache ging, notgedrungen auf
den jahrhundertealten Bildungsapparat von Rhetorik und Poetik zurückgreifen
musste (vgl. Jaffe 1980). Tatsächlich sind seine wiederholten Verneigungen vor
dem intuitiven psychologischen Wissen der Dichter sehr ernst zu nehmen. „Wir
schöpfen wahrscheinlich aus der gleichen Quelle" (VII, 120), lautet ein typisches
Bekenntnis, was für den Begründer der Psychoanalyse vor allem bedeutete,
die literarische Tradition als Speicher von Inhalten zu behandeln, nämlich als
Quelle zum Nachweis von Phantasien, die außerhalb dichterischer Rahmung in
der Regel nicht bewusstseinsfähig wären. Die Begrifflichkeit von Rhetorik und
Poetik glänzt in seinen Schriften hingegen weitgehend durch Abwesenheit.
Dies gilt selbst für die einsamen Höhepunkte subtiler Bedeutungsanalysen im
Freud'schen Werk, für die Untersuchungen zur Traumarbeit und zum Witz. Sogar
rhetorische Allerweltsbegriffe wie ,metaphorisch', ,allegorisch' und ,ironisch'
benutzt er sehr sparsam. In dieser Hinsicht ist sein Œuvre ein Musterbeispiel für
den von Gérard Genette konstatierten „großen Schiffbruch der Rhetorik" (Genette
1983 [1970], 242) in der Moderne, das heißt für ihre Abwertung und Verdrängung
aus dem wissenschaftlichen Diskurs seit dem ausgehenden 18. Jahrhundert (vgl.
Bender und Wellbery 1990).

Dennoch ist es seit Langem üblich geworden, von einer „Renaissance der
Rhetorik bei Freud" (de Certeau 1987, 117) zu sprechen oder zumindest den rhetorischen Charakter bestimmter Teile der Freud'schen Lehre hervorzuheben (vgl.
Benveniste 1966 [1956], 86–87; Jaffe 1980; White 1999; van der Zwaal 1987). Michel
de Certeau vertritt gar die These, Freud habe den Traum als „trojanisches Pferd"

https://doi.org/10.1515/9783110332681-003

benutzt, um die Rhetorik wieder in die „Stadt der Wissenschaft" (de Certeau 1987, 118) einzuschmuggeln. Solche Urteile sind inspiriert von der philosophischen Wiederentdeckung eines kleinen Teils des rhetorischen Lehrgebäudes, der Tropenlehre, bei Autoren wie Jacques Derrida und Paul de Man sowie durch Jacques Lacans Reinterpretation der Freud'schen Topik des Unbewussten mithilfe des linguistischen Signifikantenbegriffs (vgl. de Man 1979; Derrida 1972; Lacan 1975a [1966]). Kündigt Freuds Werk also das Wiederauftauchen des untergegangenen Bildungskontinents namens Rhetorik an? Muss man lediglich gewisse fehlende Begriffe (wie Metapher und Metonymie) in dieses Werk einpflanzen, um seinen eigentlich rhetorischen Charakter ans Licht zu bringen?

Die Frage nach dem Verhältnis zwischen Psychoanalyse und Rhetorik impliziert zweierlei: Außer derjenigen nach einer möglichen rhetorischen Dimension der Psychoanalyse lässt sie auch die weniger offensichtliche Frage zu, ob der Rhetorik eine psychoanalytische Dimension eignet. Und da die Grundhypothese allen psychoanalytischen Denkens in der Annahme eines Unbewussten besteht, lassen sich beide Fragen knapper fassen: Gibt es eine Rhetorik des Unbewussten? Und: Gibt es ein Unbewusstes der Rhetorik? Bevor solche Fragen auch nur gestellt werden können, muss freilich der Gegenstand eingegrenzt werden, auf den sie sich beziehen. Von welcher Rhetorik ist hier die Rede? Und von welcher Psychoanalyse?

2. Rhetorik des Unbewussten – Unbewusstes der Rhetorik

Im Lauf einer vielhundertjährigen Geschichte hat sich unter dem Namen Rhetorik ein verzweigtes Feld des praktischen und theoretischen Wissens über eine Fülle von Aspekten der menschlichen Rede entwickelt. Innerhalb dieses Feldes sind zu unterschiedlichen Zeiten sehr unterschiedliche Zielsetzungen verfolgt worden. Neben die Rhetorik der Sophisten, die den Hauptakzent auf die Überwältigung des Zuhörers legt (*pathos*), tritt die aristotelische Rhetorik, die den Schwerpunkt auf die Theorie der Argumentation setzt (*logos*). Das hervorstechendste Merkmal der ciceronianischen Rhetorik ist vielleicht die Inszenierung der Persönlichkeit des Redners (*êthos*). Bei einigen Autoren der römischen Kaiserzeit kann man ferner eine Verschmelzung von Rhetorik und Poetik beobachten. War es für Aristoteles noch selbstverständlich, zwischen zwei Kunstlehren (*technai*) zu unterscheiden, nämlich zwischen Rhetorik als Überzeugungslehre (zentriert im Begriff des rhetorischen Arguments oder Enthymems) und Poetik als Darstellungslehre (zentriert im Begriff der Mimesis), so werden die Grenzen jetzt, nicht zuletzt aufgrund des Siegeszugs der Rhetorik im Bildungswesen, fließend. Der anonyme Autor des

Traktats *Vom Erhabenen* (*Peri hypsous*, 1. Jh.) kann seine Beispiele genauso aus den Reden des Demosthenes schöpfen wie aus dem biblischen Buch *Genesis*, aus Homer oder aus Sapphos Oden. Für Roland Barthes ist diese Verschmelzung von Rhetorik und Poetik die Voraussetzung für die Herausbildung des neuzeitlichen Literaturbegriffs (vgl. Barthes 1988, 25). Barthes nennt die alte Rhetorik ein umfassendes „Programm zur Diskurserzeugung" (Barthes 1988, 19) und unterscheidet sechs Aspekte dieses Programms: (1.) eine Technik, (2.) einen Unterricht, (3.) eine Protowissenschaft, (4.) eine Moral (weil die Rhetorik u. a. den Affektausdruck diszipliniert), (5.) eine gesellschaftliche Praxis, die den „Besitz des Sprechens" (Barthes 1988, 16) garantieren soll, und (6.) eine Praxis des Spiels, das heißt eine (anti-)rhetorische Kultur der Parodie und des sprachspielerischen Umsturzes. Die meisten Untersuchungen zum Verhältnis zwischen Psychoanalyse und Rhetorik setzen wie selbstverständlich an dem dritten, protowissenschaftlichen Aspekt der Rhetorik an, genauer gesagt an einem eng umschriebenen Bereich desselben, nämlich der *elocutio* oder *lexis*, die als Klassifikationssystem von Verfahren der Sinnerzeugung verstanden wird.

Auch die Frage ‚Welche Psychoanalyse?' ist in diesem Zusammenhang alles andere als trivial. Neben Freuds Grundlagenschriften wären über hundert Jahre stürmischer theoretischer Entwicklung zu berücksichtigen, in denen die Frage, wie das Subjekt zur Sprache kommt, oft genug im Zentrum der Kontroverse stand. Wichtige Einschnitte in dieser Entwicklung werden etwa markiert durch die Erweiterung des Begriffs des symbolischen Handelns in der Kinderanalyse bei Anna Freud und Melanie Klein (Zeichnen, Spielen, Verhalten überhaupt), durch Wilfred Bions Arbeiten zum unbewussten Denken und zu Denkstörungen, durch Lacans Neuformulierung zentraler Freud'scher Konzepte auf der Basis des linguistischen Strukturalismus sowie durch die Öffnung vor allem der poststrukturalistischen Literaturwissenschaft auf psychoanalytisches Wissen (→ II.4. POSTSTRUKTURALISTISCHE THEORIE). Ein Beispiel dafür wäre Harold Blooms Versuch, rhetorische Tropen als psychische Abwehrvorgänge zu denken (vgl. Bloom 1973). Diese Öffnung macht deutlich, dass von nun an mit zwei Rezeptionsrichtungen zu rechnen ist: Nicht nur der Umgang der Psychoanalyse mit rhetorischem und poetologischem Wissen steht infrage, sondern auch derjenige der im 20. Jahrhundert institutionalisierten Literaturwissenschaft mit der Psychoanalyse.

Im Folgenden kann nicht der Anspruch erhoben werden, die Frage nach der Beziehung zwischen Psychoanalyse, Rhetorik und Poetik in die Tiefe des analytischen Feldes, wie es sich nach Freud entwickelt hat, hineinzutragen. Meine Darstellung wird sich im Wesentlichen auf Freuds Œuvre beschränken müssen. Drei theoretische Brennpunkte in diesem Werk versprechen Aufschluss über die Beziehung zwischen Psychoanalyse und Rhetorik beziehungsweise Poetik: erstens die Schriften zur Behandlungstechnik, die die sprechende Relation zwischen Analytiker und Analysand erforschen und regulieren. Sie gilt es zur rhetorischen Persuasionslehre ins Verhältnis zu setzen. Zweitens die sprachverliebten hermeneutischen Grundlagentexte: die Analyse der Traumarbeit in der *Traumdeutung* (1900) sowie die eng mit ihr verbundenen Studien *Der Witz und seine Beziehung zum Unbewußten* (1905) und *Zur Psychopathologie des Alltagslebens* (1904). Sie sind auf ihre Beziehung zur Lehre von der *elocutio* hin zu befragen. Erst an dritter Stelle kommen Freuds verstreute Bemerkungen zur psychologischen Funktion von Dichtung und Drama (u. a. *Der Dichter und das Phantasieren* (1908)) in Betracht. Infrage steht ihre Beziehung zum alten Korpus der Poetik, dessen Urtext Breuer und Freud ja bereits 1895 zitiert hatten, als sie ihre neu entwickelte *talking cure* als „kathartische Methode" (I, 254–265) bezeichneten.

Wie eingangs bemerkt, läuft die Frage ‚Verfügt die Psychoanalyse über eine Rhetorik?' darauf hinaus, ob es eine Rhetorik des Unbewussten geben kann. Es müsste dies eine Rhetorik im uneigentlichen Sinne sein – eine Rhetorik ohne Rhetor, eine Rhetorik des Schweigens, der Lücke, der Fehlleistung, des Widerstands. Die klassische Rhetorik hatte keinen Begriff vom Unbewussten. Sie war damit befasst, das praktische Wissen der Antike über die bewusste Beeinflussung des Zuhörers zu systematisieren. Psychoanalytisches Sprechen beginnt aber da, wo die Intention einer bewussten Beeinflussung keine Rolle mehr spielt. Das „Ça parle" [Es spricht] (Lacan 1975b [1966], 125) der psychoanalytischen Erfahrung – richtet es sich nach dem uralten Lehrplan von *inventio, dispositio* und *elocutio*?

Versucht man in einer ersten Annäherung, die psychoanalytische Theorie vom Sprechen des Unbewussten nach dem Schema der fünf *officia oratoris* beziehungsweise der fünf Teile der „rhetorischen Maschine" (Barthes 1988, 52) zu erfassen, so wird deutlich, an welchen Stellen die neue Erfahrung die alte Apparatur verbiegt und sprengt: (1.) An die Systemstelle der *inventio* (des Auffindens dessen, was zu sagen ist) tritt bei Freud eine Dynamik widerstreitender seelischer Kräfte, ein Konflikt zwischen zensurierenden Instanzen und unbewussten Gedanken, welche zu bewusster sprachlicher Form drängen. Diese Dynamik erfasst auch die Vorstellung der geistigen Lokalisierung, die notwendig zur Vorstellung des ‚Findens' gehört: War die Topik der alten Rhetorik noch ein weitgehend stabiler Speicher des allgemein akzeptierten Sagbaren (*topoi, loci*), so sind die Topiken Freuds aporetische Architekturen, Denkmodelle zur Verortung seelischer Inhalte, die sich der Lokalisierung und bewussten Invention entziehen. Das Unbewusste ist ein Gemeinplatz nur noch in dem radikalen Sinn, dass es niemandes Ort ist. (2.) Die Stelle der *dispositio* (der Anordnung des zu Sagenden) nimmt in der Psychoanalyse die Nichtordnung der freien Assoziation ein, bei der, nach einem von Freud prominent platzierten Schiller-Zitat, „der Verstand seine Wache von den Toren zurückgezogen" hat und „die Ideen [...] *pêle-mêle* herein[stürzen]" (II/III, 107). (3.) Die *elocutio* (sprachliche Gestaltung) findet ihr psychoanalytisches Gegenstück vor allem in den aberwitzigen Zeichenoperationen des Traums, die Freud unter dem Begriff der Traumarbeit gefasst hat. Dieses Kernstück seiner Lehre ist häufig (wenn auch ungenau) als ‚Rhetorik des Traums' bezeichnet worden. Über die Beziehungen zwischen *elocutio* und Traumarbeit wird weiter unten ausführlicher zu sprechen sein.

Nicht vergessen werden sollten zwei weitere Funktionsebenen des rhetorischen Apparats: (4.) *memoria* (die zur freien Rede erforderliche Gedächtnisleistung) und (5.) *actio* (der Vortrag). In keinem anderen Bereich wird der Bruch der Psychoanalyse mit der impliziten Psychologie der alten Rhetorik so deutlich wie in dem der *memoria*: Die Psychoanalyse als Kunst, Vergessenes zur Sprache kommen zu lassen, trennt sich von antiker Mnemotechnik einerseits durch die Rolle, die sie dem Vergessen (als alltäglichstem Effekt der Verdrängung, etwa in Gestalt des Traumvergessens) zuweist, andererseits durch Freuds These von der Unzerstörbarkeit unbewusster Gedächtnisspuren (vgl. II/III, 558). Indem er der *memoria* die Unterscheidung ‚bewusst/unbewusst' einschreibt und die Psyche durch verschiedene graphische Modellvorstellungen als „Schauplatz der Schrift" konzipiert (vgl. Derrida 1967), entzieht er der rhetorischen Allianz von Gedächtnis und Rede die Grundlage. Die *actio* hingegen, als theatralischer Ausgang der rhetorischen Produktionskette, findet in der psychoanalytischen Erfahrung gleich eine ganze Reihe von Entsprechungen, die freilich nicht auf oratorischer Zusammenarbeit von Geste und Rede beruhen, sondern auf dem Widerstreit zwischen Somatik und Diskurs. Diese Reihe beginnt mit dem Urobjekt der Psychoanalyse, dem hysterischen Symptom; sie schließt dessen klinische Schwundstufe, das ‚Mitsprechen des Körpers' in der analytischen Situation, ebenso ein wie die Fehlleistung, den Witz-induzierten Lachkrampf oder das *acting out*, das widerständige Agieren außerhalb des Behandlungszimmers.

Die *talking cure*, so viel zeigt diese kurze Übersicht, ist keine *oratory cure* (vgl. van der Zwaal 1987, 130). Derartiges zu behaupten, heißt, die analytische Beziehung um die Dimension des Unbewussten zu kürzen, das Primat des Triebes aufzugeben und die Rolle der Übertragung auszuklammern. Die Psychoanalyse bedient sich der Sprache aller, aber ihr Sprechen ist nicht das Sprechen aller. Bevor man diese besondere Art des Sprechens in rhetorische Begriffe fasst, müsste man zunächst die Rhetorik analysieren. Die klassische Rhetorik war in erster Linie eine Produktionstheorie persuasiver Rede und nur sekundär ein Analyseinstrument. In jenem primären Sinn aber ist Rhetorik eine Agentin der Verdrängung. Freud hat die Deutung der rätselhaftesten aller menschlichen Seelentätigkeiten als „*Via regia*" (II/III, 613) in die *talking cure* eingeführt, um die Macht der konventionellen Rhetorik im Behandlungszimmer zu brechen; um Zugang zu einem ‚anderen Sprechen' zu gewinnen, das keinem persuasiven Ziel mehr dient. Der Bereich der Traumarbeit, der die engste Berührung mit einer Rhetorik im klassischen Sinne aufweist, ist zweifellos die sekundäre Bearbeitung. Sie verfährt „tendenziös[ ]" (II/III, 494), man könnte auch sagen: persuasiv und oratorisch. Sie dient dazu, einen (innerpsychischen) Adressaten von etwas zu überzeugen, nämlich das bewusste Ich von der Harmlosigkeit und logischen Stringenz des Traums. Die sekundäre Bearbeitung gehört aber, folgt man Freud, eigentlich nicht mehr der Psychologie des Traums an, sondern der des Wachbewusstseins.

Der zweite der eben genannten Aspekte, die Rhetorik als Instrument zur Analyse signifikanter Prozesse, wird uns im übernächsten Abschnitt beschäftigen. Freuds wichtigste Überlegungen zu Zeichenprozessen stehen im Kontext der Traumdeutung, also der Hermeneutik (→ II.1. SEMIOTIK). Nach Friedrich Schleiermacher aber gilt: Hermeneutik und Rhetorik gehören zusammen, weil jeder Akt des Verstehens die Umkehrung eines Aktes des Sprechens ist: „Interpretation [...] is elocution in reverse." (Jaffe 1980, 51) Den Traum deuten heißt also umgekehrt nachvollziehen, wie der Traum spricht. Die rhetorische *elocutio* beschreibt Reden als Prozess, als Redearbeit. Diese gilt es auf Freuds Begriff der Traumarbeit zu beziehen, was freilich keine leichte Aufgabe ist, denn Freuds Beitrag zum Verständnis menschlicher Zeichenpraktiken besteht in einer bemerkenswerten Dynamisierung: Zeichen erscheinen bei ihm stets eingebunden in eine Energetik, als Spielmarken eines triebhaften Geschehens, instabil und reversibel. Wörter sind immer ‚besetzt' von Energiequanten, die ihre Bewegungen bestimmen. Die Stabilisierung hermeneutischer Deutungsregeln wird da zum Problem. Die Freud'sche *Traumdeutung* hat es – in viel größerem Maß, als sie wahrhaben möchte – mit Affekten zu tun (vgl. von Koppenfels 2012). Auch die antike Rhetorik war zu entscheidenden Teilen eine Affekttechnik, die antike Poetik ohnehin. Wer *elocutio* und Traumarbeit aufeinander beziehen will, darf keinen der beiden Prozesse auf semantische Transaktionen reduzieren.

3. Persuasion und Übertragung

Am Anfang der Rhetorik steht der Wunsch, durch Worte zu herrschen, das heißt, sich der Entscheidungsfreiheit des Zuhörers durch Worte zu bemächtigen. Dem dienen seit Aristoteles die drei Überzeugungsmittel *êthos*, *pathos* und *logos* (vgl. Aristoteles 2007 [4. Jh. v. Chr.], 1356a, 1–5). Im Bereich der Poetik herrscht eine sublimierte Variante dieser persuasiven Funktion: Die Technik dient hier zwar in der Regel nicht mehr der pragmatischen Überredung *zu etwas*, doch es bleibt die Aufgabe des Textes, den Leser *von sich selbst* zu überzeugen, ihn an sich zu binden. Der poetische (literarische) Akt teilt mit dem kommunikativen Akt der Rhetorik den Wunsch nach solcher Bindung. Bindung an wen? Hier kommt die

Kluft in den Blick, die den Zuhörer der Rede vom Leser des Textes trennt: Literatur ist per definitionem aus der pragmatisch bestimmbaren Situation der Rhetorik ausgestiegen. Der Kontakt zwischen Text und Leser ereignet sich in einem unkontrollierbaren Irgendwo: hier oder dort, heute, in dreihundert Jahren oder nie – jedenfalls in einem nicht fixierbaren Raum, der durch den Kunstbegriff der Rezeption nur unzureichend umrissen wird. In diesem Punkt nun scheint das psychoanalytische Sprechen eher rhetorischer als poetischer Natur: Es erscheint als das situierte Sprechen schlechthin – durch räumliche Konfiguration, Dauer und streng geregelte Wiederkehr der ‚Sitzung'. Nichts könnte weiter entfernt sein vom unvorhersehbaren Irgendwann-Irgendwo, an dem ein literarischer Text auf seinen Leser trifft.

Doch nicht jedes situierte Sprechen ist ein rhetorisches. Der Gründungsakt der Psychoanalyse – das darf hier nicht vergessen werden – war Freuds Abkehr von der Hypnose, das heißt von einer Technik direkter, suggestiver Beeinflussung im Medium der Sprache, unterstützt durch gewisse magische Mittelchen wie das Handauflegen (vgl. XIII, 214). Die in der Folge entwickelten gestischen Maximen (Aufgabe des Blickkontakts, Passivität, gleichschwebende Aufmerksamkeit) dienen dem Ziel, eine Verstrickung in Verführung und Persuasion möglichst zu erschweren. Die ausgebildete psychoanalytische Technik wird durch drei Merkmale geradezu systematisch entrhetorisiert: (1.) durch den Ausschluss der Öffentlichkeit, durch den sich das psychoanalytische Sprechen den gesellschaftlichen Trägern der Rhetorik, vor allem den Diskursen des Rechts und der Politik, entzieht. Man könnte auch von einer Enttheatralisierung sprechen. (2.) Durch die „psychoanalytische Grundregel" (VIII, 373), die darauf abzielt, ein bedingungsloses Sprechen zu konstituieren, das möglichst frei von bewussten Redeintentionen ist. Hier geht es nicht darum, jemanden von etwas zu überzeugen, sondern ihn etwas sagen zu lassen, von dem er nicht wusste, dass er es sagen kann, ja, dass es überhaupt sagbar ist. (3.) Durch die Übertragungssituation: Das psychoanalytische Sprechen findet nie nur an dem Ort und nur zwischen den beiden Personen statt, die ihm ihre Stimme und ihr Ohr leihen. Vor allem aber findet es nie nur zu einer Zeit statt. Die ‚Übertragung' von aus der Vergangenheit stammenden Affekten, Phantasien und Konflikten auf die analytische Situation ist eine Grundbedingung dieses Sprechens – wohlgemerkt als Widerstand gegen das Ziel der Bewusstwerdung. Wer wo wann zu wem spricht, wird damit auf eine Weise fragwürdig, die sich kein antiker Rhetoriklehrer hätte träumen lassen. Durch diese Verunsicherung wird die psychoanalytische Situation aber in gewissem Sinne der schwebenden Redesituation literarischer Texte ähnlich. Es ist möglich, gewisse spektakuläre Wirkungen von Reden oder Texten (Effekte des *movere*) als Übertragungseffekte zu verstehen. Freud hat bekanntlich die ‚erschütternde' und ‚ergreifende' (vgl. II/III, 268–269) Wirkung des *Ödipus*-Dramas in diesem Sinne gedeutet

(→ III.6. ÖDIPUS). Umgekehrt aber geht es nicht an, die Übertragung als Spielart der Persuasion zu behandeln.

Nun ist freilich das Sprechen-des-Unbewussten, auf das etwa die Freud'sche Traumhermeneutik zielt, keineswegs zweckfrei. Es ist vielmehr radikal zweckgebunden als Wunsch-Sprechen. An die systematische Stelle, die in der Rhetorik die Persuasion innehat, tritt in Freuds Traumtheorie die Wunscherfüllung. Damit soll nicht gesagt sein, dass die persuasive Rhetorik nicht ebenfalls wunschgetrieben sei; Träume aber sind es nach Freuds Überzeugung auf eine direkte, halluzinatorische Weise. Dieses Motiv legt er – vermittelt durch das Zwischenglied der Phantasie – auch den Produktionen der Dichter zugrunde (vgl. VII, 216). Zugleich baut er seine Charakterisierung des Sprechens-des-Unbewussten in der *Traumdeutung* in ein theatralisches, hochpolitisches Szenario ein, in dem es darum geht, Kompromisse zu erzielen, verbotene Wünsche an einem Zensor vorbeizuschmuggeln etc. Hier scheint es durchaus um Überzeugung zu gehen, allerdings in einem intrasubjektiven Sinn: Der manifeste Traum ‚will' eine richtende Instanz von seiner Harmlosigkeit überzeugen, Affekte neutralisieren und dem Schlafwunsch dienen. Und genau an dieser Stelle entfaltet Freud denn auch ein Arsenal technischer Begriffe, das geradezu darauf angelegt zu sein scheint, mit den Figurenkatalogen der klassischen *elocutio* verglichen zu werden. Handelt es sich um das Arsenal eines Sprechens, das den intersubjektiven Zwängen der Persuasion entzogen ist? Eine unwillkürliche, entregelte Rhetorik?

4. *Elocutio* und Traumarbeit

Mit bewundernswerter Radikalität widmete Freud, nachdem er zuvor versucht hatte, spekulative Psychologie und therapeutische Arbeit systematisch zu verbinden, seine Aufmerksamkeit jahrelang einem scheinbar abseitigen psychischen Phänomen: Auf die Analyse des Traums ließ er sich so tief ein, dass sich die Traumforschung als eigener Bereich in seinem Denken etablierte, der sich nie mehr ganz bruchlos in seine Metapsychologie integrieren, sondern immer neue Ergänzungen zur Traumlehre erfordern sollte. Es sind vor allem seine Überlegungen zu Bedeutungsverhältnissen im Traum, die das Interesse von Sprach- und Literaturwissenschaft auf sich gezogen haben – ein Interesse, das längst vorbereitet war durch eine romantische Denktradition, die von psychologischen und ästhetischen Affinitäten zwischen Traum und Dichtung ausging (vgl. Alt 2002; Béguin 1937; Goumegou 2007). Dabei ist die Traumdeutung bei Freud strikt als Teil der therapeutischen Technik zu betrachten: Nur weil Träume in die „psychische Verkettung" (II/III, 105) der *talking cure* eingeschoben sind, werden sie zum

Gegenstand der Analyse. Das bedeutet auch, dass der Traum bei Freud stets als Teil einer Übertragungsrelation anzusehen ist: Träume mögen „absolut egoistisch" (II/III, 274) sein – sie werden jedoch in Beziehung auf jemanden geträumt.

Freuds grundstürzende Idee bestand darin, den manifesten Traum als Endprodukt einer bizarren gedanklichen Transformationsarbeit zu beschreiben. Diese charakterisiert er einmal als Naturgeschehen – „[W]enn dann die ganze Masse dieser Traumgedanken der Pressung der Traumarbeit unterliegt, wobei die Stücke gedreht, zerbröckelt und zusammengeschoben werden, etwa wie treibendes Eis [...]" (II/III, 317) –, dann wieder in technischen Bildern als „Gedankenfabrik" und „Weber-Meisterstück" (II/III, 289, mit Zitat aus *Faust I*, Goethe 1986 [1808], 587). Der Punkt, in dem beide Bilder übereinkommen, ist die Vorstellung unüberschaubarer Komplexität. Innerhalb dieses Geschiebes und Gewebes macht er vier wesentliche Mechanismen aus, die er als ‚Verdichtung', ‚Verschiebung', ‚Rücksicht auf Darstellbarkeit' und ‚sekundäre Bearbeitung' bezeichnet – wobei die vier keineswegs auf der gleichen systematischen Ebene angesiedelt sind. Freud selbst hebt Verdichtung und Verschiebung als die beiden „Werkmeister" (II/III, 313) des Traums hervor. Die Namen seiner Mechanismen entnimmt er nun keineswegs der Rhetorik, sondern, was die beiden letztgenannten betrifft, vielmehr der Assoziationspsychologie Wilhelm Wundts (vgl. Wundt 1880; Jaffe 1980, 54). Eine mögliche Beziehung zu rhetorischen Operationen hat Freud nur gelegentlich angedeutet. Wo er dies tut, da denkt er meist nicht an den Traum, sondern an ein sehr viel sozialeres Phänomen, nämlich den Witz (→ IV.7. WITZ). „Keine Anknüpfung war da zu locker, kein Witz zu verwerflich, als daß er nicht die Brücke von einem Gedanken zum andern hätte bilden dürfen" (II/III, 535), schreibt er über die entfesselte Assoziativität des Traums. Und im Witzbuch findet sich auch einer der seltenen Brückenschläge zum Walten der Rhetorik in der Sphäre des bewussten Denkens: „Indirekte Darstellungen dieser Art [hier: Gleichnisse] und Anspielungen, deren Beziehung zum Eigentlichen leicht auffindbar ist, sind ja zulässige und vielgebrauchte Ausdrucksmittel auch in unserem bewußten Denken. Die Traumarbeit übertreibt aber die Anwendung dieser Mittel der indirekten Darstellung ins Schrankenlose." (VI, 196)

Wenige Konzepte Freuds haben die Sprach- und Kulturtheorie des 20. Jahrhunderts so fasziniert wie die Werkmeister des Traums. Im Hintergrund vieler Bezugnahmen und Übersetzungsversuche der zweiten Jahrhunderthälfte steht die Vision einer allgemeinen Semiotik, die endlich auch in die von Freud eröffneten Bereiche des unbewussten Denkens hineinreichen würde. So erkannte Roman Jakobson in der Traumarbeit die beiden grundlegenden Orientierungslinien des strukturalistischen Sprachmodells wieder: die Achse der Selektion (die auf Similarität basiert) und die Achse der Kombination (basierend auf Kontiguität). Diese beiden Achsen wiederum identifizierte er mit einem metaphorischen und einem metonymischen Grundprinzip der Sprache. Die Freud'schen Mechanismen der Traumarbeit ordnete er diesen beiden Prinzipien wie folgt zu: Auf der (metonymischen) Achse der Kontiguität lokalisierte er die Verschiebung (die er als metonymisch in einem engeren – figuralen – Sinn bezeichnete) und die Verdichtung (die er als synekdochisch charakterisierte), auf der (metaphorischen) Achse der Similarität die Identifizierung und die Darstellung durch Symbole (vgl. Jakobson 1956, 80–81). Dazu ist zweierlei zu bemerken: Zum einen stellt die Beschriftung der beiden Balken von Jakobsons Kreuz mit den Begriffen Metapher und Metonymie alles andere als eine Wiederkehr der Rhetorik dar. Es handelt sich um eine linguistische und keine rhetorische Bezugnahme. In die Formulierung des strukturalistischen Sprachmodells sind lediglich zwei Überbleibsel aus der Konkursmasse der Rhetorik eingegangen. Zum anderen fällt die Asymmetrie der Zuordnung auf: Jakobson verlegt die beiden Hauptmechanismen der Traumarbeit auf die eine (metonymische) Achse seines Modells. Auf die andere Achse fallen zwei Begriffe, die bei Freud in marginaler Position, als Darstellungsmittel (nicht als Mechanismen) des Traums erscheinen: erstens die Identifizierung (von Personen), die er streng genommen gar nicht als Werk des Traums, sondern als „im Traummaterial bereits vorgefunden" (II/III, 325) behandelt, und zweitens die Darstellung durch Symbole, die er erst in späteren Auflagen seines Buches stärker berücksichtigte und für die er Ähnliches feststellt, nämlich dass sie nicht der Traumarbeit selbst zugehört, sondern als kulturelles Fertigprodukt aus Folklore, Mythologie etc. in den Traum importiert wird (vgl. II/III, 356).

Jakobson hatte sichtlich Schwierigkeiten, die metaphorische Achse seines Sprachmodells mit Freud'schen Begriffen zu stützen. An dieser Stelle hakte Lacan ein, als er seine Revision der Psychoanalyse auf Grundlage des linguistischen Signifikantenbegriffs unternahm. In seinem Aufsatz *L'instance de la lettre dans l'inconscient ou la raison depuis Freud* (1957; *Das Drängen des Buchstabens im Unbewussten oder die Vernunft seit Freud*) verwendet er – in deutlicher Abhängigkeit von Jakobson und mit einer knappen Verbeugung in Richtung Quintilian – ebenfalls die Begriffe Metonymie und Metapher als Bezeichnungen für grundlegende Operationen: als Namen für die beiden Seiten des Signifikanteneffekts (Lacan 1975a [1966], 19) –, jenes Signifikanteneffekts, der nach Lacan für das Unbewusste konstitutiv ist (vgl. Lacan 1975a [1966], 34–49). Die Metonymie als die eigentliche Signifikantenfunktion beschreibt er als drängende Bewegung von Wort zu Wort: *mot à mot* (vgl. Lacan 1975a [1966], 30). Die Metapher als den Punkt, an dem in dieser Bewegung Sinn produziert wird, charakterisiert er durch die Formel *Un mot pour un autre*, „[e]in Wort für ein anderes" (Lacan 1975a [1966], 32). Als Beispiel für die Metapher zitiert er einen Vers aus Victor Hugos Gedicht *Booz endormi* (1859; *Der Schlaf des Boas*): „Sa gerbe n'était pas avare ni haineuse" [Seine Garbe war nicht geizig, noch von Haß erfüllt] (Lacan 1975a [1966], 31). Es

hat freilich den Anschein, als missverstehe Lacan hier metonymische Verhältnisse als metaphorische (vgl. Genette 1983 [1970], 243): Die Garbe steht bei Hugo
Pars pro Toto für den ganzen Besitz des Boas, dieser wiederum metonymisch
für den Patriarchen, und der Übergang der moralischen Attribute ‚weder geizig
noch gehässig‘ vom Mann auf die Garbe ist eine Enallage und somit ebenfalls
eine Verschiebungsfigur. Anders als Jakobson hält es Lacan nun aber nicht für
nötig, die Fundamentalebene seines Strukturmodells zu verlassen, um Freuds
Mechanismen der Traumarbeit in dieses zu integrieren: Die beiden Werkmeister
Verschiebung und Verdichtung *sind* die beiden fundamentalen Aspekte der Sig-
nifikantenbewegung – das metonymische „Umstellen der Bedeutung" und die
metaphorische „Überbelastungsstruktur der Signifikanten" (Lacan 1975a [1966],
36).

An dieser sprachwissenschaftlichen Reinterpretation der Traumarbeit ist
aus verschiedenen Richtungen Kritik geübt worden: Bekannt ist Genettes Protest
gegen die Schrumpfung der Rhetorik, ihre Verarmung bis auf zwei isolierte Tropen,
Metonymie und Metapher, die zu Fundamentalprinzipien erhoben werden und
hinfort als einsames *glamour couple* die Bühne der neuen Rhetorik behaupten,
wo doch die alte eine Fülle anderer Similaritäts- und Kontiguitätstropen kannte.
Mit der Fundamentalisierung der beiden Begriffe geht auch ein Verlust an Trenn-
schärfe einher: Lacans Metaphernformel ‚ein Wort für ein anderes‘ ist nichts als
eine Definition des Tropus schlechthin; seine Metonymieformel von ‚Wort zu
Wort‘ bezeichnet die Signifikantenkette als solche (vgl. Genette 1983 [1970], 243).
Doch gleicht der Bezug des strukturalistischen Sprachmodells – das Lacan freilich radikalisiert, indem er von der Eigengesetzlichkeit des Signifikanten ausgeht
und die Vorstellung, dieser vertrete ein Signifikat, als Illusion abtut (vgl. Lacan
1975a [1966], 22) – auf Freuds Beschreibung der Traummechanismen ohnehin
der Quadratur des Kreises: Zum einen fügt sich Freuds Beschreibung keinem
Zweiachsenmodell; Verschiebung und Verdichtung liegen auf unterschiedlichen
Ebenen und bilden keine sich kreuzenden Achsen; die Verschiebung etwa betrifft
nicht nur „Vorstellungen", sondern auch „Affekte" (Wolff 1975, 423). Die Analyse
dieses affektiven Aspekts der Traumarbeit, schon für Freud ein Stein des Anstoßes, ist durch die strukturalistischen Umformulierungen keineswegs einfacher
geworden. Zum anderen bezeichnen die Begriffe Verdichtung und Verschiebung
bei Freud assoziative Prozesse, die offenbar nicht deckungsgleich sind mit Metapher und Metonymie in einem engeren, rhetorischen Sinn.

Typisch für das, was Freud als Verdichtung bezeichnet, sind etwa auch Kom-
promissbildungen wie Sammel- oder Mischpersonen sowie anarchische Wortklumpen nach Art des „Maistollmütz" und des „Autodidasker" (II/III, 299–306).
Hier handelt es sich nicht um die klassisch metaphorische Vertretung eines
abwesenden Wortes durch ein anwesendes, sondern um die Kopräsenz zweier

oder mehrerer Zeichen. Freud bemerkt, dass die Verdichtungsarbeit des Traums an „Worten und Namen" besonders greifbar wird – aber nur, weil der Traum „Worte [...] wie Dinge behandelt" (II/III, 301) – und eben nicht wie Worte. Wörter wie Dinge zu behandeln, heißt hier vor allem: ihre morphologische Gestalt nach Belieben zu zerlegen und neu zusammenzusetzen. Für die Metapher aber ist die Integrität des Wortkörpers entscheidend. Dass die direkte Projektion rhetorischer Figuren auf die Mechanismen der Traumarbeit zu Schwierigkeiten führt, zeigt sich noch deutlicher im Fall der Verschiebung, zu der Freud am wenigsten sagt, die aber fundamental für sein Projekt ist. Ihre Domäne ist vor allem die Affektivität des Traums (das Kapitel *Die Affekte im Traume* ist das eigentliche Verschiebungs- kapitel der *Traumdeutung*). Hier lässt sich Freuds spekulative Psychologie – von Lacan als ‚Pseudobiologie' (vgl. Lacan 1975a [1966], 47) abgetan – nicht völlig aus der Beschreibung der Traumarbeit herausfiltern: Freud denkt offenbar keine rein bedeutungsbezogene Traumrhetorik, sondern eine Traumenergetik. Der Begriff der Verschiebung setzt die Vorstellung voraus, dass das Feld der Zeichen eine Art elektrisches Feld bildet, innerhalb dessen sich Energiequanten verschieben (vgl. White 1999, 113).

Auffällig ist schließlich, dass Jakobson und Lacan nur partiell auf Freuds Mechanismen der Traumarbeit zugreifen: Die Rücksicht auf Darstellbarkeit, die bei Freud vom Begriff des Bildlichen her gedacht wird und in enger Beziehung zur Metapher steht, und die sekundäre Bearbeitung, die mithilfe von „Kittge- danken" (II/III, 494) dem Traum einen Anschein der logischen oder narrativen Folgerichtigkeit gibt, bleiben in ihren binären Modellen außen vor. Samuel Jaffe hat daher vorgeschlagen, die vier Mechanismen der Traumarbeit auf ein qua- ternäres Modell zu beziehen, das diesmal nicht linguistischer, sondern genuin rhetorischer Herkunft ist. Er bezieht sich auf Quintilians Ordnungsschema der *quadripartita ratio* (vgl. Quintilian 2006, Bd. 1, 75–76), das ursprünglich zur Klassifikation rhetorischer Stellungsfehler (*soloecismi*) diente; da diese jedoch nichts als die Schattenbilder der *figurae* sind, denen sie oftmals gleichen wie ein Ei dem anderen, umgreift die Quintilian'sche Vierteilung auch Letztere. Jaffe ordnet nun Quintilians *detractio* (oder Auslassung) der Freud'schen Verdichtung zu, die *transmutatio* (oder Vertauschung) der Verschiebung, die *immutatio* (oder Verwechslung) der Rücksicht auf Darstellbarkeit und die *adiectio* (oder Hinzufü- gung) der sekundären Bearbeitung (vgl. Jaffe 1980, 57). Die Mängel auch dieses Ordnungsversuchs springen ins Auge, doch stellt er immerhin einen Versuch dar, die Traumarbeit systematisch vom Diskurs der Rhetorik her ins Auge zu fassen.

Traumarbeit und *elocutio*, so könnte man die Debatte resümieren, wollen zusammenkommen und können es doch nie ganz. Dies hat damit zu tun, dass Freuds Diskurs bestehende Diskurse kreuzt und quert. Seine Traumlehre ist zu semiotisch für die Psychologie und zu psychologisch für die Semiotik. In ihr ist oft genug von Sprache und Schrift die Rede – doch in der Regel handelt es sich dabei um Gleichnisse. Weitaus direkter als von Zeichen aber spricht der Autor von Gedanken, Vorstellungen und Affekten. Die Übersetzbarkeit dieses Vokabulars in ein zeichentheoretisches ist ein Schlüsselproblem für das ganze Feld der Geisteswissenschaften nach Freud. Denkt der Traum? Spricht der Traum? Diese Fragen sind aus dem Text der *Traumdeutung* keineswegs klar zu beantworten. Die zweite scheint Freud implizit zu verneinen, wenn er behauptet, alle direkte Rede, die im Traum vernehmbar wird, sei in Frankenstein-Manier aus Fetzen tagsüber gehörter Rede zusammengenäht (vgl. II/III, 309; 318; 421) – eine unter psychoanalytischen Autorinnen und Autoren hochumstrittene These. Und auch die Frage, ob der Traum denkt, schafft Konflikte. Einerseits heißt es bei Freud: „Der Traum ist im Grunde nichts anderes als eine besondere *Form* unseres Denkens, die durch die Bedingungen des Schlafzustandes ermöglicht wird. Die *Traumarbeit* ist es, die diese Form herstellt, und sie allein ist das Wesentliche am Traum, die Erklärung seiner Besonderheit." (II/III, 510–511, Anm. 2) Andererseits und in klarem Widerspruch dazu: „[Die Traumarbeit] ist nicht etwa nachlässiger, inkorrekter, vergeßlicher, unvollständiger als das wache Denken; sie ist etwas davon qualitativ völlig Verschiedenes und darum zunächst nicht mit ihm vergleichbar. Sie denkt, rechnet, urteilt überhaupt nicht, sondern sie beschränkt sich darauf umzuformen." (II/III, 511)

Diese und andere Bemerkungen, die darauf hinauslaufen, der Traumarbeit jeden „‚schöpferischen' Charakter" (XIII, 217) abzusprechen, fasst Donald Meltzer scharf zusammen: „Freud selbst maß Träumen nur geringe Bedeutung bei; er sah in ihnen einen Flickenteppich von Tagesresten und Entstellungen, die den trivialen Zweck hatten, dem Schläfer ein ungestörtes Weiterschlafen zu ermöglichen." (Meltzer 1988, 199) Dieser Protest gegen Freuds Traumpsychologie versteht sich als Aufruf, die von Freud selbst eröffneten Erkenntnismöglichkeiten aus dem Korsett seiner psychologischen Basisannahmen zu befreien. Er steht im Kontext eines Versuchs, den Traum als Schauplatz genuinen, schöpferischen Denkens ernst zu nehmen. Dies geht einher mit dem Protest gegen das Primat des „verbalen Denkens" als „primäre symbolische Form für die Darstellung von Sinn" (Meltzer 1988, 8) zugunsten eines erweiterten Begriffs von Sprache, der die Sprache des Traums eher dem Spiel annähert als dem (rhetorischen) Sprechen. Dies kann man als Parteinahme gegen eine Freud-Interpretation im Zeichen des *linguistic turn* verstehen. Die britische analytische Tradition, in der Meltzer steht (Klein, Bion), operiert dementsprechend auch nicht mit dem Begriff des Signifikanten als elementarem Werkzeug einer Analyse des Unbewussten, sondern mit dem Begriff der Phantasie. Mit Blick auf die Traumtheorie könnte man dies als die Alternative zwischen einer rhetorischen und einer poetischen Auffassung des Traums charakterisieren – also zwischen einer Sichtweise, die den Traum primär als listige Entstellung anstößiger Wünsche betrachtet, und einer Auffassung, die in ihm primär den Versuch sieht, auf schöpferische Weise mit unbewussten Phantasien zurande zu kommen.

5. Phantasieren und Poetik

Tatsächlich ist Phantasie bereits bei Freud der Schlüsselbegriff der (wenigen) Texte, in denen er sich ausdrücklich Fragen der Poetik zuwendet. Die wunscherfüllende Phantasie, so sein Tenor, bildet die gemeinsame psychologische Grundlage von Träumen und Kunstwerken:

> [D]ie Kunstwerke waren Phantasiebefriedigungen unbewußter Wünsche, ganz wie die Träume, mit denen sie auch den Charakter des Kompromisses gemein hatten, denn auch sie mußten den offenen Konflikt mit den Mächten der Verdrängung vermeiden. Aber zum Unterschied von den asozialen, narzißtischen Traumproduktionen waren sie auf die Anteilnahme anderer Menschen berechnet, konnten bei diesen die nämlichen unbewußten Wunschregungen beleben und befriedigen. Überdies bedienten sie sich der Wahrnehmungslust der Formschönheit als ‚Verlockungsprämie'. (XIV, 90)

Der gravierende Unterschied besteht darin, dass im Kunstwerk die phantasierte Wunscherfüllung gesellschaftlich akzeptabel geworden ist – was sie in Traum und Tagtraum (dem *missing link* zwischen Traum und Kunst) niemals war. Wo der Traum entstellen musste, kann das Kunstwerk darstellen. Diese „Resozialisierung" (Pietzcker 1974, 63) verbotener Wünsche ist nach Freud eine Leistung der poetischen Form.

In der fünften bis siebten Auflage der *Traumdeutung* (von 1914 bis 1922) ließ er die Darstellung der Traumarbeit direkt und doch nicht direkt in Dichtungstheorie übergehen. Auf das Kapitel zur sekundären Bearbeitung folgten in dieser Zeit zwei Abhandlungen von Otto Rank mit den Titeln *Traum und Dichtung* sowie *Traum und Mythus* (vgl. Rank 1995) – bis sie wieder aus dem Buch getilgt wurden. Dieses zweideutige Vorgehen ist charakteristisch für die mittlere Distanz, die Freud zur Sphäre der Dichtung hielt – aber wohl auch für die Beschränkungen seines Literaturbegriffs: Während er in der Analyse von Träumen oder Symptomen jederzeit spektakuläre Übergänge zwischen Zeichen und Bezeichnetem vollziehen kann, bleibt er in Bezug auf literarische Texte einer klassizistischen Form-Inhalt-Trennung verhaftet. Dabei fällt die Phantasie auf die Seite des reinen Inhalts. Sie erscheint als das Formlose *par excellence*, zu dem die Form, man weiß nicht wie, hinzutritt. Auf diese Weise kann die Dichtung als ein Schauplatz behandelt werden, auf dem sich, wie im Fall des *König Ödipus* (5. Jh. v. Chr.), unbewusste Phantasien in voller Evidenz offenbaren. Eine Analyse von Darstellungs- oder Symbolisierungsarbeit – Carl Pietzcker spricht von „Kunstarbeit" (Pietzcker 1974, 64) –, die etwa der Analyse der Traumarbeit gleichwertig gegenübertreten könnte, sucht man bei Freud vergeblich. Die Ausarbeitung einer Theorie der poetischen Form gehört daher zu den großen Desideraten einer psychoanalytischen Literaturwissenschaft (vgl. Pietzcker 1990).

Freuds Essay *Der Dichter und das Phantasieren* (1908) – der immerhin die Tätigkeitsform des *Phantasierens* im Titel trägt – beginnt mit einer Anspielung auf eine unter anderem von Goethe kolportierte Legende, der zufolge Ippolito d'Este die Widmung des *Orlando furioso* (1516; *Der rasende Roland*) durch Ariost mit der bornierten Frage quittierte: „Meister Ludwig, wo, Henker, habt ihr all' das tolle Zeug hergenommen?" (Biedermann 1909, 496–497; vgl. VII, 213) Es geht, so scheint es, auch Freud nur um die Herkunft der Geschichten, nicht um die Art, wie sie gemacht sind. Oder, was auf das Gleiche hinausläuft, es geht um die Phantasie als ein von aller poetischen Gestaltung ablösbares Substrat. In der Regel, so Freud, handelt es sich dabei um die peinlichste aller psychischen Bildungen, den egoistischen Tagtraum: ein wunscherfüllendes Gespinst, in dessen Mitte „Seine Majestät das Ich, de[r] Held[] aller Tagträume wie aller Romane" (VII, 220) thront. Auch sonst hebt Freud, wenn er den Terminus Roman verwendet (z. B. in der Rede vom *Familienroman der Neurotiker* (1909); → IV.5. FAMILIENROMAN), konsequent auf den tagträumerischen Zug der Gattung ab – und damit auf vormoderne, ‚romaneske' Erzählformen, von denen sich der moderne Roman qua Gattung unablässig abstößt. Inbegriff eines solchen phantasmatischen Substrats ist für Freud freilich nicht der einzelne, individualisierte literarische Plot, sondern der Mythos. Die Mythen, so seine Vermutung, entsprechen „den entstellten Überresten von Wunschphantasien ganzer Nationen, den *Säkularträumen* der jungen Menschheit" (VII, 222).

Dass Phantasien nicht jenseits von Form denkbar sind, dass das Phantasieren das Formen je schon einschließt, dass die Form-Inhalt-Trennung womöglich selbst eine Gestalt der Verdrängung sein könnte – solche Gedanken scheinen Freuds Produktionsästhetik denkbar fernzuliegen. Umso überraschender kommt am Ende des zitierten Aufsatzes die Hinwendung zu zwei Themen, deren Verbindung seit der Antike charakteristisch für die Disziplin der Poetik ist: die Wirkung von Texten und ihre formale Gestaltung. Das eigentliche Rätsel der Poetik stellt für Freud nämlich die ästhetische Lust dar. Dies ist nicht im Sinne des schon in Aristoteles' *Poetik* (340–320 v. Chr.) angedeuteten Tragödienparadoxons gemeint, also im Sinne der emotionstheoretischen Frage, warum bedrohliche, traurige, widerwärtige etc. Gehalte in ästhetischer Darstellung beim Betrachter oder Leser eine spezifische Lust hervorrufen können (vgl. Aristoteles 1982 [340–320 v. Chr.], 1448b, 10–12; Smuts 2009; → IV.1. TRAGÖDIE). Vielmehr postuliert Freud eine soziale Abstoßungsreaktion gegen Einblicke in die innere Welt des Anderen, eine Art Immunsystem, das gegen die Mitteilung fremder Phantasien reagiert: „[I]n der Technik der Überwindung jener Abstoßung, die gewiß mit den Schranken zu tun hat, welche sich zwischen jedem einzelnen Ich und den anderen erheben, liegt die eigentliche *Ars poetica*." (VII, 223) Eines ihrer Mittel ist die ‚Bestechung' des Lesers „durch rein formalen, d. h. ästhetischen Lustgewinn":

> Man nennt einen solchen Lustgewinn, der uns geboten wird, um mit ihm die Entbindung größerer Lust aus tiefer reichenden psychischen Quellen zu ermöglichen, eine *Verlockungsprämie* oder eine *Vorlust*. Ich bin der Meinung, daß alle ästhetische Lust, die uns der Dichter verschafft, den Charakter solcher Vorlust trägt, und daß der eigentliche Genuß des Dichtwerkes aus der Befreiung von Spannungen in unserer Seele hervorgeht. Vielleicht trägt es sogar zu diesem Erfolge nicht wenig bei, daß uns der Dichter in den Stand setzt, unsere eigenen Phantasien nunmehr ohne jeden Vorwurf und ohne Schämen zu genießen. (VII, 223)

Diese wirkungsästhetische Wendung kommt indes nicht völlig überraschend. Immerhin hatte Freud bereits in der *Traumdeutung* und noch früher in einem Brief an Wilhelm Fließ vom 15. Oktober 1897 die Frage nach der ‚ergreifenden' Wirkung des *König Ödipus* aufgeworfen (vgl. Freud 1962 [1950]) – und zwar mit weitreichenden theoretischen Folgen (vgl. Schönau und Pfeiffer 2003 [1990], 29). In die gerade zitierte kurze Passage sind nun mehrere suggestive Gedanken eingefaltet: zum Ersten die Hypothese der „Vorlust", die es erlaubt, die sublimen Höhepunkte poetischer Gestaltung im Rahmen einer unverkennbar sexuellen Energieökonomie zu begreifen. Die ‚Bestechung' der Wahrnehmung durch eine attraktive Form hätte hier die Rolle eines Auslösers oder Zünders zu spielen, der (nach einem unbekannten Mechanismus) weit größere Energiebeträge freisetzt – eine Erklärung, die wie gesagt der Sexualtheorie entstammt (vgl. V, 109–114), die Freud aber zuvor schon an einem explosiven Kulturprodukt, nämlich dem Witz, erprobt hatte (vgl. VI, 153–154). Zum Zweiten eine Vorstellung von poetischer Wirkung, die sich immer noch als therapeutische Reformulierung des aristotelischen Katharsisbegriffs lesen lässt („Befreiung von Spannungen in unserer Seele"). Und zum Dritten die Spekulation, dass diese Wirkung auf Enttabuisierung der Phantasien des Lesers oder Zuschauers beruht.

Indem Freud suggeriert, die Lektüre des Werkes könne auf irgendeine Weise das Verhältnis des Lesers zu seinen eigenen Phantasien verändern, deutet er einen ersten Schritt in eine Richtung an, die eine psychoanalytische Literaturforschung erst viel später einschlagen sollte. Was sich hier anbahnt, ist die Einsicht, dass der Akt des Lesens ein Beziehungsgeschehen darstellt, in dem ein unbewusster Tauschverkehr von Phantasien zwischen Text und Leser im Gange ist: „Psychoanalyse und Ästhetik teilen von vorneherein den Gegenstandsbereich – hier wie dort geht es um Interaktionen und Beziehungen." (Angeloch 2014, 187) Daraus ergibt sich aber die Notwendigkeit, die Beziehung zwischen Text und Leser mithilfe der Werkzeuge zu analysieren, die zum Verständnis der analytischen Situation entwickelt wurden – nämlich mithilfe des Begriffs der Übertragung und seines erst später systematisierten Pendants, des Begriffs der Gegenübertragung (vgl. Angeloch 2014, 169–260; Heimann 1950; Schönau und Pfeiffer 2003 [1990], 50–53). Damit nun scheint die Literaturforschung auf einer Ebene esoterischer, hochindividualisierter Beziehungsanalysen angelangt, die meilenweit entfernt liegt von unserem Ausgangspunkt, den wuchtigen Wirkungshypothesen der antiken Rhetoriker und Poetologen, die jeweils für die ganze Polis Geltung beanspruchen durften. Doch die verhandelten Probleme sind bei aller Distanz so unterschiedlich nicht: Noch immer geht es um die Frage, warum bestimmte Texte ihre Leser faszinieren, überzeugen, bewegen, an sich binden (Rhetorik) – und wie sie gemacht sein müssen, damit dies geschieht (Poetik).

Literatur

Alt, Peter-André. *Der Schlaf der Vernunft. Literatur und Traum in der Kulturgeschichte der Neuzeit*. München 2002.

Angeloch, Dominic. *Die Beziehung zwischen Text und Leser. Grundlagen und Methodik psychoanalytischen Lesens*. Gießen 2014.

Aristoteles. *Poetik*. Hrsg. und übers. von Manfred Fuhrmann. Stuttgart 1982 [340–320 v. Chr.].

Aristoteles. *Rhetorik*. Hrsg. und übers. von Gernot Krapinger. Stuttgart 2007 [4. Jh. v. Chr.].

Barthes, Roland. „Die alte Rhetorik" [1970]. Barthes, Roland. *Das semiologische Abenteuer*. Übers. von Dieter Hornig. Frankfurt a. M. 1988: 15–101.

Béguin, Albert. *L'âme romantique et le rêve. Essai sur le romantisme allemand et la poésie française*. Marseille 1937.

Bender, John und David Wellbery (Hrsg.). *The Ends of Rhetoric*. Stanford 1990.

Benveniste, Émile. „Remarques sur la fonction du langage dans la découverte freudienne" [1956]. Benveniste, Émile. *Problèmes de linguistique générale*. Paris 1966: 75–87.

Biedermann, Flodoard von et al. (Hrsg.). *Goethes Gespräche. Gesamtausgabe*, Bd. 2: *Vom Erfurter Kongreß bis zum letzten böhmischen Aufenthalt (November 1808 bis September 1823)*. Leipzig 1909.

Bloom, Harold. *The Anxiety of Influence*. New York 1973.

Bloom, Harold. *A Map of Misreading*. New York 1975.

Certeau, Michel de. *Histoire et psychanalyse. Entre science et fiction*. Paris 1987.

Derrida, Jacques. „Freud et la scène de l'écriture" [1966]. Derrida, Jacques. *L'écriture et la différence*. Paris 1967: 293–340.

Derrida, Jacques. „La mythologie blanche [1971]". Derrida, Jacques. *Marges de la philosophie*. Paris 1972: 247–324.

Freud, Sigmund. *Aus den Anfängen der Psychoanalyse. Briefe an Wilhelm Fließ. Abhandlungen und Notizen aus den Jahren 1887–1902*. Hrsg. von Marie Bonaparte, Anna Freud u. Ernst Kries. Frankfurt a. M. 1962 [1950].

Genette, Gérard. „Die restringierte Rhetorik" [1970]. Übers. von Wolfgang Eitel. *Theorie der Metapher.* Hrsg. von Anselm Haverkamp. Darmstadt 1983: 229–252.

Goethe, Johann Wolfgang. *Faust. Der Tragödie erster Teil* [1808]. Goethe, Johann Wolfgang. *Sämtliche Werke nach Epochen seines Schaffens. Münchner Ausgabe,* Bd. 6.1: *Weimarer Klassik. 1798–1806.* Hrsg. von Victor Lange. München 1986: 535–674.

Goumegou, Susanne. *Traumtext und Traumdiskurs. Nerval, Breton, Leiris.* München 2007.

Heimann, Paula. „On Counter-Transference". *International Journal of Psycho-Analysis* 31 (1950): 81–84.

Jaffe, Samuel. „Freud as Rhetorician. *Elocutio* and the Dream-Work". *Rhetoric* 1 (1980): 42–69.

Jakobson, Roman. „Two Aspects of Language and Two Types of Aphasic Disturbances". *Fundamentals of Language.* Hrsg. von Roman Jakobson und Morris Halle. 's-Gravenhage 1956: 53–82.

Koppenfels, Martin von. „Ein Schloss am Meer. Freuds Traum vom Frühstücksschiff und das Affektkapitel der Traumdeutung". *Traum. Theorie und Deutung. Sonderheft Psyche* 66.9/10 (2012): 968–991.

Lacan, Jacques. „Das Drängen des Buchstabens im Unbewussten oder die Vernunft seit Freud" [1966]. Lacan, Jacques. *Schriften II.* Hrsg. und übers. von Norbert Haas. Olten, Freiburg i. Br. 1975a: 15–55.

Lacan, Jacques. „Die Bedeutung des Phallus" [1966]. Übers. von Chantal Creusot, Norbert Haas und Samuel M. Weber. Lacan, Jacques. *Schriften II.* Hrsg. von Norbert Haas. Olten, Freiburg i. Br. 1975b: 119–132.

De Man, Paul. *Allegories of Reading.* New Haven, London 1979.

Meltzer, Donald. *Traumleben. Eine Überprüfung der psychoanalytischen Theorie und Technik.* München, Wien 1988.

Pietzcker, Carl. „Zum Verhältnis von Traum und literarischem Kunstwerk". *Psychoanalytische Textinterpretation.* Hrsg. von Johannes Cremerius. Hamburg 1974: 57–68.

Pietzcker, Carl. „Überblick über die psychoanalytische Forschung zur literarischen Form". *Die Psychoanalyse der literarischen Form(en).* Hrsg. von Johannes Cremerius et al. Würzburg 1990: 9–32.

Quintilian [i. e. Marcus Aurelius Quintilianus]. *Institutio oratoria. Libri XII. Ausbildung des Redners. Zwölf Bücher,* 3 Bde. Hrsg. von Helmut Rahn. Darmstadt 2006 [1. Jh. n. Chr.].

Rank, Otto. *Traum und Dichtung. Traum und Mythus. Zwei unbekannte Texte aus Sigmund Freuds „Traumdeutung".* Hrsg. von Lydia Marinelli. Wien 1995.

Schönau, Walter und Joachim Pfeiffer. *Einführung in die psychoanalytische Literaturwissenschaft.* Stuttgart, Weimar 2003 [1990].

Smuts, Aaron. „Art and Negative Affect". *Philosophy Compass* 4.1 (2009): 39–55.

White, Hayden. „Freud's Tropology of Dreaming". White, Hayden. *Figural Realism. Studies in the Mimesis Effect.* Baltimore 1999: 101–125.

Wolff, Reinhold. „Versuch einer Systematik". *Psychoanalytische Literaturkritik.* Hrsg. von Reinhold Wolff. München 1975: 414–468.

Wundt, Wilhelm. *Grundzüge der physiologischen Psychologie.* Leipzig 1880.

Zwaal, Peter van der. „A Rhetorical Approach to Psychoanalysis". *Rhetorik. Ein internationales Jahrbuch,* Bd. 6: *Rhetorik und Psychoanalyse.* Hrsg. von Joachim Dyck. Tübingen 1987: 129–144.

II.3. Kritische Theorie

Paul North

1. Einleitung

Operierend an den Rändern des politischen Systems, ist die Kritische Theorie eine revolutionäre intellektuelle Bewegung in Deutschland, die vor allem im 20. Jahrhundert eine Vielzahl an theoretischen und empirischen Disziplinen zu einem sozialen Zweck zu vereinen trachtet. Die Kritische Theorie strebt eher die Emanzipation der Menschen von unterdrückenden gesellschaftlichen Verhältnissen als die Produktion von Wissen an. Grundlegend ist daher eine Reihe von Überlegungen zu gesellschaftlichen Strukturen und Prozessen, denen vor allem in der frühen Phase die Soziologie als Leitdisziplin dient. Dabei stellt das soziologische Denken ihrer beiden ‚Ich-Ideale' Karl Marx und Max Weber die Kritische Theorie vor beträchtliche Probleme: Marx' Theorien liefern allzu leicht das Material für politische Kampfbegriffe, während Webers Theorien sich als zu pessimistisch erweisen, weil sie lediglich die Aporien moderner gesellschaftlicher Verhältnisse, jedoch nicht deren Veränderbarkeit offenlegen.

Aus der Psychoanalyse übernimmt die Kritische Theorie vor allem die Annahme einer immanenten, unbewussten Sphäre, der die Widersprüche in der modernen Gesellschaft entspringen. Genauer betrachtet ist die Psyche sowohl eine Quelle der Macht, um die Fesseln der sozialen Unterdrückung zu binden oder eventuell sogar zu lösen, als auch eine Ursache der Struktur überhaupt, deren Erkenntnis Unterdrückung und Befreiung erklären kann. Zu der Hauptgruppe der Theoretikerinnen und Theoretiker, die die Psychoanalyse für sozialkritische Zwecke rezipieren und interpretieren, sich aneignen und anpassen, gehören Max Horkheimer, Erich Fromm und Herbert Marcuse, Gründer und zu verschiedenen Zeiten ihres Lebens aktive Mitglieder des Instituts für Sozialforschung, das zunächst in Frankfurt am Main, später während des Exils in der Schweiz, New York City, Kalifornien und nach dem Kriegsende wieder in Frankfurt beheimatet war; Jürgen Habermas steht am Ende dieser Reihe. Die intensivste psychoanalytisch geprägte Schaffensperiode des Instituts liegt zwischen 1932 und 1955; die Theorie ist durchweg freudianisch konturiert. Andere psychoanalytische Theorien wurden allgemein als revisionistisch eingestuft, wie Marcuse 1955 etikettiert (vgl. Marcuse 1979 [1955], 13). Zwei Ausnahmen sind an dieser Stelle zu

Übersetzung: Aus dem Amerikanischen übersetzt von Joseph Kominkiewicz und Eduard Voll

https://doi.org/10.1515/9783110332681-004

erwähnen: zunächst Walter Benjamin, der nur indirekt mit der Hauptgruppe derjenigen, die Kritische Theorie ausüben, in Verbindung steht und keine eigene Schrift unter diesen Begriff fasst; die andere Ausnahme ist Theodor W. Adorno, der – obwohl eine führende Figur jener Gruppe von Intellektuellen – der ‚Seelenwissenschaft' gegenüber idiosynkratisch eingestellt ist (→ IV.14. NACHKRIEGS-LITERATUR).

Im Folgenden werde ich die ‚Beziehungsgeschichte' von Kritischer Theorie und Psychoanalyse entlang zentraler ideengeschichtlicher Probleme rekonstruieren, die mit der Lücke in der marxistischen Sozialtheorie beginnen, die wechselseitige Erhellung zwischen Marx und Freud in den Blick nehmen (vgl. Abschnitt 2), die Rolle der Triebökonomie skizzieren (vgl. Abschnitt 3), die hermeneutische Wende der Kritischen Theorie nachvollziehen sowie die epistemologische Relevanz der Freud'schen Theorie klären (vgl. Abschnitt 4).

2. Frühe Integrationsversuche: Max Horkheimer und Erich Fromm

Für die Vertreterinnen und Vertreter der Kritischen Theorie, die sowohl die aktivistischen Lesarten von Marx als auch die pessimistischen von Weber vermeiden wollen, stellen anfänglich gerade Freuds Theorien der dynamischen Psyche eine Ressource dar. Die früheste Ressource allerdings, die hilft, Defizite in diesen Sozialtheorien zu beseitigen, ist Georg Wilhelm Friedrich Hegel. Die Mitglieder der Frankfurter Schule unterziehen Hegel einer Relektüre, um Marx' im deutschen Idealismus verankerte Perspektive auf Geschichte, Machtbeziehungen und gesellschaftliche Prozesse zu revidieren (vgl. Jay 1973, 42). Kurz nach der Rückbesinnung auf Hegel und in der Hoffnung, die Beziehungen zwischen den Individuen und der Totalität sowie eine detaillierte dialektische Theorie der gesellschaftlichen Widersprüche auszuformulieren (vgl. Abromeit 2011, 120–124), stoßen sie bei Freud auf ein generatives Substrat für die Widersprüche: die dynamische Psyche. Etwa zu der Zeit von Horkheimers und Fromms erster intensiverer Beschäftigung mit Freud entdeckt David Rjazanow in den Archiven des Moskauer Marx-Engels-Instituts zwei bis dahin unbekannte Marx'sche Manuskripte, die er veröffentlicht. Dabei handelt es sich um die heute berühmten *Ökonomisch-philosophischen Manuskripte* aus dem Jahre 1844 (von Marx verfasst) und das Fragment *Die deutsche Ideologie* (von Marx und Friedrich Engels 1846 geschrieben). Diese zentralen Texte aus der vorrevolutionären Periode führen zwei Elemente ein, welche in den Überlegungen der Vertreterinnen und Vertreter der Kritischen Theorie eine große Rolle spielen: einerseits die Tatsache der Entfremdung durch

Arbeit, andererseits den Ideologiebegriff. Marx und Engels erläutern weder die psychischen Ursachen der Entfremdung noch die ideologischen Mechanismen, die dem Individuum seine Selbstentfremdung verschleiern. Freuds Triebtheorie scheint beide Phänomene zu erklären und somit eine entscheidende Lücke in der marxistischen Sozialtheorie zu füllen. Während die ökonomische Theorie der Geschichte – Marx – die Lücke in der metaphysischen Theorie – Hegel – schließt (vgl. Horkheimer 1980 [1932], 127–131), bedarf auch die ökonomische Theorie einer Ergänzung. Zur Zeit seiner Übernahme der Institutsleitung glaubt Horkheimer zwar, dass die psychoanalytische Theorie des Individuums diese Lücke in der Wirtschaftstheorie fülle (vgl. Horkheimer 1980 [1932], 132–133; Jay 1973, 27), dennoch könne die Psychoanalyse in ihrer vorliegenden Form nicht einfach übernommen werden. Sobald die Psychologie zu einer „freilich unentbehrlichen Hilfswissenschaft" avanciere, ergebe sich eine „Funktionsänderung" (Horkheimer 1980 [1932], 133), was zur Folge habe, so behauptet Horkheimer im Eröffnungsheft der *Zeitschrift für Sozialforschung*, dass auch ihre Inhalte geändert werden müssten.

Mit dem Interesse an der Psychoanalyse geht freilich gleichzeitig eine ambivalente Haltung ihr gegenüber einher, die sich wie ein roter Faden von den frühesten bis zu den spätesten Texten der Kritischen Theorie zieht. Um nur ein Beispiel zu nennen: In der Aphorismensammlung *Dämmerung* (1934), die er unter dem Pseudonym Heinrich Regius veröffentlicht, befindet Horkheimer, dass die psychoanalytischen Erklärungen des Leidens nicht mit den ökonomischen vereinbar seien: „SYMBOL. Ein Bettler träumte von einem Millionär. Als er aufwachte, traf er einen Psychoanalytiker. Der erklärte ihm, der Millionär sei ein Symbol für seinen Vater. ‚Merkwürdig', antwortete der Bettler." (Regius [i. e. Horkheimer] 1934, 135) Zugleich aber entdeckt Horkheimer durch seine Begegnungen mit Karl Landauer und Fromm sowie später mit Marcuse eine tief gehende Verwandtschaft zwischen dem Vaterprinzip und der ökonomischen Herrschaftsstruktur des Kapitalismus. Beiden zufolge ist Herrschaft patriarchal, was sehr gut zu der breiten Erforschung von alternativen Prinzipien sozialer Organisation in der *Zeitschrift für Sozialforschung* und anderswo passt, insbesondere zu der Erforschung des Mutterrechts (vgl. Jay 1973, 94–96).

Für Horkheimer lautet das psychoanalytische Narrativ, das die Kritische Theorie braucht, ungefähr wie folgt: Ein natürlicher Urtrieb nach Lust wird durch gesellschaftliche Hemmungen konterkariert. Deswegen wird die Psyche von sich selbst entfremdet, wodurch ein neues Prinzip in das Leben eintritt – das Realitätsprinzip nämlich, unter dem das Ich seine eigene Entfremdung rationalisiert und Lust in soziale Lust verwandelt, die zuweilen nicht von Aggression zu unterscheiden ist (→ III.10. DER FÜRST). Die interne Entfremdung der Psyche erklärt die entfremdete Arbeit; die Rationalisierung erklärt die Ideologie, wie sie in jedem einzelnen Individuum vorkommt. Dergestalt werden Unterwerfung und Herrschaft zu einer neuen Art gesellschaftlich sanktionierter Lust, die erst eintritt, wenn die Verdrängung ihre Arbeit vollzogen hat. In diesem Sinn muss also Freuds Narrativ neu interpretiert werden, damit die Psychoanalyse an die kritische Gesellschaftstheorie angepasst werden kann. In einem frühen Artikel lobt Horkheimer Freud zum einen für seine Behauptung, es gebe nur Einzelpsychen und keine Massenpsyche, zum anderen für seine Offenheit gegenüber Trieben jenseits des „Selbsterhaltungstrieb[s]" (Horkheimer 1980 [1932], 138) und zuletzt für die Erweiterung der Bewusstseinstheorie um das Unbewusste. Für Hegel sowie auch für Wilhelm Dilthey ist das Selbstbewusstsein die Triebfeder der Geschichte; wenn jedoch der Mensch grundsätzlich selbstbewusst wäre, dann wäre Ideologie entweder vollkommen unmöglich oder eine bloße Anomalie. Wenn hingegen Ideologie in diesem Entwicklungsstadium der kapitalistischen Produktionskräfte vorherrscht, dann müsste sie essenziell der Einzelpsyche angehören. Freud entdeckt „eine das Bewußtsein verfälschende Triebmotorik" (Horkheimer 1980 [1932], 135) und löst dadurch das Problem der Ideologiegenese. Dass mehrere Triebe vorhanden sind, darunter auch der Verheimlichungstrieb, der Trieb, sich in einer Gruppe aufzulösen, sowie der Unterwerfungstrieb bei Unterdrückung, kann wesentlich dazu beitragen, die Fortdauer der Unterdrückung zu erklären. Vier Jahre später bringt Horkheimer in einem Aufsatz seine Anschauung zum Ausdruck: Der „Verinnerlichung[s]"-Prozess bleibt sowohl bei Hegel als auch bei Marx unerklärt: „Die Verinnerlichung von Bedürfnissen und Trieben der Masse bildet eine wichtige Vermittlung in diesem dialektischen Prozeß." (Horkheimer 1980 [1936], 192–193) Obwohl Freud ein detailreiches Porträt dieses Prozesses anbietet, kritisiert Horkheimer ihn zum einen dafür, historische Bedingungen wie biologische zu behandeln – ein von vielen anderen oft wiederholter Kritikpunkt, den nur Marcuse teilweise aufklärt –, und zum anderen dafür, dass er sein theoretisches Denken vor allem auf Liebe, die später als Eros bestimmt wird, statt auf Hass fokussiert. Letzterer ist die verheerendere und kritikbedürftigere Sozialmacht (vgl. Horkheimer 1980 [1936], 225).

Während Horkheimer sich in den früheren Jahren darauf konzentriert, die Verinnerlichung von Strukturen der Herrschaft und Unterwerfung zu erklären, zeigt sein Freund Fromm, auf den Horkheimer für ein nuanciertes Verständnis psychoanalytischer Theorie Bezug nimmt, wie ökonomische Mächte durch libidinöse Strukturen auf das Individuum wirken. Pointiert gewendet heißt das für Fromm: Die Bedürfnisse bestimmen die Verdrängungen. In den Frankfurter psychoanalytischen Kreisen bewegen sich außerdem noch weitere angehende Vertreterinnen und Vertreter der Kritischen Theorie, wie etwa Landauer, der Fromm seit 1926 in die klinische Praxis einführt und 1927 Horkheimer analysiert, und Leo Löwenthal, der später eines der frühesten Institutsmitglieder wird (vgl. Abromeit

2011, 188–190). Landauer, Fromm und Frieda Reichmann (seit 1926 Frieda Fromm-Reichmann) sind Gründungsmitglieder des Frankfurter Psychoanalytischen Instituts, dessen Einrichtung 1929 Horkheimer sowohl vehement fordert als auch tatkräftig unterstützt (vgl. Abromeit 2011, 191). Fromm präsentiert seinen ersten Beitrag zur Beziehung zwischen Psychoanalyse und Sozialtheorie in einer 1929 am Institut gehaltenen Rede. Im Eröffnungsheft der *Zeitschrift für Sozialforschung* erscheint 1932 eine erweiterte Fassung des Beitrags sowie Horkheimers eigener Text *Geschichte und Psychologie*. Beide Aufsätze sind die tragenden Säulen der im Entstehen begriffenen psychoanalytischen Politik des Instituts für Sozialforschung. Fromm zeigt die Notwendigkeit, die Triftigkeit und die Eignung einer psychoanalytischen Sozialtheorie auf. *Über Methode und Aufgabe einer analytischen Sozialpsychologie* (1932) demonstriert zunächst die privilegierte Stellung, welche die Wissenschaft von der Psyche im historischen Materialismus innehat. Fromm nimmt eine doppelte Perspektive auf diese Wissensordnung ein: Einerseits interessiert er sich für jene Stellen bei Marx, an denen Freud eine sinnvolle Ergänzung darstellen könnte, andererseits sucht er in Freuds Werk passende Ansatzpunkte für Marx. Dergestalt wird in Fromms Theorie einer der brennendsten Wünsche in der Theorie des 20. Jahrhunderts, die Vereinigung von Marx und Freud, verwirklicht. Freuds Theorie avanciert zur ersten materialistischen Theorie der Psyche, weil sie menschliche Verhaltensweisen als Ausdruck von enttäuschten Bedürfnissen begreift beziehungsweise weil Freuds Triebe den Materialismus der Marx'schen Theorie verfeinern: Auf der einen Seite gibt es nun verschiedene Bedürfnisarten, nicht nur ein einzelnes Bedürfnis, den „Erwerbstrieb" (Fromm 1980 [1932], 43), sondern auch sexuelle, narzisstische, aggressive sowie andere Bedürfnisse. Auf der anderen Seite ergänzt Marx aber auch Freuds Verständnis der Psyche um eine faktische Historizität. Schließlich räumt Freud selbst ein, dass ein neurotisches Symptom beziehungsweise Charaktermerkmal ursprünglich Reaktion auf eine Norm ist, sodass die psychische Struktur einer Person nur unter Berücksichtigung der historischen Struktur verstanden werden kann, die letztlich die Verdrängungen formt (vgl. Fromm 1980 [1932], 37). Während Freud den Ödipuskomplex verabsolutiert, wenn er zu zeigen versucht, dass der Triebapparat ein natürliches Substrat sozialer Prozesse darstellt, arbeiten Fromm und seine Kolleginnen und Kollegen hingegen daran, solche Komplexe zu historisieren (vgl. Fromm 1980 [1932], 38–45; → III.6. ÖDIPUS).

Horkheimers und Fromms Essays der frühen 1930er Jahre geben den Ton für zukünftige Beschäftigungen mit Freud an, allerdings, wie bereits erwähnt, mit Ausnahme von Benjamin und Adorno. Die anderen Theoretikerinnen und Theoretiker erkennen schon früh sowohl die Triebtheorie als Grundlage der psychologischen Sozialkritik als auch die Libido als Objekt sozialer Hemmungen und damit als Triebfeder der Befreiung an, obwohl sie die Einzelheiten des Befreiungspotenzials zunächst offenlassen. Horkheimers und Fromms Auseinandersetzung mit Freud mag man als ‚materialistisch' bezeichnen, weil beide betonen, dass Sozialformen durch Kombination von sexueller Energie und psychischer Struktur entstehen (vgl. Fromm 1980 [1932], 28; Horkheimer 1980 [1932], 129). Mit dieser generativen Reduktion rücken zwei jeweils aus den Trieben entstehende soziale Modi in den Vordergrund: Ein erotischer Modus erläutert die sozialen Formen, welche die Emanzipation anstacheln, und ein destruktiver jene, welche die Unterdrückung untermauern. Dieser Zusammenhang zwischen der Sozialordnung und der Ordnung der Psyche scheint auf einer Analogie zu basieren. Doch die frühe Kritische Theorie, repräsentiert durch Horkheimer und Fromm, strebt nach kausalen Erklärungen. Entsprechend erklärt sie destruktive soziale Modi wie etwa die Ausbeutung der Arbeiter triebpsychologisch. Sobald sich diese Triebe in fest verankerte Verhaltensweisen verwandeln, beginnt die soziale Unterdrückung aus etwas zu entstehen, das Adorno erst später als „authoritarian personality" (Adorno 1993 [1950]) bezeichnet.

Mit einer materialistischen Unterdrückungs- und Herrschaftsätiologie gewappnet, organisiert das Institut unter Fromms informeller Führung sein erstes großes empirisches Projekt im Rahmen einer ‚Psychoanalyse der deutschen Gesellschaft'. In den 1936 fragmentarisch veröffentlichten *Studien über Autorität und Familie* stellen sich zwei erkenntnisleitende Fragen: Warum muss es immer ein „Oben und Unten" geben, und warum ist „Gehorsam notwendig" (Horkheimer et al. 1987 [1936], VIII)? Die Antwort liegt in der Struktur der europäischen Familie, welche de facto die historische Bedingung der psychischen Struktur darstellt. In dieser Argumentation wird eine gewisse Zirkularität evident, die auch Fromms früheren essayistischen Aufsatz bereits organisiert: Psychologie ist ein Ausdruck der sozialen Kräfte, aber es ist vor allem die Psychologie des Individuums, die diese sozialen Prozesse erst ermöglicht. Die Frage, ob Psychoanalyse wirklich das Problem der Sozialtheorie löst oder neue Probleme schafft, wird zu einem relativ unbewussten Grund dafür, dass die Haltung der Kritischen Theorie gegenüber der Psychoanalyse immer wieder ambivalente Züge trägt.

3. Entwickelte Theorien: Herbert Marcuse und Jürgen Habermas

Die frühen Vertreterinnen und Vertreter der Kritischen Theorie formulieren drei Probleme, die sie bei der Überarbeitung der Psychoanalyse adressieren: erstens die bei Marx fehlende materialistische Theorie der individuellen Motivationen, zweitens Hegels unerschütterliche Treue zu den Begriffen der absoluten Rationalität und des absoluten Selbstbewusstseins – ganz zu schweigen vom Fehlen einer ausdifferenzierten philosophischen Anthropologie in seinem System – und schließlich drittens Freuds ahistorische, biologische Tendenz. Diese überarbeitete Theorie wird zur Grundlage für die breit angelegte empirische Sozialanalyse. In den frühen 1930er Jahren werden empirische Untersuchungen mithilfe von Fragebögen über familiäre Autorität und ihre Beziehung zur gesellschaftlichen Herrschaft durchgeführt, deren Resultate man einsetzt, um folgende Klage zu untermauern: „Ihr sucht einen Führer und wollt euch gerne kommandieren lassen!' Der Unterwerfungstrieb ist aber keine ewige Größe, sondern ein wesentlich in der bürgerlichen Klein-Familie erzeugtes Phänomen." (Horkheimer et al. 1987 [1936], 61)

Im amerikanischen Exil aktualisierten die Institutsmitglieder diese Untersuchungen, die auf einem speziell auf die Vereinigten Staaten ausgerichteten Teil der frühen Studie aufbauten. Aus den neuen Studien entsteht später das Buch *The Authoritarian Personality* (1950; *Studien zum autoritären Charakter*). Diese Studien gehen auf Horkheimers ursprüngliche Rezeption der Psychoanalyse zurück. Horkheimer, der 1929 die intellektuelle Leitung des Instituts übernahm (vgl. Abromeit 2011, 336–348; Jay 1973, 96–100; 103), kündigt ihre zentrale Bedeutung in *Geschichte und Psychologie* (1932) an, und Fromm überführt das frühe Programm zur Integration der Theorie in eine Sozialkritik. Aus verschiedenen Gründen verlässt Fromm das Institut 1939, aber das triebtheoretische Erbe der Sozialkritik prägt die wichtigsten Nachkriegsstudien, namentlich Horkheimers und Adornos *Dialektik der Aufklärung* (1947) sowie Marcuses *Eros and Civilization* (1955; *Triebstruktur und Gesellschaft*). Das erste Werk kritisiert schonungslos den bürgerlichen Tenor psychoanalytischen Denkens, während es zugleich dessen Begriffe einsetzt: Sublimierung, Projektion, Verdrängung, Regression. Wie man aus Gesprächen zwischen Horkheimer und Adorno erfährt, die vor der Manuskriptabfassung stattfanden, wird das Buch zunächst als eine weitere Reformulierung psychoanalytischer Kategorien vor dem Hintergrund der Sozialkritik geplant (vgl. Schmid Noerr 2002, 232). Marcuses 1955 publiziertes Werk basiert auf einer gründlichen Lektüre von Freuds späteren Schriften und entwickelt das Befreiungspotenzial der Libido – jener asozialen Gewalt inmitten der Gesellschaft, zu der das Verhältnis der Kritischen Theorie zunächst offengeblieben war.

Die größte Neuerung in Freuds Theorie sieht Marcuse darin, Gesellschaft mit der Unterwerfung von Instinkten gleichzusetzen. Der Nachteil dieser Theorie bestehe indes darin, dass sie keine Konzeption einer „Kultur ohne Unterdrückung" (Marcuse 1979 [1955], 12) bereithalte – und das nicht nur wegen Freuds Naturalismus, sondern auch, weil in seiner Theorie die Möglichkeit fehlt, dass sich ein Mensch ohne unzählige Verdrängungen zum Erwachsenen entwickeln könnte (→ II.5. KULTURTHEORIE). Anstatt sich der Triebtheorie zu widmen, wendet sich Marcuse der Metapsychologie zu, das heißt denjenigen Schriften, die sowohl aus psychoanalytischer als auch aus sozialtheoretischer Sicht kontrovers sind. Im Zentrum seiner Auseinandersetzung stehen *Jenseits des Lustprinzips* (1921), *Das Unbehagen in der Kultur* (1930) sowie *Der Mann Moses und die monotheistische Religion* (1939). Dabei modifiziert Marcuse Ernst Haeckels mittlerweile diskreditierte ‚Grundregel‘, nämlich dass die Ontogenese die Phylogenese rekapituliere (vgl. Haeckel 1866, 300). Marcuse argumentiert dagegen, dass die beiden Phänomene, Phylogenese und Ontogenese, in einer ständigen Wechselbeziehung stünden: „Der Kampf gegen die Freiheit wiederholt sich in der Seele des Menschen als Selbstunterdrückung des unterdrückten Individuums, und die Selbstunterdrückung wiederum stützt die Herrschenden und ihre Institutionen." (Marcuse 1979 [1955], 23) Hier wird die Zirkularität psychosozialer Beziehungen erneut evident. Nichtsdestotrotz ist es Freud, der diese Struktur in der europäischen Gesellschaft aufzeigt, nämlich das Verlangen, sich von der Gesellschaft durch die Mittel ebenjener Gesellschaft (selbst) zu befreien (vgl. Marcuse 1979 [1955], 14–15). Im Gegensatz zu anderen Vertreterinnen und Vertretern der Kritischen Theorie, die dazu neigen, den Todestrieb ausschließlich mit Zerstörung zu identifizieren, lässt Marcuse die Ambiguität von Freuds Wegen jenseits des Lustprinzips mitklingen; er nennt den Todestrieb das „Nirwanaprinzip[ ], die erschreckende Konvergenz von Lust und Tod" (Marcuse 1979 [1955], 30). Dennoch tritt er von dieser schrecklichen Möglichkeit so schnell, wie er sich ihr vorher angenähert hat, wieder zurück. Anstatt den Gedanken dieser ‚Konvergenz‘ auszuführen, beschreibt Marcuse doch wieder die Bewegung der Zivilisationsmaschine in die Barbarei – angetrieben durch die aggressiven Instinkte, die aus der sublimierten Lust entstehen. Unter dem Gesichtspunkt der Emanzipation hat diese Bewegung einen großen Nutzen: Sowohl aggressiv und lustsuchend als auch unterwürfig und dominierend ist das Individuum ein Schauplatz der Triebmächte. Nach Freud sei die Vorstellung eines autonomen Individuums immer schon ein Mythos gewesen (vgl. Marcuse 1979 [1955], 49–50). Tatsächlich ist Zivilisation Barbarei, das Individuum ein Mythos und das rationale Denken ein Äquivalent der Herrschaft – so Marcuses Aufklärungskritik; jedoch tritt hier eine neue Schwierigkeit auf: Weil die Psychoanalyse solch ein rein restriktives Bild entwirft, fehlt die Möglichkeit zur Freiheit. Dennoch liegt die Keimzelle für Emanzipation in der psychoanalytischen Theorie selbst, genauer: in den zwei psychischen Modi ‚Phantasie‘ und ‚Libido‘, aufgrund derer das Realitätsprinzip einer Kritik unterzogen werden kann. Unsere sozialen Bedingungen werden nur ‚real‘ eingeschätzt, insofern eine unterdrückende Form sich fest verankert; die Phantasie bietet jedoch Bilder alternativer Sozialformen. Dabei kann die schwach und hässlich gewordene Libido gestärkt und ans Licht gebracht werden. Marcuse beruft sich auf zwei weitreichende Änderungen: Er fordert eine Modifizierung des ‚Kampfs ums Dasein‘ (vgl. Marcuse 1979

[1955], 115–123), wonach die Lebensbedürfnisse leichter erfüllt werden können und die Unterdrückung nicht wie zuvor greifen kann. Mit anderen Worten: wenn nicht gerade eine politisch-ökonomische Revolution stattfindet, dann zumindest ein Fortschrittssprung. Darüber hinaus fordert er eine „allmähliche[ ] Befreiung der Triebentwicklung" (Marcuse 1979 [1955], 119), was eine Annullierung des Todestriebes mit sich bringt, sodass sich Lust nicht in Aggression verwandeln kann – kurzum: eine Befreiung des Eros. Bei dieser Befreiung spielt die Phantasie eine eigentümliche Rolle. Der psychische Modus „fährt [...] fort, die Sprache des Lustprinzips zu sprechen" (Marcuse 1979 [1955], 125) – sogar dann, wenn eine externe Bestätigung ausbleibt. Ferner ist die Phantasie das Vermögen der Vermögen, der Trieb der Triebe, der das aufgelöste Subjekt wiedervereinigen und es in die soziale Einheit einflechten kann. Weit davon entfernt, nur ein Instrument für Rationalisierung und Wunscherfüllung zu sein, ist die Phantasie und ihre weiterentwickelte Form – die Kunst – eine negative Macht, die, obwohl sie gerade nicht das Ende entfremdeter Arbeit herbeizuführen vermag, einen jenseitigen Raum eröffnet, indem sie die Welt ‚entrealisiert' (vgl. Marcuse 1979 [1955], 125). Allerdings stellt die Kunst nur eine partielle Lösung dar; die Wiederkehr der Sexualität als Eros ist vonnöten, um eine Revision der Sozialordnung zu vervollständigen. Sex wird zu Eros, wenn Sublimierung ohne Unterdrückung möglich ist. In seinen sozialen Modi ist Sex entweder in die Familie oder deren Perversion verbannt. Der Eros übernimmt die Führung, wenn der polymorphen Frühsexualität und den narzisstischen Impulsen die Freiheit überlassen wird zurückzukehren (vgl. Marcuse 1979 [1955], 170–189). Die positiv sublimierte Libido ist kein Instrument der sozialen Repression, sondern ein Mittel zur Selbstrealisierung, was zur Folge hat, dass eine sozial vorteilhafte Arbeit zum Spiel wird. Das Spielen – Marcuse bezieht sich hier auf Friedrich Schillers Idee einer ästhetischen Erziehung – wiederum ist diejenige Sozialform, in welcher der Narzissmus keiner Einschränkung bedarf, damit eine produktive und harmonische Sozialität entsteht. Somit wird in Marcuses Revolution Selbsterhaltung zu Selbstschöpfung, Arbeit zum Spiel, eine durch den Todestrieb (als Gegenspieler des Lebenstriebes) organisierte Gesellschaft wird zu einer durch libidinöse Impulse organisierten Gesellschaft, die der Sozialsphäre neue Formen von *„lasting"* (Marcuse 1955, 204) und eine ausgereifte Struktur verleiht.

Fromms, Horkheimers und Marcuses Durcharbeitung Freuds bildet das konsistenteste Projekt, die Psychoanalyse in die Kritische Theorie zu integrieren. Einen Nachtrag zu diesem Projekt fügt 1968 Jürgen Habermas hinzu. Er behauptet, dass Freuds wissenschaftliche Bestrebungen, obwohl er ein Galileo der menschlichen Psyche gewesen sei, der eine „Theorie eigener Art" (Habermas 1973, 262) entwickelt habe, das Potenzial der Theorie verkümmern ließen, das eigentlich in ihrem hermeneutischen und philologischen Zuschnitt liege. Denn Freuds Theorie ermögliche ein Verstehen der Selbsttäuschung – eröffne einen Weg, der dem Subjekt ein Verständnis der internen Selbstentfremdung aufzeige (vgl. Habermas 1973, 267–268). Anders als seine Vorgänger konzentriert sich Habermas auf Träume als Kriegsschauplätze des Konfliktes zwischen Sozialhemmungen und Befreiungsimpulsen, die sich im Traum als Sprachmodi äußern (→ IV.12. TRAUM-LITERATUR). Freud hebt nicht den sozialen Wandel, sondern die psychoanalytische Praktik hervor, wobei die Psychoanalyse die Logik der Selbstreflexion fortsetzt: Man ist bestimmt, Widerstände zu überwinden, und muss erkennen, dass man selbst deren Urheber ist; diese Erkenntnis führt „zur *bewußten* Aneignung eines unterdrückten Stücks der Lebensgeschichte" (Habermas 1973, 306). Auch den empirischen Ansatz des Institutsprojekts weist Habermas in seinen Freud-Lektüren zurück. Psychoanalyse ist Hermeneutik, und die Quelle ihrer Rechtfertigung ist transzendental und deduktiv, nicht empirisch und induktiv. Die Metapsychologie ist eine Reflexion dessen, was man nicht beobachten kann; nie kann das selbstreflexive Element annulliert werden (vgl. Habermas 1973, 308–309).

Dementsprechend versteht Habermas die Psychoanalyse nicht als Theorie, sondern als interpretative Praxis. Daraus folgt, dass das Ergebnis psychoanalytischer Tätigkeiten keine Wahrheit enthält, sondern eine Veränderung in der Fähigkeit der Patientinnen und Patienten lanciert, mit sich selbst beziehungsweise mit anderen zu kommunizieren (vgl. Habermas 1973, 318–322). Obwohl das Register leicht verschoben wird, hält Habermas im Großen und Ganzen noch an der Sichtweise seiner Vorgänger fest, dass die Psychoanalyse die politische Ökonomie ergänzt. Im Gegensatz zu Marcuse steht Freud bei Habermas für die Erfindung einer Selbstinterpretationspraxis als Kommunikationshandlung, welche die Rekonstruktion „einer gewaltsam verzerrten Kommunikation" (Habermas 1973, 344) einschließt. Wenn Habermas den linguistischen Aspekt beim frühen Freud wieder aufnimmt, vermeidet er dabei das Gespenst einer Antinomie, das Fromm und Marcuse heimsucht. Ob die Psychologie letztendlich sozial oder die Gesellschaft psychologisch ist, ist nicht von Bedeutung, wenn sich zeigt, dass beide in einem gemeinsamen Medium verortet sind.

4. Exzentrische Bearbeitungen: Walter Benjamin und Theodor W. Adorno

Obwohl Gemeinsamkeiten zwischen Benjamins und Freuds Sprachtheorien oder auch zwischen Benjamins Melancholie-Überlegungen in *Ursprung des deutschen Trauerspiels* (1928) und Freuds Essay über *Trauer und Melancholie* (1917) bestehen (vgl. Ferber 2006), findet sich Benjamins einzige intensivere Auseinandersetzung mit Freud, auch wenn es viele kurze Verweise auf Freud und die Psychoanalyse in anderen Texten gibt, im Essay *Über einige Motive bei Baudelaire* (1939) mit Blick auf das Problem des traumatischen Gedächtnisses (→ IV.13. TRAUMALITERATUR). Der Aufsatz, der während einer Zeit veröffentlicht wird, in der das Interesse des Instituts an der Psychoanalyse in den Hintergrund zu rücken scheint, hat nur auf den ersten Blick wenig mit Psychoanalyse zu tun: Es handelt sich um den Versuch, Charles Baudelaire als Inbegriff des modernen Dichters zu erweisen, der noch vor Henri Bergson und dessen Vetter Marcel Proust das spezifische Wesen der Wahrnehmung in der Moderne erkennt und sich ihr in seiner Dichtung widmet. Was Baudelaire für den Dichter und das Gedicht leistet – beide erleiden in der urbanen Erfahrung tausend kleine Traumata –, leisten Proust für die Erzählung und Bergson für die Gedächtnistheorie (→ IV.11. LITERATUR DER MODERNE).

Wenn man jedoch eine „gehaltvollere Bestimmung" (Benjamin 1939, 54) als diese Analogien fordert, verweist Benjamin auf Freuds häretische Abhandlung *Jenseits des Lustprinzips* (1921), an der ihn die Bewusstseinstheorie interessiert. Freud geht näher als Proust – zwar vielleicht nicht näher, aber gewiss ausführlicher als Bergson – auf die Mechanismen ein, durch die das Bewusstsein als Sekundärsystem fungiert. Alle wichtigen Ereignisse eines menschlichen Lebens spielen sich unterhalb des Bewusstseins, neben ihm oder ganz ohne seine Beteiligung ab. Tatsächlich herrscht eine überraschende Logik in Benjamins Freud-Lektüre: Je ereignishafter die Erfahrung, desto weniger wird sie vom Bewusstsein registriert (vgl. Benjamin 1939, 56). So wird die Psychoanalyse in dem Punkt für Benjamins Kritische Theorie unhintergehbar, wo sie zeigt, dass das Bewusstsein über kein Gedächtnis verfüge und der Hauptteil menschlicher Erfahrung eher eine Un-Erfahrung sei. Freud liefert dafür zwar eine bessere Erklärung, aber Baudelaires Dichtung ist geeigneter, ‚un-erfahrenen' modernen Erfahrungen expliziten Ausdruck zu verleihen, und deshalb findet die klinische psychoanalytische Praxis keine Erwähnung. Jeder dieser Schriftsteller-Denker – Baudelaire, Bergson, Proust und Freud – hilft Benjamin, ein lang andauerndes Projekt zu vervollständigen: die Notwendigkeit eines sinnlich-transzendentalen Substrats, das selbst nicht vernünftig ist, in dem Ähnlichkeiten (Korrespondenzen bei Baudelaire, Gedächtnisspuren bei Freud) die Basis der Erfahrung bilden. Benjamin meint damit den Reizschutzmechanismus beziehungsweise dessen Durchbrechung, also den direkten Durchbruch schockierender Erfahrungen in die Verdrängung hinein. In Essays wie *Über die Sprache überhaupt und über die Sprache des Menschen* (entstanden 1916) wird ein Teil dieser Theorie ausgearbeitet. Dass Freud viel bedeutender für Benjamins spätere Ähnlichkeitstheorie ist als zunächst angenommen, legt ein 1936 verfasster Brief an Werner Kraft nahe. Während weder die Psychoanalyse noch Freud in seiner Korrespondenz sonst eine nennenswerte Rolle spielen, zeigt Benjamin sich in jenem Brief überrascht, dass Freuds Essay *Psychoanalyse und Telepathie* (1941) „bedeutende Korrelationen" (Benjamin 1974 [1936], 705) zu seinem Aufsatz über die Sprache aufweise.

Fromm, Horkheimer, Marcuse und Habermas nehmen eifrig Aspekte der frühen Freud'schen Theorie auf, und Benjamin findet eine bedeutende Korrelation zwischen seinem Denken und Freuds späterem ketzerischen Text. Im Hinblick auf Adorno ist die Sache komplizierter, weil seine Haltung Freud gegenüber durchaus ambivalent ist. 1927 legt Adorno seine Habilitationsschrift über den Begriff des ‚transzendentalen Unbewussten' vor, der, wie er im Schlussteil argumentiert, am vielversprechendsten mit Freuds Psychoanalyse erläutert wurde. Obwohl er die Schrift sofort aufgrund von Einwänden seines ehemaligen Doktorvaters und Lehrers Hans Cornelius zurückzieht, zeigt die gescheiterte Arbeit seine tiefe, frühe Verbundenheit mit Freud und bezeugt seine Offenheit gegenüber Positionen, die Horkheimer, Fromm und Marcuse später einnehmen. Für den 24-jährigen Adorno lässt sich eine moderne Triebtheorie des Unbewussten von Immanuel Kant ableiten. Der Philosoph braucht ein ‚Ding an sich', ohne jedoch je eine adäquate Erklärung dafür zu liefern (vgl. Adorno 1990 [1927], 93).

Obwohl von Psychoanalytikerinnen und Psychoanalytikern nicht erkannt, löst die psychoanalytische Theorie dieses Dilemma. Während Kant seine Epistemologie auf der Überzeugung von der Unerkennbarkeit des ‚Dings an sich' aufbaut, zeigt Freud, wie die „gesetzmäßige[n] Zusammenhänge" (Adorno 1990 [1927], 87) in einer Reihe transzendentaler Sinngehalte ‚in' dem Subjekt zu finden sind, ohne diesem jedoch unmittelbar evident zu sein. Mehr als nur eine Therapie, die Patientinnen und Patienten zur Genesung führt, ist die Psychoanalyse eine Krypto-Epistemologie, die unter der Voraussetzung einer richtigen Interpretation die transzendentalen Bedingungen der Möglichkeit von Erfahrung bewusst macht. Die Verbindung zwischen Adornos Habilitationsschrift und Habermas' Freud-Lektüre von 1968 ist offensichtlich. Die Psychoanalyse ist eine „systematische Erkenntnis des Unbewußten" (Adorno 1990 [1927], 235), und als solche liegt ihr therapeutischer Erfolg in der Aufklärung jedes empirischen Individuums begründet. In diesem frühen Werk setzt Adorno das Unbewusste mit einem einheitlichen, hermeneutisch immanenten Inhalt gleich, was den Forderungen seines unorthodoxen neokantischen Lehrers Cornelius entgegenkommt und den Zugang zu einem unmittelbar gegebenen realen Apriori eröffnet.

Dieses Begehren, die Psychoanalyse als eine Weiterführung der transzendentalen Subjektphilosophie anzusehen, stellt den jungen Adorno in eine direkte Beziehung zu Horkheimer – Cornelius' Lieblingsschüler – und zur psychoanalytischen Hauptströmung der Frankfurter Schule. Adorno verteidigt seine Position noch 1946, als er im Exil vor der *San Francisco Psychoanalytic Society* spricht. Sechs Jahre später unter dem Titel *Zum Verhältnis von Psychoanalyse und Gesellschaftstheorie* veröffentlicht und mit Unterstützung von Horkheimer umgearbeitet, kritisiert die Rede aufs Schärfste die revisionistischen psychoanalytischen Theoretikerinnen und Theoretiker – hauptsächlich Karen Horney, aber auch Fromm – für ihre Entwertung des Unbewussten und des Subjekts sowie ihre Vorstellung von einer Sozialanalyse, welche die Gesamtheit des Soziallebens direkt analysieren möchte. Horney und Fromm weisen Freud weniger zurück, als dass sie seine Widersprüche glätten und die fatale „Zwieschlächtigkeit" (Adorno 1952, 17) im Zentrum seiner Theorie beseitigen.

Um diesen Einwand geltend zu machen, rückt Adorno von seiner früheren Überzeugung ab, wonach das Unbewusste bewusst gemacht werden kann. Nun verbirgt es einen unlösbaren Widerspruch, der beliebig seine Formen wechseln, aber nie ‚geheilt' werden kann. Man könnte glauben, dass ein Fragment mit dem Titel *Die Gesundheit zum Tode* dieses Argument einfach gegen die Therapie und für den hermeneutischen Wert einer gestörten Seele weiter ausführt; stattdessen bringt Adorno eine Diagnose der Psychoanalyse selbst ein. Das Fragment ist nur eines von vielen Beispielen aus den *Minima Moralia. Reflexionen aus dem beschädigten Leben*, die sich an den Rändern der Freud'schen Anliegen bewegen. In diesem 1944 begonnenen und erst 1949 fertiggestellten Werk ist das Wissen zweifellos kein Heilmittel, wie Adorno 1927 noch gemeint hatte; auch Neurosen als Zeichen von Widersprüchen zwischen Lust und Sozialisierung sind nicht ausreichend kritisch, wie Adorno zur Zeit seiner Rede in San Francisco zu glauben scheint. Jetzt interessiert er sich dafür, „die Krankheit des Normalen" (Adorno 2003 [1951], 66) zu diagnostizieren. Im nächsten Fragment lehnt er „Freuds unaufgeklärte Aufklärung" (Adorno 2003 [1951], 67) ab. Freud sei kein Theoretiker der Ursprünge der Täuschung, sondern selbst nichts anderes als irreführend (vgl. Adorno 2003 [1951], 69). Diese Kritik reflektiert Adorno in Titeln wie *Gesundheit zum Tode, Diesseits des Lustprinzips* und *Ich ist Es* (Adorno 2003 [1951], 65–68; 70–72) – jedoch liefern diese keine Beweise für die im *Aphorismus 29* aufgestellten Behauptung: „An der Psychoanalyse ist nichts wahr als ihre Übertreibungen." (Adorno 2003 [1951], 54) Vielmehr scheint Adorno sich hier von der Überzeugung der Kritischen Theorie abzuwenden, dass Triebe – Instinkte und Impulse (oder wie auch immer sie benannt werden) – ebenso befreiend wie erklärend wirken. Jedoch findet Adorno keine weiteren Belege in Freuds Theorien, wie etwa das Fragment über Übertreibungen in den *Minima Moralia* andeutet; vielmehr scheint er sie hier nur negieren zu wollen. Die negierende Tendenz setzt sich in der *Ästhetischen Theorie* (1970) mit einer Kritik der psychoanalytischen Einstellung gegenüber Kunstwerken fort. Der Psychoanalyse sei das Kunstwerk eine Projektion des Unbewussten der Künstlerinnen und Künstler, ein Tagtraum, und was im Kunstwerk nicht Element dieser Projektion sei, sei nicht Kunst (vgl. Adorno 1996 [1970], 22–23). Adorno dagegen wirft also dem psychoanalytischen Kunstverständnis vor, dass es Kunstwerke mit biographischen Dokumenten verwechsele, anstatt sie in ihrer Eigenständigkeit zu erkennen (vgl. Adorno 1996 [1970], 20).

Literatur

Abromeit, John. *Max Horkheimer and the Foundations of the Frankfurt School*. Cambridge 2011.
Adorno, Theodor W. „Zum Verhältnis von Psychoanalyse und Gesellschaftstheorie". *Psyche. Zeitschrift für Psychoanalyse und ihre Anwendungen* 6 (1952): 1–18.
Adorno, Theodor W. „Der Begriff des Unbewußten in der transzendentalen Seelenlehre" [1927]. Adorno, Theodor W. *Gesammelte Schriften*, Bd. 1: *Philosophische Frühschriften*. Hrsg. von Rolf Tiedemann. 2. Aufl., Frankfurt a. M. 1990: 79–322.
Adorno, Theodor W. *The Authoritarian Personality*. New York 1993 [1950].
Adorno, Theodor W. *Ästhetische Theorie*. Adorno, Theodor W. *Gesammelte Schriften*, Bd. 7. Hrsg. von Rolf Tiedemann. 6. Aufl., Frankfurt a. M. 1996 [1970].
Adorno, Theodor W. *Minima Moralia. Reflexionen aus dem beschädigten Leben*. Adorno, Theodor W. *Gesammelte Schriften*, Bd. 4. Hrsg. von Rolf Tiedemann. Frankfurt a. M. 2003 [1951].
Benhabib, Seyla. *Critique, Norm, and Utopia. A Study of the Foundations of Critical Theory*. New York 1986.
Benjamin, Walter. „Über einige Motive bei Baudelaire". *Zeitschrift für Sozialforschung* 8.1/2 (1939): 50–91.
Benjamin, Walter. „Brief an Werner Kraft" [1936]. Benjamin, Walter. *Gesammelte Briefe. 1892–1940*, Bd. 2. Vers. von Gershom Scholem und Theodor W. Adorno. Frankfurt a. M. 1974: 704–706.
Benjamin, Walter. „Das Passagen-Werk. Erster Teil". Benjamin, Walter. *Gesammelte Schriften*, Bd. 5. Hrsg. von Rolf Tiedemann. Frankfurt a. M. 1982.
Engels, Friedrich und Karl Marx. *Die deutsche Ideologie. Kritik der neuesten deutschen Philosophie in ihren Repräsentanten Feuerbach, B. Bauer und Stirner, und des deutschen Sozialismus in seinen verschiedenen Propheten. 1845–1846*. Engels, Friedrich und Karl Marx. *Marx-Engels-Gesamtausgabe*, Abt. I, Bd. 5. Hrsg. von D. Rjazanow und W. Adoratskij. Berlin 1932.
Ferber, Ilit. „Melancholy Philosophy". *Revue Electronique d'Etudes sur le Monde Anglophone* 4.1 (2006): 66–74.
Fromm, Erich. „Über Methode und Aufgabe einer analytischen Sozialpsychologie". *Zeitschrift für Sozialforschung* 1 (1932). Reprint München 1980: 28–54.
Habermas, Jürgen. *Erkenntnis und Interesse*. Frankfurt a. M. 1973.
Haeckel, Ernst. *Generelle Morphologie der Organismen*, Bd. 2: *Allgemeine Entwickelungsgeschichte der Organismen*. Berlin 1866.
Horkheimer, Max. „Geschichte und Psychologie". *Zeitschrift für Sozialforschung* 1 (1932). Reprint München 1980: 125–144
Horkheimer, Max. „Egoismus und Freiheitsbewegung. Zur Anthropologie des bürgerlichen Zeitalters". *Zeitschrift für Sozialforschung* 5 (1936). Reprint München 1980: 161–234.
Horkheimer, Max et al. *Studien über Autorität und Familie*. München 1987 [1936].
Jay, Martin. *The Dialectical Imagination. A History of the Frankfurt School and the Institute of Social Research. 1923–1950*. London 1973.

Marcuse, Herbert. *Eros and Civilization. A Philosophical Inquiry into Freud*. New York 1955.

Marcuse, Herbert. „Triebstruktur und Gesellschaft" [1955]. Marcuse, Herbert. *Schriften*, Bd. 5: *Triebstruktur und Gesellschaft*. Übers. von Marianne von Eckardt-Jaffe. Frankfurt a. M. 1979.

Marx, Karl. „Ökonomisch-philosophische Manuskripte". Engels, Friedrich und Karl Marx. *Marx-Engels-Gesamtausgabe*, Abt. I, Bd. 2: *Werke, Artikel, Entwürfe. März 1843 bis August 1844*. Hrsg. von D. Rjazanow und W. Adoratskij. Berlin 1932: 323–438.

Regius, Heinrich [i. e. Max Horkheimer]. *Dämmerung*. Zürich 1934.

Schmid Noerr, Gunzelin. „Editor's Afterword". Adorno, Theodor W. und Max Horkheimer. *Dialectic of Enlightenment*. Stanford 2002: 217–247.

Whitebook, Joel. *Perversion and Utopia. A Study in Psychoanalysis and Critical Theory*. Cambridge/Mass. 1995.

Wiggershaus, Rolf. *Die Frankfurter Schule. Geschichte, theoretische Entwicklung, politische Bedeutung*. München 1986.

II.4. Poststrukturalistische Theorie

Frauke Berndt und Mladen Dolar

1. Einleitung

Der Begriff ‚Poststrukturalismus' ist von einem Paradox geprägt: Niemand hat sich je selbst als Poststrukturalistin oder Poststrukturalisten bezeichnet. Der Begriff wurde zu Beginn der späten 1970er Jahre hauptsächlich in den USA geprägt und hatte in den 1980er Jahren Hochkonjunktur. Da nahezu alle Anhängerinnen und Anhänger dieser Strömung in Frankreich beheimatet waren, fungierte der Begriff auch als Kurzformel für die ‚Französische Theorie' (vgl. Cusset 2003). Angesichts der dramatischen Entwicklungen der französischen Theoriebildung der 1960er und 1970er Jahre darf man allerdings daran zweifeln, dass Jacques Lacan, Michel Foucault, Jacques Derrida, Gilles Deleuze, Julia Kristeva, Roland Barthes, Jean-François Lyotard, Jean Baudrillard und andere zu ein und derselben Schule oder philosophischen Bewegung gehören, denn sie unterschieden sich in ihren Formen, Hintergründen und Motivationen. Darüber hinaus gab es zwischen ihnen zahlreiche Auseinandersetzungen (vgl. Macksey 1972). Obwohl man mit dem Begriff also erhebliche Vereinfachungen in Kauf zu nehmen hat, markiert das Label ‚Poststrukturalismus' jedoch den großen intellektuellen Umbruch – eine Revolution in den Humanwissenschaften, zu der Ferdinand de Saussure das Vorspiel bildet und deren Nachspiel noch heute andauert. Alain Badiou hat dieses ‚französische Moment' sogar mit den großen Momenten konzeptueller Dichte in der Philosophiegeschichte verglichen, die sich innerhalb eines Jahrhunderts in der Blütezeit griechischen Denkens und des halben Jahrhunderts im deutschen Idealismus abspielten (vgl. Badiou 2012).

Vor allem ist der Gebrauch des Präfixes ‚post' am Begriff eher das Anzeichen eines Dilemmas als ein konzeptueller Schachzug. Man tendiert dazu, das, ‚was danach kommt', in Relation zu dem, ‚was davor war', zu setzen, wenn man nicht fähig ist, das Neue mit einem eigenen Begriff zu definieren. Das Gleiche gilt übrigens für den Begriff ‚Postmoderne', der ein ‚Post' zur ‚Moderne' behauptet, diese indes fortsetzt, wiederholt, verdrängt, verleugnet oder überbietet (→ IV.11. LITERATUR DER MODERNE). Die Sache wird dadurch nicht besser, dass bereits ‚Strukturalismus' ein von außen verfügtes Label ist, das ein Großteil der Theoretikerinnen und Theoretiker ablehnte, auf die es in den frühen 1960er Jahren zunächst

Übersetzung: Aus dem Englischen übersetzt von David Pister

https://doi.org/10.1515/9783110332681-005

angewendet wurde. Als der Begriff dieses Mal von Frankreich aus in Umlauf gebracht wurde, versprach er den Geistes- und Sozialwissenschaften auf der Grundlage der strukturellen Linguistik nichts Geringeres als eine neue Epistemologie (→ II.1. SEMIOTIK). Insbesondere Claude Lévi-Strauss gilt als bedeutende Figur dieses Umschlags. Dass dieses neue Paradigma die traditionellen Annahmen des Humanismus ablöst, fasst Foucault 1966 unter dem Motto vom ‚Tod des Menschen' zusammen. Wichtig sind in diesem Zusammenhang auch Louis Althussers strukturalistische Reformulierung des Marxismus sowie Lacans strukturalistische Wende der Psychoanalyse, die beide im weitesten Sinne als ‚antihumanistisch' gelten können. Hinzu treten radikale literarische Praktiken und neue Auffassungen über die Literaturwissenschaft – insbesondere repräsentiert von Tel Quel (Kristeva, Barthes u. a.), sodass die vermeintlichen Poststrukturalisten in den 1960er Jahren bekannte Vertreterinnen und Vertreter des Strukturalismus waren, lange bevor der Begriff Poststrukturalismus überhaupt erfunden war. Sie setzen die Debatte um die Epistemologie der Geisteswissenschaften und die Natur der Semiologie fort – nicht ohne Schlussfolgerungen zu ziehen, die weit über den ursprünglichen Anwendungsbereich des Strukturalismus hinausgingen –, und zwar mit radikal anderen Methoden.

Die Psychoanalyse steht im Zentrum dieser Geschichte, auch wenn sie eher eine Frontlinie als einen gemeinsamen Nenner markiert. Dass ausgerechnet Lacan als einer der Hauptvertreter des Poststrukturalismus gilt, ist besonders paradox. Denn er begann seine Karriere sowohl als praktizierender Analytiker als auch als Theoretiker der Psychoanalyse bereits in den 1930er Jahren und produzierte den Großteil seines Werkes in den 1950er Jahren, bevor der ‚Strukturalismus' überhaupt in der Öffentlichkeit zirkulierte, vom ‚Poststrukturalismus' ganz zu schweigen. Keiner der beiden Begriffe wird daher auch der bemerkenswerten Kontinuität seines Wirkens seit den späten 1940er Jahren gerecht. Aus der ganzen Reihe von Poststrukturalistinnen und Poststrukturalisten ist er jedoch der Einzige, der eine ungetrübte Loyalität zu Freud und dessen Vermächtnis bezeugt, indem er diese Treue durch radikale Innovation ausdrückt. Im Folgenden soll gezeigt werden, dass das Konzept des Phallus den gemeinsamen Nenner von Literatur, Psychoanalyse und Poststrukturalismus bildet, indem zunächst die poststrukturalistische Kritik an der ödipalen Matrix der Psychoanalyse skizziert wird (vgl. Abschnitt 2.). Vor diesem Hintergrund werden Deleuze' Kafka- und Barthes' Balzac-Lektüren (vgl. Abschnitt 3.) sowie Lacans Poe-Lektüre vorgestellt (vgl. Abschnitt 4.), die eine große Kontroverse auslöste (vgl. Abschnitt 5.). Am Schluss steht eine Bilanz im Hinblick auf die poststrukturalistische ‚Phallogozentrismuskritik' (vgl. Abschnitt 6.).

2. Kritik: Foucault – Deleuze – Derrida

Das Zentrum der poststrukturalistischen Auseinandersetzung mit der Psychoanalyse bildet die Kritik an deren ödipaler Matrix (→ III.6. ÖDIPUS). Foucault tritt 1961 in *Histoire de la folie* (*Wahnsinn und Gesellschaft*) mit einer harschen Kritik der Freud'schen Psychoanalyse an, die er als Fortsetzung, als neue und gedämpfte Form des Asyl- und Medizinsystems interpretiert. In *Les mots et les choses* (1966; *Die Ordnung der Dinge*) wird man indes von seiner Begeisterung für die Psychoanalyse überrascht, die – trotz einer gewissen Distanz – nun als Teil der Lösung eben dieses Systems gilt. Gegen Ende seines Schaffens können die drei Bände der *Histoire de la sexualité* (1976–1984; *Sexualität und Wahrheit*) dann wiederum als langer Kreuzzug gegen die Psychoanalyse, insbesondere gegen die Art und Weise, wie sie der Gesellschaft ihre Ansichten über Sexualität als allgemeingültiges Bezugssystem aufdrängt, verstanden werden. Die Psychoanalyse erscheint als Foucaults bevorzugter Gegner, gewissermaßen als sein Lieblingsfeind, sodass sein gesamtes Werk retrospektiv als kontinuierlicher Versuch gelesen werden kann, ein alternatives konzeptuelles und praktisches Bezugssystem zur Verfügung zu stellen. Nebenbei bemerkt: Foucault, der sorgfältige Prüfer der Archive, zitiert in all seinen kritischen Auseinandersetzungen weder Freud noch Lacan. Lediglich in seinem ersten publizierten Text bezieht er sich in der Einführung zu seiner französischen Übersetzung von Ludwig Binswangers *Traum und Existenz* aus dem Jahr 1954 unmittelbar auf Freud. Foucaults Feind ist also von Anfang an immer das Bild der Psychoanalyse im Zeitgeist, ihre Sprache, ihr weitverbreiteter Einfluss, ohne dass Foucault jemals ihre epistemologischen Grundsätze beachtet oder ihre Konzepte analysiert hat. Obwohl also Freud für ihn als Strohmann fungiert, verliert Foucaults Kritik an der Art und Weise, in der Psychoanalyse in der Gesellschaft allgemeine Wahrnehmungen formt, freilich nicht ihre Gültigkeit.

Deleuze' Auseinandersetzung mit Freud zeichnet eine noch stärkere Ambivalenz aus: In *Différence et répétition* (1968; *Differenz und Wiederholung*) wird er als der heroische, konzeptuelle Erfinder der Wiederholung in einer posthegelianischen Philosophie bejubelt, wobei Søren Kierkegaard und Friedrich Nietzsche ihm bei dieser Denkfigur den Weg bereitet haben. Das Konzept des Todestriebes bildet (→ IV.1. TRAGÖDIE) – zusammen mit dem Konzept der ewigen Wiederkehr – den Kern von Deleuze' Argumentation. Im letzten Teil der *Logique du sens* (1969; *Logik des Sinns*) stellt er eine breite Exegese psychoanalytischer Konzepte vor – darunter am prominentesten das kontrovers diskutierte Konzept des Phallus. Obwohl Deleuze das Gegenteil behauptet, handelt es sich kurioserweise um den ‚phallozentrischsten‘ Entwurf aus poststrukturalistischem Umfeld. Nur wenige Jahre trennen diese beiden Bücher vom zusammen mit Félix Guattari verfassten *L'Anti-Œdipe* (1972; *Anti-Ödipus*), einer der wohl spektakulärsten Attacken auf das psychoanalytische Unterfangen als Ganzes, obwohl der terminologische Apparat des Buches – insbesondere die Begehrensmaschine – einen Freud'schen Gedankengang mit anderen Mitteln fortsetzt. Lacan bleibt zwar von der Kritik meistens verschont, dennoch beginnt mit dem Buch eine von Foucault in seiner *Histoire de la sexualité* fortgesetzte Kontroverse, welche die Anhängerinnen und Anhänger Foucaults und Deleuze' gegen diejenigen Lacans aufbringt (vgl. Schuster 2016).

Im Gegensatz zu Foucault oder Deleuze schwankt Derrida in seiner Bewertung Freuds nicht zwischen zwei Extremen, sondern historisiert die Psychoanalyse von Beginn an. Einerseits achtet er sie als Wegbereiter für die Dekonstruktion, die, Philosophie und Kunst zusammenführend, die Grenzen des metaphysischen Paradigmas vermisst. In seinem Essay *Freud et la scène de l'écriture* (*Freud und der Schauplatz der Schrift*) weist Derrida bereits 1967 mit Nachdruck darauf hin, dass Freud in seinem Text über den *Wunderblock* (1925) das Modell eines dezentrierten Subjekts entwirft, das hauptsächlich von der Schrift und der Spur abhängt, diesen Überlegungen allerdings nicht weit genug folgt (vgl. Derrida 1972 [1967]). Andererseits kritisiert er, dass die Psychoanalyse der ödipalen Familienstruktur ebenso verpflichtet bleibt, wie sie die zentralen Positionen des Phallus – scheinbar zu einem bloßen Signifikanten degradiert – und des Mangels bestätigt, der immer noch die Modalität eines – wenn auch leeren – Zentrums bildet. Deshalb argumentiert Derrida 1967 in *De la Grammatologie* (*Grammatologie*), dass ,Phallozentrismus' und Logozentrismus im ,Phallogozentrismus' zusammenlaufen – ein Begriff, der den Logos und die ödipale Begehrensökonomie gewissermaßen zu Komplizen macht. An diesem Punkt greifen vor allem poststrukturalistische Feministinnen wie Kristeva, Luce Irigaray und Hélène Cixous die Psychoanalyse ebenfalls scharf an (→ II.7. GENDER UND QUEER STUDIES).

3. Subversion: Deleuze – Guattari – Barthes

Zwar setzen sich nicht wenige Poststrukturalistinnen und Poststrukturalisten mit literarischen Texten auseinander (vgl. Geisenhanslüke 2015) – insbesondere in den 1960er und 1970er Jahren in der Gruppe Tel Qel, so benannt nach der von Philippe Sollers und anderen gegründeten Zeitschrift: Foucault (vgl. During 2012) ebenso wie Lyotard (vgl. Sawyer 2014), mit psychoanalytischem Interesse aber vor allem Deleuze in seiner Lektüre von Leopold Sacher-Masochs Novelle *Venus im Pelz* (1870) (→ IV.6. FALLGESCHICHTE). In seinem Essay *De Sacher-Masoch au masochisme* (1961) argumentiert er, dass Sadismus und Masochismus keiner einheitlichen Triebökonomie folgten, sondern dass im Masochismus der Phallus annulliert werde, weil die „symbolische Ordnung" des Masochismus eine „intermaternelle" (Deleuze 1968 [1961], 222) Ordnung sei. 1975 wendet Deleuze sich dann zusammen mit Guattari in der Studie *Kafka, pour une littérature mineure* (*Kafka: Für eine kleine Literatur*) gegen Franz Kafkas ‚Ödipalisierung' (vgl. Lecercle 2012), die diesen Autor auf den Familienroman verpflichtet (→ IV.5. FAMILIENROMAN). Travestie und Parodie zeichnen die Zerrbilder der Familie, insbesondere aber des aufgeblasenen Vaters und geschrumpften Sohnes sowohl in Kafkas Romanen als auch in seinem fiktionalen *Brief an den Vater* (1919) aus. Allerdings bemerken sie bald: „Allein der Ausdruck erschließt das *Verfahren*" (Deleuze und Guattari 2014 [1975], 24), das – hier folgen sie einem Begriff aus Kafkas Tagebüchern – „kleine[ ] Literaturen" (Kafka 1983, 154) erzeugt, die Deleuze und Guattari als antiödipale Ausdrucksmaschinen bezeichnen. In ihrer sprachlichen Konfiguration ist diese Literatur in einer anderen Weise als die thematisch orientierte *littérature engagée* revolutionär:

> Das also sind die drei charakteristischen Merkmale einer kleinen Literatur: Deterritorialisierung der Sprache, Koppelung des Individuellen ans unmittelbar Politische, kollektive Aussageverkettung. So gefaßt, qualifiziert das Adjektiv ‚klein' nicht mehr bloß bestimmte Sonderliteraturen, sondern die revolutionären Bedingungen *jeder* Literatur, die sich innerhalb einer sogenannten ‚großen' (oder etablierten) Literatur befindet. (Deleuze und Guattari 2014 [1975], 27)

In seinen 1993 unter dem Titel *Critique et clinique* (*Kritik und Klinik*) veröffentlichten Essays wendet sich Deleuze dann außer Kafka noch weiteren ‚großen' Schriftstellern der Klassischen Moderne – Herman Melville, Walt Whitman, Nietzsche, Martin Heidegger oder Samuel Beckett zu, deren Größe sich in einer Minorisierung beziehungsweise Verkleinerung der Sprache niederschlägt. „Die guten Bücher sind in einer Art Fremdsprache geschrieben" (zit. Deleuze 2000 [1993], 7) – mit dem Marcel Prousts *Contre Sainte-Beuve* (postum 1954; *Gegen Sainte-Beuve*) entliehenen Motto, dass die guten Bücher in einer Art Fremdsprache geschrieben seien, beschreibt er Techniken der Subversion, die lexikalische, grammatische und syntaktische Codes durchbrechen, Techniken des ‚Nicht-sprachlich-Werdens', die Sprache ins Stottern bringen. Im Stottern und Stammeln trägt – um mit Lacan zu argumentieren – das Reale den Sieg über das Imaginäre sowie das Symbolische davon (→ II.8. MEDIENTHEORIE). Mit Jakobson gesprochen, treten dabei alle anderen Funktionen der Sprache hinter ihrer poetischen Funktion zurück (vgl. Jakobson 1979 [1960]). Im Stotter-Essay *Bégaya-t-il* (1993; *Stotterte er …*) führt Deleuze den ästhetisch-affektiven und damit zugleich politisch-utopischen Gehalt einer solchen ‚Fremdsprache' darauf zurück, dass die ‚großen' Schriftsteller die Sprache „*minorisieren*" (Deleuze 2000 [1993], 148), sodass sie sich in selbstreferenzieller Autonomie entfalten kann:

> Das heißt, dass sich ein großer Schriftsteller stets wie ein Fremder in der Sprache befindet, in der er sich ausdrückt, selbst wenn es seine Muttersprache ist. [...] Er ist ein Fremder in der eigenen Sprache: Er mischt nicht eine andere Sprache seiner eigenen bei, er schneidet vielmehr *aus* seiner Sprache eine fremde Sprache heraus, die nicht vorher gegeben ist. Die Sprache in ihr selbst schreien, stottern, stammeln, murmeln lassen. (Deleuze 2000 [1993], 148)

Gegen den Phallus richtet auch Barthes seine Lektüren (vgl. Neumann 2014, 27–161). Dabei bleibt die Beziehung des herausragenden Literaturwissenschaftlers und -theoretikers zur Psychoanalyse, obwohl sie einen Schlüssel zu seinem Werk bildet, unentschieden. Er nutzt sie als kritisches, nicht zuletzt auch auf die Psychoanalyse selbstkritisch angewendetes Werkzeug, ohne sich indes ihren Grundsätzen zu verschreiben (vgl. Lindorfer 1998, 16–23) – darin ist er den marxistischen Theoretikerinnen und Theoretikern ähnlich (→ II.3. KRITISCHE THEORIE). Barthes dienen psychoanalytische Denkfiguren als Medium der Interpretation. In den *Mythologies* (1957; *Mythen des Alltags*) analysiert er beispielsweise das kulturelle Imaginäre der Gesellschaft (→ II.5. KULTURTHEORIE). In seiner großen Studie *S/Z* (1970) interpretiert er Honoré de Balzacs gerahmte Novelle *Sarrasine* (1830; *Sarrasine*) aus den *Scènes de la vie parisienne* (*Szenen aus dem Pariser Leben*), dem zweiten Band der *Comédie humaine*, als *talking back* gegen Jean Rebouls klassisch-freudianische, von Georges Batailles *Le Bleu du ciel* (1957; *Das Blau des Himmels*) motivierte Interpretation *Sarrasine ou la castration personnifiée* (1967) strukturalistisch. Barthes durchque(e)rt den Text, indem er aus fünf Signifikaten beziehungsweise Codes ein semiotisches Raster des Textes bildet: aus dem hermeneutischen (Wahrheit), dem semischen (Denotation), dem proaïretischen („Proaïresis = Fähigkeit, das Ergebnis eines Handelns zu befragen" (Zanetti 2015, 366)), dem symbolischen (Konnotation) und dem referenziellen Code (Wissen). Balzac erzählt – grob gesprochen – von dem Bildhauer Sarrasine, der sich im Italien des 18. Jahrhunderts in die Sängerin Zambinella verliebt: sowohl in ihre Stimme als auch in ihre körperliche Erscheinung, ohne zu erkennen, dass Zambinella ein Kastrat ist; bevor er sie/ihn mit seinem Degen töten kann, wird Sarrasine selbst ermordet.

Barthes strukturalistische Aktivität (*l'activité structuraliste*) verdichtet das Anagramm S/Z, das er im 47. Abschnitt analysiert: Der effeminierte Titelheld heißt „*SarraSine*", nicht „*SarraZine*", wie im Französischen zu erwarten wäre. Für Barthes stellt das Z daher das Zeichen der sexuellen Abweichung dar, die gegen die heteronormative Zensur – symbolisiert durch den Querstrich (/) – verstößt. In der graphischen Spiegelung des S im Z betrachtet Sarrasine „in Zambinella seine eigene Kastration":

> [V]om Balzacschen Standpunkt ist dieses Z (das im Namen Balzac ist) der Buchstabe der Abweichung (man vergleiche die Novelle *Z. Marcas* [1840]); an dieser Stelle schließlich ist das Z der Inauguralbuchstabe der Zambinella, das Initial der Kastration, so daß Sarrasine durch diesen Orthographiefehler, der inmitten seines Namens, seines Körpers auftritt, das zambinellische Z in seiner wirklichen Natur empfängt, der Verletzung des Mangels. (Barthes 2012 [1970], 110)

Allerdings gilt ausgerechnet diesem Mangel und eben gerade nicht dem Phallus Sarrasines Begehren. Als ein solches Zeichen ist das Z daher gleichzeitig (sinn-)leer wie ästhetisch übervoll. In seiner Replik auf Balzac und Barthes *L'hermaphrodite. Sarrasine sculpteur* (1987) dreht Michel Serres den Spieß daher um und behauptet: „Sarrasine widersetzt sich der Zambinella wie das S dem Z. Aber der Name der Frau oder des Mannes oder des Kastraten bezeichnet, dem Z beraubt, beide" – aus diesem Wortspiel ergibt sich ‚ambinella‘ als ‚beide(s)-in-ihr‘. „Sie verkörpert nicht den Mangel, sondern die Fülle. Sie verkörpert den Mangel und die Fülle." (Serres 1987, 74; Übers. F. B.)

Vom Imaginären vollzieht auch Barthes 1973 die Wende zum Realen, indem er sich von den Inhalten ab- und den Verfahren zuwendet. In *Le plaisir du texte* (1973; *Die Lust am Text*), dem sicherlich einflussreichsten literaturtheoretischen Text des Poststrukturalismus, setzt er den Text in einem ersten Schritt mit einem „Gewebe" gleich, weil diese Metapher die „generative Vorstellung" zum Ausdruck bringt, „daß der Text durch ein ständiges Flechten entsteht und sich selbst bearbeitet" (Barthes 1974 [1973], 94). In einem zweiten Schritt vergleicht er ihn mit einem erotischen menschlichen (männlichen) Körper, auf den sich das Begehren richtet: „(*Plaisir/Jouissance*, Lust/Wollust [...])" (Barthes 1974 [1973], 8). Mit Lacan gesprochen wird der Text aufgrund dieses doppelten Vergleichs in seiner materialen Medialität zum ‚Objekt klein a‘ (*objet petit a*), auf das sich das nichtphallische, antiödipale Begehren richtet. Er zeichnet sich nicht durch etwas Substantielles aus, was ‚Ich‘ begehren könnte, sondern durch eine „essentielle Leere, die nach signifikanter Füllung drängt, zum dynamischen Element, das die Fluktuationen innerhalb des Symbolischen unablässig vorantreibt und die produktive wie rezeptive Lust am Text hervorbringt" (Brune 2003, 177–178). Weil seine Lust etwas Allgemeines meint (‚Lustprinzip‘), unterscheidet sich die Lust am Text sowohl von etwas Besonderem wie der Pornographie als auch von etwas „Geringfügige[m]" wie der ‚Lust an etwas‘:

> Aber mit dieser Zweideutigkeit muß ich mich abfinden; denn auf der einen Seite brauche ich eine allgemeine ‚Lust‘, um mich auf einen Exzeß des Textes beziehen zu können, auf das, was in ihm jede (soziale) Funktion und jedes (strukturale) Funktionieren sprengt; auf der anderen Seite brauche ich eine besondere ‚Lust‘, den bloßen Teil der allumfassenden Lust, wenn ich die Euphorie, das Erfülltsein, das Behagen (ein Gefühl des Sattseins, in das

die Kultur leicht eindringt) unterscheiden muß vom Schock, von der Erschütterung, vom Vergehen, die der Wollust eigen sind. (Barthes 1974 [1973], 30)

4. Poe paradigmatisch: Lacan

Literatur bildet schließlich einen der wichtigsten Schauplätze der Lacan'schen Psychoanalyse (vgl. Zupančič 2000). In seinem Werk wimmelt es von literarischen Referenzen. Neben zahlreichen Anspielungen sind es vor allem die aufschlussreichen, komplexen und facettenreichen Lektüren klassischer Texte, die im Zentrum seiner Theorie stehen; am berühmtesten: *Antigone* in seinem Seminar *L'éthique de la psychoanalyse* (1986; *Die Ethik der Psychoanalyse*; → III.7. ANTIGONE), *Hamlet* in seinem Seminar *Le désir et son interprétation* (1958/59; *Das Begehren und seine Deutung*; → III.9. HAMLET) und Claudel Coûfontaines *Trilogie* in seinem Seminar *Le transfert* (1991; *Die Übertragung*). Darüber hinaus gibt es eine kürzere Auseinandersetzung mit Jean Genets *Balkon* (1957) in seinem Seminar *Les formations de l'inconscient* (1998; *Die Bildungen des Unbewussten*), einen André Gide gewidmeten Text in seinen *Écrits* (1966; *Schriften*), einen weiteren Marguerite Duras gewidmeten Text (vgl. Lacan 2001) sowie Lacans große Verehrung für James Joyce, die seine gesamte spätere Karriere beeinflusst (vgl. Lacan 2005). Wenn es aber einen Fall gibt, in dem sich Literatur, Psychoanalyse und Poststrukturalismus überschneiden, dann ohne Frage in Lacans Interpretation von Poes 1844 im literarischen Almanach *The Gift for 1845* veröffentlichter Detektivgeschichte *The Purloined Letter* (*Der entwendete Brief*) (→ IV.10. KRIMINALLITERATUR). Lacan widmet dieser Geschichte eine Sitzung in seinem Seminar *Le moi dans la théorie de Freud et dans la technique de la psychanalyse* (1954/1955; *Das Ich in der Theorie Freuds und in der Technik der Psychoanalyse*), hält 1956 zwei Vorträge, die er 1957 zur Publikation erweitert; 1966 fügt er in seinen *Écrits* einen Nachtrag hinzu (vgl. Lacan 1973–1980 [1966]). Dabei misst er seiner Poe-Lektüre einen solch exemplarischen Wert zu, dass er sie an den Anfang der großen *Écrits*-Ausgabe stellt und ihr damit den Status eines Modells, vielleicht sogar eines Königswegs zu seiner Auffassung von Psychoanalyse verleiht.

Dabei unterscheidet sich Lacans Herangehensweise stark von den üblichen Wegen und Pfaden, die psychoanalytisch inspirierte Analysen oft einschlagen. Erstens umgeht er den biographischen Ansatz, der – im Fall Poes – von Marie Bonapartes *The Life and Works of Edgar Allan Poe: A Psychoanalytic Interpretation* (1949; *Edgar Poe. Eine psychoanalytische Studie*) repräsentiert wird und mit der Suche nach Poes ‚mentaler Störung' einen Großteil der frühen Forschung beeinflusst. Zweitens – und das ist wichtiger und bemerkenswerter – besteht Lacan wie Barthes darauf, dass die Analyse vom Signifikanten und nicht von dessen Bedeutung ausgehen soll. Der Gang, den Poes entwendeter Brief nimmt, ist in diesem Sinne exemplarisch für Lacan: Es ist ein Brief, dessen Inhalt nicht bekannt und schlicht gleichgültig ist. Durch Zirkulieren, durch ständiges Deplatzieren bestimmt er jedoch die subjektive Position der beteiligten Figuren. Er erzeugt Effekte, die unabhängig von seinem Inhalt sind. Daher muss der Verlaufsweg des Signifikanten selbst freigelegt werden, damit er unabhängig von seinem Inhalt als Triebkraft der Erzählung erkennbar wird. Darüber hinaus ist der entwendete Brief gerade dadurch versteckt, dass er für alle offen sichtbar ist und nicht etwa in irgendwelchen Tiefen verborgen wird. Lacan folgt gewissermaßen Poes eigenem Ratschlag: „[T]here is such a thing as being too profound. Truth is not always in a well. In fact, as regards the more important knowledge, I do believe that she is invariably superficial." (Poe 1967, 204) Die Erzählung zu interpretieren, heißt deshalb gerade nicht, Bedeutung zu finden und offenzulegen – das übliche Geschäft einer Interpretation –, sondern die strukturellen Determinanten und Effekte des Signifikanten zu entwirren.

Drittens hängt Poes Erzählung von der Wiederholung derselben Situation ab, in die jeweils unterschiedliche Gruppen von Figuren involviert sind, deren Positionen wiederum strukturell von derjenigen des Briefes abhängen. In Lacans Lesart hängt die Handlung gerade von dieser Wiederholung ab – nicht von der Wiederholung ein und desselben Ereignisses, sondern von einer Wiederholung, in der sich eine Verschiebung abspielt. Aufgrund dieser Struktur deutet Lacan Poes Erzählung als Allegorie der Psychoanalyse. Denn sie ermöglicht nicht nur eine Analyse im Allgemeinen, sondern deutet auch auf die strukturelle Position des Analytikers im Besonderen hin, die in der Erzählung von C. Auguste Dupin besetzt wird – Detektiv und Analytiker in einer Person. Die zweite Szene, in der sich Dupins Intervention abspielt, deutet Lacan daher als Intervention des Analytikers. Das Wichtigste in der Analyse besteht nicht darin, immer wieder das Gleiche – etwa die gleiche, sich wiederholende Kernphantasie – zu finden, sondern sie schöpft ihre Erkenntnis aus der symbolischen Verschiebung des Signifikanten. Sie entwickelt sich durch strukturelle Verschiebungen, nicht durch das Aufzeigen der gleichen Bedeutung in unterschiedlicher Verkleidung. Die Wiederholung ist also nicht Wiederholung eines Gleichen, Wiederholung einer Identität, sondern gerade das, was in der Wiederholung Differenz erzeugt (→ II.2. RHETORIK UND POETIK).

Viertens geht es in dieser Erzählung dennoch nicht um so etwas wie ‚angewandte Psychoanalyse'. Denn der literarische Text ist ebenso ein Werkzeug, um die Psychoanalyse als psychoanalytische Theorie zu interpretieren, wie die psychoanalytische Theorie ein Werkzeug ist, um den literarischen Text zu interpretieren. Es geht hier also tatsächlich um ‚Implikation' statt um ‚Applikation': „The methodological stake is no longer that of the *application* of psychoanalysis *to* literature, but rather, of their *interimplication in* each other." (Felman 1988, 153) Lacan selbst weist immer wieder auf den wichtigsten Punkt seiner Poe-Lektüre hin:

> Wenn das, was Freud freigelegt hat [...], einen Sinn hat, dann, weil die Verschiebung des Signifikanten die Subjekte in ihren Handlungen, in ihrem Geschick, in ihren Weigerungen, in ihren Verblendungen, in ihrem Erfolg und ihrem Schicksal ungeachtet ihrer angeborenen Anlagen und ihrer sozialen Erwerbungen, ohne Rücksicht auf den Charakter und das Geschlecht bestimmt, und weil wohl oder übel dem Zug des Signifikanten als Sack und Pack alles psychologisch Gegebene folgt. (Lacan 1973 [1966], 29)

Wenn Lacan diesen Gedanken weiter ausführt, dann greift er dafür auf die literarische Technik der Prosopopoiia (*fictio personae*) zurück, indem er den personifizierten Signifikanten „jenseits aller Bedeutungen" antworten lässt:

> ‚Du glaubst zu handeln, während ich dich bewege an Fäden, mit welchen ich deine Begierden verknüpfe. So nehmen diese zu an Kraft und vermehren sich in die Objekte, die dich an die Zerissenheit [sic] deiner Kinderzeit zurückverweisen. Dies soll dein Festmahl sein bis zur Wiederkehr des Steinernen Gasts, der ich sein werde für dich, wenn du mich rufst.' (Lacan 1973 [1966], 40)

Dergestalt ist es der Verlauf des Signifikanten, den niemand wirklich beherrschen kann – nicht einmal der Detektivanalytiker, dessen Position ja von ihm abhängt. Am Ende bestimmt dieser Verlauf unser Unbewusstes, und das heißt unser Schicksal – daher auch Lacans spitze Bemerkung, die im letzten Satz versichert, „ein Brief (eine Letter) erreiche immer seinen (ihren) Bestimmungsort" (Lacan 1973 [1966], 41).

5. Phallus: Die Derrida-Lacan-Kontroverse

Auch Derrida versteht die Poe-Lektüre als Königsweg zur Lacan'schen Psychoanalyse und antwortet auf sie mit einer kritischen Lektüre derselben. Diese Antwort lässt allerdings bis 1975 auf sich warten, bis sich Derrida im Essay *Le Facteur de la vérité* (*Der Facteur der Wahrheit*) der Herausforderung stellt und zu zeigen versucht, warum Lacans psychoanalytischer Ansatz problematisch und unzureichend ist und wie sein eigener Ansatz der Dekonstruktion dem *Purloined Letter* gerecht werden kann. Dieser Moment sollte zum ikonischen Moment des Poststrukturalismus werden: Zwei ‚große Männer' tragen ihre Kontroverse auf dem Schlachtfeld der Literatur aus. Derridas scharfe Kritik kann stark vereinfacht in vier Punkten zusammengefasst werden:

Erstens stellt er die Frage nach dem Kontext. Lacan nimmt – so merkt Derrida an – Poes Geschichte nämlich zu ernst, ohne jedoch ihre Stellung innerhalb von Poes Trilogie, insbesondere ihre narrative Rahmung zu berücksichtigen: „Lacan schließt, ohne je ein Wort darüber zu sagen, die textuelle Fiktion aus, in deren Innerem er die sogenannte allgemeine Narration abhebt." Dabei gilt es indes zu beachten: „Es gibt ein Geviert, unsichtbar aber strukturell irreduzibel, um die Narration herum. Wo beginnt es? bei der ersten Letter." (Derrida 1987 [1975], 206) Denn mit der Rahmung wird die Markierung von Grenzverläufen unmöglich: „Die Gevierte sind stets eingeviert: also durch irgendein Stück ihres Inhalts. Stücke ohne Ganzes, ‚Partituren' ohne Ensemble, das ist es, was hier den Traum eines Briefes ohne Teilung, allergisch gegen die Teilung, verspielt." (Derrida 1987 [1975], 269) Diese Struktur führt Derrida schließlich zu der Schreibszene: „Verfehlt man die Position des Narrators, seine Einbindung in den Inhalt dessen, was er zu erzählen scheint, so läßt man all das aus, was von der Schriftszene die beiden Dreiecke überbordet." (Derrida 1987 [1975], 266)

Derridas erster Einwand besteht also darin, dass eine bloß auf dem Signifikanten beruhende Analyse der Geschichte ein bestimmtes Narrativ und damit eine bestimmte Gesamtheit annimmt, ohne mit der narrativen Rahmung die Literarizität des Textes zu reflektieren, die für Derrida dessen Bedeutung bestimmt. Demgegenüber beachtet die Dekonstruktion einerseits eben genau diese Rahmung, stellt Rahmen und Grenzen infrage, ohne sie jedoch vollends abzuschaffen. Andererseits zielt eine dekonstruktive Lesart – anders als Lacans auf Totalität hinauslaufende Lektüre – auf Partialisierung, Dezentrierung und Fragmentierung der Erzählung ab. Während also der Signifikant zur Totalität führt, führt das Schreiben zur Unmöglichkeit von Totalität.

Zweitens kritisiert Derrida Lacans Beharren darauf, dass der Signifikant zwar frei von Bedeutung sei, aber dennoch Effekte produziere, die einer doppelten Wendung entsprechen. Die Dekonstruktion besteht also auf Resten und Überbleibseln, die nicht in eine einzige Bedeutung integriert werden können, auf der Dissemination von Bedeutung, auf deren Abwesenheit sowie auf andauernde Teilungen ohne Ganzes:

> Bisher lassen unsere Fragen vermuten, daß, wenn es etwas gibt wie einen entwendeten Brief, die Falle dessen vielleicht supplementär ist: er hätte keinen festen Platz, nicht einmal den eines abgrenzbaren Lochs oder eines zuweisbaren Fehls. Er fände sich nicht, er könnte immer nicht sich finden, er fände sich in jedem Fall weniger in der versiegelten Schrift, wovon der Narrator die durch das Seminar entzifferte ‚Geschichte' erzählt, weniger in dem Inhalt der Geschichte als ‚in' dem Text, der sich, auf einer vierten Seite, sowohl den Augen Dupins entzieht als auch denen des Psychoanalytikers. Der Rest, das Liegengelassene, das wäre *Der entwendete Brief*, der Text, der diesen Titel trägt, und dessen Statt, wie die einmal mehr unsichtbaren großen Lettern, nicht ist, wo man sich gefaßt machte, sie zu finden,

in dem gevierten Inhalt des ‚realen Dramas‘ oder in dem verborgenen und versiegelten Inneren der Novelle von Poe, sondern in diesem und als dieser offene, sehr offene Brief, der die Fiktion ist. (Derrida 1987 [1975], 219)

Drittens evoziert der Brief in Lacans Lesart für Derrida den Phallus als zentralen psychoanalytischen Grundsatz. Gerade durch seine mangelnde Bedeutung wird er zum ‚transzendentalen Signifikanten‘, der Bedeutung auf alles andere übertragen kann. Er evoziert die Kastration und stellt den Mangel ins Zentrum, der – entgegen anderslautenden Erklärungen – als ein stabilisierendes Zentrum funktioniert. Da Lacan darüber hinaus auf der Unteilbarkeit des Briefes beharrt, folgt daraus für Derrida auch die Unteilbarkeit des Phallus:

> Der Phallus, dank der Kastration, bleibt stets an seinem Platz, in der transzendentalen Topologie, von der wir sprachen weiter oben. Er ist hier unteilbar, und also unzerstörbar, wie der Brief, der *davon die Statt hält*. Und deshalb war die interessierte Voraussetzung, niemals demonstriert, der Materialität des Briefes *als Unteilbarkeit* unverzichtbar für diese beschränkte Ökonomie, für diese Zirkulation des Eigenen. Die Differenz, die mich hier interessiert, ist, daß […] der Fehl nicht seinen Platz hat in der Dissemination. (Derrida 1987 [1975], 217)

Kurioserweise benutzt Lacan selbst nicht das Wort ‚Phallus‘ in seiner Analyse, aber Derrida folgert, dass er letztendlich den Phallus im Sinn hat. Daher erhebt er gegen Lacan schließlich den massiven Vorwurf des Phallogozentrismus. Derrida geht davon aus, dass der Logos in der gesamten metaphysischen Tradition als heimlicher Mitwisser der geschlechtlichen Differenz fungierte, die im Phallogozentrismus mündete. Die Psychoanalyse degradierte den Phallus dann sowohl zum bloßen Signifikanten als auch zu einem Signifikanten des Mangels und folgte damit diesem traditionellen Pfad, indem sie ihn zum ‚transzendentalen Signifikanten‘ ausrief, wenn auch ohne Signifikat. Das Zentrum mag zwar leer sein, aber es ist ein Zentrum, das reguliert und regiert.

Viertens findet sich die Psychoanalyse deshalb auch überall selbst wieder, wohin sie ihren Blick richtet. Sie kann unentwegt die gleiche Geschichte erkennen – die Geschichte von Ödipus, vom Phallus und der Kastration. Daher muss Derridas erster Satz im Text „Die Psychoanalyse, unterstellt, findet sich“ (Derrida 1987 [1975], 185) auch wie folgt gelesen werden: Die Psychoanalyse sucht und findet stets nur sich selbst, sie rechnet mit dem Erwartbaren, sie beschneidet die Literatur und deren disseminierende Kraft für ihre eigenen Zwecke. Deshalb erreicht der Brief auch immer sein Ziel. In der Dekonstruktion hingegen kann der Brief abhandenkommen, und gerade diese inhärente Möglichkeit des Verfehlens macht seine disseminative Natur aus. Derridas Kritik steht daher im Zentrum der poststrukturalistischen Auseinandersetzung mit der Psychoanalyse, insbesondere der feministischen. Darüber hinaus steht aber auch die Möglichkeit einer von der Psychoanalyse inspirierten Literaturwissenschaft zur Diskussion: Ist die Psychoanalyse an sich zwangsläufig unzureichend? Greift sie aufgrund ihrer strukturellen Mängel im Hinblick auf literarische Texte grundsätzlich zu kurz? Kann sie Literatur oder Literarizität gerecht werden, ohne sich von ihren wesentlichen Grundsätzen zu verabschieden? Diese großen prinzipiellen Fragen stehen mit den ungewöhnlichen Lektüren von Poes ungewöhnlicher Erzählung auf dem Spiel.

Doch stoßen Derridas Widersprüche gegen Lacans Poe-Lektüre ihrerseits auf Widerspruch, am einflussreichsten wohl in Barbara Johnsons bahnbrechendem Aufsatz *The Frame of Reference: Poe, Lacan, Derrida* (1977), mit dem gleichzeitig die Beziehung der beiden durch die ‚Frau' trianguliert wird. Johnson zweifelt nicht nur Derridas Behauptungen an, sondern weist ihm auch nach, dass er viele der ‚Verbrechen' selbst begeht, für die er Lacan anklagt (vgl. Johnson 1977, 465). Im Hinblick auf die Rahmung zeigt sie, dass Derrida Lacans Analyse selbst eigentümlich rahmt, indem er eine Anzahl textueller Voraussetzungen dieser Lektüre einfach außer Acht lässt. Dabei lasse seine eigene Rahmung von Poes Geschichte einiges zu wünschen übrig:

> But if recognition is a form of blindness, a form of violence to the otherness of the object, it would seem that, by eliminating Lacan's suggestion of a possible complication of the phallic scheme, and by lying in wait between the brackets of the fireplace to catch the psychoanalyst at his own game, Derrida, too, is ‚recognizing' rather than reading. And what *he* recognizes is, as he himself states it, a certain classical conception of psychoanalysis [...]. It would seem that the theoretical frame of reference which governs recognition is a constitutive element in the blindness of any interpretative insight. And it is precisely that frame of reference which allows the analyst to *frame* the author of the text he is reading for practices whose locus is simultaneously *beyond* the letter of the text and *behind* the vision of its reader. (Johnson 1977, 492)

Dass Derridas Kritik an Lacan über ihr Ziel hinausschießt, legen sowohl die Verlegenheit psychoanalytischer Lektüren im Besonderen als auch die Schwierigkeiten und toten Winkel literarischer Interpretationen im Allgemeinen offen. Denn jede Interpretation spielt mit dem Risiko von arbiträrer Rahmung, von Vereinheitlichung, von Konzentration auf bestimmte Textstellen, nur um andere zu vernachlässigen. Dieser kontingente oder gar gewalttätige Teil der Interpretation ist jedoch kein bloßer Makel, sondern ein Risiko, das die Produktivität einer Interpretation überhaupt erst ermöglicht. Jeder Rahmen kann und muss immer wieder neu gesetzt werden. Johnson gibt zwar zu, dass Lacan nur wenige auffällige Punkte der Erzählung für seine Zwecke berücksichtigt, doch bringt er damit neue und überraschende Einsichten ans Licht, die man eben nicht auf das psychoanalytische Masternarrativ, das jeder schon im Voraus kennt, reduzieren kann.

Das Wesentliche der Kontroverse hängt freilich von Lacans letztem Satz ab, demzufolge der Brief immer an seinem Ziel ankommt. Für Derrida steht diese Szene für eine vereinheitlichte Nachricht, die immer und unfehlbar ankommt, wie verworren auch immer der Weg ist. Doch was ist die Nachricht, die ankommt? Kann sie ausformuliert werden? Was vermittelt sie? Löst sie alle Mehrdeutigkeiten auf? Johnson schlägt eine Reihe möglicher Lesarten vor, die gerade aufgrund ihrer Mehrstimmigkeit funktionieren:

> [I]t can mean ‚the only message I can read is the one I send,‘ ‚wherever the letter is, is its destination,‘ ‚when a letter is read, it reads the reader,‘ ‚the repressed always returns,‘ ‚I exist only as a reader of the other,‘ ‚the letter has no destination,‘ and ‚we all die.‘ It is not any one of these readings, but all of them and others in their very incompatibility, which *repeat* the letter in its way of reading the act of reading. Far from giving us the Seminar's final truth, these last words *enact* the impossibility of any ultimate analytical metalanguage. (Johnson 1977, 503)

In diesem Sinne kann man argumentieren, dass es paradoxerweise die Ankunft des Briefes an seinem Ziel statt sein Abhandenkommen ist, die Derridas über Lacans Lektüre verhängtes Todesurteil abwendet. Gehen der Brief und sein Ziel seiner Ankunft einfach voraus? Zeugt die Logik dahinter von einem ultimativen Ziel oder von einem ultimativen Zufall? Die Antworten auf diese Fragen können immer nur aufgeschoben werden.

6. Kritik der Kritik

Die Kontroverse führt ins Zentrum des Verhältnisses von Literatur, Poststrukturalismus und Psychoanalyse. Dass nämlich eben der Mangel von Bedeutung als die ultimative Bedeutung fungiert und damit alle Mehrdeutigkeiten zu einer Bedeutung vereinen kann, verweist auf ein Problem, für das es keine einfache Lösung gibt. Man kann argumentieren, dass die Signifikanten, die Derrida nutzt – Schreiben, Spur, Dissemination, *différance*, Textlichkeit, Rest –, genau die gleiche Neigung haben, als ‚transzendentale Signifikanten‘ zu funktionieren, und damit die gleichen totalisierenden Effekte produzieren in just dem Moment, in dem sie der Totalisierung eine Absage erteilen. Sie mögen die Texte sehr wohl mit Bedeutung anreichern, während sie auf inhärente Fragmentierung schwören – auf den Rest, der nicht vereinheitlicht werden kann, auf Teilungen des Ganzen etc. Die Schwierigkeit im Umgang mit den totalisierenden Effekten des

Signifikanten ist ein Problem, das Lacan vornehmlich in seinen späten Schriften verfolgt hat, als er etwa versucht, die Logik des *pas-tout* zu entwickeln (genau zu der Zeit, als Derrida in der Mitte der 1970er Jahre seine Kritik schrieb), und damit den von Derrida aufgeführten Problemen eine neue Wendung gibt.

Das Problem des Phallogozentrismus ist der faszinierendste und weitreichendste Teil von Derridas Behauptungen, wenn auch der abwegigste, da Lacan, wie bereits erwähnt, das Wort ‚Phallus' überhaupt nicht verwendet und das Problem geschlechtlicher Differenz nicht anschneidet. Derrida behauptet indes, dass der Phallogozentrismus den allgemeinen Rahmen der Lacan'schen Analyse bildet. Damit verbinden sich nicht zuletzt ganz generelle Fragen: Ist die Psychoanalyse zuletzt die Auf- oder Abwertung des Phallus (und der Kastration etc.)? Ist sie seine Aufwertung hinter dem Schleier der Abwertung? Erhält sie am Ende nicht einfach die traditionelle phallogozentrische Weltanschauung, die sie also nur scheinbar kritisiert? Spielt es dem Phallogozentrismus nicht schon in die Hände, wenn man am Konzept des Phallus überhaupt festhält? Ist der Phallus die zentrale Figur, auch wenn man ihn als Signifikanten des Mangels begreift?

Die Antwort auf diese Fragen spaltet die Poststrukturalistinnen und Poststrukturalisten in zwei einander feindselig gegenüberstehende Lager, zwischen denen es keine Vermittlung, keine Versöhnung, keine Kompromisse, keine Neutralität oder Synthesen gibt. Es stehen die psychoanalytisch inspirierten (maßgeblich von Lacan beeinflussten) Theoretikerinnen und Theoretiker den Dekonstruktivisten sowie Anhängerinnen und Anhängern von Deleuze oder Foucault gegenüber. Diese Lagerbildung, die sich auf jeden Umgang mit Literatur in einem poststrukturalistischen Setting auswirkt, hat vor allem zur Abspaltung des Feminismus geführt, die Teil der poststrukturalistischen Wissenschaftsgeschichte ist. Während große und einflussreiche Theoretikerinnen wir Irigaray oder Cixous der Psychoanalyse mehr als kritisch gegenüberstehen, finden sich unter ihren Anhängerinnen ebenso herausragende Denkerinnen wie Shoshana Felman oder Joan Copjec, welche die Psychoanalyse eisern verteidigen; Kristeva und Judith Butler lassen sich in keinem Lager verorten.

Wir sind der Ansicht, dass es in der Tat eine inhärente Verbindung zwischen dem Konzept des Signifikanten und dem Konzept des Phallus bei Lacan gibt, einen ‚phallischen Signifikanten'. In Lacans Essay *La signification du phallus* (1958; *Die Bedeutung des Phallus*), auf den sich Derrida oft bezieht, wird der Phallus als Schlüssel der Bedeutung entworfen (vgl. Lacan 2006 [1966]). Aber – und das ist ein großes ‚Aber' – der geschlechtliche Unterschied, wie Lacan ihn auffasst, kann nicht auf den Prozess der Bezeichnung reduziert und nicht von Signifikanten repräsentiert werden. Wenn Lacan darauf besteht, dass es ein Reales in der geschlechtlichen Differenz gibt, dann betrifft es das, was im Hinblick auf diesen Prozess irreduzibel ist, auf seine differenziellen und binären Oppositionen, auf sein Spiel von Präsenz und Absenz. Es geht also genau um das, was ‚nicht aufhört, nicht geschrieben zu werden‘, um Lacans eigene Formel aus *Encore* zu bemühen (vgl. Lacan 1986 [1975]). Es kann nicht geschrieben werden, weil es vom Signifikanten beschlagnahmt wird und doch auf seinem Nicht-Geschrieben-Sein beharrt. Wenn es ein Problem geschlechtlicher Differenz in der Psychoanalyse gibt, dann dasjenige, dass sie nicht auf die Verbindung von Signifikanten und Phallus reduziert werden kann (→ III.10. DER FÜRST).

Die Psychoanalyse findet immer nur sich selbst, sie findet immer nur die gleichen alten Geschichten von Ödipus, Kastration, Phallus, Neurose, die immer neue Gestalten annehmen und denen – wie unterschiedlich auch immer sie sein mögen – die gleichen Grundsätze zugrunde liegen. Diese Gefahr lauert selbst an den Rändern der besten Interpretationen. Zwei Anmerkungen dazu: Wenn es – erstens – das ist, was eine psychoanalytische Lektüre leistet, ohne etwas Unerwartetes zu produzieren, ohne neue Einsichten zu liefern, dann verdient sie jede Kritik, die ihr entgegenkommt. Der Test, dem sich jede gute Interpretation stellen muss, besteht jedoch nicht bloß darin, ob sie Neues produziert, sondern auch darin, ob sie die Theorie, die sie ‚anwendet‘, durch ihre ‚Anwendung‘ transformiert. Zweitens handelt es sich bei einer ‚selbsterfüllenden Prophezeiung‘ nicht bloß um das Problem der Psychoanalyse, sondern um eine Gefahr aller philosophischen Literaturinterpretationen, die immer schon die bereits bestehende Theorie bestätigen und lediglich ihr eigenes Vorverständnis zutage fördern. Der Streit um Poes Geschichte ist bezeichnend und symptomatisch: Im Poststrukturalismus setzte die Psychoanalyse ihre kontroverse Geschichte fort. Die Literatur ist das Schlachtfeld, auf dem sich verschiedene Konzepte, Theorien, Behauptungen und Methoden erprobten, und es mag gut und gern so erscheinen, als seien die literarischen Texte selbst diesem Kampf zum Opfer gefallen, würden sie sich in ihrer Realität nicht jeder Form imaginärer oder symbolischer Aneignung widersetzen und immer neue Lektüren ermöglichen.

Literatur

Badiou, Alain. *Das Abenteuer der französischen Philosophie. Seit den 60ern*. Hrsg. von Peter Engelmann. Übers. von Paul Maercker. Wien 2015 [2012].

Barthes, Roland. *Die Lust am Text*. Übers. von Traugott König. Frankfurt a. M. 1974 [1973].

Barthes, Roland. *Mythen des Alltags*. Übers. von Horst Brühmann. Frankfurt a. M. 2010 [1957].

Barthes, Roland. *S/Z*. Übers. von Jürgen Hoch. 6. Aufl., Frankfurt a. M. 2012 [1970].

Bataille, Georges. *Das Blau des Himmels*. Übers. von Siegrid von Massenbach und Hans Naumann. München 1990 [1957].

Bonaparte, Marie. *The Life and Works of Edgar Allan Poe. A Psychoanalytic Interpretation*. New York 1971 [1949].

Brune, Carlo. *Roland Barthes. Literatursemiologie und literarisches Schreiben*. Würzburg 2003.

Cusset, François. *French Theory. Foucault, Derrida, Deleuze & Cie et les mutations de la vie intellectuelle aux États-Unis*. Paris 2003.

Deleuze, Gilles. „Sacher-Masoch und der Masochismus" [1961]. Übers. von Gertrud Müller. Sacher-Masoch, Leopold von. *Venus im Pelz. Mit einer Studie von Gilles Deleuze über den Masochismus*. Frankfurt a. M. 1968: 167–295.

Deleuze, Gilles. *Logik des Sinns. Aesthetica*. Übers. von Bernhard Dieckmann. 2. Aufl., Frankfurt a. M. 1994 [1969].

Deleuze, Gilles. *Differenz und Wiederholung*. Übers. von Joseph Vogl. 2. Aufl., München 1997 [1972].

Deleuze, Gilles. *Kritik und Klinik*. Übers. von Joseph Vogl. Frankfurt a. M. 2000 [1993].

Deleuze, Gilles und Félix Guattari. *Anti-Ödipus. Kapitalismus und Schizophrenie I*. Übers. von Bernd Schwibs. 7. Aufl., Frankfurt a. M. 1995 [1972].

Deleuze, Gilles und Félix Guattari. *Kafka. Für eine kleine Literatur*. Übers. von Burkhart Kroeber. 9. Aufl., Frankfurt a. M. 2014 [1975].

Derrida, Jacques. „Freud und der Schauplatz der Schrift" [1967]. Derrida, Jacques. *Die Schrift und die Differenz*. Übers. von Rodolphe Gasché. Frankfurt a. M. 1972: 302–350.

Derrida, Jacques. „Der Facteur der Wahrheit" [1975]. Derrida, Jacques. *Die Postkarte von Sokrates bis an Freud und jenseits*. Übers. von Hans-Joachim Metzger. Berlin 1987: 183–281.

Derrida, Jacques. *Grammatologie*. Übers. von Hans Jörg Rheinberger und Hanns Zischler. Frankfurt a. M. 1983 [1967].

During, Simon. *Foucault and Literature. Towards a Genealogy of Writing*. New York 2012.

Felman, Shoshana (Hrsg.). *Literature and Psychoanalysis. The Question of Reading: Otherwise*. Baltimore 1982.

Felman, Shoshana. „On Reading Poetry. Reflections on the Limits and Possibilities of Psychoanalytic Approaches". *The Purloined Poe. Lacan, Derrida and Psychoanalytic Reading*. Hrsg. von John P. Muller und William J. Richardson. Baltimore 1988: 133–155.

Foucault, Michel. *Die Ordnung der Dinge. Eine Archäologie der Humanwissenschaften*. Übers. von Ulrich Köppen. 13. Aufl., Frankfurt a. M. 1995 [1966].

Foucault, Michel. *Sexualität und Wahrheit, Bd. 1: Der Wille zum Wissen*. Übers. von Ulrich Raulff und Walter Seitter. 8. Aufl., Frankfurt a. M. 1995 [1976].

Geisenhanslüke, Achim. *Textkulturen. Literaturtheorie nach dem Ende der Theorie*. Paderborn 2015.

Jakobson, Roman. „Linguistik und Poetik" [1960]. Jakobson, Roman. *Poetik. Ausgewählte Aufsätze 1921–1971*. Hrsg. und übers. von Elmar Holenstein und Tarcisius Schelbert. Frankfurt a. M. 1979: 83–121.

Johnson, Barbara. „The Frame of Reference. Poe, Lacan, Derrida". *Yale French Studies* 55/56 (1977): 457–505.

Kafka, Franz. *Tagebücher 1910–1923*. Hrsg. von Max Brod. Frankfurt a. M. 1973.

Lacan, Jacques. „Das Seminar über E. A. Poes *Der entwendete Brief*" [1966]. Lacan, Jacques. *Schriften I*. Hrsg. von Norbert Haas. Übers. von Rodolphe Gasché. Olten, Freiburg i. Br. 1973: 7–41.

Lacan, Jacques. *Schriften*, 3 Bde. Hrsg. von Norbert Haas. Übers. von Rodolphe Gasché. Olten, Freiburg i. Br. 1973–1980 [1966].

Lacan, Jacques. *Das Seminar*, Bd. XX: *Encore (1972–1973)*. Hrsg. von Jacques-Alain Miller. Übers. von Norbert Haas, Vreni Haas und Hans-Joachim Metzger. 2. Aufl., Weinheim 1986 [1975].

Lacan, Jacques. *Autres écrits*. Paris 2001.

Lacan, Jacques. *Le Séminaire*, Bd. 23: *Le Sinthome (1975–1976)*. Hrsg. von Jacques-Alain Miller. Paris 2005.

Lacan, Jacques. *Das Seminar*, Bd. V: *Die Bildungen des Unbewussten (1957–1958)*. Hrsg. von Jacques-Alain Miller. Übers. von Hans-Dieter Gondek. Wien 2006 [1998].

Lacan, Jacques. *Das Seminar*, Bd. VIII: *Die Übertragung (1960–1961)*. Hrsg. von Peter Engelmann. Übers. von Hans-Dieter Gondek. Wien 2008 [1991].

Lacan, Jacques. *Le séminaire*, Bd. VI: *Le désir et son interprétation (1958–1959)*. Hrsg. von Jacques-Alain Miller. Paris 2013.

Lacan, Jacques. *Das Seminar*, Bd. VII: *Die Ethik der Psychoanalyse (1959–1960)*. Hrsg. von Norbert Haas und Hans-Joachim Metzger. Übers. von Norbert Haas. Wien, Berlin 2016 [1986].

Lecercle, Jean-Jacques. *Badiou and Deleuze Read Literature*. Edinburgh 2012.

Lindorfer, Bettine. *Roland Barthes. Zeichen und Psychoanalyse*. München 1998.

Macksey, Richard (Hrsg.). *The Structuralist Controversy*. Baltimore 1972.

Neumann, Gerhard. *Kulturwissenschaftliche Hermeneutik. Interpretieren nach dem Poststrukturalismus*. Freiburg i. Br. 2014.

Poe, Edgar Allan. *Selected Writings*. Hrsg. von David Galloway. New York 1967.

Sawyer, Dylan. *Lyotard, Literature and the Trauma of the Differend*. London 2014.

Schuster, Aaron. *The Trouble with Pleasure. Deleuze and Psychoanalysis*. Cambridge/Mass. 2016.

Serres, Michel. *L'hermaphrodite. Sarrasine sculpteur*. Paris 1987.

Zanetti, Sandro. „Literaturwissenschaftliches Schreiben zwischen Mimesis und Abstraktion. Von Jean Leclerc zu Peter Szondi und Roland Barthes". *Internationales Archiv für Sozialgeschichte der deutschen Literatur* 40.2 (2015): 348–373.

Zupančič, Alenka. *The Ethics of the Real*. London 2000.

II.5. Kulturtheorie

Dorothee Kimmich

1. Einleitung

Sigmund Freud ist der Erfinder der Psychoanalyse, der entsprechenden anthropologischen Modelle und ihrer therapeutischen Konzepte. Er gilt damit als einer der wichtigsten ‚Diskursbegründer' (Michel Foucault) des 20. Jahrhunderts. Die Frage, ob Freud auch ein bedeutender Kulturtheoretiker war, ist dagegen weitaus schwieriger zu beantworten.

Auf den ersten Blick scheinen kulturtheoretische Reflexionen erst spät in seinem Leben und Schaffen einen relevanten Platz eingenommen zu haben. Freud selbst hat in verschiedenen Selbstaussagen für den Eindruck gesorgt, seine akademische Karriere habe in der naturwissenschaftlichen Medizin begonnen und er sei erst später zum Therapeuten und Psychoanalytiker geworden: „Ich bin nicht immer Psychotherapeut gewesen, sondern bin bei Lokaldiagnosen und Elektroprognostik erzogen worden wie andere Neuropathologen, und es berührt mich selbst noch eigentümlich, daß die Krankengeschichten, die ich schreibe, wie Novellen zu lesen sind, und daß sie sozusagen des ernsten Gepräges der Wissenschaftlichkeit entbehren." (I, 227)

Erst im Anschluss an die Konzeptualisierung des psychoanalytischen Forschungsfeldes habe er sich dann kulturtheoretischen Reflexionen zugewandt: Nach der „Aufstellung der zwei Triebarten (Eros und Todestrieb) und der Zerlegung der psychischen Persönlichkeit in Ich, Über-Ich und Es (1923)" habe er „keine entscheidenden Beiträge mehr zur Psychoanalyse geliefert" (XVI, 32) und sich daher Fragen der Religion und Moral gewidmet. Allerdings, so korrigiert sich Freud in seiner *Nachschrift zur Selbstdarstellung* (1935) – die erste *Selbstdarstellung* stammt aus dem Jahr 1925 (vgl. XIV, 31–96) –, sei die Wendung zur Kultur eine Art „regressiver Entwicklung" (XVI, 32), da hier immer schon seine eigentlichen Interessen angesiedelt gewesen seien: „Nach dem lebenslangen Umweg über die Naturwissenschaften, Medizin und Psychotherapie war mein Interesse zu jenen kulturellen Problemen zurückgekehrt, die dereinst den kaum zum Denken erwachten Jüngling gefesselt hatten." (XVI, 32)

Zwar ist also der Eindruck, Freud habe sich spät der Kulturtheorie zugewandt, nicht ganz unberechtigt, da die großen Schriften, die man gemeinhin als ‚kulturtheoretische' bezeichnet – so etwa *Das Unbehagen in der Kultur* und *Der Mann Moses* –, erst 1930 beziehungsweise 1939 erschienen sind. Auch *Die Zukunft einer Illusion* (1927) und der Brief an Albert Einstein *Warum Krieg?* (1933) gehören

https://doi.org/10.1515/9783110332681-006

in den weiteren Umkreis dieser späteren Reflexionen. Aber zweifellos sind schon sehr viel früher erschienene Schriften zum Komplex der Kulturtheorie zu zählen, so vor allem *Totem und Tabu* (1912/1913) und in einem weiteren Sinne auch *Zeitgemäßes über Krieg und Tod* (1915). Aber auch schon der Aufsatz *Die ‚kulturelle' Sexualmoral und die moderne Nervosität* von 1908 zeigt das Interesse an kulturtheoretischen Problemen. Bereits 1897 schreibt Freud in einem Brief an Wilhelm Fließ: „‚Heilig' ist, was darauf beruht, daß die Menschen zugunsten der größeren Gemeinschaft ein Stück ihrer sexuellen und Perversionsfreiheit geopfert haben. Der Abscheu vor dem Inzest (ruchlos) beruht darauf, daß infolge der sexuellen Gemeinschaft [...] die Familienmitglieder dauernd zusammenhalten und des Anschlusses an Fremde unfähig werden." (Freud 1986, 269)

Die Kulturtheorie bekommt gegen Ende seines Schaffens also zwar einen besonderen Stellenwert, aber es gilt, dabei nicht zu übersehen, dass die Strukturen und Konzepte, die es Freud erlauben, aus der psychoanalytischen Reflexion auf das Individuum, auf seine Entwicklungsstadien, Antriebskräfte und Disziplinierungsstrategien eine Theorie ‚der' Kultur zu extrapolieren, dem psychoanalytischen Ansatz immer schon inhärent sind (vgl. Weigel 2012). Daher argumentieren auch alle genannten kulturtheoretischen Texte mit vergleichbaren Thesen, sie unterscheiden sich durch verschiedene Schwerpunkte, nicht in der Grundstruktur.

Freud bemüht sich in seinen späten Schriften darum, diese latenten kulturtheoretischen Argumentationslinien seines Denkens auszuformulieren:

> Immer klarer erkannte ich, daß die Geschehnisse der Menschheitsgeschichte, die Wechselwirkungen zwischen Menschennatur, Kulturentwicklung und jenen Niederschlägen urzeitlicher Erlebnisse, als deren Vertretung sich die Religion vordrängt, nur die Spiegelung der dynamischen Konflikte zwischen Ich, Es und Über-Ich sind, welche die Psychoanalyse beim Einzelmenschen studiert, die gleichen Vorgänge, auf einer weiteren Bühne wiederholt. (XVI, 32–33)

Religion wird für Freud zum zentralen Untersuchungsgegenstand, weil sie gewissermaßen als sichtbares und greifbares ‚Symptom' für soziale und kulturelle Angstzustände fungieren kann. Für den Einzelnen und für jede Art von Gemeinschaft ist Religion eine ebenso brauchbare wie geisttötende Form der Angstkontrolle und daher in jeder Form – als Monotheismus oder als Animismus – das verbindende Glied zwischen psychoanalytischen Ich-Konzepten und der entsprechenden Kulturtheorie. Die Kulturtheorie ist dementsprechend nie nur Kultur*theorie*, sondern immer auch Kultur*kritik* (vgl. Goebel 2011). Ihre Strukturen und wichtigsten Argumente werden im Folgenden an den beiden großen kulturtheoretischen Schriften ausführlicher beschrieben: An *Totem und Tabu* wird das

Grundmodell der Argumentation erläutert und an *Das Unbehagen in der Kultur* die spätere Profilierung der Argumente ausgeführt.

2. Kontexte

Grundvoraussetzung von Freuds Überlegungen zur Analogie von individueller Entwicklung eines einzelnen Menschen innerhalb der Gesellschaft und der Entwicklung dieser Gesellschaft als solcher ist die von Freud und seinen Zeitgenossen viel diskutierte Idee einer Analogie von Phylogenese und Ontogenese. Freud formuliert daher als Ziel seiner Überlegungen, eine „Analogie zwischen dem Kulturprozeß und dem Entwicklungsprozeß des Individuums" (XIV, 501; vgl. Bronfen 2013, 105) herzustellen. Die von Ernst Haeckel Mitte des 19. Jahrhunderts aufgestellte und vielfach variierte Grundregel dieses biologistischen Konzepts besagt: „Die Ontogenesis ist eine kurze und schnelle Rekapitulation der Phylogenesis, bedingt durch die physiologischen Funktionen der Vererbung (Fortpflanzung) und Anpassung (Ernährung)." (Haeckel 2016 [1899], 66; vgl. Glasenapp 2014) Haeckels als ‚Beweise' für seinen sogenannten evolutionsbiologischen ‚Monismus' vorgebrachte Ähnlichkeiten zwischen dem menschlichen Embryo und Fischen gelten heute nicht nur als veraltet, sondern sogar als Fälschungen (vgl. Nüsslein-Volhard 1998). Die Zeitgenossen diskutierten diese Thesen allerdings – auch vor dem Hintergrund der Darwin'schen Evolutionstheorie – ausführlich und intensiv.

Betrachtet und beurteilt man Freuds kulturtheoretische Äußerungen vorrangig unter diesem – eher strukturellen – Aspekt einer Analogie von Ontogenese und Phylogenese, muss man ihren Wert kritisch beurteilen. Die Thesen sind schließlich nicht nur überkommen, sondern auch in hohem Maße problematisch, da eine Analogie von individuellem Kindesalter und ‚primitiven' Völkern ebenso unhaltbar wie diskriminierend ist. Zudem diskreditiert der darwinistische, rassenhygienische und eugenische Kontext, zu dem die Schriften Haeckels zu zählen sind, alle diese monistischen Thesen. Eine grundsätzliche Ablehnung von Freuds kulturtheoretischen Schriften lässt sich aber aus diesem Argument offenbar gerade nicht ableiten, da Freud die monistische Grundstruktur seiner Argumentation vielfach unterläuft beziehungsweise ihre teleologischen und kolonialistischen Implikationen immer wieder systematisch durchkreuzt.

Freuds Thesen stehen selbstverständlich nicht nur im Kontext dieser Debatte über Ontogenese und Phylogenese, sondern nehmen vielfach Bezug auf die unterschiedlichsten Theorien seiner Zeitgenossen und auch auf historische Autoren (vgl. Gödde 2010). Selbst wichtige Einflüsse merkt Freud nur zum Teil an, nicht selten aber erwähnt er sie auch gar nicht beziehungsweise verschweigt sie dezidiert: Das gilt etwa für die antike Tradition des Hedonismus, aber auch für seinen Schüler beziehungsweise Kollegen Carl Gustav Jung; wenig explizite Bezüge finden sich zum Beispiel zu Friedrich Nietzsche, einige Hinweise immerhin auf Arthur Schopenhauer, Wilhelm Wundt, Heinrich Heine und den Ethnologen James G. Frazer. Für die kulturtheoretischen Texte sind Heine, Schopenhauer, Wundt, Nietzsche und – kritisch – der Ethnologe Frazer besonders wichtig: „Meine literarische Hauptquelle für die Arbeiten auf diesem Gebiete waren die bekannten Werke von J. G. Frazer (‚Totemism and Exogamy‘, ‚The Golden Bough‘), eine Fundgrube wertvoller Tatsachen und Gesichtspunkte." (XIV, 93) Freud erwähnt dagegen nicht, dass die Grundzüge seiner Anthropologie und damit auch die seiner Kulturtheorie nicht denkbar sind ohne diejenigen antiken Philosophen, die als Theoretiker der *hedoné* bekannt sind, also vor allem Aristoteles und Epikur (vgl. Kimmich 1993): Wie viele radikale Antimetaphysiker und Religionskritiker plädiert Freud schließlich für eine grundsätzlich hedonistisch orientierte Anthropologie: Es sei „einfach das Programm des Lustprinzips, das den Lebenszweck setzt" (XIV, 434).

Die Tatsache, dass dieses ‚Programm des Lustprinzips‘ sowohl im Leben jedes Einzelnen als auch in der Entwicklung der Menschheit nie wirklich umgesetzt werden kann, bedeutet für Freud nicht, dass das Glücksstreben beziehungsweise – in seiner Diktion – die ‚Libido‘ nicht fundamentaler Antrieb aller menschlichen Handlungen bleibt. Der skeptische Einwand, dass womöglich „die Absicht, daß der Mensch ‚glücklich‘ sei, [...] im Plan der ‚Schöpfung‘ nicht enthalten" (XIV, 434) sei, zeigt zwar die Distanz, die er zu simplen Glücksphilosophien hat, aber auch die grundsätzliche Zustimmung zu einem hedonistischen Modell des Menschen: Der Mensch strebt nach Glück, nach Befriedigung von Lust und Abwehr aller Unlustgefühle, wird dies aber nicht dauerhaft erreichen. Die Gründe hierfür sind vielfältig: Mit Heine (vgl. dazu XIV, 469, Anm. 1), Nietzsche und etwa Johann Jakob Bachofen teilt Freud die Meinung, dass kulturelle Disziplinierungsmaßnahmen für das Unglück, das Leid und eben das ‚Unbehagen‘ (mit-)verantwortlich sind. Norbert Elias und später auch Michel Foucault schließen sich dieser These an.

Obwohl jeder dieser Autoren im Detail nicht nur andere Begründungen, Verläufe und Prognosen anführt, stimmen sie in der Grundannahme überein, dass kulturelle Entwicklung als Disziplinierung zu verstehen ist und neben Fortschritt, Sicherheit, Ausbildung von Zivilgesellschaft etc. auch individuelle und soziale Deformationen hervorbringt. Heine hat wohl als Erster in seinem Essay *Zur Geschichte der Religion und Philosophie in Deutschland* (1834/1835) die christliche, insbesondere die protestantische Religiosität für eine ebenso erfolgreiche wie gefährliche Unterdrückung von Lust verantwortlich gemacht (vgl. Heine 1979

[1834/1835]). Bachofen vertrat in *Das Mutterrecht* (1861) ebenfalls die These, dass mit zunehmendem Fortschritt und steigender Rationalisierung den Menschen herbe Verluste zugemutet werden (vgl. Bachofen 1948 [1861]). Nicht nur Thomas Mann, Rainer Maria Rilke, Otto Gross und Walter Benjamin griffen diese Ideen wieder auf. Auch Elias vertritt in seinem Werk *Über den Prozeß der Zivilisation* (1939) strukturell vergleichbare Thesen zur Entwicklung der modernen Gesellschaft (vgl. Elias 1997 [1939]). Foucault nimmt in seinen großen Schriften zu Gefängnis-, Medizin- und Psychiatriegeschichte die Disziplinierungstheorie im Rahmen seiner Diskursgeschichte wieder auf (vgl. Foucault 2008 [1975]).

Welchen individuellen Verlauf die Disziplinierung beziehungsweise die Anpassung an gesellschaftliche Forderungen und soziale Normen jeweils nimmt und unter welchen Voraussetzungen sie – mehr oder weniger – erfolgreich und ‚normal‘ sein kann beziehungsweise desaströs verläuft und in Krankheit endet, hat Freud in seinen individualpsychologischen Schriften vielfach ausgeführt. Inwieweit hier eine Analogie zur Entwicklung von Kultur im Allgemeinen oder einzelnen Kulturen im Besonderen angenommen werden kann, versucht er in seinem ersten großen kulturtheoretischen Traktat *Totem und Tabu* darzulegen. Der Untertitel formuliert bereits die Kernthese der Schrift: *Über einige Übereinstimmungen im Seelenleben der Wilden und der Neurotiker.*

3. *Totem und Tabu* (1912/1913)

Totem und Tabu erschien in den Jahren 1912 und 1913 zunächst in einzelnen Kapiteln in der Zeitschrift *Imago*, 1913 dann als zusammengefasste Publikation. Das Werk wurde schnell in verschiedene Sprachen übersetzt und erfuhr eine intensive, zum Teil – vor allem seitens der Ethnologen – sehr kritische Rezeption (vgl. Girard 2012; Kroeber 1920; Kroeber 1939; Lohmann und Pfeiffer 2006, 168; Mead 2012). Positiv wurde die schriftstellerische Leistung hervorgehoben: „[U]nter den kühnen und umwälzenden Beiträgen Sigmund Freuds" habe, so berichtet etwa Thomas Mann, *Totem und Tabu* auf ihn „den stärksten Eindruck gemacht" (Mann 1929, 3). In den ersten beiden Kapiteln widmet sich Freud jeweils der Bestimmung der Begriffe ‚Totem‘ und ‚Tabu‘. Beide sollen aus kulturellen Zusammenhängen stammen, die modernen europäischen Gesellschaften fremd (geworden) sind – sei es durch historische, sei es durch geographische Entfernung: Es geht um sogenannte ‚primitive‘ Völker beziehungsweise eine prähistorische Menschheitsgeschichte. Die Vergleichbarkeit der beiden kulturellen Formationen setzt Freud als mehr oder weniger selbstverständlich voraus.

Sowohl ‚Totem' als auch ‚Tabu' regeln nach Freud das Verhalten ‚primitiver' Gemeinschaften – Freud wählt unter anderem Beispiele aus Australien und Melanesien – durch spezifische Formen der In- und Exklusion. Ihre Legitimation ist kultisch und sakral. Als Totem wird ein Tier, eine Figur, auch ein Naturphänomen (Regen) bezeichnet, das in der Gemeinschaft die Rolle des – unbekannten – Urahnen übernimmt und damit für die Integration der Gemeinschaft steht, aber zugleich auch die Heirat unter denjenigen verbietet, die zu einem Totem gehören, also für Exogamie und damit Exklusion sorgt. Der Urahn, dessen ‚Stellvertreter' das Totem wird, ist zudem nicht nur abwesend und unbekannt, sondern ermordet, und zwar von seinen Söhnen, also einem Brüderclan, der aus Angst vor der eigenen Aggressivität und vom entsprechenden Schuldgefühl nach der Tat getrieben die entscheidende Kulturgründungsaktivität entwickelt (→ III.1. Moses).

Die Vorstellung, dass sozialer Zusammenhang auf ein Verbrechen gründet, also auf Aggression und Angst basiert, findet sich nicht nur bei Freud, sondern kann als mythisches und (rechts-)philosophisches Narrativ gelten (vgl. Brunotte 2012; Gehrlach 2016; Koschorke 2004). Mag die Vorstellung der mordenden Brüder ebenso ethnologisch unhaltbar wie martialisch sein, ist doch festzuhalten, dass die Einsetzung sozialer Regeln bei Freud nicht auf ein göttliches Gebot, sondern auf kollektives, menschliches (männliches) Handeln zurückgeht und damit kontraktualistisch ist und etwa an die Tradition von Thomas Hobbes' und John Lockes Vertragstheorien anschließt (vgl. Hobbes 2011 [1651]; Kersting 2005; Koehler 2014; Roudinesco 2011). Die Frage, ob der Mord *tatsächlich* stattgefunden hat, spielt dabei selbstverständlich keine Rolle; das Argument ist systematisch notwendig und kein historischer Befund. Das Totem ist gerade *kein* Götterzeichen, sondern eher ein kultisch und ästhetisch überformter Affekt: „[T]he psychoanalytical narrative can be characterized by the fact that there is always a murder in the hidden true story which is disfigured by the literary text or the myth." (Müller-Funk 2012, 101)

Das Tabu lässt sich dagegen als Kraft, Aura oder auch als kultisch angereichertes Charisma bezeichnen, das eine Gruppe von Personen – Priester, Könige – schützt und zugleich Unbefugte fernhält, etwa von bestimmten heiligen Orten und Gegenständen, aber auch von Leichen und unreinen Personen. Auch das Tabu fungiert damit integrativ und exklusiv zugleich: „Als die Quelle des Tabu wird eine eigentümliche Zauberkraft angesehen, die an Personen und Geistern haftet und von ihnen aus durch unbelebte Gegenstände hindurch übertragen werden kann." (IX, 29) Ehrfurcht und Abscheu sind in der Furcht vor der Zauberkraft und den Dämonen zu gleichen Teilen vorhanden.

Die Frage, in welcher Form und Erscheinung ‚Tabu' in modernen Gesellschaften noch zu finden sein könnte, versucht Freud im weiteren Verlauf seiner Argumentation zu klären. Dafür zieht er die Ähnlichkeit zwischen dem Tabu und der Zwangshandlung des Neurotikers heran. Wie problematisch solche Ähnlichkeiten sind, bemerkt er selbst und betont, dass er solche Vergleiche nur unter bestimmten Hinsichten zu akzeptieren bereit ist: Hauptvergleichskriterium ist hier die unmotivierte Berührungsangst, das „délire de toucher" (IX, 37). Ziel der Ausführungen ist es, nachzuweisen, dass solche Verbote, wie sie das Tabu oder auch die Zwangshandlung darstellen – also Verbote, deren Sinn und Ursprung sich auf den ersten Blick nicht (mehr) erschließen lassen –, nichts anderes sind als Symptome, Hinweise oder Zeichen für eine verschüttete, verdrängte Lust, die sich verschoben hat und sich kaum wiedererkennbar in diesen Verboten manifestiert (→ II.1. Semiotik). Psychoanalytisch argumentiert, verbirgt sich hinter dem Zwang und dem Tabu somit die verdrängte Lust. Die Lust an der Übertretung, der ursprünglichen Entgrenzung oder besser der gefährlichen Grenzenlosigkeit der Libido muss daher als eigentlicher Ursprung solcher Vorschriften angenommen werden. Daraus zieht Freud den Schluss, dass „die ältesten und stärksten Gelüste der Menschen" (IX, 42) der Inzest und die Tötung des Totemtiers sein müssten.

Eine weitere Analogie zwischen dem modernen Menschen und den ‚Primitiven' wird im bedeutenden dritten Kapitel der Schrift erörtert. Dabei stehen nicht Verbote, sondern vielmehr Gebote oder auch die Frage nach der Handlungsmacht des Menschen im Mittelpunkt der Erörterung: Wie erklärt sich der Mensch, dass sein Handeln Auswirkungen auf andere Menschen oder auch auf die Natur haben kann? Mit welchen Kräften sieht er sich ausgestattet, mit welchen Medien kommuniziert er, wer oder was sind seine Partner oder Antagonisten? Freud postuliert hier eine Vergleichbarkeit von Animismus, Religion und Technik beziehungsweise Wissenschaft. Alle drei Modelle erklären die Welt nach einer in sich geschlossenen und in sich stimmigen Systemlogik. Sie lösen sich nur auf den ersten Blick chronologisch und historisch ab; doch dieser geschichtsphilosophischen Fortschrittshypothese folgt Freud nicht. Er hält die gängige Form der Selbstdistanzierung der Moderne von allem, was als ‚vormodern' gilt, für eine Selbsttäuschung der Moderne. Die Intention des Kapitels ist es daher, seinen ‚modernen', aufgeklärten Zeitgenossen ihren eigenen Glauben an Magie und Zauberei vor Augen zu führen – zu zeigen, wie verführbar und neurotisch gerade ihr Glaube an die Rationalität der Wissenschaft ist.

Freuds kulturtheoretische Überlegungen zur Funktion von Magie in der Moderne folgen zunächst auch hier wieder unter anderem Wundt, Frazer und Marcel Mauss. Anders als Frazer lehnt er aber eben – ähnlich wie Ludwig Wittgenstein und Walter Benjamin – eine strikte Trennung von magischer Vormoderne und nichtmagischer Moderne ab (vgl. Därmann 2005; Kistner 2012). Neben Benjamin gehört Wittgenstein zu den vielen einflussreichen Theoretikern, die sich mit den Entdeckungen und Entwicklungen in der Anthropologie auseinandersetzen. Seine Kommentare etwa zu Frazers *Golden Bough* (1890; *Der goldene Zweig*), der auch für Freuds Argumentation zentral ist, machen den kaum zu überschätzenden Einfluss anthropologischer Theorien auf die Kulturtheorien der klassischen Moderne besonders deutlich. Wittgenstein verwahrt sich ausdrücklich gegen eine Fortschrittsideologie, die ‚primitives‘ und modernes Wissen radikal trennt (vgl. Brusotti 2014; Wittgenstein 1989 [1967], 36; de Zengotita 1989). Freud zitiert hier Frazer ausführlich, um ihn dann zu widerlegen: *„[M]en mistook the order of their ideas for the order of nature, and hence imagined that the control which they have, or seem to have, over their thoughts, permitted them to exercise a corresponding control over things.*" (IX, 103) Magische Praktiken beruhen für Frazer auf einem reinen Irrtum, nämlich der Verwechslung zwischen Ideenassoziation aufgrund von Ähnlichkeiten und einer kausalen und falsifizierbaren Erklärung aufgrund empirischer Daten. Diese Erklärung entspricht durchaus den heute noch gültigen Definitionen von Magie: „Magisches Handeln ist gleichnishaftes Handeln, das Zusammenhänge nach Maßgabe von Ähnlichkeiten [...] begreift (Gold u. Gelbsucht, Rot u. Feuer, Fließen u. Vergehen usw.)." (Harmening 2005, 285; vgl. Pfister 1927, 385–386) Freud dagegen argumentiert, dass genau diese Form der Imagination den kognitiven Konstruktionen und Modellen vergleichbar ist, mit denen der moderne Mensch die Realität zu verstehen versucht.

Freud folgt in seiner Argumentation Frazer zwar insofern, als er den Animismus und den Glauben an die Magie einem vergangenen Stadium der Kultur zuordnet, das dann durch ein religiöses Zeitalter abgelöst werde: „In einer weiteren Phase der Kulturentwicklung wird man anstatt dieses magischen Regenzaubers Bittgänge zu einem Gotteshaus veranstalten [...]." (IX, 100) Schließlich bleibe dann nur noch die wissenschaftliche Erklärung: „Endlich wird man auch diese religiöse Technik aufgeben und dafür versuchen, durch welche Einwirkungen auf die Atmosphäre Regen erzeugt werden kann." (IX, 100) Freud weist dann allerdings darauf hin, dass diese Veränderungen magisches Denken und Handeln nicht vollkommen zum Verschwinden brächten, sondern vielmehr die Voraussetzungen für einen Glauben an Magisches immer noch gegeben seien: „Aber in dem Vertrauen auf die Macht des Menschengeistes, welcher mit den Gesetzen der Wirklichkeit rechnet, lebt ein Stück des primitiven Allmachtglaubens weiter." (IX, 109) Hier ist die Originalität von Freuds Argumentation zu erkennen: Gerade der unkritische Glaube an Rationalität stellt sich also letztlich als typisch für ein magisches Weltbild heraus.

Es finde sich nämlich, so Freud, eine einschlägige Neigung bei Neurotikern und Künstlern, die jeweils beide dem eigenen Wünschen eine übermäßige Machtfülle zugestehen würden. Insbesondere Zwangsneurotiker verfielen fast magisch zu nennenden Vorstellungen einer „„Allmacht der Gedanken'", die so groß sei, dass sie in der Lage zu sein glauben, Handlungen, Dinge und Menschen zu manipulieren: „Die primären Zwangshandlungen dieser Neurotiker sind eigentlich durchaus magischer Natur." (IX, 108) Es handele sich um eine imitative *„Darstellung* des befriedigten Wunsches" (IX, 104) der von den ‚Primitiven' im Ritual, von den Kindern im Spiel, von den Neurotikern in der Zwangshandlung und von den Künstlern im Werk gleichermaßen umgesetzt werde: „Nur auf einem Gebiete ist auch in unserer Kultur die ‚Allmacht der Gedanken' erhalten geblieben, auf dem der Kunst. [...] Mit Recht spricht man vom Zauber der Kunst und vergleicht den Künstler mit einem Zauberer." (IX, 111; vgl. Alt 2014) Für Freud, der bekanntlich keine strikte Trennung zwischen ‚gesund' und ‚krank' vornimmt, ist die Teilhabe am magischen Denken kein distinktes Merkmal, sondern eher eine Frage der graduellen Abstufung (vgl. bspw. *Zur Psychopathologie des Alltagslebens* (1904)). Die ursprünglich vergleichbaren und ineinander übergehenden Funktionen von Kunst, Kult, Mimesis und Magie sind für Freud ebenso offensichtlich wie beständig.

Anders als Frazer, der die Magie und den Animismus rigoros einem vormodernen Zustand zuweist, argumentiert Freud, dass die moderne Kultur, die durch radikalen Triebverzicht mehr oder weniger neurotische Wunschverschiebungen hervorbringt, selbst der Anlass ist für einen Glauben an die ‚Allmacht der Gedanken', der auf diese Weise notwendig Teil der modernen Kultur bleiben wird. Letztlich ist der Glaube an die *„Darstellung* des befriedigten Wunsches" (IX, 104) dort besonders drängend, wo die Wunscherfüllung selbst selten oder sogar nie eintritt. Es handelt sich nicht um eine Nachahmung von Realität, sondern um eine – mehr oder weniger unbewusste – Imitation von verdrängten Wünschen, die ebenso therapeutische, ästhetische wie magische Funktionen erfüllen kann. Neben der Kunst ist bekanntlich für Freud auch die Wissenschaft eine Form der Sublimierung von unerfüllten Wünschen und damit nur eine andere Erscheinungsform der ‚Allmacht der Gedanken', die nach denselben Regeln funktioniert. Dort also, wo das Denken besonders rational, das heißt besonders modern zu sein vorgibt, zeigt sich nach Freud die größte Verführbarkeit durch den Glauben an die ‚Allmacht der Gedanken' und damit auch die größte Affinität zum Magischen. Magisches oder auch animistisches Denken und vor allem Handeln ist in Freuds Kulturtheorie daher nicht nur im Denken der ‚primitiven' Kulturen vorhanden, sondern auf eine komplexe Weise auch den modernen Gesellschaften notwendig eingeschrieben. Er argumentiert hier nicht als Ethnologe, sondern vielmehr als Kulturtheoretiker entlang der ethnologischen Theorien seiner Zeitgenossen, wobei ihn nicht der geschichtsphilosophische Fortschritt von Kultur zu Kultur interessiert, sondern vielmehr die komplexe Verschränkung von kulturellem Fortschritt und individuellen Pathologien.

Freuds Kulturtheorie ist nicht teleologisch angelegt, sondern archäologisch: Er geht von der Deutung des Sichtbaren, Oberflächlichen, des manifesten Symptoms aus und sucht nach den ‚verschütteten', verdrängten und verborgenen Vergangenheiten, die immer die latenten Strukturen des Sichtbaren sind. Der verschüttete Ursprung allerdings – das macht Freud immer wieder klar – ist eine heuristische Rekonstruktion und gerade *keine* nachweisbare Realität: „Die Feststellung des ursprünglichen Zustandes bleibt also jedesmal eine Sache der Konstruktion." (IX, 125, Anm. 1) Die mordende Urhorde der Brüder ist daher für Freud nicht als historisches Faktum zu verstehen, sondern als eine von vielen möglichen ‚Konstruktionen‘.

Das vierte und letzte Kapitel von *Totem und Tabu* argumentiert ebenfalls mit einer Analogie von Geschichte und Psychologie: Totemismus als eine verbreitete präreligiöse Praxis wird auf ihre Funktion innerhalb von ‚primitiven‘ Gesellschaften befragt. Mithilfe ethnologischer Beschreibungen identifiziert Freud Ähnlichkeiten zwischen dem sozialen Verhalten der ‚Wilden‘ und dem der modernen Individuen. Das Totemtier verdeckt – für den Laien – und bezeichnet – für den kundigen Therapeuten oder den klugen Ethnologen – die Beziehung zu einer Vaterinstanz, die zugleich gefürchtet, gehasst, geliebt und verehrt wird (vgl. Gilman 1993). Die tiefe und nicht lösbare Ambivalenz der Gefühle ergibt sich durch die notwendige Entwicklung vom Kind zum Erwachsenen: Das (männliche?) Kind braucht den Vater, der Erwachsene braucht aber die Rolle des Vaters und muss ihn daher beseitigen.

Der Totemismus ist also ein kulturelles Verfahren, das Fortschritt und Bewahrung zugleich garantiert. Schuldgefühl, Angst, Erinnerung und Tradition werden in symbolischen Systemen – also im weitesten Sinne ‚kulturell‘ oder religiös – codiert. In diesem System geht nichts vollkommen verloren, nichts wird ganz ausgelöscht, sondern nur umgedeutet und umcodiert. Diese Grundformel ist nicht nur die des Totemismus, sondern natürlich auch die der menschlichen Psyche, die sich – wie ein ‚Wunderblock‘ (vgl. XIV, 3–8) – nur auf der Oberfläche neu beschreiben lässt, tatsächlich aber alle Prägungen durch frühkindliche Erfahrungen bewahrt. Schließlich ist es aber auch nicht nur die Grundstruktur der menschlichen Psyche und der menschlichen Kultur, sondern auch diejenige der Freud'schen Kulturtheorie: Kultur ist nicht Fortschritt im Sinne einer etappenweisen Ablösung vormoderner durch moderne Formen von Technik, Wissenschaft und Gesellschaft, ist nicht die radikale Ablösung des Alten durch das Neue, sondern immer hinterlässt das Alte Spuren im Neuen. Es handelt sich um eine Art symbolischer Aufbewahrung dessen, was war: Die Väter der Urhorden sind immer unter uns (vgl. Assmann 1998; Böhme 2006; Böhme 2011).

4. *Das Unbehagen in der Kultur* (1929/1930)

Die Abhandlung über *Das Unbehagen in der Kultur* variiert und präzisiert die Argumente von *Totem und Tabu*. Der Text ist in insgesamt acht Kapitel eingeteilt und beginnt mit einer methodischen Überlegung, die sich als Kritik an der traditionellen Geschichtsphilosophie lesen lässt: Freud betont auch hier wieder, dass Geschichte nicht als einfaches Fortschrittsmodell gelesen werden darf. Seinen Vorschlag, chronologische durch topologische beziehungsweise archäologische Modelle zu ersetzen, würde man aus heutiger Sicht eher der Postmoderne als der Moderne zuordnen (→ II.4. Poststrukturalistische Theorie) – insbesondere, wenn man Foucaults berühmt gewordenem Diktum folgt: „Unsere Zeit ließe sich dagegen eher als Zeitalter des Raumes begreifen." (Foucault 2005 [1984], 931) Der in den 1990er Jahren wiederentdeckte Vortrag *Des espaces autres* (*Andere Räume*) wurde am 14. März 1967 im Pariser *Cercle d'études architecturales* gehalten. Nachdem Foucault das unbearbeitete Manuskript kurz vor seinem Tod zur Publikation freigegeben hatte, erschien es postum in der Zeitschrift *Architecture, Mouvement, Continuité*. Bei Freud heißt es vergleichbar: „Seitdem wir den Irrtum überwunden haben, daß das uns geläufige Vergessen eine Zerstörung der Gedächtnisspur, also eine Vernichtung bedeutet, neigen wir zu der entgegengesetzten Annahme, daß im Seelenleben nichts, was einmal gebildet wurde, untergehen kann [...]." (XIV, 426)

Er wählt als Beispiel das Stadtbild Roms, in dem „alle diese Überreste des alten Roms als Einsprengungen in das Gewirre einer Großstadt aus den letzten Jahrhunderten seit der Renaissance erscheinen", um seine Raumtheorie von Geschichte zu erläutern:

> „Manches Alte ist gewiß noch im Boden der Stadt oder unter ihren modernen Bauwerken begraben. Dies ist die Art der Erhaltung des Vergangenen, die uns an historischen Stätten wie Rom entgegentritt." (XIV, 427)

Eine vollkommen analoge Szene findet sich bereits in Stendhals semifiktiver Autobiographie *La vie de Henry Brulard* (1890; *Das Leben des Henry Brulard*): „Dieser Ort ist einzig auf der Welt! sagte ich mir träumerisch, und unwillkürlich verdrängte das antike Rom das moderne, alle Erinnerungen an Titus Livius wurden wieder in mir wach. Auf dem Monte Albano links vom Kloster erkannte ich den Campo d'Annibale." (Stendhal 1982 [1890], 113) Stendhal verwendet sie, um die Ungleichzeitigkeit des Gleichzeitigen im individuellen Leben zu illustrieren, Freud dient sie als Grundlage der Argumentation für die – bereits aus *Totem und Tabu* bekannte – These von der Gleichzeitigkeit des Ungleichzeitigen in der Kulturgeschichte, und sie wird im weiteren Verlauf des Textes als Illustration für die Analogien angeführt, die Freud zwischen der menschlichen Psyche und der Kulturgeschichte postuliert. In beiden Fällen, in der Menschheitsgeschichte und in jeder individuellen Biographie, handelt es sich um eine Disziplinierungsgeschichte, eine notwendige Enttäuschung des Lustprinzips: „Es ist, wie man merkt, einfach das Programm des Lustprinzips, das den Lebenszweck setzt. Dies Prinzip beherrscht die Leistung des seelischen Apparates vom Anfang an; an seiner Zweckdienlichkeit kann kein Zweifel sein, und doch ist sein Programm im Hader mit der ganzen Welt [...].“ (XIV, 434)

Andauernde Lust, so haben bereits die antiken Hedonisten festgestellt, ist nicht zu erreichen (vgl. Kimmich 1993). Freud argumentiert hier also streng entlang der Vorgaben durch die antike Philosophie: „Was man im strengsten Sinne Glück heißt, entspringt der eher plötzlichen Befriedigung hoch aufgestauter Bedürfnisse und ist seiner Natur nach nur als episodisches Phänomen möglich.“ (XIV, 434) Das „Realitätsprinzip“ (XIV, 435), körperliche Leiden und Schranken, die die Gemeinschaft dem Einzelnen auferlegt, zwingen zu Einschränkungen aller Art (→ III.10. Der Fürst). Am Ende bleibt nur die Unlustvermeidung: Es wird „die Aufgabe der Leidvermeidung die der Lustgewinnung in den Hintergrund“ drängen (XIV, 435). ‚Leidvermeidung‘ kann man auf vielfältige Weise erreichen, darunter sind Arbeit, Askese, aber auch Drogen, Alkohol und Religion, Kunst und Sexualität gängige Angebote für kurzfristige und meist mäßig erfolgreiche Leidvermeidung: „Das Programm, welches uns das Lustprinzip aufdrängt, glücklich zu werden, ist nicht zu erfüllen, doch darf man – nein, kann man – die Bemühungen, es irgendwie der Erfüllung näherzubringen, nicht aufgeben.“ (XIV, 442) Das gängige Missverständnis, dass nicht durch behelfsmäßigen Gebrauch von Drogen oder durch Arbeit etc. eine gewisse Linderung zu bekommen, sondern diese durch die radikale Beseitigung der kulturellen oder gesellschaftlichen Disziplinierungsmechanismen zu erreichen sei, also doch eine Art grundsätzlicher und nachhaltiger Befreiung zur Lust möglich wäre, hält Freud für eine nicht nur naive, sondern gefährliche und destruktive Haltung: Die Aufhebung der Repression von Libido führe nicht zu Glück, sondern zum Tod. Freud nennt diese Vorstellung, dass unsere sogenannte Kultur einen großen Teil der Schuld an unserem Elend trage, zumindest „erstaunlich“ (XIV, 445).

Anlass seiner Argumentation und seiner Kritik an dieser Position, so betont er ganz zu Beginn des Textes, sei eine Auseinandersetzung mit seiner Schrift *Die Zukunft einer Illusion* (1927), in der er sich bereits höchst kritisch mit Religion befasst und sie als Teil eines naiven Unlustmanagements bezeichnet hat. Die Antwort des nicht namentlich genannten Freundes – es ist der Schriftsteller Romain Rolland – habe dagegen die besondere Qualität des Religiösen an einem Gefühl der ‚ozeanischen‘ Entgrenzung festgemacht (vgl. XIV, 421–422). Dieses Gefühl, so analysiert Freud, sei aber eben gerade nicht Ausdruck hehrer religiöser Ekstase oder Entrückung, sondern vielmehr Regression in ein frühkindliches Stadium, in dem das Kind noch keine Trennung von Ich und Welt vornehmen kann, kein Subjekt und kein Objekt vorhanden ist und daher auch die Quellen von Lust und Unlust weder ermittelt noch gesteuert werden können (→ III.8. NARZISS UND ECHO).

Religiöse Ekstase – das ‚Ozeanische' – ist für Freud also ein regressives Verhalten, das den Wunsch enthält, hinter alle Formen von Einschränkung, Selbstbeschränkung und damit Selbstsetzung, von Disziplinierung und auch von jeder Art von Differenz zurückzugehen. Dies beinhaltet nicht nur das Unvermögen, sich selbst als ein gegen andere abgegrenztes Wesen zu spüren, sondern auch die Unfähigkeit, andere Menschen – ja Realität überhaupt – als solche wahrzunehmen: Es handelt sich um eine Implosion jeglicher sozialen, gesellschaftlichen, moralischen sowie sprachlichen Ordnung. Der – religiös verbrämte – Wunsch, auf diese Weise die notwendig unterdrückte Lust freizusetzen, entpuppt sich als Rückkehr in ein mythisches Chaos, das nichts anderes bedeutet als den Tod.

Die mythische Präsenz einer andauernden Attraktion durch das Chaos und den Tod – meist religiös codiert – ist keine kulturell kontingente Konstellation, sondern markiert einen wichtigen Aspekt in Freuds metapsychologischer und kulturtheoretischer Argumentation. Der ‚Todestrieb', der dem Lustprinzip gewissermaßen eingeschrieben ist, ist nicht nur ein psychologisches und vielleicht sogar ein biologisches Prinzip alles Lebendigen und Organischen, sondern auch ein fundamentales Prinzip der Kultur (→ IV.1. TRAGÖDIE): „Wenn wir es als ausnahmslose Erfahrung annehmen dürfen, daß alles Lebende aus *inneren* Gründen stirbt, ins Anorganische zurückkehrt, so können wir nur sagen: *Das Ziel alles Lebens ist der Tod*, und zurückgreifend: *Das Leblose war früher da als das Lebende.*" (XIII, 40; vgl. Weigel 2012) Die von Freud als argumentativ notwendig erachtete Analogie zwischen Anthropologie beziehungsweise Biologie, Medizin, Psychologie und Kulturtheorie hat also – so wird es in *Unbehagen in der Kultur* deutlicher als noch in *Totem und Tabu* – zur Folge, dass die Argumentation sich nicht nur auf ein hedonistisches Luststreben und dessen Unterdrückung berufen kann, sondern auch Verfall, Entropie, Tod und (Selbst-)Zerstörung zu erklären hat. Der Todestrieb blieb in der psychoanalytischen Bewegung stark umstritten und führte Anfang der 1930er Jahre zu einer heftigen Kontroverse unter anderem mit Wilhelm Reich (vgl. Reich 1970 [1933]).

Im Schlusskapitel von *Unbehagen in der Kultur* wird schließlich deutlich, worauf Freuds Argumentation letztlich zielt: Er unterscheidet dort zwischen Schuldgefühl und Reue. Während sich die Reue auf eine begangene Verfehlung bezieht, ist das Schuldgefühl die Voraussetzung dafür, dass Reue überhaupt entstehen kann, also die Voraussetzung für ein „Gewissen" (XIV, 491). Freud hat richtig erkannt, dass sich aus der unterdrückten Libido keine Moral ableiten lässt. Trotzdem muss sich – insbesondere innerhalb eines kontraktualistischen Modells von Kulturentstehung – erklären lassen, wie die Menschen sich nicht nur Regeln des Zusammenlebens geben, sondern diese dann auch einhalten und den Übertritt systematisch sanktionieren.

Der gesamte Komplex des gesellschaftlichen und individuellen Über-Ichs existiert nur, wenn es ein funktionierendes Schuldgefühl gibt. Das bedeutet allerdings auch, dass Schuldgefühle aufrechterhalten werden müssen, weil sie als Basis des Zusammenlebens Aggressionen im Zaum zu halten in der Lage sind. Ein solches Schuldgefühl entsteht aus dem in der *Traumdeutung* (1900) und anderen Schriften modellierten Ödipuskomplex oder – kulturtheoretisch gewendet – aus der unterdrückten Aggression (→ III.6. ÖDIPUS): „[W]enn eine Triebstrebung der Verdrängung unterliegt, so werden ihre libidinösen Anteile in Symptome, ihre aggressiven Komponenten in Schuldgefühl umgesetzt." (XIV, 499) Mit der Implementierung der Schuld – als Grundlage von Reue – und der Umdeutung von Aggression und Todestrieb sorgt Freud dafür, dass seine immer strukturell hedonistische Argumentation den zeitgenössischen Anforderungen an eine Analogie beziehungsweise Übereinstimmung mit der Medizin und der Biologie standhält und zudem die Frage nach der Entstehung von Moral – was ein genuines philosophisches Problem für hedonistische Modelle darstellt – gelöst werden kann. Allerdings bedeutet dies zugleich, dass die pessimistische Sicht auf einen im Grunde vorrangig aggressiven Menschen Kultur als Disziplinierung unabdingbar macht. Jedes andere Modell von Kultur würde zur Vernichtung und Selbstvernichtung des Menschen führen. Diese skeptische Sicht auf die Menschheit dürfte unter anderem der Erfahrung des Ersten Weltkrieges und zuletzt Freuds eigener Vertreibung aus Wien im Jahre 1938 geschuldet sein.

Das *Unbehagen in der Kultur* ist schließlich – trotz der vielen philosophischen Implikationen und der systematischen Entwicklung der zentralen Gedanken – keine Schrift, die sich nur mit innerwissenschaftlichen Debatten befasst. Im Schlussparagraphen wird deutlich, dass Freud mit seinen Ausführungen nicht nur kulturtheoretisch, sondern eben auch kulturkritisch argumentiert:

> Die Schicksalsfrage der Menschenart scheint mir zu sein, ob und in welchem Maße es ihrer Kulturentwicklung gelingen wird, der Störung des Zusammenlebens durch den menschlichen Aggressions- und Selbstvernichtungstrieb Herr zu werden. [...] Die Menschen haben es jetzt in der Beherrschung der Naturkräfte so weit gebracht, daß sie es mit deren Hilfe leicht haben, einander bis auf den letzten Mann auszurotten. (XIV, 506; vgl. XIV, 11–27)

Ähnlich wie später Theodor W. Adorno und Max Horkheimer in ihrer *Dialektik der Aufklärung* (1947) formuliert haben (→ II.3. KRITISCHE THEORIE), sieht Freud die unaufhebbare Spannung zwischen kultureller Disziplinierung, den daraus zugleich entstehenden Neurosen, Schuldgefühlen und kulturellen Hochleistungen auf der einen Seite sowie dem Eros und dem aggressiven, zerstörerischen Todestrieb auf der anderen als grundlegende Dynamik aller kulturellen Entwicklung. Trotz aller berechtigten Einwände insbesondere gegen die nicht überzeugend argumentierte Parallelisierung von individueller und historischer Entwicklung ist es gerade dieses Modell, das es ihm erlaubt, eine simple Fortschrittsideologie zu hinterfragen und die Selbstgewissheit des modernen Sendungsbewusstseins überzeugend zu kritisieren. Diese zugleich kritische, aber doch nicht durchweg pessimistische Haltung, die einen therapeutischen Zugang zu individuellen und auch sozialen Pathologien impliziert, dürfte für den nachhaltigen Erfolg und die bemerkenswerte Durchsetzungskraft psychoanalytischer Kulturtheorien im gesamten 20. und noch im 21. Jahrhundert verantwortlich sein.

Literatur

Alt, Peter-André. „Eine Bühne für das Unbewusste. Über Freuds Ansichten vom Drama". *Von den Rändern zur Moderne. Studien zur deutschsprachigen Literatur zwischen Jahrhundertwende und Zweitem Weltkrieg.* Hrsg. von Tim Lörke et al. Würzburg 2014: 251–265.
Assmann, Jan. *Moses der Ägypter. Entzifferung einer Gedächtnisspur.* München 1998.
Bachofen, Johann Jakob. *Das Mutterrecht. Eine Untersuchung über die Gynaikokratie der alten Welt nach ihrer religiösen und rechtlichen Natur.* Bachofen, Johann Jakob. *Johann Jakob Bachofens Gesammelte Werke*, Bd. 2 und 3. Hrsg. von Karl Meuli. 3. Aufl., Basel 1948 [1861].
Böhme, Hartmut. „Der Mann Moses und die monotheistische Religion" [1939]. *Freud-Handbuch. Leben – Werk – Wirkung.* Hrsg. von Hans-Martin Lohmann und Joachim Pfeiffer. Stuttgart 2006: 181–187.
Böhme, Hartmut. „Die Antike ‚nach' Freud". *Freud und die Antike.* Hrsg. von Claudia Benthien, Hartmut Böhme und Inge Stephan. Göttingen 2011: 423–458.
Bronfen, Elisabeth. „Freuds Nachtreisen. Zur Rhetorik der Übertragung in Freuds Traumdeutung". *Rhetorik der Übertragung.* Hrsg. von Daniel Müller Nielaba, Yves Schumacher und Christoph Steier. Würzburg 2013: 101–108.
Brunotte, Ulrike. „Brüderclan und Männerbund. Freuds Kulturgründungstheorie im Kontext neuerer kulturanthropologischer und gendertheoretischer Ansätze". *100 Jahre „Totem und Tabu". Freud und die Fundamente der Kultur.* Hrsg. von Eberhard Th. Haas. Gießen 2012: 209–242.
Brusotti, Marco. *Wittgenstein, Frazer und die „ethnologische Betrachtungsweise".* Berlin 2014.
Därmann, Iris. *Fremde Monde der Vernunft. Die ethnologische Provokation der Philosophie.* München 2005.
Elias, Norbert. *Über den Prozess der Zivilisation. Soziogenetische und psychogenetische Untersuchungen*, 2 Bde., Amsterdam 1997 [1939].
Foucault, Michel. „Von anderen Räumen" [1984]. Foucault, Michel. *Schriften in vier Bänden. Dits et Ecrits*, Bd. 4: *1980–1988*. Hrsg. von Daniel Defert und François Ewald. Übers. von Michael Bischoff. Frankfurt a. M. 2005: 931–942.

Foucault, Michel. *Überwachen und Strafen. Die Geburt des Gefängnisses.* Übers. von Walter Seitter. 9. Aufl., Frankfurt a. M. 2008 [1975].

Freud, Sigmund. *Briefe an Wilhelm Fließ 1887–1904.* Hrsg. von Jeffrey Moussaieff Masson. Frankfurt a. M. 1986.

Gehrlach, Andreas. *Diebe. Die heimliche Aneignung als Ursprungserzählung in Literatur, Philosophie und Mythos.* München 2016.

Gilman, Sander L. *Freud, Race, and Gender.* New Jersey 1993.

Girard, René. „Totem und Tabu und die Inzestverbote". *100 Jahre „Totem und Tabu". Freud und die Fundamente der Kultur.* Hrsg. von Eberhard Th. Haas. Gießen 2012: 77–98.

Glasenapp, Jörn. „Sigmund Freud (1856–1939), Totem und Tabu. Einige Übereinstimmungen im Seelenleben der Wilden und der Neurotiker (1912–1913)". *KulturPoetik* 14.2 (2014): 282–292.

Gödde, Günter. „Freud and the Nineteenth-Century Philosophical Sources of the Unconscious". *Thinking the Unconscious. 19th Century German Thought.* Hrsg. von Ansgar Nicholls und Martin Liebscher. Cambridge 2010: 261–286.

Goebel, Eckart. „Reality Check. Freud Gone Wilde". *Oxford German Studies* 40.2 (2011): 176–188.

Haas, Eberhard Th. (Hrsg.). *100 Jahre „Totem und Tabu". Freud und die Fundamente der Kultur.* Gießen 2012.

Haeckel, Ernst. *Die Welträtsel. Gemeinverständliche Studien über monistische Philosophie.* Berlin 2016 [1899].

Harmening, Dieter. *Wörterbuch des Aberglaubens.* Stuttgart 2005.

Heine, Heinrich. „Zur Geschichte der Religion und Philosophie in Deutschland" [1834/1835]. Heine, Heinrich. *Historisch-kritische Gesamtausgabe der Werke,* Bd. 8.1: *Die Romantische Schule. Religion und Philosophie.* Hrsg. von Manfred Windfuhr. Hamburg 1979: 9–120.

Hobbes, Thomas. *Leviathan, oder Stoff, Form und Gewalt eines kirchlichen und bürgerlichen Staates.* Hrsg. von Lothar R. Waas. Übers. von Walter Euchner. Berlin 2011 [1651].

Kersting, Wolfgang. *Die politische Philosophie des Gesellschaftsvertrags.* Darmstadt 2005.

Kimmich, Dorothee. *Epikureische Aufklärungen. Philosophische und poetische Konzepte der Selbstsorge.* Darmstadt 1993.

Kistner, Ulrike. „Das Ereignis des Unaussprechlichen. Traumdeutung, Sprachmagie, Poesie – und Kritik". *Magie und Sprache. Jahrbuch für Internationale Germanistik.* Hrsg. von Carlotta von Maltzan. Bern u. a. 2012: 239–258.

Koehler, Sigrid. „Der Vertrag als ‚Technik', ‚Gefühl' und ‚Idee'. Kontraktualismus und postsouveräne Regierungskunst bei Michel Foucault, Heinrich von Kleist und Adam Müller". *StaatsSachen/Matters of State. Fiktionen der Gemeinschaft im langen 19. Jahrhundert.* Hrsg. von Arne de Winde, Sientje Maes und Bart Philipsen. Heidelberg 2014: 325–341.

Kolb, Jocelyne. „Heine as Freud's Double in ‚Der Witz und seine Beziehung zum Unbewußten'". *Heine Jahrbuch* 31 (1992): 137–162.

Koschorke, Albrecht. „Götterzeichen und Gründungsverbrechen. Die zwei Anfänge des Staates". *Neue Rundschau* 1 (2004): 40–55.

Kroeber, Alfred L. „Totem and Taboo. An ethnologic psychoanalysis". *American Anthropologist* 22 (1920): 48–55.

Kroeber, Alfred L. „Totem and Taboo in Retrospect". *American Journal of Sociology* 45.3 (1939): 446–451.

Lohmann, Hans-Martin und Joachim Pfeiffer (Hrsg.). *Freud-Handbuch. Leben – Werk – Wirkung*. Stuttgart 2006.

Mann, Thomas. „Die Stellung Freuds in der modernen Geistesgeschichte". *Die Psychoanalytische Bewegung* 1.1 (1929): 3–32.

Marquard, Odo. „Über einige Beziehungen zwischen Ästhetik und Therapeutik in der Philosophie des neunzehnten Jahrhunderts". *Literatur und Gesellschaft. Festgabe für Benno von Wiese*. Hrsg. von Hans Joachim Schrimpf. Bonn 1963: 22–56.

Marquard, Odo. „Zur Bedeutung der Theorie des Unbewußten für eine Theorie der nicht mehr schönen Künste". *Die nicht mehr schönen Künste. Grenzphänomene des Ästhetischen*. Hrsg. von Hans Robert Jauß. München 1968: 374–392.

Mead, Margaret. „Fußnote einer Ethnologin zu Totem und Tabu". Übers. von Elisabeth Vorspohl. *100 Jahre „Totem und Tabu". Freud und die Fundamente der Kultur*. Hrsg. von Eberhard Th. Haas. Gießen 2012: 15–25.

Müller-Funk, Wolfgang. „Murder and Monotheism. A Detective Story in Close Reading". Müller-Funk, Wolfgang. *The Architecture of Modern Culture. Towards a Narrative Cultural Theory*. Berlin 2012: 97–108.

Nüsslein-Volhard, Christiane. *Wir Deutschen sind nicht moralisch höher stehend. DIE ZEIT* 22 (2003). http://www.zeit.de/wissen/biotechnologie/winnuess. 2003 (10. Juli 2016).

Pfister, Friedrich. „Analogiezauber". *Handwörterbuch zur deutschen Volkskunde*, Abt. 1, Bd. 1: *Aberglaube*. Hrsg. von Eduard Hoffmann-Krayer und Hanns Bächtold-Stäubli. Berlin, Leipzig 1927: Sp. 385–395.

Reich, Wilhelm. *Charakteranalyse. Technik und Grundlagen für Studierende und praktizierende Analytiker*. Köln 1970 [1933].

Richardson, Michael K. et al. „Haeckel, Embryos and Evolution". *Science* 280 (1998): 983–985.

Roudinesco, Elisabeth. „Freud on Regicide". *American Imago* 68.4 (2011): 605–623.

Stendhal [i. e. Marie-Henri Beyle]. *Das Leben des Henry Brulard*. Stendhal. *Autobiographische Schriften*. Hrsg. von Carsten Peter Thiede et al. Nach der Übersetzung von Elisabeth Schneider neu überarbeitet von Maren Abravanel. Frankfurt a. M., Berlin, Wien 1982 [1890]: 111–574.

Weigel, Sigrid (Hrsg.). *Heine und Freud. Die Enden der Literatur und die Anfänge der Kulturwissenschaft*. Berlin 2010.

Weigel, Sigrid. „Jenseits des Todestriebs. Freuds Lebenswissenschaft an der Schwelle von Natur- und Kulturwissenschaft". *KulturPoetik* 1.1 (2012): 41–57.

Wittgenstein, Ludwig. „Bemerkungen über Frazers Golden Bough" [1967]. *Vortrag über Ethik und andere kleine Schriften*. Hrsg. und übers. von Joachim Schulte. 6. Aufl., Frankfurt a. M. 1989: 29–46.

Zengotita, Thomas de. „On Wittgenstein's Remarques on Frazer's Golden Bough". *Cultural Anthropology* 4.4 (1989): 390–398.

II.6. Postcolonial und Critical Race Studies

Franziska Bergmann

> Wie ist es beispielsweise zu erklären, daß das Unbewußte, das die niederen
> und minderwertigen Eigenschaften repräsentiert, schwarz gefärbt ist?
>
> Frantz Fanon

1. Einleitung: Sigmund Freuds ‚inneres Ausland‘

Die vielfältigen Objekte, mit denen Freud seine Londoner Praxis ausstaffierte und damit eine wirkungsvolle Bühne für die Inszenierung seiner *talking cure* schuf, zeugen sowohl von einem operational zeitlichen als auch einem operational räumlichen Verständnis der Psychoanalyse. Verweist die Sammlung antiker Kleinkunst darauf, dass Freud in seiner neuen Wissenschaft ein Instrumentarium sah, um zu den „archäologischen Schichten" (von Braun et al. 2009, 11) der Seele zu gelangen (vgl. Benthien et al. 2011), so lässt sich der Orientteppich auf der Couch – jenem Möbelstück also, das „zum Symbol der Psychoanalyse schlechthin" (Warner 2012, 104) avancieren konnte – als Gegenstand deuten, der in Zusammenhang mit Freuds Topik des Unbewussten als einem fremden, außereuropäischen Territorium steht; einem Territorium, das es qua psychoanalytischer Hermeneutik zu dechiffrieren galt.

Abb. 1: Huffstutter, Robert: *Sigmund Freud's Sofa.* 2012. https://de.wikipedia.org/wiki/ Freud_Museum_(London) (28. Juni 2017)

Mithin weist „Freuds Eindringen in das Unbewußte" (Erdheim 1990, 143) laut der Forschungsmeinung nicht nur Parallelen zur Archäologie, sondern auch zur Ethnologie auf (vgl. Erdheim 1990, 143; Khanna 2003, 66). Der (bei Freud stets männ-

https://doi.org/10.1515/9783110332681-007

lich codierte) Analytiker nähert sich dem Unbewussten wie einer fremden Kultur (vgl. Wild 2002, 95; → II.5. KULTURTHEORIE); die „gefahrvolle Entbergung und riskante[ ] Detektion" (Alt 2008, 8) des menschlichen Trieblebens macht ihn gleichsam zum *Expéditeur*, zum Entdeckungsreisenden und zum Kolonisator eines „innere[n] Ausland[s]" (XV, 62; vgl. Alt 2008, 8; von Braun et al. 2009, 11; Tuhkanen 2009, xiv; Waldenfels 2015, 214). Im Zuge dessen wird die Fremdartigkeit des Unbewussten besonders durch seine metaphorische Schwarzfärbung konturiert und erscheint so als das konstitutiv Andere der westlichen Wissensordnung (vgl. von Braun et al. 2009, 10). In ihrer Selbstbeschreibung wie auch in ihrer Theoriebildung verfügt die Freud'sche Psychoanalyse folglich über von zahlreichen kolonialen Phantasien geprägte Denkfiguren und Metaphern. Dies ist nicht zuletzt als Signum ihrer Entstehungszeit zu verstehen, wurden ihre Gründungstexte doch zur Hochphase des westeuropäischen Imperialismus und Kolonialismus verfasst.

Inwiefern das psychoanalytische Wissen an der Sanktionierung und Plausibilisierung kolonialistischer Diskurse beteiligt war, ist, angestoßen durch Frantz Fanons einschlägige Schrift *Peau noire, masques blancs* (1952; *Schwarze Haut, weiße Masken*), wiederholt zum Gegenstand postkolonialer Forschungen und der Critical Race Studies geworden. Machen es sich die in der Tradition der Rassismusforschung stehenden Postcolonial und Critical Race Studies einerseits zur Aufgabe, kolonialistische und rassistische Implikationen der Psychoanalyse herauszustellen und die Genese dieser Wissenschaft an einen historischen Kontext rückzubinden, der auf breiter Ebene durch die Formierung imperialistischer Wissensdiskurse gekennzeichnet war, so eignen sich Theoretikerinnen und Theoretiker der Postcolonial und Critical Race Studies die Psychoanalyse andererseits auf produktive Weise als ein methodisches Instrumentarium an (vgl. Kossek 2012, 61). Dieses fraglos zwiespältige Verhältnis, das zwischen Psychoanalyse und den Postcolonial und Critical Race Studies besteht, gilt es, im Folgenden anhand exemplarischer Studien darzulegen. Nach einem einleitenden Überblick über die zentralen Axiome der Postcolonial und Critical Race Studies (vgl. Abschnitt 2.) werde ich die Hauptthesen aus Freuds *Totem und Tabu* (1913) rekapitulieren, einer Abhandlung, die für Forscherinnen und Forscher aus dem Bereich der Postcolonial und Critical Race Studies vielfach den Anstoß gegeben hat, um über die durchaus zweifelhafte Rolle nachzudenken, die Phantasien von außereuropäischen Kulturen in der psychoanalytischen Theoriebildung spielen (vgl. Abschnitt 3.). Im Anschluss daran widme ich mich zentralen, mitunter von Kritik geprägten Übernahmen psychoanalytischer Modelle durch die Postcolonial und Critical Race Studies und stelle kanonische Arbeiten von Sander L. Gilman (vgl. Abschnitt 4.), Frantz Fanon (vgl. Abschnitt 5.) und Homi Bhabha (vgl. Abschnitt 6.) vor. Dabei kann in diesem Rahmen auf die überaus komplexe und breit gefächerte Diskussion nicht umfassend eingegangen werden. Vielmehr zielt der Beitrag darauf ab, anhand ausgewählter Beispiele zentrale Eckpfeiler der Debatte zu benennen. Dass bei diesem Überblick der Fokus auf Freuds, nicht etwa auf Jacques Lacans Psychoanalyse liegt, hängt damit zusammen, dass Aspekte rassifizierter Identität in Lacans Schriften keine Rolle spielen, dennoch haben Lacans Theorien verschiedentlich Eingang in die Postcolonial und Critical Race Studies gefunden (vgl. z. B. Mitchell 2012; Seshadri-Crooks 2000; Tißberger 2013; Tuhkanen 2009).

2. Postcolonial und Critical Race Studies

Die Postcolonial Studies, die sich wie die Critical Race Studies vor allem im anglo-amerikanischen Raum als eigenständige Disziplin etablieren konnten, befassen sich mit Konstruktionen kultureller und rassifizierter Differenz in kolonialen und neokolonialen Zusammenhängen. Dabei nehmen postkoloniale Studien insbesondere „‚west-/non-west'-Hierarchien" in den Blick, die „zum Vorteil der westlichen Weißen" geschaffen wurden, damit sie die „gewaltsame Unterdrückung und Ausbeutung kolonisierter Völker" (Struve 2012, 91) legitimieren. Während die Postcolonial Studies überwiegend kultur- und literaturwissenschaftlich geprägt sind, liegen die Wurzeln der Critical Race Studies in den Gesellschaftswissenschaften sowie im Bereich der Rechtswissenschaft, allerdings finden sich auch zahlreiche geisteswissenschaftlich orientierte Ansätze. Auf Grundlage der Überzeugung, dass Rassismus ein maßgeblich institutionell verankertes Phänomen darstellt, das sich beispielsweise im Rechtswesen oder im Bildungssystem manifestiert und wiederum eng an die Ausformung rassistischer Gesinnungen auf individueller Ebene geknüpft ist, zielen die Critical Race Studies darauf ab, rassistische Ideologien, Strukturen und Repräsentationsmechanismen zu analysieren und zugleich Strategien zu entwickeln, um offenen wie subtilen Formen des Rassismus effektiv begegnen zu können.

Weil Postcolonial und Critical Race Studies zahlreiche Prämissen miteinander teilen, sind klare Differenzierungen zwischen den beiden Disziplinen bisweilen schwer möglich, wobei insbesondere der Stellenwert von historischen Asymmetrien (Kolonialismus, Sklaverei u. a.) als Kulturgeneratoren unterschiedlich gewichtet wird. Sowohl die Postcolonial Studies als auch die Critical Race Studies definieren sich aber im Sinne Pierre Bourdieus als dezidiert engagierte Wissenschaften, die im engen Austausch mit politischen Bewegungen den Kampf gegen (neo-)koloniale und rassistische Machtverhältnisse verfolgen (vgl. Struve 2012, 88; 90). In erkenntnistheoretischer Hinsicht basieren beide Disziplinen zudem auf einem konstruktivistischen Ansatz, das heißt, sie operieren mit Denkmodellen, die jenen Diskursen entgegenwirken, welche von biologisch determinierten Differenzkategorien ausgehen und auf der natürlich begründbaren Rangordnung von Eigenem und Fremdem beziehungsweise Identität und Alterität beharren. Zudem zielen die Postcolonial und Critical Race Studies zunehmend darauf ab, nicht nur die Opfer, sondern auch die Profiteure kolonialer beziehungsweise rassistischer Ordnungen in den Blick zu nehmen. Dieser Paradigmenwechsel, der sich vor allem in den vergangenen zwanzig Jahren vollzogen hat, führte dazu, dass unter anderem die Kategorie des Weißseins, das heißt, die Codierung weißer Hautfarbe, ins Zentrum des Interesses gerückt ist (vgl. z. B. Dyer 1997; Husmann 2010).

3. ,Primitive', Neurotiker und Kinder

In seiner kulturtheoretischen Studie *Totem und Tabu*, die zunächst in Form von vier Aufsätzen in der Zeitschrift *Imago* zwischen 1912 und 1913 erschien, geht es Freud um nichts weniger als um einen großangelegten Vergleich: In der Absicht, Erkenntnisse der Ethnologie, der Anthropologie und der Völkerpsychologie mit dem Wissen der Psychoanalyse zu verbinden und dabei zugleich grundlegende Überlegungen über den Ursprung von Religion und Kultur anzustellen, will Freud, wie er im Untertitel seiner Studie ankündigt, „[e]inige Übereinstimmungen im Seelenleben der Wilden und der Neurotiker" in den Blick nehmen. Freuds einleitende Worte erläutern, dass er sich deshalb mit der Psyche der auf einer vermeintlich niedrigeren evolutionären Stufe als die Europäer stehenden „sogenannten Wilden und halbwilden Völker" befassen wolle, weil man im ‚primitiven' Seelenleben „eine gut erhaltene Vorstufe unserer eigenen Entwicklung" (IX, 5) entdecken dürfe. Unverkennbar schließt Freud mit dieser These an ein Axiom der seinerzeit populären Rekapitulationstheorie nach Ernst Haeckel an, wonach die Ontogenese (die Entwicklung des Einzelwesens) die Phylogenese (die stammesgeschichtliche Entwicklung aller Lebewesen) wiederhole (vgl. Gilman 1993, 114; Höppner 2014; Khanna 2003, 67). Um den Nachweis für die Ähnlichkeit psychischer Mechanismen bei ‚Primitiven', Zwangsneurotikern und Kindern, die er in seinen Untersuchungen wegen seines Interesses an ontogenetischen Fragestellungen ebenfalls berücksichtigt, zu erbringen, konsultiert Freud in den vier Kapiteln seiner Untersuchung gleichsam in einer *tour de force* ein umfangreiches ethnologisches, anthropologisches und völkerpsychologisches Textkorpus zu Phänomenen des Totemismus, der Exogamie, dem Inzesttabu, der Magie und dem Animismus.

Das erste Kapitel von *Totem und Tabu* setzt sich mit dem als universal erachteten Inzesttabu auseinander und fragt insbesondere unter Rückgriff auf James G. Frazers einflussreiche ethnologische Untersuchung *Totemism and Exogamy* (1910) nach der Rigidität, mit der beispielsweise autochthone Völker Australiens – laut Freud eine stark unterentwickelte Kultur, deren Mitglieder er abschätzig als „arme[ ] nackte[ ] Kannibalen" (IX, 7) bezeichnet – an dem Gebot der Exogamie festhielten. Mithilfe eines Verweises auf die Erkenntnisse der Psychoanalyse über zwangsneurotische Erkrankungen versucht Freud, die drakonische Einhaltung des Inzesttabus bei ‚primitiven' Völkern zu erklären: Demnach seien die ersten libidinös besetzten Objekte eines kleinen Jungen seine Mutter und seine Schwester. Im Zuge einer ‚normalen' Entwicklung könne sich der Junge von seinem inzestuösen Begehren lösen, beim Neurotiker vollziehe sich dieser Reifungsprozess indessen nicht (→ IV.5. FAMILIENROMAN). In ihrer Rückständigkeit seien die ‚Wilden' (wie die Neurotiker) nie über die frühe Entwicklungsstufe des psychischen Infantilismus hinausgekommen, weshalb sie ihre fortbestehenden inzestuösen Wünsche mithilfe besonders strenger Gebote in Bann hielten.

Das zweite Kapitel mit dem Titel *Das Tabu und die Ambivalenz der Gefühlsregungen* widmet sich vorzugsweise unter Verweis auf den zweiten Band von Wilhelm Wundts *Völkerpsychologie. Eine Untersuchung der Entwicklungsgesetze von Sprache, Mythus und Sitte* (1906) dem Verhältnis von Tabu und zwangsneurotischer Erkrankung. Anhand eines Vergleichs maorischer Tabugebräuche und spezifischer Zwangshandlungen einer seiner Patientinnen kommt Freud zu dem Schluss, dass sich der Begriff der „*„Tabukrankheit"'* (IX, 35) als Synonym für Zwangserkrankung eigne, da Tabugebräuche und zwangsneurotische Symptome mehrere augenfällige Übereinstimmungen aufwiesen. In einem daran anschließenden Exkurs verweist Freud auf Parallelen zwischen der Projektion als psychischem Mechanismus bei Kindern und der animistischen Weltanschauung ‚primitiver' Völker.

Seine Überlegungen zum Animismus führt Freud im dritten Kapitel (*Animismus, Magie und Allmacht der Gedanken*) unter anderem im Anschluss an Edward Burnett Tylors *Primitive Culture. Researches into the Development of Mythology, Philosophy, Religion, Language, Art and Custom* (1871; *Die Anfänge der Kultur: Untersuchungen über die Entwicklung der Mythologie, Philosophie, Religion, Kunst und Sitte*) und Frazers Monumentalwerk *The Golden Bough. A Study in Magic and Religion* (1890; 1911/1915; *Der goldene Zweig. Eine Studie über Magie und Religion*) detaillierter aus und stellt eine Stufenfolge der „drei große[n] Weltanschauungen" (IX, 96) vor, welche die Menschheit im Laufe ihrer Entwicklung hervorgebracht habe. Auf der ersten Stufe verortet Freud die animistische beziehungsweise mythologische Weltsicht, auf der zweiten die religiöse und auf der dritten die wissenschaftliche (vgl. IX, 96). Damit folgt Freud in weiten Teilen einem

Modell Frazers. Signifikant ist, dass Freud von unscharfen Übergängen, nicht etwa von exakt zu unterscheidenden Phasen ausgeht und animistische Relikte auch im wissenschaftlichen Denken gegeben sieht – ein Indiz dafür, dass Freud ein hochaktueller Theoretiker ist (vgl. etwa Bruno Latours Akteur-Netzwerk-Theorie). Zwar ist laut Freud in der „wissenschaftlichen Weltanschauung [...] kein Raum mehr für die Allmacht des Menschen" vorhanden, „[a]ber in dem Vertrauen auf die Macht des Menschengeistes, welcher mit den Gesetzen der Wirklichkeit rechnet, lebt ein Stück des primitiven Allmachtglaubens weiter" (IX, 108). Diesen primitiven Glauben an die ‚Allmacht der Gedanken' meint Freud überdies bei Kindern und Zwangserkrankten zu erkennen. Das neurotische Denken bliebe, anders als bei einer ‚gesunden' Entwicklung, einer narzisstischen Weltsicht verhaftet (→ III.8. NARZISS UND ECHO).

Im vierten Kapitel *Die infantile Wiederkehr des Totemismus*, das die Forschung als den wichtigsten Teil von *Totem und Tabu* bewertet (vgl. Höppner 2014), geht Freud schließlich seinem Vorhaben nach, eine Theorie über die Genese von Kultur und Religion zu entwickeln. Deren Grundlagen, zu denen Freud die Ausbildung von Schuldgefühl und Inzesttabu zählt, hätten ihren Ursprung im Vatermord durch die Söhne der prähistorischen Familie, der sogenannten mythischen Urhorde, wie sie Charles Darwin entworfen habe, genommen. Dass dieser Mord das grausame Fundament einer jeden Kultur und Religion darstellt und als traumatische Erfahrung in das Erbgut des Menschen eingeschrieben ist, manifestiert sich Freud zufolge in der universellen Gültigkeit des Ödipuskomplexes (→ III.1. MOSES). Für dessen Wirkmacht als phylogenetische Erinnerungsspur ließen sich nicht nur Beispiele aus der Geschichte des Theaters (Sophokles' Tragödie *Oidipous Tyrannos* (429–425 v. Chr.; *König Ödipus*)) und der Ethnologie (dem primitiven Totemkult, in dessen Rahmen der Totem als „Ahnherr[ ] und Urvater" (IX, 159) bezeichnet werde), sondern auch aus der psychoanalytischen Erfahrung anführen. So zeige sich, dass der Grund der kindlichen Tierphobie – paradigmatisch beschrieben in der Fallgeschichte vom „‚kleinen Hans'" (IX, 157) – in der Angst des kleinen Jungen vor seinem mächtigen (kastrierenden) Übervater liege und als feindliches Gefühl auf ein Vatersurrogat, das heißt ein Tier, verschoben werde.

Freuds mitunter kühne Thesen, die er in *Totem und Tabu* entfaltet, haben ganz unterschiedliche Reaktionen hervorgerufen. So begegnete der bekannte amerikanische Ethnologe Alfred Kroeber 1920 Freuds Schrift unter Verweis auf die Unhaltbarkeit der Überlegungen zur Urhorde und zum Totemismus mit starkem Vorbehalt. Im Zuge der „romantisch-barbarischen Rezeption" (Erdheim 2012 [1991], 9), der unter anderem Thomas Mann zuzuordnen ist, wurde *Totem und Tabu* indessen mit Bewunderung aufgenommen und wegen seiner „revolutionären Kraft" gefeiert (Erdheim 2012 [1991], 10). Der schweizer Psychoanalytiker und Ethnologe Mario Erdheim, der das Vorwort zur Taschenbuchausgabe von *Totem und Tabu* verfasst hat, sieht in Freuds Schrift zudem eine hochaktuelle Auseinandersetzung mit dem Thema Gewalt (vgl. Erdheim 2012 [1991], 13–41).

Dass sich *Totem und Tabu* aus der Perspektive der Postcolonial und Critical Race Studies als hochproblematisch erweist, ist nicht verwunderlich, schreibt sich Freud doch durch die Übernahme evolutionistischer Argumentationsfiguren, durch die Analogisierung von außereuropäischen Kulturen, neurotischen Zwangserkrankungen und Infantilität sowie durch die ausgeprägte Bezugnahme auf Quellen der Ethnologie und Anthropologie des 19. und frühen 20. Jahrhunderts auf affirmative Weise in den kolonial-rassistischen Diskurs seiner Zeit ein.

Bevor auf diese heiklen Aspekte von *Totem und Tabu* im Einzelnen eingegangen wird, sei jedoch darauf verwiesen, dass die Beziehung zwischen der Freud'schen Psychoanalyse und dem europäischen Hegemoniedenken als durch und durch ambivalentes Verhältnis zu bezeichnen ist und Freud keineswegs ein uneingeschränkt idealisierendes, geschweige denn fortschrittsoptimistisches Bild seiner eigenen Kultur zeichnet. So legt er mit seiner Libidotheorie und seinen Überlegungen zum Unbewussten zugleich zentrale Interpretamente moderner, das heißt in die Krise geratener Subjektivität vor. Entgegen dem „schönen aufklärerischen Traum[ ]" (Kimmich 2010, 236), in dessen Kontext das Ich als autonomer Urheber seiner eigenen Handlungen konzeptualisiert wird, diagnostiziert Freud, dass dieses Ich (das wohlgemerkt immer europäisch codiert ist) nicht länger „Herr im eigenen Haus" (GW XII, 11) sei, sondern eine derartige Funktion „an ein Unbewusstes abgeben [müsse], das für unsere Taten, Gedanken und Sätze viel mehr verantwortlich sei, als man zu denken wage" (Kimmich 2010, 237). Durch die Inthronisierung des Unbewussten und des Triebapparates als bestimmende Instanzen des Seelenlebens positioniert sich Freud mit seiner Lehre an zentraler Stelle einer Geschichte, welche die radikale Kränkung europäischer Subjektivität schreibt (vgl. Kimmich 2010, 237). Mithin nährt die Psychoanalyse den Verdacht, so Peter-André Alt, „dass die aufgeklärte Vorstellung vom seiner selbst mächtigen Subjekt letzthin nur apotropäischen Charakter besitzt: Sie ist ein Totem, das die Angst vor dem Unbewussten bannen soll" (Alt 2008, 4).

Aus einer postkolonial und rassismuskritisch informierten Perspektive sind dennoch vor allem Freuds evolutionistische Argumentationsfiguren als bedenklich zu bewerten, denn in ihnen spiegelt sich Erdheim zufolge ein ausgeprägter Ethnozentrismus wider (vgl. Erdheim 2012 [1991], 7). Martina Tißberger konstatiert in *Dark Continents und das UnBehagen in der weißen Kultur* (2013) – einer Arbeit, auf die im Zusammenhang mit der psychoanalytischen Antisemitismusforschung an späterer Stelle zurückzukommen sein wird –, dass die im Rahmen des evolutionistischen Paradigmas stattfindende Analogisierung von vermeintlich rückständigen außereuropäischen Kulturen, neurotischer Zwangserkrankung und Infantilität ein „rassistisch codiertes Modell von Entwicklung" (Tißberger 2013, 19) produziere. Indem Freud die Psychogenese des Subjekts an einem evolutionistischen Schema ausrichte, würde „Reife oder Mündigkeit [...] an ihrer Entfernung zu Primitivität gemessen" und damit als Bewegung „weg von dem, was als die Welt der psychologisch/kulturell ‚dunkleren Rassen' [...] gilt" (Tißberger 2013, 19), entworfen. Dieselbe Kritik an *Totem und Tabu* findet sich in zahlreichen Publikationen aus dem angloamerikanischen Raum (vgl. Brickman 2003; Eng 2001, 7; Greedharry 2008, 1; Khanna 2003, ix; Tuhkanen 2009, xiiv).

Überdies wurden auch die in *Totem und Tabu* genutzten Quellen der Ethnologie und Anthropologie zum Gegenstand der postkolonialen Kritik, denn Freud konsultiert damit Wissensbestände, die während des 19. und frühen 20. Jahrhunderts als zentraler Bestandteil einer kolonialen Episteme in Erscheinung treten (vgl. Brunotte 2012, 212). Wie Karl-Heinz Kohl betont, waren Ethnologie und Anthropologie zur Zeit Freuds nicht nur diejenigen Disziplinen, die in einflussreicher Weise an der Plausibilisierung und Verbreitung des Evolutionismus beteiligt waren (vgl. Kohl 2012 [1993]). Vielmehr konnten sie Claude Lévi-Strauss zufolge ihr Wissen überhaupt nur vor dem Hintergrund der europäischen Dominanz über andere Kulturen generieren, „because exotic cultures, treated by us as mere things, could be studied, accordingly, as things" (Lévi-Strauss 1966, 126; vgl. Asad 1975; Leclerc 1973 [1972]; Schupp 1997). Den verdinglichenden Blick der europäischen Wissenschaftler auf außereuropäische Kulturen wertet Lévi-Strauss entsprechend als basale Voraussetzung ethnologischer beziehungsweise anthropologischer Erkenntnis während des 19. und frühen 20. Jahrhunderts.

Dass sich dieser verdinglichende Gestus auch in *Totem und Tabu* niederschlägt, zeigt sich insbesondere in der evolutionistischen Rhetorik, von der Freud umfangreich Gebrauch macht. ‚Wilde' und ‚Primitive' stellen nämlich keinesfalls wertneutrale Fachbegriffe der Ethnologie und Anthropologie dar, sondern wurden seit dem 19. Jahrhundert in zumeist pejorativer Absicht als Gegenstück zur zivilisierten Kultur Europas verwendet (vgl. Kohl 2012 [1993]). ‚Wilde' und ‚primitive' Völker galten als ungesittet, roh und zurückgeblieben und fungierten demgemäß als konzeptuelle Kernelemente eines hegemonialen Diskurses, der unter dem Deckmantel der Zivilisierungsmission als „ideologische[ ] Legitimation des europäischen Kolonialismus und seiner ausbeuterischen Praktiken" (Kohl 2012 [1993], 18) operierte.

4. Verschiebungen

Auch die Antisemitismusforschung, die insbesondere durch Jean-Paul Sartres *Réflexions sur la question juive* (1946; *Betrachtungen zur Judenfrage*) psychoanalytisch grundiert wurde, nimmt *Totem und Tabu* kritisch in den Blick. Signifikant ist, dass Freuds Schrift mitunter selbst zum Gegenstand einer psychoanalytischen Betrachtungsweise wird, dass sich also ein Metadiskurs entwickelt hat, der mit der Psychoanalyse gegen etliche ihrer eigenen Implikationen argumentiert. So verweist Erdheim auf Freuds private Erfahrungen, die dieser unbewusst in seiner Schrift verarbeitet habe. Zwar versuche Freud seine Subjektivität gänzlich aus seinen Überlegungen auszuklammern, doch kämen drängende Konflikte im persönlichen Umfeld auf verschobene und exotisierte Weise zum Ausdruck (vgl. Erdheim 2012 [1991], 25; 42). Einem derartigen Lektüreansatz, wie ihn Erdheim anregt, folgt Tißberger in ihrer Studie *Dark Continents*. Laut Tißberger liegt der Grund für die evolutionistischen Modelle, auf die *Totem und Tabu* rekurriert, nicht allein in Freuds Anpassung an den wissenschaftlichen Zeitgeist des Kolonialismus. Sie seien zugleich als Reflex auf den grassierenden Antisemitismus in Wien zu Beginn des 20. Jahrhunderts zu deuten, unter dem Freud als Jude zu leiden hatte. So erlaubte ihm die Nutzung „[e]volutionistische[r] Theorien[,] [...] die zeitgenössisch horizontale Differenzkonstruktion ‚Arier'/Jude [...] auf eine Zeitachse zu verschieben, auf der es nur ein universales Subjekt gab, das sich vom ‚Ursprung' der Primitivität zur Zivilisiertheit entwickelte" (Tißberger 2013, 19). Vor dem Hintergrund des Antisemitismus liest Tißberger denn auch das im vierten Kapitel von *Totem und Tabu* dargelegte Theorem des Ödipuskomplexes. Dass innerhalb dieses Theorems dem Phallus besondere Bedeutung zukommt, hängt Tißberger zufolge vorwiegend mit der Überdeterminierung des jüdischen Beschneidungsrituals (der ‚Brit Mila') im antisemitischen Diskurs zusammen (vgl. VII, 271; Boyarin 1998). Demnach beginne die Genealogie des Phallus nicht etwa mit dem Vatermord in der archaischen Urhorde, vielmehr weise die zentrale Stellung des Phallus in Freuds Psychoanalyse eine maßgeblich politische Dimension auf, deren Vorgeschichte der „konkrete[ ] [...] Rassismus von Freuds Wien der Jahrhundertwende" sei (Tißberger 2013, 20). Seine Stigmatisierungserfahrungen und die antisemitische Diskreditierung der Vorhautbeschneidung, die auf phobische Weise als ein Ritus wahrgenommen wurde, welcher den Juden entmännliche, ihn also zur Frau mache, bilden laut Tißberger den „unbewussten Ausgangspunkt von Freuds Genealogie des Subjekts mit seinem Kern, der Kastrationsdrohung – dem Mangel" (Tißberger 2013, 20).

Diese im antisemitischen Denken anklingende Überlagerung von (männlichem) Judentum und Weiblichkeit wird auch von Gilman in den Blick genommen. In seiner wegweisenden Publikation *Freud, Race, and Gender* (1993, *Freud,*

Identität und Geschlecht) fragt Gilman danach, inwiefern sich Freuds gesamtes Œuvre als Auseinandersetzung mit dem „problem of being Jewish in a violently anti-Semitic world" (Gilman 1993, 4) deuten ließe. Dabei geht er ähnlich wie Tißberger davon aus, dass Freud Aspekte um Judentum und Antisemitismus nur indirekt, das heißt unter unbewusster Zuhilfenahme von Verschiebungsfiguren verhandelt. Als ebenso innovativ wie provokant bewertet Stefanie von Schnurbein Gilmans Ansatz, die ausgeprägte Misogynie in Freuds Werk nicht aus der jüdisch-religiösen Tradition herzuleiten, sondern als unbewusste Strategie zu werten, mit der Freud die ihm als Juden entgegengebrachten Ressentiments auf das Weibliche transferierte (vgl. von Schnurbein 2005, 284). Dass Freud in seinen Aussagen über das weibliche Geschlecht immer auch schon Aussagen über das Judentum, insbesondere über den männlichen Juden treffe, hängt laut Gilman mit der naturwissenschaftlichen Konstruktion des männlich-jüdischen Körpers um 1900 zusammen. Speziell der Medizin, in deren diskursivem Umfeld Freud seine Sozialisation als Wissenschaftler erfahren und deren Grundsätze er verinnerlicht habe, sei es darum gegangen, den männlich-arischen Körper als gesunde Norm und im Gegensatz dazu die Physis des jüdischen Mannes als pathologische Abweichung zu entwerfen. Wie Gilman anhand eines breiten Korpus wissenschaftlicher und populärwissenschaftlicher Publikationen des ausgehenden 19. und frühen 20. Jahrhunderts zeigt, korreliert diese Alterisierung des Juden im Rahmen einer dualistischen Logik zugleich auch mit seiner Feminisierung, das heißt, zu jener Zeit, in der Freud seine Theorien entwickelt, ist der Jude in den „symbolischen Repertoires der Abwertung" eine Frau (Schößler 2008, 122; → II.7. GENDER UND QUEER STUDIES).

Um aus einer wissenschaftlich neutralen Position heraus agieren zu können – eine Position, die männlich und arisch codiert war – und die noch junge Schule der Psychoanalyse nicht in Gefahr zu bringen, mit dem Stigma jüdischer Andersartigkeit versehen zu werden, sieht sich Freud laut Gilman dazu gezwungen, seine jüdische Herkunft zu verdrängen (vgl. Brunotte 2012, 238–239; Gilman 1993). Entsprechend verzichtet Freud in seinen Schriften auch weitestgehend darauf, Aspekte jüdischer Identität zu thematisieren. Stattdessen wandelte er „the Rhetoric of Race into the Construction of Gender" (Gilman 1993, 36). Diese Tendenz zur Verschiebung sieht Gilman unter anderem im Konzept des ‚dunklen Kontinents' gegeben, mit dem Freud die vermeintlich schwer zugängliche Sphäre weiblicher Sexualität betitelte (vgl. XIV, 241). In dieser zweifelsohne kolonialistisch grundierten Metapher übersetzt Freud, so Gilman, the complicated, pejorative discourse about the ‚dark' Jew [einer um die Jahrhundertwende virulenten antisemitischen Figuration, die dem Juden eine dunkle Hautfarbe und epistemische Unerkennbarkeit attestierte, F. B.] with its suggestion of disease and difference into a discourse about the ‚blackness' (the unknowability) of the woman. The ‚Jewish' body (which in Freud's discourse is the body of the male Jew) becomes the body of the woman. (Gilman 1993, 38; vgl. von Braun et al. 2009, 10; Doane 1991, 209–248)

5. Spaltungen

Die Studie *Peau noire, masques blancs* (1952) des französischen Psychiaters, Schriftstellers und Aktivisten Frantz Fanon zählt zu den frühen Meilensteinen postkolonialer Forschung. Ähnlich wie Gilman am Beispiel Freuds geht Fanon in *Peau noire, masques blancs* anhand der antillischen Bevölkerung unter französischer Kolonialherrschaft der Frage nach, wie sich Rassismus auf die Psyche derjenigen auswirkt, die seine Opfer sind, und ähnlich wie Gilman kommt Fanon zu dem Schluss, dass sich die Opfer mit den Profiteuren rassistischer Ordnungen identifizieren, um ihr rassifiziertes Stigma zu kaschieren. Im Falle der antillischen Bevölkerung mache sich dieser Vorgang in den ‚weißen Masken' bemerkbar, welche sich die Schwarzen aufsetzten.

Eine derartige ‚Maskerade' sei der Effekt einer kolonial-rassistischen Matrix, in deren Rahmen weiße Hautfarbe idealisiert, schwarze Hautfarbe indessen mit Attributen wie Primitivität, Kriminalität, Irrationalität, Boshaftigkeit oder Perversion versehen werde (vgl. Fanon 1980 [1952], 119). Um nicht kontinuierlich als der abgewertete Andere wahrgenommen, sondern als vollwertiger Mensch anerkannt zu werden, betreibe der Antillaner (der aufgrund von Fanons notorisch androzentrischer Perspektive männlich gedacht ist) durch seine verhaltensmäßige und optische Angleichung an die französische Dominanzkultur eine ‚Weißwerdung' (vgl. Fanon 1980 [1952], 13), die zur Negierung seiner selbst und zur Spaltung seines Ichs führe (vgl. Fanon 1980 [1952], 19). Da Fanon im Zusammenhang mit seiner Tätigkeit als Psychiater diese Spaltung durchgängig bei seinen schwarzen Patienten beobachten konnte, ging er davon aus, dass die antillische wie jede kolonisierte Bevölkerung eine zutiefst von Minderwertigkeitskomplexen und Neurosen geprägte Gesellschaft sei.

Obgleich Fanon *Peau noire, masques blancs* als „klinische Studie" (Fanon 1980 [1952], 11) bezeichnet, zielt er nicht auf die wissenschaftliche Objektivität der Darstellung. In mitunter poetischen, mitunter manifestartigen Passagen geht es ihm um eine dezidiert als subjektiv markierte Auseinandersetzung mit dem kolonialen Rassismus seiner Zeit. Dabei bezieht er sich in eklektischem Duktus auf eine Vielzahl von Theoriebeständen, darunter den Existenzialismus Sartres, den Idealismus Georg Wilhelm Friedrich Hegels, den Marxismus und die Psychoanalyse Freuds, Carl Gustav Jungs, Alfred Adlers und Lacans. Fanons Auseinandersetzung mit Freud ist insofern brisant, als *Peau noire* einerseits eine ebenso kritische wie plausible Erweiterung von Freuds ontogenetischer Perspektive vornimmt und andererseits die Theorie vom universal wirksamen Ödipuskomplex hinterfragt.

So erweisen sich laut Fanon Freuds phylogenetische und ontogenetische Erklärungsmodelle zur Psychogenese des Subjekts im Kontext einer Untersuchung wie *Peau noire* als unzureichend. Die „Entfremdung des Schwarzen" (Fanon 1980 [1952], 10) ließe sich nämlich nicht als individuelles Phänomen beschreiben, sondern sei Produkt eines strukturell verankerten Rassismus, den es zu überwinden gelte. Einer auf das Individuum zentrierten Psychoanalyse setzt Fanon entsprechend eine gesellschaftskritische Psychoanalyse entgegen (→ II.3. Kritische Theorie) – eine Psychoanalyse, welche die psychische Disposition der kolonisierten Bevölkerung auf den Antillen in elementarer Weise auf ökonomische, politische und soziale Faktoren zurückführt. Um die Notwendigkeit eines neuen soziodiagnostischen Ansatzes innerhalb der Psychoanalyse terminologisch zu fassen, entwickelt Fanon in Analogie zu den Begriffen der Phylo- und Ontogenese den Neologismus der „Soziogenese" (Fanon 1980 [1952], 10).

Vor diesem Hintergrund äußert Fanon auch elementare Zweifel an der Universalisierbarkeit des Ödipuskomplexes (vgl. Fanon 1980 [1852], 98). Anders als beim westeuropäischen Subjekt, mit dessen Seelenleben sich Freud befasste, finde die Sozialisation des Antillaners nicht primär im familiären Umfeld und dessen ödipaler Struktur statt. Die Identitätsformation des antillischen Kindes vollziehe sich vielmehr in Konfrontation mit der weißen Welt, in der das Kind realisieren müsse, dass es ‚schwarz' sei und damit minderwertige Alterität verkörpere. Mithin spiele beim Antillaner nicht der Ödipuskomplex die grundlegende Rolle in der Strukturierung seiner Persönlichkeit, sondern die schmerzliche Erkenntnis, als ‚Farbiger' markiert zu sein.

6. Das Stereotyp als Fetisch

Eine prominente und zugleich umstrittene Übernahme eines Theorems der Freud'schen Psychoanalyse findet sich in Homi K. Bhabhas Aufsatz *The Other Question: Stereotype, Discrimination and the Discourse of Colonialism* (*Die Frage des Anderen: Stereotyp, Diskriminierung und der Diskurs des Kolonialismus*); ein Text, der unter anderem in Bhabhas einflussreichem Essayband *The Location of Culture* (1994; *Die Verortung der Kultur*) publiziert wurde und ein Konzept des Stereotyps als Fetisch erarbeitet. Neben Edward Said und Gayatri Chakravorty Spivak zählt Homi Bhabha wohl zu den einflussreichsten Theoretikerinnen und

Theoretikern der Postcolonial Studies. Durch ihn wurden richtungsweisende Begrifflichkeiten wie Hybridität, *third space* oder Mimikry in die Diskussionen postkolonialer Forschungen eingeführt. Von der anhaltenden Produktivität insbesondere des Hybriditätsbegriffes zeugen zahlreiche Publikationen, darunter diejenigen von Christof Hamann und Cornelia Sieber (2002), Eva Blome (2011) sowie Kien Nghi Ha (2005; 2010). Unter Rückgriff auf die Dekonstruktion, die Diskursanalyse, die Rassismuskritik Fanons und die Psychoanalyse Freuds und Lacans geht es Bhabha darum zu zeigen, dass Kulturen vor allem in der Ära des Postkolonialismus mitnichten als in sich geschlossene, statische Systeme zu begreifen sind. Vielmehr gilt es Bhabha zufolge, mit einem Kulturbegriff zu operieren, der Kulturen als dynamische und durchlässige Entitäten auffasst und in dessen Rahmen starre und als absolut gesetzte Polaritäten wie Identität versus Alterität, Eigenes versus Fremdes, ‚Erste Welt' versus ‚Dritte Welt' keine Gültigkeit haben.

Diese Starrheit und Absolutheit als zentrale Paradigmen einer kolonialistischen Matrix untersucht Bhabha in *The Other Question* anhand des Stereotyps. Sowohl in struktureller als auch funktionaler Hinsicht sei der Vorgang der Stereotypisierung mit Freuds Definition von Fetischismus vergleichbar (vgl. Bhabha 2004 [1994], 107). Im Zuge der Kolonisierung sähen sich die europäischen Kolonialmächte mit einer beunruhigenden Differenz konfrontiert, welche die fremden Kulturen darstellten, weil diese die bisherige Überzeugung von der Absolutheit, Geschlossenheit und Reinheit der eigenen europäischen Kultur empfindlich störten (vgl. Bhabha 2004 [1994], 94). Um diese bedrohliche Differenz stillzustellen und kontrollierbar zu machen, entwickelten die Kolonisatoren diskursive Strategien, mittels derer die Kolonisierten als das radikal Andere markiert und damit aus der Sphäre des Eigenen ausgeschlossen würden. Dabei werde die dauerhafte Fixierung des Fremden auf radikale Alterität vor allem durch die Bildung von Stereotypen geleistet. Bhabha beschreibt das Stereotyp als ein sprachliches Machtinstrument, das den Kolonialmächten die vermeintliche Sicherheit vermittelt, immer schon alles über die fremden Kulturen und deren Subjekte zu wissen. Entsprechend sind Veränderlichkeit und Komplexität der fremden wie der eigenen Kultur in stereotypisierenden Wahrnehmungsmustern nicht vorgesehen, vielmehr begründet das Stereotyp eine scheinbar bequeme Klarheit der Verhältnisse. Dass diese Klarheit ein Phantasma ist, macht Bhabha mit dekonstruktivistischem Gestus durch seinen Verweis auf zahlreiche dem Stereotyp innewohnende Ambivalenzen deutlich. Eine zentrale Ambivalenz, auf die *The Other Question* detailliert eingeht und die das Stereotyp laut Bhabha in hohem Maße auszeichnet, operiere in strukturanaloger Weise wie die Ambivalenz des Fetischs. Der stereotypisierende Diskurs entwerfe den Fremden nämlich im Sinne eines Vexierbildes immer zugleich als Objekt der Abscheu wie auch des Begehrens, das heißt, dem Fremden wird sowohl mit phobischer Ablehnung als auch mit fetischistischer Lust begegnet. Dadurch ähnele das Stereotyp dem Fetisch, wie ihn Freud in seiner kurzen Abhandlung *Fetischismus* (1927) beschreibt.

Der Fetischismus ergibt sich Freud zufolge aus der Kastrationsangst des kleinen Jungen, der im Angesicht seiner penislosen Mutter erkennen muss, dass sein Penis ebenfalls bedroht sein könnte. Um diese Angst zu bewältigen, verleugne der Knabe fortan energisch die Penislosigkeit der Mutter und damit auch die sexuelle Differenz beider, indem er ein Ersatzobjekt – einen Fetisch – errichte, dem das Vermögen zugeschrieben werde, die als traumatisch wahrgenommene sexuelle Differenz zu verschleiern. Laut Freud ist diese Strategie des kleinen Knaben zutiefst widersprüchlich, denn einerseits wird die Vorstellung, die Mutter verfüge über einen Penis, bewahrt, andererseits aber auch aufgegeben. Wie Freud schreibt, ist es „im Konflikt zwischen dem Gewicht der unerwünschten Wahrnehmung" der kastrierten Mutter „und der Stärke des Gegenwunsches [...] zu einem Kompromiß gekommen", das heißt, etwas anderes ist an die Stelle des „weiblichen Phallus" (XIV, 313) getreten: der Fetisch. Mithin organisiert der Fetisch die Weltwahrnehmung entlang einer zwiespältigen Glaubensstruktur, denn er erlaubt es, die sexuelle Differenz simultan zu verleugnen und zu behaupten (vgl. Kossek 2012, 62). Zugleich trägt er für den Fetischisten das Versprechen in sich, die in der sexuellen Differenz zum Ausdruck kommende Kastrationsdrohung dauerhaft abwehren zu können. Der Fetisch erweist sich, wie Freud notiert, also als „Zeichen des Triumphes über die Kastrationsdrohung" und als „Schutz gegen sie" (XIV, 313; → II.1. Semiotik).

Die den Fetischismus konstituierende zwiespältige Glaubensstruktur sieht Bhabha auch in der Stereotypenbildung gegeben, weshalb er das Stereotyp mit dem Fetisch gleichsetzt. Demnach hielten die Kolonisatoren ihre Angst, die sich aus dem bedrohlichen Wissen um die rassifizierte und kulturelle Differenz zwischen sich und den ‚Anderen' ergebe, im Zaum, indem sie ein gut sichtbares Körpermerkmal der Kolonisierten (bspw. ‚dunkle Haut') zum Fetisch, das heißt zum Stereotyp, erhöben und mit widersprüchlichen Affekten, zumeist einer Mischung aus Angst und Begierde, besetzten. In seiner fundamental ambivalenten Struktur könne der Fetisch/das Stereotyp dann beliebig den ideologischen Bedürfnissen der Kolonisatoren angepasst werden.

Obgleich sich Bhabhas Rückgriff auf Freuds Fetischismuskonzept deswegen als fruchtbar erwiesen hat, weil Bhabha in *The Other Question* zeigen kann, dass der im Stereotyp repräsentierte und zugleich verleugnete rassisch ‚Andere' – ähnlich wie der Penis der Mutter in Freuds Modell – ein Produkt der Phantasie ist (vgl. hierzu auch Cheng 2001), werfen ihm Vertreterinnen und Vertreter der Postcolonial Studies vor, dass er sich in zu orthodoxer Weise auf die Psychoanalyse beziehe (vgl. Greedharry 2008, 85) – reflektiere er doch an keiner Stelle die koloniale Geschichte des Fetischbegriffs. Wie Anne McClintock in ihrer Kritik an Bhabha ausführt, war Fetischismus vor allem während des Kolonialismus ein virulentes Konzept, um magische Dingbezüge in außereuropäischen Gesellschaften als irrational, voraufklärerisch und primitiv zu diskreditieren (vgl. McClintock 1995, 187). Trotz seiner ansonsten ausgeprägten Sensibilität für koloniale Phänomene weist Bhabha also am Dreh- und Angelpunkt seiner Argumentation einen gravierenden blinden Fleck auf (vgl. Greedharry 2008, 85). Die aktuelle Konjunktur des Fetischbegriffes innerhalb der Literatur- und Kulturwissenschaften zeigt indes, dass gerade aus der Verknüpfung seiner ethnologischen und psychoanalytischen Implikationen ein beträchtliches kulturanalytisches Potenzial erwächst (vgl. Bischoff 2013; Böhme 2006; McClintock 1995; Neumann 2009).

Literatur

Alt, Peter-André. „Einführung". *Sigmund Freud und das Wissen der Literatur*. Hrsg. von Peter-André Alt und Thomas Anz. Berlin, New York 2008: 1–13.

Asad, Talal (Hrsg.). *Anthropology and the Colonial Encounter*. London 1975.

Benthien, Claudia, Hartmut Böhme und Inge Stephan (Hrsg.). *Freud und die Antike*. Göttingen 2011.

Bhabha, Homi K. „The Other Question. Stereotype, Discrimination and the Discourse of Colonialism". Bhabha, Homi. *The Location of Culture*. Abington/Oxon, New York 2004 [1994]: 94–120.

Bischoff, Doerte. *Poetischer Fetischismus. Der Kult der Dinge im 19. Jahrhundert*. München 2013.

Blome, Eva. *Reinheit und Vermischung. Literarisch-kulturelle Entwürfe von Rasse und Sexualität*. Köln, Weimar, Wien 2011.

Böhme, Hartmut. *Fetischismus und Kultur. Eine andere Theorie der Moderne*. Reinbek bei Hamburg 2006.

Boyarin, Daniel. „What Does a Jew Want?; or, The Political Meaning of the Phallus". *The Psychoanalysis of Race*. Hrsg. von Christopher Lane. New York 1998: 211–240.

Braun, Christina von, Dorothea Dornhof und Eva Johach. „Einleitung. Das Unbewusste. Krisis und Kapital der Wissenschaften". *Das Unbewusste. Krisis und Kapital der Wissenschaften. Studien zum Verhältnis von Wissen und Geschlecht*. Hrsg. von Christina von Braun, Dorothea Dornhof und Eva Johach. Bielefeld 2009: 9–23.

Brickman, Celia. *Aboriginal Populations in the Mind. Race and Primitivity in Psychoanalysis*. New York 2003.

Brunotte, Ulrike. „Brüderclan und Männerbund. Freuds Kulturgründungstheorie im Kontext neuerer kulturanthropologischer und gendertheoretischer Ansätze". *100 Jahre „Totem und Tabu". Freud und die Fundamente der Kultur*. Hrsg. von Eberhard Th. Haas. Gießen 2012: 209–242.

Cheng, Anne Anlin. *The Melancholy of Race. Psychoanalysis, Assimilation and Hidden Grief*. Oxford u. a. 2001.

Doane, Mary Ann. *Femmes Fatales. Feminism, Film Theory, Psychoanalysis*. Abington/Oxon,
New York 1991.

Dyer, Richard. *White*. Abington/Oxon, New York 1997.

Eng, David L. *Racial Castration. Managing Masculinity in Asian America*. Durham, London 2001.

Erdheim, Mario. „Sigmund Freud (1856–1939)". *Klassiker der Kulturanthropologie. Von
Montaigne bis Margaret Mead*. Hrsg. von Wolfgang Marschall. München 1990: 137–150.

Erdheim, Mario. „Einleitung. Zur Lektüre von Freuds *Totem und Tabu*". Freud, Sigmund. *Totem
und Tabu. Einige Übereinstimmungen im Seelenleben der Wilden und Neurotiker*. 11. Aufl.,
Frankfurt a. M. 2012 [1991]: 7–42.

Fanon, Frantz. *Schwarze Haut, weiße Masken*. Übers. von Eva Moldenhauer. Frankfurt a. M.
1980 [1952].

Gess, Nicola. *Primitives Denken. Wilde, Kinder und Wahnsinnige in der Literarischen Moderne
(Müller, Musil, Benn, Benjamin)*. München 2013.

Gilman, Sander L. *Freud, Race, and Gender*. Princeton, New Jersey 1993.

Greedharry, Mrinalini. *Postcolonial Theory and Psychoanalysis. From Uneasy Engagement to
Effective Critique*. Houndmills/Basingstoke, New York 2008.

Ha, Kien Nghi. *Hype um Hybridität. Kultureller Differenzkonsum und postmoderne
Verwertungstechniken im Spätkapitalismus*. Bielefeld 2005.

Ha, Kien Nghi. *Unrein und vermischt. Postkoloniale Grenzgänge durch die Kulturgeschichte der
Hybridität und der kolonialen „Rassenbastarde"*. Bielefeld 2010.

Hamann, Christof und Cornelia Sieber (Hrsg.). *Räume der Hybridität*. Hildesheim 2002.

Höppner, Stefan. *Der Vatermord als Urszene der Kultur. Mit Totem und Tabu beginnt eine neue
Ausgabe von Sigmund Freuds Werken*. http://www.literaturkritik.de/public/rezension.
php?rez_id=18754. 2014 (16. April 2017).

Husmann, Jana. *Schwarz-Weiß-Symbolik. Dualistische Denktraditionen und die Imagination von
„Rasse". Religion – Wissenschaft – Anthroposophie*. Bielefeld 2010.

Khanna, Ranjana. *Dark Continents. Psychoanalysis and Colonialism*. Durham, London 2003.

Kimmich, Dorothee. „Herausforderungen der Moderne. Einführung". *Kulturtheorie*. Hrsg. von
Dorothee Kimmich, Schamma Schahadat und Thomas Hauschild. Bielefeld 2010: 231–239.

Kohl, Karl-Heinz. *Ethnologie. Die Wissenschaft vom kulturell Fremden. Eine Einführung*. 3. Aufl.,
München 2012 [1993].

Kossek, Brigitte. „Begehren, Fantasie, Fetisch. Postkoloniale Theorie und die Psychoanalyse
(Sigmund Freud und Jacques Lacan)". *Schlüsselwerke der Postcolonial Studies*. Hrsg. von
Julia Reuter und Alexandra Karentzos. Wiesbaden 2012: 51–68.

Leclerc, Gérard. *Anthropologie und Kolonialismus*. Übers. von Hanns Zischler. München 1973
[1972].

Lévi-Strauss, Claude. „Anthropology. Its Achievements and Future". *Current Anthropology* 7.2
(1966): 124–127.

McClintock, Anne. *Imperial Leather. Race, Gender and Sexuality in the Colonial Context*. New
York, London 1995.

Mitchell, W. J. T. *Seeing Through Race*. Cambridge/Mass., London 2012.

Neumann, Gerhard. „Fetischisierung. Zur Ambivalenz semiotischer und narrativer Strukturen".
Amphibolie, Ambiguität, Ambivalenz. Hrsg. von Frauke Berndt und Stephan Kammer.
Würzburg 2009: 61–76.

Schnurbein, Stefanie von. „Sander L. Gilman: Freud, Identität und Geschlecht". *Schlüsselwerke
der Geschlechterforschung*. Hrsg. von Martina Löw und Bettina Mathes. Wiesbaden 2005:
283–295.

Schößler, Franziska. *Einführung in die Gender Studies*. Berlin 2008.

Seshadri-Crooks, Kalpana. *Desiring Whiteness. A Lacanian Analysis of Race*. London, New York 2000.

Struve, Karen. „Postcolonial Studies". *Kultur. Von den Cultural Studies bis zu den Visual Studies. Eine Einführung*. Hrsg. von Stephan Moebius. Bielefeld 2012: 88–107.

Tißberger, Martina. *Dark Continents und das UnBehagen in der weißen Kultur. Rassismus, Gender und Psychoanalyse aus einer Critical-Whiteness-Perspektive*. Münster 2013.

Tuhkanen, Mikko. *The American Optic. Psychoanalysis, Critical Race Theory and Richard Wright*. Albany, New York 2009.

Waldenfels, Bernhard. „Fremdheit innerhalb und außerhalb unserer eigenen Kultur". *Freiburger literaturpsychologische Gespräche. Jahrbuch für Literatur und Psychoanalyse* 34 (2015): 213–231.

Warner, Marina. „Freuds Couch. Das Narrativ der Nächte und die Erfindung der Psychoanalyse". *Lettre International* 096 (2012): 104–108.

Werkmeister, Sven. *Kulturen jenseits der Schrift. Zur Figur des Primitiven in Ethnologie, Kulturtheorie und Literatur um 1900*. München 2010.

Wild, Inge. „Zwischen Mission, Kolonialismus und Ethnographie. Fremdheitserfahrungen der Lehrerin und Missionarin Anna Rein-Wuhrmann im Königreich Bamum in der deutschen Kolonie Kamerun". *Freiburger literaturpsychologische Gespräche. Jahrbuch für Literatur und Psychoanalyse* 21 (2002): 95–120.

II.7. Gender und Queer Studies

Irina Gradinari und Franziska Schößler

1. Einleitung: Interdisziplinäre Wechselwirkungen

Psychoanalyse, Genderforschung beziehungsweise Feminismus und Literatur stehen in einem überaus produktiven Austauschverhältnis. So entwickelt die Literatur psychosexuelle Phänomene, welche die Psychoanalyse und die Gender Studies kritisch aufnehmen. Die Begriffe ‚Masochismus' und ‚Sadismus' beispielsweise prägt der Sexualwissenschaftler Richard von Krafft-Ebing in Anlehnung an Leopold von Sacher-Masoch und den Marquis de Sade (vgl. Krafft-Ebing 1997 [1886]). Die Literatur greift ihrerseits auf psychoanalytisches Wissen zurück, wenn der bekannteste erotische Roman zur masochistischen Unterwerfung der Frau, *Histoire d'O* (1954; *Die Geschichte der O.*) von Pauline Réage (Anne Desclos), Theoreme Sigmund Freuds verarbeitet (vgl. XIII, 369–383), der neben der männlichen Unterwerfung den femininen Masochismus untersucht hat. Die US-amerikanische feministische Psychoanalytikerin Jessica Benjamin liest diesen Roman als prototypischen Ausdruck männlicher Herrschaft über Frauen (vgl. Benjamin 1990 [1988], 56–62). Zu diesen interdisziplinären Filiationen gehört auch, dass Gilles Deleuze und Slavoj Žižek unter Bezugnahme auf Jacques Lacan den Masochismus als Auflehnung des Mannes gegen die väterliche Ordnung und als Ablehnung des Ödipuskomplexes konzipieren (vgl. Deleuze 2013 [1968], 163–281; Žižek 1996 [1994], 45–59; → III.6. ÖDIPUS).

Die intrikaten Interdependenzen von Literatur, Psychoanalyse und Gender Studies werden durch die poststrukturalistische Grundannahme, Sprache sei realitäts- und identitätsstiftend, weiter intensiviert, denn ermöglicht erst die Sprache Subjektbildung, so fungiert Literatur als zentrales Identitätsmedium. Im Folgenden werden diejenigen Theoreme und Sujets Freuds und Lacans vorgestellt, die für die Gender und Queer Studies einschlägig sind, um im Anschluss daran historische Phasen und diverse Felder der Auseinandersetzung – den frühen Feminismus, die *écriture féminine*, die Men's und Queer Studies – sowie zentrale Argumentationsmuster zu beschreiben.

https://doi.org/10.1515/9783110332681-008

2. Diskursbegründungen: Ödipus, Spiegelstadium, Hysterie und Fetisch

Zu den wichtigsten psychoanalytischen Modellen, die ihre Aktualität bis heute nicht eingebüßt haben und für die Gender Studies Relevanz besitzen, zählen Freuds Ödipuskomplex und Lacans Spiegelstadium, die sowohl identitäts- als auch sinnstiftende Prozesse beschreiben: Die Entdeckung der (Geschlechter-)Differenz treibt die psychosexuelle Entwicklung voran und ist auch für die Bedeutungsproduktion einer Kultur grundlegend. Die ödipale Situation wird entsprechend für die Gestaltung männlicher Subjektbildung in literarischen Texten, für die Darstellung patriarchaler Literaturproduktion – man denke an Harold Blooms Konzeption der Literaturgeschichte als die eines ödipalen Konkurrenzkampfs der ‚Söhne' gegen die ‚Väter' (vgl. Bloom 1973) – und für die Beschreibung literarischer Signifikationsprozesse herangezogen (vgl. Lacan 1973a [1957], 7–60). Das weibliche Pendant des Ödipuskomplexes, der Elektrakomplex (vgl. Jung 1969 [1913], 203–522), findet vergleichsweise wenig Resonanz (→ III.4. ELEKTRA); das Gleiche gilt für die mythische Figur der Kindsmörderin Medea (→ III.3. MEDEA; vgl. Böschenstein 1995; Luserke-Jaqui 2002; Lütkehaus 2005 [2001]; Stephan 2006).

Der dem Ödipus-Mythos entlehnte Konflikt beschreibt einen Prozess männlicher psychosexueller Identitätsbildung, den Freud in diversen Studien ausarbeitet, unter anderem in *Der Untergang des Ödipuskomplexes* (1924) und in der viel diskutierten dreizehnten Vorlesung der Einführungsreihe zur Psychoanalyse, *Die Weiblichkeit* (1932), die wiederholt Gegenstand kritischer Genderlektüren wurde. Der kleine Junge muss mit der Entdeckung des Penismangels der Mutter durch die Kastrationsangst vor dem Vater, seinem Rivalen, auf jene und damit auf sein erstes Liebesobjekt verzichten. Die Objektbesetzung der Mutter wird durch eine Identifizierung substituiert und die Vaterautorität in das Ich introjiziert, die den Kern des Über-Ichs bildet. Durch diese Internalisierung wird sowohl das Inzestverbot auf Dauer gestellt als auch die Sublimierung sexueller Bestrebungen eingeleitet. Die Identifikation mit dem Vater bedeutet somit, sich für künftige kulturelle Leistungen zu qualifizieren (vgl. XIII, 398–399).

Das Mädchen entdeckt hingegen seine Kastration und entwickelt den sogenannten Penisneid, bis es als Erwachsene ein männliches Kind als „ersehnten Penis" (XV, 137) in die Welt setzt und damit seinen Penismangel kompensiert. Seine psychosexuelle Entwicklung beruht auf einer zweifachen Verschiebung der Sexualität von der Klitoris auf die Vagina und vom begehrten Objekt der Mutter auf den Vater. Möglicherweise wird der Ödipuskomplex in diesem Prozess niemals überwunden, weshalb Frauen, so Freud, in der Regel ein schwaches Über-Ich entwickelten und sich kaum an der kulturellen Produktion beteiligen könnten (vgl. XV, 137–142). „Die Anatomie ist das Schicksal" (VIII, 90; vgl. XIII,

400), resümiert Freud sein Modell, das zwar das Geschlecht als Resultat psycho-sozialer Entwicklungen behauptet, Heterosexualität jedoch als Norm setzt und biologistische Denkmuster aufgreift. Freuds Konzept definiert die Frau, so eine gängige Lesart in den Gender Studies, als Mangelwesen, spricht ihr grundsätz-lich maßgebliche kulturelle Aktivitäten ab und legt sie auf die Reproduktion fest, beglaubigt also die ‚erste Arbeitsteilung‘ der bürgerlichen Familie. Aus feminis-tischer Perspektive wird zudem moniert, dass Freuds Psychoanalyse lediglich ein Geschlecht kenne, das männliche, während die Frau als kastrierter Mann fir-miere. Dieser Geschlechtermonismus wurde von Vertreterinnen und Vertretern der Gender Studies ebenso kritisiert wie seine Genese rekonstruiert wurde (vgl. Lindhoff 2003 [1995]; Schößler 2008).

Lacan überträgt in seinen Studien *Le stade du miroir comme formateur de la fonction du Je. Telle qu'elle nous est révélée, dans l'expérience psychanalytique* (1949; *Das Spiegelstadium als Bildner der Ichfunktion, wie sie uns in der psycho-analytischen Erfahrung erscheint*), *L'instance de la lettre dans l'inconscient ou la raison depuis Freud* (1957; *Das Drängen des Buchstabens im Unbewussten oder die Vernunft seit Freud*) und *La signification du phallus. Die Bedeutung des Phallus* [dt. Untertitel im Orig.] (1966) den Ödipuskomplex sowie die Identitätsentwicklung auf die Strukturen der Sprache. Er unterscheidet drei Bereiche der Subjektgenese, die konstitutiv miteinander verklammert sind: das Reale, das Imaginäre und das Symbolische. Das Reale bezeichnet die unsignifizierbare Realität, die das Kind nach seiner Geburt erlebt. Mit dem Erwerb von Sprache geht der Bezug zum Realen unwiderruflich verloren, doch zeigt es sich fortan dort, wo die Sprache scheitert, beispielsweise in sprachlichen Diskontinuitäten. Das Imaginäre ent-steht in der vorsprachlichen Entwicklungsstufe, im Spiegelstadium: Das Kind erkennt sich zwischen dem sechsten und dem achtzehnten Monat mit einer ‚jubi-latorischen Geste‘ erstmals selbst im Spiegel, was für Lacan Selbsterkenntnis und zugleich Verkennung bedeutet, denn die im Spiegel wahrgenommene Autonomie und Ganzheit ist auf das Bild angewiesen und somit illusorisch. Dem Subjektsein liegt damit eine fundamentale Spaltung zugrunde: Das ‚wahre‘ Ich (*je*) wird nie mit dem imaginären Ich (*moi*) identisch sein. Die Illusion der Ganzheit und Auto-nomie wirkt im Symbolischen weiter und prägt in Form von Machtphantasien alle zwischengeschlechtlichen Beziehungen (vgl. Lacan 1973b [1966], 64–69). Das Symbolische ist dabei die Sprache selbst, die zugleich als Vaterordnung fungiert: Nach Lacan steht am Anfang der Sprache der Phallus als erster Signifikant, der die Differenz an sich bezeichnet. Der Eintritt in das Symbolische stellt für Lacan damit eine Art Kastration, nämlich die Auflösung der dyadischen Mutter-Kind-Beziehung durch den Vater, also die Sprache, dar, die das Subjekt unabhängig von der Geschlechterzuschreibung für immer vom Realen trennt. Auf diese Weise entsteht ein fundamentaler Mangel, der ein permanentes Begehren nach Sein und Identität produziert. Das Begehren ist daher bei Lacan kein Trieb im eigentlichen Sinne, sondern, wie das sprachlich strukturierte Unbewusste (vgl. Lacan 1973c [1956], 71–169), ein Produkt der symbolischen Ordnung (→ II.4. POSTSTRUKTURALISTISCHE THEORIE).

Obwohl die Kastration als Eintritt in die Sprache alle Individuen betrifft und die Geschlechterdifferenz ein Effekt der Signifizierungsprozesse ist, spricht Lacan davon, dass die Frau der Phallus sei, der Mann den Phallus hingegen habe. Auf diese Weise beschreibt er den (Un-)Ort der Frau innerhalb der symbolischen Ordnung; als außerhalb dieser Ordnung Stehende *ist* sie die Differenz. Die Funktion des Phallus/der Frau besteht darin, von der männlich-symbolischen Ordnung zur Genese von Bedeutung in Besitz genommen zu werden (vgl. Lacan 1975a [1966]). Lacans Überlegungen zur präödipalen Phase, die Freud vernachlässigte, werden für die *écriture féminine*, für die Theoretisierung ‚weiblichen‘ Schreibens sowie weiblicher Identität, von zentraler Bedeutung sein. Die Kinderanalytikerin Melanie Klein (1882–1960) entwickelte bereits in den 1920er und 1930er Jahren eine Objekttheorie für die Beschreibung der dyadischen Mutter-Kind-Beziehung (vgl. Kristeva 2008 [1999]).

Neben dem Ödipuskomplex und dem Spiegelstadium greifen die Gender Studies das psychoanalytisch ausgearbeitete Krankheitsbild der Hysterie auf, um es kulturkritisch zu wenden. Durch ein psychisches Trauma ausgelöst, artikuliert sich die Hysterie in verschiedenen Körper- und Wahrnehmungssymptomen, die im Grunde auf die Inkompatibilität zwischen der Frau und ihrer kulturellen Geschlechtszuschreibung hinweisen. Die Hysterie wird so zum Ausdruck eines verbotenen, nicht domestizierbaren Begehrens der Frau. Nach Luce Irigaray fungiert die Hysterie als Chiffre für das aus dem männlichen Subjektdiskurs Ausgeschlossene, für das Alogische und Materielle in Opposition zu Vernunft und Geistigem (vgl. Irigaray 1980 [1974]). Grundlage einer nicht patriarchal gedachten Weiblichkeit bildet die Hysterie beispielsweise in den Romanen *Malina* (1971) und *Der Fall Franza* (1966) von Ingeborg Bachmann. Hélène Cixous' Theaterstück *Portrait de Dora* (1976; *Dora*) nimmt Freuds berühmte misslungene Analyse Doras aus *Bruchstück einer Hysterie-Analyse* (1905) kritisch auf und dekonstruiert männliche Subjektivität über die Figur der Hysterikerin.

Das medizinische Pathogramm der Hysterie konzeptualisiert Weiblichkeit allem voran als Maskerade: Die Hysterikerin sei eine pathologische Lügnerin und Schauspielerin, so die notorische Zuschreibung seit dem ausgehenden 19. Jahrhundert. Dass Weiblichkeit ein Effekt von Maskeraden sei, unterstützt die für die Gender Studies zentrale Untersuchung von Joan Riviere *Womanliness as a Masquerade* (1929; *Weiblichkeit als Maskerade*). Die Psychoanalytikerin beschreibt in ihrer Fallstudie eine intellektuelle Frau, die sich während ihrer wissenschaftlichen Vorträge die männliche Macht des Wortes aneignet, um sich daraufhin

Männern übertrieben weiblich zu präsentieren; auf diese Weise verberge sie ihren ‚Übergriff' auf den Phallus. Folgert Riviere, Weiblichkeit sei grundsätzlich Maskerade – Performanz und Maskierung generell Mechanismen der Identitätsgenese (vgl. Butler 1991 [1990]; Garber 1992) –, so gesteht sie dieser keine Identität zu, eine Auffassung, die als literarische Darstellungsstrategie von weiblichen Figuren in hohem Maße verbreitet ist (vgl. Bettinger und Funk 1995; Weissberg 1994). Das Konzept ‚Weiblichkeit als Maskerade' wird im Anschluss an Riviere mit Blick auf Freud und Lacan ausdifferenziert und für die Beschreibung von männlichen Entwürfen übernommen; auch Männlichkeit ergebe sich aus der Überlagerung überdeterminierter Rollen (vgl. Benthien und Stephan 2003).

Ein weiteres Sujet der Gender Studies, das deutlicher in der feministischen Filmtheorie als in der Literatur eine Rolle spielt, ist der Fetisch, das heißt ein materielles Objekt wie Pelz, Schuh, Fuß oder Wäschestück, das als Symbol des Penis fungiert. Ein Fetisch ist nach Freud „Ersatz für den Phallus des Weibes (der Mutter)" (XIV, 312), der die Kastration der Frau ignoriert und diese zugleich – weil es um einen Ersatz geht – vergegenwärtigt. Der berühmte Aufsatz Laura Mulveys *Visual Pleasure and Narrative Cinema* (1975; *Visuelle Lust und narratives Kino*) profiliert die beliebte Praxis im Hollywoodfilm, die Frau als Fetisch in Szene zu setzen und damit eine Ambivalenz von Fülle und Mangel zu evozieren (vgl. Mulvey 1994 [1975]). Das klassische Hollywoodkino befriedige, so Mulvey, die vorsprachliche Schaulust, die Skopophilie, indem die Narration des Filmes, die Kameraführung und eine bestimmte Schnittweise die Protagonistin zum passiven Objekt des aktiven männlichen Blickes machten. Nach Mulvey behandeln die Plots vorwiegend ein Kastrationstrauma des Mannes, das auf zweierlei Art bewältigt werden kann: Im sadistischen Szenario wird das Trauma von der männlichen Figur erneut durchlebt, die Frau demystifiziert, das heißt, als kastriert entlarvt und dafür bestraft. Im fetischistischen Szenario hingegen überspielt die Schönheit der Frau die Kastration. Mulvey plädiert deshalb für eine avantgardistische Ästhetik, die die Kinoillusion und die damit verbundenen misogynen Blickkonstellationen zerstört. Kann auch eine männliche Figur im Film als Fetisch erscheinen, so wird nach Steven Neale der objektivierende, erotische Blick deplatziert, das heißt auf eine Frauenfigur umgeleitet und in Gewalt beziehungsweise Aggression verwandelt (vgl. Neale 1993).

3. Feministische Verhandlungen mit der Psychoanalyse

Frühe feministische Ansätze formulieren in der Regel harsche Kritik an Freuds Theorien, die jedoch zunehmend produktiven Aneignungsversuchen weicht.

Bereits in Simone de Beauvoirs großer Studie *Le deuxième sexe* (1949; *Das andere Geschlecht*) zeichnet sich ab, dass Freuds Psychoanalyse zu einem Stein des Anstoßes für feministische Denkerinnen und Denker wird. De Beauvoir kritisiert insbesondere Freuds Determinismus, der sich aus der Macht der Triebe über die Individuen ergibt und zu ihrer eigenen existenzialistischen Philosophie der Entscheidung in Opposition steht. Zu den überzeugten Freud-Gegnerinnen und -Gegnern gehört in den 1960er Jahren, also in der Phase der zweiten Frauenbewegung, die Vertreterin des *Feminist Literary Criticism*, Kate Millett. Die Kanonrevision in ihrer Studie *Sexual Politics* (1970; *Sexus und Herrschaft*), eine deutliche Kulturkritik am Patriarchat, löste eine nachhaltige Kontroverse aus. Nach Millett ist Sexualität als gesellschaftspolitisches Phänomen gemäß patriarchalen Strukturen organisiert. Sie löst deshalb das anatomische Geschlecht (*sex*) von dem Genus (*gender*), dem kulturell determinierten und produzierten Geschlecht, ab (vgl. Millett 1971 [1970], 39). Freud jedoch, so Milletts Vorwurf, blende die Bedeutung von Genus, von Kultur, völlig aus und verankere die Geschlechterdifferenz im biologisch-physiologischen Bereich. Als besonders fatal bewertet Millett, dass Freud Weiblichkeit auf *ein* fundamentales Gefühl zurückführe, auf den Penisneid, der die Frau als Mangelwesen kennzeichne, und dass Freud aus der psychischen Entwicklung ableite, was als normales beziehungsweise pathologisches Verhalten zu gelten habe. Zu diesen Normen gehöre, dass eine Frau allein als Mutter zur Erfüllung ihres Geschlechts gelange. Millett bewertet Freuds Leistungen deshalb als problematisch, weil er die um die Jahrhundertwende gängige Misogynie wissenschaftlich festschreibt und die Asymmetrien der Geschlechter beglaubigt.

Das Verhältnis von Feminismus und Psychoanalyse lässt sich jedoch nicht nur als Verwerfung, sondern auch als kritische Inversion und Rehabilitation beschreiben, wie in Juliet Mitchells Untersuchung *Psychoanalysis and Feminism* (1974; *Psychoanalyse und Feminismus*) deutlich wird. Nach Mitchell stellt die Psychoanalyse keine „Verklärung der patriarchalischen Gesellschaft [dar], sondern deren Analyse" (Mitchell 1976 [1974], 11). Tenor ihrer Argumentation ist, dass die Psychoanalyse diejenigen psychisch-symbolischen Prozesse beschreibt, die Weiblichkeit und Männlichkeit produzieren (vgl. Mitchell 1976 [1974], 162). Nicht also um Biologie gehe es, nicht darum, dass Anatomie Schicksal sei, sondern darum, in welcher Weise anatomische Differenzen psychisch repräsentiert und damit bedeutsam würden. Menschen müssten in einem schwerwiegenden Prozess ihre ursprüngliche Ausstattung, ihre Bisexualität, überwinden, die auch Freud voraussetzt (vgl. XIV), um eine eindeutige, gesellschaftlich anerkannte Genderrolle zu entwickeln. Das Unbewusste stellt nach Mitchell für die Analyse der weiblichen Situation deshalb eine zentrale Instanz dar, weil sich dort gemäß einem Parallelismus von Phylo- und Ontogenese, von individueller und kollektiver Menschheitsgeschichte, wie ihn Freud ebenfalls unterstellt, die Ideologien und Mythen der Vergangenheit archivieren. Im gesellschaftlich determinierten Apparat des Unbewussten lagern sich die Strukturen des Patriarchats ab, sodass das ungleiche Geschlechterverhältnis zementiert wird (vgl. Mitchell 1976 [1974], 436–437).

Autorinnen und Autoren, die an der Schnittstelle von Geschlecht und Psychoanalyse interessiert sind, versuchen darüber hinaus, die präödipale Mutter-Kind-Beziehung differenzierter darzustellen. Nancy Chodorow konzeptualisiert in *The Reproduction of Mothering. Psychoanalysis and the Sociology of Gender* (1978; *Das Erbe der Mütter. Psychoanalyse und Soziologie der Geschlechter*) die Geschlechterdifferenz neu, die ihrer Auffassung nach mit den Produktionsverhältnissen westlicher Industrienationen eng verknüpft ist. Im Zentrum der Argumentation steht das frühkindliche Verhältnis von Mutter und Kind sowie die damit verbundene Reproduktion von Mütterlichkeit. Die ersten, entscheidenden Bezugspersonen von Jungen und Mädchen seien gemeinhin Frauen, weil diesen die Aufgabe des „Mutterns" (Chodorow 1985 [1978], 10–11) übertragen wurde. Auf diese erste Form der Arbeitsteilung führt Chodorow die Differenzierung der Geschlechter zurück: Für den Sohn erscheint die zentrale Bezugsperson als ‚Andere', sodass er eine sexualisierte und genital getönte Form der Differenz erfährt. Um sich als eigenständiges Subjekt zu behaupten, wendet sich der Knabe bereits früh von der Mutter ab. Sein Identitätsentwurf basiert auf Trennung, Abstand und Verdrängung der intensiven, nun als regressiv bewerteten Mutterbindung (vgl. Chodorow 1985 [1978], 144). In der Mutter-Tochter-Beziehung herrsche hingegen Ähnlichkeit vor, das heißt die Tochter werde als Erweiterung des eigenen Selbst wahrgenommen, an sie wird die Aufgabe des ‚Mutterns' weitergegeben. Das Mädchen entwickle deshalb durchlässigere Ich-Grenzen und stehe mit der Mutter in einem Verhältnis der verlängerten Symbiose und der Über-Identifikation (vgl. Chodorow 1985 [1978], 123–137). Chodorow schreibt also Freuds Ansatz um, indem sie die Stellung des Vaters marginalisiert, dem Phallus/Penis seinen Fetischcharakter nimmt und die Mutter aufwertet, die in ihrem Modell nicht als Kastrationsdrohung fungiert. Die Konsequenz, die sich aus Chodorows Geschlechteranalyse ergibt, ist folgende: Nur wenn sich Männer und Frauen das ‚Muttern' teilen, kann die binäre, polarisierende Geschlechterordnung durchbrochen werden. „Männer an die Wiege!" (Chodorow 1985 [1978], 45) lautet deshalb Chodorows Forderung.

Renate Schlesiers einschlägige Untersuchung *Konstruktionen der Weiblichkeit bei Sigmund Freud* (1981) beschäftigt sich, wie es im Untertitel heißt, mit dem *Problem von Entmythologisierung und Remythologisierung in der psychoanalytischen Theorie.* Im Anschluss an die Aufklärungskritik von Max Horkheimer und Theodor W. Adorno zeigt sie auf (→ II.3. KRITISCHE THEORIE), dass Freuds Schriften die dialektische Struktur von Aufklärung und Mythisierung zugrunde liegt. Freud versuche zum einen, leidensstiftende Konstruktionen, wie sie beispielsweise das Psychogramm der Hysterikerin prägen, aufzulösen. Ziel seiner aufklärerischen Analyse sei es, in der mythisierenden Phantasiearbeit der Kranken die verschlüsselte Vergangenheit aufzudecken und damit die Quelle ihres Leids ‚trockenzulegen'. Zum anderen entwerfe Freud einen neuen Mythos von Weiblichkeit, der sich der Aufklärung hartnäckig entziehe und von seinem Autor nicht näher befragt werde: Dies sei der Mythos der kastrierten Frau, des weiblichen Mangelwesens. Schlesier führt diese ‚Mangelkonstruktion' auf die Lückenhaftigkeit seines Wissens über das Weibliche zurück (vgl. Schlesier 1981, 35–36); die unterstellte Mangelhaftigkeit des Weiblichen sei die der Theorie, so Schlesier weiter. Ihre Untersuchung deckt also Verdrängungen sowie Mythisierungen in Freuds Aufklärungsarbeit auf.

Diese Methode, Freud mit Freud zu lesen, die sich bei Schlesier andeutet, liegt auch Christa Rohde-Dachsers Studie *Expedition in den dunklen Kontinent. Weiblichkeit im Diskurs der Psychoanalyse* (1991) zugrunde. Sie liest seine Aussagen über Weiblichkeit als psychoanalytischen Text, als Ergebnis von Projektionen und Verschiebungen. Aus dieser Perspektive erscheint der phallische Monismus Freuds als Abwehr und Deckphantasie. Rohde-Dachser verallgemeinert, dass der Mann dasjenige, was er fürchte – Krankheit, Sterblichkeit, Tod etc. –, auf die Frau projiziere und so Gefährdungen und Ängste aus seinem Selbstentwurf ausgrenze. Freuds Kastrationsmodell zeigt sich vor diesem Hintergrund als *„basale Abwehrphantasie gegen Knabenängste, die dem (männlichen) Vergangenheitsunbewußten* zuzuordnen sind" (Rohde-Dachser 1991, 62). Hinter diesen Abwehrreaktionen stehe der Wunsch nach der Frau, nach der regressiven Vereinigung mit der Mutter. Allerdings wehre sich das Gegenwartsunbewusste gegen diesen Wunsch und stilisiere die ersehnte Frau zur Gefährdung, zur vernichtenden und tötenden Instanz. Rohde-Dachser prägt in diesem Zusammenhang die Begriffe „container" und „screen" (Rohde-Dachser 1991, 67), die die Frau als Projektionsfläche und Gefäß männlicher Phantasien bezeichnen (vgl. Bronfen 1994 [1992]). Die Allianz von Weiblichkeit und Tod grundiere Freuds gesamtes psychisches Modell, denn das Es, die Triebe und das Unbewusste seien weiblich semantisiert (vgl. Rohde-Dachser 1991, 143). Sei es das Ziel der Analyse, den ‚dunklen Kontinent' des Es durch die Vernunft zu kolonialisieren und zu rationalisieren, so schreibe Freuds Projekt die Binarität von unheimlicher weiblicher Natur und männlicher Kultur fort – ein beliebter Topos in der Literatur, der zudem den bürgerlichen Geschlechtscharakteren (vgl. Hausen 1978) sowie der Wissensorganisation und Hierarchie zwischen Geistes- und Naturwissenschaften zugrunde liegt (vgl. von Braun und Stephan 2005, 7).

Jutta Osinski kritisiert das Verfahren, Verdrängungen und Abspaltungen zu unterstellen und zu rekonstruieren. Sie hält fest, dass feministische Modelle und Literaturanalysen [...] häufig eine Begrifflichkeit [integrieren], die auf vereinfachte psychoanalytische Denk- und Erfahrungsmuster verweist. Wenn von ‚Verdrängung' oder ‚Abspaltung' des Weiblichen die Rede ist, von männlichen ‚Projektionen', von ‚Internalisierung', ‚Idealisierung', von ‚Ersatzhandlungen' oder ‚Männerphantasien', dann sind immer popularisierte Freudianische Subjektvorstellungen damit verbunden. (Osinski 1998, 139–140)

Die Verschiebungs- und Projektionsvorgänge zwischen den Geschlechtern, ihre relationalen Beziehungen sowie die permanenten Aushandlungsprozesse rückt allerdings auf überaus komplexe Weise auch der dekonstruktive Feminismus ins Zentrum, der mit dem Sammelband *Dekonstruktiver Feminismus. Literaturwissenschaft in Amerika* (1992) von Barbara Vinken in Deutschland bekannt wird. Weiblichkeit und Männlichkeit treten hier als kulturell-rhetorische Prozesse gemeinsam in den Blick, weil sich erst aus ihrem Zusammenspiel der Eindruck eines klar zu identifizierenden Geschlechts ergibt, das die dekonstruktivistischen Lektüren jedoch als labile Fiktion ausweisen.

4. Die *écriture féminine*

In intensiver Auseinandersetzung mit Lacan entsteht in den 1970er Jahren die französische *écriture féminine*, zu der Theoretikerinnen und Schriftstellerinnen wie Julia Kristeva, Hélène Cixous, Luce Irigaray, Chantal Chawaf, Annie Leclerc, Sarah Kofman und Monique Wittig gehören. Auch wenn sich die einzelnen Positionen unterscheiden, ist ihnen der Angriff auf das ‚Gesetz des Vaters', auf die symbolische Ordnung und den Logozentrismus gemein – dieser bezeichnet die Dominanz rationalistischer Verfahren und eines logisch strukturierten, definitorischen Sprechens, wie es in der abendländischen Philosophie vorherrscht. Die *écriture féminine* ist hingegen auf der Suche nach einer Sprache jenseits der Logik und des Gesetzes, nach einer poetischen Sprache, die auf Rhythmus, Musikalität sowie das Agrammatische Wert legt und so zum Ausdruck des Anderen werden kann. Dieses Andere wird als weiblich bezeichnet, ist allerdings nicht mit dem biologischen Geschlecht identisch. Auch ein männlicher Text kann sich im Raum des ‚Semiotischen', wie es Kristeva nennt, situieren, kann die Regeln der Logik und Grammatik als genuine Ausdrucksformen der symbolischen (Vater-) Ordnung überschreiten (vgl. Kristeva 1978 [1974], 32–113). Die Vertreterinnen der *écriture féminine* werten das Präödipale und Präsymbolische in starkem Maße auf, die sie in Anlehnung an Lacan als Sphäre des Mütterlichen konzipieren. Kristeva unterscheidet in *La révolution du langue poétique* (1974; *Die Revolution der poetischen Sprache*) einen symbolisch-männlichen Bereich von einem semiotisch-anarchischen, der sprachliche Normierungen unterläuft und auf die mütterliche Dyade – auf die vordiskursive, präödipale Einheit von Mutter und Kind, die ,chora' – zurückweist (vgl. z. B. Kristeva 1978 [1974], 37). Das Semiotische habe sich, so ihre These, noch nicht von der Triebwelt abgelöst und eröffne einen Raum des Klangs, des Rhythmus, der Polyphonie und des Gleitens zwischen metaphorischer und metonymischer Bedeutung. Insbesondere die Literatur vermöge dieses semiotische Reich der klingenden Signifikanten zu vergegenwärtigen und die starre symbolische Ordnung zu mobilisieren.

Cixous, die als Hauptvertreterin der *écriture féminine* gilt und neben theoretischen Texten Romane und Dramen vorgelegt hat, ist an einem weiblichen Schreiben interessiert, das sie als ,Körper-Schreiben' eng an die Physis bindet (vgl. Cixous 1976, 134–135). Auch Cixous ist auf der Suche nach Artikulationsformen, die das Andere auszusprechen vermögen, sich diesem annähern, ohne es zu fixieren und zu identifizieren. Weibliches Schreiben könne, anders als männliche Phantasien vom Ende, von der Kastration und der Trauerarbeit, Neuanfang, Wendung zum Anderen, Dialog und Bejahung sein. Cixous verknüpft das weibliche Sprechen eng mit den dezentrierten Lustempfindungen von Frauen – nicht zuletzt deshalb wird ihre Theorie als essenzialistisch-biologische gelesen. Eine ähnliche Verknüpfung von Sprache und Körper unternimmt Irigaray, die dem Gesetz des Vaters und dem in der Psychoanalyse favorisierten Phallus das ,Schamlippen-Modell' gegenüberstellt: Die (Selbst-)Berührung der Schamlippen steht demnach für einen Dialog, der das Andere mit einschließt, sich Logik und Vernunft widersetzt und jegliche Art von Hierarchie dekonstruiert. ,Parler femme', vom weiblichen Körper abgeleitet, definiert Irigaray als alogisches, diffuses, dezentriertes, nichtidentisches Sprechen, das mit Verdoppelungen, Wiederholungen, Anhäufungen von Signifikanten und Diskontinuitäten arbeitet (vgl. Irigaray 1979 [1977], 211–220). Diese Ansätze können auch als Theorien der Avantgarde gelesen werden und inspirieren bis heute nichtpatriarchalische Weiblichkeitsentwürfe in der Literatur.

5. Men's Studies

Auch die Vertreterinnen und Vertreter der Men's Studies reagieren auf Freuds Festschreibung der Geschlechterdifferenz, indem sie seinen Ansatz historisieren beziehungsweise psychoanalytisch interpretieren (vgl. Connell 2005 [1995], 8–9). Freud verschiebe, so Paul Smith, verstörende Aspekte der Männlichkeitsentwicklung auf das Weibliche und blende damit Irritationen aus der Genese des Mannes aus (vgl. Smith 1997). Sander L. Gilman betont, dass Freuds Theorien auf die zu

Beginn des 20. Jahrhunderts gängige Konzeption vom minderwertigen Juden reagierten und dass das Herzstück seines Konzepts, die Kastrationsdrohung, auf die jüdische Beschneidungspraxis zurückgeführt werden könne (vgl. Gilman 1994 [1993], 85–86). Die Abwertungen des rassistischen Diskurses verschwänden jedoch zunehmend aus Freuds Texten und kehrten verschoben als Deformation des Weiblichen wieder (→ II.6. Postcolonial und Critical Race Studies).

Eine der ersten kritischen Lektüren Freuds im Rahmen der Männlichkeitsstudien stellt Klaus Theweleits viel diskutierte Studie *Männerphantasien* (1977/1978) dar, die ein psychoanalytisches Erklärungsmodell des Faschismus vorlegt. Das Begehren nach der Mutter wird, so Theweleit, durch die kleinbürgerliche Familie initiiert, die das Kind von der Umwelt isoliert und den Subjektivierungsprozess sexualisiert. So bildet sich die männliche Subjektivität in dem *double-bind* des Inzestgebots und -verbots heraus. Auf der Grundlage von Gilles Deleuze' und Félix Guattaris *Capitalisme et schizophrénie 1. L'Anti-Œdipe* (1972; *Anti-Ödipus. Kapitalismus und Schizophrenie I*) deutet Theweleit den Ödipuskomplex jedoch zu einem Effekt gesellschaftlicher Repressionen um (vgl. Theweleit 1977/1978, Bd. 1, 263–268). Auf diese Weise kann er die individuelle (männliche) Psyche mit der staatlichen Entwicklung analogisieren.

Anhand von Briefen deutscher Freikorpssoldaten, Memoiren und Romanen entwickelt Theweleit eine männliche Subjektivitätsform, den Körperpanzer, der sich durch den Ausschluss von Gefühlen, körperliche Immunität sowie Opakheit auszeichnet. Die untersuchten Texte der Soldaten installieren eine scharfe Grenze zwischen männlichem Selbst, das meist in homoerotischen Männerbünden in Erscheinung tritt, und weiblichem Anderen, das es zu vernichten gilt – es sei denn, es handelt sich um Mütter oder weiße (Kranken-)Schwestern, die desexualisiert und entlebendigt werden. Die feindliche Kastrationsdrohung verkörpert hingegen das ‚Flintenweib‘, das zumindest imaginativ lustvoll ermordet wird. Mit ihren binären Weiblichkeitsbildern von Heiliger und Hure, die in der Literatur eine lange Tradition besitzen und den Projektionsmodus des Weiblichen signalisieren (vgl. Schößler 2008, 67), regulieren die Texte faschistischer Männer das Unkontrollierbare, die ‚Fluten‘ von Kapital, Geld und Massen sowie das Revolutionschaos, das die männliche Subjektivität aufzulösen droht. Der Faschismus habe deshalb Erfolg gehabt, weil seine öffentlichen Inszenierungen eine Erlösung vom psychosozialen Druck versprachen. Die Aufmärsche zum Beispiel dienten einerseits als Damm gegen die bedrohlichen Fluten und schützten die männliche Subjektivität, sie kanalisierten andererseits den Fluss des Begehrens, indem die sonst eingedämmte Wunschproduktion zugelassen und ein Zustand der Nichtkastration, der Macht und Erfüllung erreicht wurde: „Der Faschismus übersetzt so innere Zustände in riesige äußere Monumente, Ornamente als Kanalisationssysteme […].“ (Theweleit 1977/1978, Bd. 1, 550)

Zentrale Themen der Männlichkeitsforschung, die sich psychoanalytischer Denkansätze bedienen, sind des Weiteren das allgegenwärtige Phänomen der Männerbünde, die sich durch den Ausschluss von Weiblichkeit und vorbehaltlose Opferbereitschaft auszeichnen (vgl. Widdig 1997), die Partizipation des Mannes an der Macht, männliche Maskeraden (vgl. Benthien und Stephan 2003) sowie der Mann in der Familie. Mit Letzterem beschäftigt sich der Literaturwissenschaftler Walter Erhart; er liest die Psychoanalyse, die er zu historisieren versucht, als Meistererzählung über die Familie (vgl. Erhart 2001). In bürgerlichen Männlichkeitsentwürfen lasse sich ein fundamentaler Widerstreit ausmachen, so Erhart. Dem Wunsch des Mannes nach Regression in einen präödipalen Bereich, wie ihn auch Theweleit beschrieben hat, steht derjenige nach der Abgrenzung von der Mutter gegenüber. Aufgrund dieser widersprüchlichen Tendenzen kommt es im Verlauf eines männlichen Lebens wiederholt zu Umdeutungen, wenn nämlich die mutterzentrierte Narration durch einen Männlichkeitsentwurf ersetzt wird, der die Grenze zum Weiblichen betont. Insbesondere die zahlreichen genealogischen Familienromane des 19. Jahrhunderts lassen diese konfliktreiche Abfolge männlicher Identitätsentwürfe als Geschichte von instabilen Männlichkeitsentwürfen (→ IV.5. FAMILIENROMAN), als Ensemble von divergenten Performances und heterogenen Narrationen in Erscheinung treten (vgl. Erhart 2001, 9). Erhart beschreibt Männlichkeit, ähnlich wie Stefan Horlacher für die englische Literatur, als heterogen-brüchiges Narrativ (vgl. Horlacher 2006). Auf ein solches zielen auch die Geschlechterentwürfe der Queer Studies.

6. Judith Butler und die Queer Studies

Judith Butler, deren Untersuchung *Gender Trouble. Feminism, and the Subversion of Identity* (1990; *Das Unbehagen der Geschlechter*) für die Gender wie Queer Studies in Deutschland von grundlegender Bedeutung ist, nimmt in ihrer Untersuchung *The Psychic Life of Power: Theories in Subjection* (1997; *Psyche der Macht – Das Subjekt der Unterwerfung*) eine Revision des Freud'schen Modells vor, indem sie dem (Un-)Ort eines tabuisierten Begehrens nachspürt. In dem Kapitel *Melancholy Gender/Refused Identification* betont sie, dass die Verwerfung des homosexuellen Begehrens bewusstseinskonstituierend sei und wesentlich zur Entstehung des psychischen Innenraums beitrage. Das kulturelle Verbot der Homosexualität, das nach Butler dem Inzestverbot noch vorausliegt, produziert einen psychischen Kern, der das Homosexualitätstabu verinnerlicht, performativ wiederholt und zugleich auf ein heterosexuelles Begehren festlegt (vgl. Butler 2001 [1997], 127–128). Was dieses Verbot sanktioniert, ist das Begehren nach einem gleichgeschlechtlichen Objekt, das in einer doppelten Bewegung radikal verworfen und verinnerlicht beziehungsweise zum Ich-Ideal wird; es wird mit libidinösen, homoerotischen Energien besetzt. Das Ich ist damit auf ein Ideal (seiner selbst) bezogen, das verboten ist, sodass Schuld und Autoaggression entstehen, wie Freud in seiner Schrift *Zur Einführung des Narzißmus* (1914) erläutert. Diese Ausgrenzung beziehungsweise Internalisierung lässt die heterosexuelle Geschlechtsidentität ihrem Wesen nach melancholisch werden, denn sie formt sich durch die Verwerfung eines homosexuellen Begehrens aus, durch eine unbetrauerbare Abspaltung, die die geschlechtliche Normalität und die Identität des Subjekts hervorbringt. Die heterosexuelle Geschlechtsidentität wird also durch ein Verworfenes konfiguriert, durch das, was in ihr nicht repräsentiert ist, durch die tabuisierte Homosexualität.

Die Queer Studies, die vor dem Hintergrund der Butler'schen Performanztheorie die Identität von Schwulen und Lesben problematisieren, greifen ähnlich wie der frühe Feminismus mit Vorliebe das Modell der Verdrängung auf. Butler untersucht beispielsweise die Paradoxien, die die Identitätszuschreibung „ich bin schwul/lesbisch" (Butler 2003 [1990], 147) produziert. Das Coming-out, das Bekenntnis zu einem homosexuellen Begehren, sei zwar einerseits eine Enthüllung, andererseits jedoch eine Verhüllung, weil andere Formen des Begehrens (wie das heterosexuelle) verdrängt würden (vgl. Jagose 2001 [1997], 55–56). Zugleich sei das Coming-out als Prozess zu denken, verlange sich ständig erneuernde Akte, deren Wiederholungen Differenzen und Verdrängungen produzierten, sodass die gemeinhin ausgeblendeten Irritationen von (Geschlechts-)Identitäten erfahrbar würden. Die ‚Identitäten' von Schwulen und Lesben seien „als Schauplätze der Störung, des Irrtums, der Verwirrung und des Unbehagens der Ansatzpunkt für einen gewissen Widerstand gegen Klassifizierung und gegen Identität an sich" (Butler 2003 [1990], 149). Die Queer Studies begreifen Gender-Transgressionen deshalb als Modus der Erkenntnis und des kulturellen Fortschritts: Marjorie Garber setzt in ihrer Studie *Vested Interests. Cross-Dressing and Cultural Anxiety* (1992; *Verhüllte Interessen. Transvestismus und kulturelle Angst*) den Transvestiten mit dem Möglichkeitssinn einer Kultur gleich, während in ihrer Folgeuntersuchung *Bisexuality and the Eroticism of Everyday Life* (2000 [1995]; *Die Vielfalt des Begehrens. Bisexualität von der Antike bis heute*) die Bisexualität als transkategoriale Praxis und Movens der kulturellen Phantasie schlechthin fungiert. Garber spricht von einer „bisexuelle[n] Mobilität der Phantasie" (Garber 2000, 37), die (wie die Bisexualität) simultane Besetzungen von widersprüchlichen Rollen ermögliche. Dass die Phantasie keine festen Rollen zuweist, betonen die Psychoanalytiker Jean Laplanche und Jean-Bertrand Pontalis ebenfalls – auf diese bezieht sich Teresa de Lauretis in ihrer einschlägigen Studie *The Practice of Love. Lesbian Sexuality and Perverse Desire* (1994; *Die andere Szene. Psychoana-*

lyse und lesbische Sexualität; vgl. de Lauretis 1996 [1994], 109–110). Bisexualität bedeutet nach Garber die Weigerung, sich auf ‚eins' beschränken zu lassen, und lässt narrative Konzepte, Rollenwechsel und Phantasiespiele an die Stelle von Identitätskonstruktionen treten.

Die Queer Studies gehen davon aus, dass die herrschende Kultur auf konstitutive Weise von verdrängten Formen des Begehrens durchzogen ist, und entwickeln ein innovatives Lektüreverfahren, um den verbotenen Begehrensströmen in literarischen Texten nachzuspüren. Die als *queer reading* bezeichnete

> Leseweise fragt mit den methodischen Mitteln der Diskursanalyse, des Poststrukturalismus, der Psychoanalyse und der Dekonstruktion nach erotischen Subtexten und Schattengeschichten, die der heteronormativen Zeichenökonomie einer literarischen (bzw. filmischen) Erzählung zuwiderlaufen (Kraß 2003, 22).

Einschlägig ist in diesem Zusammenhang die Anthologie von Eve Kosofsky Sedgwick *Novel Gazing. Queer Readings in Fiction* (1997), die berühmte Texte von Marcel Proust, Honoré de Balzac, Oscar Wilde, Henry James und anderen mit Blick auf queere Männlichkeitskonstruktionen neu liest (vgl. auch Sedgwick 1990). In ihrer Studie *Between Men. English Literature and Male Homosocial Desire* (1985) fokussiert Sedgwick männliche Seilschaften, das *male bonding* in homosozialen Bünden, und führt aus, dass die patriarchale Gesellschaft einerseits auf männlichen Pakten sowie der (erotischen) Nähe von Männern basiere, andererseits Homosexualität in geradezu obsessiver Weise ablehne, weil das schwule Begehren die geheime Struktur homosozialer Männerbünde, die libidinösen Energien zwischen Männern, erkennbar werden lasse. Der Neologismus ‚homosozial' bezeichne die sozialen Bindungen zwischen Personen desselben Geschlechts, also die Aktivitäten des *male bonding*, die sich durch ihre Homophobie, durch die Angst vor Homosexualität, charakterisieren ließen.

Lacans psychoanalytisches Subjektmodell ist für die queere Theorie ebenfalls anschlussfähig, wie der provokante Ansatz von Lee Edelman verdeutlicht (vgl. Edelman 2004). Dieser setzt sich mit dem ideologisch hochaufgeladenen Bild des Kindes, einer symbolischen Verkörperung der Zukunft, auseinander. Das ‚Kind' stellt, so seine Analyse der US-amerikanischen Gesellschaft, die Grundlage jeglicher Politik dar, weil es die Zukunft, die Futurität, verkörpert, die aus der Projektion einer imaginären Vergangenheit auf die Zukunft hervorgeht. Es gewährleistet damit gesellschaftliche Kontinuität, die Inszenierung der Unsterblichkeit sowie teleologischer Entwicklung einer Gemeinschaft und legitimiert die gegenwärtige heterosexuelle Ordnung beziehungsweise den konstitutiven Ausschluss queerer Identitäten. Dieser Zukunftsentwurf realisiert sich als eine Narration, die die Tropen – Edelman referiert an dieser Stelle Friedrich Schlegel und Paul de Man – in Repräsentationen überindividueller Erfahrungen verwandelt beziehungsweise allegorisiert. Wie alle anderen Arten von Signifikationen kann auch die Futurität nie eintreten, da die Bedeutung nicht mit dem Zeichen zusammenfällt. Die narrativ entwickelte Zukunft wird deshalb nie einer realen entsprechen, ebenso wie die imaginäre Identität eines Subjektes nicht erreicht werden kann. Als queer codiert das Symbolische nach Edelman die Diskontinuitäten und das Nichtidentische der Zeichen und spaltet sie dadurch ab. Queer bezeichnet umgekehrt eine Position, die das Prozesshafte und Zeichenhafte des Symbolischen sichtbar macht, es als Textmaschine ausstellt. Dem Queeren kommt daher die Funktion zu, den reproduktiven Futurismus zu negieren und den unthematisierten Rahmen des Politischen als subversive Kraft infrage zu stellen. Ein möglicher Ausdruck von Queer sei die Ironie, die die allegorisierende Kraft der Narration unterbricht und sprachliche Konstruktionen offenlegt. Lacan ist deshalb für Edelman attraktiv, weil er Zeichentheorie und dekonstruktive Identitätskonzepte zusammendenkt.

Psychoanalytische Konzepte unterschiedlicher Couleur haben also in den Queer und Gender Studies weiterhin Konjunktur. Aller berechtigten Kritik zum Trotz erweist sich die Psychoanalyse bis heute als grundlegender Baustein jeder (Gender-)Theorie, die dem Zusammenhang von Sexualität, Subjektivität und Begehren auf den Grund zu gehen versucht.

Literatur

De Beauvoir, Simone. *Das andere Geschlecht. Sitte und Sexus der Frau.* Übers. von Eva Rechel-Mertens und Fritz Montfort. Reinbek bei Hamburg 1968 [1949].

Benjamin, Jessica. *Die Fesseln der Liebe. Psychoanalyse, Feminismus und das Problem der Macht.* Übers. von Nils Thomas Lindquist und Diana Müller. Frankfurt a. M. 1990.

Benthien, Claudia und Inge Stephan (Hrsg.). *Männlichkeit als Maskerade. Kulturelle Inszenierungen vom Mittelalter bis zur Gegenwart.* Köln 2003.

Bettinger, Elfi und Julia Funk (Hrsg.). *Maskeraden. Geschlechterdifferenz in der literarischen Inszenierung.* Berlin 1995.

Bloom, Harold. *The Anxiety of Influence.* Oxford 1973.

Böschenstein, Renate. „Medea und die Frage nach der Überzeitlichkeit der Mutterliebe". *Psychoanalyse und die Geschichtlichkeit von Texten.* Hrsg. von Johannes Cremerius et al. Würzburg 1995: 128–153.

Braun, Christina von und Inge Stephan (Hrsg.). *Gender@Wissen. Ein Handbuch der Gender-Theorien.* Köln, Weimar, Wien 2005.

Bronfen, Elisabeth. *Nur über ihre Leiche. Tod, Weiblichkeit und Ästhetik.* München 1994 [1992].

Butler, Judith. *Das Unbehagen der Geschlechter.* Übers. von Kathrina Menke. Frankfurt a. M. 1991 [1990].

Butler, Judith. *Psyche der Macht. Das Subjekt der Unterwerfung.* Übers. von Reiner Ansén. Frankfurt a. M. 2001 [1997].

Butler, Judith. „Imitation und die Aufsässigkeit der Geschlechtsidentität". Übers. von Claudia Brusdeylins. *Queer Denken. Gegen die Ordnung der Sexualität*. Hrsg. von Andreas Kraß. Frankfurt a. M. 2003 [1990]: 144–168.

Chodorow, Nancy. *Das Erbe der Mütter. Psychoanalyse und Soziologie der Geschlechter*. Übers. von Gitta Mühlen-Achs. München 1985 [1978].

Cixous, Hélène. „Schreiben, Feminität, Veränderung". Übers. von Monika Bellan. *Alternative* 19.108/109 (1976): 134–147.

Connell, Robert W. *Masculinities*. 2. Aufl., Cambridge 2005 [1995].

Deleuze, Gilles. „Sacher-Masoch und der Masochismus" [1968]. Sacher-Masoch, Leopold von. *Venus im Pelz. Mit einer Studie über den Masochismus von Gilles Deleuze*. Übers. von Gertrud Müller. 13. Aufl., Berlin 2013: 163–281.

Deleuze, Gilles und Félix Guattari. *Anti-Ödipus. Kapitalismus und Schizophrenie I*. Übers. von Bernd Schwibs. 14. Aufl., Frankfurt a. M. 2014 [1972].

Edelman, Lee. *No Future. Queer Theory and the Death Drive*. Durham, London 2004.

Erhart, Walter. *Familienmänner. Über den literarischen Ursprung moderner Männlichkeit*. München 2001.

Garber, Marjorie. *Vested Interests. Cross Dressing and Cultural Anxiety*. New York 1992.

Garber, Marjorie. *Die Vielfalt des Begehrens. Bisexualität von der Antike bis heute*. Übers. von Christiana Goldmann und Christa Erbacher von Grumbkow. Frankfurt a. M. 2000 [1995].

Gilman, Sander L. *Freud, Identität und Geschlecht*. Übers. von H. Jochen Bussmann. Frankfurt a. M. 1994 [1993].

Hausen, Karin. „Die Polarisierung der ‚Geschlechtercharaktere' – Eine Spiegelung der Dissoziation von Erwerbs- und Familienleben". *Sozialgeschichte der Familie in der Neuzeit Europas*. Hrsg. von Werner Conze. Stuttgart 1978: 363–393.

Horlacher, Stefan. *Masculinities. Konzeptionen von Männlichkeit im Werk von Thomas Hardy und D. H. Lawrence*. Tübingen 2006.

Irigaray, Luce. *Das Geschlecht, das nicht eins ist*. Übers. von Eva Meyer und Heidi Paris. Berlin 1979 [1977].

Irigaray, Luce. *Speculum. Spiegel des anderen Geschlechts*. Übers. von Xenia Rajewsky et al. Frankfurt a. M. 1980 [1974].

Jagose, Annamarie. *Queer Theory. Eine Einführung*. Übers. und hrsg. von Corinna Genschel et al. Berlin 2001.

Jung, Carl Gustav. „Versuch einer Darstellung der Analytischen Psychologie" [1913]. Jung, Carl Gustav. *Gesammelte Werke*, Bd. 4. Hrsg. von Lilly Jung-Merker et al. Olten 1969: 203–522.

Krafft-Ebing, Richard von. *Psychopathia Sexualis*. Berlin 1997 [1886].

Kraß, Andreas (Hrsg.). *Queer Denken. Gegen die Ordnung der Sexualität*. Frankfurt a. M. 2003.

Kristeva, Julia. *Die Revolution der poetischen Sprache*. Übers. von Reinhold Werner. Frankfurt a. M. 1978 [1974].

Kristeva, Julia. *Das weibliche Genie – Melanie Klein. Das Leben, der Wahn, die Wörter*. Übers. von Johanna Naumann. Gießen 2008 [1999].

Lacan, Jacques. „Das Seminar über E. A. Poes ‚Der entwendete Brief'" [1966]. Übers. von Rodolphe Gasché. Lacan, Jacques. *Schriften I*. Hrsg. von Norbert Haas. Olten, Freiburg i. Br. 1973a: 7–60.

Lacan, Jacques. „Das Spiegelstadium als Bildner der Ichfunktion, wie sie uns in der psychoanalytischen Erfahrung erscheint" [1966]. Übers. von Peter Stehlin. Lacan, Jacques. *Schriften I*. Hrsg. von Norbert Haas. Olten, Freiburg i. Br. 1973b: 63–70.

Lacan, Jacques. „Funktion und Feld des Sprechens und der Sprache in der Psychoanalyse"
[1956]. Übers. von Klaus Laermann. Lacan, Jacques. *Schriften I.* Hrsg. von Norbert Haas.
Olten, Freiburg i. Br. 1973c: 71–169.

Lacan, Jacques. „Das Drängen des Buchstabens im Unbewussten oder die Vernunft seit Freud"
[1966]. Lacan, Jacques. *Schriften II.* Hrsg. und übers. von Norbert Haas. Olten, Freiburg
i. Br. 1975a: 15–55.

Lacan, Jacques. „Die Bedeutung des Phallus" [1966]. Übers. von Chantal Creusot, Norbert Haas
und Samuel M. Weber. Lacan, Jacques. *Schriften II.* Hrsg. von Norbert Haas. Olten, Freiburg
i. Br. 1975b: 119–132.

Lauretis, Teresa de. *Die andere Szene. Psychoanalyse und lesbische Sexualität.* Übers. von
Karin Wördemann. Berlin 1996 [1994].

Lindhoff, Lena. *Einführung in die feministische Literaturtheorie.* 3. Aufl., Stuttgart, Weimar
2003.

Lütkehaus, Ludger. „Der Medea-Komplex". *Mythos Medea. Texte von Euripides bis Christa Wolf.*
Hrsg. von Ludger Lütkehaus. 2. Aufl., Stuttgart 2005: 11–24.

Luserke-Jaqui, Matthias. *Medea. Studien zur Kulturgeschichte der Literatur.* Tübingen, Basel
2002.

Millett, Kate. *Sexus und Herrschaft. Die Tyrannei des Mannes in der Gesellschaft.* Übers. von
Ernestine Schlant. München 1971 [1970].

Mitchell, Juliet. *Psychoanalyse und Feminismus. Freud, Reich, Laing und die Frauenbewegung.*
Übers. von Brigitte Stein und Holger Fliessbach. Frankfurt a. M. 1976 [1974].

Mulvey, Laura. „Visuelle Lust und narratives Kino". Übers. von Karola Gramann. *Weiblichkeit als
Maskerade.* Hrsg. von Liliane Weissberg. Frankfurt a. M. 1994 [1975]: 48–65.

Neale, Steven. „Masculinity as Spectacle. Reflections on Men and Mainstream Cinema".
Screening the Male. Exploring Masculinities in Hollywood Cinema. Hrsg. von Steven Cohan
und Ina Rae Hark. London, New York 1993: 9–20.

Osinski, Jutta. *Einführung in die feministische Literaturwissenschaft.* Berlin 1998.

Riviere, Joan. „Weiblichkeit als Maskerade" [1929]. Übers. von Ursula Rieth. *Weiblichkeit als
Maskerade.* Hrsg. von Liliane Weissberg. Frankfurt a. M. 1994: 34–47.

Rohde-Dachser, Christa. *Expedition in den dunklen Kontinent. Weiblichkeit im Diskurs der
Psychoanalyse.* Berlin, Heidelberg 1991.

Schlesier, Renate. *Konstruktionen der Weiblichkeit bei Sigmund Freud. Zum Problem von
Entmythologisierung und Remythologisierung in der psychoanalytischen Theorie.*
Frankfurt a. M. 1981.

Schößler, Franziska. *Einführung in die Gender Studies.* Berlin 2008.

Sedgwick, Eve Kosofsky. *Between Men. English Literature and Male Homosocial Desire.* New
York 1985.

Sedgwick, Eve Kosofsky. *Epistemology of the Closet.* Berkeley 1990.

Sedgwick, Eve Kosofsky. *Novel Gazing. Queer Readings in Fiction.* Durham, London 1997.

Smith, Paul. „*Vas.* Sexualität und Männlichkeit". Übers. von Walter Erhart und Britta Herrmann.
Wann ist der Mann ein Mann? Zur Geschichte der Männlichkeit. Hrsg. von Walter Erhart
und Britta Herrmann. Stuttgart, Weimar 1997: 58–85.

Stephan, Inge. *Medea. Multimediale Karriere einer mythologischen Figur.* Köln, Weimar, Wien
2006.

Theweleit, Klaus. *Männerphantasien,* 2 Bde., Frankfurt a. M. 1977/1978.

Vinken, Barbara (Hrsg.). *Dekonstruktiver Feminismus. Literaturwissenschaft in Amerika.*
Frankfurt a. M. 1992.

Weissberg, Liliane (Hrsg.). *Weiblichkeit als Maskerade*. Frankfurt a. M. 1994.

Widdig, Bernd. „‚Ein herber Kultus des Männlichen‘: Männerbünde um 1900". *Wann ist der Mann ein Mann? Zur Geschichte der Männlichkeit*. Hrsg. von Walter Erhart und Britta Herrmann. Stuttgart, Weimar 1997: 235–248.

Žižek, Slavoj. „Zusatz: Minne und Masochismus" [1994]. *Die Metastasen des Genießens. Sechs erotisch-politische Versuche*. Übers. von Karl Bruckschwaiger. Wien 1996: 45–59.

II.8. Medientheorie

Leif Weatherby

1. Einleitung

Psychoanalyse und Medientheorie bilden die Kehrseiten einer Medaille: Die Psychoanalyse hängt bereits bei Sigmund Freud von medialen Erfahrungen ab, so wie sich – umgekehrt – die Medientheorie des 20. und 21. Jahrhunderts psychoanalytischer Begriffe und Modelle bedient (vgl. Ellrich 2010). Das Verhältnis geht auf die ersten Tage der Psychoanalyse zurück und bleibt bis in die Gegenwart virulent, wie Jeffrey Kirkwood gezeigt hat (vgl. Kirkwood 2017). In und nach der *apparatus theory* der Filmkritik etwa findet man eine stark psychoanalytisch geprägte Herangehensweise an den medialen Gegenstand ‚Film‘ (→ IV.9. LITERATUR – FILM: DOPPELGÄNGER). Nicht zuletzt in der Frankfurter Schule werden psychoanalytische Raster für die Historisierung der Medien und ihrer Techniken angewandt (vgl. Benjamin 1989 [1936]; Horkheimer und Adorno 1988 [1944/1947], 128–177; Sachs 1965). All diese Versuche basieren auf der Einsicht, dass die Wechselwirkung ‚Psyche/Medium‘ ein grundlegendes Phänomen ist, sodass Psyche und Medium immer wieder eng geführt werden (vgl. Vogl 1999).

Schon bei Freud ermöglicht die metaphorische Verbindung von Technik und Psyche die Weiterführung seines frühen energetischen Modells auf das Gebiet des Symbolischen. Das Modell der Psyche als Apparat zeigt, wie Freud philosophische Probleme in psychoanalytisch lesbare Vorgänge umwandelt. Lektüren von Jacques Derrida und Avital Ronell bringen zum Vorschein, wie Schrift und Prothese als grundlegende Metaphern dieses Apparat-Modell erweitern und vertiefen (vgl. Abschnitt 2.). Trotzdem bringt Freud die Psyche und das Medium nicht völlig zusammen. Das bleibt das Verdienst von Jacques Lacan und nach ihm Friedrich Kittler. Lacan deutet das Symbolische als (kybernetische) Maschine; hier fungiert die Urszene der Hegel'schen Dialektik von Herrschaft und Knechtschaft als Basis eines Neuentwurfs der Psychoanalyse im technischen Zeitalter. Roboter und Relais erklären das Verhältnis ‚symbolisch/real‘ (vgl. Abschnitt 3.). Schließlich beruht Kittlers medientheoretischer Ansatz auf einer rigorosen Kombination dieser Modelle, die ihn zu einer psychoanalytisch-mediologischen Literaturanalyse führt. Kittlers Analyse der Entwicklung der analogen Medien um 1900 zeigt, wie die Psychoanalyse – fruchtbar für die Literaturwissenschaft – in die Mediengeschichte eingebettet werden kann, ohne dass daraus ein Technikdeterminismus folgt (vgl. Abschnitt 4.).

https://doi.org/10.1515/9783110332681-009

2. Sigmund Freuds Apparate und Prothesen

Die Psychoanalyse ist seit ihrer Geburtsstunde eine Deutungslehre. In Erwartung ihrer epochemachenden Bedeutung für die Wissenschaft auf 1900 vordatiert, ist *Die Traumdeutung* allerdings keine Hermeneutik im herkömmlichen Sinn. Denn die zu analysierenden Träume entblößen ihre unbewusste Kehrseite prinzipiell nicht: Das Unbewusste bleibt unbewusst. Die Quelle des träumerischen Ausdrucks steht, so Freuds radikaler Ansatz, in keinem symbolischen Verhältnis zum manifesten Trauminhalt. Um die Mechanik dieses Prozesses zu veranschaulichen, greift Freud auf ein mediales Modell zurück. Sein Leben lang – etwa noch im 1940 veröffentlichten *Abriß der Psychoanalyse* – spricht Freud erstens von einem „psychische[n] Apparat" (XVII, 67), als dessen Wortschöpfer er gilt (vgl. Wegener 2004, 15). Damit lenkt er klassisch philosophische Probleme auf mediale Bahnen um. Denn der Gedanke eines ‚Apparats' zeigt, dass Freuds Theorie ohne Wissen über Experimente und „aufblühende[ ] Apparatetechnik" (Wegener 2004, 19) nicht zu denken ist. Zweitens bezeichnet er die eigentliche Technik sowie die seelischen und kulturellen Vorgänge der Sublimierung als „Prothesen[ ]" (XIV, 451), das heißt als mediale Erweiterungen menschlicher Fähigkeiten. Obwohl die Frage, ob Freud eine psychoanalytische Medientheorie konzipiert habe, meistens verneint wird (vgl. Tuschling 2014), liefern beide Modelle – Apparat und Prothese – Anknüpfungspunkte zu einer solchen Theorie. Vor allem das Modell des Apparats dient Freud dazu zu zeigen, dass die Bilder im Bewusstsein diesem Bewusstsein immer schon vorausgehen. Seine Inhalte sind dem Bewusstsein – andersherum gewendet – also nachträglich. Dementsprechend konzipiert Freud mit dem Apparat die Schnittstelle ‚Körper/Psyche' nicht als philosophisches Problem (*commercium mentis et corporis*), sondern als mediologisches. Das Modell des Apparats soll das nichtlineare Verhältnis zwischen Bewusstsein und Unbewusstem erklären.

Freud entwickelt das Modell des Apparats bereits in seinen Theorieentwürfen zwischen 1895 und 1900: Schon 1895 spricht er in einem an Wilhelm Fließ gesandten Manuskript von einem neuronalen Apparat (vgl. Wegener 2004, 16–17); das Manuskript wurde erst fünfzig Jahre später gefunden und in die *Gesammelten Werke* als *Entwurf einer wissenschaftlichen Psychologie* (1950) aufgenommen. Doch bildet der Apparat auch den Rahmen für die Studie *Jenseits des Lustprinzips* (1920) und bleibt selbst für den späten *Abriß der Psychoanalyse* (begonnen 1938) zentral. Im *Entwurf* versucht Freud, das ganze psychische Leben auf Neuronensysteme zurückzuführen, „d. h. psychische [sic] Vorgänge darzustellen als quantitativ bestimmte Zustände aufzeigbarer materieller Teile [und sie] damit anschaulich und widerspruchsfrei zu machen" (N, 387). Die Psyche hält Freud für einen Komplex quantitativer Reizströme, die durch verschiedene

Neuronennetzwerke gelenkt werden. Der Versuch, alles psychische Geschehen aus den Neuronen herzuleiten, bringt ihn weniger auf die Spur der Psychoanalyse selbst als auf eben das für sein Denken so zentrale Modell. Der Apparat entfaltet sein epistemologisches Potenzial an dem Punkt, an dem Freud auf die notwendige Gleichzeitigkeit von Gedächtnis und Wahrnehmung trifft: „Die Neurone [sic] sollen also sowohl beeinflußt sein als auch unverändert, unvoreingenommen. Einen Apparat, der diese komplizierte Leistung vermöchte, können wir vorderhand nicht ausdenken [...]." (N, 391)

Drei verschiedene Neuronensysteme bilden im *Entwurf* den Apparat. Das eine (φ) lässt externe Reize ohne Widerstand durch die Psyche fließen, wo ein anderes (ψ) sie speichert. Speicherung meint, dass die Neuronen die Form des Reizes behalten. So entstehen Empfindungsfähigkeit und Erinnerung. Die Psyche aber kombiniert Wahrnehmung und Gedächtnis dynamisch, wozu eine Verbindung zwischen den beiden Systemen nötig ist – hier als drittes System (ω) konzipiert –, das „bewußte Empfindungen" (N, 403) oder Qualitäten von den vom φ-System gelieferten Quantitäten unterscheidet. Dieses dritte System hat eine Vermittlungsposition inne. Doch fehlt Freud noch ein differenzierungsfähiger Faktor in den Neuronen. So sehr er versucht, das Bewusstsein und insbesondere seinen Inhalt durch ‚Kontaktschranken' – der Terminus ‚Synapse' wurde erst 1897 wissenschaftlich eingeführt – zu erklären (vgl. N, 391, Anm. 1), die sich zu ‚Bahnungen' in den Neuronen bilden (vgl. N, 392), bleibt doch der Unterschied zwischen Energie und Semantik, Kraft und Bedeutung, unklar. Das Modell des Apparats erklärt diesen Unterschied zwar auch nicht, zeigt jedoch, wie diese Unerklärbarkeit funktioniert. Mit dem medialen Modell gibt die Psychologie ihre hermeneutische Tiefe auf: Die bedeutungsvollen Qualitäten der Erfahrung beruhen auf unerklärlichen Faktoren der wirklichen Welt und des Unbewussten.

Durch den Vergleich des frühen *Entwurfs* mit dem ersten systematischen Aufriss der Psychoanalyse in der *Traumdeutung* lassen sich wesentliche Unterschiede in der Modellierung des Apparats erkennen. Denn die dort beschriebene Psychoanalyse bezeichnet die Psyche weder als „quantitativ", noch erhebt sie den Anspruch, diese Psyche „anschaulich und widerspruchsfrei" (N, 387) darzustellen. Im Unbewussten könne es unaufgehobene Widersprüche geben (vgl. II/III, 602), was die Analyse von einem linearen Modell abbringe. Statt direkter Hinweise auf vermeintlich unbewusste Inhalte gibt es in Träumen immer nur „Verschiebungen" und „Ersetzungen" (II/III, 520), auch „Verdichtungen" (II/III, 523) der verdrängten Erinnerungsspuren, die der Besetzung von Traumbildern (etwa nach den Regeln des Ödipuskomplexes) unterliegen. Was einst verdrängt worden ist, drängt andere, symbolisch unabhängige Elemente wieder ins Bewusstsein. Der Schlafzustand ermöglicht einen unüberwachten symbolischen Austausch der beiden getrennten Ebenen. Zwischen beiden funktioniert der Apparat. 1900 bringt Freud die Eigengesetzlichkeit der Psyche auf die Formel „einer psychischen Lokalität" (II/III, 541), die er explizit aus Gustav Fechners *Elementen der Psychophysik* (1860) übernimmt:

> Wir bleiben auf psychologischem Boden und gedenken nur der Aufforderung zu folgen, daß wir uns das Instrument, welches den Seelenleistungen dient, vorstellen wie etwa ein zusammengesetztes Mikroskop, einen photographischen Apparat u. dgl. *Die psychische Lokalität entspricht dann einem Orte innerhalb eines Apparats, an dem eine der Vorstufen des Bildes zustande kommt.* Beim Mikroskop und Fernrohr sind dies bekanntlich zum Teil ideelle Örtlichkeiten, Gegenden, in denen kein greifbarer Bestandteil des Apparats gelegen ist. (II/III, 541; Hervorh. L. W.)

Der Seelenapparat ist kein einfaches Werkzeug, sondern ‚zusammengesetzt'. Wo Instrumente einen Benutzer voraussetzen, ist die Psyche ohne lenkendes Metabewusstsein. Die Herstellung von Bewusstseinsinhalten ist notwendig unbewusst. Bilder entstehen innerhalb der Psyche da, wo die Maschine am Realen etwas verändert, wo Sinn auf materialer Grundlage erst produziert wird, wo also Materie in Information umgewandelt wird. Gewissermaßen wird das dritte System aus dem *Entwurf* in der *Traumdeutung* zum Rätsel der psychischen Lokalität, wenn etwa eine Serie von Erinnerungsspuren verdrängt und im Schlaf wieder hervorgerufen wird. Allerdings tauchen diese Spuren nur in veränderter Bildform auf, weil der Inhalt des Unbewussten prinzipiell nie bewusst werden kann. Denn der Apparat hat an der Undeutlichkeit der Psyche Schuld; er vermittelt stets unscharfe Bilder.

Für Freud schafft die Verdrängung eine Reihe von solchen Erinnerungsspuren, die einer Schrift gleichen. Im Rahmen des Apparat-Modells sieht Freud daher ein automatisches Schreiben vor. Folgt man der Analogie von Psyche und Apparat, so generiert die Psyche also Signifikanten. Die Untersuchung dieses Aspekts des Freud'schen Denkens unternimmt Derrida in seinem umfangreichen Aufsatz *Freud et la scène de l'écriture* (1967; *Freud und der Schauplatz der Schrift*). Präzise zeigt Derrida, wie das Apparat-Modell mit der Idee der Psyche als Schrift erst in Freuds kurzem Text *Notiz über den Wunderblock* (1925) zusammenfällt. Dieser Wunderblock ist eine optimierte Schiefertafel, ein Spielzeug für Kinder, auf dem man schreiben und das Geschriebene wieder löschen kann: „Der Wunderblock ist eine in einen Papierrand gefaßte Tafel aus dunkelbräunlicher Harzoder Wachsmasse, über welche ein dünnes, durchscheinendes Blatt gelegt ist, am oberen Ende an der Wachstafel fest haftend, am unteren ihr frei anliegend." (XIV, 5)

Das Zelluloid trennt das Wachspapier dergestalt von der Wachstafel, dass ein indirektes Schreiben möglich wird: „Der Stilus drückt an den von ihm berührten Stellen die Unterfläche des Wachspapiers an die Wachstafel an und diese Furchen werden an der sonst glatten weißlichgrauen Oberfläche des Zelluloids als dunkle

Schrift sichtbar." (XIV, 5–6) Hebt man das Zelluloid wieder ab, so verschwinden die Spuren – dies ist wohl das Wunder –, und man hat wieder eine Tabula rasa vor sich, auf der man Neues schreiben kann. Für Freud ist der Wunderblock der Apparat, den er sich im *Entwurf* gewünscht hatte. Die zwei Systeme, die Freud für das Modell der Psyche voraussetzt, sind in diesem Apparat nämlich gewissermaßen mechanisch verbunden: Das Zelluloid lässt Reize hindurch (System φ), die dann das Wachs umformen (System ψ); die Formen erscheinen als Schrift auf der Oberfläche des Zelluloids (System ω). Das Blatt, zusammengesetzt aus Zelluloid und Wachspapier, erfüllt also die Doppelfunktion: Es ist der Teil des Apparats, der die realen Spuren in löschbare Schrift übersetzt. Natürlich hat das Modell auch seine Grenzen. Denn aus dem Wachsgedächtnis kann nichts Gelöschtes wieder hervorgerufen werden – anderenfalls wäre der Block „wirklich ein Wunderblock" (XIV, 7).

Freud geht aber einen Schritt weiter, indem er auch die bewusste Erfahrung diesem Schreibprozess unterwirft. Nicht nur ist „das Sichtbarwerden der Schrift und ihr Verschwinden mit dem Aufleuchten und Vergehen des Bewußtseins bei der Wahrnehmung gleichzustellen" (XIV, 7), sondern der Gebrauch des Apparats entspricht dem psychischen Vorgang: „Denkt man sich, daß während eine Hand die Oberfläche des Wunderblocks beschreibt, eine andere periodisch das Deckblatt desselben von der Wachstafel abhebt, so wäre das eine Versinnlichung der Art, wie ich mir die Funktion unseres seelischen Wahrnehmungsapparats vorstellen wollte." (XIV, 8) Die Psyche selbst ist wie ein Apparat, der von zwei Händen benutzt wird. Diese beiden komplementären Vorgänge – das Schreiben und das Löschen – werden nicht vom Bewusstsein bestimmt. Das Unbewusste – die Tafel – sendet vielmehr immer wieder „Fühler" in die Außenwelt, die dann „rasch zurückgezogen werden". Wahrnehmung und Bewusstsein stellen eine „diskontinuierliche Arbeitsweise" dar, wobei die „periodisch eintretende Unerregbarkeit des Wahrnehmungssystems", so mutmaßt Freud, „der Zeitvorstellung zugrunde" (XIV, 8) liegt. Derrida zieht daraus das Fazit: „Die Zeit ist die Ökonomie einer Schrift." (Derrida 1972 [1967], 343)

In Derridas Lesart der *Notiz* zeigt sich, dass die Frage der Technik nicht mehr aus den Gegensätzen ‚Körper/Psyche' und ‚Leben/Tod' hergeleitet ist, sondern diese Erfahrungspole vielmehr selbst erzeugt: „Die Schrift ist hier die [*techne*] als Beziehung von Leben und Tod, von Präsenz und Repräsentation der beiden Apparate. Sie eröffnet die Frage nach der Technik: des Apparats im allgemeinen und der Analogie zwischen dem psychischen und dem nicht-psychischen Apparat. In diesem Sinne ist die Schrift die Szene der Geschichte und das Spiel der Welt." (Derrida 1972 [1967], 347)

Beim Wunderblock ist die Psyche nicht mehr Schnittstelle eines stabilen Gegensatzes zwischen Welt und Ich. Psychische Vorgänge gleichen einer Schrift, die dem erscheinenden, lesbaren Text äußerlich ist; die Quelle dieser Vorgänge ist der Apparat, der automatisch schreibt und dadurch jede mögliche Herrschaft des Subjekts unterminiert. Jede Selbsterkenntnis ist deshalb gegenüber dem schon Geschriebenen ein nachträglicher Akt der Lektüre (vgl. Derrida 1972 [1967], 341). Dergestalt interferieren Apparat und Schrift also in Derridas Modell. Sie erlauben erst die Annäherung des Technischen und des Psychischen: Der Schriftapparat ist daher auch nur ein anderes Wort für ‚Medium‘. Eine von Derridas Grundthesen, die auch den Freud-Essay strukturiert, besteht in der Idee, dass die ‚Metaphysik der Präsenz‘ zwar unüberwindbar, aber von ihren Rändern her kritisierbar ist. Apparat und Schrift weisen in die Richtung einer solchen Kritik der Metaphysik, weil sie die Psyche nicht als transparentes Medium der Vorstellung entwerfen, die das Vorgestellte präsent macht. Stattdessen konfigurieren sie die Psyche – und mit ihr das Subjekt der traditionellen Metaphysik – als automatisches Schreiben. Derrida behauptet, dass eine konsequente Ausführung von Freuds Gedankengang deshalb unter anderem auch zu einer neuen Literaturwissenschaft führt, welche die *„Originalität des literarischen Signifikanten"* (Derrida 1972 [1967], 350) würdigt. Psychoanalytische Literaturwissenschaft wäre in diesem Fall nicht mehr Psychologie (der Autoren, der Figuren), sondern eine ständige Konfrontation der vermeintlichen Signifikate der Literatur mit dem Modell des Schreibapparats – jener Schnittstelle, an der Signifikant und Signifikat auseinandertreten. Und genau diese Schnittstelle kann man sich als Wunderblock vorstellen; psychoanalytisch gesehen konstituieren sich literarische Texte – im Sinne komplexer Bedeutungseinheiten – nicht durch das, was sie darstellen (Figuren, Handlungen, Topoi), sondern durch ihre Darstellungsverfahren an und für sich. Weil die Psyche aus automatisch aufgeschriebenen Spuren besteht, ist auch der Text eine solche Maschine. Die Herausforderung einer psychoanalytischen Literaturwissenschaft besteht also darin, materiale Form und symbolischen Inhalt als eine Einheit zu betrachten, die immer von den Signifikanten selbst erzeugt wird (vgl. Derrida 1994; Derrida 2010).

Damit sind aber Freuds medientheoretische Anstrengungen noch nicht erschöpft. In seinem kulturtheoretischen *magnum opus Das Unbehagen in der Kultur* (1930) behauptet er: „Mit all seinen Werkzeugen vervollkommnet der Mensch seine Organe – die motorischen wie die sensorischen – oder räumt die Schranken für ihre Leistung weg." (XIV, 449–450) Motoren ergänzen und ersetzen Muskelkraft, Brillen korrigieren Linsenmängel, Fernrohre verbessern die Augenleistung etc. Durch solche Ersätze und Erweiterungen wird der Mensch das, was er immer märchenhaft den Göttern zuschrieb: Er wird ein „Prothesengott". Nur dürfe man nicht vergessen, dass „der heutige Mensch sich in seiner Gottähnlichkeit nicht glücklich fühlt" (XIV, 451). Auf dieser Grundlage bringt Freud die moderne Technik mit seiner Theorie der Sublimierung zusammen. Der Mensch muss auf libidinöse Triebe permanent verzichten, um der Gesellschaft anzugehö-ren. Dergestalt trägt die Sublimierung der Triebe zu einer „Technik" der Libido-Verschiebungen bei, die „unser seelischer Apparat gestattet" (XIV, 437), damit weder der Einfluss der Außenwelt noch die gesellschaftliche Regelung der Triebe zu psychischen Störungen führt. Versagt diese Technik, so wird der Mensch dem Todestrieb, das heißt seiner eigenen Aggression sowie der Aggression anderer ausgeliefert (vgl. Goebel 2009, 123–172; → II.3. KRITISCHE THEORIE).

Freud scheint sich an solchen Stellen einer Art Medientheorie anzunähern, wie sie 1877 von Ernst Kapp begründet worden ist. In seinen *Grundlinien einer Philosophie der Technik* entwirft Kapp eine ‚Organprojektionstheorie‘, der zufolge alle technischen Artefakte Erweiterungen jener menschlichen Fähigkeiten sind, die wir am Gerüst unserer Organe wahrnehmen (vgl. Kapp 2015, 40–49). Marshall McLuhan wird der gleichen Anregung nachgehen, indem er die Entwicklung der modernen Medien auf die Wechselwirkung mit den menschlichen Sinnesorganen zurückführt (vgl. McLuhan 1994 [1964]; Vogl 1999). Kapp ist es auch, der die Undurchschaubarkeit der Prothesen mit dem Unbewussten in Zusammenhang bringt (vgl. Kittler 2001, 207–214). Allerdings hat man ihm oft vorgeworfen, er habe die Technik als allzu menschlich aufgefasst – ein Vorwurf, den man indes Freud nicht machen kann. Denn die Wortwahl der zitierten Stelle aus dem *Unbehagen in der Kultur* legt nahe, dass psychische Vorgänge selbst Prothesen sind. Die Psyche *ist* technisch, ebenso wie die Technik zu einer veränderten psychischen Situation in der Kultur führt.

Dies lässt sich unter anderem anhand der Spannungen zeigen, die das *feedback loop* ‚Eisenbahn/Telefon‘ erzeugt, wie es von Ronell in einer rigorosen Interpretation von Freuds Technikverständnis gezeigt worden ist (vgl. Ronell 1989). Folgende Situation ist heute nur allzu bekannt: Verkehrsmittel erlauben es, riesige Strecken in verhältnismäßig kurzen Zeitspannen zurückzulegen. Außerdem verbindet ein Netzwerk der Medien die nicht mehr lokal Anwesenden. Für Freud sind es daher sowohl die Eisenbahn als auch das Telefon, welche das moderne Unbehagen in der Kultur bedingen. Die Eisenbahn schafft Entfernungen, die nachrichtentechnisch nur durch die analoge Sendung der Stimme durch das Telefon überwunden werden können (vgl. XIV, 447). Doch man würde dieses Telefon nicht brauchen, hätte die Eisenbahn kein neues Problem geschaffen. Die Ängstlichkeit, welche die Technik hervorruft, resultiert aus einem grundsätzlichen Unbehagen. Ronell versteht diesen technisch hervorgebrachten und nur technisch lösbaren Zustand mit McLuhan als eine Technik der Autoamputation (vgl. Ronell 1989, 90). Was Freud und McLuhan (vielleicht dürfte man auch Kapp hinzufügen) zeigen, ist eine sich selbst vernichtende Logik einer *techne*, welche die Erweiterung der Fähigkeiten verspricht, doch diese Fähigkeiten in ihr Gegenteil verkehrt (vgl. Derrida 1982/1987; Ronell 1989, 91). In diesem Sinn steht mit dem Telefon das ganze Problem der Moderne vor Augen. Es ist eine Synekdoche der Technik (vgl. Ronell 1989, 93–94), indem es das Primat des Anderen vor dem vermeintlich eigenen Selbst hervorhebt (vgl. Kittler 1995, 441–468). Ronell macht daher deutlich, dass jede Morphologie der Medien ihren Mangel hat, weil jede technische Erfahrung in die Falle geht, die Freud aufstellt beziehungsweise ausstellt. Prothesen sind also nicht unmittelbar in die vereinfachende Logik der ‚Organprojektion' zu integrieren, weil das Unbewusste sie ihrer Positivität beraubt. Wie bei dem Modell des Apparats sieht man hier, dass bei Freud die tiefere Logik der Technik – verstanden als Prothese – die Technizität der psychischen Vorgänge selbst aufdeckt.

3. Jacques Lacans Maschine

Wie verhalten sich technische Modelle und Psyche zueinander – und was war zuerst da, die Psyche oder das Modell? Die Ursprungsfrage muss bei Freud offenbleiben; ihre Wechselwirkung führt zu einer psychomediologischen Theorie bei Lacan, der sie in den Mittelpunkt seiner Weiterführung von Freuds Psychoanalyse stellt und ihre Möglichkeiten vertieft, wie ich im Folgenden ausführen werde. Lacans Beitrag zu einer möglichen psychoanalytischen Medientheorie besteht in der Aufnahme kybernetischer Terminologie und Ideen in die Rekonzeptualisierung der Psychoanalyse (vgl. Tuschling 2014, 132–133), die er ab den frühen 1950er Jahren in seinen berühmten Seminaren als Rückkehr zu Freud bezeichnet und die auf der Differenzierung der drei Register des Imaginären, des Symbolischen und des Realen basiert. Der Rückgriff auf kybernetische Modelle, wie zum Beispiel den Roboter oder auch den Dualcode, dient nicht nur einer Erklärung dieser Topologie im zweiten Jahr des Seminars (1954–1955), sondern liefert auch einen neuen Apparat-Entwurf der Psyche, der explizit medial ist. Alle drei Register entwickelt, verändert, schärft und spitzt Lacan über die Jahrzehnte zwar in seinen Schriften zu (vgl. Johnston 2014), aber das zweite Seminar steht im Zentrum der Theoriebildung, weil Lacan darin das Verhältnis der Register zueinander mithilfe der kybernetischen Maschinentheorie bestimmt. Dieses Verhältnis prägt in den folgenden Jahrzehnten die Medientheorie Kittlers und seiner Schule. Lacans Vergleich der psychischen Situation mit einer Triode, das heißt der Technik, welche die elektronischen Massenmedien ermöglichte, zeigt eine Synthese von Psychoanalyse und Kybernetik, die einer psychoanalytischen Mediologie zugrunde liegt.

Norbert Wiener taufte 1948 seine neue Wissenschaft ‚Kybernetik' (griech. *kybernetes*: Steuerer) – eine allgemeine Wissenschaft der Nachrichten sowie ihrer imperativen Funktion, das heißt der Kontrolle: *Cybernetics, or Control and Com-*

munication in the Animal and the Machine (Kybernetik. Regelung und Nachrichtenübertragung in Lebewesen und Maschine). Die interdisziplinäre Wissenschaft umfasste alle sogenannten ‚teleologischen Maschinen' (einschließlich Tiere), also alle Mechanismen mit *feedback loops*, die Nachrichten zu Taten (Befehlen) machen können. Trotzdem scheiterte der frühe Versuch von Lawrence Kubie, die Psychoanalyse in die kybernetische Diskussion der die Wissenschaft begründenden Macy-Konferenzen zu bringen. ‚Teleologische Maschinen' besitzen einen Code und verändern ihr Benehmen nach Signalen desselben. Das Tier und die Maschine werden auf dieser Grundlage nicht verglichen, sondern gleichgesetzt. Diese Gleichsetzung beruht auf zwei Wissenschaftsinnovationen: einerseits auf der Verallgemeinerung des Entropiebegriffs in den Informationstheorien von Claude Shannon und Wiener selbst, andererseits auf der Einführung des Informationsbegriffs in die Physik bei Wiener.

Tiere und Maschinen haben gemeinsam, dass sie der Entropie – also der graduellen Vereinfachung der Struktur der Materie – entgegenstreben, indem sie in ihrer körperlichen Organisation ihr Komplexitätsniveau steigern. Wiener zeigt, dass auch Information nach dem Modell der Entropie zu verstehen ist: Ein Signal hat eine höhere Organisation, das Rauschen eine niedrigere (vgl. Kline 2015, 9–36). Diese Einsicht führt Wiener zur prinzipiellen Gleichsetzung von Tier und Maschine, weil beide ihre Organisation nicht nur körperlich, sondern auch durch ihren Gebrauch von Signalsystemen steigern, wobei die Teleologie hier als *behavior*, das heißt ohne jeden Hinweis auf eine höhere Instanz wie Gott verstanden wird. Die Kybernetik beseitigt also den traditionellen Gegensatz ‚Leben/Mechanismus'. Wiener vertieft die Rolle der Information, indem er sie in die statistische Mechanik integriert. Diese Bewegung in der Physik (die mit James Clerk Maxwell, Ludwig Boltzmann und Josiah Willard Gibbs assoziiert wird) führt zu einer statistischen Ontologie, die Wirklichkeit als Wahrscheinlichkeit versteht (vgl. Wiener 1948, 43). Der Materie liegen keine klassischen Gesetze mehr zugrunde; ihre Zustände sind nur noch mit der Wahrscheinlichkeitsrechnung zu verstehen – genauer gesagt: auszurechnen.

Die statistische Ontologie erlaubt es Lacan, die Gleichsetzung von Tier und Maschine in eine Beseitigung des Gegensatzes von Psyche und Apparat zu übersetzen: Ein vom Bewusstsein ausgeschlossenes Reales setzt das Imaginäre und das Symbolische in ein binäres Verhältnis. Lacan nennt dies eine Dialektik von An- und Abwesenheit, die man durch einen Dualcode beschreiben kann. In der vorletzten Woche des zweiten Seminars hielt Lacan eine öffentliche Rede vor der *Société Française de Psychanalyse* mit dem Titel *Psychoanalyse et cybernétique, ou de la nature du langage* (1978; *Psychoanalyse und Kybernetik oder von der Natur der Sprache*). Hier unterscheidet Lacan das Reale der Naturwissenschaft – definiert als „etwas, das man immer am selben Platz wiederfindet" – von einem

anderen Realen der „Konjekturalwissenschaften" (Lacan 1991a [1978], 376; vgl.
Liu 2010), in denen Wieners statistische Ontologie vorherrscht. In dieser Wirklichkeit lässt sich alles auf der Grundlage des binären Codes 0/1 ausdrücken.
Eine automatische Tür, so Lacans Beispiel, die einen elektronischen Schaltkreis
besitzt, schließt ohne menschliches Zutun wieder, wenn sie einmal geöffnet wird,
was eine „Realisierung[ ] der Kybernetik" (Lacan 1991a [1978], 383) darstellt. Die
‚Konjekturalwissenschaften' verwenden solche binären Systeme als ontologische Basis des Symbolischen: ‚Geöffnet/geschlossen' sind gegensätzliche Werte,
liefern aber auch den Grund eines symbolischen Systems (vgl. Siegert 2010). Ob
die Tür zu einem gewissen Zeitpunkt in der 1- oder der 0-Stellung zu finden sein
wird, lässt sich statistisch berechnen. Die Bedeutung der Stellungen für den
Menschen beruht auf dieser statistischen Wahrscheinlichkeit. Lacan zieht den
Schluss: „Durch die Kybernetik inkarniert sich das Symbol in einem Apparat"
(Lacan 1991a [1978], 385), sodass die symbolische Ordnung die Welt der Maschine
ist.

Das Subjekt wird auch durch den Dualcode bestimmt. Auch in ihm erzeugt
das Symbolische eine Dialektik von An- und Abwesenheit (vgl. Lacan 1991a
[1978], 388), weil die imaginäre Seite des Weltbilds die symbolische ausschließt.
Und umgekehrt: Wo ich bin, da ist keine Welt. Deshalb müssen die Symbole
dieser Welt imaginär werden, um für mich Bedeutung zu haben. Wo ich aber
die Welt verstehe, bin ich nicht mehr, weil die Symbole dann nicht teil ‚meiner'
Welt *sind*, sondern einer mir externen Ordnung (vgl. Lacan 1987 [1973]). Symbol
und *imago* schließen sich als Funktionen in denselben Bildern in der Psyche
aus; jedes Register kann nur zu einem Zeitpunkt 0 oder 1 sein. Das Reale ist ein
Negativwert in beiden Stellungen. Es ist das ausgeschlossene Dritte (vgl. Lacan
1991b [1966]), das die Dialektik erst zustande bringt. Die stochastischen Prozesse
des Realen bedingen diese Dialektik, gehen aber semantisch nicht in sie ein. Das
Reale ist in der Psyche präsent, ohne Bedeutung erhalten zu können. Trotzdem
wird es in zeitlichen Prozessen der psychischen Dialektik zwischen Imaginärem
und Symbolischem manipulierbar. Das Reale wird ab den frühen 1950er Jahren
immer wieder mit zeitlichen Begriffen wie Rhythmus, *pulsion*, Skansion bezeichnet (vgl. Lacan 1986b [1956]; vgl. Goebel 2009, 245–270; Johnston 2014). Weil es
per definitionem das ist, was nicht in die Vorstellung gelangen kann, wird man
seiner Spuren nur in zeitlichen Prozessen gewahr, wie Lacan in seiner berühmten
Deutung von Edgar Allan Poes *The Purloined Letter* (1844; *Der entwendete Brief*)
vorführt (→ II.4. POSTSTRUKTURALISTISCHE THEORIE).

Lacan widmete die 26. Sitzung des zweiten Seminars dieser Deutung
(die dann auch in veränderter Form unabhängig erschienen ist; vgl. Derrida
1982/1987; Schmidgen 1997). In Poes Erzählung wird ein vielbedeutender Brief
an die Königin Frankreichs zweimal im Offenen ‚versteckt', und der wohl erste

Detektiv, C. Auguste Dupin, muss die Logik der Hofintrige zur Lösung durchschauen (→ IV.10. KRIMINALLITERATUR). Lacan spielt mit der Zweideutigkeit des französischen *lettre* (‚Brief', aber auch ‚Buchstabe' – was natürlich auch für Poes Englisch gilt). Der Buchstabe steuert die Schicksale der Psyche, sodass Poe also inszeniert, was Lacan „Supremat des Signifikanten im Subjekt" (Lacan 1973 [1966], 19) nennt. Tritt der Minister ins Zimmer der Königin, so ist sein Tun durch den Brief gelenkt – er wird Teil eines vorbestimmten Spiels, das nicht anders ausgehen kann (zur Rolle der Spieltheorie vgl. Liu 2010, 189–193). Der ‚Buchstabe/ Brief' lenkt die Psyche, jedoch wird sein Inhalt nie klar, weil die Vorderseite des Briefs nie beschrieben wird. Lacan bezweifelt, dass er eine „Nachricht" zu unserer „kybernetischen Freude" (Lacan 1972 [1966], 55; Übers. L. W.) überhaupt enthalte. Nur die An- oder Abwesenheit, das Besitzen oder Verlieren des Briefs ist erzählerisch möglich. Also ist der ‚Buchstabe/Brief' eine lenkende Kraft, während die Vorstellung seiner Bedeutung diese Kraft zunichtemachen würde.

Die Bedeutung des Briefs steht immer nur auf einer Seite – sie ist entweder imaginär *oder* symbolisch. Die Gleichzeitigkeit von beidem ist das Reale, was nicht bildhaft vorkommen kann. Lacan führt aus, dass die erzählerische Situation den Freud'schen Wiederholungszwang – die Tendenz, traumatische Erlebnisse psychisch zu wiederholen – allegorisiert. Dieser Begriff würde in diesem Kontext zu weit vom Thema wegführen, doch kann man bemerken, dass auch Freud ihn durch das zeitliche Phänomen des Fort-da-Spiels beim Kind entdeckt. Lacan kann sich also die Etymologie von *purloined* als ‚ent-fernt' zunutze machen (vgl. Lacan 1973 [1966], 28). Zudem identifiziert er den ‚Buchstaben/Brief' mit der Triethylamin-Formel aus dem Irma-Traum (vgl. Lacan 1991a [1978], 250). Der Buchstabe ist also das Moment des Realen, in dem ‚signifizieren' und ‚lenken' zusammenfallen und die Psyche binär prägen. Der ‚Buchstabe/Brief' ist also der Ort der Blockierung der Maschine ‚Mensch'. Lacan präzisiert seine Idee der Blockierung, indem er sie auf die analytische Situation anwendet. Er gibt eine Reihe von Buchstaben, die diese Situation beschreiben sollen:

$$A \; m \; a \; S$$

S steht gleichzeitig für Subjekt, Symbol und Es, was Lacans These exemplifiziert, dass das Subjekt durch das Symbol ‚real' bestimmt wird. Zwischen Subjekt und Ich (*m: moi*) steht das kleine Andere (*objet petit a*) – ein bevorzugtes symptomatisches Objekt, welches das Ich sein Leben lang fasziniert und befangen hält. *m* steht hingegen zwischen diesem symptomatischen Anderen und einem ‚großen' Anderen (*A: le grand Autre*), das die Symbolwelt in ihrer Totalität darstellt. Lacan stellt fest, dass die Fixierung des Ichs auf das kleine Andere (*m a*) den offenen Strom der Maschinenwelt (*A S*) blockiert. Das Ich und sein schicksalhaftes Symptom machen also das Imaginäre aus, welches das Subjekt spaltet. Wenn es diese Blockierung nicht gäbe, dann würden die symbolische Maschinenwelt und das Subjekt in eins fallen, was der Fall in eine Ich-lose Maschine wäre. Stattdessen gibt es in der Psyche eine charakteristische Hemmung des Stroms. Entweder existiert Ich (als *m a*), oder es existiert die symbolische Maschinenwelt (*A S*) – so präzisiert Lacan die binäre An- und Abwesenheitsdialektik. In der analytischen Situation bestehen indes beide gleichzeitig, was Lacan eine „Tür in der Tür" (Lacan 1991a [1978], 410) nennt. Beide sind entweder offen oder geschlossen, doch sind beide Stellungen durch eine Rückkopplung verbunden, die ihr Verhältnis kontrollierbar macht.

Stellen wir uns vor, bittet Lacan, dass „sich am Schnittpunkt zwischen der symbolischen Richtung und dem Durchgang durchs Imaginäre eine Triodenröhre befindet" (Lacan 1991a [1978], 410). Die Triode hat weitgehend die Elektronik und die Übertragungstechnik der Massenmedien ermöglicht (vgl. Chaitin 1996, 162–163). Sie besteht aus Kathode und Anode, zwischen denen Elektronen fließen. Eine dritte Elektrode steht quer zu den anderen, die in dem Vakuumzustand entweder den Strom positiv fließen lässt oder negativ ausschaltet. Diese dritte, steuernde Elektrode erlaubt die Amplifikation des Signals. Die Triodenröhre der Psyche schaltet also zwischen Ich und Subjekt, zwischen Symbolwelt und Symptom hin und her, zeigt aber, dass die zwei Ströme gleichzeitig bestehen, ohne jemals gleichzeitig bewusst sein zu können. Die Analyse strebt also eine „gleichzeitige Positivierung" der Triode, eine „harmonische Vibration" an, die wie die eigentliche Triode die „Rolle [...] eines Verstärkers" (Lacan 1991a [1978], 412) spielt und die Interferenz aufhebt. Zwar kann die Analyse die Integration von beiden Polen nicht erwarten, aber immerhin darauf zielen, dass Analysandinnen und Analysanden der Doppelspaltung und somit der psychischen Dialektik konkret gewahr werden. Obwohl das Unbewusste absolut aus dem Bewusstsein ausgeschlossen ist, sind genau diese Interferenzen Gegenstand der Analyse. Die Analyse zielt also nicht auf ein besseres imaginäres Selbstverständnis der Analysandinnen und Analysanden ab, sondern auf eine Veränderung der Frequenz ihrer ‚Amplifikation'.

Die Verbindung von Maschine und Psyche in derselben realen Situation ist gleichermaßen kybernetisch wie psychoanalytisch gedacht. Wo Freuds Annäherung an eine psychoanalytische Mediologie erst durch Derrida und Ronell in den Blick kommt, bringt Lacan beide Disziplinen explizit zusammen. Lacan lässt die Ursprungsfrage – Maschine oder Psyche – nicht nur offen, sondern macht ihre Antwort auch irrelevant. Weil sie auf einer von der Kybernetik beeinflussten statistischen Ontologie gründet, wird die Unterscheidung ‚Psyche/Apparat' relativ. Lacans Synthese von Psychoanalyse und Kybernetik hat sowohl Kittlers Mediologie wie auch die an ihn anschließenden psychoanalytisch-mediologischen Ansätze in der Literaturwissenschaft wesentlich inspiriert, wie im letzten Abschnitt gezeigt werden soll.

4. Friedrich Kittlers Aufschreibesysteme

Kittler nutzt die Psychoanalyse, um poststrukturalistische Theorien medientheoretisch zu schärfen: Michel Foucaults Diskursanalyse müsse im Medientechnischen verankert, Derridas Begriff der Schrift konkretisiert werden, moniert Kittler, und Lacan wiederum „brachte die Psychoanalyse auf den Stand von High-Tech" (Kittler 1993, 64; vgl. Kittler 1986b). Jedes Medium, an diesem Punkt startet Kittler seine Revision, ist ein besonderes und hat als solches eigene Regeln sowie Verfahrensweisen. In seinem epochemachenden *Aufschreibesysteme 1800/1900* (1985) schreibt er vor diesem Hintergrund die Literaturgeschichte der deutschen Klassik und der Moderne völlig um. Ein Aufschreibesystem ist eine historisch spezifische Codierung, ein materiales Verhältnis zwischen Signifikant und Signifikat, das medientechnisch bestimmt werden kann. Das Aufschreibesystem ‚um 1800‘ etwa wird von der allgemeinen Alphabetisierung geprägt. Kittler dringt in die Details der Pädagogik ein und kommt zu dem Schluss, dass die imaginäre Quelle der Sprache die Mutter – präziser: der Muttermund – sei (→ IV.8. LITERATUR DER ROMANTIK). In der Poesie als dem Medium, in dem der Dichter das Symbolische manipuliert, erkennt Kittler eine Vorwegnahme von *random access memory* (vgl. Kittler 1981; Kittler 1986b; Kittler 1995). Dieses Aufschreibesystem ‚um 1800‘ unterscheidet sich medientechnisch von demjenigen ‚um 1900‘ (→ IV.11. LITERATUR DER MODERNE). Am Anfang des 20. Jahrhunderts entstehen die analogen Medien Grammophon, Film und Schreibmaschine. Sie eröffnen die Möglichkeit, sensible Datenströme willkürlich zu reproduzieren. Wo ‚um 1800‘ Bilder und Töne erst durch die Schrift und das Lesen reproduzierbar sind – was eine Art von Halluzination zum Kennzeichen der romantischen Literatur macht –, können die neuen Apparate ‚um 1900‘ Bereiche des Realen technisch hervorbringen. Die symbolische Funktion ‚Autor‘ verliert daher an Wert, während gleichzeitig die Familie radikal hinterfragt wird. Die Literatur wird zur „Sekundärliteratur im strikten Wortsinn" (Kittler 1995, 389), weil sie zum ersten Mal in Medienkonkurrenz gerät – und den Wettstreit der Medien verliert. Die ‚Frau‘, die einst die Sprachquelle ‚Mutter‘ war, wird zu vielen Frauen, die im Sinne Lacans real wie symbolisch an den Apparaten sitzen (vgl. Kittler 1995, 441–468). Die schriftlichen Halluzinationen ‚um 1800‘ werden zum analogen Wahnsinn ‚um 1900‘, dem gleichermaßen die Literatur wie die Psychoanalyse verfällt. Medien sind daher historisch sowie psychoanalytisch zu verstehen.

Kittler liest die Psychoanalyse vor dem Hintergrund der Psychophysik, welche die Einheit ‚Geist/Körper' zu quantifizieren versuchte. Die Psychoanalyse basiert auf dem Wandel der technischen Möglichkeiten, versucht aber, die Medien im Endeffekt zu re-codieren, das heißt, wieder zu verschriftlichen (vgl. Kittler 1995, 344–385). So wendet Kittler in der brillanten Lektüre der 1903 veröffentlichten *Denkwürdigkeiten eines Nervenkranken* von Daniel Paul Schreber – dem berühmten schizophrenen Richter (→ IV.6. FALLGESCHICHTE) – die Aussagen des Psychotikers gegen Freuds Versuch, Schrebers Symptome als Folge seiner homosexuellen Beziehung zu seinem Arzt Paul Flechsig zu interpretieren. Schrebers Glaube an Strahlungen, die direkt von Gott in sein Gehirn gelangen, zeugen vielmehr – so Kittler – von einem „Aufschreibesystem" (Kittler 1995, 375) – dieser zentrale Terminus stammt tatsächlich von Schreber selbst –, das nicht nur schreibt (vgl. Lacan 1997 [1981]), sondern das Schreiben ‚um 1900' beschreibt. Wo die analogen Medien Reales speichern, macht das Gehirn genau das Gleiche. In diesem Modell sind Gehirnprozesse also genauso künstlich wie die Reproduktionen von Grammophon und Film. Ein Medium ist, was aufschreibt – egal, wie das System beschaffen ist.

Wo Freud Apparat und Psyche eng führt und Lacan jeden Unterschied mittels kybernetischer Begriffe überwindet, begründet Kittlers Medientheorie die Indifferenz zwischen dem für die Beziehung zwischen Apparat und Psyche anscheinend notwendigen Gegensatz ‚künstlich/natürlich'. Beide belegen ein und dasselbe Ausschreibesystem. Lacans Topologie des Symbolischen und Realen wendet Kittler zwar überall an, allerdings in historischer Brechung, wie beispielsweise ‚um 1900', wo die neuen Medien „Reales [...] anstelle des Symbolischen" wiedergeben: „Manipulierbar wird statt dem Symbolischen das Reale." (Kittler 1986a, 57; vgl. 42) Grammophone etwa speichern Laute und manipulieren dergestalt das eigentlich Gehörte – den realen Ton. So verfährt auch der Film mit den Bildern: Was uns diese Medien zeigen, spielt sich nicht mehr im Reich der Zeichen ab, sondern markiert die Schnittstelle von Symbolischem und Realem in medienspezifischer Weise.

Man hat manchmal behauptet, dass Kittler die neuen Techniken mit den verschiedenen Registern identifiziert (vgl. Sebastian und Geerke 1990, 594): Die Schreibmaschine sei etwa das Symbolische an sich. Kittler widerspricht dem explizit (vgl. Kittler 1993, 69). Gewiss ist die Schreibmaschine ein hervorragendes Beispiel für die Externalisierung der Sprache als Symbolisches. Aber alle Maschinen, wie man von Lacan lernen kann, stellen Manipulationsverhältnisse des Symbolischen in der Reproduktion von Realem dar. Wie diese medial bedingten Prozesse mit den Künsten im Allgemeinen beziehungsweise der Literatur im Besonderen zusammenhängen, lässt sich nicht a priori bestimmen (vgl. Wutz 2009, 1–27). In diesem Sinn hält Kittler fest: „Schnitt und Abhörkontrolle machen das Unmanipulierbare so manipulierbar, wie das in den Künsten nur symbolische Ketten gewesen sind." (Kittler 1986a, 166) ‚Um 1900', wenn diese Prozesse in der Lebenswelt real hervortreten, wird die Fiktion zu einer Simulation der medientechnischen Schnittstelle zwischen Realem und Symbolischem.

Diese Simulation ist aber keineswegs von den Medien bestimmt. Wenn Literatur ein Medienkonkurrent unter anderen wird, so heißt das nicht, dass sie die anderen Medien nachahmt. Deswegen ist auch der häufige Vergleich von Kittlers starkem Medienbegriff mit dem Marx'schen Basis-Überbau-Schema verfehlt (vgl. Mersch 2006, 187; Winthrop-Young 2011, 123–124). Das Reale kann nicht als positive Instanz verstanden werden, weil es nicht veranschaulicht werden kann. Kittler beschreibt es – in Anlehnung an Lacan – als Negativität schlechthin, als die „Nacht" oder die „Datenverarbeitung" (Kittler 1999, 507), die in je spezifischer Weise Bedeutungsprozessen Grenzen setzt. Damit verschiebt sich die Pointe der Literaturanalyse auf das materiale *Wie* des Signifizierens oder – wie es sich Derrida gewünscht hat – auf den Signifikanten. Der Signifikant lässt sich als solcher nicht symbolisieren. Deshalb wird die Literatur ‚um 1900' zu einer „ABFALLVERWERTUNG" – zu „Sekundärliteratur" und zu einem „Simulakrum von Wahnsinn" (Kittler 1995, 385). Literatur ist nicht mehr der wichtigste symbolische Kanal des Signifizierens; sie nimmt nicht mehr die Systemstelle ‚Medium' ein.

Kittler analysiert den neuen Status der Literatur anhand des häufigen Traums (auch Schreber hatte ihn), das eigene Gehirn zu fühlen oder zu manipulieren. Der literarische Prätext dieses Traums ist Rainer Maria Rilkes *Urgeräusch* (1919), in dem der Dichter über den Bau eines rudimentären Grammophons in der Grundschule berichtet. Als er später etwas über die Kranznaht am Schädel lernt, phantasiert er über den Ton, den das Phonographieren dieses physiologischen Kennzeichens des Menschen produzieren würde. Das Rauschen im Kanal wird hier vom Gehirn erzeugt, das wie das Grammophon selbst ein Manipulator des Realen ist. Die Medien kommunizieren miteinander, ohne dass Subjekte dafür überhaupt nötig sind, weil es jetzt „Schriften ohne Subjekt" (Kittler 1986a, 71) gibt. Als Aufschreibesystem wird das Gehirn mit anderen Medien gleichgesetzt: „Apparate" haben die „Funktionen des Zentralnervensystems übernommen" (Kittler 1986a, 81).

Wie kann diese Einsicht der Literaturwissenschaft dienen? Kittler beantwortet diese Frage mit einer Analyse der „Jahrhundertgeste" (Lethen 2006, 42) in Gottfried Benns Rönne-Novellen. Rönne, ein Arzt, der viel Erfahrung im Sezieren hat, hält manchmal kurioserweise seine Hände zusammen und öffnet sie; eine Krankenschwester entdeckt durch Beobachtung, dass er mit dieser Geste das Öffnen des Gehirns wiederholt (vgl. Kittler 1995, 306–310). Was Walter Benjamin als „ärztliche[n] Nihilismus" (Benjamin 1982, 590) diagnostiziert, ist für Kittler alles andere als nichts. Die Geste stehe vielmehr „für ein neues Schreibprogramm: Aus der vivisezierten Frucht des eigenen Hirns sollen literarische Energien gespeist werden." (Kittler 1995, 397) Damit verweist Kittler auf eine Funktion, welche die Literatur erst in der Medienkonkurrenz ‚um 1900' bekommt, nämlich die symbolische Darstellung der neuen Grenze des Symbolischen, indem sie einen analogen Prozess und dessen Effekte simuliert. Erst diese Grenze macht Rönne wahnsinnig, erst ihre Markierung durch die Simulation von Wahnsinn stellt das Problem ‚symbolisch/real' zu den Bedingungen der neuen (analogen) Medienlandschaft aus. Der Schauplatz dieser Medienkritik ist Rönnes eigenes Gehirn, das die Schnittstelle der neuen symbolisch-realen Situation darstellt.

Die literarische Simulation ‚um 1900' ist jedoch nicht gleichermaßen sinnstiftend, wie sie es ‚um 1800' war. Kittlers oft wiederholte Formel der literarischen Produktion von Unsinn ‚um 1900' betrifft nicht nur die symbolische Darstellung der Bedeutungslosigkeit – den vermeintlichen Reflex einer wohlbekannten ‚transzendentalen Obdachlosigkeit', wie sie Georg Lukács und Siegfried Kracauer beschreiben und die schon zeitgenössisch mokiert wurde. Kittlers Analyse zeigt, wie eine Literaturwissenschaft des Signifikanten funktionieren kann. Denn die historisch spezifischen Grenzen des Symbolischen können durch Symbolisches dargestellt werden, indem das Reale aus der Darstellung ausgeschlossen bleibt. Eine solche medientheoretische Literaturwissenschaft überwindet die Gegensätze ‚Apparat/Psyche', ‚Maschine/Ich' und schließlich auch ‚künstlich/natürlich'. Indem solche Gegensätze nicht mehr den theoretischen Motor liefern, müssen Literaturwissenschaftlerinnen und Literaturwissenschaftler die bestimmte Organisation des Signifizierens immer neu entdecken. Sie haben kein hermeneutisches Programm, sondern alles kommt auf den Signifikanten an, dessen Organisation der Grenze zwischen dem Realen und dem Symbolischen von keinem festen Standpunkt vorhersehbar ist. Aus der Synthese von Psychoanalyse und Medientheorie ergibt sich eine Verfahrensweise, die für das Besondere der Literatur offenbleibt, indem sie die mediale Bestimmung des Signifizierens ernst nimmt.

Literatur

Benjamin, Walter. *Gesammelte Schriften*, Bd. V. Hrsg. von Rolf Tiedemann. Frankfurt a. M. 1982.
Benjamin, Walter. „Das Kunstwerk im Zeitalter seiner technischen Reproduzierbarkeit" [1936].
  Benjamin, Walter. *Gesammelte Schriften*, Bd. VII. Hrsg. von Rolf Tiedemann und Hermann
  Schweppenhäuser. Frankfurt a. M. 1989: 350–384.
Chaitin, Gilbert D. *Rhetoric and Culture in Lacan*. Cambridge 1996.
Derrida, Jacques. „Freud und der Schauplatz der Schrift" [1967]. Derrida, Jacques. *Die Schrift
  und die Differenz*. Übers. von Rodolphe Gasché und Ulrich Köppen. Frankfurt a. M. 1972:
  302–350.

Derrida, Jacques. *Die Postkarte. Von Sokrates bis an Freud und jenseits*, 2 Bde. Übers. von Hans-Joachim Metzger. Berlin 1982/1987.

Derrida, Jacques. „Das Gesetz der Gattung" [1980]. Derrida, Jacques. *Gestade*. Übers. von Monika Buchmeister und Hans-Walter Schmidt. Wien 1994: 245–284.

Derrida, Jacques. *Prejugés. Vor dem Gesetz*. Hrsg. von Peter Engelmann. Wien 2010 [1984/1985].

Ellrich, Lutz. „Psychoanalytische Medientheorien". *Theorien der Medien. Von der Kulturkritik bis zum Konstruktivismus*. Hrsg. von Stefan Weber. Konstanz 2010: 232–251.

Goebel, Eckart. *Jenseits des Unbehagens. „Sublimierung" von Goethe bis Lacan*. Bielefeld 2009.

Horkheimer, Max und Theodor W. Adorno. *Dialektik der Aufklärung*. Frankfurt a. M. 1988 [1944/1947].

Johnston, Adrian. *Jacques Lacan*. The Stanford Encyclopedia of Philosophy. Hrsg. von Edward N. Zalta. http://plato.stanford.edu/archives/sum2014/entries/lacan/. 2014 (5. Juli 2015).

Kapp, Ernst. *Grundlinien einer Philosophie der Technik. Zur Entstehung der Cultur aus neuen Gesichtspunkten*. Hrsg. von Harun Maye und Leander Scholz. Hamburg 2015.

Kirkwood, Jeffrey. „The Cinema of Afflictions". *October* 159 (2017): 37–54.

Kittler, Friedrich. „Die Irrwege des Eros und die ‚absolute Familie'. Psychoanalytischer und diskursanalytischer Kommentar zu Klingsohrs Märchen in Novalis' Heinrich von Ofterdingen". *Psychoanalytische und psychopathologische Literaturinterpretation*. Hrsg. von Bernd Urban und Winfried Kudszus. Darmstadt 1981: 421–470.

Kittler, Friedrich. *Grammophon, Film, Typewriter*. Berlin 1986a.

Kittler, Friedrich. „Heinrich von Ofterdingen als Nachrichtenfluß". *Novalis. Wege der Forschung*. Hrsg. von Gerhard Schulz. Darmstadt 1986b: 480–508.

Kittler, Friedrich. *Draculas Vermächtnis. Technische Schriften*. Leipzig 1993.

Kittler, Friedrich. *Aufschreibesysteme 1800/1900*. 3. Aufl., München 1995.

Kittler, Friedrich. „Die Nacht der Substanz". *Kursbuch Medienkultur. Die maßgeblichen Theorien von Brecht bis Baudrillard*. Hrsg. von Claus Pias et al. Stuttgart 1999: 507–524.

Kittler, Friedrich. *Eine Kulturgeschichte der Kulturwissenschaft*. München 2001.

Kline, Ronald. *The Cybernetics Moment, or Why We Call Our Age the Information Age*. Baltimore 2015.

Lacan, Jacques. „Seminar on *The Purloined Letter*" [1966]. Übers. von Jeffrey Mehlman. *Yale French Studies* 48 (1972): 39–72.

Lacan, Jacques. „Das Seminar über E. A. Poes *Der entwendete Brief*" [1966]. Lacan, Jacques. *Schriften I*. Hrsg. von Norbert Haas. Übers. von Rodolphe Gasché. Olten, Freiburg i. Br. 1973: 7–41.

Lacan, Jacques. „Funktion und Feld des Sprechens und der Sprache in der Psychoanalyse" [1956]. Übers. von Klaus Laermann. Lacan, Jacques. *Schriften I*. Hrsg. von Norbert Haas. Berlin 1986b: 71–169.

Lacan, Jacques. *Das Seminar*, Bd. XI: *Die vier Grundbegriffe der Psychoanalyse (1964)*. Hrsg. von Jacques-Alain Miller. Übers. von Norbert Haas. Berlin 1987 [1973].

Lacan, Jacques. *Das Seminar*, Bd. II: *Das Ich in der Theorie Freuds und in der Technik der Psychoanalyse (1954–1955)*. Hrsg. von Jacques-Alain Miller. Übers. von Hans-Joachim Metzger. Berlin 1991a [1978].

Lacan, Jacques. „Das Drängen des Buchstabens im Unbewussten oder die Vernunft seit Freud" [1966]. Lacan, Jacques. *Schriften II*. Hrsg. und übers. von Norbert Haas. Berlin 1991b: 15–55.

Lacan, Jacques. *Das Seminar*, Bd. III: *Die Psychosen (1955–1956)*. Hrsg. von Jacques-Alain Miller. Übers. von Michael Turnheim. Berlin 1997 [1981].

Lethen, Helmut. *Der Sound der Väter. Gottfried Benn und seine Zeit*. Berlin 2006.

Liu, Lydia. *The Freudian Robot. Digital Media and the Future of the Unconscious*. Chicago 2010.

McLuhan, Marshall. *Understanding Media. The Extensions of Man*. Cambridge 1994 [1964].

Mersch, Dieter. *Medientheorien zur Einführung*. Hamburg 2006.

Ronell, Avital. *The Telephone Book. Technology, Schizophrenia, Electric Speech*. Lincoln 1989.

Sachs, Hanns. „The Delay of the Machine Age". *Arion. A Journal of Humanities and the Classics* 4.3 (1965): 496–511.

Schmidgen, Henning. *Das Unbewusste der Maschinen. Konzeptionen des Psychischen bei Guattari, Deleuze und Lacan*. München 1997.

Sebastian, Thomas und Judith Geerke. „Review. Technology Romanticized. Friedrich Kittler's Discourse Networks 1800/1900". *Modern Language Notes* 105.3 (1990): 583–595.

Siegert, Bernhard. „Türen. Zur Materialität des Symbolischen". *Zeitschrift für Medien- und Kulturforschung* 1 (2010): 151–170.

Tuschling, Anna. „Psychoanalytische Medientheorie". *Handbuch Medienwissenschaft*. Hrsg. von Jens Schröter. Stuttgart 2014: 131–136.

Vogl, Joseph. „Technologien des Unbewussten". *Kursbuch Medienkultur. Die maßgeblichen Theorien von Brecht bis Baudrillard*. Hrsg. von Claus Pias et al. Stuttgart 1999: 373–376.

Wegener, Mai. *Neuronen und Neurosen. Ein historisch-theoretischer Versuch zu Freuds Entwurf von 1895*. München 2004.

Wiener, Norbert. *Cybernetics. Communication and Control in the Animal and the Machine*. Cambridge 1948.

Winthrop-Young, Geoffrey. *Kittler and the Media*. Malden 2011.

Wutz, Michael. *Enduring Words. Literary Narrative in a Changing Media Ecology*. Tuscaloosa 2009.

III. Exemplarische Analysen I: Paradigmatische Figuren

III.1. Moses

Jeffrey S. Librett

1. Einleitung

Seit den Anfängen der Psychoanalyse spielt die Gestalt des biblischen Moses bei den Versuchen Sigmund Freuds und seiner Anhänger, die analytische Methode auf die Deutung der Kulturgeschichte anzuwenden, eine wichtige Rolle. Diese psychoanalytische Beschäftigung mit Moses begleitet Freud sein Leben lang und hinterlässt Spuren in seinen Schriften: vom Aufsatz über den *Moses des Michelangelo* (1914) bis zur Studie *Der Mann Moses und die monotheistische Religion* (1939), auf die ich mich im Folgenden konzentriere. Die Rezeption nimmt drei Wege: Erstens gibt es literarische Texte, welche die psychoanalytischen Ansätze verarbeiten, wie Thomas Manns humorvolle Erzählung *Das Gesetz* (1944) sowie der letzte Roman in der Tetralogie *Joseph und seine Brüder* (1943; → III.2. KAIN UND ABEL) – *Joseph, der Ernährer*, der nach der Veröffentlichung von *Mann Moses* geschrieben wurde und gleichzeitig spielerisch und ernsthaft auf Freud reagiert (vgl. Le Rider 2008). Zweitens führt die postfreudianische Psychoanalyse die Diskussion der mosaischen Religion fort – Jacques Lacan beispielsweise, der Freuds Monotheismusbegriff mit der Auflösung des Imaginären verbindet. Das sich ängstigende Subjekt fühlt sich mit dem Begehren des Anderen konfrontiert sowie mit der radikalen Leere, die diesem Begehren unterliegt (vgl. Lacan 2016 [1986]; McNulty 2014). Drittens schließlich gibt es die reichhaltige und anhaltende Forschung über Freuds persönliche Beziehung zum Judentum sowie über die verwandte Frage der möglichen, aber nicht unbedingt schon bewiesenen Beziehung zwischen der jüdischen Tradition und dem psychoanalytischen Denken (vgl. Bernstein 1998; Derrida 1995; Gay 1987; Goldstein 1992; Robert 1974; Yerushalmi 1991). Der Ägyptologe Jan Assmann trägt zu dieser Forschungstradition bei, indem er gegen den Monotheismus als gegen die Erfindung der religiösen Gewalt polemisiert, den er in Freuds Texten zu Moses wiederfindet – eine Polemik, auf die ich an einem anderen Ort kritisch geantwortet habe (vgl. Assmann 2000; Assmann 2015; Librett 2015).

Vor Freud erscheinen 1909 zwei wichtige psychoanalytische Abhandlungen, in denen Moses im Zentrum steht: Otto Ranks *Der Mythus von der Geburt des Helden. Versuch einer psychologischen Mythendeutung* und Karl Abrahams *Traum und Mythus. Eine Studie zur Völkerpsychologie*. Beide unternehmen den Versuch, Mythen und Sagen durch Anwendung der Begriffe aus der *Traumdeutung* (1900) sowie der *Alltagspathologie* (1904) und des *Witzes* (1905) zu interpre-

https://doi.org/10.1515/9783110332681-010

tieren (→ IV.7. WITZ). Indem Abraham Mythen wie Träume als Wunscherfüllungen behandelt, hebt er ausdrücklich die Mechanismen der Traumarbeit – Verdichtung und Verschiebung – als wesentlich für die Mythenbildung hervor. Seine Diskussion der Moses-Figur bemüht sich sogar zu zeigen, wie diese Figur durch die Verschiebung verschiedener Eigenschaften heidnischer Mythenfiguren konstituiert wird. Auf ähnliche Weise interpretiert Rank Mythen und Sagen ausdrücklich vor dem Hintergrund der Prinzipien der Traumanalyse. In den Passagen, in denen er die biblische Erzählung der Geburt Moses' auslegt, liest er diese Geschichte als gegebene Version eines universalen Mythos von der Geburt des Helden. Diesen Mythos versteht er – Freud folgend, der den Aufsatz *Der Familienroman der Neurotiker* (1909) zuerst in Ranks Buch veröffentlichte – als die Ausarbeitung der Phantasien von Kindern, die ambivalenterweise gleichzeitig ihren Eltern entkommen und sie verherrlichen wollen. Im Zuge dieser Veröffentlichungen schreibt Abraham 1912 dann noch einen ausführlichen Aufsatz zu *Amenhotep IV. Echnaton*, der den Aton-Monotheismus gestiftet habe und den Abraham als Moses' Vorgänger bezeichnet.

Dieser Text beeinflusst Freud sicherlich maßgeblich, obwohl Freud ihn im *Mann Moses* symptomatischerweise nie erwähnt. Während aber alle diese bedeutenden Werke, wie im Übrigen auch Theodor Reiks verwandte Studie *Das Ritual* (1919), die Prinzipien der Traumanalyse mitsamt der Begrifflichkeit der Traumarbeit in der Mythenanalyse anwenden, unternimmt Freud in *Mann Moses* – wie nicht weiter überraschend – etwas viel Weitreichenderes. Er entwickelt nämlich im Zusammenhang mit seiner Moses-Lektüre – und als die Verlängerung des Argumentationsgangs von *Totem und Tabu* (1913) – einen ‚wissenschaftlichen Mythos' der Ursprünge (und kulturgeschichtlichen Konsequenzen) der Verdichtung und der Verschiebung selbst, das heißt der Hauptdimensionen der Traumarbeit (auch in der Mythenbildung), ja der Sprache überhaupt.

2. *Der Mann Moses und die monotheistische Religion* (1939)

„Die Trieblehre ist sozusagen unsere Mythologie." (XV, 101) – Mit dieser Sentenz verweist Freud auf die Rolle rhetorischer und poetischer Darstellungsverfahren für seine Metapsychologie: „Die Triebe sind mythische Wesen, großartig in ihrer Unbestimmtheit. Wir können in unserer Arbeit keinen Augenblick von ihnen absehen und sind dabei nie sicher, sie scharf zu sehen." (XV, 101) Auf dieser rhetorisch-poetischen Unschärfe basiert indes die psychoanalytische Epistemologie, die deshalb immer wieder auf die Analogie von psychischen und literarischen oder linguistischen Phänomenen zurückgreift. Zu den rhetorischen Figuren, die diese Analogie in Gang halten, gehört auch die Personifikation, von der Freud in *Totem und Tabu* behauptet (→ II.5. KULTURTHEORIE): „Den Projektionsschöpfungen der Primitiven stehen die Personifikationen nahe, durch welche der Dichter die in ihm ringenden entgegengesetzten Triebregungen als gesonderte Individuen aus sich herausstellt." (IX, 82; vgl. Abraham 1969 [1909]) Mit derselben Figur, mit der ein Dichter seine Triebe und die Psychoanalyse Eros und Thanatos als Helden auftreten lassen, schaffen frühe Kulturen ihre Mythen (→ IV.1. TRAGÖDIE): „Dazu müssen wir wieder kurz auf den wissenschaftlichen Mythos vom Vater der Urhorde zurückgreifen. Er wurde später zum Weltschöpfer erhöht, denn er hatte alle die Söhne erzeugt, welche die erste Masse zusammensetzten." (XVI, 151) Im Prozess der Personifizierung setzten sich die Positionen von Personifizierendem und Personifiziertem wechselseitig voraus. Der Dichter schafft den Mythos in der Rolle des Vaters, die er selbst erfindet: „Damals mag die sehnsüchtige Entbehrung einen Einzelnen bewogen haben, sich von der Masse loszulösen und sich in die Rolle des Vaters zu versetzen. Wer dies tat, war der erste epische Dichter. [...] Er erfand den heroischen Mythus. Heros war, wer allein den Vater erschlagen hatte, der im Mythus noch als totemistisches Ungeheuer erschien." (XVI, 151)

Insbesondere Personifizierungen der Sprache zeichnen die psychoanalytische Mythos-Konstruktion von Freud und seinen Nachfolgern immer wieder aus. Sie stellen einerseits die Konstruktion des Mythos aus und andererseits seine mythische Konstruktion dar. So betritt Moses, der Ägypter – Erfinder des Monotheismus –, in Freuds letzter, von ihm 1939 herausgegebenen Schrift *Der Mann Moses und die monotheistische Religion* nicht explizit, aber doch implizit als Personifizierung der Sprache die Bühne der Freud'schen Psychoanalyse. Die Tatsache beispielsweise, dass Moses „„schwer von Sprache‘" (XVI, 132) war, bedeutet eben nicht nur, wie Freud ausdrücklich betont, dass er eine Fremdsprache spricht (nämlich das Ägyptische), sondern darüber hinaus auch, dass er die Fremdheit jeder Sprache und ihren in sich brüchigen, unvollkommenen Charakter vertritt. Mit dieser engen Verbindung zwischen Moses und der Sprache überhaupt treten sowohl eine radikale Spannung innerhalb des Judentums selbst als auch die Grundstruktur des Antisemitismus – vor allem des christlichen Antijudaismus mitsamt seiner verworrenen, die Liebe mit dem Hass verbindenden Ambivalenz – als defensive Reaktionen oder Abwehrmechanismen gegen gerade diese Wiederkehr der verdrängten Sprache zutage (→ II.6. POSTCOLONIAL UND CRITICAL RACE STUDIES).

Bevor ich aber auf Freuds Diskussion des Antisemitismus in der *Moses*-Schrift eingehe, möchte ich zeigen, in welchem Sinn die Verdrängung des Mordes am Urvater gleichzeitig und grundsätzlich die Verdrängung der Verdrängung darstellt. Nachdem ich die Theorie des Antisemitismus in der *Moses*-Schrift diskutiert habe, versuche ich zu erklären, warum es sinnvoll ist, ein doppeltes (persönliches und linguistisch-rhetorisches) Modell der verdrängenden Instanz aufzustellen. Schließlich stelle ich die Personifizierung der Sprache, wie sie in der *Moses*-Schrift stattfindet, flüchtig in einen Zusammenhang mit anderen, ähnlichen psychoanalytischen Allegorisierungen der Sprache als Entstellung.

3. Verdrängung der Verdrängung

Bekanntlich bildet für Freuds Darstellung der biopsychosozialen Ursprünge der menschlichen Zivilisation, wie sie in *Totem und Tabu* und später in *Massenpsychologie und Ich-Analyse* (1921) entwickelt wird, Charles Darwins Beschreibung der ursprünglichen Menschheit als Urhorde den Ausgangspunkt. Auf dieser ersten Stufe wird jede Horde von einem allmächtigen, tyrannischen Vater – der stärksten männlichen Figur – geleitet, der alle männlichen Rivalen exiliert, einschließlich seiner Söhne, um alle Frauen an sich zu reißen. Nach dieser ersten Organisationsstufe – dem patriarchalischen Despotismus – ist der nächste Schritt in der Menschheitsentwicklung der Mord am Urvater durch die zusammenwirkende Macht der Söhne. Über eine gewisse historische Zeitspanne kämpfen die Söhne nach der Mordtat noch miteinander, um jeweils den nächsten Tyrannen zu bestimmen; so stellt sich immer wieder, zuungunsten der übrigen Brüder, ein neuer patriarchalischer Despotismus her. Irgendwann fällt den Brüdern dann jedoch ein, es sei besser, wenn keiner ein Gewaltmonopol erhalte. Jeder gewinnt stattdessen ein bisschen Glück oder *jouissance* für sich, entsagt aber weiterem Genuss, um in Ruhe das Seinige zu genießen. Gleichzeitig wird das Inzesttabu installiert, mit dem die Regel der Exogamie einhergeht. Die Brüder entscheiden sich, den Kampf um die Frauen in der Horde aufzugeben und das ehemalige Monopol des Urvaters auf die innerfamilialen Frauen in seiner Abwesenheit auszusetzen – unter der Bedingung, dass alle anderen Brüder innerhalb der Horde das Gleiche tun.

Freud geht unter dem Einfluss Johann Jakob Bachofens davon aus, dass während dieser Zeit das Matriarchat herrscht, in dem die Mütter einen Teil der ehemals väterlichen Macht erhalten. Obwohl die Brüder mit dieser Einrichtung nun relativ zufrieden sind, fühlen sie sich dennoch wegen des Vatermords schuldig; weil sie den Vater auch geliebt haben und noch lieben, bereuen sie ihre Untat. Das tyrannische moralische Gewissen – oder das Über-Ich – der sich selbst beschränkenden ‚guten' Brüder kommt durch die ursprünglich kannibalische Verinnerlichung des Vaters zustande, mit dessen idealisierter Gestalt sich die Brüder kompensatorisch identifizieren. Gleichzeitig beschützt sie jetzt der internalisierte Vater und schließt sie von ihren eigenen Erfahrungen und Triebregungen aus. Der Vater ist zum inneren Prinzip der Vermittlung geworden: Das Ich-Ideal, das alle

Brüder teilen, bildet ihr gemeinsames Fundament, das nunmehr ihre (kollektive) Identität konstituiert. Im Laufe der Zeit, das heißt nach der matriarchalischen Latenzperiode, kehrt das Patriarchat in abgemilderter Form zurück. Die väterliche Macht ist nun infolge der Verinnerlichung und der Idealisierung dieser Macht während der Epoche der Herrschaft der Bruderhorde beschränkt, weil und indem sich die Brüder selbst beschränken. Aus diesen beiden komplementären Vorgängen bildet sich der Kern dessen heraus, was später Religion heißen wird: Erstens identifiziert man sich mit dem Vater als einem Ich-Ideal, das heißt mit einem idealisierten Vaterbild beziehungsweise mit der Herrschaft dieses Ideals, indem man gleichzeitig seinem eigenen tyrannischen Willen entsagt. Zweitens identifiziert man sich mit den anderen Mitgliedern der Gruppe eben durch (aber auch gegen) dieses gemeinsam angenommene Ich-Ideal. Die Liebe zum Urvater, die trotz des Ressentiments und des Hasses übrig bleibt, macht den Geburtsort – den Ursprung und das Wesen – der Religion aus: Religion ist die Religion der Identität.

Wie entwickelt sich nun die Religion nach Freud aus der Identifikation des Subjekts mit dem ermordeten Vater, welche die Gründung der menschlichen Gesellschaft abschließt? Da der Erfolg der Gesellschaftsfundierung die gewalttätige Unterdrückung ihrer fundierenden Gewalttätigkeit voraussetzt, entwickelt sich die Religion als Reflex dieses Fundierungsprozesses in der Phase der ursprünglichen Vaterhorde sowie in der Phase der Bruderhorde – und zwar auf der Ebene des Bewusstseins. Diesen Reflex zeichnet indes eine gewisse Undurchsichtigkeit aus, weil er sich aus der symptomatischen Wiederholung – einer Wiederkehr des Verdrängten – nie vollends befreien kann. Die Entwicklungsstadien der Religion entsprechen denen eines Bewusstseins, das sich über die Ursprünge der menschlichen Gesellschaft aufklärt, wobei diese Aufklärung niemals vor einem Rückfall in die Opazität sicher sein kann. Mithin ist für Freud die teleologische Religionsgeschichte – die Geschichte der Offenbarungen, wie sie zum Beispiel in der idealistischen Tradition nach Gotthold Ephraim Lessing von Johann Gottfried Herder bis Georg Wilhelm Friedrich Hegel vorherrscht – nicht mehr aufrechtzuerhalten. Während die Geschichte innerhalb des Idealismus einen Fortschritt im Bewusstsein der Freiheit darstellt, steht der Fortschritt bei Freud – und die Wendung führt auf ein ganz anderes Feld – im Zeichen der Ermordung des Urvaters. Damit geht ein zunehmendes Bewusstsein der Begrenzung (oder der Vermittlung) und der Entsagung einher, das sich aus der gewalttätigen Unterdrückung der ursprünglichen Gewalttätigkeit ergibt.

Indem er der zeitgenössischen anthropologischen Forschung folgt, erzählt Freud seine Religionsgeschichte als Entwicklung, die vom Totemismus zum anthropomorphen Polytheismus, dann zum Judentum und schließlich zum Christentum voranschreitet (vgl. XVI, 188–198). Im Totemismus wird im ersten Schritt (Freuds Version dieser heute weitgehend verworfenen Theorie zufolge) ein Tier als heiliger Repräsentant des Stammes angebetet – in bestimmten Momenten auch im ‚Totemmahl' einverleibt –, wobei das Tier den Urvater ersetzt, der in unvordenklicher Zeit gleichfalls verzehrt worden ist. Im zweiten Schritt nimmt die Gottheit allmählich eine menschliche Form an. Indem sich das Patriarchat in gemäßigter Form wieder etabliert, entstehen die Muttergottheiten als Figuren der Trauer über die nunmehr eingeschränkte Macht der Mütter selbst. Männliche Gottheiten erscheinen auch: zuerst als Figuren für den Lieblingssohn der Mutter, aber immer auch als indirekte Mahnungen an den toten, deplatzierten, verinnerlichten Vater. Die darauf folgende Erfindung des Monotheismus im dritten Schritt bildet die Kulisse für Moses' Auftritt in Freuds Religionsgeschichte:

> Es ist die Religion des Urvaters, an die sich die Hoffnung auf Belohnung, Auszeichnung, endlich auf Weltherrschaft knüpft. Diese letztere Wunschphantasie, vom jüdischen Volk längst aufgegeben, lebt noch heute bei den Feinden des Volkes im Glauben an die Verschwörung der ‚Weisen von Zion' fort. (XVI, 191)

Im Monotheismus wiederholt sich die Anerkennung des Urvaters, wie sie vor seiner Ermordung und Verzehrung existierte. Die Wiederkehr des Urvaters zeitigt aber die Wiederkehr seiner Ermordung, was zur Folge hat, dass Moses von seinem rebellischen Volk umgebracht wird. Man möchte nämlich weder erneut die absolute Macht des Urvaters erleben, noch an dessen Ermordung erinnert werden. Also entledigt man sich mit Moses des Boten, das heißt des Repräsentanten dieser Erinnerungen und wiederholt die Tat des Vatermords, anstatt sie durchzuarbeiten. Die Spuren des Mordes an Moses sind nach Freud, der hierin sowohl Ernst Sellin als auch Johann Wolfgang Goethe folgt (vgl. XVI, 195–196), am Murren der Israeliten gegen Moses abzulesen, an ihrem wiederholten Rückfall in die Abgötterei, an ihrem Mangel an Vertrauen zum mosaischen Gott sowie an der Tatsache, dass Moses nie das gelobte Land erreicht. Der Entwicklungsprozess der Gesellschaft wird also innerhalb der Entwicklung des Judentums wiederholt. Als Folge von Moses' Tod und der Verdrängung des Monotheismus nimmt das jüdische Volk einen midianitischen Vulkangott in sich auf: Jahve. Im Laufe der Zeit verschmilzt aber Jahve mit Adonai, und endlich tritt Adonai – des ägyptischen Moses' monotheistischer Gott – mit seiner Botschaft der Notwendigkeit einer ethisch bestimmten Absage an das Triebleben wieder in den Vordergrund des Judentums: Man erinnert sich an den ermordeten Vater und belebt ihn im Inneren des Menschen wieder.

Doch erinnert das Judentum den Mord am Urvater nicht bewusst – noch weniger erkennt es die eigene Schuld an Moses' Tod an. In Freuds Modell setzt diese Erinnerungsarbeit erst mit der Erfindung des Christentums ein und markiert die progressive Dimension der neuen Religion. Denn das Christentum erinnert den Mord am Urvater (in der indirekten Form der Vorstellung der Erbsünde) und sühnt diesen Mord indirekt durch Jesus, den Sohn, der für alle Söhne stirbt, damit sie leben dürfen. Wenn das Christentum freilich auf der einen Seite den Urvatermord anerkennt, während das Judentum ihn nicht wahrhaben will, wiederholt es auf der anderen Seite diesen Mord (und seine Verdrängung) gerade dadurch, dass es die Vaterreligion – das Judentum selbst – im Prinzip eliminiert und sie durch eine Religion des Sohns – das Christentum – ersetzt (vgl. XVI, 194). Das Christentum wirft der Vaterreligion, die sowohl eine Religion des Vaters als auch eine Religion ist, welche die Position des Vaters einnimmt, vor, den Vater qua Sohn getötet zu haben. Also verleugnet das Christentum die eigene Verantwortlichkeit für den Mord am Vater beziehungsweise für die Wiederholung der Gewalt in der Verdrängung der Gewalt. Indem es dem Christentum in dieser Hinsicht nicht gelingt, dem Vater und der notwendigen (wenn auch notwendigerweise ambivalenten) Liebe am Vater gerecht zu werden, kehrt das Christentum wieder teilweise in den Polytheismus zurück, sodass es in dieser Beziehung eine Regression darstellt. Die aus diesem Prozess entstehende Erfindung der typologischen Beziehung zwischen dem Judentum und dem Christentum war die Errungenschaft von „Paulus, eine[m] römische[n] Juden aus Tarsus" (XVI, 192). Denn Paulus war „ein im eigentlichsten Sinne religiös veranlagter Mensch: die dunklen Spuren der Vergangenheit lauerten in seiner Seele, bereit zum Durchbruch in bewußtere Regionen" (XVI, 192).

4. Allegorie des Verlusts

Dass Freud den Ursprung der menschlichen Gesellschaft und seine Reflexion in der Religionsgeschichte aufs Engste mit der Rolle der Sprache verbindet, bildet die Pointe des Modells: Freuds Darstellung der Ursprünge der Menschheit verfährt insofern allegorisch, als der Ursprung der Sprache und der Verlust dieses Ursprungs narrativ entfaltet und mit der Logik sprachlicher Repräsentation eng geführt werden. Plausibilität und Bedeutsamkeit der *Moses*-Schrift werden erst greifbar, wenn ihre Lektüre diese Abstraktion einschließt. Auf dieser Ebene verbindet ein allegorischer Sinn Freuds Darstellung – der Form nach – trotz aller Unterschiede mit idealistischen Geschichtsphilosophien, selbst wenn diese ihren eigenen allegorischen Charakter zu leugnen pflegen. Dabei fallen mit den Gemeinsamkeiten vor allem die Unterschiede zwischen Freuds materialistischer und einer metaphysisch-teleologischen Allegorie ins Gewicht, sodass man also behaupten kann, Freud gebe eine kritische Antwort auf die idealistischen Geschichtsphilosophien.

Figural betrachtet personifiziert der Urvater zunächst das logische Prinzip der Identität (A = A), das jedem persönlichen Prinzip von Identität zugrunde liegt. Denn der Urvater schafft durch die Ausübung seiner Macht aus einer gestreuten Mehrheit eine in sich gesammelte Einheit. Seine Gewalt ist die Gewalt einer reduktiven Identifikation und Verinnerlichung (oder Veräußerlichung) der Differenz. Demnach verkörpert die Ermordung des Urvaters den Begriff der Differenz als solchen – und zwar als ausdrücklich gesetzte Antithese zur Identität. Indem die Brüder den Körper des Vaters aufzehren, konkretisieren sie die (buchstäbliche) Aufnahme der Identität in die Differenz, was wiederum die Abhängigkeit der Differenz von der Identität suggeriert. Denn es kann keine Differenz ohne die Existenz unterschiedlicher Identitäten geben. Selbstverständlich kann man dieses Verhältnis auch umkehren: Identität hängt von der Differenz ab. Ja, der Urvater selbst generiert Unterschiede, insofern er seine Horde konstitutiv von allen Außenstehenden abschirmt. In diesem Sinne ist der Mord am Urvater als ihm selbst immanent zu verstehen – eine Art Selbstmord also, durch den sich der Urvater selbst komplettiert, indem er von seinen Söhnen getötet wird. Der Mord, der erst durch das Auffressen des väterlichen Körpers vollzogen wird (was außerdem die Spuren der Tat beseitigt), kulminiert in der Herstellung einer Repräsentation – in der Herstellung des ‚Vaters‘ als innerliche Idee und Bildkomplex –, die für die Söhne als Ich-Ideal und Basis der gemeinsamen Identifikation dient.

Zunächst allegorisiert also die Geschichte der Ermordung des Urvaters und seiner (sowohl körperlichen als auch imaginären) Verinnerlichung die Entstehung der Identität, der Differenz, und einer gewissen, nicht unbedingt harmonischen Kombination von Identität und Differenz, welche die Konstituenten der Repräsentation bilden. Darüber hinaus konkretisiert Freud durch die Motive des Mordes, der Trauer, des Vergessens, der indirekten Erinnerung etc. eine gewisse Ungreifbarkeit dieser Entstehung in ihren einzelnen Phasen sowie in ihrer Bewegung, sodass den Ursprung von Anbeginn ein Verlust auszeichnet. Identität und Differenz einerseits und (sprachliche) Repräsentation andererseits bilden die Kehrseiten einer Medaille. Die Repräsentation identifiziert das Disparate, indem sie seine innere Selbstdifferenzierung aufrechterhält: Sie substituiert und kombiniert gleichzeitig; zum Beispiel bezieht sich ein Gattungsname auf die mannigfaltigen Gegenstände, die er nennt, als ob sie ein einzelner Gegenstand wären, obwohl wir uns bei diesem Gebrauch darüber im Klaren sind, dass die von dem Gattungsnamen benannten Objekte verschiedene sind.

In dem bewundernswert nüchternen, sachlichen und immer noch überaus wichtigen Denken Roman Jakobsons erscheinen die zwei Grundprinzipien oder Aspekte der Sprache – Metapher und Metonymie – als rhetorische Namen für die logischen Prinzipien der Identität (Substitution aufgrund von Ähnlichkeit) und der Differenz (Kombination des Verschiedenen im Nebeneinander) (vgl. Jakobson 1996 [1956]). Und bekanntlich macht Lacan besonders in seiner mittleren Periode Ernst mit Jakobsons Vorschlag, die theoretischen Implikationen der Korrespondenzen zwischen der Polarität von Metapher und Metonymie einerseits und den Freud'schen Operationen der Traumarbeit andererseits zu durchdenken (vgl. Lacan 1996 [1966]; → II.2. RHETORIK UND POETIK). Wenn man nun diese Tradition auf die Lektüre der *Moses*-Schrift ausdehnt und die in ihr stattfindende Reflexion verlängert, wird sofort ersichtlich, dass bei Freud die Erzählung vom Entstehen der Gesellschaft aus der Urhorde und der Bruderhorde als allegorische Darstellung des Entstehens der Repräsentation aus den Prinzipien von Identität und Differenz funktioniert. Und da ja für die Menschheit – wenigstens in einer psychoanalytischen Anthropologie – vermutlich sowohl Gesellschaft als auch Sprache gesetzt werden müssten, das heißt die Realität eines gemeinsamen Existenzzusammenhangs und seine konstitutiv sich ergänzende Verdopplung durch repräsentierende Kommunikation, mag es nicht überraschen, dass Freuds erzählende Theorie vom Ursprung der Menschheit diese zwei Dimensionen kombiniert, indem die eine für die andere steht (→ III.10. DER FÜRST).

Von noch erheblicherem Gewicht aber ist, dass Freud in der *Moses*-Schrift selbst wiederholt die Verbindung zwischen der Genesis der Gesellschaft und der Genesis beziehungsweise dem Erlernen der Sprache herstellt. Die traumatische Situation in der Kindheit, mit der Freud die frühzivilisatorische traumatische Situation des Urvaters und seiner Ermordung vergleicht, findet sich zum Beispiel in der „Zeit der beginnenden Sprachfähigkeit" (XVI, 179); oder anders gewendet: „im Alter der kaum erreichten Sprachfähigkeit" (XVI, 183); oder, noch einmal anders gewendet, „zu einer Zeit[,] [...] da das Kind noch kaum sprachfähig war" (XVI, 238). Freilich spricht Freud nie ganz ausdrücklich diese Korrespondenz zwischen den Hauptaspekten der Sprache und den Hauptstadien in der Entwicklung der menschlichen Gesellschaftsform von der Urhorde über die Bruderhorde bis zum Patriarchat an, was wohl wenigstens teilweise daran liegt, dass er immer noch Hoffnung auf eine empirische Historiographie der menschlichen Ursprünge hegt. Dennoch stellt er linguistische und patriarchale Traumata in unmittelbare Nachbarschaft und liefert so metonymisch eine Klärung, die er metaphorisch nicht ganz bereit oder fähig ist, bewusst auszuführen.

5. Figuren der Entstellung

Aus der allegorischen Lektüre der *Moses*-Schrift folgt, dass die Geschichte der Religion als die Geschichte der Bewusstwerdung des Mordes am Urvater gleichzeitig die der Bewusstwerdung des Sprachursprungs ist. Freilich ist es auch eine

Bewusstwerdung des Verlusts eben dieses Ursprungs, weil der Urvater einerseits das Reale (welche (Un-)Ordnung auch immer seiner Herrschaft vorausging) unterdrückt und uns seine Anwesenheit und seine Ermordung andererseits bloß indirekt zugänglich sind. Darüber hinaus ist dieser verloren gegangene Ursprung gleichzeitig der ebenfalls verlorene Ursprung der Unzugänglichkeit der reinen Anwesenheit – und folglich der semiotischen Verunstaltung, das heißt der allgemeinen Entstellung. Denn die Bewegungen der Identifizierung und der Differenzierung, die ihn konstituieren, können nie die Gewalt loswerden, die sie ausmacht. Sie werden allegorisch als gewalttätiger Urvater und kontergewalttätige Söhne beziehungsweise Brüder personifiziert – letzteres, weil jedes Lebewesen, dem Gewalt angetan wird, mit Gegengewalt reagiert, die freilich unterschiedliche Formen annehmen, unter Umständen also auch autoaggressiv ausfallen oder sich als Depression zeigen kann. Allerdings schließen alle Instanzen in sich auch die Liebe ein, die in Freuds Text als Liebe für den Vater, als Liebe des Vaters für seine Kinder, als Mutterliebe für die Söhne etc. erscheint. Und in der Tat ist Liebe das Prinzip der Identifikation, von dem Freud in *Jenseits des Lustprinzips* (1920) behauptet, dass es immer größere Einheiten zu erzeugen vermag. Doch die Kehrseite der Liebe ist der Tod. Die Kluft zwischen der Identität und der Differenz kann auf zuverlässige Weise weder überbrückt noch offengehalten werden, wenn die Repräsentation – wie holprig auch immer – funktionieren soll. Die Religion spricht also auf entstellte Weise gerade von dem unaufhaltsamen Entspringen der Sprache (und der Gesellschaftlichkeit) als der Entstellung. Religion ist die beziehungsweise eine, aber eine privilegierte Entstellung der Entstellung.

In der *Moses*-Schrift ist die Entstellung daher eines der wichtigsten Motive, wie sie Freuds Denken ja überhaupt prägt. Die wichtige Rolle der Entstellung als Begriff und sogar als Kapitelüberschrift der *Traumentstellung* in der *Traumdeutung* zeigt die besondere Bedeutsamkeit des Entstellungsbegriffs für Freud schon an. Dort hat sie die Funktion eines sprachlichen Filtrierapparats. Denn unbewusste Prozesse können nur dadurch auf der Ebene des Bewusstseins erscheinen, dass sie den Filter der Entstellung passieren, um die Zensur zu vermeiden – ein Filter, der die Struktur der Sprache dem Unbewussten aufzwingt, was nicht ohne wesentlichen Verlust vor sich geht; denn indem sie es darstellungsfähig macht, entstellt die Sprache das Unbewusste. Die Hauptmechanismen der Traumarbeit und somit der Entstellung des Trauminhalts in seiner Darstellung als Traumoberfläche sind Verdichtung und Verschiebung oder (in einem Lacan'schen Idiom) Metapher und Metonymie. Ins Logische übersetzt entsprechen sie der Identität und der Differenz. Entstellung resultiert also aus der Anwendung der Kategorien der Identität und der Differenz auf die Realität. Oder wiederum in einem Lacan'schen Idiom: Entstellung ist das Resultat der Operation der imaginären Dimension – der gewalttätigen Bewegung der Identifizierung – und der symbolischen Dimension – der idealisierenden Übersetzung eines Bildes in einen Signifikanten des Realen, wobei Letzteres die Unmittelbarkeit der Anwesenheit konstituiert: das ursprünglich Entkommene oder das (immer schon) verloren gegangene Objekt. Von diesem Realen kann im Prinzip nicht bestimmt werden, ob es außerhalb oder innerhalb des Subjektes situiert ist, weil es der Sprache vorausgeht, die für diese Bestimmung unumgänglich ist. In der *Traumdeutung* beziehungsweise in Freuds Gesamtwerk ist also Entstellung das notwendige Fehlgehen und die notwendige Verunstaltung der Repräsentation, die als Kampf zwischen der Identität und der Differenz, der Substitution und der Kombination, der Ichlibido und der Objektlibido konzipiert wird.

In Freuds *Moses*-Schrift benennt ‚Entstellung' vor allem die Verunstaltung der schriftlichen und mündlichen Überlieferung durch die Verwischung der Spuren des Mordes am Urvater und des späteren Mordes an Moses selbst, sowie der Spuren seiner ägyptischen Abstammung. Entstellung dient also der Verdrängung, oder vielmehr ist sie Letzteres, aber gleichzeitig ist sie – wie jede Verdrängung – unvollkommen: Sie hinterlässt wiederum Spuren, und das Verdrängte kehrt wieder (vgl. de Certeau 1988). Die Sprache oder die Repräsentation schreibt ihre Negativität dem Körper ein und lässt sie als positives Residuum hinter sich zurück. Wie Sprache überhaupt zeigt und verdeckt (sich) die Entstellung zugleich. Gewalttätig ist die Entstellung außerdem, denn Freud bemerkt, dass sie nicht nur die Mordtat zu verdecken sucht, sondern auch der Mordtat ähnelt – und dies gerade durch die gemeinsame Schwierigkeit, die Spuren der eigenen Gewalttätigkeit zu verdecken: „Es ist bei der Entstellung eines Textes ähnlich wie bei einem Mord. Die Schwierigkeit liegt nicht in der Ausführung der Tat, sondern in der Beseitigung der Spuren." (XVI, 144) Die Figur des Vergleichs verwirklicht oder illustriert weiterhin als Sprachperformanz das, worüber sie redet, insofern die Figur selbst gerade eine Entstellung und eine – wiewohl kleine – Gewalttätigkeit ist. Denn eine bloße Entstellung oder Verunstaltung eines Textes ist einer Mordtat nicht ganz ‚ähnlich'. Die hyperbolische Dimension der Figur übt Gewalt also im Namen der Reduktion der Gewalt aus – ebenso, wie man einen Text liest, um Entstellungen zu korrigieren, und vor allem ebenso wie der Mord am Urvater, der von der Bruderhorde begangen wurde. Die Entstellung ist ‚ähnlich wie' der Mord, weil sie hier die Wiederholung der Mordtat, die sie verdecken will, *en miniature* ist. Im Allgemeinen aber ist die Entstellung ‚ähnlich wie' ein Mord, weil es die Gewalt des Urvaters ist – mitsamt der gewalttätigen Tötung oder Aufhebung des Urvaters durch die Bruderhorde –, welche die bevorzugte Figur der Entstellung selbst ist, eine entstellende Repräsentation der Entstellung als der verunstaltenden Gewalt der Sprache überhaupt. Also stellt die Gewalt des Urvaters und der Brüder den Verlust des (nunmehr) Unbewussten oder dessen, was Lacan *jouissance* – „Lusterfüllung" (Lacan 1975 [1960], 196) – nennen wird, und seine Wiederkehr in der

Sprache (einschließlich der Sprache des Körpers und des Körpers der Sprache) dar. Indem er gegen die Entstellung der historischen Erinnerungen angeht, die er rekonstruieren will, macht Freud es nolens volens sehr deutlich, dass die Rekonstitution des (verlustig gegangenen) Ursprungs und zugleich seines Verlusts – das heißt der Selbstbehauptung und der Selbstnegation der Identität, als Urfamilie personifiziert und erzählerisch ausgedehnt – schließlich die Rekonstitution der Urszene der Entstellung ist: Am Anfang (der Menschheit) war die Entstellung.

6. Judenfeindlichkeit als Sprachfeindlichkeit

Wenn sich also der Anfang der Zivilisation mit dem Urvatermordsdrama als Entstellungsallegorie entpuppt, wie hat man dann im Hinblick auf die Sprache Freuds Deutung der christlichen Reaktion auf das Judentum als ambivalente Anerkennung und Verleugnung der Mitverantwortlichkeit für den Urvatermord auszulegen? Der christliche Widerstand gegen das Judentum erscheint in diesem Licht als Widerstand gegen die Sprache im Sinne einer Entstellung, bei der grundsätzlich metaphorische und metonymische Figuren zusammenspielen. Zu diesem Befund passt genau, dass das Judentum vom paulinischen Christentum zugleich als mörderisch-ermordete Urvaterfigur aufgestellt und als Sündenbock für den figürlichen, entstellenden Aspekt der Sprache – den ‚toten Buchstaben‘, wie ich an anderer Stelle ausgeführt habe (vgl. Librett 2000; Librett 2015) – verantwortlich gemacht wird. Auf die *figura*-Lehre, nach der der figürliche, tote Buchstabe des Alten Testaments den erfüllenden lebendigen Geist des Neuen antizipiert, spielt Freud sogar an, wenn er das Verhältnis zwischen Moses und Christus so beschreibt: „Wenn Moses dieser erste Messias war, dann ist Christus sein Ersatzmann und Nachfolger geworden, dann konnte auch Paulus mit einer gewissen historischen Berechtigung den Völkern zurufen: ‚Sehet, der Messias ist wirklich gekommen, er ist ja vor euren Augen hingemordet worden‘.“ (XVI, 196)

Indem Freud Christus als metaphorischen ‚Ersatz‘ und metonymischen ‚Nachfolger‘ Moses' charakterisiert (vgl. XVI, 196), macht er nolens volens deutlich, inwiefern sogar und gerade die Struktur der *figura*-Lehre Jakobsons zwei Aspekte der Sprache miteinander verbindet, um deren innere Differenz auszublenden. Das kulturgeschichtliche Modell, das Freud in der *Moses*-Schrift entwirft – dass sich nämlich die Geschichte als Trauma, Verdrängung und Wiederkehr des Verdrängten im Erinnern, Wiederholen und Durcharbeiten entfaltet und eben nicht als vorausdeutende Präfiguration und verwirklichende Erfüllung wie in der christlichen Heilsgeschichte und in dem abendländischen Orientalismus (insbesondere im Historismus des 19. Jahrhunderts) –, konstituiert trotz der mannigfaltigen Schwächen der *Moses*-Schrift eine bedeutende, kritische Antwort auf diese Tradition. Denn die Wiederkehr des Verdrängten ist keine geistige Erfüllung, und das Trauma nimmt nicht die Transzendenz der Materie vorweg: Freud suspendiert teleologische Geschichtsschreibung.

Wie sieht nun Freuds Analyse der Judenfeindlichkeit als solche – also auch außerhalb des Christentums – im Hinblick auf die Deutung des Urvaterdramas als einer Sprachallegorie aus? Unter den außerreligiösen Rechtfertigungen und Gründen des Antisemitismus unterscheidet Freud zwischen den oberflächlicheren, das heißt durchsichtigeren, und den tieferen, die mit dem Unbewussten zu tun haben – ob dies eine wesentliche Unterscheidung ist, sei dahingestellt. Von den oberflächlichen Gründen gibt es vier; drei betreffen die Differenz: Der erste Grund besteht darin, dass die Juden Ausländer sind, das heißt Spätankömmlinge, wobei sie, wie Freud bemerkt, manchmal „früher zur Stelle gewesen" seien als die „Germanen" (XVI, 196), die sie heute für Fremde halten. Zweitens werden sie, weil sie tatsächlich als Minderheit unter anderen Völkern leben, als Feinde behandelt. Dieser Ausländerhass hat die Funktion, das Gemeinschaftsgefühl dieser Völker zu unterstützen und zu stärken. In diesen beiden Fällen vertreten die Juden als Nichtdazugehörige die der Identität innewohnende Differenz. In der Polemik gegen die angeblich Verspäteten wird diese Differenz diachron gefasst, in dem Hass gegen die innere Minderheit wird sie dagegen synchron konstruiert. Die dritte Rechtfertigung oder der dritte Grund des Antisemitismus fasst gewissermaßen das Problem zusammen, mit dem sich die ersten Rechtfertigungen oder Ausdrucksweisen des Judenhasses herumquälen: Die Juden „sind doch [...] oft in undefinierbarer Art anders [...], und die Intoleranz der Massen äußert sich merkwürdigerweise gegen kleine Unterschiede stärker als gegen fundamentale Differenzen" (XVI, 197). Sie vertreten also die Differenz, die von der Identität nicht zu unterscheiden ist, weil sie anders sind und doch nicht anders. Der vierte der Gründe, die „keiner Deutung bedürfen" (XVI, 196–197), besteht darin, dass die Juden „allen Bedrückungen trotzen" (XVI, 197). Dass das Prinzip des Ineinanderübergehens der gegensätzlich bleibenden Aspekte der Sprache, das Prinzip eines widersprüchlichen, in sich brüchigen Sprachcharakters nicht „auszurotten" (XVI, 197) ist, erhält die Wut gegen die Juden am Leben. Man hasst die Juden nicht nur besonders intensiv, weil sie selbst nicht weggehen – und noch schlimmer: „wo man sie zuläßt, wertvolle Beiträge zu allen kulturellen Leistungen" (XVI, 197) erbringen –, sondern vielmehr, weil das, was sie vertreten, präsent bleibt und aus der Kultur nicht wegzudenken ist.

Alle drei ‚tieferen' Motive des Judenhasses verbindet Freud gleichermaßen mit der Sprachproblematik. Erstens führt er die „Eifersucht auf das Volk, welches sich für das erstgeborene, bevorzugte Kind Gottvaters ausgab" (XVI, 197), an. Der Anspruch darauf, das ‚auserwählte Volk' zu sein, lässt sich freudianisch in den Anspruch übersetzen, der den Vater ersetzende Sohn – das heißt, die in der Identität (der Metapher) reibungslos aufgehende (metonymische) Differenz – zu sein. Freud selbst glaubt weder an diesen Anspruch, noch ist die Mystik im Judentum ohne eine konstitutive Spannung zur talmudischen, gesetzesbesessenen Tradition denkbar, für die jede Einheit des Menschen mit dem göttlichen Einheitsprinzip eine höchst vermittelte und unsichere Sache bleibt (vgl. Scholem 1963). Die Eifersucht auf das sich auserwählt nennende Volk jedenfalls verrät im Zusammenhang der *Moses*-Schrift den Wunsch, als Sohn den Vater zu ersetzen, das heißt, als Verwirklichung der Differenz doch in der Identität aufgehen zu können. Zweitens werden die Juden durch die Praxis der Beschneidung, die „einen unliebsamen, unheimlichen Eindruck" (XVI, 198) macht, unbeliebt, weil sie an „die gefürchtete Kastration" (XVI, 198) mahnt. Wenn aber die Beschneidung bloß eine „Mahnung" (XVI, 198) an die Kastration darstellt, dann aus dem Grund, dass sie gleichzeitig sowohl eine Kastration ist als eben auch keine. Sie ist unheimlich, weil sie eine partielle Kastration bedeutet: die Gleichzeitigkeit der Repräsentation der Kastration und deren Abwesenheit. Sie ist die reale Figur, die zugleich sowohl die Trennung des Körpers von sich selbst als auch seine Einheit bezeichnet, sowohl die Differenz als auch die Identität. Sie markiert das Reale – den Körper – als Träger der Sprache und als ein paradoxerweise durch den Verlust seiner selbst zu sich selbst Gekommenes – als ein durch die Sprache und das Gesetz (un-)heimlich Gewordenes. Schließlich und drittens haben die Christen laut Freud die Tendenz, die Juden deswegen zu verabscheuen, weil sie diese für den Monotheismus des Christentums verantwortlich machen, der den Christen im Zustand des polytheistischen Heidentums aufgezwungen wurde. Die feindliche Einstellung der Nationalsozialisten gegenüber dem vom Judentum beeinflussten Christentum dient Freud als modernes Beispiel dieses Aufstands des Heidnischen gegen den angeblich ‚jüdischen' Monotheismus. Im Falle des Ressentiments des dem Christen innewohnenden Heiden gegen den Monotheismus kann man aber auch den Aufstand der Differenz gegen die Identität erkennen. Das metonymische Auseinander des Polytheismus widerstrebt dem metaphorischen Ineinander des Monotheismus. In allen Variationen konstruiert der Antisemitismus das Jüdische als den Ort oder die Quelle eines Widerstreits zwischen dem Identischen und dem Nichtidentischen, eines Widerstreits, dem man unentrinnbar durch die Sprache verfallen ist.

Warum aber überhaupt die Struktur der Sprache als Allegorie der Entwicklung vom Urvater zu den Brüdern darstellen? Warum Aspekte der Sprache gerade als Familienmitglieder – hier sogar Urfamilienmitglieder – personifizieren? Inwiefern sind Allegorie und Personifikation vernünftig beziehungsweise entsprechen sie der menschlichen Erfahrung? Zunächst einmal ist es evident, dass uns immer bestimmte Personen Sprache vermitteln – in der ‚normalen' Familie etwa lernen wir sie von den Eltern und Geschwistern. Die Sprache beginnt also für das Individuum primär als Sprache der Familienangehörigen, allen voran der Eltern, und die Eltern vertreten für das Kind die gesellschaftlichen Konventionen sowie die Gesetze des Zusammenlebens, die von der Sprache im weitesten Sinne getragen und durch sie den neuen Generationen übertragen werden. Dementsprechend sind die Eltern Träger der Sprache, ja sie sind in gewissem Sinne für das noch sprachlose Kind die Sprache selbst: Die Urübertragung wäre demnach die Übertragung der Sprache auf die Eltern, die die Sprache personifizieren, während die Sprache es ihnen wiederum ermöglicht, sich selbst und ihre Kinder zu personifizieren. ‚Vor' der Sprache können wir nicht sagen, dass die Eltern sie personifizieren; ‚nach' dem Einbruch der Sprache in das noch sprachlose Wesen können wir nicht mehr sagen, was sie vorher waren. Es ist daher nicht abwegig, diesen Einbruch als Einsetzen einer urelterlichen Herrschaft zu charakterisieren, weil der Weg zum Vorsprachlichen uns gerade durch das Einbrechen und das Anbrechen eben dieser Herrschaft abgeschnitten wird. Unsere Namen, unseren Ort in der Gesellschaft erhalten wir durch diese quasiapriorische elterliche Herrschaft, welche die Herrschaft der Sprache selbst ist – und zwar als die immer offene Vermittlung zwischen metaphorischen und metonymischen Dimensionen der figürlichen Entstellung, deren Subjekt wir sind. Diesen Überlegungen zufolge erscheint es also nicht ganz willkürlich, sondern im Gegenteil passend, dass in Freuds wissenschaftlichem Mythos der Menschheitsursprünge die Hauptdimensionen der Sprache als Personifikationen der elterlichen und geschwisterlichen Figuren auftreten. Seine Allegorie ist sozusagen eine Reallegorie des partiellen Verlusts des Realen im Leben des Menschen. Wenn Lacan den symbolischen Anderen den ‚Schatz des Signifikanten' nennt und diesem Schatz einen konstitutiven Mangel konstatiert, dann hat seine Verbindung der Sprache (und des in sich brüchigen Charakters der Sprache) mit der angesprochenen Person – dem Anderen – in diesen Freud'schen Zusammenhängen seine zureichende Begründung:

> Wollen wir den Vater als den ursprünglichen Repräsentanten dieser gesetzlichen Autorität bestimmen, müssen wir genauer angeben, in welcher besonderen Art von Präsenz er sich behauptet jenseits des Subjekts, das gehalten ist, den Platz des Anderen realiter einzunehmen, den der Mutter nämlich. [...] [S]o in S (A̶), das zu lesen ist: Signifikant eines Mangels im Anderen, der eben seiner Funktion als Thesaurus [trésor] des Signifikanten inhärent ist. (Lacan 1975 [1960], 189; 194–195)

Von der Sprachpersonifizierung in der Erzählung der Ursprünge der Zivilisation und der Religion, in der die beiden Hauptaspekte der Sprache als Urvater- und als Brüderhorde vorgestellt werden, lässt sich daher der Bogen von der Kultur zum Individuum zurückschlagen. Denn Freuds wissenschaftlicher Mythos von den Vater- und Brüderhorden ist nicht der einzige Schauplatz des Widerstreits zwischen dem Prinzip der Identität und dem der Differenz. In der Geschichte der Ursprünge der Angst werden sie als Mutter-Kind-Dyade und als Kind-im Angesicht-des-verlorenen-Mutter-Objekts imaginiert. In der Theorie der Grundtriebe erscheinen sie als Eros und Thanatos: Sowohl die möglichen Einstellungen des Subjekts zur Figur des (ursprünglich elterlichen) Anderen – Liebe und/oder Aggression – als auch die Bestimmungen dieses Anderen selbst (als Vater oder als Mutter) werden durch die Einsetzung der Vorstellungen der figürlichen Grundaspekte der Sprache begrifflich konstituiert. In beiden Fällen nehmen diese Sprachaspekte zusätzlich persönliche oder göttliche Züge an. Sie erscheinen als Personen und als Abstraktionen zugleich. Wenn bei Freud das Ich als Instanz der Verdrängung funktioniert, so bestimmt sich das Ich dadurch, dass es die Sprache des Anderen und den Anderen der Sprache in sich aufnimmt und entlässt. In diesem größeren Zusammenhang erinnert uns der Mann Moses an unsere notwendigerweise ambivalente Einstellung zu unserer eigenen Sprachlichkeit. Er führt uns doch schließlich in die Wüste der Freiheit hinein, wo uns eine symbolische Gesetzlichkeit die eigene Orientierung gleichzeitig gibt und nimmt.

Literatur

Abraham, Karl. „Amenhotep IV (Echnaton). Psychoanalytische Beiträge zum Verständnis seiner Persönlichkeit und des monotheistischen Aton-Kultes". *Imago. Zeitschrift für Anwendung der Psychoanalyse auf die Geisteswissenschaften* 1 (1912): 334–360.
Abraham, Karl. „Traum und Mythus. Eine Studie zur Völkerpsychologie" [1909]. *Psychoanalytische Studien zur Charakterbildung und andere Schriften*. Hrsg. von Johannes Cremerius. Frankfurt a. M. 1969: 261–323.
Assmann, Jan. *Moses der Ägypter. Entzifferung einer Gedächtnisspur*. Frankfurt a. M. 2000.
Assmann, Jan. *Exodus. Die Revolution der alten Welt*. München 2015.
Bernstein, Richard J. *Freud and the Legacy of Moses*. Cambridge 1998.
De Certeau, Michel. „The Fiction of History. The Writing of Moses and Monotheism". De Certeau, Michel. *The Writing of History*. Übers. von Tom Conley. New York 1988: 308–354.
Derrida, Jacques. *Mal d'archive. Une impression freudienne*. Paris 1995.
Freud, Sigmund und Arnold Zweig. *Briefwechsel*. Hrsg. von Ernst L. Freud. Frankfurt a. M. 1968.
Gay, Peter. *A Godless Jew. Freud, Atheism, and the Making of Psychoanalysis*. New Haven 1987.
Goldstein, Bluma. *Reinscribing Moses. Heine, Kafka, Freud, and Schoenberg in a European Wilderness*. Cambridge 1992.
Jakobson, Roman. „Der Doppelcharakter der Sprache und die Polarität zwischen Metaphorik und Metonymik" [1956]. Übers. von Georg Friedrich Meier. *Theorie der Metapher*. Hrsg. von Anselm Haverkamp. 2. Aufl., Darmstadt 1996: 163–174.
Lacan, Jacques. „Subversion des Subjekts und Dialektik des Begehrens im Freudschen Unbewussten" [1966]. Jacques Lacan. *Schriften II*. Übers. von Chantal Creusot et al. Hrsg. von Norbert Haas. Olten, Freiburg i. Br. 1975: 165–204.

Lacan, Jacques. *Das Seminar*, Bd. VII: *Die Ethik der Psychoanalyse (1959–1960)*. Hrsg. von
  Norbert Haas und Hans-Joachim Metzger. Übers. von Norbert Haas. Wien, Berlin 2016
  [1986].
Lacan, Jacques. „Das Drängen des Buchstabens im Unbewussten oder die Vernunft seit
  Freud" [1966]. Übers. von Norbert Haas. *Theorie der Metapher*. Hrsg. von Anselm
  Haverkamp. 2. Aufl., Darmstadt 1996: 175–215.
Le Rider, Jacques. „Joseph und Moses als Ägypter. Sigmund Freud und Thomas Mann".
  Sigmund Freud und das Wissen der Literatur. Hrsg. von Peter-André Alt und Thomas Anz.
  Berlin 2008: 157–168.
Librett, Jeffrey S. *The Rhetoric of Cultural Dialogue. Jews and Germans from Moses
  Mendelssohn to Richard Wagner and Beyond*. Stanford 2000.
Librett, Jeffrey S. *Orientalism and the Figure of the Jew*. New York 2015 [der Autor sowie
  die Herausgeberin und der Herausgeber danken Fordham University Press, für diesen
  Beitrag Passagen aus dem Kapitel „The Dreamwork of History. Orientalism and Originary
  Disfiguration in Freud's *Moses and Monotheism*" ins Deutsche übersetzt haben zu dürfen].
Mann, Thomas. „Das Gesetz" [1944]. Mann, Thomas. *Die Erzählungen*, Bd. 2. Frankfurt a. M.
  1978: 621–672.
McNulty, Tracy. *Wrestling with the Angel. Experiments in Symbolic Life*. New York 2014.
Rank, Otto. *Der Mythos von der Geburt des Helden. Versuch einer psychologischen
  Mythendeutung*. 2. Aufl., Leipzig, Wien 1922 [1909].
Reik, Theodor. *Probleme der Religionspsychologie. 1. Teil. Das Ritual*. Leipzig, Wien 1919.
Robert, Marthe. *D'Oedipe à Moïse. Freud et la conscience juive*. Paris 1974.
Scholem, Gershom. *Judaica 1*. Frankfurt a. M. 1963.
Yerushalmi, Yosef Hayim. *Freud's Moses. Judaism Terminable and Interminable*. New Haven
  1991.

III.2. Kain und Abel

Jonathan Kassner

I cain but are you able?

James Joyce

1. Einleitung

Für Sigmund Freud ist das Urverbrechen der Menschheit der Vatermord
(→ III.1. MOSES). Auf dieses Urverbrechen geht das transgenerationale Erbe eines
unbewussten Tötungswunsches und einer Schuld zurück, das sich zu neurotischen oder psychotischen Erkrankungen auswachsen kann. Der Brudermord
dagegen findet trotz oder gerade wegen der Präponderanz des Vatermords, der
das soziale Band der Brüdergemeinschaft stiftet, im Denken Freuds kaum Beach-
tung. Erst in der Archetypenlehre Carl Gustav Jungs und in der Schicksalsanalyse
Leopold Szondis wird der Brudermörder Kain zu einer wichtigen Denkfigur. Dieser
Artikel folgt der Spur Kains, die aus der Literatur in die psychoanalytische Theoriebildung hineinführt. Ihm liegt die These zugrunde, dass sich in der Literatur
der Aufklärung und der Romantik durch das Kain-und-Abel-Motiv eine Spaltung
artikuliert, die das psychoanalytische Denken präformiert. Mit der Überführung
des Motivs in die Psychoanalyse bricht der Dialog mit der Literatur aber nicht ab.
Wie das Beispiel Jacques Lacans zeigt, gibt die Literatur der psychoanalytischen
Theorie weiterhin wichtige Impulse und nimmt Vorbildcharakter im Prozess therapeutischer Heilung an.

2. Schatten der Aufklärung

Nach Augustinus beginnt die Weltgeschichte mit der Entfaltung zweier Staaten
(vgl. Augustinus 1993 [413–427], 58; Quinones 1991, 33). Er folgt dabei im Wesentlichen der Geschichtsphilosophie Philons und dem elften Kapitel des Hebräer-
briefs. Philon nennt die beiden Seiten, in die die Menschheit nach der Kainstat
zerfällt – *ta tes psyches ethne*: die Nationen der Seele –, und führt damit, rich-
tungsweisend für Augustinus, Geschichtsphilosophie und Psychologie eng (vgl.
Philon 1994 [1. Jh. n. Chr.], 378). Am Ursprung dieser beiden Staaten stehen Kain
und Abel. Auf Kain geht der sogenannte Menschenstaat zurück, auf Abel der
Staat Gottes. Dem Menschenstaat gehören die Hochmütigen an, die „nach sich

https://doi.org/10.1515/9783110332681-011

selber" (*secundum se ipsum*), dem Gottesstaat die Demütigen, die „nach Gott" (*secundum Deum*) (Augustinus 1993, 9–11) leben. Vielleicht in Hinblick auf seine eigene Konversionsgeschichte beschreibt Augustinus die Menschen so, dass sie zunächst Bürger beider Staaten seien. Das Böse sei also keine kontingente Aberration in der individuellen Lebensgeschichte eines Menschen, sondern stehe an deren Anfang, und gut werden könne nur, wer zuvor böse war. Aufgabe eines jeden Christen sei die Reinigung von der Selbstsucht und die Separation vom Menschenstaat Kains. Diese Emigration mache die Christen aber zu Fremdlingen, so wie Abel ein „Fremdling auf Erden" (*peregrinus in saeculo*) (Augustinus 1993 [413–427], 59) war. Kain verkörpert für Augustinus den Archetypus des starken, weltläufigen Erdenbürgers, Abel dagegen das Urbild des frommen Sonderlings, der die Verfolgung durch die herrschsüchtigen Gewaltmenschen auf sich zieht. So steht es bei Augustinus um das erste Bruderpaar der Bibelerzählung im Übergang von der antiken Welt ins christliche Zeitalter: Kain sitzt im Zentrum der weltlichen Macht, Abel und die Christen, die seinem gottgefälligen Vorbild folgen, sind zu einem von Verfolgung bedrohten Pilgern gezwungen. Doch die Geschichte hatte Augustinus' Lehre da bereits eingeholt. Das Christentum war seit einigen Jahren schon römische Staatsreligion. Die vormals verfolgten Pilger waren im Zentrum angekommen. Das christliche Weltbild beginnt seinen Siegeszug in Europa, an dessen Ende sich der augustinische Dualismus zuungunsten Kains verkehrt haben wird. Kain betritt die aufklärerische Imagination selbst als ein *peregrinus in saeculo*.

Dass der Kain-und-Abel-Konflikt ein Sujet der Literatur wurde, ist Phänomen und Folge des aufklärerischen Säkularisierungsprozesses. Mitte des 18. Jahrhunderts noch mussten sich Salomon Gessner und Friedrich Gottlieb Klopstock für ihre Bearbeitungen des biblischen Stoffes bei ihrer Leserschaft entschuldigen (vgl. Gessner 1884 [1758], 102–103; Klopstock 2005 [1757], 5–6). Zur Erinnerung sei der Inhalt dieses Stoffes aus der *Genesis* kurz wiedergegeben: Kain ist der ältere Sohn Adams und Evas, der Ackerbauer, Abel der jüngere, der Hirte ist. Als sie Gott opfern wollen, bringen sie ihm jeweils die Erzeugnisse ihrer Arbeit dar, Kain den Ertrag seiner Feldarbeit, Abel das erste Lamm seiner Herde. Als Gott Kains Opfer ablehnt, erregt er dessen Zorn. Gott ermahnt ihn, über die Sünde zu herrschen und fromm zu werden. Als Kain darauf mit seinem Bruder auf dem Feld ist, erschlägt er ihn. Auf die Frage Gottes, wo Abel sei, antwortet Kain mit der berühmten Gegenfrage, ob er der Hüter seines Bruders sei. Gott verflucht Kain, der fortan unstet und flüchtig sein soll, weil ihm der Ackerboden keinen Ertrag mehr bringen werde. Wegen der Schwere seiner Sünde fürchtet Kain, selbst Opfer einer Rachetat zu werden, sodass ihm Gott ein Zeichen aufprägt, das ihn schützen soll. Kain geht ins Exil gen Osten, wo er eine Familie und eine Stadt gründet. Seine Nachkommen erfinden die nomadische Viehzucht, die Musik und die Schmiedekunst.

Gessner führt in seinem epischen Gedicht *Der Tod Abels* (1758) eine weitere psychologische Dimension in die Geschichte ein. Kain ist bei ihm Melancholiker und – anders als bei Klopstock – Handlungsträger. Er ist die einzige Figur des Textes, die sich nicht in die postlapsarischen Verhältnisse zu finden weiß. Seine Verstimmung wird zuerst vor Adams Gericht der Vernunft gestellt und dann von Gott als Sünde gegen die Schönheit seiner Schöpfung geahndet. Durchaus reumütig versucht Kain, sich zu überwinden, doch nährt die allseitige Zurechtweisung und Mahnung, sich zu ermannen, seinen Zorn gegen den sorglosen Abel, sodass der Dämon Anamelech wenig Mühe hat, Kain zum Brudermord anzustiften.

In Vittorio Alfieris *Tramelogedia Abele* (1786) sind die ersten Menschen der Bibelerzählung bereits einmütig mit der nachparadiesischen Welt versöhnt; und es bedarf der Mitwirkung des versammelten Höllenreichs, um den Neid gegen Abel und den Argwohn gegen die Eltern in Kains Brust zu pflanzen. Mit dem Aufkommen der ersten negativen Gefühle beschließt Kain, die Familie zu verlassen, doch besinnt er sich bald und erkennt, dass er „taub gegen die Vernunft und der Wahrheit abtrünnig" (Alfieri 1978 [1786], 76; Übers. J. K.) geworden sei. Allein gegen das trügerische Versprechen eines schönen Lebens in einem neuen Paradies, das ihm von der Figur der Invidia – des Neides – gegeben wird, kommt seine Besinnung nicht an. Die Intrige gegen Adams Familie hat Erfolg, als Kain davon überzeugt wird, dass er mit Abel um einen Platz in dem neuen Paradies konkurriert und dass Adam ihm diesen Platz zugunsten Abels vorenthalten will.

Es scheint, als dämmerte der Aufklärung in den Bibelbearbeitungen etwas von der Bedeutung der Kain-Figur vis-à-vis ihrer eigenen Voraussetzung einer auf subjektiver Vernunft und persönlicher Verantwortung gegründeten Welt. Kain ist die Figur, die das Einverständnis mit dem sittlichen *common sense* der Familie und der Religion aufkündigt und ihre Individualität erprobt. Doch erst die Generation der Romantiker, der nicht zuletzt infolge der Französischen Revolution die Nähe von Subjektivität und Negativität aufgegangen war, machte Kain zur tragischen Gestalt der Autonomie. Die Destruktivität Kains ist für sie nicht allein das Gegenteil der Vernunft, sondern als das einseitig Rationale und damit virtuell Zerstörerische eine Seite der Aufklärung selbst (vgl. Copjec 2002, 139). 1759 bereits beschrieb Johann Georg Hamann diese Wendung der Aufklärung gegen sich selbst in seiner sogenannten Bekehrung, in der er sich reuevoll mit Kain identifizierte.

> Ich fühlte mein Herz klopfen, ich hörte eine Stimme in der Tiefe desselben seufzen und jammern, als die Stimme des Bluts, als die Stimme eines erschlagenen Bruders, der sein Blut rächen wollte, wenn ich selbiges beyzeiten nicht hörte, und fortführe, mein Ohr gegen

selbiges zu verstopfen; – – daß eben dies Kain unstätig und flüchtig machte. Ich fühlte auf einmal mein Herz quillen, es ergoß sich in Thränen und ich konnte es nicht länger – – ich konnte es nicht länger meinem Gott verheelen, daß ich der Brudermörder, der Brudermörder seines eingeborenen Sohnes war. (Hamann 1950 [1759], 41)

Damit ebnete Hamann dem romantischen Kain-Motiv den Weg, in welchem sich das Böse indessen weniger verzagt gibt. Mit der Romantik erhält Kain eine Stimme, die peripher, pervers, selbstbewusst, reflektiert und bis zur Entfremdung individuiert ist.

Samuel Taylor Coleridge versetzt in *Wanderings of Cain*, einem Prosafragment von 1798, einen verängstigten, paranoiden Kain und seinen Sohn Henoch in eine entseelte nächtliche Wüstenlandschaft, in der allein die Spitzen der Bergkämme an so etwas wie menschliche Nachbarschaft erinnern. Coleridges Kain ist lebensüberdrüssig und wünscht sich das Ende seiner einsamen Verzweiflung „in darkness, and blackness" (Coleridge 2008 [1798], 43). In dieser Verfassung begegnet ihm das Gespenst Abels, das sein unerlöster Doppelgänger im Tode ist, denn Abel besitzt die Gunst des Gottes der Toten nicht. Abel eröffnet Kain die Existenz des Gottes der Toten, von dem der auf Erden Verfluchte sich die Erfüllung seines Todeswunsches und den Eingang in die dunkle Verborgenheit des Unbelebten erhofft.

Eine ähnlich verzweifelt umherirrende Kain-Figur kreiert Jean Paul in seinem letzten zu Lebzeiten veröffentlichten Roman *Der Komet* (1820–1822). Die komische Geschichte vom wahnhaften Aufstieg des Apothekersohns Nikolaus Marggraf zum Grafen von Hacencoppen endet mit dem Auftritt des ‚Ledermanns‘: „ein ganz in Leder gekleideter, fleischloser, farbloser, langgedehnter Mann, mit Kopfhaaren wie Hörner und mit langem schwarzen Bart" (Jean Paul 1963 [1820–1822], 911). Diese Gestalt nennt sich „Kain" und „ewiger Jude" (Jean Paul 1963 [1820–1822], 911). Jean Paul überblendet so die Ahasver- und die Kain-Figur. Auch Kain ist in seinem Nicht-sterben-Können zu ewiger Wanderschaft gezwungen und von der herrschenden christlichen Moral verfemt. Er erscheint als die Gestalt desillusionierter Weltverachtung, die beizeiten in Jean Pauls empfindsam-ironischem Schreiben durchbricht. Er sieht keinen Ausweg mehr aus der „kalten Welt" (Jean Paul 1963 [1820–1822], 911), und mit ihrer Anklage erhält der Pessimismus in dem Fragment gebliebenen Roman das Schlusswort. Der ‚Ledermann‘ ist der Schatten Nikolaus‘ und seiner *entourage*, der sich weder fernhalten noch arretieren lässt. Seine Ansprache am Ende des Romans gerät zur Rede an die Menschheit, deren „feige Frömmigkeit" und „Dummbleiben mitten unter tausendjährigen Erfahrungen" (Jean Paul 1963 [1820–1822], 1000) er anklagt. Sein Spott richtet sich gegen die schalen Illusionen, denen die Menschen wie „Luftfarbenleute" anhängen (Jean Paul 1963 [1820–1822], 1000); und als vulgärer Materialist setzt er zur Zivilisationskritik an, die sich zu Vernichtungsphantasien auswächst. Als er aber vom „Reisemarschall" Worble in Hypnose versetzt wird, gesteht er, dass er „alles Böse durch Denken" geworden sei, dass er ferner zwanghaft „durch Gedanken für Gedanken" (Jean Paul 1963 [1820–1822], 1003) bestraft würde. Und eine Sehnsucht überkommt ihn nach kindlicher Menschenliebe und religiösem Gefühl. Er beneidet seine Mitmenschen um ihr einfältig-frommes Gemüt und besonders Nikolaus um dessen heiteren Wahn. Sein Bekenntnis erregt das Mitleid der Umstehenden, das in Entsetzen umschlägt in dem Moment, als er sich aus der Trance aufwachend wieder dem Teufel zuwendet.

Fast gleichzeitig mit Jean Pauls *Komet* entwirft Lord Byron den Zusammenhang zwischen Wissensdrang und dem Bösen in seinem Mysterienspiel *Cain* (1821; *Kain. Ein Mysterium*). Kain ist bei ihm eine faustische Figur intellektuellen Unbehagens. Er ist unwillig zur Bejahung des Bestehenden und verbindet sich mit Luzifer, um durch ihn das Wissen zu erlangen, das ihm von Gott verweigert wird. Byrons *Cain* ist das Drama geistiger Autonomie, in dem der Versuch der Befreiung des Einzelnen durch das Wissen in die Leere im Abgrund dieser Freiheit führt. Diese Leere im Sein projiziert Byron, wie nicht zufällig auch Jean Paul im *Komet*, in die menschenfeindliche Unendlichkeit des Alls (vgl. Jean Paul 1963 [1820–1822], 682–686). Schon Friedrich Schlegel beschrieb in einem Brief an Novalis die transzendentale Obdachlosigkeit der Romantiker als Kains Odyssee im Weltraum: „Ich Flüchtling habe kein Haus, ich ward ins Unendliche hinaus verstoßen (der Kain des Weltalls) und soll aus eignem Herzen und Kopfe mir eins bauen." (Preitz 1957, 43) Bei Byron lehrt die Reise durch das All an der Seite Luzifers Kain seine eigene Nichtigkeit und die der Welt: „And this should be the human sum / Of knowledge, to know mortal nature's nothingness." (Byron 2008 [1821], 920) Dieses nihilistische Wissen bringt Kain gleichwohl nicht zu angepasster Resignation in das Gegebene zurück, sondern bestärkt ihn nur darin, Gott nicht dienen zu wollen, was den fatalen Konflikt mit Abel schürt.

Klassenkämpferisch und frei von aller Metaphysik wird die Opposition Kains in Charles Baudelaires Gedicht *Abel et Caïn* (*Abel und Kain*) aus den *Fleurs du mal* (1857; *Blumen des Bösen*). In dem in kurzen Distichen verfassten Gedicht beschwört Baudelaire die Antithese der „Race d'Abel" und der „Race de Caïn" (Baudelaire 1961 [1857], 115–116), von denen die erste den Reichtum der Welt genießt, während die zweite dem Elend überantwortet ist. Kains Geschlecht klagt die mitleidlose Tyrannei Abels an, dessen moralische Dignität im Widerspruch zur Ungerechtigkeit steht, die zwischen den Klassen herrscht. Im *envoi* des Gedichts wird der abelonischen Rasse die kommende Vernichtung vor Augen gestellt und die kainitische Rasse zur Erfüllung ihrer mörderischen Aufgabe aufgerufen, die mit den Gottgefälligen Gott zugleich stürzen soll. So lädt Baudelaire den Kain-und-Abel-Konflikt politisch auf und verleiht ihm revolutionäres Pathos.

Anhand der referierten Literatur zeigt sich seit den Anthropologien von Philon und Augustinus eine Tendenz zur Abstraktion und Verallgemeinerung der Kain-und-Abel-Geschichte. Kain wird zum Prinzip erhoben, das sich mit allen möglichen Formen des Bösen, Unreinen, Schuldhaften, Hässlichen und Geächteten besetzen lässt, so, wie Abel abstraktes Ideal des Guten, Reinen, Unschuldigen, Schönen und Begünstigten ist. Zwischen der Aufklärung und der Romantik kommt ein Zwiespalt zum Austrag, in dem Kain als Figur triebhafter Natur, die sich noch in dem Wissensdrang fortsetzt, das abelonische Ich-Ideal attackiert. Kennzeichen der Romantik ist die Identifikation mit Kain und die Entdeckung kainitischer Züge im Abelonischen selbst. Es wird zerstörerisch, wo es sich für das Ganze nimmt. Das war die Intuition Hamanns in seiner Abkehr von der Aufklärung. Dieses Absolutwerden des Abelonischen ist augustinischer Provenienz und hat die Überwindung der unreinen Geister zum Ziel. Augustinisch-aufklärerische Psychologie ist Dämonenüberwindung. Doch kehrt das Verdrängte zurück in den Phantasien über die Entfesselung der Dämonie in den Texten von Coleridge, Jean Paul, Byron und Baudelaire. In ihnen regt sich ein Widerstand gegen die rationale (Selbst-)Beschränkung und ein Bewusstsein für das Moment der Bodenlosigkeit, in die das aufklärerische Projekt, geistig autonom zu werden, mündet (→ IV.8. Literatur der Romantik).

3. Der Kainkomplex

In dieser Form konfligierender Ansprüche des Ideal-Guten und schattenhaften Bösen liefert die Literatur das Kain-und-Abel-Motiv der Psychoanalyse, die vor allem bei Carl Gustav Jung als der Versuch zu verstehen ist, sie zum Ausgleich zu bringen. Den Weg zu diesem Ausgleich nennt Jung „Individuation" und das Ziel das „Selbst" (Jung 2001 [1928], 59). Jung versteht den Konflikt zwischen Kain und Abel als eine „metaphysische Zwiespältigkeit" (Jung 1993 [1952], 38), denn der „Mensch wird erfüllt vom göttlichen Konflikt" (Jung 1993 [1952], 62). Die Bibel erzählt nach Jung vom Individuationsprozess Gottes als paradigmatischem Weg der Seele, deren innere Gegensätzlichkeit in der Kain-und-Abel-Episode, dem Archetypus der Spaltung, hervortritt und deren Heilung in Jesus Christus als „Symbol und Möglichkeit der Gegensatzvereinigung" (Jung 1993 [1952], 112) vorgestellt wird. Im Jung'schen *mapping* der Psyche wäre Abel aufseiten der Persona zu verorten. Die Persona ist ein „Kompromiß zwischen Individuum und Sozietät", eine vorgefertigte *„Maske, die Individualität vortäuscht"* (Jung 2001 [1928], 41). Das Oberflächliche und Gesichtslose der Abel-Figur hängt mit seinem Persona-Sein zusammen. Die Persona ist ein Schutz gegen das unbewusste Selbst. Wird sie aufgelöst, tritt eine „Entfesselung der unwillkürlichen Phantasie" (Jung 2001 [1928], 44) auf. Die Bilder, die ihr entspringen, nehmen nach Jung oft kosmischen Charakter an, „zum Beispiel durch Träume, man fliege durch den Weltraum wie ein Komet, man sei die Erde, die Sonne oder ein Stern" (Jung 2001 [1928], 44). Die kosmischen Phantasien bei Schlegel, Novalis, Jean Paul und Byron wären insofern symptomatisch für die Auflösung der Persona um 1800 im Zerfall feudaler Rollenmuster. Was die entfesselte Phantasie freigibt, ist ein Blick in die „dunkeln Aspekte der Persönlichkeit", in den „Schatten" (Jung 2011 [1951], 17). Er verkörpert alle Aspekte des Seelenlebens, die sich nicht oder nur schwer eingestehen und in das Selbstbild integrieren lassen. Ziel der Individuation bei Jung ist die Integration der dunklen Seelenseite in eine *coniunctio oppositorum*, die idealerweise mit der Beschränktheit der Persona auch die Besessenheit durch den Schatten auflöst und „Umfang und Einsicht" (Jung 1993 [1952], 112) des Bewusstseins vergrößert.

Die Identifikation mit der Kain-Figur wird aus Jung'scher Perspektive vom Wunsch nach einem erfüllteren Leben motiviert, das sich den engen Grenzen der Konventionen entwindet. Während die Kain-Figuren bei Jean Paul und Byron die Erweiterung ihres Wissens anstreben, dafür aber den Preis zu zahlen haben, unglücklich zu sein, tritt in der Kain-Literatur um 1900 der Gedanke auf, dass das nonkonforme Außenseitertum von einem Gewinn an ‚Tiefe' des Lebensgefühls begleitet sei. War die Auseinandersetzung mit Kain in der Romantik vor allem noch eine Frage des Geistes, wird sie um 1900 zu einer des Lebens. Paul Heyse formuliert dies in der romantischen Metapher des Abgrunds, deren Bedeutung sich jedoch verschiebt. Der Abgrund ist nicht mehr nur negativ ein Problem der Selbsterkenntnis und der Moral, sondern verspricht positiv die Revolution des Daseins. In dem Zwiegespräch mit dem weiblichen Dämon Lilith beschreibt Paul Heyses Kain sein Leiden als heimlichen Genuss.

> Ich fühl' an meinen Schmerzen, daß ich lebe,
> Ein tiefres Leben als die Friedlichen,
> Die an dem Abgrund dieser Räthselwelt
> Behaglich, ohne Schwindel, ohne Sehnsucht,
> Hinabzustürzen, um ihn zu ergründen,
> Stehn und an seinem Rand die Blumen pflücken,
> Indessen ich die Wollust dieses Grauns
> In meinem Innern fühle.
> (Heyse 1904, 86)

Hinter dieser Wollust des Grauens verbirgt sich – in Jung'schen Begriffen – der Wunsch, sich mit dem „Abgrund zu vermählen und erinnerungslos darin aufzugehen" (Jung 2001 [1928], 53). Damit gehe zwar das Gefühl der „Erneuerung des Lebens" (Jung 2001 [1928], 53) einher, die angestrebte Ganzheit würde aber verfehlt.

Solches Ganz-sein-Können macht Hermann Hesse unter dem Eindruck Jung'scher Theorie und Praxis in *Demian* thematisch. In dem Erfolgsroman von 1919 ist das Kainszeichen die Auszeichnung derjenigen, die sich von den bürgerlichen Konventionen gelöst haben und die darum eine Aura – „etwas kaum wahrnehmbares Unheimliches" (Hesse 1970 [1919], 31) – umgibt. Unter der Anleitung seines älteren Mitschülers Max Demian, der die Rolle des verführerischen Dämons einnimmt, versucht Emil Sinclair, „zu sich selbst zu kommen" (Hesse 1970 [1919], 126–127), und erkennt in dem Symbol des Abraxas, dass er „das Göttliche und das Teuflische zu vereinigen" (Hesse 1970 [1919], 92) habe. Er findet in dem Haus der Mutter Demians eine Gemeinschaft, in der er seine Individuation verwirklichen zu können hofft, doch verhindert dies der Beginn des Ersten Weltkriegs, in den Emil einberufen wird. Auch wenn Max und Emil den Krieg als notwendiges „Schicksal" Europas begrüßen und sich „wie Kain dazu gezeichnet" fühlen, „Furcht und Haß zu erregen" (Hesse 1970 [1919], 144–145), so lässt sich doch nicht übersehen, wie der globale Ausbruch der Gewalt am Ende der Erzählung quer steht zur gelingenden Selbstverwirklichung der einzelnen Figuren. An dem geschichtlichen Einschnitt des Kriegs zerschellen sowohl die Naivität allzu leichtfertiger Verherrlichung von Destruktivität als auch der Optimismus, dass sich die Aggressionstriebe in einer individuierten Totalität des Selbst beherrschen ließen.

Gegen diesen trügerischen Optimismus der Jung'schen Psychologie macht Leopold Szondi, Überlebender des Konzentrationslagers Bergen-Belsen, Kains vernichtende Wirkung in der Weltgeschichte geltend. Emphatisch stellt er zu Beginn seiner als Beitrag zur Schicksalsanalyse verfassten Kain-Studie fest:

> *Kain regiert die Welt.* Dem Zweifler raten wir, die Weltgeschichte zu lesen. Der Historiker macht keinen Hehl daraus, daß das Wesen der Weltgeschichte der Kampf ist. Der Schicksalsanalytiker sagt: Das Gros der Weltgeschichte macht die ewig wiederkehrende Geschichte Kains aus. Der Historiker stellt fest, daß die Weltgeschichte nicht die Verwirklichung eines ständigen Fortschreitens vom Niedrigen zum Höheren, vom Schlechteren zum Besseren, von der Knechtschaft zur Freiheit ist. Er ist der Meinung, daß die Weltgeschichte vielmehr eine Kurve von grausamer Gewundenheit ist. Auf die Vollendung folgt unmittelbar der Absturz. [...] Nicht Gott, sondern Kain namens Mensch manifestiert sich in der Weltgeschichte. So denkt der Schicksalspsychologe. Jedweder Unterschied unter den Menschen – und sei er noch so gering – genügt, um den ewigen Kain zu wecken. (Szondi 1969, 9)

Kain ist ein ‚Triebfaktor', den Szondi sowohl vom Ödipuskomplex (→ III.6. Ödipus) als auch vom Sadismus unterscheidet (→ IV.6. Fallgeschichte). Der Sadismus ist für Szondi vor allem ein Faktor des Sexuallebens, wohingegen die Triebgestalt Kain nicht primär sexueller, sondern affektiver Natur ist. Während der Sadismus Überlegtheit im Handeln nicht ausschließt, agiert der Kainimpuls über die „Paroxysmalität" des Menschen. Die Kainiten sind „Anfallsmenschen", in denen sich grobe Affekte wie Wut, Hass, Zorn, Rache, Neid und Eifersucht anstauen, die sich „epileptiform" entladen. Hinter jedem dieser Anfälle steht die „tötende Gesinnung" (Szondi 1969, 53–54). Wird die ‚tötende Gesinnung' durch den Widerstand der Umwelt und des Über-Ichs verdrängt, bildet sich ein ‚Kainkomplex', der sich vom Ödipuskomplex dadurch unterscheidet, dass der Vater kein Objekt des Hasses, sondern der Liebe und dass die Reaktionsbildung gegen den Hass nicht die Familie, sondern die Brüdergemeinschaft ist.

Im Alltag gibt es zwei bestimmende Weisen, wie sich der Kainkomplex zeigt. Zunächst ist er durch den „erfreuliche[n] Umstand, daß die grob affektive und machtsüchtige kainitische Gesinnung im Beruf relativ am leichtesten zu sozialisieren ist" (Szondi 1969, 145), durchaus karrierefördernd. Neben dieser obsessiven und inflativen Form erscheint Kain aber auch häufig als ruheloser Wanderer, der ständig seinen Ort und Beruf wechseln muss und von dem Impuls getrieben wird, vor sich und anderen davonzulaufen. Beide Formen kommen zudem oft abwechselnd in derselben Person vor (vgl. Szondi 1969, 141). Zu diesem Doppelcharakter passt die Ungereimtheit der Bibelerzählung, dass Kain von Gott zwar zur Unstetheit verdammt wird, seine erste Tat, nachdem er verflucht wurde, aber die Gründung einer Stadt ist.

Zu den karrieristischen und wandernden Sozialisationsformen des Kainkomplexes kommt schließlich die Möglichkeit hinzu, dass sich die ‚tötende Gesinnung' durch das schuldbeladene Bedürfnis nach Wiedergutmachung ganz in die Gestalt des Guten und Gerechten verkehrt. Die hyperethische und hyperreligiöse Gesinnung führt Szondi auf dieselbe affektive Grundlage wie die tötende zurück. Symbol für das Umschlagen des bösen Affekts in die Gesetzestreue ist Moses, der – selbst ein Totschläger – „seine Verfehlung durch strenge Gesetzgebung wiedergutzumachen versucht" (Szondi 1969, 9). So zeigt sich an Moses zwar ein Ausweg aus der paroxysmalen Destruktivität, doch impliziert seine Koemergenz mit Kain, dass es keine Sicherheiten gibt, dass sein ethisches Bedürfnis nicht jederzeit auf seinen bösen Ursprung zurückfallen könne. Szondis Lehre nährt darum keine Illusionen, dass sich der Zwiespalt zwischen ethischen Ansprüchen und mörderischen Anlagen nachhaltig versöhnen ließe, sondern beschreibt vielmehr, warum Religiosität, Chauvinismus und Gewalt Konstanten der Weltgeschichte bis in die Gegenwart geblieben sind.

Ein Roman, auf den Szondis Kainkomplex einiges Licht wirft, ist John Steinbecks *East of Eden* (1952; *Jenseits von Eden*). Anhand dreier Generationen der Familie Trask erzählt Steinbeck in nuce einen Gründungsmythos der USA, in dem er den Zusammenhang von Schuld und Unschuld, Religiosität und Gewalt verdichtet. In der Familie Trask reproduziert sich die Neigung zur Gewalt, aber auch der moralische Widerstand gegen sie. Die Gewalttätigkeit ist mit einem Begriff Szondis als das „familiäre Unbewusste" (Szondi 1965, 17) gegenwärtig. Der Gegensatz zwischen Gut und Böse spaltet sich in der Familie Trask in die Brüderpaare Charles und Adam sowie Cal und Aron. In einem Gespräch zwischen Adam, seinem Nachbarn Samuel Hamilton und dem Koch Lee wird die Kain-und-Abel-Geschichte erörtert. Für Lee ist sie die „symbol story of the human soul" (Steinbeck 1999 [1952], 270). Es sei die abgelehnte und ungeliebte Seele, die die Menschen in einen Kreislauf von Wut, Rache und Schuld verstricke. Die Anlage zum Bösen sei allen Menschen mitgegeben, aber sie erhielten von Gott auch die Möglichkeit der freien Entscheidung über Gut und Böse, wofür das hebräische Wort *timshel* einstehe: „,Thou mayest' – that gives a choice. It might be the most important word in the world. That says the way is open." (Steinbeck 1999 [1952], 303) Cal ist wegen seiner kainitischen Veranlagung der Protagonist des Konflikts der Seele in ihrer Wahl des Guten und des Bösen. Ähnlich dem Kainiten Szondis ist Cal durch seinen Charakter zu beruflichem Erfolg geeignet. Im Gegensatz zu Aron, der in Stanford Theologie studiert, besitzt Cal unternehmerisches Geschick und macht beträchtliche Gewinne mit dem Export von Bohnen zur Kriegszeit. Das Geld, das er dadurch einnimmt, will er seinem Vater Adam zum Geschenk machen, der sein Vermögen zuvor in einem anderen Geschäft verlor. Dieses Geschenk lehnt Adam aber ab, weil er es für unmoralisch hält, durch den Krieg Gewinn zu machen. In einem Anfall von Eifersucht führt Cal darauf seinen vom Vater bevorzugten Bruder Aron in das Bordell seiner Mutter, die dieser seit seiner Geburt für tot hielt. Die tragische Folge davon ist, dass Aron, dessen Idealismus gebrochen scheint, sich umgehend freiwillig zum Dienst im Ersten Weltkrieg meldet, in dem er schließlich getötet wird. Als Adam davon Nachricht erhält, erleidet er einen tödlichen Schlaganfall. Auf seinem Sterbebett vergibt er Cal jedoch mit seinem letzten Wort: „*Timshel!*" (Steinbeck 1999 [1952], 602) Es ist die zentrale moralphilosophische Formel des Romans, und sie drückt die Möglichkeit aus, den scheinbar familiären Determinismus zum Bösen durch Selbsterkenntnis und Reue überwinden zu können. Hierin trifft sich Steinbecks Roman mit Szondis Schicksalsanalyse, die sich zum Ziel setzt, zur bewussten Bejahung und Verneinung „*erbgemäß mitgebrachte*[r] *Schicksalsmöglichkeiten*" (Szondi 1965, 20) zu leiten. Nur bleibt diese Bejahung und Verneinung abhängig von einem fortwährenden Kampf des Ichs mit dem Triebschicksal, das seine Ansprüche immer wieder von Neuem geltend macht. Insofern ist der Kain-und-Abel-Mythos psychologisch ein Phänomen der Wiederholung, also ein Archetypus in Jungs Sinne. Sam Hamilton formuliert diesen Gedanken in *East of Eden* in dem Gespräch über die Bibelerzählung: „,Two stories have haunted us and followed us from our beginning,' Samuel said. ,We carry them along with us like invisible tails – the story of original sin and the story of Cain and Abel [...]'." (Steinbeck 1999 [1952], 266) Steinbeck betont den narrativen Charakter der Archetypen, die mehr angewachsen als kollektiv eingeboren sind. In diese Erzählungen schreiben sich die Menschen immer wieder ein, und ihre Handlungen erhalten durch sie – mitunter schicksalhafte – Bedeutung. Doch eröffnet der Roman auch eine Perspektive auf eine Freiheit zur Wahl im Sinne des *timshel*, die die Erzählbarkeit der Archetypen mit sich bringt.

4. Narration und Emanzipation

Den narrativen Charakter der mythischen Archetypen hat Thomas Mann zum Formprinzip von *Joseph und seine Brüder* (1933–1943) gemacht. Seinen vierbändigen Roman versteht er als ein literarisches Parallelprojekt zu dem psychoanalytischen Umgang mit Mythen (vgl. Mann 1960 [1936], 492–499). Durch motivische Arbeit spielt Mann der Psychoanalyse ihre linguistische Verfasstheit vor und nimmt damit eine der grundlegenden Einsichten Lacan'scher Theorie vorweg (→ II.4. POSTSTRUKTURALISTISCHE THEORIE), dass das Unbewusste strukturiert sei wie eine Sprache (vgl. Lacan 2016 [1966]). Die Geschichten des Mythos legen Spuren aus, in denen sich die Figuren des Romans bewegen und die ihr Leben ausmachen: „Denn wir wandeln in Spuren, und alles Leben ist Ausfüllung mythischer Formen mit Gegenwart." (Mann 1960 [1933–1943], 819) Leben im *Joseph*-Roman ist ein Wiedererzählen dieser Formen. Joseph hat ein Bewusstsein davon, welcher Spur er folgt. Es ist die Spur von Tammuz, Adonis oder Osiris, des jungen Gottes, der zerrissen wird, in den Abgrund steigt, um daraus wieder aufzustehen und verherrlicht zu werden.

Diesen Mythos erzählt Joseph Benjamin zu Beginn des zweiten Bandes in einer Prolepse seiner eigenen folgenden Geschichte. Josephs Brüder dagegen folgen der Spur des eifersüchtigen Widersachers, die Jaakob mit Erschrecken ahnt, als sie ihm das scheinbar von einem wilden Tier zerrissene Kleid Josephs übergeben: „Der Keiler, das wütende Hauptschwein, das war Seth, der Gottesmörder, es war der Rote, war Esau, den er, Jaakob, ausnahmsweise zu erweichen gewußt hatte." (Mann 1960 [1933–1943], 641) Anmut und Würde verleiht Jaakobs Familie das Bewusstsein, in den Spuren Abels zu wandeln, „dessen Opfer dem Herrn wohlgefällig war und nicht wie Kains und Esau's, deren Gesichter sind wie der Acker, wenn ihn die Sonne zerreißt" (Mann 1960 [1933–1943], 102). Doch als die Brüder beratschlagen, was mit dem hoffärtigen Joseph zu geschehen habe, entscheiden sie sich für die Gewalttat und ahmen bewusst Kain und seinen Nachkommen Lamech nach, die, wie sie glauben, „Männer" waren und keine „Klügler und Frömmler" (Mann 1960 [1933–1943], 550). Durch Kains und Lamechs Muster erhält die versuchte Ermordung Josephs mythische Weihen, aber, indem das Muster Erzählung wird, ist auch die Möglichkeit zur reflexiven Distanz und mithin zur Differenz gegeben. So fällt den Brüdern, nachdem sie Joseph in den Brunnen geworfen haben, die Tat auf das Gewissen, und Juda spricht den Abstand zum Mythos aus, der unabweisbar geworden ist: „Wir wollten's dem Lamech gleichtun im Liede und den Jüngling erschlagen [...]: wir mußten etwas nachgeben den Läuften, die nicht mehr die alten sind, und statt den Jüngling zu töten, lassen wir ihn nur sterben. Pfui über uns, denn ein hundsföttisch Zwitterding ist das von Lied und Läuften!" (Mann 1960 [1933–1943], 599)

Ein Zwitterding sind Lied und Läufte, da die Brüder durch das gelebte Wiedererzählen der Muster zwar ihre mythische Verbindlichkeit anerkennen, zugleich aber durch die Abwandlungen, die diese Muster erfahren haben, ihren fiktiven Charakter durchschauen. Diese Mehrdeutigkeit der Überlieferung gibt den Figuren Handlungsspielraum. Nach seinem Aufstieg in Ägypten beschreibt Joseph in seinem Gespräch mit Echnatôn den Doppelcharakter der Mythen – ihre Notwendigkeit und Formbarkeit – als Bedingung der Möglichkeit, moralisches Individuum und damit frei zu sein: „Denn das musterhaft Überlieferte kommt aus der Tiefe, die unten liegt, und ist, was uns bindet. Aber das Ich ist von Gott und ist des Geistes, der ist frei. Dies aber ist gesittetes Leben, daß sich das Bindend-Musterhafte des Grundes mit der Gottesfreiheit des Ich erfülle, und es ist keine Menschengesittung ohne das eine und ohne das andere." (Mann 1960 [1933–1943], 1422) Und in einer metafiktionalen Digression beschreibt der Erzähler des Romans diese ‚Gottesfreiheit des Ich' als Selbstbesinnung im Vollzug des Erzählens: Josephs Geschichte „erzählte geschehend sich selbst. Seitdem ist sie in der Welt [...]. Hundertmal ist sie erzählt worden und durch hundert Mittel der Erzählung gegangen. Hier nun und heute geht sie durch eines, worin sie gleichsam Selbstbesinnung gewinnt und sich erinnert, wie es denn eigentlich im Genauen und Wirklichen einst mit ihr gewesen, also, daß sie zugleicht quillt und sich erörtert." (Mann 1960 [1933–1943], 821)

Erzählen ist mithin performative Emanzipation vom Erzählten und, indem sich der Mythos derart verleiblicht und erörtert, erlangen die Figuren des Romans, wie Jan Assmann in seinem Kommentar schreibt, „neue Formen von Bewußtheit und Weltdistanz" (Assmann 2006, 35). Der Mythos überwinde sich selbst vom kollektiv Notwendigen zum individuell Möglichen. Darin folge Mann der Tiefenpsychologie Freuds und Jungs (vgl. Assmann 2006, 39).

Die Akzentverschiebung, die Mann allerdings vornimmt, betrifft die Schrift, deren Bedeutung für die Singularisierung, für die Trennung vom „Absolutismus des Gegebenen" (Assmann 2006, 36), er zeitgleich mit James Joyce literarisch gestaltet. Echnatôn erkennt an Joseph, dass er ein Schreiber ist, und vermutet, dass damit die „Würde des Ich" (Mann 1960 [1933–1943], 1424) zusammenhängt, über die Joseph zu ihm sprach. Für Josephs Bildung ist Lesen und Schreiben „die Grundlage von allem" (Mann 1960 [1933–1943], 407); und er verehrt den Mond als „das Himmelsbild Thots, des weißen Pavians und Erfinders der Zeichen, des Sprechers und Schreibers der Götter, Aufzeichners ihrer Worte und Schutzherrn derer, die schrieben" (Mann 1960 [1933–1943], 411). Im Land der Schrift, in Ägypten, begegnet Joseph Mai-Sachme, Amtmann seines Gefängnisses, der nebenbei auch „Heilkunde und Schreibtum" (Mann 1960 [1933–1943], 1310) als komplementäre Beschäftigungen betreibt. Aus den Geschichten, die Joseph in Ägypten zu hören bekommt, erfährt er Abwandlungen des Mythos der feindlichen Brüder, die seine eigene Versöhnung mit seinen Brüdern vorbereiten. Mai-Sachme erzählt ihm die „Geschichte von den zwei Brüdern", die der gebildete Amtmann sowohl als „eine vorzügliche Fiktion" als auch als „Muster" (Mann 1960 [1933–1943], 1313) versteht. Sie erzählt von dem Streit zwischen Bata und Anup um dessen Ehefrau, worin sie der Kain-und-Abel-Variante aus den jüdischen Sagen analog ist, der zufolge Kain Abel im Streit um eine Schwester erschlagen hat; eine Variante, die für Joseph verbindlich ist (vgl. Mann 1960 [1933–1943], 115). In der Geschichte Mai-Sachmes entlädt sich die Aggression nicht mehr gegen den Bruder, sondern gegen sich selbst. Bata kastriert sich, nachdem Anup von dem Ehebruch erfährt, und verwandelt sich später in einen heiligen Stier. Echnatôn, der Erneuerer der ägyptischen Religion und Kunst, erzählt Joseph schließlich von dem Brüderkampf zwischen Apoll und dem „durchtriebene[n] Gott-Kind" Hermes (Mann 1960 [1933–1943], 1424–1424), den er als das griechische Pendant des Schreibergottes Thot vorstellt. Der Streit um die fünfzig Rinder, die Hermes seinem Bruder stahl, wird geschlichtet, als Hermes auf der Laute zu spielen und zu singen beginnt, worüber Apoll allen Ärger wegen der Rinder vergisst und nur mehr die Laute besitzen will. Hermes übergibt sie ihm, darf dafür die Rinder behalten und die Brüder unterzeichnen zur Aussöhnung einen Vertrag.

Mann führt durch solche motivische Arbeit mit mythischen Mustern das emanzipatorische Potenzial vor, das durch die Schriftkultur in die Welt kam. Während der mündlich tradierte Mythos die Welt darstellte und auf eine Wahrheit hindeutete, ist die verschriftlichte Literatur eine Praxis, „eine Form der Weltveränderung, der Erschließung alternativer Welten im Medium der Fiktion" (Assmann 2006, 36). Aus einer Hermeneutik wird so ein Performativ, aus Deutung Gestaltung, mit der – nach der Erzähltheorie des Romans – der „Lapidargeist des Daß" vom „Wie des Lebens" (Mann 1960 [1933–1943], 1005) überholt wird.

5. Spuren zum *sinthome*

Der späte Lacan zieht aus diesem zitathaft-performativen Umgang der Literatur mit vorgeprägten Mustern und Identitäten Konsequenzen für die Psychoanalyse. Während Freud die Psychoanalyse mit der *Traumdeutung* (1900) als eine hermeneutische Disziplin, das Unbewusste zu verstehen, begründet, versucht Lacan in seinen späten Seminaren eine Theorie zu entfalten, die sich von der Voraussetzung der Hermeneutik, dem Rekurs auf Wahrheit, löst. Maßgeblich inspiriert wurde er dazu durch die Lektüre von Joyce' *Finnegans Wake* (1939). Auch in Joyce' letztem Roman – der Psychoanalyse und „Jungfraud's Messongebook" (Joyce 2000 [1939], 460.20) so verpflichtet wie Vico und Bruno – spielen die Kain-Figur und der Mythos der verfeindeten Brüder eine exponierte Rolle.

Anders als im *Joseph*-Roman übt in *Finnegans Wake* die Kain-Seite die Schriftstellerei aus, dargestellt in Shem the Penman, Verfasser eines Briefes, der die Ausschweifungen seines Vaters HCE beinhalten soll. Als „sinscript" (Joyce 2000 [1939], 421.18) ist der Brief ein „fruitflowerleaf of the cainapple" (Joyce 2000 [1939], 121.10–121.11). Shem ist gezeichnet durch das Kainsmal, „the brand of scarlet on the brow of her of Babylon" (Joyce 2000 [1939], 185.11–185.12). Es stempelt ihn zum „Pariah, cannibal Cain" (Joyce 2000 [1939], 193.32). Er ist Autor von „nameless shamelessness about everybody he ever met" und „inartistic portraits of himself" (Joyce 2000 [1939], 182.14–182.19). Seine Kunst ist inauthentisch. Er arbeitet mit „stolen fruit" und kopiert „various styles of signature so as one day to utter an epical forged cheque" (Joyce 2000 [1939], 181.14–181.16). Seine Tinte verfertigt er aus seinem eigenen Kot und Urin, mit der er auf seinem Körper schreibt, und „with each word that would not pass away" wird sein markloses „squidself [...] chagreenold and doriangrayer in its dudhud" (Joyce 2000 [1939], 186.6–186.8).

Shaun the Post, Zusteller des Briefs, dagegen präsentiert sich als „Immaculatus", „that pure one", „that goodlooker with not a flaw". Shaun wurde von Shem wegen seines schönen Gesichts niedergeschlagen, „because he cut a pretty figure in the focus of your frontispecs" (Joyce 2000 [1939], 191.13–191.32). Er ist „able Shaun", „the walking saint", „[w]inner of the gamings, primed at the studience, propredicted from the storybouts, the choice of ages wise[ ]" (Joyce 2000 [1939], 427.19–427.33). Shaun ist als Abel der idealisierte Gegensatz zu dem abjekten Shem/Kain.

In der Insektenfabel *The Ondt and the Gracehoper*, in der sich die Vorzeichen der Charaktere der Brüder verkehren, beerbt Joyce die Romantik. Shaun erzählt diese Fabel aus Eitelkeit, doch entlarvt ihn die Erzählung, die mit seiner eigenen Infragestellung endet. „The Ondt was a weltall fellow, raumybult and abelboobied." (Joyce 2000 [1939], 416.3) Die Ameise steht für das Statische und Stabile, den Raum, das Sichtbare, das Seiende (griech.: *to on*), die Erhabenheit von Macht, Vernunft und Wissen. Sie sitzt „prostrandvorous upon his dhrone, [...] sated before his comfortumble phullupsuppy of a plate o'monkynous and a confucion of minthe (for he was a conformed aceticist and aristotaller)" (Joyce 2000 [1939], 417.11–417.16). Der Grashüpfer ist die Figur des Exils, der Kunst, der Zeit und des Werdens, des Exzesses und der Armut. Als er vor den Thron der Ameise tritt, von der er sich Linderung seines materiellen Elends erhofft, erntet er ihren Spott und ihre Ablehnung: „Let him be Artalone the Weeps with his parisites peeling off him." (Joyce 2000 [1939], 418.1–418.2) Die selbstgefällige Ameise wird ihrem Namen gerecht: *Ond* ist dänisch für böse. Die Instanz des vorgeblich Reinen, Biederen und Vernünftigen verkehrt sich in das Böse, indem sie sich absolut macht, und darin bleibt Joyce der romantischen Intuition gegen die Aufklärung treu. In dem folgenden Lied zeigt sich die Moralität des Grashüpfers. Er vergibt der Boshaftigkeit der Ameise und erinnert sie an die unzertrennlichen Zwillinge Castor und Pollux. Und er lädt sie ein, sich seinem extravaganten Dasein und Denken anzuschließen: „Of my tectucs takestock, tinktact, and ail's weal; / As I view by your farlook hale yourself to my heal." (Joyce 2000 [1939], 418.35–418.36) Denn mag sie sich noch so erhaben und väterlich (dän. *far*: Vater) in der Unverrückbarkeit des Seins dünken, sie wird der Zeitlichkeit und dem Werden nicht entkommen.

Es ist zu bedauern, dass sich Lacan in seiner Arbeit über Joyce' Werk nicht mehr auf den Text von *Finnegans Wake* einlässt. Er entwickelt eine Theorie, die von einem eher äußerlichen Lektüreeindruck ihren Ausgang nimmt, um dann, zumindest für literaturwissenschaftlichen Geschmack, methodisch etwas unfein vom Roman allzu unvermittelt auf den Autor zu schließen. Dabei ließe sich vieles, was er Joyce zuschreibt, zunächst anhand der Schriftstellerfigur Shem/Kain darstellen, zumal er sie in dem Gründungsdokument seiner Joyce-Studien, seinem Vortrag beim Joyce-Symposium 1975 in Paris, ein „Shemptôme" (Lacan 2005, 164) tauft. Eine weitergehende Befassung mit Kain hätte für Lacan überdies naheliegend sein können, da er das Joyce gewidmete Seminar *Le Sinthome* (1975–1976) mit einer Unterscheidung zwischen der Sprachpraxis Adams und Evas eröffnet. Während Adams Namensgebung durch den großen Anderen überwacht und reguliert wird, nutzt Eva die adamitische Sprache zur Unterredung mit der Schlange. Während Adam für den großen Anderen Sinn produziert, begeht Eva qua Sprache *sin*. Evas Sünde wider Gott folgt einem Unbehagen im Universellen – gemäß der Formel: „tout, mais pas ça" [alles, nur nicht das] (Lacan 2005, 14; Übers. J. K.). Gegen das universelle Gesetz des Vaters wählt Eva ihre Singularität und wird damit zur Häretikern. Die Haltung des *mais pas ça* und die häretische Wahl bilden das *sinthome* – in Abwandlung vom Symptom (→ II.1. Semiotik). Das *sinthome* ist ein Exil, ein Weg aus der Gefangenschaft in der Sprache (vgl. Harari 2002, 35). Es ist die hysterische Zurückweisung einer Forderung: *pas ça*.

In *Finnegans Wake* erbt Shem den „cainapple" von seiner Mutter ALP. Der Brief ist ihr gemeinsames Werk: „feminine fiction" (Joyce 2000 [1939], 109.32), unterzeichnet vom „masterbilker" (Joyce 2000 [1939], 111.21). ALP ist als Wasserwesen Figur des Wandels und des Werdens. Darin steht sie der ruhelosen Existenz ihres Sohns nahe. Ins Exil geht Shem jedoch allein, „self exiled in upon his ego" (Joyce 2000 [1939], 184.6–184.7). Das Exil wird zum Ort des Schreibens. Nach der Markierung durch den großen Anderen mit dem Kainsmal ist das Schreiben das Medium der Transformation. Als *trait unaire* – einzigen Zug – markiert und identifiziert es das Subjekt, schreibt es in das Symbolische ein und begründet seine soziale Lesbarkeit. Erst durch diese Befestigung im Symbolischen gewinnt das Ich Konsistenz. Mit diesem Gewinn an Konsistenz und sozialer Lesbarkeit geht allerdings ein Konformitätsdruck einher, eine symbolische Schuld, die zur Quelle psychischen Leidens werden kann. Wenn nun, wie Lacan feststellt, bei Joyce eine Auflösung dieser Konsistenz, des Imaginären, stattfindet, erhält das Schreiben den Charakter der Korrektur (vgl. Lacan 2005, 145–151). Der im Spiegelstadium erreichte Borromäische Knoten, der das Reale mit dem Symbolischen und dem Imaginären zusammenschließt, wird bei Joyce gelöst und erst durch einen vierten Ring zusammengehalten, durch das *sinthome*.

Doch das *sinthome* ist für Lacan mehr als nur Wundpflaster und letzter Widerstand gegen das Absinken in die Psychose. Im Unterschied zum Symptom gewährt es *jouissance*. Dies ist für Lacan die wesentliche Empfindung bei der Lektüre von *Finnegans Wake*, „dass man den Genuss desjenigen spürt, der das geschrieben hat" (Lacan 2005, 165; Übers. J. K.). An die Stelle der Bedeutung des Signifikanten (für einen anderen Signifikanten) tritt „*j'ouïs-sens*" [Ich-hörte-Sinn] (Lacan 2005, 73; Übers. J. K.) in der Materialität des Buchstabens. Im Schreiben überschreitet Joyce das Symbolische, das bei ihm zerfällt, in Richtung auf das Reale, und „Genießen, das ist das Reale" (Lacan 2005, 78; Übers. J. K.). Das Reale, das so *jouissance* wird, ist – nach dem wiederholten Wortspiel von *letter* und *litter* (vgl. Joyce 2000 [1939], 93.24) – Abfall des Symbolischen. Joyce' Roman wird damit zu einer Grenze psychoanalytischer Interpretation. Er erscheint wie „désabonné à l'inconscient" (Lacan 2005, 164) – wörtlich: als hätte er die Subskription des Unbewussten gekündigt. Er entzieht sich dem Bedeuten-Wollen im Diskurs des großen Anderen. An die Stelle der Wahrheit tritt das Kunstwerk, die Erfindung, die Manipulation und Fälschung. Joyce ist, so Lacan, „ein reiner Pyrotechniker, ein Mann des Könnens, was man mit gleichem Recht einen Künstler nennt" (Lacan 2005, 118; Übers. J. K.). Was Lacan in seinen Joyce-Vorlesungen reformuliert, ist das alte Problem der Aufklärung und der Romantik, wie Autonomie möglich sei, ohne dass das bodenlos gewordene Selbst als Gespenst oder Monster zurückkehrt (vgl. Thurston 2010, 96). Es ist das Problem, das sich zwischen Aufklärung und Romantik mit der Kain-Figur, der Figur des Bösen, artikulierte. Die

Nachkommen Kains waren Erfinder, und für den späten Lacan wird die Befreiung von den Forderungen des großen Anderen, der sozialen Normierung, zu einer Sache des *savoir-faire*, nicht mehr also des Wissens, sondern des Könnens nach dem Vorbild der Literatur.

Mit Blick auf das Symptom ist dieses Können ein *savoir-y-faire*, wie es Lacan in dem unveröffentlichten Seminar XXIV formuliert (vgl. Harari 2002, 121). Man könnte dies salopp mit ‚klarkommen' übersetzen. Das *sinthome* bezeichnet die Kunstfertigkeit, mit dem Symptom klarzukommen. Das aber kann nur gelingen, wenn die psychische Formation, die Leid verursacht, transformiert wird in ein neues Imaginäres, in eine neue Konsistenz des Ichs, die weniger restriktiv ist (vgl. Lacan 2005, 121–122). Dieses neue Imaginäre muss erschrieben werden. Joyce nennt den Akt solcher Selbsteinschreibung, wie Shem ihn an seinem Körper vollzieht, treffend „corrosive sublimation" (Joyce 2000 [1939], 185.37). Das Ich erhält Form und Konsistenz im Zerfall und erreicht ein gewisses Maß an Freiheit durch die Erfindungsgabe, mit der es die Markierung durch den großen Anderen neu organisiert (vgl. Harari 2002, 300). In Form dieser korrosiven Sublimierung strebt der späte Lacan das Ende der Analyse an, die zugleich ihre Grenze bezeichnet, denn dafür, wie Einzelne ihr *sinthome* ausbilden, besitzt die Psychoanalyse kein Rezept mehr. Zugleich reformuliert Lacan mit Joyce die Ethik der Psychoanalyse. Es geht Lacan nicht mehr um das unbeirrte Festhalten am Begehren, sondern um eine Form von Verantwortung. Diese Verantwortung betrifft indes allein das *savoir-y-faire* mit dem Symptom (vgl. Lacan 2005, 61). Sie betrifft die je singuläre Art und Weise, das Kainsmal fortzuschreiben.

Literatur

Alfieri, Vittorio. *Tragedie postume*, Bd. 2: *Abele e frammenti di tramelogedie*. Hrsg. von Raffaele de Bello. Asti 1978 [1786].

Assmann, Jan. *Thomas Mann und Ägypten. Mythos und Monotheismus in den Josephromanen*. München 2006.

Augustinus. *De civitate Dei*, Bd. 2. Hrsg. von Bernhard Dombart und Alfons Kalb. Stuttgart, Leipzig 1993 [413–427].

Baudelaire, Charles. „Les Fleurs du mal" [1857]. Baudelaire, Charles. *Œuvres complètes*. Hrsg. von Yves-Gérard Le Dantec. Paris 1961: 3–130.

Coleridge, Samuel Taylor. „The Wanderings of Cain" [1798]. Coleridge, Samuel Taylor. *The Major Works*. Hrsg. von Heather J. Jackson. Oxford, New York 2008: 41–46.

Copjec, Joan. *Imagine There's No Woman. Ethics and Sublimation*. Cambridge/Mass. 2002.

Gessner, Salomon. „Der Tod Abels" [1758]. Gessner, Salomon. *Werke. Auswahl*. Hrsg. von Adolf Frey. Berlin, Stuttgart 1884: 99–186.

Hamann, Johann Georg. „Gedanken über meinen Lebenslauf" [1759]. Hamann, Johann Georg. *Sämtliche Werke*, Bd. 2: *Schriften über Philosophie/Philologie/Kritik. 1758–1763*. Hrsg. von Josef Nadler. Wien 1950: 9–54.

Harari, Roberto. *How James Joyce Made His Name. A Reading of the Final Lacan*. Übers. von Luke Thurston. New York 2002.

Hesse, Hermann. „Demian. Die Geschichte von Emil Sinclairs Jugend" [1919]. Hesse, Hermann. *Gesammelte Werke*, Bd. 5. Frankfurt a. M. 1970: 5–163.

Heyse, Paul. „Kain. Ein Mysterium". Heyse, Paul. *Mythen und Mysterien*. Stuttgart, Berlin 1904: 63–120.

Jean Paul. „Der Komet oder Nikolaus Marggraf. Eine komische Geschichte" [1820–1822]. Jean Paul. *Sämtliche Werke*, Abt. I, Bd. 6: *Späte Erzählungen. Schriften*. Hrsg. von Norbert Miller. München 1963: 563–1036.

Joyce, James. *Finnegans Wake*. London 2000 [1939].

Jung, Carl Gustav. *Antwort auf Hiob*. München 1993 [1952].

Jung, Carl Gustav. *Die Beziehungen zwischen dem Ich und dem Unbewußten*. München 2001 [1928].

Jung, Carl Gustav. *Gesammelte Werke*, Bd. 9.2: *Aion. Beiträge zur Symbolik des Selbst*. Hrsg. von Lily Jung-Merker und Elisabeth Rüf. Ostfildern 2011 [1951].

Klopstock, Friedrich Gottlieb. „Der Tod Adams" [1757]. Klopstock, Friedrich Gottlieb. *Historisch-Kritische Ausgabe. Werke*, Bd. 5: *Biblische Dramen*. Hrsg. von Monika Lemmel. Berlin, New York 2005: 3–30.

Lacan, Jacques. „Die Freud'sche Sache oder Sinn der Rückkehr zu Freud in der Psychoanalyse" [1966]. Lacan, Jacques. *Schriften*, Bd. 1. Übers. v. Hans-Dieter Gondek. Wien, Berlin 2016: 472–513.

Lacan, Jacques. *Le Séminaire*, Bd. 23: *Le Sinthome (1975–1976)*. Hrsg. von Jacques-Alain Miller. Paris 2005.

Lord Byron. „Cain. A Mystery" [1821]. Lord Byron. *The Major Works*. Hrsg. von Jerome J. McGann. Oxford, New York 2008: 881–938.

Mann, Thomas. „Freud und die Zukunft" [1936]. Mann, Thomas. *Gesammelte Werke*, Bd. 9: *Reden und Aufsätze I*. Hrsg. von Peter de Mendelssohn. Frankfurt a. M. 1960: 478–501.

Mann, Thomas. *Gesammelte Werke*, Bd. 4/5: *Joseph und seine Brüder*. Hrsg. von Peter de Mendelssohn. Frankfurt a. M. 1960 [1933–1943].

Philon. *On the Posterity of Cain and His Exile. Philo: In ten Volumes*, Bd. II. Hrsg. und übers. von F.[rancis] H.[enry] Colson und G.[eorge] H.[erbert] Whitaker. Cambridge/Mass., London 1994: 328–442 [1. Jh. n. Chr.].

Preitz, Max (Hrsg.). *Friedrich Schlegel und Novalis. Biographie einer Romantikerfreundschaft in ihren Briefen*. Darmstadt 1957.

Quinones, Ricardo J. *The Changes of Cain. Violence and the Lost Brother in Cain and Abel Literature*. Princeton 1991.

Steinbeck, John. *East of Eden*. New York 1999 [1952].

Szondi, Leopold. *Schicksalsanalyse. Wahl in Liebe, Freundschaft, Beruf, Krankheit und Tod*. Basel, Stuttgart 1965.

Szondi, Leopold. *Kain. Gestalten des Bösen*. Bern, Stuttgart, Wien 1969.

Thurston, Luke. *James Joyce and the Problem of Psychoanalysis*. Cambridge 2010.

III.3. Medea

Frauke Berndt

1. Einleitung: Euripides' *Medeia*

Seit zweieinhalb Jahrtausenden macht die Kindermörderin mehr als jede andere mythologische Figur in Literatur und anderen Medien Karriere (vgl. u. a. Lütkehaus 2007; Luserke-Jaqui 2002; Stephan 2006). Dramen, Romane, Erzählungen, Hörspiele, Bilder und heute vor allem Filme bewahren die Pathosformel im kulturellen Gedächtnis. Medea liebt, raubt das Goldene Vlies und flieht mit ihrem Ehemann Jason aus Kolchis westwärts. Auf dem Weg beginnt sie zu morden: erstens ihren Bruder Absyrtos, zweitens Jasons Onkel Pelias in Thessalien, drittens seine neue Braut Kreusa, viertens deren Vater Kreon, den König von Korinth, sowie schließlich fünftens und sechstens ihre beiden mit Jason gezeugten Söhne. Dieses Narrativ geht auf Euripides zurück, dessen *Medeia* es 431 v. Chr. im Wettkampf der Tragödiendichter freilich nur auf den dritten Platz geschafft hat: „Er entrückt Medea dem Mythos und stellt sie in einen für den Zuschauer realen Wirklichkeitsbereich." (Kenkel 1979, 22; vgl. Schmierer 2005)

Die Transformation von Mythos in Tragödie basiert auf der Festlegung von drei zentralen Figuren, Medea, Jason und Kreon, der straff durchgearbeiteten Handlung, insbesondere aber der Fokussierung auf den „ganz spezifischen tragischen Kern" (Böschenstein 1995, 129; → IV.1. TRAGÖDIE) der Morde an den beiden Söhnen. Dabei scheidet die Rezeptionsgeschichte Freunde von Feindinnen, die dem „Lohnschreiber" Euripides vorwerfen, dass er Medea den „Kindermord unterjubelt": „[S]eitdem jagen sie dich durch unsere Literaturen" (Novak 1983 [1977], 96), empört sich Helga Novak 1977 im *Brief an Medea*. „Die Möglichkeit, daß sich die Mutterliebe, Garantin der Sicherheit des Kindes, in todbringende Aggression verkehren kann, ist zumindest in der europäischen Kultur schwerer artikulierbar als Vater- und Muttermord" (Böschenstein 1994, 8), kommentiert Renate Böschenstein das in der griechischen Mythologie eher seltene Verbrechen. Trotzdem mordet Medea bei Euripides weder als (biologische) Frau noch als Mutter noch als Wahnsinnige noch als Fremde. Solche modernen Motivationen des tragischen Fehlers einer Figur (*hamartia*) entwickeln sich erst im Lauf der Zeit. Bei Euripides hat Medea drei gute Gründe für die Kindermorde: Weil Jason sie verlassen hat, um Kreusa zu heiraten, mordet Medea – legitimiert durch den Chor der korinthischen Frauen – als Ehefrau, als Königstochter und nicht zuletzt als Enkelin des Sonnengottes. Durch die um Kreusa erweiterten Kindermorde löscht sie die Dynastie der Jasoniden aus, was im antiken Horizont ein

https://doi.org/10.1515/9783110332681-012

ethisch, politisch und psychologisch ebenso nachvollziehbares wie vor allem
äußerst wirksames Mittel der Rache darstellt (vgl. Gabriel 1992):

> MEDEA. [...]
> Denn die Kinder, die ich ihm selber gebar,
> Sieht er lebend nicht mehr, und die fürstliche Braut
> Gebiert ihm nicht neue, die Elende stirbt
> Durch mein sicheres Gift einen elenden Tod. (Euripides 1972 [431 v. Chr.], 139–141)

> JASON. [...]
> Du Greuel, in innerster Seele verhaßt
> Den Göttern und mir und dem Menschengeschlecht,
> Hast die Hand an die eigenen Kinder gelegt,
> Nahmst die Knaben und nahmst mir das Leben hinweg. (Euripides 1972 [431 v. Chr.], 175)

Inge Stephan fasst vier aktuelle Interpretationsmodelle des Stoffes zusammen:
Heute dient Medea als Identifikationsfigur des Geschlechterkampfes, als Bewältigungsfigur krisenhafter geopolitischer und/oder familialer Ordnungen, als Projektionsfigur der Alterität sowie als Reflexionsfigur ethischer Probleme, vor allem
der Legitimität von Gewalt (vgl. Stephan 2006, 5). Verschiebung, Ausblendung,
Entsühnung (Buße), Umdeutung, Psychologisierung, Pathologisierung und
Heroisierung (Vergöttlichung) der Kindermorde sind die literarischen Strategien,
die von der Antike bis in die Gegenwart das heterogene Feld der Medea-Bearbeitungen prägen (vgl. Stephan 2006, 2–3). Dabei zeichnen sich für den Zusammenhang von Literatur und Psychoanalyse folgende Eckdaten ab: Im 18. Jahrhundert
errichtet die Literatur das bürgerliche Tabu des Kindsmordes (vgl. Abschnitt 2.).
Dieses Tabu übersetzt die Psychoanalyse des 20. Jahrhunderts in die Diagnose
des sogenannten Medeakomplexes (vgl. Abschnitt 3.). Im kulturellen Imaginären
hängt dieser Komplex wiederum von einer chthonisch-maternalen Imago ab, die
Euripides mit seiner Tragödie verdeckt (vgl. Abschnitt 4.). Individuell Unbewusstes und kulturell Unvordenkliches fallen schließlich in einer Leerstelle zusammen, die sowohl Film als auch Literatur ‚nach Freud‘ zu füllen versuchen (vgl.
Abschnitt 5.).

2. Kindermorde vs. Kindsmord

Mit den Kindermorden werfen die Medea-Bearbeitungen seit alters her sowohl
ethische als auch ästhetische Probleme auf. Bereits in der *Ars poetica* (14 v. Chr.)
mahnt Horaz Sensibilität für die Leistung verschiedener Medien gegenüber
bestimmten Stoffen an:

> Trotzdem laß Dinge, die ins Haus gehören, nicht vor der Bühnenwand geschehen; laß vieles den Augen entrückt bleiben: dann mag beredter Zeugenmund es anschaulich erzählen. Nicht darf vor allem Volk Medea ihre Kinder schlachten; nicht darf der grausige Atreus Menschenfleisch auf offner Bühne kochen, nicht Prokne in den Vogel, Kadmus in die Schlange sich verwandeln. (Horaz 1967 [14 v. Chr.], 241)

Die antike Darstellungsscheu ist also nicht per se ein „Syndrom", „das sich am besten im Rückgriff auf das kulturanthropologische Konzept des ‚Tabus' erläutern lässt" (Port 2008, 103), wie Ulrich Port nahelegt, sondern liegt in einer ästhetischen Norm begründet. Das juristische Kindsmord-Delikt ist eine neuzeitliche Erfindung (vgl. Mauerer 2002, 151–204). In diesem Sinn behandelt auch Euripides die Tötung von zwei älteren Kindern als Verbrechen, zumal die Mörderin als Frau im heutigen Sinn weder rechts- noch geschäftsfähig ist, wie Medea vor dem Chor der korinthischen Frauen klagt (vgl. Euripides 1972 [431 v. Chr.], 167–169). Wenn daher Euripides' Medea ihre beiden Söhne nicht auf offener Szene töten lässt, dann hat diese Beschränkung in erster Linie ästhetische Gründe, die nicht einfach mit ethischen verwechselt werden dürfen. Weil Medea nicht strafmündig ist, wird aus dem rechtlichen Fall ein psychologischer. Die Motivation der Kindermorde steht daher seit Seneca im Zentrum des Interesses an Medea. Auf der Grundlage der drei Bücher seines Werkes *De ira* (1. Jh. n. Chr.) behandelt er die (biologische) Frau als Beispiel mangelnder Affektkontrolle. Medeas sexuelles Begehren nach Jason und ihre Rache an ihm bilden die Kehrseiten der psychologischen Medaille, die seitdem gängige Währung in der Motivation der Kindermorde ist. Zum Schutz der Kinder müssen die bedrohliche weibliche Leidenschaft gezügelt und die Frauen selbst unter männliche ‚Fürsorge' gestellt werden. Dabei leistet die Mythologie Seneca noch ein wenig Schützenhilfe, indem er auf die Furien zurückgreift, die den Schatten des Absyrtos, das heißt den toten Bruder begleiten. Medea sühnt den Brudermord, der gegen das mythologische Blutrecht verstößt, mit dem Mord ihres ersten Sohnes, um erst den zweiten im psychologischen Konflikt mit Jason abzuschlachten. Erst Pierre Corneille setzt Senecas Psychologisierung vollends um. Dabei erweitert er einerseits den Eintrag ‚Medea' in der Enzyklopädie um mythologisches Wissen, das die Quellen bis zum 17. Jahrhundert erschlossen haben. Andererseits tritt nun erstmals Kreusa auf die Bühne, sodass die Beziehung zwischen Medea und Jason trianguliert wird. Das doppelte mimetische Begehren verbindet die triumphierende Kreusa mit der eifersüchtigen Medea und kompliziert die psychologische Motivation der Kindermorde.

Die von Horaz geforderte mediale Selbstbeschränkung gilt bis in das 18. Jahrhundert, nun allerdings unter veränderten Rahmenbedingungen. In seinem *Laokoon oder über die Grenzen der Mahlerey und Poesie* (1766) beobachtet Gotthold Ephraim Lessing, wie der Maler Timomachus das Darstellungsproblem löst:

„Die Medea hatte er nicht in dem Augenblicke genommen, in welchem sie ihre Kinder wirklich ermordet; sondern einige Augenblicke zuvor, da die mütterliche Liebe noch mit der Eifersucht kämpfet." (Lessing 1990 [1766], 33) Dementsprechend stellen auch die berühmten modernen Gemälde von Eugène Delacroix (1864), Henri Klagman (1868) oder Anselm Feuerbach (1870; 1873) Medea stets vor den Morden an den beiden Kindern dar. Weil Medea im 18. Jahrhundert ohne jede Einschränkung strafmündig ist, wird aus dem psychologischen ein forensischer Fall, wie vor allem diejenigen Medea-Bearbeitungen zeigen, in denen das Verbrechen aus dem Handlungszusammenhang des Medea-Stoffes gelöst wird: Lessings *Miß Sara Sampson* (1755), Heinrich Leopold Wagners *Die Kindsmörderin* (1766) sowie Johann Wolfgang Goethes *Faust I* in der Gretchen-Tragödie (1808).

Mit Friedrich Maximilian Klinger zieht Medea aus dem Gefängnis endgültig in die Klinik um – die Diagnose lautet Wahnsinn (heute: Schizophrenie): „Ich benutze weder die griechische, noch die lateinische, noch die französische Medea. Diese hier, und wie sie sey, ist mein Werk" (Klinger 2012 [1786], 5), annonciert Klinger die erste seiner beiden Tragödien *Medea in Korinth* (1786), in der er sich nichtsdestotrotz großzügig in der Literaturgeschichte bedient, insbesondere aber Senecas und Corneilles psychomythologische Tricks verfeinert. Medea wird von ‚Hecates Stimme', die außer ihr keine andere dramatische Figur hört, die also nur ‚in ihrem Kopf' wütet, zur Rache aufgefordert. Der dreifachen Sühne dienen die Kindermorde: erstens des Mordes an Hekates Sohn, Medeas Bruder Absyrtos, zweitens des Mordes an einem anderen Säugling und erst drittens – in Bezug auf Medea – der Sühne von Jasons Verrat:

> HECATES STIMME: Nah' dich den Schläfern! [...] Durch sie räche dich! Lege des Erebos Flammen durch ihren Tod an des Meineidigen Herz. Zehre auf sein Gehirn! [...]
> MEDEA: Ha, Mutter, es ist auch mein Blut! [...]
> HECATES STIMME: Medea! vollziehe die Rache! [...]
> MEDEA: Ich bin Medea, bin nicht eure Mutter. Seht dort, die Nacht-Eule auf der Cypressen Spitze! sie will euch haben! Lechzt nach eurem Blut, und zieht euch in ihrer düstern Wolke in Erebos. (Klinger 2012 [1786], 61–65)

Mit Medeas „furchtbare[m] Selbst" (Klinger 2012 [1786], 88) geht gleichzeitig im besten Sinn eine Entschuld(ig)ung einher: Die Eumeniden (Furien) jagen nicht Medea, sondern Kreusa und Jason durch den fünften Akt. Erst mit Medeas Umzug in die Klinik greift das Phänomen, das man in Freuds Sinn tatsächlich als Tabu bezeichnen kann, weil der Kindsmord auf dem Weg der Psychologisierung in der Epoche der Aufklärung zu etwas geworden ist, „was zugleich heilig, über das Gewöhnliche erhaben, wie auch gefährlich, unrein, unheimlich" (IX, 31) ist. In vier Aufsätzen unter dem Titel *Totem und Tabu. Einige Übereinstimmungen im Seelenleben der Wilden und der Neurotiker* (1913) beschreibt Freud, wie Tabus in

Bezug auf „Handlungen, Artikulationsweisen oder Verhaltensformen" errichtet werden, „die der Sitte nach untersagt und nicht selten auch per Gesetz verboten sind" (Benthien und Gutjahr 2008, 7; → II.5. KULTURTHEORIE). Auch die bürgerliche Wertegemeinschaft schützt sich mit einem solchen Meidungsgebot – und zwar vor ihrer eigenen ideologischen Überforderung universaler Humanität. Sie stellt sich im 18. Jahrhundert einerseits mit dem ethischen Konzept der ‚romantischen' Liebe (vgl. Luhmann 1982), andererseits mit demjenigen der ‚natürlichen' Mutterliebe ein (vgl. Badinter 1980). Als Ergebnis des einen und Gegenstand des anderen wird ‚das Kind' in der bürgerlichen Familie zum prekären Objekt. Doch weder romantische Liebe noch Mutterliebe sind universal. Wenn wir Medea heute an der Elle der Humanität messen, dann ebnen wir alle historischen sowie kulturellen Unterschiede in der Motivation der Kindermorde einfach ein. Die Figur Medea hat indes, bei allem was sie tut oder lässt, immer einen spezifischen soziokulturellen Gender-Index (vgl. Benthien und Gutjahr 2008, 11; → II.7. GENDER UND QUEER STUDIES). Die moderne Affektökonomie, in deren Zentrum Schuld und Scham der Protagonistin stehen, geht daher einzig und allein auf das Konto eines bürgerlichen Tabus, keines universalen.

In der „hohe[n] Zeit der Mutterliebe" (Lütkehaus 2007, 16) spannt auch Franz Grillparzer in seiner Trilogie *Das goldene Vlieβ* (1822) den Stoff zwischen zwei Achsen auf: Die horizontale inszeniert – im Zeichen des Historismus – den kulturellen Konflikt zwischen Kolchis und Korinth, Matriarchat und Patriarchat, ‚Barbarentum' und Zivilisation, die vertikale den ethischen Konflikt zwischen Humanität und Inhumanität (→ II.6. POSTCOLONIAL UND CRITICAL RACE STUDIES). In der Figur Medea überschneiden sich die beiden Achsen, weil die Kolcherin humaner ist als die Korinther, die sie als Fremde ausschließen. Selten finden sich die Kindermorde so schlecht motiviert wie bei Grillparzers ‚verteufelt humaner' Heldin, sodass er einen dramaturgischen Trick bemühen muss. Medeas zunächst vergrabene Symbole magischer Potenz gelangen im vierten Akt – wieder ausgegraben – ‚zufällig' zu ihr zurück. Nachdem Kreusa nicht nur die empfindsamere Freundin, sondern auch die bessere Mutter zu sein verspricht, ermordet die verbannte Medea ihre Kinder, um sie der Rache der Korinther zu entziehen. Gleichzeitig verschiebt Grillparzer wie Klinger die moralische Schuld von Medea auf Jason. Als im 19. Jahrhundert nun christliche Büßerin will sich Medea-Magdalena in Delphi dem Gott Apollon stellen, der im deutschsprachigen Klassizismus die Humanitätsidee verbürgt, und fordert auch Jason auf, sich zu seiner Schuld zu bekennen: „Trage! [...] Dulde! [...] Büße! Ich geh' und niemals sieht dein Aug mich wieder!" (Grillparzer 1986 [1822], 390)

Am Ende dieses Prozesses universal (miss-)verstandener Humanisierung steht Christa Wolf, die in *Medea. Stimmen* (1996) reinen Tisch macht: Medea ist keine Zauberin mehr, sondern Heilkundige, keine eifersüchtige Frau, sondern sexuell befriedigt in neuer Partnerschaft, keine Wahnsinnige, sondern Psycho-therapeutin. Im polyphonen Arrangement wird sie von den Kindermorden frei-gesprochen, die Wolf im Dialog mit René Girards *Le Bouc émissaire* (1982; *Der Sündenbock*) als Ergebnis einer politischen Intrige der patriarchalen Monarchie gegen die matriarchale Tradition darstellt. Die Rädelsführer machen sich die unaufgeklärte Fremdenfeindlichkeit des Volkes zunutze. Während Medea dem Pöbel nur mit knapper Not entkommt, ermorden die Korinther die Kinder, weil sie die Fremden als Sündenböcke für die Pest in der Stadt verantwortlich machen. Menschlicher kann Medea nicht mehr werden!

3. Medeakomplex – Medea-Phantasie – Medea-Konfiguration

In der *Traumdeutung* (1900) bezeichnet Sigmund Freud die Kindermorde als „spezifisch weibliche[s] Verbrechen" (II/III, 162). Dennoch interessieren ihn weder das bürgerliche Tabu des Kindsmordes noch Euripides' Medea als para-digmatische Figur. Bekanntermaßen ist sein Modell psychischer Entwicklung auf das männliche Kind zugeschnitten. Im Hinblick auf die Triebökonomie des weib-lichen Kindes entscheidet er sich für Elektra (→ III.4. ELEKTRA). Doch obwohl er sich für Medea so auffallend *nicht* interessiert, assoziiert er sie 1905 im *Bruchstück einer Hysterie-Analyse* (vgl. V, 222) eher beiläufig in einer seiner Fallgeschichten (→ IV.6. FALLGESCHICHTE). Ida Bauer (Pseudonym: Dora), die an den Symptomen einer ausgeprägten Hysterie litt, wurde von ihrem Vater Philipp Bauer mit dessen verheiratetem Freund Hans Zellenka (Pseudonym: Herr K.) verkuppelt, damit er selbst seine Affäre mit Zellenkas Frau Peppina (Pseudonym: Frau K.) ungestört ausleben konnte. Man habe sie geopfert, so empfindet die Patientin. An einer Stelle im Bericht assoziiert Freud Frau K. und Dora mit Medea und Kreusa – an derjenigen Stelle, an der Frau K. nämlich Dora die beiden Kinder quasi überlässt:

> Ich erfuhr dann, daß die junge Frau und das kaum erwachsene Mädchen Jahre hindurch in der größten Vertraulichkeit gelebt hatten. Wenn Dora bei den K. wohnte, teilte sie das Schlafzimmer mit der Frau; der Mann wurde ausquartiert. Sie war die Vertraute und Bera-terin der Frau in allen Schwierigkeiten ihres ehelichen Lebens gewesen; es gab nichts, worüber sie nicht gesprochen hatten. *Medea* war ganz zufrieden damit, daß *Kreusa* die beiden Kinder an sich zog; sie tat gewiß auch nichts dazu, um den Verkehr des Vaters dieser Kinder mit dem Mädchen zu stören. (V, 222; Hervorh. F. B.)

Die Konfiguration ist insofern bizarr, als Kreon (Vater), Medea (Frau K.) und Kreusa (Dora) ein familiales Dreieck bilden. Als Medea rückt Frau K. dabei an die Stelle von Doras Mutter, die an einer „Hausfrauenpsychose'" litt (V, 178), sodass die Tochter keine stabile Bindung zu ihr aufbauen konnte, während sie eine innige Bindung zum Vater hatte. Zwei Träume erzählt Freud nach. Besonders der erste verdichtet Medea-Material, ohne dass Freud indes darauf aufmerksam wird, weil er das heuristische Potenzial des Medea-Stoffes – wie gesagt – nicht bemerkt:

> *In einem Haus brennt es [...], der Vater steht vor meinem Bett und weckt mich auf. Ich kleide mich schnell an. Die Mama will noch ihr Schmuckkästchen retten, der Papa sagt aber: Ich will nicht, daß ich und meine beiden Kinder wegen deines Schmuckkästchens verbrennen. Wir eilen herunter, und sowie ich draußen bin, wache ich auf.* (V, 225)

Hinter dem Traum stehe der Konflikt der eifersüchtigen Dora, die der Frau von K., die Gegenstand ihres homosexuellen Interesses sei, den Vater nicht gönne, diesen gleichzeitig in Herrn K. begehre. Durch Verschiebungen und Verdichtungen inszeniere der Traum eine Wunscherfüllung: den Sexualakt mit Herrn K., dessen Verdrängung die Ursache der hysterischen Symptome sei. Freud entgeht freilich bei allen Tagesresten die Medea-Kulisse der Szene: das brennende Haus, in dem Kreusa stirbt, und das Schmuckkästchen, das nicht nur ein Symbol des weiblichen Genitals ist, sondern vor allem auch an die „Kiste" (Grillparzer 1986 [1822], 307) erinnert, die Medeas magische Requisiten birgt. Tatsächlich sterben sowohl Kreusa als auch die Kinder am Inhalt dieser Kiste, das heißt (bleiben wir in der etwas kruden Sexualsymbolik) an Medeas Sexualität. Wenn der Traum also tatsächlich eine Wunscherfüllung darstellt, dann identifiziert sich Dora hier nicht mit Kreusa, sondern mit Medea, und dann drückt die Sorge um die ‚beiden Kinder' Doras Angst vor ihrer eigenen Weiblichkeit aus, die Sexualität, Generativität und Destruktivität verbindet.

Wenn 1948 der *Medea-Complex* benannt wird, dann spielt Freuds Fallgeschichte in der Ätiologie keine Rolle (vgl. Roos 2015), obwohl der Traum gewissermaßen wie ein heimliches Emblem alles vorwegnimmt, was in den kommenden Jahrzehnten diskutiert wird. Sieben klinische Fälle kontextualisiert Edward S. Stern 1948 sowohl kulturanthropologisch als auch literarhistorisch, um in der Literaturgeschichte die Antwort auf die Frage zu finden: Warum morden Mütter? Die ambivalente Einstellung der Mutter gegenüber ihren Kindern setzt Stern in Beziehung zu ihrem Hass auf den (Ehe-)Mann.

> (1) The situation in which the mother harbours death wishes to her offspring, usually as a revenge against the father, is described and named the Medea complex.
> (2) It is shown that there is considerable resistance against admitting these thoughts to the consciousness of the mother or any other person, but that they are of general occurrence.

(3) The Medea complex causes many marital difficulties, e.g., dyspareunia, prevention and interruption of pregnancy, failure of breast feeding, and other disordered domestic relations.
(4) It explains such matters as baby farming, disposal to others, and neglect of children, unjust accusations of cruelty to children such as blood libels, and acts of covert and overt cruelty to them. (Stern 1948, 330)

„Symbolically", so bringt Robert Tyminski den Medeakomplex auf den Punkt, „aggression directed at children implies that growth is cut off, the next generation is eliminated, and prospects for the future are diminished" (Tyminski 2014, 38). Auf klinischer Grundlage der postpartalen Depression (,Wochenbettdepression'), sogar Psychose geht der Komplex in die psychologische Typologie ein (vgl. u. a. Schaule 1982; Wiese 1993). Psychoanalytische Interpretationen im engeren Sinn setzen erst in den 1980er Jahren ein. Sie kreisen um das bürgerliche Tabu des Kindsmordes, dessen psychische Ökonomie sie ergründen. Wie die Analyse des Ödipuskomplexes beschränkt sich auch diejenige des Medeakomplexes auf einen einzigen Text: Euripides' Tragödie, mit der die Psychoanalyse als geschichtsblinde Disziplin eine Meta-Medea voraussetzt.

Einig ist man sich darüber, dass der Medeakomplex aus frühkindlichen Erfahrungen der mordenden Mutter resultiert. Simone Bécache versteht ihn 1982 als weiblichen Ödipuskomplex beziehungsweise als dessen Gegenstück im Rahmen des familialen Dreiecks. Die Feindschaft gegenüber dem Vater liege darin begründet, dass Medea nicht die Stelle der Mutter einnehmen dürfe. Weil sie nicht libidinöses Objekt des Vaters werden könne, den sie begehre, seien sowohl der Geschlechterkampf mit Jason als auch die Kindermorde Symptome einer narzisstischen Kränkung, welche die weibliche Kindheit überschatte und die libidinösen Objektbeziehungen der erwachsenen Frau präge. Wenn die Identifikation mit der ,guten' Mutter nicht gelingt, dann kann dieser Medeakomplex nicht ,untergehen':

In allen Verbrechen, die wir gerade besprochen habe, ist die väterliche Figur präsent; und meistens als Kontrapunkt eine andere Figur. Sie kann als Objekt betrachtet werden, mit dem das Subjekt, in diesem Falle Medea, sich in einer Position der Rivalität, der Eifersucht und der Feindseligkeit befindet: Rivalität zwischen Medea und Jason und, im äußersten Fall, zwischen Medea und ihren Kindern. (Bécache 1982, 786; Übers. F. B.)

Diese „tabuisierte Verknüpfung zwischen Bewußtsein und weiblicher Aggression" mache Euripides' Medea als „tragisches Subjekt" (Hidalgo-Xirinachs 2002, 239) zum Gegenstück des sophokleischen Ödipus, das im Kindsmord Agency erhält; Selbstbestrafung und Selbstopferung bewertet Roxana Hidalgo-Xirinachs daher als Reaktion auf diesen autonomen Akt (vgl. Hidalgo-Xirinachs 2002, 257–271).

Im Gegensatz zur Rolle des Vaters betont daher Marianne Leuzinger-Bohleber die Rolle der Mutter in der ‚gesunden' Entwicklung der weiblichen Psyche. Medea-Phantasien analysiert sie bei Frauen mit psychogener Frigidität und Sterilität (vgl. Leuzinger-Bohleber 1996 u. ö.). Aufgrund gestörter frühkindlicher Beziehungen, die durch Depressionen der eigenen Mütter bedingt seien, verbinden diese Frauen sexuelle Lust mit der Angst vor der Abhängigkeit beziehungsweise des Verlusts ihrer Liebespartner, sodass sich ihre weibliche Identität durch ein hohes Maß an Ambivalenz auszeichne. Dabei verschiebt Medea die eigene Traumatisierung auf die Kinder, deren Mord Sonia Saporiti in Beziehung zu Freuds *Jenseits des Lustprinzips* (1920) setzt und als Wirkung des Todestriebes bewertet (vgl. Saporiti 2013, 115–122). Das Potenzial von Generativität sowie – gleichzeitig – die Destruktivität von Generativität erzeuge die Imago des mütterlichen Körpers als eines für die ‚Kinder' bedrohlichen, todbringenden Innenraumes (vgl. Irigaray 1989 [1981]; Mauerer 2002, 57–97). Dieses Potenzial richte sich, perspektiviert Hidalgo-Xirinachs, vor allem gegen Kreusa. In einer Metonymie verbindet sie vor dem Hintergrund von Melanie Kleins *Frühstadien des Ödipuskomplexes* (1927) den weiblichen im mütterlichen Körper verborgenen Phallus, die beiden Kinder sowie Medeas Gabe zu einer Metonymie des Begehrens nach der Mutter und der Bedrohung durch sie – umgekehrt folgt daraus: „Die mütterliche Wut kehrt gewalttätig zurück, um den jungen, begehrenden und begehrten Körper der adoleszenten Tochter zu zerstören." (Hidalgo-Xirinachs 2002, 279) Eine dergestalt anal-sadistisch grundierte Triangulierung sei für die Phantasien einer frühen Triangulierung typisch, sodass der Mord an Kreusa die Urszene nachstelle.

In ihrer Interpretation der Tragödie löst sich Riitta Sirola von der psychoanalytischen Tradition, Medea als erwachsene Frau zu behandeln. In Anlehnung an Ernest Jones' Symbolbegriff (→ II.1. SEMIOTIK) interpretiert sie Medea als paradigmatische Figur für eine bestimmte Phase in der psychischen Entwicklung. Gegenüber der ödipalen Triade macht Sirola indes die narzisstische Dyade stark, die in dieser Phase das Seelenleben von Mädchen bestimme. Die Medea-Konfiguration bilde dementsprechend ein präödipales Stadium ab, das jedes Mädchen auf dem Weg zu einer gelungenen weiblichen Geschlechtsidentität durchlaufe: „In my view, the myth can be seen as a dramatisation of a little girl's dependence on her mother. [...] I tend to interpret the myth from the point of view of impulses both enabling and preventing a girl's pre-oedipal development. The myth represents a journey of a girl's desire (libido) from the beginning of her life towards the oedipal configuration." (Sirola 2004, 100)

Diese Entwicklungsphase zeichne sich durch eine psychische Ambivalenz von Bindungswünschen und Trennungsbestrebungen aus, die nur eine starke dritte Position auflösen könne: „Who could – as happens in reality – pull the girl child out of the magic circle of her magical mother's realm? Who else but a man –

the father." (Sirola 2004, 101) In Euripides' *Medeia* repräsentiere Hekate, die dunkle Göttin der Magie, Theurgie und Nekromantie eine dergestalt magische, überlegen-starke und deshalb phallische Mutter, die solche Ambivalenzkonflikte hervorrufe. Weil Kreon und Aigeus als präödipale, das heißt in ihrer Sexualität bedrohliche Väter in Erscheinung treten, sei die symbolische Position des Vaters, der die Hekate-Imago neutralisieren könne, nicht besetzt, sodass der Medeakomplex eben nicht untergehen könne. Auch der schwache Jason besetze nicht die symbolische Position des postödipalen Vaters, sondern fungiere als Agent der Mutterimago. In narzisstischer Doppeleinheit mit Jason wiederhole Medea daher die Mutterbeziehung. Liebesgeschichte und Kindermorde spiegeln die Entwicklung eines kleinen (noch) narzisstischen Mädchens wider: „A pre-oedipal girl has as passionate control over every interest or urge from her mother that is not directed to her, seen in the hight of envy towards, e. g., penis or sisters or brothers. If the dyadic attachment becomes obscured, it exposes the girl to fury with the ultimate goal of restoration of the dyad at all costs. Then all third elements that threaten the dyad will be eliminated." (Sirola 2004, 103) Indem Jean Anouilh den Konflikt zwischen Jason und Medea in seiner *Médée* (1946) als Geschlechterkampf inszeniert, bestätigt er Sirolas Interpretation. Mit dem Entschluss, ihre Kinder zu töten, verwandelt sich Medea in das Mädchen zurück, das sie *ist*: „Ich habe die Unschuld zu schlachten noch in diesem kleinen Mädchen, das so viel gewollt hätte, und in diesen beiden kleinen lauen Stücken von mir." (Anouilh 1946, 401; Übers. F. B.) Für Hélène Cixous ist Medea deshalb das Paradigma der Ortlosen: „Where to stand? Who to be?", fragt sie ortlos in der Erkenntnis, „that total love has been used by the loved one for his base ambitions" (Cixous [1975] 1986, 75).

Die präödipale Konfiguration erlaubt freilich noch eine andere Interpretation, in der die Mutterimago erstens figurenperspektivisch von Medea getrennt und die Figur zweitens mit dieser Imago in Beziehung gesetzt wird; Medea *hat* dann keine ambivalente Mutterimago mehr, sondern *ist* Bestandteil einer solchen (vgl. Balter 1969, 249–259). Im 18. Jahrhundert erhalten die Kinder sprechende Rollen und mit ihnen die Aufgabe, vor der Fremden, die ihre Mutter ist, Angst zu haben. Klinger räumt dieser Angst der beiden erstmals namentlich genannten Söhne Memeros und Feretos den grandiosen vierten Akt ein, und Grillparzer lässt einen der beiden die Mutter fragen: „Ich fürchte mich. [...] Tust du mir nichts?" (Grillparzer 1986 [1822], 378) Medeas Sexualität und Aggressivität steigern sich bis zu Hans Henny Jahnns schwarzer, alter, geiler *Medea* (1926/1959) – einer Allegorie der beiden elementaren Triebe Eros und Thanatos, die Jahnn durch eine krude Sexualsymbolik (Pferd) sowie die inzestuösen Familienbeziehungen (Vater – Söhne, Mutter – Söhne, älterer Sohn – jüngerer Sohn) bebildert. Diese Imago zeugt von einer präödipalen Angst vor der Mutter. Im Rahmen seiner

Abhandlung *Über die weibliche Sexualität* (1931) erkennt Freud, dass die Angst des männlichen Kindes, „von der Mutter umgebracht zu werden", vom mütterlichen Ursprung oft – sekundär – auf den Vater verschoben wird, der dann wie Saturn seine Söhne frisst: „Die Angst, gefressen zu werden, habe ich bisher nur bei Männern gefunden, sie wird auf den Vater bezogen, ist aber wahrscheinlich das Verwandlungsprodukt der auf die Mutter gerichteten oralen Aggression. Man will die Mutter auffressen, von der man sich genährt hat; beim Vater fehlt für diesen Wunsch der nächste Anlaß." (XIV, 531)

Doch nicht nur Medeas Söhne, sondern vor allem auch den König von Korinth zeichnet in allen Medea-Bearbeitungen seit Euripides eine auffällige Ambivalenz gegenüber Medea aus. Anouilh schildert Kreon schließlich in einer Regression, die ihn völlig handlungsunfähig macht (vgl. Anouilh 1946, 378) Mit dieser Abwehr, die sich in der Angst vor Medea ausdrückt, rückt ein männliches präödipales Bewusstsein ins psychoökonomische Zentrum der Medea-Konfiguration. In ihrer Monstrosität repräsentiert Medea den Archetypus einer *prima materia* am unbewussten Grund der Seele. Dort liegt deren Anderes, mit dem sich das männlich indizierte (Selbst-)Bewusstsein zu verbinden trachtet, um den Zustand seelischer Vollkommenheit zu erreichen. Im *Mysterium Coniunctionis* (1954) weist Carl Gustav Jung diesen Archetypus in Bezug auf Karl Kerényis religionswissenschaftliche Studie *Die Töchter der Sonne* (1944) in alchemistischen Traktaten nach, in denen er solche psychischen Entwicklungsprozesse bebildert findet: Bei der weiblichen Wandlungssubstanz (*prima materia*) „handelt es sich um eine typische Kombination der Motive von Liebe, Heimtücke, Grausamkeit, Mütterlichkeit, Verwandten- und Kindsmord, Zauber, Verjüngung und – Gold" (Jung 1972 [1954], 20–21).

4. Zwischen Matriarchat und Patriarchat

Was Jung als Archetypus bezeichnet, würde ich etwas neutraler als Repräsentation des kulturellen Imaginären verstehen wollen. In den Medea-Bearbeitungen verweist es auf einen Bereich, den die erste Tragödie ausgeschlossen hat. Denn dem Ausgeschlossenen entkommt man nicht; es wirkt in der Latenz. Vor diesem Hintergrund führt David Pister seine Euripides-Lektüre von einem individualpsychologischen zu einem kulturimagologischen Modell. Anstatt den Figuren gilt seine Aufmerksamkeit der Struktur und den Funktionen der Kindermorde. Sie stellen „weniger eine unfassbare Gräueltat dar, sondern erweis[en] sich bei genauerem Hinsehen wiederum als das Medium, mit dem Medea aus dem Dazwischen an einen eindeutigen gesellschaftlichen Ort gelangen kann" (Pister 2013,

141). Morde im Allgemeinen initialisieren Medeas geographische Bewegung von Ort zu Ort sowie ihre soziale Bewegung von Oikos zu Oikos (Haus- und Wirtschaftsgemeinschaft). Die Kindermorde im Besonderen setzen diese Bewegung fort, weil sie Medea von Korinth nach Athen und damit verbunden von Jasons Oikos in denjenigen des Aigeus führen. Pister kommt zu dem Ergebnis, dass Medea eine transgressive Figur ist, was nicht zuletzt durch ihre konstitutive Ambivalenz bestätigt wird: Etymologisch verweist der Name sowohl auf *medos*, Rat und Sorge, als auch auf einen Anschlag; *medea maches* bezeichnet den Schlachtplan (vgl. Pape 1884, 910–911). Euripides führt Medea als unheimliche Melancholikerin ein (vgl. Euripides 1972 [431 v. Chr.], 91), sodass sie im Horizont antiker Humoralpathologie dadurch sowohl in die Nähe von Kranken als aber auch von ausgezeichneten Dichtern, Philosophen und Staatsmännern rückt. Zwischen ‚Männlichkeit' und ‚Weiblichkeit' ist auch Medeas kulturelles Geschlecht angelegt (vgl. Pister 2013, 146–148). Vor allem aber steht Medea im kulturellen Imaginären zwischen der Göttin Hekate, der sie als Priesterin dient, und ihrem Großvater Helios, auf dessen Schlangenwagen Euripides die Heliade am Schluss der Tragödie entkommen lässt. Kosmologisch bewegt sie sich demzufolge zwischen den Sphären des Mondes und der Sonne. Deshalb führt Medeas Bewegung, so wie Johann Jakob Bachofen in seiner Studie *Das Mutterrecht* (1861) spekuliert, vom lunarischen Tellurismus zum Solismus.

Gesine Palmer ergänzt, dass die Tragödie auf einen soziokulturellen Funktionszusammenhang verweist. Aufgrund ihrer göttlichen Abstammung widerstreiten in Medea Ehrgefühl und Muttergefühl. Während die menschlichen Frauen „im Regelfall des Erdenlebens als Geiseln des Muttergefühls der Willkür der Männer ausgeliefert bleiben, wenn sie nach Durchsetzung der Patrilokalität ihre Kinder im Haus des Mannes großziehen wollen" (Palmer 2006, 79), bewegt sich Medea zwischen Matrilokalität und Patrilokalität. In Euripides' *Medea*, so führt Palmer aus, lassen sich daher die Spuren einer alternativen Gründungsgeschichte des Patriarchats nachzeichnen. Am Beginn der Ablösung des Matriarchats stünde kein Vatermord – „(diese Vorstellung gehört ganz ins Innere einer patriarchalischen Weltordnung, in der Frauen nicht mehr als Agierende, sondern nur noch als Belohnung, um die gestritten wird, vorkommen)" –, sondern ein Kindsmord: „Eine moralische Lehre aus diesen Erzählungen scheint zu besagen: Damit das nicht wieder vorkommt, müssen ‚von nun an' Frauen von Männern dazu gezwungen werden, ihre Kinder oder die Kinder der Rivalin nicht zu töten, sondern zu versorgen." (Palmer 2006, 79)

Der durch die Kindermorde motivierten Bewegung der Figur auf der syntagmatischen Ebene der Tragödie liegt also eine Bewegung auf der paradigmatischen Ebene zugrunde, die *ad fontes* führt. Denn hinter *Medeia* treten die inkommensurablen Züge einer aphroditisch-hetärischen Mutterimago hervor, die auf einen älteren, chthonisch-maternalen Bereich zurückgeht. Wie in Sophokles' *Oidipous Tyrannos* (429–425 v. Chr.) widerstreiten auch bei Euripides zwei Ursprungsgeschichten in einer Konfiguration (→ III.6. ÖDIPUS), die dadurch die Schwelle von ‚Alt' und ‚Neu' bildet: Ist der Mensch aus der Erde geboren, also chthonischen Ursprungs, oder stammt er von biologischen Eltern ab; ist er also aus ‚einem' entstanden, oder ist er von zweien gezeugt worden? Und wie der Ödipus-Mythos basiert auch der Medea-Mythos auf einer doppelten Struktur, in der kosmologische und biologische Genealogie einander im Widerstreit absichern: Autochthonie wird verneint (Helios) und bejaht (Hekate) sowie Verwandtschaft abgewertet (Kindermord) und aufgewertet (Mutterliebe) (vgl. Lévi-Strauss 1967 [1958], 226–254). In seiner autorzentrierten Interpretation, dass *Medea* Ausdruck des Wunsches nach poetischer Autonomie ist, macht sich Bennett Simon eben diesen Aspekt der Autochthonie für Euripides' Kopfgeburt zunutze: „Following through with this metaphor, the play, the children, are hybrids that cannot survive youth, or sterile hybrids. Or we might invoke the possibility that the wishes for unisexual reproduction in *Medea* [...] represent his fantasy, his wish, his perception of himself as thoroughly unique in conception and birth." (Simon 1988, 100)

In seiner Tragödie verdeckt Euripides den chthonisch-maternalen Bereich buchstäblich. Lediglich ein einziges Mal ruft Medea Hekate an, die nicht von ungefähr als Göttin der Wegkreuzungen, Schwellen und Übergänge und Wächterin der Tore zwischen den Welten gilt und somit das Relais bildet, das vom mythologischen Syntagma auf das Paradigma umschaltet:

> MEDEA. [...]
> Bei der großen Herrin tief unter dem Herd,
> Meiner mächtigsten Schützerin Hekate:
> Kein Feind soll jauchzen ob meiner Qual,
> Vergällt wird die Hochzeit, vergällt dieser Bann! (Euripides 1972 [431 v. Chr.], 115)

Die Verbindung zwischen Medea und Hekate ist indes keine genealogische Frage – als ‚reale' Mutter werden in den Quellen alternativ die Okeanide Idyia, die Nymphe Neara oder Eurylyte gehandelt, die Gattin von Medeas Vater Aietes (vgl. Corbineau-Hoffmann 2008). Auch der Umstand, dass Medea in späteren Bearbeitungen der Hekate als Priesterin dient, ist gegenüber der Tatsache zweitrangig, dass Euripides mit der Medea-Hekate-Quellenverbindung eine symbolische Position im kulturellen Imaginären markiert. Apollonius von Rhodos stellt in der *Argonautica* (3. Jh. v. Chr.) darüber hinaus eine Verbindung zwischen Medea und der Mondgöttin her (Titanin) (vgl. Apollonius 1996 [3. Jh. v. Chr.], 82–83). Doch lassen sich im chthonisch-maternalen Bereich die Göttinnen ohnehin nicht mehr scharf voneinander trennen. Euripides referiert beispielsweise auf Themis und

Artemis, mit denen Hekate in der Mythologie eine Dreieinheit bildet (vgl. Euripides 1972 [431 v. Chr.], 101).

Dass Medea eine Eklipse dieser *mater magna* ist, lässt sich einerseits religionswissenschaftlich mit der Geschichte der Medea-Kulte belegen (vgl. Corbineau-Hoffmann 2008). Andererseits rückt sie durch den Verjüngungszauber, mit dem Medea Macht über Leben und Tod hat, selbst in die Nähe der chthonisch-maternalen Göttinnen, die Leben geben und nehmen. Die Grausamkeit des Rituals – Medea zerstückelt die Menschen und kocht sie in ihrem Kessel – betont noch einmal den dunklen Hinter- und Abgrund der Figur. In diesem Sinne wartet Apollonius von Rhodos mit einer Geschichte auf, in der statt des Sonnengottes die drei großen Göttinnen triumphieren, die nicht zuletzt auch die Verantwortung für den Trojanischen Krieg tragen. Hera, Athene und Aphrodite (Kypris) treiben ihr Spiel mit den Menschen: „Auf, laß uns zu Kypris gehen! Wir wollen uns beide an sie wenden und sie auffordern, ihrem Sohn – sofern er folgsam ist – zu sagen, er solle die zauberkundige Tochter des Aietes mit seinen Geschossen treffen und in Liebe zu Jason entbrennen lassen." (Apollonius 1996 [3. Jh. v. Chr.], 3) Für Kerényi verdeckt diese harmlose Geschichte ebenso wie der Verjüngungszauber lediglich die grausamen Züge der aphroditisch-hetärischen Mutterimago (vgl. Kerényi 1944, 91–116).

Um eine Verdeckung handelt es sich meines Erachtens auch bei dem invarianten Faktum des doppelten Kindermordes. Andere Quellen weichen sowohl bei der Zuschreibung der Morde an Medea, insbesondere aber bei der Anzahl der ermordeten Kinder, die sich ins Unrealistische verliert, erheblich von Euripides ab: Zwei, sieben, zehn – viele geschlechtlich unbestimmte Kinder tötet Medea (vgl. Lesky 1931, 42–43). Wenn aber vielen Kindern der Tod droht, dann als Pars pro Toto allen Menschen. In der Sache – und auf der Basis der Analogie, die von der Psychoanalyse zur Kulturanalyse führt – handelt es sich bei Euripides' Korrektur um eine Verschiebung. Der rational und emotional ganz problemlos zu bewältigende Mord an genau zwei Söhnen auf der einen Seite sowie die Personalisierung dieser Bedrohung durch die leibliche Mutter auf der anderen fungieren als kollektive Deckerinnerung der allgegenwärtigen Bedrohung des Lebens durch den Tod, die *das* Trauma der Kultur ist. Solche Verschiebungen beschreibt Freud in der *Psychopathologie des Alltagslebens* (1904) individualpsychologisch folgendermaßen:

> Da es bekannt ist, daß das Gedächtnis unter den ihm dargebotenen Eindrücken eine Auswahl trifft, stände man hier vor der Annahme, daß diese Auswahl im Kindesalter nach ganz anderen Prinzipien vor sich geht als zur Zeit der intellektuellen Reife. Eingehende Untersuchung weist aber nach, daß diese Annahme überflüssig ist. Die indifferenten Kindheitserinnerungen verdanken ihre Existenz einem Verschiebungsvorgang; sie sind der Ersatz in der Reproduktion für andere wirklich bedeutsame Eindrücke, deren Erinnerung

sich durch psychische Analyse aus ihnen entwickeln läßt, deren direkte Reproduktion aber durch einen Widerstand gehindert ist. Da sie ihre Erhaltung nicht dem eigenen Inhalt, sondern einer assoziativen Beziehung ihres Inhaltes zu einem anderen, verdrängten, verdanken, haben sie auf den Namen ‚Deckerinnerungen', mit welchem ich sie ausgezeichnet habe, begründeten Anspruch. (IV, 51)

An der Schwelle von Matriarchat zu Patriarchat leistet Euripides mit seiner Tragödie also ästhetische Traumatherapie, deren Energie bis heute die kulturelle Arbeit am Mythos in Gang hält – eine Arbeit, die man als Bewirtschaftung der Grenze bezeichnen kann. Im Grundsatz basiert diese Arbeit auf einer Subversion der Darstellung. Denn das, was jenseits der Grenze vermutet wird, schließt das aus, was diesseits von ihr liegt, indes wird die Differenz von Diesseits und Jenseits überhaupt erst begründet. Ernesto Laclau setzt unter anderem in *Emancipation(s)* (1996; *Emanzipation und Differenz*) für diese Subversion einen leeren Signifikanten voraus: „Aber wenn wir über die Grenzen eines *Bezeichnungssystems* sprechen, ist klar, daß dessen Grenzen nicht selbst bezeichnet werden können, sondern sich selbst *zeigen* müssen als die *Unterbrechung* oder der *Zusammenhang* des Prozesses der Signifikation." (Laclau 2002 [1996], 66)

Als leerer Signifikant ‚zeigt' also auch Medea vom Diesseits auf das Jenseits der Grenze, ohne diesem Bereich indes eine Anschauung zu unterlegen. Die Stelle des Signifikats nimmt vielmehr die Enzyklopädie ein, sodass sich die Bedeutung des leeren Signifikanten gewissermaßen im Nichts der Entropie verliert. In seinen *Mythologies* (1957; *Mythen des Alltags*) beschreibt Roland Barthes den Mythos in diesem Sinn als „sekundäres semiotisches System": „Alles verläuft so, als verschöbe der Mythos das formale System der ersten Bedeutungen um eine Raste." (Barthes 2010 [1957], 258) Auf ihre eigentliche Leere referieren alle Medea-Bearbeitungen in der Regel mit der metafiktionalen Strategie ausgestellter Selbstreflexivität. Immer weiß Medea genau, wer oder was sie ist, nicht ist, war, sein wird, sein soll oder möchte – Medea eben: „NUTRIX: Medea ... / MEDEA. Fiam." (Seneca 1961 [um 45 n. Chr.], 252) – „Ich bin Medea, bin nicht eure Mutter." (Klinger 2012 [1786], 65) – „Medea bin ich wieder, Dank euch Götter!" (Grillparzer 1986 [1822], 374) – „Ich bin endlich Medea, für immer." (Anouilh 1946, 402; Übers. F. B.) Nur keiner weiß, was ‚Medea' eigentlich bedeutet!

5. Serialität: Dea Lohers *Manhattan Medea* (1999)

Es ist diese Leerstelle, in der das ausgeschlossene kulturell Unvordenkliche und individuell Unbewusste imagologisch zusammenfallen. Als Katalysator hält sie die Arbeit am Mythos in der Literatur und anderen Medien im Lauf der Zeit ebenso in Gang wie die psychoanalytischen Interpretationen dieser Arbeit. In Abhängigkeit historischer Darstellungsmedien und -formen, folgen alle Medea-Bearbeitungen der Wiederholung des Traumas, auf das der leere Signifikant ‚Medea' verweist, das er aber nie (er-)füllt. In der Postmoderne haben sich die Rahmenbedingungen für diese ästhetische Traumatherapie radikal verändert. Grillparzer reichen noch Medeas Hände, mit denen sie symbolisch für ihre koloniale Vergewaltigung die griechische Leier zerbricht, Jahnn setzt alles auf die Karte des chthonisch-maternalen Symbols des Pferdes, um Medea eine Anschauung zu unterlegen. Vor allem der Film macht Medea in der zweiten Hälfte des 20. Jahrhunderts zu einem regelrechten *screen*. Die drei großen Medea-Verfilmungen von Pier Paolo Pasolini (1969), Lars von Trier (1988) und Natalia Kuznetsova (2009) nutzen im Abstand von je zwanzig Jahren die filmischen Mittel der Schnitttechnik (*long takes*), der multiplen Projektion und des Sounds, um die Dialektik von Mythos und Geschichte, von Bild und Affekt sowie von Sichtbarem und Hörbarem auf Medea zu projizieren. An die Stelle der erfüllten Repräsentation tritt dabei die leere Form selbst (mein Dank für dieses Argument gilt Lutz Koepnick).

Im Medium der Sprache greifen insbesondere die literarischen Medea-Bearbeitungen zu drastischen Mitteln, um der referenziellen Funktion der Sprache zu entkommen und die Semantik der Form zu nutzen. So verbindet Heiner Müller in seinem literarischen Triptychon *Verkommenes Ufer Medeamaterial Landschaft mit Argonauten* (1982) einzelne Lexeme zu einer bedeutungsoffenen Reihe, so unter anderem: „Schlamm", „Kothaufen", „FROMMS ACT" (Kondom-Marke), „CASINO" (Zigaretten-Marke), „Monatsbinden", „Blut", „Weiber von Kolchis", „SCHLAMMFOTZE", „STOSS MICH KOMM SÜSSER" (Sexualakt), „Abflußrohre, Kinder ausstoßend in Schüben gegen den Anmarsch der Würmer", „Beischlaf in Chikago", „Blutbeschmierte Weiber", „Leichenhallen", „Tote[ ]", „Abort", „beschissen[e] Erde" (Müller 2002, 73–74). Die Serie konfiguriert das Aphroditisch-Hetärische. Durch Anspielung auf die Wehrmachtsverbrechen: „EINIGE HINGEN AN LICHTMASTEN ZUNGE HERAUS VOR DEM BAUCH DAS SCHILD ICH BIN EIN FEIGLING" verdichtet Müller die Konfiguration zu einer geschichtsphilosophischen Allegorie der westlichen Kultur, welcher der leere Signifikant ‚Medea' buchstäblich zugrunde liegt:

> Auf dem Grund aber Medea den zerstückten
> Bruder im Arm Die Kennerin
> Der Gifte (Müller 2002, 74)

Auf dem artifiziellen Weg, der Inhalt durch Form ersetzt, entscheidet sich Dea Loher für Verfahren der Metatheatralität (vgl. Haas 2006, 259), um die Semantik der Form für die Füllung der Leerstelle in den Dienst zu nehmen. In ihrem

Migrationsdrama *Manhattan Medea* (1999) stammen Medea und Jason (englisch auszusprechen) aus dem Kriegsgebiet des ehemaligen Jugoslawiens. Als illegale Einwanderer leben die Mazedonier – mit diesem Anachronismus beugt Loher jedem mimetischen Missverständnis vor – im historischen Immigrantenviertel Alphabet City in Manhattans East Village. In typologischer Beziehung zum euripideischen Prätext stellt Loher den beiden Protagonisten in der Rolle des Königs Kreon den Boss eines sogenannten Sweat-Shops gegenüber – einer Färberei, die menschliche wie natürliche Ressourcen ausbeutet. Seine schöne Tochter Claire – alias Kreusa – lässt er an der Juilliard School Geige studieren; und für ihre geplante Hochzeit mit Jason bringt der Vater wenig Begeisterung auf. Wie Kreon schiebt auch der Sweat-Shop-Boss Jasons fremde Exfrau einfach ab. Den Kindermord motiviert Loher daher nicht nur psychologisch, sondern auch geo-, ethno-, wirtschafts- und sozialpolitisch. Medea will ihren einzigen Sohn nicht dem Vater und seiner schönen, reichen, neuen Braut von der Fifth Avenue überlassen. Wie Müller setzt auch Loher auf die poetische Funktion der Sprache: Ambiguierung der Syntax (u. a. durch fehlende Satzzeichen), Rhythmisierung, Metaphorisierung, wobei der traumatisierte, taube Transvestit Deaf Dasy als Medium mythopoetischen Sprechens, vor allem aber der ‚Doorman‘ Velazquez wichtige Funktionen innehaben: „Mein Name ist Velazquez. [...] Ein falscher Velazquez, der ein echter ist." (Loher 1999, 10–11) Indem er sein Leben dem Kopieren der Gemälde seines berühmten Namensvetters, des spanischen Malers Diego Velázquez widmet, fungiert die Figur als selbstreflexives Medium des leeren Signifikanten.

In der neunten Szene schaltet Loher von Mimesis auf Semiosis, das heißt von Inhalt auf Form um. Die Szene beginnt damit, dass der ‚Doorman‘ Medea ihren Sohn bringt, damit die Mutter sich von ihrem Kind verabschieden kann. Dabei überreicht er ihr eine seiner Velázquez-Kopien als Geschenk.

Das Bild zeigt „Philipp Prosper. 1659" (Loher 1999, 60), wie man aus einer Fußnote erfährt: Sohn des spanischen Königs Philipp IV. und Anna Marias von Österreich. Der Junge ist im Alter von vier Jahren gestorben. Indem nun Medea das Bild *aus* der Mülltüte nimmt und den Sohn *in* der Mülltüte erstickt, stellt die Szene eine metaphorische Substitution (Verdichtung) zur Schau: In der Mülltüte nimmt der Junge buchstäblich den Platz des toten Prinzen ein. Mit dem Mord Medeas an ihrem Kind folgt Loher ebenso Euripides wie mit dem anschließenden Mord an Jasons Braut Claire. Deaf Daisy überbringt Claire Medeas tödliches Geschenk – ein aus der väterlichen Gerberei verseuchtes rotes Lederkleid, das Claires Haut verätzt, sie also gewissermaßen verbrennt. In metonymischer Kontiguität (Verschiebung) würde Claire auf der Bühne tatsächlich lichterloh zu brennen haben, wie im Nebentext der Szene beschrieben wird – in einem Nebentext, der übrigens auffällige Ähnlichkeiten zu Doras erstem Traum aufweist, den Freud analysiert: *„In der Tür des Hauses erscheint eine Fackel, menschengroß,* *lodernd. Man hört sonst kein Geräusch. Keinen Schrei. Nur Stille. Das Feuer greift auf Velazquez' Gemälde über. Solange die Fackel brennt, singt Deaf Daisy. Mit ihrer Stimme erstirbt auch das Feuer. Anstelle des ursprünglichen Bildes kann man nun Picassos ‚Las Meniñas' erkennen."* (Loher 1999, 61)

Abb. 1: Velázquez, Diego. *Infant Philipp Prosper.* 1659. Wien. Kunsthistorisches Museum Wien, Gemäldegalerie.

Beide Morde, die nicht dramatisch unmittelbar, sondern narrativ mittelbar dargestellt werden, verbindet eine gemeinsame Symbolik: Sowohl die Schwelle – unterstrichen durch die beiden Schwellenfiguren des ‚Doormans' und des Transvestiten – als auch die Fackel sind Attribute der Hekate; ihr Feuer brennt ebenfalls unter Medeas Kessel der Wiedergeburt. Durch das Feuer entsteht daher die Quellenverbindung Hekate–Medea, als deren Priesterin Deaf Daisy ein Wiedergeburtsritual begleitet: Das Feuer zerstört das Gemälde von Felipe Próspero, bis man an dessen Stelle ein Bild von Picasso erkennen kann. Wie bei dem ersten Bild handelt es sich auch bei diesem zweiten um eine Kopie des Originals. Doch nicht etwa der ‚Doorman‘, vielmehr Pablo Picasso experimentiert 1957 in nicht weniger als achtundfünfzig Variationen mit Velázquez' berühmtem Gemälde *Die Hoffräulein* (1656) (vgl. Picasso 1960). Es bildet Margaríta Teresa Maria – die den Bruder überlebende Schwester Felipe Prósperos – im Kreise von Dienerinnen und Zwergen ab.

Abb. 2: Velázquez, Diego. *Las Meninas*. 1656. Madrid. Museo del Prado.

Wenn nun aber Felipe *für* Medeas ermordeten Sohn steht, dann Margaríta *für* das in dieser Medea-Bearbeitung so offenkundig fehlende zweite Kind. Weil nämlich das Mädchengemälde die Stelle des Knabengemäldes einnimmt, ersetzt Medeas Tochter Jasons Sohn, dessen Opfer die Voraussetzung dieser symbolischen, intermedial inszenierten Geburt ist. „Sich selbst zurückgeben, ist die einzige Lösung. Deshalb das Bild“ (Hörnigk 1999, 6), so kommentiert die Autorin. Mit den beiden Geschwistern korrigiert Loher also ganz offenkundig die mythologische Genealogie, in der nicht etwa die Spur der Jasoniden getilgt wird. Diese Genealogie kommt tatsächlich ganz ohne Väter und Söhne aus. Dergestalt sprengt die maternale Genealogie die lineare Abstammungsfolge und schließt sich zu einem weiblichen Zyklus, in dem Hekate, Medea und ihre Tochter als austauschbare Variablen an ein und derselben symbolischen Position in Erscheinung treten.

Bereits Velázquez' „ironische Leinwand" (Foucault 1971, 35) ist bekanntermaßen hochgradig medienreflexiv, weil das Original die Bedingungen der Möglichkeit von Repräsentation an und für sich ausstellt. Als Repräsentationen der Repräsentation steigern die Kopien des ‚Doormans' diese Ironie, die wiederum Picasso mit seiner Serie an den Ursprung ihrer konstitutiven Leere führt: Als Kopie der Kopie der Kopie der Kopie verschwindet das vermeintlich Repräsentierte nämlich buchstäblich von Picassos Bildfläche und wird immer und jedes Mal durch etwas anderes ersetzt. Weil in Lohers Nebentext indes nicht erwähnt wird, in welches Bild sich das ‚ursprüngliche' eigentlich verwandelt, weil der zitierte Titel also metonymisch auf alle Bilder der Serie zugleich verweist und nicht nur auf das Bekannteste, erhält *Las Meninas* – als Metonymie – den Status eines leeren Signifikanten.

Abb. 3: Picasso, Pablo. *Las Meninas*. 1957. Barcelona. Museu Picasso.

Mit dem Verweis auf den Bildtitel unterlegt Loher ihrer zyklischen Genealogie deshalb eben gerade keine Anschauung, sondern konfiguriert stattdessen eine *mise en abyme*. Mit den Bildzitaten macht sie sich für ihre Arbeit am Mythos also das Reflexionspotenzial zunutze, das zwischen dem Text und der Serie entsteht, um die Leerstelle in *Manhattan Medea* im Medium des dramatischen Textes semantisch zu füllen. Dabei kommt sie dem chthonisch-maternalen Bereich, in dem Leben und Tod in der Macht einer großen Göttin stehen und den Euripides so entschieden ausgeschlossen hat, für einen Augenblick ganz nahe, bevor die Arbeit am Mythos weitergeht.

Literatur

Anouilh, Jean. „Médée". Anouilh, Jean. *Nouvelles pièces noires*. Paris 1946: 355–403.

Apollonius von Rhodos. *Das Argonautenepos*, Bd. 2. Hrsg. und übers. von Reinhold Glei und Stephanie Natzel-Glei. Darmstadt 1996 [3. Jh. v. Chr.].

Badinter, Elisabeth. *L'amour en plus. Histoire de l'amour maternel (XVIIe–XXe siècle)*. Paris 1980.

Balter, Leon. „The Mother as Source of Power. A Psychoanalytic Study of Three Greek Myths". *Psychoanalytic Quarterly* 38 (1969): 217–274.

Barthes, Roland. *Mythen des Alltags*. Übers. von Horst Brühmann. Berlin 2010 [1957].

Bécache, Simone. „Médée". *Revue Française de Psychanalyse* 46.4 (1982): 773–793.

Benthien, Claudia und Ortrud Gutjahr. „Interkulturalität und Gender-Spezifik in Tabus. Zur Einleitung". *Tabu. Interkulturalität und Gender*. Hrsg. von Claudia Benthien und Ortrud Gutjahr. München 2008: 7–16.

Böschenstein, Renate. „Medea – Der Roman der entflohenen Tochter". *Fathers and Mothers in Literature*. Hrsg. von Henk Hillenaar und Walter Schönau. Amsterdam 1994: 7–28.

Böschenstein, Renate. „Medea und die Frage nach der Überzeitlichkeit der Mutterliebe". *Psychoanalyse und die Geschichtlichkeit von Texten*. Hrsg. von Johannes Cremerius et al. Würzburg 1995: 127–153.

Cixous Hélène. „Sorties. Out and Out: attacks/ways out/forays" [1975]. Cixous, Hélène und Catherine Clément. *The Newly Born Woman*. Übers. von Betsy Wing. Minneapolis 1986: 63–132.

Corbineau-Hoffmann, Angelika. „Medeia". *Mythenrezeption. Die antike Mythologie in Literatur, Musik und Kunst von den Anfängen bis zur Gegenwart. Der Neue Pauly Supplemente*, Bd. 5. Hrsg. von Maria Moog-Grünewald. Stuttgart, Weimar 2008: 418–428.

Euripides. „Medeia" [431 v. Chr.]. Euripides. *Sämtliche Tragödien und Fragmente*, Bd. 1: *Alkestis – Medeia – Hippolytos*. Hrsg. von Gustav Adolf Seeck. Übers. von Ernst Buschor. München 1972: 87–182.

Foucault, Michel. *Die Ordnung der Dinge. Eine Archäologie der Humanwissenschaften*. Übers. von Ulrich Köppen. Frankfurt a. M. 1971 [1966].

Gabriel, Ayala H. „Living with Medea and Thinking after Freud. Greek Drama, Gender, and Concealments". *Cultural Anthropology* 7 (1992): 346–373.

Grillparzer, Franz. „Das goldene Vließ" [1822]. Grillparzer, Franz. *Werke in sechs Bänden*, Bd. 2: *Dramen: 1817–1828*. Hrsg. von Helmut Bachmaier. Frankfurt a. M. 1986: 205–390.

Haas, Birgit. *Das Theater von Dea Loher. Brecht und (k)ein Ende*. Bielefeld 2006.

Hidalgo-Xirinachs, Roxana. *Die Medea des Euripides. Zur Psychoanalyse der weiblichen Aggression und Autonomie*. Gießen 2002.

Horaz [i. e. Quintus Horatius Flaccus]. „De arte poetica liber" [14 v. Chr.]. Horaz. *Sämtliche Werke. Lateinisch – deutsch*. Hrsg. von Hans Färber. München 1967: 230–258.

Hörnigk, Henriette. „„Ich weiß, was du jetzt tun mußt'. Ein Gespräch mit der Dramatikerin Dea Loher über die Aufführung von Manhattan Medea". *Impuls. Die Zeitschrift des Mecklenburgischen Staatstheaters Schwerin* 37 (1999): 6.

Irigaray, Luce. „Körper-an-Körper mit der Mutter" [1981]. Irigaray, Luce. *Genealogie der Geschlechter.* Übers. von Xenia Rajewsky. Freiburg i. Br. 1989: 26–46.

Jung, Carl Gustav. *Werke.* Bd. 14.1: *Mysterium coniunctionis. Untersuchung über die Trennung und Zusammensetzung der seelischen Gegensätze in der Alchemie.* Hrsg. von Lilly Jung-Merker. Ostfildern 1972 [1954].

Kenkel, Konrad. *Medea-Dramen. Entmythisierung und Remythisierung. Euripides, Klinger, Grillparzer, Jahnn, Anouilh.* Bonn 1979.

Klein, Melanie. *Frühstadien des Ödipuskomplexes. Frühe Schriften 1928–1945.* Frankfurt a. M. 1991.

Klinger, Friedrich Maximilian. *Werke. Historisch-kritische Gesamtausgabe,* Bd. 7: *Medea in Korinth. Medea auf dem Kaukasos. Aristodymos.* Hrsg. von Karl-Heinz Hartmann, Ulrich Profitlich und Michael Schulte. Berlin, Boston 2012 [1786].

Laclau, Ernesto. *Emanzipation und Differenz.* Übers. von Oliver Marchart. Wien 2002 [1996].

Lesky, Albin. „Medeia". *Paulys Realencyclopädie der classischen Altertumswissenschaft,* Bd. 29. Hrsg. von Wilhelm Kroll. München 1931: 30–64.

Lessing, Gotthold Ephraim. „Laokoon: oder über die Grenzen der Malerei und Poesie" [1766]. Lessing, Gotthold Ephraim. *Werke und Briefe,* Bd. 5.2: *Werke 1766–1769.* Hrsg. von Wilfried Barner. Frankfurt a. M. 1990, 9–321.

Leuzinger-Bohleber, Marianne. „Die ‚Medea-Phantasie'. Eine unbewusste Determinante archaischer Aggressionskonflikte bei einigen psychogen sterilen Frauen". *Aggression und seelische Krankheit.* Hrsg. von Karin Bell und Kurt Höhfeld. Gießen 1996: 91–121.

Lévi-Strauss, Claude. *Strukturale Anthropologie.* Übers. von Hans Naumann. Frankfurt a. M. 1967 [1958].

Loher, Dea. „Manhattan Medea". Loher, Dea. *Manhattan Medea. Blaubart – Hoffnung der Frauen. Zwei Stücke.* Frankfurt a. M. 1999: 7–62.

Luhmann, Niklas. *Liebe als Passion. Zur Codierung von Intimität.* Frankfurt a. M. 1982.

Lütkehaus, Ludger. *Mythos Medea. Texte von Euripides bis Christa Wolf.* Stuttgart 2007.

Luserke-Jaqui, Matthias. *Medea. Studien zur Kulturgeschichte der Literatur.* Tübingen, Basel 2002.

École de la Cause freudienne – AFG (Hrsg.). *La lettre mensuelle* 122 (1993).

Mauerer, Gesine. *Medeas Erbe. Kindsmord und Mutterideal.* Wien 2002.

Müller, Heiner. „Verkommenes Ufer Medeamaterial Landschaft mit Argonauten" [1983]. Müller, Heiner. *Werke,* Bd. 5: *Die Stücke 3.* Hrsg. von Frank Hörnigk. Frankfurt a. M. 2002: 71–84.

Novak, Helga M. *Grünheide, Grünheide. Gedichte. 1955–1980.* Darmstadt, Neuwied 1983 [1977].

Pape, Wilhelm. „Medeia". *Wörterbuch der griechischen Eigennamen.* 2. Aufl., Braunschweig 1884: 910–911.

Palmer, Gesine. „Kein gefallenes Mädchen. Keine Opfermutter. Kein Mutteropfer". *Figurationen* 7 (2006): 73–86.

Picasso, Pablo. *Variationen über „Las Meninas" von Velazquez eingeleitet durch eine persönliche Betrachtung von Jaime Sabartés.* Wien 1960.

Port, Ulrich. „Mythos und Tabu. Über Medeas Mord an ihren Kindern". *Tabu. Interkulturalität und Gender.* Hrsg. von Claudia Benthien und Ortrud Gutjahr. München 2008: 101–120.

Pister, David. „Dazwischen: Medea. Zu einer transgressiven Figur(ation) bei Euripides". *Arcadia* 48 (2013): 135–149.

Roos, Esa (Hrsg.). *Medea. Myth and Unconscious Fantasy*. London 2015.

Schaule, Anton. *Tötungshandlungen von Müttern an ihren eigenen Kindern unter besonderer Berücksichtigung des Medea-Komplexes*. München 1982.

Schmierer, Britta. *Motivation in Medeatragödien der Antike und der Neuzeit*. Würzburg 2005.

Seneca [i. e. Lucius Annaeus Seneca]. „Medea" [um 45 n. Chr.]. Seneca. *Sämtliche Tragödien. Lateinisch und Deutsch*, Bd. 1. Übers. von Theodor Thomann. Zürich, Stuttgart 1961: 239–311.

Simon, Bennett. *Tragic Drama and the Family. Psychoanalytic Studies from Aeschylus to Beckett*. New Haven u. a. 1988.

Sirola, Riitta. „The Myth of Medea from the Point of View of Psychoanalysis". *Scandinavian Psychoanalytic Review* 27 (2004): 94–104.

Saporiti, Sonia. *Myth as Symbol. A Psychoanalytic Study in Contemporary German Literature*, Part III: *„Medea"*. Newcastle 2013.

Stephan, Inge. *Medea. Multimediale Karriere einer mythologischen Figur*. Köln u. a. 2006.

Stern, Edward S. „The Medea Complex. The Mother's Homicidal Wishes to her Child". *Journal of Mental Science* 94 (1948): 321–331.

Tyminski, Robert. „The Medea Complex. Myth and Modern Manifestation". *Jung Journal* 8.1 (2014): 28–40.

Wiese, Annegret. *Mütter, die töten. Psychoanalytische Erkenntnis und forensische Wahrheit*. München 1993.

III.4. Elektra

Elke Siegel

> Im Jahrhundert des Orest und der Elektra,
> das heraufkommt, wird Ödipus eine Komödie sein.
> Heiner Müller

1. Einleitung

Eine Figur namens Elektra erscheint spät in der Erzählung vom monströsen Atri-den-Geschlecht (vgl. Müller 1998a [1969]) – einer Familie, deren Gefühlsleben immer schon „disastrously unsound" (Wright 2005, 194) gewesen sein wird –, jedoch gehen Züge ihrer Figur deren Erscheinen lange voraus (vgl. Flashar 2006, 69). Und es ist Elektra, deren Sprachgewalt ihr in Goethes *Iphigenie* (1787) die Bezeichnung „Feuerzunge" (Goethe 1990 [1787], 188) einträgt, die den philolo-gischen Ausnahmestatus genießt, von allen drei großen attischen Tragikern mit einer Tragödie bedacht worden zu sein (→ IV.1. TRAGÖDIE), in der sie eine oder die Hauptrolle spielt. Auch wenn der Mittelteil von Aischylos' *Orestie* (*Die Choepho-ren*; 458 v. Chr.) nicht nach Elektra benannt ist, erscheint sie hier am Grabhügel des von ihrer Mutter Klytaimnestra und deren Liebhaber Aigisthos ermordeten Vaters Agamemnon und weicht seither nicht von der Stelle: (an-)klagend, erin-nernd, Rache begehrend. Elektras Unbeugsamkeit – ihr lautstarkes Beharren auf dem Recht des Vaters, das eine Verbannung an den Rand des Haushalts ihrer Mutter zur Folge hat, ihr unablässiges Warten auf die Rückkehr des Bruders, der die Rache vollziehen soll, – hat ihr nicht die Sympathien eingebracht, die etwa Antigone (→ III.7. ANTIGONE) genießt. Die Unbeirrbarkeit ihres Wunsches stößt folgende Generationen von Tragikern eher ab (vgl. Scott 2005, 7). Im 20. Jahrhun-dert dann erscheint über die Grenzen nationaler Literaturen und Kulturen hinweg eine Flut von Adaptionen der Figur im Drama, in der Lyrik, im Film und sogar im Comic (vgl. u. a. Freytag 2013, 145–262; Gründig 2004, 46–129; Walther 2010).

Um 1900 haben Psychoanalyse und Literatur gleichermaßen Teil an Elek-tras multimedialer Karriere, umso mehr, als der Eintritt in das neue Jahrhundert mit Krisen von Sprache, Subjektivität, Männlichkeit und Familie einhergeht, die im Diskurs über und der Darstellung von Weiblichkeit und Sexualität eingeholt und eingehegt werden (vgl. u. a. Catani 2005, 78–124; Kramer 2004, 10–15 u. 190–192; Ward 2000). Dabei treffen die Versuche, mit der Elektra-Figur Weiblich-keit zu exorzieren, auf ein grundsätzliches Problem (→ II.7. GENDER UND QUEER STUDIES): Denn ist Elektra Fürsprecherin einer väterlichen Ordnung, so macht sie

https://doi.org/10.1515/9783110332681-013

eine Unordnung im Väterlichen sichtbar (vgl. Fliedl 2003). Schon bei Sophokles ist Elektra eine paradoxe Figur, deren Affekte und (An-)Klagen der Handlung – sowohl im Sinne von Mythos als auch im Sinne von ‚Tat' – eher im Wege stehen, so sehr Elektras Begehren auch auf den Vollzug der Rache gerichtet ist (vgl. Dunn 2012). Die Figur, die Hugo von Hofmannsthal auch mit Hamlet verglich (vgl. Hofmannsthal 1997b, 305; → III.9. HAMLET), macht immer wieder sichtbar, dass etwas faul ist und bleibt im Vater-Staat. Verschlungen mit Ödipus (→ III.6. ÖDIPUS) wie in einem Vexierbild gerät Elektra dabei ins Blickfeld als Kippfigur, in der Revolte und Affirmation, Vater- und Muttertochter unlösbar verstrickt erscheinen.

2. Elektras Hysterie

In einer Aufzeichnung vom 17. Juli 1904 schreibt Hofmannsthal über seine Arbeit an der Elektra-Tragödie: „Als Stil schwebte mir vor, etwas gegensätzliches zur Iphigenie zu machen, etwas worauf das Wort nicht passe: ‚dieses gräcisierende Product erschien mir beim erneuten Lesen verteufelt human.' (Goethe an Schiller)." (Hofmannsthal 1997b, 305 u. 400) Motiviert unter anderem durch den Regisseur Max Reinhardt, der es ablehnt, weiter klassische, ‚gipsern' erscheinende Tragödien zu inszenieren (vgl. Flashar 1991, 126), geht Hofmannsthal daran, der Tragödie durch Remythisierung neues Leben einzuhauchen: „Wir müssen uns den Schauer des Mythos *neu* schaffen." (Hofmannsthal 1997b, 368) Die ‚verteufelt humane' Schwester Elektras, Iphigenie, lässt er dabei in seiner Umarbeitung *frei nach Sophokles* – so der anfängliche Untertitel – gänzlich fallen: Begründet Klytaimnestra den Mord an Agamemnon unter anderem mit der Opferung Iphigenies und pocht auf ihr gutes Recht als Mutter, erscheinen die Hofmannsthal'schen Frauenfiguren – entkleidet der Kontextualisierung durch den Chor oder die Verweise auf die Götter und die Vorgeschichte der Atriden – als irrational und ‚hysterisch'. Es bestand für die schreibende Zunft kein Zweifel daran, dass die 1895 erschienenen *Studien über Hysterie* von Josef Breuer und Sigmund Freud bei Hofmannsthals Adaption Pate gestanden hatten (vgl. Harden 1904, 349–350).

Es ist belegt, dass sich Hofmannsthal die *Studien* 1903 von Hermann Bahr geliehen hat (vgl. Worbs 1988, 140; 298–299), der das Buch wiederum im Zuge der Arbeit an seinem *Dialog vom Tragischen* (1904) rezipierte. Als weitere Lektüre gibt Hofmannsthal darüber hinaus auch Erwin Rohdes *Psyche* (1890/1894) an (vgl. Hofmannsthal 1997b, 459). Die Reminiszenzen an den ermordeten Vater, die Elektra rituell aufruft, um die ungesühnte Tat nicht in Vergessenheit geraten zu lassen, die Rachephantasien gegenüber ihrer Mutter, deren Sexualität sie verachtet, die von Alpträumen gequälte Klytaimnestra, die ein ‚normales Frauenschick-

sal' ersehnende Schwester Chrysothemis und der Schluss, Hofmannsthals auf-
fälligste Veränderung: Elektras schweigender Triumph- und Todestanz – all dies
erinnert an die in den *Studien* dargestellten Fälle, vor allem an denjenigen der
Anna O. (vgl. Worbs 1988, 280–295), an die Theorie vom nicht abreagierten Affekt
als Ursprung körperlicher Symptome (von Breuer/Freud illustriert am Beispiel
der verhinderten Rachetat (vgl. I, 87)) sowie an die Ikonographie der *hysterika*,
wie sie von Jean-Martin Charcot katalogisiert worden ist (vgl. Didi-Huberman
1997). Dabei stellt sich die Verbindung auf den ersten Blick über die – dem Fin
de Siècle entsprechende – mit Bedrohung und Faszination besetzte Darstellung
von Weiblichkeit in einem Einakter her, der von den drei Frauenfiguren Elektra,
Klytaimnestra und Chrysothemis so eklatant dominiert wird, dass Maximilian
Harden in seiner Rezension anmerkte, die beiden männlichen Figuren – Orest
und Aegisth – blieben diesem Stück gänzlich äußerlich (vgl. Harden 1904, 351–
352). Selbst wenn Hofmannsthal betont, nur die Aussicht auf ein geplantes Stück
mit dem Titel *Orest in Delphi* habe die oft bedrückende Arbeit an *Elektra* (1903)
aufgehellt (vgl. Hofmannsthal 1997b, 387), bleibt dieses Orest-Stück ein Fragment, während Hofmannsthal weiter an *Elektra* arbeitete und die Tragödie sogar
noch in ein Opernlibretto für Richard Strauss umarbeitete (UA 1909).

Dem Versuch, bei den Figuren in Hofmannsthals Tragödie Hysterie zu diagnostizieren (vgl. Politzer 1973), zumal bei einer Elektra, die souverän über Erinnerungen verfügt und ihrer Mutter gegenüber eher die Rolle der Analytikerin
einnimmt, ist zu Recht widersprochen worden. Insbesondere die feministische
Relektüre der Hysterie in ihrer widerständigen Begehrensstruktur und als Modus
der Darstellung fordert zwangsläufig ein anderes Denken des Verhältnisses
von Psychoanalyse und Literatur (vgl. u. a. Müller-Funk 2001; Schuller 1990a).
Bedenkt man, dass die *hysterika* selbst bereits in Begriffen der Dramatik und
Theatralität entworfen wird, ahmt Hofmannsthals *Elektra* keineswegs einfach
nur psychoanalytische Krankengeschichten nach; denn die psychoanalytische
Kur hat sich aus dem „Privattheater" (N, 222) der Anna O. entwickelt, und Freud
selbst bezeichnet seine Fallstudien – mit zur Schau getragenem Unbehagen – als
„Novellen" (I, 227; → IV.6. FALLGESCHICHTE). Im Gegensatz zu Charcot, der den
sprechenden Körper in Bilder zu bannen versucht, machen Freud und Breuer
es sich zur Aufgabe, die Hysterie in Text zu überführen (vgl. Hiebler 2003, 355).
Nachträglich erinnert Hofmannsthals Stück daran, dass bereits die Hysterikerinnen in ihrem ‚Privattheater' Adaptionen des Elektra-Mythos aufführten. Mit Hofmannsthals *Elektra* leistet die Literatur gleichsam eine Lektüre der *Studien*, die
die (fehlende) Figur Elektra lesbar macht (vgl. Freytag 2013, 12).

Die ‚literarische' Seite der *Studien* beziehungsweise die Möglichkeit der
‚ästhetischen' Rezeption ist früh in einer Rezension aus dem Jahre 1896 von
Alfred von Berger hervorgehoben worden. Dieser war Dramaturg und Professor

für Ästhetik und Philosophie in Wien, bei ihm belegte Hofmannsthal 1895/1896 ein Kolleg über Psychologie und Kunst (vgl. Worbs 2009, 94; Alt 2010, 187). Auch wenn Freud und Breuer dies nicht angestrebt hätten, sei die Wissenschaft „unwillkürlich der Poesie" nahegekommen (vgl. von Berger 1896, 1): „Die ganze Theorie ist eigentlich ein Stück uralter Dichterpsychologie. Bei jeder ersten Entdeckung, welche die Wissenschaft auf dem Gebiet der Seele macht, wird sich zeigen, daß die großen Dichter die Wikinger sind, die lange vor Columbus in Amerika waren." (von Berger 1896, 1) Wird in der Rezeption eine Verbindung zwischen den *Hysteriestudien* und Hofmannsthals Stück hergestellt, gibt Hofmannsthal des Weiteren zu, sich Arbeiten zu den „Nachtseiten der Seelen" (Hofmannsthal 1997b, 459) angesehen zu haben. So war man sich sowohl in künstlerischen als auch psychoanalytischen Kreisen der Tatsache bewusst, dass sich in der Katharsis – seit Jacob Bernays den medizinischen Effekt der antiken Tragödie freigelegt hatte – psychoanalytische Kur und Theater berührten (vgl. u. a. Traverso 2003, 57–65; Worbs 2009; Alt 2010;).

Trotz dieser Ansätze für einen Dialog zwischen Psychoanalyse und Literatur kritisiert Freud all jene zeitgenössischen Autoren scharf, die auf unpoetische Weise ,psychopathische Personen' auf die Bühne bringen, indem sie suchen, die Verdrängung zu umgehen, Unbewusstes unvermittelt darzustellen und damit, wie Freud meint, einzig Abwehr im Publikum hervorrufen. Diese Position vertritt er nicht nur in dem (spät veröffentlichten) Text *Psychopathische Personen auf der Bühne* (1905/1906); wie das Protokoll der Sitzung der Wiener Psychoanalytischen Vereinigung vom 31. März 1909 zeigt, insistiert Freud in der Diskussion zu Wilhelm Stekels Referat *Zur Psychopathologie von Hauptmanns Griselda* auf einer einseitigen Beziehung zwischen Dichtung und Psychoanalyse: „Wir haben wohl das Recht, ein Dichterwerk zu analysieren, aber es ist vom Dichter nicht recht, unsere Analysen zu poetisieren. Das scheine aber ein Zug der Zeit zu sein." (Nunberg und Federn 1977, 170) Die adäquate Darstellung der Komplexität psychopathologischer Charaktere sei, so Freud, „Sache einer Krankengeschichte", während der Dichter es verstehen müsse, „so hochkomplizierte seelische Vorgänge zu simplifizieren" (Nunberg und Federn 1977, 171). Freuds Zugriff auf den Bereich des Literarischen weitet sich hier unversehens aus: Wie in der Bezeichnung ,Krankengeschichte' angezeigt, wird nun die Darstellung komplexer Charaktere der Psychoanalyse zugeschlagen (vgl. Schuller 1990b; Frey 2013).

In Freuds Beiträgen zu dieser Diskussion findet sich – auf höchst vermittelte Weise – seine vielleicht einzige Erwähnung der Hofmannsthal'schen *Elektra*: Zur Stützung seines Arguments zitiert Freud eine von David Josef Bach verfasste Besprechung der Oper *Elektra* in der *Arbeiter-Zeitung* vom 26. März 1909. Bach – Redakteur und Musikkritiker, seit 1906 Mitglied der psychoanalytischen Mittwochsgesellschaft – konstatiert dort, „hübscher" als in dieser Oper seien „die

interessanten, lehrreichen, bedeutenden Theorien des Wiener Psychiaters *Freud*"
(Bach 1909, 1) nicht in Verse zu kleiden. Ja, „Freuds Schriften sind im Falle dieser
‚Elektra' zu einem Handbüchlein der Poetik und auch der Musik geworden" (Bach
1909, 2). Doch beweise sich hier auch, dass die Kunst nichts dadurch gewinne,
„diese Gestalt in ihrer Psychologie auf einen unüberwindlichen perversen Trieb"
(Bach 1909, 1) zu reduzieren und so der tragischen Sphäre von Sittlichkeit zu ent-
rücken: Kunst riskiere, sich auf diese Weise überflüssig zu machen. Von besonderem Interesse sind dabei Bachs Ausführungen zu dem von ihm sogenannten
‚perversen Trieb' Elektras: „Die unauslöschliche Erinnerung an den Vater, *der
Wunsch nach Rache und Vergeltung für den Mord ist nämlich nichts als die in Haß
verwandelte Liebe zur Mutter Klytämnestra.*" In der Szene, in der sie ihre Schwester Chrysothemis zum Morde an der Mutter anstiften will, offenbare sich ihre
lesbische Veranlagung. „Und da Orestes, der Totgeglaubte, endlich kommt und
den rächenden Mord vollbringt, da hat Elektra noch den orgiastischen Rausch
des Blutes, und nach ihrem Tanz, einem wahren Geschlechtsakt, stürzt sie ent-
seelt zusammen. Schluß." (Bach 1909, 1; Hervorh. E. S.) Was Bach beschreibt,
wird auch von anderen gesehen: Elektra, die reproduktiver, vermeintlich ‚normaler' Sexualität abgeschworen hat (vgl. Hofmannsthal 1997a [1903], 71), richtet
ihr inzestuöses Begehren auf die Geschwister, vor allem auf Orest, ‚das Kind', als
dessen Mutter sie sich zu imaginieren scheint (vgl. Hofmannsthal 1997a [1903],
83, 98, 101–103). Am Ende erfährt sie – in ihrem Tanz – möglicherweise so etwas
wie *jouissance*.

Freud hat diese Stelle laut Protokoll nicht zitiert, doch ist davon auszuge-
hen, dass er den Artikel ganz gelesen hat – und das mehr als zwei Jahrzehnte
bevor Freud die Mutter-Tochter-Beziehung in *Über die weibliche Sexualität* (1931)
als ontogenetisch ‚präödipale' beziehungsweise phylogenetisch als „minoisch-
mykenische[ ] Kultur hinter der griechischen" (XIV, 519) ‚entdeckt' und damit
hinsichtlich der weiblichen Sexualität ein Jenseits von spiegelverkehrtem beziehungsweise nicht zu vollendendem Ödipuskomplex, Kastration und Penisneid
zulässt. Dieser blinde Fleck kann als Beleg für Julia Freytags These von der ‚ver-
deckten' Figur Elektra in der Psychoanalyse gelesen werden (vgl. Freytag 2013,
10–11).

3. Der Elektrakomplex

Die Geschichte des sogenannten Elektrakomplexes ist in der frühen Psychoanalyse nicht mehr als eine Episode, dennoch geht der Begriff als Gerücht um, das
selbst psychologische Lehrwerke kolportieren (vgl. Dervin 1998). Carl Gustav

Jung hat in einem Vortrag 1912 und schriftlich in *Versuch einer Darstellung der psychoanalytischen Theorie* im Jahr 1913 (was auch den endgültigen Bruch zwischen Freud und Jung brachte) angemerkt, dass aufgrund des „geschlechtlich *undifferenzierten Charakter*[s]" (Jung 1913, 63) der Libido das Auftreten des Ödipuskomplexes beim Mädchen – als Spiegelung des männlichen Ödipuskomplexes – nicht überrascht. Anders als bei Ernest Jones (vgl. Jones 1927, 459; siehe Rohde-Dachser 1991, 7–16; Löchel 1990, 829–835), der wie auch zum Beispiel Karen Horney (vgl. Horney 1926) in den 1920er Jahren gegen Freuds ‚phallischen Monismus' (vgl. Chasseguet-Smirgel 1976), ausgehend von der Auseinandersetzung mit den Eigenheiten weiblicher Sexualorgane, die These einer primären, nicht abgeleiteten Weiblichkeit vertritt (vgl. Chasseguet-Smirgel 1970 [1964]), wird sich Jungs ‚undifferenzierte', bisexuelle Libido letztlich als bereits immer schon heterosexuell-männlich erweisen (vgl. Chasseguet-Smirgel 1970 [1964]): „Mit den Jahren prägt sich der Konflikt beim Sohne in einer mehr männlichen und darum typischen Form aus, während beim Mädchen sich die spezifische Zuneigung zum Vater und die entsprechende Eifersuchtseinstellung gegen die Mutter entwickelt. Man könnte diesen Komplex dann den *Elektrakomplex* nennen." (Jung 1913, 64)

Jung adaptiert den Elektra-Stoff für seine Zwecke: Denn Elektra hat ja gerade keine „Blutrache" genommen, sondern eine solche phantasiert, und dann Orest, je nach Adaption des Mythos, mehr oder weniger bei der Tat unterstützt. Und es stellt sich zumindest die Frage, wie der „geliebte[ ] Vater" zu diesem wurde, zu wem sich also Elektra in ihrer idealisierenden Fixierung verhält (vgl. Freytag 2013, 195) – zum Vater, der in den Krieg zieht, als sie ein Kind war, zum mit einer Geliebten zurückkehrenden Vater, der ihre Schwester geopfert hat, oder zum von der Mutter ermordeten Vater. In jedem Fall gibt es bei Elektra, anders als bei Ödipus, keine Anzeichen ‚inzestuösen' Begehrens vor Agamemnons Tod (vgl. von Samsonow 2007, 11). Die Jungfräulichkeit, die in den Bearbeitungen des Mythos und in den Lektüren hervorgehoben wird und die möglicherweise bereits in ihrem Namen angelegt ist, den manche Interpretationen auf das Adjektiv *alektros* (‚ohne Ehebett', ‚unverheiratet') zurückführen (vgl. Flashar 2006, 69), berücksichtigt Jung nicht.

Freud beantwortet Jungs Vorschlag in der Abhandlung *Über die Psychogenese eines Falles von weiblicher Homosexualität* (1920) lediglich mit einer Fußnote zum Begriff des weiblichen Ödipuskomplexes: „Ich sehe in der Einführung des Terminus ‚Elektrakomplex' keinen Fortschritt oder Vorteil und möchte denselben nicht befürworten." (XII, 281) Mit anderen Worten: Geht man vom Ödipuskomplex, wie er für den Jungen postuliert wird, als dem Paradigma psychosexueller Entwicklung aus, bedarf es keines Namens, der eigens eine Entwicklung beim Mädchen bezeichnet; die ‚Schwierigkeiten' der psychosexuellen Entwicklung des Mädchens zur heterosexuellen, weiblichen Position lassen sich im Kontrast zum

Modell beschreiben. Etwas ausführlicher kommt Freud im Essay *Über die weibliche Sexualität* (1931) noch einmal auf den Begriff zurück: „Wir haben auch bereits erkannt, daß eine weitere Differenz der Geschlechter sich auf das Verhältnis zum Ödipuskomplex bezieht. Unser Eindruck ist hier, daß unsere Aussagen über den Ödipuskomplex in voller Strenge nur für das männliche Kind passen und daß wir recht daran haben, den Namen Elektrakomplex abzulehnen, der die Analogie im Verhalten beider Geschlechter betonen will." (XIV, 521)

Freud lehnt den Begriff ab, weil dieser eine Analogie der psychosexuellen Entwicklung suggeriert: Der grundsätzlich anderen Konstellation, die zur weiblichen Position führt, überhaupt einen Namen zu geben, heißt, dem Missverständnis einer Analogie zum Ödipuskomplex Vorschub zu leisten. Erscheint der Begriff zuerst überflüssig, weil Freud von *einer* Libido ausgehen und jede biologische Essentialisierung psychosexueller Positionen vermeiden möchte (vgl. Löchel 1990, 832), so basiert die Ablehnung nun auf der Einsicht, dass die Entwicklung weiblicher Sexualität nicht abgeleitet werden kann. War zuerst eine angenommene Analogie Grund für die Ablehnung, so ist es nun die fehlende Analogie – die Logik (erwachsener) weiblicher Sexualität wird dadurch, dass sie einen „dark continent" (XIV, 241) figuriert, von der Analogie in die A-Logik verschoben.

Nun lässt sich vor dem Hintergrund von Bachs durchaus komplexer – wenn auch wertender – Darstellung der Begehrensstruktur Elektras fragen, warum diese nicht als Paradigma für eine spezifisch weibliche psychosexuelle Entwicklung (die nicht biologisch zu verstehen wäre) einstehen sollte. Nach dem Tod des Vaters ist Elektra – in allen antiken Versionen außer der des Euripides – Geisel im Haushalt ihrer Mutter, dieser wortwörtlich verhaftet, und ihre Phantasien kreisen ebenso um den toten Vater wie um die Sexualität ihrer Mutter beziehungsweise den Zusammenhang von Gewalt und Sexualität (vgl. Hofmannsthal 1997a [1903], z. B. 71; 73). Wenn Elektra „zwischen den sich überkreuzenden matrilinearen und patrilinearen Strukturen in ihrer Position als Tochter gleichsam zerrieben wird" (Freytag 2013, 14), so offenbart sich in dem Mythos und dessen Adaptionen gerade auch die nicht aufzulösende Beziehung zwischen Tochter und Mutter. Die Risiken, die damit einhergehen, psychosexuelle Entwicklung überhaupt, zumal die sogenannte weibliche begrifflich festzuschreiben (vgl. Rohde-Dachser 1991, 6–7), zeigen sich an der Konstruktion eines Elektrakomplexes: Zu einfach ist es, die Komplexität von Elektras Begehrensstruktur zu reduzieren, indem ihr – parallel zu Ödipus – Liebe zum Vater und Eifersucht der Mutter gegenüber zugeschrieben werden, so wie auch in Jungs Manöver. In jedem Fall ist eine verpasste oder vermiedene Begegnung von ‚Elektra' und Psychoanalyse zu vermerken: Verpasst ist die Möglichkeit, in der Auseinandersetzung mit dem Elektra-Mythos jenseits der Einführung eines Elektrakomplexes der in demselben Text annoncierten

Entdeckung der „präödipale[n] Vorzeit des Mädchens" (XIV, 519) weiter auf den Grund zu gehen.

Hendrika C. Halberstadt-Freud hält Elektra später für „a paradigm for female development because it grants a central place to the mother-daughter relationship" (Halberstadt-Freud 1998, 41). Hassliebe der Mutter gegenüber, Idealisierung des oft abwesenden Vaters, schließlich Abzug aller positiven Eigenschaften von der Mutter, um diese auf den Vater zu übertragen – mit diesen an Elektra zu beobachtenden Verhältnissen sei laut Halberstadt-Freud die Entwicklung von Mädchen besser zu beschreiben, als dieser das Ödipus-Paradigma zugrunde zu legen (vgl. Halberstadt-Freud 1998, 49; siehe auch Bernstein 1991). Trotz dieser Relektüre wurde der Elektra-Mythos in der Psychoanalyse nicht zum Paradigma für die weibliche psychosexuelle Entwicklung (vgl. Kulish und Holtzman 2008, 24–26).

4. ‚Anti-Elektra'

Da es den Elektrakomplex (nicht) gibt, plädiert Elisabeth von Samsonow 2007 für eine dem *Anti-Ödipus* von Gilles Deleuze und Félix Guattari analoge *Anti-Elektra*: „Elektra steht seit etwa hundert Jahren, seit der Erfindung des Ödipuskomplexes, für dessen weibliches Gegenstück, auch wenn Freud dies – weil er dem weiblichen Geschlecht keinen Anspruch auf einen eigenen, seine Sexualität markierenden Komplex ließ – so nicht gestiftet haben wollte." (von Samsonow 2007, 9)

Gerade die Unschärfe des *„Beinahe-Komplex*[es]" sei symptomatisch (von Samsonow 2007, 15). Seit Iphigenies Opferung lebe die Tochter – mag sie es wahrhaben oder nicht – immer schon dem potenziellen Geopfertwerden entgegen. „Aus der Figur der zum Opfer bestimmten Mädchen folgt wie von selbst die gestörte Mutterbeziehung" (von Samsonow 2007, 15). Denn kann die Mutter das Mädchen nicht mehr schützen, so ist damit der Anfang vom Ende der Matrilinearität und die „Entwertung der weiblichen Zeugungskraft" (von Samsonow 2007, 33) gemacht– zugunsten der Patrilinearität, die am Schluss der *Orestie* als wahre Zeugung Priorität erhält. Unter diesen Bedingungen muss das Verhältnis von Tochter und der nun als monströs phantasierten Mutter zerrüttet erscheinen. Die Unschärfe des ‚Beinahe-Komplexes' Elektra(s) ergibt sich gerade aus der nur vagen „Markierung als Opfer" (von Samsonow 2007, 15), bezieht diese doch die Möglichkeit, wie ihre Schwester Iphigenie zum Opfer zu werden, nicht auf sich. Das *„starke Mädchen"* (von Samsonow 2007, 15), das der Opferlogik nicht unterläge und zur Königin bestimmt wäre, projiziert von Samsonow in der Durcharbeitung dieses unscharfen Komplexes. Gerade das Maß der Fixierung auf den toten

Vater, so führt von Samsonow aus, lasse nämlich am Gelingen der Konstruktion des Mädchens als (williges) Opfer zweifeln, da es auf die Unmöglichkeit der Ödipalisierung (von Samsonow 2007, 28) der töchterlichen Beziehung zum Vater verweist. Weil Objekt und Fixierung einander abzustoßen scheinen, fällt Elektra auf das zurück, „was in der Psychologie als primäre Homosexualität beschrieben worden ist" (von Samsonow 2007, 28). Und diese wiederum verweist auf die ehemalige „uneingeschränkte Herrschaft der Mutter, die Uterokratie" (von Samsonow 2007, 29) beziehungsweise das Präödipale (→ III.3. MEDEA).

Wenn die *Orestie* vom „Zusammenstoß" zwischen „einem weiblichen und einem männlichen Reich" (von Samsonow 2007, 35) erzählt, dann ist Elektra beiden verbunden und kann gerade nicht als Beweis für Freuds These von der mangelnden moralischen Reife ‚der Frau' gelten (vgl. XV, 138–139); ist es doch Elektra, die – trotz aller Rachephantasien – ablehnt zu vergessen und darauf besteht, dass es den Menschen auszeichne, sich zu erinnern; sie nimmt somit die Position von Wissen und Gewissen ein (vgl. von Samsonow 2007, 17). Als Modell für das ‚starke Mädchen' kann Elektra jedoch nicht einstehen; von Samsonow betrachtet Ariadne als einziges Mädchen, das der Maschinerie entkommt (vgl. von Samsonow 2007, 191–208), während Elektra ein ambivalentes, janusköpfiges Wesen bleibt: Einerseits bahnt ihre Fixierung auf Rache einer Machtübernahme des Patriarchats den Weg, andererseits verweist Elektras Beharren auf diesem Anliegen auf die Unmöglichkeit einer weiblichen Position in der neuen Ordnung und ruft darüber hinaus in der insistenten Adressierung der Mutter die (einstige) Macht der (Liebe zur) Mutter in Erinnerung. Mit Elektra ist eine Figur benannt, die den Schwellenraum zwischen Matriarchat und Patriarchat in keine Richtung verlassen kann. Deshalb folgt jede Lektüre von Elektra als „Vatertochter" einer „falsche[n] Fährte":

> Elektra und ihre Schwestern sind die letzten Mädchen der präathenischen, kykladischen, mykenischen oder minoischen Welt. Aus diesem Grund kann es nur unter äußerstem Zwang geschehen sein, daß sie vorstellig werden, um sich für eine Rolle als „Athene", als dienende Vatertochter zu qualifizieren. [...] Aus der Trauer und der Verzweiflung, die die Töchter über die öffentliche Pervertierung ihrer Mutter empfinden mußten, eine psychologisch standardisierte Vaterliebe herzuleiten, ist staatspoetisch höchste Kunst. (von Samsonow 2007, 52)

Was uns im Elektra-Mythos begegnet, wäre also die (nie gänzlich gelingende) staatstragende Verwandlung der durch die Gewalt gegen ihre Mutter motivierten Not der Tochter in die idealisierende Liebe zum Vater.

Ein solches Bild von der jungfräulichen Vatertochter scheint jedoch gerade die Voraussetzung für Julia Kristevas scharfes Urteil über Elektra in *Des Chinoises, Des Femmes* (1974; *Die Chinesin. Die Rolle der Frau in China*) zu bilden. Die Jungfrau beziehungsweise die jungfräuliche Mutter sind, so Kristeva, die einzigen weiblichen Figuren, die an der „väterlichen symbolischen Ordnung" (Kristeva 1976 [1974], 252) teilhaben dürfen, weil sie die Lust der Mutter ausschließen (vgl. Kristeva 1976 [1974], 251). Diese Ordnung sowie die Konstruktion von Freiheit und Geschichte (in) dieser Ordnung bedürften gerade der Stützung durch eine solche Tochter: „Wie es der Chor bei Sophokles sagt: ‚Nie war eine Tochter stärker Tochter ihres Vaters' als Elektra." (Kristeva 1976 [1974], 258–259) Dabei sei die „Verfolgung der Sache des Vaters" nur die

> schöne Vorderseite einer recht düsteren Kehrseite: der Haß auf die Mutter, oder genauer: Der Abscheu vor der körperlichen Lust der Mutter. Elektra will Klytämnestras Tod, aber nicht, weil diese Mutter den Vater getötet hat, sondern weil sie die Geliebte von Ägisth ist. Der Mutter soll Lust versagt sein: Das ist es, was die Tochter des Vaters fordert, die von der Genußsucht der Mutter fasziniert ist. (Kristeva 1976 [1974], 260)

In und mit Elektra verfolgt, mit anderen Worten, die (christliche) symbolische Ordnung die Lust der Mutter. Verstörend ist die Konsequenz des Arguments: „Elektragestalten" – als ewige Jungfrauen, „kalt in ihrer Exaltiertheit" – verwandeln sich nun unversehens von literarischen Figuren zu „dramatische[n] Gestalten, die ihrem Frauendasein entfliehen wollen und vom sozialen Konsens festgelegt sind: Nonnen, ‚Revolutionärin', ‚Feministin' (nicht ausgeschlossen)?" (Kristeva 1976 [1974], 260) Nicht zuletzt aufgrund dieser Formulierung kritisiert Gayatri Chakravorty Spivak 1981 einen „principled" antifeministischen Gestus in Kristevas Essay beziehungsweise im französischen Feminismus (vgl. Spivak 1981, 162–163). Wenn auch in Form einer Frage wird das Stereotyp ‚frigider' (Nicht-) Frauen, die ihr Leben einer Sache widmen, wiederholt; Kristevas ‚Antifeminismus' investiert „in the individualistic critical avant-garde rather than anything that might call itself a revolutionary collectivity" (Spivak 1981, 163). Das durchaus politisch zu verstehende Anliegen, den verworfenen Körper und die Lust der Mutter/Frau als Bedingung väterlicher Ordnung auszustellen, verwandelt sich – so kann man Spivaks Kritik an Kristeva weiterdenken – potenziell in die normative Aussage darüber, ob oder wie ‚Frauen' sexuell zu sein und politisch zu agieren hätten: *jouissance* wird gegen politischen Aktivismus ausgespielt – und dies, obwohl es nahe liegt, in Elektra einen Exzess wahrzunehmen, der als Genießen jenseits von ‚Sexualität' gedeutet werden kann.

5. Elektras Exzess

Wenn, wie es in der *Orestie* heißt, Weiblichkeit Exzess bedeutet (vgl. Žižek 2002, 181–182), dann kann ‚die Frau' nur unter beschränkenden Voraussetzungen in der

Öffentlichkeit erscheinen: Die zugelassenen Gestalten in der griechischen Tragödie sind, so führt Slavoj Žižek aus, entweder Opfer oder zerstörerische Rächerinnen. Im Gegensatz zu Kristevas Darstellung von Elektra als lustfeindlicher, jungfräulicher Tochter vertreten für Žižek Elektra und Antigone keineswegs die vorgegebenen Paradigmen: Antigone opfert sich zwar auf erhabene Weise, aber für die ‚falsche' Sache, nämlich gegen die *polis*; und Elektra ist zwar Rächerin für die ‚richtige' Sache, die des Vaters, stößt aber durch ihre Exzessivität ab (vgl. Žižek 2002, 185). Ihr Schwelgen in Klage und Selbstmitleid mache deutlich, dass sie hierin Befriedigung suche und finde (vgl. Žižek 2002, 185). Während sie laut Rache verlange, genieße sie „her grief as her symptom, fearing its end" (Žižek 2002, 186).

Žižeks Betonung des Genießens in Elektras exzessiver Klage verdeutlicht, dass Elektra keiner Seite des Gegensatzes von Opfer/Täterin oder Vater/Mutter gänzlich zuzuschlagen ist. Ihre ‚Hybridität' wird nirgends deutlicher als in Hélène Cixous' Narrativ vom „L'Aube du Phallocentrisme" in *Sorties* (1975, 186–187). Die Dämmerung des Phallozentrismus ist mit dem Muttermord an Klytaimnestra verbunden, durch den Orest als ‚Neutrum' (vgl. Cixous und Clément 1975, 194) – vor der Unterscheidung von männlich/weiblich, aktiv/passiv, schuldig/unschuldig – die Ordnung schafft, die ihn als Mann wird erscheinen lassen. Elektra dagegen mag zwar als Anführerin der neuen Phallokraten (vgl. Cixous und Clément 1975, 194) fungieren, bleibe aber am Ende zurück, während der Vatersohn Orest zur Rechtsstaatsgründung schreite. Elektras „infernale libido" – ihre höllische Liebe, die ihren Ausdruck in Elektras Stimme finde, – sei jedoch nicht stillzustellen: „Nichts kann ihre Stimme stillen." (Cixous und Clément 1975, 195; Übers. E. S.) War immer schon Wortgewalt Elektras besonderer Zug, so präzisiert Cixous diesen, indem sie die Worte in Verbindung mit dem sich in die Sprache werfenden Körper bringt (vgl. Cixous und Clément 1975, 198). Weiblich ist die Verausgabung ohne Reserve, die Gabe, die *jouissance*, jenseits von Ökonomie. Ist die Dämmerung des Phallozentrismus eine doppelgesichtige Zeit der Umkehrung (vgl. Cixous und Clément 1975, 202), so ist Elektra für Cixous ein „unentschlossener Mischort" (*lieu mêlé, hésitant*) (Cixous und Clément 1975, 204): Mangel und Exzess, Nicht-Frau und Zuviel-Frau (vgl. Cixous und Clément 1975, 203). Ihr Ort ist der eines Aufeinandertreffens von Kräften – Leben und Tod, Aktivität und Passivität –, die noch nicht in das Register sexueller Differenz eingetragen sind, bis Orest am Ende – in seiner Position von Elektra anerkannt – das Gesetz installiert und alle Störungen beseitigt und betäubt (vgl. Cixous und Clément 1975, 208). Der insistierende Chor von Schweigen, Seufzen, Husten aber ist „der Ursprung der Oper" (Cixous und Clément 1975, 200; Übers. E. S.).

Diese scheinbar unhintergehbare Uneindeutigkeit der Figur, auf die alle Interpretationen des Elektra-Mythos zurückgeworfen werden, ergibt sich – so

Amber Jacobs – zwangsläufig aus der *Orestie* als Erzählung von der Genese der patriarchalen, demokratischen *polis*: Denn in allen Frauenfiguren der Atriden spiegeln sich allein die Bilder eines männlichen Imaginären (vgl. Jacobs 2007, 59–60, 131). Wo Melanie Klein eine Interpretation der *Orestie* vorlegt, in der der muttermordende Orest die Hauptrolle spielt, dem Klein – Elektra dabei nur am Rande erwähnend – die mithilfe der ‚Vatertochter‘ Athene gelingende Entwicklung zu einer (depressiven) Subjektposition zuspricht (vgl. Klein 1975 [1964]; Alford 1990), interveniert Jacobs. Sie deckt in ihrer Lektüre der *Orestie* den Muttermord *vor* dem Muttermord an Klytaimnestra auf, den die Erzählung zu verdecken sucht: den Mord an Metis, der ersten Geliebten des Zeus, die dieser in schwangerem Zustand auffrisst (dabei sich auch ihre Weisheit aneignend), um dann Athene, und mit ihr das Phantasma der mutterlosen Geburt, zu gebären. Metis ist für Jacobs der „navel of the myth" (Jacobs 2004, 26). Hier, in der Inkorporation von Metis, liegt das Problem weiblicher psychosexueller Entwicklung gleichsam begraben und nicht begraben. Wo der Vatermord als Verlust gedacht werde, der zu einer symbolischen Ordnung führe, da ist – wie Jacobs in Anlehnung an Torok und Abraham schreibt – Metis eine „anti-metaphor" (Jacobs 2007, 66); damit bleibt auch ihr Tod vorerst zeichen- und folgenlos.

Mit Luce Irigaray teilt Jacobs das Anliegen, das Mutter-Tochter-Verhältnis sowie die Beziehung zwischen Frauen in den Bereich des Symbolischen zu transportieren. Jedes Begehren, so Irigaray, unterhält eine Beziehung zum Wahnsinn; in besonderem Maße trifft dieser Befund auf die Beziehung zur Mutter zu. Doch was sich in der *Orestie* zeigt, sei das Entkommen des Mannes (Orest), der – im Zuge des Mordes an der begehrenden Mutter – den Wahnsinn nun gänzlich auf die Frau, Elektra, überträgt (vgl. Irigaray 1989 [1981], 29). Der Muttermord und die durch diesen gestiftete Kultur ist nicht die Geschichte der Frauen (vgl. Irigaray 1989 [1981], 41). Hier widerspricht Jacobs: Nicht der Muttermord – das heißt die Ablösung von beziehungsweise der Verlust der Mutter – sei das Problem an der Geschichte, sondern die Inkorporation als ein Tod ohne strukturellen Verlust (vgl. Jacobs 2007, 37). Ein strukturbildender Verlust der Mutter, ein „generative introjective loss" (Jacobs 2007, 131), müsse jedoch gedacht werden, wolle man zwischen Mutter und Tochter, zwischen Frau und Frau Differenz beziehungsweise symbolische Vermittlung erlauben.

Was sich an der Beziehung zwischen Elektra und Klytaimnestra zeigt, hat deshalb, folgt man Jacobs' Argumentation, nichts mit einer präödipalen Mutterbindung zu tun. Sichtbar werden allein Störungen und Zerrüttungen, denen dieses Verhältnis unterliege, solange nicht eine weitere symbolische Ordnung – ein Verlust jenseits der ‚Kastration‘ – gedacht werde, die in einem mit dem Muttermord verbundenen Gesetz gründe. Ein solches müsse der Mutter einen generativen Tod zugestehen statt des bisherigen „improper death" (Jacobs 2007, 37).

Die Tatsache, dass Elektra im Gegensatz zu Orest ohne Zwang zur Rechen-schaft davonkomme, hieße nämlich, dass sie zwar davongekommen, aber nicht ,weggekommen' sei: „She remains (psychically) too close to the murdered mother who, in her mind, will never die since Electra cannot get away, move on, or expe-rience a loss that may be generative: she is forever looking back to the mother whom she cannot properly kill." (Jacobs 2007, 145) Elektra wäre also nur insofern Vatertochter, als sich hier die „symptoms of the daughter in a symbolic order that functions according to the male imaginary" (Jacobs 2007, 131) zeigen, denen ein mütterliches Gesetz fehlt. Der in der *Orestie* dechiffrierte „concealed matricide" (Jacobs 2007, 68) an Metis verändert das Bedeutungsgefüge des Mythos – und zwar dergestalt, dass „,Electra complexes' or ,Clytemnestra syndromes'" (Jacobs 2007, 76) nicht mehr belegt werden können. Elektra *hat* in dieser Lesart keine Symptome, die Art und Weise der Darstellung töchterlicher Existenz beziehungs-weise das verstörend-gestörte Verhältnis von Mutter und Tochter *ist* Symptom.

6. Elektras Stimme

Ist mit der Figur Elektra eine scheinbar nicht zu schließende Wunde in der väter-lichen Ordnung bezeichnet, so scheint die kontinuierliche ,Konversion' der Figur, die Konjugation und Deklination Elektras über mediale Grenzen hinweg, für die Unabschließbarkeit des durch sie markierten Problems der töchterlichen oder weiblichen Existenz zu sprechen. Die „intermediale Verschiebung Elektras" (Freytag 2013, 179) – von Drama über Oper zu Film (vgl. Freytag 2013, 195) – setzt dabei bereits während Hofmannsthals Arbeit an der Tragödie ein: Elektras Gleiten zwischen Psychoanalyse und Literatur sowie zwischen verschiedenen Darstellungsformen erfordert daher interdisziplinäre Ansätze.

Wen oder was hören wir in der Richard Strauss'schen *Elektra* (1909) – einer Oper, die bis vor Kurzem Hofmannsthals Sprechstück auf der Bühne fast völlig ersetzt hat? Hofmannsthal drängte Strauss zur Vertonung und gab als Grund an, er könne sich „die auf Sieg und Reinigung hinauslaufende, aufwärtsstürmende Motivenfolge, die sich auf Orest und seine Tat bezieht [...] [,] in der Musik ungleich gewaltiger vorstellen [...] als in der Dichtung" (Hofmannsthal 1997b [1906], 421; vgl. Schmid 1994, 25). Sollte es um die Domestizierung der Stimme Elektras durch Musik gehen? Zumindest ist dies in Mladen Dolars Lesart der Kunstform Oper – basierend auf der von Lacan als Objekt in die Psychoanalyse eingeführten Stimme – das, was dort geschieht: Die Stimme wird durch Musik abgeschirmt (vgl. Dolar 1996, 10). Hat sich die Literaturwissenschaft in der Befragung des Ver-hältnisses von Literatur und Psychoanalyse immer wieder an der Elektra-Figur abgearbeitet, so begegnen sich auch Musikwissenschaft und Psychoanalyse in der Auseinandersetzung mit Hofmannsthals/Strauss' *Elektra*.

Es ist der Name des Vaters (*nom du père*), Agamemnon, der *Elektra* für solche Lesarten prädestiniert. Während in der Tragödie von 1903 dieser Name erst in der späten Erkennungsszene zwischen Elektra und Orest, und zwar von Letzterem als Verweis auf die (vermeintlich) „Toten" der Familie im Syntagma „Agamemnon und Orest" (Hofmannsthal 1997a [1903], 99), ausgesprochen wird, ist bereits zu Beginn der Oper ein Dreiklang zu hören, der im sich anschließenden Monolog Elektras mit dem Namen „Agamemnon" (Hofmannsthal 1997c [1908], 117) besetzt wird. Deutungen, die dieses sogenannte Agamemnon-Motiv als Zeichen dafür lesen, dass die gesamte Handlung und alle Figuren immer schon der väterlichen Ordnung unterstehen, und die diesem Motiv einen als amorph und flüssig beschriebenen ‚Elektra-Akkord' diametral gegenüberstellen, sind zwischenzeitlich beispielsweise von Carolyn Abbate als „homocentric reading" (Abbate 1989, 111) kritisiert worden. In Abbates Deutung verweist das Agamemnon-Motiv auf Elektras Klage, auf ihre Stimmen. In der Oper erzeuge Elektra in ihrer Stimme eine Bachtin'sche Polyphonie und könne somit nicht darauf reduziert werden, bloßes Gefäß der väterlichen Ordnung zu sein (vgl. Abbate 1989, 127).

Selbst wenn jedoch Elektra mit der väterlichen Stimme identifiziert werde, so Michael Schmid, müsse dies präzisiert werden: Beherrscht werde das Stück nämlich von der Trinität Agamemnons als Vater (Reales), als König (Imaginäres) und als der tote Vater (Symbolisches) (vgl. Schmid 1994, 34). Elektras Stimme ist für Schmid diejenige des toten Vaters, doch durchbreche ihre Stimme das „symbolische Geflecht" (Schmid 1994, 35) hin zum Realen.

Aus psychoanalytischer und feministischer Sicht ist neben dem anfänglichen Agamemnon-Motiv dabei jene Textstelle am Ende – kurz vor dem schweigenden (Todes-)Tanzwalzer – zentral, die zu den merkwürdigsten der Hofmannsthal'schen *Elektra* gehört – die Antwort Elektras nämlich auf Chrysothemis' Frage, ob sie nicht das Frohlocken aller Überlebenden höre: „Ob ich nicht höre? ob ich die / Musik nicht höre? sie kommt doch aus mir." (Hofmannsthal 1997c [1908], 149) Wo Schmid betont, dass Elektra eben nicht mit der Musik identifiziert ist, sondern die Bruchstelle markiert, wo Musik als „Signifikation [...] ohne Sinn" (Schmid 1994, 35) das Symbolische zum Realen hin überschreitet, liest Abbate diese Stelle als Beleg dafür, dass Elektra die Stimme der Komposition ist: „Elektra creates music." (Abbate 1989, 125). Lawrence Kramer weitet diese Lesart dahin gehend aus, dass Strauss den männlichen Komponisten durch eine weibliche Protagonistin vertreten lasse, der er mithin Subjektivität gewähre (vgl. Kramer 2004, 195). Allerdings sieht Kramer eine doppelte Interpretation seitens Strauss' am Werk. Elektra stehe musikalisch zwischen dem Agamemnon-Dreiklang und der mit Klytaimnestra verbundenen bitonalen Komposition, die Vorstellungen von Chaos und Andersheit evoziere. Und mit ihrer Zwischenstellung markiere Elektra die Kontamination der männlichen Ordnung, sie müsse deshalb am Ende genauso geopfert werden wie Klytaimnestra (vgl. Kramer 2004, 211). Elektra, deren starrer Körper am Ende auf der Bühne läge, sei „extinguished as a subject, she becomes the phallus" (Kramer 2004, 218). Diese Ambivalenz könne vor dem Hintergrund misogyner und antisemitischer männlicher Angstphantasien der Jahrhundertwende à la Otto Weiningers *Geschlecht und Charakter. Eine prinzipielle Untersuchung* (1903) nicht überraschen, die sich auch an Hofmannsthals regressiv angelegter Elektra ablesen ließen. Jill Scott dagegen argumentiert, dass dieser starre Körper ein resistenter, renitenter Rest sei, der in der neuen Ordnung nicht aufgehe (vgl. Scott 2005, 43).

Letztlich ist es auch für Kramer nicht zu entscheiden, ob Elektra im Sinne von Catherine Cléments Urteil über die Gattung Oper wie alle Frauen „besiegt, verraten und verkauft" (Kramer 2004, 201), ob Elektras Exzess im Sinne von Susan McClarys feministischer Interpretation der Rahmenstruktur von Opern neutralisiert wird oder ob paradoxerweise die exzessive Elektra im Namen des Vaters das rahmengebende Gesetz installiert und untergräbt. Denn im Fall der Strauss'schen *Elektra* erscheine weiblicher Exzess „not only as a force to be framed but also as a form that frames" (Kramer 2004, 211).

7. Coda: „Hier spricht Elektra"

Hier spricht Elektra. Im Herzen der Finsternis. Unter der Sonne der Folter. An die Metropolen der Welt. Im Namen der Opfer. Ich stoße allen Samen aus, den ich empfangen habe. Ich verwandle die Milch meiner Brüste in tödliches Gift. Ich nehme die Welt zurück, die ich geboren habe. [...] Nieder mit dem Glück der Unterwerfung. Es lebe der Haß, die Verachtung, der Aufstand, der Tod. Wenn sie mit Fleischermessern durch eure Schlafzimmer geht, werdet ihr die Wahrheit wissen. (Müller 2001, 554)

Mit Elektras Rede, ihrer Stimme, die sich noch in der eingeschnürten, reglosen Ophelia erhebt, endet Heiner Müllers *Hamletmaschine* (1977). Die ‚Feuerzunge' (Goethe), deren Sprechen und Klagen, deren Rage nie zum Ende kommt, erscheint nicht mehr als Anführerin der ‚Phallokraten' (Cixous), sondern ruft den Aufstand gegen die Welt aus, gegen jede weitere Reproduktion der Welt, welche die Geschichte der Gewalt fortsetzt. Dagegen erscheint die Elektra in Barbara Köhlers Zyklus *Elektra. Spiegelungen* (entstanden 1984/1985 unter anderem als Hommage an Müller) nicht am Ende der Geschichte, sondern sie will endlich *in* die Geschichte, ins Werden und damit in die Endlichkeit eintreten und „SCHULD SEIN" (Köhler 1991, 23), Verantwortung übernehmen. Ihre Maske nimmt sie

„am schminktisch" (Köhler 1991, 25) ab. Wer oder was Elektra ohne diese Maske sein wird, ist wohl die falsche Frage. Am Ende des Zyklus träumt ein „ich" „eine gestalt": „es ist nicht auszumachen ob frau oder mann, sich nähernd oder entfernend. die gestalt eines menschen breitet die arme eine nicht festlegbare gebärde zwischen kreuzigung und flug ich weiß dies ist der ort // zu gewinnen ohne siegen zu müssen" (Köhler 1991, 31). Elektra sich von ihrer Maske befreien zu lassen, dies verbindet sich bei Köhler mit der Aussicht auf eine unentscheidbare Gestalt – nicht festzulegen auf Mann oder Frau, Vogel oder Erlöser, jenseits der Vorstellung von Geschichte als Erzählung von Sieg und Niederlage.

Auch in Elfriede Jelineks Projekt der Dekonstruktion von Mythen beziehungsweise der Arbeit an Trivialmythen tritt Elektra auf. In *Ein Sportstück* (1998) ist eine Figur namens Elfi Elektra eine der möglichen Vertreterinnen der Autorin. Der Text beginnt mit einer Rede dieser Figur, die gegen ihren bisherigen Mythos weniger rebelliert, als dass sie die Position der Klage in Indifferenz in Bezug auf Vergangenheit und Aufmerksamkeit für die politischen Anforderungen der Gegenwart zu überführen sucht (vgl. Vogel 2005, 440; Janz 2005, 93): „Endlich Ruhe. Die Flüsse, die das Blut von meinem Vater rot gefärbt hat, sind wieder sauber, oder fängt jetzt gleich ein neuer Krieg mit Mama an? Mir doch egal. Inzwischen zieht längst das Verhalten von Massen meine viel größere Aufmerksamkeit auf sich." (Jelinek 1998, 8)

Im Laufe des Stückes erweist sich nicht Entmystifizierung als Ziel, sondern der Transport des privaten Psychodramas ins Öffentliche (vgl. Janz 2005, 95); letztlich kann aber, so Janz, nur die Autorin am Ende des Stückes der vorgegebenen Geschichte entkommen, die Elektra erneut einholt. Juliane Vogel dagegen sieht in Jelineks Text eine Strategie der Ermüdung am Werk: Der Elektra-Mythos werde erst durch die Geste müder und indifferenter Wiederholung überhaupt wieder in seinem traumatischen Gehalt spürbar (vgl. Vogel 2005, 447).

Für Werner Schroeters Inszenierung einer Collage aus Hölderlins *Antigone* (1804) und Hofmannsthals *Elektra* (1903) unter dem Titel *Antigone // Elektra. Alles ist tot – Formen der Einsamkeit* an der Berliner Volksbühne im Jahr 2009 hat Jelinek einen Text mit dem Titel *Nichts hinter dem Berg* geschrieben, mit dem hier ein Abschluss gemacht sei. In den „dramatischen Frauentexten" sieht Jelinek zwei Figuren, die nichts hinter dem Berg halten. Sie sind erhaben und wild entschlossen, ihre „Ent-Scheidungen" sind immer schon gefallen, ihr Tun und Sprechen fallen in eins: „Sie reden ununterbrochen (es sind ja schließlich Theaterstücke!), in einer Art Gegenteil von Psychoanalyse, in der man ausspricht, oft ohne es zu wissen, womit man da hinterm Berg hält." (Jelinek 2009) Ein roter Faden, der sich durch Jelineks Text zieht, ist diese Gegenüberstellung von Psychoanalyse und dem (theatralen) Sprechen der Frauen, das weder – wie Ödipus – ein psychoanalytisches Setting vorzeichnet, noch sich in ein solches Setting fügt: Die

Position der Entscheidung, aus der sie sprechen, ist nicht einzuholen – diese ist „kein Hinterher [...], keine Folge von etwas, keine Kausalität, wie die Psychoanalyse sie braucht und, wo sie sie nicht vorfindet, herstellt" (Jelinek 2009). Jelinek liest in *Nichts hinter dem Berg* die Psychoanalyse in Hofmannsthals *Elektra* und sie liest sie gleichsam auch wieder aus ihr heraus. Ganze Bibliotheken sind über Hofmannsthals Freud-Lektüre und das Verhältnis seiner Tragödie zu den *Studien über Hysterie* verfasst worden.

> Aber ich sehe hinter all der Jugendstil-Modernität, hinter diesem spektakulären Außer Sich Geraten dieser Elektra sehe ich wie hinter einem schleißigen, zu oft gewaschenen Tuch den alten Text des Sophokles und seine durch nichts aufzulösenden oder gar lösbaren Verstrickungen durchschimmern, und dieser Text (Subtext?) wird durch jeden Analyseversuch nur noch deutlicher. Weil die Erklärungen auch die Verdrängungen nur umso deutlicher hervortreten lassen. Weil das Unbewußte sich in die Frauen hineinwirft, laut aufkreischend wie ein Kind, das ins Wasser springen will. (Jelinek 2009)

Selbst der literarische Text, der scheinbar unter Einfluss der Psychoanalyse geschrieben wird, ist letzlich immer Umschreibung und Lektüre eines vorigen. Die Verstrickung – der geschürzte tragische Knoten (*desis*) – löst sich nicht, wo die literarische Transformation (möglicherweise mithilfe der Psychoanalyse) einen Knoten zu bearbeiten sucht. Die Analyse löst keinen Knoten (*lysis*), sondern entfaltet nur, was immer schon (im) Text gewesen sein wird. Wo Deutung oder Erklärung ansetzen möchten, zeigt sich nur weiter die Verdrängung (in) der Erklärung. Doch nichts davon betrifft für Jelinek diese Frauen. Antigone und Elektra

> lassen nichts und niemanden vergessen. Sie lassen niemanden ins Unbewußte abrutschen. In diesen dramatischen Frauentexten geschieht das Gegenteil. Die Neurose wird nicht erlaubt, sie wird durchkreuzt, von diesem Berg, der nichts abhalten und vor den wiederum nichts anderes mehr geschoben werden kann, er ist ja schon das Davor, dem das Danach folgt, und eine Verschiebung der Taten ist auch nicht möglich. Das Recht gewährt Einspruch und Aufschub, diese Frauen gewähren nichts, und sie gewähren auch sich selbst nicht [...]. (Jelinek 2009)

Literatur

Abbate, Carolyn. „Elektra's Voice. Music and Language in Strauss's Opera". *Richard Strauss. Elektra.* Hrsg. von Derrick Puffett. Cambridge, New York u. a. 1989: 107–127.

Alford, C. Fred. „Melanie Klein and the ‚Oresteia Complex'. Love, Hate, and the Tragic Worldview". *Cultural Critique* 15 (1990): 167–189.

Alt, Peter-André. „Katharsis und Ekstasis. Die Restitution der Tragödie als Ritual aus dem Geist der Psychoanalyse". *Die Tragödie der Moderne. Gattungsgeschichte – Kulturtheorie –*

Epochendiagnose. Hrsg. von Daniel Fulda und Thorsten Valk. Berlin, New York 2010: 177–205.

Bach, David Josef. „‚Elektra' von Richard Strauss (Zur ersten Aufführung in der Hofoper)". *Arbeiter-Zeitung. Zentralorgan der österreichischen Sozialdemokratie* 21.85 (26. März 1909): 1–2.

Bahr, Hermann. *Dialog vom Tragischen*. Berlin 1904.

Berger, Alfred von. „Chirurgie der Seele". *Morgen-Presse* 49.32 (2. Februar 1896): 1–2.

Bernstein, Doris. „The Female Oedipal Complex". *The Personal Myth in Psychoanalytic Theory*. Hrsg. von Peter Hartocollis und Ian Davidson Graham. Madison, CT. 1991: 183–219.

Catani, Stephanie. *Das fiktive Geschlecht. Weiblichkeit in anthropologischen Entwürfen und literarischen Texten zwischen 1885 und 1925*. Würzburg 2005.

Chasseguet-Smirgel, Janine. „Introduction" [1964]. *Female Sexuality. New Psychoanalytic Views*. Hrsg. von Janine Chasseguet-Smirgel et al. London 1970: 1–46.

Chasseguet-Smirgel, Janine. „Freud and Female Sexuality. The Consideration of Some Blind Spots in the Exploration of the ‚Dark Continent'". *The International Journal of Psycho-Analysis* 57 (1976): 275–286.

Cixous, Hélène und Catherine Clément: „Sorties". *La Jeune Née*. Paris 1975: 114–246.

Clément, Catherine. *Die Frau in der Oper. Besiegt, verraten und verkauft*. Übers. von Annette Holoch. Stuttgart 1992 [1979].

Dervin, Daniel. „The Electra Complex. A History of Misrepresentations". *Gender and Psychoanalysis* 3 (1998): 451–470.

Didi-Huberman, Georges. *Erfindung der Hysterie. Die photographische Klinik von Jean-Martin Charcot*. Übers. und mit einem Nachwort von Silvia Henke, Martin Stingelin und Hubert Thüring. München 1997 [1982].

Dolar, Mladen. „The Object Voice". *Gaze and Voice as Love Objects*. Hrsg. von Renata Salecl und Slavoj Žižek. Durham, London 1996: 7–31.

Dunn, Francis. „Electra". *A Companion to Sophocles*. Hrsg. von Kirk Ormand. Chichester, Malden 2012: 98–109.

Flashar, Hellmut. *Inszenierung der Antike. Das griechische Drama auf der Bühne der Neuzeit 1585–1990*. München 1991.

Flashar, Hellmut. „Die antike Gestalt der Elektra". *Inszenierte Antike. Die Antike, Frankreich und wir. Neue Beiträge zur Antikenrezeption in der Gegenwart*. Hrsg. von Henry Thorau und Hartmut Köhler. Frankfurt a. M. u. a. 2000: 47–58.

Flashar, Hellmut. „Nachwort". *Euripides. Elektra*. Übers. von Hellmut Flashar. Frankfurt a. M. 2006: 69–82.

Fliedl, Konstanze. „Unmögliche Pädagogik. Chandos als Vater". *Hofmannsthal-Jahrbuch 11* (2003): 249–265.

Frey, Christiane: „Fallgeschichte". *Literatur und Wissen. Ein interdisziplinäres Handbuch*. Hrsg. von Roland Borgords et al. Stuttgart, Weimar 2013: 282–287.

Freytag, Julia. „Der Elektra-Mythos in Literatur und Psychoanalyse um 1900". *Variable Konstanten. Mythen in der Literatur*. Hrsg. von Katarzyna Jastal et al. Dresden, Wrocław 2011: 209–216.

Freytag, Julia. *Die Tochter Elektra. Eine verdeckte Figur in Literatur, Psychoanalyse und Film*. Köln, Weimar, Wien 2013.

Goethe, Johann Wolfgang. *Iphigenie auf Tauris*. Ein Schauspiel [1787]. Goethe, Johann Wolfgang. *Sämtliche Werke nach Epochen seines Schaffens. Münchner Ausgabe*, Bd. 3.1:

Italien und Weimar. 1786–1790 I. Hrsg. von Norbert Miller und Hartmut Reinhart. München, Wien 1990: 161–221.

Gründig, Claudia. *Elektra durch die Jahrhunderte. Ein antiker Mythos in Dramen der Moderne*. München 2004.

Halberstadt-Freud, Hendrika C. „Electra Versus Oedipus. Femininity Reconsidered". *International Journal of Psycho-Analysis* 79 (1998): 41–56.

Harden, Maximilian. „Elektra". *Die Zukunft* 48 (27. August 1904): 349–358.

Hiebler, Heinz. *Hugo von Hofmannsthal und die Medienkultur der Moderne*. Würzburg 2003.

Hofmannsthal, Hugo von. „Elektra. Tragödie in einem Aufzug" [1903]. Hofmannsthal, Hugo von. *Sämtliche Werke*, Bd. VII: *Dramen 5*. Hrsg. von Klaus E. Bohnenkamp und Mathias Mayer. Frankfurt a. M. 1997a: 61–110.

Hofmannsthal, Hugo von. „Zeugnisse [zu Elektra]". Hofmannsthal, Hugo von. *Sämtliche Werke*, Bd. VII: *Dramen 5*. Hrsg. von Klaus E. Bohnenkamp und Mathias Mayer. Frankfurt a. M. 1997b: 366–495.

Hofmannsthal, Hugo von. „Elektra. Tragödie in einem Aufzug. Musik von Richard Strauss. Libretto" [1908]. Hofmannsthal, Hugo von. *Sämtliche Werke*, Bd. VII: *Dramen 5*. Hrsg. von Klaus E. Bohnenkamp und Mathias Mayer. Frankfurt a. M. 1997c: 111–151.

Horney, Karen. „The Flight from Womanhood. The Masculinity-Complex in Women as Viewed by Men and by Women". *The International Journal of Psycho-Analysis* 7 (1926): 324–339.

Irigaray, Luce. „Körper-an-Körper mit der Mutter" [1980]. Irigaray, Luce. *Genealogie der Geschlechter*. Übers. von Xenia Rajewsky. Freiburg i. Br. 1989: 25–46.

Jacobs, Amber. „Towards a Structural Theory of Matricide. Psychoanalysis, the ,Oresteia' and the Maternal Prohibition". *Women. A Cultural Review* 15.1 (2004): 19–34.

Jacobs, Amber. *On Matricide. Myth, Psychoanalysis, and the Law of the Mother*. New York 2007.

Janz, Marlies. „Mütter, Amazonen und Elfi Elektra. Zur Selbstinszenierung der Autorin in Elfriede Jelineks *Sportstück*". *Weiblichkeit als politisches Programm? Sexualität, Macht und Mythos*. Hrsg. von Bettina Gruber und Heinz-Peter Preußer. Würzburg 2005: 87–96.

Jelinek, Elfriede. *Ein Sportstück*. Reinbek bei Hamburg 1998.

Jelinek, Elfriede. *Nichts hinter dem Berg*. 2009. http://www.elfriedejelinek.com/fwerner.htm. (1. Juli 2017).

Jones, Ernest. „The Early Development of Female Sexuality". *The International Journal of Psycho-Analysis* 8 (1927): 459–472.

Jung, Carl Gustav. *Versuch einer Darstellung der psychoanalytischen Theorie*. Leipzig, Wien 1913.

Klein, Melanie. „Some Reflections on ,The Oresteia'" [1963]. *Envy and Gratitude and Other Works 1946–1963*. Hrsg. von M. Masud und R. Khan. London 1975: 274–286.

Köhler, Barbara. „Elektra. Spiegelungen". *Deutsches Roulette. Gedichte 1984–1989*. Frankfurt a. M. 1991: 23–31.

Kramer, Lawrence. *Opera and Modern Culture. Wagner and Strauss*. Berkeley, CA 2004.

Kristeva, Julia. *Die Chinesin. Die Rolle der Frau in China*. Übers. von Annette Lallemand. München 1976 [1974].

Kulish, Nancy und Deanna Holtzman. *A Story of Her Own. The Female Oedipus Complex Reexamined and Renamed*. Lanham, MD 2008.

Löchel, Elfriede. „Umgehen (mit) der Differenz". *Psyche. Zeitschrift für Psychoanalyse* 44 (1990): 826–847.

McClary, Susan. *Feminine Endings. Music, Gender and Sexualitiy*. Minneapolis 1991.

Meister, Monika. „Die Szene der ‚Elektra' und die Wiener Moderne. Zu Hugo von Hofmannsthals Umdeutung der griechischen Antike". *Inszenierte Antike. Die Antike, Frankreich und wir. Neue Beiträge zur Antikenrezeption in der Gegenwart*. Hrsg. von Henry Thorau und Hartmut Köhler. Frankfurt a. M. u. a. 2000: 59–86.

Müller, Heiner. „Elektratext", [1969]. *Werke*, Bd. 1: *Die Gedichte*. Hrsg. von Frank Hörnigk. Frankfurt a. M. 1998a: 197–198.

Müller, Heiner. „Projektion 1975". Müller, Heiner. *Werke*, Bd. 1: *Die Gedichte*. Hrsg. von Frank Hörnigk. Frankfurt a. M. 1998b: 199.

Müller, Heiner. „Hamletmaschine" [1977]. Müller, Heiner. *Werke*, Bd. 4: *Die Stücke 2*. Hrsg. von Frank Hörnigk. Frankfurt a. M. 2001: 545–554.

Müller-Funk, Wolfgang. „Arbeit am Mythos. *Elektra* und *Salome*". *Richard Strauss, Hugo von Hofmannsthal: Frauenbilder*. Hrsg. von Ilija Dürhammer und Pia Janke. Wien 2001: 171–193.

Nunberg, Herman und Ernst Federn (Hrsg.). *Protokolle der Wiener Psychoanalytischen Vereinigung*, Bd. II: *1908–1910*. Frankfurt a. M. 1977.

Politzer, Heinz. „Hugo von Hofmannsthals ‚Elektra'. Geburt der Tragödie aus dem Geiste der Psychopathologie". *Deutsche Vierteljahrsschrift für Literaturwissenschaft und Geistesgeschichte* 47 (1973): 95–119.

Rohde-Dachser, Christa. *Expedition in den dunklen Kontinent. Weiblichkeit im Diskurs der Psychoanalyse*. Berlin u. a. 1991.

Samsonow, Elisabeth von. *Anti-Elektra. Totemismus und Schizogamie*. Zürich 2007.

Schmid, Michael. „Die Stimme Elektras. Eine Versuchung der Musik". *Riss* 9.26 (1994): 21–35.

Schuller, Marianne. „‚Weibliche Neurose' und ‚kranke Kultur'. Zur Literarisierung einer Krankheit um die Jahrhundertwende". Schuller, Marianne. *Im Unterschied. Lesen, Korrespondieren, Adressieren*. Frankfurt a. M. 1990a: 13–45.

Schuller Marianne. „Literatur und Psychoanalyse. Zum Fall der hysterischen Krankengeschichte bei Sigmund Freud". Schuller, Marianne. *Im Unterschied. Lesen, Korrespondieren, Adressieren*. Frankfurt a. M. 1990b: 67–80.

Scott, Jill. *Electra After Freud. Myth and Culture*. Ithaca, NY 2005.

Sophokles. „Elektra" [ca. 419–416 v. Chr.]. Sophokles. *Dramen. Griechisch und deutsch*. Hrsg. und übers. von Wilhelm Willige. 2. Aufl., München, Zürich 1985: 382–473.

Spivak, Gayatri Chakravorty. „French Feminism in an International Frame". *Yale French Studies* 62 (1981): 154–184.

Traverso, Paola. „*Psyche ist ein griechisches Wort …*". *Rezeption und Wirkung der Antike im Werk von Sigmund Freud*. Übers. von Leonie Schröder. Frankfurt a. M. 2003.

Vogel, Juliane. „Elektra vor dem Palast. Elfriede Jelinek und die Atriden". *Mythenkorrekturen. Zu einer paradoxalen Form der Mythenrezeption*. Hrsg. von Martin Vöhler und Bernd Seidensticker. Berlin, New York 2005: 437–447.

Vogel, Juliane. „Priesterin künstlicher Kulte. Ekstasen und Lektüren in Hofmannsthals ‚Elektra'". *Tragödie. Idee und Transformation*. Hrsg. von Hellmut Flashar. Stuttgart, Leipzig 1997: 287–306.

Walther, Lutz (Hrsg.). *Mythos Elektra. Texte von Aischylos bis Elfriede Jelinek*. Stuttgart 2010.

Ward, Philip Marshall. „Hofmannsthal, Elektra and the Representation of Women's Behaviour Through Myth". *German Life and Letters* 53.1 (2000): 37–55.

Weininger, Otto. *Geschlecht und Charakter. Eine prinzipielle Untersuchung*. Wien, Leipzig 1903.

Worbs, Michael. *Nervenkunst. Literatur und Psychoanalyse im Wien der Jahrhundertwende*. Frankfurt a. M. 1988.

Worbs, Michael. „Mythos und Psychoanalyse in Hugo von Hofmannsthals *Elektra*".
Psychoanalyse in der modernen Literatur. Kooperation und Konkurrenz. Hrsg. von Thomas
Anz. Würzburg 1999: 3–16.

Worbs, Michael. „Katharsis in Wien um 1900". *Grenzen der Katharsis in den modernen Künsten.
Transformationen des aristotelischen Modells seit Bernays, Nietzsche und Freud*. Hrsg. von
Martin Vöhler und Dirck Linck. Berlin, New York 2009: 93–113.

Wright, Matthew. „The Joy of Sophocles' *Electra*". *Greece & Rome* 52.2 (2005): 172–194.

Wunberg, Gotthart. *Hofmannsthal im Urteil seiner Kritiker. Dokumente zur Wirkungsgeschichte
Hugo von Hofmannsthals in Deutschland*. Hrsg. von Gotthart Wunberg. Frankfurt a. M.
1972.

Žižek, Slavoj. „Interlude. The Feminine Excess". Žižek, Slavoj und Mladen Dolar. *Opera's
Second Death*. New York, London 2002: 181–195.

III.5. Laios

Silke-Maria Weineck

1. Einleitung

Von Laios wissen wir wenig, und je länger wir von Ödipus gesprochen haben, desto mehr haben wir Laios vergessen. Schon bei Sophokles ist er immer schon von der Bühne abgetreten. Ödipus sagt, dass er ihn vom Hörensagen kennt – das erkennen wir als tragische Ironie, weil Ödipus seinen Vater am Kreuzweg, wo es nur Raum für einen der beiden gab, totgeschlagen hat (→ III.6. ÖDIPUS). In einer gleichfalls ironischen Parallele wiederholt sich diese Struktur in der Rezeptions- und Textgeschichte: Auch dort wird Laios von Ödipus verdrängt, auch dort mit fatalen Folgen. Natürlich wäre es falsch zu behaupten, dass es bei Sigmund Freud keine Väter gibt: Es gibt sie überall. Für Freud sind sie nichts anderes als der kulturgeschichtliche Ursprung der Macht und Bild ihrer Repräsentation: „[D]er Vater ist die älteste, erste, für das Kind einzige Autorität, aus deren Machtvollkommenheit im Laufe der menschlichen Kulturgeschichte die anderen sozialen Obrigkeiten hervorgegangen sind." (II/III, 223) Die Psychoanalyse widmet sich indes immer nur den Söhnen und den Töchtern – der Vater in seiner angeblichen ‚Machtvollkommenheit' spricht nicht, jedenfalls nicht in seinem eigenen Namen. Im dreifachen Sinn hebt sie den Vater auf: Sie erhöht ihn, radiert ihn aus, bewahrt ihn auf als Produkt der kindlichen Imagination, als inneres Objekt, das einmal für Schutz, ein andermal für Gewalt steht, als eine Figur, gegen die man sich auflehnt oder der man sich unterwirft. Was Freud nur einmal deutlich zeigt – nämlich im Traum vom brennenden Kind –, ist den Vater als Subjekt (vgl. II/III, 513).

Dieser Artikel will die väterliche Subjektivität erhellen, auf die mit Freuds antitragischer Rekonstruktion der ödipalen Logik ein tiefer Schatten fiel. Bei Sophokles ist Laios zwar auch unsichtbar, aber Ödipus selbst erscheint zunächst vor allem als Vater. Im ersten Vers der Tragödie spricht er die Bürger Thebens als *tekna*, „Kinder" (Sophokles 1985 [429–425 v. Chr.], 285), an. Diese fatale Überlagerung von familialer und politischer Macht wird für die Geschichte des Westens entscheidend sein – umso mehr, wenn in der christlichen Ära diese Überlagerung mit dem Monotheos, der Figur des alleinigen göttlichen Vaters in einer Trinität der Väter zusammengedacht wird, deren Autoritätsansprüche sich wechselseitig bedingen und stützen, aber auch wechselseitig untergraben (→ III.1. MOSES). Ich nenne diese Figuration die ‚Patrix' der Macht (vgl. Weineck 2014). Die Analyse der

https://doi.org/10.1515/9783110332681-014

Laios-Problematik zeigt, dass die Vaterschaft als politische Metapher die Fragilität aller patriarchalen Strukturen verdeckt.

2. Laios als tragischer Vater

Wenn der Beginn der Tragödie ganz im Zeichen der politischen Vaterschaft steht, so endet sie in dem Zerfall der privaten: In der letzten Szene des *Oidipous Tyrannos* (429–425 v. Chr.; *König Ödipus*) werden dem jetzt blinden Vaterkönig seine beiden Töchter, Antigone und Ismene (→ III.7. ANTIGONE), gewaltsam von Kreon entrissen, der bald seinen eigenen Sohn Haimon wird sterben sehen, und zwar wieder aus zutiefst politischen Gründen. Ödipus' Untergang ist bei Sophokles kein Privatschicksal, es ist das Schicksal eines politischen Modells, der Untergang der politischen Herrschaft, die sich als symbolische Vaterschaft versteht. Warum die athenische Demokratie dieses Modell so insistent öffentlich demontieren muss, ist eine Frage, die hier nicht behandelt werden kann. Aber in der Geschichte der Machttheorien, ob sie literarisch oder philosophisch erscheinen, muss der Vater immer wieder entthront werden – ob in der Urgeschichte wie in Freuds *Totem und Tabu* (1913), auf der Bühne wie bei Sophokles oder unter der Guillotine wie in Paris am 21. Januar 1793. Aus der Tatsache, dass der tote Vater immer wieder zu erneutem Mord zur Verfügung steht, folgt, dass er weder tot noch lebendig ist, sondern sozusagen untot.

Bei Sophokles aber spricht er noch, er regiert, er klagt, er streitet, er prahlt, er liebt, er fleht, er tobt, er weint – all das als König und als Vater, obwohl er in beiden Rollen scheitert. Um 1900 dagegen schreibt Freud Sophokles' Vaterkönig Ödipus zum phantasierenden Kind um. Da Ödipus jedoch spätestens seit den idealistischen Lesarten des späten 18. und frühen 19. Jahrhunderts für Subjektivität schlechthin steht, wird bei Freud das männliche Subjekt der Moderne durch und durch filial. Ödipus vertritt nicht mehr die Väter in ihrer tragischen Dimension als Figuren unvereinbarer Affekte und Belange, sondern eine endlose Filialität. Nur ein Beispiel: Als Freud die *Traumdeutung* (1900) schreibt, hat er selbst sechs Kinder, aber es ist seine Beziehung zu Jakob Freud, die er durcharbeitet; seine eigene Vaterschaft ist ein Nachgedanke. Jedenfalls behauptet er das: Nirgends im Traumbuch gibt es eine systematische Auseinandersetzung mit der väterlichen Position, obwohl die Vaterposition eine Reihe textueller Symptome produziert (vgl. Weineck 2007). Im Rahmen der Ödipalisierung der Subjektivität konnte es kaum anders kommen: Ödipus impliziert Laios, und Laios ist immer schon tot. Wer würde noch wagen, in seinem Namen zu sprechen? Als Paradebeispiel der

‚Präsenz in Absenz' bedarf Laios weder eines Bildes noch einer Stimme und entfaltet gerade deshalb seine unheimliche Macht.

Im Jahr 1906 betritt Laios in Hugo von Hofmannsthals *Ödipus und die Sphinx* kurz die Bühne. Hier ist er ein bösartiger alter Mann. Ödipus hat gerade in offenkundiger Notwehr den Herold des Königs erschlagen und bittet demütig um Vergebung. Laios will von Wiedergutmachung nichts wissen und droht ihm mit Folter und Tod. Wenn Ödipus erschreckt fragt, „[m]it was für Mörderhänden greifst du in die Welt hinein? Wer bist du denn?", antwortet Laios:

> Ein alter Mann, der einen alten Mann hat müssen sterben sehn
> wie einen Hund unter deinen Händen.
> Aber du sollst zahlen!
> Ich will dich hinunterschicken, behangen mit Qualen,
> und bei den Toten wird er dir begegnen
> und wird sich weiden und mich dafür segnen. (Hofmannsthal 1906, 56)

Laios spricht mit der Stimme der alten Männer, aller alten Männer – mehr noch, er spricht bereits für die Toten, im Ton eines mörderischen Antagonismus, der zu virulent ist, um mit ihm zu sterben. Das ist die Stimme des Vaters, wie sie aus Freuds Dunkelheit murmelt. Hofmannsthals Ödipus erwidert:

> Deine Stimme ist Haß und Qual. Du hast nie ein Kind gehabt,
> du bist von den Unfruchtbaren,
> dein trauriges Weib, mit Staub in den Haaren,
> ist Tag und Nacht vor den Göttern gelegen –
> in dein Haus kommt kein Segen!
> Laß mich vorbei, laß mich fort! (Hofmannsthal 1906, 56–57)

Diese Vision von Laios ist außerordentlich und doch ganz typisch für die moderne Vaterschaft: außerordentlich, weil Laios überhaupt erst sichtbar wird, indem Hofmannsthal sein langes Schweigen lüftet – wie grausig die Stimme, die ertönt, auch sein mag; typisch modern, weil Laios, auch wenn Ödipus ihn mit etwas forcierter Ironie der Unfruchtbarkeit bezichtigt, ganz aus der Perspektive des ödipalen Sohnes bestimmt wird, der ihn töten muss, um er selbst zu werden. Laios ist nichts als ein Hindernis auf der Reise zur Selbstbestimmung: „Laß mich vorbei, laß mich fort!" In *Edipo Re* zeigt Pier Paolo Pasolini 1967 einen ähnlich beunruhigenden Laios, obwohl er nun ein junger Mann ist, frisch verheiratet und die Uniform der griechischen Faschisten trägt. Er schleicht sich in das Zimmer, in dem sein Sohn im Bettchen liegt, und starrt ihn wutverzerrt an. Auf der Leinwand lesen wir seine Gedanken: Der Sohn wird seinen Platz einnehmen, er raubt ihm die Liebe seiner Frau und alles, was ihm teuer ist. Später sehen wir, wie Laios brutal die Füße des kleinen Kindes quetscht; bald darauf wird der Junge aus dem

Haus getragen, die Füßchen nun mit Seilen über eine Tragestange gebunden, als hätte nicht einmal Pasolini die Nerven, blutig durchbohrte Fesseln zu zeigen.

Die Fiktionen reihen sich nahtlos an wissenschaftliche Untersuchungen. Der Psychoanalytiker John Munder Ross sieht in Laios einen Sadisten, heimgesucht von „päderastischen und filiziden Neigungen, die ich für universal unter den Vätern halte" (Ross 1985, 117, hier und im Folgenden übers. v. S.-M. W.). Andernorts erklärt er Laios zum „prototypischen Kindesmißbraucher" und zur „Verkörperung eines wahren Netzwerkes väterlicher Pathologie sowie ihrer schrecklichen Konsequenzen, weshalb er sich als Prototyp oder Paradigma des ‚bösen Vaters' anbietet" (Ross 1994, 95–96). Martin Bergmann führt ihn ein als den „Vater der Päderastie, über den nichts Vorteilhaftes gesagt werden kann" (Bergmann 1992, 298). Marie Balmary, die Laios im Rahmen ihrer Untersuchung der Beziehung zwischen Sigmund und Jakob Freud behandelt, bezichtigt ihn der „homosexuellen Gewalttat" (Balmary 1982, 8; → III.9. HAMLET) an dem Jungen Chrysippos. Daraus schließt sie, dass Laios' Verbrechen der Ursprung der Tragödie der Labdakiden darstellt.

Ross, Bergmann und Balmary beziehen sich auf den Mythos des Chrysippos – auf den Sohn von Laios' Pflegevater Pelops –, den Laios der Sage nach entweder verführt oder entführt hat, woraufhin Chrysippos in einigen Versionen Selbstmord begangen haben soll. Allerdings sind sich die meisten Philologen einig, dass die Chrysippos-Handlung ursprünglich nicht zu dem thebanischen Sagenzyklus gehört hat (vgl. Hubbard 2006), sondern wahrscheinlich erst von Euripides (in der verschollenen Tragödie *Chrysippos* (410/409 v. Chr.)) dort eingegliedert wird. Sicher ist, dass sich weder Homers *Odyssee* (um 700 v. Chr.) noch Sophokles' thebanische Tragödien oder Euripides' *Phönizierinnen* (410/409 v. Chr.) auf Chrysippos beziehen, wenn sie von den Labdakiden sprechen. Die Interpretationen, die Laios als Kinderschänder porträtieren, stützen sich nahezu ausschließlich auf frühchristliche Quellen, deren Sexualmoral kaum mit der der griechischen Antike gleichgeschaltet werden kann. Zwar bringen Platons *Gesetze* (4. Jh. v. Chr.) den Namen Laios mit Päderastie in Verbindung (vgl. Platon 1990 [4. Jh. v. Chr.], 836c2), aber weder dort noch irgendwo sonst in den überlieferten vorchristlichen Texten herrscht der Ton moralischer Entrüstung vor, in dem Balmary oder Ross schreiben. Hofmannsthal und Pasolini sind bewusst und aggressiv modern, sie schreiben bewusst und aggressiv nach Freud, indem sie eine alte Geschichte neu erzählen. Die psychoanalytischen Revisionisten dagegen behaupten, dass Laios immer schon im Schatten auf die Kinder lauerte, dass die alte Geschichte dieselbe ist, die sie erzählen wollen: die Geschichte vom bösen Vater. Es gibt in diesen Abhandlungen – durchsetzt von einer modernen Heteronormativität, die allzu oft kaum Pädophilie, Päderastie und Homosexualität unterscheiden mag – keine Reflexion auf das spezifisch moderne Begehren, das die Lektüren treibt.

Jeder Mythos ist durch die Gesamtheit seiner Fassungen definiert, lehrte Lévi-Strauss (vgl. Lévi-Strauss 1967 [1958], aber jede neue Version hat ihre eigene historische Signatur. Die Verteufelung des Laios mag frühe Vorläufer haben – es ist letztendlich unmöglich zu wissen –, aber im 20. Jahrhundert dominiert sie die wenigen Interpretationen des Mythos. Das ist umso bemerkenswerter, weil Ödipus' Geschichte, so oft sie auch umgeschrieben wurde, nie ihre tragische Struktur verlor. Laios dagegen ist nicht tragisch, sondern bleibt schuldig. Als Kinderschänder und Kindermörder kann er sich vor allem nicht gegen die banalen Moralisierungen des therapeutischen Diskurses wehren. So schreibt die *New York Times* in bemerkenswerter Unkenntnis der philologischen Sachlage: „Laios mag bekommen haben, was er verdiente, denn er versuchte, seinen Sohn zu ermorden, und außerdem war er Päderast. [...] Lange bevor Ödipus geboren wurde, vergewaltigte Laios Chrysippos, den Sohn von König Pelops. In anderen Worten, Laios hatte einen ‚Laioskomplex'. Er wollte seinen Sohn umbringen." (Boxer 1997; Übers. S.-M. W.)

Die Rezeption der Ödipus-Legende ist eine Geschichte der Identifikationen – ob die Lektüren um Schicksal, Inzest, Freiheit, Politik oder Begehren kreisen. Die Geschichten von Laios dagegen machen alle Identifizierung unmöglich: Wir sehen Laios nur aus der Perspektive der Kinder oder ihrer Sprecher Chrysippos und Ödipus. Gerade wenn sich die Kritik am schärfsten gegen Freud zu wenden meint, wiederholt sie getreu Freuds fundamentale Strategie: Wir alle sind Ödipus, keiner von uns ist Laios. Womöglich handelt es sich dabei um ein spezifisch modernes Schuldgefühl, das sich nicht in einer fragwürdigen Erhöhung der Vaterschaft ausdrückt, sondern in seiner nicht weniger fragwürdigen Dämonisierung. In diesen Versionen ist Laios nicht mehr, in Žižeks Lacan-Paraphrase, „der tote Vater, der Vater, der nach seinem Tod als sein Name wiederkehrt, das heißt als die Verkörperung des symbolischen Gesetzes" (Žižek 2000, 315–316). Laios' Name kehrt nur wieder, um seinen Mord immer wieder erneut zu rechtfertigen. Er markiert die Unschuld des Sohnes, die Passion des Ödipus.

3. Die Ödipalisierung des Vaters

Aber es gilt zu bedenken, dass der antike Laios sich nicht in der einen sophokleischen Tragödie erschöpft. Im Gegenteil: Es wurden ihm zahlreiche Tragödien gewidmet, von denen aber nicht eine einzige anders als in Fragmenten erhalten blieb. So hat ihn auch die Überlieferung ausradiert. Aber es gibt doch zumindest einen wichtigen Anhaltspunkt für einen tragischen Laios, und zwar in Aischylos' *Sieben gegen Theben* (467 v. Chr.). Obwohl Freud mit keinem Wort auf diesen anderen Laios eingeht, ist die Variante wichtig. Allgemein herrscht die Auffassung, dass Laios Ödipus hat aussetzen lassen, weil das Orakel zu Delphi angekündigt hatte, der Sohn werde einst seinen Vater töten. Im Gegensatz dazu artikuliert der Chor bei Aischylos Pythias Warnung so:

> Der Frevelschuld alter Zeiten
> Denk ich, der rastlos gestraften,
> Die fortgewährt ins dritte Glied,
> Da trotz Phoibos' Willen Laios –
> Obschon ihn dreimal gewarnt
> Der pythischen Weltmitte Spruch,
> Dass, wenn er stürbe kinderlos, seine Stadt er rettete –,
> Betört dann durch der Freunde bösen Rat,
> Den Tod er erzeugte, den Sohn Vatermörder, den Ödipus sich. (Aischylos 1868 [467 v. Chr.], 351)

Die Prophezeiung ist hier eine radikal andere. Sie besagt nicht, dass der Sohn den Vater töten wird, sondern dass die Stadt Theben nur dann weiterbestehen kann, wenn der König kinderlos stirbt. Gleich dreimal musste das Orakel es wiederholen, so unerhört war wohl die Botschaft. Politische und biologische beziehungsweise familiale Vaterschaft – in der Erbmonarchie so eng verwoben – treten hier in schärfsten Kontrast; Laios kann König oder Vater sein, aber nicht beides. Der tragische Konflikt öffnet sich als Abgrund in dem politischen Modell der Monarchie, das ein Jahrhundert später in der antiken Politiktheorie als problematisch paternalistisch erscheint: In Platons *Staat* (380 v. Chr.) kann der König nicht Vater sein, weil die Familie und mit ihr die Väter gleich ganz abgeschafft werden. Bei Aristoteles müssen *polis* und *oikos* nicht nur streng getrennt werden, sondern das Politische *ist* vielmehr diese Trennung (vgl. Weineck 2014, 77–106). Die Tragödie führt es anschaulicher vor: Laios soll der letzte patriarchale König sein – wird er zum Vater, wie es von Königen traditionell erwartet wird, geht die Stadt unter. Die Aussetzung des Ödipus ist in dieser Version keine selbstsüchtige Tat, kein verwerflicher Versuch, das eigene Leben zu retten. Sie ist vielmehr ein Opfer an die Polis und letztendlich an die athenische Demokratie, um deren Möglichkeit, Verankerung und Erhalt es in der attischen Tragödie geht (vgl. Meier 1988).

Sophokles' *König Ödipus*, auf den Freud sich stützt, spielt das gleiche Thema durch: Auch dort geht es um die Verschlingung von politischer Macht und Vaterschaft, um einen König, der seine Bürger in gefährlicher Selbstverkennung als seine Kinder betrachtet und manisch zwischen gütiger Sorge sowie rasender Wut schwankt. Dadurch gleicht er durchaus dem Vater der Psychoanalyse, der seinem Sohn sowohl mit Kastration droht, als ihm auch Schutz und einen Platz in der sozialen Ordnung verspricht. Georg Wilhelm Friedrich Hegel ist meines Wissens der Einzige, der Ödipus (wenn auch aus etwas anderen Gründen) in den *Vorlesungen über die Philosophie der Weltgeschichte* (1837) als Inszenierung des Untergangs der patriarchalen Herrschaftsformen liest. In Bezug auf das von der Sphinx gestellte Rätsel formuliert er: „[...] mit dieser alten Lösung durch Ödipus, der sich so als Wissender zeigt, ist bei ihm die ungeheuerste Unwissenheit gepaart über sich selbst und über das, was er tut. Der Aufgang geistiger Klarheit in dem alten Königshause ist noch mit Greueln aus Unwissenheit verbunden. Es ist die alte patriarchalische Herrschaft, der das Wissen ein Heterogenes ist und die dadurch aufgelöst wird." (Hegel 1976 [1837], 510)

In den *Vorlesungen über die Philosophie der Geschichte* (1837) weist Hegel darauf hin, dass es „nicht der partikuläre Mensch [ist], der seine Besonderheit erkennen soll, sondern der Mensch *überhaupt* soll sich selbst erkennen" (Hegel 1986 [1837], 272). Dass die neue Form des allgemeinen Wissens scheitert, weil sie noch kontaminiert von der älteren Form des genauso allgemeinen Unwissens ist, erscheint besonders interessant, weil Hegel diese Kontaminierung explizit auf patriarchale politische Organisation bezieht, also auf die Blindheit der Vaterschaft, die sich als das Modell der Herrschaft überhaupt verkennt. Zugleich offenbart sich Ödipus' Konflikt in der Diskrepanz zwischen allgemeinem Wissen und besonderem Unwissen. Ödipus weiß, was der Mensch ist, aber er weiß nicht, was für ein Mensch *er* ist. Es ist genau diese Divergenz zwischen allgemeiner und besonderer Selbsterkenntnis, um die es geht. Ödipus soll nicht mehr ‚den Menschen überhaupt' erkennen – das hat er getan, bevor er die Bühne betrat. Seine Aufgabe ist es nun, seine eigene Partikularität zu erkennen. Aber gerade die Spannung zwischen dem Besonderen und dem Allgemeinen droht immer wieder, die Konstruktion familialer und symbolischer Vaterschaft zu unterminieren.

Die Spaltung der Vaterposition zwischen Öffentlichkeit und Privatheit hatte in der griechischen Tragödie ihre eigene Sprache. Laios wird sich in den Tragödien, die verloren gegangen sind, geäußert haben, obwohl keiner weiß, ob er wie Ödipus oder wie am Anfang des 17. Jahrhunderts William Shakespeares König Lear klang: Die Geschichte der westlichen Tragödie ist zu einem guten Teil die Geschichte scheiternder Väter. Wenn Ödipus bei Freud über Laios spricht, dann jedenfalls bewusst *als* Vater, auch wenn seine eigene Vaterschaft katastrophal auf jeder Ebene scheitert. Freud verlagert diese Stimme, die nun nicht mehr die Stimme der Väter ist, sondern Artikulation einer vom Sohn erinnerten Phantasie, das heißt eines immer schon überlagerten und vergessenen Begehrens nach der Mutter. Dieses Begehren ist bei Sophokles aber ein Begehren nach der Selbstzeugung – das Begehren, nicht mehr zugleich Vater und Sohn, sondern absoluter Vater zu sein. Das ist Ödipus' viel besprochene *hybris*, während die *anagnorisis* ihn in die Filialität zurückwirft: Nicht jeder Sohn ist Vater, aber jeder Vater ist Sohn.

Nach Freud verstummt der Vater – mit wenigen Ausnahmen. Wenn er spricht, dann ist seine Stimme ein Echo in der Stimme des Sohnes, wie beispielsweise in Franz Kafkas *Brief an den Vater* (1919):

> Manchmal stelle ich mir die Erdkarte ausgespannt und Dich quer über sie hin ausgestreckt vor. Und es ist mir dann, als kämen für mein Leben nur die Gegenden in Betracht, die Du entweder nicht bedeckst oder die nicht in Deiner Reichweite liegen. Und das sind entsprechend der Vorstellung, die ich von Deiner Größe habe, nicht viele und nicht sehr trostreiche Gegenden und besonders die Ehe ist nicht darunter. (Kafka 1983 [1952], 158)

Kafka betont zweimal, dass es hier um den Vater der Vorstellung geht, nicht um Hermann Kafka, den Prager Geschäftsmann („manchmal stelle ich mir [...] vor", „entsprechend der Vorstellung"). Das Paradox des *Briefes* ist ja gerade, dass er so wenig imposant ist, so schlecht geeignet, die Rolle des globalen Giganten zu spielen. Ohne Franz wäre Hermann bestenfalls ein weißer Fleck auf der „Erdkarte", die er hier fast ganz bedecken soll. Es ist nicht der individuelle Vater, sondern der Vater „entsprechend der Vorstellung", aus der allein er spricht. Max Brod hat den richtigen Titel gewählt: Es ist ein Brief an *den* und nicht einen Vater – ein Brief an Väter, die der Sohn erfinden muss, bevor sie ihn in die Wüste schicken, wo er wohnen möchte. In analytischer Sprechweise ist der Vater ein inneres Objekt. Es ist wohl auch kein Zufall, dass Freud die Theorie der inneren Objekte in einem Essay über *Trauer und Melancholie* (1917) entwickelt, einem Zustand, in dem etwas verloren ging, von dem keiner weiß, was es ist. Zwar kommt der Begriff des inneren Objektes, der für die Objektbeziehungstheorie so zentral sein wird, in Freuds Essay nicht vor, aber es ist dort, wo Freud zuerst die Idee entwickelt, dass unser emotionales Leben nicht aus Beziehungen zu anderen Menschen besteht, sondern aus Beziehungen zu den inneren Vorstellungen, die wir von diesen Menschen haben – sie sind psychische, nicht materiale Objekte. Die klassische Figur dieses immer schon verlorenen Objektes ist genau jener König Laios, Ödipus' Vater, den wir immer nur vom Hörensagen kennen, der anders als Hamlets Vater, dem er sonst in einigem ähnelt, nicht einmal als Gespenst erscheint. Aber gerade deshalb, so behauptet es jedenfalls die psychoanalytische Theorie, entfaltet der tote Vater größere Macht als jeder lebendige, gerade weil seine Sprache und seine Ansprüche (im doppelten Sinne) internalisiert sind und deshalb zu offener Herausforderung nicht zur Verfügung stehen.

Hermann Kafka soll den Brief nie gelesen oder gar geantwortet haben. Es ist auch unwahrscheinlich, dass Franz eine Antwort suchte. 1917 war der Vater schon in das tiefe Schweigen gefallen, das allein dem Sohn ermöglichte, ihn als erdballumgreifenden Riesen zu denken. Der moderne Vater bleibt *der* Vater nur, solange er seiner Konstruktion schweigend beiwohnt. Dieses Schweigen ist die Quelle seiner Macht, aber auch seine größte Schwäche. Im *Brief* kommt Hermann nur in der Paraphrase zu Wort, in Sätzen, die Franz zu erinnern vorgibt oder sich vorstellt zu hören. Wenn Kafka schreibt, dann ist Gott tot. Hermann aber lebt in der gnadenlosen Prosa des Sohnes, zu der es keine Antwort geben kann, weil sie einen Abgrund zwischen Vater und Sohn aufreißt, den keine Antwort überbrücken könnte. Im vorletzten Absatz, der Hermanns fiktive Reaktion enthält, antwortet Franz sich selbst in entwaffnender Logik: „Darauf antworte ich, daß zunächst dieser ganze Einwurf, der sich zum Teil auch gegen Dich kehren läßt, nicht von Dir stammt, sondern eben von mir." (Kafka 1983 [1952], 162) Um sich des Vaters monströser Hand zu entziehen, muss sich der Sohn als Sohn durch und gegen die Konstruktion des Vaters konstituieren, muss selbst die Stimme des Vaters imaginieren, gegen den er sich auflehnt, muss den Vater also im Schreiben gebären. Gilles Deleuze und Félix Guattari ist zuzustimmen, wenn sie über diesen Brief sagen: „Kafka weiß längst, daß nichts von alledem stimmt." (Deleuze und Guattari 1976 [1975], 15) Der Vorwurf sei so stark, dass er keinen bestimmten Personen zuzuschreiben ist (vgl. Deleuze und Guattari 1976 [1975], 15). Weil in der Tat das Wort ‚Schuld‘ oder dessen Derivate über fünfzigmal im *Brief* vorkommen, ist die Diagnose bestechend, dass der *Brief* eine ‚Ödipalisierung des Universums‘ (vgl. Deleuze und Guattari 1976 [1975], 16) darstellt (→ II.4. POSTSTRUKTURALISTISCHE THEORIE).

Diese Ödipalisierung hat Kafka nicht erfunden, nur perfektioniert und zugleich parodiert. Deleuze und Guattari mögen recht haben, dass der *Brief* das ödipale Subjekt nicht nur vorführt, sondern auch verlacht. Doch ihr eigener *Anti-Œdipe* (1972; *Anti-Ödipus*) zeigt, wie umgreifend die kulturellen, politischen und emotionalen Konsequenzen sind, die diese universelle Ödipalisierung mit sich bringt. Sogar diese aktive und oft brillante Kritik an dem ‚Imperialismus von Ödipus‘ sowie an ‚Ödipus als Dogma‘ (passim) kann immer noch selbst als ödipale Rebellion gelesen werden: Der Widerstand gegen Ödipus ist von der Geste der filialen Revolte gekennzeichnet. Das ist Freuds erfolgreichste List: selbst in der intellektuellen Verwerfung des Ödipus bleibt die Familie ödipal strukturiert. Es war schließlich Ödipus selbst, der bei Sophokles behauptet, er habe keine Familie, er sei Sohn der Fortuna und Bruder der Monde. Kafka hat von allen Postfreudianerinnen und -freudianern am besten verstanden, dass modernes Schreiben die Domäne der Söhne ist. Über nichts schreiben sie so leidenschaftlich wie über die Väter, die sie in seltsamer Verschlingung von auktorialer Potenz und filialer Subjektivität schreibend zeugen. Die Väter selbst sind still, weil Freud Ödipus' Schicksal als Subjekt an sich sowie Sohn an sich besiegelt und beide zusammenführt: Das (schreibende) Subjekt ist nun für immer Sohn.

Dafür hat auch Freud natürlich Vorläufer, die nicht auf das Feld der Psychologie, sondern auf dasjenige der Literaturgeschichte führen. Schon bei Heinrich Heine heißt es 1835, „in der Literatur wie in den Wäldern der nordamerikanischen Wilden werden die Väter von den Söhnen totgeschlagen, sobald sie alt und schwach geworden", und zwar „nach Brauch und Herkommen" (Heine 1964 [1836], 59). In der Tat wird in der Moderne das kulturelle Kapital von den Erneuerern und den Rebellen erwirtschaftet, die wiederum – je besser die Rebellion gelingt – selbst Gefahr laufen, Väter und damit für den Totschlag anfällig zu werden; Freuds eigenes intellektuelles Schicksal mag als Beispiel genügen. Aus dieser Perspektive muss (Literatur-)Geschichte notwendigerweise einen Familienroman schreiben (→ IV.5. FAMILIENROMAN). Dafür braucht sie die Figur des Vaters, die sie bedarfsweise in drei verschiedenen Versionen vorführt: erstens als gütigen Ahnen, dessen Name als Schutzheiliger der Jungen evoziert wird, zweitens als Tyrannen, der mit Gewalt entthront werden muss, und drittens als überflüssigen Alten einer obsoleten Vergangenheit, von der sich die Gegenwart abgrenzt.

4. Patriarchat und Filiarchat: Gotthold Ephraim Lessings *Philotas* (1758/1759)

Die Verlagerung der Vaterposition in die Imagination des Sohnes ist daher ein langer Prozess, den Freud nur entschieden zu Ende führt. Der Umschwung beginnt im 17. Jahrhundert in der Reaktion auf Thomas Hobbes' *Leviathan* (1651), dessen Vertragstheorie des Staates die ‚Patrix' resolut demontiert, indem Hobbes ihre biologische, ihre geschlechtstheoretische und ihre religiöse Gründung bestreitet (vgl. Weineck 2014, 107–124). Die Macht muss nun von denen, die sich ihr unterwerfen, als legitim anerkannt werden. Plötzlich verliert die Vaterschaft als Modell der legitimen und wohlwollenden Macht ihren Rückhalt, sodass sie seitdem nur noch als Phantasma in Erscheinung tritt. Diese Neumodellierung der Vaterschaft wirkt sich nicht nur – wie in Kafkas *Brief* – auf die moderne Literatur aus, sondern sie hält dafür auch selbst einen Schlüsseltext bereit, der im Folgenden exemplarisch analysiert werden soll: Gotthold Ephraim Lessings *Philotas* (1758/1759).

Philotas ist eine moderne Laios-Tragödie – eine Laios-Tragödie, weil sie den Vater zwischen Staat und Familie ansiedelt, modern, weil sie die Macht des Vaters in die Imagination des Sohnes verlegt. Philotas, ein junger Prinz, der erst seit sieben Tagen die *toga virilis* tragen darf, bittet seinen Vater, den König, um Erlaubnis, gegen des Vaters ehemaligen Freund Aridäus in den Krieg zu ziehen. In der ersten Schlacht wird Philotas verwundet und in Gefangenschaft genommen. Die Handlung spielt im Lager der feindlichen Armee; die *dramatis personae* bestehen aus Philotas, Aridäus, seinem General Strato und dem Soldaten Parmenio, der zur Armee von Philotas' Vater zählt. Philotas, zutiefst gedemütigt, fürchtet, dass die Gefangennahme seinen Vater zur Kapitulation zwingen wird. Wie der Zufall es will, wird aber auch Aridäus' Sohn Polytimet gefangen; und so sieht es aus, als ob die Väter nun schlicht ihre Söhne tauschen könnten. Stattdessen beschließt Philotas, sich im Interesse der militärischen Interessen seines Vaters umzubringen. Aridäus dagegen ist bereit, seinen eigenen Sohn um jeden Preis zu retten, und kündigt an, er werde abdanken, sobald Polytimet zurückgesandt wird. In den letzten Worten wendet sich Aridäus an Strato, der weinend über Philotas' Leiche steht:

> Beweine ihn nur! – Auch ich! – Komm! Ich muß meinen Sohn wieder haben! Aber rede mir nicht ein, wenn ich ihn zu teuer erkaufe! – Umsonst haben wir Ströme Bluts vergossen; umsonst Länder erobert. Da zieht er mit unserer Beute davon, der größere Sieger! – Komm! Schaffe mir meinen Sohn! Und wenn ich ihn habe, will ich nicht mehr König sein. Glaubt ihr Menschen, daß man es nicht satt wird? – (Gehen ab.) (Lessing 1968 [1758/1759], 376; im Folgenden allein unter Angabe der Seitenzahl zitiert)

Philotas führt noch einmal Laios' tragisches Dilemma vor, in dem persönliche gegen politische Vaterschaft, das Schicksal des Staates gegen das Schicksal des Sohnes steht. Aber es ist nicht mehr der Vater, der den Sohn opfert, sondern es ist der Sohn, der sich im Namen des Vaters, aber gegen des Vaters Wunsch selbst das Leben nimmt. In der Moderne wird der Filizid dergestalt also zum Filisuizid.

Eine der Merkwürdigkeiten des Trauerspiels ist das Fehlen jeder weiblichen Figur. Das Weibliche fungiert ausschließlich auf imaginärer Ebene in Philotas' misogynen Auslassungen. Er beschwert sich, dass das Zelt, in dem er bewacht wird, zu luxuriös sei, und argwöhnt, es gehöre den „Beyschläferinnen" (355) des Königs. Er verlangt, dass der König ihm „als einem Soldaten, und nicht als einem Weibe begegnen lasse" (356). Er zwingt Parmenio, den Soldaten seines Vaters, zu schwören, dass im Falle des Wortbruchs Parmenios Sohn zum „Spott der Weiber" (369) werde. Wenn Aridäus ihm „mit Erstaunen" begegnet, antwortet Philotas: „Ach! – Auch ein Weib kann man mit Erstaunen hören!" (372). Er mag kein „weibischer" Prinz sein, und wenn Parmenio sagt, Philotas' Wunde sei „dergleichen uns ein inbrünstiges Mädchen in die Lippe beißt", antwortet Philotas: „[...] was weiß ich davon?" (364) Die erwachsenen Männer – die Väter – nehmen an diesem Diskurs der Verweiblichung als Verweichlichung, der Philotas so glatt von der Lippe geht, nicht teil – mit einer wichtigen Ausnahme. Im Zorn über den Selbstmord sagt Aridäus:

> Der Krieg ist nicht aus, Prinz! – Stirb nur! stirb! Aber nimm das mit, nimm den quälenden Gedanken mit: Als ein wahrer unerfahrner Knabe hast du geglaubt, daß die Väter alle von einer Art, alle von der *weichlichen, weibischen Art* deines Vaters sind. – Sie sind es nicht alle! Ich bin es nicht! Was liegt mir an meinem Sohne? (375–376; Hervorh. S.-M. W.)

Aridäus' filizider Anfall verfliegt schnell (als sei es Lessing darum getan, dieses Modell noch einmal in seiner Fatalität vorzuführen). Er weist Strato an, jeglicher Konzession zuzustimmen, um seinen Sohn wiederzuerhalten. Misogynie erweist sich daher als integraler Teil der filisuizidalen Struktur, die Philotas verinnerlicht hat. Zugleich, typisch für Lessing, übernimmt der Vater die mütterliche Position. Über seinen eigenen Sohn äußert etwa Parmenio: „Aber wüßte ich, dass sich der junge Wildfang nicht in allen Augenblicken, die ihm der Dienst frei läßt, nach seinem Vater sehnte, und sich nicht so nach ihm sehnte, wie sich ein Lamm *nach seiner Mutter* sehnet: so möchte ich ihn gleich – siehst du! – nicht erzeugt haben." (365) Die strikt dyadische Organisation dieser Vater-Sohn-Familien versperrt Philotas jede Möglichkeit zur ödipalen Revolte, und so wird er zur Geisel eines Vaterschaftskonzepts, das zu gleichen Teilen von Exzess wie Mangel bestimmt ist.

Mangel und Exzess spiegeln sich schon in den *dramatis personae*, in deren Verzeichnis Philotas' Vater – wie Laios ein Paradebeispiel für Präsenz in Absenz – nicht erscheint. Auch im Stück selbst bleibt er namenlos. Drei der Charaktere werden mit ihrer Funktion aufgeführt: Aridäus, König; Strato, Feldherr des Aridäus; Parmenio, Soldat. Philotas aber ist weder als Prinz noch als Soldat aufgelistet, sondern als ‚gefangen' – wortwörtlich ein Kriegsgefangener, aber auch gefangen in einem tödlichen Sprach-, Denk- und Gefühlsmodus. Dieser spiegelt zweierlei wider: sowohl eine Performanz der Hypermaskulinität als auch die kindliche Abhängigkeit von dem Bild des Vaters, der namenlos bleibt, gerade weil er ein filiales Phantasma ist. Wieder ist es *der* Vater, nicht *ein* Vater.

Von *Miss Sara Sampson* (1755) über *Philotas* und *Emilia Galotti* (1772) bis zu *Nathan der Weise* (1779) bleibt Lessing, nach wie vor Deutschlands führender Vaterschaftsdramatiker, besessen von der Aufgabe, den Status des Vaters in der intellektuellen Endphase des Monotheismus zu artikulieren. Sein wichtigster Einfluss bleibt über die Jahre Baruch de Spinoza, dessen Entanthropomorphisierung des Göttlichen immer auch eine Ent-Paternalisierung war. Im Gegenzug versucht Lessing immer wieder, väterliche Macht ohne Rückhalt in Natur oder Religion als moralische Autorität zu reetablieren. In dieser Hinsicht hält er es mit Hobbes; aber wie nahezu alle Hobbes-Kritiker des 18. Jahrhunderts (man denke nur an Shaftesbury), reagiert er auf die Denaturalisierung und Entgöttlichung der Macht mit der Moralisierung vermeintlich privater Autorität.

Philotas trägt alle Zeichen programmatischer Literatur, beginnend mit den unerbittlichen Dualitäten (zwei Könige, zwei Söhne, zwei Soldaten, zwei Gefangennahmen) und Dualismen (Krieg und Frieden, Freundschaft und Feindschaft, Väter und Söhne, Vaterschaft und Königtum, Staat und Familie, Gefühl und Kalkül). Im Gegensatz zu seinen anderen Stücken – und in dieser Hinsicht der attischen Tragödie näher, als es sonst im 18. Jahrhundert möglich scheint – gibt es im *Philotas* keine Schurken. Jedermann hat ehrenwerte Absichten; Philotas selbst ist zentrales Objekt homosozialen Begehrens. Charmant, schön und liebenswert stürmisch wird er von den drei Vaterfiguren, die ihn umringen, quasi adoptiert. Zwar ist sein Vater abwesend, aber Väterlichkeit ist im Überfluss vorhanden. Die strukturelle Symmetrie der Situation bricht gewaltsam auseinander, wenn sich Philotas dem Sohnestausch, den die Väter wünschen, entzieht. *Philotas* inszeniert das Fehlschlagen dieses Austausches als Effekt der Laios-Spannung zwischen familialer und symbolischer Vaterschaft. Kurz bevor Philotas von der Gefangennahme des Polytimet erfährt, klagt er: „Ich fürchte, ich fürchte; er liebt mich mehr, als er sein Reich liebt! […] Durch mich Elenden, wird er an einem Tage mehr verlieren, als er in drey langen mühsamen Jahren, durch das Blut seiner Edeln, durch sein eignes Blut gewonnen hat. Mit was für einem Angesichte soll ich wieder vor ihm erscheinen; ich, sein schlimmster Feind?" (358)

Philotas spricht die Sprache rigider Polarität, die Freud später für die Vaterspaltung zwischen Schutz und Gewalt verwenden wird: das größte Glück, das größte Unglück, zärtlich geliebt oder schlimmster Feind. Der schnelle Umschlag der Pole geht mit einem System von Äquivalenzen Hand in Hand, welche die Tragödie in Struktur wie Diskurs kennzeichnen. So ist Parmenio für Philotas „meines Vaters Strato", und wenn Polytimet gefangen wird, verkündet Aridäus: „So wollt' es das Schicksal! Aus gleichen Wagschalen nahm es auf einmal gleiche Gewichte, und die Schalen blieben noch gleich." (360) Gleichzeitig ist die private Emotionalität der Vaterschaft universelles männliches Gefühlsprinzip. Die Spannung zwischen Symmetrie und Polarität gipfelt in der Figur des Vater-Königs: „Ja, Prinz; was ist ein König, wenn er kein Vater ist! Was ist ein Held ohne Menschenliebe!" (372) Das ist der Diskurs des Landesvaters, der dennoch seiner Untertanen „Ströme Bluts vergossen" hat: Filizid ist schließlich die mythische Konstante aller Vaterschaft, wenn auch nicht mehr privat, dann nun doch symbolisch. Deshalb bricht auch die schöne Kongruenz von Vaterschaft und Königtum als wohlwollende Herrschaft in Philotas' paranoider Vision auseinander:

> Und meines Vaters Unterthanen – künftig einmal die meinigen, wenn ich sie zu regieren, mich würdig gemacht hätte – wie werden sie den ausgelösten Prinzen ohne die spöttischste Verachtung unter sich dulden können? Wann ich denn vor Scham sterbe und unbetrauert hinab zu den Schatten schleiche, wie finster und stolz werden die Seelen der Helden bey mir vorbey ziehen, die dem Könige die Vortheile mit ihrem Leben erkauften mußten, deren er sich als Vater für einen unwürdigen Sohn begiebt. (358)

Wie oben ausgeführt, hat die Rezeption nach Freud König Laios entweder ignoriert oder als sinistre Figur registriert – als zerrissen nicht zwischen den Pflichten und Neigungen der Vaterschaft, sondern von dem schlichten und bösen Willen, den Sohn tot zu sehen. Im Gegensatz dazu ist Lessings Tragödie gerade deshalb so faszinierend, weil sie genau den Umschlagspunkt zwischen patriarchaler und filiarchaler Logik in Szene setzt. Kurz bevor Aridäus Strato anweist, um jeden Preis den Sohn auszulösen, personifiziert er den ‚bösen Vater', den Ross in Laios zu finden glaubt (vgl. Ross 1994, 96). Einen Moment lang will er den Sohn opfern, wobei seine Sprache in inkohärente Fragmente auseinanderbricht, noch einmal von Inversion und Äquivalenz gekennzeichnet: „Er sterbe! Auch sein Tod erspare mir das schimpfliche Lösegeld! – Strato, ich bin nun verwaiset, ich armer Mann! – Du hast einen Sohn; er sey der meinige! – Denn einen Sohn muß man doch haben. – Glücklicher Strato!" (376) Wenn der sterbende Philotas ihn daran erinnert, dass sein Sohn doch noch lebt, erwidert Aridäus, stammelnd: „Lebt er noch? – So muß ich ihn wieder haben. Stirb du nur! Ich will ihn doch wieder haben! Und für dich! – Oder ich will deinem toden Körper so viel Unehre, so viel Schmach erzeigen lassen! – Ich will ihn [...]." (376) Philotas unterbricht noch einmal: „Den todten Körper! – Wenn du dich rächen willst, König, so erwecke ihn wieder!" (376). Aridäus besinnt sich: „Ach! Wo gerat ich hin!" (376) Das Verb ‚hingeraten' suggeriert wiederum eine unwillkürliche Sprachbewegung, als habe ein Diskurs sich des Königs bemächtigt und ihn an einem fremden Ort abgesetzt. Der indirekte Hinweis auf Hektors geschundenen Körper zeigt, dass Aridäus nun zweimal von zwei antiken Diskursen usurpiert wurde: Wie in Philotas' Rede fungiert klassische Rezeption als Stockung. Eine affirmative Lektüre würde hier schließen, dass in guter Aufklärungsmanier eine neue Vernunft die alten, tödlichen Geschichten ablöst, und Aridäus' Gesinnungsumschwung erlaubt es, diese kritische Kehre in Aktion zu sehen. Das politische Modell des Sohnesmordes und der Grausamkeit wird durch die Menschenliebe ersetzt. Nicht mehr werden die Söhne in den Krieg geschickt, sondern der Krieg wird der Sohnesliebe geopfert. Der böse Vater, der den Tod des Sohnes im Interesse des Staates in Kauf nimmt oder gar fordert, wird zum guten Vater und dankt der politischen Macht ab: „Und wenn ich ihn habe, will ich nicht mehr König seyn" (376) – die ‚Patrix' zerfällt.

Solch tragischer Optimismus wird allerdings von der Tatsache unterlaufen, dass die Tragödie letztlich die Logik bestätigt, die in der affirmativen Lektüre in der Kritik steht, indem sie diese verlagert. Jeder Spieler akzeptiert implizit oder explizit Philotas' Behauptung, dass ein König, der im Interesse der Kinder handelt, gegen die Interessen des Staates verstößt: Polytimet heißt etymologisch ausbuchstabiert nicht von ungefähr so viel wie ‚der teuer Erkaufte'. Auch Philotas ist ein bisschen zu liebenswert – „ein wunderbarer Jüngling!" (376). Obwohl die alten nationalistischen Lektüren, die Philotas' Selbstmord als patriotische Tat feiern, sicher ein krasses Missverständnis darstellen, übt jener doch eine dunkle Attraktion aus – und zwar genau deshalb, weil er dem Patriarchat, das sich hier abzuschaffen vorgibt, Deckung gibt. Die Väter weigern sich, Laios zu spielen – „ach, wo gerat ich hin!" (376). Doch in paradoxer Umkehrung ist es nun der Sohn, der auf den alten Geschichten besteht. In seiner ersten Rede sagt er, dass seine „frühste Kindheit [...] nie etwas anders, als Waffen, und Läger, und Schlachten und Stürme geträumet" (355) hat. Die Syntax ist symptomatisch: Es scheint, als ob wir nicht träumen, sondern geträumt werden, als ob die Kindesposition die Männlichkeitsphantasien produziert. Philotas' erste Worte lauten: „So bin ich wirklich gefangen? – Gefangen!" (355) Einen kurzen Moment lang meint er, dass seine Gefangenschaft auch nur ein Traum ist. Aber eher noch ist es der Kindeskriegstraum, der ihn gefangen hält und nicht entkommen läßt. Dieser Diskurs der autonomen Gedanken wiederholt sich, nachdem Philotas die unhaltbare Situation beschreibt, in die er seinen Vater glaubt versetzt zu haben: „Und nun – welcher Gedanke war es, den ich itzt dachte? Nein; den ein Gott in mir dachte – Ich muß ihm nachhängen! Laß dich fesseln, flüchtiger Gedanke! – Itzt denke ich ihn wieder! Wie weit er sich verbreitet, und immer weiter; und nun durchstrahlt er meine ganze Seele!" (362) Nicht er hat den Gedanken, der Gedanke hat ihn. Wenn Philotas fürchten muss, dass sein Vater ihn mehr liebt als sein Reich, dann verwirft er solch suspektes väterliches Begehren im Namen eines Gedankens, den „ein Gott" in ihm denkt. Das ist die Macht der ‚Patrix' von Gott, König und Vater: Ihre Positionen sind mobil, sind austauschbar. Wenn der Familienvater den Anforderungen, die seine politische Position ihm auferlegt, nicht nachzukommen in der Lage ist, dann kann eine höhere Instanz doch anders denken und die Macht der symbolischen Vaterschaft im Sohne ablagern – daraus wird einmal bei Freud das Über-Ich werden. „Der Sohn", sagt Philotas zu Parmenio, „hat dich abgefertigt, aber noch nicht der Prinz. – Jener mußte fühlen; dieser muß überlegen. Wie gern wollte der Sohn gleich itzt, wie gern wollte er noch eher, als möglich, wieder um seinen Vater, um seinen geliebten Vater seyn; aber der Prinz – der Prinz kann nicht." (366) Wieder ist es die Syntax, die uns aufmerken lässt, weil sie dieses Mal die Distanz, die sie zwischen Sohn und Vater öffnet, ausstellt („gleich itzt, wie gern wollte er noch eher, als möglich, wieder um" (366)).

Doch ist es nicht mehr die Vaterschaft, in der der Konflikt zwischen Familie und Staat aufbricht, sondern die Filialität. Wo der Vater imaginiert, dass der Sohn sich nach ihm sehnt wie das Lamm nach der Mutter, ist das Begehren des Sohnes selbst komplexer. Es will den zärtlichen *und* den schrecklichen Vater, und wenn der Vater sich weigert, im Namen des Gesetzes zu sprechen, wird der Sohn die väterliche Bürde selbst schultern: „Soll ich mich nicht strenger richten, als sie und mein Vater mich richten? Die allzugütigen!" (361), erwägt Philotas. So spiegelt das Stück im Gegensatz zu der oberflächlichen Produktion einer neuen und neu gutherzigen Vaterschaft eine ganz andere Figur im Subtext: den Vater der Moderne, der die alten filiziden Forderungen verwirft, aber im Gegenzug von den Söhnen verworfen wird, die genau diese Forderungen gegen des Vaters ‚weibische' Schwäche einklagen. Die Patriarchie ist am effektivsten, wenn sie ideell wird, wenn die Väter die Söhne nicht mehr opfern müssen, weil die Kinder sich der Idee einer Vaterschaft opfern, die nun weder Name, Körper oder auch nur Väter braucht. So werden Kriege gewonnen.

Lessing wird diese Struktur noch mehrere Male durchspielen. Er ist auf der Suche nach einer paternalen Position, welche die Aufklärung nicht mehr zu stützen vermag. Das Bild der gütigen Vaterautorität – im deutschen Diskurs durch den Landesvater kulturell-politisch besetzt – bleibt mit dem philosophisch-politischen Ideal des autonomen Individuums unvereinbar. So muss Philotas die väterliche Macht an sich selbst exerzieren; ähnlich wird später die Tochter in *Emilia Galotti*, mit Berufung auf einen anderen antiken Mythos – die Virginia-Legende –, ihren Vater Odoardo in den Tochtermord manipulieren: „Emilia. *(In einem bittern Tone, während dass sie die Rose zerpflückt.)* Ehedem wohl gab es einen Vater, der seine Tochter von der Schande zu retten, ihr den ersten, den besten Stahl in das Herz senkte – ihr zum zweiten Male das Leben gab. Aber alle solche Taten sind von ehedem! Solcher Väter gibt es keinen mehr! Odoardo. Doch, meine Tochter, doch! *(Indem er sie durchsticht.)*" (Lessing 2000 [1772], 369)

5. Fazit

Der ‚bittere Ton‘, in dem die Kinder der Moderne auf der väterlichen Gewalt bestehen, speist sich aus einer seltsamen Nostalgie nach einer Autorität, die anzugreifen wäre. Es ist kein Zufall, dass die Vaterdramen der Moderne vorwiegend in historischer Vergangenheit spielen, nie in einer Gegenwart, in der nur noch eine zum Phantasma zerfallende Metaphysik die Väter braucht. Das Zerrbild dieser Nostalgie trägt im 20. Jahrhundert die „Züge[ ]" des wütenden Vaters, der die Kinder anbrüllt, weil sie nicht jubelnd die Treppe hinunterstürzen, wenn er mißlaunisch aus dem Geschäft nach Hause kommt" (Adorno 2003 [1951], 38). Im Zeitalter des Kapitalismus ist der Vater in der Tat nicht mehr tragödienfähig – die Herrschaft ist längst unsichtbar und körperlos im ‚Geschäft‘ aufgelöst, im anonymen Kapital, in der gesichtslosen Bürokratie, im anonymen Staat. Genau deshalb muss Laios unsichtbar bleiben, weil sonst zutage käme, dass er alle Macht verloren hat, dass jede ödipale Revolte nur noch der Reproduktion des status quo dient. Freuds Eule der väterlichen Machtvollkommenheit fliegt in der einbrechenden Dämmerung des Patriarchats. Wenn Laios im Büro arbeitet, kann der symbolische Vater nur auf Kosten der wirklichen Väter die Stimme des Gesetzes sein. Den modernen Vätern selbst zerfallen die Worte ‚wie modrige Pilze‘, wie Lord Chandos in Hugo von Hofmannsthals *Brief* (1902) klagt (→ IV.11. Literatur der Moderne). Lange ist allerdings übersehen worden, dass Lord Chandos genau in dem Moment verstummt, in dem er mit seiner „vierjährigen Tochter Catarina Pompilia" (Hofmannsthal 1999 [1902], 25) spricht.

Literatur

Adorno, Theodor W. *Minima Moralia*. Frankfurt a. M. 2003 [1951].

Aischylos. „Die Sieben gegen Theben" [467 v. Chr.]. Aischylos. *Werke*. Übers. von Johann Gustav Droysen. Berlin 1868: 319–366.

Balmary, Marie. *Psychoanalyzing Psychoanalysis. Freud and the Hidden Fault of the Father*. Übers. von Ned Lukacher. Baltimore 1982 [1979].

Bergmann, Martin S. *In the Shadow of Moloch. The Sacrifice of Children and its Impact on Western Religions*. New York 1992.

Boxer, Sarah. *How Ödipus Is Losing His Complex*. The New York Times. 6. Dezember 1997. http://www.nytimes.com/1997/12/06/theater/how-oedipus-is-losing-his-complex. html?pagewanted=all. 1997 (4. April 2016).

Deleuze, Gilles und Félix Guattari. *Kafka. Für eine kleine Literatur*. Übers. von Burkhart Kroeber. Frankfurt a. M. 1976 [1975].

Hegel, Georg Wilhelm Friedrich. *Vorlesungen über die Philosophie der Weltgeschichte. Auf Grund der Handschriften*, Bd. 3: *Die griechische und die römische Welt*. Hrsg. von Georg Lasson. Hamburg 1976 [1837].

Hegel, Georg Wilhelm Friedrich. *Vorlesungen über die Philosophie der Geschichte*, Bd. 12: *Vorlesungen über die Philosophie der Geschichte. Werke in 20 Bänden mit Registerband*. Hrsg. von Eva Moldenhauer und Karl Markus Michel. Frankfurt a. M. 1986 [1837].

Heine, Heinrich. „Die romantische Schule" [1836]. Heine, Heinrich. *Sämtliche Werke*, Bd. 9: *Die romantische Schule. Zur Geschichte der Religion und Philosophie in Deutschland*. Hrsg. von Hans Kaufmann. München 1964: 7–152.

Hofmannsthal, Hugo von. *Ödipus und die Sphinx. Tragödie in drei Aufzügen*. Berlin 1906.

Hofmannsthal, Hugo von. „Ein Brief" [1902]. Hofmannsthal, Hugo von. *Werke in zehn Bänden: Erfundene Gespräche und Briefe*, Bd. 1. Hrsg. von Lorenz Jäger. Frankfurt a. M. 1999: 21–32.

Hubbard, Thomas K. „History's First Child Molester. Euripides Chrysippus and the Marginalization of Pederasty in Athenian Democratic Discourse". *Bulletin of the Institute of Classical Studies 49 Supplement* 87 (2006): 223–244.

Kafka, Franz. „Brief an den Vater" [1952]. Kafka, Franz. *Hochzeitsvorbereitungen auf dem Lande und andere Prosa aus dem Nachlaß*. Hrsg. von Max Brod. Frankfurt a. M. 1983: 119–162.

Lessing, Gotthold Ephraim. „Philotas" [1758/1759]. Lessing, Gotthold Ephraim. *Gotthold Ephraim Lessings Sämtliche Schriften. Unveränderter photomechanischer Nachdruck der Ausgabe Stuttgart 1886–1924*, Bd. 2. Hrsg. von Karl Lachmann. Berlin 1968: 353–376.

Lessing, Gotthold Ephraim. „Emilia Galotti" [1772]. Lessing, Gotthold Ephraim. *Werke und Briefe in zwölf Bänden*, Bd. 7: *Werke 1770–1773*. Hrsg. von Klaus Bohnen. Frankfurt a. M. 2000: 291–371.

Lévi-Strauss, Claude. „Die Struktur der Mythen" [1958]. Lévi-Strauss, Claude. *Strukturale Anthropologie I*. Übers. von Hans Naumann. Frankfurt 1967: 226–254.

Meier, Christian. *Die politische Kunst der griechischen Tragödie*. München 1988.

Platon. *Werke*, Bd. 8: *Gesetze*. Hrsg. von Gunther Eigler. Übers. von Klaus Schöpsdau. 2. Aufl.,
   Darmstadt 1990 [4. Jh. v. Chr.].
Ross, John Munder. „The Darker Side of Fatherhood. Clinical and Developmental Ramifications
   of the ‚Laius Motif'". *International Journal of Psychoanalytic Psychotherapy* 11 (1985):
   117–144.
Ross, John Munder. *What Men Want. Mothers, Fathers, and Manhood*. Cambridge 1994.
Sophokles. „König Ödipus" [429–425 v. Chr.]. Sophokles. *Dramen. Griechisch und deutsch*.
   Hrsg. und übers. von Wilhelm Willige. 2. Aufl., München, Zürich 1985: 284–377.
Weineck, Silke-Maria. „Heteros Autos. Freud's Fatherhood". *The Dreams of Interpretation. A
   Century Down the Royal Road*. Hrsg. von Catherine Liu, John Mowitt und Thomas Pepper.
   Minneapolis 2007: 97–114.
Weineck, Silke-Maria. *The Tragedy of Fatherhood. King Laius and the Politics of Paternity in the
   West*. London, New York 2014.
Žižek, Slavoj. *The Ticklish Subject*. London 2000.

Filmverzeichnis

Ödipus Rex [Edipo Re]. Reg. Pier Paolo Pasolini. Water Bearer Films, 2003 [1967].

III.6. Ödipus

Frauke Berndt und Almut-Barbara Renger

> Doch Athen ist Provinz, und Sophokles wird vergessen werden,
> aber Ödipus wird weiterleben, als ein Stoff, der uns Rätsel aufgibt.
> Friedrich Dürrenmatt

1. Einleitung: Sophokles' *Oidipous Tyrannos*

„Wenn wir in der Psychoanalyse über Mythen sprechen, sprechen wir in Wahrheit über *einen* Mythos, den Ödipusmythos – alle anderen Freudschen Mythen (der des Urvaters, Freuds Version des Moses-Mythos) sind, wenn auch notwendige, Variationen davon" (Žižek 2001, 92), so bringt Slavoj Žižek den Mythos auf den Punkt, der als Metamythos der Psychoanalyse gelten kann. Denn Ödipus ist der Star auf der psychoanalytischen Bühne; keine andere mythologische Figur bündelt so viel theoretische Energie wie der als Säugling ausgesetzte, von Hirten gerettete und am Königshof von Korinth erzogene Laiossohn, der seinen eigenen Vater – wie es ihm das Delphische Orakel prophezeit hat – ermordet und mit seiner Mutter Iokaste vier Kinder zeugt: Eteokles, Polyneikes, Ismene und Antigone. Die Psychoanalyse hat dies in einen Kausalzusammenhang mit dem (bei Aischylos und Sophokles unterdrückten, aber bei Euripides angedeuteten) Motiv des Geschlechterfluchs gebracht – der Geschichte von Laios' homosexueller Leidenschaft für den Pelopssohn Chrysipp, dessen Selbstmord und Pelops' Verfluchung des Laios und seiner Nachfahren (→ III.5. Laios): ‚Zur Strafe' wird ihm prophezeit, dass – sollte er Kinder zeugen – sein eigener Sohn ihn einst ermorden werde. Kreon, der nach Laios' Tod den Thron von Theben einnimmt, verspricht dem sowohl die Krone als auch Iokaste zur Frau, der die Stadt von der Sphinx befreit. Der grandiose Ödipus löst das Rätsel – und das Schicksal des Königs von Theben nimmt seinen Lauf. In Sophokles' analytischem Drama – der Tragödie *Oidipous Tyrannos* (*König Oidipus*), die zwischen 429 und 425 v. Chr. entstanden ist – verkennt/erkennt Ödipus das Schicksal, als deren Agent er schuldig/unschuldig ist. Ein Streitgespräch mit dem Seher Teiresias rückt das Verhältnis von göttlicher Fügung, persönlicher Schuldhaftigkeit und menschlicher Handlungsfreiheit in den Fokus:

> TEIRESIAS. Den Mörder des Mannes nenn' ich dich, nach dem du forschst.
> OIDIPUS. Nicht dir zur Freude sagst du zweimal Schmähungen!
> TEIRESIAS. Soll ich noch Weiteres sagen, daß du mehr noch zürnst?
> OIDIPUS. Soviel es dir beliebt. Vergebens sprichst du doch.

https://doi.org/10.1515/9783110332681-015

TEIRESIAS. Nichts ahnend, sag' ich, pflegst du mit den Teuersten in Schanden Umgang, tief im Argen unversehns. (Sophokles 1985 [429–425 v. Chr.], 307)

Die Handlung spielt – unter Auslassung der Vorgeschichte – in Theben, das solange von der Pest heimgesucht werden wird, bis der Mörder des Laios überführt sein wird. Nach der schrecklichen Einsicht des Ödipus, dass er selbst der Mörder sei, erhängt sich Iokaste; er selbst sticht sich die Augen aus, verflucht sich und verbannt sich aus Theben, so wie er es Laios' Mörder in Aussicht gestellt hat.

Für Sigmund Freud bildet die Figur des Ödipus das Paradigma des männlichen Subjekts, dessen Psychologie er seit 1899, der ersten Erwähnung der Figur in der auf 1900 vordatierten *Traumdeutung*, an die Konfiguration von Vater, Mutter und Sohn bindet. Im Hinblick auf die Resonanz der Tragödie in der Psychoanalyse stellt Klaus Heinrich fest, „daß das, was den Kern des sophokleischen *König Ödipus* ausmacht, die Annahme von etwas an sich Unannehmbaren ist" (Heinrich 1993, 208). Die Übersetzung der zeitlichen Struktur der Tragödie – die Freud im griechischen Original sowie in der Übersetzung von Johann Jakob Christian Donner in der *Traumdeutung* interpretiert – in die räumliche Struktur des ‚ödipalen Dreiecks' ist die eigentliche Pointe der Interpretation. Denn dieses Dreieck ist doppelte Matrix: Zum einen des psychischen Schauplatzes, dessen Positionen im Laufe der Entwicklung des Knaben zum Mann mit unterschiedlichen Agenten besetzt werden; zum anderen für die Entwicklung der Kulturgeschichte, sodass Freud im Namen des Ödipus Individuation und Kulturation, Onto- und Phylogenese zu verschalten vermag (→ II.5. KULTURTHEORIE). So wie am Anfang der Kultur in der Urhorde der Vatermord der Brüdergemeinschaft steht (→ III.1. MOSES), hängt die Konstitution des (männlichen) Subjekts in der Familie von der Beziehung zu Vater und Mutter ab (→ IV.5. FAMILIENROMAN). Beide ‚Entwicklungsgeschichten' basieren auf einer Ökonomie des Begehrens: Auf die Mutter (Objekt) muss ‚Ödipus' verzichten, um sich mit dem Vater (Gesetz) auszusöhnen und zu identifizieren. Die unmittelbare Triebbefriedigung wird vom Realitätsprinzip durchkreuzt (→ III.10. DER FÜRST), sodass der gleichnamige Komplex im Spannungsfeld von imaginärer Dyade und symbolischer Triade angesiedelt ist. Die Anerkennung des Ödipuskomplexes erklärt Freud daher zum „Schiboleth" (V, 128, Anm. 2) der Psychoanalyse.

Aus der antiken Dramendichtung sind vollständig nur Fassungen von Sophokles und Seneca (1. Jh. n. Chr.) erhalten, obwohl unter anderem auch Aischylos – in der Tetralogie *Laios, Ödipus, Sieben gegen Theben, Sphinx* (467 v. Chr.) – und Euripides den Mythos bearbeitet haben; darüber hinaus gibt es eine Reihe weiterer mythologischer Überlieferungen und Transformationen bis in die Gegenwart (vgl. Hühn und Vöhler 2008). Bei Sophokles stellt *König Oidipus* den zweiten Teil der *Thebanischen Trilogie* dar, deren ersten *Antigone* (442 v. Chr.) und deren dritten die Fortsetzung *Oidipus auf Kolonos* (401 v. Chr.) bilden. Letzter belegt 401 v. Chr. den ersten Platz im Wettkampf der Tragödiendichter, *König Oidipus* 427 nur den zweiten. Thema ist das Leitmotiv der attischen Tragödie, die Aristoteles in seiner *Poetik* (340–320 v. Chr.) deshalb als beispielhaft herausstellt: die in der *hýbris* (Selbstüberschätzung, Hochmut) wurzelnde tragische Schuld des Helden, die Sophokles als dessen *hamartía* im Spannungsfeld von moralischer und intellektueller Verfehlung ansiedelt und – so könnte man sagen – epistemologisch als Problem der menschlichen Erkenntnis vertieft. Zwei aufeinander bezogene Handlungsstränge bilden die Struktur des analytischen Dramas: Ödipus' Suche nach Laios' Mörder sowie nach der eigenen Herkunft beziehungsweise Abstammung läuft in einem gemeinsamen Fluchtpunkt zusammen – der Erkenntnis, dass er den Vatermord begangen und die Mutterehe vollzogen hat: ein Krimi gewissermaßen beziehungsweise eine „tragische Analysis" (Schiller 2002, 331), wie Friedrich Schiller am 2. Oktober 1797 an Johann Wolfgang Goethe schreibt (→ IV.10. KRIMINALLITERATUR). So skandalös sie auch sind und so sehr Freud zu ihrer Skandalisierung beigetragen haben mag – die beiden Ereignisse sind für den Tragiker von untergeordnetem Interesse: „Das, was das Ödipus-Drama des Sophokles als Enthüllungsdrama so dramatisch wie auch menschlich bewegend macht, ist das Phänomen des ans Licht, des an den Tag Kommens." (Schadewaldt 1970, 468)

Man könnte also provokant sagen, dass Freuds Interpretation auf die Disambiguierung des Ödipus abzielt, die mit dem Wechsel der Anschauungsform von der Zeitlichkeit der Handlung in die Räumlichkeit der Konfiguration einhergeht. Treten doch mit diesem Wechsel die beiden Ereignisse aus dem Hinter- in den Vordergrund. Freuds Interpretation zeichnet sich dadurch aus, dass sie die Vor- und die Nachgeschichte des Ödipus außer Acht lässt und zudem *König Oidipus* buchstäblich entliterarisiert, indem sie das in der Rezeptionsgeschichte zur Metatragödie gewordene Drama auf zwei mythologische Motive, die bei Sophokles nicht dargestellt sind, sondern nur den mythologischen Hintergrund bilden, herunterbricht: Vatermord und Mutterehe (vgl. Abschnitt 2.). Widerspruch provozieren sowohl dieses Verfahren als auch sein Ergebnis: Freuds Phallozentrismus, der in der postfreudianischen Psychoanalyse ebenso wie in der poststrukturalistischen und feministischen Theorie fundamental kritisiert wird (vgl. Abschnitt 3.). Dabei erweist sich insbesondere die Literatur als engagiert, die seit der Antike einen Ödipus nach dem anderen auf der Probebühne subjektiver und geschlechtlicher Identität durchspielt (vgl. Abschnitt 4.), auf der schließlich Ödipus in einen Anti-Ödipus und mithin die Psychoanalyse in ihr Anderes transformiert wird (vgl. Abschnitt 5.).

2. Der Ödipuskomplex

Freuds Auseinandersetzung mit Sophokles stellt – dem Verfahren und dem Genre nach – eine Interpretation dar, das heißt, Freud legt Sophokles' Text aus und weist diesem in seinen eigenen Schriften Bedeutung zu. Freud liest also Sophokles, und indem er ihn produktiv fehlliest, fehlversteht oder fehlinterpretiert, eignet er sich *die* Tragödie des bürgerlichen Humanismus kreativ an und macht sich zugleich zum Herrn über den Mythos. In seiner literatur-psychoanalytischen Studie *The Anxiety of Influence. A Theory of Poetry* (1973; *Einflußangst. Eine Theorie der Dichtung*) hat Harold Bloom, geschult an Freud, diese Form der Interpretation als Abwehr analysiert – als Abwehr der Angst vor dem Einfluss, den fremde Texte auf die eigenen haben. In der Fehllektüre des Sophokles schafft auch Freud „einen imaginativen Raum für sich selbst" (Bloom 1995 [1973], 9). Dabei geht es in der Auseinandersetzung mit dem attischen Tragiker um Leben und Tod, weil nichts Geringeres auf dem Prüfstand steht als die Originalität der Psychoanalyse, deren Ursprung sich einem ‚Anderen' verdankt – dem großen Dichter Sophokles, dem unsterblichen *König Oidipus*, dem notorischen ‚Vater' also. Für Bloom, der seine Theorie der Einflussangst bildlich im „Streit zwischen starken Gleichen, Vater und Sohn [...], Laios und Ödipus an der Wegkreuzung" (Bloom 1995 [1973], 14) verankert, ist daher die Einschreibung in die literarische Tradition ein ödipaler Konkurrenzkampf der ‚Söhne' gegen die ‚Väter'. Die Angst vor Ödipus durch den Ödipuskomplex abzuwehren, *das* scheint uns das eigentliche Schibboleth der Psychoanalyse zu sein, die hinter der Sophokles-Rezeption in den Freud'schen Schriften wirkt: „Die Tiefe des poetischen Einflusses kann nicht auf Quellenstudium, Ideengeschichte, Prägung von Bildvorstellungen reduziert werden. Poetischer Einfluß, oder wie ich es häufiger nennen werde, poetisches Fehlverstehen, ist notwendig das Studium des Lebenszyklus eines Dichters als Dichter." (Bloom 1995 [1973], 11)

Entstanden ist Freuds Theorie des Ödipuskomplexes über mehrere Jahrzehnte. Erstes Zeugnis ist ein Brief vom 15. Oktober 1897 an Wilhelm Fließ, in dem er „die Verliebtheit in die Mutter und die Eifersucht gegen den Vater" bei sich selbst bemerkt und verallgemeinert: „[D]ie griechische Sage greift einen Zwang auf, den jeder anerkennt, weil er dessen Existenz in sich verspürt hat. Jeder der Hörer war einmal im Keime und in der Phantasie ein solcher Ödipus, und vor der hier in die Realität gezogenen Traumerfüllung schaudert jeder zurück mit dem ganzen Betrag der Verdrängung, der seinen infantilen Zustand von seinem heutigen trennt." (Freud 1986, 293) Die viel zitierte Passage gilt in der Forschung als Gründungsstelle für den grundlegenden Theoriekomplex der Psychoanalyse. Unter Bezugnahme auf Gefühle gegenüber seinen Eltern, die Freud an sich selbst beobachtete, reklamiert er hier erstmals die mythische Figur des Ödipus, der unwissentlich seinen Vater (Laios) tötet und die Mutter (Iokaste) heiratet, für seine Psychologie. Freud erklärt ihre fesselnde Macht mit der universellen Erfahrung, die jeder Mensch in seiner Kindheit mache und die in der Dramenfigur ihren Niederschlag gefunden habe. Sie besteht nach Freud in einem Konflikt, bei dem sich die sexuellen Wünsche des Kindes auf den Elternteil entgegengesetzten Geschlechts richten und der gleichgeschlechtliche Elternteil als Rivale betrachtet wird. Freud schreibt den Brief in dem Jahr, in dem er sich einer eingehenden Selbstanalyse unterwirft – drei Jahre vor seiner *Traumdeutung*. In ihr stellt er seine Theorie der tief in der menschlichen Seele angelegten parriziden und inzestuösen Neigungen öffentlich vor:

> Sein [Ödipus'] Schicksal ergreift uns nur darum, weil es auch das unsrige hätte werden können, weil das Orakel vor unserer Geburt denselben Fluch über uns verhängt hat wie über ihn. Uns allen vielleicht war es beschieden, die erste sexuelle Regung auf die Mutter, den ersten Haß und gewalttätigen Wunsch gegen den Vater zu richten; unsere Träume überzeugen uns davon. König Ödipus, der seinen Vater Laïos erschlagen und seine Mutter Jokaste geheiratet hat, ist nur die Wunscherfüllung unserer Kindheit. Aber glücklicher als er, ist es uns seitdem, insofern wir nicht Psychoneurotiker geworden sind, gelungen, unsere sexuellen Regungen von unseren Müttern abzulösen, unsere Eifersucht gegen unsere Väter zu vergessen. Vor der Person, an welcher sich jener urzeitliche Kindheitswunsch erfüllt hat, schaudern wir zurück mit dem ganzen Betrag der Verdrängung, welche diese Wünsche in unserem Innern seither erlitten haben. (II/III, 269)

Erstmals als „Ödipuskomplex" benennt Freud den von ihm entdeckten Zusammenhang 1910 in seiner Schrift *Über einen besonderen Typus der Objektwahl beim Manne*: „Er beginnt die Mutter selbst in dem neugewonnenen Sinne zu begehren und den Vater als Nebenbuhler, der diesem Wunsche im Wege steht, von neuem zu hassen; er gerät, wie wir sagen, unter die Herrschaft des Ödipuskomplexes. Er vergißt es der Mutter nicht und betrachtet es im Lichte einer Untreue, daß sie die Gunst des sexuellen Verkehres nicht ihm, sondern dem Vater geschenkt hat." (VIII, 73) In einer 1920 nachträglich ergänzten Fußnote zu den *Drei Abhandlungen zur Sexualtheorie* (1905) schließlich stellt er die Bedeutung des Ödipuskomplexes ins Zentrum seiner Neurosenlehre: „Man sagt mit Recht, daß der Ödipuskomplex der Kernkomplex der Neurosen ist, das wesentliche Stück im Inhalt der Neurose darstellt. In ihm gipfelt die infantile Sexualität, welche durch ihre Nachwirkungen die Sexualität des Erwachsenen entscheidend beeinflußt." Wem es nicht gelingt, den Ödipuskomplex zu bewältigen, der „ist der Neurose verfallen." Seine „Anerkennung ist das Schibboleth geworden, welches die Anhänger der Psychoanalyse von ihren Gegnern scheidet" (V, 128, Anm. 2).

Diese „Bedeutung als das zentrale Phänomen der frühkindlichen Sexualperiode" (XIII, 395) insistierend umkreisend, unternimmt Freud in jenen Jahren die Ausarbeitung seiner Theorie. Dabei führt er Annahmen zu einer phallischen

Phase und Kastrationsängsten des Kindes mit Überlegungen zu Identifizierungs-
prozessen, Über-Ich-Bildung und Eintritt in die „Latenzperiode", die auf den Ödipuskomplex folgt, eng. Vor allem seine Schrift *Der Untergang des Ödipuskomplexes* (1924) soll zeigen, wie komplex jener Komplex wirklich ist: Er umfasse nicht
nur die Konzentration des Triebwunsches auf die Mutter und den hieraus resultierenden Konflikt mit dem Vater, sondern auch die Forderung des Verzichts, den
zu leisten jedoch nicht immer oder zumindest nicht vollständig gelinge, sodass
es zur Neurose komme: „Wenn das Ich wirklich nicht viel mehr als eine Verdrängung des Komplexes erreicht hat, dann bleibt dieser im Es unbewußt bestehen
und wird später seine pathogene Wirkung äußern." (XIII, 399)

Freud geht in diesem Aufsatz erstmals auf den geschlechtsspezifischen
Unterschied dieses Verlaufs der Sexualitätsentwicklung beim Knaben einerseits
und beim Mädchen andererseits ein. Seine Überlegungen hierzu arbeitet er unter
anderem in der *33. Vorlesung zur Einführung in die Psychoanalyse: Die Weiblichkeit* (1932) weiter aus. Dabei konstruiert er – unter Formulierung von Thesen zur
„Bedeutsamkeit des Penisneides" (XV, 134) des Mädchens und „Entdeckung
seiner Kastration" (XV, 135) – eine, gegenüber Männlichkeit defizitäre, Weiblichkeit, die sich dadurch, dass der Ödipuskomplex nicht (vollständig) überwunden
wird, konstituiert. Das Mädchen mache die Mutter für den Penismangel verantwortlich, wende sich in Feindseligkeit von ihr ab und trete unter Entwicklung
erst eines Penis- und dann eines Kinderwunsches, der auf den Vater als neues
Liebesobjekt übertragen werde, „in die Situation des Ödipuskomplexes ein[ ]"
(XV, 138), in dem es unbestimmt lange verbleibe. Ergebnis sei – während beim
Knaben „[u]nter dem Eindruck der Gefahr, den Penis zu verlieren, [...] der Ödipuskomplex verlassen, verdrängt, im normalsten Falle gründlich zerstört, und als
sein Erbe ein strenges Über-Ich eingesetzt" wird (XV, 138) – ein Mangel an Über-
Ich-Bildung, sozialen Interessen der Frau und Fähigkeit zur Triebsublimierung.
Nur durch die Anerkennung der eigenen Minderwertigkeit könne deren Abwehr
unterbunden werden und sich letztlich eine reife, genitale Weiblichkeit entwickeln.

So viel Kritik Freud nicht zuletzt infolge dieser Perspektiven auf ,Weib' und
,Weiblichkeit' im Lichte der Sexualfunktion erfahren hat: Seine Ödipus-Theorie
steht der Bearbeitung des griechischen Ödipus-Mythos durch Sophokles an
Wirkmächtigkeit nicht nach. Beide haben einen festen Platz in der europäischen
Geistes- und Kulturgeschichte. Beide sind weit über diese hinaus vielfältig rezipiert worden und haben nachhaltige Spuren hinterlassen (vgl. Moog-Grünewald
2008; Roßbach 2005). Für die Erfolgsgeschichte des *König Oidipus* war hierbei
entscheidend, dass Aristoteles ihn in der Dramentheorie seiner *Poetik* – vor allem
unter dem Gesichtspunkt der Handlungsführung, des Umschlagens von Glück
in Unglück (*peripeteia*) sowie von Verblendung zur Selbsterkenntnis (*anagno-*

risis, anagnorismos) – zum Musterfall der Tragödie erklärt hat (vgl. Aristoteles 2011 [340–320 v. Chr.], 1452a–1453b; Flashar 1977; Flashar 1984). Dieses Urteil trug erheblich zur Prominenz der Ödipus-Figur nicht nur in Literatur, Bildender Kunst, Musik, Theater und Film, sondern auch in verschiedenen wissenschaftlichen Disziplinen bei (vgl. Halter 1998; Segal 1992; Szlezák 1999). Zur Norm der tragischen Gattung erhoben, gilt der *König Oidipus* noch heute als Sophokles' Meisterwerk. Er stellt für die Rezeption des Ödipusmythos in und seit der Antike eine ähnliche Scheidemarke dar wie seine Aneignung durch Freud für die Rezeption in und seit der Moderne. Freuds Theorie des Ödipuskomplexes, die er in Auseinandersetzung mit dem *König Oidipus* entwickelte, hat – wie Sophokles' tragische Darstellung alle antiken – alle modernen Deutungen und Umdeutungen des Mythos an Breitenwirkung weit übertroffen.

Dazu beigetragen haben mag nicht zuletzt, dass Freud emphatisch auf die analytische Verstandeskraft verwies, mit der es gelte, der „Erkenntnis" nachzugehen, dass „Verliebtheit gegen den einen, Haß gegen den andern Teil des Elternpaares" in der Seele fast aller Kinder ablaufen und „zum eisernen Bestand" (II/III, 267) des in der Kindheit gebildeten und für die Symptomatik der späteren Neurose so bedeutsamen Materials an psychischen Regungen gehören. Den berühmten Schlusschor des *König Oidipus* – die von ihm in der *Traumdeutung* zitierte Mahnung, dass sich die Sinnfälligkeit und Folgerichtigkeit eines Lebenslaufes erst vom Ende her erschließen (vgl. II/III, 269) – begriff er als Appell, nicht mythisch verstrickt wie Ödipus zu leben, „in Unwissenheit der die Moral beleidigenden Wünsche, welche die Natur uns aufgenötigt hat", sondern um deren „Enthüllung" willen den Blick auf die „Szenen unserer Kindheit" (II/III, 270) zu wenden. Eine Schlüsselrolle bei dieser Aufgabe spielte für ihn die Traumdeutung. Freud ging davon aus, dass im Traum verdrängte Wünsche, die häufig mit Kindheitserlebnissen in Verbindung stünden und einen sexuellen Hintergrund hätten, nach Erfüllung strebten und, durch Verdichtung und Verschiebung verschleiert, mithilfe von Therapeutinnen und Therapeuten qua Interpretation zugänglich gemacht werden müssten.

3. Kritik und Korrektur

Freuds Wirkmächtigkeit ist so häufig auf ihre Ursachen befragt worden, wie Korrekturen seiner Mythenkorrektur vorgenommen oder seine Theorie auf ihn selbst angewendet und Freud *mit* oder *gegen* Freud gelesen wurde. Das ist unter anderem darauf zurückzuführen, dass seine Sophokles-Interpretation, in der er Ödipus mit dem Ödipuskomplex abwehrt und die Tragödie durch die Ausstellung zweier Motive – Vatermord und Mutterehe – disambiguiert, beides ist: Kastration und Fetischisierung des Helden, mit dem Ergebnis, dass Ödipus zum pathologischen Fall wird – zu einem Mann, der in einem bestimmten Stadium seiner psychischen Entwicklung ‚hängengeblieben' ist und einen Komplex ausgebildet hat. Das allein erklärt freilich nicht, warum Ödipus und sein Komplex die Psychoanalyse gewissermaßen verkörpern. Denn Freud selbst stattet sein Schibboleth nicht nur mit der Macht der Wiedererkennung aus, sondern hängt es wie ein Totem *vor* seiner Theorie auf: „Wenn das Totemtier der Vater ist, dann fallen die beiden Hauptgebote des Totemismus, die beiden Tabuvorschriften, die seinen Kern ausmachen, den Totem nicht zu töten und kein Weib, das dem Totem angehört, sexuell zu gebrauchen, inhaltlich zusammen mit den beiden Verbrechen des Ödipus, der seinen Vater tötete und seine Mutter zum Weibe nahm." (IX, 160)

Die Kritik des Ödipuskomplexes beginnt daher nicht mit Freud, sondern erweist sich als eine ‚verkehrte' Geschichte (*preposterous history*) – eine Geschichte, in der Kritik immer schon gewesen sein wird. Sie beginnt, wenn nicht bereits im Renaissance-Humanismus – die Weisheit des Ödipus als Rätsellöser und Sphinx-Bezwinger sind sprichwörtlich (geworden) –, mit der Philosophie des Tragischen im 19. Jahrhundert: Friedrich Wilhelm Joseph Schelling, Friedrich Hölderlin, Georg Wilhelm Friedrich Hegel, Friedrich Solger, Arthur Schopenhauer, Søren Kierkegaard oder Friedrich Nietzsche setzen sich mit Ödipus auseinander, der zum Paradigma „sittlichen Verstehens und Begreifens" (Hühn und Vöhler 2008, 506) avanciert. In Ödipus' Unschuldig-schuldig-Werden tritt der tragische Konflikt zwischen subjektiver Freiheit und objektiver Notwendigkeit (Schicksal) offen zutage: „[D]as Tragische ist ein Modus, eine bestimmte Weise drohender oder vollzogener Vernichtung, und zwar die dialektische" (Szondi 1964 [1961], 60), so rekonstruiert Peter Szondi das Ödipus-Muster – dialektisch ist die Modalität, weil sich die Freiheit allein in der Vernichtung bewährt und beweist.

Abgesehen von der Abwehr, welche die Psychoanalyse zu Freuds Lebzeiten wie heute unter Laien erfährt, weil sie gegen die Tabus der bürgerlichen und postbürgerlichen (Doppel-)Moral verstößt, brechen 1911 mit Alfred Adler und 1913 mit Carl Gustav Jung auch die Psychoanalytikerinnen und Psychoanalytiker mit Freud – nicht zuletzt aus denselben Gründen: Freuds Bewertung der Sexualität, die sich im Ödipuskomplex als triebökonomischem Paradigma spiegelt. Auch Otto Rank ersetzt ihn in seiner die Kinderpsychologie begründenden Studie *Das Trauma der Geburt und seine Bedeutung für die Psychoanalyse* (1924). Die Neopsychoanalyse (u. a. Karen Horney, Frieda Fromm-Reichmann, Harry Stack Sullivan, Harald Schultz-Hencke, Clara Thompson, Erich Fromm) behält den Ödipuskomplex seit den 1940er Jahren zwar bei, betont in Anlehnung an Adlers Individualpsychologie aber gegenüber der Freud'schen Triebtragödie bei der kindlichen Entwicklung soziale Faktoren in Familie und Umwelt. Nicht zuletzt geht es im ‚Kulturismusstreit' zwischen Fromm und Herbert Marcuse um das kritische Potenzial der Psychoanalyse, das mit dem Ödipuskomplex aufgegeben werde (→ II.3. KRITISCHE THEORIE).

Wiederum bereits in Freuds Wirkungsjahren begehren vor allem die Psychoanalytikerinnen und Psychoanalytiker gegen Freud auf. Melanie Klein, die sich unter anderem in *Die Psychoanalyse des Kindes* (1932) der Kinderanalyse und den präödipalen Objektbeziehungen sowie der Mutter-Kind-Dyade widmet, streitet sich seit 1927 – und dann jahrzehntelang – mit Anna Freud, Sigmunds Tochter, über den Ursprung des Ödipuskomplexes. Nach Klein resultiert das Über-Ich gerade nicht aus einer Identifizierung mit den Eltern, sondern aus destruktiven, sadistischen Impulsen, die sie in Freuds Todestrieb findet (→ IV.1. TRAGÖDIE). Feminismus und Gender Studies greifen Freuds Phallozentrismus, der den Phallogozentrismus seiner Schriften prägt, spätestens seit den 1960er Jahren frontal an, weil er mit dem Ödipuskomplex die Entwicklung des Mädchens zur Frau unter das negative Vorzeichen eines Mangelwesens stellt, das lediglich pervertierte Formen der Sexualität wie Masochismus oder Hysterie ausbildet (→ II.7. GENDER UND QUEER STUDIES).

Sowohl direkte Kritik als vor allem auch substantielle Korrekturen am Ödipuskomplex nehmen aber insbesondere die Theoretikerinnen und Theoretiker des Strukturalismus und Poststrukturalismus vor (→ II.4. POSTSTRUKTURALISTISCHE THEORIE). Grundlegend ist Claude Lévi-Strauss' Analyse des Ödipus-Mythos in *Anthropologie structurale* (1958; *Strukturale Anthropologie I*), mit der er der Individualpsychologie einen kulturanthropologischen Strich durch die Rechnung macht. Indem er den Lektüreschlüssel aus der *Traumdeutung* anwendet, Mythen nicht nach ihrem Bildwert, sondern ihrem Beziehungswert zu interpretieren (→ II.1. SEMIOTIK), entwickelt er die doppelte Struktur des Mythos, dessen Elemente sowohl zeitlich miteinander verbunden sind (diachronische Dimension) als auch *„Beziehungsbündel"* (Lévi-Strauss 1967 [1958], 232) bilden (synchronische Dimension). Die Analyse dieser ‚Bündel' führt dazu, dass Lévi-Strauss den Ödipus- als Schwellenmythos interpretiert, der einen Kulturkonflikt bebildert: Entstammt der Mensch der Erde (Autochthonie) oder hat er Vater und Mutter (Biologie)? Für Letzteres sprechen sowohl Aufwertung (Inzest) als auch Abwertung (Mord) von Verwandtschaftsbeziehungen, für Ersteres die vielen Elemente aus dem chthonisch-maternalen Bereich, wie insbesondere die Sphinx oder Ödipus' ‚Schwellfuß' (vgl. Lévi-Strauss 1967 [1958], 226–254). Gegen Lévi-Strauss und Freud wendet sich René Girard in seiner Studie zu *La violence et le sacré* (1972; *Das Heilige und die Gewalt*), der in der Tragödie die Ursprünge der auf Gewalt gründenden Zivilisation analysiert. Ödipus ist der Sündenbock, den die Gesellschaft gegen ihre drohende Entdifferenzierung aufbringt.

Eine Verschiebung des Ödipuskomplexes auf den Schauplatz der Sprache und Verdichtung zu ‚Le grand Autre' [dem großen Anderen], der die symbolische Ordnung vertritt und jedes unmittelbare Begehren – jede unmittelbare Objektbeziehung – ins Reich des Imaginären verweist, unternimmt Jacques Lacan im *linguistic turn* der Psychoanalyse. Vor allem in den Schriften *Le stade du miroir comme formateur de la fonction du Je* (1949; *Das Spiegelstadium als Bildner der Ichfunktion*), *L'instance de la lettre dans l'inconscient ou la raison depuis Freud* (1957; *Das Drängen des Buchstabens im Unbewussten oder die Vernunft seit Freud*) und *La signification du phallus* (1966; *Die Bedeutung des Phallus*) koppelt er den Ödipuskomplex an die Struktur der Sprache, von der die individuelle Entwicklung abhängt. Dabei werden der ‚Vater' zum Gesetz und der Phallus zum Signifikanten. In der Passage vom unsignifizierten Realen, über das Imaginäre – Lacan inszeniert es als Blick in den Spiegel, der dem Subjekt seine imaginäre Integrität vorgaukelt (→ III.8. NARZISS UND ECHO) – zum Symbolischen durchkreuzt der Signifikant das Begehren und trianguliert das Subjekt: Der Untergang des Ödipuskomplexes ist bei Lacan keine Entwicklungsstufe, sondern eine Sprachfunktion, die in und mit jedem Sprechen aktualisiert wird. Es sind Theoretikerinnen und Theoretiker, wie unter anderem Julia Kristeva, Luce Irigaray und Hélène Cixous, die das Begehren, insbesondere die Hysterie als weiblich-subversives Begehren ‚jenseits des Ödipuskomplexes' weiterdenken. Eine solch subversive, die Position des Vaters annullierende Begehrensökonomie hält auch der Masochismus bereit, den Gilles Deleuze in der Lektüre von Leopold von Sacher-Masochs Novelle *Venus im Pelz* (1870) aufwertet (vgl. Deleuze 1968 [1967]; → IV.6. FALLGESCHICHTE). Žižek sieht im Masochismus die Ablehnung des Ödipuskomplexes (vgl. Žižek 1996 [1994], 45–59), mit der sich der Knabe/Mann gegen die symbolische Ordnung ‚Vater/Gesetz/Macht' auflehnt.

Nicht das weibliche, sondern das deformierte männliche Begehren verhandeln Deleuze und Félix Guattari in *Capitalisme et schizophrénie 1. L'Anti-Œdipe* (1972; *Anti-Ödipus: Kapitalismus und Schizophrenie I*). Den Ödipuskomplex analysieren sie als psychoanalytisches Pass-Stück zum Kapitalismus. Nur der mit dem Vater identifizierte Mann ist ein staatstragender, der sich in das kapitalistische, auf Entfremdung und Ausbeutung basierende Wirtschaftssystem sowie das damit verbundene, lediglich der Reproduktion dienende Sozial- und Familiensystem einfügt. Freud modelliert also gewissermaßen den perfekten Roboter. Ein Patient wie Daniel Paul Schreber, der 1903 seine autofiktionalen *Denkwürdigkeiten eines Nervenkranken* geschrieben hat, gilt ihnen als Gegenmodell. Während Freud Schrebers Paranoia in den *Psychoanalytischen Bemerkungen zu einem autobiographisch beschriebenen Fall von Paranoia (Dementia Paranoides)* (1911) auf seine verdrängte Homosexualität zurückführt, modellieren Deleuze und Guattari in der Interpretation des Textes eine antiödipale ‚Wunschmaschine' (*machine dési-*

rante), in der das Es das Ich dominiert und das Über-Ich annulliert, wie es in der berühmten Eingangspassage heißt: „Es funktioniert überall, bald rastlos, dann wieder mit Unterbrechungen. Es atmet, wärmt, ißt. Es scheißt, es fickt. Das Es … Überall sind es Maschinen im wahrsten Sinne des Wortes: Maschinen von Maschinen, mit ihren Kupplungen und Schaltungen." (Deleuze und Guattari 1974 [1972], 7)

Der Einsicht folgt Michel Foucault, der am Ödipus-Mythos den Zusammenhang von Wissen und Macht verfolgt. In seiner Sophokles-Interpretation im Rahmen der Aufsätze über *La verité et les formes juridiques* (*Die Wahrheit und die juristischen Formen*) analysiert er 1973, wie die juristischen Praktiken in Sophokles' Tragödie – das Urteil über Schuld und Verantwortung – einen bestimmten Typus von Subjektivität form(at)ieren. Dabei wird der Ödipuskomplex zum Kontrollinstrument des Subjekts – „ein Zwangsmittel": „Ödipus ist ein Machtinstrument, mit dessen Hilfe Ärzte und Psychoanalytiker Macht über das Begehren und das Unbewusste auszuüben versuchen" (Foucault [1994] 2015, 29), um das Subjekt in die patriarchale Familienstruktur zu integrieren.

Insbesondere die Universalität des Ödipuskomplexes stellt Žižek infrage, der in etlichen gesellschafts-, kultur- und ideologiekritischen Schriften nicht nur die Autorität des Vaters für die Individualpsychologie des 20. und 21. Jahrhunderts depotenziert, sondern mit ihm auch die patriarchalen Gesellschaftsformen, die Freud noch als universal voraussetzt. Indem er das Schibboleth der Psychoanalyse – den Ödipuskomplex – aberkennt, gerät die Freud'sche Psychoanalyse selbst ins Wanken. Denn in der Lacan-Žižek'schen Psychoanalyse gibt es kein Schibboleth, kein Apriori, keine (Letzt-)Begründung, wie sie stets den blinden Fleck jedes Systems darstellt. Sie entfaltet sich in Ambiguitäten – und das nicht zuletzt im Film (vgl. u. a. Žižek 1991; → IV.9. LITERATUR – FILM: DOPPELGÄNGER). Doch auch die Literatur zeigt: Ödipus hatte keinen Ödipuskomplex – nie!

4. Von der Tragödie der Erkenntnis zum Familienalbum

Vielleicht kann man sogar sagen, dass all diese Korrekturen am Ödipuskomplex von dem sowohl kritischen als auch imaginären Potenzial der antiödipalen Bilder, Szenen und Narrative abhängen, welche die Literatur in der über zweitausendjährigen Rezeptionsgeschichte des sophokleischen *König Oidipus* ausprobiert hat. Denn auch die größten Kritikerinnen und Kritiker sind wie Freud selbst aufmerksame Leserinnen und Leser der ‚Weltliteratur'. Ödipus ist in der humanistisch geprägten Kultur omnipräsent (vgl. Kerényi und Hillman 1990; Zimmermann 2009) – die literarischen Bearbeitungen sind Legion (vgl. Hühn und Vöhler

2008), sodass die folgenden Beispiele eine bescheidene kleine Auswahl darstellen. Sein Weg durch Literatur, Bildende Kunst, Musik, Film und andere Medien schreibt eine spektakuläre Erfolgsgeschichte, deren Thema das Problem subjektiver beziehungsweise geschlechtlicher Identität vor dem Hintergrund genealogischer Entdifferenzierung ist (vgl. Steffen 1997). Drei Gruppen intertextueller Beziehungen lassen sich unterscheiden, die in Anlehnung an Renate Lachmann als Partizipation, Tropik und Transformation beschrieben werden können. Die Texte, die an der Tragödie partizipieren, referieren alle auf den *einen* mythologischen Prätext: „Partizipation schließt im Wiederholen und Erinnern der vergangenen Texte ein Konzept ihrer Nachahmung ein", das den Versuch unternimmt, die mythologische Zeit „mit der Zeit des eigenen Textes zu identifizieren oder zu überblenden" (Lachmann 1990, 39–40). Insbesondere die Übersetzungen, wie sie unter anderem Pierre Corneille (1659), John Dryden und Nathaniel Lee (1679), Voltaire (1718), Johann Jakob Bodmer (1761), Friedrich Hölderlin (1804), André Gide (1930) oder Heiner Müller (1967) vorgenommen haben, lassen sich als solche Partizipation verstehen, obwohl mit jeder Übersetzung Bedeutungsveränderungen einhergehen.

Die zweite Gruppe ist weniger friedlich gesinnt: Nicht Dialog mit der ‚Weltliteratur', sondern Protest und Widerspruch dominieren das Verhältnis dieser Texte zum Prätext. Lachmann bezeichnet diese agonalen intertextuellen Beziehungen in Anlehnung an Bloom als Tropik – „als Wegwenden des Vorläufertextes, als Kampf, tragischen Kampf gegen die sich in den eigenen Text notwendig einschreibenden fremden Texte, als Versuch der Überbietung, Abwehr und Löschung der Spuren des Vorläufertextes" (Lachmann 1990, 39). Bereits Senecas *Oedipus* aus dem ersten nachchristlichen Jahrhundert, der sich als Versuch lesen lässt, Sophokles zu disambiguieren, ist maßgeblich von Momenten solcher Tropik bestimmt. Nach 1900 hat der Tropus der Überbietung indes eine andere Form angenommen: Während er 1900 zwei Positionen verbindet, hat er nach 1900 drei Positionen inne: Sophokles – Freud – X. Den Prätext bildet nun nicht mehr Sophokles allein, sondern immer Sophokles ‚durch' oder ‚mit' Freuds Fehllektüre. So wie Freud Ödipus abwehrt, indem er den Mythos disambiguiert und den Ödipuskomplex erfindet, wehren die Schriftstellerinnen und Schriftsteller nun Freud ab – eine Abwehr, die entweder als Travestie oder Parodie der sophokleischen Tragödie in Erscheinung tritt.

Im Sinn einer Travestie stellt Hugo von Hofmannsthal in *Ödipus und die Sphinx* (1906) in Anlehnung an Joséphin Péladans *Œdipe et le Sphinx* (1903) die Vorgeschichte – Ödipus' Rückkehr aus Delphi und den Sturz der Sphinx – ins Zentrum der Handlung, in der nun wirklich ein klassisch-psychoanalytisch konzipierter Ödipus die Tragödie seines Triebschicksals aufführt. Es ist diese Ödipus-Sphinx-Konstellation, die das 20. Jahrhundert beherrscht und in unzähligen Texten, vor allem aber auch in Bildern reproduziert wird, so wie sie Gustave Moreau bereits 1864 auf dem berühmten Gemälde *Œdipe et le Sphinx* präfiguriert, indem er in der Sphinx Weiblichkeit und sexuelles Begehren in Szene setzt. Hofmannsthals Drama endet nach dem Vatermord mit der Hochzeit von Ödipus und Iokaste. Hofmannsthal legt „eine von Grund auf neue Fassung der sophokleischen Tragödie" (Bohnenkamp 1999, 210) vor, in der die Verkennungsinstanzen sowohl der Sinne als vor allem auch der Sprache adressiert werden. Einen radikaleren Weg der Verschiebung ins Säkulare, unter anderem durch Aufmerksamkeitslenkung auf den Menschen als Handelnden, wählt Friedrich Dürrenmatt, der in seiner Erzählung *Das Sterben der Pythia* (1976) das Schicksal durch den Zufall ersetzt und damit einer Tragik, der der Mensch ausgeliefert ist, den Garaus macht. Denn der Zufall hängt vom Orakel ab und dieses, das letztlich aufgrund einer Reihe zufälliger Konstellationen Wirklichkeit wird, nicht von den Göttern, sondern den Menschen: „Der einzige Ausweg, der uns offenbar offenbleibt, Ödipus dem Schicksal zu entreissen, stellt daher nur die Flucht aus der Handlung in die Akteure dar, in die Träger der Handlung. Das bedeutet, daß nicht mehr das Orakel wichtig ist, sondern die Person, die das Orakel verkündet, die Priesterin des Apoll, die Pythia." (Dürrenmatt 1998, 273)

Nachdem bereits Hofmannsthal – durch die Vorgeschichte – das Homosexualitätstabu mit dem Inzesttabu in Verbindung bringt, inszeniert etwa Pier Paolo Pasolini in seiner Verfilmung *Epido Re* (1967) den Vatermord im Horizont der Homosexualität des alten Königs Ödipus. Radikal aber hängt in Hubert Fichtes Metadrama *Ödipus auf Håknäss* (1960/1961) die Aufklärung von Mord und Abstammung mit der sexuellen Identität des Protagonisten Bernhardt zusammen. Indem dieser Sophokles' Tragödie in Hölderlins Übersetzung aufführt und dabei immer wieder auf Freuds Schibboleth referiert, wird er sich nämlich seiner Homosexualität bewusst. Dabei kommt die konstitutionelle Bisexualität des Menschen in den Blick, wie sie Freuds Entwurf des Ödipuskomplexes gewissermaßen unter der Hand begleitet (vgl. V, 73–145), und jene schizophrene Objekt-, Wunsch- und Begehrensökonomie, wie sie Deleuze und Guattari vor Augen haben:

> BERNHARDT. Ich will Ödipus spielen, hier auf Håknäss!
> HUBERTA. Was? Eine griechische Tragödie mit deutschen Anthroposophen in einem schwedischen Heim vor minderjährigen Deppen? Du bist genauso verrückt wie deine Pfleglinge, Bernhardt! (Fichte 1992 [1960/1961], 9)

Mit den Travestien gehen die Parodien Hand in Hand. Heinrich von Kleist lässt seinen Ödipus etwa als alten, geilen, hinkenden Dorfrichter im *Zerbrochnen Krug* (1811) über die Bühne und in den Perioden straucheln, indem die Tragödie der Erkenntnis mit dem Sündenfall eng und auf dem schlüpfrigen Feld der Sprache aufgeführt wird, auf dem Richter Adam versucht, die Wahrheit zu entstellen. Gide stellt im Œdipe (1931; *Ödipus*) eine im Inzest verstrickte Familie dar und vor allem bloß, in der die Brüder die Schwestern und die Mutter den Sohn begehren. In Loriots Filmkomödie *Ödipussi* (1988) wird Ödipus nur noch als beziehungsun- fähiger Muttersohn auf die Schippe genommen, bis die Tragödie der Erkenntnis im Bild der gigantischen Mutter am Himmel Manhattans stillgestellt wird, die auf den ewigen Sohn Woody Allen herabschaut – *Oedipus Wrecks* (1989; *Ödipus Ratlos*).

Abb. 1: *Oedipus Wrecks*. Reg. Woody Allen. Touchstone Pictures, 1989 (Detail).

Die dritte Gruppe der intertextuellen Beziehungen schließlich sprengt den Rahmen der Rezeptionsgeschichte vollends. Denn im Prozess der Transforma- tion wird die Tragödie „als eine über Distanz, Souveränität und zugleich usurpie- rende Gesten sich vollziehende Aneignung des fremden Textes" umgeschrieben, „die diesen verbirgt, verschleiert, mit ihm spielt, durch komplizierte Verfahren unkenntlich macht, respektlos umpolt, viele Texte mischt, eine Tendenz zu Eso- terik, Kryptik, Ludismus und Synkretismus zeigt" (Lachmann 1990, 39) – insbe- sondere nach 1900 (vgl. Lowell 1991; Moddelmog 1993). Dabei erlaubt das ödipale Dreieck alle möglichen Konfigurationen, zu denen das Inzestmotiv den *basso continuo* bildet. Die Reihe ist dementsprechend offen und umfasst im 13. Jahr- hundert unter anderem (vgl. Huber 1992) Hartmanns von Aue Inzest-Legende *Gregorius* (zwischen 1180 u. 1190) sowie Wolframs von Eschenbach „Umsetzung des Ödipusmythos" (Bertau 1983, 124) im Gralsroman *Parzival* (zwischen 1200 u. 1210), in dem bei der den Sohn begehrenden Herzeloyde ein „Iokastekomplex" (Ernst 1999, 172) diagnostiziert wird.

Vielfältige Beziehungen gibt es zum Beispiel auch zwischen William Shakespeares *King Lear* (1608; *König Lear*) und Ödipus, sowohl was den alten König selbst angeht als auch die Spiegelung der Blendung in der Nebenhandlung um Gloucester, während *Hamlet* (1603) Ödipus direkt in die Neuzeit katapultiert (→ III.9. HAMLET). Als Ödipus-Hamlet wird er hier zum Helden des bürgerlichen Bildungsromans. Im fünften Buch von Goethes *Wilhelm Meisters Lehrjahre* (1795/1796) partizipiert Wilhelm an Shakespeares *Hamlet*, indem er aus dem Text eine Bühnenfassung macht. Dabei dient ihm der melancholische Prinz als Spiegel. Goethe erweitert die Wilhelm-Hamlet-Konstellation außerdem durch die intermediale Beziehung zu dem im Roman mehrfach erwähnten Gemälde *Der kranke Königssohn*, das die Liebe des Antiochus zu seiner Stiefmutter Stratonike darstellt – in der Variante, die er in der Kasseler Gemäldegalerie gesehen hat (Antonio Bellucci, Andrea Celesti o. a. zugeschrieben, vgl. Herzog 1978) und die das ‚Erkennen' der Krankheit festhält. Am Anfang des Romans unterhalten sich Wilhelm und der Abbé über dieses Bild, das Wilhelms, durch die Nummernrevue der Frauenfiguren von Mariane bis Natalie prozessiertes, inzestuöses Begehren – seinen vermeintlichen Ödipuskomplex – exponiert:

> Ich erinnere mich einer solchen Person, aber in Ihnen hätte ich sie nicht wieder erkannt. Es ist auch schon eine geraume Zeit, in der wir uns mehr oder weniger verändern. Sie hatten, wenn ich mich recht erinnere, ein Lieblings-Bild darunter, von dem Sie mich gar nicht weglassen wollten.
>
> Ganz richtig, es stellte die Geschichte vor, wie der kranke Königssohn sich über die Braut seines Vaters in Liebe verzehrt.
>
> Es war eben nicht das beste Gemälde, nicht gut zusammengesetzt, von keiner sonderlichen Farbe, und die Ausführung durchaus manieriert.
>
> Das verstand ich nicht, und versteh es noch nicht; der Gegenstand ist es, der mich an einem Gemälde reizt, nicht die Kunst. (Goethe 1988 [1795/1796], 68–69)

Über die metonymische Verbindung der Frauenfiguren heiratet Wilhelm mit Natalie, die durch die Amazone Chlorinde in Torquato Tassos *La Gerusalemme liberata* (1574; *Das befreite Jerusalem*) – der Knabe führt es mit den mütterlichen Marionetten auf – vermittelt wird, tatsächlich (s)eine Mutter. Thomas Mann verbindet im Roman *Der Erwählte* (1951) Hartmanns Gregorius-Legende mit dem Ödipus-Mythos. Max Frisch lässt den Ödipus-Erben *Homo Faber* (1957) erkennen, dass er mit seiner eigenen Tochter Sabeth geschlafen und ihren Tod nicht verhindert hat – usw. usf.

Abb. 2: Bellucci, Antonio. *Antiochus und Stratonike* (Der kranke Königssohn). Ca. 1691–1705. Kassel. Gemäldegalerie Alte Meister.

5. Anti-Ödipus: Jean Cocteau

Der Tropus der Abwehr hat im weitverzweigten Œuvre des multimedialen Künstlers Jean Cocteau eine auffällige Dispersion erfahren, die nicht zuletzt auf die Auseinandersetzung mit der mythologischen Figur bei Sophokles und Freud zurückzuführen ist. Cocteau, dem die griechisch-römische Antike zahlreiche Referenzpunkte bot, befasste sich die gesamten 1920er Jahre hindurch immer wieder mit Sophokles und legte mehrere – einer *esthétique du minimum* folgende – *contractions* vor: verkürzende Bühnenbearbeitungen von Stücken des antiken Tragödiendichters, die in Gérard Genettes Nomenklatur intertextueller Verfahrensweisen als „concisions" (Genette 1982, 271) beschrieben werden können (vgl. Frick 1998, 336–344; Möller 1981, 300–301). Auf die *Antigone* (1922) folgten erst der 1921/1922 begonnene *Œdipe-Roi* (1925) mit dem Untertitel *Adaption libre d'après Sophocle*, dann das wohl um 1925/1926 entstandene Libretto zu Igor Strawinskys Opern-Oratorium *Oedipus Rex* (1928), das von dem Jesuiten Jean Daniélou ins Lateinische übertragen wurde (vgl. Andrus 1975; Bauschatz 1991; Möller 1981, 300–331; Töchterle 1998), und schließlich noch ein Originalstück zum selben Thema: *La Machine infernale* (*Die Höllenmaschine*), das 1932 beendet wurde. Im Zusammenhang mit diesem Stück trifft Cocteau im *Journal d'un Inconnu* (1952; *Tagebuch eines Unbekannten*) Aussagen sowohl zu Sophokles als auch zu Freud, die von der Beschäftigung mit beiden zeugen (vgl. Cocteau 1960 [1952], 13–45).

Im Folgenden geht es mit *La Machine infernale* um das Beispiel einer Sophoklesabwehr, die zugleich Freudabwehr ist. Tropik und Transformation laufen in diesem literarischen Fallbeispiel, das den Konflikt des Ödipus persiflierend ausstellt, zusammen. Cocteau schätzte Freud keineswegs. Er empfand den Wiener Professor in allen ihn als *poète* – als Dichter, Bildkünstler und Filmemacher – berührenden Aspekten und Gestaltungsproblemen als Widersacher und kritisierte wiederholt seine „Deutungskunst" (XIII, 16; vgl. Bartels 1976, 34–38) und ihren Anspruch, prinzipiell auf alle Produktionen menschlicher Phantasie anwendbar zu sein. Seine eigenen Arbeiten stellten demgegenüber eine Welt aus, die sich nicht nur dem Alltagsverstand entziehen, sondern sich auch jeder rational-klassifizierenden, der ‚Realität' verpflichteten Wissenschaft verstörend darbieten sollte. Ziel hierbei war es, entroutinierend zu wirken, indem die Erfahrung eines Anderen vermittelt wird, in dem Wirklichkeit und Poesie nicht unterschieden sind – eine spezifische Intention, die Cocteau mit vielen Autoren phantastischer Literatur teilt, sodass sein Werk als phantastisch und er selbst als Phantast bezeichnet worden ist (vgl. Yarrow 1992, 108–115).

Diesem entroutinierenden Anspruch entsprechend sind nicht zuletzt Cocteaus poetische Auseinandersetzungen mit Mythen zu bewerten: Sie richten sich als *désordres*, Unordnungen, gegen Ordnung im Sinne eindeutiger Bedeutungszuweisungen und damit gegen semantische Starrheit. Mythische Erzählungen und einzelne Mythologeme werden, wie exemplarisch im prominentesten Werk Cocteaus, dem Film *Orphée* (1950; *Orpheus*), nicht zu stabilisierenden Zwecken aufgerufen, mithin auch nicht, wie aus einer durch die historischen Ereignisse des 20. Jahrhunderts geschärften Sicht befürchtet werden könnte, im Sinne einer regressiven Mythologie. Es geht Cocteau vielmehr auch hier, in seiner sehr spezifischen ‚Arbeit am Mythos', um Destabilisierung; darum, durch Montage antiker und moderner Versatzstücke starre Formen in eine kaleidoskopische Beziehungsvielfalt zu überführen und instabil werden zu lassen (vgl. Borsò 1998, 77–97). Hierzu schuf er in seinen Werken immer wieder Zonen, die dem zwischen Binaritäten Liegenden einen Ort geben sollten: mit Schwellenfiguren bevölkerte traumartige Schwellenbereiche, die von Uneindeutigkeit und Ambiguität geprägt sind.

Die Thematik von Grenzüberschreitungen zwischen sichtbarer und unsichtbarer, innerer und äußerer Welt, Sein und Schein zieht sich auch wie ein roter Faden durch die vier Akte von *La Machine infernale* (vgl. Renger 2013, 75–87). Das

Theaterstück, das, 1932 vollendet, 1934 im Theater Louis Jouvet zu Paris urauf-
geführt wurde, ist eine äußerst freie – farcenhafte – Umarbeitung des antiken
Ödipus-Stoffes, in der die Ödipus-Sphinx-Konfiguration der griechischen Mythologie von zentraler Bedeutung ist (vgl. Renger 2011). Diese aus eigener, neuer Perspektive in Szene zu setzen, hatte Cocteau lange geplant. Bereits 1928 äußerte
er, er träume davon, „einen *Œedipe et le Sphinx*" zu schreiben, „eine Art tragikomischen Prolog zum *Œdipe Roi*" (Cocteau 1995 [1928], 678; Übers. A.-B. R.; vgl.
Poetter 1989, 314–315; 380–381). Diesen tragikomischen Prolog bilden die ersten
drei Akte von *La Machine infernale*, der vierte Akt ist, Cocteaus *esthétique du
minimum* entsprechend, eine Art *contractio* des *König Oidipus* von Sophokles,
ähnlich wie das 1921/1922 entstandene Bühnenstück *Œdipe Roi. Adaption libre
d'après Sophocle.*

Gleich der erste Akt von *La Machine infernale* exponiert die das Stück bestimmende Thematik von Grenzüberschreitungen zwischen sichtbarer und unsichtbarer, innerer und äußerer Welt. Er ist um ein warnend auftretendes Gespenst,
Laios' Geist, zentriert, das von einigen *dramatis personae* sehr wohl, von anderen
aber – vor allem von derjenigen, der die Warnung gilt: Jocaste – nicht wahrgenommen wird. Der Auftritt des Gespensts geht auf Seneca zurück, obgleich
Cocteau-Forscher in der Regel nicht auf die Seneca-Referenz, sondern auf das
Shakespeare'sche Moment des Erscheinens des Geistes zu sprechen kommen
(vgl. Belli 1969, 17–18; Guerini 1989; Hartigan 1986, 90; Mason 1940, 180–181).
Im *Oedipus* soll die Beschwörung von Laios' Geist Klarheit darüber bringen,
wer den Königsmord begangen hat – ein Motiv bei Seneca, das auch Corneille
und Voltaire in ihren Ödipus-Dramen aufgenommen haben (vgl. Seneca 1981
[1. Jh. n. Chr.], 388–394). Bei Cocteau wird mit dem von selbst erscheinenden Geist
vor allem eines klar gemacht: Das Unvermögen, ihn zu sehen oder zu hören, ist,
wie im Verlaufe des Stücks immer deutlicher wird, einer wesentlichen Unzulänglichkeit geschuldet, die Jocaste mit dem Protagonisten Œdipe teilt: der Unfähigkeit, die Welt über Sichtbares hinaus wahrzunehmen. Beiden, Jocaste wie Œdipe,
mangelt es an Befähigung zu Introspektion sowie an Aufgeschlossenheit für
übersinnliches Wissen, und zugleich an Bereitschaft zu mentaler wie physischer
Veränderung. Die alternde Jocaste, die stramme Muskeln liebt und aus erotischer
Begierde und Sehnsucht nach ihrem vor Jahren verlorenen Sohn jungen Soldaten
in dessen Alter an die Schenkel greift (hier scheint bereits das Inzestmotiv auf),
will ewig jung bleiben. Der Gernegroß Œdipe hält großsprecherisch an einem Her-
kules-Image fest, das er sich zugelegt hat, und will mit der Königin König spielen,
ohne Verantwortung zu übernehmen. Derart in Eitelkeiten, Ängste und Äußer-
lichkeiten verstrickt, errichten sich die beiden ihre eigene Hölle, ihr Infernum,
tragen sie zur Verwirklichung des infernalischen Plans der Schicksalsmaschine
bei, „einer der vollendetsten Maschinen [...], von den teuflischen Göttern erdacht

zur mathematischen Vernichtung eines Menschen". (Cocteau 1988 [1932], 154). So jedenfalls umschreibt das tragische Geschehen in einer vorwegnehmenden Zusammenfassung die sich ans Publikum richtende Stimme aus dem Off, die, bei der Aufführung von Cocteau selbst gesprochen, dem Stück als episches Element des Theaters vorangeschaltet ist, um die Handlung ganz auf den uhrwerkartigen Ablauf der ‚Höllenmaschine' zu konzentrieren.

Der strukturelle Vergleich von Cocteaus Drama mit der sophokleischen Vorlage macht deutlich, was ‚La voix' dem Zuschauer zu Beginn des Stückes bedeuten soll: Den Verlauf der ‚Höllenmaschine' zeichnet dieselbe tragische Finalität aus wie die Handlung des *König Oidipus*; das Geschehen nähert sich mit unerbittlicher Linearität dem katastrophischen Telos; die Handlung läuft so ab, wie sie abläuft, um die Gesetze der Tragödie in technischer Präzision zu erfüllen. Œdipe und Jocaste stehen hierbei paradigmatisch für den Menschen, der sich in sein Unheil verrennt – der, in Verblendung gefangen, unaufhaltsam auf seinen tragischen Fall zusteuert.

In dieser Hinsicht ähnelt Cocteaus Darstellung der des Sophokles, unterscheidet sich von dieser aber wesentlich in der systematisch durchgeführten Tragikomik und Entzauberung der *dramatis personae*. Sämtliche Figuren, Œdipe eingeschlossen, sind, bis ins Groteske karikiert, persiflierend zu skurrilen Marionetten eines infernalischen Verblendungszusammenhangs herabgestuft (vgl. Frick 1998, 388–396). Der Protagonist wird nicht als großer, an einem außerordentlichen Schicksal scheiternder Held, sondern als eine Figur vorgeführt, die kleinlich-eigensüchtig auf Macht und Ansehen ausgerichtet ist. So gesehen, ähnelt Œdipe dem Oedipus Senecas, entbehrt allerdings jeglichen Formates als König, weist mithin auch nicht die despotischen Züge des senecanischen Oedipus auf. Cocteaus Œdipe ist kein furchteinflößender Despot, sondern ein Dreikäsehoch. Seine Hybris besteht nicht, wie beim sophokleischen *König Oidipus*, in der Überschätzung einer de facto gegebenen Intelligenz; Œdipe verfügt über eine solche Intelligenz gar nicht, sondern tut sich durch besonders törichte Situationsverkennungen und Fehldeutungen seines Handelns hervor. Wie seine Mutter durchläuft er nur äußerlich Veränderungen, innerlich lebt er in Stagnation. Beider, Jocastes und Œdipes, Hybris liegt darin, dass sie sich ihren Themen (in Jocastes Fall Alter und Tod, in Œdipes Fall Selbstverantwortung als Mensch und Mann) nicht stellen, sondern, Mängel kompensierend, zueinander Zuflucht nehmen (Jocaste in Hingabe an die Jugend, Œdipe in maternaler Umarmung).

Der Kardinalfehler, den Œdipe und Jocaste dabei begehen, liegt darin, alle Hinweise und Mahnungen, die im Verlaufe des Geschehens von übernatürlicher Seite an sie herangetragen werden, zu ignorieren und auf diese Weise Einsichten und anstehende Veränderungen zu vermeiden. In Akt I (*Le Fantôme*) erscheint das Gespenst, der Geist des ermordeten Laïus, vergeblich als Warner vor dem herannahenden Unheil; seine Botschaft an Jocaste bleibt ungehört. In Akt II (*La Rencontre d'Œdipe et du Sphinx*) verkennt Œdipe die übermenschliche Natur der Sphinx, deren chimärisches Erscheinungsbild, das ambig zwischen irdischer menschlich-tierischer und überirdischer göttlicher Gestalt schillert, auf die Koexistenz eines diesseitigen sichtbaren und eines jenseitigen unsichtbaren Bereiches verweist. Seine blinde Entschlossenheit vor dieser in ihrer Natur uneindeutigen Sphinx, Ruhm und Macht zu erwerben, erweist sich als Hauptantrieb im Räderwerk der ‚machine infernale‘, die zu seiner Vernichtung wie ein Uhrwerk abläuft. In Akt III (*La Nuit des Noces*), der Hochzeitsnacht von Œdipe und Jocaste, versinken Braut und Bräutigam nach dem Verrauschen der Feste in bleierne Müdigkeit, derweil mit unheildräuenden Donnerschlägen ein Gewitter über sie hinwegzieht. Angstträume suchen sie heim, in denen weitere Zeichen bedeuten, was der Wachzustand noch verborgen hält. Doch wie die Hinweise des blinden Sehers Tirésias als Dummheiten eines alten Trottels abgetan werden und die am Ende der Feste ertönenden Gesänge Betrunkener über Mutter und Söhne unbeachtet verklingen, bleiben auch die nächtlichen Vorzeichen und Erkennungssignale unerkannt. Zu Einsicht und Erkenntnis kommt es erst siebzehn Jahre später: in Akt IV (*Œdipe Roi*). Darin nimmt Œdipe zunächst frohlockend die Nachricht vom Tod seines vermeintlichen Vaters entgegen, da er glaubt, dass sich nun das Orakel, er werde seinen Vater töten und seine Mutter heiraten, nicht mehr erfüllen könne. Doch bereitet das Frohlocken nur die fällige Wendung vor: Durch einen Boten kommt die Wahrheit heraus, Jocaste erhängt sich, Œdipe blendet sich.

Das an die Katastrophe anschließende Finale bringt die Thematik von Grenzüberschreitungen zwischen sichtbarer und unsichtbarer, innerer und äußerer Welt noch einmal prägnant zur Anschauung. Es führt einen geläuterten Œdipe und den Geist einer geläuterten Jocaste vor, die, in Akzeptanz des wahren Gangs der Dinge, sich den Sphären alternativen Wissens jenseits der sichtbaren Welt geöffnet haben und sich nun bewusst zwischen Leben und Tod befinden, „wo Traum und Wirklichkeit ineinander übergehen" (Cocteau 1973, 55; Übers. A.-B. R.). Als Iokastes Geist und Tochter Antigone den Erblindeten in die Stadt – zu den „Dichtern, mit den reinen Herzen" (Cocteau 1988 [1932], 301), mit denen sie laut Tirésias nun verwandt sind – geleiten, um von der Menschwerdung des Menschen durch das Annehmen des Schicksals zu berichten, kann Œdipe den Geist der Mutter sehen. Dies führt Jocaste darauf zurück, dass er nun wie Tirésias blind-sehend ist: „JOKASTE: Nein, Ödipus. Ich bin tot. Du siehst mich, denn du bist blind. Die anderen können mich nicht mehr sehen." (Cocteau 1988 [1932], 298)

6. Bilanz

Es ist sicher keine Überinterpretation, Cocteaus Werk als Abwehr im oben beschriebenen Sinne (Sophokles – Freud – X) zu lesen. Eine solche Sichtweise stützen – neben dem Stück selbst – zahlreiche Aussagen Cocteaus: sowohl abschätzige Bemerkungen zu Freud als auch Äußerungen zum eigenen Traumverständnis. So räumt Cocteau zwar zum Beispiel ein, dass der Künstler *für das, was er aus seiner Tiefe und aus seinem Unbewussten* gebe, nicht zuständig sei und es nur von denen, die einen beurteilen, entdeckt werden könne (vgl. Cocteau 1973, 26). Doch wendet er sich ansonsten, explizit wie implizit, gegen Freud – etwa indem er sein Werk als Ausdruck einer sexuellen Obsession und des Bemühens wertet, bei den Patientinnen und Patienten die eigene ‚Krankheit‘ zu suchen. Den Erfolg des ‚naiven Traumschlüssels‘ Freuds, der aus dem einfachsten Traum einen Komplex mache, erklärt er unter anderem mit der Resonanz einer unbeschäftigten dekadenten Gesellschaft: „Freuds Traumschlüssel ist sehr naiv. Der einfachste Traum wird Komplex getauft. Freuds sexuelle Besessenheit mußte eine unbeschäftigte Gesellschaft, bei der sich alles um das Sexuelle dreht, mitreißen." (Cocteau 1960 [1952], 41) Im Zusammenhang mit Freuds Forschungsmethoden und -resultaten gebraucht er Adjektive wie *naïf, médiocre, pauvre, assez vulgaire*; zudem wirft er Freud die Ausschlachtung der Patientinnen und Patienten zu eigenen Zwecken und Nivellierung, Anpassung an die Norm der Mehrheit vor (vgl. Rave 1984, 12–15).

Wie Freud leistet auch Cocteau mit seiner Ödipus-Rezeption, seinem eigenen Verständnis nach, Aufklärungsarbeit. Anders als Freud bedient er sich allerdings nicht rational-analytischer Methoden, sondern eröffnet mit dichterischer Phantasie eine Welt, die uneindeutig zwischen Traum und Wirklichkeit oszilliert. Dabei warnt er vor einer rein materialistischen Weltsicht und verweist auf das Unheil, das sich aus dem Unvermögen, sich der unsichtbaren Welt zu öffnen, ergebe. *La Machine infernale* klärt darüber auf, dass die Menschen eine Höllenmaschine in sich selbst tragen, die sie sich in ihren Intrigen, Eitelkeiten, Ängsten und in ihrer Unfähigkeit zu supramentaler Wahrnehmung selbst errichtet haben. Das Stück zeigt uns, dass gefeierte Helden nicht wirklich Helden sein müssen und dass es jenseits des Bereiches, der dem Alltagsverstand einsehbar ist, in Anerkennung der Nichtunterschiedenheit von Poesie und Wirklichkeit etwas zu entdecken gilt, was herkömmlichen Zuordnungs- und Verstehensansprüchen entzogen ist.

Cocteau wandte sich mit seiner *Machine infernale* gewissermaßen mit Sophokles gegen Freud. In der Anlage maschinenhafter Linearität und Finalität des sich letztlich erfüllenden Schicksals trifft sich seine Konstruktion mit der des Sophokles, mag sie in ihrer Modernität auch in dem einen oder anderen Punkt von den Vorstellungen des griechischen Tragödiendichters unverkennbar abweichen.

Die Tendenz Cocteaus, Sophokles gegen Freud in Dienst zu nehmen, geht auch aus seinem *Journal d'Inconnu* hervor. Darin heißt es mit Bezug auf die Theorie vom Ödipuskomplex, Freud würde fast mit seinem – Cocteaus am alten attischen Tragiker orientierten – Ansatz übereinstimmen, „wenn Sophokles nicht an das äußere Schicksal geglaubt hätte". Er, Cocteau, habe das grausam farcenhafte Moment des vom antiken Tragiker dramatisierten Mythos noch gesteigert, indem er in *Machine infernale* „Ödipus' Sieg über die Sphinx als Scheinsieg [...], der aus Ödipus' Hochmut entsteht", dargestellt habe (Cocteau 1960 [1952], 43). Den Ödipuskomplex infrage zu stellen, heißt deshalb nicht weniger, als wiederum den Vater (Freud) zu töten und sich mit der, wenn auch noch so ablehnend perspektivierten, Psychoanalyse die Mutter zum Weib zu nehmen. In dieser Behandlung der Ödipus-Figur zeigt sich deutlich Cocteaus Selbstverständnis als entroutinierender Dichter. Unter Einsatz mythischer Versatzstücke arbeitete er dichterisch gegen eingeschliffene Sicht- und Verstehensweisen und damit auch gegen die Vereinnahmung von Mythen, wie er sie beispielhaft durch Freud, der Ödipus als Namensgeber für einen der grundlegenden Theoriekomplexe der Psychoanalyse in Anspruch genommen hatte, ins Werk gesetzt sah.

Literatur

Andrus, Toni W. „Oedipus Revisited. Cocteau's ‚Poésie de théâtre'". *The French Review* 48.4 (1975): 722–728.

Aristoteles. *Werke in deutscher Übersetzung*, Bd. 5: *Poetik*. Übers. von Arbogast Schmitt. Hrsg. von Christoph Rapp. 2. Aufl., Berlin 2011 [340–320 v. Chr.].

Bartels, Martin. *Selbstbewusstsein und Unbewusstes. Studien zu Freud und Heidegger*. Berlin, New York 1976.

Bauschatz, Paul. „Œdipus. Stravinsky and Cocteau Recompose Sophocles". *Comparative Literature* 43.2 (1991): 150–170.

Belli, Angela. *Ancient Greek Myths and Modern Drama*. New York 1969.

Bertau, Karl. *Wolfram von Eschenbach*. München 1983.

Bloom, Harold. *Einflussangst. Eine Theorie der Dichtung*. Übers. von Angelika Schweikhart. Basel, Frankfurt a. M. 1995 [1973].

Bohnenkamp, Klaus. „Des Ödipus Ende – Hugo von Hofmannsthals Entwürfe zu einer Neufassung des sophokleischen *Ödipus auf Kolonos*". *Jahrbuch des Freien Deutschen Hochstifts* (1999): 198–245.

Borsò, Vittoria. „Der Orpheus-Mythos neu geträumt. Anmerkungen zu Jean Cocteaus Theater und Film". *Antike Dramen neu gelesen, neu gesehen. Beiträge zur Antikenrezeption in der Gegenwart*. Hrsg. von Karl Hölz et al. Frankfurt a. M. u. a. 1998: 77–97.

Cocteau, Jean. *Tagebuch eines Unbekannten*. Übers. von Johannes Piron. Berlin 1960 [1952].

Cocteau, Jean. „Die Höllenmaschine" [1932]. Übers. von Herbert Mühlbauer. Cocteau, Jean. *Werkausgabe in zwölf Bänden*. Hrsg. von Reinhard Schmidt. Frankfurt a. M. 1988: 147–302.

Cocteau, Jean. *Du cinématographe. Textes réunis et présentés par André Bernard et Claude Gauteur*. Paris 1973.

Cocteau, Jean. „Opium" [1928]. Cocteau, Jean. *Romans/poésies, poésies critique, théâtre/cinéma*. Paris 1995.

Deleuze, Gilles. „Sacher-Masoch und der Masochismus" [1967]. Sacher-Masoch, Leopold von. *Venus im Pelz. Mit einer Studie über den Masochismus von Gilles Deleuze*. Übers. von Gertrud Müller. Frankfurt a. M. 1968: 163–278.

Deleuze, Gilles und Félix Guattari. *Kapitalismus und Schizophrenie I. Anti-Ödipus*. Übers. von Bernd Schwibs. Frankfurt a. M. 1974 [1972].

Dürrenmatt, Friedrich. „Schicksal und dramaturgische Notwendigkeit. Ödipus, Wagner, Verdi, Shakespeare, Brecht". Dürrenmatt, Friedrich. *Der Mitmacher. Ein Komplex*. Zürich 1998: 268–274.

Ernst, Ulrich. „Formen analytischen Erzählens im *Parzival* Wolframs von Eschenbach. Marginalien zu einem narrativen System des Hohen Mittelalters". *Erzählstrukturen der Artusliteratur. Forschungsgeschichte und neue Ansätze*. Hrsg. von Friedrich Wolfzettel. Tübingen 1999: 165–198.

Fichte, Hubert. *Ödipus auf Håknäss*. Frankfurt a. M. 1992 [1960/1961].

Flashar, Hellmut. „König Ödipus. Drama und Theorie". *Gymnasium* 84 (1977): 120–136.

Flashar, Hellmut. „Die Poetik des Aristoteles und die griechische Tragödie". *Poetica* 16 (1984): 1–23.

Foucault, Michel. *Die Wahrheit und die juristischen Formen*. Übers. von Michael Bischoff. Frankfurt a. M. 2015 [1994].

Freud, Sigmund. *Briefe an Wilhelm Fließ 1887–1904. Ungekürzte Ausgabe*. Hrsg. von Jeffrey Moussaieff Masson. Frankfurt a. M. 1986.

Frick, Werner. ‚*Die mythische Methode'. Komparatistische Studien zur Transformation der griechischen Tragödie im Drama der klassischen Moderne*. Tübingen 1998.

Genette, Gérard. *Palimpsestes. La littérature au second degré*. Paris 1982.

Goethe, Johann Wolfgang. *Wilhelm Meisters Lehrjahre*. Johann Wolfgang Goethe. *Sämtliche Werke nach Epochen seines Schaffens. Münchner Ausgabe*, Bd. 5: *Wilhelm Meisters Lehrjahre*. Hrsg. von Hans-Jürgen Schings. München 1988 [1795/1796].

Guerini, Rosalba. „*La macchina infernale* di Jean Cocteau". *Studi di letteratura francese* 15 (1989): 140–167.

Halter, Thomas. *König Oedipus. Von Sophokles zu Cocteau*. Stuttgart 1998.

Hartigan, Karelisa V. „Oedipus in France. Cocteau's Mythic Strategy in *La Machine Infernale*". *Classical and Modern Literature. A Quarterly* 6.2 (1986): 89–95.

Heinrich, Klaus. *Dahlemer Vorlesungen*, Bd. 3: *Arbeiten mit Ödipus. Begriff der Verdrängung in der Religionswissenschaft*. Hrsg. von Hans-Albrecht Kücken u. a. Basel, Frankfurt a. M. 1993.

Herzog, Erich. *Spuren Goethes in Kassels Galerien*. Kassel 1978.

Huber, Christoph. „Mittelalterliche Ödipus-Varianten". *Festschrift für Walter Haug und Burghart Wachinger*, Bd. 1. Hrsg. von Johannes Janota, Walter Haug und Burghart Wachinger. Tübingen 1992: 165–199.

Hühn, Helmut und Martin Vöhler. „Oidipus". *Mythenrezeption – Die antike Mythologie in Literatur, Musik und Kunst von den Anfängen bis zur Gegenwart*. Hrsg. von Maria Moog-Grünewald. Stuttgart 2008: 500–511.

Kerényi, Karl und James Hillman. *Oedipus Variations. Studies in Literature and Psychoanalysis*. Dallas 1990.

Lachmann, Renate. *Gedächtnis und Literatur. Intertextualität in der russischen Moderne.* Frankfurt a. M. 1990.

Lévi-Strauss, Claude. *Strukturale Anthropologie I.* Übers. von Hans Naumann. Frankfurt a. M. 1967 [1958].

Mason, P. G. „*La Machine Infernale.* A Modern Adaptation of the Oedipus Legend by Jean Cocteau". *Greece & Rome* 9.27 (1940): 178–187.

Moddelmog, Debra. *Readers and Mythic Signs. The Oedipus Myth in Twentieth-Century Fiction.* Carbondale 1993.

Möller, Dieter. *Jean Cocteau und Igor Strawinsky. Untersuchungen zur Ästhetik und zu „Oedipus Rex".* Hamburg 1981.

Poetter, Jochen (Hrsg.). *J. Cocteau. Gemälde, Zeichnungen, Keramik, Tapisserien, Literatur, Theater, Film, Ballett.* Köln 1989.

Rave, Klaus. *Orpheus bei Cocteau. Psychoanalytische Studie zu Jean Cocteaus dichterischem Selbstverständnis.* Frankfurt a. M. 1984.

Renger, Almut-Barbara. „Ödipus vor der Sphinx im 5. Jahrhundert v. Chr. Einführende Bemerkungen zu einer mythischen Konstellation in Text und Bild". *Wege der Sphinx. Monster zwischen Orient und Okzident.* Hrsg. von Lorenz Winkler-Horacek. Rahden/Westf. 2011: 169–178.

Renger, Almut-Barbara. *Oedipus and the Sphinx. The Threshold Myth from Sophokles through Freud to Cocteau.* Chicago 2013.

Roßbach, Nikola. *Mythos Ödipus. Texte von Homer bis Pasolini.* Leipzig 2005.

Schadewaldt, Wolfgang. „Der König Oedipus des Sophokles in neuer Deutung". Schadewaldt, Wolfgang. *Hellas und Hesperien.* Zürich 1970: 466–476.

Schiller, Friedrich. „Brief an Johann Wolfgang Goethe vom 2.10.1797". Schiller, Friedrich. *Werke und Briefe in zwölf Bänden*, Bd. 12: *Briefe II. 1795–1805.* Hrsg. von Norbert Oellers. Frankfurt a. M. 2002: 329–331.

Segal, Charles. *Oedipus Tyrannus. Tragic Heroism and the Limits of Knowledge.* New York 1992.

Seneca. *Oedipus. Lateinisch/deutsch.* Hrsg. und übers. von Konrad Heldmann. Stuttgart 1981 [1. Jh. n. Chr.].

Sophokles. *Dramen. Griechisch und deutsch.* Hrsg. und übers. von Wilhelm Willige. 2. Aufl., Darmstadt 1985 [429–425].

Szlezák, Thomas A. „Ödipus nach Sophokles". *Antike Mythen in der europäischen Tradition.* Hrsg. von Heinz Hofmann. Tübingen 1999: 199–220.

Szondi, Peter. *Versuch über das Tragische.* 2. Aufl., Frankfurt a. M. 1964 [1961].

Töchterle, Karlheinz. „Wortgeklingel, Konstrukt oder Sprachmagie? Zum Libretto von Strawinskys *Oedipus Rex*". *Resonanzen. Innsbrucker Beiträge zum modernen Musiktheater bei den Salzburger Festspielen.* Hrsg. von Christiane Mühlegger und Bettina Schwarzmann-Huter. Innsbruck, Wien 1998: 113–126.

Yarrow, Ralph. „Ambiguity and the Supernatural in Cocteau's *La Machine Infernale*". *Staging the Impossible. The Fantastic Mode in Modern Drama.* Hrsg. von Patrick D. Murphy. London 1992: 108–115.

Zimmermann, Bernhard (Hrsg.). *Mythische Wiederkehr. Der Ödipus- und Medea-Mythos im Wandel der Zeiten.* Freiburg i. Br. 2009.

Žižek, Slavoj. *Hamlet vor Ödipus. Die Postmoderne als Mythos der Moderne*, 2001. http://sammelpunkt.philo.at:8080/1791/1/09Zizek.pdf (30. August 2016).

Filmverzeichnis

Oedipus Wrecks. Reg. Woody Allen. Touchstone Pictures, 1989.
Ödipus Rex [Edipo Re]. Reg. Pier Paolo Pasolini. Water Bearer Films, 2003 [1967].

III.7. Antigone

Cecilia Sjöholm

1. Von Ödipus zu Antigone

Seit ihren Anfangstagen hat die Psychoanalyse zur allgemeinen Theorie des Begehrens beigetragen, und das insbesondere im Hinblick auf die Künste. Nicht zuletzt die Surrealisten feierten Sigmund Freud und beriefen sich auf ihn als Zeugen dafür, wie unbewusstes Begehren zum *objet trouvé* führt – zu einem erotisch aufgeladenen Objekt (vgl. Breton 1963, 14–15). Davon zeugen sowohl Hans Castorps Besessenheit von Clawdia Chauchat in Thomas Manns *Der Zauberberg* (1924) als auch Gustav von Aschenbachs Besessenheit von Tadzio im *Tod in Venedig* (1912) (→ IV.11. LITERATUR DER MODERNE). Vor allem aber sind Kino und Film damit beschäftigt, dieses Begehren auszuloten, wenn etwa Norman Bates (gespielt von Anthony Perkins) in Alfred Hitchcocks *Psycho* (1960) seine nackten weiblichen Opfer ersticht und gleichzeitig die Rolle seiner toten Mutter einnimmt. Dabei stellen die Beispiele mit dem Ödipuskomplex die psychoanalytische Matrix des Begehrens aus, die heute durch feministische, gender- und queertheoretische sowie postkoloniale Theorien ernsthaft herausgefordert wird. Wenn die Psychoanalyse daher ihre Relevanz innerhalb des rezenten Theoriesettings behaupten will, muss sie den Kern ihrer Lehre überprüfen: den Ödipuskomplex. Bei diesem Unterfangen kann Ödipus' Tochter Antigone hilfreich sein (vgl. Sjöholm 2004). Denn Antigone fordert die Logik des psychoanalytischen Diskurses heraus. Mit ihr stehen nicht nur der Zusammenhang von Geschlecht und Gesellschaft oder genderspezifische Zuschreibungen an Subjektivität und Handlungsfähigkeit infrage, sondern vor allem auch der Status des Objekts an sich: Können wir den Phallus als Symbol des begehrten Objekts abschaffen, aber trotzdem die psychoanalytische Theorie aufrechterhalten? Können wir über Begehren als etwas sprechen, das sich jenseits der von Freud und Jacques Lacan vorgegebenen phallischen Strukturen bewegt? Kurzum: Können wir der Psychoanalyse weiter folgen und dennoch die Ära des Phallus hinter uns lassen?

Die Abhängigkeit der Psychoanalyse von einer phallischen Logik des Begehrens kritisieren Julia Kristeva, Luce Irigaray und Hélène Cixous fundamental, indem sie die Sprache des Begehrens an sich dekonstruieren und reformulieren (→ II.7. GENDER UND QUEER STUDIES). Von ihnen inspiriert, vollziehen postmo-

Übersetzung: Aus dem Englischen übersetzt von David Pister

https://doi.org/10.1515/9783110332681-016

derne Theoretikerinnen und Theoretiker einen *turn* von Ödipus zu Antigone (vgl. Söderbäck 2010; Wilmer und Zukauskaite 2010; → II.4. POSTSTRUKTURALISTISCHE THEORIE). Vor allem Judith Butler bricht in ihrer Lesart des Antigone-Stoffs mit der heteronormativen Strukturierung der Psychoanalyse, insbesondere mit ihrer theoretischen Abhängigkeit von einer patriarchal geprägten Familienstruktur, die gegenderte Positionen an einem normierten sozialen Schema ausrichtet (vgl. Butler 2002, 19). Für Butler fordert Antigone die soziale Normierung, das heißt Naturalisierung familialer Strukturen heraus und impliziert, dass diese Strukturen von sozialen, politischen und kulturellen Veränderungen bestimmt werden. Im Anschluss daran hat Tina Chanter auf Antigones Relevanz in Zeiten politischer Krisen hingewiesen, indem sie unsere Aufmerksamkeit von den tragischen Strukturen des Stückes ab- und auf den dort relevanten Subtext von Sklaverei und Kolonialismus hinlenkt (vgl. Chanter 2011, xii; Chanter und Kirkland 2014). Die Doppeleinheit ‚Antigone/Ödipus' stellt schließlich Bonnie Honig insofern infrage, als beide stets dem psychoanalytischen Diskurs verhaftet sind. Stattdessen versucht sie, Antigone für das politische Imaginäre fruchtbar zu machen (vgl. Honig 2013). Fémi Òsófisan bearbeitet Antigone (*Tègònni*, 1999) und versetzt den Ort der Handlung nach Afrika, womit er die Annahme verwirft, Antigone konfrontiere ausschließlich mit Problemen der westlichen Zivilisation (vgl. Òsófisan 1999; → II.6. POSTCOLONIAL UND CRITICAL RACE STUDIES).

Allen Theoretikerinnen und Theoretikern geht es mit Antigone um ein ‚nichtuniversales' Paradigma des Begehrens. Ob sie auf eine Kritik der Normativität, eine Kritik der westlichen Hegemonisierung, eine Relektüre politischer Geschlechterrollen oder eine neue Sichtweise auf das Verhältnis von Sklaverei und Herrschaft abzielen: Antigone gibt Anlass dazu, fundamentale Fragen der Ethik, Politik und Ästhetik zu überdenken. Dergestalt ist sie zum Rollenmodell von Theorien geworden, die Geschlecht, Subjektivität und Handlungsfähigkeit in der westlichen Kultur- und Ideengeschichte überprüfen: „[A]bandoning Antigone is not something we are simply free to do." (Honig 2013, 37) Im Folgenden möchte ich ausführen, dass die Fragen, die Antigones Begehren aufwerfen, weniger zu einer Denkfigur ‚femininer' Subjektivität als zu einer Kritik des Objekts an und für sich führen – oder besser: zu einer Kritik eines Paradigmas, innerhalb dessen sich die Frage nach dem Objekt stellt. Sowohl Marxismus und Kritische Theorie als auch Psychoanalyse beziehen sich bisher auf das Objekt als naturalisiertes Tauschobjekt aus ökonomischer, sozialer sowie psychologischer Sicht, ohne dabei jemals den patriarchal-universalen Bezugsrahmen zu verlassen (→ II.3. KRITISCHE THEORIE). Wenn also Antigone für das Problem des Begehrens fruchtbar gemacht werden soll, dann nicht, um – im Vergleich zu Ödipus – tiefere Einsichten in die Triebökonomie zu erlangen, sondern um zu zeigen, wie Antigone den Diskurs über dieses Objekt erschüttern oder sogar abschaffen kann.

2. Sophokles' *Antigone* (442 v. Chr.)

Antigones verstörende Beharrlichkeit, wie sie Sophokles in seiner Tragödie vorführt, mag zunächst schwerlich als eine Form des Begehrens interpretiert werden. Sie besteht schließlich nicht auf etwas, was sie für ihr Leben oder in ihrem Leben will, sondern auf etwas, das sie machen muss, um die Toten zufriedenzustellen. Bei Sophokles treffen wir Antigone in dem Moment, in dem sie gerade im Begriff ist, ihre Schwester Ismene vom verbotenen Begräbnis des Bruders zu überzeugen. Da sich Ismene weigert zu helfen, will Antigone das Begräbnis allein vornehmen: „Doch weiß mir hold, die ich zumeist erfreuen muß!" (Sophokles 1985 [429–425 v. Chr.], 199, im Folgenden allein unter Angabe der Seitenzahl zitiert) Ismene versucht indes, sie davon abzubringen, und das nicht nur aus Angst vor den Konsequenzen, die beide als recht- und schutzlose Frauen unter Kreons Herrschaft zu befürchten hätten, sondern auch aus Unbarmherzigkeit, die sich in Antigones Geste zeigt: „du begehrst Unmögliches." (199)

Schon in der Eröffnungsszene entpuppt sich Antigones Entscheidung, ihren Bruder zu beerdigen, nicht nur als politische Geste, sondern auch als eine des Widerstands gegen ein neues Gesetz. Diese Geste scheint darüber hinaus von einem Begehren nach dem toten Bruder geprägt zu sein, zeugt sie doch von Leidenschaft und von Liebe, die Ismene kalt und unheimlich sind. Das Unheimliche klingt erneut im wohl meistzitierten Chorgesang der Tragödie an – im zweiten Stasimon: *Hymnos des Menschen*, in dem der Chor jenen Menschen eine Stimme verleiht, die sowohl kraftvoll als auch unheimlich auftreten. In diesem Gesang hören wir über den Menschen als *deinon*, der durch drei Fähigkeiten charakterisiert ist: durch die Fähigkeit, den Boden zu bestellen, durch die „Rede und, rasch wie der Wind, / das Denken" sowie schließlich durch „den Trieb, / die Staaten zu ordnen" (217). Den Grund dafür, warum Sophokles den Menschen in dieser Tragödie als *deinon* anrufen lässt, erfahren wir in der letzten Zeile des Chors: Dort geht es um den Konflikt zwischen weltlichen und göttlichen Gesetzen. Dieser Konflikt klingt auch im nächsten Stasimon an, in dem das Haus der Labdakiden, Antigones Familie, als Ursprung des Übels identifiziert wird: die *ate* oder das unheilvolle Mal der Verdammnis, das dem Haus von Ödipus – und damit auch von Antigone – schon seit Generationen anhaftet. Antigones Handlungen und Gesten erscheinen dergestalt als eindringliche Wiederholung dieser *ate*. Deshalb darf der Konflikt zwischen weltlichen und göttlichen Gesetzen nicht länger auf einer ausschließlich politischen Ebene interpretiert werden. Ihr Gelöbnis, den Bruder zu beerdigen, kann ebenso gut zusammen mit ihrer Berufung auf göttliche Gesetze in Verbindung gebracht werden:

ANTIGONE:
Es war ja Zeus nicht, der es mir verkündet hat,
noch hat die Gottheit, die den Toten Recht erteilt,
je für die Menschen solche Satzungen bestimmt.
Auch glaubte ich, so viel vermöchte kein Befehl
von dir, um ungeschriebne, ewige, göttliche
Gesetze zu überrennen als ein Sterblicher.
Denn nicht von heut und gestern, sondern immerdar
bestehen sie: niemand weiß, woher sie kommen sind. (223)

In ihrer Beschwörung verlangt Antigone nach Gerechtigkeit und widersetzt sich Kreons willkürlichem und weltlichem Gesetz aufgrund eines Gespürs für göttliche Autorität. Doch wenn sie später vorschlägt, dass man zwar ihren Mann und ihre Kinder, nicht jedoch ihren Bruder ersetzen könne, deutet dieses Gespür auf Besessenheit hin – und zwar Besessenheit nicht von den alten Bräuchen der Gesellschaft, sondern von der Einzigartigkeit ihres Bruders. Polyneikes kann nicht ersetzt werden; er ist an Antigone gebunden. Deshalb muss nach dem Punkt gesucht werden, an dem sich Antigones Begehren festmachen lässt.

Sicherlich kann ihre Bindung an den Bruder als Aspekt des Familienfluchs gesehen werden – einer Familie, die sowohl weltliche als auch göttliche Gesetze gebrochen hat: Ödipus heiratet seine Mutter, weil sein Vater versucht hat, einem Schicksal zu entkommen, das schon längst vorbestimmt war. Wenn dann der *Hymnos des Eros* gesungen wird, begegnet uns die *ate* des unheilvollen Begehrens wieder: Weder Menschen noch Götter können dem Wahnsinn der Liebe entkommen. Liebe ist grausam und ungerecht, verursacht Konflikte und verändert Menschen. Wenn es die *ate* also gibt, dann liegen ihre Wurzeln im Begehren. Der Schlüssel zu dieser intrinsischen Bindung zwischen Begehren und Verfall wird bereits in der ersten Szene angekündigt, in der Ismene Antigone für kühl hält, weil sie lieber die Toten als die Lebenden zufriedenstellen möchte. In mehreren Szenen wird diese unheimliche Eigenschaft wiederholt: „[V]iel längre Zeit als hier / muss ich da drunten denen wohlgefallen, dort / werd' ich ja immer liegen" (199), bemerkt Antigone, und der Chor ist tränenerfüllt, als sie die Kammer der Toten betritt, die eigentlich ein Brautgemach hätte sein sollen. Diese Szene komplettiert die tragische Konsequenz der *ate*, die schon von Anfang an angelegt ist; eine Logik, in welcher sich die Figuren auf Geschehnisse zubewegen, die schon am Anfang des Stückes festgelegt sind. In diesem Sinn stellt Martin Heidegger fest: „Deshalb geschieht in der griechischen Tragödie fast nichts. Sie fängt an mit dem Untergang." (Heidegger 1984 [1942], 128)

Sophokles gebraucht das Wort *ate* auf eine absichtlich unbestimmte Art und Weise. Es bedeutet sowohl Unheil und Wahnsinn als auch ‚Vernarrtheit'. Darin liegt die Doppelnatur der *ate* begründet: Sie ist einerseits göttlicher Natur, andererseits aber auch von Menschen internalisiert und führt zu „Schlimme[m]" (241), weil ihr niemand entfliehen kann. Ihr Wirken kann indes nur in der Retrospektive erkannt werden, weil Figuren diejenigen Taten ausführen, gegen die sie sich bis dahin gesträubt haben. Diese Taten werfen Licht auf eine frühere, ursprünglichere Grenzverletzung. Denn in der Besessenheit von ihrem Bruder folgt Antigone einem Pfad, der für sie schon mit Ödipus' Inzest vorgegeben war. Obwohl diese Geschehnisse in der Vergangenheit liegen, führt *ate* in den Handlungen der Gegenwart Regie, indem sie die Figuren für ihre eigenen Motivationen blind macht. Unter dem Strich ist *Antigone*, wie jede Tragödie, daher durch Wiederholungen und Verwicklungen charakterisiert (→ IV.1. TRAGÖDIE). Sophokles kümmert sich nämlich nicht um Einzelschicksale, sondern bewegt sich entlang einer logischen Achse, die von einem nach und nach offengelegten Ereignis erschüttert wird; die Figuren sind indes durch dieses Ereignis miteinander verbunden, ihre Taten wiederholen vergangene Ereignisse.

Antigones Begehren folgt also einer vererbten Kausalität. Gleichzeitig scheint ihre Fixierung auf den toten Bruder aber auch eine Art von Melancholie zu sein, die Freud als Unfähigkeit zu trauern interpretiert hat. In *Trauer und Melancholie* (1917) heißt es in diesem Sinn: „Bei der Trauer ist die Welt arm und leer geworden, bei der Melancholie ist es das Ich selbst." (X, 431) Die um ein verlorenes Objekt trauernde Person geht durch verschiedene Bewältigungsprozesse. So kann die geliebte Person etwa durch Erinnerungen oder Bilder wieder ins Leben gerufen werden, die den Trauerschmerz lindern. Der Melancholiker leidet indes auf eine ganz andere Art und Weise. Es gibt kein spezifisches ‚Vorher' oder ‚Nachher' der Melancholie, nichts was ihr spezifisch vorangeht beziehungsweise aus einem Verlust folgt. Stattdessen leidet der Melancholiker an seiner introvertierten Libido. Er wird von einem Begehren regiert, das nicht auf ein Objekt gerichtet ist, sondern auf eine Leerstelle, an der vorher das Objekt war. Nach Freud zeichnet sich der Melancholiker deshalb durch Regression aus, durch Selbsthass, durch narzisstische Störungen, durch Analfixierung, durch zuweilen auch manische Ausbrüche. Der Melancholiker ist unfähig, seine Fixierung auf eine aus dem Objektverlust resultierende „schmerzhafte Wunde" zu überwinden. Diese wird zum Mittelpunkt seines Daseins und ersetzt „den Kampf um das Objekt" (X, 446) durch Hass, der gegen das eigene Ich gerichtet ist.

Antigones Fixierung auf ihren Bruder kann man also durchaus als introvertiertes Begehren auslegen. Dafür müssten wir jedoch die ödipale Logik des Objekts mit ins Kalkül ziehen, obwohl wir es mit einem abwesenden Objekt zu tun bekommen. Antigone ist nicht einfach unfähig zu trauern; sie hängt am Körper ihres Bruders, als wäre er ein Teil ihrer selbst. Diese Abhängigkeit wiederholt sich auch bei den anderen Figuren. Vor allem drei Szenen der Tragödie spiegeln einander: erstens die Szene, in der die Wachen berichten, dass Antigone beim Vergraben ihres Bruders gesehen wurde; zweitens die Szene in der Höhle, in der Haemon den toten Körper Antigones umarmt; drittens in der Schlussszene der Tragödie, in der Haemons Vater Kreon den Körper seines toten Sohnes in den Armen hält. In der ersten Szene bezeugt die Wache das Begräbnis von Antigones Bruder – einen Akt, währenddessen ihre Trauer den Zuschauern sowohl mütterlich als auch tierisch erscheint: „[S]ie jammert bitterlich: / scharf klang es wie beim Vogel, der verwaist im Nest / das Lager seiner Jungen aufgefunden hat" (221). Die Szene bildet Antigones transgressive Bindung an Polyneikes klar ab: Sie klagt laut und verflucht die Mörder ihres Bruders, während sie seinen Körper mit Sand bestreut, als würde sie ihn mit Wasser übergießen. Diese Szene ist deshalb so ausdrucksstark, weil sie eine bildgebende Transformation andeutet. Antigone steht neben sich, während sie eine Tat ausübt, in der sie den Körper des Bruders nicht von dem eines geliebten Kindes unterscheiden kann; sie scheint verwirrt und halluziniert.

In der zweiten Szene finden wir Haemon, der sich mit einer verzweifelten Umarmung an den von der Decke hängenden Körper Antigones klammert. Erneut wird die Szene aus der Sicht von Zeugen erzählt. Die Wachen, die Kreon beim Fund Haemons in Antigones Grab begleitet haben, erzählen Kreons Frau Eurydike, wie Haemon den toten Körper umarmt: „Er aber, knieend, hält umfangen ihren Leib / und jammert über der Geliebten Untergang, / des Vaters Tat und das verlorne Liebesglück." (267) Als Kreon sich ihm nähert, treibt Haemon sich ein Schwert durch den Leib und stirbt aus freiem Willen. Den Körper der toten Antigone umarmend, stirbt er und feiert Hochzeit „in des Hades Haus" (269). Von Interesse ist an dieser Stelle, dass Haemons Umarmung als *peripeteia* beschrieben wird (vgl. 267). Dieses Wort ist zweideutig: Es kann einerseits eine Wende des Schicksals andeuten; so verwendet es etwa Aristoteles, wenn er den Sturz des tragischen Helden vom Glück ins Unglück beschreibt (vgl. Aristoteles 2011 [340–320 v. Chr.], 1449b–1450a). Andererseits konnotiert das Wort eine chiastische Umarmung. An dieser Stelle zielt *peripeteia* also auf eine ,Leiche haltende Leiche' ab (vgl. 267–269). Diese Konnotation hat in der Forschung bisher kaum Aufmerksamkeit erlangt, obwohl sie an dieser Stelle besonders signifikant erscheint. Haemon, der Antigones toten Körper umarmt, spiegelt wiederum Antigone, die den toten Polyneikes an sich drückt. Als Wendepunkt betrachtet, steht diese Umarmung aber auch für Kreons finalen Sturz, der nicht nur seinen Sohn, sondern auch seine Macht über Stadt und Regierung verliert.

Die gleiche Figuration taucht daher auch in der Schlussszene auf, in der Kreon zu Antigones Spiegel wird, wenn er die Leiche seiner Frau beklagt und gleichzeitig – durch das maternale Festhalten an Polyneikes' Leiche – Antigones Stelle einnimmt: „Welches, ach, welches Verhängnis erwartet mich noch? / Hier halt' ich ja in meinen Armen noch den Sohn, / und dort blick' ich auf den andern

Leichnam schon. / Ach, ach, Mutter, schmerzenvoll! Ach, mein Sohn!" (273)
Kreon wird also effeminiert, wenn er in maternaler Trauer über die Leichen seiner
Familie wacht. Alle drei Szenen sind daher Szenen der Transformation. Jede Figur
wiederholt die Geste der klagenden Mutter, die den Körper eines geliebten Fami-
lienmitglieds hält. Dergestalt wird Antigone zu einem kreischenden Vogel (vgl.
221), Haemon zur Leiche, die eine Leiche hält, und Kreon zur Frau. Von Antigones
initialer Umarmung geht folglich eine solche Kraft aus, dass sie in jeder dieser
Szenen widerhallt. Als Urszene des ursprünglich tragischen Schocks dient das
Modell den Wiederholungen und Spiegelungen als Perspektiv, durch das wir die
Umarmungsszenen interpretieren können. An dieser Stelle können wir daher
erstmals einen strukturellen Unterschied zwischen dem Ödipus- und dem Anti-
gone-Mythos feststellen. In der Tragödie steht die wiederholte Umarmung der
Leiche im Zentrum, welche die Lebenden transformiert. Ödipus' Begehren richtet
sich auf ein Objekt der Ersetzung. Demgegenüber richtet sich Antigones Begehren auf die kalte, starre Materie, die nicht (mehr) antworten kann. Polyneikes'
toter Körper ist kein Objekt; er ist kalt und antwortet genauso wenig wie Antigones erhängter Körper und Haemons Leiche. Auf der Suche nach dem Ursprung
des Begehrens müssen wir uns von der ödipalen Struktur ab- und der Möglichkeit
zuwenden, dass der Ursprung des Begehrens nicht im Subjekt oder Individuum
liegt, sondern in den kalten, starren und vor allem toten Körpern der Tragödie.

Aus der Reihe der zahlreichen Adaptionen des Antigone-Stoffes, die im
Grunde genommen alle Texte betreffen, in denen es um Begehren geht – Manns
Zauberberg oder *Tod in Venedig* habe ich eingangs bereits erwähnt –, heben
sich zwei große Aktualisierungen der antiken Tragödie ab: Jean Anouilhs exis-
tenzialistische *Antigone* (1944) und Bertolt Brechts Metadrama *Die Antigone des
Sophokles* (1948). Beide reagieren unmittelbar auf die politische Situation in
Nazi-Deutschland, indem sie Antigone ideologiekritisch überprüfen und ihr die
Dimension nehmen, welche die Figur aus feministisch-psychoanalytischer Perspektive auszeichnet. Anouilh konfrontiert Antigones Pathos mit der Banalität der
Gewalt, die von den Wächtern vertreten wird. Könnte Antigone ,normal' leben;
müsse sie nicht sterben, wenn sie sich anders entschieden hätte? Dabei verlagert
Anouilh die Aufmerksamkeit von Antigones Begehren auf die Erfüllungsgehil-
fen der Gewalt. In eine ähnliche Richtung geht auch Brecht, der den mythologischen Schicksalsbegriff ,aufklärt'; nicht die Götter, die Menschen bestimmen
ihr eigenes Schicksal, was ihn zu der bekannten Selbstdeutung führt: „In der
Antigone wird nunmehr die Gewalt erklärt aus der Unzulänglichkeit. [...] [D]as
elementar Menschliche, zu sehr gedrückt, explodiert. Und wirft das Ganze auseinander und in die Vernichtung." (Brecht 1965 [1948], 115–116)

3. Das Objekt des Begehrens

Das 19. und 20. Jahrhundert standen im Zeichen des Objekts. Von Karl Marx bis Freud, von Theodor W. Adorno bis Lacan – das Objekt wurde zum Ziel und Zentrum wissenschaftlichen Denkens. Es handelt sich indes nicht um irgendein Objekt, sondern um ein Objekt des Begehrens, das wir mit einer universalen phallischen Struktur assoziieren können: Das Objekt ist etwas, das wir haben wollen und müssen. Gerade weil wir es haben wollen und müssen oder – mit anderen Worten – gerade weil wir es begehren, erwachsen aus ihm Projektionen, Hoffnungen und Träume, die das Objekt im Umkehrschluss aufwerten. Daraufhin ändert das Objekt seine Gestalt, tritt in verschiedenen Formen und Körpern in Erscheinung und kann sowohl bewusst erfasst als auch unbewusst bearbeitet werden. Den meisten Theorien ist gemein, dass sie das Objekt nicht nur aufwerten, sondern den Wert des Objekts auch mit der Entstehung des Subjekts korrelieren.

In den letzten zweihundert Jahren der Theoriebildung hatte das Objekt in dieser doppelten Bestimmung Hochkonjunktur: So versteht auf der einen Seite etwa Marx objektivierte Konsumgüter als Symbole sozialen Tausches. Warenfetischismus – und die damit verbundene Objektfixierung – bildet einen der Eckpfeiler innerhalb seiner Theorie (vgl. Marx 1990 [1867], 165). Auf der anderen Seite besteht Adorno in seiner *Negativen Dialektik* (1966) auf der Vorherrschaft des Objekts, wodurch er Objektivität zum inhärenten Bestandteil von Subjektivität erklärt (vgl. Adorno 1966, 182). In der Psychoanalyse liegt es indes nicht unbedingt auf der Hand, sich mit Objekten zu beschäftigen. Hier ist das Objekt daher keine Materie im engeren Sinn, sondern – wie etwa auch bei Karl Abraham oder Melanie Klein – eine andere Person. Das Objekt wird im psychoanalytischen Kontext immer dann heraufbeschworen, wenn es in klinischen Diskussionen um die Beschreibung der Beziehung zu anderen geht: obsessiv, narzisstisch, pervers, melancholisch etc. In Freuds Schriften geht der objektifizierende Prozess des Begehrens mit der Entstehung des Subjekts einher – ein Prozess, der durch die ödipale Struktur veranschaulicht wird (vgl. XIII, 395–402).

Lacan hat die Psychoanalyse von realen Müttern und Vätern befreit und diese zu Funktionen innerhalb eines symbolischen Systems erklärt. Das Gesetz des Vaters, das in der ödipalen Struktur evoziert wird, muss also nicht unbedingt mit einem biologischen Vater koinzidieren. Wie Lacan in den 1950er Jahren erläutert, bildet sich die symbolische Ordnung eigenständig und unabhängig von den Menschen. Ein Subjekt ist in seiner Beziehung zum Signifikanten immer ekstatisch: Es fällt nie mit ihm zusammen. Diese Überlegungen stehen hinter Lacans berühmter Definition des Subjekts in seinem wichtigen Essay über die Subversion des Begehrens: „Seine Ursache nämlich ist der Signifikant [...]. Dies Subjekt ist aber, was der Signifikant repräsentiert, und zu repräsentieren vermag dieser nichts, es sei denn, für einen anderen Signifikanten [...]." (Lacan 1975b [1966], 213) Im gleichen Atemzug schafft Lacan die Theorie der Objektbeziehungen ab und reformuliert die Charakterisierung des Objekts, indem er das *objet petit a* zum Ursprung des Begehrens erklärt (vgl. Lacan 1975c [1966], 191–192).

Jede dieser Theorien sieht also einen strukturellen Zusammenhang zwischen Objekt, Begehren und dem Entstehen eines individuellen Subjekts: Das Objekt ist als ‚anderer‘, als externer und daher als entfremdeter Aspekt des Subjekts zu verstehen, während es dem Subjekt inhärent unabkömmlich erscheint. Doch weder Freud noch Marx, Adorno oder Lacan haben sich mit diesem Problem in einer Art und Weise auseinandergesetzt, welche die Ideologie hinter dem so entstandenen Objekt demaskieren würde. Genau das leisten indes feministische, gender- und queertheoretische sowie postkoloniale Kritiken des Objekts. Damit fordern sie die Kritische Theorie heraus: Ist es möglich, eine Theorie des Objekts zu formulieren, die es nicht als ‚weiblich‘ oder als ‚Anderes‘ festlegt? Nach der bisherigen *Antigone*-Lektüre gibt es gute Gründe, marxistische wie psychoanalytische Theorien zu hinterfragen und neu zu verhandeln. Als Anlaufstelle für ‚männliche‘ Phantasien müssen sie durch Modelle ersetzt werden, die eben gerade diese Strukturen der Exklusion sowie der naturalisierten und normierten Repression aufzudecken versuchen.

Freud wird nicht selten vorgeworfen, das Erbe des Phallus in der Moderne gesichert zu haben. Jedoch erwähnt er den Phallus vor allem in solchen Kontexten, in denen er nicht existiert – etwa auch in demjenigen weiblicher Sexualität: Hier spricht Freud vor allem über das ‚phallische Stadium‘ und unterscheidet damit den realen Penis vom symbolischen Phallus (vgl. XIV, 517–537). Bei Lacan wird der Phallus dann nicht zum Objekt, sondern zum Zeichen, das auf Präsenz oder Absenz verweist, wie er in *La signification du phallus* (1958; *Die Bedeutung des Phallus*) aufzeigt: „Wenn das Begehren der Mutter der Phallus *ist*, will das Kind, um es zu befriedigen, Phallus sein. So macht sich die dem Begehren immanente Spaltung schon dadurch bemerkbar, daß sie im Begehren des Anderen erfahren wird [...]." (Lacan 1975a [1966], 129–130) Den Phallus zu einem Signifikanten zu erklären, scheint ihn allerdings nur mächtiger gemacht zu haben. Seine Potenz scheint dadurch noch erhöht, dass er zum Zeichen einer symbolischen Ordnung erklärt wird, die ihrerseits wiederum nur transzendentaler Signifikant – das Andere – ist. Lacans um das Symbolische zentrierte Theoriebildung löst die den Ödipuskomplex bestimmende phallische Ideologie nicht auf (→ III.6. Ödipus). In der symbolischen Form des Zeichens ist der Phallus kein Insigne der patriarchalen Ordnung, sondern einer transzendentalen Ordnung, die uns glauben machen will, dass es besser ist, etwas zu besitzen, als es nicht zu besitzen. Über die Vorherrschaft des Phallus kommt man daher nicht hinweg, ohne die Logik der Psychoanalyse insgesamt infrage zu stellen.

4. Objekt ohne Begehren: Der Antigonekomplex

Können wir nicht über das Objekt des Begehrens sprechen, ohne über das Gespenst des Phallus zu sprechen? Die *Antigone*-Lektüre zeigt, dass Begehren weder auf ein Objekt noch auf einen transzendentalen Signifikanten oder eine transzendentale Ordnung gerichtet sein muss. Dieses Begehren ist zwar auf Erfüllung aus, wird jedoch nicht von dem gesteuert, was Antigone haben will, sondern von dem, wozu sie sich verpflichtet fühlt. Antigone kann nicht wie Ödipus nach Belieben in Ersatzobjekte investieren oder eben nicht investieren. Daraus folgt allerdings nicht, dass ihr Begehren einen Ödipuskomplex zweiten Ranges bildet. Der Antigonekomplex ist eine Figur des Begehrens, die ohne ein Objekt auskommt, welches das Begehren erhält. Antigones Trauer negiert die Vorstellung eines idealen Objekts, das ersetzt werden kann. Stattdessen basiert ihr Begehren gerade auf ihrer Trennung vom materialen Überbleibsel ihrer Liebe – der Leiche.

In Lacans siebtem Seminar, *L'étique de la psychoanalyse* (1959/1960; *Die Ethik der Psychoanalyse*), findet sich eine aussagekräftige und viel diskutierte Interpretation der *Antigone*. Antigone, so heißt es dort, eröffne „den Zielpunkt, der das Begehren definiert" (Lacan 2016 [1986], 298). Dieses Begehren erhebt Anspruch auf uns, obwohl wir seinen Ursprung nicht ans Licht bringen können. Wir können dieses Begehren nicht mit Kleins Theorie der Objektbeziehungen in den Griff bekommen (vgl. Klein 1987 [1935]), indem wir annehmen, dass zum Beispiel die mütterliche Brust der primäre Ort für Befriedigung oder Aversion ist. Man kann sich das Objekt als dargebrachte Befriedigung vorstellen oder als Kraft, die das Subjekt an das Imaginäre bindet. Als solches gehört das Objekt zum Ödipuskomplex. Im Freud'schen Bezugssystem hält sich Ödipus des ‚Besitzes des begehrten Objekts für fähig. Nur in der Vorstellung eines solchen Besitzes lassen sich die wahrlich ideologischen Aspekte von Ödipus entdecken, auf die Lacan zwar hinweist, die er jedoch nicht problematisiert (vgl. Lacan 2014 [1994]). Ödipus passt in eine Logik des Tausches, die in sich schon auf einer bestimmten logischen Strukturierung des Objekts basiert.

Im Freud'schen Paradigma überschreitet Ödipus' Begehren kein Gesetz; er begehrt Objekte, die – nach dem initialen Verbot des Vaters – bereits aus der Verschiebung resultieren. In Sophokles' Tragödie (429–425 v. Chr.) verstört Ödipus moderne Leserinnen und Leser, weil er das unterdrückte Begehren nach dem Körper der Mutter offenlegt. Obwohl dieses Begehren im Lauf der psychosozialen Entwicklung überwunden wird, bricht es sich in Literatur und Träumen Bahn, wie Freud in der *Traumdeutung* (1900) interpretiert: „Der Traum, mit der Mutter sexuell zu verkehren, wird ebenso wie damals auch heute vielen Menschen zuteil, die ihn empört und verwundert erzählen." (II/III, 270) Ödipus' anderer typischer Traum ist der vom Tod des Vaters: „Die Ödipus-Fabel ist die Reaktion der Phantasie auf diese beiden typischen Träume" (II/III, 270). Ein in Freuds Modell männliches Subjekt kann gut und gerne mit der Phantasie auskommen, dass ein Objekt sein Begehren stillen kann. Wenn das väterliche Verbot dann greift, wird das Subjekt des Begehrens von der Unmöglichkeit geleitet, sich das Objekt anzueignen. Ein ödipales Subjekt wird andere, metonymisch verschobene Objekte suchen und finden, um das ursprüngliche maternale Objekt zu ersetzen. Begehren ist also stets das Resultat einer Verschiebung, das auf dem Inzestverbot gründet. Auf der einen Seite kastriert das Inzestverbot das Subjekt nicht nur, sondern es raubt ihm auch sein ursprüngliches Objekt, den mütterlichen Körper. Auf der anderen Seite hilft es, andere Objekte anstelle des verlorenen mütterlichen Paradieses zu rekonstruieren. Die Objekte werden dergestalt in Abhängigkeit vom patriarchalen Gesetz erzeugt.

Betrachtet man das Freud'sche Paradigma aus der Perspektive von Claude Lévi-Strauss, erscheint das väterliche Gesetz nicht nur als heteronormativer Rahmen für das Objekt des Begehrens, sondern auch als ideologischer (vgl. Lévi-Strauss 1993 [1949]). Denn auf sozialer Ebene können Objekte zwar nicht besessen, aber sie können getauscht werden. Kompliziert wird es im ödipalen Modell dann, wenn das Objekt des Begehrens als phallisches Objekt konstruiert wird. In der Abwesenheit des Phallus liegt dementsprechend der Ursprung des Begehrens. Was wir also begehren, ist letztendlich immer der Phallus. Dieses System gründet auf der symbolischen Vorstellung, den Phallus entweder zu haben oder nicht zu haben. Der narzisstische Fokus dieses Systems wurzelt in einer langen spekulativen Tradition, die den männlichen Blick, den Logos und die Metaphysik der Präsenz miteinander in Beziehung setzt. Dazu gehört auch, dass die auf dem Phallus basierende Konstruktion des Begehrens auf einer kapitalistischen Logik basiert: Der Phallus ist nicht nur ein Zeichen des Seins, wie Lacan schreibt, sondern auch ein symbolisches Zeichen für das Objekt des Begehrens (vgl. Lacan 1980 [1966], 221–236). Als solches wird es zum Konsumgut, dessen Wert durch die Logik des Begehrens selbst erhöht wird. Nicht selten wird der Phallus daher als leeres Zeichen, das nichts bezeichnet, ausgelegt. Slavoj Žižeks Interesse am Realen zeugt davon, dass es eine innerliche Grenze im symbolischen Tauschsystem errichtet. Aus diesem Grund betont er geschlechtliche Unterschiede als Merkmale des Lacan'schen Realen. Die Interpretation dieser geschlechtlichen Unterschiede ist weder festgeschrieben noch ideologisiert. Stattdessen öffnen sich diese Unterschiede den hegemonialen Machtkämpfen und könnten genauso gut deren normatives Fundament abschaffen, nur um sie durch andere, radikalere Modelle der Unterscheidung zu ersetzen, wie Butler, Ernesto Laclau und Žižek diskutieren (vgl. Butler et al. 2000, 110–121). Sexualisierung benötigt einen ‚leeren' Signifikanten – den Phallus –, was diesen nicht zu einem naturalisierten

Symbol patriarchaler Macht, sondern zu einem Zeichen macht, das im Namen der Macht benutzt und interpretiert wird.

Lacan beschäftigt sich jedoch an keiner Stelle mit diesen ideologischen Aspekten des Ödipuskomplexes, die Frauen als Objekte des Besitzes begreifen. Indem er sich Antigone zuwendet, deutet er lediglich in eine Richtung, in der sich die Problematik des Begehrens relevanter als bloß durch soziale oder symbolische Sexualisierung darstellt. Ödipus' Problem zeigt sich nämlich nicht einfach darin, dass er ein Modell männlicher Sexualität bereitstellt und dass dieses Modell kein offensichtlich weibliches Gegenstück hat (vgl. XIV, 19–30). Es besteht auch nicht darin, dass dieses Modell das Subjekt entlang einer heteronormativen Logik sexualisiert. Das Problem liegt stattdessen darin, dass Begehren immer mit dem Ziel konstruiert wird, ein Objekt und dessen Austausch zu besitzen. Lacans Lesart folgend stößt man auf diejenigen Momente, welche diese Konstruktion stützen. Antigones Begehren ist „das reine und einfache Todesbegehren als solches" (Lacan 2016 [1986], 339). Mit dieser Beobachtung geht es Lacan freilich nicht darum, dass Antigone sterben möchte. Er beschreibt sie als zwischen zwei Toden stehend: „Bei der Durchquerung dieses Bereichs wird der Strahl des Begehrens gleichzeitig zurückgeworfen und zurückgenommen, um uns schließlich von dieser so einzigartigen Wirkung das Tiefste zu geben, welches die Wirkung des Schönen auf das Begehren ist." (Lacan 2016 [1986], 300)

Der Bereich zwischen den beiden ,Todesarten' bezeichnet eine Position, in der Antigone wählen muss: Auf der einen Seite stehen der Schmerz und die Trauer als ewige Opfer an die *jouissance*, auf der anderen Seite der reale Tod beziehungsweise die Anerkennung der Endlichkeit. Anders gewendet: Nach Lacan handelt es sich bei Antigones Begehren um Genuss, um eine ,reinere' Form des Todestriebes (vgl. Lacan 2016 [1986], 338–339). Wie Genuss in der Tragödie funktioniert, analysiert Lacan anhand des ,Schönheitseffekts' – eines Effekts, der einen Spalt zwischen Subjekt und Objekt des Begehrens öffnet (vgl. Lacan 2016 [1986], 337–338). Der Effekt der Schönheit verhält sich wie ein Schirm, der sich vor das Objekt des Begehrens schiebt – ein Objekt, das wir nie internalisieren oder integrieren können (vgl. Lacan 2016, 337–338). Stattdessen projiziert das Objekt des Begehrens sein Abbild auf diesen Schirm. Indem wir auf diese Phantasie ,hereinfallen', hält uns das Objekt weiter in seinem Griff (vgl. Lacan 2016 [1986], 73–79). Antigones Begehren ist reiner, weil es ihr unmöglich ist, das Objekt des Begehrens zu besitzen, zu integrieren oder zu neutralisieren. Stattdessen zeigt sie, dass das Begehren bei dem verweilen muss, was Lacan die Ethik des Realen nennt. „Die ethische Frage [...] läßt sich aus einer Orientierung der Auszeichnung des Menschen im Verhältnis zum Realen artikulieren" (Lacan 2016 [1986], 19), sagt Lacan und verspricht damit, das Konzept des Realen durch eine Diskussion des Guten als moralischen Wert zu erhellen.

Begehren kann also nicht mit imaginären Begriffen interpretiert werden oder sich auf Objekte verlassen, die man als ‚gut' bewertet. Begehren ist keine Figur, die sich an ‚dem Guten' oder ‚dem Bösen' orientiert. Stattdessen entspringt es einem Grund, der zwar dem Subjekt eingeschrieben, aber ihm dennoch unzugänglich ist. Der Bereich zwischen zwei Toden verweist also auf eine Position, an der das Begehren das Subjekt zwar bindet, aber dennoch entkommt und gewissermaßen hängen lässt. An dieser Stelle stößt man auf ein Phänomen, das Lacan ein ‚Ding' nennen würde (vgl. Lacan 2016 [1986], 73–88). Es bildet genau ab, worum es in Sophokles' *Antigone* geht: das kalte, starre, nicht ansprechbare Objekt des Begehrens. Ein ‚Ding' kann keine Illusionen, Phantasien oder kulturellen Fiktionen aufrechterhalten; es kann nicht antworten oder trösten; es ist nicht menschlich und hat keine Charaktereigenschaften.

5. Fazit

In Sophokles' *Antigone* erscheinen ‚Dinge' in der Form von Leichen: Polyneikes' Körper, Antigones Körper und Haemons Körper. Sie sind alle Zeichen des Begehrens, das nichts zurückgibt oder erwidert, das Begehren aber dennoch aufrechterhält. Aus diesem Grund ist Antigone so interessant: Wenn sie ihren toten Bruder umarmt, markiert die Fluchtlinie ihres Begehrens das Objekt des Besitzes – oder zumindest dessen Sturz, weshalb diese Szene auch in anderen Figuren wiederholt wird, sodass wir ihrer Beharrlichkeit nicht entkommen können. Der Ursprung des Begehrens ist ein Trauma, eine Enteignung, welche die Illusion ‚des Guten' ans Licht bringt und gleichzeitig hinter dem Objekt her ist. Antigone begräbt den Körper ihres Bruders und lässt dabei seine Taten genauso wie die politischen Konsequenzen ihrer eigenen außer Acht. Sie handelt nicht aus diesem guten oder jenem bösen Grund, sondern als Schwester durch einen nur für sie zutreffenden Signifikanten, da sie diese Familienbeziehung weder leugnen noch sich ihr entziehen kann. Deshalb ist sie auf ihren Bruder fixiert und durch ihn unersetzlich. Als Dramenfigur ist sie jedoch nicht unersetzlich: „Was ist, ist, und an diesem, an dieser Oberfläche macht sich die unverbrüchliche, nicht überschreitbare Position Antigones fest." (Lacan 2016 [1986], 334)

Vom Anfang der Tragödie an deutet Antigone – durch das Begräbnis ihres Bruders, das sich in den anderen Figuren spiegelt – auf einen Moment hin, in dem sich die Beziehung zum Anderen jenseits aller phantasmatischen oder neurotischen Bezeichnungen der Aneignung artikuliert. Darauf hat auch Lacan hingewiesen, indem seine Antigone-Interpretation auf das Verhältnis von Subjektivität zu ‚guten' oder ‚schlechten' Objekten antwortet. Weil das ‚Ding' nicht in einen

Kreislauf der Objekte eingefügt werden kann, ist es ein qualitätsloser Schatten, der weder integriert noch besessen werden kann, sodass es jeder symbolischen, sozialen oder ökonomischen Anmaßung entbehrt. Antigones Handlungen finden ihre Motivation daher in diesem Schatten, in dem die symbolische Ordnung fehlschlägt oder verblasst. Für ihr Begehren gibt es einerseits keine ‚Heilung'. Andererseits ist es gerade diese Unmöglichkeit der Erfüllung, des Besitzes oder der Integration eines Objekts, die Antigone so einzigartig macht. Als eine dem patriarchalen System ausgelieferte Frau ist die Bindung an die Leiche des Bruders dasjenige, was sie davor schützt, unter Kreons Herrschaft verletzt und ausradiert zu werden, auch wenn sie für diese Bindung am Ende mit ihrem Leben bezahlen muss. Sicherlich ruft sie göttliche Gesetze als Motivation ihrer Handlungen an, doch sich selbst gibt sie für kein Gesetz auf. Ihre Handlungen rufen schlichtweg ein Begehren auf den Plan, das aus der Unmöglichkeit des Besitzes resultiert. Dass sich diese Handlungen selbst und bei anderen Figuren wiederholen – sogar bei Kreon –, stellt diese Art des Begehrens seinem ideologischen Gegenstück gegenüber.

Literatur

Adorno, Theodor W. *Negative Dialektik*. Frankfurt a. M. 1966.
Aristoteles. *Werke in deutscher Übersetzung*, Bd. 5: *Poetik*. Hrsg. von Christoph Rapp. Übers. von Arbogast Schmitt. 2. Aufl., Berlin 2011 [340–320 v. Chr.].
Baas, Bernard. *Le désir pur*. Louvain 1992.
Brecht, Bertolt. *Die Antigone des Sophokles. Materialien zur Antigone*. Hrsg. von Werner Hecht. Frankfurt a. M. 1965 [1948].
Breton, André. *Nadja*. Paris 1963.
Butler, Judith. *Antigone's Claim*. New York 2002.
Butler, Judith, Ernesto Laclau und Slavoj Žižek. *Contingency, Hegemony, Universality. Contemporary Dialogues on the Left*. London 2000.
Chanter, Tina. *Whose Antigone. The Tragic Marginalization of Slavery*. Albany 2011.
Chanter, Tina und Sean Kirkland (Hrsg.). *The Returns of Antigone*. Albany 2014.
Duroux, Françoise. *Antigone encore. Les femmes et la loi*. Paris 1993.
Heidegger, Martin. *Vorlesungen 1923–1944. Einführung in die Metaphysik*. Heidegger, Martin. *Gesamtausgabe*, Abt. 2, Bd. 40. Hrsg. von Walter Bimmel. Frankfurt a. M. 1959 [1935].
Heidegger, Martin. *Vorlesungen 1923–1944. Hölderlins Hymne „Der Ister"*. *Gesamtausgabe*, Abt. 2, Bd. 53. Hrsg. von Walter Bimmel. Frankfurt a. M. 1984 [1942].
Honig, Bonnie. *Antigone, interrupted*. Cambridge 2013.
Irigaray, Luce. *Die Zeit der Differenz. Für eine friedliche Revolution*. Übers. von Xenia Rajewsky. Frankfurt a. M. 1991 [1989].
Irigaray, Luce. *Sexes and Genealogies*. Übers. von G. C. Gill. New York 1993 [1982].
Irigaray, Luce. *Das Geschlecht, das nicht eins ist*. Übers. von Eva Meyer und Heidi Paris. Berlin 1979 [1977].

Klein, Melanie. „A contribution to the psychogenesis of manic-depressive states" [1935]. *The Selected Melanie Klein*. Hrsg. von Juliet Mitchell. New York 1987: 116–145.

Kristeva, Julia. *Black Sun*. Übers. von Léon S. Roudiez. New York 1989.

Lacan, Jacques. „Die Bedeutung des Phallus" [1966]. Lacan, Jacques. *Schriften II*. Übers. von Chantal Creusot et al. Hrsg. von Norbert Haas. Olten, Freiburg i. Br. 1975a: 119–132.

Lacan, Jacques. „Die Stellung des Unbewussten" [1966]. Lacan, Jacques. *Schriften II*. Übers. von Chantal Creusot et al. Hrsg. von Norbert Haas. Olten, Freiburg i. Br. 1975b: 205–230.

Lacan, Jacques. „Subversion des Subjekts und Dialektik des Begehrens im Freudschen Unbewussten" [1966]. Lacan, Jacques. *Schriften II*. Übers. von Chantal Creusot et al. Hrsg. von Norbert Haas. Olten, Freiburg i. Br. 1975c: 165–204.

Lacan, Jacques. „Leitsätze für einen Kongress über weibliche Sexualität" [1966]. Lacan, Jacques. *Schriften III*. Übers. von Norbert Haas et al. Olten, Freiburg i. Br. 1980: 221–235.

Lacan, Jacques. *Das Seminar*, Bd. I: *Freuds technische Schriften (1953–1954)*. Hrsg. von Norbert Haas. Übers. von Werner Hamacher. Olten, Freiburg i. Br. 1978 [1975].

Lacan, Jacques. *Das Seminar*, Bd. IV: *Die Objektbeziehung (1956–1957)*. Hrsg. von Jacques-Alain Miller. Übers. von Hans-Dieter Gondek. Wien, Berlin 2014 [1994].

Lacan, Jacques. *Das Seminar*, Bd. VII: *Die Ethik der Psychoanalyse (1959–1960)*. Hrsg. von Norbert Haas und Hans-Joachim Metzger. Übers. von Norbert Haas. Wien, Berlin 2016 [1986].

Lévi-Strauss, Claude. *Die elementaren Strukturen der Verwandtschaft*. Übers. von Eva Moldenhauer. Frankfurt 1993 [1949].

Marx, Karl. *Capital. A Critique of Political Economy*. Übers. von David Fernbach. London u. a. 1990 [1867].

Òsófisan, Fémi. „Tègònni. An African Antigone". Òsófisan, Fémi. *Recent Outings. Comprising Tègònni. An African Antigone and Many Colours Make the Thunder-King*. Ibadan 1999.

Söderbäck, Fanny. *Feminist readings of Antigone*. Buffalo 2010.

Sjöholm, Cecilia. *The Antigone Complex: Ethics and the Invention of Feminine Desire*. Stanford 2004.

Sophokles. „Antigone" [429–425 v. Chr.]. Sophokles. *Dramen. Griechisch und deutsch*. Hrsg. und übers. von Wilhelm Willige. München, 2. Aufl., Zürich 1985: 194–275.

Wilmer, Steve und Audrone Zukauskaite. *Interrogating Antigone. From Philosophy to Performance*. Oxford 2010.

Zupančič, Alenka. *Die Ethik des Realen*. Wien 1995.

III.8. Narziss und Echo

David Pister

1. Einleitung

Jeder Mythos besteht aus unverzichtbaren Elementen, ohne die er nicht erzählt werden kann: Eine Medea, die ihre Kinder nicht ermordet, ist keine Medea (→ III.3. MEDEA); ein Ödipus, der seinen Vater nicht tötet und seine Mutter nicht liebt, ist kein Ödipus (→ III.6. ÖDIPUS). Dergestalt ist auch ein Narziss, der sich nicht in sein Spiegelbild verliebt, kein Narziss. Wann immer die Literaturgeschichte also einen Jüngling sein Spiegelbild betrachten lässt, stellt unser kulturelles Gedächtnis dieses Motiv unter Narziss-Verdacht. Tatsächlich droht Narziss als eine der prominentesten mythologischen Figuren, „durch Allgegenwärtigkeit an spezifischem Gewicht [zu] verlieren" und zur „umgangssprachlichen Chiffre" sowie zum „Klischee" (Orlowsky 1992, 19) zu verkommen. Einerseits sind ‚Jüngling' und ‚Spiegelbild' also diejenigen Elemente, ohne die der Narziss-Mythos nicht auskommt. Andererseits ändern gerade diese beiden Elemente in der über zweitausendjährigen Arbeit am Mythos immer wieder ihre Funktion und ihren Stellenwert. Diese Veränderung führt auf den Schauplatz der Literaturgeschichte, in der Narziss in immer neuen Gestalten seinem Spiegelbild verfällt – oft trägt die Figur dabei den Namen ihres mythologischen Vorbilds, noch öfter reichen die beiden Elemente ‚Jüngling' und ‚Spiegelbild' aber bereits als Narziss-Ausweis aus. Auf diesem Schauplatz tritt Narziss indes nie alleine auf: Sei es ‚Narziss und Spiegelbild', ‚Narziss und Echo' – bei Hermann Hesse in der Variante *Narziß und Goldmund* (1930) – oder ‚Narziss und Eros' (vgl. Goebel und Bronfen 2009) – die Narzissfigur tritt stets mit einer anderen in Erscheinung. Erst durch die Figuration dieser Doppeleinheiten erklärt sich ihre strukturelle, gewissermaßen antiödipale Pointe: „Die Anwesenheit einer dritten Person fügt sich […] nicht den zeitgenössischen Vorstellungen vom ‚Narziß'." (Macho 2002, 19)

Doch nicht diese Figurationen, sondern die spezifische Ambiguität, die der Doppeleinheit von *ego* und *alter* zugrunde liegt, hält die Serie von Gedichten, Erzählungen und Filmen in Gang und gibt ihr im Verlauf der Literaturgeschichte immer wieder neue Impulse. Denn zum einen zeichnet sich Narziss' Beziehung zu seinem Spiegelbild durch Ambiguität aus, weil *ego* und *alter* im ‚narzisstischen' Konflikt widerstreiten. Zum anderen erzeugt dieser Konflikt weitere Doppeleinheiten, weil sowohl Narziss' Beziehung zur Nymphe Echo als auch deren Beziehung zu ihrer Stimme selbst wiederum Ambiguitäten zugrunde liegen etc. Mit dieser *mise en abyme* entsteht eine ganze Serie von Ambiguitäten, die „durch das

https://doi.org/10.1515/9783110332681-017

Aufbrechen und die Integration von Differenz" (Weimar 2009, 58) eine komplexere Matrix von Identität prägen, oder anders gewendet: Der Konflikt des Narziss gründet gerade darauf, dass er die Differenz zu seinem Spiegelbild integriert und als Identität erkennt.

Von Anfang an ist der Narziss-Mythos dabei mit den Diskursen der Kunst und des Begehrens verbunden, noch bevor Sigmund Freud Narziss als paradigmatische Figur seiner Psychopathologie entdeckt. Vor dem Hintergrund der literarischen Auftritte des Narziss (vgl. Abschnitt 2.) werde ich daher die Doppeleinheiten von *ego* und *alter* in Ovids *Metamorphosen* (1 v. Chr.–10 n. Chr.) rekonstruieren (vgl. Abschnitt 3.). Daraufhin werde ich an ausgewählten Beispielen drei Transformationen beschreiben, die ihrerseits voneinander abhängen: In der mediologischen Transformation prägt die Struktur der Ambiguität die Matrix von Kunst und Dichtung (vgl. Abschnitt 4.1.), in der psychoanalytischen Transformation der mediologischen Transformation prägt die Struktur der Ambiguität die Matrix des Subjekts (vgl. Abschnitt 4.2.), und in der gender- und queertheoretischen Transformation der mediologischen und psychoanalytischen Transformation prägt sie die Matrix des Begehrens (vgl. Abschnitt 4.3.).

2. (Liebes-)Geschichten

Die Geschichte des Narziss beginnt nicht mit Ovid. Bereits Jahrhunderte vor Ovid taucht Narziss „als Löwenjäger oder mit den Attributen des Dionysos geschmückt auf Mosaiken syrischer und zyprischer Wohnhäuser ebenso wie auf Fresken von Grabanlagen" auf, wo er für „den lebendigen Lebens- und Liebesfluß in der Spanne zwischen Geburt und Tod" (Orlowsky 1992, 25) steht. Es ist jedoch Ovid, der den Narziss-Mythos zum ersten Mal literarisiert, genauer gesagt: narrativiert und ihm dadurch jahrhundertelange Prominenz sichert. Nach einer längeren Latenz tauchen im 12. und 13. Jahrhundert im deutschen und französischen Sprachraum vereinzelte Beispiele auf, die Narziss entweder direkt, so im *Roman de la rose* (13. Jh.; *Rosenroman*), oder indirekt durch die Elemente ‚Jüngling' und ‚Spiegelbild', so in Heinrichs von Morungen *Mir ist geschehen als einem kindelîne* (um 1200), annoncieren. Gerade in Letzterem reichen diese indirekt annoncierten Elemente aus, um Heinrichs Text den von der Forschung geprägten Namen ‚Narzisslied' zu sichern. Der Text hebt wie folgt an: „Mir ist geschehen als einem kindelîne, / daz sîn schoenez bilde in einem glase gesach / unde greif dar nach sîn selbes schîne / sô vil biz daz ez den spiegel gar zerbrach." (Moser und Tervooren 1988, 145) Die erste Strophe nutzt die Doppeleinheit ‚Kind' und ‚Spiegelbild' als Vergleich zur Beziehung des Sängers und der Minnedame; Narziss dient hier also als idealisiertes Bild der leidenden – weil unerreichbaren – Minne (vgl. Pister 2013). Von diesem Zeitpunkt an breitet sich die Narziss-Figur in der Literatur und der Kunst Europas weiter aus, obwohl sich die meisten Bearbeitungen im deutsch-französischen Sprachraum finden. Dabei dient Narziss nicht nur als positiv idealisiertes Bild, sondern auch als negatives Beispiel der Eigenliebe (*L'Ovide Moralisé*, anonym, zwischen 1317 u. 1328).

Im 18. Jahrhundert erweitern die Bearbeitungen ihr Themenspektrum. In seinem Text *Selbst. Ein Fragment* (1797) stellt Johann Gottfried Herder Narziss in den Dienst eines autobiographischen Gattungsexperiments, August Wilhelm Schlegel überprüft die Narziss-Figur auf ihre Tauglichkeit als Autorideal, und Johann Wolfgang Goethe verhandelt den Mythos im Medium einer allegorischen „Gleichnisrede" (Goethe 1987 [1809], 313), wenn Eduard seiner Charlotte in den *Wahlverwandtschaften* (1809) erklärt, dass der Mensch „ein wahrer Narziß" sei (Goethe 1987 [1809], 313). In der Tat erfährt Narziss vor dem Hintergrund des um 1800 geprägten Subjektbegriffs eine enorme Aufwertung – insbesondere im Bereich der (romantischen) Dichtung (vgl. Renger 2002, 3). So wie Narziss sich nämlich seinem Spiegelbild zuwende, gehe es auch der Romantik darum, dass der Dichter sich von der „industrialisierenden und dadurch banalisierenden Welt" ab- und seiner „eigenen Persönlichkeit" zuwende (Renger 1999, 18; → IV.8. LITERATUR DER ROMANTIK). Mit der Ausdifferenzierung der Psychologie und Psychiatrie im 19. Jahrhundert steigt die Anzahl der Narziss-Bearbeitungen nicht nur erneut an, thematisch führen diese Texte ihren Narziss nun in die Klinik, so Joachim Gasquet in seinem *Narcisse* (1931), weil Narziss(mus) bereits vor Freud zum klinischen Begriff geworden ist (vgl. Näcke 1899, 27). Seit 1900 hängt Narziss bis heute sein von der Psychoanalyse geprägtes Krankheitsbild nach – mit der unumgänglichen Konsequenz, dass Narziss und Narzissmus zu Wechselbegriffen in der Literatur werden, die mit Ovids Mythos meist nur noch den Namen des Jünglings teilen, so auch in Michael Simbruks *Narcis 18. Versuch Nabyrinth* (1980), Michael Morris' *Video-Narcissus* (1982) und Detlev Meyers *Narziß 80* (1981).

In den Transformationen des Narziss-Mythos zeigen sich eindeutige Schwerpunkte der Gattungen: Wie auch Ovid in seinem Versepos der *Metamorphosen* sowohl lyrische als auch prosaische Gattungsformate nutzt, dominieren in der Literaturgeschichte Lyrik und Prosa. Nur etwa eine Handvoll dramatischer Texte lotet die Doppeleinheiten meist ohne großen Erfolg aus – etwa Albert Emil Brachvogels 1857 veröffentlichter *Narciss. Ein Trauerspiel*. Die handlungsarme Szene am Wasser, in der sowohl Narziss als auch Echo ihr Leben lassen, scheint einerseits für die Bühne nicht viel herzugeben. Andererseits – so werde ich im Folgenden zeigen – führt die Struktur der Ambiguität bei Ovid dazu, dass die Doppeleinheiten des Narziss-Mythos eine räumliche Anschauungsform voraussetzen, der die Literatur nur mit erzählenden und lyrischen Mitteln gerecht werden kann, nicht mit dramatischen, weil dem Drama die zeitliche Anschauungsform des Dialogs zugrunde liegt.

3. Konfiguration der Ambiguität

Die Transformationen des Narziss-Mythos hängen von der Struktur der Ambiguität ab und führen daher noch einmal an den narrativierten Ausgangspunkt des Mythos zurück. Denn – und darum soll es mir im Folgenden gehen – anstatt auf syntagmatischer Ebene immer wieder die gleiche Geschichte zu erzählen, transformiert die Literaturgeschichte die paradigmatischen Elemente des Narziss-Mythos. In diesem Sinne hat Claude Lévi-Strauss gezeigt, dass jede Bearbeitung des Mythos aus einem bereits sprachlich gesicherten ‚Mytheminventar' auswählt und kombiniert (vgl. Lévi-Strauss 1958, 242). Bei den Doppeleinheiten des Narziss-Mythos handelt es sich um eben solche Auszüge aus dem ‚Mytheminventar', dessen Struktur der Ambiguität bei Ovid angelegt wird.

Ovid scheint den Bauplan für seine Narziss-Figur von Anfang an auf Ambiguität auszurichten, schließlich zeichnet sich schon Narziss' Herkunft durch eben diese aus. Als seine Eltern nennt Ovid nämlich „die wasserblaue Nymphe Liriope, die einst der Cephisus mit den Windungen seines Stromes umschloß; der so in seinen Wellen Gefangenen tat er Gewalt an. Aus ihrem schwangeren Schoß gebar die wunderschöne Nymphe ein Kind." (Ovid 1994 [1 v. Chr.–10 n. Chr.], 149) Als Sohn der Quellnymphe Liriope und des Flussgottes Cephisus ist Narziss zwar göttlicher Abstammung, jedoch keineswegs unsterblich. Die Geschichte seiner Zeugung erzählt Ovid als Geschichte einer Vergewaltigung, die darüber hinaus eine inzestuöse ist, denn Cephisus, „dies wird dem Leser seit Ovid ohnehin regelmäßig unterschlagen, war der Vater Liriopes" (Orlowsky 1992, 24). Narziss' Mutter und Vater kommen bei Ovid folglich aus ein und derselben Familie.

Doch Narziss' Abstammung von mit Wasser konnotierten Göttern hat noch eine andere Bewandtnis – ist es doch gerade eine Quelle, an der Narziss seinen Tod findet. Folgt man den mythologischen Nachschlagewerken, so handelt es sich bei dieser Quelle überdies nicht um eine beliebige: *Paulys Realencyklopädie der classischen Altertumswissenschaft* identifiziert Liriope nämlich nicht nur als Namen der Mutter, sondern auch „als den Namen der Quelle, wo sich N. spiegelte" (Kroll 1935, 1722). Was Ovid durch diese Überblendung in Narziss' Herkunft anlegt, ist nichts anderes als die genealogisch motivierte Struktur der Ambiguität: Narziss stammt nicht nur von der mütterlichen Quelle ab, sondern sein Leben sowie die Ovid'sche Erzählung enden auch an ihr. Denn ebenso wie diese Struktur den Rahmen für die Erzählung bildet, ist auch die eigentliche Geschichte des

Jünglings „eine Doppelgeschichte, das *aition* der körperlosen Echo, das erzählt wird als vergebliche Liebe der Nymphe Echo zu Narziß, und das *aition* der Blume, in die der Jüngling Narziß im Tode verwandelt wird. Beiden also widerfährt dasselbe, die Verzehrung des Leibes, aus Gründen, die mit dem Spiegeleffekt zusammenhängen." (Böhme 1988, 240)

Der von Nemesis zur Eigenliebe verfluchte Narziss und die von Iuno zur Stimmlosigkeit verfluchte Echo stellen das zentrale Paar der Erzählung dar. Der Jäger Narziss rastet an der Quelle, trinkt und erblickt sein eigenes Spiegelbild. Unwissend, dass es sich dabei um ein Bild seiner selbst handelt, verliebt er sich in die Gestalt im Wasser und versucht, ihr näher zu kommen: „[T]runken von seines Leibes Schönheit, sah er beständig starr in den Wasserspiegel, bis er so sich selbst verzehrend seinen Tod fand." (Creuzer 1822, 703) Ovid setzt vor den Moment des Todes jedoch noch den Moment der Selbsterkenntnis: „Ich bin es selbst! – Ich habe es begriffen und mein Bild täuscht mich nicht mehr." (Ovid 1994 [1 v. Chr.–10 n. Chr.], 157) In den *Metamorphosen* löst also nicht die bloße Eigenliebe die narzisstische Starre und damit den Tod aus, sondern viel eher die Erkenntnis der Eigenliebe: Narziss erkennt, dass er sich selbst liebt, und geht daran zugrunde. An der Stelle, an der er stirbt, hinterlassen die Götter daraufhin die gleichnamige Blume.

Indes ist Echo Narziss aus Liebe gefolgt. Zu keiner eigenen Stimme fähig, ist sie dazu verdammt, nur „die Laute am Ende einer Rede [zu] wiederholen und Worte [zu] erwidern, die sie gehört hat" (Ovid 1994 [1 v. Chr.–10 n. Chr.], 149). Aus Scham vor dieser Beeinträchtigung wagt sie es nicht, sich Narziss zu nähern, und bleibt im Hintergrund. Sie trägt allerdings ihren Teil zum Tod des Narziss bei, da sie die Worte, die Narziss für sein Spiegelbild vorsieht, zurückwirft, wodurch Narziss glaubt, sich in eine geradezu tragikomische Unterhaltung mit seinem Spiegelbild zu verstricken: „Ebenso viele Worte hallten vom Walde wider. Und auf sein ‚Lebe Wohl!' gab Echo ein ‚Lebe wohl!' zurück." (Ovid 1994 [1 v. Chr.–10 n. Chr.], 159) Genauso wie Narziss' Liebe bleibt auch Echos Liebe unerwidert, und sie stirbt, sodass nur noch ihre körperlose Stimme – das Echo – zurückbleibt. Beider Schicksale sind demnach genau aufeinander abgestimmt. Während es sich bei Narziss jedoch um eine visuelle Spiegelung handelt, spiegelt Echo das Hörbare:

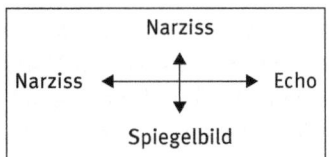

Aufgrund der Struktur der Ambiguität generiert die Doppeleinheit bei Ovid also ein ganzes Vexierspiel von Doppelungen: Als Binnenerzählung innerhalb der Erzählung um Tiresias setzt die Geschichte Narziss' mit seiner Herkunft von einer Quellnymphe ein, endet mit dem Tod an einer Quelle und hat in ihrem Zentrum die doppelte Spiegelung von Narziss und seinem Spiegelbild sowie von Narziss und Echo und wiederum von Echo und ihrer Stimme.

4. Transformationen

4.1. Mediologische Transformation

Die bei Ovid angelegte Struktur der Ambiguität wird in jeder neuen Bearbeitung des Mythos anders realisiert und neu konturiert. Nach seinem Einzug in die geistliche Lyrik sowie die Minnelyrik erscheint Narziss schließlich auch in der Frührenaissance wieder in den Kunsttheorien, in deren Dienst nun die Doppeleinheiten des Mythos gestellt werden. So schreibt Leone Battista Alberti in seinen *Drei Büchern über die Malerei* (1435/1436; *Della Pictura libri tre*): „So pflegte ich [...] zu sagen, jener Narziß, der in eine Blume verwandelt wurde, sei der eigentliche Erfinder der Malerei gewesen. [...] Denn könntest du sagen, daß die Malerei etwas Anderes sei, als künstlerisch ein Ebenbild festzuhalten, gleich jenem, welches dort aus der Quelle blickt?" (Alberti 1877 [1435/1436], 90)

Dass gerade der Narziss-Mythos als Ideal für die Malerei herhält, mag zunächst erstaunen. Den Vergleich zwischen Narziss, der sein Spiegelbild festhalten möchte, und dem Maler, der das in der Natur gesehene auf der Leinwand festhalten möchte, bemüht nach Alberti im 17. Jahrhundert auch der Maler und Kunsthistoriker Joachim von Sandrart auf Stockau in seiner *Teutschen Academie* (1679): „[D]enn was sollte der schoenen Gestalt dieses Juenglings / so sich in dem Krystall=klaren Brunnen / gleich als in einem Spiegel / zeigte / wol besser und fueglicher gleichen / dann ein vortrefflich / kuenstlich und nach dem Leben gemahltes Bild von der erfahrnen Hand eines kunstreichen Mahlers?" (Sandrart auf Stockau 2008–2012, 994)

Zum einen bestätigt sich auch bei Sandrart, dass der Name Narziss nicht fallen muss, um einen Narziss zu erkennen – die Elemente Jüngling und Spiegel(bild) reichen aus, um Narziss in dem Vergleich zu identifizieren. Zum anderen weisen sowohl Alberti als auch Sandrart Narziss gewissermaßen als den idealen Maler aus. Damit projizieren sie die Doppeleinheit Maler/Kunstwerk auf die Doppeleinheit Narziss/Spiegelbild. Der Maler hat also eine doppelte Aufgabe, einerseits die Leinwand zum Spiegelbild des Gemalten zu machen, andererseits, und das ist der Mehrwert des Narziss-Vergleichs, muss er auch sich selbst im Gemalten erkennen, wie auch Narziss sich in seinem Spiegelbild erkennt. Im Kunstwerk muss er sowohl das Eigene als auch das Fremde – *ego* und *alter* – gleichzeitig abbilden können.

Für die Literatur beginnt der Narziss-Mythos im Hinblick auf dessen mediologisches Potenzial erst in der Mimesisdebatte des 18. und 19. Jahrhunderts eine Rolle zu spielen. So erklärt August Wilhelm Schlegel in Form eines Aphorismus: „Dichter sind doch immer Narzisse." (Schlegel 1798, 35) Was genau Schlegel damit meint, lässt er – der Gattung des Aphorismus treu bleibend – offen, nämlich, ob er den Dichter nun entweder für selbstverliebt oder ihn für einen idealen Kunstproduzenten hält. Jedoch taucht Narziss bei Schlegel ein weiteres Mal auf – und zwar in den letzten Strophen seines Gedichts *An die Rhapsodin* (entstanden 1788, erschienen im *Göttinger Musenalmanach* 1792), das ähnlich wie der Roman *Lucinde* (1799) seines Bruders Friedrich von Schlegel eine weibliche Figur apostrophiert:

> Wie der Silberquelle Rauschen
> Hör' ich's mit entzücktem Lauschen,
> Wenn sich deine Stimm' ergießt,
> Wenn ein Abbild meiner Seele,
> Neugeschaffen, ohne Fehle, Auf den ebnen
> Wellen fließt
>
> In Narcissus' Wahn versunken
> Könnt' ich ewig schauen, trunken
> Auf die Quelle hingeneigt.
> Doch zu tiefern Huldigungen
> Fühlt sich schnell das Herz gedrungen,
> Wenn die Nymphe selbst sich zeigt. (Schlegel 1971 [1792], 9–10)

Sowohl Narziss als auch sein Spiegelbild – „Abbild" – werden in Schlegels Text genannt. Beide – Narziss und Spiegelbild – bestimmen die Aussageinstanz genauer, und das heißt: Wie Narziss erblickt auch das Ich in Schlegels Text das Abbild (seiner Seele) in einer Quelle. Damit leistet der Text zweierlei: Zum einen stellt er „Narcissus' Wahn" den „tiefern Huldigungen" gegenüber, wobei Letztere das begehrte Ziel des Ichs ausmachen. Zum anderen verweisen sie auf den mythologischen Prätext des Narziss-Mythos und identifizieren zusammen mit dem Ich auch das Du: Die mit dem Titel und den Worten „deine Stimm'" apostrophierte „Rhapsodin" wird dadurch nämlich zur „Nymphe" Echo.

Für den Text hat das weitreichende Folgen: Wenn das apostrophierte, rhapsodische Du die Nymphe Echo ist, dann handelt es sich bei der Stimme, die sich vor dem Ich ergießt, um keine andere Stimme als seine eigene – Echo war schließlich stimmlos und konnte nur die zuletzt gehörten Worte reproduzieren. Mit den tieferen Huldigungen ist es damit nicht weit her, huldigt das Ich doch keiner anderen Stimme als seiner eigenen und bleibt somit in Narziss' Wahn versunken. Durch diesen Kunstgriff lässt Schlegel das narzisstische „Abbild" zusammen mit der „Stimme" in eins fallen, sodass Hör- und Sichtbares im Text eine doppelte Einheit bilden. Der Text huldigt also sowohl dem Ich als auch dem titelgebenden Du – *ego* und *alter* – zugleich.

Das ist eine mögliche Lesart des Textes. Sie ließe sich um eine Variante ergänzen: Denn die Beschreibung – und das zeichnet sich im letzten Vers deutlich ab – der „Nymphe" in der dritten Person spricht dafür, dass es sich um eine andere Nymphe handelt als um die zuvor in der zweiten Person apostrophierte, insbesondere wenn es heißt, dass die Nymphe sich „zeigt": Echo bleibt in jeder Variante des Mythos im Verborgenen. Für die im letzten Vers angekündigte Nymphe kommt indes noch Narziss' Mutter Liriope, die Quellnymphe, infrage. Das „[a]uf die Quelle hingeneigt[e]" Ich ist damit nicht nur seinem Abbild und seiner vom Du widerhallenden Stimme zugeneigt, sondern auch seiner durch die Quelle verkörperten Mutter. Die durch den Text hergestellte Doppeleinheit von Akustik und Visuellem konnotiert damit die Einheit zwischen *ego* und *alter* im Allgemeinen wie auch die zwischen Mutter und Kind im Besonderen. Dass diesen Doppeleinheiten die Struktur der Ambiguität zugrunde liegt, zeigt nicht nur Schlegels Text, sondern auch Philipp Otto Runges Bild *Mutter und Kind an der Quelle* (1804). Das Bild zeigt einen Säugling in den Armen der Mutter, der wiederum seine Arme nach dem Spiegelbild in der Quelle ausstreckt – eine Szene also, die vom Narziss-Mythos präfiguriert wird.

Abb. 1: Runge, Philipp Otto. *Mutter und Kind an der Quelle*. 1804. Hamburg. Hamburger Kunsthalle (verbrannt). Georg Jacob Wolf mit der Glaspalast-Künstlerhilfe München (Hrsg.). *Verlorene Meisterwerke deutscher Romantiker*. München 1931.

Doch spiegelt sich das Kind nicht einfach in der Quelle, sondern im Spiegelbild erblickt es sich und die Mutter, mit der es zu einer Doppeleinheit verbunden ist. Die Identität des Kindes hängt also nicht von einer einfachen Spiegelung, sondern von einer doppelten ab, sodass die Struktur des Bildes sowie Ovids und Schlegels Texte die Ambiguität von *ego* und *alter* ausstellen. Ob das Kind seine Arme nämlich nach dem eigenen Spiegelbild ausstreckt oder nach dem der Mutter, hält das Bild offen.

Das Personal des Ovid'schen Narrativs wird in der mediologischen Transformation daher um weitere Doppeleinheiten ergänzt:

ego	*alter*
Narziss	Spiegelbild
Narziss	Echo
Narziss	Mutter
Maler	Kunstwerk
Dichter	Text
Säugling	Mutter

Diese Doppeleinheiten überlagern sich – das zeigt sich insbesondere bei Schlegel und Runge – in ihren einzelnen Elementen dergestalt, dass sowohl die vertikalen als auch die horizontalen Grenzen durchlässig werden: Narziss spiegelt auf der horizontalen Ebene sein Bild, er spiegelt vertikal allerdings auch Maler, Dichter und Säugling, während das Spiegelbild gleichermaßen mit der Position

Echos, der Mutter, des Kunstwerks und des Texts in eins fällt. In seinen mediologischen Transformationen leistet der Narziss-Mythos daher zweierlei: So wie
Ovids Prätext rufen auch die verschiedenen Bearbeitungen des Mythos einerseits
Doppeleinheiten hervor. Ihren Figurationen unterliegt andererseits eine Struktur
der Ambiguität, die dafür sorgt, dass sich die Grenzen zwischen diesen Positionen in alle Richtungen auflösen.

4.2. Psychoanalytische Transformation

Mit der Schöpfung des Namens ‚Narzissmus' hält der Narziss-Mythos Ende des
19. Jahrhunderts Einzug in die Pathologie und später in die Psychoanalyse. Sein
Namensgeber Paul Näcke bezeichnet mit ‚Narzissmus' in seinem 1899 erschienenen Werk *Die sexuellen Perversitäten in der Irrenanstalt* die „Selbstverliebtheit"
sowie die „schwerste Form des Autoerotismus" (Näcke 1899, 27). Seither hat
der Begriff eine ebenso steile wie breit gefächerte Karriere in der Psychoanalyse
sowie den Kulturwissenschaften gemacht. War der Narzissmus bei Näcke noch
eine am Rande der Gesellschaft – genauer: in der ‚Irrenanstalt' – verortete Perversion, welche die sexuelle Lust auf den eigenen Körper richtet, so hat spätestens
Sigmund Freud den Narzissmus im besten Sinn gesellschaftsfähig gemacht –
und zwar deshalb, weil er bei ihm im Zentrum der Metapsychologie steht, ja
man kann sogar so weit gehen zu sagen, dass ein „Wendepunkt im Prozeß der
Theoriebildung" (Lohmann und Pfeiffer 2013, 157) erreicht ist: Mit dem Interesse
am Narzissmus ersetzt Freud die drei zentralen Begriffe des Unbewussten, Vorbewussten und Bewussten durch diejenigen des Es, des Ichs und des Über-Ichs
in *Das Ich und das Es* (1923). Kurz gefasst geht es um eine Revision der Trieblehre,
die zunächst Ichtriebe und Sexualtriebe trennt. Doch der Narzissmus konfrontiert Freud mit der Tatsache, dass auch die Ichtriebe sexueller Natur sind, weil
sie sich nur unter dieser Voraussetzung auf das eigene Ich richten können. 1914
verankert er ihn in der *Einführung in den Narzissmus* als primäre und sekundäre
Phase in der „Sexualentwicklung des Menschen" (X, 138). „Der Ausweg aus
diesem Dilemma zwingt ihn zu immer weitergehenden Spekulationen, die sich
schließlich in der Trennung zwischen einem Diesseits und einem Jenseits des
Lustprinzips erfüllen." (Geisenhanslüke 2008, 93)
   Den Begriff prägt er indes bereits 1905 in den *Drei Abhandlungen zur Sexualtheorie* – „Die Ichlibido heißen wir im Gegensatz zur Objektlibido auch ‚narzißtische' Libido" –, wo er den sekundären vom primären Narzissmus unterscheidet –
jenen „in der ersten Kindheit realisierten Urzustand, welcher durch die spätere
Aussendung der Libido nur verdeckt wird, im Grunde hinter derselben erhalten
geblieben ist" (V, 119). In der Studie über *Eine Kindheitserinnerung des Leonardo*

da Vinci (1910) assoziiert Freud Narzissmus mit männlicher Homosexualität. Er geht davon aus, dass der Junge – Freuds Psychoanalyse sieht die Frau immer als Sonder-, nicht als Regelfall an (→ II.7. GENDER UND QUEER STUDIES) –, dem der väterliche Einfluss auf die Erziehung fehlt, dem mütterlichen Einfluss zu stark ausgesetzt ist, daher nicht die ödipal-normativ ‚korrekte' Objektwahl treffen kann und die Liebe der Mutter nicht verdrängt. Dieser Überschuss an Mutterliebe führt den Jungen dazu – die Erklärung bleibt Freud schuldig –, in Autoerotismus zurückzufallen und er „findet [...] seine Liebesobjekte auf dem Wege des Narzißmus, da die griechische Sage einen Jüngling Narzissus nennt, dem nichts so wohl gefiel wie das eigene Spiegelbild und der in eine schöne Blume dieses Namens verwandelt wurde" (VIII, 170). Spätestens an dieser Stelle wird deutlich, dass das Phänomen, das unter dem Namen Narzissmus firmieren soll, nicht ohne die Bilder und Narrative des Mythos (Jüngling, Spiegelbild und Blume) auskommt.

Diese Vorüberlegungen münden in die *Einführung*, deren Theorie Freud in den folgenden Jahren nur wenig korrigiert. Seine Beobachtungen Schizophrener führen ihn zu dem Schluss, dass deren Größenwahn auf die Libido zurückzuführen ist: „Die der Außenwelt entzogene Libido ist dem Ich zugeführt worden, so daß ein Verhalten entstand, welches wir Narzißmus heißen können." (X, 139; vgl. XII, 6) Von diesem Größenwahn schizophrener Erwachsener schließt Freud auf ein früheres Stadium der psychischen Entwicklung, den primären Narzissmus, aus dem sich bei den Kranken der sekundäre Narzissmus entwickelt hat. In dieser weitergeführten Narzissmustheorie setzt Freud die Entstehung des Narzissmus an den Anfang der ödipalen Phase. Seine vorherige Annahme über abwesende Väter scheint Freud verworfen zu haben, da der Junge nun – wie es sich bei Freud gehört – aus Rivalität mit dem Vater die Mutter als Liebesobjekt verdrängen muss. Diese Entscheidung ist für Freud schon eine primär-narzisstische, da der Kampf zwischen lebenserhaltenden – und damit auf das Ich bezogenen, narzisstischen – Trieben und jenen die Mutter begehrenden Sexualtrieben zugunsten der narzisstischen Triebe ausfällt. Der sekundäre Narzissmus stellt indes die Reaktion des Jungen auf die verlorene Einheit mit der Mutter und die vom Vater ausgehende Kastrationsdrohung dar. Im Zuge dieser Reaktion erzeugt das Ich ein Ideal-Ich, auf das es im sekundären Narzissmus sein Begehren richtet. Dieses Ideal-Ich stellt dem Ich seine begehrte Vollkommenheit vor Augen, zwingt es aber auch, die eigene Unvollkommenheit anzuerkennen, sodass wir „alle Entschädigungen für frühzeitige Kränkungen unseres Narzißmus, unserer Eigenliebe" (X, 369) von diesem Moment an einklagen und die Einheit mit der Mutter – den imaginären Moment der Vollkommenheit – zurücksehnen. Vor Freud tritt diese Figuration erneut bei Runges *Mutter und Kind an der Quelle* (vgl. Abb. 1) in Erscheinung – Literatur wie Bildende Kunst präfigurieren die Theoriebildung im besten Sinne.

Wenn der Narzissmus indes allen Objektbeziehungen vorgängig ist, dann wird nicht nur die Unterscheidung von Autoerotismus und Narzissmus schwierig, sondern dann stellt sich auch die Frage, warum die Libido überhaupt einem Objekt zugeführt werden muss, was Freud „merkliches Unbehagen" (X, 142) bereitet. Denn wenn Ichtriebe und Sexualtriebe nur Differenzierungsprodukte sind, dann gehen sie auf einen „im tiefsten Grund und in letzter Ferne" (X, 144) verorteten Trieb zurück. Erst im Rahmen seiner Kulturtheorie benennt Freud diesen Grund als den Todestrieb, der *Jenseits des Lustprinzips* (1920) liegt – jenseits, sodass damit gleichzeitig das psychoanalytische Axiom der Wunscherfüllung durch dasjenige der Wiederholung ersetzt wird (→ II.5. KULTURTHEORIE): „Die Antwort, die Freud auf dieses Problem geben wird, liegt im Dualismus von Eros und Thanatos [...], in der Erkenntnis, der Tod markiert den Grund, aus dem alles Leben erst erwachse." (Geisenhanslüke 2008, 100) Dass Freud zu dieser Theorie kommt, hat damit zu tun, dass der Narzissmus den Tod gewissermaßen im mythologischen Gepäck führt. Runges Gemälde inszeniert nicht nur die Kontiguität von Narzissmus und Tod (Todesblume), sondern auch diejenige von Narzissmus, Regression und Melancholie, die Freud im Essay über *Trauer und Melancholie* (1917) ausbuchstabiert, in dem er die realitätsgerechte Trauer von der pathologischen, „kannibalischen" (X, 432) Melancholie unterscheidet.

An der Position der Mutter setzt ein gutes halbes Jahrhundert nach Freud auch der Psychoanalytiker Heinz Kohut an. In seiner Theorie zeichnet die Mutter durch Liebesentzug und Kastrationsängste verantwortlich für die narzisstische Störung und die Mutter-Kind-Einheit stellt – wie bei Freud – das Ziel der ersehnten narzisstischen Allmacht dar. Der gravierende Unterschied zu Freud besteht indes in der Bewertung der Objektliebe im Gegensatz zur Eigenliebe. In der von Kohut erörterten Entwicklung findet Narzissmus nicht anstelle von Objektliebe statt, sondern gerade durch Objektbesetzungen: „Daher bedeutet die wachsende Zugänglichkeit objekt-libidinöser Triebenergien [...] nicht, dass freigesetzter Narzißmus in Objektliebe verwandelt ist." (Kohut 1975, 334) Stattdessen besteht der narzisstische Mehrwert in der Objektliebe darin, wie (gut) diese Objekte für das Ich tauglich gemacht werden können. Dergestalt erfüllt der Narzissmus die Funktion einer regelrechten Kränkungsvermeidungsmaschine, weil der Konflikt zwischen *ego* und *alter* mit aller Macht und Gewalt unterdrückt, der Andere dem Narzissten stets unterworfen wird. Diese Unterdrückung ist für Kohut nur dann krankhaft, wenn der Narzisst sie nicht produktiv nutzen kann.

Freuds wie Kohuts Theorie sind zwar die bekanntesten, jedoch nicht die einzigen. Von Theorie zu Theorie ändert sich dabei nicht nur das Krankheitsbild ‚Narzissmus', sondern auch die Patienten: Thomas Krauß sieht Narzissmus als vom Kapitalismus ausgelöste Krankheit unserer Epoche (vgl. Krauß 1985), Thomas

Ziehe als Krankheitsbild der ganzen Gesellschaft (vgl. Ziehe 1975), während für Raymond Battegay ‚nur' ganz Europa davon betroffen scheint (vgl. Battegay 1977).

Alle diese Theorien mögen ihre spezifischen Unterschiede haben, jedoch sind ihnen zwei Dinge gemein: Zum einen steht, auch wenn sie sich bemühen, Narzissmus als anthropologische Konstante zu rechtfertigen, im Hintergrund dieser Überlegungen doch fest, dass es sich beim Narzissmus um ein Krankheitsbild handelt, das im Zweifelsfall ‚in der Irrenanstalt' behandelt werden muss. Für die Literatur(wissenschaft) hat das ebenso weitreichende wie problematische Folgen. Wenn Peter Matussek nämlich Franz Grillparzer unterstellt, er sei nicht nur „prägnantes Beispiel" (Matussek 1992, 166) für einen Depressiven, sondern auch für einen Narzissten, der die Rivalität zu Goethe nicht ertragen habe, erklärt er den Narzissmus damit einerseits zur Dichterkrankheit. Andererseits vernachlässigt er den Unterschied zwischen Text und Autor und glaubt durch die Analyse von Grillparzers Texten Anzeichen eines Krankheitsbildes zu erkennen, das in der Person Grillparzer in Erscheinung tritt.

Zum anderen ist jede Theorie zum Narzissmus – das wird schon bei Freud deutlich – von den Bildern gespeist, die der Mythos vorgibt, und verdeutlicht die hohe Affinität dieses Phänomens zur Ebene der Ästhetik. Nicht von ungefähr fragt Thomas Macho nach dem Funktions- und Leistungsprofil des Spiegels als Medium der Selbstreflexion:

> Denn wer kann garantieren, daß ich wirklich bin, was ich im Akt der Selbstreflexion (der Spiegelung) für mich zu halten neige? Die ursprüngliche Synthesis des Selbstbewußtseins ist womöglich ebenso ungreifbar wie das berühmte Spiegelstadium Jacques Lacans [...]; und eine Theorie des Bewusstseins fällt umso leichter, je gründlicher eine analytische Sezession zwischen Sehen und Erkennen vollzogen wird. (Macho 2002, 17)

Damit macht Macho den Spiegel insofern zur Schnittstelle von Medientheorie und Psychoanalyse, als er nach dem Einfluss des Mediums Spiegel auf das psychoanalytisch grundierte Bewusstsein fragt. Dergestalt erklärt bereits Jacques Lacan die psychoanalytische Theoriebildung zur Medientheorie (→ II.8. MEDIEN-THEORIE). Dabei gibt es für Lacan zwei Arten von Narzissmus: Die erste bezeichnet das Körperbild des Ichs, die andere beschreibt die Identifizierung mit dem anderen (mit kleinem a). Beide Arten treffen im sogenannten Spiegelstadium aufeinander: Im Alter von sechs bis acht Monaten nimmt sich das Kind zum ersten Mal – im Gegensatz zu seinem bis dahin als zerstückelt und hilflos angesehenen Körper – in seiner Ganzheit wahr (vgl. Lacan 1996 [1966], 61). Seinen Körper sieht es zum einen als vollkommen und autark an, der ihm aber zum anderen von einem Medium – dieses Medium kann ein Spiegel, aber auch ein anderer Mensch sein – gespiegelt werden muss. Lacan unterteilt dieses Spiegelstadium in drei Phasen der Identifikation. Die erste Phase bildet das „Urbild [...] des Subjekts, von dem das Ich seine Funktion zu übernehmen beginnt. In der Entwicklung des psychischen Apparates erscheint etwas Neues, dessen Funktion es ist, dem Narzißmus Form zu geben." (Lacan 1978 [1975], 150) In der zweiten Phase realisiert das Kind, dass das Spiegelbild eben nur ein Bild ist. Erst in der dritten Phase erkennt das Kind, dass dieses Bild dann auch noch sein eigenes ist.

Das Kind nimmt sich bei Lacan also – und das ist vor dem Hintergrund der von mir herausgearbeiteten Struktur der Ambiguität innerhalb des Narziss-Mythos bemerkenswert – doppelt wahr: einmal als zerstückelter, hilfloser, einmal als kompletter, autarker Körper. Aus dieser doppelten Wahrnehmung ergeben sich für das Kind zwei Instanzen seines Ichs: das präreflexive Ich (*je*) und das medial vermittelte Ich (*moi*). ,Eins und doppelt' zugleich formt das Kind nun seine Identität, indem es zwischen den Instanzen dieser Doppeleinheit vermittelt. Die Struktur der Ambiguität, die der Narziss-Mythos bei Ovid vorgibt und die ich in der mediologischen Transformation herausgearbeitet habe, wird von Lacan demnach auf einem innerpsychischen Schauplatz abgebildet. Die Transformation des Narziss-Mythos ist also genau genommen eine Transformation zweiter Ordnung, und das heißt, die psychoanalytische Theoriebildung fundiert nicht nur auf den Szenen, Bildern und Narrativen des Ovid'schen Mythos, sondern auch auf der mediologischen Transformation, die diese Bilder durchlaufen haben. Indes figuriert diese Theoriebildung – insbesondere diejenige Lacans – die narzisstische Struktur der Ambiguität auf einem innerpsychischen Schauplatz.

4.3. Gender- und queertheoretische Transformationen

Nicht zuletzt seit Luce Irigarays 1974 veröffentlichter Studie *Speculum. De l'autre femme* (*Speculum. Spiegel des anderen Geschlechts*) stehen die Gender Studies Freuds Psychoanalyse im Allgemeinen und seinem Narzissmusbegriff im Besonderen kritisch gegenüber. Dass Freuds Psychoanalyse einseitig von einer männlichen Position aus gedacht ist, in der Frauen – wenn überhaupt – nur als defizitäre Individuen vorkommen, ist ein alter Hut und wird durch Freuds Begriff des weiblichen Narzissmus, der sich aus dem weiblichen Penisneid ableitet, nur verschärft. Dass Irigaray Freuds Begriff des ,weiblichen Narzissmus' nachweist, er würde das weibliche Geschlecht nicht als eigenes/anderes Geschlecht, sondern nur als defizitäre Abwandlung vom männlichen darstellen (vgl. Irigaray 1980, 446), weist auf die Problematik des Narzissmusbegriffs für die Gender Studies hin. Doch der Narzissmus scheint nicht nur Öl ins Feuer der von den Gender Studies motivierten psychoanalytischen Theoriebildung zu schütten; auch die Bearbeitungen des Narziss-Mythos selbst scheinen sich für ein gehöriges Maß an *gender trouble* verantwortlich zu zeigen. So versucht etwa – ungefähr hundert

Jahre nach Ovids *Metamorphosen* – Pausanias folgende Variante des Mythos in Umlauf zu bringen, hält er es doch für ganz und gar undenkbar, dass ein Mann sich in sein eigenes Spiegelbild verliebt:

> Es gibt auch noch eine andere Sage von ihm, die weniger als die vorige bekannt, aber doch verbreitet ist, Narkissos habe eine Zwillingsschwester gehabt, die auch übrigens mit ihm von ganz gleicher Gestalt gewesen, und beide hatten auf dieselbe Weise das Haar und gleiche Kleidung getragen; auch seien sie zusammen auf die Jagd gegangen. Narkissos habe seine Schwester geliebt, und als das Mädchen gestorben, habe er die Quelle besucht und recht wohl gewußt, daß er seinen Schatten sehe; dennoch aber sei es eine Erleichterung in seinem Liebesschmerz gewesen, indem er sich vorgestellt, er sehe nicht seinen Schatten, sondern das Bild seiner Schwester. (Pausanias 1855–1892 [160–180], 719–720)

Das eigene Spiegelbild wird in dieser Erzählung zum Bild der (Zwillings-)Schwester erklärt. Bevor der Leser des Narziss-Mythos also in Versuchung gerät zu denken, Narziss könnte im Moment des Verkennens in seinem Spiegelbild nicht nur einen anderen Mann sehen, sondern auch begehren, nimmt Pausanias statt des Homosexualitätstabus – so legt Judith Butler dieses Kulturmuster in *Gender Trouble* (1990; *Das Unbehagen der Geschlechter*) im Allgemeinen nahe – lieber das Inzesttabu in Kauf und tauscht das männliche Spiegelbild mit der weiblichen Schwester. Dass das Geschlecht von Narziss' Spiegelbild von männlich zu weiblich wechselt, findet sich auch im 18. Jahrhundert in Ludwig Christoph Heinrich Höltys *Narciß und Echo. Eine Romanze* (1770) wieder – einer zotigen Parodie des Mythos:

> Er machte, wenn er nahe war,
> Verliebte Reverenze,
> Bot dem Phantom Geschenke dar,
> Bald Sträußer, und bald Kränze.
>
> Er reichte seiner Abgöttin
> Einst eine Purpurrose.
> Sie hielt ihm auch ein Röschen hin,
> Und lächelte, die Lose.
>
> Sein Röschen fiel ihm in den Bach,
> Ich weiß nicht, wie's gekommen,
> Stracks fiel das andre Röschen nach,
> Doch kams nicht angeschwommen. (Hölty 1998, 40)

Das männliche Spiegelbild wird wie auch bei Pausanias verweiblicht. Im Gegensatz zu Pausanias trägt Höltys *cross-gendering* allerdings nicht zur Moralisierung bei, sondern zur – wenn auch heteronormativen – Komik des Textes. Die heteronormative Matrix, mit der sowohl Pausanias als auch Hölty den Mythos unterlegen, fehlt indes in Ovids Prätext. Im Gegenteil: Ovid hebt hervor, dass Narziss von „[v]iele[n] Männer[n], viele[n] Mädchen begehrt[ ]" (Ovid 1994 [1 v. Chr.–10 n. Chr.], 149) wird. Was für den Ovid'schen Narziss keinen Grund zur Rührung darstellt, ist für den Freud'schen Narzissten Ursache und Wirkung gleichermaßen:

> Wir haben bei allen untersuchten Fällen festgestellt, daß die später Invertierten in den ersten Jahren ihrer Kindheit bereits eine Phase von sehr intensiver, aber kurzlebiger Fixierung an das Weib (meist an die Mutter) durchmachen, nach deren Überwindung sie sich mit dem Weib identifizieren und sich selbst zum Sexualobjekt nehmen, das heißt vom Narzissmus ausgehend jugendliche und der eigenen Person ähnliche Männer aufsuchen, die sie so lieben wollen, wie die Mutter sie geliebt hat. (V, 44)

Für Freud sind Narzissmus und Homosexualität demnach Kehrseiten ein und derselben Medaille. Es scheint dabei keine Rolle zu spielen, dass bei Ovid für Narziss kein sprichwörtlicher Unterschied zwischen Männlein und Weiblein bestand. Zugunsten seiner *Abhandlungen* über ,sexuell Invertierte' bügelt Freud über den Unterschied zwischen Selbstliebe und Liebe zum eigenen Geschlecht hinweg. Diese logisch fragwürdige Korrelation von Narzissmus und Homosexualität hatte weitreichende Folgen sowohl für die Psychoanalyse als auch für die Bearbeitungen des Narziss-Mythos: Zum einen stellte aufseiten der Psychoanalyse „[d]er ICD, der Internationale Diagnosenschlüssel für psychiatrische Krankheiten" (Orlowsky 1992, 410), noch bis 1991 – dem Jahr also, bis zu dem Homosexualität (in Deutschland) gemeinhin als Krankheit galt – dem Arzt eine international gültige Liste von symptomatischen Abweichungen zur Verfügung, mit deren Hilfe er eine eindeutigere Diagnose treffen konnte. Unter dem Diagnoseschlüssel für krankhaften Narzissmus fand sich auf dieser Liste von ,Symptomen' neben ,Borderline-Störung' und ,affektiver Psychose ' auch ,Homosexualität'.

Zum anderen wendete aufseiten des Narziss-Mythos die schwule Kultur der 1960er und 1970er Jahre die Überblendung von Narzissmus und Homosexualität in ihr produktives und nicht krankhaftes Gegenteil, indem sie Narziss zum Protagonisten mehrerer Filme erklärte (→ IV.9. LITERATUR – FILM: DOPPELGÄNGER). In zwei Filmen wird durch übertrieben kitschige Elemente der Narziss-Mythos zum Softcore-Porno. Der erste, *Leather Narcissus* (1967; Regie: Avery Willard), platziert einen in Leder gekleideten Mann in den New Yorker Straßen, der sexuelle Abenteuer in den Bars und Klubs der Stadt sucht. Wo und wie er diese findet, zeigt ihm statt eines Spiegels oder einer Quelle eine kopfgroße Discokugel, die er mit sich herumträgt.

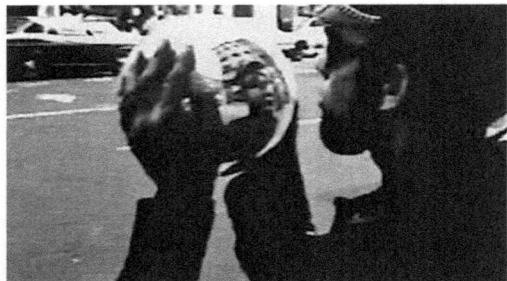

Abb. 2: *Leather Narcissus*. Reg. Avery Willard. P. M. Productions, 1967 (Detail).

Der zweite Film, *Pink Narcissus* (1971; Regie: James Bidgood), verzichtet auf einen eindeutigen Handlungsverlauf und mischt stattdessen die grundlegenden Elemente des Narziss-Mythos (Jüngling an der Quelle, Jüngling vor Spiegeln etc.) mit den sexuellen Imaginationen seines Protagonisten. In einer der ersten Szenen wird beispielsweise in schnellen Schnitten zwischen dem Protagonisten in einem Raum voller ovaler Spiegel und dem Protagonisten in einer öffentlichen Toilette voller ovaler Urinale gesprungen.

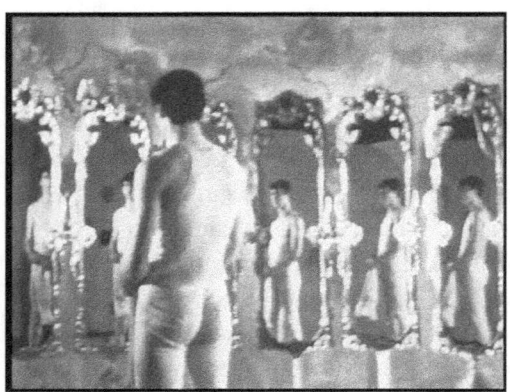

Abb. 3: *Pink Narcissus*. Reg. James Bidgood. Pink Pictures Ltd., 1971 (Detail).

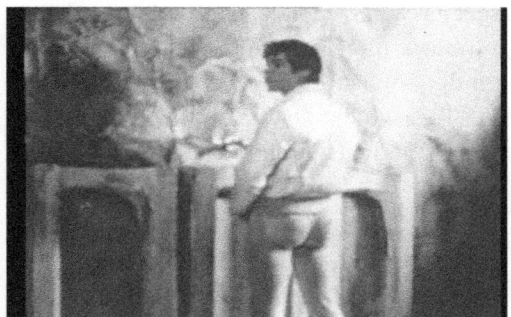

Abb. 4: *Pink Narcissus*. Reg. James Bidgood. Pink Pictures Ltd., 1971 (Detail).

Die spiegelnde Quelle wird also durch ein mit Wasser gefülltes Urinal ersetzt. Insbesondere die Doppelung ‚Jüngling und Urinal' verleiht dieser Bearbeitung des Narziss-Mythos ihr Potenzial für die Gender und Queer Studies. Narziss' Blick in die Quelle verschiebt sich in der Figuration ‚Jüngling und Urinal' von den Augen auf den Phallus, und das heißt: Statt des Blickes, der sich auf die Quelle richtet, richtet sich nun der Phallus auf das Urinal. Mit dieser Struktur der Ambiguität kommt dem Phallus eine für die Queer Studies entscheidende Rolle zu: So wie Narziss' Blick in die Quelle mit dem Tod konnotiert ist, rückt auch der Phallus sowohl als Objekt der Begierde als auch als Instrument der Ausscheidung, oder anders gewendet: *nicht* als Instrument der Fortpflanzung, in einen mit dem Tod assoziierten Bildbereich. *Pink Narcissus* wendet sich mit dieser Fokussierung auf den Phallus als Organ der Ausscheidung gegen die heteronormative – mit Lee Edelman gesprochen – „universality of reproductive futurism" (Edelman 2004, 26) und feiert Narziss somit als heteronormativitätskritische Gedankenfigur, und zwar über die Struktur der Ambiguität, in der diesmal die Figuration der Doppeleinheiten ‚Jüngling und Spiegel' sowie ‚Jüngling und Urinal' paradigmatisch übereinander gelagert wird. Entpuppte sich die psychoanalytische Transformation als eine Transformation zweiter Ordnung, so handelt es sich bei der gender- und queertheoretischen Transformation um eine Transformation dritter Ordnung, da sie sowohl die strukturellen als auch die mediologischen wie psychoanalytischen Elemente des Narziss-Mythos integriert.

Die Arbeit am Narziss-Mythos – so habe ich gezeigt – generiert aus dem Konflikt von *ego* und *alter* über die Jahrhunderte hinweg ganze Figurationen von Doppeleinheiten. Diese Doppeleinheiten lagern sich paradigmatisch übereinander. Narziss spiegelt daher nicht nur sein Bild, Echo spiegelt nicht nur ihre Stimme, sondern Narziss spiegelt auch Echo, das Spiegelbild ergänzt die Stimme, kurz: Die Struktur der Ambiguität sorgt dafür, dass jedes Element innerhalb der Doppeleinheiten mit jedem anderen spiegel- und damit austauschbar wird. In der mediologischen, der psychoanalytischen wie auch der gender- und queertheoretischen Transformation stehen also weniger die einzelnen Doppeleinheiten zur Debatte. Viel eher zeigt diese Struktur der Ambiguität einen nicht enden wollenden Prozess, in dem Identität stets aufs Neue verhandelt und erweitert wird: Jede Bearbeitung des Narziss-Mythos integriert in die Figurationen dergestalt die Differenz weiterer Doppeleinheiten.

Literatur

Alberti, Leone Battista. *Kleinere Kunsttheoretische Schriften*. Hrsg. und übers. von Hubert Janitschek. Wien 1877 [1435–1436].
Battegay, Raymond. *Narzißmus und Objektbeziehungen. Über das Selbst zum Objekt*. Bern, Stuttgart, Wien 1977.
Böhme, Hartmut. „Sinne und Blick. Zur mythopoetischen Konstitution des Subjekts". Böhme, Hartmut. *Natur und Subjekt*. Frankfurt a. M. 1988: 215–255.
Butler, Judith. *Das Unbehagen der Geschlechter*. Übers. von Kathrina Menke. Frankfurt a. M. 1991 [1990].
Creuzer, Friedrich. *Symbolik und Mythologie der alten Völker, besonders der Griechen*. Hrsg. von Georg Heinrich Moser. Leipzig, Darmstadt 1822.
Edelman, Lee. *No Future. Queer Theory and the Death Drive*. Durham/NC 2004.
Geisenhanslüke, Achim. *Das Schibboleth der Psychoanalyse. Freuds Passagen der Schrift*. Bielefeld 2008.
Goebel, Eckart und Elisabeth Bronfen (Hrsg.). *Narziss und Eros. Bild oder Text?* Göttingen 2009.
Goethe, Johann Wolfgang. *Die Wahlverwandtschaften* [1809]. Goethe, Johann Wolfgang. *Sämtliche Werke nach Epochen seines Schaffens. Münchner Ausgabe, Bd. 9: Epoche der Wahlverwandtschaften. 1807–1814*. Hrsg. von Christoph Siegrist et al. München 1987: 283–529.
Hölty, Ludwig Christoph Heinrich. *Gesammelte Werke und Briefe. Kritische Studienausgabe*. Hrsg. von Walter Hettche. Göttingen 1998.
Irigaray, Luce. *Speculum. Spiegel des anderen Geschlechts*. Übers. von Xenia Rajewsky. Frankfurt a. M. 1980 [1974].
Kohut, Heinz. *Narzißmus. Eine Theorie der psychoanalytischen Behandlung narzißtischer Persönlichkeitsstörungen*. Frankfurt a. M. 1975.
Krauß, Thomas. *Die vergesellschaftete Subjektivität und ihre Deutungsmuster. Zum Zusammenhang von Ideologie und Narzißmus*. Frankfurt a. M., New York 1985.
Kroll, Wilhelm (Hrsg.). „Narkissos". *Paulys Realencyclopädie der classischen Altertumswissenschaften*, 32. Halbbd. Stuttgart 1935: Sp. 1721–1734.
Lacan, Jacques. *Das Seminar, Bd. I: Freuds technische Schriften (1953–1954)*. Hrsg. von Norbert Haas. Übers. von Werner Hamacher. Berlin, Weinheim 1978 [1975].
Lacan, Jacques. „Das Spiegelstadium als Bildner der Ichfunktion, wie sie uns in der psychoanalytischen Erfahrung erscheint" [1966]. Übers. von Peter Stehlin. Lacan, Jacques. *Schriften I*. Hrsg. von Norbert Haas. 4. Aufl., Weinheim, Berlin 1996: 61–70.
Lévi-Strauss, Claude. „La structure des mythes". Lévi-Strauss, Claude. *Antropologie structurale*. Paris 1958: 235–265.

Lohmann, Hans-Martin und Joachim Pfeiffer (Hrsg.). *Freud-Handbuch. Leben – Werk – Wirkung. Sonderausgabe*. Stuttgart, Weimar 2013.

Macho, Thomas. „Narziß und der Spiegel. Selbstrepräsentation in der Geschichte der Optik". *Narcissus. Ein Mythos von der Antike bis zum Cyberspace*. Hrsg. von Almut-Barbara Renger. Stuttgart, Weimar 2002: 13–25.

Matussek, Paul und Peter Matussek. „Franz Grillparzer". Matussek, Paul. *Analytische Psychosentherapie*, Bd. 1: *Grundlagen*. Berlin, Heidelberg, New York 1992: 165–170.

Moser, Hugo und Helmut Tervooren (Hrsg.). *Des Minnesangs Frühling*, Bd. 1: *Texte*. Stuttgart 1988.

Näcke, Paul. *Die sexuellen Perversitäten in der Irrenanstalt. Wiener klinische Rundschau*. Wien 1899.

Orlowsky, Ursula und Rebekka Orlowsky. *Narziß und Narzißmus im Spiegel von Literatur, Bildender Kunst und Psychoanalyse. Vom Mythos zur leeren Selbstinszenierung*. München 1992.

Ovid [i. e. Publius Ovidius Naso]. *Metamorphosen*. Hrsg. und übers. von Michael von Albrecht. Stuttgart 1994 [1 v. Chr.–10 n. Chr.].

Pausanias. *Beschreibung von Griechenland*. Übers. von Heinrich Chr. Schubart. Berlin 1855–1892 [160–180].

Pister, David. „Schmerzen im Spiegel. Zur Ambivalenz von Narzissmus und Masochismus in Heinrichs von Morungen ‚Mir ist geschehen als einem kindeline' (MF 145,1)". *Zeitschrift für Literaturwissenschaft und Linguistik* 43.171 (2013): 157–168.

Renger, Almut-Barbara (Hrsg.). *Mythos Narziss. Texte von Ovid bis Jacques Lacan*. Leipzig 1999.

Renger, Almut-Barbara (Hrsg.). *Narcissus. Ein Mythos von der Antike bis zum Cyberspace*. Stuttgart, Weimar 2002.

Sandrart auf Stockau, Joachim von. *Teutsche Academie der Bau-, Bild- und Mahlerey-Künste, Nürnberg 1675, 1679, 1680. Wissenschaftlich kommentierte Online-Edition*. Hrsg. von Thomas Kirchner et al. http://ta.sandrart.net/de/text/1. 2008–2012 (04. Februar 2015).

Schlegel, August Wilhelm. „An die Rhapsodin" [1792]. Schlegel, August Wilhelm. *Sämtliche Werke*, Bd. 1: *Poetische Werke*. Hrsg. von Eduard Böcking. Hildesheim 1971 [1846]: 9–10.

Schlegel, August Wilhelm. *Athenaeum. Eine Zeitschrift*, Bd. 1.2. Hrsg. von August Wilhelm und Friedrich von Schlegel. Berlin 1798.

Weimar, Klaus. „Modifikation der Eindeutigkeit. Eine Miszelle". *Amphibolie – Ambiguität – Ambivalenz*. Hrsg. von Frauke Berndt und Stephan Kammer. Würzburg 2009: 53–59.

Ziehe, Thomas. *Pubertät und Narzißmus. Sind Jugendliche entpolitisiert?* Frankfurt a. M. 1975.

Filmverzeichnis

Leather Narcissus. Reg. Avery Willard. P. M. Productions, 1967.

Pink Narcissus. Reg. James Bidgood. Pink Pictures Ltd., 1971.

III.9. Hamlet

Andreas Kraß

> diese ‚Hamletmaschine' –
> man könnte auch Ödipus-Maschine sagen
> Alexander Kluge

1. Einleitung: Vormoderne Hamletgeschichten

Die Ursprünge des Hamlet-Stoffs reichen ins Mittelalter zurück. Der im 12. Jahrhundert tätige Chronist Saxo Grammaticus erzählt erstmals die Geschichte des dänischen Prinzen Amlethus (vgl. Saxo 1901, 113–141; Saxo 2004, 176–205; Saxo 2005, 220–251). Fengo hat seinen Bruder Horwendilus, Jütlands dänischen Statthalter, erschlagen und dessen Frau Gerutha, Tochter des dänischen Königs, geheiratet. Amlethus, Sohn des ermordeten Statthalters, rächt die Bluttat und tötet Fengo. Zu diesen Hauptfiguren treten einige namenlose Nebenfiguren hinzu. Amlethus hat einen Pflegebruder, der ihn schützt und warnt, sowie eine Pflegeschwester, die ihn verführen soll. Als Gegenspieler figurieren ein Lauscher, der in der Kammer der Königin von Amlethus erstochen wird, sowie zwei Männer, die ihn auf einer Reise an den englischen Königshof begleiten und dort dem Mordplan zum Opfer fallen, den Fengo gegen Amlethus ersonnen hat. Hamlet heiratet während seines Aufenthalts am englischen Königshof die Tochter des Königs. Nach seiner Rückkehr ermordet er Fengo und dessen Gefolge mit einer List. Er vertauscht sein eigenes Schwert, das mit der Scheide vernietet ist, mit demjenigen seines Onkels und tötet den Wehrlosen im Zweikampf. Das Gefolge fängt er bei einer Feier in einem Netz, das seine Mutter auf sein Geheiß hin angefertigt hat, und lässt die Halle mitsamt den Gefangenen verbrennen. Der zweite Teil der Geschichte nimmt Motive des ersten wieder auf. Er handelt von einem weiteren Mordanschlag gegen Hamlet. Der englische König hat mit Fengo ein Abkommen geschlossen, dass jeder den Mörder des anderen rächen solle. Nun hält er sich an den Eid, auch wenn er sich gegen den eigenen Schwiegersohn richtet. Wieder geht der Mordanschlag mit einer Reise an einen anderen Königshof einher. Amlethus wird nach Schottland geschickt, um dort im Auftrag des englischen Königs um die gefährliche Königin zu werben. Amlethus soll dabei zu Tode kommen, gewinnt aber die Liebe der Königin und heiratet sie. Erst Jahre später stirbt Amlethus in einer Schlacht.

William Shakespeare adaptiert nur die Familien- und Rachegeschichte des ersten Teils. Das Geschehen wird ans dänische Königshaus verlegt. Hamlets Vater

https://doi.org/10.1515/9783110332681-018

ist nicht mehr Statthalter von Jütland, sondern dänischer König (verschmilzt also mit Roricus). Hamlet (Amlethus) und dessen Mutter Gertrude (Gerutha) behalten ihre Namen; aus Fengo wird Claudius. Hamlets Vater heißt nicht mehr Horwendilus, sondern ebenfalls Hamlet; die Beziehung zwischen Vater und Sohn wird so akzentuiert. Shakespeare arbeitet die Nebenfiguren zu vollständigen Charakteren aus und versieht sie mit Namen. Der Ziehbruder wird zu Hamlets Freund Horatio, die Ziehschwester zu Hamlets Freundin Ophelia. Das Motiv der Ziehgeschwister wird aufgegeben, die Intimität der Beziehungen bleibt aber erhalten. Der von Hamlet erstochene Lauscher wird zu Polonius, der nun als Ophelias Vater erscheint. So steht neben Hamlets Familie eine zweite, die Polonius und Ophelia umfasst und um eine neue Figur, die bei Saxo kein Vorbild hat, erweitert wird, nämlich Ophelias Bruder Laertes. Diese Figur ist für Shakespeares Fassung zentral. Eine Mutterfigur wird nicht hinzugefügt; sie bietet eine Leerstelle und somit eine Entsprechung zu Hamlets totem Vater. Ferner ist zu beachten, dass Hamlet in Shakespeares Drama nicht heiratet. Die Tochter des englischen Königs wird ebenso gestrichen wie die schottische Königin. Die Beziehung zu Ophelia erweist sich als ambivalent. Während Saxos Amlethus mit ihr schläft, wird sie von Shakespeares Hamlet verschmäht. Durch diese Eingriffe wird Shakespeares Hamlet ‚entheterosexualisiert‘, dafür wird die Rolle des männlichen Freunds und Begleiters Horatio ausgearbeitet. Die von Shakespeare erfundene Figur des Laertes vervollständigt nicht nur Ophelias Familie, sondern übernimmt zugleich die Aufgabe, das tragische Ende herbeizuführen. Er tötet Hamlet im Zweikampf und wird von Hamlet getötet. Bei Saxo überlebt Hamlet die Rachegeschichte, und es schließen sich weitere Verwicklungen an. Shakespeare setzt hier jedoch einen Schlusspunkt, indem Laertes, von Claudius angestiftet, an Hamlet Rache für die Ermordung seines Vaters Polonius nimmt. Bei Shakespeare endet die Geschichte für beide Familien tödlich. Im Unterschied zu Saxos Fassung stirbt auch die Königin, indem sie den Giftbecher trinkt, den Claudius vorbereitet hatte, um Hamlet im Zweikampf mit Laertes zu schwächen. Ophelia stirbt, indem sie nach ihrer Zurückweisung durch Hamlet und dem Tod ihres Vaters Polonius ins Wasser geht. Bei Shakespeare überlebt nur eine Figur die Tragödie (→ IV.1. TRAGÖDIE), nämlich Horatio. Er will zwar ebenfalls sterben, indem er den Giftbecher austrinkt, wird aber von Hamlet daran gehindert und aufgefordert, er solle seine Geschichte erzählen – „To tell my story" (Shakespeare 1993 [1604], 206). So übernimmt Horatio die Rolle des Dichters, auf die auch sein Name verweist, den Shakespeare gewiss dem römischen Dichter Horaz entlieh. Eine weitere entscheidende Änderung ist das Spiel im Spiel, das Shakespeare hinzuerfindet. Das betreffende Stück, *The Murder of Gonzago*, spiegelt die Tötung des älteren Hamlet und entlarvt Claudius als Mörder. Somit liegen zwei Formen der Verdoppelung

vor: zum einen die Duplikation der Familiensysteme (→ IV.5. FAMILIENROMAN),
zum anderen die Duplikation durch ein Spiel im Spiel.

2. Sexualpsychologische Deutungen

Die sexualpsychologische Deutung der Hamletgeschichte erfolgte in zwei Anläu-
fen. Der amerikanische Shakespeare-Forscher Edward P. Vining stellte bereits
1881 in *The Mystery of Hamlet* die These auf, Hamlet sei in Wahrheit eine Frau
gewesen (vgl. Vining 1881, 82–83). Die Königin habe ihre neugeborene Tochter als
Sohn ausgegeben, um die Thronfolge zu sichern. Das Mädchen sei als Junge auf-
gewachsen und habe daher das Begehren in doppelter Weise verstellen müssen.
Zum einen habe sie als biologisches Mädchen Ophelia nicht lieben dürfen; zum
anderen habe sie als scheinbarer Junge zu Horatio nur ein freundschaftliches Verhältnis unterhalten dürfen. In beiden Hinsichten habe also das Damoklesschwert
des Homosexualitätsverdachts über Hamlet geschwebt. Vining sucht und findet
in Shakespeares Text zahlreiche Indizien für seine Deutung. Der Sachverhalt,
dass Hamlet sich angeblich unmännlich verhalten habe, sei auf sein weibliches
Geschlecht zurückzuführen. Diese These basiert freilich auf heteronormativen
Prämissen. Vining wendet ein stereotypes Frauenbild auf Hamlet an, wenn
er nach seinen Schwächen sucht und diese als weibliches Symptom wertet. In
seiner Sichtweise ist Hamlet ein Transvestit mit gestörter Geschlechtsidentität,
die aber nicht auf angeborener Homosexualität, sondern auf der Sozialisation im
falschen Geschlecht beruht (→ II.7. GENDER UND QUEER STUDIES).

Der Sexualwissenschaftler Magnus Hirschfeld weist in seinem 1914 erstmals
erschienenen Buch *Die Homosexualität des Mannes und des Weibes* darauf hin,
dass die lesbische Schauspielerin Felicitas von Vestvali in den USA die Rollen des
Hamlet und des Romeo einstudiert und gespielt habe (vgl. Hirschfeld 2001 [1914],
159–160). Im Jahr 1868 habe sie in London mit großem Erfolg auch den Petrucchio
aus *The Taming of the Shrew* (um 1592; *Der Widerspenstigen Zähmung*) gegeben
und in diesen Männerrollen auch in Berlin, Wien, Hamburg und Leipzig erfolgreich gastiert. Für Hirschfeld ist die Schauspielerin ein Musterbeispiel für eine
homosexuelle (in damaliger Terminologie: ‚urnische') Frau, die in ihrem Auftreten „lebendiger, unternehmender, tatkräftiger, aggressiver, heroischer, abenteu-
erlustiger als das nichturnische Weib und der urnische Mann" (Hirschfeld 2001
[1914], 158) sei. Damit solle aber, schränkt Hirschfeld ein, „nun natürlich nicht
gesagt sein, daß alle in dieser Weise tätigen, viril gearteten oder im öffentlichen
Leben stehenden Frauen homosexuell sind, sondern nur, daß der Prozentsatz
der Homosexuellen unter diesen ein ungewöhnlich hoher, zum mindesten aber

ein unverhältnismäßig viel höherer ist als unter den heterosexuellen Frauen" (Hirschfeld 2001 [1914], 159).

Auch die körperliche Disposition vieler homosexueller Frauen sei viril, stellt Hirschfeld fest und zieht wiederum das Beispiel der Vestvali heran: „Als die Vestvali in Leipzig den Hamlet spielte, schrieb der berühmte Kritiker R. v. Gottschall am Schluß seiner Besprechung: ‚– und um neben der geistigen Auffassung auch das Technische nicht zu vergessen: fechten sahen wir auf der Bühne niemals besser'." (Hirschfeld 2001 [1914], 153) Aus dem Zusammenhang von Vinings These, dass Hamlet in Wahrheit eine Frau gewesen sei, und Hirschfelds Annahme, dass die männliche Rolle des Hamlet homosexuellen Schauspielerinnen entgegenkomme, ergibt sich eine Verknüpfung von Shakespeares *Hamlet* (1604) mit dem Thema der Homosexualität. In diesen Zusammenhang ordnet sich auch ein deutscher Stummfilm von 1921 ein, der Vinings These aufnimmt und umsetzt. Asta Nielsen produzierte den Film und spielte die Hauptrolle. Was Vining interpoliert, wird chronologisch erzählt. Der historische Bezugspunkt ist hier weniger das elisabethanische Zeitalter als vielmehr die sexuelle Libertinage und das Aufkommen der Sexualwissenschaft in der Weimarer Republik. Der Film bot Gelegenheit, sowohl weibliche (Hamlet/Ophelia) wie auch männliche Homosexualität (Hamlet/Horatio) in Szene zu setzen.

Der zweite Deutungsstrang geht auf Sigmund Freud zurück. Freud behandelt in seiner *Traumdeutung* (1900) Shakespeares *Hamlet* im Kapitel über typische Träume. Zu diesen zählt er den Verlegenheitstraum der Nacktheit, den Prüfungstraum und den Traum vom Tod teurer Personen. Freud sieht *Hamlet* als literarische Umsetzung des letzten Falls. Hamlet betrauert den Tod seines geliebten Vaters, der ihm als Geist erscheint. Freud vertritt die Grundthese, dass Träume Wunscherfüllungen seien. Dies trifft seiner Meinung nach auch auf Hamlet zu, dessen Trauer um den Vater letztlich einen früheren Todeswunsch gegen denselben maskiert. Hier entwickelt Freud bereits seine Theorie des frühkindlichen ödipalen Begehrens. Der Knabe will den Vater töten, um die Mutter für sich zu haben. Freud bringt zunächst zahlreiche Beispiele aus seiner Praxis, liefert dann aber auch zwei literarische: zunächst den *Ödipus* (429–425 v. Chr.) des Sophokles (→ III.6. ÖDIPUS), dann Shakespeares *Hamlet*. Die Differenz ist folgende: Während Ödipus seine ödipalen Wünsche selbst ausführt, indem er unwissentlich den Vater tötet und die Mutter heiratet, delegiert Hamlet die ödipalen Wünsche an seinen Onkel Claudius, der stellvertretend den Vater (bzw. Bruder) tötet und die Mutter (bzw. Schwägerin) heiratet. Die Übertragung der Wuncherfüllung ist Freuds Erklärung für Hamlets Hang zur Prokrastination. Während im *König Ödipus* die Wunschphantasie des Kindes „wie im Traum ans Licht gezogen und realisiert" werde, bleibe sie im *Hamlet* „verdrängt"; daher erfahre man vom

Vorhandensein der Wunschphantasie „nur durch die von ihr ausgehenden Hemmungswirkungen":

> Das Stück ist auf die Zögerung Hamlets gebaut, die ihm zugeteilte Aufgabe der Rache zu erfüllen; welches die Gründe oder Motive dieser Zögerung sind, gesteht der Text nicht ein, die vielfältigsten Deutungsversuche haben es nicht anzugeben vermocht. Nach der heute noch herrschenden, durch Goethe begründeten Auffassung stellt Hamlet den Typus des Menschen dar, dessen frische Tatkraft durch die überwuchernde Entwicklung der Gedankentätigkeit gelähmt wird (‚Von des Gedankens Blässe angekränkelt'). Nach anderen hat der Dichter einen krankhaften, unentschlossenen, in das Bereich der Neurasthenie fallenden Charakter zu schildern versucht. Allein die Fabel des Stückes lehrt, daß Hamlet uns keineswegs als eine Person erscheinen soll, die des Handelns überhaupt unfähig ist. Wir sehen ihn zweimal handelnd auftreten, das einemal in rasch auffahrender Leidenschaft, wie er den Lauscher hinter der Tapete niederstößt, ein anderesmal planmäßig, ja selbst arglistig, indem er mit der vollen Unbedenklichkeit des Renaissanceprinzen die zwei Höflinge in den ihm selbst zugedachten Tod schickt. Was hemmt ihn also bei der Erfüllung der Aufgabe, die der Geist seines Vaters ihm gestellt hat? Hier bietet sich wieder die Auskunft, daß es die besondere Natur dieser Aufgabe ist. Hamlet kann alles, nur nicht die Rache an dem Mann vollziehen, der seinen Vater beseitigt und bei seiner Mutter dessen Stelle eingenommen hat, an dem Mann, der ihm die Realisierung seiner verdrängten Kinderwünsche zeigt. Der Abscheu, der ihn zur Rache drängen sollte, ersetzt sich so bei ihm durch Selbstvorwürfe, durch Gewissensskrupel, die ihm vorhalten, daß er, wörtlich verstanden, selbst nicht besser sei als der von ihm zu strafende Sünder. Ich habe dabei ins Bewußte übersetzt, was in der Seele des Helden unbewußt bleiben muß [...]. (II/III, 271–272.)

Freud skizziert einen geschichtlichen Prozess zunehmender Wunschverdrängung. In der Renaissance sei die Verdrängung als Verschiebung innerhalb des Familiensystems umgesetzt worden. Im Falle des Shakespeare'schen *Hamlet* sei es der Onkel, der den verdrängten Wunsch des Sohnes erfülle und dessen Vater töte. Das ödipale Familiensystem umfasst demnach die Positionen des Vaters (Hamlet sen.), der Mutter (Gertrude) und des Sohnes (Hamlet jun.). Der ödipale Wunsch wird auf den Onkel (Claudius) projiziert, der Hamlets Vater tötet und Hamlets Mutter heiratet.

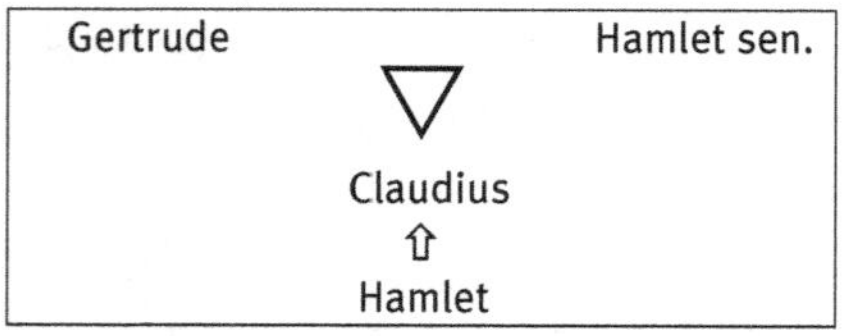

Abb. 1

Freuds Schüler Ernest Jones arbeitete Freuds These weiter aus, zunächst in einem bereits 1910 publizierten Aufsatz (vgl. Jones 1910), schließlich in einer

1949 erschienenen Monographie *Hamlet and Oedipus. A Classic Study in Psycho-analytic Criticism* (*Das Problem des Hamlet und der Ödipus-Komplex*; vgl. Jones 1976 [1949]). Jones betrachtet die zahlreichen Spiegelungen der ödipalen Grundkonstellation. Ausgehend von der Mythentheorie rechnet er mit drei Formen der Erweiterung der ödipalen Anordnung: durch Dekomposition, Komplikation und Duplikation. Der erste Fall, die Dekomposition der Figuren, ist ein Effekt zunehmender Verdrängung des ödipalen Wunsches. Sie korrespondiert mit der Verschiebung des Wunsches vom Sohn auf den Onkel (→ II.2. RHETORIK UND POETIK). Laut Jones wird die Figur des tyrannischen Vaters in den Aspekt des liebenden Vaters (Hamlet sen.) und des Tyrannen aufgegliedert, der ihn tötet (Claudius). Der Sohn rächt den liebenden Vater an dessen tyrannischem Gegenspieler und wiederholt somit in verschobener Weise den ödipalen Vatermord. Der Sohn als Rächer statt als Mörder des Vaters ist somit eine gesteigerte Form der Verdrängung und Verschiebung des ödipalen Wunsches. Diese Konstellation kehrt wieder, wenn Laertes Hamlet tötet, um seinen Vater Polonius zu rächen. Dies ist eine analoge Situation, die Hamlets ödipalen Wunsch aus noch größerer Distanz spiegelt. Der zweite Fall, die Komplikation, meint die Spiegelung der ödipalen Beziehung zwischen Mutter und Sohn in anderen inzestuösen Beziehungen, insbesondere zwischen Vater und Tochter sowie Bruder und Schwester. Die inzestuöse Beziehung von Vater und Tochter besteht zwischen Polonius und Ophelia, diejenige von Bruder und Schwester zwischen Laertes und Ophelia.

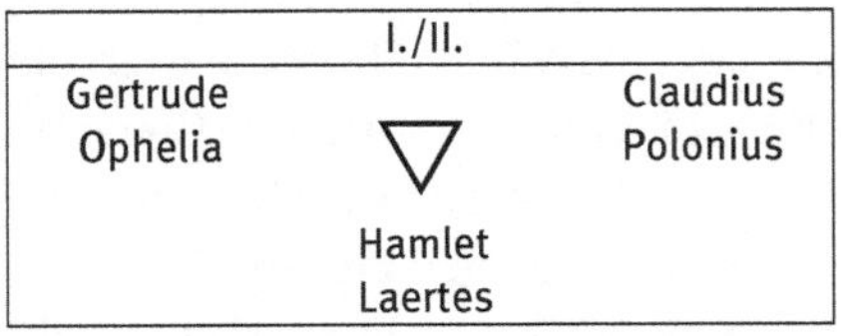

Abb. 2

Auch Hamlet ist beteiligt, insofern Ophelia in der ursprünglichen Version des Stoffs seine Ziehschwester ist. Diese Spiegelungen ermöglichen eine Überblendung der ödipalen Konstellation beider Familiensysteme. Der dritte Fall, die Duplikation, ist von den ersten beiden Fällen schwer zu unterscheiden. Gemeint ist die Ausfächerung der Haupt- in Nebenfiguren, die selbst nicht an der zentralen Figurenkonstellation partizipieren, diese aber dennoch stützen. Solche Dubletten der Hamlet-Figur sind Horatio, Marcellus und Bernardo, Dubletten der Laertes-Figur sind Fortinbras, Rosencrantz und Güldenstern. In unserem Zusammenhang ist vor allem Horatio relevant, der als Dublette des Protagonisten über die Rolle einer Nebenfigur hinauswächst, ohne in die ödipale Konstellation involviert zu sein. Auch die ödipale Deutung des *Hamlet* hat Niederschlag in einem Film gefunden: Laurence Olivier adaptierte Shakespeares *Hamlet* im Jahr 1948 und spielte selbst die Hauptrolle. Olivier, der damals bereits vierzig Jahre alt war, besetzte die Rolle Gertrudes mit der achtundzwanzigjährigen Schauspielerin Eileen Herlie. Mit der Inversion der Altersverhältnisse unterstrich er die ödipale Dimension des Stücks. Der Film zeigt mehrere Küsse zwischen Hamlet und seiner Mutter. Der Filmwissenschaftler Jack Jorgens stellte fest, dass Hamlets Szenen mit der Königin in ihrem tiefausgeschnittenen Nachthemd eigentlich Liebesszenen seien (vgl. Jorgens 1977, 214).

3. Ödipus-Maschine

Im Sinne der sexualpsychologischen Deutungen Freuds und Jones' liegt es nahe, Shakespeares *Hamlet* mit Alexander Kluges Worten als Ödipus-Maschine zu bezeichnen. Das Stück produziert zahlreiche ödipale Konstellationen, indem es die zentrale Beziehung zwischen Sohn, Vater und Mutter vielfach spiegelt, verdoppelt und modifiziert. Freud weist auf die Verschiebung des ödipalen Wunsches vom Sohn auf den Onkel hin, die als Verdrängungsleistung zu werten sei (vgl. II/III, 272–273). Jones zeigt, dass diese Verschiebung die Wiederholung des ödipalen Tötungswunschs im Modus der Rache erlaubt (vgl. Jones 1949, 71–91). Der Onkel übernimmt dabei zwei Rollen: die des tötenden Sohns ebenso wie die des getöteten Vaters. Jones zeigt ferner, dass sich die ödipale Konstellation auf mehreren Ebenen wiederholt, die mit einer Verschiebung zwischen den Generationen korrespondieren (vgl. Jones 1949, 127–151). Das Begehren des Sohns nach der Mutter wird im Begehren des Bruders nach der Schwester, aber auch im Begehren des Vaters nach der Tochter gespiegelt. Die ödipale Maschinerie dient also nicht nur der horizontalen, sondern auch der vertikalen Reproduktion (→ II.4. POST-STRUKTURALISTISCHE THEORIE).

Ein weiterer Aspekt ist das Spiel im Spiel, also jenes Theaterstück, das Hamlet am Hof aufführen lässt. Jones sieht hier eine Parallele zur Schlafzimmerszene. Wie Polonius versucht, Hamlet in Gertrudes Gemach hinter einem Vorhang auszuspionieren, so versucht Hamlet, Claudius beim aufgeführten Theaterstück zu entlarven. Eine weitere Parallele ist die Aushorchung Hamlets durch Polonius und Claudius beim arrangierten Gespräch mit Ophelia. Das Spiel im Spiel heißt *The Murder of Gonzago*, wird aber in von Hamlet veränderter Form unter dem Titel *The Mousetrap* aufgeführt. Es handelt davon, dass Lucianus seinen Onkel Gonzago, den König von Wien, tötet, um dessen Ehefrau Baptista heiraten zu können. Mit der Aufführung dieses Stücks stellt Hamlet Claudius eine Falle. Er schärft Horatio ein, auf die Reaktion des Claudius zu achten. Wenn er mit heftigem Affekt auf das Spiel reagiere, sei dies ein untrügliches Zeichen seiner Schuld. Während der Aufführung des Stücks greift Claudius ein, bricht es ab und verlässt erzürnt den Saal. Auf den ersten Blick dient das Spiel der Spiegelung des Verbrechens des Claudius.

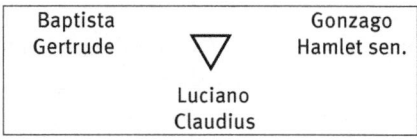

Baptista		Gonzago
Gertrude	▽	Hamlet sen.
	Luciano	
	Claudius	

Abb. 3

Bedenkt man Freuds und Jones' These, dass Claudius den ödipalen Wunsch Hamlets ausagiere, so ordnen sich die Rollen anders zu. Dann handelt es sich um Verschiebungen, an denen Claudius selbst nicht beteiligt ist.

Baptista		Gonzago
Gertrude	▽	Hamlet sen.
	Luciano	
	Hamlet	

Abb. 4

Beide möglichen Lesarten sind im Stück in der Weise gekoppelt, dass Hamlet und Lucianus sich die Rolle des Neffen, Claudius und Gonzago aber die Rolle des Onkels teilen. Hamlet erklärt Ophelia ausdrücklich, dass Lucianus der Neffe des Königs Gonzago sei: „This is one Lucianus, nephew to the king." (Shakespeare 1993 [1604], 115) Daraus ergibt sich eine dritte Lesart, bei der es ebenfalls um ein verschobenes Begehren geht, das nun aber nicht mehr auf die Tötung des leiblichen Vaters, sondern des Onkels zielt, der den leiblichen Vater ermordet und dessen Stelle usurpiert hat. Dies ist die bereits angedeutete Lesart des als Rachehandlung kaschierten ödipalen Wunsches. Der neue Vater soll aus dem Weg geräumt werden, um an die Mutter zu gelangen.

Baptista Gertrude	▽	Gonzago Claudius
	Luciano Hamlet	

Abb. 5

Das Spiel im Spiel übernimmt die Funktion, die in Freuds Theorie dem Traum zukommt. Während das Spiel erster Ordnung (*Hamlet*) eine Verschiebung vom Neffen auf den Onkel impliziert, verläuft die Verschiebung des Spiels zweiter Ordnung (*The Murder of Gonzago*) von Hamlet auf Luciano. Die Verschränkung ist durch die Rollen des Neffen und Onkels markiert: Hamlet ist der Neffe des Claudius, Luciano derjenige Gonzagos.

Jones deckt weitere ödipale Beziehungen auf, die in Shakespeares Stück walten (Jones 1949, 137–141). Shakespeare schließt an das erste, von Saxo vorgegebene Familiensystem ein zweites an, das aus Vater (Polonius), Sohn (Laertes) und Tochter (Ophelia) besteht und sich symmetrisch zum ersten Familiensystem verhält.

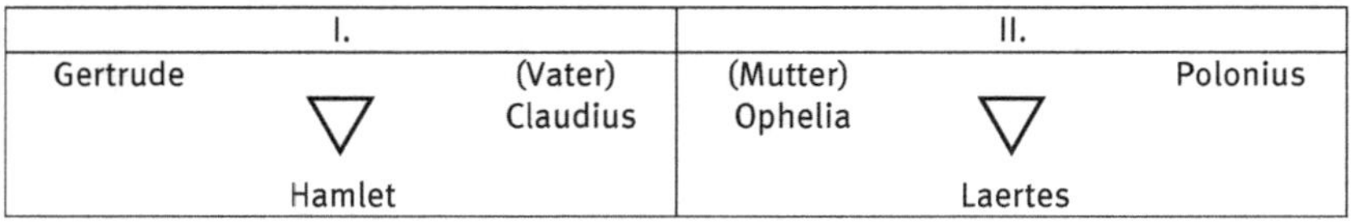

I.			II.		
Gertrude	▽	(Vater) Claudius	(Mutter) Ophelia	▽	Polonius
	Hamlet			Laertes	

Abb. 6

Die Entsprechung basiert auf der von Shakespeare eingeführten Figur des Laertes, der das Pendant zu Hamlet darstellt, und auf der verwandtschaftlichen Verknüpfung des Lauschers (Polonius) mit der Verführerin (Ophelia). Im zweiten System ist die Position der Mutter vakant so wie im ersten die Position des getöteten Vaters. Auch die Position der Mutter wird von einer anderen Figur besetzt, nämlich von Ophelia. Damit ergibt sich wiederum eine inzestuöse Struktur: Laertes kann das ödipale Begehren nach der Mutter auf die Schwester verschieben und Polonius, wenn man diese Folgerung noch ziehen möchte, in seiner Tochter die Ehefrau begehren (vgl. Abb. 2). Freilich gerät der Parallelismus der Familiensysteme I und II insofern in eine Schräglage, als eine Verschiebung im Verhältnis der Generationen vorliegt. Im ersten Fall wird der Vater innerhalb der ersten Generation, also horizontal, ersetzt (der tote Vater durch Claudius); im zweiten Fall wird die Mutter durch eine Figur der zweiten Generation, also vertikal substituiert (die fehlende Mutter durch Ophelia). Im ersten Fall besteht der

Bruder-Schwester-Inzest auf der Ebene der Elterngeneration, im zweiten auf der Ebene der Kindergeneration. Hinzu kommt die Geschlechterdifferenz zwischen den Systemen, denn im ersten fehlt der Vater, im zweiten die Mutter.

Die ödipalen Begehrensstrukturen lassen sich aus Hamlets Perspektive in folgenden Punkten zusammenfassen: (1.) Das ödipale Dreieck im *Hamlet* weist zahlreiche Spielarten auf, von denen Freud nur eine nennt, nämlich die verschobene Rivalität zwischen Vater und Sohn um die Mutter. Hinzu tritt das ebenfalls ödipal strukturierte Familiensystem, das Laertes, Polonius und Ophelia umfasst. (2.) Hamlet begehrt indirekt mehrere Mütter: zum einen Gertrude, vermittelt durch Claudius, zum anderen Ophelia, die die Mutter im zweiten Familiensystem substituiert. Laertes wiederum begehrt Ophelia (und in ihr die Mutter), er ist somit eine Spiegelung (oder Verschiebung) von Hamlet. (3.) Hamlet tötet mehrere Väter: zunächst seinen eigenen Vater durch Claudius, dann den Onkel Claudius, der die Position des Vaters vertritt, und schließlich Polonius, den er versehentlich für Claudius hält. (4.) Hamlet ist indirekt für den Tod der Mütter verantwortlich, die im Unterschied zum Ödipus-Mythos nicht mehr zu haben sind, sobald der Vater ausgeschaltet ist: Ophelia stirbt durch eigene Hand, Gertrude durch den für Hamlet bereitgestellten Giftbecher (möglicherweise ebenfalls ein Suizid, um Hamlet zu retten). (5.) Ein weiterer Gesichtspunkt ist, dass Hamlet den Tötungswunsch von Laertes ausagiert, indem er Polonius tötet und somit den Weg zu Ophelia freimacht. So entsteht ein neuer Rivale, nämlich Hamlet, der ihm Ophelia streitig zu machen droht und seinerseits ausgeschaltet werden muss – wie ja auch Hamlet Claudius ausschaltet, der ein neuer Rivale um Gertrude wird, nachdem er Hamlet sen. getötet hat. Beide Tötungen sind als Rachehandlung kaschiert: Hamlet rächt seinen Vater an Claudius, Laertes rächt seinen Vater an Hamlet. (6.) Es gibt zwei hermeneutische Szenarien, in denen Hamlet und Claudius parallelisiert werden: Hamlet veranstaltet das Spiel im Spiel, um Claudius auf die Spur zu kommen; Claudius veranstaltet die Schlafzimmerszene, damit Polonius das Gespräch zwischen Hamlet und Gertrude belauschen kann. Die *closet scene* ist die bühnenhafte Inszenierung des ödipalen Begehrens: Der Sohn tötet den vermeintlichen Vater, als dieser ihn mit der Mutter im Schlafzimmer überrascht. (7.) Hamlet vermag die verbotene Liebe zur Mutter nicht auf Ophelia zu übertragen. Er hat den Ödipuskomplex nicht bewältigt.

4. Inzest und Homosexualität: Heiner Müllers *Die Hamlet-maschine* (1977)

Freuds Konzept des Ödipuskomplexes impliziert nicht nur ein Inzesttabu, sondern auch ein Homosexualitätstabu. Darauf weist Judith Butler mit ihrer These von der „Melancholie des Geschlechts" (Butler 1991 [1990], 93–113) hin. Der auf die Mutter gerichtete Inzestwunsch setzt voraus, dass der Vater zuvor als mögliches Objekt des Begehrens eliminiert worden ist. Dem Inzesttabu muss folglich ein Homosexualitätstabu vorausgehen. Butler argumentiert, dass der Verlust der Mutter betrauert, diese also als Objekt des Begehrens substituiert werden kann. Dagegen lässt sich der Verlust des Vaters nicht betrauern, da dieses Begehren als solches nicht anerkannt werden kann. Hier greift der Mechanismus der Melancholie, wie Freud ihn beschreibt. Der Vater wird nicht substituiert, sondern internalisiert. Er wird nicht durch eine andere Person ersetzt, sondern als innere Instanz in der Psyche des Knaben aufgerichtet. In Shakespeares Stück gibt es zwei Hinweise auf diesen Sachverhalt: die Namensgleichheit von Vater und Sohn und die Erscheinung des Vaters als Geist. Hamlets Melancholie könnte somit als Melancholie des Geschlechts aufgefasst werden, als Hinweis auf die verdrängte Option der Homosexualität.

Kehrt das ödipale Begehren nach dem Vater ebenfalls in verschobener Weise wieder? Ein Ansatzpunkt für diese Lesart wäre zunächst im Verhältnis von Hamlet und Horatio zu suchen. Horatio ist bei Shakespeare der Freund Hamlets, ihm entspricht bei Saxo der namenlose Ziehbruder Hamlets. Freund und Bruder liegen nah beieinander, weil den Freund traditionell die Metapher des Bruders bezeichnet. Der Einklang der Freunde wird auch durch den gleichen Anfangsbuchstaben ihrer beider Namen markiert. Wie Hamlet ist auch Horatio Junggeselle; während Hamlet Ophelia zurückweist, ist bei Horatio von einer möglichen Partnerin keine Rede. Doch will Horatio, als Hamlet im Sterben liegt, mit ihm sterben und greift nach dem Giftbecher, der für Hamlet bestimmt war und die Mutter getroffen hatte. Das Selbstmordmotiv verbindet ihn mit Ophelia. Das Motiv, den Tod zu trinken, lässt sich als Metapher für die Liebesvereinigung auffassen. Es wäre ein ‚weiblicher' Tod im Gegensatz zum ‚männlichen' Tod durch das vergiftete Schwert, den Hamlet, Laertes und Claudius sterben. Vining deutete Hamlets Zuneigung zu Horatio und seine Abneigung gegen Ophelia als Indizien für Hamlets ‚Transvestismus' – ebenso ließen sie sich als Indizien für Hamlets ‚Homosexualität' deuten.

Heiner Müller arbeitete die sexualpsychologischen Deutungen von Vining, Freud und Jones in sein 1977 entstandenes Stück *Die Hamletmaschine* ein. Mag man im Falle Shakespeares daran zweifeln, ob tatsächlich ödipale Verhältnisse vorliegen, so steht dies im Falle Müllers außer Frage. Wie Jean Jourdheuil im *Mül-*

ler-Handbuch erläutert, nimmt Müller in der ersten Szene der *Hamletmaschine*, die den vielsagenden Titel *Familienalbum* trägt,

> nur die ödipalen Figuren aus Shakespeares Stück wieder auf, nämlich Hamlet, seinen Vater, seinen Onkel, seine Mutter, die am Ende dieses Abschnitts zur Erscheinung von Ophelia wird bzw. diese hervorruft, und zuletzt Polonius. Die einzige Ausnahme stellt Horatio dar, der allerdings, kaum dass er auftritt, die Rolle von Polonius übernehmen muss und daraufhin ermordet wird. (Jourdheuil 2003, 223)

Müller hebt das Motiv des Inzests ausdrücklich hervor, wenn er Hamlet ausrufen lässt: „[...] auf dem leeren Sarg besprang der Mörder die Witwe SOLL ICH DIR HINAUFHELFEN ONKEL MACH DIE BEINE AUF MAMA." (Müller 2001 [1977], 545) Der letzte Satz deutet die ödipale Struktur an, denn die Aufforderung, dass die Mutter die Beine aufmachen möge, kommt aus dem Mund des Sohnes, der dem Onkel beim Beischlaf helfen will. Hamlet fährt fort:

> Ich werde dich wieder zur Jungfrau machen, Mutter, damit der König eine blutige Hochzeit hat. DER MUTTERSCHOSS IST KEINE EINBAHNSTRASSE. [...] Jetzt nehme ich dich, meine Mutter, in seiner, meines Vaters, unsichtbaren Spur. Deinen Schrei ersticke ich mit meinen Lippen. Erkennst du die Frucht deines Leibes. (Müller 2001 [1977], 546–547)

Hamlet identifiziert sich mit seinem Onkel. Er will ihm nicht nur zum Beischlaf mit seiner Mutter verhelfen, sondern selbst die Rolle des Beischläfers einnehmen. Zudem imaginiert er den ödipalen Verkehr mit der Mutter als Wiederherstellung ihrer Jungfräulichkeit – „Der Mutterschoß ist keine Einbahnstraße" – und als Nachfolge auf der väterlichen Spur. So werden drei Figuren in eins gesetzt: Hamlets Vater, Hamlets Onkel und Hamlet selbst – eine inzestuöse Trias, die das Begehren auf die Mutter richtet. Diese nimmt die symbolische Rolle der Gottesmutter Maria ein, die das Begehren der göttlichen Dreifaltigkeit auf sich zieht und als Jungfrau zur Mutter wird: „Erkennst du die Frucht deines Leibes". Das inzestuöse Familienalbum Hamlets erweist sich als Abbild des inzestuösen Familienalbums der Heiligen Familie. Das zweite, auf Ophelia bezogene ödipale Familiensystem umfasst Vater (Polonius) und Tochter (Ophelia). Hamlet fordert Horatio auf, die Rolle des Polonius zu spielen: „Willst du den Polonius spielen, der bei seiner Tochter schlafen will, die reizende Ophelia, sie kommt auf ihr Stichwort, sieh wie sie den Hintern schwenkt, eine tragische Rolle." (Müller 2001 [1977], 546) Das ödipale Begehren richtet sich nicht vom Sohn auf die Mutter, sondern vom Vater auf die Tochter. Am Ende des ersten Teils geht Hamlets Apostrophe an die Mutter in eine Apostrophe an Ophelia über. Auf diese Weise wird eine Analogie zwischen Gertrud und Ophelia, der Mutter des einen und der Tochter des anderen

Familiensystems, insinuiert. Hier liegt also in Müllers Sicht die Schaltstelle zwischen den beiden ödipalen Familiensystemen.

In der dritten, mit dem Titel *Scherzo* überschriebenen Szene inszeniert Heiner Müller einen Geschlechterwechsel (vgl. Müller 2001 [1977], 548). Hamlet wird vom Mann zur Frau. Die Brücke vom ersten zum dritten Teil wird durch ein Zitat geschlagen. Hatte Hamlet am Ende des ersten Teils gesagt: „Dann lass mich dein Herz essen, Ophelia, das meine Tränen weint" (Müller 2001 [1977], 547), antwortet nun Ophelia mit einem Lachen: „Willst du mein Herz essen, Hamlet." (Müller 2001 [1977], 548) Wenn Hamlet sagt, dass Ophelia seine Tränen weint, so legt er die Vorstellung nahe, dass sie und er sich wechselseitig substituieren können. Diesen Gedanken führt Müller in der Bearbeitung der Totengräberszene aus. Hamlet erklärt: „Ich will eine Frau sein", und zieht, wie die folgende Regieanweisung besagt, „Ophelias Kleider an" (Müller 2001 [1977], 548). Ophelia wird in dieser Szene als Hure vorgestellt und entsprechend auch Hamlet als Hure hergerichtet: „Ophelia schminkt ihm eine Hurenmaske. [...] Hamlet in Hurenpose." (Müller 2001 [1977], 548) Dann taucht Horatio auf, um in der Gestalt eines Engels mit Hamlet zu tanzen: „Ein Engel, das Gesicht im Nacken: Horatio. Tanzt mit Hamlet." (Müller 2001 [1977], 548) Zwei Vorstellungen werden hier verknüpft. Die erste besteht darin, dass Hamlet zur Frau wird. Die zweite zielt auf Hamlets und Horatios Homosexualität. Darauf verweist nicht nur der gemeinsame Tanz; auch das Motiv, dass Horatio ein Engel ist, der sein Gesicht im Nacken trägt, lässt sich in dieser Hinsicht deuten: Horatio ist invertiert, und das nach hinten gekehrte Gesicht ist als anale Metonymie lesbar.

Müller spielt im Titel seines Stücks auf das von Gilles Deleuze und Félix Guattari im *Anti-Œdipe* (1972; *Anti-Ödipus*) entworfene Theorem der ‚Wunschmaschine' an. Deleuze und Guattari unterziehen den psychoanalytischen Mythos des Ödipuskomplexes einer Kritik, die auch Hamlet erfasst:

> Auf den Mythos verzichten heißt, in die Psychoanalyse ein wenig Fröhlichkeit, ein wenig offenes Gelände einbringen. Denn das alles ist zu trübsinnig, zu traurig, zu endlos geworden, schon zu sehr im voraus gemacht. Wird man einwenden, daß auch der Schizo nicht vergnügt sei? Aber kommt seine Traurigkeit nicht gerade daher, daß er die Mächte der Ödipalisierung, der Hamletisierung, die ihn allseits umschlingen, nicht mehr ertragen kann? (Deleuze und Guattari 2014 [1972], 145)

Sie verstehen die familienfixierte Psychoanalyse nicht als Methode des Abbaus, sondern der Verfestigung ödipaler Verhältnisse. Daher propagieren sie als Gegenmodell die ‚Schizo-Analyse', das heißt die Umkehrung der psychoanalytischen Ödipalisierung (und ‚Hamletisierung') des Menschen. Ihre kritische Frage lautet: *„Seid ihr als Hamlet geboren? Habt ihr nicht vielmehr Hamlet in euch gezeugt? Warum zum Mythos zurückkehren?"* (Deleuze und Guattari 2014 [1972], 145)

Literatur

Butler, Judith. *Das Unbehagen der Geschlechter*. Übers. von Kathrina Menke. Frankfurt a. M. 1991 [1990].

Deleuze, Gilles und Félix Guattari. *Anti-Ödipus. Kapitalismus und Schizophrenie I*. Übers. von Bernd Schwibs. 14. Aufl., Frankfurt a. M. 2014 [1972].

Fuchs, Margarete. „Melancholischer Vandalismus. Heiner Müllers *Hamletmaschine*". *Geschlechter-Szene. Repräsentation von Gender in Literatur, Film, Performance und Theater*. Hrsg. von Franziska Bergmann, Antonia Eder und Irina Gradinari. Freiburg i. Br. 2010: 25–39.

Hansen, William F. *Saxo Grammaticus & the Life of Hamlet. A Translation, History, and Commentary*. Lincoln, London 1983.

Hirschfeld, Magnus. *Die Homosexualität des Mannes und des Weibes*. 2. Aufl., Berlin, New York 2001 [1914].

Jones, Ernest. „The Oedipus-Complex as an Explanation of Hamlet's Mystery. A Study in Motive". *The American Journal of Psychology* 21 (1910): 72–113.

Jones, Ernest. *Hamlet and Oedipus. A Classic Study in Psychoanalytic Criticism*. New York 1976 [1949].

Jorgens, Jack J. *Shakespeare on Film*. Bloomington 1977.

Jourdheuil, Joan. „Die Hamletmaschine". *Heiner Müller-Handbuch*. Hrsg. von Hans-Thies Lehmann und Patrick Primavesi. Stuttgart 2003: 221–227.

Kluge, Alexander. Gespräch mit Heiner Müller. News & Stories, 2. Juli 1990. https://kluge. library.cornell.edu/de/conversations/mueller/film/109/transcript. 1990 (28. November 2015).

Müller, Heiner. „Hamletmaschine" [1977]. Müller, Heiner. *Werke*, Bd. 4: *Die Stücke 2*. Hrsg. von Frank Hörnigk. Frankfurt a. M. 2001: 545–554.

Saxo Grammaticus. *Erläuterung zu den ersten neuen Büchern der dänischen Geschichte des Saxo Grammaticus von Paul Hermann. Erster Teil: Übersetzung*. Übers. von Paul Hermann. Leipzig 1901.

Saxo Grammaticus. *Gesta Danorum. Mythen und Legenden des berühmten mittelalterlichen Geschichtsschreibers Saxo Grammaticus*. Übers., nacherz. und komm. von Hans-Jürgen Hube. Wiesbaden 2004 [um 1200].

Saxo Grammaticus. *Gesta Danorum*, 2 Bde. Übers. von Peter Zeeberg. Hrsg. von Karsten Friis-Jensen. Kopenhagen 2005.

Shakespeare, William. *Hamlet*. Hrsg. von Holger Klein. Stuttgart 1993 [1604].

Vining, Edward P. *The Mystery of Hamlet*. Philadelphia 1881.

III.10. Der Fürst

Eckart Goebel

1. Vorbemerkung

Dieser Artikel soll die These begründen, dass auch Niccolò Machiavellis 1513 verfasster Traktat *Il Principe* (1532) – in deutscher Übersetzung meist unter dem Titel: *Der Fürst* bekannt – eine literarhistorisch weithin ausstrahlende Figur entwirft, deren kraftvolle Zeichnung gleichwohl nicht nur das Profil etwa der Intriganten William Shakespeares in *King Lear* (1608; König Lear) beziehungsweise *Othello* (1622) oder der kämpfenden Fürsten in Friedrich Schillers *Wallenstein* (1800) bestimmt, sondern auch durch die psychoanalytische Prinzipienlehre des 20. Jahrhunderts hindurchschimmert. Der Titel von Sigmund Freuds erster selbstständiger metapsychologischer Schrift – *Formulierungen über die zwei Prinzipien des psychischen Geschehens* von 1911 – wird mithin als Aperçu gelesen, das fast im Stil eines Kalauers (→ IV.7. WITZ) mit dem italienischen Titel von Machiavellis Abhandlung spielt, was leicht zu übersehen ist, wenn man nur den Standardtitel deutscher Übersetzungen ins Kalkül zieht, auf die Freud, den es gen Italien zog, nicht angewiesen war: Das Studium des ‚Prinzen‘ beziehungsweise *Principe* oder *The Prince* (so der englische Titel, der assoziativ fast ‚von selbst‘ *Prince Hamlet* ins Spiel bringt; → III.9. HAMLET) führt zur Aufdeckung der zwei Prinzipien, des Realitätsprinzips und des Lustprinzips. *Der Fürst* Machiavellis programmiert nicht nur klassische Texte zur Machtpolitik wie Ludwig August von Rochaus *Grundsätze der Realpolitik* von 1853. Der Typus eines Prinzen, der dem Realitätsprinzip mit dem Ziel folgt, zuletzt nachhaltig das Lustprinzip durchsetzen zu können, ist bis heute einflussreich und stellt eine jener paradigmatischen Figuren dar, die Freud ebenso verschleiert sichtbar werden lässt wie etwa das alttestamentliche Bruderpaar (→ III.2. KAIN UND ABEL), den Vater des Ödipus (→ III.5. LAIOS) oder die Kindermörderin (→ III.3. MEDEA).

2. Schiller – Machiavelli – Freud

> Mein bester Sohn! Es ist nicht immer möglich, / Im Leben sich so kinderrein zu halten, / Wie's uns die Stimme lehrt im Innersten. / In steter Notwehr gegen arge List / Bleibt auch das redliche Gemüt nicht wahr – / Das eben ist der Fluch der bösen Tat, / Daß sie, fortzeugend, immer Böses muß gebären. / [...] / Wohl wär es besser, überall dem Herzen / Zu

https://doi.org/10.1515/9783110332681-019

folgen, doch darüber würde man / Sich manchen guten Zweck versagen müssen. (Schiller 1966 [1800], 117)

Diese Passage aus dem V. Akt der *Piccolomini*, dem zweiten Teil von Friedrich Schillers *Wallenstein*-Trilogie, führt mitten in ein bis heute virulentes Problem der Psychoanalyse hinein, das im Folgenden aufzuzeigen ist. Schiller gelingt das Kunststück, Machiavellis Fürsten, Immanuel Kants Ethik und Freuds spätere Einsicht in einem Atemzug zu synthetisieren: die „Notwehr", die innere „Stimme" sowie den Vater beziehungsweise den „beste[n] Sohn" – Max –, von dem wir wissen, dass er sich zuletzt das Leben genommen haben wird. (Am Ende dieses Artikels über die Spur Machiavellis in Freuds Schriften wird auf den toten Sohn zurückzukommen sein.) Das von Octavio Piccolomini väterlich herablassend skizzierte Problem ist dieses: Wenn uns Kants „Stimme" nichts mehr sagt, landen wir – so bestätigen dann Freuds metapsychologische Schriften erneut – unausweichlich wieder bei Machiavelli. Und diese Einsicht eröffnet womöglich den Blick auf einen weiteren Aspekt der Trauer (in) der Moderne, die „das Produkt, aber auch das Medium eines Säkularisierungsprozesses" (von Koppenfels 1998, 4) darstellt. Wir betrauern auch den Zerfall von Kants Moralphilosophie, die den verlorenen Offenbarungsglauben durch den Glauben an die Vernunft kompensieren sollte, und wir hören nicht auf zu betrauern, was Michel Foucault in der Einführung in seine französische Übersetzung der kantischen *Anthropologie* (1798) „die transzendentalen Illusionen" (Foucault 2010 [2008], 58) genannt hat. Noch anders gesagt: Hinter dem von Freud formulierten Realitätsprinzip stehen der Prinz Machiavellis und die Idee der Realpolitik.

Die Passage aus Kants Schriften, auf die sich Schillers barocker Generalleutnant Piccolomini in den zitierten Versen anachronistisch beziehen darf, findet sich in der *Kritik der praktischen Vernunft* (1788). Dort verhandelt Kant den bedrohlichen, weil nie endgültig zu schlichtenden Widerstreit zwischen der Glückseligkeit als Bestimmungsgrund des Willens – die Menschen „wollen glücklich werden und so bleiben" (XIV, 433), bestätigt dann Freud 1930 – und dem rigoros auf Triebverzicht bestehenden Prinzip der Moralität. Der ‚praktische Widerstreit' würde, notiert wiederum Kant, alle Sittlichkeit „gänzlich zu Grunde richten, wäre nicht die Stimme der Vernunft in Beziehung auf den Willen so deutlich, so unüberschreibar, selbst für den gemeinen Menschen so vernehmlich" (Kant 1996 [1788], 146–147). Laut Octavio muss jedoch für genau ‚diese himmlische Stimme' taub sein, wer manchen guten Zweck erreichen will. Schillers präzise Ironie besteht darin, dass der gute Zweck der Realpolitik per definitionem nicht der von Kant definierte Zweck sein kann, sondern dessen Inversion ist: Rückbildung der Vernunft auf den Verstand beziehungsweise die Schläue des Fuchses, Regression von den Menschenrechten auf die Manipulation der Menschen aus vermeintlicher oder tatsächlicher Notwehr. Denn, so heißt es in der *Grundlegung zur Metaphysik der Sitten* (1785): *„Handle so, daß du die Menschheit, sowohl in deiner Person, als in der Person eines jeden andern, jederzeit zugleich als Zweck, niemals bloß als Mittel brauchest.*" (Kant 1996 [1785], 61) Die Lehre, die Vater Piccolomini, der bereits früh in den *Piccolomini* ein „Fuchs" (Schiller 1966 [1800], 70) genannt wird, seinem Sohn in den zitierten Versen mitgibt, variiert im Gegenzug zum kategorischen Imperativ einen Kernsatz aus Machiavellis *Principe*. Der alte Piccolomini erweist sich im Verlauf der Handlung als der beste Leser dieses Traktats über den Fürsten, denn ganz am Ende der Trilogie erhält er bekanntlich ein kaiserliches Schreiben, das an den nunmehr zum „*Fürsten* Piccolomini" (Schiller 1966 [1800], 246) erhobenen Realpolitiker adressiert ist.

Schillers *Wallenstein* beginnt mit der Darstellung einer Armee – *Wallensteins Lager* – und endet mit der Ermordung eines entmachteten Fürsten sowie mit der Einsetzung eines neuen. Die Trilogie ist daher nicht nur eine paradigmatische Dramatisierung des *Principe*, dessen ‚Staatskunst' von den Helden obendrein programmatisch in Blankverse gebracht wird. Schillers ‚dramatisches Gedicht' bietet zudem die direkte Umkehrung der historischen Darstellung Machiavellis, ein tragisches Zurückspulen der Geschichte: *Il Principe* endet, womit *Wallenstein* beginnt: mit der energischen Forderung nach der Aufstellung einer großen Armee in Italien als Basis zur Wiederherstellung der an die Barbaren aus dem Norden verlorenen Macht. Wallenstein, der die Machtbasis des *Lagers* sukzessive verliert, ist im Vergleich zu Octavio der schlechtere Machiavellist, da er nicht konsequent nur auf das sieht, was in Wirklichkeit ist, sondern sein politisches Handeln mit düsterer Lust am Gang der Gestirne orientiert. Fürst aber wird sein, wer das klar sieht, was in Wirklichkeit geschieht. Denn, so bestätigt Freud in dem machiavellistischen Text *Formulierungen über die zwei Prinzipien des psychischen Geschehens* (1911), wer „die Realität der Außenwelt vernachlässigt", wird „sich nicht die kürzeste Zeit am Leben erhalten" (VIII, 232) können, geschweige denn, so darf man ergänzen, in der Politik. Wollte man Schillers *Wallenstein* kompromisslos psychoanalytisch lesen, könnte man sagen: Wallenstein, der sein Begehren auf die Sterne projiziert, repräsentiert das drängende Lustprinzip, und er bekennt dies auch: „Mich schuf aus gröberm Stoffe die Natur / Und zu der Erde zieht mich die Begierde." (Schiller 1966 [1800], 149) Octavio Piccolomini hingegen, der den Sternen nicht mehr glaubt, verkörpert das Realitätsprinzip. Die berühmte Stelle im *Principe*, auf die Octavio im Gespräch mit Max anspielt und die Freud fast genau vierhundert Jahre später, 1911, psychologisch als vermeintlich neue Prinzipienlehre reformulieren wird, lautet wie folgt:

> Da es aber meine Absicht ist, etwas Brauchbares für den zu schreiben, der Interesse dafür hat, schien es mir zweckmäßiger, dem wirklichen Wesen der Dinge nachzugehen als deren

Phantasiebild. [...] zwischen dem Leben, wie es ist, und dem Leben, wie es sein sollte, ist ein so gewaltiger Unterschied, daß derjenige, der nur darauf sieht, was geschehen sollte, und nicht darauf, was in Wirklichkeit geschieht, seine Existenz viel eher ruiniert als erhält. Ein Mensch, der immer nur das Gute möchte, wird zwangsläufig zugrunde gehen inmitten von so vielen Menschen, die nicht gut sind. Daher muß sich ein Herrscher, wenn er sich behaupten will, zu der Fähigkeit erziehen, nicht allein nach moralischen Gesetzen zu handeln sowie von diesen Gebrauch oder nicht Gebrauch zu machen, je nachdem es die Notwendigkeit erfordert. (Machiavelli 1978 [1532], 63)

3. Machiavelli mit Freud

Machiavellis Schriften sind für ein besseres historisches und womöglich auch für ein besseres Verständnis der *Struktur* der Psychoanalyse Freuds relevant, weil er mit dieser und anderen Passagen als erster Denker in Europa kompromisslos das Realitätsprinzip implementiert und zugleich mit der zitierten Rede vom „Phantasiebild" (Machiavelli 1978 [1532], 63) dessen den Blick auf den die Wirklichkeit trübenden Widerpart: das Lustprinzip. Das Realitätsprinzip implementieren, heißt erstens, dass Machiavelli, wie Herfried Münkler pointiert, als neuzeitlicher Denker Wahrheit und Glück voneinander abkoppelt (vgl. Münkler 2007 [2004], 252). Machiavelli bietet damit eine frühe Erläuterung für jenes Unbehagen in der entzauberten Kultur, das, so Freud, in der deprimierenden Erfahrung besteht, dass alle zivilisatorischen Errungenschaften uns „nicht glücklicher gemacht" (XIV, 446) haben. Wahrheit ist bereits bei Machiavelli nicht mehr Erkenntnis dessen, was uns glücklich oder – theologisch – sogar selig macht, sondern Wahrheit ist realistische Einsicht in die *necessità*, die bei Freud als Lebensnot (*ananke*) beziehungsweise als die programmatische Transformation „hysterische[n] Elends in gemeines Unglück" (I, 312) wiederkehren wird. Machiavellis Lehre im *Principe* und in den *Discorsi sopra la prima deca di Tito Livio* (1531; *Abhandlungen über die ersten zehn Bücher des Titus Livius*) ist keine Anleitung zum Glücklichsein mehr. Sie ist frühmoderne Anleitung zum illusionslosen Ertragen dessen, was ist. In den *Discorsi* heißt es: „In allen menschlichen Dingen zeigt sich bei genauerer Prüfung, daß man nie einen Übelstand beseitigen kann, ohne daß daraus ein anderer entsteht." (Machiavelli 1977 [1531], 26) Beide, Freud wie Machiavelli, sind gleichermaßen therapeutisch tätig: Machiavelli ernüchtert und professionalisiert den Fürsten, Freud ernüchtert und professionalisiert uns alle. Münkler schreibt, ohne doch die verblüffende Parallele zu Freud explizit zu machen: „Die *necessità* ist, so gesehen, eine *medicina forte* gegen die in der hypertrophen Verwendung des Bildes der *fortuna* zum Ausdruck kommende Angst der Renaissancemenschen vor dem Zufall und seiner Macht." (Münkler 2007 [2004], 249)

Machiavelli implementiert das Realitätsprinzip im Zeichen der Kontingenz, die Wallenstein halsstarrig und verhängnisvoll nicht wahrhaben will: „Es gibt keinen Zufall" (Schiller 1966 [1800], 153), sagt er. Das Realitätsprinzip implementieren heißt zweitens, dass Machiavelli die Binnenrationalität des politischen Handelns entdeckt, das den kontingenten Zwängen der Notwendigkeit schnell, flexibel, klug und kraftvoll zu entsprechen hat; das ist die Tugend als politische *virtù*. Das Realitätsprinzip implementieren, heißt ferner drittens zu behaupten, dass die Ideen von Gut und Böse erst einen Sinn im und durch den Staat gewinnen, ihrerseits nicht absolut, sondern abkünftig sind. Machiavelli dreht, wie 1651 dann Thomas Hobbes im *Leviathan* erneut, die aus der Antike überlieferte Rede vom höchsten Gut um. Erst kommt der Staat, und dann entstehen aus dessen Vorgaben Gut und Böse, wodurch der Staat die Bedingung der Möglichkeit des Guten wird (vgl. Münkler 2001). Bei Machiavelli wird Macht transzendental. Der argumentative Hebel für diese Umwertung des höchsten Gutes ist die berühmte These von der Schlechtigkeit des Menschen:

> Durch die Hypothese der permanenten Korruptibilität der Menschen wird die aus dem Vernunftkalkül gewonnene absolute Norm der Selbsterhaltung des Staates um jeden Preis und mit allen Mitteln moralisch unterbaut. Indem der Staat seinen Zwang und seine Gewalt gegen das dem menschlichen Wollen und Handeln immanente Böse richtet, wird er selbst zum Schöpfer des Guten. Recht, Staat, Sitte und Moral entstehen bei Machiavelli erst *durch* den Staat. (Münkler 2007 [2004], 266)

Moral ist seit Machiavelli also weder a priori durch vernünftige Begriffe konstruierbar, noch stellt sie ein Offenbarungswissen dar, weil sie erst a posteriori konstituiert und so allererst erkennbar wird – als Effekt einer bestimmten Ordnung des Staates und also als Effekt der Macht. 1853 wird von Rochau diese Einsicht in den Lehrsätzen zur *Realpolitik* aktualisieren: „[D]er Staat geht dem Rechte voraus." (von Rochau 1972 [1853], 26) Daraus folgt für Freuds analog zu diesen Machttheorien strukturierte Prinzen- und Prinzipienlehre, dass die Psychoanalyse ohne Verstrebung mit starken und sanktionsbereiten Institutionen, auf die sie sich als ihre Realität des Außen bezieht, ethisch im leeren Raum hängt und ohne diese Institutionen auf das Lustprinzip zurückgeworfen wird, das andererseits, „wie man merkt[,] den Lebenszweck setzt" (XIV, 434).

Der *locus classicus* der These, dass im *Principe* die Schlechtigkeit des Menschen das Argument für die Verabsolutierung des Staates abgebe, findet sich in den *Discorsi*, in denen Machiavelli erläutert, dass man

> davon ausgehen muss, daß alle Menschen schlecht sind und daß sie stets ihren bösen Neigungen folgen, sobald sie Gelegenheit dazu haben. Bleibt irgendeine Schlechtigkeit eine Zeitlang verborgen, so hat dies eine verborgene Ursache, die nicht eher erkannt wird, als

bis die Schlechtigkeit zum Ausbruch gekommen ist. [...] [Wahr ist], daß die Menschen nur von der Not gezwungen etwas Gutes tun. Wenn ihnen freie Wahl bleibt und sie tun können, was sie wollen, gerät alles sofort in Verwirrung und Unordnung. Darum sagt man: ‚Hunger und Armut machen die Menschen arbeitsam, Gesetze machen sie gut.' (Machiavelli 1977 [1531], 17–18)

Die gnadenlose Klarheit des von Machiavelli eingeführten Realitätsprinzips wird in der historischen Entwicklung durch das Zwischenspiel der Aufklärung und zumal durch den mit Kants *Kritik der praktischen Vernunft* anhebenden Idealismus wieder getrübt. So jedenfalls erschien es Friedrich Meinecke, der Otto von Bismarck zum „Arzt" der Deutschen erklärte, der mit seiner Realpolitik das „Gift" (Meinecke 1969 [1908], 276) des Kosmopolitismus austrieb. Bismarck wurde historisch nötig, so Meinecke, weil es „der feineren deutschen Bildung zunächst unmöglich und unerträglich [war], einen runden, nackten Egoismus der Nationen anzuerkennen" (Meinecke 1969 [1908], 276).

Wie vordem Bismarck mit seiner gegen das paralysierende Erbe des kosmopolitischen Idealismus durchgesetzten ‚Realpolitik' kehrt Freud als der Realpolitiker – und das heißt als der Bismarck der Psyche – ebenfalls nicht nur zu von Rochaus *Grundsätzen der Realpolitik*, sondern wieder direkt zu Machiavelli zurück. Gleichwohl nennt er ihn in seinen Schriften freilich so wenig beim bösen Namen wie etwa Hobbes, Arthur Schopenhauer, Friedrich Nietzsche oder eben Bismarck (sieht man von der Interpretation eines Traums Bismarcks durch Hanns Sachs von 1913 ab, die Freud in spätere Auflagen der *Traumdeutung* (1900) aufgenommen hat (vgl. II/III, 383–387).

Freud bestätigt die Beobachtung einer primären Feindseligkeit der Menschen gegeneinander und zieht die Thesen Machiavellis und Hobbes' in der folgenden Passage aus dem Traktat über *Das Unbehagen in der Kultur* von 1930 zum bündigen Statement zusammen:

Das gern verleugnete Stück Wirklichkeit hinter alledem ist, daß der Mensch nicht ein sanftes, liebebedürftiges Wesen ist, das sich höchstens, wenn angegriffen, auch zu verteidigen vermag, sondern daß er zu seinen Triebbegabungen auch einen mächtigen Anteil von Aggressionsneigung rechnen darf. Infolgedessen ist ihm der Nächste nicht nur möglicher Helfer und Sexualobjekt, sondern auch eine Versuchung, seine Aggression an ihm zu befriedigen, seine Arbeitskraft ohne Entschädigung auszunützen, ihn ohne seine Einwilligung sexuell zu gebrauchen, sich in den Besitz seiner Habe zu setzen, ihn zu demütigen, ihm Schmerzen zu bereiten, zu martern und zu töten. *Homo homini lupus* [...]. (XIV, 470–471.)

Machiavelli hätte die Passage bestätigt, notiert er doch in den *Discorsi*, dass „die Furcht vor Strafe die Menschen besser und weniger ehrgeizig macht" (Machiavelli 1977 [1531], 85). Er rechnet es zu den Phantasien zu meinen, dass „die Menschen sich damit begnügten, von dem zu leben, was sie haben, und nicht danach strebten, anderen ihren Willen aufzuzwingen" (Machiavelli 1977 [1531], 9).

Einig sind sich Freud und Machiavelli insbesondere im Hinblick auf den schwächenden Effekt, den das Christentum auf die Menschen ausübt. Es ist bei Machiavelli keineswegs nur so, dass er aus eigener Anschauung weiß, wen er in den von den Borgias gestellten Päpsten vor sich hat. Machiavellis Kritik richtet sich nicht primär gegen den Missbrauch des Papstamtes durch die Mafiafamilien der italienischen Renaissance. Er wendet sich gegen die ethische Botschaft des Christentums selbst, die er gleichwohl beibehalten möchte: als Disziplinarmaßnahme für das Volk. Seiner Überzeugung nach ist die „Kraftlosigkeit, die unsere gegenwärtige Religion der Welt anerzogen hat" (Machiavelli 1977 [1531], 5), die Ursache dafür, warum die alten römischen Tugenden, die ihr Emblem in der amoralisch gedachten *virtù* finden, verloren gegangen sind. Eine analoge Passage findet sich bei Freud in der scharfen Kritik der Idee christlicher Nächstenliebe, die ihm als absurde und also unmenschliche Überspannung unserer Liebesmöglichkeiten erscheint, denn er „muss ehrlich bekennen, er" – der Nächste – „hat mehr Anspruch auf meine Feindseligkeit, sogar auf meinen Haß" (XIV, 469). Das Gebot der Nächstenliebe erscheint Freud als „die stärkste Abwehr der menschlichen Aggression und ein ausgezeichnetes Beispiel für das unpsychologische Vorgehen des Kultur-Über-Ichs" (XIV, 503).

Im Kontext der Rückkehr zu Machiavelli destruiert Freud 1923 in *Das Ich und das Es* im Vorbeigehen auch die kantische Ethik, die er als Inbegriff reiner Autorität präsentiert und dergestalt die transzendentale Dimension der Vernunft psychologisch, das heißt, als rein empirisch-psychologischen Ursprungs entziffert. Im kategorischen Imperativ erklingt für Freud nicht die himmlische ‚unüberschreibare' Stimme der Vernunft, es artikuliert sich vielmehr der zwangsartige Charakter des Über-Ichs. Freud erläutert: „Wie das Kind unter dem Zwange stand, seinen Eltern zu gehorchen, so unterwirft sich das Ich dem kategorischen Imperativ seines Über-Ichs." (XIII, 277–278) Vor dem ideengeschichtlichen Hintergrund einer Rückkehr der Psychoanalyse zu Machiavelli nach dem Intermezzo des kosmopolitisch konturierten Idealismus kann man die moderne Trauer nun auch so lesen: Statt der himmlischen Stimme der Vernunft hören wir allenfalls Stimmen, und das geschieht, wenn wir nicht mehr bereit sind, die Realität so zu sehen, wie sie ist, sondern es vorziehen, uns von ihr im Ganzen abzuwenden und in einer Phantasiewelt zu leben. Kants himmlische Stimme überlebt bei Freud als das Flüstern der Stimmen in der Psychose. Den ebenso kurzen wie gewichtigen Text über die zwei Prinzipien, der als Einführung des Realitätsprinzips eine Wiederkehr Machiavellis bedeutet, schrieb Freud, während er an der Studie zum Gerichtspräsidenten Schreber arbeitete, also an den ebenfalls 1911 publizierten *Psychoanalytischen Bemerkungen über einen autobiographisch beschriebenen Fall von Paranoia*. Reserviert als Tummelplatz für das Lustprinzip werden bei Freud allerdings der schöne Bereich der Phantasie – der Tagtraum – und dann die Kunst als Erholungsgebiet und Reservat der Lust. In einer Fußnote des Prinzipientextes heißt es charmant über die Phantasietätigkeit: „Ähnlich wie eine Nation, deren Reichtum auf der Ausbeutung ihrer Bodenschätze beruht, doch ein bestimmtes Gebiet reserviert, das im Urzustande belassen werden und von den Veränderungen der Kultur verschont werden soll (Yellowstonepark)." (VIII, 234) Die Pointe oder Ambivalenz des Hinweises auf den Yellowstone Park besteht darin, dass dieses Gelände mit seinen zahlreichen Geysiren eine der dünnsten Stellen der Erdkruste markiert – also einen gefährlichen Ort, von dem eine erdgeschichtliche Regression ausgehen könnte, wenn die Kruste in einem katastrophalen Ausmaß aufbricht.

Wenn man die Nähe Freuds zu Machiavelli und Hobbes erkennt, erscheint sein ausgeprägtes Interesse an der Renaissance in einem anderen Licht – als ein umfassendes Projekt, historisch hinter die Tröstungen durch die Geschichtsphilosophie zurückzugehen, die in *Jenseits des Lustprinzips* (1920) als rein illusionär zurückgewiesen werden: „Die bisherige Entwicklung des Menschen scheint mir keiner anderen Erklärung zu bedürfen als die der Tiere [...]." (XIII, 44) Freud hat sowohl Studien über *Eine Kindheitserinnerung des Leonardo da Vinci* (1910) als auch über den *Moses des Michelangelo* (1914) vorgelegt (→ III.1. MOSES). Die Leonardo-Untersuchung dokumentiert zudem seine genaue Kenntnis von Walter Paters einflussreichen Essays über *The Renaissance* (*Die Renaissance*) von 1873. Shakespeares *Hamlet* (1604) dient ihm seit der *Traumdeutung* bis ins Spätwerk konstant zur Erläuterung des Ödipuskomplexes. *Macbeth* (1623) geistert ebenso durch das Gesamtwerk, wie im Text über *Das Motiv der Kästchenwahl* (1913) die Komödie *The Merchant of Venice* (1600; *Der Kaufmann von Venedig*) und die Tragödie *King Lear* dazu dienen, die Idee der Wunscherfüllung und die deprimierende Konfrontation mit dem Tod zu illustrieren. Erik H. Erikson schließlich hat in seiner klassisch gewordenen Studie über den jungen Martin Luther auf eine weitere Spur der Renaissance im Werk Freuds hingewiesen; er notiert, „that Luther's specific creativity represented a late medieval precursor of some aspects of Freud's determined struggle with the father complex; even as Luther's emancipation from medieval dogma was one of the indispensible precursors both of modern philosophy and of psychology" (Erikson 1993 [1958], 9). Später geht Erikson weiter, wenn er die These formuliert, dass Luther im Grunde all das auf den Weg gebracht habe, was Freud dann zu analysieren haben wird: „But one cannot help feeling that Luther often publicly confessed just those matters which Freud, more than three-hundred years later (enlightenment having reached the psychological point of no return) faced explicitly, and modeled into concepts, when, studying his dreams, he challenged and disciplined the neurotic components of his intellectual search." (Erikson 1993 [1958], 50)

Der Blick auf Freuds Wiederholung Machiavellis erhellt ferner, warum die Psychoanalyse, insbesondere auch durch ihre Herkunft aus der Hypnose, immer wieder den Verdacht auf sich zog, in ihrer Zielsetzung keine Heilmethode, sondern vor allem eine Machttechnik zu sein. Freud die Wiederholung Machiavellis zu attestieren, heißt daher auch zu vermuten, dass Freud Machiavellis Ratschläge im Lichte psychologischen Expertenwissens, also im Lichte der Entdeckung des Unbewussten, der infantilen Sexualität und der Lehre von den Triebschicksalen nicht widerlegt, sondern immens verfeinert. Eine Psychoanalyse versieht den, der sie durchläuft, mit der Fähigkeit, ,souverän' zu handeln, ohne unkontrolliert auszuagieren, und zugleich aufgrund dieser Souveränität, die neurotischen Schwachpunkte der anderen zu erkennen und diese dann zu manipulieren. Machiavelli lehrt ebenfalls, wie man ein „Fuchs" (Machiavelli 1978 [1532], 72) ist, das heißt, jemand wird, der unlesbar ist, aber zugleich „die schwache Seite der Menschen" (Machiavelli 1978 [1532], 73) erkennt. Die schwache Seite der Menschen, das ist vor allem, so Machiavelli, deren „Selbstgefälligkeit" (Machiavelli 1978 [1532], 98). Die Menschen, lehrt er, „täuschen sich in ihrer Meinung über sich selber so sehr, daß es ihnen schwerfällt, sich gegen diese Seuche zu schützen" (Machiavelli 1978 [1532], 98). Die gefährliche Rückseite der Selbstgefälligkeit beziehungsweise des Narzissmus ist die Kränkbarkeit (→ III.8. NARZISS UND ECHO). In diesem Sinne heißt es im *Fürsten*: „Wer glaubt, daß große Herren wegen neuer Wohltaten alte Kränkungen vergessen, täuscht sich." (Machiavelli 1978 [1532], 33) Was später bei Freud die Lehre vom Unbewussten werden wird, dessen Macht vom Bewusstsein zu respektieren sei, zumal wenn es um soziales Handeln geht, wird bei Machiavelli als die Forderung vorformuliert, dass der Herrscher in der Lage sein muss, „die Natur des Tieres und des Menschen anzunehmen" (Machiavelli 1978 [1532], 72). Ein Bild von Chiron – Zentaur, Erzieher und Arzt – steht daher als mythologisches Emblem über dem *Principe* und – der Analogie folgend – ebenso über der Lehre von den zwei Prinzipien des psychischen Geschehens: „Daß ein Herrscher ein Wesen halb Tier, halb Mensch zum Lehrer erhält, soll nichts anderes bedeuten, als daß es ein Herrscher verstehen muß, beide Naturen in sich zu vereinigen; denn die eine ohne die andere ist nicht von Bestand." (Machiavelli 1978 [1532], 72)

4. Schuldgefühle zwischen Individualpsychologie und Kulturphilosophie

Wenn man, wie es etwa Edward S. Casey in einem grundlegenden Aufsatz getan hat, das Korpus der Schriften Freuds auf die Entwicklung des Realitätsbegriffs hin studiert, zeigt sich eine immer härtere und kompromisslosere Betonung der *necessità*, der *ananke*: „For Freud increasingly stressed the primacy of the external demands of life. *Ananke* was promoted from being a mere synonym for laws of nature to a place of honor in the Freudian pantheon: external reality became something before which the only proper attitude is that of submission." (Casey 1972, 677) Sublimierung wird im Laufe der Zeit immer stärker zum Synonym für die strikte Forderung nach Triebverzicht, um zuletzt eine Apologie des *Leviathan* freizusetzen (vgl. Goebel 2009, 163–172). Die Verhärtung des Begriffs *ananke* bei Freud hat zunächst realhistorische Gründe. Den Einschnitt markiert der Erste Weltkrieg. Der Leonardo-Text stammt von 1910, aus der Belle Époque auch der Psychoanalyse. Die Verhärtung des Realitätsbegriffs, der immer machiavellistischer konturiert wird und selbst den Yellowstone-Park der Phantasie mit einer Art von Realitäts-Fracking bedroht, hat ferner einen paradoxen Grund: Je weiter Freud in die Welt des Wahns vorstößt, je mehr er Wucht und verzerrende Wirkung dessen erkennt, was bei Machiavelli das ‚Phantasiebild' heißt, umso notwendiger wird es, einen festen Anker im Begriff der ‚Realität' zu haben und zu verteidigen oder doch zu fingieren. Je tiefer die Psychoanalyse sich hineinbohrt, desto unklarer wird, was außen ist und was innen. Im Zuge der Entwicklung stapeln sich die Probleme immer weiter auf. Es entsteht in der Individualpsyche eine Art von Überbevölkerung mit Wesen, die teilweise schattenhaft noch aus der Zeit vor dem primären Narzissmus stammen bis hin zu jüngeren Immigranten wie dem Über-Ich, das ein ins Innen eingeschlichenes oder hineingerammtes Außen ist. Ein Problem, das Freud nicht wirklich löst, ist der Übergang von archaischen Formen des Realitätsprinzips zu dessen späteren Substituten, namentlich den Eltern und – mit Blick auf den Ödipuskomplex – dem Vater (→ III.6. Ödipus). Denn mit dem Eintritt in die Phase des primären Narzissmus wird, so Freud, die Opposition ‚Lust/Unlust' ersetzt durch die Opposition ‚Liebe/Hass'. Im Aufsatz über *Triebe und Triebschicksale* von 1915 – also in einer der Kriegsschriften – folgert Freud: „Das Äußere, das Objekt, das Gehaßte wären zu allem Anfang identisch." (X, 229) Mit dieser Einsicht greift der Verdacht Raum, dass der Hass als Objektbezug „älter als die Liebe" (X, 231) sei. Wie man von hier zur Konstruktion auch nur der Ambivalenz in Bezug auf die Eltern kommen kann, wird zu einem der Rätsel der Psychoanalyse; und es wird schwer, das Realitätsprinzip als etwas anderes zu beschreiben als ein ‚Hassprinzip', was wiederum direkt auf Machiavellis Verabsolutierung des Staates zurückverweist. Je größer das Gewimmel an Introjekten in den metapsychologischen Schriften wird, desto notwendiger wird es, sich an dem Kompass der Idee einer Außenwelt zu orientieren, die angeblich klare Vorgaben für die Anpassung formuliert. Die Notwendigkeit wird immer notwendiger aus einer Art Notwehr gegen die Erkenntnis heraus. Treffend ist daher Caseys Einschätzung, der von „Freud's harsh *Weltbild*" schreibt und anmerkt, dass Freud „the stern goddess of Necessity" (Casey 1972, 667) aufrichte.

Die zunehmende Vergottung der *necessità* bei Freud macht eine weitere Parallele zu Machiavellis *Principe* erkennbar: Die kompromisslose Härte, mit der Machiavelli die Idee der *necessità* vorträgt, ergibt sich ebenfalls aus seiner historischen Situation, aus dem quasipsychotischen Chaos, in das die italienischen Stadtstaaten fielen, nachdem sie den Fehler gemacht hatten, sich auf unterschiedliche Allianzen untereinander und dann mit der politischen ‚Außenwelt' einzulassen – mit Frankreich, Spanien und mit den Habsburgern. Das hatte zuletzt zur Folge, dass die neuen europäischen Großmächte die italienischen Stadtstaaten grausam unter sich aufteilten. Im 15. Jahrhundert war Italien, wie man noch aus Michel de Montaignes *Essais* (1580) lernen kann, das intellektuell führende Land Europas: Europas ‚Ich'. Dieses ‚italienische Ich Europas' befindet sich, so Machiavellis Diagnose, nun – im zweiten Jahrzehnt des 16. Jahrhunderts – in einem katatonischen Zustand, weil es mit den Barbaren aus dem Norden geflutet wurde: „[G]eknechteter als die Perser, zerrissener als die Athener, ohne Oberhaupt, ohne Ordnung mußte es [Italien] geschlagen, geplündert, zerrissen, vom Feind überrannt werden und jede Art des Niedergangs erduldet haben. [...] So ist Italien in einem Zustand, als ob es ohne Leben wäre; es steht in Erwartung dessen, der seine Wunden heilen [...] und es von seinen seit langem schwärenden Plagen befreien könnte." (Machiavelli 1978 [1532], 107)

Beide, Machiavelli und der passionierte Italientourist Freud, stimmen schließlich in der Erkenntnis überein, dass, so Freud, „das Schuldgefühl das wichtigste Problem der Kulturentwicklung" darstellt und dass „der Preis für den Kulturfortschritt in der Glückseinbuße durch die Erhöhung des Schuldgefühls bezahlt wird" (XIV, 493–494). Für die Psychoanalyse werden frustrierte erotische Strebungen zu Symptomen, frustrierte Aggressionen jedoch zu Schuldgefühlen transformiert. Während die erfolgreiche Therapie die Symptome aufzulösen vermag, wird sie ‚den Teufel tun', Schuldgefühle vollumfänglich wieder in Aggressionen zurückzuübersetzen, sodass sie auf dem halben Wege ihrer Möglichkeiten stehenbleibt. Am Ende von Freuds Ausführungen über das Schuldgefühl im Traktat über das Unbehagen steht nur die begütigend konventionelle Notiz, dass die Einsicht, Schuldgefühle seien konvertierte Aggression, „unser Interesse" (XIV, 499) verdiene.

Darauf folgt nichts beziehungsweise ein Abschnitt, an den sich summarische Reflexionen über die Möglichkeit einer kulturphilosophischen Erweiterung der

Psychoanalyse anschließen. Leer aus geht bei Freud das Schuldgefühl – und die moderne Seele bleibt bis heute auf ihm sitzen.

Hier wird der Blick auf Machiavelli besonders aufschlussreich, weil dessen Therapie kein Problem mit dem Schuldgefühl hat und alles daransetzt, dem angehenden Fürsten, Souverän oder dem ‚großen Ich‘ die Schuldgefühle zu nehmen und deutlich zu machen, dass der von Schuldgefühlen befreite Herrscher obendrein durchaus ein Kulturschöpfer sein kann. Wo Freud schweigt und einen Absatz macht, dort spricht Machiavelli. Der *Principe* verfolgt insgesamt die Intention, dem Fürsten seine Schuldgefühle zu nehmen, weil es keinen Gott mehr gibt außer dem Erfolg: „Die Handlungen aller Menschen und besonders die eines Herrschers, der keinen Richter über sich hat, beurteilt man nach dem Enderfolg. Ein Herrscher braucht also nur zu siegen und seine Herrschaft zu behaupten, so werden die Mittel dazu stets für ehrenvoll angesehen und von jedem gelobt. Denn der Pöbel hält sich immer an den Schein und den Erfolg; und in der Welt gibt es nur Pöbel.“ (Machiavelli 1978 [1532], 74) Der Gedanke einer Schuldfreiheit huscht flüchtig durch Freuds frühe *Formulierungen über die zwei Prinzipien des psychischen Geschehens*, denn es wäre ein Irrtum zu meinen, dass das Realitätsprinzip bei Freud eine Ethik implizierte. Es handelt sich vielmehr um einen Umweg zur Erreichung jener Zwecke, die das Lustprinzip bestimmt und stets bestimmen wird: „In Wirklichkeit bedeutet die Ersetzung des Lustprinzips durch das Realitätsprinzip keine Absetzung des Lustprinzips, sondern nur eine Sicherung desselben. Eine momentane, in ihren Folgen unsichere Lust wird aufgegeben, aber nur darum, um auf dem neuen Wege eine später kommende, gesicherte zu gewinnen.“ (VIII, 235–236)

Noch im *Unbehagen in der Kultur* findet sich eine subtil verschlüsselte Referenz auf den Renaissance-Traktat vom erfolgreichen Fürsten ohne Schuldgefühl. Die These, dass das Schuldgefühl als das wichtigste Problem der Kulturentwicklung hinzustellen und als das „Endergebnis unserer Untersuchung“ (XIV, 494) zu betrachten sei, versieht Freud mit einer Fußnote. Er verweist darin nicht auf Machiavelli, sondern auf Shakespeare. Die Fußnote bringt, übrigens ohne jede Quellenangabe, ein Zitat aus der ersten Szene des III. Aktes des *Hamlet*: „So macht Gewissen Feige aus uns allen [...].“ (XIV, 494) Es spricht nun wirklich ein Prinz – Prinz Hamlet –, der im klassischen Monolog über Sein und Nichtsein erkennt: „Thus conscience does make cowards of us all [...].“ (Shakespeare 1966 [1603], 82)

Machiavellis *Principe* ist das wahre Therapeutikum für den dänischen Prinzen mit depressiver Handlungshemmung, denn er gibt dem Prinzen mit der Ambition, ein Fürst und Souverän zu werden, das gute Gewissen, das er braucht, will er zur konsequenten Anwendung des Realitätsprinzips fähig werden, das in der Welt der Politik den Titel der Realpolitik trägt. Den Grund dafür aber, warum

Freud – paradox gesagt: ein Machiavellist mit schlechtem Gewissen – in einer Fußnote *Hamlet* und nicht direkt Machiavelli zitiert, nennt der französische Philosoph Jacques Maritain, der 1948 maßgeblich an der Formulierung der *Allgemeinen Erklärung der Menschenrechte* der UNO beteiligt war:

> *Nach* Machiavelli haben nicht nur die Fürsten und Eroberer des sechzehnten Jahrhunderts, sondern auch die großen Führer und Schöpfer der modernen Staaten und der modernen Geschichte ein *gutes Gewissen*; ja sie sind überzeugt, ihre *Pflicht* zu tun, wenn sie, um Ordnung zu schaffen, in ungerechter Weise vorgehen oder wenn sie zur Befriedigung ihres Machtwillens jegliche Art von nützlichem Bösen anwenden. (Maritain 1946, 15)

5. Fazit

Wie stellte sich Friedrich Schiller zur skizzierten Problematik der ‚Staatskunst' mit gutem Gewissen? Im *Wallenstein* exponiert er die zerreißende Spannung des Problems, indem er dem jungen Max Piccolomini gleich zwei machiavellistische Väter gibt und den Sohn an der „Väter Doppelschuld und Freveltat" (Schiller 1966 [1800], 191) zugrunde gehen lässt. Neben den biologischen Vater Octavio tritt gleichwertig der bewunderte Ziehvater, der Feldherr Wallenstein. Von Max zur Rede gestellt, ob er wirklich den Verrat am Kaiser begehen wolle, antwortet Wallenstein wie zuvor sein Kontrahent Piccolomini mit einer Apologie beziehungsweise einer Paraphrase des Buches über den Fürsten:

> Gleich heißt ihr [die Jugend] alles schändlich oder würdig, / Bös oder gut – und was die Einbildung / Phantastisch schleppt in diesen dunkeln Namen, / Das bürdet ihr den Sachen auf und Wesen. / *Eng* ist die Welt, und das Gehirn ist *weit*, / Leicht beieinander wohnen die Gedanken, / Doch hart im Raume stoßen sich die Sachen. / Wo *eines* Platz nimmt, muß das *andre* rücken, / Wer nicht vertrieben sein will, muß vertreiben, / Da herrscht der Streit, und nur die Stärke siegt. / [...] / Dem bösen Geist gehört die Erde, nicht / Dem guten. Was die Göttlichen uns senden / Von oben, sind nur allgemeine Güter, / Ihr Licht erfreut, doch macht es keinen reich, / In ihrem Staat erringt sich kein Besitz. (Schiller 1966 [1800], 149)

Die Pointe der Konstruktion besteht darin, dass beide Väter – der alte Piccolomini und Wallenstein – gleichermaßen eloquent und konsistent auf das Realitätsprinzip als das absolute Maß aller wirklichen Dinge verweisen. Der Widerspruch, der innerhalb des Paradigmas des Realitätsprinzips, auf der Ebene des Verstandes allein, nicht geschlichtet oder ‚aufgehoben' werden kann, besteht darin, dass sich Piccolomini und Wallenstein zugleich einander als Todfeinde gegenüberstehen, die keine Vernunft annehmen. Intrige und Schwert entscheiden darüber, wer der Fürst sein wird. Es gibt für Max Piccolomini keine Möglichkeit, aus dieser Konflikt- und Kommunikationssituation herauszukommen, da der Ausgang durch die

Macht selbst blockiert ist. Er wird zuletzt sogar von Wallenstein als Geisel gegen Piccolomini genommen. Der „Väter Doppelschuld" (Schiller 1966 [1800], 191) erweist sich dergestalt als *double-bind*, die den Sohn Max in den Suizid treibt, wodurch auch das politische Unterfutter der Doppelbindungstheorie aufgerissen und sichtbar wird.

Die unschlichtbare Polarität der Väter reißt Max entzwei – wie die gesamte Handlung der Trilogie exakt in der Mitte des Dreißigjährigen Krieges situiert ist, der nach der Ermordung Wallensteins im Jahr 1634 noch weitere fünfzehn Jahre wüten wird. Am Ende der Tragödie ist Octavio Piccolomini zum Fürsten erhoben, hat aber seinen einzigen Sohn verloren und herrscht über ein leer gewordenes Haus des Todes. Die moderne Tragödie der Geschichte und der Politik kennt, wie der junge Georg Wilhelm Friedrich Hegel in einer brillanten Rezension entsetzt formulierte, keine Katharsis mehr:

> „Wenn das Stück endigt, so ist Alles aus, das Reich des Nichts, des Todes hat den Sieg behalten; es endigt nicht als eine Theodicee. [...] Leben gegen Leben; aber es steht nur Tod gegen Leben auf, und unglaublich! abscheulich! der Tod siegt über das Leben! Dieß ist nicht tragisch, sondern entsetzlich! Dieß zerreißt das Gemüt, daraus kann man nicht mit erleichterter Brust springen!" (Hegel 1835 [1801/1802], 411; 413)

Literatur

Casey, Edward S. „Freud's Theory of Reality. A Critical Account". *The Review of Metaphysics* 25.4 (1972): 659–690.

Erikson, Erik H. *Young Man Luther. A Study in Psychoanalysis and History*. New York 1993 [1958].

Foucault, Michel. *Einführung in Kants Anthropologie*. Übers. von Ute Frietsch. Frankfurt a. M. 2010 [2008].

Goebel, Eckart. *Jenseits des Unbehagens. „Sublimierung" von Goethe bis Lacan*. Bielefeld 2009.

Hegel, Georg Wilhelm Friedrich. „Ueber Wallenstein" [1801/1802]. Hegel, Georg Wilhelm Friedrich. *Georg Wilhelm Friedrich Hegel's Werke*, Bd. 17: *Vermischte Schriften*, Bd. 2. Hrsg. von Friedrich Förster. Berlin 1835: 411–413.

Kant, Immanuel. „Grundlegung zur Metaphysik der Sitten" [1785]. Kant, Immanuel. *Werke*, Bd. 7: *Schriften zur Ethik und Religionsphilosophie 1*. Frankfurt a. M. 1996: 11–102.

Kant, Immanuel. „Kritik der praktischen Vernunft" [1788]. Kant, Immanuel. *Werke*, Bd. 7: *Schriften zur Ethik und Religionsphilosophie 1*. Frankfurt a. M. 1996: 105–302.

Koppenfels, Martin von. *Einführung in den Tod. García Lorcas New Yorker Dichtung und die Trauer der modernen Lyrik*. Würzburg 1998.

Machiavelli, Niccolò. *Discorsi. Gedanken über Politik und Staatsführung*. Übers. von Rudolf Zorn. Stuttgart 1977 [1531].

Machiavelli, Niccolò. *Der Fürst*. Hrsg. und übers. von Rudolf Zorn. Stuttgart 1978 [1532].

Maritain, Jacques. „Das Ende des Machiavellismus". *Frankfurter Hefte* 1 (1946): 1–22.

Meinecke, Friedrich. *Weltbürgertum und Nationalstaat*. Meinecke, Friedrich. *Werke*, Bd. 5:
 Weltbürgertum und Nationalstaat. München 1969 [1908].
Münkler, Herfried. *Thomas Hobbes*. 2. Aufl., Frankfurt a. M. 2001.
Münkler, Herfried. *Machiavelli. Die Begründung des politischen Denkens der Neuzeit aus der
 Krise der Republik Florenz*. 2. Aufl., Frankfurt a. M. 2007.
Rochau, Ludwig August von. *Grundsätze der Realpolitik*. Hrsg. von Hans-Ulrich Wehler.
 Frankfurt a. M., Berlin, Wien 1972 [1853].
Schiller, Friedrich. „Wallenstein. Ein dramatisches Gedicht". Schiller, Friedrich.
 DTV-Gesamtausgabe, Bd. 6: *Wallenstein*. Hrsg. von Gerhard Fricke. München 1966 [1800].
Shakespeare, William. *Hamlet. Prince of Denmark. The Yale Shakespeare*. New Haven, London
 1966 [1604].

IV. Exemplarische Analysen II: Historische Formen

IV.1. Tragödie

Achim Geisenhanslüke

1. Sigmund Freud und die Tragödie

„Ich zweifle ja nicht, daß es dem Schicksale leichter fallen müßte als mir, Ihr Leiden zu beheben: aber Sie werden sich überzeugen, daß viel damit gewonnen ist, wenn es uns gelingt, Ihr hysterisches Elend in gemeines Unglück zu verwandeln." (I, 312) Mit diesen Worten beschließt Sigmund Freud 1895 nicht nur die *Studien über Hysterie*. Sie geben zugleich Aufschluss über sein ambivalentes Verhältnis zur Tragödie. Auf der einen Seite neigt Freud in den *Studien über Hysterie* wie in der *Traumdeutung* (1900) zu einer Theatralisierung psychischer Konflikte. „In Freuds Werk kommt dem Theater eine besondere Bedeutung zu, die sich allerdings dem systematischen Zugriff weitgehend entzieht. Offenkundig ist Freud bei der Entdeckung und methodischen Ausarbeitung der Psychoanalyse immer wieder auf Momente von Inszenierung und Schauspiel gestoßen" (Primavesi 2006, 271), stellt Patrick Primavesi fest, der insbesondere auf die Bedeutung des dem Theater entlehnten Begriffes der Szene für die Psychoanalyse hinweist, sodass man bereits in der *Traumdeutung* in Anlehnung an Jacques Lacan von einer einsetzenden „mise en scène" (Weber 2004, 265) sprechen kann. Auf der anderen Seite gilt Freuds ganzes therapeutisches Geschick der Aufgabe, den drohenden Absturz seiner Patienten in den Abgrund der Tragödie zu verhindern. Nicht umsonst stellt Freud die von ihm zu erwartenden Leistungen daher in einen ironischen Gegensatz zur tragischen Macht des Schicksals, die zwar Leiden beheben, aber auch hervorrufen kann. Wenn Freud hysterisches Elend in gemeines Unglück verwandeln möchte, dann geht es ihm darum, die künstlerische Macht des Tragischen zu brechen, indem er sie in seinen eigenen Schriften in eine wissenschaftliche Form der Prosa verwandelt, deren Gelassenheit nur aus dem Widerstand gegen die dämonische Kraft resultiert, die sich in der Tragödie als Schicksalsmacht offenbart.

2. Sigmund Freud und die Katharsis

„Seit Aristoteles gibt es eine Poetik der Tragödie, seit Schelling erst eine Philosophie des Tragischen." (Szondi 1978 [1961], 151) Mit dieser Bemerkung leitet Peter Szondi seinen *Versuch über das Tragische* (1961) ein. Zwar führt er Freuds

https://doi.org/10.1515/9783110332681-020

Namen im Rahmen seiner Untersuchung nicht an – zwischen Friedrich Nietzsche und Georg Simmel klafft in seinen Ausführungen eine bemerkenswerte Lücke –, dennoch fände Freud seinen Platz wohl weniger in der Poetik (→ II.2. RHETORIK UND POETIK) denn in der Philosophie des Tragischen. Sein Interesse an der Tragödie schreibt sich in eine ästhetische Tradition ein, deren Augenmerk weniger der Tragödie selbst als vielmehr deren Idee gilt. Roland Galle hat vor diesem Hintergrund im Hinblick auf den Gebrauch des Wortes ‚tragisch' drei Bedeutungsebenen unterschieden: die alltagssprachliche Bezeichnung für ein extremes Unglück, die Bezeichnung von Ereignissen unter anderem in künstlerischen Formen und schließlich „eine philosophische Reflexion, die zwar auf die Tragödie zurückgreift, sich aber ineins von diesem Bezugspunkt ablöst und die grundlegende Erfahrung von Lebensphänomenen für sich in Anspruch nimmt" (Galle 2005, 119). Es ist diese letztere Bedeutung des Tragischen, die Freud in dem umstrittenen Begriff des Ödipuskomplexes zu fassen sucht. Zwar ist der Begriff des Ödipuskomplexes als „Schiboleth" (V, 128) der Psychoanalyse, wie Freud in den *Drei Abhandlungen zur Sexualtheorie* (1905) meint, unmittelbar der griechischen Tragödie entlehnt. Freud gewinnt ihn jedoch weniger aus einer Analyse des konkreten Kunstwerkes als vielmehr aus einer Deutung ihres Wesensgehalts heraus, die dem spekulativen Geist des deutschen Idealismus an Kühnheit in nichts nachsteht.

Nicht allein der Ödipuskomplex aber verweist Freud an die griechische Tragödie zurück. Bereits in den *Studien über Hysterie* stellen Freud und Josef Breuer ihre Arbeit in der Begrifflichkeit der „‚kathartischen Methode'" (I, 77–78) vor, die zu Aristoteles zurückführt. Mit dem Begriff der Katharsis nehmen die *Studien über Hysterie* die Frage nach der Funktion der Affekte auf, die bereits in der griechischen Tragödie und ihrer Rezeption bei Aristoteles eine zentrale Rolle spielt. Nicht nur hatte Aristoteles in der *Poetik* (340–320 v. Chr.) mit den beiden Affekten *eleos* und *phobos*, Mitleid und Furcht beziehungsweise Jammern und Schaudern, gerade mit Blick auf die Ödipus-Tragödie eine Wirkungsbestimmung der Tragödie im Zeichen der Katharsis vorgegeben (→ III.6. ÖDIPUS), die die Auffassung des Tragischen bis ins 20. Jahrhundert hinein wesentlich mitbestimmt hat (vgl. Aristoteles 2011 [340–320 v. Chr.], 1449b; 1452b; Schadewaldt 1991, 17). In der eher beiläufigen Bemerkung in der *Poetik*, die Tragödie habe es im Wesentlichen mit *pathos* (vgl. Aristoteles 2011 [340–320 v. Chr.], 1452b), mit schwerem Leid zu tun, hat er eine Verknüpfung von Tragödie und Affekt angedeutet, die zugleich in einem impliziten Widerspruch zu seinem Versuch einer möglichst umfassenden Rationalisierung der Tragödie wie der damit verbundenen Affekte steht. Freud knüpft in diesem Punkt an Aristoteles an, geht aber insbesondere in der Frage nach der Natur der Affekte einen anderen Weg als dieser (vgl. von Koppenfels 2007, 24–25). Eine entscheidende Vermittlungsinstanz verkörpert in diesem

Zusammenhang der Altphilologe Jacob Bernays, der in seiner Studie *Grundzüge der verlorenen Abhandlung des Aristoteles über Wirkung der Tragödie* aus dem Jahr 1857 eine philologisch gut begründete Kritik an Gotthold Ephraim Lessings Bestimmung der Tragödie als Verwandlung der Leidenschaften in tugendhafte Fertigkeiten unternommen hatte. Schon Carl Pietzcker hat darauf hingewiesen, dass Bernays „mit dem Begriff der Katharsis als befreiender Reinigung ein wirkungsästhetisches Verständnis des Dramas übernommen und psychoanalytisch neu formuliert" (Pietzcker 2006, 210) habe, ohne jedoch eine eigene Dramentheorie zu entwickeln. Bernays, der Onkel von Freuds späterer Frau Martha Bernays, dessen Schriften Freud wohlbekannt waren, betont einleitend, „wie durchaus fern dem Aristoteles der Gedanke des vorigen Jahrhunderts liegt, das Theater zu einem Filial- und Rivalinstitut der Kirche, zu einer sittlichen Besserungsanstalt zu machen" (Bernays 2012 [1857], 9). Der aristotelische Begriff der Katharsis sei dementsprechend nicht, wie Lessing es wollte, moralisch, sondern in einem medizinischen Sinne zu verstehen, wie Bernays formuliert,

> dass Katharsis sei: eine von Körperlichem auf Gemüthliches übertragene Bezeichnung für solche Behandlung eines Beklommenen, welche das ihn beklemmende Element nicht zu verwandlen [sic!] oder zurückzudrängen sucht, sondern es aufregen, hervortreiben und dadurch Erleichterung des Beklommenen bewirken soll. (Bernays 2012 [1857], 16)

Bernays, der, wie Paola Traverso vermerkt, einen „Wendepunkt in der Interpretation der aristotelischen Dramentheorie" bedeutet (Traverso 2003 [2000], 59), spricht damit der Tragödie zu, was Freud für die psychoanalytische Kur in Anspruch nehmen wird, und zwar, dass sie eine medizinische Therapie sei, deren Ziel darin läge, dem Patienten Erleichterung zu verschaffen, indem sie ihn von affektiven Beklemmungen befreie. Freud kann seine Technik der kathartischen Methode so im unmittelbaren Anschluss an die Aristoteles-Deutung seines Schwiegeronkels entwickeln und deren zentrale Bedeutung für die Psychoanalyse noch in den späteren Schriften hervorheben: „Die kathartische Methode ist der unmittelbare Vorläufer der Psychoanalyse und trotz aller Erweiterungen der Erfahrung und aller Modifikationen der Theorie immer noch als Kern in ihr enthalten." (XIII, 409) Mit dem Begriff der kathartischen Kur gibt Freud eine moderne, an die antike Poetik anknüpfende und doch in vielerlei Hinsicht von Aristoteles abweichende Antwort auf die schwierige Frage nach der Natur der Affekte, die ihn nicht in den literarischen Bereich der Tragödie führt, sondern in den der traumatischen Hysterie.

3. Ödipus und Hamlet

Der Begriff der kathartischen Methode weist darauf hin, dass Freud die Psychoanalyse in der Nachfolge der antiken Tragödie konzipiert hat, wie sie Bernays
verstand: So wie es in der Tragödie Aristoteles zufolge um die Darstellung von
schwerem Leid auf der Bühne geht, so der Psychoanalyse um affektive Formen
des Leidens, die es in der kathartischen Kur auf eine Weise zu bewältigen gilt,
die sich allerdings von der in der Tragödie angebotenen Lösung unterscheidet:
Die Psychoanalyse schickt ihre Helden nicht in den Untergang, sondern will
ihnen ein möglichst leidensfreies Leben ermöglichen. Darin unterscheidet sie
sich auch von der aristotelischen Auffassung der Tragödie. Während der Begriff
der Katharsis in seiner reichen Begriffsgeschichte vor allem wirkungsästhetisch
verstanden worden ist, bezieht Freud die kathartische Kur unmittelbar auf den
Helden des Dramas selbst: Die medizinische Reinigung der Affekte bezieht sich
in den *Studien über Hysterie* nicht auf den Zuschauer, sondern auf die in den einzelnen Fallstudien (→ IV.6. FALLGESCHICHTE) verhandelten Erkrankten, die ihre
Affekte auf eine oft theatralische Weise vorführen, um von Freud in der von ihm
im Zwiegespräch mit den Patienten entwickelten Form der *talking cure* geheilt zu
werden. Im Unterschied zu seinem Lehrer Jean-Martin Charcot nutzt Freud die
Theatralisierung der Affekte, die sich bei hysterischen Erkrankungen oft beobachten lässt, nicht zu deren öffentlicher Zurschaustellung (vgl. Conrad 2004, 34),
sondern drängt diese in die intime Form eines Dialogs zurück, der vor den Augen
und Ohren der anderen verschlossen bleibt, bis er in der anonymisierten Form
der wissenschaftlichen Prosa dem Publikum zur Kenntnis gebracht wird.

 Die Auseinandersetzung mit der Tragödie, die bereits die *Studien über Hysterie* in der Form der Übersetzung tragischer Konflikte in wissenschaftliche Prosa
kennzeichnete, bestimmt auch die *Traumdeutung*, wo sie sich in der Interpretation der Figur des Ödipus zuspitzt. Die Bedeutung des Ödipus-Motivs führt
allerdings weiter in die Ursprünge der Psychoanalyse zurück. Freuds Auseinandersetzung mit dem Ödipus-Mythos ist zunächst biographisch begründet. So
wie die Ausbildung der Psychoanalyse im Wesentlichen eine Selbstanalyse ihres
Begründers Freud ist, so ist seine Auseinandersetzung mit der Figur des Ödipus
Teil einer Selbstanalyse, in deren Mittelpunkt der Konflikt zwischen Vater und
Sohn steht. Die Macht, die der König Ödipus ausübt, verdankt sich Freud zufolge
einer simplen Tatsache, wie er seinem Freund Wilhelm Fließ in einem Brief vom
15. Oktober 1897 mitteilt: „Ich habe die Verliebtheit in die Mutter und die Eifersucht gegen den Vater auch bei mir gefunden und halte sie jetzt für ein allgemeines Ereignis früher Kindheit, wenn auch nicht immer so früh wie bei den hysterisch gemachten Kindern." (Freud 1962 [1950], 193) Und er setzt hinzu: „Jeder der
Hörer war einmal im Keime und in der Phantasie ein solcher Ödipus." (Freud 1962

[1950], 193) Was Freud seinem Freund Fließ am dreiundfünfzigsten Geburtstag des zu diesem Zeitpunkt in geistiger Umnachtung dahinsiechenden Philosophen Friedrich Nietzsche entdeckt, ist nicht das Geheimnis der antiken Tragödie im Zeichen des Apollinischen und Dionysischen, sondern ein psychischer Mechanismus, der sich im Schicksal des tragischen Helden exemplarisch offenbart und jeden Mann betrifft. In der *Traumdeutung* macht Freud publik, was er zunächst im brieflichen Zwiegespräch mit dem Freund entdeckt hatte: „Sein Schicksal ergreift uns nur darum, weil es auch das unsrige hätte werden können, weil das Orakel vor unserer Geburt denselben Fluch über uns verhängt hat wie über ihn. [...] Aber glücklicher als er, ist es uns seitdem, insofern wir nicht Psychoneurotiker geworden sind, gelungen, unsere sexuellen Regungen von unseren Müttern abzulösen, unsere Eifersucht gegen unsere Väter zu vergessen." (II/III, 269)

Freud wiederholt die Deutung aus den Briefen, um sie nun in die allgemeine Theorie seiner *Traumdeutung* zu übersetzen: So wie sich hinter jedem Traum eine Wunscherfüllung verbirgt, so erkennt Freud in der Tragödie des Ödipus eine auf der Bühne offen ausgesprochene Wunscherfüllung der Kindheit. Was Ödipus und die Psychoneurotiker teilen, ist die Weigerung, den kindlichen Wunsch aufzugeben. Die schmerzhafte Erfahrung, die beide machen, zeigt, dass sie sich von der Liebe zur Mutter und der Eifersucht gegen den Vater nicht lösen konnten. Der Ödipuskomplex rückt damit in das Zentrum von Freuds Verständnis der Neurose. So zentral die Bedeutung des Ödipuskomplexes aber auch für die Psychoanalyse sein mag, so sehr ist ihre Reichweite in der *Traumdeutung* eingeschränkt: zum einen durch ihre marginale Stellung in der Schrift, in der sie nur fast beiläufig als ein Beispiel unter anderen im Kapitel über den Traum vom Tod teurer Personen zitiert wird (vgl. Geisenhanslüke 2008, 45), zum anderen in der auch in späteren Schriften zu beobachtenden Tendenz Freuds, in literarischen Kunstwerken wenig mehr als ein kindliches Spiel zu erkennen, das durch eine partielle Aufhebung der Zensur Einblick in psychische Zusammenhänge gibt, die sonst sorgsam verborgen bleiben. Die Bedeutung der Ödipus-Figur in der *Traumdeutung* bleibt so ambivalent wie Freuds Auseinandersetzung mit der Tragödie überhaupt: Auf der einen Seite verkörpert der von Freud so benannte Ödipuskomplex das Zentrum der psychoanalytischen Lehre der Neurosen. Auf der anderen Seite hat er im Rahmen der Argumentation der *Traumdeutung* einen bestenfalls randständigen Platz inne, der seine Bedeutung als Schibboleth der Psychoanalyse kaum rechtfertigen kann.

Der zentralen und zugleich marginalen Rolle des Ödipuskomplexes in der *Traumdeutung* entspricht darüber hinaus auch die Tatsache, dass Freud auf eine philologisch nicht unmittelbar einsichtige Weise schon früh die antike Ödipus- und die ungleich modernere Hamlet-Figur zusammendenkt (→ III.9. HAMLET). „Flüchtig ist mir durch den Kopf gegangen, ob dasselbe nicht auch dem Hamlet zugrunde liegen möchte" (Freud 1962, 194), schreibt er im selben Brief an Fließ vom 15. Oktober 1897, um zeit seines Lebens an einer strukturellen Analogie zwischen dem Drama des Sophokles und dem William Shakespeares festzuhalten. Dementsprechend entschieden formuliert er auch in der *Traumdeutung*: „Auf demselben Boden wie ‚König Ödipus' wurzelt eine andere der großen tragischen Dichterschöpfungen, der ‚*Hamlet*' *Shakespeares*." (II/III, 271) Die Analogie begründet Freud dadurch, dass im *König Ödipus* (zw. 429 und 425 v. Chr.) die Wunschphantasie des Kindes realisiert, im *Hamlet* (1604) aber verdrängt werde, sodass sich dessen zögerliches Handeln aus der geheimen Identifikation mit dem Mörder seines Vaters erklären lasse.

Vor dem Hintergrund von Freuds Shakespeare-Begeisterung kann die Engführung von Ödipus und Hamlet vielleicht nicht überraschen (vgl. Worbs 1983, 7). Shakespeare-Zitate und die Interpretation seiner Dramen durchziehen Freuds Schriften wie ein roter Faden. Dennoch stellt sich die Frage, wie Freud den Vergleich von Ödipus und Hamlet rechtfertigen will. Der Zorn des Ödipus und die Schwermut Hamlets lassen schließlich zwei ganz unterschiedliche Konflikte im Zentrum der Tragödie vermuten. Was Freud am *Hamlet* interessiert, ist eine Strukturanalogie zum *König Ödipus*, die er gegen alle historischen Differenzen zwischen dem antiken und dem Renaissancedrama verteidigt und deren Entdeckung er der Psychoanalyse zum Ruhm rechnet: „Ich verfolge die psychoanalytische Literatur und schließe mich der Behauptung an, daß erst die Psychoanalyse durch die Zurückführung des Stoffes auf das Ödipus-Thema das Rätsel der Wirkung dieser Tragödie gelöst hat." (X, 174) Dass Freud Ödipus und Hamlet in eine Analogie setzt, der zufolge der eine erfolgreich den Wunsch umgesetzt hat, den Vater zu töten und die Mutter zu ehelichen, der andere aber daran durch äußere Umstände gehindert worden sei, verrät vielleicht weniger etwas über Gemeinsamkeiten und Unterschiede von antiker Tragödie und dem Drama der Renaissance als vielmehr über Freuds eigenen Umgang mit literarischen Texten. Die Tragödie begreift er weniger als eine historisch bestimmte Kunstform denn als symbolischen Ausdruck eines psychischen Konfliktes, für dessen Lesbarkeit nicht der Philologe oder der Philosoph zuständig ist, sondern der Psychoanalytiker. Die Psychoanalyse der Tragödie gibt sich so als eine Konkurrenz zu älteren Auslegungstraditionen zu erkennen, die das Verständnis des Tragischen vor Freud bestimmten und die nun eine Korrektur erfahren. Dabei behält das Paradigma des Ödipus vor allem einen illustrativen Charakter für die Psychoanalyse: Mithilfe der Tragödie des Ödipus wie des Hamlet veranschaulicht Freud, was das Schicksal jedem Mann bereitet hat, der sich nicht von der Liebe zur Mutter und der Eifersucht auf den Vater zu lösen vermochte.

4. Die Tragödie der Kultur: *Totem und Tabu* (1913)

Freuds Interpretation der Tragödie in der *Traumdeutung* richtet sich, wie die Engführung von Ödipus und Hamlet unterstreicht, weniger auf die Form denn auf den Inhalt der Tragödie, sofern dieser sich in Übereinstimmungen mit der psychoanalytischen Lehre bringen lässt. Nicht zu Unrecht spricht Michael Worbs von einer „Inhaltsästhetik" (Worbs 1983, 97), die Freud dazu befähige, die eigene Theorie anhand literarischer Kunstwerke zu veranschaulichen. Nach der *Traumdeutung* geht Freud noch einen Schritt weiter. Die Auseinandersetzung mit der Figur des Ödipus erweitert er in den späteren Schriften zu einer tragischen Kulturtheorie (→ II.5. KULTURTHEORIE), die zugleich Elemente aus der Frühzeit der Psychoanalyse aufnehmen kann. Die Tragödie verschwindet so auch nach der *Traumdeutung* nicht vollständig aus dem Gesichtskreis der Psychoanalyse, sie erfährt als Tragödie der Kultur in der Abhandlung *Totem und Tabu* aus dem Jahr 1913 vielmehr eine erneute Aufmerksamkeit.

Die Schrift nimmt ihren Ausgangspunkt von dem Thema, das auch im Mittelpunkt der Ödipus-Sage steht: dem Inzestverbot. In *Totem und Tabu* entwickelt Freud eine Psychologie der Naturvölker, die er derjenigen der Neurotiker an die Seite stellen will. In Anlehnung an ethnologische Studien untersucht er die Totemexogamie, das Verbot des sexuellen Verkehrs zwischen Mitgliedern desselben Klans. Freud konstatiert am Beispiel australischer Naturvölker einen „ungewohnt hohen Grad von Inzestscheu oder Inzestempfindlichkeit" (IX, 11), um im Tabu zugleich den Ursprung des modernen Gewissens zu erkennen. „Schuldbewusstsein und Gewissen fungieren als Leitvokabeln Freuds, um die ‚Tragödie der Kultur' und des modernen Individuums im Spiegel der Antike zu deuten" (Benthien 2011, 260), fasst Claudia Benthien zusammen. Die Frage, die sich Freud in diesem Zusammenhang stellt, ist die nach den Erklärungsmustern für die strikten Tabuvorschriften, die die komplexen Verwandtschaftsverhältnisse der Naturvölker regeln. Eine Antwort auf diese Frage findet er wiederum in der Figur des Ödipus, die er bereits in das Zentrum seiner Neurosenlehre gestellt hatte. In dem Totemtier, das jedem Klan vorsteht, erkennt er den Vater wieder: „Wenn das Totemtier der Vater ist, dann fallen die beiden Hauptgebote des Totemismus, die beiden Tabuvorschriften, die seinen Kern ausmachen, den Totem nicht zu töten und kein Weib, das dem Totem angehört, sexuell zu gebrauchen, inhaltlich zusammen mit den beiden Verbrechen des Ödipus, der seinen Vater tötete und seine Mutter zum Weibe nahm." (IX, 160)

Die Tragödie des Ödipus zeigt den Verstoß gegen die Tabuvorschriften, die den Ursprung der Kultur verkörpern. Freud kann so folgern, „daß das totemistische System sich aus den Bedingungen des Ödipus-Komplexes ergeben hat" (IX, 160). In einer weit ausholenden spekulativen Geste entwirft Freud so etwas wie eine tragische Ursprungsszene, die kulturellen Fortschritt erst ermöglicht habe. Im Rückgriff auf Charles Darwins Begriff der Urhorde stellt er den gewalttätigen und eifersüchtigen Vater, der Frauen und Töchter für sich behält und die Söhne vertreibt, an den Ursprung der Gesellschaft. Der Vaterherrschaft wurde aber durch eine Gewalttat ein Ende bereitet (→ III.1. Moses): „Eines Tages taten sich die ausgetriebenen Brüder zusammen, erschlugen und verzehrten den Vater und machten so der Vaterhorde ein Ende." (IX, 171) Was sich Freud im epischen Rückblick auf die Urszene kulturellen Fortschritts offenbart, ist der gemeinsam von den Brüdern verübte Mord an dem Vater, der in der Form der Totemmahlzeit erinnert und gefeiert wird. „Die Totemmahlzeit, vielleicht das erste Fest der Menschheit, wäre die Wiederholung und die Gedenkfeier dieser denkwürdigen, verbrecherischen Tat, mit welcher so vieles seinen Anfang nahm, die sozialen Organisationen, die sittlichen Einschränkungen und die Religion." (IX, 172) Am Ursprung der modernen Kultur, so die Einsicht der Psychoanalyse, steht ein Verbrechen. „Kulturgenese als Königsdrama" (Hamburger 2005, 70), so nennt Andreas Hamburger Freuds Engführung von Kultur- und Tragödientheorie. Von einer Tragödie der Kultur kann Freud ausgehen, da der Mord an dem Vater zugleich der Grund für das Schuldbewusstsein ist, das den Menschen nicht mehr loslässt. Das Verbot, das Totem zu töten, wie das des sexuellen Verkehrs zwischen Mitgliedern desselben Klans führt Freud auf das Schuldbewusstsein zurück, das seit der Urtat wie ein Schicksal über der Menschheit hängt: „So schufen sie aus dem *Schuldbewußtsein des Sohnes* die beiden fundamentalen Tabu des Totemismus." (IX, 173) In der antiken Tragödie erkennt Freud die symbolische Wiederholung des Verbrechens, das am Ursprung der Kultur steht, in der der tragische Held als stellvertretendes Opfer fungiert: „Er muß leiden, weil er der Urvater, der Held jener großen urzeitlichen Tragödie ist, die hier eine tendenzielle Wiederholung findet, und die tragische Schuld ist jene, die er auf sich nehmen muß, um den Chor von seiner Schuld zu entlasten." (IX, 188) In *Totem und Tabu* nimmt Freud die spekulative Interpretation der Ödipus-Figur aus den früheren Schriften wieder auf, um nun den Zusammenhang von Tragödie, Schuld und Sühne an den Ursprung der Kultur zu setzen. Aus dem zornigen Sohn, der den von ihm unerkannten Vater erschlägt, wird die Bruderhorde, die gemeinsam den Vater umbringt und sich kannibalisch einverleibt, damit aber eine Schuld auf sich lädt, von der sie sich niemals vollständig befreien kann. Die Tragödie der Kultur besteht in der Überantwortung des Menschen an eine Schuld, die ihre letzte Weihe in der christlichen Kommunion als Wiederholung der Sühnetat findet. „Im Anfang war die Tat" (IX, 194), kann Freud nicht ohne einen blasphemischen Unterton in *Totem und Tabu* schließen. Mit den Vorgaben der Religion lässt sich Freuds tragische Kulturphilosophie kaum in Übereinstimmung bringen.

5. Die Tragödie des Krieges: *Jenseits des Lustprinzips* (1920)

Die Philosophie des Tragischen, die Freud in *Traumdeutung* und *Totem und Tabu* entwickelt, gründet auf der eigenwilligen Aneignung des Ödipus-Mythos, die die psychoanalytische Lehre nicht nur in ihren Anfängen bestimmt. Die pessimistische Kulturtheorie, die Freud mit Blick auf das Urverbrechen und das daraus resultierende Schuldbewusstsein entwickelt, lässt kaum einen Raum für Versöhnungsmodelle, wie sie die Religion entwickelt hat. Insofern scheint die Tragödie der Kultur im Ausbruch des Krieges 1914 zunächst eine Bestätigung zu erfahren. Dennoch bedeutet die Erfahrung des Ersten Weltkrieges eine Zäsur in Freuds Werk, die auch seine Auffassung des Tragischen betrifft. Die Tragödie des Krieges ersetzt die der Kunst und der Kultur. In der Konfrontation mit den traumatisierten Opfern der Schützengräben muss Freud in einer späten Revision der *Traumdeutung* erkennen, dass nicht allein Wünsche in der Tiefe der menschlichen Seele hausen, sondern weit dunklere Mächte, die eine erneute Auseinandersetzung mit der Tragödie notwendig machen. In *Jenseits des Lustprinzips* aus dem Jahr 1920 findet sich keine Interpretation der Tragödie mehr, sehr wohl aber eine Philosophie des Tragischen, die in der Anerkennung des Todes als der höchsten Schicksalsmacht kulminiert. Was Freud im *Jenseits des Lustprinzips* entdeckt, ist die scheinbar uneingeschränkte Herrschaft des Thanatos, einer zerstörerischen Macht, die wie in der antiken Tragödie das menschliche Leiden als den Zwang bestimmt, schmerzhafte Erfahrungen aus der Vergangenheit zu wiederholen und an ihnen zu zerbrechen.

In *Jenseits des Lustprinzips* unternimmt Freud auf der Grundlage einer neuen Metapsychologie eine Revision seiner Lehre, um zu erklären, warum Patienten Erfahrungen, die für sie mit äußerster Unlust besetzt waren, beständig wiederholen. Die traumatische Neurose der Kriegsheimkehrer bedeutet eine Herausforderung für die Psychoanalyse, die sie zugleich zu einer erneuten Auseinandersetzung mit der Tragödie zwingt. In einer Kritik an der aristotelischen Lehre der Mimesis als Grundlage aller Kunst fragt sich Freud, wie es möglich ist, dass das Unlustvolle zum Gegenstand seelischer oder künstlerischer Bearbeitung werden kann. Die Tragödie ist ihm neben dem Kinderspiel ein Beispiel für die unheimliche Präsenz einer Macht, die nicht der Herrschaft des Lustprinzips untersteht. So unterstreicht Freud, dass „die schmerzlichsten Eindrücke zum Beispiel in der Tragödie nicht erspart" (XIII, 15) werden, ja sogar Genuss bereiten können, obwohl sie mit Unlust besetzt sind. Krieg, Kinderspiel und Tragödie drängen Freud in einen Bereich ‚jenseits des Lustprinzips', der sich in zwanghaften Wiederholungen von unlustvollen Erfahrungen offenbart. So diagnostiziert Freud hinsichtlich der Übertragungsphänomene des Neurotikers die Macht „eines sie verfolgenden Schicksals, eines dämonischen Zuges in ihrem Erleben" (XIII, 20), die den alten

Zusammenhang von Neurosenlehre und Tragödie bestätigt und zugleich über diesen hinausweist. Freud rekurriert auf Nietzsches Lehre von der ewigen Wiederkehr des Gleichen, um den Wiederholungszwang, dem der Neurotiker unterliegt, über die Herrschaft des Lustprinzips zu stellen. Im Hinblick auf die Macht der Wiederholung spricht er ausdrücklich von einem „Schicksalszwang" (XIII, 22) und betont dessen „dämonischen Charakter" (XIII, 36), um zu einer Neukonzeption seiner Trieblehre zu gelangen, in der er den ersten Trieb als den Drang zur Wiederherstellung eines früheren Zustandes ausgibt, der nichts anderes als der Tod ist: *„Das Ziel allen Lebens ist der Tod"* (XIII, 40), lautet die schlichte Gleichung, mit der Freud operiert, um die Schicksalsmacht des Todes über die des Lebens zu stellen. An der Stelle der Ansicht des Todes als einer Zufallsordnung sieht er die Schicksalsmacht der *ananke* (vgl. XIII, 47) als Naturgesetz am Werke. Zwar bezieht sich Freud in seinen Ausführungen auf keine antike oder moderne Tragödie mehr, wie er es in der *Traumdeutung* oder *Totem und Tabu* getan hat, die Begrifflichkeit der Tragödie ist aber keineswegs verschwunden, vielmehr von ihrem Gegenstand ganz in die Sprache der Psychoanalyse selbst übergegangen. In der literarischen Form der *katabasis*, der Hadesfahrt (vgl. Platthaus 2004; Traverso 2003 [2000]), sucht Freud in *Jenseits des Lustprinzips* nach dem Ursprung des menschlichen Trieblebens, um diesen im Tod zu finden. Das bittere Ergebnis seiner symbolischen Hadesfahrt lautet: „Das Lustprinzip scheint geradezu im Dienste der Todestriebe zu stehen." (XIII, 69) Mit dem Todestrieb führt er in ähnlicher Weise wie Nietzsche mit dem Begriff des Dionysischen eine zerstörerische Macht in das Zentrum des seelischen Apparates ein (vgl. Assoun 1980), die einer tragischen Weltanschauung Raum gibt, der zufolge alles Leben letztlich auf dem Wunsch nach der Rückkehr in den Zustand des Unbelebten gründet. Was der Große Krieg offenbart, ist nichts anderes als die entfesselte Kraft einer Schicksalsmacht, die die Herrschaft des Lustprinzips außer Kraft setzt. In *Jenseits des Lustprinzips* verschreibt sich Freud einer Philosophie des Tragischen, die an keine antike Tragödie mehr zurückgebunden werden muss, weil die Tragödie allumfassende Geltung gewonnen hat.

6. Psychoanalyse und die Tragödie

Wie Freud noch in den *Vorlesungen zur Einführung in die Psychoanalyse* (1917) feststellt, hat die Tragödie eine „Ähnlichkeit mit dem Fortgang einer Psychoanalyse" (XI, 342). Das hatte bereits der Begriff der kathartischen Methode aus den *Studien über Hysterie* nahegelegt. Freud verbindet die Anerkennung der Tragödie aber zugleich mit einer umfassenden Kritik: „Denn sie ist im Grunde ein unmoralisches Stück, sie hebt die sittliche Verantwortlichkeit des Menschen auf, zeigt göttliche Mächte als die Anordner des Verbrechens und die Ohnmacht der sittlichen Regungen des Menschen, die sich gegen das Verbrechen wehren." (XI, 343) Die „Tragödie im Sittlichen" (Hegel 1986, 495), von der Georg Wilhelm Friedrich Hegel in der philosophischen Auseinandersetzung mit der *Orestie* (458 v. Chr.) des Aischylos gesprochen hatte, verwandelt Freud im Blick auf den sophokleischen *König Ödipus* in eine Tragödie der Unmoral, die die sittlichen Vorschriften des Inzestverbots außer Kraft setze und so im Verstoß zugleich von der bindenden Kraft der Sittengesetze zeuge. So sei der Ödipuskomplex „eine der wichtigsten Quellen des Schuldbewußtseins" (XI, 344) – das Schuldbewusstsein, wie *Totem und Tabu* gezeigt hat, aber zugleich die „letzte Quelle von Religion und Sittlichkeit" (XI, 344). Freuds Auseinandersetzung mit der Tragödie bleibt so von einer Ambivalenz betroffen, die bereits seine frühen Schriften bestimmt hatte. Hatte er zunächst die Figur des Ödipus in das Zentrum seiner Neurosenlehre gestellt, so erkennt er in dem tragischen Helden in *Totem und Tabu* das Opfer, das auf die kulturellen Ursprünge des Inzestverbots im Zeichen von Schuld und Sühne zurückführt. Die Erkenntnis, dass das menschliche Triebleben von einer Macht bestimmt ist, die der Herrschaft des Lustprinzips nicht nur entzogen, sondern ihm auch vorgängig ist, begründet in *Jenseits des Lustprinzips* eine Philosophie des Tragischen, die sich gleichwohl nicht der Allmacht des Todes zu verschreiben sucht: In der literarischen Form der Hadesfahrt sucht Freud nach Auswegen aus der Todesverfallenheit des Menschen, ohne auf den Trost der Religion zurückgreifen zu wollen. Die Anerkennung der Schicksalsmacht des Todes zwingt ihn vielmehr zu einer Revision der psychoanalytischen Lehre, die auch das Bild der Tragödie nicht unberührt lässt. In Freuds Augen ist die Tragödie ein Schauspiel, das nicht nur das Leiden des Helden vor Augen führt, sondern die verbrecherischen Ursprünge der Kultur und – nicht zuletzt – die exzentrische Bahn eines Triebes, der auf immer neuen Umwegen zum Tod als dem Ursprung und Ziel allen Lebens zurückführt. Freuds Auseinandersetzung mit der Tragödie hat daher nicht nur Fortsetzungen wie Kritik erfahren, sei es in dem bemühten Versuch der Bestätigung der Strukturanalogie von Ödipus und Hamlet, wie ihn Ernest Jones unternommen hat (vgl. Jones 1976 [1949]), sei es in dem immer wieder erhobenen Vorwurf, die Psychoanalyse habe Kunst und Literatur zu wenig mehr denn der Veranschaulichung der eigenen Theorie instrumentalisiert (vgl. Spector 1973 [1972], 7–8; Traverso 2003 [2000], 36). Sie konnte darüber hinaus die Grundlage einer Kulturtheorie des Opfers legen, wie sie René Girard vorgelegt hat (vgl. Girard 1994). Was der Psychoanalyse jedoch nicht gelungen ist, das ist die Verknüpfung der Philosophie des Tragischen, die Freud entwickelt hat, mit einer Poetik der Tragödie, die deren historische Erscheinung wie formale Gesetze gleichermaßen beachtet. Dies gilt nicht nur für Freud, sondern ebenso für die

Erweiterung des Ödipuskomplexes um einen Laios- und Iokastekomplex, wie sie Georges Devereux vorgenommen hat (vgl. Devereux 1982), oder die Interpretation der Antigone-Figur bei Lacan, die in ihr das reine Begehren auf all seinen zerstörerischen Wegen erkennen will (vgl. Lacan 2016 [1986], 298–339; → III.7. ANTIGONE). Zwar bestätigt sich die Affinität, die zwischen der Tragödie und der Psychoanalyse besteht, auf der Seite der Psychoanalyse, insofern im Hinblick auf die dramatischen Konflikte, die die Patienten durchleben, von einem *Theater der Seele* (vgl. McDougall 1988) gesprochen werden kann, in dem „das Theater als Metapher der seelischen Wirklichkeit" (McDougall 1991, 1) begriffen wird. Auf der Seite der Tragödie wäre aber zu erwarten, dass die Psychoanalyse sich der philologischen Ursprünge der kathartischen Methode bei Bernays erinnert, um mit Blick auf die Darstellung schweren Leids, die die Psychoanalyse und die Tragödie verbindet, die Affekte – nicht allein Jammern und Schaudern, sondern auch Liebe, Eifersucht, Trauer, Scham und andere – zu thematisieren, die seit Shakespeare im Zentrum des dramatischen Geschehens stehen. Wenn die Psychoanalyse, wie Freud noch in *Jenseits des Lustprinzips* beschreibt, zunächst eine „Deutungskunst" (XIII, 16) war, dann liegt ihre Aufgabe in der Deutung tragischer Phänomene, sei es in der Kunst, sei es im Seelenleben des Menschen, dem die Psychoanalyse zumutet, sich mit Dingen auseinanderzusetzen, die sonst unter den Mantel des Schweigens fallen. In beiden Fällen, der Tragödie wie der kathartischen Kur, die die Psychoanalyse leitet, geht es um die Anerkennung von etwas Unerhörtem. So hat der Religionswissenschaftler Klaus Heinrich hinsichtlich der Auseinandersetzung Freuds mit der griechischen Tragödie und deren Gehalt unterstrichen, „daß das, was den Kern des Sophokleischen ‚König Ödipus' ausmacht, die Annahme von etwas an sich Unannehmbaren ist" (Heinrich 1993, 208). Die Annahme von etwas an sich Unannehmbaren – das wäre auch keine schlechte Beschreibung für die Leistung der Psychoanalyse im Zeichen der Tragödie.

Literatur

Aristoteles. *Werke in deutscher Übersetzung*, Bd. 5: *Poetik*. Hrsg. von Christoph Rapp. Übers. von Arbogast Schmitt. 2. Aufl., Berlin 2011 [340–320 v. Chr.].

Assoun, Paul-Laurent. *Freud et Nietzsche*. Paris 1980.

Benthien, Claudia. „Antikes ‚Schuldbewußtsein' und psychoanalytische Mythologie". *Freud und die Antike*. Hrsg. von Claudia Benthien, Hartmut Böhme und Inge Stephan. Göttingen 2011: 241–267.

Bernays, Jacob. *Zwei Abhandlungen über die aristotelische Theorie des Drama*. Bremen 2012 [1857].

Conrad, Bettina. *Gelehrtentheater. Bühnenmetaphern in der Wissenschaftsgeschichte zwischen 1870 und 1914*. Tübingen 2004.

Devereux, Georges. *Träume in der griechischen Tragödie. Eine ethnopsychoanalytische Untersuchung*. Übers. von Klaus Staudt. Frankfurt a. M. 1982 [1976].

Freud, Sigmund. *Aus den Anfängen der Psychoanalyse. Briefe an Wilhelm Fließ. Abhandlungen und Notizen aus den Jahren 1887–1902*. Hrsg. von Marie Bonaparte, Anna Freud und Ernst Kries. Frankfurt a. M. 1962 [1950].

Galle, Roland. „Tragisch/Tragik". *Ästhetische Grundbegriffe. Historisches Wörterbuch in sieben Bänden*, Bd. 6. Hrsg. von Karlheinz Barck et al. Stuttgart, Weimar 2005: 117–171.

Geisenhanslüke, Achim. *Das Schibboleth der Psychoanalyse. Freuds Passagen der Schrift*. Bielefeld 2008.

Girard, René. *Das Heilige und die Gewalt*. Übers. von Elisabeth Mainberger-Ruh. Düsseldorf, Zürich 1994 [1972].

Hamburger, Andreas. „Das Motiv der Urhorde. Ererbte oder erlebte Erfahrung in Freuds ‚Totem und Tabu'". *Kulturtheorie*. Hrsg. von Ortrud Gutjahr. Würzburg 2005: 45–86.

Hegel, Georg Friedrich Wilhelm. *Werke*, Bd. 2: *Jenaer Schriften 1801–1807*. Hrsg. von Eva Moldenhauer und Karl Markus Michel. Frankfurt a. M. 1986.

Heinrich, Klaus. *Dahlemer Vorlesungen*, Bd. 3: *Arbeiten mit Ödipus. Begriff der Verdrängung in der Religionswissenschaft*. Hrsg. von Hans-Albrecht Kücken, Wolfgang Albrecht und Irene Tobben. Basel 1993.

Koppenfels, Martin von. *Immune Erzähler. Flaubert und die Affektpolitik des modernen Romans*. München 2007.

Jones, Ernest. *Hamlet and Oedipus*. New York 1976 [1949].

Lacan, Jacques. *Das Seminar*, Bd. VII: *Die Ethik der Psychoanalyse (1959–1960)*. Hrsg. von Norbert Haas und Hans-Joachim Metzger. Übers. von Norbert Haas. Wien, Berlin 2016 [1986].

McDougall, Joyce. *Theater der Seele. Illusion und Wahrheit auf der Bühne der Psychoanalyse*. Übers. von Klaus Laermann. München, Wien 1988 [1982].

McDougall, Joyce. *Theater des Körpers*. Übers. von Klaus Laermann. Weinheim 1991 [1989].

Pietzcker, Carl. „Psychopathische Personen auf der Bühne". *Freud-Handbuch. Leben – Werk – Wirkung*. Hrsg. von Hans-Martin Lohmann und Joachim Pfeiffer. Stuttgart, Weimar 2006: 210–211.

Platthaus, Isabel. *Höllenfahrten. Die epische katábasis und die Unterwelten der Moderne*. München 2004.

Primavesi, Patrick. „Theater, Szene und Spiel". *Freud-Handbuch. Leben – Werk – Wirkung*. Hrsg. von Hans-Martin Lohmann und Joachim Pfeiffer. Stuttgart, Weimar 2006: 271–276.

Schadewaldt, Wolfgang. *Die griechische Tragödie. Tübinger Vorlesungen*, Bd. 4. Frankfurt a. M. 1991.

Spector, Jack J. *Freud und die Ästhetik. Psychoanalyse, Literatur und Kunst*. Übers. von Grete Felten und Karl-Eberhard Felten. München 1973 [1972].

Szondi, Peter. „Versuch über das Tragische" [1961]. Szondi, Peter. *Schriften I*. Hrsg. von Jean Bollack et al. Frankfurt a. M. 1978: 149–260.

Traverso, Paola. *„Psyche ist ein griechisches Wort …"*. *Rezeption und Wirkung der Antike im Werk von Sigmund Freud*. Übers. von Leonie Schröder. Frankfurt a. M. 2003 [2000].

Weber, Samuel. *Theatricality as Medium*. New York 2004.

Worbs, Michael. *Nervenkunst. Literatur und Psychoanalyse im Wien der Jahrhundertwende*. Frankfurt a. M. 1983.

IV.2. Komödie

Lily Tonger-Erk

1. Einleitung: Tragödie und Komödie

Ödipus, Hamlet, Medea, Elektra, Antigone: Die paradigmatischen Figuren der Psychoanalyse sind der Tragödie entsprungen (→ IV.1. TRAGÖDIE). Ihre tragischen Fehler, familiären Verstrickungen und inneren Konflikte haben die psychoanalytische Theoriebildung geprägt. Vergeblich sucht man unter ihnen nach einem Tartuffe oder einer Minna, einem Lüstling, Pedanten, Geizigen, Aufschneider oder einer Schwätzerin. Offenbar teilen Psychoanalyse und Tragödie ihr Interesse für das Individuum und seine Psyche. Hingegen zieht die Komödie ihre Komik vorzugsweise aus der Inszenierung von Typen, die in der Psychoanalyse keine Namen haben, und von Körpern, die den psychoanalytischen Diskurs nur indirekt, in ihrer seelischen Repräsentation tangieren.

Weil sich die Psychoanalyse „der Erforschung des unbewußten Anteils am individuellen Seelenleben" widmet, präferiert sie den „Einzelmenschen" (IX, 35): das Individuum, nicht den Typus. Die Tragödie ist eben diejenige Gattung, die den Handlungsspielraum des Individuums zwischen freier Selbstmächtigkeit und vielfältigen Determinationen aushandelt (vgl. Greiner 2012). Das Ich ist dabei ebenso wenig Herr seines Handelns, wie es „Herr im eigenen Haus" (XI, 295) ist. Dagegen gewinnt die Komödienfigur ihr komisches Potenzial nicht nur aus ihrer individuellen Verstrickung, sondern ihrer zum Muster verdichteten Merkmalhaftigkeit, die ein lustvolles Wiedererkennen ermöglicht. Schon die antiken Charaktertypologien von Aristophanes oder Theophrast bieten „Fundgruben komischer inventio, ja sie können geradezu als Pendant zu den überlieferten Mythen gelten, auf die Aristoteles den Tragödienautor verweist" (Warning 1996, 912). Aus diesem Fundus schöpfen noch die italienische *Commedia dell'arte* wie die sächsische Typenkomödie, und auch nach der Zurücknahme der Typisierungen im 18. Jahrhundert tradieren, variieren und überbieten Komödien Stereotype – beispielsweise der Lüsternheit und Triebhaftigkeit.

Die Konzentration der Psychoanalyse auf das „individuelle Seelenleben" (VII, 235) führt zu einem weiteren blinden Fleck: dem Körper. Als Schauplatz psychischer Konflikte, als körperlicher Ausdruck verdrängter Vorstellungen und Triebe zwängt er sich immer wieder ins Blickfeld. So beobachtet die Konversionstheorie „ins Motorische übersetzte" (VII, 235) Phantasien, das heißt die Repräsentation neurotischer Konflikte durch den Körper. Und die Triebtheorie fokussiert die psychische Vertretung der Triebe, welche in der leiblichen Konstitution gegeben

https://doi.org/10.1515/9783110332681-021

sind. Die Psychoanalyse theoretisiert den Körper dementsprechend als Symptom, verpasst hingegen, was seit Beginn der Gattungsgeschichte für die Komödie kennzeichnend ist: Diese kennt nämlich nicht nur eine verschämte Rückkehr des verdrängten Körpers, seiner Bedürfnisse und Schwächen, sondern gar eine Feier dionysischer Körperlichkeit, der Lust an Sexualität, Trinken, Essen und Ausscheiden sowie der damit verbundenen Körperteile (vgl. Bachtin 1987 [1965]). Die groteske Kreatürlichkeit prägt bereits die antike Komödie des Aristophanes, taucht zu Anfang der deutschen Gattungstradition in den mittelalterlichen Fastnachtspielen wieder auf, wird in den klassisch-klassizistischen Komödien-Poetiken zurückgedrängt und überlebt – zumindest als Zitat – bis in die Gegenwart, so zum Beispiel in Frank Castorfs grotesker Inszenierung von Elfriede Jelineks *Raststätte oder Sie machens alle. Eine Komödie* (1994) am Deutschen Schauspielhaus in Hamburg (1995) mit gewaltig aufgepumpter, aus Brüsten und Scham blinkender Jelinek-Puppe. Während die Tragödie gerade durch die völlige Abwesenheit des Körpers gekennzeichnet ist, gibt die Komödie seiner Inszenierung Raum: „Comedy ist the eruption of materiality into the spiritual purity of tragic action and desire." (Critchley 1999, 230) Die Komödie liebt eben solche Situationen, in denen der Körper die Dominanz des Geistes und des Willens infrage stellt, ‚dazwischenfunkt', ja „sich auf Kosten der Seele breitmacht" (Bergson 2011 [1900], 44). Wie Henri Bergson in seinem 1900 erschienenen Essay *Le rire* (1900; *Das Lachen*) prägnant beschreibt, bemüht sich hingegen „der Tragödiendichter, alles zu vermeiden, was unsere Aufmerksamkeit auf die Stofflichkeit seiner Helden lenken könnte. [...] Deshalb sollen die Helden einer Tragödie weder trinken noch essen noch sich wärmen, ja sich womöglich nicht einmal setzen. Sich mitten in einer Tirade hinsetzen hieße sich erinnern, daß man einen Körper hat." (Bergson 2011 [1900], 43)

Obwohl Bergsons Buch über das Lachen neben Jean Pauls *Vorschule der Ästhetik* (1804), Herbert Spencers *On The Physiology of Laughter* (1860) und Theodor Lipps' *Komik und Humor* (1898) eine der Bezugsschriften für Sigmund Freuds eigene epochale Theorie der Komik ist, fokussiert *Der Witz und seine Beziehung zum Unbewußten* (1905) nicht die körperliche, sondern die unbewusste, die psychische Dimension von Witz und Komik. Die Psychoanalyse versteht den Menschen als „unermüdliche[n] Lustsucher" (VI, 142), der sich im Lachen die Lust der Erleichterung verschafft. Denn der Witz – und auch die Komödie – ermöglicht eine Entlastung vom Realitätszwang durch das Spiel mit der Sprache und vom Zwang zum Triebverzicht durch obszöne sowie aggressive Anspielungen. Dabei geht es Freud weniger darum, was witzig oder komisch ist, als vielmehr um die Frage: Wieso lacht das Ich? Während die Komödie also keine Bedeutung für die Freud'sche Theoriebildung hat, kann Freuds *Der Witz und seine Beziehung zum Unbewußten* erklären, wie Komödien Lust verschaffen. Daher steht dieser zentrale

Beitrag der Psychoanalyse zur Komiktheorie im Zentrum des vorliegenden Beitrags und liefert die Aspekte zu seiner Gliederung. Zunächst soll sondiert werden, wie sich Freuds Perspektiven auf den Witz (vgl. Abschnitt 2.1.) und die Komik (vgl. Abschnitt 2.2.) für Komödienlektüren fruchtbar machen lassen, wobei die spezifische Produktions- und Rezeptionssituation der Komödie als theatrales Ereignis zu berücksichtigen ist (vgl. Abschnitt 2.3.). Illustriert wird dies anhand von zwei Beispielen, Heinrich von Kleists Lustspiel *Der zerbrochne Krug* (vgl. Abschnitt 3.1.) und Urs Widmers *Top Dogs* (vgl. Abschnitt 3.2.). Nicht zuletzt nehmen gerade (Film-)Komödien den psychoanalytischen Diskurs seit dem frühen 20. Jahrhundert auf und seit dem späten 20. Jahrhundert aufs Korn: Die Psychoanalyse wird zum komischen Stoff (vgl. Abschnitt 4.).

2. Sigmund Freud: *Der Witz und seine Beziehung zum Unbewußten* (1905)

2.1. Rückkehr des Verdrängten: Komödie und Witz

1905 veröffentlicht Freud *Der Witz und seine Beziehung zum Unbewußten*, worin er (angeregt von Wilhelm Fließ) dem Witz eine ähnliche Bedeutung für die Erforschung des Unbewussten unterstellt wie dem Traum (→ IV.7. WITZ). Um diese These zu entwickeln, katalogisiert, analysiert und systematisiert Freud unzählige Beispiele. Doch die Erwartung, hier auf Komödienzitate zu stoßen, wird enttäuscht: Viele Beispielwitze entstammen zwar literarischen Texten, jedoch Prosatexten (allen voran Heinrich Heines *Reisebildern* (1826–1830) oder Georg Christoph Lichtenbergs *Sudelbüchern* (1800/1801)), ja Tragödien (William Shakespeares *Hamlet* (1604) und *Henry IV.* (1598; *Heinrich IV.*), Friedrich Schillers *Wallensteins Lager* (1798)) und kaum je einer Komödie. „Die Komödie galt lange als niedrige Form von Kunstschöpfung und hat wenig analytisches Interesse erregt" (Grotjahn 1974, 74), fasst Martin Grotjahn zusammen. Seine lapidare Erklärung für das analytische Desinteresse leuchtet kaum ein, bedenkt man das Renommee des Witzes selbst. Zwar gilt *Der Witz* als geradezu philologische Arbeit, die systematisch eine literarische Textform analysiert, nur eben die wohl marginalste Textsorte der Literatur: den Witz.

Die Bezuglosigkeit von Witztheorie und Komödie spiegelt sich in der literaturwissenschaftlichen Forschung: Auch wenn oft behauptet wird, eine Komödie sei nichts als ein ausführlicher und komplexer Witz (vgl. Mauron 1964, 18), bleiben in der Forschungsgeschichte solche Versuche, Freuds Theorie in zentrale Gefilde der Literatur, sprich zur Komödie zu lenken, weitgehend anschlusslos.

Dies liegt nicht zuletzt an Freuds massivem Bemühen, ‚Witz' und ‚Komik' begrifflich zu trennen (vgl. Mehlman 1975, 454), das einem herkömmlichen Verständnis der Komik als Oberbegriff (auch des Witzes) und der Komödie als komisch zuwiderläuft. Die Frage, in welchem Maße und auf welche Weise die Komödie Aspekte des Witzes und/oder des Komischen im Freud'schen Sinne teilt, formuliert nach wie vor ein Forschungsdesiderat (vgl. Mauron 1964, 18; Neale 1981, 34).

Sicher ist die Komödie in all ihren historischen Variationen weder deckungsgleich mit dem Witz noch mit ‚dem' Komischen. Gemeinhin gilt das Komische (nun im Sinne eines Oberbegriffs) als ihr charakteristischstes, wenn auch nicht unerlässliches Element (vgl. Schulz 2007, 10). Daraus leiten sich wiederum übliche Handlungsmuster der Komödie ab wie ihr episodischer Charakter, die Tendenz zur Illusionsbrechung (Spiel im Spiel) und das gute Ende. Das Komische kann in der Komödie punktuell in der Figurenrede (Wortspiel, Pointe, Aneinandervorbeireden) auftreten, in der Figurenzeichnung (von Typen wie Charakteren) oder Handlung (Verwechslungs-, Verstellungs-, Situationskomik) sichtbar werden. Ebenso wie die Komödie entzieht sich auch das Komische einer eindeutigen Bestimmung – wie die unüberschaubare Vielzahl an Komiktheorien belegt.

Grundlage von Freuds Theorie des Komischen ist ein ‚ökonomisches' Modell der Psyche, das mit verschiedenen Beträgen von psychischer Energie rechnet, die auf ein möglichst niedriges Niveau zu bringen beziehungsweise dort zu halten sind. Während Unlust aus einer Erhöhung von solchen Erregungsquantitäten entsteht, ist Lust an deren Verminderung gebunden. Die Lust von Witz, Komik und Humor entsteht, indem psychische Energie eingespart wird, das heißt „wenn ein früher zur Besetzung gewisser psychischer Wege verwendeter Betrag von psychischer Energie unverwendbar geworden ist, so daß er [im Lachen] freie Abfuhr erfahren kann" (VI, 164; in diesem Abschnitt im Folgenden allein unter Angabe der Seitenzahl zitiert). Die Lust des Witzes geht dabei aus erspartem Hemmungsaufwand hervor, die der Komik aus erspartem Vorstellungs- oder Besetzungsaufwand und die des Humors aus erspartem Gefühlsaufwand.

Eines der herausragenden Merkmale von Freuds Witzkonzeption ist die Betonung der Sprachlichkeit des Witzes. Als konstitutives Witzmerkmal arbeitet Freud zunächst nicht dessen Inhalt, sondern seine sprachlichen Techniken heraus. Die mit der Einsparung an Hemmungsaufwand verbundene Lust entsteht erstens durch die Aufhebung des Zwangs zur sinnhaften Sprache sowie zum Realitätsdenken, der in allen – auch den tendenzlosen – Witzen durch die frühkindliche Lust am Sprachmaterial – am Unsinn und am Widersinn unterlaufen wird. Zweitens können sich im sogenannten tendenziösen (d. h. obszönen oder feindseligen) Witz die kulturell verdrängten Triebe der Sexualität und Aggressivität unter dem Deckmäntelchen eben dieser „alte[n] Wort- und Unsinnlust" (232–233) Ausdruck verschaffen. In der Witzarbeit erkennt Freud analoge Strategien (der Sprache beziehungsweise des Unbewussten) wieder, die er bereits in der *Traumdeutung* (1900) beschrieben hat: die Techniken der Verdichtung und Verschiebung (→ II.2. RHETORIK UND POETIK). Der Witz verdichtet zwei oder mehr Referenzen in einem sprachlichen Ausdruck beziehungsweise verschiebt einen begonnenen Gedankengang (einen psychischen Akzent) auf ein anderes Thema. Wie die Traumarbeit den latenten Traumgedanken, Resultat unbewusster Wünsche, im manifesten Traum qua Verschiebung und Verdichtung entstellt sichtbar werden lässt, verhilft die Witzarbeit verdrängten Triebwünschen qua Verschiebung und Verdichtung zur Umgehung der Zensur des Bewusstseins: „Der Witz setzt also die Verdrängungsarbeit unserer Kultur partiell außer Kraft, aber [...] so, dass in den Ordnungen der Kultur selbst das Verdrängte Gegenwart erhält." (Greiner 2006 [1992], 108)

Für gewaltig erachtet Freud „die Einschränkungen, die bei der Erziehung zum richtigen Denken und zur Sonderung des in der Realität Wahren vom Falschen Platz greifen müssen, und darum ist die Auflehnung gegen den Denk- und Realitätszwang eine tiefgreifende und lang anhaltende" (141). Der Witz dient dieser Auflehnung: Wortspiele, bei denen wir (quasi abkürzend) „unsere psychische Einstellung auf den Wortklang anstatt auf den Sinn des Wortes" (134, vgl. 141) richten, sowie Gedankenspiele, die Unsinn und Widersinn produzieren, bieten eine Quelle der Lust, die aus „Ersparung an psychischem Aufwand, Erleichterung vom Zwange der Kritik, hervorgeht" (142). Die überschüssige psychische Energie kann nun ‚abgelacht' werden. Ein solches Außerkraftsetzen der Sprach- und Gedankenlogik findet sich in wohl allen Komödien punktuell im Dialog wieder. Darüber hinaus lässt sich ihre Funktionsweise mit der absurden Handlungsstruktur – zum Beispiel romantischer Komödien des 17. Jahrhunderts – vergleichen, die durch eine spielerische Mischung von Sinn und Sinnlosigkeit gekennzeichnet ist und alle Stricke der Logik reißen lässt (vgl. Mauron 1965, 41–42).

Zu den weiteren Techniken des tendenzlosen Witzes zählt Freud das Wiederfinden des Bekannten (u. a. variierende Wiederholung, Reim, Refrain, Anspielung, Intertextualität), dessen lustgenerierende Einsparung darin liegt, dass der psychische Apparat Neues erwartet, jedoch Bekanntes bekommt. Hier kann eine Vielzahl komödienspezifischer Wiederholungsfiguren angebunden werden (vgl. Trautwein 1983, 106): zum Beispiel die Bauform der Wiederholung (anstelle eines zielorientierten Handlungsverlaufs), der (sowohl sprachliche als auch ausagierte) Running Gag, Wortwiederholungen und kreisende Gedankengänge (‚Die Ehre ist – die Ehre' in Lessings *Minna von Barnhelm* (1767)), der Einsatz von Typen, die symmetrische Doppelung des hohen und niederen Figurenpaars oder auch das Vorkommen von Zwillingspaaren (äußerlich gleich, innerlich verschieden) in Komödien von Titus Maccius Plautus über Carlo Goldoni, Shakespeare und Molière bis Jean Anouilh.

Spiellust und Aufhebungslust des tendenzlosen Witzes helfen nun in tendenziösen Witzen als „Vorlust", stärkere Hemmungen zu überwinden. Während die „Zensur in uns" (110), unser „Anstandsgefühl" oder auch unsere „ästhetische Kultur" (153) dafür sorgen, dass aggressive und sexuelle Triebe verdrängt werden, verstärkt die sprachlich-artifizielle Witzeslust widerläufige Bestrebungen: Die Vorlust verschafft „durch die Aufhebung von Unterdrückungen und Verdrängungen neue Lust" (153). Daher lösen tendenziöse Witze weit heftigeres Lachen aus. Sie setzen große Beträge psychischer Energie frei, die zuvor für die massive Hemmung von libidinösen und aggressiven Triebwünschen benötigt wurden. Mauron überträgt das Vorlustprinzip als Erster vom Witz auf die Komödie: Während das Prinzip des Spiels (im Spiel) den Realitätszwang aufhebt und den übergreifenden Handlungsablauf der Komödie begründet, können Lüste und Ängste des Zuschauers angesprochen werden (vgl. Mauron 1965, 21–23). Johannes Endres weist auf die Gattungsanfänge der Komödie zurück: Wie bei Freud stellt schon bei Aristophanes die (hier allerdings nicht nur imaginäre) Exhibition des Genitales den „paradigmatische[n] Fall komischer Tabuverletzung" (Endres 2011, 339) dar, wobei die ästhetisch generierte Vorlust eine fiktive Wunscherfüllung ermöglicht, ohne die grundsätzliche Autorität des Realitätsprinzips infrage zu stellen. Auch Rainer Warning zieht explizit den Vergleich zwischen Witz und Komödie: „Die Freisetzung zunächst verhinderter Lustmöglichkeiten durch ‚Verlockungsprämien' nutzt die Komödie in durchaus vergleichbarer Weise. So wird z. B. in den mittelalterlichen Osterspielen mit Hilfe der christlichen ‚frohen Botschaft' die ganz und gar unchristliche verschüttete Lustquelle des risus paschalis entbunden." (Warning 1976, 305)

Obszöne Szenen, zotige Witze, Fäkalspäße, Handgreiflichkeiten, Raufereien, Ehezwiste etc. nehmen trotz des christlichen Moralkodex breiten Raum in den geistlichen Spielen des späten Mittelalters und den seit etwa 1430 entstehenden Fastnachtspielen ein, setzen sich in der Tradition der *Commedia dell'arte* in englischen und deutschen Wandertruppen fort und werden im 18. Jahrhundert mit der Gottsched'schen Theaterreform rigide bekämpft. Im 19. Jahrhundert sind es vor allem die bürgerlichen Ehe- und Moralvorstellungen, die in der Boulevardkomödie gebrochen werden und eine verdrängte Sexualität zum Vorschein kommen lassen. Im Gegenwartstheater zeigt Gail Finney dezidiert anhand von Jelineks *Raststätte oder Sie machens alle. Eine Komödie*, wie die sprachlichen Verfahren des Witzes die Darstellung von Pornographie zugleich denunzieren und erlauben (vgl. Finney 1997).

Northrop Frye definiert vor diesem Hintergrund in seinen Shakespeare-Analysen die Komödie als Sieg des Lustprinzips über das Realitätsprinzip (vgl. Frye 1965, 75–76). Es bleibt jedoch zu unterscheiden, ob dem Publikum die entblößte Kreatürlichkeit zum Mitlachen, wie vornehmlich in der grotesken Tradition von der Antike bis in den Barock, oder zum Verlachen durch die Entlarvung einer Verfehlung, wie in der Lustspieltradition des 18. Jahrhunderts, angeboten wird (vgl. Jauß 1976). Berücksichtigt man die historische Vielgestaltigkeit der Komödie und die im jeweiligen kulturellen Kontext verschieden fortgeschrittene Verdrängung von Sexualität und Aggressivität – das heißt auch die implizite Abwehr des Rezipienten –, lässt sich Fryes Formel „als eine ebenso prägnante wie aufschlußreiche Charakterisierung der Gattung" (Warning 1996, 909) verstehen.

2.2. Lustvolle Überlegenheit: Komödie und Komik

Vom Witz kommend entwickelt Freud seine deutlich kürzere Darstellung der Komik, die sich deshalb für die Analyse der Komödie als produktiv erweist, weil er die ausagierte Komik im Auftritt einer Person und ihres Körpers verhandelt, die nicht wie der Witz rein sprachlich gedacht wird. Allerdings warnt Freud selbst vor dem Kurzschluss, der Witz sei das Komische der Rede und die Komik das Komische der Aktion (vgl. 248).

Während die Lust des Witzes aus erspartem Hemmungsaufwand hervorgeht, gründet sich die der Komik aus erspartem Vorstellungs- oder Besetzungsaufwand, das heißt aus dem ersparten Aufwand beim Vergleich einer Vorstellung derselben Tätigkeit oder Äußerung eines Anderen mit dem Ich (vgl. 214). Das Komische wird grundsätzlich „an Personen gefunden, und zwar an deren Bewegungen, Formen, Handlungen und Charakterzügen, wahrscheinlich ursprünglich nur an den körperlichen, später auch an den seelischen Eigenschaften derselben bzw. an deren Äußerungen" (215). Die lustgenerierende Aufwanddifferenz gründet Freud in der Wahrnehmung einer Unverhältnismäßigkeit, Unzweckmäßigkeit oder eines Übermaßes an diesen Personen (oder personifizierten Gegenständen). Das Paradebeispiel liefert der Clown, der bei einer Bewegung zu großen körperlichen Aufwand im Gegensatz zum in der eigenen Vorstellung vorhandenen Bild dieser Bewegung betreibt (vgl. 217–218). Die Lust verschafft dann ein „bei der Vergleichung mit der eigenen Bewegung als Überschuß unverwendbar gewordener Innervationsaufwand" (222), der im Lachen Abfuhr erfährt. Die Komik entsteht also über einen Prozess des Vergleichens im Rezeptionsvorgang, dessen Formel lautet: „So macht es der, und: So würde ich es machen, so habe ich es gemacht." (255) Diese zentrale Operation der ‚Vergleichung' findet nicht nur zwischen dem Ich und dem Anderen, dem Eigenen und dem Fremden, sondern auch zwischen „dem Gewohnten und dem Veränderten, dem Erwarteten und dem Eingetroffenen" (268) statt und resultiert in einem Gefühl der Überlegenheit.

Es fügt sich also einem einheitlichen Verständnis, wenn derjenige uns komisch erscheint, der für seine körperlichen Leistungen zu viel und für seine seelischen Leistungen zu wenig Aufwand im Vergleich mit uns treibt, und es ist nicht abzuweisen, daß unser Lachen in diesen beiden Fällen der Ausdruck der lustvoll empfundenen Überlegenheit ist, die wir uns ihm gegenüber zusprechen. Wenn das Verhältnis sich in beiden Fällen umkehrt, der somatische Aufwand des anderen geringer und sein seelischer größer gefunden wird als der unserige, dann lachen wir nicht mehr, dann staunen und bewundern wir. (223)

Der Beobachter einer komischen Szene lässt sich umstandslos mit dem Zuschauer einer Komödie vergleichen: Er identifiziert sich mit der komischen Person, um zugleich seine Differenz sowie seine Überlegenheit zu erkennen und daraus komische Lust zu ziehen. Es ist eben diese Überlegenheit, die das Publikum der Komödie von dem der Tragödie unterscheidet. Zugleich ist damit die Konzeption des komischen Helden angesprochen. Dem aristotelischen Diktum zufolge, das ebenfalls der Logik des Vergleichens folgt, handelt die Komödie von schlechteren, die Tragödie hingegen von besseren Menschen, deren edle Größe und Tugend dem Publikum, in der Aristoteles-Interpretation Johann Christoph Gottscheds, ‚Bewunderung' abverlangt.

Freud zufolge liegt nun die Komik nicht in der komischen Person selbst begründet, sondern in den Verfahren des ‚Komischmachens', die oftmals in den Dienst aggressiver Tendenzen gestellt werden. Darunter zählt Freud die literarischen „Verfahren zur Herabsetzung" (228) der Karikatur, Parodie und Travestie ebenso wie die just aus der Komödie bekannten der Situationskomik, der Nachahmung, Verkleidung und Entlarvung (vgl. 215). Als Situationskomik beschreibt Freud einen Moment, in dem eine unpassende leibliche oder übermächtige gesellschaftliche Notwendigkeit den seelischen Zustand einer Person stört. Der Zuschauer identifiziert sich mit und differenziert sich zugleich von der Person: Erst das Fernhalten des Peinlichen ermöglicht die narzisstische Lust, die sich aus der Differenz zwischen der Person vor und nach beispielsweise einem plötzlichen exkrementellen Bedürfnis ergibt. Eine solche Darstellung entlarvt auch den Heroen, Würdevollen, Erhabenen als Menschen, der körperlichen Bedürfnissen und gesellschaftlichen Beschränkungen unterworfen ist.

Hans Robert Jauß nimmt das Überlegenheitsgefühl des Publikums zum Anlass, „[ü]ber den Grund des Vergnügens am komischen Helden" (Jauß 1976, 107) nachzudenken. Er kontrastiert Freuds Komiktheorie mit Michail Bachtins Theorie des Grotesken, „die nicht dem Gegenbild einer heroischen Idealität entspringt, sondern sich als Freisetzung und Bejahung unterdrückter Kreatürlichkeit in Lachgestalten wie *Gargantua* und *Pantagruel* manifestiert" (Jauß 1976, 107). Während die von Freud hervorgehobene Komik der Herabsetzung des Idealen ein *Lachen über* den komischen Helden bewirkt, hat die von Bachtin betonte Komik der Heraufsetzung des Kreatürlich-Leiblichen ein *Lachen mit* dem grotesken Helden zur Folge. Im ersten Fall führt die Herabsetzung des Heroischen zu einer lustvollen Identifikation bei gleichzeitiger Abstandnahme des Publikums mit dem komischen Helden; im letzten Fall stellt der groteske Held im gemeinsamen Lachen ein Einvernehmen mit seinem Publikum her. Zu den komischen Helden zählt Jauß zum Beispiel die herabgesetzten Heroen der Virgil-Travestien von Paul Scarron, Aloys Blumauer und Pierre Carlet de Marivaux sowie grundsätzlich Typen, *humours* oder *caractères*, die in ihrer befangenen Einseitigkeit die Idealität menschlicher Natur unterbieten. Ihr Gegenstück bilden die grotesken Figuren des antiken Mimus, die ungebrochenen Toren der aristophanischen Komödie oder die unbefangenen Narren der mittelalterlichen Fastnachtspiele. „Das Lachen über eine Spielart des komischen Helden pflegt oft in ein Lachen mit umzuschlagen; wir können erst über Renard, Lazarillo, Falstaff, Mister Pickwick gelacht haben und sodann gewahr werden, daß wir auf einmal mit ihm lachen." (Jauß 1976, 109) Obwohl Freuds Komik der Überlegenheit einerseits eine Kritik am autoritären und repressiven Prinzip der kulturellen Triebtabuisierung, auf das sie bezogen bleibt, enthält, wirkt die Entlastungsfunktion zugleich normaffirmativ. Denn der Zugang zu den ansonsten kulturell verbotenen Quellen der Lust entschärft den Triebstau, dessen Wucht allein die Macht entwickeln könnte, „die gesellschaftliche Ordnung abzuändern" (122; → II.5. KULTURTHEORIE).

Damit sich die komische Lust aus der Aufwanddifferenz entfalten kann, muss Freud zufolge ein ganzer Katalog an Bedingungen hinzutreten (vgl. 249–250). Warning fasst diesen Katalog zusammen und überträgt ihn auf die Komödie. Damit rückt die Rezeptionssituation von Komödientexten beziehungsweise -aufführungen in den Blickpunkt:

> a) die allgemein heitere Stimmung, in welcher man zum Lachen aufgelegt ist; b) die Erwartung des Komischen, die Einstellung auf die komische Lust; c) Entlastung von Vorstellungs- oder Denkarbeit, welche ernste Ziele verfolgt; d) geringe Aufmerksamkeitsbesetzung; e) Tilgung der Möglichkeit stärkerer Affektentbindung, stärkerer Gefühls- oder Interessenbeteiligung; f) die lustvolle Zutat zum komischen Fall nach Art des Vorlustprinzips beim tendenziösen Witz (‚Prinzip Hilfe'). (Warning 1976, 304)

Die Punkte a) und b) sind geradezu typisch für die Rezeptionssituation einer Komödie, die allein aufgrund ihrer Gattungszugehörigkeit Komisches antizipiert. Dies gilt für die Lektüre des Komödientextes und in weit stärkerem Maße für den Besuch „einer Posse i[m] Theater" (250), so Freud: „Man gesteht darum auch zu, daß man sich nachträglich schämt, worüber man im Theater lachen konnte." (250) Die Aspekte c) und d) verweisen auf die topische Lokalisierung des komischen Prozesses im Vorbewussten beziehungsweise des Witzes im Unbewussten, der unbeachtet, ja automatisch vor sich gehen sollte (vgl. 237). Die komische Wirkung wird durch die Überraschung der Pointe gestärkt, hingegen durch

Aufmerksamkeit auf das Witzverfahren selbst geschwächt. Ein Witz wirkt nicht witzig, wenn er in einen Vortrag über Witze eingebettet ist, eine Komödie weniger komisch, wenn sie im akademischen Kontext analysiert wird. Und e) leitet Freud komiktheoretisch von Bergsons Vorstellung einer gewissen „*Empfindungslosigkeit*" beziehungsweise „Gleichgültigkeit" (Bergson 2011 [1900], 14–15) ab, die Voraussetzung für die komische Katharsis ist (im Gegensatz zu den aristotelischen Tragödienaffekten *eleos* und *phobos*). Schließlich wirkt die (infantile) Lust am (Sprach-)Spiel und an der Aufhebung des Realitätszwangs als Vorlust, die es der Komödie gestattet, wie unter einem Deckmäntelchen verborgen umso überraschender die kulturellen Schranken zu unterlaufen, die dem Ausdruck aggressiver und sexueller Triebe auferlegt sind.

2.3. Komödie als Kommunikationsmodell

Ein Lacher kommt selten allein, denn gelacht wird zumeist in Gesellschaft. Die soziale Disposition des Lachens hat Freud von Bergson (vgl. Bergson 2011 [1900], 15–17) aufgegriffen und für die Kommunikationssituation des Witzes und der Komik ausformuliert. Die Rezeption von Witz und Komik unterscheidet sich Freud zufolge in einem wesentlichen Punkt: Während Freud für den Witz ein komplexes Produktions- und Rezeptionsmodell entwirft, das aus einem Witzerzähler, einem Witzhörer und einem Witzobjekt besteht, reduziert – und simplifiziert – er dieses Modell für die Komik. Weil der Witz „gemacht" und die Komik „gefunden" wird, „kann sich das Komische mit nur zwei Personen begnügen, der einen, die das Komische findet, und der zweiten, an der es gefunden wird" (206). Nun liegt es nahe, die Kommunikationssituation der Komödie durch das komplexere trianguläre Modell zu erläutern, in das sich Autor, Rezipient und verlachte Figur einfügen. Dabei ist die mediale Vermittlung der Komödie von großer Relevanz. Ruft die Lektüre eines Komödientextes wohl selten mehr als ein Schmunzeln hervor, macht seine Aufführung im Theater laut lachen. „Wann immer im Theaterraum sich Lachen entbindet, sind Dritte, ist ein Publikum dabei, als Zensurbehörde, Resonanzboden und Adressat der Entblößung." (Hamburger 2006, 135) In der Komödienaufführung dient das Lachen ebenso wie im persönlich erzählten Witz als verbindendes Element: Es ist Produkt wie Medium einer Gruppe, die sich darüber ein Zusammengehörigkeitsgefühl verschafft.

Freud erklärt die trianguläre Struktur des Witzes zunächst an der Zote. Die Differenz von Zote und Witz verweist auf deren soziale Dimension: Während die Zote allein „beim gemeinen Volke" erlaubt ist, gelingt es dem Witz dank seiner spezifischen Ästhetik auf Obszönitäten anzuspielen, ohne sie direkt auszusprechen und damit in „feiner gebildeter Gesellschaft" (109) zu reüssieren. Die Zote hingegen bezieht sich offen auf sexuelle (oder exkrementelle) Vorgänge und wendet sich in einer Art Ursituation an das begehrte Objekt selbst: Die Zote ist „ursprünglich an das Weib gerichtet und einem Verführungsversuch gleichzusetzen" (106). Verhindert nun die kulturell anerzogene Schamhaftigkeit oder das Hinzutreten eines Dritten die direkte sexuelle Befriedigung in diesem Verführungsversuch, wird erstens „die sexuell erregende Rede als Zote Selbstzweck" (108). Die Lust entsteht nun also nicht mehr aus der Triebabfuhr im Geschlechtsakt, sondern im Austausch von Zeichen (vgl. Mehlman 1975, 446; → II.1. SEMIOTIK). Zweitens findet aufgrund der gehemmten Befriedigung eine Umwandlung der sexuellen in aggressive Triebwünsche statt, die den tendenziösen Witz (ebenso wie die Komödie) zu einem ‚sadistischen' Akt macht: Aus Verführung wird Angriff (vgl. 108). Gerade die Gesellschaftssatire zeigt, wie sich ein aggressives Lachen entbindet, das auf gesellschaftliches Fehlverhalten zielt (vgl. Warning 1996, 924). Drittens ändert sich der Adressat, indem nun nicht mehr das Weib (die zweite Person), sondern der hinzutretende Dritte angesprochen wird. Während der Witzerzähler die Witzarbeit übernehmen und die – den Lustertrag schmälernde – Kraft aufbringen muss, die kulturellen Schranken zu überwinden, ist es der Dritte, der in den puren Genuss des Zuhörens kommt und solchermaßen „bestochen" lacht. „Der libidinöse Impuls des Ersten entfaltet, sowie er die Befriedigung durch das Weib gehemmt findet, eine gegen diese zweite Person feindselige Tendenz und ruft die ursprünglich störende dritte Person zum Bundesgenossen auf. Durch die zotige Rede des Ersten wird das Weib vor diesem Dritten entblößt, der nun als Zuhörer – durch die mühelose Befriedigung seiner eigenen Libido – bestochen wird." (109)

In dieser triangulären Struktur lässt sich unschwer eine ödipale Konstellation wiedererkennen (vgl. Mehlman 1975, 448), die Bernhard Greiner wiederum auf die institutionalisierte Komödienaufführung im Theater überträgt: Die erste Person (Kind/Autor) begehrt eine dyadische Einheit mit der zweiten Person (Mutter/durch die gehemmte Triebbefriedigung transformiert in den Gegenstand der Aggression beziehungsweise des Verlachens), welche ihr die dritte Person (Vater/Zuschauer) verbietet (→ III.6. ÖDIPUS). Lacht der Dritte nicht, wäre er eben jene versagende (väterliche) Instanz, die den Ersten in die kulturellen Schranken zurückverweist. Indem der Dritte (der Zuschauer) jedoch durch den Lustgewinn bestochen zum „Bundesgenossen" des Ersten (des Autors) wird, zeigt sich, so Greiner, dass „in der Komödie der ödipale Konflikt (als Grundkonstellation aller Ich-Bildung) zwar noch gesetzt, also latent gegeben ist, dann aber gerade nicht ausgetragen, vielmehr vermieden wird" (Greiner 2006 [1992], 110). So weckt die Komödie die in der ödipalen Konstellation mitschwingenden Ängste, zeigt aber zugleich einen Weg auf, diese zu vermeiden, und entlastet damit „von der (ödipalen) Tragödie der Ich-Bildung". Das Publikum wird „von der Struktur der

Selbstunterdrückung" befreit, allerdings „ohne die Halt und Kontur gewährende Instanz der Ordnung ganz zu verlieren", indem nämlich die dramatisch-poetische Formung der Komödie jene Ordnung garantiert (Greiner 2006 [1992], 110).

3. Beispielanalysen

3.1. Heinrich von Kleist: *Der zerbrochne Krug* (1808)

Heinrich von Kleists *Der zerbrochne Krug* ist eine der wenigen Komödien, die zum bevorzugten Gegenstand psychoanalytischer Lektüren zählen. Doch soll es weder um den Autor, dem schon Johann Wolfgang Goethe angeblich eine „zu große[ ] Reizbarkeit der Nerven" (zit. Kleist 1991 [1803–1806], 766, in diesem Abschnitt im Folgenden allein unter Angabe der Seitenzahl zitiert) zuschrieb, gehen, noch um das „psychodramatische Substrat" (Pfeiffer 1989, 17; vgl. Gallas 2005) – nämlich eine sämtliche Ordnungen unterlaufende Widersprüchlichkeit – all seiner Texte. In Anlehnung an Freuds *Der Witz* lässt sich *Der zerbrochne Krug* als Inszenierung der Funktionsweise von Verdrängung und Verneinung (vgl. Mahler-Bungers 2006), als zeitliche Dramaturgie von Spannung und Lösung sowie als sprachspielerische Auflehnung gegen den Realitätszwang lesen (vgl. Hamburger 2006). Eine psychoanalytische Deutung provoziert nicht zuletzt die intertextuelle Referenz zum sophokleischen *König Ödipus* (zw. 429 und 425 v. Chr.): Explizit vergleicht Kleist in der (nach der handschriftlichen Fassung überlieferten) Vorrede seine Hauptfigur Adam mit dem ‚Ödip'. Die Referenz bezieht sich jedoch nicht nur auf den ‚Helden' und dessen – zumal nach dem Sturz aus Eves Fenster arg geschwollenen – Klumpfuß, der an Ödipus' Namen (Schwellfuß) erinnert. Darüber hinaus stellt die Handlungsstruktur eine Verkehrung des analytischen Dramas dar: Aus Ödipus, der nach dem Mörder suchen will und ihn in sich selbst entdecken muss, wird der Dorfrichter Adam, der nach dem Krugzerbrecher suchen muss und seine eigene Entdeckung verhindern will. Denn jener gesuchte Eindringling in Eves Kammer, der bei seiner nächtlichen Flucht den Krug zerbrach, ist der Richter Adam selbst. Sowohl die tragische als auch die komische Figur stellen also zugleich Täter und Opfer dar, entscheidend für die komische Wirkung wird jedoch ihre Differenz: Ödipus ist ein vom Schicksal getriebener Wahrheitssucher, Adam ein seinen Trieben erlegener Schwindler, der in der Tradition des körperlich-sinnlichen Schelms steht und nicht Schuld, sondern Strafe und Scham fürchtet (vgl. Mahler-Bungers 2006, 120–121; Martini 1974, 153). Die Verdichtung von Richter und Gerichtetem macht Adam selbst explizit, indem er just von einem Traum berichtet – dem Schauplatz also, an dem Freud diese unbewusste Technik, die auch dem Witz zugrunde liegt, zuerst entdeckt:

> ADAM. – Mir träumt', es hätt ein Kläger mich ergriffen,
> Und schleppte vor den Richtstuhl mich; und ich,
> Ich säße gleichwohl auf dem Richtstuhl dort,
> Und schält' und hunzt' und schlingelte mich herunter,
> Und judiziert den Hals ins Eisen mir. (297)

In dem Traumbild wird zu Beginn der Komödie eben jene konfliktuöse Verdichtung angekündigt, die im weiteren Verlauf ihr komisches Potenzial voll entfalten wird: Adam befindet sich zugleich vor und auf dem Richtstuhl, ist sowohl Objekt der Anklage als auch Subjekt der Rechtsprechung. Rhetorisch wird dies in der Geminatio „und ich, / Ich säße" verdeutlicht, wenn Adam von der passiven in die aktive Konstruktion, von der Objekt- in die Subjektposition wechselt. Die widerläufige Bewegung vom hohen Richtstuhl hinab in die Niederungen des Angeklagten, des Menschlichen, der Triebe (und nicht zuletzt der Komödie) widerspricht zusammen mit der überaus körperlichen Darstellung dieses ‚Judizierens' dem unkörperlichen, erhabenen Ideal hehrer Rechtsprechung. Das aufgespaltene Ich windet sich in widersprüchlicher Personalunion von Gerichtetem und Richter, wie die komische Aneinanderreihung gleich dreier Synonyme des Sichentziehens im folgenden Vers plastisch vor Augen führt, bis das schlingernde Bild des Rechtsverdrehers im Halseisen buchstäblich eingefangen und stillgestellt wird. So stellt das Sich-selbst-Richten nicht nur den Konflikt auf der Handlungsebene dar, es löst auf der sprachlichen Ebene ein Spiel zwischen Verdrängung und Selbstverrat aus.

Fritz Martini beschreibt ein solches „Spiel in und mit der Vieldeutigkeit, die der Sprache immanent ist – ein Spiel, das zugleich verrätselt und enthüllt, verwirrt und aufdeckt" (Martini 1974, 166), als eines der Strukturelemente der Komödie. Das Wortspiel ist in Kleists Lustspiel nicht nur eine stilistische Einzelfigur, sondern Grundfigur des Dialogs (vgl. Martini 1974, 186). Es verschafft in einem ersten Schritt die von Freud beschriebene Vorlust des Spiels mit dem Sprachmaterial, um im zweiten Schritt oftmals sexuelle Anspielungen zu offenbaren: Die Rede vom (Sünden-)Fall Adams (vgl. 287), von seinem gerissenen Hosenbund (289), dem „Loch" (304) im Topf oder auch dem „Nichts" (311), wo eben einst der Topf war, verweist just auf das, was sie verhüllen soll – auf die Triebhaftigkeit Adams beziehungsweise auf die möglicherweise versehrte Jungfräulichkeit Eves. Als eben einen solchen Selbstverrat stellt Freud die Funktionsweise des Witzes dar, bemerkt Annegret Mahler-Bungers (vgl. Mahler-Bungers 2006, 125), indem der Sprachwitz die Schranken der Verdrängung sprengt und das Unbewusste plötzlich zutage kommen lässt. Der Witz ist insofern „doppelt

komisch" (Mahler-Bungers 2006, 126), und zwar unmittelbar durch die sprachliche Technik, zum Beispiel die Wiederholung und Verdichtung kolloquialer, ja
alberner Verben eines unwürdigen Herabwindens, und in zweiter Instanz durch
die Hemmungsersparnis, wenn sich der Richter als Triebtäter entblößt. Den
Inhalt der Ödipus-Tragödie verlagert Kleist in seiner Komödie auf die Funktionsweise des Unbewussten: „Dabei kommt es weniger darauf an, *was* Adam getan
hat, sondern *wie* er das Getane ungeschehen und un-gewusst zu machen sucht,
d. h. mittels welcher Manöver (Abwehrmechanismen) das Ich etwas unbewusst
macht unter dem Druck des Über-Ichs (Licht) oder auch des Ich-Ideals (Walter),
dieses Verdrängte jedoch seinerseits immer wieder durch die Sprache zur Darstellung bringt." (Mahler-Bungers 2006, 126)

Begreift man den Gerichtsschreiber Licht und den Gerichtsrat Walter als psychische Instanzen Adams, wird deutlich, dass nicht nur „jeder [...] den leid'gen
Stein zum Anstoß", sprich die Triebe, „in sich selbst" (287) trägt, sondern eben
auch die richtenden Instanzen. Wenn jeder seinem Triebschicksal unterworfen
ist, ähnelt jeder Adam, und so lädt das Lustspiel zur Identifikation mit dem sin-
nenfreudigen Richter ein. Doch befindet sich dieser in einer überaus prekären
und peinlichen Situation: Bezeichnend ist nun, wie das Lustspiel die Figur Adam
exponiert, um neben der sympathisierenden Identifizierung zugleich eine „heitere
Distanzierung des Zuschauers, welche das ästhetische Baugesetz des Lustspiels
um der Freiheit des Lachens willen fordert" (Martini 1974, 164–165), zu erlauben.
Während die Tragödie eine affektive Identifikation, ein Mitleiden, fordert, verlangt die Komödie eine Gleichzeitigkeit von Identifikation und Distanz, die Freud
als notwendige Voraussetzung der komischen Lust in Anschlag bringt. Es ist
menschlich, seinen Trieben, seiner Kreatürlichkeit zu unterliegen, komisch wirkt
dies jedoch nur „beim anderen", „während wir selbst im Falle solcher und ähnlicher Verlegenheiten uns nur peinlicher Gefühle bewußt würden. Wahrscheinlich
ermöglicht uns erst dieses Fernhalten des Peinlichen von unserer Person, die aus
der Vergleichung der wechselnden Besetzungen sich ergebende Differenz als eine
lustvolle zu genießen." (VI, 224)

Ferngehalten wird die Peinlichkeit durch die Einsicht des Zuschauers beziehungsweise Lesers in die Spielsituation, welche die durchschaubar auswei-
chende, täuschende, immer neue Volten schlagende Begründung Adams für
seinen auf der Flucht verletzten Körper gleich zu Beginn des Lustspiels bewirkt.
Die Diskrepanz zwischen dem offenkundig lädierten Äußeren, auf das der
Gerichtsschreiber mit dem sprechenden Namen Licht genüsslich hinweist, und
den fadenscheinigen Erklärungen Adams versetzt den Zuschauer in eine Position der Überlegenheit, von der aus Adams durchsichtige Täuschungsmanöver
als sprachliches Spiel im Spielen lustvoll verlacht werden können. So erlebt der
Zuschauer/Leser einerseits mit Spannung (im Sinne von Neugier), wie sich Adam

aus seinem *double-bind* herauswindet, und lacht andererseits seine dem Ver-
drängungs- und Realitätszwang geschuldete Spannung (im Sinne von Erregung)
ab (vgl. Hamburger 2006, 169).

3.2. Urs Widmer: *Top Dogs* (1996)

Urs Widmers mehrfach preisgekrönte und mittlerweile zum Kanon avancierte
Gesellschaftssatire *Top Dogs* wurde 1996 im Zürcher Theater am Neumarkt urauf-
geführt und erschien 1997 im Verlag der Autoren. Als Schauplatz dient ein *Outplacement-Center*, das den gekündigten Auswurf der Manageretagen aufsammeln
und einer Neubeschäftigung zuführen will. Komisch ist nun, dass eben nicht das
altbekannte niedere Personal, Gerhart Hauptmanns Weber oder Bertolt Brechts
Fabrikarbeiter, kurz: die *Underdogs* der Arbeitswelt ihre Kündigung verdauen
müssen, sondern eben die *Top Dogs*. Sie, die *Masters of the Universe*, Herren
über Millionenbeträge, Mitarbeiterheere und Massenentlassungen, sind plötzlich unterlegen im eigenen Spiel. In der Diskrepanz zwischen ihrer Disposition
des Höher-Schneller-Weiters und ihrem Nicht-Wahrhaben-Wollen der Realität
gründet die Komik des Stücks. Es ist die Möglichkeit des Scheiterns, die in der auf
Erfolg getrimmten, kapitalistischen Gesellschaft verdrängt wird – und die sich
wie alles Verdrängte nun in Form von Träumen, Symptomen und Agieren ihren
Weg zurückbahnt. *Top Dogs* lässt sich als Inszenierung dieses Verdrängungs-
prozesses ebenso wie seiner psychischen Auswirkungen lesen. Dabei greift die
Komödie nicht nur Motive der Psychoanalyse auf, sondern sie setzt auch deren
Behandlungstechniken als Spielvorlagen ein, sodass sie sich in ihrer intertextu-
ellen Bezugnahme von den Komödien vor 1900 unterscheidet. Die Ausleuchtung
und Erkundung der Seele in verschiedenen pseudopsychoanalytischen Settings
(Therapiesitzungen, Rollenspiele, Feedback-Runden, Traumerzählungen, Gangübungen) dienen jedoch nicht der Selbsterkenntnis und Heilung, sondern der
Leistungs- und Potenzsteigerung in der kapitalistischen Arbeitswelt.

Obwohl Widmer angibt, *Top Dogs* auf der Grundlage von Recherchen und
Interviews in Management-Etagen, *Outplacement*-Beratungen und Privatvillen
verfasst zu haben, entwickelt er keine psychologische Studie. Ob die Entindivi-
dualisierung der Figuren nun einem Trend der Postdramatik geschuldet ist oder
einen Bezug zur Komödientradition aufnimmt: Anstatt Einblicke in ihr individuelles Seelenleben zu geben, erscheinen die Figuren vielmehr als Typen, Stellvertreter eines marktradikalen Kapitalismus. Sie tragen keine Figurennamen,
sondern die der Schauspieler bei der Uraufführung; sie wechseln im Verlauf des
Stücks in die Rolle des Psychologen oder des Klienten, die Gekündigten spielen
die Rolle ihres Entlassers, die Ehefrau nimmt die ihres Ehemannes ein, und das

Spiel im Spiel wird maximal ausgestellt, wenn die Figuren auch noch aus (einer) ihrer Rollen fallen.

Top Dogs beginnt mit einer klassischen Komödienszene des Aneinander-vorbeiredens: Ein gefeuerter Manager, Dodó Deér, wird in die „New Challenge Company" (NCC) eingeführt, ohne dass ihm bewusst wäre, gefeuert worden zu sein. Die Anglizismen und Euphemismen der Wirtschaftssprache entfalten ihr komisches Potenzial, indem sie dem Betroffenen seine missliche Lage völlig verschleiern. Selbst als Deér auf den Kopf zugesagt wird, er sei entlassen, verneint er im psychoanalytischen Sinne:

> DEÉR Entlassen? – Hören Sie. Das hätte man mir gesagt. WRAGE Man HAT es Ihnen gesagt! DEÉR Wer? Wann? WRAGE Sie haben es nicht gehört. DEÉR Aber. WRAGE Nicht verstanden. DEÉR Aber das gibt es doch nicht, daß einer das nicht hört. Daß er entlassen worden ist. WRAGE Doch. Oft. [...] Herr Deér. Jede Entlassung ist auch eine Chance. Sag ich den Damen und Herrn hier auch immer wieder. (Widmer 1997, 14–15, in diesem Abschnitt im Folgenden allein unter Angabe der Seitenzahl zitiert)

Deérs Aufbegehren gegen seine Entlassung nach dreißig Jahren in einem Unternehmen, das er in einer ödipalen Konstellation als ‚Mutter' entwirft, zeugt von einer Beharrungstendenz der Psyche, die den Anforderungen an den *„homo davosiensis"* (Sennett 1998, 77) als ein flexibles, mobiles, bindungsloses Wesen zuwiderläuft. Während die klassische Psychoanalyse einem solchen wirtschafts-gipfelkonformen Anforderungskatalog kritisch gegenüberstünde, verspricht die NCC Deér, ihn bei der Karrierefortsetzung „nicht nur logistisch, sondern auch psychologisch" (17) zu betreuen – konterkariert dieses Versprechen jedoch sogleich durch banale Tipps zur Krawattenwahl.

Die Sprachkomik von *Top Dogs* entsteht maßgeblich durch die Verschiebung des Wirtschaftsjargons auf die Theaterbühne, den klassischen Ort des Geistes. In einer Szene namens *Die Schlacht der Wörter* reihen wechselnde Sprecher schier endlos (im Dramentext über fast fünf Seiten) ökonomische Fachtermini aneinander: Solchermaßen aus dem Kontext gerissen, erscheint die Wirtschafts-sprache zusammen mit dem System, dem sie entstammt, komisch referenz- und sinnlos. Die gekündigten Figuren distanzieren sich keineswegs von der Sprache des Systems, das sie ausgespien hat. Sie wiederholen sie vielmehr und agieren sie körperlich aus. Dieses Prinzip der Wiederholung – bekannt aus Freuds klassischer Behandlungstrias Erinnern, Wiederholen, Durcharbeiten – bestimmt auch maßgeblich die Anlage des Stücks, die nicht nur auf sprachlicher sowie körperlicher Wiederholung basiert (vgl. X, 129), sondern auch strukturell auf der Wiederholung von Szenen(bausteinen). Freuds Behandlungstechnik gibt dem Wiederholen als Form des Erinnerns Raum. In *Top Dogs* wird die Behandlungs-technik zum Modell. Fungiert die Couch als dingliches Pars pro Toto für die psychoanalytische Einzeltherapie, so der Stuhlkreis für Gruppen: *„Alle versammeln sich im Halbkreis, wie sie das schon oft getan haben: Jenkins ist die Psychologin."* (29) Allein die Sitzanordnung lässt in der vierten Szene ein – nicht nur den Teilnehmerinnen und Teilnehmern, sondern offenbar auch dem Publikum allzu bekanntes – Gruppentherapie-Setting erkennen. Die Figuren berichten von ihren (traumatischen) Kündigungserlebnissen unter den Überschriften „Der erste Fall" bis „Der vierte Fall", wodurch die (literarische) Tradition der medizinischen Fallgeschichten von Hippokrates bis Freud aufgerufen, die Erlebnisse pathologisiert und aufgrund ihrer Serialität als gesellschaftliches Zeugnis ausgestellt werden. Anschließend kommen alle Fälle nochmals zu Wort – allerdings nun ihre erste Darstellung verschiebend und ihr teils widersprechend.

Wenn die Figuren/Fälle reihum Heldenstorys des Kündigung-Überlebens erzählen und sich mit ihrer emotionalen Stabilität brüsten, führt etwa die beiläufige Erwähnung eines kathartischen Erbrechens – „kleine Übelkeit" (31) – den Körper als Garant einer anderen Wahrheit ein. Es ist die Psychoanalyse, welche die heute landläufige psychosomatische Vorstellung, dass sich unbewusste Prozesse in körperlichen Symptomen manifestieren, publik gemacht hat. Während die überwiegende Zahl der Fälle verzweifelt eine unversehrte Fassade zu wahren sucht, wirken die Vervielfältigung, die körperlich übertriebene Darstellung und der rasche Wechsel verschiedenster Symptome der sich ihrem Leid hemmungslos hingebenden Figur Krause im Kontrast umso komischer: Nacken, Rücken, Beine, Hintern, Hals, Augenlid – der ganze Körper erhebt Einspruch. „KRAUSE *zuckt mit den Augenlidern* Ja. Ich möchte mich auch bedanken. Bei Ihnen allen. *Anderes Symptom.* Es wäre mir nicht recht, wenn Sie hier den Eindruck gehabt hätten – *Neues Symptom* – ich sei unter einem besonders hohen emotionalen Druck [...]."
(44)

Während der Körper als unbeherrschbarer Schauplatz psychischer Erregungszustände vor Augen geführt wird, verkehren die nachfolgenden „Gangübungen" diese Logik des Symptoms auf groteske Weise: Auch hier steht der Körper im Mittelpunkt, der nun nicht mehr entziffert, sondern zugerichtet wird. Die nach der Kündigung defensive Körperhaltung soll durch „Gangübungen" (48) vom mangelhaften „Ist-Zustand" (58) in einen vermeintlich souveränen ‚Soll-Zustand' transformiert werden, um „ein ganz neues Lebensgefühl" (48) nach innen wie nach außen zu vermitteln. Zugleich wird damit das *Outplacement-Center* als Seelenheilungsort heutiger Tage suspekt: Die Stelle einer tiefenpsychologischen Behandlung nimmt eine oberflächliche Körperkorrektur – „wichtig ist, dass der Kopf die Fortsetzung der Wirbelsäule ist" (48) – ein, die das psychosomatische Wissen nach den Regeln der Marktkonformität verflacht. Die Wiederholung der ‚Gangübungen' 1 bis 3 betitelten Szenen macht diese zum buchstäblichen Running Gag. Ihre Steigerung *„vom ‚Normalen' ins Groteske"* (48) zeichnet sie eben nicht als

Heilungsprozess, sondern als komische Zurichtung des Körpers für einen absurden Markt aus: „TSCHUDI [...] Jetzt möcht ich, daß Sie mir Ihre Seele zeigen. In der Firma muß man Biß zeigen. *Deér geht ungelenk, starr.* Sehr gut, als nächstes gehen Sie ein bißchen in die Knie, jaaaa. Sehr schön. Und jetzt noch Brust raus! *Deér geht wie ein Vollidiot.* Herr Deér, gratuliere!" (71) *Top Dogs* inszeniert, wie das psychoanalytische Wissen im kapitalistischen System banalisiert und instrumentalisiert wird: Die Psychoanalyse von einst mutiert zur betrieblichen Qualifizierungsmaßnahme; der Psychoanalytiker zum Coach.

4. Komödie, Film, Pop

Wenn „Du bist so wunderbar polymorph pervers!" das Kompliment eines Liebhabers an die Geliebte nach dem Akt ist, befinden wir uns erstens in einer (Film-) Komödie, hier in Woody Allens *Annie Hall* (1977; *Der Stadtneurotiker*). Zweitens ist Freud endgültig Pop. Die Alltagspräsenz der Psychoanalyse zelebrieren nicht nur literarische Komödien wie Botho Strauß' *Kalldewey, Farce* (1981) oder eben Urs Widmers *Top Dogs*. In weit stärkerem Ausmaß tragen Filmkomödien zur Thematisierung und Popularisierung des Diskurses bei (→ IV.9. LITERATUR – FILM: DOPPELGÄNGER). Sie stellen nicht allein den Neurotiker (*As Good as It Gets*, Regie: James L. Brooks, 1997; *Besser geht's nicht*), Ödipus (*Ödipussi*, Regie: Loriot, 1988; *Meet the Parents*, Regie: Jay Roach, 2000; *Meine Braut, ihr Vater und ich*) oder Psychotherapeuten (z. B. *Analyze This*, Regie: Harold Ramis, 1999; *Reine Nervensache*; *Prime*, Regie: Ben Younger, 2005; *Couchgeflüster*) als komische Figuren aus, sondern machen die Psychoanalyse selbst als Therapieform, Methode und Theorie zum Gegenstand von Parodie und Satire.

Seit den 1950er Jahren wird in den USA (in Deutschland erst später) der Besuch beim *shrink*, dem Analytiker, für die weiße Mittelschicht zur Routine (vgl. Frizzoni 2014, 78). Das bebildern wohl am nachhaltigsten die Filmkomödien Woody Allens, der in einem Fernsehinterview 1971 behauptet, selbst seit 13 Jahren (völlig ereignis- und erfolglos) „in classical Freudian psychoanalysis" (Allen und Cavett 1971) zu sein, und als Figur in seinen Filmen ständig auf der Couch liegt. Auch im intellektuellen Großstadtmilieu von *Annie Hall* gehört der Besuch beim *analyst* zum guten Ton – mit minimalem Erfolg bei maximalen Kosten: „Ach, Sie haben einen Therapeuten? – Ja, aber erst seit 15 Jahren." (Allen 2004 [1977]) Selbst für die ausgefallene Sitzung nach einem erfolgreichen Suizidversuch würde ein Psychoanalytiker seinem toten Patienten noch die Rechnung schicken, witzelt Allens Stadtneurotiker. Zweifel an der Psychoanalyse und ihren Methoden inszenieren Komödien mit Vorliebe, indem sie nicht nur die Erfolg-

und Endlosigkeit, sondern auch die Banalität der Behandlung mit ihrer Profitabilität kontrastieren: viel Geld für ein bisschen Zuhören. Auf den verzweifelten Hilferuf des Patienten: „Was soll ich tun? Sagen Sie etwas!" kommt statt eines therapeutischen Rates unweigerlich die triviale Antwort: „Die Zeit ist um. Wir fahren nächste Woche fort." (Allen 2003) Dass ein Psychoanalytiker vermeintlich nichts tut, außer zuzuhören und gelegentlich einzelne Wörter bedeutungsschwanger zu wiederholen, erfährt in Chantal Akermans *Un divan à New York* (1996; *Eine Couch in New York*) eine junge, naive Pariserin, die mit einem bekannten New Yorker Psychotherapeuten die Wohnung tauscht und dabei so ungeplant wie ungewollt auch dessen Praxis übernimmt. Karikierend penetrant rückt der Film nun das aktive Zuhören der Möchtegerntherapeutin in Szene, die ihre Patienten bald erfolgreicher behandelt als ihr erfahrener Vorgänger. Das Setting der Psychoanalyse – die notorische Couch als „sidekick" (Frizzoni 204, 80) des Psychoanalytikers – ersetzt zusammen mit einem naturgegebenen (weiblichen) Einfühlungsvermögen scheinbar mühelos analytisches Fachwissen. Hingegen entpuppt sich der New Yorker Psychoanalytiker, eine Koryphäe des Fachs, selbst als behandlungsbedürftig und muss auf dem filmtitelgebenden Möbel als Patient nach Heilung suchen. Die findet er schließlich in der Liebe, womit die Komödie den Gattungsvorgaben Genüge tut.

In der Heil(ung)sbedürftigkeit des Analytikers könnte man, wie Sergio Benvenuto vorschlägt, das Ende einer Ära der Psychoanalyse sehen. Zwei Phasen der Darstellung von Psychoanalytikern im Kino können ausgemacht werden (vgl. Benvenuto 2001, 7–8): In den 1950er und 1960er Jahren des Hollywoodkinos (berühmtestes Beispiel ist Alfred Hitchcocks *Spellbound*, 1945; *Ich kämpfe um dich*) ist er noch „eine den modernen Zeiten angepaßte Erlöserfigur", „eine Kombination aus Polizist, Arzt und Liebhaber" (Benvenuto 2001, 7). Dagegen verwandelt er sich seit den späten 1970er Jahren (etwa in Allens *Another Woman*, 1988, *Eine andere Frau*) in eine leidende Person, die selbst der Erlösung bedarf. Benvenuto versteht die „Abwertung des gesellschaftlichen Nimbus des Analytikers" als Ausdruck einer Krise der Psychoanalyse „in ihrer klassischen, akademisch-orthodoxen Form" (Benvenuto 2001, 7), ignoriert dabei jedoch die Gattungsgebundenheit der filmischen Darstellung. Dagegen lässt sich halten, dass die Komödie den Rollentausch von Arzt und Patient immer schon durchspielt, um daraus komisches Potenzial zu schlagen (vgl. *Knock on Wood*, Regie: Melvin Frank und Norman Panama, 1954; *Die Lachbombe*). Die gattungskonforme Vermenschlichung einer Erlöserfigur geht zumeist mit der ebenso topischen Liebesthematik einher. In der psychoanalytischen Behandlungssituation ist das die Übertragungsliebe: der berüchtigte Fall, „daß eine weibliche Patientin durch unzweideutige Andeutungen erraten lässt oder es direkt ausspricht, daß sie sich wie ein anderes sterbliches Weib in den sie analysierenden Arzt verliebt hat" (X,

307) oder sich der Arzt wiederum in die Patientin verliebt (Gegenübertragung). Schon Freud erkennt, dass die Übertragungsliebe „ihre peinlichen und komischen Seiten wie ihre ernsthaften" (X, 307) hat. Dies wissen die Komödien noch zu verstärken, indem sie das Geschlechterverhältnis verkehren (vgl. Gabbard 1989). Die Psychoanalytikerin (als Frau ihrer Sinne noch weniger Herr als der Analytiker) verliebt sich in ihren Patienten. Doch dieser Lust nachzugeben, ist der Psychoanalytikerin beziehungsweise dem Psychoanalytiker strikt verboten (vgl. X, 319). Dem Liebesglück steht also die Psychoanalyse selbst entgegen, anders gesagt übernimmt das Über-Ich im 20. Jahrhundert die klassische Rolle der das Hochzeitsglück aufhaltenden Alten. Wenn die Therapeutinnen in Richard Quines *Sex and the Single Girl* (1964; *... und ledige Mädchen*) und noch in *Un divan à New York* einen didaktischen Kurzvortrag über die Übertragungsliebe halten, um gleich darauf das Verbot einer sexuellen Beziehung lustvoll zu brechen, wirkt erstens der (pseudo-)wissenschaftliche Vortrag im Rahmen der Komödienhandlung komisch deplatziert. Als selbstreferenzielles, distanzierendes, intertextuelles Moment verweist er jedoch auf die Komödientradition des Spiels im Spiel. Zweitens bietet er die Möglichkeit, ein spezifisches Verbot von Sexualität verbal zu thematisieren, während dagegen alle körperlichen Zeichen auf Liebe stehen. Die Filme nutzen ihr audiovisuelles Zeichenrepertoire, um die Gegenläufigkeit von Sprache und Körper als Kampf von Bewusstem und Unbewusstem zu inszenieren. Dieser Kampf ist deshalb komisch, weil sein Spielcharakter und Ausgang (etwa wie beim Wrestling) durchschaubar sind. Denn drittens trägt – obwohl oder gerade weil Freud dessen „Überwindung" fordert – das „Lustprinzip" (X, 319) wieder einmal den Sieg davon.

Literatur

Aristoteles. *Werke in deutscher Übersetzung*, Bd. 5: *Poetik*. Hrsg. von Christof Rapp. Übers. von Arbogast Schmitt. Berlin 2014 [340–320 v. Chr.].

Bachtin, Michail. *Rabelais und seine Welt. Volkskultur als Gegenkultur*. Übers. von Gabriele Leupold. Frankfurt a. M. 1987 [1965].

Benvenuto, Sergio. „Die Analyse ist vorbei. Nanni Morettis neuer Film und die Krise des modernen Menschen". *Lettre International* 7 (2001): 7–9.

Bergson, Henri. *Das Lachen. Ein Essay über die Bedeutung des Komischen*. Übers. von Roswitha Plancherel-Walter. Hamburg 2011 [1900].

Critchley, Simon. „Comedy and Finitude. Displacing the Tragic-Heroic Paradigm in Philosophy and Psychoanalysis". Chritchley, Simon. *Ethics – Politics – Subjectivity. Essays on Derrida, Levinas and Contemporary French Thought*. London, New York 1999: 217–238.

Endres, Johannes. „Freud und die Komödie der Antike". *Freud und die Antike*. Hrsg. von Claudia Benthien, Hartmut Böhme und Inge Stephan. Göttingen 2011: 315–340.

Finney, Gail. „Komödie und Obszönität. Der sexuelle Witz bei Jelinek und Freud". *The German Quarterly* 70.1 (1997): 27–38.

Frizzoni, Brigitte. „Freud in der Populärkultur". *Schweizerisches Archiv für Volkskunde* 110 (2014): 69–87.

Frye, Northrop. *A Natural Perspective. The Development of Shakespearean Comedy and Romance*. New York, London 1965.

Gabbard, Krin und Glen O. Gabbard. „The Female Psychoanalyst in the Movies". *American Psychological Association* 37 (1989): 1031–1048.

Gallas, Helga. *Kleist. Gesetz – Begehren – Sexualität. Zwischen symbolischer und imaginärer Identifizierung*. Frankfurt a. M., Basel 2005.

Greiner, Bernhard. *Die Komödie. Eine theatralische Sendung. Grundlagen und Interpretationen*. 2. Aufl., Tübingen, Basel 2006 [1992].

Greiner, Bernhard. *Die Tragödie. Eine Literaturgeschichte des aufrechten Ganges*. Stuttgart 2012.

Grotjahn, Martin. *Vom Sinn des Lachens. Psychoanalytische Betrachtungen über den Witz, das Komische und den Humor*. München 1974.

Hamburger, Andreas. „‚Setzt einen Krug, und schreibt dabei: Dem Amte wohlbekannt'. Momente der Lösung in Heinrich von Kleists Komödie *Der zerbrochne Krug*". *Lachen*. Hrsg. von Wolfram Mauser und Joachim Pfeiffer. Würzburg 2006: 133–175.

Jauß, Hans Robert. „Über den Grund des Vergnügens am komischen Helden". *Das Komische*. Hrsg. von Wolfgang Preisendanz und Rainer Warning. München 1976: 103–132.

Kleist, Heinrich von. „Der zerbrochne Krug. Ein Lustspiel" [1811]. Kleist, Heinrich von. *Sämtliche Werke und Briefe in vier Bänden*, Bd. 1: *Dramen 1802–1807*. Hrsg. von Ilse-Marie Barth et al. Frankfurt a. M. 1991: 257–376.

Mahler-Bungers, Annegret. „Über das Lachen in *Der zerbrochne Krug* von Heinrich von Kleist". *Lachen*. Hrsg. von Wolfram Mauser und Joachim Pfeiffer. Würzburg 2006: 119–132.

Martini, Fritz. *Lustspiele – und das Lustspiel*. Stuttgart 1974.

Mauron, Charles. *Psychocritique du genre comique*. Paris 1964.

Mehlman, Jeffrey. „How to Read Freud on Jokes. The Critic as Schadchen". *New Literary History* 6.2 (1975): 439–461.

Neale, Steve. „Psychoanalysis and Comedy". *Screen* 22.2 (1981): 29–43.

Pfaller, Robert. „Die Komödie der Psychoanalyse". *Maske und Kothurn* 52.1 (2006): 37–52.

Pfeiffer, Joachim. *Die zerbrochenen Bilder. Gestörte Ordnungen im Werk Heinrich von Kleists*. Würzburg 1989.

Pietzcker, Carl. „Sigmund Freud: Der Witz und seine Beziehung zum Unbewussten". *Lachen*. Hrsg. von Wolfram Mauser und Joachim Pfeiffer. Würzburg 2006: 19–28.

Sennett, Richard. *Der flexible Mensch. Die Kultur des neuen Kapitalismus*. Übers. von Martin Richter. Berlin 1998.

Schulz, Georg Michael. *Einführung in die deutsche Komödie*. Darmstadt 2007.

Spencer, Herbert. „The Physiology of Laughter". *MacMillan's Magazine* 1 (1860): 395–402.

Trautwein, Wolfgang. „Komödientheorien und Komödien. Ein Ordnungsversuch". *Jahrbuch der deutschen Schillergesellschaft* 27 (1983): 86–123.

Warning, Rainer. „Elemente einer Pragmasemiotik der Komödie". *Das Komische*. Hrsg. von Wolfgang Preisendanz und Rainer Warning. München 1976: 279–333.

Warning, Rainer. „Komik/Komödie". *Das Fischer Lexikon Literatur*, Bd. 2. Hrsg. von Ulfert Ricklefs. Frankfurt a. M. 1996: 897–936.

Widmer, Urs. *Top Dogs*. Frankfurt a. M. 1997.

Filmverzeichnis

Analyze This. Reg. Harold Ramis. Warner Home Video, 2001 [1999].
Annie Hall. Reg. Woody Allen. MGM Home Entertainment, 2004 [1977].
Anything Else. Reg. Woody Allen. Dreamworks Distribution, 2003.
As Good as It Gets. Reg. James L. Brooks. Sony Pictures Entertainment, 1997.
Interview in der Dick Cavett Show. 1971. Reg. Woody Allan und Dick Cavett, https://www.
     youtube.com/watch?v=NW8Pu9s1QUM, (31. März 2015).
Knock on Wood. Reg. Melvin Frank und Norman Panama. Paramount Pictures, 1954.
Meet the Parents. Reg. Jay Roach. Universal Pictures, 2001 [2000].
Ödipussi. Reg. Loriot [i. e. Bernhard-Viktor Christoph-Carl von Bülow]. Warner Home Video,
     2001 [1988].
Prime. Reg. Ben Younger. Universum Film, 2006 [2005].
Sex and the Single Girl. Reg. Richard Quine. Warner Home Video, 2009 [1964].
Spellbound. Reg. Alfred Hitchcock. EuroVideo, 2002 [1945].
Un divan à New York. Reg. Chantal Akerman. Fimconfect Home Entertainment, 2012 [1996].

IV.3. Mittelalterliche Epik

Christiane Ackermann

1. Einleitung

Die psychoanalytische Interpretation vormoderner Literatur geht bis auf die Gründungszeit der Psychoanalyse zurück. Bei Sigmund Freud überwiegt hier das Interesse an der Antike, deren Sprache und Epen für die Darlegung seiner psychoanalytischen Konzepte von großer Bedeutung sind (vgl. Benthien et al. 2011; Traverso 2003). So dienen ihm die Unterweltfahrten des Odysseus und Äneas „als Modell für die metapsychologische Konstruktion des Unbewußten" (Traverso 2003, 88). Pointiert kommt die Relevanz des antiken Epos in jenem berühmten Zitat aus Vergils *Äneis* (1. Jh. v. Chr.) zum Ausdruck, das Freud bekanntermaßen seiner *Traumdeutung* (1900) voranstellte: „Flectere si nequeo superos, Acheronta movebo" [Kann ich die höheren Mächte nicht beugen, bewege ich doch die Unterwelt] – und mit dem er „das Streben der verdrängten Triebregungen" (II/III, 614) andeuten wollte. Der folgende Beitrag führt anhand ausgewählter zentraler Aspekte in die Bedeutung vormoderner, im Besonderen mittelalterlicher Literatur für die Psychoanalyse ein (vgl. Abschnitt 2.). Er zeigt sodann die sprachtheoretische Wende der Psychoanalyse auf (vgl. Abschnitt 3.) und exemplifiziert das Potenzial der semiotisch gewendeten psychoanalytischen Theorie (→ II.1. SEMIOTIK) für die Interpretation mittelalterlicher Literatur anhand einer Beispielanalyse des *Iwein* (um 1190/1200) Hartmanns von Aue (vgl. Abschnitt 4.). Angelehnt an Jacques Lacans Blickkonzept arbeitet der Beitrag die narrative Funktion des Blicks in Verbindung mit der Konstruktion der Erzählperspektive im *Iwein* heraus (vgl. Abschnitt 5.).

2. Der psychoanalytische Blick auf die vormoderne Literatur

Freuds Ausflüge ins Mittelalter sind selten, während sie in verschiedenen Studien seiner Schüler und Nachfolger mitunter eine weitaus größere Rolle spielen (vgl. Maaz 1990). So widmet sich Otto Rank in *Der Mythus von der Geburt des Helden* (1909) – eine Studie, die das Schema des Heldenmythos verschiedener Kulturen untersucht – der mittelalterlichen Heldensage. Nach Rank liegt diversen Mythologemen dieselbe Struktur zugrunde, deren gemeinsame Elemente die folgenden sind: die warnende Prophezeiung vor der Geburt des Helden, seine Abstammung

https://doi.org/10.1515/9783110332681-022

von „vornehmste[n] Eltern", Aussetzung, Rettung, Aufwachsen bei „geringen" Zieheltern, Wiederfinden der leiblichen Eltern auf „wechselvolle[m] Wege" (Rank 1909, 61), Rache, Anerkennung, Größe und Ruhm.

Die mediävistische Forschung hat – nur vereinzelt unter Rekurs auf die Psychoanalyse – ein identisches Grundmuster diverser vormoderner Erzählungen, Sagen und Mythen herausgearbeitet (vgl. Wapnewski 1979, 90–91). Diesbezüglich konstatiert Wolfgang Beutin, es handle sich um eben jenes Grundmuster, das „die psychoanalytische Literaturforschung seit Rank" aufzuhellen bemüht sei, nämlich „das Schema des Heldenmythos". Dies werde ersichtlich, „wenn man erkennt, daß das Grundmuster des heroischen Lebenslaufs oder ‚hero pattern', zumindest aber konstituierende Motive daraus sämtlichen Dichtungen eignen, worin Stoffe aus einem der folgenden Stoffkomplexe verarbeitet sind: der Geschichtsdichtung um Alexander; der Nibelungensage zusamt Dietrich, Hildebrand, Wolfdietrich u. a.; dem Karlskreis mit Roland, Rennewart u. a.; dem Artuskreis, auch Lanzelot usw.; den evangelischen Berichten und Legenden um Jesus, Judas, Pilatus, Gregorius u. a." (Beutin 1984, 211).

Bekannt ist Carl Gustav Jungs Affinität zum Mittelalter. Er hat unter anderem (im Anschluss an den Ethnologen Paul Radin) die Universalität der Trickster-Figur hervorgehoben, die in verschiedenen Mythen und Erzählungen zahlreicher Kulturen begegne (vgl. Jung 1956, 200; Melters 2004, 209). Jung versteht den *Trickster* (1956) als Archetyp, der etwa in der europäischen Karnevalskultur bis zum Mittelalter öffentlich in Erscheinung trete (z. B. der Karnevalsnarr), während er später zu einer kollektiven Schattenfigur werde: „an epitome of all the inferior traits of character in individuals" (Jung 1956, 209). Als Archetyp gilt Jung auch der Gral, dessen Legende Marie-Louise von Franz und Emma Jung eine ausführliche Untersuchung widmen, wobei im Falle von Marie-Louise von Franz Kompetenzen der Altphilologie und der Psychoanalyse zusammenfanden (sie promovierte über *Die ästhetische Anschauung der Iliasscholien* (1943) und war Psychotherapeutin sowie Lehranalytikern). In *Die Graalslegende in psychologischer Sicht* (1960) erklären die Autorinnen, der Gral verweise auf den Individuationsprozess. Er könne „als ein Bild der sogenannten *transzendenten Funktion*" verstanden werden, das heißt als „seelische Funktion, welche durch Erzeugung vereinigender Symbole die Synthese des Bewußtseins mit dem Unbewußten bewirkt und dadurch die Bewußtwerdung der seelischen Ganzheit, des Selbst, ermöglicht" (Jung und von Franz 1960, 162–163).

Nicht nur der Rekurs auf die Literatur ist für die psychoanalytische Theoriebildung wesentlich, vielmehr kommt der Sprache selbst größte Bedeutung zu, der schon Freud eine äußerst wichtige Rolle bei der Erkundung psychischer Zusammenhänge zumaß (vgl. XII). Die Relevanz der Sprache für die Psychoanalytiker der Generation nach Freud kann nicht überschätzt werden: Lacan machte

sie zum Kernpunkt seiner Theorie (→ II.4. POSTSTRUKTURALISTISCHE THEORIE).
Unter Berücksichtigung seiner Kenntnisse der strukturalen Linguistik (Ferdinand de Saussure, Roman Jakobson) ‚kehrt' er (auf sprachtheoretischem Wege)
zu Freud ‚zurück'. Zentral für seine Überlegungen ist die These, dass das Unbewusste wie eine Sprache strukturiert sei und zudem selbst aus dem Eintritt in die
sprachliche Ordnung resultiere (vgl. Lacan 1996d [1973], 26). Lacan versteht die
psychoanalytischen Termini Verdichtung und Verschiebung analog zu den linguistischen Begriffen Metapher und Metonymie: Die Verdichtung „meint die Überbelastungsstruktur der Signifikanten, in der die Metapher ihr Feld einnimmt,
wobei der Name (‚Ver-dichtung') darauf hinweist, daß dieser Mechanismus von
der Natur der Poesie ist, und zwar soweit, als er deren eigentlich traditionelle
Funktion einschließt." Die Verschiebung „ist dieses Umstellen der Bedeutung,
das die Metonymie zeigt, und das seit seinem Erscheinen bei Freud als jenes
Mittel des Unbewußten gedacht wird, das am besten geeignet ist, die Zensur zu
umgehen" (Lacan 1975 [1966], 36). Vor diesem Hintergrund eröffnet sich eine
spezifische Sicht auf die Funktionsweise von Texten im Allgemeinen und von
literarischen Texten im Besonderen. Ihre Semantik erscheint nunmehr nicht als
festgeschrieben, sondern aufgrund des dynamischen Zusammenspiels von Signifikanten und Signifikaten als mit jedem Rezeptionsgang veränderbar.

Lacan setzt mit seinem Sprachverständnis Freuds Kritik am Autonomiepos-
tulat des (modernen) Subjekts fort, denn im Sinne Lacans konstituiert sich das
Subjekt innerhalb des sprachlichen Systems, ohne das es nicht denkbar wäre. Es
kann sich immer nur innerhalb der Sprache artikulieren und durch sie erkennbar machen. Dabei verliert das Subjekt jedoch auch an Substanz, da Sprache
unmittelbare Präsenz kaum transportieren kann. Lacan distanziert sich von dem
Subjektivitätskriterium Selbstbewusstsein und betont die Bedeutung des Begehrens als entscheidende Eigenschaft des Subjekts, als seine „absolute Bedingung"
(Lacan 1996b [1966], 221). Das Begehren entsteht durch die Separation, die sich
mit der Einführung des Individuums in Sprache sowie der dazu parallel verlau-
fenden Einführung in soziale Strukturen vollzieht; hiernach können Ich und
Anderer und damit Ich und Welt ‚nur' über den Weg der Sprache zueinander-
kommen. Der unhintergehbaren Mittelbarkeit entspringt das Begehren und mit
ihm das Subjekt. Die höfische Liebe, wie sie die Troubadoure/Trouvères und Min-
nesänger in ihren Liedern artikulieren, verdeutlicht Lacan zufolge die Logik der
Subjektkonstitution und Geschlechterkonstruktion (→ II.7. GENDER UND QUEER
STUDIES). Die Konstellation von Minnedame und -diener zeigt, auf welche Weise
sich das Subjekt entwirft, indem es immer wieder aufs Neue die Grenzen zwischen Subjekt und Objekt zieht und sich dabei zugleich aus einem nie stillba-
ren Begehren speist. Das ‚Lustspiel' der höfischen Liebe kreist letztlich um „die
Unerreichbarkeit des Objekts" (Lacan 1996c [1986], 183): „Die Techniken, um die

es in der höfischen Liebe geht [...], sind Techniken des Zurückhaltens, des Aufschubs, des *amor interruptus*." (Lacan 1996c [1986], 187) Lacans Ausführungen zum Mittelalter gehen freilich über die Liebeslyrik hinaus und umfassen unter anderem auch die Erzählliteratur und Rekurse auf die mittelalterliche Scholastik und Mystik (vgl. Labbie 2006). Auch von ihm geprägte Psychoanalytikerinnen und Psychoanalytiker befassen sich immer wieder mit der mittelalterlichen Literatur und Kultur, unter anderem Luce Irigaray, Julia Kristeva und Slavoj Žižek (vgl. Ackermann 2007; Hollywood 1999; Labbie 2006).

Die Mediävistik hat die Mittelalterrezeption innerhalb der jüngeren Psychoanalyse ihrerseits aufgegriffen und wiederum für die Interpretation mittelalterlicher Texte fruchtbar gemacht (vgl. Ackermann 2007; Wolfzettel 2015). Entscheidendes Argument für diese theoriebasierten Lektüren ist, dass sich die Psychoanalyse mit und nach Lacan zu einer strukturalistischen und semiotischen Methode entwickelt hat. Dies gilt auch für die von Lacan stark beeinflussten Gender und Queer Studies, die sich in der mediävistischen Forschung inzwischen etabliert haben (vgl. Kraß 2015; Sieber 2015). Diese Entwicklungen sind von der Psychoanalyse als Therapieform zu unterscheiden. Als literatur- und kulturwissenschaftlicher Ansatz ist die Psychoanalyse heute Zeichentheorie und ein Verfahren des Erklärens und Verstehens von Kultur, Kunst und Literatur. Interdisziplinäre Verbreitung hat beispielsweise Lacans Blickkonzept erfahren, das Aufschluss über die Bedeutungsstiftung, genauer über eine bestimmte strukturelle Konstruktion der Bedeutungsstiftung in einem Text, Kunstwerk oder in anderen kulturellen Zeugnissen geben kann. Es ist für die Analyse unterschiedlicher Bereiche produktiv rezipiert und weiterentwickelt worden. Einfluss hat es besonders auf die Filmtheorie und deren Explikation narrativer und erzähltechnischer Strukturen im Film (→ IV.9. LITERATUR – FILM: DOPPELGÄNGER; vgl. Heath 1977/1978; Metz 2000 [1977]; Mulvey 1975; Oudart 1977/1978; Silverman 1983; Žižek 1992) sowie auf die Kunstgeschichte, Theater- und Literaturwissenschaft geübt (vgl. Blümle und von der Heiden 2009 [2005]; Czirak 2012; Haß 2005; Manlove 2008; Newman 2004).

Im vorliegenden Beitrag dient Lacans diagrammatisches Blickkonzept als Beispiel für eine durch seine Theorie sensibilisierte Lektüre mittelalterlicher Epik, denn es eignet sich für die Analyse narrativer Konstruktionen und damit verbundener Sinnstiftungsmechanismen, wobei die historische Qualität des Untersuchungsgegenstandes zu berücksichtigen ist (vgl. Ackermann 2007). Daraus ergibt sich wiederum, dass Lacans Überlegungen nicht einfach zu applizieren sind, sondern in Relation zum Text gegebenenfalls modifiziert werden müssen. Nachfolgend wird zunächst Lacans Blickkonzept in gebotener Kürze erläutert und anschließend dessen Aufschlüsselungspotenzial für die mittelalterliche Literatur am Beispiel des *Iwein* Hartmanns von Aue exemplarisch entfaltet.

3. Jacques Lacans Konzeption des ‚Blicks'

Die literarische Konstruktion von idealen Bildern (z. B. im höfischen Minnesang) steht nach Lacan im Zusammenhang mit der Identitäts- und Subjektbildung; sie können darauf angelegt sein, die Beschränkung des Bewusstseins beziehungsweise deren Wahrnehmung zu umgehen, darüber hinwegzutäuschen und ein Begehren nach einer kohärenten, ganzheitlichen Perspektive zu befriedigen. Lacan hat diese Veranlagung des Subjekts, sein Begehren nach einer omnipräsenten Perspektive, einem geschlossenen Gesichtskreis (der auch eine Kohärenz von Sinn meint) anhand seiner Konzeption des Blicks zu veranschaulichen gesucht. Diese ist wiederum verbunden mit seinem Modell des ‚Spiegelstadiums' und der These von der sprachlichen Strukturierung des Subjekts (vgl. Lacan 1975 [1966]; Lacan 1996a [1966]). Denn ebenso wie dieses sich im Erkennen seiner selbst aufgrund der damit verbundenen Bedingung der (sprachlichen und daher symbolischen) Repräsentation nie zur Gänze erfassen kann, ermangelt es eines erschöpfenden Erfassens, einer vollständigen, umfassenden Sicht auf sich selbst ebenso wie auf die Welt. Die eingeschränkte Perspektive ist im Imaginären (im Sinne Lacans) angesiedelt. Das Subjekt phantasiert sie und antizipiert zugleich einen übergeordneten Blick, dem nichts entgeht (→ III.8. NARZISS UND ECHO).

In den *Les quatre concepts fondamentaux de la psychanalyse* (1973; *Die vier Grundbegriffe* der *Psychoanalyse*) weist Lacan auf die Bedeutungsstiftung hin, die sich im Blick des Kunstschaffenden vollzieht: „Im Bild manifestiert sich mit Sicherheit immer ein Blickhaftes. Der Künstler weiß dies, seine Moral, sein Suchen, sein Spüren, seine Praxis bedeuten immer, ob er sich nun daran hält oder nicht, die Wahl einer bestimmten Blickweise." (Lacan 1996d [1973], 107) Für Lacan sind Sehen und Gesehenwerden miteinander verknüpft, ebenso wie Bild und Projektionsfläche, die Lacan auf derselben Ebene verortet. Die Projektionsfläche gehört wie das Projizierte in den Bereich des Imaginären, in die Sphäre der Bedeutungskonstruktion, in die Welt der Bilder, die sich das Subjekt von den Objekten macht. Eine solche Projektionsfläche kann das Ich sein, mit dessen Hilfe ein Subjekt sich in Relation zum ‚Anderen' (vereinfacht gesagt: zur Welt) setzen kann, wobei diese Relationen wiederum Bedeutungskonstruktionen bedingen. Zu beachten ist in diesem Zusammenhang, dass der Blick nicht gleichbedeutend mit dem physischen Akt des Sehens ist; nichtsdestoweniger hängen sie zusammen: Der Blick im Sinne Lacans geht über das individuelle Sehen hinaus: Der Terminus zielt einerseits auf die kulturelle Bedingtheit subjektiver Perspektiven und andererseits auf die Fokussierung und Determinierung von Subjekten innerhalb der kulturellen Matrix, das heißt auf die Entstehung und das Sein des Subjekts ‚unter den Augen' der sozialen Ordnung (→ II.5. KULTURTHEORIE). Das Subjekt ist bemüht, diesen ‚absoluten' Blick zu adaptieren und sich ihm anzuverwandeln, um die Beschränkung der eigenen Perspektive zu überwinden (vgl. Lacan 1996d [1973], 79–81). Der Blick ist das, was das Subjekt an die Limitierung seiner Perspektive erinnert – daran, dass stets etwas aus seinem Gesichtskreis ausgeschlossen ist, dass es immer etwas gibt, was es nicht wahrnehmen kann beziehungsweise was sich der Repräsentation von Objekten, mag sie noch so exakt oder komplex sein, entzieht. Gerade dies aber zwingt das Subjekt dazu, sehen zu wollen, evoziert sein Begehren, auch das Nicht-Sichtbare zu schauen. Die Wahrnehmung des Blicks und der Versuch, sich in Relation zu ihm zu setzen oder gar sich ihm anzuverwandeln, hat eine imaginäre Dimension. Denn der Blick ist nicht etwas real Existierendes, sondern hängt mit der Selbstwahrnehmung des Subjekts zusammen (vgl. Ackermann 2007, 26–28).

Lacan erläutert damit ein Phänomen, das nicht zuletzt für das Mittelalter Relevanz hat – eine Kultur die in besonderer Weise durch Visualität geprägt ist.

4. Sehen und Visualität im Mittelalter

Die Bedeutung des Sehens und – allgemeiner – des Visuellen im Mittelalter hat die Forschung verschiedentlich diskutiert. Relevant ist hierbei unter anderem die Untersuchung von Gesten und Gebärden, Ritual und Performativität oder symbolischer Kommunikation (vgl. u. a. Althoff 2003; Bauschke et al. 2011; Schmitt 2002; Starkey und Wenzel 2005; Summers 2013). Man geht mitunter davon aus, dass „im Mittelalter das Sehen als kulturelles Handlungsmuster dominiert" (Schnell 2008, 319). So erfolge etwa die höfische Kommunikation primär über das Sehen und das Auge (vgl. Schnell 2008, 316). Ferner hat man hervorgehoben, dass, bedingt durch den medialen Umbruch von der Mündlichkeit zur Schriftlichkeit, in der Schrift „Zeichen, die den Sehsinn ansprechen", integriert werden und mittelalterlicher Literatur eine „Poetik von Sehen und Sichtbarkeit" eingeschrieben sei (Bauschke et al. 2011, 9). Diese Poetik zu abstrahieren, gilt als eine der Hauptaufgaben, die sich die mediävistische Visualitätsforschung gestellt hat. Ferner sollen in mediengeschichtlicher Perspektive die Verfahren herausgearbeitet werden, „mittels derer Schrifttexte sinnliche Präsenz bei ihrem außertextuellen Publikum erzeugen" (Velten 2014, 308). Hierher gehören die Analysen von „Blicksteuerung und Visualisierung als Möglichkeit der Rezipienten- und Sympathielenkung" ebenso wie Fragen nach dem Einfluss „mittelalterliche[r] Wahrnehmungstheorien" (Velten 2014, 308).

Darüber hinaus fokussiert man Visualisierungsstrategien des Textes im Zusammenhang mit dem Erzählakt. Einzeluntersuchungen dazu mit Analysen zum *Iwein* bieten Carsten Morsch und Haiko Wandhoff (vgl. Morsch 2011; Wandhoff 2011). Untersuchungen zu Erzählverfahren in der höfischen Literatur, die ihrerseits wiederum Aufschluss über Formen der Visualisierung im *Iwein* geben, haben Gert Hübner, Michael Dimpel und Johannes Frey vorgelegt (vgl. Dimpel 2011; Frey 2008; Hübner 2003). Die Studien zeigen, wie ertragreich die Analyse von Sehen und Visualität für das Verständnis mittelalterlichen Erzählens ist. Die nachfolgenden Überlegungen zum Blick in Hartmanns *Iwein* setzen unter Berücksichtigung der Lacan'schen Blicktheorie die Diskussion zum Zusammenhang von Visualität und Erzählakt fort. Extrapoliert werden spezifische literarische Strukturen der Bedeutungsstiftung und der Narration; von Interesse ist schließlich die Funktionalisierung des Blicks für die metapoetische Dimension des Werks.

5. Die narrative Funktion des Blicks im *Iwein* Hartmanns von Aue

5.1. Blutende Wunden

Eine Szene, in der die Macht des Blicks im *Iwein* eine besonders prominente Rolle spielt, sei an den Anfang der Interpretation gestellt: Iweins Gefangenschaft im Torhaus der Burg Lunetes und Askalons. Der Protagonist selbst ist unsichtbar und der einzige, der alle im Torhaus sehen kann.

Zur Einordnung der Stelle: Iwein ist zwischen zwei Falltoren der Burg des Quellenwächters Askalon eingeschlossen, nachdem er diesem nachgejagt war und ihm den letzten tödlichen Schlag versetzt hatte. Lunete, die Zofe der Königin Laudine, kommt Iwein zur Hilfe und gibt ihm einen unsichtbar machenden Ring, damit ihn die Ritter der Burg, die den Tod ihres Herren rächen wollen, nicht erschlagen können:

si giengen slahende umbe sich	sie liefen umher, um sich schlagend
mit den swerten sam die blinden.	mit Schwertern wie Blinde.
[...]	
daz bette wart vil ofte wunt,	Das Bett wurde sehr oft zerstochen,
unde durch den kulter, der dâ lac,	und durch die Decke, die da lag,
gie manec stich unde slac:	ging mancher Stich und Hieb,
ouch muoser ofte wenken.	und oft musste Iwein ausweichen.
in winkeln unde under benken	In Ecken und unter Bänken
suochten si mit den swerten,	suchten sie mit den Schwertern,
wande si sîns tôdes gerten	denn sie wollten ihn töten.

(Hartmann von Aue 2008b, 1292–1293; 1372–1378)

Als einziger, der die ganze Szenerie überschaut, verfügt Iwein über eine geschlossene Perspektive. Die Ritter Lunetes hingegen sind sehenden Auges blind. Wichtig ist hier die Beteiligung der Rezipienten, ihre Blicklenkung durch den Text: Sie haben an Iweins überlegenem Blick Anteil, denn sie sind in die näheren Umstände eingeweiht und beobachten gewissermaßen mit Iwein die Nichtsehenden. Doch der solchermaßen als überlegen inszenierte Blick steht infrage, wenn der Leichnam Askalons an dessen Mörder vorbeigetragen wird:

nû seht, alsô begunden	*Nun schaut*: So begannen
im bluoten sîne wunden,	seine Wunden zu bluten,
dô man in in den palas truoc:	als man ihn in den Palast trug:
wan er was bî im der in dâ sluoc	Denn der war anwesend, der ihn erschlagen hatte.
(Hartmann von Aue 2008b, 1361–1364; Hervorh. C. A.)	

Die blutenden Wunden verweisen auf Iwein als Schuldigen und machen seine Anwesenheit transparent. Der Sehende wird zum Angesehenen, angesehen von einer implizierten überpersonalen Instanz, die mehr weiß als alle anderen. So lassen sich die Wunden mit Lacan als Manifestation des Blicks verstehen, der „zwar nicht gesehener Blick [ist], aber doch Blick, den ich auf dem Feld des Anderen imaginiere" (Lacan 1996d [1973], 90). Als solcher markieren die blutenden Wunden Iweins Blick als limitiert und verdeutlichen die Brüchigkeit seiner (vermeintlichen) geschlossenen Perspektive (vgl. auch Kay 2001, 271, deren Interesse Chrétiens de Troyes *Yvain* (zw. 1180 u. 1190) gilt). Oder wiederum mit Lacan formuliert: Das Subjekt sieht sich als „angeschaute[s] Wesen", sichtbar in der imaginierten „Allsichtsperspektive" (Lacan 1996d [1973], 81).

Von Iweins limitierter Perspektive ist wiederum das Publikum betroffen, das in dieser Szene, wie beschrieben, seine visuelle Wahrnehmung teilt. Indem allerdings der Erzähler das Publikum direkt adressiert („nû seht') und so zur Beteiligung an seiner Perspektive auffordert, fängt er die Limitierung für das Publikum auf. Zugleich setzt er die eigene Perspektive als überlegene und allgemeingültige, in welche er die Rezipienten einschließt und derart eine imaginäre Geschlossenheit (eine Kohärenz der Perspektive wie des Sinns) konstruiert. Die Überlegenheit der Perspektive ist aufgehoben in dem Wahrheitspostulat der Bahrprobe; mit ihr legitimiert der Erzähler seine Darstellung:

Nû ist uns ein dinc geseit	Nun wird uns eine Sache
vil dicke vür die wârheit,	sehr oft als Wahrheit mitgeteilt:
swer den andern habe erslagen,	Wenn jemand einen anderen erschlagen hat
unde wurder zuo im getragen,	und wird jener zu ihm getragen,
swie lange er dâ vor wurde wunt,	sei er auch noch so lange vorher verletzt worden,
er begunde bluoten an der stunt.	begänne er erneut zu bluten.
(Hartmann von Aue 2008b, 1355–1360)	

Der Erzähler beruft sich auf eine überpersonale, somit nicht subjektive Instanz, welche die Wahrheit über das Aufdecken der Wahrheit vermittele und auf deren Seite er sich selbst sowie sein Publikum in Verwendung des gemeinschaftsstiftenden Personalpronomens ‚uns' verortet. In dieser Weise konstruiert der Text eine Blickgemeinschaft und suggeriert eine souveräne Perspektive auf das Erzählte.

Diese Verbindung der Erzählperspektive mit der Blickinszenierung zeigt ein Spezifikum des Erzählverfahrens im *Iwein*: Es inszeniert – so die zentrale These – narrative Geschlossenheit, die es jedoch auch immer wieder verweigert und dadurch ein Begehren danach evoziert. Die narrative Geschlossenheit umfasst nicht allein den logischen Abschluss der Erzählung, sondern vielmehr auch die Verknüpfung von einzelnen Elementen der Narration zu einer logisch geschlossenen Struktur (z. B. die logische, lineare Verknüpfung von Erzählen und Erzähltem oder von Sehen und Gesehenwerden). Die für den *Iwein* beschriebene Struktur (Geschlossenheit – Verweigerung/Aufschub der Geschlossenheit) ist sowohl charakteristisch für die Erzähl- als auch für die Handlungsebene. Beide Ebenen gestalten sie vermittels spezifischer Inszenierungen des Blicks. Daher erlaubt ihre Analyse Rückschlüsse auf die metapoetische Dimension des Textes.

Hartmanns *Iwein* funktionalisiert die Macht des Blicks in komplexer Weise für die Narration, wie aus dem Zusammenspiel zwischen Prolog, Rahmen- und Binnenhandlung hervorgeht. Diesbezüglich ist zum einen die Gestaltung der Erzählperspektive und zum anderen das Sehen und Gesehenwerden der Figuren relevant (der Begriff der Erzählperspektive findet hier Verwendung, um die bekannten historischen Einschränkungen zu umgehen, denen der immer noch oft favorisierte narratologische Begriff der Fokalisierung unterliegt).

5.2. Prolog: Blick des Erzählers – Blick des Publikums

Der *Iwein*-Prolog entwirft den Erzähler als einen in Büchern stöbernden Ritter. Dieses Bild begegnet bekanntermaßen schon in den ersten Versen des *Armen Heinrich* (um 1190/1200) Hartmanns, die der *Iwein*-Prolog anzitiert. Im *Armen Heinrich* zielt der suchende Blick der Erzählerfigur darauf, einen geeigneten Stoff für sein Publikum zu finden:

Ein rîter sô gelêret was	Ein Ritter war so gelehrt,
daz er an den buochen las	dass er in den Büchern las,
swaz er dar an geschriben vant;	was auch immer er darin niedergeschrieben fand;
der was Hartman genant,	der hieß Hartmann,
dienstman was er ze Ouwe.	er war Dienstmann in Aue.
der nam im manege schouwe	Er schaute ausgiebig
an mislîchen buochen.	in verschiedene Bücher.

dar an begunde er suochen	Darin suchte er,
ob er iht des vunde	ob er etwas von der Art fände,
dâ mite er swære stunde	womit er beschwerliche Zeiten
möhte senfter machen	angenehmer machten könnte.

(Hartmann von Aue 2008a, 1–11)

Erklärtes Ziel im *Armen Heinrich* ist, dass die Rezipienten für das Seelenheil des Erzählers beten (zur Funktion des Blicks im *Armen Heinrich* vgl. Ackermann 2007). Der *Iwein*-Prolog zeichnet den erzählenden Ritter, der seinen Blick auf verschiedene Werke richtet, demgegenüber in gröberen Linien:

Ein rîter, der gelêrt was	Ein Ritter, der gelehrt war
unde ez an den buochen las,	und in den Büchern las,
swenner sîne stunde	wenn er seine Zeit
niht baz bewenden kunde:	nicht besser zu verwenden wusste,
daz er ouch tihtens pflac.	dann dichtete er auch.
daz man gerne hœren mac,	Was man gerne hört,
dâ kêrt er sînen vlîz an.	darauf verwandte er seine Mühe.
er was genant Hartman	Er hieß Hartmann
unde was ein Ouwære,	und war aus Aue,
der tihte diz mære.	der diese Geschichte gedichtet hat.

(Hartmann von Aue 2008b, 21–30)

Als Zweck der Erzählung wird nicht mehr die Fürbitte des Publikums benannt. Neues Gewicht erhält dagegen der Unterhaltungscharakter und die Eigenständigkeit des Erzählens, das der Prolog einige Verse später gegenüber der vergangenen Artuswelt profiliert: Es sei beklagenswert, dass die ‚vreude‘ bereitende Artuswelt untergangen sei. Heute aber habe man die Erzählung von ihr und diese zieht der Sprecher den ritterlichen Taten vor:

mich jâmert wærlîchen,	Es macht mich wahrlich traurig
unde hulfez iht, ich woldez clagen,	– und nützte es etwas, würde ich es beklagen –,
daz nû bî unsern tagen	dass es nun in unserer Zeit
selch vreude niemer werden mac,	solche Freude nicht mehr geben kann,
der man ze den zîten pflac.	die man damals hatte.
doch müezen wir ouch nû genesen.	Doch finden wir auch heute Freude:
ichn wolde dô niht sîn gewesen,	Ich hätte damals nicht leben wollen,
daz ich nû niht enwære,	wenn ich dafür jetzt nicht lebte,
dâ uns noch mit ir mære	da es uns mit ihren Geschichten
sô rehte wol wesen sol:	so richtig gut gehen soll –
dâ tâten in diu werc vil wol	damals ging es ihnen mit den Taten gut.

(Hartmann von Aue 2008b, 48–58)

Der Verlust wird damit zum Gewinn: Das Erzählen überbietet die vergangene Idealität, indem es das Vergnügen am ‚mære' gegenüber den ‚wercen' privilegiert. Diese Abgrenzung macht der Erzähler auch zur Sache des Publikums. Denn er spricht nicht nur in der ersten Person (eine Neuerung gegenüber dem Prolog des *Armen Heinrich*) für sich, sondern auch für das Publikum. Durch das Personalpronomen ‚uns' formuliert er schon hier eine Position für die Rezipienten, die er aufseiten seiner Perspektive verortet. Der Erzähler macht seinen Blick auf den Gegenstand ganz explizit auch zum Blick des Publikums, integriert es so imaginär innerhalb der Erzählung als wahrnehmende Instanz in Abgrenzung von der Handlungsebene und stellt so für das Publikum eine Form narrativer Geschlossenheit her. Damit überspielt er das Defizit gegenwärtiger Heldentaten und simuliert die Position des Blicks im Sinne einer übergeordneten Perspektive. Allerdings: Die klare Abgrenzung (damals: ‚diu werc', heute: ‚ir mære') unterminiert dann die auf den Prolog folgende Rahmenhandlung, und dies ist narrative Strategie.

5.3. Rahmenhandlung: *mære* statt *werc*

Der Beginn der Rahmenhandlung beschreibt das Hoffest König Artus' zu Pfingsten und ‚realisiert' so (augenscheinlich) die angekündigte erzählte Welt. Doch in dieser Welt geht es zunächst einmal gar nicht um Heldentaten der Artusritter, sondern um die Kurzweil der Festgäste. Sie vertreiben sich die Zeit unter anderem mit Geschichten – sie *reden* nur von Liebe (vgl. Hartmann von Aue 2008b, 71) und von Heldentaten (vgl. Hartmann von Aue 2008b, 72). Damit aber drehen sich die Gespräche innerhalb der Artuswelt um die tragenden Eckpfeiler der Erzählung Hartmanns: um Liebe und Heldentaten. Die Rahmenhandlung wiederholt also die Situation des Erzählens auf der Handlungsebene. Die erzählte Artuswelt bestätigt einerseits den Erzähler, aber gerade nicht durch die Präsentation von Aventiure, sondern indem sie die Erzählsituation aufgreift und in dieser Weise sich gewissermaßen selbst erzählt. Vermittels dieses narrativen Kniffs stellt der Text dann einerseits doch Gegenwärtigkeit her, andererseits schiebt er die vom Erzähler im Prolog gesetzte Erwartung (die Darbietung von Heldentaten) auf und zögert damit die narrative Geschlossenheit hinaus. Es liegt hier also eine maximale Spannung zwischen An- und Abwesenheit vor, die den Rezipienten sukzessive tiefer in die Geschichte hineinzieht.

Der Aufschub wird noch weitergetrieben, wenn Kalogreant auf dem Hoffest fünf anderen Rittern ein *mære* von seinen vergangenen Erlebnissen erzählt:

der sehste was Kâlogrêant.	Der sechste war Kalogreant.
der begunde in sagen ein mære,	Der erzählte ihnen eine Geschichte
von grôzer sîner swære	von seinem Versagen,
unde von deheiner sîner vrümcheit	nicht etwa von einer Heldentat.
(Hartmann von Aue 2008b, 92–95)	

Der Terminus des *mære* weist zurück auf den Prolog und verknüpft Erzähler- und Handlungsebene. Die Prologsituation wird nun in stärker ausgestalteter Form in die Rahmenhandlung übersetzt, das Publikum kann sich in den Zuhörern des Erzählers Kalogreant wiederfinden und wird dadurch in die Handlungsebene integriert. Diesem Identitätsangebot folgt wiederum die Enttäuschung der narrativ evozierten Erwartung: Denn Kalogreants Geschichte von der Quelle – vom Brunnenabenteuer – handelt nicht von einer erfolgreichen Aventiure, sondern von seinem Misserfolg. Das heißt, hier wird nun auch noch die Idealität, die der Prolog als Erwartungshorizont eröffnet hat, und somit wiederum narrative Geschlossenheit verweigert. Idealität und Geschlossenheit müssen sich erst noch erfüllen.

Zusammenfassend lässt sich für die Rahmenhandlung festhalten, dass sie konsequent die narrative Geschlossenheit aufschiebt, insofern sie die Erwartung auf Heldentaten enttäuscht und so ein Begehren danach evoziert. Durch die Wiederholung der Erzählsituation auf der Ebene der Handlung aber offeriert sie den Rezipienten eine Identifikationsmöglichkeit und schließt sie so in die Handlung ein, was einen Präsenzeffekt eben dieser mit sich bringt. Dies stellt wiederum eine Form narrativer Geschlossenheit dar, die ihrerseits in Spannung zur beschriebenen Struktur des Aufschubs steht. Erst mit der Iwein-Figur scheint sich das Versprechen des Prologs dann endlich einzulösen. Denn der Protagonist, der zu den Zuhörern Kalogreants gehört, will die Brunnen-Aventiure erfolgreich meistern.

5.4. Die Iwein-Figur als Erzähler und ‚Realisierung' der Heldentaten

Bevor Iwein aufbricht, nimmt er erzählerisch den Verlauf seiner Brunnen-Aventiure vorweg (vgl. Hartmann von Aue 2008b, 924). Wieder ersetzen Worte Taten, das heißt, auch mit Iwein wird die Struktur des Aufschubs fortgeführt – und auch mit ihm wiederholt die Handlungsebene die Erzählsituation. Wenn der Protagonist dann zur Brunnen-Aventiure auszieht, diese erfolgreich hinter sich bringt und Laudine sowie ihr Land als Preis erhält, schließt sich endlich der Kreis zwischen dem Erzählerversprechen des Prologs und der Handlung. Dass die Ereignisse genauso ablaufen, wie von Iwein vorab formuliert, ist Teil der narrativen Evidenzerzeugung: Das auf der Handlungsebene inszenierte Gefüge von

Erzählung (Iweins erzählerisch vorweggenommene Taten) und Handlung (Iweins vollzogene Brunnen-Aventiure) suggeriert die Deckung zwischen Erzählen und Erzähltem, stellt so narrative Geschlossenheit her und erzeugt damit die Präsenz des Erzählten. Der Text suggeriert eine Unmittelbarkeit des Geschehens und macht die Rezipienten regelrecht zu Augenzeugen der Ereignisse. Vergleichbar, aber gewissermaßen umgekehrt aufgebaut ist Iweins Reflexion über die Bezeugung seiner Taten: Während seiner Gefangenschaft im Torhaus der Burg bangt Iwein um seine Glaubwürdigkeit am Artushof:

doch gedâht er an einen schaden,	doch bereitete ihm etwas Sorgen:
daz er niht überwunde	Er würde den Spott nicht verwinden,
den spot den er vunde,	der ihm begegnen würde,
swenner sînen gelingen	wenn er seinen Erfolg
mit deheinen *schînlîchen dingen*	mit nichts *Vorzeigbarem*
ze hove *erziugen* möhte	bei Hofe *beweisen* könnte.

(Hartmann von Aue 2008b, 1522–1527; Hervorh. C. A.)

Der Erfolg darf also nicht nur erzählt, sondern muss ‚zeigbar‘, ‚sichtbar‘ sein. Für das Publikum als Augenzeugen aber sind Iweins Worte ohnehin evident. Seine Reflexion über die ‚schînlîchen dinge‘ macht insofern die Rezipienten zu potenziellen Bürgen am Artushof. Auch dies evoziert eine Präsenz des Erzählten. Ähnliches lässt sich beobachten, wenn Iwein wieder zu Verstand kommt, nachdem er aufgrund der Zurückweisung Laudines wahnsinnig geworden war. Infolge seines Lebens im Wald ist er äußerlich verwildert:

dô er sich ûf gerihte	Als er sich aufgerichtet hatte,
unde sich selben an blihte	sich selbst anblickte
unde sich sô griulîchen sach,	und seine abscheuliche Erscheinung sah,
wider sich selben er sprach	sprach er zu sich selbst:
‚bistûz Îwein, ode wer?	‚Bist du es, Iwein, oder wer sonst?
[...]	[...]
mir hât getroumet michel tugent:	Ich träumte Herrliches:
ich het geburt unde jugent,	Ich besaß edle Abstammung und Jugend,
ich was schœne unde rîch,	ich war schön und mächtig,
disem lîbe vil ungelîch	dieser Gestalt hier ganz unähnlich
[...].‘	[...].‘
Alsus was er sîn selbes gast,	So war er sich selbst fremd,
daz im des sinnes gebrast,	dass er nicht erkannte,
ob er ie rîter wart	jemals Ritter geworden zu sein,
unde alle sîn umbevart	und all seine Abenteuerfahrten
die heter in dem mære	erschienen ihm
als ez im getroumet wære.	als habe er sie geträumt.

(Hartmann von Aue 2008b, 3505–3509; 3517–3520; 3563–3568)

Im Blick auf sich selbst erkennt sich Iwein nicht, obwohl er merkt, dass sein hässliches Äußeres nicht seinem Innern entspricht. Sein Leib, so meint er, sei niedrig, doch sein Herz von Adel. An sein früheres Leben erinnert sich der Protagonist erst, als er zu dem Ort seiner ersten Aventiure – der Quelle – zurückkehrt:

eins tages truoc in diu geschiht	Eines Tages führte ihn das Geschick
(daz erz enweste niht)	(ohne dass er es bemerkte)
rehte in sîner vrouwen lant,	geradewegs in das Land seiner Herrin,
dâ er den selben brunnen vant,	wo er eben die Quelle fand,
von dem im dâ was geschehen,	durch die ihm früher,
als ich iu ê hân verjehen,	wie ich euch zuvor erzählt habe,
grôz heil unde michel ungemach.	großes Glück und viel Unglück widerfahren war.
unde als er die linden darobe sach,	Als er die Linde darüber sah
unde dô im dâzuo erschein	und als vor ihm obendrein
diu kapel unde der stein,	die Kapelle und der Stein auftauchten,
dô wart sîn herze des ermant	da wurde sein Herz daran erinnert,
wie er sîn êre unde sîn lant	wie er sein Ansehen, sein Land
hete verlorn unde sîn wîp.	und seine Frau verloren hatte.
(Hartmann von Aue 2008b, 3923–3935)	

Iweins Blick auf bestimmte Dinge (Quelle, Linde, Kapelle, Stein) machen ihm sein früheres Leben bewusst, und er gelangt zu einer geschlossenen Perspektive, insofern sich für ihn sein vergangenes, vermeintlich geträumtes und sein gegenwärtiges Leben zu einer Identität zusammenfügen. Erzähler und Rezipienten haben an dieser (re)konstruierten Geschlossenheit Anteil, denn der Erzähler erinnert das Publikum daran, dass sie den Ort und damit all die Dinge kennen, die Iwein erblickt und die ihm seine Identität bewusst machen. Sie kennen den Ort aufgrund der Erzählung, deren Inhalt mit dem erwachten Bewusstsein Iweins Präsenz erhält. Bedenkt man die Verbindung von Prolog und Handlung lässt sich schlussfolgern: Im *Iwein* begegnet eine metapoetische Verwirklichung der Erzählerperspektive durch Bruch und Beweis der Wirklichkeit. Die beschriebene Struktur konstituiert eine ästhetisch präsente Welt und lässt die Rezipienten sukzessive in diese Welt eintauchen.

6. Fazit

Was Lacan als Phänomen für das Bild reklamiert, nämlich die Manifestation eines Blickhaften, lässt sich auch in der Literatur beobachten, in der es, selbstredend in anderer Form, anhand eigener Darstellungsmodi zum Ausdruck kommt. Die Manifestation des Blickhaften meint dabei nicht lediglich die Spielarten narrativer Perspektiven, sondern ihre Bezogenheit auf eine dem Text eingeschriebene Allsichtsperspektive. Eben einer solchen sucht sich der Erzähler des *Iwein* unter Aufbieten seines narrativen Talents zu bemächtigen: Mag die Welt der Taten, wie es im Prolog heißt, auch untergegangen sein und kann man von ihr nur noch in Büchern lesen, so erzeugt doch das Erzählen im Hier und Jetzt der Erzählung eine eigene (gegenüber der Vergangenheit privilegierte) Präsenz. Die Kunst der Vergegenwärtigung der ‚werc‘ wirkt immersiv, sie macht das Publikum zum Teil der erzählten Welt. Zugleich suggeriert der Text die Beteiligung des Publikums an der als überlegen inszenierten Erzählerperspektive und damit an der Position des Blicks im Sinne einer geschlossenen Perspektive. Geschlossenheit aber wird zugleich immer wieder aufgeschoben. Dies beginnt schon mit der Rahmenhandlung, welche die Erzählsituation wiederholt, wenn die Figuren der Erzählwelt als Erzähler auftreten und die angekündigten Heldentaten ihrerseits ins Leere laufen lassen. Durch diese Spiegelung der Erzählsituation arbeitet die Handlungsebene der durch den Erzähler suggerierten narrativen Geschlossenheit zu, weil sich in ihr schließlich die zunächst nur *erzählten* Taten ‚realisieren‘. Der Erzähler unterläuft in dieser Weise die grundsätzliche Nachträglichkeit des Erzählens (vgl. Nägele 1987, 175–178), und er befreit sich vom Mangel einer geschlossenen (Präsenz erzeugenden) Perspektive, indem er sie (mit den Figuren als Erzähler) auf die Handlungsebene verlagert. Dieser Mangel betrifft mitunter auch das Publikum (wie etwa im Falle der Bahrprobe), dessen Position so zwischen einer limitierten und der Allsichtsperspektive des Erzählers oszilliert. Gerade dieses Oszillieren wirkt immersiv und Präsenz erzeugend.

Wenn man in Hartmanns *Iwein* nach Reflexionen des Erzählens sucht, so finden diese eben nicht nur durch explizite Erzählerreflexionen statt. Diese Reflexionen sind vielmehr auch der Erzählwelt, besonders ihren Blickinszenierungen, mitgegeben. Sie künden von der narrativen Struktur wie vom Kunstcharakter des Textes. Gerade die merkwürdig irreale Welt im *Iwein*, die man lange als quasimythisch bezeichnet hat (vgl. z. B. Hammer 2007), wäre in ihrem metapoetischen Bildwert noch deutlicher zu befragen. Und das gilt insbesondere für die Stellen, an denen der Bildwert durch die Möglichkeiten des Blickes selbst thematisiert wird.

Literatur

Ackermann, Christiane. „Mediävistik und psychoanalytische Literaturtheorie (mit einer Annäherung an den ‚Armen Heinrich‘ Hartmanns von Aue)“. *Literaturwissenschaftliches Jahrbuch N. F. Im Auftrage der Görres-Gesellschaft* 48 (2007): 9–44.
Althoff, Gerd. *Die Macht der Rituale. Symbolik und Herrschaft im Mittelalter*. Darmstadt 2003.

Bauschke, Ricarda, Sebastian Coxon und Martin Jones (Hrsg.). *Sehen und Sichtbarkeit in der Literatur des deutschen Mittelalters. XXI. Anglo-German Colloquium London 2009*. Berlin 2011.

Benthien, Claudia, Hartmut Böhme und Inge Stephan (Hrsg.). *Freud und die Antike*. Göttingen 2011.

Beutin, Wolfgang. „Ältere deutsche Literatur und Psychoanalyse". *Germanistik – Forschungsstand und Perspektiven. Deutscher Germanistentag 1984, Passau*, Teil 2. Hrsg. von Georg Stötzel. Berlin, New York 1985: 199–222.

Blümle, Claudia und Anne von der Heiden. *Blickzähmung und Augentäuschung. Zu Jacques Lacans Bildtheorie*. 2. Aufl., Zürich, Berlin 2009 [2005].

Czirak, Adam. *Partizipation der Blicke. Szenerien des Sehens und Gesehenwerdens in Theater und Performance*. Bielefeld 2012.

Dimpel, Friedrich Michael. *Die Zofe im Fokus. Perspektivierung und Sympathiesteuerung durch Nebenfiguren vom Typus der Confidente in der höfischen Epik des hohen Mittelalters*. Berlin 2011.

Frey, Johannes. *Spielräume des Erzählens. Zur Rolle der Figuren in den Erzählkonzeptionen von „Yvain", „Îwein", „Ywain" und „Ívens saga"*. Stuttgart 2008.

Hammer, Andreas. *Tradierung und Transformation. Mythische Erzählelemente im „Tristan" Gottfrieds von Straßburg und im „Iwein" Hartmanns von Aue*. Stuttgart 2007.

Hartmann von Aue. „Der arme Heinrich". Hartmann von Aue. *Gregorius. Der arme Heinrich. Iwein*. Hrsg. und übers. von Volker Mertens. Frankfurt a. M. 2008a: 229–315.

Hartmann von Aue. „Iwein". Hartmann von Aue. *Gregorius. Der arme Heinrich. Iwein*. Hrsg. und übers. von Volker Mertens. Frankfurt a. M. 2008b: 317–767.

Haß, Ulrike. *Das Drama des Sehens. Auge, Blick und Bühnenform*. München 2005.

Heath, Stephen. „Notes on Suture". *Screen* 18.4 (1977/1978): 48–76.

Hollywood, Amy. *Sensible Ecstasy. Mysticism, Sexual Difference, and the Demands of History*. Chicago, London 1999.

Hübner, Gert. *Erzählform im höfischen Roman. Studien zur Fokalisierung im „Eneas", im „Iwein" und im „Tristan"*. Tübingen, Basel 2003.

Jung, Carl Gustav. „On the Psychology of the Trickster Figure". Radin, Paul. *The Trickster. A Study in American Indian Mythology. With Commentaries by Karl Kerényi and C. G. Jung*. New York 1956: 195–211.

Jung, Emma und Marie-Louise von Franz. *Die Graalslegende in psychologischer Sicht*. Zürich, Stuttgart 1960.

Kay, Sarah. *Courtly Contradictions. The Emergence of the Literary Object in the Twelfth Century*. Stanford 2001.

Kraß, Andreas. „Kritische Heteronormativitätsforschung (Queer Studies)". *Literatur- und Kulturtheorien in der Germanistischen Mediävistik. Ein Handbuch*. Hrsg. von Christiane Ackermann und Michael Egerding. Berlin, Boston 2015: 271–301.

Labbie, Erin Felicia. *Lacan's Medievalism*. Minneapolis, London 2006.

Lacan, Jacques. „Das Drängen des Buchstabens im Unbewussten oder die Vernunft seit Freud" [1966]. Lacan, Jacques. *Schriften II*. Hrsg. und übers. von Norbert Haas. Olten, Freiburg i. Br. 1975: 15–59.

Lacan, Jacques. „Das Spiegelstadium als Bildner der Ichfunktion, wie sie uns in der psychoanalytischen Erfahrung erscheint" [1966]. Übers. von Peter Stehlin. Lacan, Jacques. *Schriften I*. Hrsg. von Norbert Haas. 4. Aufl., Weinheim, Berlin 1996a: 61–70.

Lacan, Jacques. „Die Ausrichtung der Kur und die Prinzipien ihrer Macht". Übers. von Norbert Haas. Lacan, Jacques. *Schriften I*. Hrsg. von Norbert Haas. 4. Aufl., Weinheim, Berlin 1996b [1966]: 171–239.

Lacan, Jacques. „Die höfische Liebe, anamorphotisch". Lacan, Jacques. *Das Seminar von Jacques Lacan*, Bd. VII: *Die Ethik der Psychoanalyse (1959–1960)*. Hrsg. von Jacques-Alain Miller. Übers. von Norbert Haas. Weinheim, Berlin 1996c [1986]: 171–189.

Lacan, Jacques. *Das Seminar von Jaques Lacan*, Bd. XI: *Die vier Grundbegriffe der Psychoanalyse (1964)*. Hrsg. von Jacques-Alain Miller. Übers. von Norbert Haas. 4. Aufl., Weinheim, Berlin 1996d [1973].

Summers, Sandra Lindemann. *Ogling Ladies. Scopophilia in Medieval German Literature*. Gainesville 2013.

Maaz, Wolfgang. „Psychologie und Mediävistik. Geschichte und Tendenzen der Forschung". *Klio und Psyche*. Hrsg. von Thomas Kornbichler. Pfaffenweiler 1990: 49–72.

Manlove, Clifford T. „On the ‚Split' Between the Eye and the Gaze in Literature". *(Re)-Turn. A Journal of Lacanian Studies* 3/4 (2008): 71–95.

Melters, Johannes. *„ein frölich gemüt zu machen in schweren zeiten …"*. *Der Schwankroman in Mittelalter und Früher Neuzeit*. Berlin 2004.

Metz, Christian. *Der Imaginäre Signifikant. Psychoanalyse und Kino*. Übers. von Dominique Blüher et al. Münster 2000 [1977].

Morsch, Carsten. *Blickwendungen. Virtuelle Räume und Wahrnehmungserfahrungen in höfischen Erzählungen um 1200*. Berlin 2011.

Mulvey, Laura. „Visual Pleasure and Narrative Cinema". *Screen* 16.3 (1975): 6–18.

Nägele, Rainer. *Reading after Freud. Essays on Goethe, Hölderlin, Habermas, Nietzsche, Brecht, Celan, and Freud*. New York 1987.

Newman, Beth. *Subjects on Display. Psychoanalysis, Social Expectation, and Victorian Femininity*. Athens 2004.

Oudart, Jean-Pierre. „Cinema and Suture". *Screen* 18.4 (1977/1978): 35–47.

Rank, Otto. *Der Mythus von der Geburt des Helden. Versuch einer psychologischen Mythendeutung*. Leipzig, Wien 1909.

Schmitt, Jean-Claude. *Le corps des images. Essais sur la culture visuelle au Moyen Age*. Paris 2002.

Schnell, Rüdiger. „Zur Konversationskultur in Italien und Deutschland im 15. und 16. Jahrhundert. Methodologische Überlegungen". *Konversationskultur in der Vormoderne. Geschlechter im geselligen Gespräch*. Hrsg. von Rüdiger Schnell. Köln, Weimar, Wien 2008: 313–385.

Sieber, Andrea. „Gender Studies". *Literatur- und Kulturtheorien in der Germanistischen Mediävistik. Ein Handbuch*. Hrsg. von Christiane Ackermann und Michael Egerding. Berlin, Boston 2015: 103–140.

Silverman, Kaja. *The Subject of Semiotics*. New York, Oxford 1983.

Starkey, Kathryn und Horst Wenzel. *Visual Culture and the German Middle Ages*. New York, Oxford 2005.

Traverso, Paola. *„Psyche ist ein griechisches Wort …"*. *Rezeption und Wirkung der Antike im Werk von Sigmund Freud*. Übers. von Leonie Schröder. Frankfurt a. M. 2003 [2000].

Velten, Hans Rudolf. „Visualität in der höfischen Literatur und Kultur des Mittelalters". *Handbuch Literatur & Visuelle Kultur*. Hrsg. von Claudia Benthien und Brigitte Weingart. Berlin, New York 2014: 304–320.

Wandhoff, Haiko. „Imaginäre Kopfreisen in die Wunderwelt der *âventiure*, oder: Wenn das Sehen zur Allegorie des Lesens wird. Neue Überlegungen zu Hartmanns ‚Erec' und ‚Iwein'". *Sehen und Sichtbarkeit in der Literatur des deutschen Mittelalters. XXI. Anglo-German Colloquium London 2009*. Hrsg. von Ricarda Bauschke, Sebastian Coxon und Martin Jones. Berlin 2011: 141–159.

Wapnewski, Peter. *Hartmann von Aue*. 7., erg. Aufl. Stuttgart 1979.

Wolfzettel, Friedrich. „Psychoanalyse". *Literatur- und Kulturtheorien in der Germanistischen Mediävistik. Ein Handbuch*. Hrsg. von Christiane Ackermann und Michael Egerding. Berlin, Boston 2015: 404–431.

Žižek, Slavoj. „„In His Bold Gaze My Ruin Is Writ Large'". *Everything You Always Wanted to Know about Lacan … But Were Afraid to Ask Hitchcock*. Hrsg. von Slavoj Žižek. London, New York 1992: 211–273.

IV.4. Bekenntnisliteratur

Sebastian Meixner

1. Einleitung: Vom Geständnis zum Bekenntnis

Zu Verbrechen und Sünde, zu einem Glauben oder zu Gefühlen, zu einer sexuellen Orientierung oder zu einem Sportverein, ja sogar zu einer Staatsform kann man sich bekennen. Aktuellen Diagnosen zufolge leben wir sogar in einer „Bekenntniskultur" (Burkart 2006), die uns täglich dazu nötigt, Bekenntnisse in allen möglichen Bereichen abzulegen. Sowohl den potenziellen Gegenständen als auch den Kontexten eines Bekenntnisses sind damit kaum Grenzen gesetzt. Diese Entgrenzung lässt sich in das ausgehende 18. Jahrhundert zurückverfolgen, als weder Religion noch Recht ihr Monopol auf das Bekenntnis aufrechterhalten können. Auf dem Feld der Religion individualisieren etwa pietistische Bekenntnispraktiken das vorher noch kollektiv gedachte Bekenntnis und lösen es von einer universell für alle Angehörigen einer Konfession verbindlichen Bekenntnisversion. Gleiches gilt für die Jurisdiktion, die weniger das Verbrechen bestraft, als vielmehr zunehmend die Motive des Verbrechers ergründen will (→ IV.10. KRIMINALLITERATUR). Das hat zur Folge, dass auch Rechtsverstöße unter der Ägide der Normalisierung individualisiert werden: Das Bekenntnis des Täters ersetzt das Geständnis der Tat (vgl. Foucault 2003 [1974–1975], 148–177). Diesem umfassenden Trend zur Individualisierung geht das wachsende Interesse für Innerlichkeit seit der Mitte des Jahrhunderts voraus. Unter dem Stichwort der sentimentalen oder empfindsamen Literatur bildet die europäische Literatur Strukturen aus, die die Psychoanalyse mehr als einhundert Jahre später für ihre Exploration des Innenlebens in Dienst nehmen wird. Doch vollzieht die Literatur um 1800 nicht nur die Umstellung vom Kollektiv auf das Individuum, sondern sie stellt eigene narrative Formen der Selbsterforschung bereit, die das Bekenntnis prägen und seine Bedingungen und Möglichkeiten reflektieren: Brief, Autobiographie, Tagebuch. Literarische Formen sind für diese Reflexion besonders prädestiniert, da sie – versehen mit dem Signum der Fiktionalität – epistemologisch gesehen der einzige Ort sind, an dem „die Ich-Originität (oder Subjektivität) einer dritten Person als einer dritten dargestellt werden kann" (Hamburger 1994 [1957], 73). Johann Wolfgang Goethe exploriert wie kein anderer im Schwellenraum ‚1800' die literarische Produktivität des Bekenntnisses auf eine Art und Weise, die seine zunehmende Verschärfung und Individualisierung sichtbar macht: Anhand von vier Texten lässt sich exemplarisch zeigen, wie das Bekenntnis von der Religion über die Medizin in die Literatur wandert und schließlich seine eigene narrative

https://doi.org/10.1515/9783110332681-023

Form reflektiert: Brief (vgl. Abschnitt 4.1.), fiktionale (vgl. Abschnitt 4.2.) wie faktuale Autobiographie (vgl. Abschnitt 4.3.) und Tagebuch (vgl. Abschnitt 4.4.).

2. Systematisch: Der (Sprech-)Akt des Bekennens

Immer liegt dem Bekenntnis ein Akt zugrunde, der nur in der ersten Person funktioniert, weil er eine individuelle Relation der Äußerungsinstanz zu ihrem Bekenntnis voraussetzt und zugleich schafft (vgl. Lehmann 1988, 59–60). Dergestalt markieren Bekenntnisse ihre Performativität offensiv: Jedes Bekenntnis braucht einen Bekennenden. Wer aber ein Bekenntnis ablegt, der verändert sich damit. Nicht nur legt er sich kommissiv auf bestimmte zukünftige Handlungen fest oder transformiert sich deklarativ zum Angehörigen einer bestimmten Bekenntnisgemeinschaft, sondern er gibt auch direktive Anweisungen an verschiedene Adressaten seines Bekenntnisses. Nie ist das Bekenntnis also nur die Mitteilung eines Bekenntnisinhaltes, vielmehr stets ein komplexer Sprechakt, der einerseits den Bekennenden zum Bekennenden ‚macht' und andererseits durch seine Mehrfachadressierung verschiedenste Effekte zeitigen kann. Dabei ist es für das Gelingen des performativen Akts prinzipiell unerheblich, ob seine Anteile wahr oder falsch sind; um zu funktionieren, muss er lediglich wohlformuliert sein und bestimmten pragmatischen Konventionen oder Institutionen folgen (vgl. Searle 1971 [1969], 54–68; 78–83; Searle 1982 [1979], 24–25). Für ein Bekenntnis müssen diese Konventionen beziehungsweise Institutionen verfügbar gemacht werden, indem der Bekennende sie in der Regel an das performative Verb ‚ich bekenne' anschließt.

Die Searle'schen Konventionen führen geradewegs in die Literaturgeschichte, die dem Sprechakt mit der sogenannten Bekenntnisliteratur gar eine eigene Gattung geschaffen hat und so Formen des Bekenntnisses verfügbar macht, auf die im Bekenntnisakt zurückgegriffen werden kann. Deshalb verwundert es nicht, dass sich die Psychoanalyse literarischer Bekenntnisse bedient, wenn sie seelische Strukturen exploriert. Der Akt des Bekenntnisses ist für die Psychoanalyse sogar grundlegend und stellt den Königsweg dar, wenn nicht gar die notwendige Voraussetzung für Therapie und Heilung. Dabei ist die Psychoanalyse im Rahmen ihrer Krankheitslehre von einer medizinischen Umstellung abhängig, welche die Rollen des Bekenntnisses nach psychopathologischem Muster rekonfiguriert. Die erste theoretische Handreichung für den Beruf des Psychoanalytikers – Sigmund Freuds *Ratschläge für den Arzt bei der psychotherapeutischen Behandlung* (1912) – wendet sich explizit an die „analytisch tätigen Ärzte[]" (VIII, 376) und erklärt „den Chirurgen zum Vorbild" (VIII, 380) für den Psychotherapeuten, der den kranken

Patienten mit seinem Instrumentarium operiert. In diesem Zusammenhang gilt: Nur der bekennende Kranke ist ein therapierbarer Kranker. Deshalb sind etwa die Fallgeschichten Freuds mit Bekenntnissen oder Geständnissen förmlich durchsetzt, die den ‚Kranken' durch den ‚Arzt' – möglichst ohne die Fallstricke der Übertragung – entlockt worden sind. Sie stellen den Ausgangspunkt ihrer Therapie in angeleiteter „Denkarbeit" (I, 62) dar. Zugleich übersteigt der Anspruch der Psychoanalyse andere tradierte Formen des Bekenntnisses erheblich, wenn die „Beichte" zwar als „Einleitung" der therapeutischen Arbeit dient, sich aber keineswegs darin erschöpft. Denn anders als im Beichtgespräch oder im Verhör soll der ‚Kranke' eben „mehr sagen als er weiß" (XIV, 215). Damit ist der ‚Arzt' gefragt, der zum Hermeneuten des ‚Kranken' avanciert. Unter dem Stichwort ‚Geständniszwang' reflektiert Theodor Reik dieses Verfahren kritisch und verweist auf seine Vorläufer in der religiösen Beichtpraxis oder im juristischen Prozess (vgl. Reik 1925, 161). Damit setzt die Psychoanalyse Krankheit, Sünde und Verbrechen zueinander in Beziehung und greift dafür auf literarische Bekenntnisformen zurück, die nicht nur psychoanalytische Verfahren *avant la lettre* reflektieren, sondern psychoanalytische Strukturen generieren und formatieren.

3. Historisch: Literaturgeschichte des Bekenntnisses

Die Leistung des Bekenntnisakts führt in die Literaturgeschichte. Dort werden die Formen des Bekenntnisses geprägt, auf welche die Psychoanalyse rekurriert. Unter dem Stichwort der *confessio* verweist die Begriffsgeschichte das Bekenntnis als Geständnis zunächst auf das Regelwerk der antiken Gerichtsrede, wo das Geständnis als optimales Beweismittel zur Überzeugung des Richters dient. Bereits in der antiken Rhetorik ist das Geständnis aber nicht auf das Wahrsprechen des geständigen Angeklagten reduziert. Die Nähe von *confessio* und *concessio* – der scheinbaren Einräumung – erlaubt im Scheingeständnis die Möglichkeit des listigen Verstellens zur strategischen Verfolgung der Redeabsicht (vgl. Magaß und Robling 1994, 348–350). Analog dazu tritt die doppelte Adressierung des Geständnisses im Rahmen der Gerichtsrede in den Vordergrund. Schließlich soll nicht nur der Richter überzeugt werden, sondern auch die Öffentlichkeit. Im Zuge der Auseinandersetzung zwischen römischem Staat und Christentum erfährt *confessio* eine Bedeutungserweiterung vom Geständnis zum Glaubensbekenntnis, denn im Falle des Märtyrers (griech. *martys*), der mit seinem Glauben auch sein Verbrechen bezeugt, fallen beide Bedeutungen zusammen: Sein Geständnis ist ein Glaubensbekenntnis.

Diesen Zusammenhang von Verbrechen und Bekenntnis internalisiert die religiöse Praxis, indem dem Glaubensbekenntnis das Sündenbekenntnis zur Seite gestellt wird. Die Sünde ist somit das religiöse Äquivalent zum staatlich sanktionierten Vergehen – insbesondere nachdem im Konzil von Nicaea im Jahre 325 das christliche Glaubensbekenntnis kodifiziert wurde und den Zusammenhang von christlichem Glaubensbekenntnis und Verbrechen zumindest vor Gerichten des Römischen Reichs endgültig aufgelöst hat (vgl. Staats 1998, 1251). Konsequenterweise wird der berühmte Birnendiebstahl in Augustinus' autobiographischen *Confessiones* (397–401; *Bekenntnisse*) – dem bekanntesten Text der spätantiken Bekenntnisliteratur – in seiner moralischen Überformung des Straftatbestands zum Auslöser seines Sündenbekenntnisses und zum Katalysator seines Glaubensbekenntnisses (vgl. Augustinus 2012 [397–401], 90–105; Gehrlach 2011, 293–305). Bei Augustinus zeigt sich dabei erstens die doppelte Adresse des Bekenntnisses, indem es zwar einerseits Gott apostrophiert, aber andererseits vor beziehungsweise zu Menschen spricht. Dadurch verbindet er das Sündenbekenntnis zweitens mit der Unterweisung der Gemeinde. Mit den augustinischen *Confessiones* kommt schließlich auch der Zusammenhang von Bekenntnis und Bekehrung – von *confessio* und *conversio* – in den Blick. Denn das Bekenntnis der Sünden löst im Idealfall die Bekehrung des Sünders aus. Erst der Bekehrte – und damit schließt sich der Kreis – kann aber von seiner Bekehrung erzählen und damit als Gläubiger Bekenntnis ablegen. Bekennen heißt also in diesem Fall, von seiner Bekehrung zu erzählen und andere zum gleichen Bekenntnis zu motivieren.

Die doppelte Adresse des Bekenntnisses wird nach Augustinus vor allem durch die Briefform in Peter Abaelards *Historia calamitatum* (1133–1136; *Abaelards Trostbrief an seinen Freund*) verstärkt. Abaelard verfasst seine autobiographische Leidensgeschichte in der Form eines Briefes an einen selbst offenbar in eine Notlage geratenen Freund, der durch das Ausmaß von Abaelards Leiden – ganz im Gestus der Überbietung – getröstet werden soll. Seine Leidensgeschichte beginnt mit der Liebe zu seiner Schülerin Heloisa, deren Onkel Abaelard kastrieren lässt, nachdem er von der Beziehung erfahren hat. Dabei kalkuliert der Text ganz gezielt mit einer zweiten Adresse: dem Leser. Durch das Bekenntnis seines Unglücks vor der doppelt besetzten Position des Empfängers wird Abaelards Unglück zum Katalysator seiner Bekehrung. Weil die Leidensgeschichte einer (religiösen) Deutung bedarf, mündet das erste Bekenntnis in Abaelards Glaubensbekenntnis. Eng mit diesem verbunden ist darüber hinaus auch der Briefwechsel zwischen Abaelard und Heloisa, der als prototypischer Austausch von Liebesbriefen gilt. Da Abaelard in ihm jedoch das Ziel verfolgt, Heloisa zu bekehren, hat dieser Briefwechsel eine nicht zu unterschätzende pädagogische Dimension.

Am Ende des mit Liebesbekenntnissen begonnenen Briefwechsels steht daher konsequenterweise ebenfalls ein Glaubensbekenntnis nebst Klosterregel und Nonnenspiegel, womit der Text – sprechakttheoretisch gesprochen – die Grenze zwischen kommissiver Selbstverpflichtung und direktiver Anweisung überschreitet. Nichtsdestotrotz hat vor allem die Liebesgeschichte die Rezeption geprägt, wie insbesondere Jean-Jacques Rousseaus Briefroman *Julie ou la Nouvelle Héloïse* (1761; *Julie oder Die neue Heloise*) zeigt, der in seiner Version des Briefwechsels eine bekenntnishafte Intimität inszeniert. Rousseau hat nicht nur die Geschichte von Abaelard und Heloisa ins 18. Jahrhundert transponiert, sondern auch in seinen *Confessions* (postum 1782–1789; *Bekenntnisse*) Augustinus' *Bekenntnisse* transformiert. Auch wenn Rousseau auf viele Topoi des Prätexts zurückgreift, indem etwa aus dem Birnendiebstahl der Versuch eines Apfeldiebstahls wird, verschieben sich seine Bekenntnisse sichtlich ins Säkulare (vgl. Breuer 2000, 217–218). Gefühlswahrheit und Naturwahrheit ersetzen die religiöse Wahrheit; die Bekehrung, die der Diebstahlversuch auslöst, ist dezidiert eine philosophische.

Vor und neben Rousseaus *Confessions* ist für den deutschen Sprachraum allerdings die pietistische Bekenntnisliteratur – etwa von Friedrich Christoph Oetinger oder August Hermann Francke – prägend, die religiöse Erfahrung individualisiert und im Zuge dessen die Autobiographie säkularisiert (vgl. Niggl 2012, 94–113). Die pietistische Bekenntnisliteratur ist in den vergangenen Jahren vermehrt unter diätetischen Gesichtspunkten beschrieben worden, insofern sie von geistigen Übungen abhängt, die genau die in den Bekenntnissen dargestellte Selbstbeobachtung erst ermöglichen (vgl. Thums 2005, 627–638). Pietistische Autoren empfehlen zur geistigen Übung insbesondere das Führen eines Tagebuchs, das zum Mittel der Seelenerforschung und zum Rechenschaftsbericht gegenüber sich selbst avanciert (vgl. Jacob 1997, 85–87; Schönborn 1997a, 574–577). Die Bedeutung des Bekenntnisses im Sinne eines Rechenschaftsberichts verweist auf die zeitgenössische rechtswissenschaftliche Terminologie, die unter anderem auch Amts-, Ehren-, Erb-, Glaubens-, Vermögens- und Wahrheitsbekenntnisse kennt (vgl. Schröder und von Künßberg 1932, 1499–1500). Von der Autobiographie unterscheidet sich das Tagebuch vor allem durch seine narrative Struktur. Das diarisch segmentierte Schreiben unterlegt dem Akt des Erzählens, der in der Autobiographie mit der Fiktion eines sich an sein Leben erinnernden erzählenden Ichs einhergeht, eine eigene Zeitlichkeit. Solche kleinteiligen und kontinuierlichen Selbstbeobachtungen kommen ohne einen großen narrativen Bogen aus: Das Schreiben selbst ersetzt die Geschichte. Damit ist das Tagebuch im Gegensatz zur ‚großen Konfession‘ der Autobiographie ein tendenziell unabgeschlossenes und offenes Format, dem darüber hinaus eine dialogische Struktur zugrunde liegt. Diese verbindet es mit dem Brief, wobei nun das Buch selbst, strukturell gesehen, an die Stelle des adressierten und im Buch imaginierten Gegenübers rückt. Dementsprechend internalisiert das Tagebuch die kommunikative Struktur des Briefes, auch wenn Tagebücher durchaus nicht nur ‚für die Schublade' geschrieben sind, sondern seit dem 18. Jahrhundert sogar mit einem breiten Publikum kalkulieren.

4. Paradigmatisch: Johann Wolfgang Goethes Bekenntnisse

Brief, Autobiographie und Tagebuch sind also die literarisch produktivsten Formen, wenn es um die Darstellung von Bekenntnissen geht. Goethe war nicht nur für Freuds eigene Analysen paradigmatisch (vgl. exemplarisch Weissberg 2015), sondern ist in diesem Zusammenhang insofern ein besonderer Fall, als sein Werk die Entwicklungen der Bekenntnisliteratur im Schwellenraum ‚1800' in allen vorgestellten Formen zu den ihnen spezifischen Bedingungen reflektiert: Der *Brief des Pastors zu* *** *an den neuen Pastor zu* *** (1773) knüpft – erstens – an die pietistische Bekenntnisliteratur an und inszeniert die Verfahren des religiösen Bekenntnisses. Die fiktionale Autobiographie *Bekenntnisse einer schönen Seele* in *Wilhelm Meisters Lehrjahren* (1795/1796) veranschaulicht – zweitens – die enge Verbindung des religiösen mit dem medizinischen und ästhetischen Diskurs der Zeit. Goethes autobiographisches Projekt *Aus meinem Leben. Dichtung und Wahrheit* (1811–1833, postum) vermag, nach eigener Aussage, – drittens – nur „Bruchstücke einer großen Konfession" (MA 16, 306, im Folgenden mit der Sigle MA und unter Angabe der Bandnummer zitiert) zu geben, und legt doch gerade dadurch eine „poetische Beichte" (MA 16, 556) – ein Bekenntnis zur Literatur – ab. Die *Tag- und Jahreshefte* (1830) zeigen schließlich – viertens –, wie ein Bekenntnis ohne Finalität funktioniert, indem sie die Form der offenen Reihe veranschlagen.

4.1. Religion bekennen: *Brief des Pastors zu* *** *an den neuen Pastor zu* ***

Goethes *Brief des Pastors zu* *** *an den neuen Pastor zu* *** ist nicht nur die Mitteilung eines Bekenntnisses, sondern vor allem ein Bekehrungsversuch. Eingebettet in ein komplexes Arrangement von Mittelbarkeit inszeniert der Text dazu protopsychoanalytische Verfahren der Introspektion, um Innerlichkeit zu produzieren und seinen Adressaten von diesem Bekenntnis nach allen Regeln der Rhetorik zu überzeugen. Insbesondere auf das Moment der Individualisierung greift der Text dabei zurück, indem er sowohl stilistisch wie thematisch auf pietistische Bekenntnisliteratur Bezug nimmt (vgl. Breuer 2000, 227–232; Willems

1995, 6–67). Dabei rekurriert Goethe mit dem Brief auf das bevorzugte Medium des 18. Jahrhunderts, um Innerlichkeit zu kommunizieren (vgl. Koschorke 2003 [1999]; Reinlein 2003). Doch bereits Titel und Untertitel des Textes weisen auf die Artifizialität des medialen Arrangements hin, von der diese Innerlichkeit paradoxerweise abhängt: Einerseits stellen die durch Asteriske ersetzten Ortsangaben im Titel den Anschein von Authentizität her, indem sie die vorgeblich realen Instanzen durch einen Herausgeber schützend verbergen. Andererseits öffnen die getilgten Ortsangaben eine Leerstelle, an die buchstäblich jede x-beliebige Ortsangabe rücken kann und verweisen dadurch auch auf eine im 18. Jahrhundert verbreitete Konvention fiktionaler Literatur – insbesondere des Briefromans (vgl. Valk 2012, 194–195). Auch der Untertitel spielt insofern mit der Authentizitätsfiktion des Textes, als er jede Unmittelbarkeitsillusion durch die Markierung der Übersetzung zerstört: Der Brief wird nicht als getreue Wiedergabe eines Originals inszeniert, sondern als eine Übersetzung „[a]us dem Französischen 1773" (MA 1.2, 423). Indem die Datumsangabe als Jahresangabe mit der editorischen Notiz verbunden ist und nicht der epistolaren Formel der Verbindung von Ortsangabe und Datierung folgt, bleibt darüber hinaus offen, ob der Brief 1773 verfasst oder übersetzt wurde. Auch die Adresse des Briefes ist rein funktional: Der Empfänger wird nicht namentlich genannt, sondern als „lieber Herr Amtsbruder" (MA 1.2, 423), „lieber Bruder" (MA 1.2, 424) oder „mein lieber Herr Confrater" (MA 1.2, 426) angesprochen. Lediglich in der Grußformel tauchen die Auslassungszeichen des Titels durch die Tilgung des Namens wieder auf und rahmen den Text.

Der *Brief des Pastors zu *** an den Pastor zu **** ist in doppeltem Sinn ein Bekenntnis: Einerseits thematisiert er zwei zeitgenössische Streitfragen des christlichen Bekenntnisses, indem er umfassende Toleranz gegenüber Andersgläubigen fordert und ferner die Erbsündenlehre ablehnt. Andererseits bedient er sich bestimmter literarischer Formen des Bekenntnisses mit entsprechenden kommunikativen Strategien, um eine Bekehrung seines Adressaten zu erreichen. So gesteht der Pastor strategisch im Rahmen der *captatio benevolentiae* einen weitreichenden Normverstoß: „so muß ich doch aufrichtig gestehen, daß Eures Vorfahren Totengeläut mir ebenso eine freudige Wallung ins Blut brachte als das Geläute Sonntags früh, wenn es mich zur Kirche ruft, da mein Herz vor Liebe und Neigung gegen meine Zuhörer überfließt." (MA 1.2, 423) Freilich weiß der Schreiber: „Gott wird [ihm] vergeben" (MA 1.2, 423), und eben diese Sicherheit führt ins Zentrum des im Brief ausgedrückten Glaubensbekenntnisses. Denn auch wenn der Gläubige den Lehren der Kirche widerspricht – also hier gegen das Gebot der Nächstenliebe verstößt –, ist er sich dennoch seines Heils sicher. Der Grund für diese unumstößliche Sicherheit liegt im „Glauben an die göttliche Liebe" (MA 1.2, 426), zu dem der Adressat bekehrt werden soll: „wenn Ihr eben so alt sein werdet als ich, sollt Ihr auch bekennen, daß Gott und Liebe Synonymen sind, wenigstens wünsche ichs Euch." (MA 1.2, 424) Damit steht eine Bekehrung auf dem Spiel, gegen die der Vorgänger des adressierten Pastors wohl immun gewesen ist, der vor allem das Gegenteil von Liebe gepredigt hat: die „Verdammung der Heiden" (MA 1.2, 424). Dagegen setzt der Schreiber „alle Ungläubigen der ewigen wieder-bringenden Liebe" (MA 1.2, 427) aus und formuliert sein Bekenntnis zur Toleranz, das freilich von einer Bekehrung der Ungläubigen im Jenseits abhängt und mit einer bereits erfolgten persönlichen Bekehrung von „Saulus" zu „Paulus" (MA 1.2, 424–425) des Schreibers im Diesseits einhergeht. Mit der Frage der Tole-ranz ist die Relativierung eines kodifizierten Glaubensbekenntnisses wie der „Augspurgische[n] Konfession" (MA 1.2, 428) verbunden, die als zwar notwen-dige Festschreibung nach außen dargestellt wird, aber darum individuelle Glau-bensbekenntnisse keineswegs einschränkt. Im Gegenteil ist aber die verbindli-che Festschreibung des Christentums auf ein Bekenntnis unmöglich: „Es sind wunderliche Leute die Theologen, da prätendieren sie was nicht möglich ist. Die Christliche Religion in ein Glaubensbekenntnis bringen, o ihr guten Leute!" (MA 1.2, 430) Doch selbst die Toleranz des Pastors zu *** hat Grenzen gegenüber „den falschen Propheten", die zwar nicht aus der Gemeinde zu vertreiben sind, aber gezwungen werden müssen, zu „bekennen was sie sind" (MA 1.2, 432). Dergestalt als „Widerchristen" (MA 1.2, 432) markiert, stellen sie keine Gefahr mehr da, und „so wird unter der Gemeine auch kein Zwist entstehen, hier habt ihr mein und meiner ganzen Gemeine Glaubensbekenntnis" (MA 1.2, 432). ‚Glaubensbekennt-nis' meint an dieser Stelle also weniger das Bekenntnis religiöser Glaubensin-halte als vielmehr eine direktive Richtlinie zur Führung der Gemeinde.

Diese Instrumentalisierung des Glaubensbekenntnisses zeigt sich im offen-siv markierten Unterschied zwischen privatem und öffentlichem Bekenntnis, das mit der Relativierung des kodifizierten Bekenntnisses einhergeht. Denn mit der Wiederbringung oder *apokatastasis* vertritt der Pastor eine auf dem Konzil von Konstantinopel (553 n.Chr.) verworfene Lehre von der „Wiederherstellung des ursprünglichen Zustandes der Welt mit der Bekehrung und Begnadigung aller Sünder" (Sauder 1987, 847). Nur „insgeheim" – und im vertraulichen Austausch mit dem neuen Kollegen – bietet diese Lehre Trost: „[E]s ist keine Sache davon zu predigen." (MA 1.2, 425) Die rhetorische Funktion dieser Lehre ist im Brief aber nicht zu unterschätzen, denn sie verbindet zum einen die beiden theologischen Streitpunkte des Textes: die Frage der Erbsünde mit derjenigen der Toleranz. Zum anderen gewinnt der Text in der Gegenüberstellung von öffentlichem und pri-vatem Bekenntnis, die hier nicht als doppelzüngiger Widerspruch, sondern als legitime Differenzierung inszeniert wird, nicht nur theologisch an Sprengkraft, weil der Pastor eben nicht glaubt, was er predigt, sondern auch literarisch, indem er aus seinem Register ins Komische fällt. So heißt es bereits in der *captatio bene-volentiae* am Ende des ersten Absatzes nach dem Lob der Vorzüge des Adressierten: „[D]enn freilich ist's auch kein Vorteil für die Herde, wenn der Schäfer ein Schaf ist." (MA 1.2, 423) Dieses ironisch eingeführte pastorale Setting wird in der Schlussformel wieder aufgegriffen, indem die Unterweisung ihr Ziel vor Augen stellt: „[S]o werdet Ihr dereinst mit der Überzeugung Euer Amt wohl geführt zu haben, vor den Richterstuhl des Herrn treten können, der über Hirten und Schafe, als Oberhirt allein zu richten das Recht hat." (MA 1.2, 434) Auch wenn sich der diesseitige Hirte hier dezidiert als Gegner der „Redekunst" inszeniert, deren Anhänger „mit Worten um sich werfen die sie nicht verstehen" (MA 1.2, 424), bedient er sich doch vielfältiger rhetorischer Mittel, um sein Ziel zu erreichen: den neuen Pastor zu *** durch Bekennen im Bekennen zu bekehren.

Der Brief ist somit in mehrfacher Hinsicht ein Bekenntnis. Erstens reflektiert er aus einer lutherischen Perspektive an den Streitfragen der Toleranz und der Erbsündelehre die Konfliktlinien des religiösen Diskurses der Aufklärung, die sich in doppelbödigen Bekenntnissen manifestieren. Zum anderen greift der Brief auf vielfältige Formen des Bekenntnisses zurück und instrumentalisiert diese in einem Bekehrungsversuch seines Adressaten. Zugleich beschreibt der Brief auch in der Streitfrage um Abendmahl und Eucharistiefeier die Grenzen des Bekenntnisses: den Rest, der nicht bekannt werden kann, weil er sich dem Bekennen durch Unbegrifflichkeit stets entzieht, „denn der Körper bleibt immer ein merkwürdiger Teil des Menschen" (MA 1.2, 430). Dieser merkwürdige Teil entzieht sich damit auch protopsychoanalytischer Introspektion. Folglich stehen das religiöse wie das psychoanalytische Wissen vor demselben Problem.

4.2. Körper bekennen: *Bekenntnisse einer schönen Seele*

Dieses Problem verschärft sich in den *Bekenntnissen einer schönen Seele*, der fiktionalen Autobiographie des sechsten Buchs in *Wilhelm Meisters Lehrjahren*, die Wilhelms Bildungsgang mit einer weiblich codierten Alternative flankiert und als Hommage an Susanna Katharina von Klettenberg – eine Pietistin im Umfeld der Herrnhuter Brüdergemeinde – gelesen wird (vgl. Gutjahr 2010, 48–49). Denn der Text inszeniert den Skandal des sprechenden Körpers (vgl. Felman 2003; Strowick 2009, bes. 87–93). Gegenstände der *Bekenntnisse* sind so keineswegs die verschiedenen Glaubensbekenntnisse der schönen Seele, sondern – im Gegenteil – zunächst ihr kranker Körper: Als Symptom geistiger Entwicklungen wird er lesbar gemacht (→ II.1. SEMIOTIK). Die für diese Lektüre zuständige Disziplin ist eine diätetisch verstandene und protopsychologisch argumentierende Medizin. Mit dieser Betonung des kranken Körpers, der die Schönheit der Seele geradezu bedingt, hängt die medizinische Rahmung der *Bekenntnisse* zusammen. Keineswegs stammt der Titel der Lebensgeschichte nämlich von der Verfasserin der *Bekenntnisse* selbst, sondern von einem Arzt, der Wilhelm und Aurelie den Text anvertraut. Der Kontext dieser Übergabe ist höchst prekär. Im Zuge der Behandlung des „deutliche Spuren des Wahnsinns" (MA 5, 336) zeigenden Harfners kommt die Konversation zwischen Wilhelm und dem Arzt „natürlich auf die Methode, Wahnsinnige zu kurieren" (MA 5, 347). Während der Geistliche, bei dem der Harfner quasi hospitalisiert ist, eine Therapie durch ein strukturgebendes „tätiges Leben" (MA 5, 347) favorisiert, meint der Arzt, dass „wahrhaft religiöse Gesinnungen" (MA 5, 350) für Patienten mit „einer nicht ganz herzustellenden kränklichen Anlage" (MA 5, 350) förderlich seien.

Die *Bekenntnisse einer schönen Seele* werden als ein solcher Fall und damit als Fallgeschichte in die *Lehrjahre* eingeführt (→ IV.6. FALLGESCHICHTE). Der Erzähler bewertet die Wirkung dieser Fallgeschichte bewusst nicht (vgl. MA 5, 355), sondern inkorporiert sie den *Lehrjahren* stattdessen als eigenständiges Buch und unterbricht damit Wilhelms Bildungsgang. Mit gutem Grund, denn zumindest für Aurelie ist ihre Lektüre fatal: Sie stirbt unvermittelt, nachdem ihr „heftige[s] und trotzige[s] Wesen [...] auf einmal gelinder" (MA 5, 355) wurde. Die *Bekenntnisse einer schönen Seele* sind so nicht nur die Diagnose des titelgebenden Arztes, sondern auch im Zuge der „diätetische[n] und medizinische[n] Behandlung" (MA 5, 350) Aurelies ein höchst prekäres *pharmakon* (vgl. Egger 2001, 31–35; 226–231). Damit nicht genug: Die pietistischen Selbstpraktiken der *Bekenntnisse* werden in der Rahmenhandlung durchaus problematisiert, wenn nicht ironisiert. Denn der Arzt schildert – verbunden mit der Übergabe des Manuskripts – den Fall eines Grafen, der Gefahr läuft, „unter die Herrenhuter zu gehen" (MA 5, 349), nachdem er seinen vermeintlichen Doppelgänger erblickt hat und nun unter melancholischen Zuständen leidet. Der vermeintliche Doppelgänger war aber niemand anderes als Wilhelm selbst, der in der Kleidung des Grafen in den ehelichen Gemächern platziert wurde – in der Hoffnung, die Gräfin zu verführen. Wilhelm sieht sich in größter Verwirrung freilich zu „umständliche[m] Bekenntnis" (MA 5, 349) seiner Rolle in dieser Intrige veranlasst. Damit ist die Komplexität nur angedeutet, welche die *Bekenntnisse einer schönen Seele* in die *Lehrjahre* integrieren. Sie sind als Fallgeschichte sowohl Diagnose als auch Dokument einer Therapie, die in der Rahmenhandlung weitreichende Folgen hat: den Tod Aurelies, die Aufdeckung der Intrige um Wilhelm und die Gräfin sowie schließlich im achten Buch die Hochzeit Wilhelms mit Natalie, der Nichte der schönen Seele.

Mit dem Begriff der schönen Seele rekurriert der Text neben der bereits in der Antike als *kalokagathia* formulierten Harmonie vom Wahren, Guten und Schönen auch auf die *belle âme* in Rousseaus *Julie ou la Nouvelle Héloïse*. Mit Christoph Martin Wieland avanciert sie zum empfindsamen Modewort, das Friedrich Schiller in *Über Anmut und Würde* (1793) philosophisch verankert: „In einer schönen Seele ist es also, wo Sinnlichkeit und Vernunft, Pflicht und Neigung harmonieren, und Grazie ist ihr Ausdruck in der Erscheinung." (Schiller 1992 [1793], 371) Während Grazie in der Ästhetik des 18. Jahrhunderts Schönheit in der Bewegung bezeichnet, liegt das Grundproblem des Modells in seiner Statik (vgl. Goebel 2006, 48–49; Kleiner 2010, 199–203). Denn eine schöne Seele hat „kein andres Verdienst, als daß sie ist" (Schiller 1992 [1793], 370), weil man nicht zu einer schönen Seele werden kann, sondern entweder eine ist oder eben keine. Dementsprechend empfindet die schöne Seele der *Lehrjahre* auch niemals Reue, jenes sonst notwendige Kriterium für ein (Sünden-)Bekenntnis (vgl. MA 5, 390; 422). Eine solche Reue sieht etwa das Hallische Bekehrungssystem vor, dem sich die schöne Seele unterwirft, bevor sie die Herrnhuter Gemeinde entdeckt (vgl. MA 5, 390). Doch für sie gibt es kein Gesetz außer ihrem „Trieb", der sie „immer recht führet" (MA 5, 422), und folglich kennt sie keinen Widerspruch mit sich selbst. Ohne diesen Widerspruch kann die schöne Seele aber weder bekehrt noch – hier beerbt die Psychoanalyse den Sprechakt des Bekenntnisses – therapiert werden. Die schöne Seele empfindet nicht nur keine Reue, sie hat keinen Begriff von Sünde, dem „nie erklärte[n] böse[n] Ding" (MA 5, 391; vgl. Dane 2011). Wie passt dieses in seiner Harmonie gewissermaßen statische Modell zu einem Entwicklungs-, ja zu einem Bildungsroman im weiteren Sinn und zu einer Autobiographie im engeren? Pointierter gefragt: Was hat eine schöne Seele überhaupt zu bekennen außer ihrem Glauben, der doch notwendig an begriffliche Grenzen stößt (vgl. MA 5, 396)?

Genau an dieser Frage arbeitet sich Goethes Text ab, indem er gegen die Vorstellung umfassender Harmonie durchaus die Brüche der schönen Seele betont. Einerseits inszeniert er sie nämlich als Entwicklungsgeschichte und führt andererseits die Kosten auf, mit denen ihr spiritueller Zustand verbunden ist. Insbesondere scheint die spirituelle Entwicklung der Protagonistin von ihrer morbiden Körperlichkeit abzuhängen. Körperliche Gebrechen werden gar als Geburtshelfer der schönen Seele und als Ausgangspunkt ihrer *Bekenntnisse* inszeniert: Als Achtjährige wird die Figur schwer krank, die Zeit vor ihrer Krankheit entzieht sich ihrer Erinnerung. Das neun Monate dauernde „Krankenlager" – inszeniert als zweite Geburt – nutzt die Figur einerseits zu umfangreicher Lektüre vor allem der Bibel mit ihren „[b]edenkliche[n] Stellen" (MA 5, 362) und andererseits zu gemeinsamen Studien mit ihrem Vater, der ihr nicht nur anatomische Präparate, „Menschenhaut, Knochen, Mumien und dergleichen" (MA 5, 360), aufs Bett legt, sondern auch „Vögel und Tiere, die er auf der Jagd erlegte" (MA 5, 360). Auf Drängen ihrer Mutter lernt sie Kochen. Doch lieber nutzt sie den Küchentisch als Seziertisch, um weiteres medizinisches Wissen zu akquirieren: „Ein Huhn, ein Ferkel aufzuschneiden, war für mich ein Fest. Dem Vater brachte ich die Eingeweide und er redete mit mir darüber wie mit einem jungen Studenten, und pflegte mich oft mit inniger Freude seinen mißratenen Sohn zu nennen." (MA 5, 362; vgl.

Stephan 2004, 189–204) Obwohl sie während ihrer Krankheit Gott zu ihrem Vertrauten macht, beginnt sie „die Welt zu sehen" (MA 5, 365) und die „Empfindungen für den Unsichtbaren" (MA 5, 366) verlöschen. Sie verlobt sich und löst die Verlobung, als sie einen „Streit in [ihrer] Seele" (MA 5, 380) entdeckt. Nach einem vergeblichen Versuch, sich dem bereits erwähnten „hallischen Bekehrungssystem" (MA 5, 390) zu unterwerfen, und ebenso unbefriedigenden solipsistischen Meditationen, gibt Philo, ein „Mann von Geist, Herz und Talenten" (MA 5, 392), für den sie eine Art Beichtmutter wird, ihr einen Begriff von der „Wirklichkeit der Sünde" (MA 5, 394). Zum ersten Mal entdeckt sie ihre prinzipielle „Anlage zur Krankheit" (MA 5, 394); in ihr schlummern sogar die großen Verbrecher der Zeit, „ein Girard, ein Cartouche, ein Damiens und welches Ungeheuer man nennen will" (MA 5, 394). Dabei deutet die Tatsache, dass mit Jean-Baptiste Girard ausgerechnet die Verführung eines Beichtkindes als Vergehen konkretisiert wird, an dieser Stelle die Art der potenziellen Sünde an, die die schöne Seele als Beichtmutter Philos zu begehen imstande ist. Auch wenn sie weiß, dass ihr Gott als „große[r] Arzt" (MA 5, 394) helfen wird, ist diese Entdeckung die eigentliche Bekehrung der schönen Seele, die hier ihre potenzielle Sündhaftigkeit einsieht. Diese ist freilich die Voraussetzung für ihre Entwicklung: Sie will „entsündigt" (MA 5, 395) werden – und das probate Mittel dafür sind die Schriften der Herrnhuter Gemeinde. Sie dienen nicht nur dazu, „um ein psychologisches Phänomen kennen zu lernen" (MA 5, 398), sondern um „überflüssige Nahrung für [ihre] Einbildungskraft" (MA 5, 399) zu finden. Diese Einbildungskraft freilich ist über jede Realität erhaben, ein Leben in einer Einrichtung der Herrnhuter Gemeinde kommt nicht infrage, denn „auch da fand [sie] keinesweges, was [sie sich] vorgestellt hatte" (MA 5, 416).

Die Harmonie der schönen Seele ist also nicht umsonst zu haben, sondern mit erheblichen Kosten verbunden, die in der narrativen Anlage der *Bekenntnisse* und ihrer Rahmung im Bildungsroman aufgedeckt werden. Zum einen bestehen die Kosten in der obsessiven Körperlichkeit, die als Versuch einer Abspaltung begriffen werden kann. Diese begreift den eigenen Körper zwar als „äußern Gegenstand" (MA 5, 417), um sich unabhängig vom Körper als selbstbewusstes Ich zu setzen (vgl. Wokalek 2011, 327–328), bleibt aber gerade deshalb gut dualistisch notorisch auf ihn bezogen. Zum anderen ist die Seelenschönheit maximal asozial, insofern sie mit keiner Gemeinschaft verträglich ist; schließlich wird die schöne Seele sogar von ihren Neffen und Nichten als „gefährlich" (MA 5, 421) ferngehalten. Zugleich bleibt die Turmgesellschaft – die Institution, welche die *Lehrjahre* bis ins achte Buch steuert – auf Bekenntnisse eben nicht nur der schönen Seele, sondern vor allem ihrer Versuchsobjekte bezogen: Sämtliche autobiographischen Schriften der Turmgesellschaft sind explizite „Konfessionen" (MA 5, 550). Die Vorgeschichte der Turmgesellschaft liegt in „mystischen Eindrücke[n]" (MA 5,

550), wie sie in den *Bekenntnissen einer schönen Seele* dargelegt werden. Insofern ist das sechste Buch keine Digression der *Lehrjahre*, sondern ihr Zentrum.

4.3. Lücken bekennen: *Aus meinem Leben. Dichtung und Wahrheit*

Goethes erste autobiographische Schrift *Aus meinem Leben. Dichtung und Wahrheit* (zw. 1808 u. 1831) bildet nicht nur das Zentrum autobiographischen Schreibens um 1800; sie steht auch für eine Zäsur der Autobiographie als Textgattung überhaupt (vgl. Lehmann 1988, 141–166; Müller 1976, 333–342; 352–360; Wagner-Egelhaaf 2005 [2000], 166–174). Auch aus der psychoanalytischen Theoriebildung ist der Text vor allem durch Freuds *Eine Kindheitserinnerung aus ,Dichtung und Wahrheit'* (1917) nicht wegzudenken, wo Freud die Bedeutung der Kindheitserinnerungen als Deckerinnerungen hervorhebt und Goethes Autobiographie so zum Schlüssel für die Psychoanalyse avanciert (vgl. XII, 15–26; → IV.5. FAMILIEN-ROMAN). Ein nicht geringer Teil der Wertschätzung von *Aus meinem Leben* liegt in der Rolle des Bekenntnisses, das für autobiographisches Schreiben rekonfiguriert und in der berühmten Formel „Bruchstücke einer großen Konfession" (MA 16, 306) pointiert wird. Der Text betont konsequenterweise offensiv seine eigenen Grenzen, indem er seine Fragmentarität ausstellt und deshalb keineswegs umfassende intime Details öffentlich bekennt (vgl. Breuer 2000, 285–294). Dagegen stellt Goethe die Wahrheit *der* Literatur. Da diese aber an den entscheidenden Stellen ihren Dienst verweigert und in das umschlägt, was Goethe als ,dämonisch' bezeichnet, wird die Wahrheit der Literatur durch ein Bekenntnis zur Literatur ersetzt. Erkenntnis des autobiographisch darzustellenden Lebens und Bekenntnis der Unmöglichkeit dieses Unterfangens sind also notwendig aufeinander bezogen.

Dem Ausgangspunkt – der Suche nach Wahrheit in der Literatur – entsprechend bezeichnet der Untertitel *Dichtung und Wahrheit* auch kein Gegensatzpaar, sondern ein komplementäres Verhältnis, wie Goethe selbst im berühmten Brief an Ludwig I. von Bayern vom 17. Dezember 1829 erläutert: Dichtung wird hier als notwendiges Mittel in Dienst genommen, um das „Grundwahre" (MA 16, 916) darzustellen. Umgekehrt: Ohne Dichtung gäbe es keine Wahrheit in diesem Sinn. Ein zweiter, fingierter Brief eines Freundes leitet die Autobiographie als deshalb „immer bedenkliches Unternehmen" (MA 16, 9) ein. Die gerade publizierte Werkausgabe Goethes gibt dem Freund nämlich ein Rätsel auf: Die zwölf Bände sind so „unzusammenhängend" (MA 16, 9), dass partout kein „Bild des Autors" (MA 16, 9) entstehen mag. Der Freund bittet Goethe also kurzerhand, die Lücken zwischen den Texten zu schließen, und zwar durch eine Erläuterung der „Lebens- und Gemütszustände" (MA 16, 10) sowie der „theoretischen Grundsätze" (MA 16,

10), die Goethe beim Verfassen seiner Texte bewegt haben. Allein dieser Anspruch ist unerfüllbar: Die Lücken sind nicht zu schließen, weil die Prämisse unrealistisch ist, „daß nämlich das Individuum sich und sein Jahrhundert kenne" (MA 16, 11). Erkenntnis und Bekenntnis sind also zwei Seiten derselben Medaille; in beiden Fällen werden auf der Ebene der Darstellung die Grenzen der Faktualität überschritten, wie die Forschung unter dem Stichwort der Autofiktion betont (vgl. Wagner-Egelhaaf 2006, 353–368). Die reflexive Arbeit, die hier eingefordert wird, ist notwendig eine retrospektive. Der „Gesichtspunkt ihres Entstehens" (MA 16, 11) ist mit dem erzählenden Ich, das sich hier in den Vordergrund schiebt, immer mitzudenken, vor allem wenn man die „halb poetische, halb historische Behandlung" (MA 16, 11–12) bedenkt.

Dieses offensive Bekenntnis zur Lücke hindert Goethes Autobiographie freilich nicht daran, die Grenzen ihres Wissens zu überschreiten. Eine solche Grenzüberschreitung macht bereits die berühmte Geburtsszene deutlich, die mit einer astrologischen Nativitätskonstellation spielt, um diese Kulisse der Prädestination durch die „Ungeschicklichkeit der Hebamme" (MA 16, 13) unmittelbar zu demontieren (vgl. Bersier 2014, 109–110). Nach der Erzählung der eigenen Geburt werden diese epistemologischen Grenzen auch explizit thematisiert, um sie danach souverän zu ignorieren: „Wenn man sich erinnern will, was uns in der frühsten Zeit der Jugend begegnet ist, so kommt man oft in den Fall, dasjenige was wir von andern gehört, mit dem zu verwechseln, was wir wirklich aus eigner anschauender Erfahrung besitzen. Ohne also hierüber eine genaue Untersuchung anzustellen, welche ohnehin zu nichts führen kann, bin ich mir bewußt, daß wir in einem alten Hause wohnten [...]." (MA 16, 13)

Wie der Kommentar der Frankfurter Ausgabe nonchalant vermerkt, schildert Goethe in den folgenden Büchern „relativ unbefangen gegenüber Fragen der Chronologie" (Müller 1986, 1075) seine Kindheit. Das achte Buch behandelt schließlich Goethes schwere tuberkulöse Erkrankung, die mit einer Hinwendung zur Religion einhergeht. Susanna Katharina von Klettenberg – eine Freundin von Goethes Mutter und das Vorbild für die schöne Seele der *Lehrjahre* – führt Goethe in pietistisches Gedankengut ein. Kaum merklich wechselt die Erzählung dabei ihren Adressaten, sobald es um Klettenbergs religiöse Erfahrungen geht: „Mehr bedarf es kaum, um jene ausführliche, in ihre Seele verfaßte Schilderung den Freunden solcher Darstellungen wieder ins Gedächtnis zu rufen." (MA 16, 363) Anstatt also das als Schwärmerei disqualifizierte Gedankengut wiederzugeben und sich offensiv zu diesem auch thematisch explizit zu bekennen, bleibt es bei der Andeutung. Anders verhält es sich bei den alchemistischen Forschungen, zu denen Klettenberg Goethe anregt. Denn die alchemistischen Vorstellungen werden zwar als „Krankheit" (MA 16, 366) diskreditiert, aber – so „wunderlich und unzusammenhängend" (MA 16, 368) die daraus resultierenden Versuche auch sind – narrativ integriert und damit aufgewertet, da sie zugleich den Beginn der naturwissenschaftlichen Studien Goethes darstellen. Außerdem führen die alchemistischen Versuche zu einer Selbstbeobachtung, welche die medizinische Aufmerksamkeit auf den eigenen Körper übersteigt, wenn Goethe seine Briefe, die er aus Leipzig an seine Frankfurter Familie geschrieben hat, nun auf dem Frankfurter Krankenlager wiederliest und von „einer unglaublichen Vernachlässigung der Handschrift" (MA 16, 369) erschreckt wird. Aus der Religion über die Medizin in die Literatur wandert das Bekenntnis, sodass diese Perspektive Körper und Handschrift als Objekte der Beobachtung eng führt, da es „im Diätetischen [ist] wie im Moralischen" (MA 16, 375). Diese Engführung veranlasst Goethe dazu, den Großteil seiner bisherigen Schriften in einem „Haupt-Autodafé" (MA 16, 376) zu verbrennen, wobei der Begriff als Ketzergericht und Schriftenverbrennung die Metonymie zwischen Körper und Schrift fortsetzt. Damit ist die „poetische Beichte" (MA 16, 556) auch diejenige poetischer Verfehlungen (→ II.2. RHETORIK UND POETIK).

Diese Parallelisierung von Körper und Schrift führt zur Zentralmetapher des Textes, wenn es um Lücken geht – zum Dämonischen. Denn immer dort, wo Goethe die Wahrheit seines Lebens autobiographisch darstellen will, begegnet ihm das Dämonische. Im zwanzigsten und letzten Buch fasst er seine Biographie – wohlgemerkt in der dritten Person – dezidiert als religiöse Entwicklungsgeschichte zusammen, „wie das Kind, der Knabe, der Jüngling sich auf verschiedenen Wegen dem Übersinnlichen zu nähern gesucht" (MA 16, 820). Am Ende dieser Entwicklung der Bekenntnisse steht das Dämonische, „das sich nur in Widersprüchen manifestierte und deshalb unter keinen Begriff noch viel weniger unter ein Wort gefaßt werden könnte" (MA 16, 820). Das „Wesen, das zwischen alle übrigen hineinzutreten, sie zu sondern, sie zu verbinden schien" (MA 16, 820), nennt Goethe dämonisch. Zuflucht findet er aber nicht in der Religion, sondern in der poetischen Einbildungskraft, indem er sich „nach [s]einer Gewohnheit, hinter ein Bild flüchtete" (MA 16, 820). Im konkreten Dilemma schafft die Einbildungskraft sein Drama *Egmont* (1788). In Zitate aus diesem Drama flüchtet sich Goethe, als er zu einem Liebesbekenntnis an Lili Schönemann gezwungen werden soll (vgl. MA 16, 828); und *Egmont* ist es auch, der die Flucht nach Weimar bebildert und damit den Fluchtpunkt von *Dichtung und Wahrheit* darstellt. Dieser Mechanismus ist ein den gesamten Text durchziehendes Bekenntnis zur Literatur, welche die Lücken der autobiographischen Erzählung zwar nicht füllen, aber diese erträglich machen kann. So gesehen ist *Aus meinem Leben. Dichtung und Wahrheit* nicht nur eine „poetische Beichte" (MA 16, 556) im Sinne einer Beichte mit poetischen Mitteln oder einer Beichte poetischer Verfehlungen, sondern auch eine Beichte der Poesie – in ihrer Funktion als Medium der Kontingenzbewältigung. Goethe bekennt sich auch offensiv zu diesem Verfahren, wenn er von der notorischen

Angewohnheit spricht, „was mich erfreute oder quälte, oder sonst beschäftigte, in ein Bild, ein Gedicht zu verwandeln und darüber mit mir selbst abzuschließen, um sowohl meine Begriffe von äußern Dingen zu berichtigen, als mich im Innern deshalb zu beruhigen" (MA 16, 306). Nichts anderes ist der vorliegende Text: „ein gewagter Versuch" (MA 16, 306), das eigene Leben darzustellen, ohne die Brüche oder Leerstellen zu ignorieren, sondern genau diese zu beschreiben. Eben in der effektiven Narrativierung der Brüche liegt sein poetisches Potenzial.

4.4. Bekennen bekennen: *Tag- und Jahreshefte*

Eine radikal andere Form autobiographischen Schreibens entwickelt Goethe in seinen *Tag- und Jahresheften*, die nicht mehr die Brüche der Lebensgeschichte narrativieren und mit dem Fluchtpunkt der Literatur finalisieren, sondern die prinzipielle Offenheit der erzählten Biographie über das Verfahren der Reihenbildung offensiv inszenieren. Denn zunächst bricht der Text mit der Konzeption eines erzählenden Ichs, das sich retrospektiv seiner Lebenserzählung vergewissern kann. Stattdessen multipliziert er in seiner diarischen beziehungsweise annuarischen Anlage die Positionen, von denen aus erzählt wird. Die von Goethe im Untertitel als *Ergänzung meiner sonstigen Bekenntnisse* (MA 14, 7) annoncierten Hefte füllen damit keineswegs die Lücken der anderen autobiographischen Schriften; vielmehr bekennen sie sich mit der Offenheit der Reihenbildung zur Unmöglichkeit der Sinnstiftung des großen narrativen Bogens. Der Arbeitstitel des Textes – *Annalen* – verweist darüber hinaus mit dem gleichnamigen Prätext von Tacitus auf die Historiographie, die in Jahrbüchern öffentlich Bilanz zieht. Indem sie das tendenziell private Tagebuch mit dem öffentlichen Jahrbuch kombinieren, verbinden Goethes *Tag- und Jahreshefte* grundsätzlich verschiedene, eigentlich widersprüchliche Textgattungen. Auf der einen Seite haben sie den Anspruch, Rechenschaft über das äußere, tätige Leben ihres Verfassers abzulegen. Auf der anderen Seite gelingt ihnen aber paradoxerweise dadurch das Psychogramm einer gesamten Epoche, die nicht mehr wie in *Dichtung und Wahrheit* die Relationen zwischen einem Ich und „sein[em] Jahrhundert" (MA 16, 11) exploriert, sondern die das Subjekt in der Form eines Rechenschaftsberichts kollektiviert. Diese Janusköpfigkeit der *Tag- und Jahreshefte* soll an Verfahren skizziert werden, die der Text offensiv einsetzt: die Tilgung des Subjekts und die Reihung als verknüpfenden Operator der dargestellten Ereignisse. Damit ändert sich das zugrunde liegende Bekenntnis radikal: Goethe bekennt nicht mehr sein Leben, sondern sich selbst als Repräsentanten seiner Zeit. Dergestalt inszenieren die *Tag- und Jahreshefte* ein Bekenntnis mindestens zweiter Ordnung. Bereits der erste Eintrag illustriert dieses Verfahren: Die ersten Jahre, die in *Dichtung und*

Wahrheit noch so ausführlich beschrieben werden, sind auf einen Paragraphen reduziert, dem am Ende das Subjekt vor lauter Präpositionalausdrücken, Partizip- und Passivkonstruktionen abhandengekommen ist:

> Von 1749 bis 1764
>
> Bei zeitig erwachendem Talente, nach vorhandenen poetischen und prosaischen Mustern, mancherlei Eindrücke kindlich bearbeitet, meistens nachahmend, wie es gerade jedes Muster andeutete. Die Einbildungskraft wird mit heiteren Bildern beschäftigt, die sich selbstgefällig an Persönlichkeit und die nächsten Zustände anschlossen. Der Geist näherte sich der wirklichen, wahrhaften Natur durch Gelegenheits-Gedichte; daher entstand ein gewisser Begriff von menschlichen Verhältnissen mit individueller Mannichfaltigkeit: denn besondere Fälle waren zu betrachten und zu behandeln. Vielschreiberei in mehreren Sprachen, durch frühzeitiges Diktieren begünstigt. (MA 14, 9)

Ausgangspunkt der *Tag- und Jahreshefte* ist – völlig anders als die Geburtsszene von *Dichtung und Wahrheit* – das literarische Talent Goethes. Nicht nur die Tilgung des Subjekts ist dabei aber auffällig, sondern gerade seine Kollektivierung in „individueller Mannichfaltigkeit". Einerseits ist Mannigfaltigkeit bei Goethe ein Zentralbegriff für individuell-verschiedene, aber unter einen Begriff subsumierende Erscheinungen (vgl. Küstner 2011, 1429–1430). Andererseits wird die Rolle der Literatur als Medium der Erkenntnis dieser „menschlichen Verhältnisse[ ]" durch die erste Verwendung von Kausalität – das Konjunktionaladverb „daher" und die kausale Konjunktion „denn" – betont. Mit Kausalität gehen die *Tag- und Jahreshefte* dabei – wie vielfach bemerkt wurde (vgl. Wackerl 1970, 88–101) – äußerst sparsam um, obwohl die Literatur zum organisierenden Prinzip der ersten Einträge wird: Der zweite Eintrag (1764–1769) thematisiert demnach die „Griechisch-Französische" (MA 14, 9), der dritte (1769–1775) die „Englische Seite" (MA 14, 9), auf die sich Goethe – noch immer in der dritten Person oder im unpersönlichen „man" – in seinen frühen literarischen Produktionen schlägt.

Im Druckbild der Münchner Ausgabe werden die zwanzig Bücher von *Dichtung und Wahrheit* damit auf weniger als zwei Seiten verknappt und nehmen den Charakter eines extrem reduzierten Tätigkeitsberichts an. Doch zwei Ereignisse erschüttern diesen Tätigkeitsbericht nachhaltig – die Französische Revolution und Schillers Tod. An dieser Stelle wird deutlich, dass der Rechenschaftsbericht der *Tag- und Jahreshefte* sich nicht auf die Erinnerung des erzählenden Ichs verlässt. Die Lücken des Bekenntnisses schließen für den Fall der Französischen Revolution nämlich Freunde, die später „gestanden, daß [Goethe] ihnen damals wie wahnsinnig vorgekommen sei" (MA 14, 14). Die im Untertitel annoncierte Ergänzung von Goethes Bekenntnissen braucht also andere Stimmen, die eine prinzipiell unzuverlässige Erinnerung komplettieren. Ebenso helfen Goethes Tagebücher beim zweiten einschneidenden Ereignis des Textes – Schillers Tod

1805 – nicht weiter: Ihre „weißen Blätter" (MA 14, 131) sind vielmehr nicht nur Anzeichen eines „hohlen Zustand[es]" (MA 14, 131) der psychischen Verfassung Goethes, sondern auch der gesamten Weimarer Gesellschaft. Diese Leere wird zumindest retrospektiv durch den mit großem Abstand umfangreichsten Eintrag der *Tag- und Jahreshefte* zum Jahr 1805 gefüllt (vgl. Wackerl 1970, 134–136). Damit kompensieren sie auch Goethes gescheiterten Versuch, sich über Schillers Tod mit einer „entschiedenen großen Tätigkeit" (MA 14, 129) – nämlich der 1804 begonnenen Arbeit am *Demetrius*, Schillers unvollendetem Drama – hinwegzutrösten. So thematisiert der Text explizit das Versagen des sonst so erfolgreichen psychologischen Mechanismus, der bereits in *Dichtung und Wahrheit* mit der Flucht in die literarische Produktion angesprochen wurde. Zugleich überwindet er performativ das Unvermögen der Flucht in die Literatur, indem er das Bekenntnis zu diesem Versagen eben doch in eine neue literarische Form bringt. Mit ihr kann Goethe zwar nicht mehr Sinn in großen narrativen Zusammenhängen stiften, erfindet aber eine neue poetische Form der Selbstbeschreibung, die dem Prinzip der Reihung folgt. Die auf Schillers Tod folgenden, unter dem Jahr 1805 berichteten Begebenheiten sind dementsprechend von der „Abwesenheit eines gestaltend eingreifenden Subjekts" (Schönborn 1997b, 396) – und zwar sowohl des retrospektiv erzählenden Goethes als auch des erlebenden Ichs – geprägt. Konsequenterweise hält die Ereignisse nichts zusammen als ihre kontingente Datierung: Die *Tag- und Jahreshefte* verzeichnen nach Schillers Ableben Friedrich August Wolfs Besuch in Weimar, dann Franz Joseph Galls Vorlesungen zur Phrenologie, schließlich eine Reise mit Wolf und Goethes Sohn August, auf der sie unter anderem dem Faktotum Gottfried Christoph Beireis mit seiner berühmten Sammlung sowie Karl Ernst von Hagen – dem „*tollen Hagen*" (MA 14, 156) – einen Besuch abstatten. An dieser Stelle wird deutlich, dass die *Tag- und Jahreshefte* zwar keine Beschreibung des psychischen Innenlebens ihres Verfassers zu geben bereit sind, aber umso mehr die Merkwürdigkeiten archivieren, denen er begegnet. Das Jahr beendet die Gegenüberstellung zweier Anschauungsformen, die Goethe nur in der Erinnerung voneinander zu trennen vermag, indem er die Wirkung einer Naturerscheinung in der Vergangenheit mit der gegenwärtigen vergleicht (vgl. MA 14, 163).

Nicht zufällig sind Naturerscheinungen und ihre Erforschung bevorzugte Gegenstände der *Tag- und Jahreshefte*. Vor diesem Hintergrund ist der Text auch als Selbstinszenierung zu lesen. Nicht mehr nur als Dichter, sondern auch als Naturwissenschaftler will Goethe ernst genommen werden. Auffallend ist in diesem Zusammenhang, dass der Text die Lexik des Bekenntnisses gerade im Fall der naturwissenschaftlichen Forschungen explizit aufgreift. Statt die Ergebnisse seiner Forschungen zu referieren oder einen naturwissenschaftlichen Entdeckergeist zu beschwören, inszeniert der Text etwa die Veröffentlichung der *Meta-*

morphose der Pflanzen (1799) als „Herzenserleichterung" (MA 14, 16). Goethe formuliert also gerade in dieser Form sein „naturwissenschaftliches Credo" (Blechschmidt 2009, 288). Damit verschieben die *Tag- und Jahreshefte* das Objekt der Bekenntnis deutlich: Nicht mehr Goethes literarisches Leben, sondern seine naturwissenschaftlichen Forschungen werden zum Gegenstand seines Bekenntnisses.

5. Fazit

Keineswegs vollständig ist dieser Überblick über die literarischen Formen des Bekenntnisses allein bei Goethe. Neben den völlig vernachlässigten lyrischen Formaten hätten die *Konfession des Verfassers* in der *Farbenlehre* (1810) ebenso wie der Bekenntnischarakter der *Leiden des jungen Werthers* (1774) oder die berühmte Gretchenfrage in *Faust. Eine Tragödie* (1808) Anspruch darauf, in diese Reihe der Bekenntnisformen aufgenommen zu werden. Doch die hier ausgewählten Bekenntnisformen – Brief, Autobiographie, Tagebuch – zeigen, dass Goethe Umstellungen der literarischen Exploration des Innenlebens um 1800 genau reflektiert. Während das Recht und die Religion ihr Monopol auf ein verbindliches Bekenntnis verloren haben und sich Bekenntnisse zunehmend individualisieren, verstärkt sich das Interesse der empfindsamen Literatur auf die Innerlichkeit eben dieses Individuums. Dazu bildet sie vielfältige Formen aus, an welche die Psychoanalyse um 1900 anknüpfen wird.

Literatur

Augustinus. *Confessiones/Bekenntnisse. Lateinisch/deutsch.* Hrsg. und übers. von Kurt Flasch und Burkhard Mojsisch. Stuttgart 2012 [397–401].

Bersier, Gabrielle. *Wege des Heilens. Goethes physiologische Autobiographie ‚Dichtung und Wahrheit'.* Würzburg 2014.

Blechschmidt, Stefan. *Goethes lebendiges Archiv. Mensch, Morphologie, Geschichte.* Heidelberg 2009.

Breuer, Ulrich. *Bekenntnisse. Diskurs – Gattung – Werk.* Frankfurt a. M. 2000.

Dane, Gesa. „‚Das noch nie erklärte böse Ding'. Zur Anthropologie der Sünde in Goethes *Bekenntnisse einer schönen Seele".* Lenz-Jahrbuch 18 (2011): 97–117.

Burkart, Günter (Hrsg.). *Die Ausweitung der Bekenntniskultur – neue Formen der Selbstthematisierung?* Wiesbaden 2006.

Egger, Irmgard. *Diätetik und Askese. Zur Dialektik der Aufklärung in Goethes Romanen.* München 2001.

Felman, Shoshana. *The Scandal of the Speaking Body. Don Juan with J. L. Austin, or Seduction in Two Languages*. Stanford 2003.

Foucault, Michel. *Die Anormalen. Vorlesungen am Collège de France (1974–1975)*. Übers. von Michaela Ott und Konrad Honsel. Frankfurt a. M. 2003 [1974–1975].

Gehrlach, Andreas. „Geständnisse von Dieben. Augustinus' und Rousseaus Diebstähle als Handlungen der Selbstbegründung". *Das Geständnis und seine Instanzen. Zur Bedeutungsverschiebung des Geständnisses im Prozess der Moderne*. Hrsg. von Anders Engberg-Pedersen et al. Wien 2011: 293–305.

Goebel, Eckart. *Charis und Charisma. Grazie und Gewalt von Winckelmann bis Heidegger*. Berlin 2006.

Goethe, Johann Wolfgang. *Sämtliche Werke nach Epochen seines Schaffens. Münchner Ausgabe*. Hrsg. von Karl Richter et al. München 1985–1998.

Gutjahr, Ortrud. „Theatralität und Innerlichkeit. Zur Bildungsfunktion der ‚Bekenntnisse einer schönen Seele' in Goethes *Wilhelm Meisters Lehrjahre*". *Neue Einblicke in Goethes Erzählwerk*. Hrsg. von Raymond Heitz und Christine Maillard. Heidelberg 2010: 45–69.

Hamburger, Käte. *Die Logik der Dichtung*. 4. Aufl., Stuttgart 1994 [1957].

Jacob, Joachim. „Pietismus". *Reallexikon der deutschen Literaturwissenschaft*, Bd. III. Hrsg. von Klaus Weimar. Berlin 1997: 85–87.

Kleiner, Gerd. „Anmut/Grazie". *Ästhetische Grundbegriffe*, Bd. 1. Hrsg. von Karlheinz Barck. Stuttgart 2010: 193–208.

Koschorke, Albrecht. *Körperströme und Schriftverkehr. Mediologie des 18. Jahrhunderts*. 3. Aufl., München 2003 [1999].

Küstner, Herbert. „Mannigfaltigkeit". *Goethe-Wörterbuch*, Bd. 5. Hrsg. von der Berlin-Brandenburgischen Akademie der Wissenschaften. Stuttgart 2011: Sp. 1429–1430.

Lehmann, Jürgen. *Bekennen – Erzählen – Berichten. Studien zu Theorie und Geschichte der Autobiographie*. Tübingen 1988.

Magaß, Walter und Franz-Hubert Robling. „Confessio". *Historisches Wörterbuch der Rhetorik*, Bd. 2. Hrsg. von Gert Ueding. Tübingen 1994: Sp. 348–350.

Müller, Klaus-Detlef. *Autobiographie und Roman. Studien zur literarischen Autobiographie der Goethezeit*. Tübingen 1976.

Müller, Klaus-Detlef. „Kommentar". Goethe, Johann Wolfgang. *Sämtliche Werke, Briefe, Tagebücher und Gespräche. Frankfurter Ausgabe*, Bd. 14: *Aus meinem Leben. Dichtung und Wahrheit*. Hrsg. von Klaus-Detlef Müller. Frankfurt a. M. 1986: 993–1298.

Niggl, Günter. „Zur Säkularisation der pietistischen Autobiographie im 18. Jahrhundert". *Studien zur Autobiographie*. Hrsg. von Günter Niggl. Berlin 2012: 94–113.

Reik, Theodor. *Geständniszwang und Strafbedürfnis. Probleme der Psychoanalyse und der Kriminologie*. Leipzig 1925.

Reinlein, Tanja. *Der Brief als Medium der Empfindsamkeit. Erschriebene Identitäten und Inszenierungspotentiale*. Würzburg 2003.

Sauder, Gerhard. „Kommentar". Goethe, Johann Wolfgang. *Sämtliche Werke nach Epochen seines Schaffens. Münchner Ausgabe*, Bd. 1.2: *Der junge Goethe: 1757–1775*. Hrsg. von Gerhard Sauder. München 1987: 684–938.

Schiller, Friedrich. „Über Anmut und Würde". Schiller, Friedrich. *Werke und Briefe*, Bd. 8: *Theoretische Schriften*. Hrsg. von Otto Dann et al. Frankfurt a. M. 1992 [1793]: 330–394.

Schönborn, Sibylle. „Tagebuch". *Reallexikon der deutschen Literaturwissenschaft*, Bd. III. Hrsg. von Klaus Weimar. Berlin 1997a: 574–577.

Schönborn, Sibylle. „Tag- und Jahreshefte". *Goethe-Handbuch*, Bd. 3. Hrsg. von Bernd Witte et al. Stuttgart 1997b: 385–396.

Schröder, Richard und Eberhard Freiherr von Künßberg. *Deutsches Rechtswörterbuch. Wörterbuch der älteren deutschen Rechtssprache*, Bd. 1. Weimar 1932.

Searle, John R. *Sprechakte. Ein sprachphilosophischer Essay*. Übers. von R. und R. Wiggershaus. Frankfurt a. M. 1971 [1969].

Searle, John R. „Eine Taxonomie illokutionärer Akte". Searle, John R. *Ausdruck und Bedeutung*. Übers. von Andreas Kemmerling. Frankfurt a. M. 1982 [1979]: 17–50.

Staats, Reinhart. „Bekenntnis. Kirchengeschichtlich. Alte Kirche". *Religion in Geschichte und Gegenwart*. Hrsg. von Hans Dieter Betz. Tübingen 1998: Sp. 1249–1251.

Stephan, Inge. *Inszenierte Weiblichkeit. Codierung der Geschlechter in der Literatur des 18. Jahrhunderts*. Köln u. a. 2004.

Strowick, Elisabeth. *Sprechende Körper. Poetik der Ansteckung. Performativa in Literatur und Rhetorik*. München 2009.

Thums, Barbara. „‚So lange Gott nicht der beste Arzt ist, so helfen alle Medicamente nichts'. Zur Diätetik der Seele und des Leibes in Adam Bernds *Eigene Lebensbeschreibung*". *Interdisziplinäre Pietismusforschungen*. Hrsg. von Udo Sträter. Tübingen 2005: 627–638.

Valk, Thorsten. *Der junge Goethe. Epoche, Werk, Wirkung*. München 2012.

Wackerl, Georg. *Goethes ‚Tag- und Jahreshefte'*. Berlin 1970.

Wagner-Egelhaaf, Martina. *Autobiographie*. 2. Aufl., Stuttgart 2005 [2000].

Wagner-Egelhaaf, Martina. „Autofiktion oder: Autobiographie nach der Autobiographie. Goethe – Barthes – Özdamar". *Autobiographisches Schreiben in der deutschsprachigen Gegenwartsliteratur*. Hrsg. von Ulrich Breuer und Beatrice Sandberg. München 2006: 353–368.

Weissberg, Liliane. „Sehnsucht nach Goethe. Sigmund Freud und der Sommer 1931". *Meine Sprache ist Deutsch. Deutsche Sprachkultur von Juden und die Geisteswissenschaften 1870–1970*. Hrsg. von Stephan Braese et al. Berlin 2015: 201–214.

Willems, Marianne. *Das Problem der Individualität als Herausforderung an die Semantik im Sturm und Drang*. Tübingen 1995.

Wokalek, Marie. *Die schöne Seele als Denkfigur*. Göttingen 2011.

IV.5. Familienroman

Stefan Willer

1. Familienromane vs. Familienroman

Die Familie ist eines der bedeutenden Themen der Literatur – allerdings eines von solcher Ausdehnung, dass es von mehr als rein thematischer Bedeutung ist. Es handelt sich vielmehr um ein grundlegendes literarisches Dispositiv, um ein Darstellungsmuster sozialer, personaler und zeitlicher Ordnung. Dieses Dispositiv steht in engem Zusammenhang mit Familiennarrativen im nicht nur literarischen, sondern auch soziopsychologischen Verständnis. Insbesondere seit im Wertesystem der Aufklärung die bürgerliche Kleinfamilie zum Modell menschlichen Zusammenlebens erhoben wurde, lässt sich über Familiennarrative das Verhältnis des Einzelnen zu seiner Umwelt verhandeln. Es ist dabei vor allem die – vom frühen Jacques Lacan betonte – „kulturelle Struktur der menschlichen Familie" (Lacan 1980 [1938], 41), die hier zum Ausdruck kommt. Herkunft und Verwandtschaft begründen Individualität genealogisch auf komplizierte Art und Weise, weshalb in psychoanalytischer Sicht der ‚Komplex' (z. B. Entwöhnungs-, Eindringlings-, Ödipuskomplex) als „konkreter Faktor der Familienpsychologie" gilt (Lacan 1980 [1938], 45). Die Familie erscheint so als geradezu traumatischer Ursprung des Individuums; der Familienroman wird als neurotische Phantasie über diesen Ursprung lesbar.

Genau dafür steht Sigmund Freuds Verwendung des Begriffs ‚Familienroman' in der kurzen Abhandlung *Der Familienroman der Neurotiker* (1909). Dort ist von einer kindlichen Phantasietätigkeit die Rede, die sich in besonderer Weise „des Themas der Familienbeziehungen bemächtigt" (GW VII, 229), wobei der Begriff der Familie ausschließlich die Eltern-Kind-Beziehungen umfasst. Die mit Rivalität einhergehende Entfremdung des heranwachsenden Kindes von den eigenen Eltern wird demnach auf die Weise bearbeitet, dass das Kind versucht, „die geringgeschätzten Eltern loszuwerden und durch in der Regel sozial höher stehende zu ersetzen" (VII, 229), sich also selbst eine höhere – zum Beispiel adlige – Abkunft zu wünschen. Als entscheidenden Faktor dieser Phantasie nennt Freud das Wissen des Kindes um den sexuellen Charakter der Elternschaft. Sobald dieses Wissen hinzukomme und damit die Erkenntnis, „daß *pater semper incertus est*" [der Vater stets ungewiss ist] (VII, 229), richte sich der Ersetzungswunsch nur noch auf den Vater. Die Mutter wiederum werde so „in die Situation von geheimer Untreue" (VII, 230) gebracht und im Blick des Kindes umso deutlicher sexualisiert. Insgesamt wird die Familie im neurotischen Familienroman

https://doi.org/10.1515/9783110332681-024

zugleich degradiert und überhöht. Es ist bemerkenswert, dass Freud bereits die kindliche Vorstellung selbst als neurotisch kennzeichnet („[d]iese neurotischen Kinder" (VII, 230)).

Dass die genannte Phantasietätigkeit und in eins damit die gesamte diesbezügliche „Entwicklungsstufe [...] mit dem Namen: *Familienromane der Neurotiker*" (VII, 228) belegt wird, versteht sich nicht von selbst. Auch wenn Freuds Aufsatz zuerst innerhalb eines der frühen Versuche psychoanalytischer Literaturwissenschaft, in Otto Ranks Buch *Der Mythus von der Geburt des Helden* (1909), veröffentlicht wurde, handelt es sich hier um keine strikt literaturbezügliche Terminologie. Der gleichfalls verwendete Ausdruck „Romanphantasien" (VII, 231) scheint eher darauf hinzudeuten, dass ‚Roman' nicht die literarische Gattung, sondern etwas Erdichtetes im weiteren Verständnis, insbesondere erdichtete Liebesverhältnisse meint. Jedoch weist Freud darauf hin, dass die kindliche Feindseligkeit gegen die Eltern „meist durch Lektüre beeinflußt" (VII, 228) sei. Man muss sich also das neurotische Kind, das seinen Familienroman phantasiert, als ein lesendes Kind vorstellen. Damit wird zugleich erkennbar, dass das psychoanalytische Konzept des Familienromans als solches bereits durch Lektüre beeinflusst ist.

Im vorliegenden Beitrag werden Familienromane im engeren Sinn des Wortes besprochen, das heißt literarische Auseinandersetzungen mit den Spannungen von Individuum und Familie in Gestalt erzählerischer Großformen. Dass damit genau der Gattungsbezug statuiert wird, den Freud vermeidet, ist nicht unproblematisch, zumal das von ihm erwähnte kindliche Lektürevorbild eher im Märchen zu vermuten sein dürfte. Die kulturelle Problemlage, auf die der psychoanalytische Ausdruck ‚Familienroman' referiert, findet sich gleichwohl mustergültig in den konkreten Familienromanen, die der institutionalisierten Psychoanalyse und ihrem Familienkonzept historisch vorangehen. In seiner Abhandlung *Zur Geschichte der psychoanalytischen Bewegung* (1914) weist Freud selbst darauf hin – wenn auch im charakteristischen Gestus der Abwehr und der Einflussangst –, wie viel die Psychoanalyse dem kulturellen Imaginären verdankt, aus dem sie sich speist (vgl. X, 53; 76–77). Daher richtet sich der Blick im Folgenden auf Familienromane des späten 18. und des 19. Jahrhunderts. Sie sind fiktionale Ausgestaltungen jenes kulturellen Imaginären *vor* der institutionalisierten Psychoanalyse.

Zur Methodik der Verknüpfung von literaturwissenschaftlicher und psychoanalytischer Familienroman-Lektüre liegen widersprüchliche Einschätzungen vor. Sie betreffen vor allem die historische Reichweite psychoanalytischen Denkens. So thematisiert Peter von Matt in seiner komparatistischen Längsschnittstudie über *Familiendesaster in der Literatur* (1997) den Freud'schen Familienroman im Zusammenhang mit der mittelalterlichen Verserzählung vom *Meier*

Helmbrecht. Die „Legitimität des Deutungsverfahrens" wird darin gesehen, dass es „verblüffend aufschlußreich" sei, weil in der Familienkonstellation aus dem 13. Jahrhundert Freuds Konzept „aufs Schönste entfaltet" (von Matt 1997, 73) werde. Ähnlich verfährt Jürgen Manthey, wenn er ein und dasselbe ödipale Familienmuster (→ III.6. ÖDIPUS) für die gesamte epische Tradition von Gilgamesch bis zur Postmoderne veranschlagt. Das infantile Begehren sei „als Text zur Welt" gekommen und daher „mit der Geburt des Epos" gleichursprünglich (Manthey 1997, 457). Es soll also eine literaturpsychologische und -anthropologische Universalie nachgewiesen werden. Das Problem liegt aber darin, dass sich diese Universalie nur mit moderner psychoanalytischer Terminologie beglaubigen lässt (vgl. Manthey 1997, 14–19).

Im Unterschied dazu verfolgt Marthe Robert in ihrem Buch *Roman des origines et origine du roman* (1972) zwar ein ähnlich universalistisches Interesse, versieht es aber mit einem historischen Index, demzufolge das psychoanalytische Modell des Familienromans literarisch erst mit der bürgerlichen Familie des 19. Jahrhunderts voll in Erscheinung tritt. Dieselbe literar- und psychohistorische Situierung kann man auch Friedrich Kittlers Arbeiten zum Zusammenhang *Dichter – Mutter – Kind* (1991) und Marianne Hirschs Untersuchung zum *Mother/Daughter Plot* (1989) entnehmen. Erst mit der beginnenden Moderne ausgangs des 18. Jahrhunderts lässt sich demnach der Roman als Familienroman im Freud'schen Sinn verstehen (vgl. van Boheemen 1987). Komplementär dazu betont Michael Minden, dass Freuds Psychoanalyse in einer diskursgeschichtlichen Kontinuität mit „Romanticism and the *Bildungsroman* tradition" stehe und dass deshalb eine literaturwissenschaftliche „co-optation of Freud" historisch plausibel und methodisch sinnvoll sei (Minden 1997, 13). In Gilles Deleuzes und Félix Guattaris Kritik an Freud wird eben diese Historizität seines Familienmodells gegen das Modell selbst gewendet: Indem die Psychoanalyse alle psychischen Vorgänge auf „ein ‚schmutziges kleines Geheimnis', das kleine Familiengeheimnis", zurückführe, erweise sie sich selbst als „Teil jenes allgemeinen bürgerlichen Werkes der Repression, das darin besteht, die europäische Menschheit unter dem Joch von Papa-Mama zu belassen und *nie mit diesem Problem zu brechen*" (Deleuze und Guattari 1997 [1972], 62–63).

Trotz der Kontinuität der Familienproblematik in der Psychoanalyse und durch diese liegt für die Familienromane *nach* Freud eine veränderte Problemlage vor. Sie sind ihrerseits diskursgeschichtlich auf die Psychoanalyse zurückverwiesen und stehen in komplexen Rezeptionszusammenhängen mit ihr. Die Untersuchung dieser Zusammenhänge wäre lohnend, wird in diesem Beitrag aber ausgeblendet. Der folgende Überblick über die Problematik des Familienromans *vor* Freud ist in drei Aspekte gegliedert, die mit historischen Schwerpunktsetzungen einhergehen. In Bildungs- und Künstlerromanen um 1800 zeigt sich besonders deutlich die Spannung von Individualität und bürgerlicher Kernfamilie. In einer Reihe von Romanen des mittleren 19. Jahrhunderts werden über die Kernfamilie hinaus genealogische Tiefendimensionen thematisiert, die durchaus abgründig und unheimlich erscheinen können. In Familienromanen des späten 19. Jahrhunderts schließlich geraten bürgerliche Familienmodelle in eine Krise, die auch zu einer Neubestimmung von Individualitätskonzepten führt.

2. Der „Kernfamiliencode" des Bildungsromans

Das Deutungsmuster der Familie gehört zum unveräußerlichen Bestand des klassisch-romantischen Narrativs der Individualentwicklung, das seit dem frühen 19. Jahrhundert zum ‚Bildungsroman' kodifiziert wurde. Der Literarhistoriker Karl Morgenstern erwähnt in seiner Prägung dieses Begriffs die Affinität zum Familienroman (vgl. Morgenstern 1988 [1820], 55), wenn auch nur, um sie zurückzuweisen und den Fokus stattdessen auf die im Individuum selbst angelegte Entwicklung zu lenken. Umso deutlicher wird allerdings in den literarischen Bildungsgeschichten um 1800 der Stellenwert der Familie für die Problematisierung autonomer Individualität. Dies gilt insbesondere für den „Kernfamiliencode" (Kittler 1991, 17) mit seiner vielfach überdeterminierten Besetzung der Mutter- und Vaterinstanzen. Man kann diese Besetzung wie Michael Minden auf die Formel *Incest and Inheritance* (1997) bringen. Charakteristisch für den männlichen Helden des Bildungsromans ist demnach das Bestreben, eine affektive Mutterbindung mit dem Einrücken in die Position des Vaters zu verbinden. So versucht er, zu einer *„successful negotiation* of the Oedipal stage" zu gelangen – und zwar so, dass die destruktiven Energien nicht zum Ausbruch kommen: „without ultimately destructive rivalry or re-absorption into a pre-individual state" (Minden 1997, 13).

Die oft zitierte Formel für das Verständnis von Bildung als Selbstbildung findet sich im fünften Buch von Johann Wolfgang Goethes epochemachendem Roman *Wilhelm Meisters Lehrjahre* (1795/1796). Die dort befürwortete „personelle Ausbildung" (Goethe 1988 [1795/1796], 289) ist für den Bürger – anders als für den Adligen – noch keine soziale Wirklichkeit und hat daher den Charakter des Projekts und des Wunsches. Genau dies betont der bürgerliche Protagonist in seiner brieflichen Selbstaussage: „[M]ich selbst, ganz wie ich da bin, auszubilden, das war dunkel von Jugend auf mein Wunsch und meine Absicht." (Goethe 1988 [1795/1796], 288) Der hier benannte Trieb zur Selbstbildung – das Konzept des Bildungstriebes in der zeitgenössischen Physiologie spielt begriffsgeschichtlich eine wichtige Rolle (vgl. Goethe 1989 [1820], 100–102; Parnes et al. 2008, 75–81) – ist also seinem Wesen nach zunächst „dunkel", um dann aber im Fortgang der

Bildung „deutlicher" zu werden (Goethe 1988 [1795/1796], 289). Dass die Bildung in der formulierten Weise gänzlich selbstinduziert sei, ist Teil des Wunschzusammenhangs. In der erzählten Realität stehen dagegen die von Wilhelm Meister durchlaufenen Institutionen, in denen seine Bildung auf widerspruchsvolle Weise gefördert und behindert wird. Neben der bürgerlichen Familie gehört dazu auch die Welt des Adels und vor allem die des Theaters. In der zentralen Auseinandersetzung mit William Shakespeares *Hamlet* (1604; → III.9. HAMLET) wird die ödipale Spannung zwischen dem Begehren der Mutter und der Beerbung des Vaters nachdrücklich in den Romantext eingetragen.

Letztlich führt die vermeintliche Selbstausbildung Wilhelms zur Erfüllung des väterlichen Plans: „Wilhelm grows up [...] in accordance with his father's wishes." (Minden 1997, 31) So wird die zunächst vorgesehene „Versendung Wilhelms in Handelsangelegenheiten" (Goethe 1988 [1795/1796], 40–41) vom Sohn zwar abgelehnt, dann aber ab dem zweiten Buch im handlungsstrukturierenden Element der Reise aufgegriffen. Hinter den bunten Reiseerlebnissen enthüllt sich ein nochmals übergeordneter Plan, bei dem die Vaterinstanz durch die Turmgesellschaft vertreten wird beziehungsweise die väterlichen Wünsche sich in der und durch die Turmgesellschaft erfüllen. Wilhelm selbst bleibt noch dort, wo er bereits Vater geworden ist, ein „junger Mensch", der beraten, kontrolliert, überwacht werden und „sich anschließen" muss (Goethe 1988 [1795/1796], 568). Zugleich arbeitet er aber an der Etablierung eines neuen Modells männlicher Autorität und, was die Bildung des eigenen Sohns betrifft, an einer Umkehr der familialen Hierarchien, etwa wenn er bemerkt, „daß wirklich der Knabe mehr ihn als er den Knaben erziehe" (Goethe 1988 [1795/1796], 505). Damit einhergehen sollen eine Korrektur der genealogischen Verhältnisse und eine Ersetzung von Erziehung durch Spiel: „Du bist ein wahrer Mensch! rief Wilhelm aus; komm, mein Sohn! komm, mein Bruder, laß uns in der Welt zwecklos hinspielen, so gut wir können!" (Goethe 1988 [1795/1796], 570)

In unmittelbarer *Wilhelm-Meister*-Nachfolge pointieren romantische Künstlerromane (→ IV.8. LITERATUR DER ROMANTIK) das Familienthema im Motiv der problematisierten, sei es rätselhaften oder unerwünschten Abstammung. Für die Protagonisten dieses Romantyps kommt es darauf an, die wahre, also zum eigenen Künstlertum passende Genealogie zu ermitteln oder zu erfinden. So wächst der Held von Wilhelm Heinrich Wackenroders Kürzestroman *Das merkwürdige musikalische Leben des Tonkünstlers Joseph Berglinger* (1797) als Kind eines Arztes auf „wie Unkraut in einem verwilderten Garten". Während seine Schwestern „ein kläglich einsames Leben in ihrer dunklen kleinen Stube" führen, heißt es von dem zukünftigen Künstler: „In diese Familie konnte niemand weniger passen als *Joseph*." (Wackenroder 1979 [1797], 104) Der Protagonist in Ludwig Tiecks Roman *Franz Sternbalds Wanderungen* (1798/1799) bekommt dieses Gefühl des

Nichtpassenden ausdrücklich bestätigt, als ihm sein Vater, ein alter Bauer, eines Tages eröffnet: „Du bist mein Sohn nicht, liebes Kind." (Tieck 1979 [1798/1799], 49) Die bald darauf angetretene Italienreise des fiktiven frühneuzeitlichen Malers ist als Austritt aus dem Bereich des ‚Altdeutschen' zugunsten einer Wunschwelt romantischer Sinnlichkeit angelegt, in der im geplanten dritten Teil des Romans die eigentliche Herkunft gefunden werden sollte. In den allein realisierten ersten beiden Teilen bleibt es jedoch bei der Ausstreuung rätselhafter Hinweise auf eine noch verschleierte genealogische Wahrheit.

Noch um einiges komplizierter gestaltet sich das Herkunftsarrangement in Clemens Brentanos frühromantischem Roman *Godwi* (1801). Hier geht es gleich um mehrere Kernfamilien, die durch intermittierende Figuren, unerkannte Verwandtschaften und inzestuöse Begehrlichkeiten vielfältig miteinander verflochten sind. Das Ausspielen solch mehrfach codierter Familienverhältnisse liefert das zentrale Konstruktionsprinzip des Romans und führt zu einer Serie von Verkennungs- und Erkennungsszenen, die die Identität der Figuren immer dann besonders fragwürdig machen, wenn sie sie genealogisch zu befestigen scheinen. Der Protagonist Godwi muss sich einerseits mit der unsicheren Instanz seines gleichnamigen Vaters auseinandersetzen, ist aber andererseits, wie sich im Verlauf des Romans zeigt, von Ahnen und Verwandten geradezu umzingelt. Alle Verwandtschaften stehen im Zeichen gestorbener Mütter, die sich durch wechselseitige Stellvertretung in einer einzigen Mutterimago monumentalisieren: dem im Untertitel des Romans genannten *steinernen Bild der Mutter*, das als marmorne Allegorie mehrmals in Szene gesetzt wird (vgl. Janz 1986, 33–47).

Im Romantext des *Godwi* sorgt die allgemeine Verwandtschaft nicht nur für die Verstrickungen auf der Ebene des Plots, sie organisiert auch die selbstbezüglichen Wendungen im Erzählvorgang. Im zweiten Band dieses – so der weitere Untertitel – *verwilderten Romans* erscheint der fiktive Verfasser unter seinen Figuren und konfrontiert sie mit dem Umstand, dass ihre eigentliche Herkunft nicht familialer, sondern literarischer Natur ist. Da dieser Verfasser aber ausgerechnet den Namen Maria trägt, erscheint er in sexuell ambiguierter Weise selbst als Verkörperung der zentralen Mutterimago. Im Zeichen der Maria werden zudem alle Familienverhältnisse sakralisiert, indem sie als Postfigurationen der Heiligen Familie erscheinen, und zwar – charakteristisch für Brentano – in Form sprachspielerischer, oft geradezu kalauernder Analogien. *Godwi: wie Gott*, diese Bezüglichkeit tritt im Namen des Helden und damit zugleich im Namen des Romans zutage, der durchgehend analogisch formiert und „vom Wie durchkreuzt[ ]" ist (Kaminski 2001, 190). „In solchen Momenten", so formuliert es Maria, „verliere ich mich in meiner Rede, die mit sich selbst zu witzeln anfängt [...]." (Brentano 1995 [1801], 175)

In auffallender Weise parallelisiert Brentanos Roman das Problem der familialen Abstammung mit dem der künstlerischen Produktion (vgl. Willer 2005). In Godwis genieästhetischen Selbstbeschreibungen werden die Hervorbringungen der Einbildungskraft wiederholt als sexuelle Akte thematisiert, etwa wenn die „Minute des Entzückens der Liebe" als die „thätigste, wo nicht vollendetste des Daseyns" bestimmt und die „liebende lebende Natur" mit der „selbstgeschaffenen schönen Welt der Kunst" parallelisiert wird (Brentano 1995 [1801], 131–132). Auch hier handelt es sich um ein analogisches Vermögen: Sowohl die Geschlechtsliebe als auch die sogenannte „freie Liebe" der Kunst bringen ihre Produkte immer „in die Form ihrer Aehnlichkeit" (Brentano 1995 [1801], 109). Das Genie als die emphatische Künstlergestalt um 1800 ist so auf doppelte Weise durch ‚natürliche Geburt' im Sinne der illegitimen Herkunft und der generativen Fortzeugung gekennzeichnet (vgl. Begemann und Wellbery 2002). Es ist also eine Leben gebende Instanz, wie vor allem Novalis in zahlreichen seiner Fragmente und Notizen pointiert, zum Beispiel: „Leben und genialisches Princip oder Genie ist eins." (Novalis 1978a 466) Damit werden nicht so sehr die Konzepte der Familie und Verwandtschaft idealistisch sublimiert, als dass die „Ideen" psychologisiert und physiologisiert werden: „Alle Ideen sind verwandt. Das Air de Famille nennt man Analogie." (Novalis 1978a, 329)

Auf diese Weise werden bei Novalis „die ideenproduzierenden Vermögen und ihre Produkte zu einer absoluten Familie" (Kittler 1991, 181) und lassen sich mit den entsprechenden Familienstrukturen und -prozessen seines Romans *Heinrich von Ofterdingen* (1802) zusammenlesen. In ihrer ‚Absolutheit' ist hier die Familie ein „Steuermechanismus, der über Subjekte bestimmt" und in besonderer Weise die „Codierung von Erotik" (Kittler 1991, 149–150) beeinflusst. Novalis' fragmentarischer Text folgt dem *Wilhelm-Meister*-Format, in dem der Held die „Stationen einer patrilinearen Initiation" (Kittler 1991, 183) durchläuft. Dabei wird der Platz des Vaters fortwährend vertreten – in einer progressiven Optimierung des unzureichenden realen Vaters –, während die Mutter unverändert als Orientierungsgröße und letztlich als Ziel der Bildungsreise präsent bleibt, bis hin zum Liebesschwur „bey der unsichtbaren Gegenwart meiner guten Mutter" (Novalis 1978a, 338). Das komplizierte Märchen, mit dem der erste Romanteil abschließt, vollendet in seiner überdeterminierten Familiensymbolik „die Ersetzung des Vaters bis zur Tilgung" und mündet in eine „erotische Initiation, die die Mehrdeutigkeit des Signifikats Mutter entfaltet" (Kittler 1991, 184).

3. Archaische Erbschaften: Häuser und Namen

Die Familie kommuniziert in psychoanalytischer Sicht mit größeren sozialen Verbänden, deren Untersuchung vor Freud nicht Gegenstand der Individual-, sondern der Völker- beziehungsweise Massenpsychologie gewesen war. Eine entscheidende Scharnierfunktion zwischen beidem nimmt das Argument der transgenerationellen Übertragung von Traumata und Neurosen ein (→ IV.13. TRAUMA-LITERATUR). In *Totem und Tabu* (1913) spricht Freud von einer „Gefühlserbschaft", durch die jede neue Generation an das „ursprüngliche Verhältnis zum Urvater" (IX, 191) und an dessen Tötung durch die mit ihm konkurrierenden Söhne gebunden sei. In *Das Ich und das Es* (1923) vermutet er, dass die „Erlebnisse des Ichs ", sofern sie sich „häufig und stark genug bei vielen generationsweise aufeinanderfolgenden Individuen wiederholen", in ein „erbliches Es" eingehen (→ III.1. MOSES). Wenn also „das Ich sein Über-Ich aus dem Es schöpft, bringt es vielleicht nur ältere Ichgestaltungen wieder zum Vorschein, schafft ihnen eine Auferstehung" (XIII, 267). Das Über-Ich erscheint als „Erbe des Ödipuskomplexes", so wie umgekehrt der in jeder Familienkonstellation aufs Neue aktualisierte Ödipuskomplex immer Teil jener „archaischen Erbschaft" (XIII, 264–265) ist.

Lacan kritisierte diesen Versuch Freuds, der Individual- und Familienpsychologie eine solche Tiefendimension in unvordenklichen Vergangenheiten zu geben, als methodisch unausgewiesenen „Sprung von der konjugalen Familie, die er bei seinen Patienten beobachtete, zu einer hypothetischen Urfamilie" (Lacan 1980 [1938], 65). In kultur- und literaturgeschichtlicher Hinsicht ist jedoch genau dieser Sprung bedeutsam. Das gilt nicht deswegen, weil auf diese Weise ein archaischer Ursprung tatsächlich zurückgewonnen werden könnte; dagegen spricht der unweigerliche Charakter der Nachträglichkeit, den die ,archaische Erbschaft' mit jeder Erbschaft teilt. Es ist aber eben die Nachträglichkeit des Erbes, die kulturell produktiv wirkt (vgl. Willer 2014). In der Dynamik der Wiedererscheinung haben archaische Erbschaften den Charakter des Unheimlichen, das Freud gleichfalls auf das Phänomen der „gleichartigen Wiederkehr" und des „*Wiederholungszwanges*" (XII, 251) zurückführt und das er im Aufsatz über *Das Unheimliche* (1919) als genuin literarisches Phänomen erkennbar macht. Anhand der Familienkonstellation von E. T. A. Hoffmanns Erzählung *Der Sandmann* (1817) und an zahlreichen weiteren literarischen Beispielen argumentiert er, dass im Kern des Unheimlichen der Wunsch nach Regression ins „ehemals Heimische, Altvertraute" (XII, 259) stehe.

Zahlreiche Familienromane des 19. Jahrhunderts entfalten den Zusammenhang von genealogischer *longue durée* und unheimlicher Wiederholung in einer ,Mythologie der Vererbung' (vgl. Borie 1981) und in der Faszination für dynastische Familienstrukturen – teils mit deutlicher Distanz zur bürgerlichen Gegenwart. Modellhaft dafür stehen zwei Elemente genealogischer Symbolik (die in vielen Fällen als Romantitel verwendet werden): das Haus, das einer Familie als Wohnung, Heimstatt und Repräsentationsort dient – titelgebend zum Beispiel in Jane Austens *Mansfield Park* (1814), Charles Dickens' *Bleak House* (1853; *Bleakhaus*) oder Nathaniel Hawthornes *House of the Seven Gables* (1851; *Das Haus mit den sieben Giebeln*) –, und der Name, der als prinzipiell ortsungebundenes Erkennungsmerkmal fungiert – zum Beispiel in Émile Zolas *Rougon-Macquart* (1871–1893), Theodor Fontanes *Poggenpuhls* (1896) oder Thomas Manns *Buddenbrooks* (1901). Beide werden von Generation zu Generation weitergegeben und stehen somit mustergültig für die Tiefenstruktur von Familie und Verwandtschaft. Beide können aber auch außerfamilialen Genealogien Einlass gewähren: im Fall des Hauses durch Änderungen der Besitzverhältnisse, in dem des Namens durch Umbenennung, Verheiratung oder auch in der Spannung von Familien- und Eigennamen.

Unter den deutschsprachigen Autoren des mittleren 19. Jahrhunderts thematisiert vor allem Adalbert Stifter die zugleich stabilisierende und fragile Bindung von Familien an Häuser und Namen. Im Roman *Der Nachsommer* (1857) kontrastiert der Wohnort der Herkunftsfamilie des Protagonisten, eine Mietwohnung in einem „Theil des ersten Stockwerkes eines mäßig großen Hauses in der Stadt" (Stifter 1997 [1857], 9), mit dem „über und über mit Rosen bedeckt[en]" (Stifter 1997 [1857], 47) Haus des Freiherrn von Risach, in dem sich die eigentliche Bildung des Helden vollzieht (vgl. Michalski 2015, 103–108) und das seinerseits ein Rekonstruktions- und Restaurierungsprojekt darstellt (vgl. Haag 2009). Oft erscheint bei Stifter die Häuslichkeit von Familien unter den problematischen Vorzeichen von Spaltung und Renovierungsbedürftigkeit, etwa in der Ruine der *Narrenburg* (1855) oder in der Vervielfältigung der Bauwerke in *Der Kuss von Sentze* (1866), in denen gleich „drei seltsame Häuser oder Schlösser" (Stifter 2003 [1866], 143) denselben Namen „die Sentze" tragen und sich auch „in dem Geschlechte der Sentze" (Stifter 2003 [1866], 144) eine konfliktträchtige Aufteilung vollzogen hat. Die Befriedung des alten Familienzwists und die genealogische Fortzeugung werden, wie so oft bei Stifter, durch familieninterne Heirat gewährleistet. In der Erzählung *Nachkommenschaften* (1864) resultiert daraus die tautologische Bestätigung des Familiennamens, wenn es abschließend heißt, aus der Heirat von zwei Angehörigen einer Familie namens Roderer müsse „noch Rodererischeres kommen als von anderen Roderern" (Stifter 2003 [1864], 93; vgl. Rickels 1985, Willer 2009). Diese hochgradig endogame Verwandtschaftsstruktur lässt sich als eine Art Gegenmodell zum *Familienroman der Neurotiker* bestimmen: Nicht die *andere*, sondern die *eigene* Abkunft und ihre Verlängerung in eine möglichst grenzenlose Zukunft hinaus werden hier zum Kern des familialen Begehrens.

Die Topik von Haus und Name lässt sich auf mentale und emotionale Innenwelten abbilden. So drückt sich in Emily Brontës Roman *Wuthering Heights* (1847; *Sturmhöhe*) bereits im titelgebenden Namen des Wohnsitzes, der „descriptive of the atmospheric tumult" (Brontë 1998 [1847], 2) ist, das familienpsychologische Problem der über die Generationen weitergegebenen leidenschaftlichen Affektivität aus. Gleich aus der ersten Beschreibung des Hauses geht die alte und strittige Erbschaftsgeschichte hervor. Über der Eingangstür ist neben dem Hinweis auf das Alter des Hauses ein anderer Name als der des Besitzers Mr. Heathcliff eingemeißelt: „I detected the date ‚1500‘ and the name ‚Hareton Earnshaw‘." (Brontë 1998 [1847], 2) Die weit zurückreichende Familie Earnshaw („Are they an old family? – Very old, sir" (Brontë 1998 [1847], 29)) ist über drei Generationen mit der Familie Linton verknüpft: Catherine Earnshaw heiratet Edgar Linton; sie stirbt bei der Geburt ihrer Tochter Catherine Linton, die nacheinander zwei Cousins aus beiden Familien heiratet; einer von ihnen trägt den Familiennamen Linton als Vornamen, was die Verpflichtung jeglicher Individuation auf die Familie deutlich auf den Punkt bringt. Die Position außerhalb der Familie wird durch den Findling Heathcliff vertreten, der auf umso bedrohlichere Weise ins Innere der Familie eindringt. Sein ‚sprechender‘ *Eigen*name (‚Heidefelsen‘, ‚Heideklippe‘) wird in dem Maße, wie er die Familie usurpiert, zum Familiennamen: „Heathcliff – Mr. Heathcliff I should say in the future." (Brontë 1998 [1847], 88)

Durch die komplexe Struktur des Romans mit ihren verschiedenen Erzählinstanzen und ausführlichen Rückgriffen rückt der späteste und spektakulärste Effekt genealogischer Wiederholung, die Spukerscheinung der älteren Catherine, an den Anfang des Textes. Hier schildert der Rahmenerzähler seinen ersten Aufenthalt auf dem umstrittenen Stammsitz Wuthering Heights. Das unheimliche Zentrum des Hauses bildet der im Schlafzimmer errichtete Verschlag, in dem der Erzähler Catherines schriftliche Hinterlassenschaften findet. Das Gespenst, das ihn ebendort heimsucht und mit der Formel „Let me in" Zutritt zur früheren Heimstatt begehrt, stellt sich ausdrücklich als „Catherine Linton" vor, was den Erzähler – obwohl vom „intense horror of nightmare" gepackt – zur Reflexion über die zuvor unter den Schriften gefundenen Namen anregt: „[W]hy did I think of *Linton*? I had read *Earnshaw* twenty times for Linton [...]." (Brontë 1998 [1847], 20) Im sich wiederholenden Namenswechsel beider Protagonistinnen kommt die Identitäts- und Liebesproblematik des Romans symbolisch auf den Punkt, wobei sich vor allem die ältere Catherine als auf komplexe Weise narzisstischer Charakter erweist (vgl. Massé 2000) (→ III.8. NARZISS UND ECHO). Ihr vermeintlich egoistischer Stolz führt zur Nichtidentität mit sich selbst beziehungsweise zur Identifikation mit einem Alter Ego. Das wird nicht nur durch die doppelte Wiederkehr in der Gespenstererscheinung und in der Gestalt der Tochter deutlich, sondern auch durch die Identifikation mit Heathcliff: „Nelly, I *am* Heathcliff – he's always,

always in my mind – not as a pleasure, any more than I am always a pleasure to myself – but, as my own being." (Brontë 1998 [1847], 73)

Die genealogische Orientierung an Häusern und Namen kann sehr unterschiedliche Ausprägungen annehmen, wie sich an zwei aufeinanderfolgenden Romanen Herman Melvilles zeigen lässt: *Moby-Dick or The Whale* (1851; *Moby-Dick*) und *Pierre or The Ambiguities* (1852; *Pierre oder die Doppeldeutigkeiten*). Letzterer erzählt die Individuations- und Emanzipationsgeschichte eines Schriftstellers, der sich seiner schöpferischen Antriebe mehr und mehr bewusst wird (vgl. Thomas 1979), und setzt damit die Familienproblematik des Bildungsromans fort. Der Protagonist Pierre lebt zu Beginn des Romans in dem „embowered and high-gabled old home of his fathers" (Melville 1971 [1852], 3) – in überaus enger Gemeinschaft mit seiner Mutter Mary, die er allerdings mit Vorliebe als seine Schwester bezeichnet und mit der ihn noch dazu eine wechselseitige erotische Anziehung verbindet. Unabhängig davon plant er, seine Verlobte Lucy zu heiraten. Beide Beziehungen werden durch das Hinzutreten der geheimnisvollen Isabel durchkreuzt, die sich alsbald als uneheliche Tochter von Pierres verstorbenem Vater erweist, woraufhin Pierre eine Lebensgemeinschaft mit dieser Halbschwester eingeht (vgl. Miner-Quinn 1981). Durch die betonte Ähnlichkeit der neu gefundenen Schwester mit dem idealisierten Vater wird dessen Imago auf unheimliche Weise mit sich selbst unähnlich: „strangely translated, and intermarryingly blended with some before unknown, foreign feminineness" (Melville 1971 [1852], 112).

Zu den vielen Merkwürdigkeiten des Romans gehört die redundante Art und Weise, in der sich die Romanfiguren fortwährend mit ihren Vornamen anreden und auch vom Erzähler beharrlich so adressiert werden. Dieses stilistische Merkmal unterstreicht aber gerade nicht den individuierenden, sondern den generischen Charakter der Namen, die zudem in ironischer Spannung zum Verhalten ihrer Träger stehen. Das gilt sowohl für Pierre (der als ‚Stein' höchst unbeständig ist) als auch für Mary (die Mutterfigur, die zugleich Schwester und Liebhaberin sein soll und sein will) sowie auch für Lucy (deren ‚Licht' alsbald in den Schatten der Konkurrentin gestellt wird). Im Kontrast zur inzestuös übercodierten Weiblichkeit steht der Rekurs auf Pierres männliche Genealogie, die über den zunehmend prekären Vaterbezug hinaus in die Vergangenheit verlängert wird. Dazu gehört etwa die Evokation der machtvollen Gestalt von Pierres Großvater, des „grand old Pierre", einhergehend mit einer Reflexion über die Abstammung der Pferde, die seit Generationen im Familienbesitz sind. Pierre sitzt auf demselben Kutschbock, „where his own ancestor had sat, and reining steeds, whose great-great-great-grandfathers grand old Pierre had reined before". Der Nachkomme sieht vor sich die Reihe der „horse-ghosts" traben und erkennt die eigene Gegenwart als bloßen Effekt der Genealogie: „the leaders are the generations" (Melville 1971 [1852], 32).

In Melvilles ein Jahr vor *Pierre* erschienenem *Moby-Dick* scheint demgegenüber die Familie als Institution auf programmatische Weise abwesend zu sein (vgl. Jacobson 2005, 114). Auch hier sind es aber die wiederholt in ihrer Funktion und Bedeutung hervorgehobenen Namen, die genealogische Tiefendimensionen eröffnen, beginnend mit der berühmten und viel erörterten Formel „Call me Ishmael" (Melville 1988 [1851], 3) am Anfang des ersten Kapitels. Der Ich-Erzähler dieses Romans will also heißen wie der erste Sohn Abrahams und seiner Nebenfrau, der ägyptischen Sklavin Hagar (1 Mos 16), der nach der Geburt Isaaks durch Abrahams Hauptfrau Sara vertrieben wurde, dem aber zahlreiche Nachkommenschaft verheißen wurde (1 Mos 21, 18) und der außerdem einer der wichtigsten Propheten des Islam ist. In *Moby-Dick* korrespondiert die initiale alttestamentliche Spur mit einer weiteren am Romanende. Hier wird der überlebende, im Meer treibende Ich-Erzähler von einem vorbeifahrenden Schiff aufgenommen, das ein verlorenes Walfangboot sucht: „It was the devious-cruising Rachel, that in her retracing search after her missing children, only found another orphan." (Melville 1988 [1851], 573) Zitatweise aufgerufen ist damit die Geschichte von Rahel, der wie Sara lange unfruchtbaren Frau Jakobs (1 Mos 30). Die Auffindung des verwaisten Ishmael durch die kinderlose Rahel verdeutlicht nicht nur die genealogischen Tiefenstrukturen des Nicht-Familienromans *Moby-Dick*, sondern fügt auch dem *Familienroman der biblischen Patriarchen* (vgl. Mosès 2004) eine eigentümlich intergenerationelle und interreligiöse Adoptionsszene hinzu.

4. Verfall, Degeneration und das Ende des Familienromans

Familienromane des ausgehenden 19. Jahrhunderts offenbaren eine große Faszination für den genealogischen ‚Verfall', so wie er titelgebend in Manns *Buddenbrooks. Verfall einer Familie* (1901) erscheint. Auffallend ist die Kapazität dieses Erzähl- und Deutungsmusters, groß angelegte Verläufe zu organisieren und zu strukturieren. In Manns Roman betrifft das nicht nur die zeitliche Erstreckung der Familiengeschichte über mehrere Generationen, sondern auch die Parallele verschiedener Erscheinungsformen des Verfalls: psychologisch, somatisch, ästhetisch, ökonomisch. In der Wissenschaft hatte das Narrativ schon seit Längerem eine gewisse Tragfähigkeit erwiesen. So hatte der US-amerikanische Sozialforscher Richard L. Dugdale bereits 1877 in seiner Abhandlung *The Jukes. A Study in Crime, Pauperism, Disease, and Heredity* auf der Basis empirischer Datenerhebung das geradezu epische Bild einer progressiv degenerierenden Familie entworfen, in der sich ausgehend von einem einzigen Stammvater Hunderte von Bettlern, Prostituierten, Kleinkriminellen und Schwerverbrechern finden ließen.

Auch für die Psychopathologie des späten 19. Jahrhunderts war die erbliche Belastung der Kranken ein wichtiges Interpretament. In Richard von Krafft-Ebings zuerst 1886 erschienener *Psychopathia sexualis* ist häufig von einer „hereditären Degeneration" (z. B. Krafft-Ebing 1993 [1886], 61) als Grundlage sexueller Anomalie die Rede. Freud erarbeitete in seinen frühen Schriften das individualpsychologische Konzept der „*Erinnerungsspuren*", indem er es ausdrücklich gegen eine nicht nachzuweisende „*Pseudohereditär*" (I, 438; 445) abgrenzte. Dennoch steht die Idee einer erblichen funktionellen Degeneration für das ‚genetische' Interesse an der Entstehung von psychopathologischen Phänomenen und gehört daher zum unmittelbaren Entstehungskontext der Psychoanalyse. Das gilt auch für die kulturelle Degenerationsdebatte der Zeit, etwa Max Nordaus Polemik *Entartung* (1892) gegen die als krankhaft diskreditierte Intellektualität der beginnenden literarischen Moderne oder Paul J. Möbius' viel gelesene Künstlerpathographien (vgl. Möbius 1898; Möbius 1902). Diese Schriften zielen auf die Anamnese der kranken Einzelpersönlichkeit, nehmen aber zugleich damit pathogene Strukturen ihrer Herkunftsfamilie in den Blick und adressieren somit nicht zuletzt die sozialgeschichtliche Krise der bürgerlichen Familie am Ausgang des 19. Jahrhunderts.

Die umfassendste literarische Verfallserzählung jener Zeit ist Zolas zwanzigbändiger Romanzyklus *Les Rougon-Macquart*, im Untertitel als *Histoire naturelle et sociale d'une famille sous le second Empire* ausgewiesen (*Die Rougon-Macquart. Die Natur- und Sozialgeschichte einer Familie unter dem Zweiten Kaiserreich*). Die 1871 bis 1893 erschienenen Romane behandeln also die jüngst vergangene Gesellschaftsgeschichte der Jahre 1852 bis 1870, mit deren – historisch bereits besiegeltem – Ende der Abstieg der Familie korrespondiert. Der quasisoziologische Anspruch liegt in der Bestandsaufnahme unterschiedlichster Schichten und Milieus, der quasibiologische in der Integration der einzelnen Befunde durch ein verbindendes Vererbungsgeschehen – wobei sich das Begehren des Autors, seine „grande affaire", darauf richtet, „d'être purement naturaliste, purement physiologiste" [reiner Naturwissenschaftler, reiner Physiologe zu sein] (Zola 1967 [1871–1893], 1736). Anschließend an Prosper Lucas' Theorie der *Hérédité naturelle* (1847–1850) unterscheidet Zola verschiedene Formen von Erblichkeit, die er in einer komplexen Kombinatorik aufeinander bezieht, um nach und nach alle Angehörigen seiner fiktiven Familie in einer kohärenten Pathologie unterzubringen. Diese imaginäre Anverwandlung von Vererbungswissen (vgl. Malinas 1985) trägt die Züge eines intergenerationellen Verhängnisses, bei dem nicht nur Krankheiten, sondern auch mangelhafte Lebensführung (vor allem die immer wieder angesprochene Trunksucht) den Charakter der Nachkommen bis ins Letzte determinieren können.

Neben dem Determinismus enthält sowohl Lucas' als auch Zolas System die Option, dass Vererbung *nicht* wirksam wird. Das geschieht, wenn ein durch *innéité* (Geburtlichkeit) neu entstehender Charakter als voraussetzungsloses Individuum aus der Reihe der Vorfahren herausspringt. Eine solche Figur ist Pascal Rougon, der zur Hauptfigur des letzten Bandes *Le docteur Pascal* (1893; *Doktor Pascal*) wird. Als Arzt bündelt er das medizinische Wissen des Romanzyklus (vgl. Küster 2008). Er diagnostiziert und dokumentiert das erbliche Verhängnis seiner Familie, von dem er selbst nicht betroffen ist. Damit wird er zugleich zum Sprachrohr und zum Alter Ego des Autors in seinem Wunsch nach einer wissenschaftlichen, objektiven, ,naturalistischen' Literatur. In einem gewissen Spannungsverhältnis zu diesem Distanzprogramm steht Zolas emphatische Affirmation der Familie in seinem späten Roman *La fécondité* (1899; *Fruchtbarkeit*). Dort zeugt ein zunächst in bescheidenen Verhältnissen lebendes Paar nicht weniger als fünfzehn Kinder, kann am siebzigsten Hochzeitstag auf eine vier Generationen umfassende, dreihundertköpfige Familiendynastie blicken und sich beträchtlichen Wohlstands erfreuen. Hingegen sind die ursprünglich reichen Familien mit ihren jeweils nur ein bis zwei Kindern letztlich zum Aussterben verdammt. Zolas Wahl des Sujets ist fast überdeutlich grundiert in der zeitgenössischen Sorge vor einem katastrophalen Bevölkerungsrückgang. Umso mehr soll aber die von ihm affirmierte Fruchtbarkeit und Fortpflanzung auch ein Argument für die auktoriale Potenz des Verfassers darstellen: „Dans *Fécondité*, je crée la famille." [In *Fécondité* schaffe ich die Familie.] (Zola 1968 [1899], 505; über. S.W.)

Neben diesen groß formatierten De- und Regenerationsgeschichten kann familiärer Verfall im späten 19. Jahrhundert auch mit vorsichtiger, ironisch getönter Anteilnahme dargestellt werden wie bei Fontane, der in seinen Romanen Endpunkte einer „aristokratischen *dégénération*" (Erhart 2001, 195) markiert. In *Die Poggenpuhls* muss die titelgebende Adelsfamilie ihre dynastischen Ansprüche innerhalb kleinbürgerlicher Lebensumstände einrichten. Die in den zahlreichen Gesprächen des Romans thematisierten ökonomischen Verhältnisse sind stets aristokratisch und bürgerlich zugleich, etwa wenn von den Kontakten jüdischer Bankiersfamilien zum preußischen Hof die Rede ist oder wenn das Konzept „Ruhm und Name" auf Firmennamen wie „Pears Soap, Blookers Cacao, Malzextrakt von Johann Hoff" angewendet wird, weil der Adelsname als solcher „doch leider nur eine einstellige Zahl ist" (Fontane 1974 [1896], 528–529). Auch das Erbe eines Onkels, das am Ende der nur umrissartig skizzierten Handlung schließlich die Geldsorgen der längst vaterlosen Familie lindert, ist auf komplizierte Weise mit dem der bürgerlichen Tante verbunden und wird erst durch deren großzügige Erbregelung den Poggenpuhls zugeführt. Den drei Töchtern bleibt dennoch nur die Perspektive der unverheirateten „arme[n] Mädchen" (Fontane 1974 [1896], 576) und dem Sohn Leo eine melancholische Resignation über die Ausweglosigkeit der Fortzeugung: „[W]enn dann welche geboren werden, kleine, reizende

Engelchen, [...] dann sterben sie und sieh, dann sitzt man wieder da und hat alle Mühe umsonst gehabt." (Fontane 1974 [1896], 505)

Der Familienroman scheint mit dieser Motivik der abwesenden Väter, sterbenden Kinder, schwindenden Vermögen und florierenden Erbkrankheiten im Fin de Siècle an sein Ende geraten zu sein. In eben dieser Zeit etabliert und institutionalisiert sich die historische Konstellation von Literatur und Psychoanalyse. Man kann also vermuten, dass das *literarische* Modell des Familienromans mit dem Beginn des *psychoanalytischen* Modells gewissermaßen zu einem geschichtlichen Abschluss kommt, dass es „am Ende seiner Entwicklung in das psychoanalytische Muster des Freudschen Textes verwandelt wird" (Erhart 2001, 105). Erkennbar wird das etwa in fachlich-therapeutischen Versuchen, den Familienroman zu einem Analyseinstrument zu methodologisieren – unter anderem zur Deutung von Freuds eigener Familiengeschichte (vgl. Laub 1991; Rubin 2002). Vor allem aber hat die psychoanalytische Anverwandlung des Familienromans eine neue Produktivität auch des literarischen Modells begründet: jene Familienromane *nach* Freud, die nicht mehr Gegenstand dieses Artikels sind.

Literatur

Begemann, Christian und David E. Wellbery (Hrsg.). *Kunst – Zeugung – Geburt. Theorien und Metaphern ästhetischer Produktion in der Neuzeit.* Freiburg i. Br. 2002.

Boheemen, Christine van. *The Novel as Family Romance. Language, Gender, and Authority from Fielding to Joyce.* Ithaca 1987.

Borie, Jean. *Mythologies de l'hérédité au XIXe siècle.* Paris 1981.

Brentano, Clemens. *Godwi oder das steinerne Bild der Mutter. Ein verwilderter Roman.* Hrsg. von Ernst Behler. Stuttgart 1995 [1801].

Brontë, Emily. *Wuthering Heights.* Hrsg. von Ian Jack. Oxford 1998 [1847].

Deleuze, Gilles und Félix Guattari. *Anti-Ödipus. Kapitalismus und Schizophrenie I.* Übers. von Bernd Schwibs. Frankfurt a. M. 1997 [1972].

Erhart, Walter. *Familienmänner. Über den literarischen Ursprung moderner Männlichkeit.* München 2001.

Fontane, Theodor. „Die Poggenpuhls" [1896]. Fontane, Theodor. *Werke, Schriften und Briefe,* Abt. 1, Bd. 4: *Romane, Erzählungen, Gedichte.* Hrsg. von Walter Keitel und Helmuth Nürnberger. 2. Aufl., München 1974: 479–576.

Goethe, Johann Wolfgang. *Wilhelm Meisters Lehrjahre.* Goethe, Johann Wolfgang. *Sämtliche Werke nach Epochen seines Schaffens. Münchner Ausgabe,* Bd. 5: *Wilhelm Meisters Lehrjahre.* Hrsg. von Hans-Jürgen Schings. München 1988 [1795/1796].

Goethe, Johann Wolfgang. „Bildungstrieb". Goethe, Johann Wolfgang. *Sämtliche Werke nach Epochen seines Schaffens. Münchner Ausgabe,* Bd. 12: *Zur Naturwissenschaft überhaupt, besonders zur Morphologie. Erfahrung, Betrachtung, Folgerung, durch Lebensereignisse verbunden.* München 1989 [1820]: 100–102.

Haag, Saskia. „Versetzt. Restaurierung als Entortung in Stifters *Nachsommer"*. *Figuren der Übertragung. Adalbert Stifter und das Wissen seiner Zeit*. Hrsg. von Michael Gamper und Karl Wagner. Zürich 2009: 77–86.

Jacobson, Karen F. *Obsessive-Compulsive Disorder in „Moby-Dick", „L'Assomoir", and „Buddenbrooks". Interpreting Novels through Psychological Categories*. Lewiston 2005.

Janz, Marlies. *Marmorbilder. Weiblichkeit und Tod bei Clemens Brentano und Hugo von Hofmannsthal*. Königstein/Ts. 1986.

Kaminski, Nicola. *Kreuz-Gänge. Romanexperimente der deutschen Romantik*. Paderborn 2001.

Kittler, Friedrich A. *Dichter – Mutter – Kind*. München 1991.

Krafft-Ebing, Richard von. *Psychopathia sexualis mit besonderer Berücksichtigung der conträren Sexualempfindung*. Hrsg. von Alfred Fuchs. 14. Aufl., München 1993 [1886].

Küster, Sabine. *Medizin im Roman. Untersuchungen zu „Les Rougon-Macquart" von Emile Zola*. Göttingen 2008.

Lacan, Jacques. „Die Familie" [1938]. Übers. von Friedrich A. Kittler. Lacan, Jacques. *Schriften III*. Hrsg. von Norbert Haas. Olten, Freiburg 1980: 41–100.

Laub, Tanja. „Familie: Realität – Familienroman – Mythos. Die Familie zu Freuds Zeit". *Fesselnde Familie. Realität – Mythos – Familienroman*. Hrsg. von Christine Borer und Katharina Ley. Tübingen 1991: 12–43.

Malinas, Yves. *Zola et les hérédités imaginaires*. Paris 1985.

Mann, Thomas. *Große kommentierte Frankfurter Ausgabe. Werke – Briefe – Tagebücher*, Bd. 1: *Buddenbrooks. Verfall einer Familie*. Hrsg. von Heinrich Detering et al. Frankfurt a. M. 2002 [1901].

Manthey, Jürgen. *Die Unsterblichkeit Achills. Vom Ursprung des Erzählens*. München, Wien 1997.

Massé, Michelle A. „„He's More Myself than I Am'. Narcissism and Gender in *Wuthering Heights"*. *Psychoanalyses/Feminisms*. Hrsg. von Peter L. Rudnytsky und Andrew M. Gordon. New York 2000: 135–153.

Matt, Peter von. *Verkommene Söhne, mißratene Töchter. Familiendesaster in der Literatur*. München 1997.

Melville, Herman. *The Writings of Herman Melville. Northwestern-Newberry Edition*, Bd. 7: *Pierre or The Ambiguities*. Hrsg. von Harrison Hayford et al. Evanston, Chicago 1971 [1852].

Melville, Herman. *The Writings of Herman Melville. Northwestern-Newberry Edition*, Bd. 6: *Moby-Dick or The Whale*. Hrsg. von Harrison Hayford et al. 3. Aufl., Evanston, Chicago 1997 [1851].

Michalski, Anja-Simone. *Die heile Familie. Geschichten vom Mythos in Recht und Literatur*. Berlin, Boston 2015.

Minden, Michael. *The German Bildungsroman. Incest and Inheritance*. Cambridge 1997.

Miner-Quinn, Paula. „Pierre's Sexuality. A Psychoanalytical Interpretation of Herman Melville's *Pierre, or, The Ambiguities"*. *University of Hartford Studies in Literature* 13 (1981): 111–121.

Möbius, Paul J. *Ueber das Pathologische bei Goethe*. Leipzig 1898.

Möbius, Paul J. *Ueber das Pathologische bei Nietzsche*. Wiesbaden 1902.

Morgenstern, Karl. *Ueber das Wesen des Bildungsromans. Zur Geschichte des deutschen Bildungsromans*. Hrsg. von Rolf Selbmann. Darmstadt 1988 [1820]: 55–72.

Mosès, Stéphane. „Der Familienroman der biblischen Patriarchen". *Trajekte* 8 (2004): 22–31.

Nordau, Max. *Entartung*, 2 Bde., Berlin 1892.

Novalis [i. e. Friedrich von Hardenberg]. *Werke, Tagebücher und Briefe*, Bd. 1: *Das dichterische Werk, Tagebücher und Briefe*. Hrsg. von Hans-Joachim Mähl und Richard Samuel. München 1978a.

Novalis [i. e. Friedrich von Hardenberg]. *Werke, Tagebücher und Briefe*, Bd. 2: *Das philosophisch-theoretische Werk*. Hrsg. von Hans-Joachim Mähl und Richard Samuel. München 1978b.

Parnes, Ohad, Ulrike Vedder und Stefan Willer. *Das Konzept der Generation. Eine Wissenschafts- und Kulturgeschichte*. Frankfurt a. M. 2008.

Rickels, Laurence A. „Stifter's ‚Nachkommenschaften'. The Problem of the Surname, the Problem of Painting". *Modern Language Notes* 100 (1985): 577–598.

Rubin, Gabrielle. *Le roman familial de Freud*. Paris 2002.

Stifter, Adalbert. *Werke und Briefe. Historisch-kritische Gesamtausgabe*, Bd. 4.1–4.3: *Der Nachsommer*. Hrsg. von Alfred Doppler und Hartmut Laufhütte. Stuttgart u. a. 1997–2000 [1857].

Stifter, Adalbert. „Nachkommenschaften" [1864]. *Werke und Briefe. Historisch-kritische Gesamtausgabe*, Bd. 3.2: *Erzählungen*. Hrsg. von Alfred Doppler und Hartmut Laufhütte. Stuttgart u. a. 2003: 23–94.

Stifter, Adalbert. „Der Kuss von Sentze" [1866]. *Werke und Briefe. Historisch-kritische Gesamtausgabe*, Bd. 3.2: *Erzählungen*. Hrsg. von Alfred Doppler und Hartmut Laufhütte. Stuttgart u. a. 2003: 141–174.

Thomas, Brook. „The Writer's Procreative Urge in *Pierre*. Fictional Freedom or Convoluted Incest?". *Studies in the Novel* 11 (1979): 416–430.

Tieck, Ludwig. *Franz Sternbalds Wanderungen. Eine altdeutsche Geschichte*. Hrsg. von Alfred Anger. Stuttgart 1979 [1798/1799].

Wackenroder, Wilhelm Heinrich. „Das merkwürdige musikalische Leben des Tonkünstlers Joseph Berglinger" [1797]. Wackenroder, Wilhelm Heinrich und Ludwig Tieck: *Herzensergießungen eines kunstliebenden Klosterbruders*. Hrsg. von Richard Benz. Stuttgart 1979, 104–126.

Willer, Stefan. „‚Eine sonderbare Generation'. Zur Poetik der Zeugung um 1800". *Generation. Zur Genealogie des Konzepts – Konzepte von Genealogie*. Hrsg. von Sigrid Weigel et al. München 2005: 125–156.

Willer, Stefan. „Grenzenlose Zeit, schlingender Grund. Genealogische Ordnungen in Stifters ‚Nachkommenschaften'". *Figuren der Übertragung. Adalbert Stifter und das Wissen seiner Zeit*. Hrsg. von Michael Gamper und Karl Wagner. Zürich 2009: 45–62.

Willer, Stefan. *Erbfälle. Theorie und Praxis kultureller Übertragung in der Moderne*. München 2014.

Zola, Émile. *Les Rougon-Macquart. Histoire naturelle et sociale d'une famille sous le second Empire*, Bd. 5. Hrsg. von Armand Lanoux und Henri Mitterand. Paris 1967 [1871–1893].

Zola, Émile. *Œuvres complètes*, Bd. 8: *Les quatre évangiles*. Hrsg. von Henri Mitterand. Paris 1968 [1899–1903].

IV.6. Fallgeschichte

Arne Höcker

1. Einleitung: Zwischen Literatur und Wissenschaft

Wer sich mit der Fallgeschichte als einer populären Gattung zwischen Literatur und Wissenschaft befasst (vgl. Bölts 2016), stößt dabei eher früher als später auf die berühmte Bemerkung, mit der Sigmund Freud 1895 in seinen mit Josef Breuer herausgegebenen *Studien über Hysterie* die Epikrise der Krankengeschichte der Elisabeth von R. einleitet:

> Ich bin nicht immer Psychotherapeut gewesen, sondern bin bei Lokaldiagnosen und Elektroprognostik erzogen worden wie andere Neuropathologen, und es berührt mich selbst noch eigentümlich, daß die Krankengeschichten, die ich schreibe, wie Novellen zu lesen sind, und daß sie sozusagen des ernsten Gepräges der Wissenschaftlichkeit entbehren. Ich muß mich damit trösten, daß für dieses Ergebnis die Natur des Gegenstandes offenbar eher verantwortlich zu machen ist als meine Vorliebe; Lokaldiagnostik und elektrische Reaktionen kommen bei dem Studium der Hysterie eben nicht zur Geltung, während eine eingehende Darstellung der seelischen Vorgänge, wie man sie vom Dichter zu erhalten gewohnt ist, mir gestattet, bei Anwendung einiger weniger psychologischer Formeln doch eine Art von Einsicht in den Hergang der Hysterie zu gewinnen. (I, 227)

Freuds viel zitierter Vergleich von Krankengeschichte und Novelle hat unterschiedliche Reaktionen hervorgerufen. Was einige Interpreten als Gründungsszene der Psychoanalyse verstanden haben (vgl. Marcus 1974; Prasse 2004; Schuller 2006), haben wiederum andere zum Anlass genommen, den literarischen Stil der Krankengeschichten mit Verweis auf die dadurch problematisch werdende Wissenschaftlichkeit zu kritisieren (vgl. Meyer 1993). Freud selbst führte die durch die Nähe seiner Fallgeschichten zur Literatur ausgelöste Irritation auf seine wissenschaftliche Herkunft zurück. In der Psychiatrischen Klinik Theodor Meynerts hatte Freud ab 1883 gelernt, wie Krankengeschichten zu verfassen sind. Im Gegensatz jedoch zu den späteren, berühmt gewordenen psychoanalytischen Krankengeschichten weisen diese frühen Geschichten Freuds ein für die Psychiatrie des 19. Jahrhunderts übliches hohes Maß an Formalisierung auf und lassen, wie Albrecht Hirschmüller feststellt, kein „deutliches inneres Engagement Freuds" (Hirschmüller 1991, 208) erkennen. Dass Freud aber auch seine psychoanalytische Tätigkeit im Anschluss an die medizinische Tradition verstanden wissen will, lasse sich daran sehen, so argumentiert Mai Wegener, dass er auch weiterhin von Krankengeschichten spricht (vgl. Wegener 2014, 170).

https://doi.org/10.1515/9783110332681-025

Allerdings liegt hier keine bewusste Entscheidung gegen den Begriff der Fallge-schichte vor, den es, wie Stefan Goldmann gezeigt hat, zu Zeiten Freuds noch nicht gegeben und der sich erst nach dem Zweiten Weltkrieg in Deutschland eta-bliert habe (vgl. Goldmann 2011, 44). Obwohl Freud durchaus von Fällen spricht, bleiben deren Aufzeichnungen dem verwendeten Begriff nach Krankengeschich-ten und damit einer langen medizinischen Tradition verbunden, die sich mindes-tens bis ins 16. Jahrhundert, zu den sogenannten *historia morbi* und *observatio-nes*, zurückverfolgen lässt (vgl. Hess 2014; Hess und Mendelsohn 2010).

Freuds Gattungsvergleich lässt sich jedoch nicht allein aus einer die wissen-schaftliche Qualifikation infrage stellenden Perspektive verstehen. Freud selbst empfand es als tröstlich, dass sich die literarische Form aus dem Gegenstand seines wissenschaftlichen Interesses ergebe und sich nicht allein seiner bekannt-lich durchaus vorhandenen Vorliebe für die Literatur verdankte. Wenn sich seine Krankengeschichten wie Novellen lesen lassen, dann liegt das zunächst daran, dass den Krankheitsbildern seiner Patientinnen kein „Realitätszeichen" (Freud 1986, 283) entspricht und diese vielmehr ihrem Fiktionswert entsprechend ent-schlüsselt werden müssen, der sich in den narrativen Strukturen der Patien-tinnenerzählungen verbirgt. Dies führt zu der Erkenntnis, die der Hysterie als Krankheitsbild eingeschrieben ist, dass die Fiktion realitätsbildend wirkt. Was also im obigen Zitat von 1895 und in der Folge mit der Psychoanalyse insgesamt auf dem Spiel steht, ist das, was Jutta Prasse die „Wahrheit der Fiktion" (Prasse 2004, 190) genannt hat.

Der Vergleich von Krankengeschichte und Novelle lässt sich jedoch nicht nur in der bislang diskutierten Richtung verstehen. Tatsächlich dreht Freud in seiner Bemerkung nur um, was schon längst erfolgreich praktiziert wird: dass Novel-len wie Krankengeschichten gelesen werden. Es sei hier zunächst nur auf einige wenige kanonische Novellen des 19. Jahrhunderts verwiesen, in denen es um eine Darstellung des Wahnsinns geht und die sich nicht nur wie Krankengeschich-ten lesen lassen, sondern auch so gelesen worden sind. So lässt sich hier Georg Büchners Novelle *Lenz* (1839) nennen, die auf der Behandlungsgeschichte des Sturm-und-Drang-Autors Jakob Michael Reinhold Lenz basiert; Gerhart Haupt-mann stellt die sich mit plötzlicher Intensität und Gewalt entladende angestaute Anspannung des Bahnwärters Thiel in seiner gleichnamigen Novelle aus dem Jahr 1888 dar; und natürlich muss auch E. T. A. Hoffmanns Novelle *Der Sand-mann* (1816) hier erwähnt werden, die Freud bekanntlich selbst unter Nichtbe-achtung aller von Hoffmann aufgebotenen literarischen Finessen als Kranken-geschichte gelesen hat (vgl. XII, 227–268). Die enge Beziehung von Novelle und Krankengeschichte ließe sich bis zu Miguel de Cervantes zurückverfolgen, „an dessen eingehend studierten Schriften Freud den eigenen literarischen Stil und satirischen Blick geschult" (Goldmann 2009, 55) habe. Man muss allerdings nicht ganz so weit zurückblicken, um beobachten zu können, dass sich die Literatur als Zulieferer für die humanwissenschaftliche Forschung eignet. So lässt sich hier aus dem direkten Umfeld Freuds auf Richard von Krafft-Ebings Benennung der beiden Grundperversionen Sadismus und Masochismus verweisen, die eine aus psychopathologischer Sicht kritische Beschäftigung mit den Schriften Marquis de Sades und Leopold von Sacher-Masochs nach sich gezogen hat.

Im Folgenden werden ausgehend von Freuds berühmtem Zitat Verbindungen und Konstellationen von Fallgeschichte und Literatur unter den drei hier anfänglich skizzierten Perspektiven besprochen: aus Perspektive der Wissenschaftlichkeit (vgl. Abschnitt 2), der Literatur und Novelle (vgl. Abschnitt 3) und schließlich der Psychoanalyse Freuds (vgl. Abschnitt 4).

2. Literatur und *scientia sexualis*

In *La volonté de savoir* (1976; *Der Wille zum Wissen*) hat Michel Foucault die westliche Zivilisation als die einzige beschrieben, die sich die Wahrheit der Lust wissenschaftlich zu erschließen versucht und nicht wie andere Gesellschaften über eine *ars erotica*. Bekanntlich hat Foucault das Geständnis als das zentrale Verfahren erkannt, mit dem unsere Gesellschaft die Produktion der Wahrheit betreibt (→ IV.4. BEKENNTNISLITERATUR). Mit dieser Verschiebung von einer erotischen Kunst zu einer Sexualwissenschaft verbinde sich auch ein Formwandel in der Literatur: „Von einer Lust am Erzählen und Zuhören, die sich am heroischen oder wunderbaren Bericht von ‚Proben' der Tapferkeit oder Heiligkeit entzündet hatte, ist man übergegangen zu einer Literatur, die sich der unendlichen Aufgabe annimmt, aus dem Grunde unsererselbst eine Wahrheit zwischen den Worten aufsteigen zu lassen, die schon die bloße Form des Geständnisses als unerreichbar vorspiegelt." (Foucault 1983 [1976], 77)

Mit anderen Worten hat man es mit einem Übergang vom epischen zum psychologischen Erzählen zu tun – oder unter Verwendung gängiger Gattungsbezeichnungen: vom Heldenepos (→ IV.3. MITTELALTERLICHE EPIK) zum Roman und zur Novelle (→ IV.8. LITERATUR DER ROMANTIK). Vollzieht sich dieser Übergang im ausgehenden 18. Jahrhundert auf der Ebene der Literatur, können die humanwissenschaftlichen Disziplinen des ausgehenden 19. Jahrhunderts ihren Zugriff auf literarische Produktion für ihre Zwecke als gerechtfertigt voraussetzen. Schon in der ersten Auflage der *Psychopathia sexualis* Krafft-Ebings, die 1886 noch überschaubar war und noch nicht den Umfang späterer Auflagen erreicht hatte, lässt sich im Vorwort lesen, dass die Dichter noch die besseren Psychologen seien als die Psychologen vom Fach (vgl. Krafft-Ebing 1886, 3). Diese besondere psychologische Begabung erkläre sich allerdings dadurch, dass die Dichter sinnliche Naturen seien, weswegen es der rationalen Einstellung des Wissenschaftlers bedürfe, um die literarisch dargestellten psychologischen Zusammenhänge für ein allgemeines Wissen vom Menschen nutzbar zu machen. Man muss in diesem scheinbaren Zugeständnis an die Literatur den strategischen Nutzen hervorkehren, der sich sofort erschließt, wenn man sich in die weitere Lektüre der sexualpathologischen Gründungsschrift versenkt. Von Anfang an wird darin gerechtfertigt, dass sich die wissenschaftliche Sexualpathologie auf Literatur beziehen kann, ohne den Anschein zu erwecken, selbst Literatur zu sein. Damit konnte Krafft-Ebing gleich zwei Fliegen mit einer Klappe schlagen: Denn erstens lassen sich literarische Texte aus der Perspektive eines wissenschaftlich geschulten Lesers als Psychologie qualifizieren, und zweitens lassen sich Dichter, deren sinnliche Veranlagung sie für die Schattenseiten des menschlichen Daseins besonders empfindsam macht, selbst auch als Fälle begreifen, die sich allerdings noch soweit im Griff haben, dass sie sich in der literarischen Darstellung und nicht in der Wirklichkeit austoben.

Am offensichtlichsten zeigt sich das enge Verhältnis von Sexualpathologie und Literatur in Krafft-Ebings Benennung der beiden wichtigsten Grundperversionen nach Literaten. Diesbezüglich hat Gilles Deleuze betont, dass sich „die klinischen Merkmale des Sadismus und Masochismus" nicht von den „literarischen Werken Sades und Masochs" (Deleuze 1968, 174) trennen lassen. Allerdings hat Deleuze mit dieser Feststellung weniger kritischen Boden gegenüber der Sexualpathologie gutgemacht, als vielmehr auf ein Problem hingewiesen, das sich Psychopathologen, Sexualforschern und Forensikern um 1900 bereits stellt. Aus diesem Grund schlug beispielsweise Albert von Schrenck-Notzing vor, statt der literarisch codierten Begriffe den der aktiven und passiven Algolagnie zur Bezeichnung des damit verbundenen Phänomens der Verbindung von Grausamkeit und Lust zu verwenden (vgl. Schrenck-Notzing 1992). Mit der Einführung des Begriffes Sadismus in der sechsten Auflage der *Psychopathia sexualis* (1891) erhielt die Literatur auf der Ebene der Bezeichnung Einzug als fester Bestandteil sexualpathologischer Kasuistik. Denn „wie wir nun den Ausdruck ‚Sadismus' [...] anwenden", so stellt Albert Eulenburg in einem 1899 erschienenen Aufsatz fest, „immer wird durch ihn unsere Aufmerksamkeit zurückgelenkt auf den Mann, nach dem dieser Ausdruck geprägt ist, auf den ‚célèbre Marquis', der in seiner Persönlichkeit wie in seinen hinterlassenen Geistesprodukten ein der psychologisch-ärztlichen Betrachtung nicht unwerthes, in gewissem Sinn vielleicht einzigartiges psycho-pathologisches Problem bietet" (Eulenburg 1899, 497).

Dass der „célèbre Marquis" selbst ein solches ‚Ungeheuer' gewesen sei wie die Lustmörder, Nekrophilen, Mädchenstecher und Knabengeißler, die nun das zweifelhafte Vergnügen haben, unter seinem Namen systematisch erfasst zu werden, wusste Krafft-Ebing schon bei Abfassung der ersten Auflage der *Psychopathia sexualis*. Noch ist Sade hier jedoch einer von vielen, ein Fall, wie der „ein[es] gewiss[en] Gruyo, 41 Jahre alt, von früher unbescholtenem Lebenswandel und 3mal verheiratet" (Krafft-Ebing 1886, 43), der sechs Frauen erwürgt und grausam zugerichtet hatte. „Ein ähnliches Ungeheuer muß der Marquis de Sade [...] gewesen sein", so schließt Krafft-Ebing an den Fall des Frauenmörders an: Sade „pflegte seine Geschlechtslust damit zu befriedigen, dass er nackte Freudenmädchen verwundete, um sodann mit höchster Wollust ihre Wunden zu verbinden. Er war so cynisch, dass er ernstlich seine grausame Lüsternheit idealisieren und sich zum Apostel einer darauf bezüglichen Lehre machen wollte." (Krafft-Ebing 1886, 44) Nachdem Sade in folgenden Auflagen desselben Werkes namentlich nicht einmal mehr Erwähnung findet, erscheint sein Name in der sechsten Auflage endlich als Oberbegriff all jener perversen Äußerungsformen des Geschlechtslebens, in deren besonderer Grausamkeit man zugleich ihre eigentliche Ursache erkennt. Ein Jahr früher hatte Krafft-Ebing den Masochismus und Sadismus in seinen *Neuen Forschungen auf dem Gebiet der Psychopathia sexualis* (1890) begrifflich vorgestellt und dabei den „monströse[n] Marquis de Sade" als den „berüchtigte[n] Vertreter" (Krafft-Ebing 1890, 2) der nach ihm benannten Perversion erkannt. Diese Bezugnahme ändert sich in der sechsten Auflage der *Psychopathia sexualis*; der Name Sade erscheint hier nicht mehr als Bezeichnung eines Falls, stattdessen nimmt Krafft-Ebing in einer Fußnote Bezug auf sein literarisches Werk: der Sadismus sei so „genannt nach dem berüchtigten Marquis de Sade, dessen obscöne Romane von Wollust und Grausamkeit triefen" (Krafft-Ebing 1891 [1886], 45).

Die sexualpathologische Sade-Rezeption in der Folge Krafft-Ebings bewegt sich zwischen den beiden Polen, die die erste und die sechste Auflage der *Psychopathia sexualis* gesetzt haben, zwischen dem *Fall* Sade und seinem *Werk*, oder anders gesagt: zwischen Persönlichkeit und Text. Denn lässt sich Sade zwar selbst als pathologischer Fall begreifen, dessen Schriften von seinen perversen Veranlagungen Zeugnis geben, so können die vielfältigen und präzisen Beschreibungen sexueller Ausschweifungen in seinen Texten als Versuch gewertet werden, zu einer Systematik des Pathologischen beizutragen. So sah es auch der Arzt Iwan Bloch, der unter dem Pseudonym Eugen Dühren eine erste ausführliche Studie zum Leben und Werk des Marquis de Sade vorlegte. Ohne Zweifel, so Dühren bzw. Bloch, gebühre es dem Marquis de Sade schon vor Krafft-Ebing, „fast alle sexualpathologischen Typen, die es gibt, in seinen Romanen zusammengestellt zu haben" (Dühren 1900, 398–399.). In seinem Vorwort zu den *120 Tagen von Sodom* (1904), die Bloch im Rahmen einer zweiten Sade-Studie und in erstmaliger deutscher Übersetzung herausgab, habe Sade zudem „ausdrücklich auf die wissenschaftliche Bedeutung" (Dühren 1904, 13) seines Unternehmens hingewiesen.

Bekanntlich nimmt Freud die Begriffe Sadismus und Masochismus schon 1905 in einem seiner wichtigsten frühen Werke auf. In den *Drei Abhandlungen zur Sexualtheorie* argumentiert er im Anschluss an die entsprechenden psychopathologischen Erkenntnisse Krafft-Ebings und Schrenck-Notzings, dass die beiden Grundperversionen ihre Wurzeln im Normalen hätten. Auch darin folgt Freud wesentlich Krafft-Ebing, der den Sadismus als eine normale Äußerung des männlichen Sexualtriebes darstellte und entsprechend auch nur ein einziges Beispiel für weiblichen Sadismus finden konnte, das bezeichnenderweise aus der Feder eines männlichen Autors stammt: die Penthesilea des „genialen aber zweifellos geistig nicht ganz normalen Heinrich von Kleist" (Krafft-Ebing 1891 [1886], 89). In den *Drei Abhandlungen* entwirft Freud den Masochismus als die Kehrseite des Sadismus beziehungsweise als die Fortsetzung des Sadismus in Wendung gegen die eigene Person. Man kann darin die Bedeutung erkennen, die dem Masochismus in Freuds Werk zukommt. So wird der Masochismus als gegen sich selbst gerichteter Sadismus zur Grundlage dessen, was bei Freud die Errichtung des Über-Ichs bedingt und bei Friedrich Nietzsche die „Verinnerlichung des Menschen" (Nietzsche 1999 [1887], 322) heißt. In diesem Sinne kann also gerade die ethische Dimension des Masochismus und dessen Funktion für die Sublimierung hervorgehoben werden (vgl. Berndt 2011; Wurmser 1993). Freuds Modell eines Sadomasochismus hält Deleuze 1967 jedoch entgegen, dass den beiden Perversionen unterschiedliche psychische Ökonomien zugrunde liegen (vgl. Deleuze 1968 [1967]; Berndt 2011). Im Rückgriff auf den literarischen Ursprungstext des Masochismus, Sacher-Masochs *Venus im Pelz* (1870), betont Deleuze insbesondere die Vertraglichkeit masochistischer Interaktionen und rehabilitiert den Masochismus, indem er ihn nicht nur unter psychopathologische, sondern unter ästhetische Vorzeichen stellt. Denn während die psychopathologische Perspektive auf die Literatur im Falle Sades dazu geführt hat, dass sich um 1900 zum ersten Mal eine auch literaturwissenschaftlich ernst zu nehmende Sade-Forschung etablierte (vgl. Höcker 2012), führte die Benennung des Masochismus nach Sacher-Masoch im Gegenteil dazu, „dass er aus dem Register der Literaturgeschichte gestrichen" (Koschorke 1988, 62) wurde. Im Falle Sacher-Masochs hat die Perversion ihren literarischen Ursprungstext nahezu vollständig überschrieben. Im literarhistorischen Gedächtnis wird Sacher-Masoch immer schon Masochist gewesen sein.

3. Fallgeschichte und Novelle

Vor dem Hintergrund einer Sexualwissenschaft, die um 1900 gar keine Anstalten macht, ihre zum Teil konstitutiven Bezüge zur Literatur zu verbergen, mag Freuds zum Ausdruck gebrachte Sorge um die Wissenschaftlichkeit seiner Krankengeschichten erstaunen. Ließe sich zum einen vermuten, dass Freuds Sorge über diesen Befund nur vorgetäuscht war und es ihm vielmehr um die Betonung der besonderen Rolle literarischer Darstellung für seine eigene Methode ging, so muss zum anderen doch anerkannt werden, dass Freud in seinem Bezug zur Literatur im Vergleich mit der Sexualwissenschaft seiner Zeit noch einen Schritt weitergeht. Während die strikte Trennung von Literatur und Wissenschaft für die Sexualwissenschaft zumindest auf der Ebene ihrer Selbstbeschreibung konstitutiv bleibt, irritiert Freuds Eingeständnis durch die Aufhebung der Unterscheidung von Dichter und Wissenschaftler und treibt das Verhältnis von Wissenschaft und Literatur an die Grenze ihrer Unterscheidbarkeit. Literatur ist hier nicht mehr nur Zulieferer für die Wissenschaft, die literarische Darstellung in Bezug auf ein humanwissenschaftliches Wissen zu lesen und zu deuten versteht. Krankengeschichten, die sich wie Novellen lesen lassen, sprechen für einen direkten Zusammenhang von literarischer Form und (wissenschaftlichem) Wissen (vgl. Bölts 2016).

Mit der Novelle bezieht sich Freud auf eine literarische Form, die historisch eine enge Verwandtschaft zur Fallgeschichte aufweist. Bereits André Jolles erkannte im Kasus eine Vorform der Novelle. So bedürfe der sich durch Unentschiedenheit und Abwägen auszeichnende, sich aber des Urteils enthaltende Kasus nur weniger Hinzufügungen, um sich von einer einfachen Form zur Kunstform der Novelle auszubilden (vgl. Jolles 1958 [1930], 182). In Jolles' Bestimmung des Kasus als einer einfachen, das Gesetz und die Norm herausfordernden Form zeigen sich deutliche Überschneidungen mit der Definition der Novelle seit Johann Wolfgang Goethe. Dieser hatte gegenüber Johann Peter Eckermann die Novelle als „eine sich ereignete unerhörte Begebenheit" (Eckermann 1986 [1836–1848], 203) bezeichnet und des Weiteren auf seinen Roman *Die Wahlverwandtschaften* (1809) verwiesen, wo er über den Vorrang des Neuen und Bemerkenswerten auch den in der Novelle dargestellten „Konflikt des Gesetzlichen und Ungebändigten, des Verstandes und der Vernunft, der Leidenschaft und des Vorurteils" (Goethe 1987 [1809], 474) betont. Die Novelle ist entsprechend auf einen Konflikt zugeschnitten und auch formal steht die Gestaltung der Krise im Mittelpunkt ihrer Darstellung. Die wesentlichen bisher genannten Charakteristika der Novelle – Prägnanz, Neuheit, Konfliktzentriertheit – hat Friedrich Theodor Vischer 1857 in seiner *Ästhetik* prominent in einem Satz zusammengefasst: Die Novelle gebe „nicht die vollständige Entwicklung einer Persönlichkeit, aber ein

Stück aus einem Menschenleben, das eine Spannung, eine Krise hat und uns durch eine Gemüths- und Schicksalswendung mit scharfem Accente zeigt, was Menschenleben überhaupt ist" (Vischer 1857, 1318). Diese Definition der Novelle wäre durchaus auch zur Beschreibung von Freuds Krankengeschichten aus den *Studien über Hysterie* geeignet, und es kann vor diesem Hintergrund nicht überraschen, dass Freuds eigener Novellenvergleich gerade der Epikrise der Krankengeschichte der Elisabeth v. R. entstammt, die den zentralen Konflikt besonders fokussiert herauszuarbeiten hat (vgl. Wegener 2014, 174). Dass Vischer darüber hinaus den besonderen Wert der Novelle für die Darstellung und Erkenntnis des Menschenlebens betont, zeigt eindrücklich die allgemeine Nähe der Novelle zur Fall- beziehungsweise Krankengeschichte. Denn wenn Novellen krisenhafte Einzelschicksale darstellen und zu einer Lektüre anleiten, die sich auf das Menschenleben überhaupt ausrichtet, lassen sie sich tatsächlich wie Fallgeschichten lesen, deren epistemologische Bedeutung ebenfalls darin begründet liegt, dass sie mit der Darstellung des Einzelfalles den Bezug auf ein allgemeines Wissen vom Menschen verbinden. So kann es also keinesfalls verwundern, dass sich Krankengeschichten als Vorlage für Novellen anbieten, und sich Novellen wie Fallgeschichten lesen lassen, wofür die Humanwissenschaften um 1900 ausreichend Beispiele geben.

Ist um 1900 die Nähe der Wissenschaft zur Literatur jedoch problematisch geworden, so zeigt sich um 1800 noch ein ganz anderes Bild, in dem Literatur und Humanwissenschaften einen engen und unmittelbaren Zusammenhang ausbilden. So findet am Ende des 18. Jahrhunderts, dem allgemeinen anthropologischen Aufklärungsinteresse geschuldet, eine Aufwertung des Falls nicht nur auf dem Gebiet der Wissenschaften vom Menschen, sondern auch auf dem der literarischen Ästhetik statt. Anhand von Fallgeschichten, die zumeist historischen Quellen wie aktenmäßigen Aufzeichnungen oder juristischen Fallsammlungen entstammen, etabliert sich dabei auch ein neues Verständnis der Literatur, das sich am Prinzip der Individualisierung ausrichtet und einen dezidiert realistischen Anspruch verficht (vgl. Pethes 2011). Diesem Umstand verdankt es sich, dass die Fallgeschichte in den letzten zwanzig Jahren gewissermaßen zum Schlager einer sich zunehmend wissenshistorisch legitimierenden literatur- und kulturwissenschaftlichen Forschung avanciert ist. Widmete sich diese zunächst vor allen Dingen den bemerkenswerten Rechtsfällen in der Tradition des Pitaval (vgl. Schönert 1991; Niehaus et al. 1998; → IV.10. KRIMINALLITERATUR), so hat sich die Beschäftigung mit Fallgeschichten in den letzten Jahren auf weitere Felder anthropologischen Wissens um 1800 ausgedehnt (vgl. Pethes 2005; Zeitschrift für Germanistik 2009). Besondere Aufmerksamkeit hat dabei das *Magazin zur Erfahrungsseelenkunde* erhalten, das zwischen 1783 und 1793 in zehn Bänden von Karl Philipp Moritz unter Mitwirkung von Salomon Maimon und Karl Friedrich Pockels herausgegeben wurde (vgl. Dickson et al. 2011; Gailus 2000). Allerdings bilden die Beiträge, die im *Magazin* veröffentlicht wurden, noch keine einheitliche Form aus, die der Gattungsbezeichnung Fallgeschichte angemessen wäre. Es wäre jedoch ebenso verfehlt, darin einen Mangel erkennen zu wollen. In seinem Aufruf für das *Magazin zur Erfahrungsseelenkunde* hatte Moritz ausdrücklich darauf bestanden, dass sich die aufgezeichneten Beobachtungen jeglicher Urteile und voreiliger Schlüsse enthalten mögen und also gewissermaßen ‚neutral' erzählen sollten. Auf die Form des eingesandten Materials also kam es ganz explizit nicht an und so erscheint das *Magazin* weniger als eine Sammlung von Fallgeschichten denn als ein Archiv heterogenen Materials wie Tagebüchern, Beispielen, Anekdoten, Lebensläufen und Ähnlichem.

Der zentrale Begriff für Moritz und die Erfahrungsseelenkunde ist ‚Beobachtung' – und Fallgeschichten am Ende des 18. Jahrhunderts lassen sich zunächst am ehesten noch als Beobachtungsgeschichten verstehen. Dieser Begriff entstammt einem Aufsatz des Romanautors und Philanthropen Johann Karl Wezel, der 1778 in Johann Bernhard Basedows und Joachim Heinrich Campes *Pädagogischen Unterhandlungen* unter dem Titel *Über die Erziehungsgeschichten* publiziert wurde. Ganz im Sinne des späteren erfahrungsseelenkundlichen Programms klagt Wezel dort über „die unzeitige Theoriensucht der Sterblichen" (Wezel 2001 [1778], 429) und deren Tendenz voreilige Schlüsse zu ziehen. In keiner anderen Wissenschaft sei diese menschliche Vorliebe schädlicher als in der Pädagogik, die für lange Zeit, so Wezels Prognose, nichts anderes als eine Zusammenstellung einzelner Erfahrungen sein werde und sich zunächst mit der bloßen Sammlung von Beobachtungen begnügen müsse. In seinem Aufsatz gibt Wezel genaueste Anweisungen, wie zu beobachten und aufzuzeichnen sei. Zunächst müsse sich der philanthropische Beobachter genauestens über das Leben seines Zöglings informieren: „[E]r lasse sich seinen ganzen Lebenslauf erzählen, seine Diät im Essen, Trinken, Kälte, Hitze, Bewegung, seine Beschäftigungen, Vergnügungen, seinen Umgang, die Charactere der Personen, die ihn umgeben haben, die Art des wechselseitigen Verhaltens zwischen ihm und ihnen." Die gesammelten Informationen müsse der Beobachter „in sein Gedächtniß, wie in ein Magazin" niederlegen und „keine Aussonderungen" vornehmen, „als daß er Fakta von den Urtheilen und Muthmaßungen scheidet" (Wezel 2001 [1778], 437–438). Genauso wichtig wie die Beobachtung ist ihre schriftliche Aufzeichnung, für die Wezel ebenfalls detaillierte Anweisungen bereithält. Neben der genauen Beschreibung des beobachteten Individuums und der Angabe der gesammelten Fakten, müsse die Beobachtungsgeschichte auch die Beobachtung selbst samt ihrer Umstände thematisieren, um damit zu einem allgemeinen pädagogischen Wissen beizutragen.

Obwohl die Erfahrungsseelenkunde ein paar Jahre nach Erscheinen von Wezels Aufsatz an dessen Aufforderung zum ‚kalten Beobachten' anzuschließen gedenkt, fehlt ihr eine Auseinandersetzung mit der Verschriftlichung und Repräsentation der Beobachtung fast vollständig. Während die Beobachtung bei Wezel selbst Teil der Geschichte werden musste, sollte sich der Beobachter der Erfahrungsseelenkunde diesbezüglich zurückhalten und stattdessen ein Feld von Sichtbarkeiten organisieren, aus dem er selbst ausgespart blieb. Das Neue der Erfahrungsseelenkunde, so stellt Yvonne Wübben fest, habe nicht in der „Konstruktion von Geschichten" bestanden, sondern „in der narrativen Vermittlung sowie im Arrangieren und Neuanordnen der Texte" (Wübben 2011, 155), in deren Zuge sie zu Fällen geworden seien. Das aber heißt, dass Geschichten hier zunächst allein durch eine bestimmte Anordnung zu Fällen werden und nicht aufgrund einer ihnen eigentümlichen Form der Narration. Im *Magazin zur Erfahrungsseelenkunde* wird man vergeblich nach einer Diskussion der narrativen Bedingungen für das Erzählen von Fallgeschichten suchen.

Diese Aufgabe wird zur selben Zeit von der Literatur übernommen und im Rahmen von Novellen verhandelt, die auf ‚wahren Geschichten' zu gründen vorgeben. Das wahrscheinlich bekannteste Beispiel ist Friedrich Schillers 1786 unter dem Titel *Der Verbrecher aus Infamie* erschienene Novelle, die nicht nur in zeitlicher Nähe zur Erfahrungsseelenkunde steht. In einer Art Vorrede zur Lebensgeschichte des Mörders und Räubers Christian Wolf erklärt Schiller das Verbrechen und allgemeiner die Verirrungen des Menschen zum geeigneten Gebiet der Seelenlehre. Doch in einem wesentlichen Aspekt unterscheidet sich Schillers Novelle von Moritz' Projekt und genau darin markiert die Novelle ihre Nähe zur modernen Fallgeschichte. Schillers Vorrede verhandelt Beobachtung nun nicht mehr als ein von der Beschreibung getrenntes und ablösbares Problem, sondern hebt im Gegenteil gerade die Frage der Darstellung hervor. Die Aufforderung zum ‚kalten Beobachten' bei Wezel und Moritz wird hier zur Aufforderung zum ‚kalten Erzählen' und damit zum poetologischen Problem. Dichtung oder Geschichtsschreibung heißen somit bei Schiller die Alternativen, doch geht die Absicht des Textes nur scheinbar in der alten aristotelischen Problemstellung auf. Denn die Vorrede markiert kein Außerhalb des Textes, sie ist selbst Teil der Novelle und reflektiert als solcher die Bedingungen ihrer Möglichkeit; was sie erzählt, ist, dass sie nicht erzählt. Was Moritz glaubte durch das Vermeiden von Reflexionen erreichen zu können, nämlich die Eliminierung des Darstellungsproblems, gelang Schiller gerade dadurch, dass er es programmatisch thematisiert: „Entweder der Leser muß warm werden wie der Held, oder der Held wie der Leser erkalten." (Schiller 1954 [1786], 8) Das in dieser Feststellung kulminierende erzähltheoretische Problem sieht Schiller in der notwendig scheiternden Vermittlung „zwischen dem historischen Subjekt und dem Leser" (Schiller 1954 [1786], 8). Das Erzählproblem, das sich hier rezeptions- und wirkungsästhetisch zu stellen scheint, lässt sich als ein allgemeines Problem des Erzählens von Fallgeschichten um 1800 begreifen, das als solches auch in der Erfahrungsseelenkunde zumindest unterschwellig präsent ist. Wie generieren Fallgeschichten Wissen, ohne dass ihnen einerseits durch voreilige Schlüsse und Reflexionen Bedeutung zugewiesen wird, die ihren Zweck, Aufschluss über eine Norm zu gewinnen, verfehlte, und andererseits, ohne dass sie allein durch „hinreißenden Vortrag" (Schiller 1954 [1786], 8), sprich Rhetorik, bestechen, die ihren empirischen Gehalt der Sensation opfern würde? Während für Moritz das Problem dadurch gelöst schien, sich Reflexionen zu enthalten und keine weiteren Darstellungsvorgaben zu machen, und sich die Frage der Vermittlung von Beobachtung und Darstellung nicht weiter stellte, verschiebt es sich bei Schiller auf die Darstellung selbst. Kann man Schillers Vorrede zum *Verbrecher aus Infamie* also gewissermaßen als poetologische Verhandlung von Fallgeschichten lesen (vgl. Höcker 2014), so ergibt eine genaue Lektüre der Novelle allerdings, dass die im Rahmen getroffene Entscheidung für die historische Perspektive in der literarisch gestalteten Binnengeschichte nicht eingehalten wird (vgl. Lehmann 2009). Literarische Fiktion und historische Beobachtung bedingen sich hier gegenseitig und verbürgen gemeinsam die allgemeingültige Wahrheit des Falls. Die von Fallgeschichten zu leistende Vermittlung von Besonderem und Allgemeinem, so kann man daraus folgern, lässt sich nicht allein historisch bewerkstelligen, sondern bedarf der literarischen Einbildung.

4. Freuds Fälle

Selbst wenn Freud es sicher gerne für sich in Anspruch genommen hätte, ergibt sich der Vergleich seiner Krankengeschichten mit Novellen nicht nur aus der Innovationskraft der psychoanalytischen Methode, sondern besitzt auch eine historische Berechtigung, wie der Blick ins 18. Jahrhundert gezeigt hat. Darüber hinaus lässt sich nachweisen, dass Freud ein aufmerksamer Leser von Novellen gewesen ist; Stefan Goldmann hat argumentiert, dass die Novellenliteratur des 19. Jahrhunderts für Freud „ein unerschöpfliches Archiv der Kasuistik" (Goldmann 2009, 61) bildete, aus dem er für seine eigenen Werke reichlich Material schöpfte. Auch der Geschichte der Elisabeth v. R., der das Novellenzitat entstammt, konnte Goldmann mit Hermann Sudermanns *Der Wunsch* (1894) eine Novelle zuordnen, deren zentraler Konflikt mit dem der Krankengeschichte Freuds nahezu identisch ist (vgl. Goldmann 2009, 61). Doch erschöpft sich der Zusammenhang von Freuds Krankengeschichten mit der Literatur damit nicht. Vielmehr noch lässt sich konstatieren, dass Freuds Krankengeschichten eine literarische Struktur unterliegt, die für den wissenschaftlichen Anspruch der Psychoanalyse zwar eine Herausforderung bedeutet, zugleich aber ihre epistemische Dynamik ausmacht und für die psychoanalytische Erkenntnis unverzichtbar ist. Wie Freud selbst bemerkt, obliegt das Literarische seiner Krankengeschichten nicht so sehr seiner eigenen Entscheidung, als dass es der Gegenstand seiner Untersuchung mit sich bringen würde. Freuds psychoanalytische Neurosenlehre hat es mit dem Unbewussten zu tun und dieses besitzt, wie Wegener mit Verweis auf Jacques Lacan betont, „Fiktionsstrukur" (Wegener 2014, 176). Da das Unbewusste selbst wie eine Sprache strukturiert sei, könne diese nicht mehr uneingeschränkt als „ein transparentes Medium" eingesetzt werden, sondern müsse im Gegenteil gerade daraufhin befragt werden, was sie verberge. Es sei somit „die Stellung der Sprache, die die Psychoanalyse vom wissenschaftlichen Modell der Fallgeschichte entfernt" (Wegener 2014, 176; → II.1. SEMIOTIK).

Mit dieser Stellung der Sprache verbindet sich ein technisches Problem des Abfassens von Krankengeschichten, wie Freud im Vorwort zum 1905 publizierten *Bruchstück einer Hysterie-Analyse* vermerkt, das die notwendige Genauigkeit der Rekonstruktion der Patientinnenerzählung betrifft. Denn während der Sitzung mit der Patientin dürfe er sich keine Notizen machen, um kein Misstrauen zu erwecken, und bei mehreren Patientinnen und Sitzungen pro Tag seien die Grenzen des Gedächtnisses bald erschöpft. Weiterhin „ist [es] auch ein für mich noch ungelöstes Problem, wie ich eine Behandlungsgeschichte von langer Dauer für die Mitteilung fixieren könnte" (V, 166). Der im *Bruchstück einer Hysterie-Analyse* behandelte *Fall Dora* bietet sich Freud nicht nur deshalb zur Veröffentlichung an, weil die Behandlungsdauer einen, wie er betont, relativ kurzen Zeitraum von nur drei Monaten umfasste und sich die Aufklärung um nur zwei Träume gruppierte. In der Vorrede wird zudem deutlich, dass es Freud hier nicht allein um die Darstellung der Krankengeschichte, sondern um das Abfassen von Krankengeschichten schlechthin geht. Sicherlich wäre es ein Leichtes gewesen, den Fall von seinem Ende aufzurollen und „eine lückenlose und abgerundete Krankengeschichte" zu erzählen. Das jedoch hätte bedeutet, „den Leser von vornherein unter ganz andere Bedingungen [zu] versetzen, als die des ärztlichen Beobachters waren" (V, 173).

Freud entscheidet sich ganz bewusst gegen ein zu starkes Eingreifen in die Form der Erzählung, auch wenn dies bedeutet, dass diese inkonsistent erscheint. Steven Marcus hat dem *Fall Dora* deshalb eine formale „Ähnlichkeit mit einem modernen experimentellen Roman" attestiert und dessen Verlauf folgendermaßen beschrieben (→ IV.11. LITERATUR DER MODERNE): „Der Gang der Erzählung und der Handlungsablauf ist weder chronologisch noch geradlinig; die Konstruktion ist vielmehr plastisch, verschlungen und heterogen und folgt spontan einer inneren Logik, die oft als mit sich selbst uneins erscheint; sie schlägt Bogen nach rückwärts und vorwärts und verfährt in der Darstellung des Materials mehrdimensional, wie auch diese innere Logik mehrschichtig erscheint." (Marcus 1974, 45)

Was Marcus hier als spezifisch literarische Form begreift, macht jedoch in einem bestimmten Sinne gerade die Wissenschaftlichkeit von Freuds *Fall Dora* aus. Denn nicht bloße Ergebnisse sollen hier präsentiert werden, sondern die psychoanalytische Methode selbst wird dargestellt. Darin unterscheiden sich Freuds Falldarstellungen von den standardisierten Krankengeschichten, die er in Meynerts Klinik zu verfassen gelernt hatte. Freuds Fallgeschichten sind immer auch Beobachtungs- oder besser noch Behandlungsgeschichten. Im Fall des Wolfsmannes von 1918 (*Aus der Geschichte einer infantilen Neurose*) wird Freud entsprechend formulieren: „Ich kann die Geschichte meines Patienten weder rein historisch noch rein pragmatisch schreiben, kann weder eine Behandlungs- noch eine Krankengeschichte geben, sondern werde mich genötigt sehen, die beiden Darstellungsweisen miteinander zu kombinieren." (XII, 36)

Im *Fall Dora* ergibt sich die Form der Geschichte aus der Form der Patientinnenerzählung. Hysterikerinnen aber sind keine guten Geschichtenerzählerinnen, sodass sich Freud auch in diesem Fall sofort mit dem Problem der Darstellung konfrontiert sieht, das sich wie ein roter Faden durch alle seine Fallgeschichten zieht. In den *Studien über Hysterie* folgte Freud noch dem Modell der Krankengeschichte, indem er von den Symptomen ausging und, wie er in der Vorrede zum *Fall Dora* schreibt, „sich die Auflösung derselben der Reihe nach zum Ziel" (V, 169) setzte. Diese Methode jedoch habe er der Struktur der Neurose gegenüber als unangemessen erkannt und sie seither aufgegeben: „Ich lasse nun den Kranken selbst das Thema der täglichen Arbeit bestimmen und gehe also von der jeweiligen Oberfläche aus, welche das Unbewußte in ihm seiner Aufmerksamkeit entgegenbringt. Dann erhalte ich aber, was zu einer Symptomlösung zusammengehört, zerstückelt, in verschiedene Zusammenhänge verflochten und auf weit auseinanderliegende Zeiten verteilt." (V, 169)

Als Resultat dieser Methode erscheinen Freuds Fälle unvollständig, bruchstückhaft und fragmentarisch; sie zerreißen Zusammenhänge statt sie zu stiften und richten sich gerade auf die Hervorbringung von Inkonsistenzen und Lücken aus, in denen sich „das *theoretisch geforderte Korrelat* der Krankheitssymptome" (V, 175) manifestieren soll. Wenn Freud den *Fall Dora* als *Bruchstück einer Hysterie-Analyse* publiziert, dann ist in diesem Titel nicht nur auf die Unvollständigkeit der spezifischen Analyse Doras angespielt; vielmehr verbirgt sich hier das wesentliche Verfahren der Psychoanalyse bei der Darstellung von Fällen. Die literarische Gattung, die Freuds Fallgeschichten zugrunde liegt, ist entsprechend nicht so sehr die Novelle, sondern das Fragment.

Literatur

Berndt, Frauke. „Einleitung". *figurationen. gender – literatur – kultur* 12.1 (2011): 6–11.

Bölts, Stephanie. *Krankheiten und Textgattungen. Gattungsspezifisches Wissen in Literatur und Medizin um 1800.* Berlin, Boston 2016.

Deleuze, Gilles. „Sacher-Masoch und der Masochismus" [1967]. Sacher-Masoch, Leopold von. *Venus im Pelz. Mit einer Studie über den Masochismus von Gilles Deleuze.* Übers. von Gertrud Müller. Frankfurt a. M. 1968: 163–278.

Dickson, Sheila, Stefan Goldmann und Christof Wingertszahn (Hrsg.). *,Fakta, und kein moralisches Geschwätz'. Zu den Fallgeschichten im ,Magazin zur Erfahrungsseelenkunde' (1783–1793).* Göttingen 2011.

Dühren, Eugen. *Der Marquis de Sade und seine Zeit. Ein Beitrag zur Kultur- und Sittengeschichte des 18. Jahrhunderts mit besonderer Berücksichtigung auf die Lehre von der Psychopathia Sexualis.* Berlin 1900.

Dühren, Eugen. *Neue Forschungen über den Marquis de Sade und seine Zeit. Mit besonderer Berücksichtigung der Sexualphilosophie de Sade's auf Grund des neuentdeckten Original-Manuskriptes seines Hauptwerkes ,Die 120 Tage von Sodom'.* Berlin 1904.

Düwell, Susanne und Nicolas Pethes. „Fall, Wissen, Repräsentation. Epistemologie und Darstellungsästhetik von Fallnarrativen in den Wissenschaften vom Menschen". *Fall – Fallgeschichte – Fallstudie. Theorie und Geschichte einer Wissensform.* Hrsg. von Susanne Düwell und Nicolas Pethes. Frankfurt a. M. 2014: 9–33.

Eckermann, Johann Peter: *Gespräche mit Goethe in den letzten Jahren seines Lebens* [1836–1848]. Goethe, Johann Wolfgang. *Sämtliche Werke nach Epochen seines Schaffens. Münchner Ausgabe*, Bd. 19: *Gespräche mit Goethe in den letzten Jahren seines Lebens.* Hrsg. von Heinz Schlaffer. München 1986.

Eulenburg, Albert. „Der Marquis de Sade". *Die Zukunft* 26 (1899): 497–515.

Foucault, Michel. *Der Wille zum Wissen. Sexualität und Wahrheit 1.* Übers. von Ulrich Raulff und Walter Seitter. Frankfurt a. M. 1983 [1976].

Freud, Sigmund. *Briefe an Wilhelm Fließ. 1887–1904.* Hrsg. von Jeffrey Moussaieff Masson. Frankfurt a. M. 1986.

Gailus, Andreas. „A Case of Individuality. Karl Philipp Moritz and the Magazine for Empirical Psychology". *New German Critique* 79 (2000): 67–105.

Goethe, Johann Wolfgang. *Die Wahlverwandtschaften* [1809]. Goethe, Johann Wolfgang. *Sämtliche Werke nach Epochen seines Schaffens. Münchner Ausgabe*, Bd. 9: *Epoche der Wahlverwandtschaften. 1807–1814.* Hrsg. von Christoph Siegrist et al. München 1987: 283–529.

Goldmann, Stefan. „Sigmund Freud und Hermann Sudermann oder die wiedergefundene wie eine Krankengeschichte zu lesende Novelle". *Literatur, Mythos und Freud.* Hrsg. von Helmut Peitsch und Eva Lezzi. Potsdam 2009: 51–70.

Goldmann, Stefan. „Kasus – Krankengeschichte – Novelle". *,Fakta, und kein moralisches Geschwätz'. Zu den Fallgeschichten im ,Magazin zur Erfahrungsseelenkunde' (1783–1793).* Hrsg. von Sheila Dickson, Stefan Goldmann und Christoph Wingertszahn. Göttingen 2011: 33–64.

Hess, Volker. „Observatio und Casus. Status und Funktion der medizinischen Fallgeschichte". *Fall – Fallgeschichte – Fallstudie. Theorie und Geschichte einer Wissensform.* Hrsg. von Susanne Düwell und Nicolas Pethes. Frankfurt a. M. 2014: 34–59.

Hess, Volker und J. Andrew Mendelsohn. „Case and Series. Medical Knowledge and Paper Technology 1600–1900". *History of Science* 48.3/4 (2010): 287–314.

Hirschmüller, Albrecht. *Freuds Begegnung mit der Psychiatrie*. Tübingen 1991.

Höcker, Arne. *Epistemologie des Extremen. Lustmord in Kriminologie und Literatur um 1900*. München 2012.

Höcker, Arne. „A Violation of the Law of Boundaries in Schiller and Kleist". *The Germanic Review. Literature, Culture, Theory* 88.1 (2014): 60–75.

Jolles, André. *Einfache Formen. Legende / Sage / Mythe / Rätsel / Spruch / Kasus / Memorabile / Märchen / Witz*. 2. Aufl., Darmstadt 1958 [1930].

Koschorke, Albrecht. *Leopold von Sacher-Masoch. Die Inszenierung einer Perversion*. München 1988.

Krafft-Ebing, Richard von. *Psychopathia Sexualis. Eine klinisch-forensische Studie*. Stuttgart 1986.

Krafft-Ebing, Richard von. *Neue Forschungen auf dem Gebiet der Psychopathia Sexualis. Eine medicinisch-psychologische Studie*. Stuttgart 1890.

Krafft-Ebing, Richard von. *Psychopathia Sexualis. Mit besonderer Berücksichtigung der conträren Sexualempfindung. Eine klinisch-forensische Studie*. 6. Aufl., Stuttgart 1891.

Lehmann, Johannes F. „Erfinden, was der Fall ist. Fallgeschichte und Rahmen bei Schiller, Büchner und Musil". *Zeitschrift für Germanistik* 19 (2009): 361–380.

Marcus, Steven. „Freud und Dora. Roman, Geschichte, Krankengeschichte". *Psyche* 28.1 (1974): 32–79.

Meyer, Adolf-Ernst. „Nieder mit der Novelle als Psychoanalysedarstellung – Hoch lebe die Interaktionsgeschichte". *Die Fallgeschichte. Beiträge zu ihrer Bedeutung als Forschungsinstrument*. Hrsg. von Ulrich Stuhr und Friedrich-Wilhelm Deneke. Heidelberg 1993: 61–84.

Niehaus, Michael und Hans-Walter Schmidt-Hannisa (Hrsg.): *Unzurechnungsfähigkeiten. Diskursivierungen unfreier Bewußtseinszustände seit dem 18. Jahrhundert*. Frankfurt a. M. 1998.

Nietzsche, Friedrich. „Zur Genealogie der Moral" [1887]. Nietzsche, Friedrich. *Sämtliche Werke. Kritische Studienausgabe in 15 Bänden*, Bd. 5: *Jenseits von Gut und Böse. Zur Genealogie der Moral*. Hrsg. von Giorgio Colli und Mazzino Montinari. München 1999: 245–413.

Pethes, Nicolas. „Vom Einzelfall zur Menschheit. Die Fallgeschichte als Medium der Wissenspopularisierung zwischen Recht, Medizin und Literatur". *Popularität und Popularisierung*. Hrsg. von Gereon Blaseio, Hedwig Pompe und Jens Juchatz. Köln 2005: 63–92.

Pethes, Nicolas. „Ästhetik des Falls. Zur Konvergenz anthropologischer und literarischer Theorien der Gattung". *„Fakta, und kein moralisches Geschwätz'. Zu den Fallgeschichten im ‚Magazin zur Erfahrungsseelenkunde' (1783–1793)*. Hrsg. von Sheila Dickson, Stefan Goldmann und Christoph Wingertszahn. Göttingen 2011: 13–32.

Prasse, Jutta. „Was ist wirklich geschehen?". Prasse, Jutta. *Sprache und Fremdsprache. Psychoanalytische Aufsätze*. Hrsg. von Claus-Dieter Rath. Bielefeld 2004: 183–193.

Schiller, Friedrich. „Der Verbrecher aus verlorener Ehre. Eine wahre Geschichte" [1786]. Schiller, Friedrich. *Werke. Nationalausgabe*, Bd. XVI: *Erzählungen*. Hrsg. von Julius Petersen und Hermann Schneider. Weimar 1954: 7–32.

Schönert, Jörg (Hrsg.). *Erzählte Kriminalität. Zur Typologie und Funktion von narrativen Darstellungen in Strafrechtspflege, Publizistik und Literatur zwischen 1770 und 1920*. Tübingen 1991.

Schrenck-Notzing, Albert von. *Die Suggestions-Therapie bei krankhaften Erscheinungen des Geschlechtssinnes. Mit besonderer Berücksichtigung der konträren Sexualempfindung.* Stuttgart 1892.

Schuller, Marianne. „Erzählen Machen. Narrative Wendungen in der Psychoanalyse nach Freud". *Wissen. Erzählen. Narrative der Humanwissenschaften.* Hrsg. von Arne Höcker, Jeannie Moser und Philippe Weber. Bielefeld 2006: 207–220.

Stuhr, Ulrich. „Die Bedeutung der Fallgeschichte für die Entwicklung der Psychoanalyse und heutige Schlussfolgerungen". *Psyche* 61.9/10 (2007): 943–965.

Süßmann, Johannes. „Einleitung. Perspektiven der Fallstudienforschung". *Fallstudien. Theorie – Geschichte – Methode.* Hrsg. von Johannes Süßmann, Susanne Scholz und Gisela Engel. Berlin 2007: 7–27.

Vischer, Friedrich Theodor. *Ästhetik oder Wissenschaft des Schönen. Zum Gebrauche der Vorlesungen.* Stuttgart 1857.

Wegener, Mai. „Fälle, Ausfälle, Sündenfälle. Zu den Krankengeschichten Freuds". *Fall – Fallgeschichte – Fallstudie. Theorie und Geschichte einer Wissensform.* Hrsg. von Susanne Düwell und Nicolas Pethes. Frankfurt a. M. 2014: 169–194.

Wezel, Johann Karl. „Über die Erziehungsgeschichten" [1778]. Wezel, Johann Karl. *Gesamtausgabe in acht Bänden*, Bd. 7: *Pädagogische Schriften.* Hrsg. von Cathrin Blöss. Heidelberg 2001: 429–441.

Wübben, Yvonne. „Vom Gutachten zum Fall. Die Ordnung des Wissens in Karl Philipp Moritz' *Magazin zur Erfahrungsseelenkunde". ‚Fakta, und kein moralisches Geschwätz'. Zu den Fallgeschichten im ‚Magazin zur Erfahrungsseelenkunde' (1783–1793).* Hrsg. von Sheila Dickson, Stefan Goldmann und Christoph Wingertszahn. Göttingen 2011: 140–155.

Wurmser, Léon. *Das Rätsel des Masochismus. Psychoanalytische Untersuchungen von Über-Ich Konflikten und Masochismus.* Berlin, Heidelberg 1993.

Zeitschrift für Germanistik. Fallgeschichten. Von der Dokumentation zur Fiktion 19 (2009).

IV.7. Witz

Paul Fleming

1. Witzige Träume

Das Verhältnis zwischen Traum und Witz in der Psychoanalyse könnte intimer kaum sein; Freud selbst beschreibt seine Studie *Der Witz und seine Beziehung zum Unbewussten* (1905) als „Seitensprung" (XIV, 91) der *Traumdeutung* (1900). Die Affäre mit dem Witz betrachtet er mit gemischten Gefühlen, wie es bei solchen Dingen häufig der Fall ist. Der „Seitensprung" war unvermeidbar, weil die „verblüffende Ähnlichkeit" zwischen Träumen und Witzen eine eigene, längere Untersuchung geradezu erzwang; dennoch empfand Freud Reue über die Affäre, da sie ihn „seinerzeit ein Stück von meinem Wege abgeführt" (XI, 242) habe. Diese Ambivalenz prägte Freuds Verhältnis zu Witzen und dem Witzbuch für den Rest seines Lebens. Während er die *Traumdeutung* und die ebenfalls grundlegenden Werke *Psychopathologie des Alltagslebens* (1901) und *Drei Abhandlungen zur Sexualtheorie* (1905) für neue Auflagen immer weiter überarbeitete und erweiterte, blieb das Witzbuch letztlich ein einmaliger Seitensprung: Die vier Auflagen, die zu Freuds Lebzeiten erschienen, waren im Großen und Ganzen identisch. Das Unbehagen der Psychoanalyse gegenüber dem Witz schlägt sich noch in dem Standardwerk *Vocabulaire de la psychanalyse* (1967; *Das Vokabular der Psychoanalyse*) von Jean Laplanche und Jean-Bertrand Pontalis nieder, in dem ein Eintrag zum Lemma ‚Witz' fehlt. All dies mindert jedoch nicht die Bedeutung des Witzbuches als radikale Neuinterpretation der Theorie des Witzes, seiner Struktur sowie seiner Funktionen für die Psychoanalyse und die Literatur. In Freuds Werk bleibt das Witzbuch, das zusammen mit den Ödipus- und Hamlet-Auslegungen in der *Traumdeutung* den Auftakt der psychoanalytischen Arbeit mit und an der Literatur bildet (→ III.6. ÖDIPUS; III.9. HAMLET), die einzige Studie zu einem literarischen Gegenstand in Buchlänge: „Von der Anwendung analytischen Denkens auf ästhetische Themata hat mein Buch über den ‚Witz' ein erstes Beispiel gegeben." (X, 78) Früh beweist somit das Witzbuch, wie fruchtbar Freuds Erkenntnisse über die Traumarbeit für die Literaturwissenschaft sind. Jacques Lacan untermauert diese Einsicht im *Seminar V* (1998), wenn er Roman Jakobsons metaphorischen und metonymischen Pol mit den Prozessen der Verdichtung und Verschiebung in der *Witz*-Arbeit eng führt und zeigt, in welch hohem Maße die Äußerungen

Übersetzung: Aus dem Amerikanischen übersetzt von Elke Siegel

https://doi.org/10.1515/9783110332681-026

des Unbewussten wie literarische Texte strukturiert sind, und sich psychische Prozesse mit poetischen decken (vgl. Lacan 2006 [1998]).

Der Grund für Freuds ambivalentes Verhältnis zu Witzen zeigt sich bereits in einer Fußnote zur ersten Auflage der *Traumdeutung*, fünf Jahre vor dem Erscheinen des Witzbuches:

> Der erste Leser und Kritiker dieses Buches [d. h. Wilhelm Fließ, P. F.] hat mir den Einwand gemacht, den die späteren wahrscheinlich wiederholen werden, ‚daß der Träumer oft zu witzig erscheine.' Das ist richtig, so lange es nur auf den Träumer bezogen wird, involiert einen Vorwurf nur dann, wenn es auf den Traumdeuter übergreifen soll. In der wachen Wirklichkeit kann ich wenig Anspruch auf das Prädikat ‚witzig' erheben; wenn meine Träume witzig erscheinen, so liegt es nicht an meiner Person, sondern an den eigentümlichen psychologischen Bedingungen, unter denen der Traum gearbeitet wird, und hängt mit der Theorie des Witzigen und Komischen intim zusammen. Der Traum wird witzig, weil ihm der gerade und nächste Weg zum Ausdruck seiner Gedanken gesperrt ist; er wird es notgedrungen. (II/III, 303–304, Anm. 1; vgl. XIV, 91–92)

Diese Fußnote paraphrasiert weitgehend Freuds berühmten Brief an Wilhelm Fließ vom 9. November 1899 (vgl. Freud 1986). Freud erkennt hier die potenzielle Gefahr an, die Fließ' Einwand ausdrückt, und zergliedert sorgfältig Überschneidungen und Unterschiede in der ‚intimen' Beziehung zwischen Witz und Traum. Der Traum, so Freud, sei wie ein Witz strukturiert und umgekehrt; da beide ihre Wurzeln im Unbewussten hätten, sei ihnen der direkte Weg zum Bewusstsein versperrt, sodass sie auf dieselben Pfade des indirekten Ausdrucks verwiesen sind: „[D]as Wesen des Witzes liege in seinen technischen Mitteln, diese seien aber dieselben wie die Arbeitsweisen der ‚Traumarbeit', also Verdichtung, Verschiebung, Darstellung durch das Gegenteil, durch ein Kleinstes usw." (XIV, 91–92)

Das allzu nahe Verhältnis von Witz und Traum gefährdet jedoch die Wissenschaftlichkeit der Psychoanalyse: Deshalb muss der Witz allein dem „Träumer" zugeschlagen werden und darf den „Traumdeuter" nicht kontaminieren. Die Arbeitsteilung zwischen Analysand und Analytiker ist in Freuds Selbstanalyse als Voraussetzung psychoanalytischer Diskursbegründung entscheidend, und es gilt besonders, auch die psychoanalytische Theorie vom Witz frei zu halten, wie Samuel Weber erklärt: „Will diese [die Theorie, P. F.] nicht als schlechter Witz verurteilt werden, so muss sie, und nicht der Witz, das letzte Wort behalten: ihr Stil muss ebenso gerade und aufrecht sein wie ihr Ausdruck direkt und einfach." (Weber 1979, 113; vgl. Schuller 1994, 21–26) Um seiner im Entstehen begriffenen Wissenschaft willen muss Freud die analytische Methode von literarisch-witzigen Schnörkeln reinigen, selbst wenn er – mit Bedauern – in dem Brief an Fließ feststellt, dass dies vielleicht unmöglich ist: „Die Traumsachen selbst halte ich für unangreifbar; was mir an ihnen mißfällt, ist der Stil, der unfähig war, den edlen einfachen Ausdruck zu finden, und in witzelnde, bildersuchende Umschreibungen verfallen ist." (Freud 1986, 407)

Trotz der strukturellen Nähe von Witz und Traum gibt es einen wichtigen Unterschied, der auch die Bedeutung von Witzen für die Literatur unterstreicht: ihre jeweilige Form „sozialen Verhalten[s]" (VI, 204). Stellt man sich die sprachlichen Gattungen der Psychoanalyse (z. B. Traum (→ IV.12. TRAUMLITERATUR), Witz, Fehlleistung oder Fallgeschichte (→ IV.6. FALLGESCHICHTE)) als ein hermeneutisches Spektrum vor, dann besetzen Träume das dunklere Ende der Ausdrucksmodi des Unbewussten, da sie zu keiner bewussten Instanz sprechen und somit eine hermetische Sprache mobilisieren, die sich niemandem unmittelbar erschließt – auch dem Träumenden nicht: „[D]er Traum ist ein vollkommen asoziales seelisches Produkt; er hat einem anderen nichts mitzuteilen [...]." (VI, 204) Träume sind nicht nur häufig unverständlich, sondern müssen „sich sogar hüten verstanden zu werden" (VI, 204), wollen sie die Zensur an der Schwelle zum Bewusstsein umgehen. Kurz: Träume treiben die Entstellung ins Extrem des (scheinbar) schlichten Unsinns. Sie ähneln darin jener von Immanuel Kant beschriebenen Kunst, die Anspruch auf Genie erhebt, aber auf Geschmack verzichtet und somit „originale[r] Unsinn" (Kant 1913 [1790], 308) ist – eine nichtkommunizierbare Privatsprache, die nicht in den Bereich des *sensus communis* fällt und diesen auch nicht fordert. Der Witz dagegen steht am anderen Ende des kommunikativen Spektrums, verwandt den schönen Künsten, die dem Geschmack die Priorität vor dem Genie geben. Er „ist die sozialste aller auf Lustgewinn zielenden seelischen Leistungen." (VI, 204) Ein Witz braucht, um als Witz erfolgreich zu sein – und ‚Erfolg' ist für Freud eindeutig am explosiven Lachen des Zuhörenden messbar –, ein Publikum, das den Witz versteht. Was Henri Bergson schon 1900 bezüglich des Lachens betonte, gilt gleichermaßen für den Witz bei Freud: „Das Lachen muß gewissen Anforderungen des Gesellschaftslebens genügen. Das Lachen muß eine soziale Bedeutung haben." (Bergson 2011 [1900], 17) Während dem Obskuren im Traum keine Grenze gesetzt ist (der Traum realisiert die Aufgabe der Wunscherfüllung auch oder gerade dann, wenn er nicht verstanden wird), bleibt der Witz strikt an die „Bedingung der Verständlichkeit" (VI, 204) gebunden; er setzt somit per definitionem eine geteilte soziale Welt und einen stillschweigenden sozialen Vertrag zwischen Erzählendem und Zuhörendem voraus. Im Witz vermengen sich Ästhetik und Sozialität, Genuss und Gemeinschaft.

Da die *Witz*-Arbeit die Traumarbeit unter der Bedingung der Verständlichkeit widerspiegelt, bilden Witze eine zweite „*Via regia zur Kenntnis des Unbewußten im Seelenleben.*" (II/III, 613) Dieser Weg ist aufgrund der prononcierten Geselligkeit des Witzes nachvollziehbarer, leichter zu erfassen als der Weg der Träume. Lacan unterstreicht die Bedeutung dieser Klarheit ausdrücklich: *Der Witz und seine Beziehung zum Unbewußten* ist „Freuds unangreifbarstes, weil durchsichtigstes Werk. In ihm wird die Wirkung des Unbewußten bis in die feinsten Feinheiten demonstriert, und die Züge, die es uns offenbart, sind die des Geistes in der ihm durch die Sprache zuteil gewordenen Ambiguität. In der Sprache tritt als die andere Seite der hoheitlichen Macht des Witzes die Pointe auf, mit der dieser sein ganzes Reich in einem Augenblick vernichtet." (Lacan 1973 [1956], 110)

Für Lacan unterscheidet sich das Witzbuch vom psychoanalytischen Kanon somit gerade dadurch, dass es unmissverständlich den Vorrang der Sprache (vor Fakten oder Ereignissen) im Ausdruck des Unbewussten ausstellt. Paradoxerweise legt der Witz in aller Klarheit und Eindeutigkeit die wesentliche Ambiguität der Sprache bloß. Zwangsläufig steht somit bei Freuds Ausführungen zum Witz das Verhältnis von literarischer Sprache und Modalitäten des Wissens auf dem Spiel: Eine radikale Neuformulierung der Theorie des Witzes betrifft die Art und Weise, wie der Witz literarische Sprache strukturiert, und reformuliert die seit dem 17. Jahrhundert bestehende enge Beziehung zwischen Witz und Wissen. Wie Lacan andeutet und Achim Geisenhanslüke weiter ausführt, betrachtet Freud den Witz als einen Modus des Nichtwissens, der jedoch nicht mehr als Mangel eingeordnet, sondern als eine singuläre Modalität der Einsicht ausgewiesen wird, die ein ausgeprägtes gesellschaftlich-politisches Potenzial hat (vgl. Geisenhanslüke 2011, 224).

2. Das Wissen des Witzes 1800/1900

Witz und Wissen in ein Verhältnis zu setzen, ist keine Erfindung der Psychoanalyse. Schon Jean Paul hatte darauf hingewiesen, dass ‚Witz' etymologisch auf das althochdeutsche *wizzi* (‚Wissen') zurückgeht: Witz ist „die Kraft zu wissen, daher ‚witzigen'" (Jean Paul 1973 [1804], 171; vgl. Goebel 1999; Wiethölter 1979). Die psychoanalytische Erkundung des Witzes steht somit in einer langen Tradition theoretischer Reflexionen über die Verschränkung von Poetik und Epistemologie von François de La Rochefoucauld und Voltaire bis Gotthold Ephraim Lessing, Georg Christoph Lichtenberg, Immanuel Kant und Friedrich Schlegel (vgl. Neumann 1976). Unter dem Einfluss des französischen *esprit*, des lateinischen *ingenium* und des etymologisch verwandten englischen *wit* erhielt das deutsche Wort ‚Witz' im 17. Jahrhundert die Bedeutung einer „gabe der sinnreichen und klugen einfälle" (Grimm 1984 [1960], 863) in Poesie und Philosophie. Doch erst mit der Aufklärung und insbesondere der Romantik wurde ‚Witz' zur „bezeichnung des dichterischen vermögens überhaupt" (Grimm 1984 [1960], 863) und dadurch zum privilegierten Modus poetischen oder unbegrifflichen Denkens, das in der genialen Fähigkeit gründet, Disparates in ein Verhältnis zu setzen.

So definiert Kant auf für das Zeitalter typische Weise Witz als die Anlage, Ähnlichkeitsverhältnisse aufzudecken und somit für die begriffliche Weiterverarbeitung bereitzustellen: „§ 55. Es ist angenehm, beliebt und aufmunternd, Ähnlichkeiten unter ungleichartigen Dingen aufzufinden und so, was der Witz thut, für den Verstand Stoff zu geben, um seine Begriffe allgemein zu machen." (Kant 1917 [1798], 221) In dieser Definition wird der lustvolle und belebende Effekt von Witz, das heißt seine ästhetische Dimension und die daraus folgende Einschränkung betont: Er bleibe bloßes „Spiel", das „nach Einfällen [hascht]" (Kant 1917 [1798], 221) und das deshalb strikt zu trennen sei von der begrifflich-allgemeinen Arbeit des Verstandes, dem der Witz letztlich untergeordnet werde. Die Jenaer Romantiker gehen sehr viel weiter, was die kognitive Reichweite und Bedeutung witzigen Denkens angeht. Der potenzierte Witz der Frühromantik wird zum Prinzip einer neuen Universalwissenschaft, welche die Differenzen zwischen Philosophie und Poetik, zwischen Begriff und Partikulärem aufhebt: „Ist aller Witz Prinzip und Organ der Universalphilosophie, und alle Philosophie nichts andres als der Geist der Universalität, die Wissenschaft aller sich ewig mischenden und wieder trennenden Wissenschaften, eine logische Chemie: so ist der Wert und die Würde jenes absoluten, enthusiastischen, durch und durch materialen Witzes [...] unendlich." (Schlegel 1967, 200)

Schlegels Einsatz besteht darin, am wesentlichen Mechanismus des Witzes – dem Zusammenbringen des Disparaten – festzuhalten, den Witz aber über die bloße Beschäftigung mit ‚Dingen' (Kant) zu erheben, um ihn als dasjenige Prinzip zu setzen, das wahre Allgemeinheit überhaupt erst ermöglicht. Der romantische Witz ist nicht weiter eine Unterkategorie des Wissens, die sich mit Partikulärem beschäftigt, sondern fungiert auf einer Metaebene als poetische, das heißt kreative und kreierende Kraft, die ganze Systeme und Disziplinen immer wieder mischt und trennt. Witz ist parataktisches Denken, das gerade im Akt des Nebeneinanderstellens die Differenz oder Nichtidentität heterogener Elemente beibehält. Für die Literaturwissenschaft sind Schlegels Ausführungen bis heute der zentrale Bezugspunkt für eine Theoretisierung des Witzes (vgl. Chaouli 2002; Lacoue-Labarthe und Nancy 2016 [1978]; Neumann 1976) – der Witz bei Schlegel unterscheidet sich jedoch in Form und Funktion grundlegend vom Witz Freuds.

Um 1800 ist der Witz in seiner Domäne und in seinem Anspruch alles andere als bescheiden: Es geht ums Ganze. So spricht Schlegel von „jenem großen Witz der romantischen Poesie, der [sich] nicht in einzelnen Einfällen, sondern in der Konstruktion des Ganzen [...] zeigt" (Schlegel 1967, 318), und Jean Paul sieht die Macht des Witzes, da er der Annäherung an eine göttliche Perspektive fähig ist, in einer Linie mit poetischer Theologie: „Die Kraft zu kombinieren und Aehnlichkeit zu finden wächst bei mir so, daß ich zuletzt gar keine Unähnlichkeit mehr kenne, sondern wie ein Gott alles ähnlich sehe." (Jean Paul 1996, 82; vgl. Fleming 2006,

142–143) Gott ist folglich der witzigste Denker; im Witz partizipiert der Mensch dementsprechend am göttlichen Wissen. Die poetische, quasigöttliche Macht des Witzes um 1800 besteht somit darin, ein totales Netzwerk von witzigen Affinitäten herzustellen, das nicht nur das Ganze allererst produziert, sondern es vollzieht, ohne das Partikulare (Anschauung) dem Allgemeinen (Begriff) unterzuordnen.

Die Zäsur, die Freuds Witzbuch von 1905 in dieser Tradition darstellt, lässt sich an Jean Pauls berühmter (witziger) Definition bemessen, der Witz sei „der verkleidete Priester, der jedes Paar kopuliert" (Jean Paul 1973 [1804], 173; vgl. Knörer 2007; Menke 2002). Freud zitiert diesen Satz zur Veranschaulichung des Verständnisses von Witz im 17. und 18. Jahrhundert als Fähigkeit, „versteckte Ähnlichkeiten zu finden" (VI, 7), und distanziert sich in aller Deutlichkeit von diesem Begriff. Ja, er bezweifelt, dass diese ältere Vorstellung von Witz überhaupt noch etwas mit der um 1900 vorherrschenden Definition teilt, die Witz im Horizont der Komik verortet (→ IV.2. Komödie). Dennoch bleibt Freud, ohne dies zu explizieren, ja vielleicht ohne es zu wissen, Jean Pauls Definition treu. Denn Freuds Witzbuch kann durchaus als Text gelesen werden, der den ersten Teil von Jean Pauls Satz – „der verkleidete Priester" – zum Ausgangspunkt nimmt. In dieser enigmatischen, mehrdeutigen Figur verdichtet sich die Bedeutung des Witzes – dessen irreduzible Ambiguität – für die Psychoanalyse. Es ist schlichtweg nicht zu entscheiden, ob der Ausdruck einen Priester bezeichnet, der als jemand anderes verkleidet ist, oder jemanden, der in der Verkleidung des Priesters auftritt, also einen illegitimen, trügerischen Priester. Um 1900 gründet die Macht des Witzes gerade im Akt des Verkleidens (in allen Formen der Entstellung, Verdichtung, Verschiebung und des Fassadenbaus), nicht im Akt des Kopulierens, Vergleichens, Nebeneinanderstellens oder Paarens. Diese kleine Verschiebung in der Betonung zeitigt grundsätzliche Konsequenzen für das Wissenspotenzial des Witzes: Ausgehend vom Unbewussten als Objekt und Ursprung des Witzes ergibt sich die neue Vorstellung eines (Nicht-)Wissens, das Verschleierung unlösbar mit Wissen verbindet. Da das Unbewusste nie als solches zu erscheinen vermag, bedarf es – wie in Herman Melvilles *Confidence-Man. His Masquerade* (1857; *Maskeraden, oder Vertrauen gegen Vertrauen*) – vielfältiger, variierender Masken (vgl. Cohen 2005, 26–28).

Freud versucht, den Witz von der Komik und dem Humor zu unterscheiden (vgl. VI, 206–69). Doch gleicht seine Definition letztlich dem modernen Begriff von Witz als einer kurzen, lustigen Geschichte, die Lachen verursacht. Im frühen ökonomischen Modell der Psychoanalyse entsteht dabei die Lust am Witz aus der Ersparnis von Energie, die fortwährend vom Realitätsprinzip dafür verbraucht wird, das Lustprinzip in Schach zu halten. Denn angesichts der Ernsthaftigkeit des alltäglichen Lebens bedarf es einer steten Aufwendung von psychischer Energie, um ein Mindestmaß an Rationalität, Selbstkontrolle und Selbstverleugnung aufrechtzuerhalten und somit die Mitgliedschaft in einer geteilten, sozialen Welt zu legitimieren. Der hohe Lustgewinn bei den Hörern des Witzes kommt deshalb „durch momentane Aufhebung von Verdrängungsaufwand nach der Verlockung durch eine dargebotene Lustprämie (Vorlust)" (XIV, 91–92) zustande. Der Witz stellt einen kleinen, auf gesellschaftlichem Übereinkommen basierenden Riss im Fundament der Verdrängung dar, der uns für einen Moment die Mühe der Durchsetzung des Realitätsprinzips erspart und so „einen kleinen Lustgewinn" (VI, 205) ermöglicht.

Wie Freud immer wieder betont, besteht einer der zentralen Mechanismen, die diesen „kleinen Lustgewinn" erlauben (VI, 205), in der Konstruktion eines „Schein[s] von Logik", der „als geeignete Fassade für einen Denkfehler" (VI, 63) eingesetzt wird. Es ist möglicherweise der wichtigste Aspekt von Freuds Witz-Theorie, dass hier Logik als Maske verstanden wird – als Anschein für etwas, das, sobald es ans Licht gebracht wird, alles andere als rational ist: „[T]houghts, in the articulation of the unconscious, serve as foils, lures, and snares for something else far more difficult to articulate." (Weber 2000 [1982], 147) Im Witz ist der Gedanke Ablenkung, eine Falle auf dem Weg zum Unbewussten; denn nicht ein rationaler Philosoph, sondern ein verkleideter Priester ist der Führer entlang dieser *via regia*.

Bei Freud operiert der Witz weder auf einer romantischen Metaebene, noch ist er durch ein Modell von Oberfläche und Tiefe zu erfassen, in dem (literarische, rhetorische, poetische) Form eine Idee verschleiern würde, die letztendlich durch Entfernen der ästhetischen Verkleidung entblößt werden könnte. Vielmehr verdankt sich die Effizienz – die ganze lustvolle Kraft des Witzes – dem Wechselspiel von Verkleidung und gedanklichem Inhalt: Dies ist die substanzielle, ästhetische Dimension des Witzes. Gleichzeitig hält Freud der etymologischen Wurzel des Witzes – dem ‚Wissen' – die Treue, kartiert jedoch ein gänzlich neues Terrain. Der Witz entdeckt nicht länger, wie um 1800, auf poetische Weise „versteckte Ähnlichkeiten", sondern zeigt, dass die Verkleidung untrennbar vom Text ist, der gelesen sein will. Und dieses Wechselspiel findet möglicherweise nie ein Ende, ist vielleicht so „unergründlich" wie der berühmte „Nabel" des Traums, „die Stelle, an der er dem Unerkannten aufsitzt" (II/III, 530). Deshalb gilt, was Jacques Derrida über die Fehlleistungen schreibt, gleichermaßen für den Witz: „Eine Fehlleistung ist insofern enthüllend, als sie einer anderen Wahrheit ihre Chance gibt." (Derrida 1983, 28; Übers. F. B.) Auch der Witz gibt einer anderen Wahrheit, einer anderen Ordnung des Wissens außerhalb der Gebote von Rationalität, Selbstbeherrschung und eindeutigem Sinn eine Chance; dies ist die Wahrheit der Vieldeutigkeit, des Begehrens, der Wünsche – kurz: die Wahrheit des Unbewussten.

3. Schein-Logik

Die Psychoanalyse ist möglicherweise diejenige Theorie jenseits der Philologie, die von Anfang an der literarischen Form die größte Aufmerksamkeit schenkt und somit eine tiefe Wahlverwandtschaft mit der Literaturwissenschaft unterhält: Alle grundlegenden Texte der Psychoanalyse – mit Ausnahme der *Drei Abhandlungen*, nämlich: *Traumdeutung, Psychopathologie* und *Der Witz* – verfahren maßgeblich im Modus der Narration und deren Analyse. Ein Traum wird erinnert, ein Witz erzählt, eine Anekdote oder Fehlleistung wiedergegeben und dann zergliedert, seziert, neu zusammengesetzt und erläutert, damit latente Strukturen, Intentionen und Motivationen zum Vorschein gebracht werden.

Im Witzbuch skizziert Freud vor allem zwei wichtige Techniken des Witzes: Wortwitz und Gedankenwitz. Ersterer basiert auf „Verdichtung mit Ersatzbildung" (VI, 95) und besteht weitgehend aus Wortspielen auf der Ebene des Buchstabens, beispielsweise „famillionär" (VI, 14), „Antik? Oh nee", „o na, nie" (VI, 31) oder „Tradutorre – Traditore!" (VI, 33). Der Gedankenwitz dagegen spielt nicht mit den Buchstaben als lexikalischer Einheit, sondern – wie „Verschiebung, [...] Denkfehler, [...] Widersinn, [...] indirekte Darstellung, [...] Darstellung durchs Gegenteil" (VI, 95) zeigen – mit Syntax, Logik und (Un-)Sinn. Freud kehrt immer wieder zu einigen ausgewählten, exemplarischen Witzen zurück, wobei „famillionär" das Modell für den Wortwitz abgibt und „Lachs mit Mayonnaise" als paradigmatisches Beispiel für den Gedankenwitz dient. Letzterer sei, so Freud, der „reinste" (VI, 53) Witz dieser Art und bietet möglicherweise gerade deshalb ein „so lehrreiche[s] Beispiel" (VI, 58), weil das Objekt des Begehrens – „Lachs" – nicht zufällig auf den gewünschten Effekt des Witzes anspielt (vgl. Kofman 1990, 13):

> „Ein Verarmter hat sich von einem wohlhabenden Bekannten unter vielen Beteuerungen seiner Notlage 25 fl. geborgt. Am selben Tage noch trifft ihn der Gönner im Restaurant vor einer Schüssel Lachs mit Mayonnaise. Er macht ihm Vorwürfe: ‚Wie, Sie borgen sich Geld von mir aus und dann bestellen Sie sich Lachs mit Mayonnaise. Dazu haben Sie mein Geld gebraucht?' ‚Ich verstehe Sie nicht,' antwortet der Beschuldigte, ‚wenn ich kein Geld habe, *kann* ich nicht essen Lachs mit Mayonnaise, wenn ich Geld habe, *darf* ich nicht essen Lachs mit Mayonnaise. *Also wann soll ich eigentlich essen Lachs mit Mayonnaise?*'" (VI, 51)

Die Pointe des Witzes besteht darin, dass der Verarmte eine diskursive „Schauseite" generiert, „an welcher ein auffälliges Angebot von logischer Arbeit zu bemerken" ist, während die Analyse aufzeigt, „dass diese Logik einen Denkfehler, nämlich eine Verschiebung des Gedankenganges zu verdecken hatte." (VI, 58) Logik dient somit dem Alogischen und problematisiert ihre eigene Rationalität, indem ihr einziger Zweck im Verschleiern eines Denkfehlers besteht.

Mit einer Frage konfrontiert, beantwortet der verarmte Mann eine andere; dies jedoch auf so subtile Weise, dass seine Antwort als direkte Reaktion auf die gestellte Frage erscheint. Der Gönner fragt: Welches Recht hast Du in Deiner Not, meine Almosen an Deine Gelüste zu verschwenden, statt sie auf Bedürfnisse zu verwenden? Der Verarmte aber trennt die Geldquelle – den Gönner – von seinem eigenen Wunsch, endlich die guten Dinge des Lebens zu genießen, und argumentiert durchaus logisch: Wenn er kein Geld hat, kann er keinen Lachs essen, wenn er Geld hat, ist es ihm nicht erlaubt. Folgt er dem Willen des Gönners, so muss er auf die Befriedigung seiner Lust verzichten, auch wenn seine augenblickliche finanzielle Situation ihm den Genuss erlauben würde. Freud betont den vollen Einsatz der *Witz*-Arbeit (hier vor allem in Form der Verschiebung), indem er den ‚Sinn‘ der Antwort des armen Mannes in die folgende, nicht witzige Form übersetzt und damit reduziert: „Was mir schmeckt, kann ich mir nicht versagen, und woher ich das Geld nehme, ist mir gleichgültig." Freud kommentiert weiter: „Das wäre aber kein Witz, sondern ein *Zynismus*." (VI, 54) Die Krux des Witzes – gleichzeitig literarische und psychoanalytische Form zu sein – wird an diesem Kommentar hinlänglich deutlich. ‚Übersetzt‘ man den verschobenen Gedankengang in einen direkten Ausdruck, verliert man nicht nur das Komische des Witzes, sondern auch – und wichtiger – seinen Sinn, das heißt, die komplexen, vielfältigen Effekte und somit auch jene ‚andere Wahrheit‘, der durch den Witz eine Chance gegeben wird. Wesentlich für ‚Lachs mit Mayonnaise‘ ist, dass der Witz das Lustprinzip, das er fordert, performiert und produziert – und es ist gerade die Form des Witzes, im Gegensatz zum Zynismus des direkten Ausdrucks, die einen kleinen Sieg des Lustprinzips darstellt, für das der Witz plädiert. An dieser Nichtreduzierbarkeit des Witzes zeigen sich in konzentrischen Kreisen die drei wichtigsten Aspekte von Freuds Witztheorie: ästhetische Lust, Politik und die Rhetorik des Nichtwissens (→ II.2. RHETORIK UND POETIK).

3.1. Ästhetische Lust

Die Bedeutung eines Witzes ist nicht von seiner Form zu lösen, sie kann nicht in einen anderen Modus des Sprechens übersetzt werden, ohne dass der Witz und damit auch seine Wege des Bedeutens zerstört würden. Hieran erweist sich die nahe Verwandtschaft von Freuds Erörterungen zum Witz mit derjenigen Tradition der Ästhetik, in der Form untrennbar mit Inhalt verbunden ist – ob in Theodor W. Adornos Satz, „daß ästhetische Form sedimentierter Inhalt" (Adorno 1973 [1970], 15) sei, oder, noch emphatischer, in Walter Benjamins berühmter Beschreibung des Schönen im *Wahlverwandtschaften*-Aufsatz (1924/1925): „Denn weder die Hülle noch der verhüllte Gegenstand ist das Schöne, sondern dies ist der Gegenstand in seiner Hülle." (Benjamin 1974, 195) Wie das Schöne bei Benjamin besteht der Witz bei Freud weder aus der Witzkleidung noch aus dem verkleideten Gedanken (vgl. VI, 148); beide gehören vielmehr zusammen. Das durch den Witz in dieser Form ausgelöste Lachen ermöglicht, wenn auch nur für einen Moment, das Einverständnis mit dem Lustprinzip: Im Lachen stellt sich der Adressat des Witzes auf die Seite (oder versteht zumindest die ‚Logik') des Verarmten. Die ‚Verkleidung' des Witzes ist Teil seiner Substanz, seines Modus' des Sagens, der das Angebot einer ‚Lustprämie' entfaltet und im Lachen einlöst.

Die ‚Lustprämie', die für einen Moment von den Zwängen der Realität befreit, ist oft nicht allein Effekt, sondern thematische ‚Pointe' – das Herzstück des Witzes. Dies zeigt sich vor allem in einer Reihe von Heiratsvermittler-Witzen, beispielsweise dem ‚Buckel'-Witz:

> Der Schadchen [Heiratsvermittler, P. F.] verteidigt das von ihm vorgeschlagene Mädchen gegen die Ausstellungen des jungen Mannes. „Die Schwiegermutter gefällt mir nicht," sagt dieser, „sie ist eine boshafte, dumme Person." – „Sie heiraten doch nicht die Schwiegermutter, Sie wollen die Tochter." – „Ja, aber jung ist sie nicht mehr und schön von Gesicht gerade auch nicht." – „Das macht nichts; ist sie nicht jung und schön, wird Sie Ihnen um so eher treu bleiben." – „Geld ist auch nicht viel da." – „Wer spricht vom Geld? Heiraten Sie denn das Geld? Sie wollen doch eine Frau!" – „Aber sie hat ja auch einen Buckel!" – „Nun, was wollen Sie? *Gar keinen Fehler soll sie haben!*" (VI, 65)

Es ist kein Zufall, dass es im Witzbuch von Heiratsvermittler-Witzen nur so wimmelt. Der Vermittler ist buchstäblich Jean Pauls ‚verkleideter Priester', der versucht, jedes Paar zu ‚kopulieren', und der Witz reflektiert gleichzeitig die Funktionsweise des Witzes. Der Vermittler pariert jeden Einwand des jungen Mannes mit einem scheinbar nachvollziehbaren Grund dafür, den Einwand zu ignorieren oder herunterzuspielen. Wie der Verarmte in ‚Lachs mit Mayonnaise' bietet der Vermittler hier „ein auffälliges Angebot von logischer Arbeit" (VI, 58), das als Fassade für den logischen Zusammenbruch dient, der im Verlauf des Dialogs immer unvermeidbarer scheint. Für sich genommen kann vielleicht über jeden einzelnen Makel hinweggesehen werden; zusammengenommen aber ergeben diese alles andere als das ‚normale' Bild einer begehrenswerten Braut. Der Vermittler gibt dies nur im Ansatz zu, wenn er schließlich zugesteht, dass der Buckel möglicherweise tatsächlich unter die Rubrik „Fehler" fällt (VI, 65).

Für Freud sind solche Witze gerade deshalb so gut, „weil sie dank ihrer Fassade imstande sind zu verbergen, nicht nur, was sie zu sagen haben, sondern auch, daß sie etwas – Verbotenes – zu sagen haben" (VI, 116). Der Witz ist somit eine besondere, wirkmächtige Sprechweise: Er sagt, was nicht gesagt wird, enthüllt im Verschleiern, da alles – das Verbotene eingeschlossen – in einer Fassade gleichzeitig artikuliert und verhüllt wird. Wenn der Vermittler am Ende einen einzigen Fehler als solchen akzeptiert, gibt er implizit zu, dass die vorgeschlagene Partnerin keine gute Partie sein mag, erhält aber die Fassade aufrecht, denn der Buckel stellt noch immer nur einen (und den einzigen) Fehler dar. In diesem Eingeständnis jedoch, das auf das wackere Bemühen um die Entschärfung aller Einwände folgt, zeigt sich nahezu buchstäblich der Riss in der Fassade, die dennoch bestehen bleibt. In Freuds Lesart rutscht das abschließende Eingeständnis dem Vermittler heraus wie ein Versprecher (vgl. VI, 116), wie ein Lapsus aus der *Psychopathologie*, der in der Witzlogik einen Moment der Wahrheit darstellt, was dem Vermittler Erleichterung – „einen kleinen Lustgewinn" (VI, 205) – bringt: „Jeder, der sich die Wahrheit so in einem unbewachten Moment entschlüpfen läßt, ist eigentlich froh darüber, daß er der Verstellung ledig wird. Das ist eine richtige und tief reichende psychologische Einsicht." (VI, 116) Wenn der Zwang zur Verstellung gelockert wird, spricht der Vermittler das Verbotene scheinbar einfach aus. Doch wird er wirklich der Verstellung ledig? Ist es nicht vielmehr so, dass die Fassade aufrechterhalten wird, indem dieser Mangel, der Buckel, als der einzige behauptet wird: „Nun, was wollen Sie? *Gar keinen Fehler soll sie haben!*" (VI, 65)

3.2. Politik

Freuds Betonung des kritisch-politischen Potenzials von Witzen fußt auf deren Fähigkeit, Verbotenes in Verkleidung zu artikulieren. Dies ist ein entscheidender Aspekt des stillschweigenden sozialen Vertrags im Kern des Witzes, der in vielen von Freuds Beispielen hervortritt, vielleicht am deutlichsten in „Serenissimus": „Serenissimus macht eine Reise durch seine Staaten und bemerkt in der Menge einen Mann, der seiner eigenen hohen Person auffällig ähnlich sieht. Er winkt ihn heran, um ihn zu fragen: *,Hat Seine Mutter wohl einmal in der Residenz gedient?'* – ,Nein, Durchlaucht,' lautet die Antwort, *,aber mein Vater.'*" (VI, 73)

Jean Paul erzählt denselben Witz und interpretiert ihn, dem Zeitalter gemäß, auf der Grundlage der Kategorie ,Ähnlichkeit': „[S]o springt der Witz-Funke der Antwort aus einem Zusammenschlagen nicht sowohl fernster Ähnlichkeiten als nächster, welche man bloß in ihre deutliche Wahrheit aufzulösen braucht, und dadurch den ganzen Witz in nichts." (Jean Paul 1973 [1804], 177) Für Jean Paul ist „Serenissimus" mit anderen Worten ein Metawitz, der nicht das Disparate, sondern das Ähnliche nebeneinanderstellt, jedoch schnell und implizit dem Staatsherrn eine Wahrheit unterschiebt. Jean Paul lässt es bei der schnellen Umkehr einer „Gedankenreihe" (Jean Paul 1973 [1804], 177) bewenden, die letztlich sich in ,nichts' auflöst – eine scheinbar rasante Wortsalve ohne Kontext.

Freud hingegen betont in seiner Analyse den politischen Kontext. Zwischen dem Herrn und dem Untertanen liege ein Abgrund. Aufgrund des ungleichen Machtverhältnisses könne der Angesprochene den Serenissimus weder körperlich angehen noch direkt auf die Beleidigung seiner Mutter reagieren (etwa mit den Worten: ‚Nicht ich bin der Bastard, Du bist es!‘); in beiden Fällen wäre das Resultat Inhaftierung oder Schlimmeres. Er antworte deshalb mit einem Witz als indirektem Mittel, die Beleidigung „ungefährdet zu vergelten" (VI, 114). Der Witz sei somit nicht allein Quelle ästhetischen Genusses, ein kleiner Lustgewinn (für den Untertanen, für den Adressaten des Witzes), sondern stelle – in der Konfrontation mit politischer Herrschaft – „eine Auflehnung gegen solche Autorität" (VI, 115) dar. Die politische Kraft des Witzes bestehe also darin, den Herrscher einen Bastard zu nennen, ohne das Wort je in den Mund zu nehmen; das Tabu zu berühren, ohne es in Worte zu fassen (vgl. den Witz „*And where is the Saviour?*" [VI, 80]; Kofman 1990, 59–66).

Freud idealisiert jedoch die politisch-kritische Kraft des Witzes als Stimme der Außenseiter nicht; im Gegenteil: Da der Witz nur durch seine Form bestimmt ist (d. h. durch die verschiedenen Mechanismen der *Witz*-Arbeit), erkennt Freud im Witz ein zweischneidiges Schwert – der Witz ist auch das Mittel der Mächtigen. Selbst wenn der Witz als effektives Instrument „zum Angriff auf Großes, Würdiges und Mächtiges" zu dienen vermag, kann dieses Vermögen ebenso auf und gegen die Marginalisierten angewendet werden, auf die „minderwertigen und ohnmächtigen Personen" (VI, 115) wie etwa die Frauen in den Vermittlerwitzen. Thomas Hobbes' Definition des Lachens als „nothing else but sudden glory arising from some eminency in ourselves, by comparison with the infirmity of others" (Hobbes 1840, 46) ist zwangsläufig auch in Freuds psychoanalytischer Theorie zu finden. Der tendenziöse Charakter von Witzen – und alle guten Witze teilen diese Charakteristik (vgl. VI, 149) – ist gleichermaßen, wenn nicht mehr, eine Waffe in den Händen der Macht, im Namen des Status quo – so beweist es auch die große Zahl von fremdenfeindlichen, frauenfeindlichen und homophoben Witzen. Und doch erlauben noch die reaktionärsten Witze, wie Simon Critchley aufzeigt, eine andere Lesart „as symptoms of societal repression and their study might be said to amount to what Freud would call ‚a return of the repressed'. In other words, humour can reveal us to be persons that, frankly, we would really rather not be." (Critchley 2002b, 43)

Die politische Stärke des Witzes kann sowohl von Außenseitern als auch gegen dieselben mobilisiert werden, konstant bleibt aber, was man die Politik des Lustprinzips nennen könnte. Erneut auf den Lachs-Witz zurückverweisend, nennt Freud diesen einmal „epikureisch" (VI, 120) – nicht nur, weil der Witz das Lustprinzip performiert, sondern auch, weil er den Zuhörer (vielleicht sogar den Gönner) dazu zwingt, sich zum Recht auf Genuss zu verhalten. Der latente

Gedanke des Witzes lautet: „Ja, der Mann hat recht, es gibt nichts Höheres als den Genuß, und es ist ziemlich gleichgültig, auf welche Art man sich ihn verschafft." (VI, 120) Man mag diesem Gedanken widerstehen wollen, ja, ihn vielleicht „abstoßend" (VI, 120) finden, dennoch kennen wir, so Freud, alle solche Momente, in denen wir dieser Lebensphilosophie zustimmen, da wir alle am eigenen Leibe die Forderungen des Lustprinzips erfahren: „Es läßt sich laut sagen, was diese Witze flüstern, daß die Wünsche und Begierden des Menschen ein Recht haben, sich vernehmbar zu machen neben der anspruchsvollen und rücksichtslosen Moral, und es ist in unseren Tagen in nachdrücklichen und packenden Sätzen gesagt worden, daß diese Moral nur die eigennützige Vorschrift der wenigen Reichen und Mächtigen ist, welche jederzeit ohne Aufschub ihre Wünsche befriedigen können." (VI, 121)

Erneut geht es beim Witz ums Ganze. Während aber dieses Ganze in der Romantik das Netzwerk der eine Welt konstituierenden witzigen Affinitäten war (→ IV.8. LITERATUR DER ROMANTIK), bezeichnet Freuds Witz – als „die sozialste aller auf Lustgewinn zielenden seelischen Leistungen" (VI, 204) – das sozial verträgliche Mittel, um öffentlich das Recht auf Genuss zu vermelden und der homogenen Herrschaft der Rationalität und Moralität zu entschlüpfen. Witz ist mit anderen Worten eine besondere Form politischer Rede, eine Forderung nach einem wahrhaft universellen Recht – nicht nur für die finanziell Privilegierten –, (zumindest einige) Wünsche und Begierden zu erfüllen. An dieser Stelle driftet die Politik des Lustprinzips in den eigentlichen Bereich der Politik. Dies war bereits die Prämisse von ‚Lachs mit Mayonnaise'. Die Rechtfertigung für den Einwand des Gönners liegt klar auf der Hand: Wenn Du, ein Bettler, nach dem Lustprinzip zu leben wünschst, musst Du Dir das Recht dazu wortwörtlich verdienen, indem Du das Geld verdienst, das Deine Wünsche zu erfüllen hilft. Der Gönner repräsentiert die Moral der protestantischen Arbeitsethik. Der Arme aber weist diese moralische Ökonomie und ihr Gesetz der Sparsamkeit oder Austerität zurück, indem er ein gleiches Recht auf das Lustprinzip behauptet. Er weigert sich auf diese Weise – in Form seiner ‚witzigen Rede' ebenso wie im Essen von Lachs mit Mayonnaise –, sich dem vom Gönner gesetzten Verhältnis von finanziellen Mitteln und Lust zu unterwerfen.

Mehr als andere Diskursformationen, die von der Psychoanalyse untersucht werden, ermöglichen Witze nicht nur eine Kritik des moralischen Systems in seinen Auswirkungen auf das Lustprinzip, sondern auch eine Kritik der gesellschaftlich-politischen Strukturen, die diese Moral durchsetzen, in der das Recht auf Lust des einen vor einem anderen mit ökonomischen Begriffen legitimiert wird. Der Witz macht somit einerseits das Recht auf Genuss zum Thema und performiert es, indem er – in Form des Lachens – denjenigen Genuss anbietet, den der Gönner dem Bittsteller verwehren möchte. Witze wie ‚Lachs mit Mayonnaise'

verleihen dieser Ungleichheit in der Fähigkeit, den Drang zur Lust zu befriedigen, Ausdruck. Diese Ungleichheit konstituiert ein gesellschaftlich-politisches
Problem, das voll und ganz ins Feld der Psychoanalyse gehört: „[S]olange die
sozialen Einrichtungen nicht mehr dazu tun, es erfreulicher zu gestalten, so
lange kann die Stimme in uns, die sich gegen die Moralanforderungen auflehnt,
nicht erstickt werden." (VI, 121)

3.3. Die Rhetorik des Nichtwissens

Die Funktionsweise des Witzes bei Freud beruht, bezogen auf Lust und Kritik,
auf der Verwendung von Mitteln (Verdichtung, Verschiebung etc.), die zugege-
benermaßen jenseits von Eindeutigkeit und strikter Rationalität liegen. Der Witz
kompensiert diesen Mangel mit seinen Effekten: Lachen und einem Lustgewinn.
Kant erkannte diese Taktik und die ihr immanente Spannung zwischen Verstand
und Lust im berühmten Paragraphen über das Lachen in der *Kritik der Urteilskraft* (1790): „Es muß in allem, was ein lebhaftes, erschütterndes Lachen erregen
soll, etwas Widersinniges sein (woran also der Verstand an sich kein Wohlgefallen finden kann). *Das Lachen ist ein Affekt aus der plötzlichen Verwandlung
einer gespannten Erwartung in nichts.* Ebendiese Verwandlung, die für den Verstand gewiß nicht erfreulich ist, erfreuet doch indirekt auf einen Augenblick sehr
lebhaft." (Kant 1913 [1790], 332)

Kant benennt hier bereits das Problem des Lachens: Wir lachen nicht über
das, was rational ist. Da Lachen angesichts des Widersinnigen ausbricht, gehört
es nicht zu der Welt, die von Verstand und eindeutigem Sinn bestimmt wird.
Wahre Lust (lebhaft und erschütternd) gründet in anderem. Kant skizziert somit
die Voraussetzungen für eine Kritik des komischen Witzes als einen Bereich, der
dem Verstand entgegensteht und der uns großen Genuss gewährt – oder in Freuds
Worten: ein Areal, das den Gegensatz zum Realitätsprinzip bildet und das einer
anderen Ordnung, dem Lustprinzip, erlaubt, sich zu behaupten. Indem er das
Zentrum des theoretischen Apparats und des Subjektbegriffs von der Vernunft
zum Unbewussten verschiebt, wird es Freud möglich, Kants Kritik umzuwerten
und den Witz als positive, produktive Form eines Nichtwissens neu zu definieren,
das die Vernunft als Kern des Subjekts unterminiert. Geisenhanslüke hat dieses
Argument luzide ausgeführt: Mit „dem Unbewussten aber zerfällt das Reich der
Vernunft als Fundament der Kantischen Theorie. Auch bei Freud geht es um eine
besondere Form des Nichtwissens. Sie erschient aber nicht mehr als ein privati-
ves Phänomen, sondern als Grundlage des intellektuellen Reichtums des Witzes.
Das Nichtwissen ist von der Dummheit in den Witz gewandert." (Geisenhanslüke
2011, 224)

Aus psychoanalytischer Perspektive ist das Aussetzen der Vernunft gerade das, was der Witz als Teil seiner eigentümlichen Form der Argumentation aufbietet; der Witz ist eine Form der Überredung außerhalb der Vernunft, die möglicherweise jedoch nicht weniger wirksame Effekte zeitigt. Tatsächlich ist es die Motivation und das Wesen des Witzes, die Entscheidung darüber, worin das Witzige des Witzes eigentlich besteht (ob es „von der witzigen Form [oder] von dem trefflichen Gedankeninhalt" (VI, 148) herrührt), zu verunmöglichen:

> Wir wissen nicht, was uns Vergnügen macht und worüber wir lachen. Diese als tatsächlich anzunehmende Unsicherheit unseres Urteils mag das Motiv für die Bildung des Witzes im eigentlichen Sinne abgegeben haben. Der Gedanke sucht die Witzverkleidung, weil er durch sie sich unserer Aufmerksamkeit empfiehlt, uns bedeutsamer, wertvoller erscheinen kann, vor allem aber, weil dieses Kleid unsere Kritik besticht und verwirrt. (VI, 148)

Im Witz versucht der Gedanke, sich zu verstecken, sich in eine ‚Witzverkleidung' zu hüllen (zu erinnern ist an die Definition des Witzes als eines ‚verkleideten Priesters') – dies ermöglicht einen indirekten Ausdruck des Tabus oder des (von Vernunft, Politik, Anstand, Moral etc.) Verbotenen, der die Verhüllung gleichzeitig aufrechterhält. In der Unsicherheit darüber, warum man lacht, liegt die beunruhigende Macht des Witzes – und daher auch seine Überzeugungskraft. Die ‚Witzverkleidung' entwaffnet die Kritik, indem sie das kritische Vermögen gleichzeitig anzieht und zerstreut. Auf diese Weise vereinnahmt der Witz in seiner Verkleidung Kritik im Dienst des Lustprinzips. Mit anderen Worten: Der Witz stört Kritik im Namen der Lust und kann diese Verstörung auf indirekte, aber auf entscheidende Weise zum Zwecke der Kritik einsetzen (jedoch nicht notwendigerweise). Das Ziel des Witzes besteht darin, „den Gedanken durch Vergrößerung zu fördern und ihn gegen die Kritik zu sichern" (VI, 149). Wer über einen Witz lacht, gibt sich einverstanden mit dem im Witz verkleideten Gedanken: Das Einverständnis beruht jedoch nicht auf rationaler Begründung, sondern ergibt sich gerade aus der Lust an der Form des Gedankens – an dessen Verkleidung. Im Falle von ‚Lachs mit Mayonnaise' und ‚Serenissimus' sagt das Lachen: Ja, der Mann hat recht! Der Witz liefert deshalb nicht nur einen „Beitrag zur Komik aus dem Bereich des Unbewußten" (VI, 237), sondern auch einen aus dem Bereich der Psychoanalyse zur Kunst der Überredung auf der Basis des Lustprinzips: „Wir haben die Neigung, dem Gedanken zugute zu schreiben, was uns an der witzigen Form gefallen hat, sind auch nicht mehr geneigt, etwas unrichtig zu finden, was uns Vergnügen bereitet hat, um uns so die Quelle einer Lust zu verschütten." (VI, 148) Die Tatsache, dass wir zu schützen suchen, was uns Lust bereitet, indem wir die Lust als Effekt des Gedankens behaupten und den lustbringenden (vermeintlichen) Gedanken der Kritik entziehen, ist immer potenziell problematisch. Freuds Ambivalenz gegenüber dem Witz sowie dem Witzbuch ist deshalb letztlich nachvollziehbar. Der Traum behält seine Priorität im psychoanalytischen Theoriegebäude, da er dort „die Beziehung zu den großen Interessen des Lebens" (VI, 205) pflegt, wo der Witz „einen kleinen Lustgewinn aus der bloßen, bedürfnisfreien Tätigkeit unseres seelischen Apparats zu ziehen" sucht (VI, 205). Dies ist sicherlich richtig. Da aber beim Witz weniger auf dem Spiel steht, kann er einiges mehr riskieren. Er kann aufgrund seines sozialen Charakters und des expliziten Zwangs zur Verständlichkeit riskieren, viel mehr (nicht) zu sagen. Paradoxerweise ist deshalb das Witzbuch nicht nur das literarischste, sondern auch eines der politischsten Werke Freuds.

Literatur

Adorno, Theodor W. *Ästhetische Theorie*. Frankfurt a. M. 1973 [1970].

Benjamin, Walter. *Gesammelte Schriften*, Bd. 1.1: *Abhandlungen*. Hrsg. von Rolf Tiedemann und Hermann Schweppenhäuser. Frankfurt a. M. 1974.

Bergson, Henri. *Das Lachen. Ein Essay über die Bedeutung des Komischen*. Übers. von Roswitha Plancherel-Walter. Hamburg 2011 [1900].

Chaouli, Michel. *The Laboratory of Poetry. Chemistry and Poetics in the Work of Friedrich Schlegel*. Baltimore 2002.

Cohen, Josh. *How to Read Freud*. New York 2005.

Critchley, Simon. *On Humour*. New York 2002a.

Critchley, Simon. „Did you hear the one about the philosopher writing a book on humour?". *The Richmond Journal of Philosophy* 1.2 (2002b): 40–44.

Derrida, Jacques. „Mes chances. Au rendez-vous de quelques stéréophonies épicuriennes". *Tijdschrift voor Filosophie* 45.1 (1983): 3–40.

Fleming, Paul. *The Pleasures of Abandonment. Jean Paul and the Life of Humor*. Würzburg 2006.

Freud, Sigmund. *Briefe an Wilhelm Fließ. 1887–1904*. Hrsg. von Jeffrey Moussaieff Masson. Frankfurt a. M. 1986.

Geisenhanslüke, Achim. *Dummheit und Witz. Poetologie des Nichtwissens*. München 2011.

Goebel, Eckart. *Am Ufer der zweiten Welt. Jean Pauls „Poetische Landschaftsmalerei"*. Tübingen 1999.

Grimm, Jacob und Wilhelm Grimm. *Deutsches Wörterbuch*, Bd. 30. München 1984 [1838–1961].

Hobbes, Thomas. *The English Works of Thomas Hobbes of Malmesbury*, Bd. 4. Hrsg. von Sir William Molesworth. London 1840.

Jean Paul. *Sämtliche Werke*, Abt. 1, Bd. 5: *Vorschule der Ästhetik*. Hrsg. von Norbert Miller. München 1973 [1804].

Jean Paul. *Ideen-Gewimmel. Texte und Aufzeichnungen aus dem unveröffentlichten Nachlaß*. Hrsg. von Kurt Wölfel und Thomas Wirtz. Frankfurt a. M. 1996.

Kant, Immanuel. *Gesammelte Schriften*, Abt. 1, Bd. 5: *Kritik der Praktischen Vernunft. Kritik der Urteilskraft*. Hrsg. von der Königlich Preußischen Akademie der Wissenschaften zu Berlin. Berlin 1913 [1790].

Kant, Immanuel. *Gesammelte Schriften*, Abt. 1, Bd. 7: *Der Streit der Fakultäten. Anthropologie in pragmatischer Hinsicht*. Hrsg. von der Königlich Preußischen Akademie der Wissenschaften zu Berlin. Berlin 1917 [1798].

Kofman, Sarah. *Die lachenden Dritten. Freud und der Witz*. Übers. von Monika Buchgeister und Hans-Walter Schmidt. München, Wien 1990.

Knörer, Ekkehard. *Entfernte Ähnlichkeiten. Zur Geschichte von Witz und ingenium*. München 2007.

Lacan, Jacques. „Funktion und Feld des Sprechens und der Sprache in der Psychoanalyse" [1956]. Übers. von Klaus Laermann. Lacan, Jacques. *Schriften I*. Hrsg. von Norbert Haas. Olten, Freiburg i. Br. 1973: 71–169.

Lacan, Jacques. *Das Seminar*, Bd. 5: *Die Bildungen des Unbewußten (1957–1958)*. Hrsg. von Jacques-Alain Miller. Übers. von Hans-Dieter Gondek. Wien 2006 [1998].

Lacoue-Labarthe, Phillipe und Jean-Luc Nancy. *Das Literarisch-Absolute. Texte und Theorie der Jenaer Frühromantik*. Übers. von Johannes Kleinbeck. Wien 2016 [1978].

Laplanche, J.[ean] und J.[ean]-B.[ertrand] Pontalis. *Das Vokabular der Psychoanalyse*. Übers. von Emma Moersch. Frankfurt a. M. 1973 [1967].

Menke, Bettine. „Jean Pauls Witz. Kraft und Formel". *Deutsche Vierteljahrsschrift für Literaturwissenschaft und Geistesgeschichte* 2 (2002): 201–213.

Neumann, Gerhard. *Ideenparadiese. Untersuchungen zur Aphoristik von Lichtenberg, Novalis, Friedrich Schlegel und Goethe*. München 1976.

Pietzcker, Carl. „Sigmund Freud: Der Witz und seine Beziehung zum Unbewußten". *Lachen*. Hrsg. von Wolfram Mauser. Würzburg 2006: 19–28.

Schlegel, Friedrich. *Kritische Friedrich Schlegel Ausgabe*, 1. Abt., Bd. 2. Hrsg. von Hans Eichner. Paderborn 1967.

Schuller, Marianne. „Der Witz oder ‚die Liebe zum leersten Ausgange'". *Fragmente. Heilloses Lachen* 46 (1994): 11–28.

Weber, Samuel. *Freud-Legende. Drei Studien zum psychoanalytischen Denken*. Olten, Freiburg i. Br. 1979.

Weber, Samuel. *The Legend of Freud. Expanded Edition*. Stanford 2000 [1979].

Wiethölter, Waltraud. *Witzige Illuminationen. Studien zur Ästhetik Jean Pauls*. Tübingen 1979.

IV.8. Literatur der Romantik

Thomas Wortmann

> Wir machen aber von dem Länderreichtum des Ich viel zu kleine oder enge Messungen,
> wenn wir das ungeheure Reich des Unbewußten, dieses wahre innere Afrika, auslassen.
>
> Jean Paul

1. Einleitung

„Flectere si nequeo superos, Acheronta movebo" [Kann ich die höheren Mächte nicht beugen, bewege ich doch die Unterwelt] (II/III, 5) – dieses Motto, das Sigmund Freud Vergils *Aeneis* (zw. 29 v. Chr. u. 19 v. Chr.), einem genuin literarischen Prätext also, entnimmt, stellt er selbstbewusst seinem auf das Jahr 1900 vordatierten Gründungsdokument der Psychoanalyse *Die Traumdeutung* voran. Es ließe sich ohne Weiteres auch als programmatisches Diktum für die literarische Bewegung der Zeit um 1800 verstehen, die in der Germanistik gemeinhin unter dem Epochenbegriff der Romantik gefasst wird. Für das hier in Rede stehende Verhältnis von Literatur und Psychoanalyse ist diese Epoche von besonderer Bedeutung, weil mit der Romantik jener Zeitraum der deutschen Geistes- und Kulturgeschichte in den Blick kommt, dem gemeinhin die ‚Entdeckung des Unbewussten' zugeschrieben wird. Das Interesse für die Funktionsmechanismen des menschlichen Seelenlebens im Allgemeinen und die Aufmerksamkeit für die Abgründe der Psyche im Besonderen gelten – das zeigt ein Blick in die gängigen germanistischen Literaturgeschichten (vgl. Beutin 2013, 207; Brenner 2011, 135–136; Ueding 1987, 738–748) – als ein thematischer Nenner, auf den sich die durchaus heterogene Literaturproduktion der Zeit bringen lässt. Anders gesagt: Was einen großen Teil der heute zum Kanon romantischer Literatur zählenden Texte eint, ist deren Aufmerksamkeit auf das poetische und poetologische Potenzial psychologischer Fragestellungen. Diese Literatur stellt mithin den Fokus auf die Psyche als jenem Ort ein, von dem aus das menschliche Handeln – auch gegen die Regeln der Vernunft – beeinflusst, ja gelenkt wird. Entsprechend avancieren psychische Prozesse zu einem *der* Sujets romantischer Schreibprojekte schlechthin. Und dabei zeigen sich die Texte von Beginn an auch vom psychisch Devianten, von Traum und Ekstase, von Trance und Wahnsinn fasziniert. Sie richten – mit steigender Intensivierung in der Hoch- und Spätromantik – die Aufmerksamkeit auf die Wirkmacht von Trieb- und Begehrensstrukturen sowie auf die Ursachen, Bedingungen und Folgen seelischer Versehrungen; in den Blick rückt beispielsweise die Kindheit als Ursprung traumatischer Erfahrungen, mar-

https://doi.org/10.1515/9783110332681-027

kiert wird die bürgerliche Kernfamilie als Ort inzestuöser Begehrensstrukturen. Damit stiftet die Literatur der Romantik zahlreiche jener Narrative, an die Freud knapp einhundert Jahre später in seiner psychoanalytischen Theoriebildung produktiv anschließen wird.

2. Traditionslinien und Modifikationen

Das Interesse an den Funktionsmechanismen des Seelenlebens lässt sich als Fortschreibung der „diskursive[n] Produktion des Subjektes" (Böhme 1981, 135) in der Literatur und Philosophie der Aufklärung perspektivieren. Die Anfänge psychologischen Denkens im deutschsprachigen Kulturraum werden gemeinhin am Beginn des 18. Jahrhunderts verortet und mit der Neukonzeptualisierung der ‚Seele' als ‚Psyche' assoziiert beziehungsweise mit dem Unternehmen verbunden, eine rationalistische Seelenlehre als ‚Psycho-logie' zu begründen, wie es beispielsweise in den Schriften Christian Wolffs geschieht. In diskursiver Verschränkung widmen sich in der Folge im gesamten Zeitalter der Aufklärung Theologie, Philosophie, Anthropologie, Medizin und Ästhetik der Frage, wie (etwa im Hinblick auf den Dualismus von Leib und Seele) ein Modell der Psyche zu denken sei, und auf welche Weise psychische Phänomene überhaupt beobachtet, beschrieben, benannt und interpretiert werden können. Gegen Ende des Jahrhunderts – in der „Sattelzeit der Psychologie" (Müller 1994, 699) – werden dabei empirische Modelle immer prominenter, Zugriffe also, die auf induktive Verfahren, beispielsweise auf Fallstudien und deren Auswertung, setzen: „Fakta, und kein moralisches Geschwätz" (Moritz 2006 [1783], 811), wie Karl Philipp Moritz es in seiner *Vorrede* für das *Magazin zur Erfahrungsseelenkunde* programmatisch auf den Punkt bringt. Dabei transgrediert das Thema die Grenzen des akademischen Diskurses konsequent; zahlreiche der wissenschaftlichen Schreibprojekte zielen auf ein breites Publikum, gerade wenn es um prekäre psychische Dispositionen geht. Das von Moritz 1783 begründete und bis 1793 erschienene *Magazin* ist dafür nur ein Beleg; er weist es im Untertitel explizit als *Lesebuch für Gelehrte und Ungelehrte* aus, weil es, zumindest in der ursprünglichen Anlage als „vor-professionelles Sammelbecken für psychologisch Bemerkenswertes" (Hollmer und Meier 2006, 1305), auf die Partizipation des Publikums setzt. Und auch die bei der zeitgenössischen Leserschaft immens populären Sammlungen juristischer Fallgeschichten (beispielsweise der berüchtigte *Pitaval* (1734–1743) und dessen zahlreiche, nicht minder erfolgreiche Nachfolger) lassen sich in diesen Kontext einordnen, berichten sie doch von Extremfällen menschlichen Verhaltens, das immer wieder auch auf die Psyche der Delinquenten zurückbezogen werden kann (→ IV.6. FALLGESCHICHTE).

Orientierungs- und Anknüpfungspunkte gibt es zu Beginn der 1790er Jahre für die Psychologie der Romantik also zahlreiche – und die Autorinnen und Autoren greifen in ihren Texten Positionen der Aufklärung auf, um in einer produktiven Absetzungsbewegung an das dort Entwickelte anzuschließen. „Die Romantik", konstatiert Hartmut Böhme, entwirft „das Unbewußte der Aufklärung. Sie ist nicht deren Opposition, sondern die Komplettierung der bürgerlichen Subjektproduktion, die literarische Repräsentanz und Rehabilitation der allererst durch die Rationalitätsentwicklung des 18. Jahrhunderts wahrgenommenen Chaotiken und Wildnisse menschlicher Natur." (Böhme 1981, 136)

So werden in der romantischen Psychologie etwa mechanistische, auf Gesetzmäßigkeiten und äußere Impulse setzende Modelle der Psyche, die im Diskurs des späten 18. Jahrhunderts gängig waren, im Zuge naturwissenschaftlicher Entdeckungen zur Elektrizität und zur Physiologie des Nervensystems durch organologische, die Dynamik, ja die Eigen- und Widerständigkeit des Seelenlebens betonende Konzeptionen abgelöst. Zentral ist für die romantische Psychologie die naturphilosophische Vorstellung eines Konnexes von Geist und Natur beziehungsweise einer geradezu intimen Verbindung von innerer und äußerer Natur, von der Seele des Einzelnen zur ‚Weltseele' – Friedrich Wilhelm Joseph Schellings gleichnamiger Band erscheint 1798 und erweist sich als für die gesamte Bewegung der Romantik überaus wirkmächtig (vgl. Marquard 1987). Das Unbewusste versteht die romantische Psychologie als eine Art Medium, welches – unter anderem im Schlaf, im Traum, in Trancezuständen, in Visionen und ekstatischen Zuständen – die verloren gegangene Verbindung von Mikro- und Makrokosmos ermöglicht (→ IV.12. TRAUMLITERATUR). Mit dem ‚Schlaf der Vernunft' rückt gleichzeitig – auch dies lässt sich als Absetzungsbewegung von Positionen der Aufklärung und der von dieser präferierten Lichtmetaphorik verstehen – das Jenseits des Verstandes in den Fokus, mit dem Traum und dem Wahnsinn interessieren nun die ‚Nacht- und Schattenseiten' der Psyche, an denen sich die Texte abarbeiten. Sie werden in zahlreichen zeitgenössischen Schreibprojekten von Novalis' *Hymnen an die Nacht* (1800) über die *Nachtwachen* (1804) Bonaventuras und Gotthilf Heinrich Schuberts *Ansichten von der Nachtseite der Naturwissenschaft* (1808) bis hin zu E. T. A. Hoffmanns *Nachtstücken* (1817) programmatisch in den Titel gehoben.

3. Magnetismus und Traum – Mesmer und Schubert

Wie ihre Vorgänger entsteht auch die romantische Psychologie in enger Korrespondenz unterschiedlicher Disziplinen. Sich wechselseitig beeinflussend produzieren Philosophie, Naturwissenschaft, Medizin und Literatur ein vielfach verzweigtes Wissen über die Psyche im Allgemeinen und das Unbewusste im Speziellen. Und dieses Erkenntnisinteresse ist nicht auf den akademischen Diskurs beschränkt. Viele der bis weit ins erste Drittel des 19. Jahrhunderts publizierten Texte finden eine große Leserschaft. Zu nennen sind beispielsweise Franz von Baaders *Beyträge zur Elementar-Physiologie* (1797), Johann Christian Reils *Rhapsodieen über die Anwendung der psychischen Kurmethode auf Geisteszerrüttungen* (1803), Heinrich Jung-Stillings *Theorie der Geisterkunde* (1808), Johann Wilhelm Ritters *Fragmente aus dem Nachlasse eines jungen Physikers. Ein Taschenbuch für Freunde der Natur* (1810) oder Carl Gustav Carus' *Grundzüge Allgemeiner Naturbetrachtung* (1823). Zwei der wirkmächtigsten Protagonisten dieser Debatte aber sind Franz Anton Mesmer und Gotthilf Heinrich Schubert.

In seinen seit Ende der 1770er Jahre publizierten Schriften entwickelt der Arzt Mesmer das Konzept eines ‚tierischen‘ oder ‚animalischen Magnetismus‘. Eklektisch greift Mesmer auf das zeitgenössische Wissen zu Elektrizität, Galvanismus und Magnetismus, auf Theoreme der Medizin, der Psychologie und der Philosophie zurück und leitet daraus seine Lehre von einem Fluidum ab, das als ‚Lebensfeuer‘ sowohl das All als auch die Natur und den einzelnen Menschen durchfließt, die Gedanken trägt und damit Körper und Geist sowie Bewusstsein und Unbewusstes zu verbinden vermag. Stockungen und Fehlverteilungen dieses Flusses wirken sich auf die Psyche der Betroffenen aus, sie äußern sich in Geisteskrankheiten und psychosomatischen Symptomen und bedürfen einer Therapie. Diese leistet der Magnetiseur, indem er durch die Kraft seines eigenen Magnetismus, durch Handauflegen und Ausstreichen etwa, die Ordnung des Fluidum-Flusses beim Patienten wiederherstellt. Glaubt man zeitgenössischen Berichten, so geht die Therapie mit traumähnlichen Entrückungszuständen einher, die eine direkte Verbindung zum inneren Gesetz der Natur bieten und damit auch Rückschlüsse auf die Funktion des Seelenlebens und das Potenzial des Unbewussten ermöglichen sollen (vgl. Mahlendorf 2003, 593).

Auf diese spektakulären psychischen Phänomene richten ab den 1790er Jahren vor allem die Schüler Mesmers ihre Aufmerksamkeit. Der Behandelte kann, so heißt es, über das Handauflegen in einen tiefen Schlaf fallen, einzelne Patienten zeigen tranceähnliche Zustände, in denen sie die Ursache ihrer Krankheit erkennen und hellseherische Fähigkeiten entwickeln. Mesmers Thesen und seine Therapiesitzungen sorgen für Aufsehen, sie stoßen bei den Zeitgenossen gleichermaßen auf euphorische Begeisterung wie auf große Skepsis. Bereits

1784 stellt eine in Paris eingerichtete Kommission die Mesmer'schen Grundannahmen infrage und beurteilt die von ihm entwickelte Therapie als wirkungslos (vgl. Barkhoff 1995, 55–67). Der Attraktivität seines Konzeptes tut dies keinen Abbruch. In Deutschland erreichen Mesmers Thesen nach der Jahrhundertwende und der Publikation der Hauptwerke in deutscher Sprache besondere Popularität. Einfluss hat das Konzept nicht nur auf die zeitgenössische Medizin – zu den vom Magnetismus Faszinierten zählen unter anderem Christoph Wilhelm Hufeland, Franz von Baader und Karl Christian Wolfart (vgl. Mahlendorf 2003) –, sondern vor allem auch auf die Literatur, die das literarische Potenzial, das die Mesmer'schen Schriften bieten, fruchtbar macht. In den Texten Ludwig Tiecks, Bettina von Arnims, Adelbert von Chamissos, Justinus Kerners und E. T. A. Hoffmanns, um nur einige zu nennen, findet sich das Konzept des tierischen Magnetismus immer wieder verhandelt, teilweise – Hoffmanns *Magnetiseur* (1814) wäre ein Beispiel – in ironisch-kritischer Perspektivierung (vgl. Barkhoff 1995; Bell 2005; Hinderer 2005; Kremer 1997; Neumeyer 2005).

Als einer der erfolgreichsten ‚Theoretiker' des Mesmerismus in Deutschland kann Gotthilf Heinrich Schubert gelten. Während seines Studiums in Jena kommt er mit den Ideen des dortigen frühromantischen Kreises in Verbindung. Die Naturphilosophie Schellings prägt ihn nachhaltig, sie beeinflusst auch die *Ansichten von der Nachtseite der Naturwissenschaft*, eine 1808 erschienene Sammlung von Vorlesungen, die Schubert im Winter zuvor, den Titel der Vortragsreihe performativ umsetzend, in den „Abendstunden" (Schubert 1808, 2) gehalten hatte. Die Schubert'schen *Ansichten* haben, so erklärt der Verfasser einleitend, die „unerwartet[en] und ungelegen[en]" Gegenstände der Naturwissenschaft zum Thema, die gemeinhin zum „Gebiet des sogenannten Wunderglaubens gezählt werden", im Rahmen der Vorlesungen aber mit allem „Ernst" betrachtet, also nobilitiert, werden sollen (Schubert 1808, 2). Zu diesen Gegenständen zählt Schubert neben der Telepathie, dem Somnambulismus und dem Traum auch den Magnetismus. Diese übersinnlichen Phänomene bilden den „Hauptgegenstand" der Betrachtung, weil sich in ihnen „[d]as älteste Verhältniß des Menschen zur Natur" und „die lebendige Harmonie des Einzelnen mit dem Ganzen" (Schubert 1808, 3) studieren lasse – aufgerufen sind Kernbegriffe der romantischen Psychologie, Philosophie und Ästhetik. Phänomene wie die oben beschriebenen versteht Schubert als Reste eines idealen Urzustandes, in dem die Einheit von Geist und Natur noch nicht verloren war. Schlafwandelnd, träumend oder in Trance fallend, könne die Seele des Menschen wieder an dieser Verbindung des Einzelnen mit dem Ganzen partizipieren.

Die *Ansichten von der Nachtseite der Naturwissenschaft* treffen den Nerv der Zeit, sie avancieren zu einer Programmschrift der romantischen Bewegung. Das gilt noch viel mehr für den sechs Jahre später erscheinenden Band zur *Symbo-*

lik des Traumes (1814) (vgl. Hinderer 2005, 43–44). Hier liefert Schubert – auch wenn der Titel heute, also nach Freud, andere Leseerwartungen wecken mag – keine Hermeneutik des Traums, vielmehr geht es ihm um dessen physiologische und psychologische Voraussetzungen, mithin um das Potenzial des Traums, eine direkte Verbindung zur Natur und zum Schicksal zu stiften. In diesem Zusammenhang entwickelt Schubert das Konzept einer verbalen Logik des Unbewussten (vgl. Alt 2002, 265–279): „Im Traume", so heißt es gleich im ersten Satz, „[...] scheint die Seele eine ganz andere Sprache zu sprechen als gewöhnlich" (Schubert 1814, 1). Diese Symbolsprache der Seele zeichnet sich durch eine maximale Verdichtung, ja eine poetische ‚Faktur' aus: Die „seltsam aneinander gefügte[n] Bilder" organisiere ein „hieroglyphische[s]" Prinzip. Schnell aufeinander folgend, teilweise auch parallel erscheinend, erstelle diese „Ideenassociation" (Schubert 1814, 2) in wenigen Momenten des Schlafes komplexere Zusammenhänge als das, was „im Gange der gewöhnlichen Sprache", im Zustand der Wachheit also, „in ganzen Tagen geschehen könnte" (Schubert 1814, 2).

Die „Traumbildersprache" der Seele sei universal angelegt und allen Menschen verständlich, sie tendiere zur Ironie, weil das im Traum Gesehene auch das genaue Gegenteil bedeuten könne. Schubert geht also – das unterscheidet sein Konzept von demjenigen Freuds – von einer zeitlich-ambivalenten Anlage des Traums aus: Zum einen liefere er eine Reproduktion des Vergangenen, zum anderen komme dem Traum aber – und das ist für Schubert der zentrale Aspekt – prophetisches Potenzial zu. Der Traum wird zum Instrument der Offenbarung, seine Sprache, so konstatiert Schubert, liefere eine „Art zu rechnen und zu kombiniren die ich und du nicht verstehen; eine höhere Art von Algebra, noch kürzer und bequemer als die unsrige, die aber nur der versteckte Poet in unserm Innern zu handhaben weiß" (Schubert 1814, 3). Schubert greift Programmbegriffe romantischer Ästhetik auf (beispielsweise Ironie und Universalität), um auf diese Weise psychische Vorgänge als „poietische Aktivität" (Kremer 1997, 141) zu konzipieren.

Die *Symbolik des Traumes* entwickelt sich schnell nach Erscheinen zu einem „theoretische[n] Leittext" (Alt 2005, 15) romantischer Anthropologie und entfaltet entsprechende Wirkmacht auf die zeitgenössische Literatur, deren Texte nicht nur erzähltechnisch die Ununterscheidbarkeit von Traum und Realität immer wieder prozessieren, sondern auch die von Schubert beschriebene assoziative Logik des Traumes zu einem ästhetischen Prinzip erheben. Durch die in der *Symbolik des Traumes* vorgenommene Gleichsetzung der Sprache des Traums mit der Sprache der Poesie und deren Absetzung von der prosaischen Sprache des wachen Geistes wird die Literatur nobilitiert (vgl. Mahlendorf 2003, 603). Die Poesie, so das Schubert'sche Fazit, gleiche der „Sprache in Bildern und Hieroglyphen, deren sich die höhere Weisheit in allen ihren Offenbarungen an den Menschen bedient habe". Sie spreche „ausdrucksvoller, gewaltiger, magischer zum Gemüth als die

Prosa des Wachens". Kurzum: Der Poesie liege „der Schlüssel zu unserem innern Räthsel nicht fern" (Schubert 1814, 15).

4. Literarische Psychologie der Romantik

Wie Schelling, Mesmer und Schubert schreiben auch Tieck, Hoffmann, Kerner, Clemens Brentano und Joseph von Eichendorff an einem Wissen um die menschliche Psyche und deren Funktionsmechanismen. In seiner *Symbolik des Traumes* hatte Schubert die Seele ambivalent konzeptualisiert, indem er sie mit dem Traum, der Poesie und der Offenbarung in Beziehung brachte und sie gleichzeitig als Ort „sinnlicher Neigungen" und „niedrigste[r] Lust" (Schubert 1814, 88–89) bestimmte. An dieser Ambivalenz arbeitet sich auch die Literatur der Romantik ab. In Szene gesetzt wird die Konzeptualisierung der Psyche immer wieder in topographischen Variationen; entworfen werden veritable Seelenlandschaften beziehungsweise ‚Architekturen der Psyche' (vgl. Lange 2007), die vor allem die Tiefe mit dem Unbewussten assoziieren und diese Tiefe als gleichzeitig verführerischen wie gefährlichen Raum entwerfen, in dem vor allem in Bezug auf die Macht des Trieblebens die Gefahr des Selbstverlusts besteht. Ein Beispiel dafür ist Eichendorffs Gedicht *Lockung* (1834):

> Hörst du nicht die Bäume rauschen
> Draußen durch die stille Rund'?
> Lockt's dich nicht hinabzulauschen
> Von dem Söller in den Grund,
> Wo die vielen Bäche gehen
> Wunderbar im Mondenschein
> Und die stillen Schlösser sehen
> In den Fluß vom hohen Stein.
>
> Kennst du noch die irren Lieder
> Aus der alten schönen Zeit?
> Sie erwachen alle wieder
> Nachts in Waldeseinsamkeit,
> Wenn die Bäume träumend lauschen
> Und der Flieder duftet schwül
> Und im Fluß die Nixen rauschen –
> Komm herab, hier ist's so kühl. (Eichendorff 2006 [1834], 308–309)

Das Gedicht versammelt nahezu alle Formeln Eichendorff'scher Lyrik und präsentiert sich über seine Topoi als geradezu prototypisches romantisches Gedicht. Das im dritten Vers der ersten Strophe genannte ‚Hinablauschen' gibt die Bewegung des gesamten Textes vor. Die Voraussetzung dieses Beobachtungsunternehmens bildet das spezifische räumliche Setting des Gedichtes, also die Position, von der aus das Lauschen in die Tiefe vonstattengehen soll. Der Söller, ein auf Stützen oder Pfeilern ruhender, balkonartiger Anbau, bietet eine gleichermaßen exponierte wie geschützte Position, mithin einen Standort, der zwischen Innen und Außen changiert. Entworfen ist eine der typischen Schwellensituationen, wie sie Eichendorffs Lyrik immer wieder inszeniert. Ähnlich ambivalent ist auch die Sprechsituation: Adressiert die Sprechinstanz ein Gegenüber? Handelt es sich um ein Selbstgespräch? Oder ist das im ersten Vers genannte „du" als direkte Adressierung der Leserinnen und Leser zu denken?

Wie auch immer man diese Fragen beantwortet, etabliert ist in jedem Fall ein Verführungsszenario: Der Blick in die Tiefe – und alles, was mit dieser im Folgenden verbunden wird, – ist verlockend, faszinierend auch, weil das dort zu beobachtende nächtliche Natur- und Landschaftsszenario konsequent anthropomorphisiert, ja numinos verlebendigt ist: Die Bäume lauschen, die Bäche gehen, die Schlösser sehen, schließlich sind es die Nixen als Naturwesen, deren Sprechakt den Text beschließt. Formal setzt das Gedicht diese Verlockung als Sturzbewegung um: Wie das trochäische Versmaß fallend ist, so folgt der das Gedicht eröffnenden Frage in den ersten beiden Versen ein einziger Satz, der sich über die nächsten fünf Zeilen erstreckt und damit dem Strophenende geradezu entgegentaumelt. Ähnlich strukturiert ist auch die zweite Strophe, allerdings stoppt der ‚Fall' hier einen Moment früher, nämlich im Gedankenstrich, der den vorletzten Vers vom letzten trennt, in dem die Nixen ihre Lockung aussprechen. Dieser Blick in die Tiefe aber wird – egal, wie man die Sprechsituation bestimmt, – als ein Moment nächtlich-melancholischer Selbstbeobachtung kenntlich, mithin als Ergründung psychischer Tiefenstrukturen, die spezifisch konnotiert sind.

Wie in zahlreichen anderen Gedichten Eichendorffs wird die Vertikale in *Lockung* nämlich „auf eine seelische und triebbestimmte Bewegung hin transparent: auf Entgrenzung des Selbst zum verborgenen Eros hin" (Sautermeister 2005, 91). Als Figuration dieses verborgenen Eros dienen in *Lockung* die Nixen, deren Lockruf als Klimax des Textes – beinahe als Einspruch gegen den Taumel der vorangehenden Verse – so verführerisch wie gefährlich ist. Die Kühle, die sie verheißungsvoll ankündigen, verweist auf den kalten Tod, der im Wasser zu finden ist. Gleichzeitig schließt der Lockruf der Nixen noch einmal an den Titel und die in der ersten Strophe des Gedichtes explizit formulierte Lockung an und setzt damit (klingt in ihr doch auch die ‚Locke' an) die Gefahr des Trieblebens mit einer geheimnisvollen, unberechenbaren, in jedem Fall aber bedrohlichen Weiblichkeit gleich (vgl. von Matt 1989). Dieser in zahlreichen Texten der Romantik variierte Topos findet noch in Freuds – ebenfalls topographisch gewendeter – Rede vom ‚dunklen Kontinent' seinen Nachklang (vgl. Rohde-Dachser 1997 [1991]).

Dass das Ich nicht mehr Herr im eigenen Hause sei, mag damit noch nicht gesagt sein. Dass dieses Haus aber auf schwankendem Grund steht, diese Einsicht formuliert das Gedicht sehr wohl.

Die in Eichendorffs *Lockung* im Bildfeld des Wassers vollzogene Dichotomisierung und psychologische Semantisierung von Höhe und Tiefe schreiben zahlreiche andere Texte der Romantik fort, besonders prominent etwa die Bergwerkserzählungen und -episoden in Novalis' romantischem Musterroman *Heinrich von Ofterdingen* (1802), Hoffmanns auf eine Anregung Schuberts zurückgehende Erzählung *Die Bergwerke zu Falun* (1819) oder Tiecks Tannhäuser-Variation *Der Runenberg* (1804). Das Hinabsteigen in die Tiefe, oftmals versehen mit der erotischen Attraktion chthonisch anmutender Figuren wie Königinnen, Zauberinnen und Hexen, als deren Reich die Unterwelt gilt, ist als Regressionsbewegung markiert, die aus der Gesellschaft, aus der Partnerschaft und der Familie zurück zur sexuell anziehenden ‚Mutter' und damit in den Wahnsinn oder den Tod führt: Hoffmanns Elis endet, im Eisenvitriol konserviert, wie ein Embryo im Schoß des Berges, dessen Königin er begehrt; Tiecks Christian verlässt seine Familie und verschwindet in einem Bergschacht, um nach mehreren Jahren als dionysischer Wanderer, dem Wahnsinn verfallen, wieder aufzutauchen und schließlich endgültig zu verschwinden (→ II.7. GENDER UND QUEER STUDIES).

Als ein „[p]oetologischer Fluchtpunkt" (Kremer 1997, 152) des Interesses der romantischen Literatur am psychologischen Wissen der Zeit kann der Doppelgänger gelten. In seiner (widerstreitenden) Duplizität verkörpert er jene Gegensätze, an deren Abgrenzung und Verschränkung sich die romantischen Texte gleichermaßen abarbeiten: Wachen und Träumen, Bewusstes und Unbewusstes, Wahn und Vernunft etc. Dabei ist der Status des Doppelgängers – egal, ob er als Figur, als Schatten, als (belebtes) Portrait oder als Spiegelbild auftritt (→ IV.9. LITERATUR – FILM: DOPPELGÄNGER) – oftmals schwer zu bestimmen, korrespondiert das Motiv doch meist mit der programmatischen Verschiebung von Perspektiven beziehungsweise der Vervielfachung von Wahrnehmungsmodi, die zahlreiche Texte der Romantik prozessieren. Ins Spiel gebracht ist damit ein pathologisches Moment: Der Doppelgänger kann beispielsweise das Symptom einer Ich-Dissoziation und das Ergebnis einer krankhaften Phantasie sein, er kann einem Traum entsprungen sein oder die verdrängten Selbstanteile eines Subjektes repräsentieren, die ihm – gleich einer Wiederkehr des Verdrängten – externalisiert gegenübertreten. Neben komödiantischen Varianten (etwa in den Verwechslungsepisoden in Eichendorffs *Aus dem Leben eines Taugenichts* (1826)) ist es vor allem die romantische Schauerliteratur, die den Doppelgänger – etwa als Personifikation des Bösen – zur prominenten Figur macht, allen voran Hoffmann, dessen Texte die Varianten des Motivs konsequent durchdeklinieren (vgl. Müller Nielaba 2011). An diese Traditionslinie schließt Freud in seinem Essay *Das Unheimliche* (1919) an, wenn er beispielsweise in der Auseinandersetzung mit Hoffmanns *Elixieren des Teufels* (1815/1816) den Fokus auf das Motiv des Doppelgängers richtet.

Vor diesem Hintergrund hat Böhme die Romantik als eine „Epoche proto-psychoanalytischen Sprechens" bezeichnet, weil sie auf die „Objektivität der rationalistisch zu Wahn und Schein degradierten, ins Unbewußte deportierten und von Moral eingekreisten libidinösen Energien" bestehe (Böhme 1981, 143). Und tatsächlich eint das Interesse am Moment des Pathologischen einen Großteil der Literaturproduktion der Zeit. Die Erzählungen und Romane berichten von fehlgeleiteten Entwicklungsgeschichten, von sexueller Devianz und psychisch versehrten Subjekten, deren Verhalten konträr zu gesellschaftlichen Konventionen steht. Und im selben Schritt werden gesellschaftliche Institutionen konsequent als Ursprung genau dieser prekären psychischen Dispositionen markiert. So etabliert die Romantik die Kindheit als traumatischen Ort und die sich als Ideal etablierende Kern- und Kleinfamilie, das enge emotionale Verhältnis von Vater, Mutter und Kind also, als Treibhaus inzestuöser Konflikte (→ IV.5. FAMILIENRO-MAN), an deren Auflösung die Protagonistinnen und Protagonisten scheitern (vgl. Kremer 1997, 139–157). Brentanos *Geschichte vom Braven Kasperl und dem schönen Annerl* (1817) ist dafür ebenso ein Beispiel wie Tiecks *Blonder Eckbert* (1797) oder Kleists *Findling* (1811).

In Hoffmanns Erzählung *Das Fräulein von Scuderi* (1819) entwickelt der geniale Goldschmied und kaltblütige Mörder Cardillac gar das Narrativ einer pränatalen Traumatisierung: Seine im ersten Monat schwangere Mutter habe, so erklärt Cardillac nach seiner Festsetzung, die Juwelenkette eines Kavaliers erblickt und sich voller Begierde nach den Edelsteinen auf dessen Annäherungsversuche eingelassen. Als sie allerdings nach der Kette greift, stirbt der Edelmann, fällt auf die Schwangere und begräbt sie unter sich. Passanten müssen sie aus den Armen des Liebhabers befreien. Zwar überlebt die werdende Mutter das anschließende Krankenlager, doch das Ereignis hat Folgen, wie Cardillac konstatiert: „[D]ie Schrecken jenes fürchterlichen Augenblicks hatten *mich* getroffen. Mein böser Stern war aufgegangen und hatte den Funken hinabgeschossen, der in mir eine der seltsamsten und verderblichsten Leidenschaften entzündete." (Hoffmann 2001 [1819], 832) Das Triebschicksal der Mutter iteriert der Sohn – in leichter Verschiebung – stets aufs Neue. Aus dieser Konstellation scheint es kein Entkommen zu geben, die Herkunft stiftet das psychische Fatum. Gleichzeitig aber koppelt Hoffmanns Erzählung – wie Tiecks *Runenberg*, der die Schrift und das Schreibsujet im Titel trägt – am Beispiels Cardillacs Kunstproduktion, Künstlertum und Wahnsinn; beiden hier exemplarisch genannten Erzählungen kommt damit poetologisches Potenzial zu (vgl. Liebrand 1996, 175–193).

Dem psychologischen Interesse der Zeit sind schließlich auch zwei der faszinierendsten romantischen Schreibprojekte als veritable Fallgeschichten ver-

pflichtet, nämlich Brentanos auf mehrere Jahre und tausende Folioseiten ange-
legtes Unternehmen, die Visionen der westfälischen Nonne Anna Katharina
Emmerick zu verschriftlichen, und Justinus Kerners ganz ähnlich gelagertes
Projekt, die Erscheinungen Friederike Hauffes zu dokumentieren, die er mehrere
Jahre in seinem Haus pflegte und mit magnetischen Kuren zu therapieren ver-
suchte. Kerners Haus wurde zu einer Pilgerstätte psychologieinteressierter Zeit-
genossen, sein in Romanform gebrachter Krankenbericht avancierte unter dem
Titel *Die Seherin von Prevorst* (1829) zu einem Bestseller.

5. Die Romantik der Psychoanalyse

Als Prätext wird die romantische Psychologie von Freud in der *Traumdeutung*
thematisiert. Erwähnt werden die „Schellingianer", deren naturphilosophi-
sches Interesse am divinatorischen Potenzial des Traumes Freud als „eine[n]
deutliche[n] Nachklang der im Altertum unbestrittenen Göttlichkeit des Traumes"
(II/III, 5) versteht. Und auch Schuberts *Symbolik des Traumes* wird genannt, seine
Überlegungen entstammten, so Freud, einer „intellektuellen Periode", in der „die
psychischen Leistungen des Traumes bereitwilligere und wärmere Anerkennung
gefunden haben" (II/III, 66). Freud fährt fort: „Mit dem Eindringen naturwissenschaftlicher Denkweise ist eine Reaktion in der Würdigung des Traumes einher-
gegangen." (II/III, 67) Die Wertschätzung des Traumes erkennt Freud also als
Leistung der Psychologie der Romantik an, sie verbindet ihn mit Schubert, Schelling und deren Zeitgenossen. Gleichzeitig aber teilt er deren Annahmen über das
prophetische Potenzial des Traumes nicht und setzt sich vehement davon ab (vgl.
Gruber 2005).

Und doch gibt es Analogien zwischen der romantischen ‚Proto-‘ und der
Freud'schen Psychoanalyse, und zwar nicht nur, weil Freud und Schubert in
Bezug auf die Faktur des Traumes immer wieder auf das Hieroglyphische als
formales und ästhetisches Konzept der Traumsprache zurückkommen. Wenn
Freud etwa in seinem Essay zu Wilhelm Jensens *Gradiva* (1903) die Dichter zu
„[w]ertvollen Bundesgenossen" erklärt, da sie im „Streite über die Würdigung
des Traumes [...] auf derselben Seite zu stehen" scheinen „wie die Alten, wie das
abergläubische Volk und wie der Verfasser der *Traumdeutung*" (VII, 33), so lassen
sich darin durchaus Parallelen zur Schubert'schen Rede vom ‚versteckten Poeten‘
und der Gleichsetzung von Traum- und Poesiesprache erkennen, in die sich „der
Verfasser der *Traumdeutung*" nolens volens einschreibt. Freuds im selben Text
formulierte Angabe, dass er es gewagt habe, „gegen den Einspruch der gestrengen Wissenschaft Partei für die Alten und den Aberglauben zu nehmen" (VII, 31),

wiederholt genau jenen Außenseiter- und Pioniergestus, mit dem schon Schubert seine Vorrede der *Ansichten von der Nachtseite der Naturwissenschaft* eingeleitet hatte. Dass Freud im folgenden Satz eine Distanzierung unternimmt, die auch als implizite Absage an das romantische Projekt gelesen werden kann, wirkt da nur konsequent: Der Verfasser der *Traumdeutung* sei, so führt Freud die Rede in dritter Person fort, „weit davon entfernt, im Traume eine Ankündigung der Zukunft anzuerkennen, nach deren Enthüllung der Mensch seit jeher mit allen unerlaubten Mitteln vergeblich strebt" (VII, 31).

Im Gegensatz zur Psychologie der Romantik rückt die Literatur der Epoche weniger stark in den Fokus – mit einer prominenten Ausnahme: In seiner Untersuchung zum *Unheimlichen* avancieren mit dem *Sandmann* (1817) und den *Elixieren des Teufels* (1815/1816) zwei Hoffmann'sche Erzählprojekte zu zentralen Referenztexten. Und Freud liefert vor allem mit seinem auf den Kastrationskomplex Nathanaels fokussierten Zugriff auf den *Sandmann* eine Lektüre, deren Wirkmacht kaum überschätzt werden kann. Wenn es stimmt, dass Freud, wie Peter von Matt schreibt, das Lesen verändert hat, dann ist seine Interpretation der Hoffmann'schen Erzählung ein zentraler Baustein dieses Paradigmenwechsels (vgl. von Matt 2001, 129), auch weil sich sein Umgang mit dem Text radikal von den positivistischen Methoden der zeitgenössischen Philologie unterscheidet. Die Germanistik hat sich in den Jahrzehnten seit dem Erscheinen des Essays zum *Unheimlichen* im affirmativen wie im konfrontativen Modus an Freuds Analyse abgearbeitet (vgl. Kremer 2008); für die psychoanalytische Literaturwissenschaft avancierte die *Sandmann*-Lektüre zum Gründungsdokument und zum interpretatorischen Mustertext.

Im Freud'schen Kanon bilden Hoffmanns Schreibprojekte aber einen Sonderfall, sind es doch vor allem klassische Texte, an denen Freud das kulturtheoretische Potenzial seiner Theorie nachzuweisen versucht: von den Tragödien der Antike über die Theaterstücke Shakespeares bis hin zu den Erzählprojekten Goethes. Für diese Zusammenstellung des psychoanalytischen Textkorpus gibt es Gründe: Abgebildet ist ein zeitgenössischer Bildungskanon; Freud kann damit sicher sein, dass die von ihm besprochenen Texte seiner Leserschaft bekannt sind. Gleichzeitig dient die Orientierung am literarischen Höhenkamm der Nobilitierung der Psychoanalyse, sie re-integriert den Außenseiter Freud, der sich über seine Textauswahl als Mitglied des Bildungsbürgertums zu erkennen gibt (vgl. Hörisch 2008, 20–21). Über das Renommee dieser klassischen Texte verfügt die romantische Literatur in der zeitgenössischen Wahrnehmung nicht.

Und trotzdem irritiert die Tatsache, dass mit der Romantik gerade jene Epoche so sporadisch in den Blick gerät, die thematisch und ästhetisch den Phänomenen so nahe ist, die auch Freud interessieren. Entworfen ist eine Konstellation, die sich mit Harold Bloom als ein Szenario der ‚Einflussangst' beschreiben lässt (vgl. Bloom 1995 [1973]). Anders gesagt: Vielleicht liegt gerade in dieser Nähe der Grund für die Absenz: Friedrich Kittler hat wiederholt auf die (vielfach negierte) Wahlverwandtschaft von romantischer Literatur und Freud'scher Psychoanalyse verwiesen, gerade im Hinblick auf den Konnex von familiärer Sozialisation und sexueller Entwicklung (vgl. Kittler 1977; Kittler 1978; Kittler 2003 [1985]). Kittler hat in diesem Zusammenhang von einer „romantischen Erfindung der Sexualität" (Kittler 1978) gesprochen, die er im Kontext der konjugalen Kernfamilie verortet: „Die Familie introjiziert ihren Kindern Normen und Imagines, die die binäre Geschlechterdifferenz unterlaufen, und produziert Seelen, die der Inzestwunsch sexualisiert." (Kittler 1978, 102) Es sind die Kehrseiten der Kernfamilie, auf die romantische Erzählprojekte wie der *Blonde Eckbert,* das *Fräulein von Scuderi,* der *Findling* und die *Elixiere des Teufels* reflektieren – und die thematischen und motivischen Parallelen, die diese Narrative zu denjenigen der Freud'schen Psychoanalyse zeigen, sind stupend. Indem die romantischen Erzählungen den „Reden und Vorfällen aus Kindertagen Bedeutung im Maß ihrer Unbedeutsamkeit zusprechen", erklären sie, so Kittler, „die Familie zum Archiv kriminologischer Indizien und sexologischer Normen" (Kittler 1978, 110). Und weiter:

> Wenn die literarischen Texte so gut wie die verwirrten Reden der Analysanten die Imagines der Kleinfamilie als Schicksalsmächte beschwören und wenn die Psychoanalyse in allen Verkleidungen der Imagines nur die eine monotone Rede von Vater und Mutter hört, besagt das nichts über ein zeitloses Wesen der Unvernunft, sondern nur etwas über die historische Figur einer Vernunft, die der Kleinfamilie die Primärsozialisation überläßt. (Kittler 1977, 160–161)

Die Freud'sche Psychoanalyse wird vor diesem Hintergrund als eine konsequente Fortschreibung romantischer Narrative kenntlich: Die aus der Etablierung der Kernfamilie resultierenden und damit spezifisch historisch zu verortenden „sexologische[n] Normen" (Kittler 1978, 110), die von der Literatur der Romantik gesetzt werden, avancieren bei Freud zu überzeitlichen, ja ‚natürlichen' Kategorien, um auf dieser Grundlage psychoanalytische Modelle zu etablieren, die den Anspruch auf allgemeine Gültigkeit erheben. Das Verhältnis von romantischem und psychoanalytischem Erzählen liefert – so perspektiviert – einen weiteren Beleg für den Konnex von Literatur und Psychoanalyse, wie Jean Starobinski ihn (mit konjunktivischer Dezenz) gefasst hat:

> Wenn es richtig wäre, daß die Literatur, in wie geringem Maße auch immer, eine der Quellen für die Psychoanalyse darstellte, würde diese, nachdem sie ein Instrument der Literaturwissenschaft geworden ist, der Literatur nur ihr Eigentum zurückerstatten; sie wäre kein Eindringling […], aber andererseits hätte sie vielleicht nicht das Recht, sich die Autorität wissenschaftlicher Erkenntnis anzumaßen, wie sie es oft tut; sie spräche, ohne es zu ahnen, die Sprache der Literatur. (Starobinski 1973, 85)

Ein eindrückliches Beispiel dafür liefern ausgerechnet ein romantischer Text und der von Freud verstoßene Thronerbe der Psychoanalyse: Carl Gustav Jung. Als dieser während der Arbeit an seiner psychiatrischen Dissertation zur *Psychologie und Pathologie sogenannter occulter Phänomene* (1902) mit den Visionen seines Mediums, seiner fünfzehnjährigen Cousine Helene Preiswerk, nicht zufrieden ist, gibt er ihr Kerners *Seherin von Prevorst* zu lesen (vgl. Gruber 2000, 219–223). Das Skript erweist sich als Erfolg – die ‚Qualität' der Visionen verbessert sich deutlich.

Literatur

Alt, Peter-André. *Der Schlaf der Vernunft. Literatur und Traum in der Kulturgeschichte der Neuzeit.* München 2002.

Alt, Peter-André. „Romantische Traumtexte und das Wissen der Literatur". *Traum-Diskurse der Romantik.* Hrsg. von Peter-André Alt und Christiane Leiteritz. Berlin 2005: 3–30.

Barkhoff, Jürgen. *Magnetische Fiktionen. Literarisierung des Mesmerismus in der Romantik.* Stuttgart, Weimar 1995.

Bell, Matthew. *The German Tradition of Psychology in Literature and Thought. 1700–1840.* Cambridge 2005.

Beutin, Wolfgang. *Deutsche Literaturgeschichte. Von den Anfängen bis zur Gegenwart.* Stuttgart, Weimar 2013.

Bloom, Harold. *Einflußangst. Eine Theorie der Dichtung.* Übers. von Angelika Schweikhart. Basel, Frankfurt a. M. 1995 [1973].

Böhme, Hartmut. „Romantische Adoleszenzkrisen. Zur Psychodynamik der Venuskult-Novellen von Tieck, Eichendorff und E. T. A. Hoffmann". *Literatur und Psychoanalyse.* Hrsg. von Klaus Bohnen. Kopenhagen, München 1981: 131–176.

Brenner, Peter J. *Neue deutsche Literaturgeschichte. Vom „Ackermann" zu Günter Grass.* Berlin, New York 2011.

Eichendorff, Joseph von. „Lockung" [1834]. Eichendorff, Joseph von. *Sämtliche Gedichte, Versepen.* Hrsg. von Hartwig Schultz. Frankfurt a. M. 2006: 308–309.

Gruber, Bettina. *Die Seherin von Prevorst. Romantischer Okkultismus als Religion, Wissenschaft und Literatur.* Paderborn, München 2000.

Gruber, Bettina. „Romantische Psychoanalyse? Freud, C. G. Jung und die Traumtheorien der Romantik". *Traum-Diskurse der Romantik.* Hrsg. von Peter-André Alt und Christiane Leiteritz. Berlin 2005: 334–358.

Hinderer, Walter. „Die poetische Psychoanalyse in E. T. A. Hoffmanns Roman *Die Elixiere des Teufels". ,Hofmanneske Geschichte'. Zu einer Literaturwissenschaft als Kulturwissenschaft.* Hrsg. von Gerhard Neumann. Würzburg 2005: 43–76.

Hoffmann, E. T. A. „Das Fräulein von Scuderi. Erzählung aus dem Zeitalter Ludwig des Vierzehnten" [1819]. Hoffmann, E. T. A. *Sämtliche Werke in sieben Bänden*, Bd. 4: *Die Serapions-Brüder.* Hrsg. von Hartmut Steinecke. Frankfurt a. M. 2001: 780–856.

Hollmer, Heide und Albert Meier. „Kommentar". Moritz, Karl Philipp. *Dichtungen und Schriften zur Erfahrungsseelenkunde.* Hrsg. von Heide Hollmer und Albert Meier. Frankfurt a. M. 2006: 907–1342.

Hörisch, Jochen. „Die Romantische Seele". *Die Seele. Ihre Geschichte im Abendland.* Hrsg. von Gerd Jüttemann. Köln 2000: 258–266.

Hörisch, Jochen. „Wissen die Literatur und die Psychoanalyse dasselbe, wenn sie sich aufeinander berufen?". *Sigmund Freud und das Wissen der Literatur.* Hrsg. von Peter-André Alt und Thomas Anz. Berlin, New York 2008: 17–30.

Kittler, Friedrich. „„Das Phantom unseres Ichs' und die Literaturpsychologie: E. T. A. Hoffmann – Freud – Lacan". *Urszenen. Literaturwissenschaft als Diskursanalyse und Diskurskritik.* Hrsg. von Friedrich Kittler und Horst Turk. Frankfurt a. M. 1977: 139–166.

Kittler, Friedrich. „Der Dichter, die Mutter, das Kind. Zur romantischen Erfindung der Sexualität". *Romantik in Deutschland. Ein interdisziplinäres Symposion.* Hrsg. von Richard Brinkmann. Stuttgart 1978: 102–114.

Kittler, Friedrich. *Aufschreibesysteme 1800/1900.* 4. Aufl., München 2003 [1985].

Kremer, Detlef. *Prosa der Romantik.* Stuttgart, Weimar 1997.

Kremer, Detlef. „Freuds Aufsatz *Das Unheimliche* und die Widerstände des unverständlichen Textes". *Sigmund Freud und das Wissen der Literatur.* Hrsg. von Peter-André Alt und Thomas Anz. Berlin, New York 2008: 59–72.

Lange, Carsten. *Architekturen der Psyche. Raumdarstellung in der Literatur der Romantik.* Würzburg 2007.

Liebrand, Claudia. *Aporie des Kunstmythos. Die Texte E. T. A. Hoffmanns.* Freiburg i. Br. 1996.

Mahlendorf, Ursula. „Die Psychologie der Romantik". *Romantik-Handbuch.* Hrsg. von Helmut Schanze. Stuttgart 2003: 590–604.

Marquard, Odo. *Transzendentaler Idealismus, romantische Naturphilosophie, Psychoanalyse.* Köln 1987.

Matt, Peter von. „Der irrende Leib. Die Momente des Unwissens in Eichendorffs Lyrik". *Aurora* 49 (1989): 47–57.

Matt, Peter von. *Literaturwissenschaft und Psychoanalyse.* Stuttgart 2001 [1972].

Moritz, Karl Philipp. „Vorrede zum ‚Magazin für Erfahrungsseelenkunde'". Moritz, Karl Philipp. *Dichtungen und Schriften zur Erfahrungsseelenkunde.* Hrsg. von Heide Hollmer und Albert Meier. Frankfurt a. M. 2006: 810–811.

Müller, Götz. „Die Einbildungskraft im Wechsel der Diskurse. Annotationen zu Adam Bernd, Karl Philipp Moritz und Jean Paul". *Der ganze Mensch. Anthropologie und Literatur im 18. Jahrhundert.* Hrsg. von Hans-Jürgen Schings. Stuttgart, Weimar 1994: 697–723.

Müller Nielaba, Daniel. „Gibt es ihn, gibt es ihn nicht: (Hoffmanns) Doppelgänger". *Figur – Figura – Figuration. E. T. A. Hoffmann.* Hrsg. von Daniel Müller Nielaba, Yves Schumacher und Christoph Steier. Würzburg 2011: 163–172.

Neumeyer, Harald. „Magnetische Fälle um 1800. Experimenten-Schriften-Kultur zur Produktion eines Unbewußten". *Literarische Experimentalkulturen. Poetologien des Experiments im 19. Jahrhundert.* Hrsg. von Marcus Krause und Nicolas Pethes. Würzburg 2005: 251–285.

Rohde-Dachser, Christa. *Expedition in den dunklen Kontinent. Weiblichkeit im Diskurs der Psychoanalyse.* Frankfurt a. M. 1997 [1991].

Sautermeister, Gert. „Eichendorffs Eros". *Interpretationen. Gedichte von Joseph von Eichendorff.* Hrsg. von Gert Sautermeister. Stuttgart 2005: 87–132.

Schubert, Gotthilf Heinrich. *Ansichten von der Nachtseite der Naturwissenschaft.* Dresden 1808.

Schubert, Gotthilf Heinrich. *Die Symbolik des Traumes.* Bamberg 1814.

Siebenpfeiffer, Hania. „Romantische Psychologie". *E. T. A. Hoffmann. Leben – Werk – Wirkung.* Hrsg. von Detlef Kremer. Berlin, New York 2010: 58–64.

Starobinski, Jean. *Psychoanalyse und Literatur.* Frankfurt a. M. 1973.
Ueding, Gert. *Klassik und Romantik. Deutsche Literatur im Zeitalter der Französischen Revolution. 1789–1815.* München 1987.

IV.9. Literatur – Film: Doppelgänger

Ortrud Gutjahr

1. Einleitung

Psychoanalytische Erkenntnisse und Verfahrensweisen haben mit ganz unterschiedlicher Gewichtung Eingang in Theorie und Methodik der Kulturwissenschaften gefunden, wie der Vergleich von Literatur- und Filmwissenschaft besonders evident macht. Denn in der Literaturwissenschaft gilt die Psychoanalyse lediglich als ein möglicher ideengebender Ansatz unter vielen anderen und ist Interessensgebiet einer überschaubaren Gruppe von Spezialistinnen und Spezialisten. Die Filmwissenschaft ist hingegen in ihrer Theoriebildung deutlich psychoanalytisch geprägt. Sie hat sich seit Ende der 1960er Jahre überwiegend aus der Literaturwissenschaft heraus als Teilbereich der Medienwissenschaften entwickelt und als eigenständige Disziplin über ein breit gefächertes Spektrum an psychoanalytisch konfigurierten Theoremen Profil gewonnen. Anwendung finden bevorzugt Ansätze aus der Individualpsychologie, doch verweist insbesondere die nähere Bestimmung der visuellen Konstellation während der Filmbetrachtung (im Kontrast zum auditiven Setting der psychoanalytischen *talking cure*) auf Überlegungen aus der Frühphase des Mediums, als es um seine Etablierung mithilfe der Literatur ging. Denn Film und Psychoanalyse eint nicht nur, dass sie sich zeitgleich als aufsehenerregende wie beargwöhnte Novität erstmals der Öffentlichkeit vorstellten, sondern auch, dass sie sich über die Literatur Dignität zu verschaffen suchten.

2. Anfänge: Film und Psychoanalyse

Im Jahr 1895 beginnt Sigmund Freud mit der Arbeit an seiner *Traumdeutung* (1900) und veröffentlicht gemeinsam mit Josef Breuer die *Studien zur Hysterie*, welche als Gründungstexte der Psychoanalyse gelten. Am 1. November desselben Jahres findet im Berliner Vergnügungslokal ‚Wintergarten‘ die erste öffentliche Filmvorführung Europas durch die Brüder Max und Emil Skladanowsky statt (vgl. von Zglinicki 1979 [1956], 232). Knapp zwei Monate später zeigen die Brüder Auguste und Louis Lumière am 28. Dezember vor zahlendem Publikum in einem Pariser Café zehn selbstgedrehte Kurzfilme mit einer noch ausgefeilteren Technik. Der neu entwickelte Kinematograph (griech.: *kinematos*: Bewegung;

https://doi.org/10.1515/9783110332681-028

graphein: aufzeichnen) produziert photographische Momentaufnahmen in so dichter Folge, dass sie in der Wiedergabe als bewegt erscheinen (vgl. Garncarz 2010, 9). Im Kontext dieser Medienrevolution verbindet Freud nicht von ungefähr seine Analysetechnik in der *Traumdeutung* mit der Vorstellung von einem „psychischen Apparat" (II/III, 543), in dem Erinnerungsspuren von Erlebtem assoziativ verknüpft, Traumbilder als Wahrnehmungen zur Erscheinung gebracht (Primärvorgang) und Denkidentitäten hergestellt (Sekundärvorgang) werden (→ II.8. MEDIENTHEORIE). Über die Entdeckung hinaus, dass Prozesse der Lebenswirklichkeit (von einem technischen oder psychischen Apparat aufgenommen) erst in transformierter Gestalt Kenntlichkeit gewinnen, suchen sich Film (mittels medienspezifischer Adaption) und Psychoanalyse (mittels theoriegeleiteter Deutung) über die Literatur ein breites Öffentlichkeitsinteresse zu sichern. So greift Freud gezielt auf literarische Texte und Motive zurück, die ihm als Anschauungsbeispiele für seine Individualpsychologie dienlich sind. In seinem Aufsatz *Der Wahn und die Träume in W. Jensens „Gradiva"* (1907) erläutert er insbesondere die Wiederkehr des Verdrängten (→ IV.8. LITERATUR DER ROMANTIK). Mit der programmatischen Schrift *Der Dichter und das Phantasieren* (1908) unterbreitet er einen Interpretationsansatz für Literatur, der sich an Verfahren der *Traumdeutung* wie Verschiebung und Verdichtung orientiert und nach Symbolbildungsprozessen sowie der Latenz von Bedeutungen fragt. In *Eine Kindheitserinnerung des Leonardo da Vinci* (1910) verdeutlicht er die Entstehung von sexueller Hemmung und Kastrationsangst, in *Das Motiv der Kästchenwahl* (1913) Reaktionsbildung und regressive Bearbeitung.

Der Begründer der Psychoanalyse setzt Dichtung mithin auch als Medium ein, um seine aus der Behandlung von psychischen Störungen entwickelten Ansätze einer literarisch gebildeten Leserschicht nahezubringen. Den Film sieht Freud hingegen als effektheischende Erscheinung und will mit ihm nicht in Verbindung gebracht werden (vgl. Eppensteiner et al. 1987). Mit dieser Geringschätzung befindet er sich in guter Gesellschaft, denn die anfangs noch als Bewegungsspektakel angelegten kurzen Szenenfolgen werden in bürgerlichen Kreisen weitgehend als technisches Kuriosum abgetan und im Vergleich mit den literarischen Werken des Bildungskanons als künstlerisch unterbelichtet angesehen. Doch mit der Verfeinerung der kinematographischen Technik drängen Cineasten darauf, den Film vom Nimbus billigen Vergnügens zu befreien und im Kontext transmedialer Formexperimente der ästhetischen Moderne als innovative Kunst zu situieren (→ IV.11. LITERATUR DER MODERNE).

So vollzieht sich die Aufwertung des Films im ersten Drittel des 20. Jahrhunderts durch eine medienspezifische Transformation von Literatur – durchaus vergleichbar der Nobilitierung, welche die deutschsprachige Bühne im 18. Jahrhundert erfuhr. Denn so wie sich das bürgerliche Theater in Abgrenzung vom Stegreifspiel der Wanderbühnen durch die Aufführung von literarisch anspruchsvollen Dramen in neu erbauten Schauspielhäusern etablierte, so sollten nun Filme nach literarischen Vorlagen in eigens eingerichteten Lichtspieltheatern zur Vorführung gelangen. Nach dem Vorbild des französischen *film d'art* wird ein deutscher Autorenfilm gefordert, der ein breites Publikum anspricht und lukrative Gewinne einfährt. Unter den zahlreichen Schriftstellern, die sich daraufhin mit Textvorlagen dem neuen Medium empfehlen, macht der Populärautor Hanns Heinz Ewers das Rennen. Der umtriebige Vielschreiber, der sich mit frivolen Gedichten und Kabarettversen, neuromantischen Schauergeschichten und dem phantastischen Roman *Alraune* (1911) bereits Bekanntheit verschafft hatte, entwirft mehrere Filmexposés. Zugleich rührt er für die künstlerische Anerkennung des neuen Mediums die Trommel und betont, „daß es genau so schwer ist, und genau solcher Kunst bedarf, ein gutes Filmmanuskript zu schreiben, wie ein Gedicht, einen Roman, ein Drama" (Ewers 1978 [1913], 103). Auch wenn er konzediert, dass dichterische Entwürfe „zum gordischen Knoten vor dem Apparat" (Ewers 1978 [1913], 103) werden, sieht er die Überlegenheit des Films gegenüber der Literatur in dessen Fähigkeit, „auch ohne Worte die Seele sprechen zu lassen" (Ewers 1978 [1913], 104). Eben diese medienspezifische Möglichkeit, psychische Vorgänge über bewegte Bilder in den Blick zu heben, reizt Ewers auf bahnbrechende Weise aus.

Als ihm der cineastisch aufgeschlossene Theaterschauspieler Paul Wegener vorschlägt, eine Teilung der Bildfläche wie bei Scherzphotographien – auf denen ein Mann mit sich selbst Skat spielt oder die Klinge kreuzt – auch einmal im Film auszuprobieren, entwickelt der Erfolgsschriftsteller gezielt auf diese technische Trickmöglichkeit hin ein Exposé mit dem Titel *Der Student von Prag* (1913). Ins Zentrum der in 80 Bildern skizzierten Handlung setzt er einen mittellosen, aufstiegsorientierten Studenten namens Balduin, der sich durch besondere Könnerschaft im Kartenspiel und in der Fechtkunst auszeichnet, jedoch damit hadert, dass er lediglich Umgang mit Kommilitonen sowie dem ‚fahrenden Mädchen' Lyduschka hat und keinen Zugang zur vornehmen Gesellschaft findet (vgl. Ewers 1985 [1913], 89–98). Da verspricht ihm ein „alter Abenteurer" (Ewers 1985 [1913], 89) namens Scapinelli Abhilfe, überhäuft ihn mit Geld, stellt ihm eine vornehme Heirat in Aussicht und nimmt als Gegenwert Balduins Spiegelbild mit, das nun als „der Andere" (Ewers 1985 [1913], 93) bezeichnet wird. Zwar kann der Student die bereits ihrem Vetter versprochene Komtesse Margit von Schwarzenberg für sich einnehmen, doch tritt ihm bei jedem Stelldichein mit ihr sein entschwundenes Spiegelbild entgegen. Als Balduin der Duellforderung von Margits eifersüchtigem Verlobten in der Absicht Folge leistet, diesen zu schonen, hat ihn ‚der Andere' bereits getötet, ehe er den vereinbarten Platz erreicht. Nun vom Adel ob seines vermeintlich ehrverletzenden Verhaltens gemieden, wollen auch seine studentischen Freunde nicht mehr mit ihm Karten spielen, da er ständig gewinnt.

Nur sein Doppelgänger nimmt es mit ihm auf – und besiegt ihn. Daraufhin flieht Balduin in panischer Angst vor dem übermächtigen Verfolger, richtet schließlich seinen Revolver auf ihn, sinkt aber selbst tödlich getroffen zu Boden.

Ewers hat mit seinem Filmexposé einen Kolportagetext vorgelegt, dessen Reminiszenzen – wie etwa an den Teufelspakt aus Johann Wolfgang Goethes *Faust* (1808) sowie auf Spiegel-, Schatten- und Doppelgängermotive aus Adelbert von Chamissos *Peter Schlemihls wundersame Geschichte* (1814), E. T. A. Hoffmanns *Die Geschichte vom verlornen Spiegelbilde* (1815), Edgar Allan Poes *William Wilson* (1839), Robert Louis Stevensons *Strange Case of Dr Jekyll and Mr Hyde* (1886; *Der seltsame Fall des Dr. Jekyll und Mr. Hyde*) oder Oscar Wildes *The Picture of Dorian Gray* (1890/1891; *Das Bildnis des Dorian Gray*) – auf ein informiertes Lesepublikum zielen. Mit dem ehrgeizigen Vorsatz: „Das muß der beste Film der Welt werden!" (Kugel 1992, 189) arbeitet der marktgängige Schriftsteller mit seinem Schauerromantik-Motivkonglomerat den Trick- und Montagemöglichkeiten des Mediums so effektiv zu, dass dem Film tatsächlich eine neue Form des Erzählens gelingt. Der in den Babelsberger Filmstudios und an Originalschauplätzen in Prag unter Stellan Ryes Regie und Guido Seebers Kameraführung gedrehte Stummfilm mit Paul Wegener in der Titelrolle positioniert sich aufgrund seiner Überfülle an literarischen Allusionen im Vorspann selbstbewusst als „erster deutscher Kunstfilm" und feiert mit einer eigens komponierten Musik am 22. August 1913 im Berliner Mozartsaal Premiere (vgl. Diederichs 1985, 22). Laut einhellig begeisterten Zeitungsberichten wirkte der Film überwältigend: „Die Hetzjagd vor seinem Spiegelbild, das fassungslose Grauen packte die Zuschauer mit kaltem Nervenchock." (Anonymus 1913, 66)

Doch nimmt der Film Kritik und Publikum nicht nur durch die effektvolle Inszenierung bekannter romantischer Motive für sich ein, sondern auch durch die gesuchte Nähe zum Theater. Ryes in Akte unterteilter und als ‚romantisches Drama' angekündigter Film wartet mit gefeierten Schauspielern aus dem Ensemble Max Reinhardts vom Deutschen Theater Berlin auf, die sich im Vorspann nach Aufziehen eines Bühnenvorhangs in theatralen Posen vor der Kamera präsentieren. Das seinerzeit noch von Theaterkritikern dominierte Feuilleton goutiert diese Verweise, spricht vom literarisch anspruchsvollen, hochkarätig besetzten „Filmdrama" (Anonymus 1913, 66) und lobt, dass die deutsche Kinoindustrie verstanden habe, „dass nur das Beste vom Besten ihr die Gunst des launischen Publikums auf die Dauer zu erhalten vermag" (Anonymus 1913, 65). Und doch emanzipiert sich der erfolgreiche Film zugleich von Literatur und Theater. Durch seine ausgefeilten Arrangements, Doppelbelichtungsaufnahmen, Stopptricks und Überblendungen in den Doppelgängerszenen wird *Der Student von Prag* zu einem Meilenstein der deutschen Filmgeschichte und zum Gegenstand der ersten umfänglichen psychoanalytischen Filminterpretation.

3. Erstmals: Psychoanalytische Filmdeutung

In unmittelbarem Reflex auf *Der Student von Prag* erscheint Otto Ranks Studie *Der Doppelgänger* (1914) in der von Sigmund Freud herausgegebenen *Imago. Zeitschrift für Anwendung der Psychoanalyse auf die Geisteswissenschaften*. Der Verfasser hat sich bereits mit der literaturpsychologischen Schrift *Das Inzest-Motiv in Dichtung und Sage. Grundzüge einer Psychologie des dichterischen Schaffens* (1912) hervorgetan und ist bezeichnenderweise der einzige Schüler aus dem engeren Kreis um Freud, der nicht Medizin, sondern Germanistik und Philosophie studiert hat. Er weiß um Freuds Ablehnung des Films und sieht sich bemüßigt, sein Medieninteresse durch Rekurse auf die Literatur zu rechtfertigen: „Das literarische Gewissen mag sich damit beruhigen, daß der Verfasser dieses rasch populär gewordenen Stückes ‚Der Student von Prag' ein beliebter Schriftsteller ist und daß er sich an hervorragende, in der Wirkung bewährte Vorbilder gehalten hat [...]." (Rank 2015 [1914], 7) Indem Rank den Film als „Stück" bezeichnet, den Regisseur und Kameramann erst gar nicht nennt und es beim alleinigen Hinweis auf den Autor des Filmskripts bewenden lässt, camoufliert er den Film als Literatur mit anderen Mitteln und sucht gerade damit dessen Akzeptanz zu befördern. Denn erst „durch seine Integration in die ‚Institution Literatur'" (Paech 1988, 103) wird der Film als bildungsförderliches Erzählmedium wahrgenommen und in seiner künstlerischen Qualität anerkannt. Zugleich aber will Rank mit der Analyse von Ryes *Der Student von Prag* unter Beweis stellen, dass psychoanalytische Erkenntnisse auch anhand filmischer Beispiele zu verdeutlichen sind. So kann an seinen Darlegungen ein psychoanalytisches Interpretationsverfahren der ersten Stunde beobachtet werden, das auf motivgeschichtlich-literarische Aspekte baut.

Rank geht zunächst von der Wirkung des Films aus und will den „lebhaften Eindruck der Handlung" (Rank 2015 [1914], 11) im Hinblick auf das Spiegelbild erfassen. Ihm fällt auf, dass nicht nur Balduin von seinem Doppelgänger verfolgt wird, sondern auch die Komtesse von Lyduschka, und dass beide das Zusammensein Balduins mit Margit von Schwarzenberg umso entschiedener stören, je inniger es ist. Aus dieser beziehungsdynamischen Konstellation schlussfolgert Rank, dass der Student sich nicht von seiner Vergangenheit (verkörpert durch die eifersüchtige Lyduschka) trennen könne und im dazwischentretenden Doppelgänger seine Unfähigkeit zur Liebe Ausdruck finde. Von diesem filmischen Befund aus gibt ihm ein „dunkles, aber unabweisbares Gefühl, das sich des Zuschauers bemächtigt", Anlass zur Hypothese, dass der Doppelgänger überdeutlich ein grundlegend gestörtes Verhältnis des Menschen zu seinem Ich zeigt, was er daraufhin anhand von zahlreichen literarischen Texten sowie „folkloristischen, ethnographischen und mythischen Überlieferungen" (Rank 2015 [1914], 12) näher zu bestimmen und zu belegen sucht. Nach der knappen filmischen Fallanalyse folgen also mittels weiterer Beispiele die Verallgemeinerung und deren psychoanalytische Fundierung.

In einer ersten Systematisierung unterscheidet Rank zwischen eigentlichen Doppelgängern, die sich als äußerlich gleiche Personen begegnen, und den Schatten und Spiegelbildern, die als angstbesetzte Abspaltungen von einem Ich zu verstehen sind. Ohne dies explizit zu machen, argumentiert er im Sinne von Freuds zeitgleich erschienenem Aufsatz *Zur Einführung des Narzißmus* (1914), dass bei dieser Abspaltung „der die narzißtische Selbstliebe verkörpernde Doppelgänger gerade zum Rivalen in der Geschlechtsliebe" (Rank 2015 [1914], 117) werde. Rank deutet den Doppelgänger somit auch als Repräsentanten eines psychischen Abwehrvorgangs, den Freud bereits in seinem Aufsatz *Die Abwehr-Neuropsychosen* (1894) mit der Unvereinbarkeit von hoch besetzten (Trieb)-Wünschen und Gewissensforderungen erklärt hatte. Der Schüler entwickelt die theoretischen Grundlegungen seines Lehrers implizit fort und betont, dass sich in *Der Student von Prag* eine besondere Abwehrform zeige, da sich hier der Doppelgänger als „das gefürchtete Ich der Liebe zum Weib hindernd in den Weg stellt" (Rank 2015 [1914], 99). Indem Rank für seine Deutung des Doppelgängers gerade erst formulierte psychoanalytische Ansätze zu Abspaltungs- und Abwehr-vorgängen, zum Narzissmus und zur Wiederkehr des Verdrängten heranzieht, arbeitet er (wie Freud in seinen Literaturdeutungen) einer Beglaubigung und Weiterentwicklung der psychoanalytischen Theorie zu. Freud dankt es ihm und greift in seinem Aufsatz *Das Unheimliche* (1919) wiederum die motivgeschichtli-chen Erkenntnisse seines Schülers auf, indem er in der Angst erzeugenden Figur der „Wiederholung des Gleichartigen" (XII, 249) die Wiederkehr des Verdrängten sieht und die Doppelgängerfigur weiterführend als „losgelöste[n] Komplex" (XII, 244) bestimmt, der in allen Formen der Selbstbeobachtung wirksam ist, so etwa im Traumgeschehen und im Gewissenskonflikt.

Ranks Verdienst als Mitbegründer der psychoanalytischen Literaturinter-pretation ist es, von Anfang an den Film als neues Erzählmedium einbezogen zu haben. Mit seiner Studie hebt er „die Besonderheit der Kinotechnik, seeli-sches Geschehen bildlich zu veranschaulichen" (Rank 2015 [1914], 12) hervor, die seitens der Filmtheorie als auch der Psychoanalyse fruchtbar gemacht wurde. Dass psychische Vorgänge im Film „mit übertriebener Deutlichkeit" (Rank 2015 [1914], 12) Darstellung finden – wie die Doppelgänger-Konstellation paradigma-tisch veranschaulicht –, sah man als neue Chance für die Popularisierung der Psychoanalyse. Bekanntestes Beispiel für die nun entwickelten Filme, in denen nach dem Modell der Fallgeschichte psychische Leiden und deren Behandlung geradezu lehrbuchartig exemplifiziert sind (→ IV.6. FALLGESCHICHTE), ist Georg Wilhelm Pabsts *Geheimnisse einer Seele* (1926). Doch auch andere Produktionen beginnen mehr und mehr ein ‚psychoanalytisches Narrativ' in die Handlung zu integrieren. Dabei geht es zumeist um unerklärliche Verhaltensweisen, Reaktionen und Symptome bei der Hauptfigur, deren Ursache durch Deutung von Erinnerungsbruchstücken seitens eines analytisch vorgehenden Anderen zu finden ist (vgl. Liebrand 2007).

Hat der Film insgesamt schon rasch in unterschiedlichster Weise psychoanalytisches Wissen in die Konzeption seiner Figuren und die Strukturierung von Handlungszusammenhängen integriert, so zeigt sich die Psychoanalyse lange Zeit zurückhaltend hinsichtlich der Untersuchung medialer Strukturen. Auch wenn Rank in seiner ersten psychoanalytischen Filmdeutung mit durchaus mediologischem Interesse fragt, wie „ein auf uralter Volksüberlieferung basierter Stoff von eminent psychologischem Gehalt durch die Anforderungen neuer Darstellungsmittel verändert wird" (Rank 2015 [1914], 7), geht er auf die mediale Spezifik des Films gerade nicht ein. Er behandelt die Figur des Doppelgängers in Film und Literatur unter individualpsychologischen Gesichtspunkten und zieht nicht in Betracht, dass diese ein medial je unterschiedlich formiertes Konstrukt darstellt. Auch nachfolgende Untersuchungen zu *Der Student von Prag*, die psychoanalytisch orientiert sind, umgehen nicht selten Formanalysen und widmen sich der Ausdeutung des Doppelgängers mithilfe theoretischer Ansätze. So wird er etwa als „traumhafte Übersetzung" (Kracauer 1979 [1947], 36) bürgerlicher Aufstiegsbestrebungen verstanden, als „unliebsame Erinnerung" (Martynkewicz 2005, 38) an verdrängte Schuld oder als „das ‚Andere' des lebendigen, werdenden und gegenwärtigen Ichs" (Penke 2014, 151). Ist der Doppelgänger in der Nachfolge von Ranks Deutung oftmals als Externalisierung psychischer Dispositionen und speziell als „Rivale[ ] in der Geschlechtsliebe" oder ganz allgemein als „Seele" (Herget 2009, 81) gefasst, so bleibt eine Figurenkennzeichnung, die sich lediglich auf Ansätze der Individualpsychologie beruft, in der Veranschaulichung von Erkenntnissen verfangen, die aus der Behandlung von Patienten gewonnen wurden. Eine psychoanalytische Betrachtung, die jedoch dem Film als Kunstwerk gerecht werden will, interessiert sich für seine mediale Eigentümlichkeit in Hinblick auf psychodynamische Konstellationen.

4. Projektionen und Bildvorstellungen

Literatur und Film sind Erzählmedien, die unterschiedlich strukturiert sind und daher auch über eigensinnige Wirkungspotenziale verfügen. Texte sind mittels abstrakter Zeichen aufgebaut, die nach Regeln in schriftsprachliche Grundeinheiten (Grapheme, Wörter, Sätze) gebunden sind. Somit geht es im Leseprozess um die lineare Übersetzung schriftlicher Zeichen und grammatischer Strukturen,

die in ihrer ästhetischen Transposition Vorstellungen wachrufen (→ II.1. SEMI-
OTIK). Während also die literatursprachlich evozierte Diegese notwendig durch
eigene Phantasien zu ergänzen ist, damit sie sich als innere Vorstellungswelt
realisieren kann, präsentiert der Film durch technikbasierte Operationen fiktive
Welten in bildlicher Konkretheit. Dabei kann die einzelne Kameraeinstellung als
Sinneinheit für sich gesehen werden, doch gewinnt sie innerhalb einer Szene
oder Sequenz wie auch in Bezug auf den gesamten Filmverlauf eine Vielzahl
möglicher Bedeutungen. Der filmische Apparat produziert von daher nicht nur
Bilder, sondern semantisiert Bildvorstellungen, zu denen sich die Betrachter ins
Verhältnis setzen: „Wir sollten uns die Beziehung des Subjekts zu den filmischen
Bildern eher als eine figürlich-narrative Beziehung denken: Die Identifikation des
Zuschauers mit den Bildern wie auch durch die Bilder wäre der Narrativität auf
ähnliche Weise verbunden wie die Träume in der analytischen Praxis der sekundären Bearbeitung [...]." (de Lauretis 1990 [1984], 18) Von daher ist das gerahmte
filmische Bild eines, das sich durch den Zuschauer als dessen Subjekt vervollständigt, wie dies in verschiedenen theoretischen Ansätzen zum Film ausgeführt
wird.

Im Erscheinungsjahr von Ryes *Der Student von Prag* veröffentlicht Georg
Lukács mit seinem Essay *Gedanken zu einer Ästhetik des Kinos* (1913) eine der
ersten theoretischen Auseinandersetzungen mit dem Medium Film und hebt als
dessen Vorzug und „principium stilisationis" hervor, dass in der Realität nicht
wahrnehmbare Phänomene und phantastische Erscheinungen (wie etwa Doppelgänger) mit „unheimlich lebensechten" (Lukács 1961 [1913], 76) Bildern zur Darstellung gebracht werden können. Mit dieser Würdigung der Leinwand als Projektionsfläche für bisher so noch nie Gesehenes fokussiert er, was in der Filmtheorie
bei all ihren Auffächerungen immer zentraler Aspekt bleibt: die visuelle Konstellation von Film und Betrachterinnen und Betrachtern. So suchte der ungari-
sche Schriftsteller und Filmtheoretiker Béla Balázs, der in Deutschland auch als
Drehbuchautor, Regisseur und Filmkritiker tätig war, bereits in seiner Studie *Der
sichtbare Mensch* (1924) dem Film durch die Bestimmung des Blicks künstlerische Dignität zu verleihen. Für ihn liegt die besondere Fähigkeit des Films darin,
unterschiedliche Ausdrucksmodi simultan zur Erscheinung bringen zu können
und „jenen doppelten Boden der Tiefe, der in der Literatur als ein Hintereinander
erscheint, in ein Nebeneinander aufzulösen" (Balázs 2001 [1924], 28). Der Schriftsteller sieht im Film nichts weniger als einen Wendepunkt der Kulturgeschichte,
da das visuelle Medium dem Menschen zurückgebe, was mit dem Übergang von
der Mündlichkeit zur Schrift entzogen wurde: das Antlitz eines kommunikativen
Gegenübers. Während in der Literatur die Seele allein durch Worte gefasst werde,
führe die Filmkamera in eine visuelle Kultur ein, in der nunmehr die Gebärde und
das Gesicht (in Großaufnahme) „die poetische Substanz des Films" (Balázs 2001

[1924], 26) seien. Denn erst durch die „reiche Sprache des Mienenspiels" (Balázs 2003 [1924], 226) könne ein Geschehen Ausdruck finden, das sich „tief in einer Schicht der Seele, die von Worten und Begriffen nicht erreicht werden kann," (Balázs 2003 [1924], 225) ereignet. Gemäß seinem Credo: „Noch nie ist eine Kunst groß geworden ohne Theorie" (Balázs 2001 [1924], 10) gibt Balázs mit seinem Ansatz eine Richtung vor, die von späteren Filmtheoretikerinnen und Filmtheoretikern weiterentwickelt wurde. So ist beispielsweise für Gilles Deleuze die Großaufnahme nicht bloß vergrößertes Bild eines Gesichts, sondern ein aus dem raumzeitlichen Kontinuum des Films losgelöstes „Affektbild", das als *reflektierende und reflektierte Einheit*" (Deleuze 1989 [1983], 123) die Funktion eines Spiegels für die Zuschauer übernimmt.

Für die Konzeptualisierung der Kinoleinwand als Spiegel in einem umfassenden Sinn legte jedoch der Psychoanalytiker Jacques Lacan mit seiner bereits in den 1930er Jahren verfassten, aber erst 1949 in modifizierter Form publizierten Schrift *Das Spiegelstadium als Bildner der Ichfunktion, wie sie uns in der psychoanalytischen Erfahrung erscheint* den wirkmächtigsten Ansatz vor (→ II.4. POST-STRUKTURALISTISCHE THEORIE). Aus der Beobachtung, dass bereits Kleinkinder im vorsprachlichen Stadium ihre Gestalt im Spiegel jubilatorisch aufnehmen, schließt Lacan, dass hier eine Urszene der Selbstanschauung zur Darstellung kommt. Denn in einem Entwicklungsstadium, in dem die Bewegungskontrolle nur partiell gelingt und der Körper lediglich in einzelnen Teilen ins Blickfeld gelangt, wird durch den Spiegelblick erstmals seine Ganzheit als Bild wahrgenommen. Entscheidend ist hierbei, dass das körperlich noch instabile Kind mit Gesten „das Verhältnis dieses ganzen virtuellen Komplexes zur Realität untersucht, die es verdoppelt" (Lacan 1973 [1949], 63), also sein Spiegelbild eigenmächtig in Bewegung bringt und darüber eine illusorische Vollkommenheit als Selbstbild erfasst. Das Ich bildet sich somit durch ein unwissentliches Übergehen der Kluft zwischen defizitärer Gegebenheit und ganzheitlichem Spiegelbild heraus. Diese für die Selbstwahrnehmung konstitutive narzisstische Verkennung fasst Lacan als „symbolische Matrix", denn er versteht das „Spiegelstadium *als eine Identifikation*", und zwar „im vollen Sinne, den die Psychoanalyse diesem Terminus gibt: als eine beim Subjekt durch die Aufnahme eines Bildes ausgelöste Verwandlung" (Lacan 1973 [1949], 64). Eine solche, durch Spiegelblicke angezeigte Verwandlung ist auch konstitutives Element von Filmen, die sich in ihrer psychodynamischen Medialität ausstellen, wie eine anders perspektivierte Betrachtung der Doppelgänger-Konstellation in *Der Student von Prag* verdeutlichen kann (→ III.8. NARZISS UND ECHO).

5. Das gerahmte Spiegelbild

Nimmt eine psychoanalytische Filmbetrachtung das Verweisungsgefüge von psychodramatischen Narrativen und ihren medialen Konstruktionsbedingungen in den Blick, so gilt es hier lediglich, das Spiel mit dem Spiegelbild zu umreißen. Denn in Ryes Film ist entscheidend, dass sich das Spiegelbild erst zum Doppelgänger entwickelt und damit Spiegelfunktionen auf unterschiedlichen Niveaus der Narration sichtbar werden. Wird der Film vom zentralen Objekt ‚Spiegel' aus betrachtet, so erweist sich dieser als ein intradiegetisches Medium, das die Figuren und die Psychodynamik ihrer Blickbeziehungen zentriert. In der Narration des Films fungiert der lebensgroße Spiegel zunächst als Projektionsfläche für Größenphantasien. Balduin ficht mit seinem Ebenbild (siehe Abb. 1) und bestätigt sich über die Gleichheit von eigener und gespiegelter Bewegung als bester Fechter. Lässt sich diese „Spiegelfechterei" auf der Figurenebene als Ausdruck von Balduins „Selbstüberhebung" (Martynkewicz 2005, 32) verstehen, so entwickelt der spezifische Einsatz des Spiegels im Film noch eine andere Bedeutung. Denn der Spiegel besteht nicht nur aus einer Projektionsfläche, über die sich der Protagonist seines illusorischen Größenselbst versichert, sondern auch aus einem Rahmen, mit dem diese Spiegelfunktion buchstäblich gefasst ist. Nur im Imaginären, also innerhalb eines vom Realen klar abgegrenzten Rahmens, ist die narzisstische Bestätigung jederzeit wiederholbar. In dem Augenblick, da das Spiegelbild (der ganzheitliche Körper) durch die magischen Kräfte Scapinellis aus seiner Rahmung heraus- (siehe Abb. 2) und in den Bereich des Realen eintritt, vollzieht sich seine Verwandlung vom medial formierten Imaginären zur autonomen Figur auf der Handlungsebene.

Abb. 1: Balduin ficht mit seinem Spiegelbild (Rye 1913, 0:14:48).

Abb. 2: Das Spiegelbild tritt aus dem Rahmen (Rye 1913, 0:22:59).

Der Film inszeniert also nichts weniger als eine narrative Metalepse, die auf der Bildebene technisch als Verdoppelung der Figur Balduin in Erscheinung gebracht wird. Angezeigt ist damit zweierlei: Der Spiegel ist erstens nicht länger Medium, sondern nur noch gerahmte Leerfläche, und das Spiegelbild fungiert zweitens nicht mehr als mimetisch synchrone Ergänzungsillusion, sondern ist zum Antagonisten erstarkt. Damit verändert sich auch das Genremuster des Films: Das sozialkritische Aufstiegsstück kippt ins existenzielle Selbstbehauptungsdrama.

Nach der Logik der Handlung ist für den Studenten nun die Möglichkeit verloren, sich seines Selbst narzisstisch zu versichern. Der Doppelgänger macht auf der Ebene des Realen seine Einzigartigkeit als Prags bester Fechter zunichte und durch eigenmächtigen Gebrauch der Klinge auch sein Bestreben, sich bei der Duellforderung als moralisch integres Subjekt zu bewähren. Das Erblicken des von ihm losgelösten, eigenmächtig agierenden Alter Ego gleicht einer schockartigen Anagnorisis. Jäh wird nun die Gespaltenheit des Ichs erkannt und die Unfähigkeit, Kohärenz über das Medium der Selbstvergewisserung herzustellen. Dieser Schock, sich nicht mehr als unteilbares, mit sich selbst identisches Ich erfassen zu können, wie es sowohl der Blick in den leeren Spiegel als auch die Begegnung mit dem autonom gewordenen Spiegelbild verdeutlichen, wird zum psychodynamischen Zentrum des Films.

Freud fasst in seiner Studie über *Das Unheimliche* die unvorhersehbare „Wiederholung des Gleichartigen [...] als Quelle des unheimlichen Gefühls" (XII, 249), weil darin verdrängte oder überwunden geglaubte Erlebens- und Vorstellungsweisen Gestalt gewinnen. Die filmtechnisch evozierte Unheimlichkeit des Spiegelbildes in *Der Student von Prag* liegt jedoch darin, dass dieses *sichtlich* seinen ihm zustehenden Ort im sichernden Rahmen verlässt. Es verweigert mimetische Übereinstimmung, maßt sich realen Status an und bringt den erkennenden Blick gerade dadurch auf unheimliche Weise in „Kontakt mit dem Anderen der Vernunft" (Rall 2011, 439). Das Imaginäre, das so untrennbar zum Selbst gehört und nur von ihm aus überhaupt zu denken ist, verselbstständigt sich zu einer Figur, die im Schatten des Realen zu nisten scheint und jederzeit auftauchen kann. Somit ist es im Film auch nicht allein der Doppelgänger, der den Effekt des Unheimlichen hervorruft, sondern es sind die Szenen, die durch seinen Einsatz inszenierbar werden. Die Spaltung der Bildfläche evoziert den Eindruck einer Entrahmung (Entgrenzung des Imaginären). Kameraeinstellungen mit großer Tiefenschärfe, Verschattungen und Hell-Dunkel-Kontraste sowie eine Mischung aus photographisch-naturalistischen und trickerzeugt-phantastischen Bildelementen arbeiten dem Eindruck zu, dass die „Grenze zwischen Phantasie und Wirklichkeit verwischt" (XII, 258) und das unkontrollierbare Imaginäre das Reale infiltriert (vgl. Eisner 1975 [1955], 50).

Mit dem Wechsel zwischen medialen Ebenen und der damit verbundenen Verunsicherung des Blicks inszeniert der Film aber auch das Staunen über den technisch erzeugten Realitätseffekt des Kinematographen. Denn in der filmischen Narration geht es um eine Krisensituation, die zu einer Veränderung der medialen Selbstpositionierung und schließlich zum Sieg des Mediums führt. Demgemäß will Balduin die Spiegelfechterei mit sich selbst beenden und durch einen Geldgeber in die bessere Gesellschaft aufsteigen. Kann somit der Doppelgänger im Rahmen der Mediendebatte des frühen 20. Jahrhunderts als Repräsentant des „kalten Apparat[s], der ohne jede intellektuelle Überzeugungskraft bleibt" (Nagler 2007, 156), verstanden werden, so umgibt ihn aufgrund der literarischen Allusionen auch eine romantische Aura, die den Nobilitierungswunsch des frühen Films mitverhandelt. Dieser will nicht länger nur als technische Attraktion wahrgenommen werden, gibt sich nicht mehr mit Zuschauerinnen und Zuschauern zufrieden, die auf Spektakel aus sind, und sucht den Erfolg beim bürgerlichen Publikum. So figuriert der Doppelgänger auch eine Darstellungsform, welche die Möglichkeiten des Theaters weit übertrifft.

Das Spiegelbild ist durch die selbstbestätigenden Blicke des mit sich selbst fechtenden Studenten als mediale Repräsentanz eingeführt. Durch seinen Eintritt in die Realität der filmischen Diegese verweist das entrahmte Spiegelbild nun aber auf den abbildhaft-medialen Charakter des Protagonisten selbst. Die Differenz von Urbild und Abbild ist auf dieser Ebene aufgehoben. Somit hat sich auch nicht das Selbst verdoppelt, sondern eine illusionär-mediale Repräsentation. Von daher lässt sich Freuds Kennzeichnung des Doppelgängers als Figur der „Abwehr gegen die Vernichtung" (XII, 247) auch medial lesen. Denn mit dem Film verdoppelt sich tatsächlich der Körper des Schauspielers: Er ist in einer bestimmten Phase seines Lebens bei der Aufnahme real präsent, doch verewigt er sich in seinem medialen Abbild und kann auch für Zuschauer späterer Generationen immer wieder zu einer spiegelartigen Projektionsfläche werden. In *Der Student von Prag* ist diese Möglichkeit durch einen letzten Spiegelblick Balduins angezeigt. Nachdem er vermeintlich sein entrahmtes Spiegelbild erschossen hat, selbst aber schon tödlich getroffen ist, greift er einen Handspiegel – und sein ‚jubilatorischer' Gesichtsausdruck signalisiert, dass er sich selbst erblickt (siehe Abb. 3). Der Film stellt dieses Wiedererkennen jedoch als Halluzination aus, denn nach dem Tod sitzt der Doppelgänger auf Balduins Grab und die Schlussverse von Alfred de Mussets Gedicht *La nuit de décembre* (1835; *Die Dezembernacht*) werden eingeblendet, in denen es heißt: „Wo Du bist / werd' auch ich stets sein / Bis zu der Stund' wo auf dem Stein [/] Ich sitze – über Deinem Grab." (Rye 1913, 1:21:00–1:21:16) Das unsterbliche Abbild blickt nun in die Kamera und bietet sich direkt den ergänzenden Blicken der Filmbetrachterinnen und Filmbetrachter an.

Abb. 3: Balduin kann sich wieder spiegeln (Rye 1913, 1:19:10).

Abb. 4: Der Doppelgänger adressiert die Zuschauer (Rye 1913, 1:21:48).

6. Der Blick des Zuschauers

Blicke in den Spiegel, die ein Erkennen und Verkennen zugleich markieren, heben die Ambivalenz von Identifikationsangeboten hervor und adressieren die Zuschauer als Teilhaber an einer Veränderung des Blicks, wie dies mit Ryes Film und seinen beiden *remakes* insbesondere im Spiel um Spiegelbild und Doppelgänger ausgestellt ist. Auch in Henrik Galeens *Der Student von Prag* aus dem Jahr 1926 schreitet das Spiegelbild unter dem erschrockenen Blick des Protagonisten aus dem Rahmen (s. Abb. 5) und in Arthur Robisons Film von 1935 tritt das Abbild durch Verschleierungen des Spiegels hindurch, wobei es immer größere Sichtbarkeit gewinnt (s. Abb. 6).

Abb. 5: Das Spiegelbild tritt aus dem Rahmen (Galeen 1926, 0:23:16).

Abb. 6: Das Spiegelbild tritt aus dem Rahmen (Robison 1935, 0:36:43).

Dass der Film insgesamt selbst über Spiegelungs-, Verdoppelungs- und Spaltungskonstellationen als effektvollerer Doppelgänger der Literatur erstarkt, verdeutlicht die Flut von Produktionen aus der Übergangszeit vom Stumm- zum Tonfilm (vgl. Bär 2005), zu denen unter anderem Max Macks *Der Andere* (1913, nach einem Schauspiel von Paul Lindau), Richard Oswalds *Das Bildnis des Dorian Gray* (1917, nach dem gleichnamigen Roman von Oscar Wilde), Emerich Walter Emos *Der Doppelgänger* (1934, nach dem gleichnamigen Roman von Edgar Wallace) und Victor Flemings *Dr. Jekyll and Mr. Hyde* (1941, nach der Erzählung von Robert Louis Stevenson) zählen. Dabei findet das Doppelgängermotiv in psychoanalytischen Narrativen Einsatz, insofern Protagonisten im Zentrum stehen, die nach der Logik des Films aufgrund traumatischer Erfahrungen oder unbearbeiteter Konflikte in sich verfangen sind und sich durch die ‚Figur des Anderen‘ mit Verdrängtem oder unbewussten Wünschen konfrontiert sehen.

Ein Großteil der Filmproduktionen zu Doppelgänger-Konstellationen setzt dabei bis heute die Spiegelmetaphorik exzessiv ein, so beispielsweise auch Darren Aronofskys Film *Black Swan* (2010). Der Film, dessen Titel auf die Rollenspaltung für die Primaballerina in Wladimir Petrowitsch Begitschews Ballettlibretto *Schwanensee* anspielt und als adoleszentes Loslösungs- und Selbstermächtigungsdrama im Verlauf eines Probenprozesses gestaltet ist, rückte rasch in den Fokus psychoanalytischer Deutungen. Dabei wurden unter anderem die dem Traumgeschehen analogen Elemente oder die visionären, halluzinatorischen und wahnhaften Bilder des Films analysiert (vgl. Blothner 2012; Reiche 2012). Auffällig ist hier jedoch auch die ostentativ eingespielte Spiegelmetapher. Beim Training im Dienste perfekter Körperbeherrschung wird die Protagonistin im verspiegelten Ballettraum ihrer gerade nicht kontrollierbaren Doppelgängerin *hinter* dem eigentlichen Spiegelbild gewahr (siehe Abb. 7), von der sie dann mit einem Blick über die Schulter fixiert wird (siehe Abb. 8).

Abb. 7: Das doppelte Spiegelbild (Aronofsky 2010, 1:14:12).

Abb. 8: Das Spiegelbild blickt doppelt zurück (Aronofsky 2010, 1:14:14).

Solche Effektinszenierungen machen sich einen prallen Fundus filmischer Spiegelblicke zunutze, indem sie bekannte Kameraeinstellungen und Tricks anzitieren und weiterentwickeln. Sie verhandeln also bereits codierte Sinneinheiten, verändern diese und bieten im besten Fall Anlass zur Auseinandersetzung mit der Neuartigkeit des Gesehenen im Hinblick auf dessen psychodynamisches Wirkungspotenzial. Denn insofern der Spiegel als Medium einer identifikatorischen Selbstergänzung gelesen werden kann, sehen sich damit auch Betrachterinnen und Betrachter des Films mit ihrer eigenen Blickposition konfrontiert: Der „Blick von außen" wird zurückgespiegelt „als Blick des Anderen" (Elsaesser und Hagener 2007, 76).

In der psychoanalytisch orientierten Theorie des Kinos wird die Blickerfahrung der Zuschauenden aus unterschiedlichen Perspektiven bestimmt (vgl. Kappelhoff 2002). Bei der Frage nach den illusionstechnischen Bedingungen filmischer Bilder, die im Dispositiv des Kinos Realitätseffekte auslösen, versteht die Apparatus-Theorie die technisch gesteuerte Vermittlungssituation selbst als einen ideologieproduzierenden Apparat (vgl. Baudry 1980; Baudry 1986, 286; Comolli 1980). Während der Filmtheoretiker Jean-Louis Baudry die im abgedunkelten Kino gebannt auf eine Leinwand starrenden Betrachterinnen und Betrachter mit den Gefangenen in Platons Höhlengleichnis vergleicht, die den Realitätsstatus bewegter Schattenbilder nicht beurteilen können (vgl. Baudry 1999 [1975], 387), fasst Christian Metz in seinen psychoanalytisch-poststrukturalistischen Schriften das Kino als eine mentale Maschine (*apparatus*), die es ermöglicht, sich selbst als präsent wahrzunehmen (vgl. Metz 1994 [1975], 1011). Er betont im Rekurs auf Lacans ‚Spiegelstadium', dass Identifikation mit dem Leinwandgeschehen einer Verkennung gleichkomme (vgl. Metz 2000 [1977], 46), und unterscheidet zwischen einer primären Identifikation, mit der sich das Kinopublikum im „Wahrnehmungsakt" (Metz 2000 [1977], 49) verausgabt, um den narrativen Zusammenhang der Bilder überhaupt nachvollziehen zu können, und einer sekundären Identifikation, bei der die Einfühlung in filmische Zusammenhänge psychisch wirksam wird.

Wie damit auch ein mediales Unbewusstes zur Geltung kommt, hat Lacan mit seiner Konzeption von Identifizierung als „durch die Aufnahme eines Bildes ausgelöste Verwandlung" (Lacan 1973 [1949], 64; vgl. Ellrich 2003, 253) verdeutlicht. Denn diese findet auch bei den Zuschauerinnen und Zuschauer im Rezeptionsprozess statt: „In der Phantasie richtet sich das Subjekt nämlich nicht auf das Objekt oder auf dessen Zeichen, sondern es kommt darin selbst vor, eingefangen in der Sequenz der Bilder." (Laplanche und Pontalis 1992 [1964], 58) Bereits Freud hatte in seiner Erklärung des psychischen Apparats von einem „Schauplatz der Träume" (II/III, 541) gesprochen, auf dem eine gleichsam *szenische* Umgestaltung von Erlebtem stattfindet. Einen konzeptionellen Status als Kategorie psychoanalytischer Arbeit erhalten die Begriffe ‚Szene' und ‚szenisches Verstehen' jedoch erst in der hermeneutisch kommunikationstheoretisch orientierten Frankfurter Psychoanalyse, insbesondere bei Hermann Argelander: Danach tritt der Analytiker mit dem Fremden im Analysanden in ein zunächst unbewusstes Zwiegespräch, das, einmal wahrgenommen, neben der manifesten Kommunikation wie ein zweiter Dialog geführt wird (vgl. Argelander 1970). Die Szene ist demnach hier als Übertragung intrapsychischer pathogener Kommunikations- und Handlungsmuster auf die psychoanalytische Situation verstanden. In diesem Sinne verweist die „Psycho-Logik‘" der Szene in einem „dialektischen Prozeß" (Argelander 2014 [1970], 61) zwischen Analytiker und Analysand auf ein anderes Geschehen, das erst in der Nachträglichkeit eingeholt werden kann.

Alfred Lorenzer hat in seiner Studie *Die Wahrheit der psychoanalytischen Erkenntnis* (1976) dargelegt, dass für die psychoanalytische Konstellation die Bereitschaft des Analytikers zur Übernahme der komplementären Rolle zu den Übertragungsangeboten des Analysanden konstitutiv ist (vgl. Lorenzer 2015 [1976], 105–152). Der Analytiker spielt gleichsam in einer unbewussten Szene des Analysanden *passager* mit, wobei Übertragung und Gegenübertragung eine gemeinsame Szenerie bilden. Das analytische Verstehen ist für Lorenzer deshalb keine bloße Textanalyse, sondern Artikulation des eigenen Verhältnisses zum Mitteilungstext des Patienten (vgl. Lorenzer 2015 [1976], 111). Dabei wird das Erinnerte nicht als solitäres Ereignis, sondern als Erinnerungsspur thematisiert, als Moment komplexer situativer Szenerien. Geäußerte Worte sind in diesem Zusammenhang als Knotenpunkte eines komplexen Bedeutungsnetzes zu verstehen. Wissen über ein unbewusstes Geschehen entsteht demnach aus der Verknüpfung von Erinnerungsspuren mit hinzugefügten Wortvorstellungen. Nun beruhen Kernerfahrungen, die szenisch gestaltet werden, zumeist nicht auf einem einzigen Ereignis, sondern stellen eine Verdichtung und Verschiebung psychisch prägender Erfahrungen dar. Das szenische Spiel ereignet sich somit auf drei Ebenen: erstens im Interagieren auf der unbewussten Ebene, zweitens im Verstehen auf der Ebene einer ‚Traumerzählung‘ – eines Mitteilungstextes also, der in verdichteter und entstellter Form auf ein unaussprechliches Erleben verweist – und schließlich drittens auf der Ebene des Beim-Namen-Nennens der Szene (vgl. Lorenzer 2015 [1976], 151). Dieses aus der therapeutischen Situation gewonnene Analysemodell lässt sich strukturell auf die Deutung von künstlerischen Artefakten übertragen. So sind für Lorenzer „Phantasien [...] nichts anderes als imaginierte Objektbeziehungen, szenische Arrangements", und er ist überzeugt: „Es ist keine Phantasie denkbar, die nicht dieses Wesensmerkmal der Inszenierung hat." (Lorenzer 2000 [1973], 142) Dabei gewinnt für ihn die Darstellung „einer Doppeldramatik in derselben Identität" (Lorenzer 2002, 71), wie sie bei der Doppelgänger-Konstellation gegeben ist, besondere Bedeutung, insofern hier „dieselbe Szene" deutlich in „zwei verschiedenen dramatischen Zusammenhängen" (Lorenzer 2002, 72) Gestalt findet.

Die Ausdrucksmöglichkeiten des Schaumediums Film erzeugen von daher nicht nur Sichtbarkeiten, sondern initiieren im szenischen Dialog mit den Betrachterinnen und Betrachtern psychodynamische Umgestaltungsprozesse. Wirksam wird hier eine Gleichzeitigkeit von Angesprochensein und Verändertwerden, wie sie nach Lorenzer für die „Doppelnatur des psychoanalytischen Vorgehens" selbst kennzeichnend ist, denn dieses ist „zugleich ‚verstehend' und unmittelbar teilhabend" (Lorenzer 2015 [1976], 138). In diesem Sinne befinden sich die Zuschauenden zwar außerhalb des filmischen Szenariums, sind aber in dieses durch eigene Phantasietätigkeit, Übertragungsprozesse und emotionales Mitgehen mit einbezogen. Auch wenn die Betrachterinnen und Betrachter eines Films nicht mehr notwendigerweise auf einem Kinositz verharren müssen (wie noch von der Apparatus-Theorie angenommen), sondern ein mobiles Abspielgerät überall einsetzen können, werden sie durch den Rezeptionsvorgang innerlich bewegt. Der Film überschwemmt sie mit einer Flut von audiovisuellen Zeichen und wirkt sensomotorisch umfassend auf sie ein. Filme binden mithin ihr Publikum über Affektmarker in ihre Narration ein, bringen unbewusste Anteile in Bewegung, wecken ein Begehren nach Ganzheit und fordern zur Auseinandersetzung mit einem Wissen auf, das so nur im Rezeptionsprozess überhaupt zu haben ist. Somit geht es bei einer psychoanalytisch inspirierten Filmanalyse auch immer um die Frage, welche narrativen Bild-Ton-Konstellationen hergestellt werden, um die Zuschauerinnen und Zuschauer über ihre Vorstellungen und Emotionen mit der filmischen Narration zu verbinden. Dabei greift der Film bis heute auf literarische Motive, Plotmuster, Erzählstrukturen und Texte zurück, ist umgekehrt aber auch zum wirkmächtigen Ideengeber für die Literatur und das Theater geworden. Als populärer, global zirkulierender Geschichtengenerator hat der Film die Literatur als dominantes Verständigungsmedium über ein kollektives Imaginäres beerbt und die Literaturwissenschaft hin zu einer transmedialen – nicht selten psychoanalytisch inspirierten – Narrationsforschung geöffnet.

Literatur

Anonymus. „Unsere Prophezeihung über: ‚Der Student von Prag'". *Der Kinematograph. Fach-Zeitung für die ges. Projektionskunst* 349 (1913): 63–66.

Argelander, Hermann. „Die szenische Funktion des Ichs und ihr Anteil an der Symptom- und Charakterbildung". *Psyche. Zeitschrift für Psychoanalyse und ihre Anwendungen* 24 (1970): 325–345.

Argelander, Hermann. *Das Erstinterview in der Psychotherapie*. Darmstadt 2014 [1970].

Bär, Gerald. *Das Motiv des Doppelgängers als Spaltungsphantasie in der Literatur und im deutschen Stummfilm*. Amsterdam, New York 2005.

Balázs, Béla. *Der sichtbare Mensch oder die Kultur des Films*. Frankfurt a. M. 2001 [1924].

Balázs, Béla. „Der sichtbare Mensch" [1924]. *Texte zur Theorie des Films*. Hrsg. von Franz-Josef Albersmeier. Stuttgart 2003: 224–233.

Baudry, Jean-Louis. „The Apparatus". *Apparatus*. Hrsg. von Theresa Hak Kyung Cha. New York 1982: 41–62.

Baudry, Jean-Louis. „Ideological Effects of the Basic Cinematographic Apparatus". *Narrative, Apparatus, Ideology. A Film Theory Reader*. Hrsg. von Philip Rosen. New York 1986: 286–298.

Baudry, Jean-Louis. „Das Dispositiv. Metapsychologische Betrachtungen des Realitätseindrucks" [1975]. *Kursbuch Medienkultur. Die maßgeblichen Theorien von Brecht bis Baudrillard*. Hrsg. von Claus Pias et al. Stuttgart 1999: 381–404.

Blothner, Dirk. „*Black Swan* als Erlebnis. Metamorphosen zwischen Film, Tag und Traum". *Kino zwischen Tag und Traum. Psychoanalytische Zugänge zu ,Black Swan'*. Hrsg. von Dirk Blothner und Ralf Zwiebel. Göttingen u. a. 2012: 9–29.

Comolli, Jean-Louis. „Machines of the Visible". *The Cinematic Apparatus*. Hrsg. von Teresa de Lauretis und Stephen Heath. London 1980: 121–142.

Deleuze, Gilles. *Das Bewegungs-Bild. Kino 1*. Übers. von Ulrich Christians und Ulrike Bokelmann. Frankfurt a. M. 1989 [1983].

Diederichs, Helmut H. *Der Student von Prag. Einführung und Protokoll*. Stuttgart 1985.

Eisner, Lotte H. *Die Dämonische Leinwand*. Hrsg. von Hilmar Hoffmann und Walter Schobert. Frankfurt a. M. 1975 [1955].

Eppensteiner, Barbara, Karl Fallend und Johannes Reichmayr. „Die Psychoanalyse im Film 1925/26 (Berlin/Wien)". *Psyche. Zeitschrift für Psychoanalyse und ihre Anwendungen* 41 (1987): 129–139.

Ellrich, Lutz. „Psychoanalytische Medientheorien". *Theorien der Medien. Von der Kulturkritik bis zum Konstruktivismus*. Hrsg. von Stefan Weber. Konstanz 2003: 253–276.

Elsaesser, Thomas und Malte Hagener. *Filmtheorie zur Einführung*. Hamburg 2007.

Ewers, Hanns Heinz. „Der Film und ich" [1913]. *Kino-Debatte. Texte zum Verhältnis von Literatur und Film 1909–1929*. Hrsg. von Anton Kaes. Tübingen 1978: 103–104.

Ewers, Hanns Heinz. „Der Student von Prag (Original Exposé)" [1913]. Diederichs, Helmut H. *Der Student von Prag. Einführung und Protokoll*. Stuttgart 1985: 89–98.

Garncarz, Joseph. *Maßlose Unterhaltung. Zur Etablierung des Films in Deutschland 1896–1914*. Frankfurt a. M., Basel 2010.

Herget, Sven. *Spiegelbilder. Das Doppelgängermotiv im Film*. Marburg 2009.

Kappelhoff, Hermann. „Kino und Psychoanalyse". *Moderne Film Theorie*. Hrsg. von Jürgen Felix. Mainz 2002: 130–159.

Kracauer, Siegfried. *Von Caligari zu Hitler. Eine psychologische Geschichte des deutschen Films*. Übers. von Ruth Baumgarten und Karsten Witte. Frankfurt a. M. 1979 [1947].

Kugel, Wilfried. *Der Unverantwortliche. Das Leben des Hanns Heinz Ewers*. Düsseldorf 1992.

Lacan, Jacques. „Das Spiegelstadium als Bildner der Ichfunktion, wie sie uns in der psychoanalytischen Erfahrung erscheint" [1966]. Übers. von Peter Stehlin. Lacan, Jacques. *Schriften I*. Hrsg. von Norbert Haas. Olten, Freiburg i. Br. 1973: 61–70.

Laplanche, J.[ean] und J.[ean]-B.[ertrand] Pontalis. *Urphantasie. Phantasien über den Ursprung, Ursprünge der Phantasie*. Übers. von Max Looser. Frankfurt a. M. 1992 [1964].

Lauretis, Teresa de und Stephen Heath (Hrsg.). *The Cinematic Apparatus*. London 1980.

Lauretis, Teresa de. „Ödipus interruptus" [1984]. Übers. von Veronika Rall. *Frauen und Film* 48 (1990): 5–29.

Liebrand, Claudia. „Totgesagte leben länger? Psychoanalyse und Film Studies". *Freuds Aktualität. Jahrbuch für Literatur und Psychoanalyse* 26. Würzburg 2007: 71–84.

Lorenzer, Alfred. *Sprachzerstörung und Rekonstruktion. Vorarbeiten zu einer Metatheorie der Psychoanalyse.* Frankfurt a. M. 2000 [1973].

Lorenzer, Alfred. *Die Sprache, der Sinn, das Unbewusste. Psychoanalytisches Grundverständnis und Neurowissenschaften.* Hrsg. von Ulrike Prokop. Stuttgart 2002.

Lorenzer, Alfred. *Die Wahrheit der psychoanalytischen Erkenntnis.* Frankfurt a. M. 2015 [1976].

Lukács, Georg. „Gedanken zu einer Ästhetik des Kinos" [1913]. Lukács, Georg. *Schriften zur Literatursoziologie. Ausgew. u. eingel. v. Peter Ludz.* Neuwied u. a. 1961: 75–80.

Martynkewicz, Wolfgang. „Von der Fremdheit des Ichs. Das Doppelgängermotiv in *Der Student von Prag* (1913)". *Der fantastische Film. Geschichte und Funktion in der Mediengesellschaft.* Hrsg. von Oliver Jahraus und Stefan Neuhaus. Würzburg 2005: 19–40.

Metz, Christian. „Der fiktionale Film und sein Zuschauer. Eine metapsychologische Untersuchung" [1975]. Übers. von Max Looser. *Psyche. Zeitschrift für Psychoanalyse und ihre Anwendungen* 48.11 (1994): 1004–1046.

Metz, Christian. *Der imaginäre Signifikant. Psychoanalyse und Kino.* Übers. von Dominique Blüher. Münster 2000 [1977].

Nagler, Lihi. „Allegorien der Kulturkämpfe. Die Doppelgängerfigur in *Der Andere* (1913) und *Der Student von Prag* (1913) und ihre Remakes von 1930 und 1926". *montage a/v* 16.1 (2007): 141–166.

Paech, Joachim. *Literatur und Film.* Stuttgart 1988.

Penke, Niels. „Das Ich im Spiegel. *Der Student von Prag* zwischen narrativer Tradition und medialer Innovation". *Zwischen Popularisierung und Ästhetisierung. Hanns Heinz Ewers und die Moderne.* Hrsg. von Barry Murnane und Rainer Godel. Bielefeld 2014: 135–156.

Rall, Veronika. *Kinoanalyse. Plädoyer für eine Re-Vision von Kino und Psychoanalyse.* Marburg 2011.

Rank, Otto. „Der Doppelgänger" [1914]. *Imago. Zeitschrift für Anwendung der Psychoanalyse auf die Geisteswissenschaften*, Bd. III. Hrsg. von Prof. Dr. Sigmund Freud: 97–164. Wiederabdruck in selbstständiger Buchform: Internationaler psychoanalytischer Verlag. Leipzig [u. a.] 1925. Reprint: Treuchtlingen 2015.

Reiche, Reimut. „Traum und Doppelgänger in *Black Swan*". *Kino zwischen Tag und Traum. Psychoanalytische Zugänge zu ‚Black Swan'.* Hrsg. von Dirk Blothner und Ralf Zwiebel. Göttingen u. a. 2012: 30–44.

Zglinicki, Friedrich von. *Der Weg des Films. Textband.* Hildesheim, New York 1979 [1956].

Filmverzeichnis

Black Swan. Reg. Darren Aronofsky. Twentieth Century Fox, 2010.

Das Bildnis des Dorian Gray. Reg. Richard Oswald. Richard Oswald Film-GmbH, 1917.

Der Andere. Reg. Max Mack. Vitascope GmbH, 1913.

Der Doppelgänger. Reg. Emerich Walter Emo. Hugo Engel-Filmgesellschaft, 1934.

Dr. Jekyll and Mr. Hyde. Reg. Victor Fleming. Metro-Goldwyn-Mayer, 1941.

Der Student von Prag. Reg. Stellan Rye. Apex Film Company, 1913.

Der Student von Prag. Reg. Henrik Galeen. Sokal-Film GmbH, 1926.

Der Student von Prag. Reg. Arthur Robison. Tobis-Sascha Film-Vertrieb, 1935.
Geheimnisse einer Seele. Reg. Georg Wilhelm Pabst. Neumann-Filmproduktion, 1926.

IV.10. Kriminalliteratur

Max Roehl

1. Einleitung

Kriminalliteratur und Psychoanalyse sind historische Parallelerscheinungen, die beide an der Herausbildung des analytischen Paradigmas im späten 19. Jahrhundert teilhaben. Als ihr gemeinsamer Ahnentext fungiert die antike Tragödie *König Ödipus* (429–425 v. Chr.), in der sich neben der Konstellation aus unwissentlichem Vatermord und Mutterinzest, die den Kernkomplex der Psychoanalyse bildet, auch eine handfeste Ermittlung (→ III.6. ÖDIPUS) findet. Die „tragische Analyse" (Schiller 2002a [1797], 331), wie Friedrich Schiller die Struktur der Tragödie beschreibt, besteht in der Aufklärung des Königsmordes, die Ödipus, bevor er sich selbst als Täter erkennt, als Nachfolger im Amt übernimmt. Ödipus verhört Zeugen, vergleicht Aussagen, zieht Schlussfolgerungen, spricht Strafen aus und gelangt auf diesem Weg allmählich zur grausigen Wahrheit. Freud vergleicht die „schrittweise gesteigerte[ ] und kunstvoll verzögerte[ ] Enthüllung", die das antike Drama vollzieht, mit „der Arbeit einer Psychoanalyse" (II/III, 268). So erbt die junge Disziplin vom antiken Mythos den *„Urstoff des Detektorischen schlechthin"* (Bloch 1998 [1960/1965], 46) – und mit Ödipus nicht nur ihre bedeutendste paradigmatische Figur, sondern auch das analytische Verfahren, dem sie ihren Namen verdankt.

Zwar zählen „Sünde, Mord, Verbrechen [...] seit ältester Zeit zu den Hauptthemen der Literatur", die erzählenden Genres der modernen Kriminalliteratur aber – Novellen, Erzählungen, Kurzgeschichten und Romane –, „in denen Verbrechen zum Anlaß von spannenden Fragen oder Rätseln werden, deren Lösung die Aufgabe von Menschen ist" (Suerbaum 1984, 30), entstehen erst im Verlauf des 19. Jahrhunderts und damit annähernd zeitgleich mit der Psychoanalyse. Heute gehören Kriminalromane zur weltweit am meisten gelesenen Literatur (vgl. Nusser 2009, 7; Wörtche 2012, 58) und führen regelmäßig die belletristischen Bestsellerlisten an. Aufgrund ihrer Popularität sowie ihrer Tendenz zum Schematismus wird die Kriminalliteratur aufseiten der Unterhaltungsliteratur verortet und als Massenphänomen immer wieder in ihrem ästhetischen Wert infrage gestellt (vgl. Schulz-Buschhaus 1975, VII; Suerbaum 1984, 11; Wörtche 2000, 344). Eine psychoanalytische Perspektivierung des Phänomens ‚Krimi' eröffnet indes mögliche Antworten auf das anhaltende „Begehren am Kriminalroman" (Althans und Tammen 2006, 133).

https://doi.org/10.1515/9783110332681-029

Vor dem Hintergrund der von Freud vorgenommenen Verknüpfung von Ermittlung und Psychoanalyse nimmt der vorliegende Beitrag daher zunächst das Verhältnis von Psychoanalyse und Kriminologie um 1900 in den Blick und zeigt, dass psychoanalytische Konzepte nicht nur Strukturmerkmale mit der Ermittlung teilen, sondern auch Auskunft über die psychologische Dimension von Verbrechen geben. Anschließend wird anhand der Vorgeschichte der Kriminalliteratur herausgearbeitet, inwiefern aufgeklärte Kriminalgeschichten an der Entstehung der Seelenkunde im späten 18. Jahrhundert teilhaben. Schließlich wird die moderne Kriminalliteratur, die sich durch die Figur des analytischen Ermittlers auszeichnet, unter dem Blickpunkt des psychoanalytischen Strukturmodells erörtert.

2. Kriminologie und Psychoanalyse

Im Unterschied zur klassischen, strafrechtlich orientierten Kriminologie im Gefolge Cesare Beccarias ist die moderne Kriminologie in der zweiten Hälfte des 19. Jahrhunderts positivistisch und anthropologisch geprägt. Ihr Begründer Cesare Lombroso, italienischer Psychiater und Professor für Gerichtsmedizin, legt eine umstrittene Klassifikation vor, in der er Gelegenheits- und Leidenschaftsverbrecher vom sogenannten geborenen Verbrecher unterscheidet. Dabei stützt er sich neben seelischen auch auf körperliche Merkmale und findet seine Vorläufer somit in Physiognomie und Phrenologie (vgl. Herren 1973, 122; Höcker 2012, 17–20; Rzepka 2005, 41).

In methodischer Hinsicht steht Lombroso der experimentellen Psychologie um die Jahrhundertwende nahe. Was beide verbindet, ist der Versuch der „psychologischen ‚Lügenentlarvung' in Form der sogenannten ‚Tatbestandsdiagnostik'" (Herren 1973, 124), der sich Max Wertheimer und Julius Klein mittels Assoziationsexperimenten in der Tradition Wilhelm Wundts ebenso widmen wie Carl Gustav Jung (vgl. Jung 1979; Wertheimer und Klein 1904; Wertheimer 1905). Insbesondere Hans Gross, Begründer der Kriminalpsychologie, hatte sich mit der Stichhaltigkeit von Zeugenaussagen beschäftigt und gezeigt, dass es sich bei vermeintlichen Beobachtungen in den meisten Fällen um Schlussfolgerungen handelt: „[T]hatsächlich ist das meiste, was wir als Thatsache, als sinnliche Wahrnehmung verzeichnen, nichts als ein mehr oder weniger berechtigter Schluss [...]." (Gross 1898, 5) Zwar konnten sich die Bemühungen um die auf ‚objektive' Wahrheitsfindung abzielende Assoziationstechnik nicht durchsetzen, sie haben jedoch „den beschwerlichen und verschlungenen Weg, der zur Entwicklung der modernen ‚Lügendetektor-Methodik' (ungefähr seit 1920) führte, gesucht und geebnet" (Herren 1973, 126; vgl. Haubl und Mertens 1996, 22–23).

In seinem Vortrag *Tatbestandsdiagnostik und Psychoanalyse* aus dem Jahre 1906 weist Freud auf den Beitrag hin, den die Psychoanalyse zur Kriminalistik leisten könne, indem er Verbrecher und Hysteriker parallelisiert: „Bei beiden handelt es sich um ein Geheimnis, um etwas Verborgenes. Aber, um nicht paradox zu werden, muß ich auch gleich den Unterschied hervorheben. Beim Verbrecher handelt es sich um ein Geheimnis, das er weiß und vor Ihnen verbirgt, beim Hysteriker um ein Geheimnis, das auch er selbst nicht weiß, das sich vor ihm selbst verbirgt." (VII, 8)

Die Arbeit des Analytikers besteht beim Neurotiker wie beim Verbrecher also darin, etwas aufzudecken – „beim ersteren ein echtes Nichtwissen, obwohl nicht in jedem Sinne, beim letzteren nur Simulation des Nichtwissens" (VII, 12). Das bedeutet jedoch nicht, dass sich bei dem Analysanden, der bewusst auf Heilung hofft, nicht auch eine Art von Widerstand finden würde; und zwar jener, der „an dem Grenzübergang zwischen Unbewußtem und Bewußtem" (VII, 13) entsteht. Um diesen Widerstand zu überwinden und das „verborgene Psychische aufzudecken", hat die Psychoanalyse, so Freud, „eine Reihe von Detektivkünsten erfunden, von denen uns also jetzt die Herren Juristen einige nachahmen werden" (VII, 9). Doch meint Freud hiermit nicht die Versuche der experimentellen Psychologie, deren praktischer Anwendung in einem Strafprozess er äußerst skeptisch begegnet, sondern beschreibt als Apologet seiner jungen Therapieform die Deutung von Fehlhandlungen und Traumerzählungen.

Freud verwendet den Begriff ‚Detektivkünste' damit als eine Metapher für die Methoden der Psychoanalyse, die darauf abzielt, „dem Kranken das Verdrängte, sein Geheimnis, bewußt zu machen und dadurch die psychische Bedingtheit seiner Leidenssymptome aufzuheben" (VII, 12). Die Analogie liegt freilich in der analytischen Arbeit, die die Psychoanalyse mit der kriminalistischen Ermittlung sowie dem diagnostischen Verfahren in der Medizin teilt. Die Spuren, denen der Analytiker zur Aufdeckung traumatischer Strukturen und neurotischer Zustände folgt, sind Symptome sowie Assoziationen, Träume und Erinnerungen. Die Befragung beziehungsweise das Verhör, das der Anamnese in der Medizin ähnelt, dehnt sich in der Psychoanalyse in seinem mündlichen, narrativen und zugleich dialogischen Charakter zum gesamten analytischen Verfahren aus.

Über diese strukturellen Ähnlichkeiten psychoanalytischer und kriminalistischer Praxis hinaus sind Psychoanalyse und Kriminologie auch direkt aufeinander bezogen: So ist die Psychologie des Täters nicht nur entscheidend für das Motiv oder die Wahl des Vorgehens; kriminelles Handeln gilt der Psychoanalyse umgekehrt als ein Symptom, wie etwa im Falle der Kleptomanie. Von besonderer Bedeutung für die Ätiologie von Verbrechen aus psychoanalytischer Perspektive ist das Freud'sche Konzept eines Schuldgefühls, „welches vor der Tat bestand, also nicht deren Folge, sondern deren Motiv ist, als ob es als Erleichterung empfunden würde, dies unbewußte Schuldgefühl an etwas Reales und Aktuelles knüpfen zu können" (XIII, 282). Dieses Schuldgefühl entsteht aus der „Spannung zwischen dem gestrengen Über-Ich und dem unterworfenen Ich" mit seinen nicht immer ‚sittsamen' Wünschen. Es kann den Untersuchungsrichter in die Irre führen, weil der Verdächtige „so reagiert, als ob er schuldig wäre, obwohl er unschuldig ist, weil in ihm bereitliegendes und lauerndes Schuldbewußtsein sich der Beschuldigung des besonderen Falles bemächtigt" (VII, 13). Das unbewusste Schuldgefühl „äußert sich als Strafbedürfnis" (XIV, 483), das wiederum, so Theodor Reik in seiner Studie *Geständniszwang und Strafbedürfnis*, einerseits „zur Tatwiederholung" (Reik 1974 [1925], 63) drängt sowie andererseits „im Geständniszwang eine partielle Befriedigung findet" (Reik 1974 [1925], 57). Insofern das Geständnis eine verschobene Wiederholung der Tat bildet, bei der „Worte Aktionen ersetzen müssen" (Reik 1974 [1925], 55), ist der Geständniszwang Abkömmling des Wiederholungszwangs, eines der wichtigsten psychischen Mechanismen, die die Psychoanalyse herausgearbeitet hat.

Mit der Konzeption des Über-Ichs als introjizierter Autorität, die als Agent der Kultur „die gefährliche Aggressionslust des Individuums" (XIV, 483) bewältigt, trägt die Psychoanalyse auch zur Rechtsphilosophie bei, indem sie einerseits das Verhältnis äußerer und innerer Urteils- und Strafinstanzen erhellt und andererseits aufzeigt, dass Recht und Gesetz in der Gesellschaft nur zum Preis einer erheblichen Einschränkung der Befriedigungsmöglichkeiten des Einzelnen möglich sind (vgl. XIV, 457; → II.5. KULTURTHEORIE). Äußere und innere Autorität sind aufeinander bezogen; die Gültigkeit des Rechts ist Voraussetzung für die Aufrechterhaltung des Über-Ichs, sodass Fehlurteile und Ungerechtigkeiten „aufreizend auf die Massen [wirken], die dann nicht mehr gewillt sind, die bestehende Ordnung und ihre Gesetze anzuerkennen" (Alexander und Staub 1974 [1929], 233). Als paradigmatische Figur nennen Franz Alexander und Hugo Staub in diesem Zusammenhang Heinrich von Kleists Protagonisten aus der gleichnamigen Erzählung *Michael Kohlhaas* (1810): „Mit der Erschütterung seines Vertrauens zu den weltlichen Autoritäten schwindet gleichzeitig auch die Macht seines Über-Ichs." (Alexander und Staub 1974 [1929], 239)

Wie revolutionär die Einbettung der psychoanalytischen Theorie in die Strafpraxis wäre, zeigen die Konsequenzen, die in den späten 1920er Jahren aus der Entdeckung des Unbewussten gezogen wurden. So wurde die Zurechnungsfähigkeit des Täters radikal infrage gestellt, wenn dieser nicht zuvor durch eine psychoanalytische Behandlung Zugang zum Unbewussten erlangt habe, wobei die Einsicht in „die Illusion der Willensfreiheit" nicht allein die „Anerkennung der Macht des Unbewußten", sondern „auch den ersten Schritt zur wirklichen *Beherr-*

schung an Stelle der *Verleugnung* unbewußter Kräfte" (Alexander und Staub 1974 [1929], 288) bedeute. Auch solle die gesamte kriminalistische Diagnostik umgeschrieben werden und der Richter selbst besonders sachverständig auf dem Feld der Psychoanalyse sein (vgl. Alexander und Staub 1974 [1929], 284–285). Anders als die Vertreter der positivistischen Kriminologie plädieren Alexander und Staub weder für eine Unterscheidung von Verbrechen und Nicht-Verbrechen noch für eine Typenlehre von Tätern, sondern entwerfen eine Skala der Kriminalität mit steigender Ich-Beteiligung, in der sich strafrechtlich irrelevantes Verhalten, etwa ‚Kriminalität der Phantasie' und ‚Fehlhandlungsdelikte', ebenso wiederfindet wie grob kriminelles Verhalten, von ‚Affekt- und Situationsdelikten' bis zu ‚konfliktlosen Taten' (vgl. Alexander und Staub 1974 [1929], 299). Damit folgen sie dem Grundsatz, dass es keinen essenziellen, sondern lediglich einen graduellen Unterschied zwischen gewalttätigen Vorstellungen und Gewaltverbrechen gibt: „Was der Neurotische in für die Umgebung harmlosen Symptomen symbolisch zur Darstellung bringt, führt der Kriminelle in realen Handlungen aus." (Alexander und Staub 1974 [1929], 258) Diese Einsicht hatte bereits Richard von Krafft-Ebing in seiner Konzeption des Sadismus formuliert, der „mit den schwersten Verbrechen beginnt und bei läppischen Handlungen endigt" (Krafft-Ebing 1894 [1886], 62).

Kann die Psychoanalyse also in vielerlei Hinsicht zur Kriminologie beitragen und insbesondere psychische Ursachen und Motive von Verbrechen erhellen, so ist ihre praktische kriminalistische Anwendbarkeit weniger eindeutig zu bestimmen. Unter diesem Blickpunkt geben auch Rolf Haubl und Wolfgang Mertens zu bedenken, dass der Psychoanalyse „als Analogon in der Regel nicht die tatsächliche Praxis von Kriminalisten dient, sondern die fiktive Praxis *literarischer* Detektiv-Figuren" (Haubl und Mertens 1996, 27).

3. Entstehung und Wegbereiter der Kriminalliteratur

Die Kriminalliteratur ist ein vergleichsweise junges Genre, das in der zweiten Hälfte des 19. Jahrhunderts entsteht, jedoch zahlreiche Vorläufer im 18. Jahrhundert hat. Als wichtiger Markstein gelten François Gayot de Pitavals Sammlungen von Rechtsfällen (→ IV.6. FALLGESCHICHTE), die unter dem Titel der *Causes célèbres et intéressantes, avec les jugemens qui les ont décidées* zwischen 1734 und 1743 erscheinen und eine Reihe von weiteren Sammlungen, etwa den von den Juristen und Schriftstellern Julius Eduard Hitzig und Wilhelm Häring begründeten *Neuen Pitaval* (1842–1890), nach sich ziehen. In deutscher Sprache werden Pitavals Prozessberichte von Friedrich Schiller herausgegeben, von dem auch die frühe Kriminalerzählung *Verbrecher aus Infamie* (1786) stammt. Ab 1778 erscheinen August Gottlieb Meißners *Skizzen*, die eine Reihe von ‚Kriminal-Geschichten‘ enthalten. Jenen am Ausgang des 18. Jahrhunderts entstandenen Erzählungen „geht es nicht um juristische Fragestellungen oder um Gerichtsrhetorik“, die in den Pitaval-Geschichten noch zentral sind, „sondern um moralische bzw. anthropologische Fragestellungen“ (Willems 2002, 24). Damit kommt der literarischen Fallgeschichte im Rahmen der jungen Seelenkunde eine besondere Rolle zu, worauf Schiller selbst, der sowohl Rechtswissenschaften als auch Medizin studiert hatte, in der Autofiktion seiner Kriminalerzählung hinweist:

> Die Seelenlehre, die Moral, die gesetzgebende Gewalt sollten billig diesem Beispiel [der Ärzte, M. R.] folgen, und ähnlicherweise aus Gefängnissen, Gerichtshöfen und Kriminalakten – den Sektionsberichten des Lasters – sich Belehrungen holen. In der ganzen Geschichte des Menschen ist kein Kapitel unterrichtender für Herz und Geist, als die Annalen seiner Verirrungen. (Schiller 2002b [1786], 562)

Schillers Erzählung vom Sonnenwirt, der *aus* verlorener Ehre zum Räuberhauptmann und nicht erst *durch* seine Verbrechen ehrlos wird, steht damit einerseits im Kontext eines umfassenden anthropologischen Interesses, das den Rechtsfall zum Zwecke der Seelenschau funktionalisiert; andererseits wirbt sie auch für eine humane Perspektive auf die Verbrecherbiographie. Deshalb ist Schillers *wahre Geschichte* auch kein nüchterner Kriminalbericht. Vielmehr löst das szenische Erzählen, das am Schluss in die Beichte der Hauptfigur mündet, den Text aus seinem eingangs formulierten wissenschaftlich-didaktischen Anspruch heraus: Im Verstehen der Motive und der Geschichte des Täters verbinden sich Psychologie und Ethik.

Auch Meißner betont in seinem Nachtrag zur Geschichte *Blutschaender, Mordbrenner und Moerder zugleich, den Gesezen nach, und doch ein Juengling von edler Seele* (1778) die Möglichkeit, von den „Kriminalakten einer bestaubten Gerichtsstube […] zur geheimen Geschichte des menschlichen Herzens“ (Meißner 1786 [1778], 72) zu gelangen. Anders als das Gerichtswesen, das Schuld spricht, kann die Literatur zeigen, dass Laster und Tugend nahe beieinanderliegen, sodass wir „eben denjenigen bewundern, oder wenigstens beklagen, den wir kurz vorher verabscheuten und schmaehten“ (Meißner 1786 [1778], 72). Die Kriminalgeschichten dieser Zeit „sind damit einzureihen in die zahlreichen literarischen Unternehmungen, die die Ausbreitung der Erfahrungsseelenkunde im letzten Drittel des 18. Jahrhunderts mittragen und das enorme Interesse der Zeit an Anthropologie bekunden“ (Willems 2002, 24). Sie erforschen, welchen Quellen die Triebkräfte entstammen und welche Umstände Tugenden in Laster umschlagen lassen.

Als Wegbereiter sowie Parallelerscheinungen der modernen Kriminalliteratur gelten in deutscher Sprache im Anschluss an die aufgeklärten Fallgeschichten vor allem schauerromantische Erzählungen wie E. T. A. Hoffmanns *Das Fräulein von Scuderi* (1819) oder Annette von Droste-Hülshoffs Sittengemälde *Die Judenbuche* (1842) (→ IV.8. LITERATUR DER ROMANTIK) sowie die britische Tradition der *Newgate Novel* und der *Gothic Novel*, aus der „durch die Eliminierung von übernatürlichen Elementen, von Geistern, Spuk und Fluch, ohne Umstände die Mystery Novel entstehen" (Schulz-Buschhaus 1975, 17) konnte. Von besonderer Bedeutung in der Vorgeschichte des Kriminalromans ist indes Fjodor Michailowitsch Dostojewskijs *Преступление и наказание* (1866; *Verbrechen und Strafe*, auch *Schuld und Sühne*), ein Text, der weit über die Tradition der Fallgeschichte hinausgeht, sowohl im Hinblick auf seinen Umfang als auch auf die Komplexität des ‚Falls‘. Dostojewskijs Roman über den Studenten Raskolnikow, der einen Doppelmord verübt, erzählt dominant aus der Perspektive des Mörders, sodass die Leserinnen und Leser zu unfreiwilligen Zeugen und Mitwissern der Bluttat werden. Zugleich wird – neben den sozialen und familialen Verhältnissen – der psychische Zustand des Täters nach der Tat minutiös und unter fast vollständigem Verzicht auf Erzählerkommentare geschildert. An Raskolnikow führt Dostojewskij jene psychischen Mechanismen vor, die die Psychoanalyse später als Geständniszwang und Strafbedürfnis beschreibt und mit dem Krankheitsbild der Paranoia verbindet: „Ein seltsamer Einfall beschäftigte ihn: Aufstehen, vor Nikodim Fomitsch hintreten und ihm alles, was gestern geschehen war, erzählen, alles, bis auf die letzte Einzelheit, anschließend mit ihnen in seine Kammer gehen und ihnen den Schmuck zeigen, in der Ecke, in dem Loch. Es war ein so zwingendes Bedürfnis, daß er sich schon vom Stuhl erhob, um ihm nachzugeben." (Dostojewskij 2013 [1866], 143–144) Auch setzt Dostojewskij Verbrechen und psychische Krankheit in ein enges Verhältnis, wenn er seine Figur vor der Tat zu der Frage gelangen lässt: „Ist es die Krankheit, die das Verbrechen erzeugt, oder ist das Verbrechen [...] stets von einer Art Krankheit begleitet?" (Dostojewskij 2013 [1866], 98) Die Grenze von Fiktion und Realität überschreitend, hat sich Freud mit seinem Konzept des Verbrechers vor allem Dostojewskij selbst gewidmet und eine sehr umstrittene Deutung von dessen Charakter vorgelegt (vgl. XIV, 399–418).

Den sozial- und geistesgeschichtlichen Hintergrund für die Entstehung der Kriminalliteratur bilden schließlich, einhergehend mit der Herausbildung des modernen Staates sowie Urbanisierungsprozessen, die Entwicklung eines verbindlichen Justizsystems und professionalisierter Ermittlungsmethoden, die Gründung strafverfolgender Detekteien und einer staatlichen Polizei, etwa der *Metropolitan Police* in London 1829, sowie nicht zuletzt publizistische Entwicklungen wie der Zeitschriftenboom und der Aufstieg der Sensationspresse (vgl. Boltanski 2013 [2012]; Nusser 2009, 70–78; Yang 2010, 596–597).

4. Kriminalliteratur: Detektivgeschichte, *Hard Boiled Fiction*, Thriller

Zeigen die Vorformen der Kriminalliteratur ein großes Interesse an der Täterpsychologie und schildern mitunter bereits minutiös den Tathergang, so zeichnet sich das moderne Genre durch die Figur des Ermittlers sowie die Schilderung seines Vorgehens aus. An die Stelle der Seelenschau des Täters, in der die Aufklärer das Spiel der Triebkräfte ausloten, tritt die Beobachtung der detektivischen Arbeit. Verbrechensliteratur im weiteren Sinne versucht also, „die Motivationen des Verbrechers, seine äußeren und inneren Konflikte, seine Strafe zu erklären", während die Kriminalliteratur im engeren Sinne die Anstrengungen darstellt, „die zur Aufdeckung des Verbrechens und zur Überführung und Bestrafung des Täters notwendig sind" (Nusser 2009, 1). Dabei wird, wenn auch terminologisch uneinheitlich, zumeist zwischen der klassischen Detektivgeschichte und dem Thriller beziehungsweise dem kriminalistischen Abenteuerroman unterschieden (vgl. Nusser 2009, 3; Wörtche 2000, 342).

Die klassische Detektiverzählung, die von ihrem Ahnherrn Edgar Allan Poe über Wilkie Collins und Émile Gaboriau zu Sir Arthur Conan Doyle und schließlich zu Agatha Christie in das sogenannte Goldene Zeitalter der 1920er und 1930er Jahre führt, ist durch die besondere Konzeption des Verbrechens als eines Geheimnisses (vgl. Boileau und Narcejac 1964, 10) oder Rätsels gekennzeichnet (vgl. u. a. Brecht 1998 [1938/1940], 35; Suits 1998 [1985], 256; Wright 1946 [1927], 35), dessen Auflösung durch einen Ermittler oder eine Ermittlerin – durch Spurensuche, Deutung und Denkarbeit – die Handlung bildet. Als eine Form, die ein Rätsel narrativ entfaltet, tendiert die Detektiverzählung „eher zu den Kurzformen des Erzählens" (Nusser 2009, 6), wobei ihre Erweiterung zum Roman entweder mit der Integration weiterer, etwa politischer oder sozialer Themen einhergeht (vgl. Nünning 2008, 1) oder, wie im Falle der wenigen Holmes-Romane Conan Doyles, durch eine umfassende Rückblende, die zumeist von der Vorgeschichte des Verbrechens erzählt. Dabei bezieht das Genre der Detektivliteratur seine Spannung nicht nur aus der Frage ‚Whodunit?', der es seinen Beinamen verdankt, sondern auch daraus, *wie* es dem Täter gelungen ist, das Verbrechen zu begehen, Spuren zu verwischen, falsche Spuren (*red herrings*) zu legen oder aus einem abgeschlossenen Raum (*locked room*) zu entkommen. Die Spannung liegt damit „nicht in der physischen Gefährdung der Protagonisten oder des Detektivs" (Nünning 2008, 7), sondern in der analytischen Aufklärungsarbeit (vgl. Hügel 1978, 37; 52).

Der Autor, der in der Regel als der erste Vertreter der Kriminalliteratur betrachtet wird, ist Edgar Allan Poe, den Freud in seinem Vorwort zu Marie Bonapartes psychoanalytischer Arbeit über Poe als einen „großen krankhaft gearteten Dichter[ ]" bezeichnet, dessen Werk den besonderen Reiz wecke, „die Gesetze des menschlichen Seelenlebens an hervorragenden Individuen zu studieren" (Freud 1934, 3). Dabei handelt es sich bei Poes Figur des C. Auguste Dupin nicht um einen Detektiv, sondern um einen ‚Analytiker', der sich „neben Rätseln, Geheimnissen und scheinbar unauflösbaren Zusammenhängen anderer Art gelegentlich auch mit einem Kriminalfall befaßt" (Suerbaum 1984, 35). Poe beginnt seine erste Kurzgeschichte um Dupin, *The Murders in the Rue Morgue* (1841; *Der Doppelmord in der Rue Morgue*), mit Reflexionen über den Typus des Analytikers, der vor allem über eine außerordentliche Vorstellungskraft verfügt (vgl. Poe 1978 [1841], Bd. 2, 531). Sie erlaubt es ihm, außerhalb geltender Konventionen zu denken und in diesem Falle zu der Lösung zu gelangen, dass das Verbrechen nicht von einem Menschen, sondern von einem entlaufenen Orang-Utan verübt wurde.

Dass sich der analytische Verstand nicht allein durch strenge Logik, sondern auch durch Alltagswissen und Kreativität auszeichnet, führt die Kurzerzählung *The Purloined Letter* (1844; *Der entwendete Brief*) vor. Wo sich der titelgebende Brief befindet, können der zuständige Präfekt und seine Truppe deshalb nicht herausfinden, weil es ihnen an der Identifikation mit dem Gegner fehlt. Dupin diagnostiziert: „They consider only their *own* ideas of ingenuity; and, in searching for anything hidden, advert only to the modes in which *they* would have hidden it." (Poe 1978 [1844], Bd. 3, 985) Der Minister jedoch, der den Brief entwendet hat, verfügt als Mathematiker *und* Dichter über einen Verstand, der über die konventionelle Logik hinausgeht, sodass ihm mit konventionellem Denken nicht beizukommen ist. Statt wie die Polizei den Raum systematisch zu durchsuchen, zeigt Dupin die Fähigkeit, „sich in den Täter hineinzuversetzen, imaginativ selbst zum Täter zu werden" (Haubl und Mertens 1996, 53), wodurch es ihm möglich wird, dem Minister seinerseits den Brief zu entwenden. Die Beobachtung, dass in Poes Erzählung zwei Szenen aufeinanderfolgen, in denen jeweils verschiedene Figuren in intersubjektiven Triaden dieselben Positionen zum Brief/Buchstaben (engl. *letter*) einnehmen, hat Jacques Lacan dazu veranlasst, in der Kurzgeschichte eine Veranschaulichung des Prinzips zu sehen, „daß die symbolische Ordnung konstitutiv sei für das Subjekt" (Lacan 1973 [1966], 9; → II.4. POSTSTRUKTURALISTISCHE THEORIE). So drängt der Brief, dessen Inhalt nie bekannt wird, als ‚reiner Signifikant' den diebischen Minister, der sich imaginär in der Machtposition glaubt, in die Ohnmachtsposition jener Königin, der er den Brief in der ‚Urszene' gestohlen hatte.

Als Inbegriff des klassischen Detektivs gilt am Ende des 19. Jahrhunderts Conan Doyles Figur des Sherlock Holmes. Der *Consulting Detective*, der Verbrechen nun ‚hauptberuflich' verfolgt, erscheint als Agent der Kultur, als ein Asket (vgl. Doyle 1981 [1893], 351), als jemand, der seine erotischen Wünsche völlig sublimiert zu haben scheint: „He was, I take it, the most perfect reasoning and observing machine that the world has seen, but as a lover he would have placed himself in a false position." (Doyle 1981 [1891], 161) Es ist bezeichnend, dass die einzige Figur, der es gelingt, Holmes zu besiegen, eine Frau, nämlich Irene Adler, ist: „And when he speaks of Irene Adler, or when he refers to her photograph, it is always under the honourable title of *the* woman." (Doyle 1981 [1891], 175) Holmes steht wie kein Zweiter für die Botschaft der frühen Detektivgeschichte, „daß menschliche – streng genommen: *männliche* – Geistesheroen erfolgreich darüber wachen, daß die zwischenmenschliche Ordnung nicht völlig aus den Fugen gerät" (Haubl und Mertens 1996, 33). Er begegnet damit einer Angst, die „ihre präzise sozialgeschichtliche Entsprechung in der *Anomie*" (Haubl und Mertens 1996, 33), ihre aber auch ganz konkrete Ursache in der Mordserie Jack the Rippers hat. Vor dem Hintergrund dieser Angst bot die „literarische Kriminalistik [...] dem Leser ein illusionäres Sicherheitsgefühl, das ihm die reale Kriminalistik nicht geben konnte" (Conrad 1974, 138).

In den 1920er und 1930er Jahren, in denen Autorinnen wie Dorothy L. Sayers und Agatha Christie das Goldene Zeitalter der Kriminalliteratur markieren, verändert die mit Namen wie Dashiell Hammett und Raymond Chandler verbundene US-amerikanische *Hard Boiled School* das Genre maßgeblich. In jenen Romanen um einen ‚hartgesottenen' Ermittler ist das Verbrechen kein intellektuelles Rätsel innerhalb einer intakten Welt von Recht und Ordnung, sondern erscheint „fortan als der Gesellschaft immanent. In einer Welt der Korruption gehören Verbrechen und Gesetz hinter der Fassade der Integrität unausweichlich zusammen." (Krieg 2002, 98) Mit der Darstellung des „Gangstertum[s]" zeigt der US-amerikanische Kriminalroman eine Gesellschaft, „in der sich der besondere Bereich des Verbrechens unauflöslich mit dem allgemeinen Bereich von Geschäft und Politik verfilzt hat" (Schulz-Buschhaus 1975, 130). Anders als in den klassischen Detektivgeschichten geht die Spannung jener Texte nicht primär aus einem rätselhaften Verbrechen hervor, sondern „aus der Gefährdung des Protagonisten und der Schilderung von gewalttätigen, geradezu grotesken Szenen" (Nünning 2008, 9). So zeigt beispielsweise Chandlers *The Big Sleep* (1939; *Der große Schlaf*, auch *Der tiefe Schlaf*) einen Helden, dessen Ermittlung auch die Beschattung und die körperliche Auseinandersetzung mit Verdächtigen einschließt.

Die *Hard Boiled School* kann „als Unterart des Thrillers betrachtet" (Krieg 2002, 96) werden, dessen Handlung zusätzlich zur analytischen Struktur mittels der „chronologisch sukzessiven Erzählweise" (Holzmann 2001, 17) nun auch verstärkt Zukunftsspannung integriert. Indem der Thriller seine ermittelnden Figuren in Gefahr geraten lässt oder auf Serientäter zurückgreift, „die das nächste Opfer immer schon im Visier haben" (Nünning 2008, 11), gilt es nicht nur, ein vergangenes Geschehen aufzuklären, sondern auch ein zukünftiges Verbrechen zu verhindern. In diesem Sinne sind bereits Sherlock Holmes' Fälle eingeschränkt auf die Zukunft ausgerichtet, wenn etwa eine Klientin oder ein Klient vor künftigem Unheil zu bewahren ist, so Helen Stoner in *The Speckled Band* (1892; *Das gefleckte Band*) oder Sir Henry in *The Hound of the Baskervilles* (1901/1902; *Der Hund von Baskerville*).

Mehr als die klassische Detektiverzählung zeigt sich der Thriller an sozialen, politischen und psychologischen Fragen interessiert und tendiert „eindeutig zur Langform des Romans" (Nusser 2009, 6). Neben der Ermittlung kann sich der Thriller auch ausgiebig mit dem Täter, seinen Plänen und Motiven beschäftigen und stößt dabei „oftmals auf dramatisch-tragische Motivationen" (Krieg 2002, 133). Zudem zeichnet sich jene Form durch „physische Auseinandersetzungen" (*action*) aus, „auch wenn der Schlagabtausch gelegentlich die Form eines Rede-duells annehmen kann" (Holzmann 2001, 17). In Europa sind in der zweiten Hälfte des 20. Jahrhunderts besonders die skandinavischen Kriminalromane populär geworden: Von Maj Sjöwalls und Per Wahlöös sozialkritischen Romanen um den Ermittler Martin Beck, die von 1965 bis 1975 erschienen sind, bis zu Henning Mankells Romanreihe, um hier nur zwei Beispiele zu nennen, sind dies allesamt Romane, die sowohl dem Zufall als auch dem Misserfolg im Verlauf der Ermitt-lung einen größeren Platz einräumen.

Mit der Kriminalliteratur wird die Grenze zwischen ‚hoher' und ‚niedriger' Literatur durchlässig. Eine besondere Figur der Unterhaltungskultur ist beispiels-weise der intelligente und kultivierte Serienmörder Dr. Hannibal Lecter aus der vierteiligen Romanserie des US-amerikanischen Autors Thomas Harris, die von 1981 bis 2006 erschienen ist und mehrfach verfilmt wurde. Der Figur des Hanni-bal Lecter, selbst Psychiater und in Haft mehr oder minder Ermittlungshelfer – dessen Name sowohl auf jenen semitischen Helden verweist, mit dem sich der junge Freud identifiziert (vgl. II/III, 202–203), als auch auf die ‚Lektüre' –, wird letztlich ein psychologisches Entwicklungsmodell unterlegt, das seinen Kanniba-lismus auf traumatische Kindheits- und Jugenderlebnisse zurückführt, wodurch seine Verbrechen auch als Symptome lesbar werden. Dennoch geht es in jenen modernen Thrillern, die „eine Welt des Wahnsinns, des Sadomasochismus, der stetig gesteigerten und pervertierten Gewalt" (Nünning 2008, 11) zeichnen, kaum um ein ernsthaftes Verständnis für Verbrecherbiographien. Die dargestellten Täter bieten sich nur noch insofern als Identifikationsobjekte an, als „eigene delinquente Persönlichkeitsanteile auf Verbrecher verschoben und bei diesen bekämpft werden" (Möhring 2014, 24) können. Deshalb provozieren Figuren wie Lecter vor allem „a profound anxiety about the discrepancy between a superficial fantasy of society as a generally good, safe, normal place to live [...] and patho-logical anxieties inherent in the social realities of serial killing and cannibalism" (Ullyat 2012, 18).

Detektivgeschichte und Thriller können kaum eindeutig voneinander abge-grenzt werden; unter dem Blickpunkt der Kriminalliteratur geht es stattdessen um das Verhältnis von *detection* und *action*, das die jeweiligen Texte bestimmt.

Nur jene Thriller lassen sich dem Genre der Kriminalliteratur zurechnen, in denen überhaupt ermittelt wird. Umgekehrt können freilich auch die Protagonisten in Detektiverzählungen in Gefahr geraten; das wohl prominenteste Beispiel ist Holmes' Duell mit Professor Moriarty, in dem beide (vermeintlich) den Tod finden (*The Final Problem* (1893; *Das letzte Problem*)).

5. Abduktion oder: Der Detektiv als Magier

Kriminalliteratur und Psychoanalyse entstehen im positivistischen Zeitalter – jener Epoche, in der sich nach Carlo Ginzburg das ‚Indizienparadigma' durchsetzt. Dieses Paradigma basiert auf einer medizinischen Semiotik, „die es erlaubt, die durch direkte Beobachtung nicht erreichbaren Krankheiten anhand von Oberflächensymptomen zu diagnostizieren, die in den Augen eines Laien – etwa Dr. Watsons – manchmal irrelevant erscheinen" (Ginzburg 2011, 17; → II.1. SEMIOTIK). Die Verknüpfung von Kriminalliteratur und Psychoanalyse mit der medizinischen Diagnostik zeigt sich auch darin, dass Freud und Sherlock Holmes' Vorbild Joseph Bell sowie Conan Doyle selbst Mediziner waren. In der Konzeption seiner berühmten Detektivfigur folgt Doyle seinem Lehrer Bell darin, die „Diagnose auf das gesamte Lebens- und Persönlichkeitsbild eines Patienten" zu übertragen (Sebeok und Umiker-Sebeok 1985, 54).

Während in den literarischen Texten Dupins Methode als Induktion (vgl. Poe 1978 [1842], Bd. 3, 725) und Holmes' Methode als Deduktion bezeichnet wird (vgl. Doyle 1981 [1887], 23), hat sie die Forschung – in Anlehnung an Charles Sanders Peirce – mit dem Begriff der Abduktion beschrieben: also als jenen „instinktive[n] Wahrnehmungssprung, der dem Subjekt gestattet, einen Ursprung zu erraten, der dann erprobt werden kann und die Hypothese entweder bestätigt oder widerlegt" (Harrowitz 1985, 266). Damit zeichnen sich Holmes' Nachforschungen nicht durch den „Verzicht auf das Raten" aus, sondern dadurch, „daß er das Raten so vortrefflich beherrscht" (Sebeok und Umiker-Sebeok 1985, 43). Auch in diesem Sinn ist der Detektiv dem Arzt verwandt: Um das Vertrauen des Patienten nicht zu erschüttern, muss dieser verschleiern, „wie groß die Rolle des Ratens bei der medizinischen Diagnose und Behandlung ist, [...] indem er handelt, als sei er auf dem Wege über Deduktion und Induktion zur Diagnose gelangt" (Sebeok und Umiker-Sebeok 1985, 72). So kommen den Helden der klassischen Detektivgeschichte nicht nur Spezialwissen und Kombinationsgabe zu, sondern ebenso „Intuition und Menschenkenntnis" (Nünning 2008, 6). Als *armchair detectives* lösen die Protagonisten ihre rätselhaften Fälle häufig weitgehend ohne zu ermitteln (z. B. in Poes *The Purloined Letter* oder Conan Doyles *A Case of Identity* (1891;

Eine Frage der Identität)). Schon die Aussagen ihrer Auftraggeber und einige Nachfragen genügen, um den Detektiv in die Sicherheit zu versetzen, das Rätsel zu lösen. Ermittelt er wiederum am Tatort, so ist es ihm stets möglich, „aus der angetroffenen Mannigfaltigkeit treffsicher die tatrelevanten Spuren" (Reichertz 1990, 312) zu identifizieren.

Tatsächlich erhält die vermeintlich rein logische Arbeit der Ermittler in den klassischen Detektiverzählungen häufig den Anschein eines Zauberkunststücks, wie auch aus einem Erzählerkommentar in Poes *The Mystery of Marie Rogêt* (1842; *Das Geheimnis der Marie Rogêt*) hervorgeht: „The simple character of those inductions by which he had disentangled the mystery never having been explained even to the Prefect, or to any other individual than myself, of course it is not surprising that the affair was regarded as little less than miraculous." (Poe 1978 [1842], Bd. 3, 725) Auch Sherlock Holmes wirkt häufig wie ein Magier; etwa wenn er die Entlarvung des Täters wie ein Theaterstück inszeniert, das die Polizei verblüfft verfolgt (z. B. in *A Study in Scarlet* (1887; *Eine Studie in Scharlachrot*)), oder wenn er sich als Verkleidungs- und Verstellungskünstler erweist: „It is not merely that Holmes changed his costume. His expression, his manner, his very soul seemed to vary with every fresh part that he assumed. The stage lost a fine actor [...]." (Doyle 1981 [1891], 170) Dieser Anschein von Zauberei ist jedoch vor allem ein narrativer Effekt, werden die Geschichten um Dupin und Holmes doch aus der Perspektive einer anderen Figur geschildert, die in ihrer „zur Schau getragenen Unwissenheit das lesende Individuum" (Krieg 2002, 27) repräsentiert. Dadurch entsteht ein Informationsdefizit, durch das die Leserinnen und Leser von den Gedankengängen des Ermittlers, anders als in autodiegetischen Erzählungen oder Erzählungen mit Über- oder Mitsicht, erst im Nachhinein erfährt: „Die Paarung von Detektiv und Erzähler, die ihre klassische Form in den Freunden Sherlock Holmes und Dr. Watson findet, dient vor allem der Erzeugung von Distanz gegenüber dem Scharfsinnshelden, nicht einer kritischen Distanz natürlich, sondern der Distanz von Ver- und Bewunderung." (Schulz-Buschhaus 1975, 9)

Auch Émile Gaboriaus Figur des Tabaret präsentiert den verdutzten Beamten seine Schlussfolgerungen „nicht unähnlich jenen Taschenspielern, die auf öffentlichen Plätzen dem staunenden Publikum ihre Kunstgriffe vorführen", was ihm neben Bewunderung auch den Vorwurf der „Phantasterei!" (Gaboriau 1981 [1866], 26; 30) einbringt. Zwar wird das Geschehen im Roman *L'Affaire Lerouge* (1866; *Die Affäre Lerouge*) aus extradiegetisch-heterodiegetischer Perspektive erzählt, der Überraschungseffekt stellt sich jedoch auch hier ein, weil die Leserinnen und Leser die Ermittlung des Privatdetektivs, ebenso wie die Vertreter der Behörden, lediglich von außen beobachten. Verwandt ist dieses Vorgehen freilich einmal mehr dem des Arztes: „Wenn der Arzt bereits eine bestimmte Diagnose vermutet, diese dem Patienten jedoch noch nicht mitgeteilt hat, werden die

Fragen, die er zur Erprobung seiner Hypothese einsetzt, dem Patienten beinahe wie eine Übung in außersinnlicher Wahrnehmung vorkommen." (Sebeok und Umiker-Sebeok 1985, 72)

Da die Detektiverzählung ein literarisches Genre ist, wird mitunter vehement kritisiert, dass überhaupt ein semiotisches Paradigma an die Tätigkeit der Detektivfiguren angelegt wird: „Holmes ist nur deshalb so schlau, weil er einen direkten Draht zu dem ‚Gott' dieses fiktiven Universums hat. Holmes errät nichts, er schlußfolgert auch nicht – er weiß immer alles vorher." (Reichertz 1990, 313) Damit kommt Holmes' Methode als ein *„literarisches Konstrukt"* in den Blick, das selbst erst die „Unfehlbarkeit" und „Schlüssigkeit seiner Entzifferungen" (Rohrwasser 2005, 68; 69) erzeugt. Auch Dupins Rätsellösung erscheint vor diesem Hintergrund als *„coup de théâtre* staged by the author from behind the scenes" (Rosenheim 1995, 154). Die gesamte Ermittlung wird lesbar als „ein Netz von sprachlichen Maßnahmen, die zugleich der Tarnung und der Lösungsvorbereitung dienen" (Suerbaum 1984, 67). Die wichtige Beobachtung, dass es sich bei der Ermittlung literarischer Detektive um einen narrativen Effekt handelt, der den Kriminalfall, den es auf überraschende Weise zu lösen gilt, allererst konstruiert, scheint dabei jedoch nicht der Bestimmung zu widersprechen, dass die Detektivliteratur den Prozess der Abduktion darstellt (vgl. Harrowitz 1985, 286), nur kann hier „der Autor (der an Gottes Stelle agiert) die Entsprechung zwischen der vom Detektiv imaginierten *möglichen* und der *wirklichen* Welt" (Eco 1988 [1983], 211) garantieren.

6. Sinnproduktion oder: Der Detektiv als Erzähler

Widersprüchliche Zeugenaussagen, unerklärliche Spuren am Tatort: Es ist die *Störung* einer einfachen Erklärung, die das Rätsel des Verbrechens begründet und den Detektiv auf den Plan ruft, während die Polizei oder ein anderer Auftraggeber „vor der Komplexität und Informationsfülle kapituliert und sich mit einer vordergründigen Lesart zufrieden gibt" (Rohrwasser 2005, 69). Diese Parallele verbindet Detektiv und Analytiker: „Both search out the relevant clues that point to a hidden truth." (Davis 2002, 294) Die Spuren, mit denen sich der Detektiv konfrontiert sieht, stehen in denselben Beziehungen zur Tat wie die Traumsymbole, Fehlhandlungen und Symptome zu verdrängten Konflikten oder zum seelischen Leiden. Sie können einerseits ein nebensächlich erscheinender Hinweis auf den Täter sein (Verschiebung), wodurch gerade der Blick für das Detail wichtig wird – sei es der Nagel im Fenster in *Rue Morgue* oder die einzelne Hantel in *The Valley of Fear* (1914; *Das Tal der Angst*), wie Amy Yang betont: „Despite numerous accounts from contradictory witness, the sighting of an unknown man, and suspicion being cast on an illicit couple, Holmes bases his entire solution on one missing dumbbell." (Yang 2010, 599) Andererseits lassen die am Tatort hinterlassenen materialen Spuren zumeist Rückschlüsse auf den Tathergang oder das Motiv zu und können somit als Übersetzung sprachlicher Zeichen in ein bildliches Arrangement verstanden werden (Verbildlichung). Der Ermittler muss – der Traumdeutung analog – das Bilderrätsel (Rebus) interpretieren, um zu den zugrunde liegenden Gedanken und Geschehnissen zu gelangen. Schließlich können die Spuren auch absichtlich hinterlassen worden sein, um eine falsche Fährte zu legen und die wahre Natur des Verbrechens zu verschleiern. Der Tatort ist in diesem Fall als eine Kompromissleistung zu verstehen (Verdichtung): Ist es in der psychoanalytischen Behandlung der Widerstand, der sich gegen die Bewusstwerdung des Verdrängten richtet und dabei doch selbst als Bestandteil des neurotischen Komplexes die Analyse vorantreibt, so sind es in Kriminalerzählungen häufig absichtlich gelegte Spuren, die sich störend auf eine reibungslose Aufklärung auswirken und dadurch gerade das (allzu) perfekte Verbrechen verhindern. Dieser Zusammenhang spiegelt die Einsicht der Psychoanalyse, dass das Bewusstsein nicht der einzige Agent des Denkens und Handelns ist. „Überzeugt davon, daß es hinter der Maske desto weniger gut zugeht, je illusionärer sie zudeckt, besteht voller Draperieverdacht, Illusionsverdacht: gegen all das Idealische oder Biedere der Oberfläche, das zu schön oder zu bequem ist, um wahr zu sein." (Bloch 1998 [1960/1965], 44) So erscheint die Tat als ein kommunikativer Akt, der, obgleich er seine wahre Natur zu verschleiern sucht, diese selbst immer auch offenbart. Der Weg zur Wahrheit liegt damit nicht allein in der Deutung vorgefundener Spuren, sondern auch in der kritischen Prüfung der Oberfläche, im Blick für vermeintlich marginale Details ebenso wie für entstellte oder absichtlich gelegte Spuren. So kann die falsche Fährte den richtigen Weg weisen.

Als Beispiel für einen Kompromiss aus bewusster Absicht und unbewusstem Strafbedürfnis verwendet Yang eine Szene aus *A Study in Scarlet*, in der Holmes und Watson an einem Tatort das in Blut geschriebene Wort ‚Rache' vorfinden. Während die Polizei dies als eine Nachricht an eine Person jenes Namens interpretiert und Holmes als Versuch, die Ermittler auf eine falsche Fährte zu locken, würde Freud, glaubt man Yang, zu einer anderen Erklärung gelangen:

> [E]ven if the murderer consciously attempted to convince himself that the clue was to distract the investigators, the ultimate reason for his act arose from his unconscious desire to be discovered, perhaps as a desire for recognition, perhaps as atonement for the crime, or perhaps as an alleviant for his guilt. It is the same for the murderer who goes back to the scene of crime, or who sends the police department a picture of the crime afterwards, or who accidentally leaves behind a piece of identifying information. (Yang 2010, 601)

Es gehört also zur Tätigkeit des Detektivs, im Dickicht der Spuren die bedeutungstragenden von den bedeutungslosen und die absichtslosen von den absichtlich gelegten Spuren zu unterscheiden (vgl. Rohrwasser 2005, 69) und die relevanten Spuren zu einer temporal und kausal organisierten Erzählung – einer *„überzeugenden Geschichte"* (Haubl und Mertens 1996, 53) – zu verknüpfen. Die Kriminalerzählung zeichnet sich also durch „die Existenz von zwei Geschichten" aus, wobei die zweite „durch Deutung der Zeichen, die die erste hinterlassen hat" (Bremer 1999, 24; 26), entsteht. Deshalb übernimmt der Detektiv, so Richard Alewyn, „auch das Amt, das der Erzähler abgegeben hat", indem er in der Schlussszene zumeist „den Hergang des Mordes rekonstruiert und dies in der Form eines chronologischen Berichts, der so erzählt wird, wie der Erzähler es getan haben würde, wenn er seine Geschichte nicht als Detektivroman angelegt hätte" (Alewyn 1998 [1968/1971], 60). Tzvetan Todorov parallelisiert die beiden Geschichten – die Verbrechensgeschichte, die erzählt, „was effektiv passiert ist", und die Untersuchungsgeschichte, die erklärt, „wie der Leser (oder der Erzähler) davon erfahren hat", – mit der Unterscheidung in Fabel und Sujet, die vom Kriminalroman „beide hervorgekehrt" (Todorov 1972, 57) werden. Damit thematisiert der Detektivroman, der den Ermittler als „Entzifferer von Texten" (Rohrwasser 2005, 69) entwirft, „das Erzählen selbst als Problem, als Verfahren und als Ziel" (Hühn 1998 [1987], 239).

Die detektivische Kriminalgeschichte wird so zum Fall der Fiktionalität par excellence, indem sie in eine ganze Reihe scheinbar nicht zusammenhängender Spuren Sinn sowie eine zeitliche Tiefendimension einfügt. In *Versprechen* (1958), Friedrich Dürrenmatts *Requiem auf den Kriminalroman*, macht der ehemalige Polizeikommandant Dr. H. eben daraus einen Vorwurf an Autorinnen und Autoren von Kriminalgeschichten, die ihre Handlungen streng logisch aufbauen: „Diese Fiktion macht mich wütend. Der Wirklichkeit ist mit Logik nur zum Teil beizukommen. [...] Ein Geschehen kann schon allein deshalb nicht wie eine Rechnung aufgehen, weil wir nie alle notwendigen Faktoren kennen, sondern nur einige wenige, meistens recht nebensächliche. Auch spielt das Zufällige, Unberechenbare, Inkommensurable eine zu große Rolle." (Dürrenmatt 1991 [1958], 10–11)

Unter diesem Gesichtspunkt stellt auch Bertolt Brecht den Kriminalroman der Kontingenz der Realität gegenüber. Das Beobachten, Schlussfolgern und Entschließen im Kriminalroman „gewährt uns allerhand Befriedigung schon deshalb, weil der Alltag uns einen so effektiven Verlauf des Denkprozesses selten gestattet", wobei wir „weder Herr unserer Schlüsse, noch Herr unserer Entschlüsse" (Brecht 1998 [1938/1940], 35) sind. Damit stellt Brecht, an Freud erinnernd, die Fähigkeit des Kriminalromans heraus, die „Kausalität menschlicher Handlungen zu fixieren" (Brecht 1998 [1938/1940], 36); ein Vermögen, das er mit der Psychoanalyse teilt.

Die Parallele von Kriminalliteratur und Psychoanalyse besteht also insbesondere darin, anhand von Spuren eine Geschichte zu (re-)konstruieren: auf der einen Seite den verschwiegenen Tathergang, auf der anderen Seite die verdrängte Erfahrung. Die Erzählung selbst wird zum wichtigsten Teil der Lösung des Kriminalfalls sowie der psychoanalytischen *talking cure*. Sie gibt dem Verlangen nach Sinn und Kausalität nach, indem sie das Unerklärliche einhegt und als menschengemachtes Problem bestimmt (vgl. Rohrwasser 2005, 72; Suerbaum 1984, 36; Wörtche 2012, 71). Hat Freud mit dem Konzept des Unbewussten zwar das Ich als Herrn im eigenen Haus entthront, so hat er damit doch keineswegs die Tür für allerlei Mysterien geöffnet, sondern ganz im Gegenteil psychische Mechanismen, wie zum Beispiel die Projektion, herausgearbeitet, die das Unheimliche, das Magische und Numinose zu erklären imstande sind.

Es scheint zu kurz gegriffen, im Kriminalroman lediglich den Bruch und die Wiederherstellung von Recht und Gesetz und damit eine Stabilisierung gesellschaftlicher Ordnung zu sehen. Um seine enorme Popularität zu verstehen, muss der Blick vielmehr einerseits auf den Täter als Identifikationsobjekt für die Menschen mit ihren eigenen gleichsam kriminellen Gedanken und Wünschen, sowie andererseits auf die in ihm dargestellte Deutungsarbeit gerichtet werden, das heißt auf den Prozess der Erkenntnis. Kriminalliteratur und Psychoanalyse zeichnen sich gleichermaßen durch ihre Ausrichtung „auf die ‚ungewöhnliche‘ Sinnebene unterhalb der Regeln des Bewußtseins" (Lorenzer 1985, 4) aus und bewegen sich damit beide an der Schwelle von Unbewusstem und Bewusstem, von Nichtwissbarem und Wissen. In der beständigen Deutung, dem Spekulieren, dem Verwerfen und dem Erproben von Hypothesen im Verlauf der Handlung wird die narrative Produktion von Sinn „an den einbrechenden Rändern des Realen" (Althans und Tammen 2006, 142) – Mord, Gewalt, Sexualität –, das heißt an der Grenze des Symbolisierbaren selbst vorgeführt.

Literatur

Alewyn, Richard. „Anatomie des Detektivromans" [1968/1971]. *Der Kriminalroman. Poetik – Theorie – Geschichte*. Hrsg. von Jochen Vogt. München 1998: 52–72.

Alexander, Franz und Hugo Staub. „Der Verbrecher und seine Richter. Ein psychoanalytischer Einblick in die Welt der Paragraphen" [1929]. *Psychoanalyse und Justiz*. Hrsg. von Tilmann Moser. Frankfurt a. M. 1974: 225–433.

Althans, Birgit und Antke Tammen. „Das Begehren am Kriminalroman". *Von Freud und Lacan aus. Literatur, Medien, Übersetzen. Zur ‚Rücksicht auf Darstellbarkeit‘ in der Psychoanalyse*. Hrsg. von Tanja Jankowiak, Karl-Josef Pazzini und Claus-Dieter Rath. Bielefeld 2006: 133–150.

Bloch, Ernst. „Philosophische Ansicht des Detektivromans" [1960/1965]. *Der Kriminalroman.*
Poetik – Theorie – Geschichte. Hrsg. von Jochen Vogt. München 1998: 38–51.

Boileau, Pierre und Thomas Narcejac. *Der Detektivroman.* Neuwied 1964.

Boltanski, Luc. *Rätsel und Komplotte. Kriminalliteratur, Paranoia, moderne Gesellschaft.* Übers.
von Christine Pries. Berlin 2013 [2012].

Brecht, Bertolt. „Über die Popularität des Kriminalromans" [1938/1940]. *Der Kriminalroman.*
Poetik – Theorie – Geschichte. Hrsg. von Jochen Vogt. München 1998: 33–37.

Bremer, Alida. *Kriminalistische Dekonstruktion. Zur Poetik der postmodernen Kriminalromane.*
Würzburg 1999.

Conrad, Horst. *Die literarische Angst. Das Schreckliche in Schauerromantik und*
Detektivgeschichte. Düsseldorf 1974.

Davis, Colin. „Psychoanalysis, Detection, and Fiction. Julia Kristeva's Detective Novels". *The*
Journal of Twentieth-Century/Contemporary French Studies revue d'études français 6.2
(2002): 294–306.

Dostojewskij, Fjodor. *Verbrechen und Strafe.* Übers. von Swetlana Geier. 5. Aufl., Frankfurt a. M.
2013 [1866].

Doyle, Sir Arthur Conan. *The Complete Sherlock Holmes.* London 1981.

Dürrenmatt, Friedrich. *Das Versprechen. Requiem auf den Kriminalroman.* 15. Aufl., München
1991 [1958].

Eco, Umberto. „Die Abduktion in Uqbar" [1983]. Eco, Umberto. *Über Spiegel und andere*
Phänomene. Übers. von Burkhart Kroeber. München 1988 [1983]: 200–213.

Freud, Sigmund. „Vorwort". Bonaparte, Marie. *Edgar Poe. Eine psychoanalytische Studie,* Bd. 1:
Das Leben Edgar Poes. Übers. von Fritz Lehner. Wien 1934: 3.

Gaboriau, Émile. *Die Affäre Lerouge.* Übers. von E. Stark. Frankfurt a. M. 1981 [1866].

Ginzburg, Carlo. „Spurensicherung. Der Jäger entziffert die Fährte, Sherlock Holmes nimmt
die Lupe, Freud liest Morelli – die Wissenschaft auf der Suche nach sich selbst" [1980].
Ginzburg, Carlo. *Spurensicherung. Die Wissenschaft auf der Suche nach sich selbst.* Übers.
von Gisela Bonz und Karl F. Hauber. Berlin 2011: 7–57.

Gross, Hanns. *Criminalpsychologie.* Graz 1898.

Harrowitz, Nancy. „Das Wesen des Detektiv-Modells. Charles S. Peirce und Edgar Allan Poe"
[1983]. *Der Zirkel oder Im Zeichen der Drei. Dupin, Holmes, Peirce.* Hrsg. von Umberto Eco
und Thomas A. Sebeok. Übers. von Christiane Spelsberg und Roger Willemsen. München
1985: 262–287.

Haubl, Rolf und Wolfgang Mertens. *Der Psychoanalytiker als Detektiv. Eine Einführung in die*
psychoanalytische Erkenntnistheorie. Stuttgart, Berlin, Köln 1996.

Herren, Rüdiger. *Freud und die Kriminologie. Einführung in die psychoanalytische Kriminologie.*
Stuttgart 1973.

Höcker, Arne. *Epistemologie des Extremen. Lustmord in Kriminologie und Literatur um 1900.*
München 2012.

Holzmann, Gabriela. *Schaulust und Verbrechen. Eine Geschichte des Krimis als*
Mediengeschichte (1850–1950). Stuttgart, Weimar 2001.

Hügel, Hans-Otto. *Untersuchungsrichter, Diebsfänger, Detektive. Theorie und Geschichte der*
deutschen Detektiverzählung im 19. Jahrhundert. Stuttgart 1978.

Hühn, Peter. „Der Detektiv als Leser. Narrativität und Lesekonzepte im Detektivroman" [1987].
Der Kriminalroman. Poetik – Theorie – Geschichte. Hrsg. von Jochen Vogt. München 1998:
239–254.

Jung, Carl Gustav. *Gesammelte Werke*, Bd. 2: *Experimentelle Untersuchungen (1904–1937)*. Hrsg. von Lilly Jung-Merker und Elisabeth Rüf. Olten, Freiburg i. Br. 1979.

Krafft-Ebing, Richard von. *Psychopathia sexualis. Mit besonderer Berücksichtigung der conträren Sexualempfindung. Eine klinisch-forensische Studie*. 9. Aufl., Stuttgart 1894 [1886].

Krieg, Alexandra. *Auf Spurensuche. Der Kriminalroman und seine Entwicklung von den Anfängen bis zur Gegenwart*. Marburg 2002.

Lacan, Jacques. „Das Seminar über E. A. Poes ‚Der entwendete Brief'" [1966]. Lacan, Jacques. *Schriften I*. Hrsg. von Norbert Haas. Übers. von Rodolphe Gasché. Olten, Freiburg i. Br. 1973: 7–60.

Lorenzer, Alfred. „Der Analytiker als Detektiv, der Detektiv als Analytiker". *Psyche. Zeitschrift für Psychoanalyse und ihre Anwendungen* 39.1 (1985): 1–11.

Meißner, August Gottlieb. „Nachtrag zu vorstehender Geschichte". Meißner, August Gottlieb. *Skizzen. Erste Sammlung*. Tübingen 1786 [1778]: 71–77.

Möhring, Peter. *Verbrecher, Bürger und das Unbewusste. Kriminologie mit psychoanalytischem Blick*. Gießen 2014.

Nünning, Vera. „Britische und amerikanische Kriminalromane. Genrekonventionen und neuere Entwicklungstendenzen". *Der amerikanische und britische Kriminalroman. Genres – Entwicklungen – Modellinterpretationen*. Hrsg. von Vera Nünning. Trier 2008: 1–26.

Nusser, Peter. *Der Kriminalroman*. 4. Aufl., Stuttgart, Weimar 2009.

Poe, Edgar Allan. *Collected Works*. Hrsg. von Thomas Ollive Mabbott. 3 Bde. Cambridge/Mass., London 1969–1978.

Reichertz, Jo. „Folgern Sherlock Holmes oder Mr. Dupin abduktiv? Zur Fehlbestimmung der Abduktion in der semiotischen Analyse von Kriminalpoesie". *Kodikas/Code. Ars Semiotica* 13.3/4 (1990): 307–324.

Reik, Theodor. „Geständniszwang und Strafbedürfnis. Probleme der Psychoanalyse und der Kriminologie" [1925]. *Psychoanalyse und Justiz*. Hrsg. von Tilmann Moser. Frankfurt a. M. 1974: 29–223.

Rohrwasser, Michael. *Freuds Lektüren. Von Arthur Conan Doyle bis zu Arthur Schnitzler*. Gießen 2005.

Rosenheim, Shawn. „Detective Fiction, Psychoanalysis, and the Analytic Sublime". *The American Face of Edgar Allan Poe*. Hrsg. von Shawn Rosenheim und Stephen Rachman. Baltimore, London 1995: 153–176.

Rzepka, Charles J. *Detective Fiction*. Cambridge, Malden 2005.

Schiller, Friedrich. „Brief 591. An Johann Wolfgang von Goethe, Jena 2 8br. 97" [1797]. Schiller, Friedrich. *Werke und Briefe in zwölf Bänden*, Bd. 12: *Briefe II. 1795–1805*. Hrsg. von Norbert Oellers. Frankfurt a. M. 2002a: 329–331.

Schiller, Friedrich. „Verbrecher aus Infamie" [1786]. Schiller, Friedrich. *Werke und Briefe in zwölf Bänden*, Bd. 7: *Historische Schriften und Erzählungen II*. Hrsg. von Otto Dann. Frankfurt a. M. 2002b: 562–587.

Schulz-Buschhaus, Ulrich. *Formen und Ideologien des Kriminalromans. Ein gattungsgeschichtlicher Essay*. Frankfurt a. M. 1975.

Sebeok, Thomas A. und Jean Umiker-Sebeok. „‚Sie kennen ja meine Methode'. Ein Vergleich von Charles S. Peirce und Sherlock Holmes" [1983]. *Der Zirkel oder Im Zeichen der Drei. Dupin, Holmes, Peirce*. Hrsg. von Umberto Eco und Thomas A. Sebeok. Übers. von Christiane Spelsberg und Roger Willemsen. München 1985: 28–87.

Suerbaum, Ulrich. *Krimi. Eine Analyse der Gattung*. Stuttgart 1984.

Suits, Bernard. „Die Detektivgeschichte. Eine Fallstudie über Spiele in der Literatur" [1985]. *Der Kriminalroman. Poetik – Theorie – Geschichte*. Hrsg. von Jochen Vogt. München 1998: 255–272.

Todorov, Tzvetan. „Typologie des Kriminalromans" [1966]. Todorov, Tzvetan. *Poetik der Prosa*. Übers. von Helene Müller. Frankfurt a. M. 1972: 54–64.

Ullyatt, Tony. „To Amuse the Mouth. Anthropophagy in Thomas Harris's Tetralogy of Hannibal Lecter Novels". *Journal of Literary Studies* 28.1 (2012): 4–20.

Wertheimer, Max und Julius Klein. „Psychologische Tatbestandsdiagostik. Ideen zu psychologisch-experimentellen Methoden zum Zwecke der Feststellung der Anteilnahme eines Menschen an einem Tatbestande". *Archiv für Kriminal-Anthropologie und Kriminalistik* 15 (1904): 72–113.

Wertheimer, Max. *Experimentelle Untersuchungen zur Tatbestandsdiagnostik*. Leipzig 1905.

Willems, Marianne. „Der Verbrecher als Mensch. Zur Herkunft anthropologischer Deutungsmuster der Kriminalgeschichte des 18. Jahrhunderts". *Aufklärung. Interdisziplinäres Jahrbuch zur Erforschung des 18. Jahrhunderts und seiner Wirkungsgeschichte* 14 (2002): 23–48.

Wörtche, Thomas. Art. „Kriminalroman". *Reallexikon der deutschen Literaturwissenschaft*, Bd. II. Hrsg. von Harald Fricke. Berlin, New York 2000: 342–345.

Wörtche, Thomas. „Tod und Kontingenz. Der Kriminalroman als Trutzburg der Sinnhaftigkeit, als Trostbüchlein gar?". *Unerlöste Fälle. Religion und zeitgenössische Kriminalliteratur*. Hrsg. von Andreas Mauz und Adrian Portmann. Würzburg 2012: 55–71.

Wright, Willard Huntington. „The Great Detective Stories" [1927]. *The Art of the Mystery Story. A Collection of Critical Essays*. Hrsg. von Howard Haycraft. New York 1946: 33–70.

Yang, Amy. „Psychoanalysis and Detective Fiction. A Tale of Freud and Criminal Storytelling". *Perspectives in Biology and Medicine* 53.4 (2010): 596–604.

IV.11. Literatur der Moderne

Stefan Börnchen

1. Einleitung

Drei „große Kränkungen ihrer naiven Eigenliebe", schreibt Sigmund Freud 1917 in seinen *Vorlesungen zur Einführung in die Psychoanalyse*, habe „die Menschheit im Laufe der Zeiten von der Wissenschaft erdulden müssen. Die erste, als sie" durch Nikolaus Kopernikus „erfuhr, daß unsere Erde nicht der Mittelpunkt des Weltalls ist", die zweite, „als die biologische Forschung das angebliche Schöpfungsvorrecht des Menschen zunichte machte" und ihn „auf die Abstammung aus dem Tierreich [...] verwies", eine „Umwertung", die sich „unter dem Einfluß von Ch[arles] Darwin [...] nicht ohne das heftigste Sträuben der Zeitgenossen vollzogen" hatte. „Die dritte und empfindlichste Kränkung aber soll die menschliche Größensucht durch die heutige psychologische Forschung erfahren, welche dem Ich nachweisen will, daß es nicht einmal Herr ist im eigenen Hause [...]." (XI, 294–295)

Freud sieht sich in der Tradition einer Wissenschaft, die auch gegen Widerstände die Aufklärung voranbringt – insbesondere gegen religiöse Vorurteile. Kaum zufällig verwendet er einen Begriff, den Friedrich Nietzsche 1887 mit der in seiner *Genealogie der Moral* proklamierten „Umwertung aller Werte" (Nietzsche 1960 [1887], 781) zum Schlagwort gemacht hatte. Wie Nietzsche mangelt es Freud nicht an chauvinistischem Selbst- und Sendungsbewusstsein, sei doch „die Psychoanalyse zunächst der gebende" – also männliche –, „weniger der empfangende" – also weibliche – „Teil" (XI, 171) in der Beziehung zu den anderen Wissenschaften. Sein Wissenschaftstriumvirat basiert deshalb auf wohlkalkulierter Steigerung: Kopernikus ist derjenige, der das von der „alexandrinische[n] Wissenschaft" schon „ähnlich[ ] [V]erkündet[e]" wiederholt hat. Darwin ist derjenige, der „heftigsten" Widerstand gegen die Degradierung des Menschen zum Affen ausgelöst hat. Doch die „empfindlichste", also größte Kränkung schreibt Freud hier zwar nicht sich allein, wohl aber „uns" Psychoanalytikerinnen und Psychoanalytikern zu: eine Kränkung, die so groß ist, dass sie zu „allgemeine[r] Auflehnung" führt, weil sie „den Frieden dieser Welt [...] stören muß[ ]" (XI, 294–295). Mit welchem himmelstürmenden epistemischen Ingrimm Freud zu Werke geht, deutet das Vergils *Aeneis* (1. Jh. v. Chr.) entnommene Motto der *Traumdeutung* (1900) an: *Flectere si nequeo superos, Acheronta movebo:* „Kann ich den Himmel nicht umstimmen, will ich den Acheron [die Unterwelt, S. B.] in Bewegung setzen." (Vergil 2008 [1. Jh. v. Chr.], 371)

https://doi.org/10.1515/9783110332681-030

Es sind diese drei Kränkungen, mit denen Freud die Psychoanalyse in die Genealogie der Moderne einschreibt. Im Folgenden werde ich knapp die Epoche der Moderne skizzieren (vgl. Abschnitt 2.) sowie mit der Sublimierung das leitende psychologische Dispositiv darstellen (vgl. Abschnitt 3.). Im Anschluss daran entwickle ich auf der einen Seite die Poetik der Psychoanalyse aus der Beobachtung narrativer Verfahren vor 1900, in deren Zentrum Fragment (vgl. Abschnitt 4.) und Signifikantenlogik stehen (vgl. Abschnitt 5.). Denn bei der Wissenschaft der Psychoanalyse handelt es sich, wie ich zeigen werde, bei genauerer Betrachtung um eine Spielart der modernen Literatur. Auf der anderen Seite führe ich vor, wie die Rezeption der Psychoanalyse in der Literatur zu neuen Darstellungsverfahren, insbesondere narrativen Verfahren führt (Abschnitt 6.). Diese Rezeption prägt das lange 20. Jahrhundert, also auch die sogenannte Postmoderne (Abschnitt 7.).

2. Subjektivität – „transzendentale Obdachlosigkeit" – Sprachkrise

Der Begriff ‚modern' fällt in die Klasse jener Begriffe, von denen der fiktive Schriftsteller Stephen Dedalus in Joyce' *Ulysses* (1922) sagt: „I fear those big words [...] which make us so unhappy." (Joyce 1992 [1922], 38) Schon Ende des fünften Jahrhunderts verwendete Papst Gelasius I. *modernus* als Gegenbegriff zu *antiquus*. Seit dem Mittelalter bezeichnet „das Paradigma ‚antiqui/moderni'" (Gumbrecht 2006a, 42; → IV.3. Mittelalterliche Epik) einen Epochenwechsel. In diesem Sinne verkündet Georg Wilhelm Friedrich Hegel 1807 in der *Vorrede* seiner *Phänomenologie des Geistes*, dass „unsre Zeit eine Zeit der Geburt und des Übergangs zu einer neuen", das heißt ‚modernen' „Periode ist" und dass der „Geist [...] mit der bisherigen Welt seines Daseins und Vorstellens gebrochen [hat]" (Hegel 1988 [1807], 9–10). An der Epochenschwelle zur Moderne „um 1500" stehen die „Entdeckung der ‚Neuen Welt'", die „Renaissance und Reformation" (Habermas 1988 [1985], 13), also ebenso große Kränkungen des kulturellen Selbstverständnisses, wie Freud sie diagnostiziert. Doch erst 1687 löst eine Sitzung der Académie française die *Querelle des Anciens et des Modernes* aus, in deren Folge sich der ‚moderne' Gedanke des historischen und wissenschaftlichen Fortschritts gegen das typologische Denken des Mittelalters und das zyklische der Renaissance durchsetzt. Nicht mehr eine autoritäts- und traditionshörige *imitatio* (Nachahmung) der ewig vorbildhaft leuchtenden Antike leitet seitdem Epistemologie und Poetik, sondern eine – auch mit dem Geniegedanken vereinbare – *aemulatio* (ein Nacheifern). Zugleich entwickelt sich das historische Bewusstsein, dass jede Epoche ihre eigenen Maßstäbe hat und der Betrachtung, ja der empathischen Einfühlung oder des „Nachfühlen[s]" (Dilthey 1990, 317) würdig ist. Noch in Marcel Prousts *À la recherche du temps perdu* (1913–1927; *Auf der Suche nach der verlorenen Zeit*) drückt Charles Swanns „weltmännische", relativistische „Skepsis" einen solchen Historismus aus, „daß die Dinge, die uns gefallen, nicht in sich selbst einen absoluten Wert tragen, sondern daß alles Sache der Epoche [...] und der wechselnden Moden sei" und deshalb „die gewöhnlichste ebensoviel tauge wie die scheinbar distinguierteste" (Proust 1981 [1913], 327).

Das historische Bewusstsein führt zu theoretischen Problemen und Paradoxien, weil – wie Hegel in der *Phänomenologie* erläutert – „die Scheidewand zwischen System und Philosophiehistorie", zwischen Transzendentalität und Empirie, „durchlässig" (Ritter 1964, 706) geworden ist. Was nun aufkommt, ist eine Art sentimentalische Selbstreflexivität, die der naiven guten alten goldenen Zeit nachtrauert. Im Gegensatz zur ‚Moderne' ist die Antike noch nicht auf die Zukunft hin offen und zwingt die Menschen noch nicht zum ständigen Fortschreiten auf ein Ziel hin, das entelechisch in ihnen liegt und teleologisch in der Zukunft einzuholen ist. Über diese Menschen der Antike hält Wilhelm von Humboldt fest: „Sie *waren* bloß, was sie waren. Wir wissen auch, was wir sind, und blicken darüber hinaus. Wir haben durch Reflexion einen doppelten Menschen aus uns gemacht." (Seidel 1962, 234) Solche ‚doppelten Menschen' sind sowohl die ‚schöne Seele', die in Johann Wolfgang Goethes *Lehrjahren* (1795/1796) ihre Betrachtungen anstellt (→ IV.4. BEKENNTNISLITERATUR), als auch die unheimlichen Doppelgänger, die sich in der Schauerromantik herumtreiben, etwa in E. T. A. Hoffmanns *Elixieren des Teufels* (1815/1816) (→ IV.8. LITERATUR DER ROMANTIK). Nicht nur ‚Ich' und ‚Nicht-Ich' stehen sich jetzt gegenüber, sondern auch das Ich und jenes andere, dunkle ‚Ich-und-zugleich-nicht-Ich', das Freud später ‚Es' nennen wird. So ist auch Prousts Swann, der sich in Odette de Crécy verliebt hat, auf einmal in seiner Kutsche „nicht mehr allein, sondern von einem neuen Wesen begleitet, das ihm anhing, mit ihm verschmolz", sodass er „das Gefühl hatte, eine andere Person sei zu ihm hinzugetreten" (Proust 1981 [1913], 304). Auch der seine Liebe reflektierende Swann ist also ein ‚doppelter Mensch'.

Die Urszene des modernen Subjekts inszeniert Francesco Petrarca 1336 in der *Besteigung des Mont Ventoux* (*Ascensus Monti Ventosi*): „[A]llein vom Drang beseelt, diesen außergewöhnlich hohen Ort zu sehen" [sola videndi insignem loci altitudinem cupiditate ductus] (Petrarca 1995 [1336], 4–5), läuft Petrarca dem Himmel entgegen, ohne dazu von Gott beauftragt worden zu sein. Nicht Gott will es, Petrarca will es! So schwingt sich das alte *subiectum* beziehungsweise *hypokeímenon*, physisch zu Fuß den Berg transzendierend, hinauf in die metaphysischen Höhen des selbstständig reflektierenden Ichs – und das heißt: des modernen Subjekts. Eben eine solche Such- und Wanderbewegung konstituiert den Roman der Moderne. Sein Held ist, so zitiert Thomas Mann in seiner Princeton-

Vorlesung zur *Einführung in den Zauberberg* den amerikanischen Schriftsteller Howard Nemerov, „„[t]he Quester Hero'" (Mann 1974, 615). Inbegriff eines solchen Helden und zugleich schon dessen Karikatur ist Don Quijote, von dem Miguel de Cervantes' 1605 erschienener gleichnamiger Roman erzählt. Nicht nur personifiziert Don Quijote das moderne rationale Subjekt ausgerechnet dadurch, dass er zu viele Romane liest und deshalb, mit Georg Lukács gesprochen, in seiner Seele „Göttlichkeit und Wahnsinn" (Lukács 1994 [1920], 87) verwoben sind. Auch ist „die Form des Romans" *Don Quijote* „Ausdruck der transzendentalen Obdachlosigkeit" (Lukács 1994 [1920], 32) jener modernen Zeiten, in denen dem Menschen nicht mehr wie in der ‚seligen' Antike die ganze ‚weite Welt' vertraut ist „wie das eigene Haus" (Lukács 1994 [1920], 21). In diesen Zeiten ist das Ich also aus geschichtsphilosophischer Perspektive nicht mehr ‚Herr im eigenen Haus', wie Freud aus psychologischer Sichtweise diagnostiziert hat.

Freud und Lukács stellen ihre Diagnose vor dem Hintergrund eines problematisch gewordenen Verhältnisses zum Haus, wie es Martin Heidegger als Metapher der Sprache versteht (vgl. Heidegger 2003 [1949], 310). In seinem 1902 verfassten *Brief* lässt wiederum Hugo von Hofmannsthal Lord Chandos an Francis Bacon schreiben: „[D]ie abstrakten Worte, deren sich doch die Zunge naturgemäß bedienen muß, um irgendwelches Urtheil an den Tag zu geben, zerfielen mir im Munde wie modrige Pilze." (Hofmannsthal 1979 [1902], 465) Die Avantgarden des frühen 20. Jahrhunderts (vgl. Bürger 1974) wiederholen mit ihrem Zweifel an der Sprache indes moderne Probleme *à la longue durée*. Wie wichtig gerade im Hinblick auf die Interpretation der Moderne als Sprachkrise der *Don Quijote* ist, macht die prominente Rolle deutlich, die der Roman in Michel Foucaults *Les mots et les choses. Une archéologie des sciences humaines* (1966; *Die Ordnung der Dinge*) spielt: „Die Sprache zerbricht darin ihre alte Verwandtschaft mit den Dingen, um in jene einsame Souveränität einzutreten, aus der sie in ihrem abrupten Sein erst als zur Literatur gewordene wieder erscheinen wird." (Foucault 1971 [1966], 81) Schon im *Don Quijote* kündigt sich also die Einsicht in die Selbstreferentialität der Sprache – ihre „einsame Souveränität" (Foucault 1971 [1966], 81) – an, die meist dem *linguistic turn* zugeschrieben wird (vgl. Gumbrecht 2006b, 27). Dieses Problem ist als Krise der Repräsentation oder Sprachkrise diskutiert worden (vgl. Schiewe 1998), deren Schauplätze die Literatur ‚um 1800' mit derjenigen ‚um 1900' verbinden. Seitdem kreist die Moderne um das Sprach- oder Zeichenproblem, sodass Jean Baudrillards 1981 entstandene postmoderne Theorie sprachlicher Simulacra als Spin-off in dieser Tradition steht.

3. Sublimierung

Sprache und Psychoanalyse bilden Kehrseiten ein und derselben Medaille. Freud führt das Unbewusste und die Sprache, den Traum und die Literatur immer wieder zusammen, während Jacques Lacan das Verhältnis in einem Grundgesetz formuliert: „*[D]as Unbewußte ist strukturiert wie eine Sprache*". (Lacan 1980 [1973], 26) Ist für Freud „das Wohnhaus ein Ersatz für den Mutterleib" (XIV, 450), greift Lacan Heideggers Metapher auf: „Die Sprache ist [...] das Haus des Seins." (Heidegger 2003 [1949], 310) Lacan schreibt: „Die Psychoanalyse sollte die Wissenschaft der vom Subjekt bewohnten Sprache sein." (Lacan 1997 [1981], 288) Sowohl bei Freud als auch bei Lacan geht es mit der Sprache um Formen der Sublimierung und damit um Surrogate des eigentlich begehrten mütterlichen Körpers. In den *Beiträgen zur Psychologie des Liebeslebens* führt Freud 1924 in diesem Sinn aus, „daß etwas in der Natur des Sexualtriebes selbst dem Zustandekommen der vollen Befriedigung nicht günstig ist." Denn aufgrund des Inzesttabus ist „das endgültige Objekt des Sexualtriebes nie mehr das ursprüngliche, sondern nur ein Surrogat dafür. Die Psychoanalyse hat uns aber gelehrt: wenn das ursprüngliche Objekt einer Wunschregung infolge von Verdrängung verlorengegangen ist, so wird es häufig durch eine unendliche Reihe von Ersatzobjekten vertreten, von denen doch keines voll genügt." (VIII, 89–90)

Während allerdings Freud den daraus resultierenden „‚Reizhunger'" als donjuaneske „Unbeständigkeit in der Objektwahl" (VIII, 90) beschreibt, zirkuliert Lacan zufolge das durch die Trennung vom Mutterleib freigesetzte Begehren zwischen Partialobjekten beziehungsweise – darin liegt eine sublimierende Wendung ins Poetische – in der Sprache. Dieses Begehren, das sich Lacan zufolge auf das *objet (petit) a* richtet, kann nie befriedigt werden. „[L]etztlich ist es die Leerstelle des Begehrens, die von verschiedenen Partialobjekten für verschiedene Partialtriebe eingenommen werden kann." (Hammermeister 2008, 67) Das von Lacan sogenannte „*Begehren des Andern*" (Lacan 1980 [1973], 122) ist gleichzeitig auch ein Begehren von immer wieder Anderem. Es ist wie eine unendliche Metonymie strukturiert, die rastlos das *objet (petit) a* von Partialobjekt zu Partialobjekt verschiebt. In Richard Wagners Musikdrama *Tristan und Isolde* (1865) erzeugt die aus dem sogenannten ‚Tristan-Akkord' (f–h–dis'–gis') entwickelte Musik ein solches triebhaftes Vorwärtsstreben, das Sehnsucht als Begehren ausdrückt (vgl. Börnchen 2010):

Abb. 1: Tristan-Akkord aus: Richard Wagner: *Tristan und Isolde*, Einleitung. https://de.wikipedia.org/wiki/Tristan-Akkord#/media/File:Tristanakkord_2.jpg (9. August 2017).

Auch Prousts Swann kennt die Logik der metonymischen Ersetzungen des *objet (petit) a*. So sagt der Erzähler über „die Liebe", dass sie manchmal lange „in uns umher[schwebe]", „unbestimmt und frei, noch ohne festes Objekt" und „sich von einem Tage zum andern abwechselnd einmal an dies oder jenes Gefühl" (Proust 1981 [1913], 44–45) hefte – oder auch an den Klang eines Namens. In diesem Sinne nämlich kommt Swann, für den Odette eine „abwesende, ersehnte, traumhafte Erscheinung" (Proust 1981 [1913], 396) bleibt, in der Konversation auf einen General zu sprechen, weil Odette in der nach ihm benannten Straße Rue La Pérouse wohnt: „Oh, sagte er [...], La Pérouse ... (und schon war Swann so glücklich, als spräche er von Odette). Das ist eine anziehende Gestalt, die mich immer interessiert hat, dieser La Pérouse, setzte er melancholisch hinzu." (Proust 1981 [1913], 453)

Freud hat eben diese psychologische Signatur der modernen Literatur als Umlenkung von nicht abführbaren Triebenergien ins Poetische – also in die Kunstproduktion – als Sublimierung beschrieben. Lacan fasst einen ähnlichen Gedanken unter das Schlagwort des zirkulierenden Begehrens (vgl. Lacan 1991 [1966], 28–29). Bei Freud wird die „Unfähigkeit des Sexualtriebes, volle Befriedigung zu ergeben", „zur Quelle der großartigsten Kulturleistungen, welche durch immer weiter gehende Sublimierung seiner Triebkomponenten bewerkstelligt werden." Das gilt allerdings nur für die Starken unter den Sublimierenden; „die Schwächeren" hingegen „erliegen" der Neurose (VIII, 91). So oder so kehrt freilich die Sublimierungstheorie den Sprachkrisen-Spieß um. Denn nicht *obwohl*, sondern gerade *weil* die Sprache ‚leer' ist, der begehrten Seelen- oder Körper-‚Fülle' ermangelt, erfüllt sie ihren Zweck. Die ‚Leere' der Sprache ist kein unbefriedigender Ersatz des Begehrten, sondern vielmehr gerade Bedingung der Möglichkeit des Begehrens. „Sprache ist ‚leer'", so hält Terry Eagleton im Hinblick auf Lacan fest, „weil sie einfach ein endloser Prozeß von Differenz und Absenz ist: anstatt etwas zur Gänze besitzen zu können, bewegt" man sich „von Signifikant zu Signifikant an einer sprachlichen Kette entlang, die potentiell unendlich ist. [...] Diese potentiell unendliche Bewegung von einem Signifikanten zum nächsten ist es, die Lacan mit Begehren meint." (Eagleton 1997 [1983], 156) Dessen rätselhafte und viel diskutierte Formel vom „*Begehren*", welches „*das Begehren des Andern*" (Lacan 1980 [1973], 122) sei, lässt sich insofern als – poetisches – Begehren des Begehrens selbst verstehen. Und auch diesen Gedanken kennt schon Prousts Swann, weil „seine Liebe" kaum noch „physische[s] Verlangen" nach Odette beinhalte, sondern sich sein Verlangen vielmehr auf die von Odette abgelöste Liebe selbst richte, auf die „eins mit ihm" selbst gewordene „Krankheit" „der ständigen schmerzlichen Unruhe seines Innern" (Proust 1981 [1913], 407–408).

4. Poetik des Fragments

Krankheiten (auf-)schreiben – das ist es, was die Psychoanalyse mit der Literatur verbindet. Die Art und Weise dieses Schreibens haben Novelle und Roman im 19. Jahrhundert eingeübt und psychologisiert. „[M]ich selbst", teilt Freud 1922 in der abschließenden Edition der bereits 1895 gemeinsam mit Josef Breuer veröffentlichten *Studien über Hysterie* mit, „berührt" es „eigentümlich, daß die Krankengeschichten, die ich schreibe, wie Novellen zu lesen sind, und daß sie sozusagen des ernsten Gepräges der Wissenschaftlichkeit entbehren" (I, 227; → IV.6. FALL-GESCHICHTE). Die Konsequenz des Satzes kann als fundamentale Selbstkritik des aufgeklärten Wissenschaftsprojekts verstanden werden: Psychoanalyse ist eine Spielart der Literatur – und zwar der modernen. Zugrunde liegt dem Vergleich von Krankengeschichte und Novelle Johann Wolfgang Goethes Definition der letzteren als „eine sich ereignete unerhörte Begebenheit" (MA 19, 203), sodass diese und die Krankengeschichte das gattungskonstitutiv ‚unerhörte', notorisch sexuelle Moment teilen. Dass die Psychoanalyse „Inhalte[ ] des Sexuallebens" beim „richtigen Namen [nennt]", veranlasst Freud gegenüber den „Damen" in seiner Vorlesung zu der Bemerkung, dass es „keine Wissenschaft in usum delphini" gebe. Dabei spielt er auf jene um anstößige Stellen bereinigten Klassikerausgaben an, wie sie der französische Thronfolger, der Dauphin, zu lesen bekam; auch will er „keine" Vorlesungen „für Backfischchen" (XI, 155) halten. Sowohl die Krankengeschichten als auch die „Romane", welche die „Kranken [...] selbst erdichten" (I, 381) setzen Leserinnen und Leser voraus, die etwas aushalten.

Mit dem Verweis auf Novelle und Roman – Freud führt psychoanalytische Anamnese und literarische Gattung etwa 1909 im Essay über den *Familienroman der Neurotiker* eng (vgl. VII, 225–231; → IV.5. FAMILIENROMAN) – markiert er also die Literarizität beziehungsweise Poetizität der Psychoanalyse, das heißt ihre „poeticalness" (Jakobson 1960, 377), aufgrund derer diese Wissenschaft mit der „cartesische[n] [...] Logizität" (Blumenberg 1998 [1960], 10) nicht mehr zu vereinbaren ist. Doch hat sein Hinweis auf die Gattung der Novelle auch einen historischen Index. Denn bei der narrativen Form, wie Giovanni Boccaccio sie mit dem *Decamerone* (1353; *Dekameron*) prägte, handelt es sich um die erste genuin moderne Gattung. Wie der in der Spätantike entstandene Prosaroman ist die grundsätzlich – es gibt jedoch Ausnahmen – in nicht gebundener Sprache gehaltene Novelle nicht in der antiken Gattungstrias vorgesehen. In diesem Sinne von ,nachantik‘ sind diejenigen *genera humilia* gleichermaßen ,modern‘ (vgl. Schlaffer 1993), in denen überhaupt erst die Bedingungen der Möglichkeit für die beiden Probleme geschaffen worden sind, die die Moderne beschäftigen: das Subjekt sowie die Sprache. Schon Heinrich von Kleist spricht 1801 in seinem sogenannten Sprachskepsisbrief an seine Schwester von der Bruchstückhaftigkeit der Seele sowie ihrer Darstellung: „Ach, Du weißt nicht, wie es in meinem Innersten aussieht.“ – „[G]ern möchte ich Dir Alles mittheilen, wenn es möglich wäre. Aber es ist nicht möglich, und wenn es auch kein weiteres Hinderniß gäbe, als dieses, daß es uns an einem Mittel zur Mittheilung fehlt. Selbst das einzige, das wir besitzen, die Sprache taugt nicht dazu, sie kann die Seele nicht mahlen und was sie uns giebt sind nur zerrissene Bruchstücke.“ (Kleist 1999, 204)

Kleist schreibt diese Sätze wenige Jahre, nachdem Karl Philipp Moritz zwischen 1783 und 1793 mit dem *Magazin zur Erfahrungsseelenkunde* die erste deutsche psychologische Zeitschrift mitherausgegeben hat. Moritz’ *Anton Reiser* (1785–1790) wiederum begründet mit Goethes *Lehrjahren* (1795/1796) die Gattung des Bildungs- oder Entwicklungsromans. Nachdem bereits Moritz’ *Psychologischer Roman* Fragment geblieben ist, stellt Hofmannsthal im Essay über *Gabriele d’ Annunzio* (1893) für die Moderne fest: „Heute scheinen zwei Dinge modern zu sein: die Analyse des Lebens und die Flucht aus dem Leben. Gering ist die Freude an Handlung, am Zusammenspiel der äußeren und inneren Lebensmächte, am Wilhelm-Meisterlichen Lebenlernen [...].“ (Hofmannsthal 1979 [1893], 176) Es ist diese moderne Form im Spannungsfeld von Fragment und ,ganzem Leben‘, der Freud 1901 mit dem Titel seines *Bruchstücks einer Hysterie-Analyse* folgt. Denn gerade die Verwandlung, um nicht zu sagen Heilung, einer bruchstückhaften Lebensgeschichte in eine narrativ zwingende, das heißt kausal motivierte Entwicklungsgeschichte ist das Ziel der Psychoanalyse, wie Freud sie beschreibt. Dabei sieht er sich mit Fragmenten und Relikten konfrontiert, die ihn bei der Niederschrift zum Erzähler und Archäologen der Seele machen:

> Angesichts der Unvollständigkeit meiner analytischen Ergebnisse blieb mir nichts übrig, als dem Beispiel jener Forscher zu folgen, welche so glücklich sind, die unschätzbaren wenn auch verstümmelten Reste des Altertums aus langer Begrabenheit an den Tag zu bringen. Ich habe das Unvollständige nach den besten mir von anderen Analysen her bekannten Mustern ergänzt, aber ebensowenig wie ein gewissenhafter Archäologe in jedem Falle anzugeben versäumt, wo meine Konstruktion an das Authentische ansetzt. (V, 169–170)

Im Vergleich mit ‚bekannten Mustern' der Gattung konstruiert Freud das „Authentische" seiner Erzählung. Die Krankengeschichte stellt insofern das Gegenstück der Analyse (griech. *analyein*: auflösen, zergliedern) dar, als sie die „Zerstücklungen" in eine narrative Ordnung zu bringen, ihre Lücken zu schließen und damit eine „synthetische Übersicht" (XII, 138–140) herzustellen hat:

> Im Verlaufe der Behandlung trägt dann der Kranke nach, was er zurückgehalten oder was ihm nicht eingefallen ist, obwohl er es immer gewußt hat. Die Erinnerungstäuschungen erweisen sich als unhaltbar, die Lücken der Erinnerung werden ausgefüllt. Gegen Ende der Behandlung erst kann man eine in sich konsequente, verständliche und lückenlose Krankengeschichte überblicken. Wenn das praktische Ziel der Behandlung dahin geht, alle möglichen Symptome aufzuheben und durch bewußte Gedanken zu ersetzen, so kann man als ein anderes, theoretisches Ziel die Aufgabe aufstellen, alle Gedächtnisschäden des Kranken zu heilen. (V, 175)

Diese Heilung besteht darin, die „Lücken" seiner Geschichte und die „[V]eränder[ungen]" der „Zeitfolge" ihrer „Begebenheiten" zu rekonstruieren: „Die beiden Ziele fallen zusammen; wenn das eine erreicht ist, ist auch das andere gewonnen [...]." (V, 175) Mit der defragmentierten, narrativ synthetisierten, teleologisierten Geschichte verschwinden die Symptome, und Patientin oder Patient sind geheilt. Die Krankengeschichte zu ordnen und zu verstehen, heißt die Symptome abzuschaffen: „[M]an löst die Symptome, indem man nach der psychischen Bedeutung derselben forscht." (V, 201)

Doch im *Bruchstück* entscheidet Freud sich ausdrücklich dagegen, dem Fall Dora (alias Ida Bauer) „[e]ine lückenlose und abgerundete Krankengeschichte voran[zu]schicken". Denn das hieße, die Leserinnen und Leser „unter ganz andere Bedingungen versetzen, als die des ärztlichen Beobachters waren" (V, 173) – nämlich unter die Bedingungen einer von Anfang an ‚gesunden' Geschichte. ‚Gesund' ist eine Geschichte, wenn sie ‚vollständig', ‚lückenlos', ‚abgerundet', „glatt[ ]" und „exakt[ ]" ist. Die „Kranken" hingegen zeichnet die Unfähigkeit „zur geordneten Darstellung ihrer Lebensgeschichte" aus; ihre Erzählungen sind „dunkel[ ]", „zerrissen", weisen „Lücken und Rätsel" (V, 173–174) auf. Eine *Kranken*-Geschichte verliert also ihren Gegenstand, indem sie sich den Erwartungen an eine Kranken-*Geschichte* unterwirft. Fragmentarisch nur wird sie ihrem Gegenstand gerecht, weil das Fragment Symptome nicht auf Begriffe bringt oder erzählend aufhebt, sondern darstellt und in der Art und Weise der Darstellung ausstellt. In ihrer Fragmentarität sind sie authentischer, als es vollständige Krankengeschichten sein könnten.

5. Signifikantenlogik

Was in den Bruchstücken die Form ist, das sind in der *Traumdeutung* die poetischen Prinzipien, die Seele und Literatur zu austauschbaren Variablen ein und derselben Struktur machen (→ II.1. SEMIOTIK). „Reden komponieren kann die Traumarbeit nicht" (XI, 185), erläutert Freud. Denn die „schöpferische' Phantasie kann ja überhaupt nichts erfinden, sondern nur einander fremde Bestandteile zusammensetzen" (XI, 175). Deshalb kehren in den zentralen poetischen Prinzipien der Traumarbeit die vier Änderungskategorien der antiken Rhetorik – *adiectio, detractifo, transmutatio, immutatio* – wieder (→ II.2. RHETORIK UND POETIK). Zur „*Verdichtung*" als „abgekürzter Übersetzung" des „latenten Traum[s] in den manifesten" (XI, 174) gehört die *detractio* (der Wegfall). Die „*Verschiebung*" als „Ersetzung durch eine Anspielung" (XI, 177) entspricht der *immutatio* (dem Ersatz). Die „Umkehrung [...] der Reihenfolge der Begebenheiten, so daß die kausal vorangehende der ihr nachfolgenden im Traume nachgesetzt wird" (XI, 183), ist die *transmutatio* (Umstellung). Ist durch eine solche Umstellung „das Material" des Traums, wie es „oft" geschieht, nach einem „ganz mißverständlichen Sinn angeordnet", so werden nach Art der *adiectio* (Hinzufügung) „Einschübe vorgenommen" (XI, 185).

Auch die rhetorischen Substitutionsfiguren (Tropen) wie Metapher, Metonymie oder Ironie, das heißt Figuren „der ‚similitudo' (der Ähnlichkeit), der ‚vicinitas' (der Nachbarschaft) und des ‚contrarium' (des Gegensatzes)" (Groddeck 1995, 209), spielen in der Psychoanalyse eine zentrale Rolle. Dabei gilt für die Verneinung qua *contrarium* die hermeneutische Regel: „Ein Element im manifesten Traum [...] kann [...] ebensowohl sich selbst bedeuten wie seinen Gegensatz oder beides zugleich; erst der Sinn kann darüber entscheiden, welche Übersetzung zu wählen ist." (XI, 181) Ähnlichkeiten wiederum können für Freud in der Sache oder in den Worten liegen, wie sie Freud sowohl in der *Traumdeutung* als vor allem auch in der Studie *Der Witz und seine Beziehung zum Unbewußten* (1905) beschreibt (→ IV.7. WITZ). Dabei widmet er vor allem dem Körper als Medium rhetorischer Entstellungen besondere Aufmerksamkeit (→ IV.2. KOMÖDIE).

Genau solch assoziative, mitunter ‚lose' oder unernste Verbindungen, die sich hermeneutisch mutwillig mal auf das Wort selbst statt auf seine Bedeutung, mal auf das eigentlich Gesagte statt auf das anscheinend figürlich Bedeutete stützen (vgl. XI, 175; 179), zeichnen freilich die ‚Signifikantenlogik' der Moderne aus. James Joyce' letzter Roman *Finnegans Wake* (1939) macht den von Freud als „Überdeutung" beschriebenen translingualen Treppenwitz – „[a]uf der Treppe spucken" führt, „da ‚Spuken' eine Tätigkeit der Geister ist, bei loser Übersetzung zum ‚*esprit d'escalier*'", dem „Treppenwitz" (II/III, 253, Anm. 1) –, nun allerdings mit dem denkbar höchsten Anspruch an Intellekt und Bildung, zum zentralen poetischen Prinzip. So lassen sich mindestens zehn Sprachen finden, aus deren Wort-„Elementen" die Worte von *Finnegans Wake* „konstruiert[ ]", das heißt „[z]usammen[ge]setz[t]" sind. „The Mookse" etwa verweist auf englisch *moose*, lateinisch *mucus* und griechisch *muxa* (Weninger 1984, 31–33).

Umgekehrt blamiert sich in Prousts *Recherche* Doktor Cottard, der aus der „Provinz" kommt und unfreiwillig kalauernd „alles wörtlich" (Proust 1981 [1913], 267) nimmt, wenn er „nur den Klang der Wörter ‚blanker ... Stil' erhascht" und „ohne die Nase vom Teller zu heben" fragt: „‚Blanka? Von Kastilien?[...]'" (Proust 1981 [1913], 333). Oder wenn er die in witziger Absicht so genannte „Kreuzottersonate" „eifrig" in „Kreutzersonate" verbessert (Proust 1981 [1913], 349). Der Doktor ist genauso „entsetzlich" (Mann 2002 [1924], 451) wie Karoline Stöhr, die in Manns *Zauberberg* (1924) verlangt, man solle am Grab Joachim Ziemßens die „‚Erotika' von Beethoven" spielen (Mann 2002 [1924], 813). Gerade eine solche Fehlleistung jedoch trifft insofern ins Schwarze, als damit endlich einmal jene Attraktivität des männlichen Körpers thematisiert wird, die der Roman ansonsten wie ein Tabu behandelt und verdrängt. Astrid Lange-Kirchheim hat gezeigt, wie „die proklamierte Ächtung der Homosexualität" im *Zauberberg* mit ihrer „latente[n] Ubiquität zusammenfällt": „‚Sie saßen im *Winkel* [...] an einem Bambus-*tabu*-rett mit [...] o-r-na-me[-n-]t-ie-rter Messingplatte [...]' – was in diesem Zimmer geschieht, bricht Tabus" (Lange-Kirchheim 2000, 180).

Bereits vor solchen manieristischen Zeichenspielen fordert Franz Kafka 1917: „Zum letztenmal Psychologie!" (Kafka 1992, 81) und verspürt „Übelkeit nach zuviel Psychologie". Er notiert: „Wenn einer gute Beine hat und an die Psychologie herangelassen wird, kann er in kurzer Zeit und in beliebigem Zickzack Strecken zurücklegen, wie auf keinem andern Feld. Da gehen einem die Augen über" (Kafka 1993, 423). Trotzdem hat gerade Kafka selbst, von einem Signifikanten zum nächsten springend und dabei Haken schlagend, in kurzer Zeit beliebige Zickzackstrecken zurückgelegt. Seine Texte sind allesamt „*am Signifikantenmaterial entlanggeschrieben*" (Liebrand 2008, 208): „Der Heizer" auf dem Schiff zum Beispiel, auf dem der verschollene Karl Roßmann „*[h]erumirr[t]*", ist „nicht nur *verrückt, irre*, Karl, der im Schiff *herumirrende* und *irre* an die Tür klopfende, vermutet, dass der Heizer auch *Ire, Irländer* sei." (Liebrand 2008, 280; *Der Verschollene* [1912/1913 – als *Amerika* postum 1927])

Die moderne Lyrik radikalisiert eine solche Signifikantenlogik, achtet sie ja immer schon auf Silbenlängen, Alliterationen und Assonanzen und – das allerdings erst nachantik – auf den Reim. In der „reinen Poesie", deren „Geschichte" die Moderne im Sinne der Epoche von „der Weimarer Klassik bis zur historischen Avantgarde" (Brokoff 2010) umfasst, strebt die Lyrik sogar danach, sich ganz von der Bedeutung zu lösen. So haben es in der Nachfolge der L'art-pour-l'art-Emphase von Charles Baudelaires *Fleurs du Mal* (1857; *Blumen des Bösen*)

Stéphane Mallarmé oder Arthur Rimbaud versucht. Kein Zufall, dass Mallarmés Langgedicht *Un coup de dés* (1897; *Ein Würfelwurf*) in seinem Zugleich von extremer formaler, auch typographischer Komplikation und geradezu antihermeneutischer Sinnverweigerung die Dekonstruktion inspiriert hat, ja sogar Jacques Derrida zum Dichten gebracht wird. So spielt er in der *Dissemination* (1972) mit den (Beinahe-)Homophonien „L'ANTRE DE MALLARMÉ [Mallarmés Höhle]", „L',ENTRE' DE MALLARMÉ [Mallarmés ,Zwischen']" und „L'ANTRE-DEUX ,MALLARMÉ' [zwischen zwei ,Mallarmés']" (Derrida 1995 [1972], 202). Ist das „frei[es]" „[A]ssoziieren" (IV, 33) im Sinn der Psychoanalyse? Ist das *écriture automatique* im Sinne von André Bretons *Manifeste du Surréalisme* (1924; *Manifest des Surrealismus*)? Ist das Kalauerei im Sinn von Ernst Jandls Lautgedichten – etwa *ottos mops* (1963)? Oder ist es eher doch ein mutwilliges Spiel mit *misheard lyrics*, wie man sie noch heute bei YouTube findet? Da hört man die Bee Gees statt „'Cause we're living in a world of fools / Breaking us down": „'Cause we're living in a world of fruits / breaking arse down" singen und Tom Jones statt „Venus was her name": „penis was her name". Selten ist wohl Otto Fenichels *Symbolische Gleichung: Mädchen = Phallus* (1936) lyrisch so anschaulich geworden wie in dieser postavantgardistisch-populärkulturellen *écriture youtube*.

6. Innerer Monolog und Bewusstseinsstrom

Dass Fragmentarität und Signifikantenlogik nicht irgendwelche Darstellungstechniken sind, sondern dass die Poetik der Psychoanalyse im Zusammenhang mit der Defragmentierung des modernen Subjekts steht, zeigt gerade Freuds Reihungsstil. In seiner Studie über den ,kleinen Hans', *Analyse der Phobie eines fünfjährigen Knaben* (1909), reiht er „Bruchstücke zur Rekonstruktion": *„Eine wirkliche Begebenheit – aus sehr früher Zeit – Schauen – Unbewegtheit – Sexualprobleme – Kastration – der Vater – etwas Schreckliches."* (XII, 60) Sie erinnern nicht zufällig an die assoziativen, mit typographischen Mitteln hektisch punktierten und von Aposiopesen durchsetzten Reden zerfallender Subjektivität, wie sie 1836/1837 schon Georg Büchners *Woyzeck* enthält. Ein Dramenfragment, das aufgrund seiner Form von der Philologie als ,Bruchstück zur Rekonstruktion' behandelt wird: „WOYZECK erstickt. Immer zu – immer zu! [...] Weib! Das Weib is [sic] heiß, heiß! – Immer zu, immer zu! – *Fährt auf:* Der Kerl, wie er an ihr herumgreift, an ihrem Leib! Er, er hat sie – wie ich zu Anfang." (Büchner 1965 [1836/1837], 125) In Drama und Prosa der Avantgarden des 20. Jahrhunderts wird dieser Stil mit seinem psychoanalytischen Aufforderungscharakter dann geradezu zur Manier, so etwa beim praktizierenden Psychoanalytiker Arthur

Schnitzler. Der innere Monolog in der 1900, im selben Jahr wie die *Traumdeutung*, veröffentlichten Erzählung *Leutnant Gustl* führt nicht nur assoziative Gedankensprünge in alltagssprachlicher und mundartlicher Verschleifung des Leutnants vor, sondern reflektiert sogar ausdrücklich ihre Unordnung: „Jetzt könnt' ich mir doch endlich einmal die Geschichte ordentlich überlegen ... überlegt werden muß ja alles werden ... [...] Was denn? ... – Nein, ist die Luft gut ... man sollt' öfters bei Nacht in' Prater geh'n ..." (Schnitzler 2012 [1900], 217)

Ein solcher innerer Monolog wird 1887 erstmals von Émile Dujardin in *Les lauriers sont coupés* (*Die Lorbeerbäume sind geschnitten*) erzählerisch praktiziert, wie auch als solcher in *Le monologue intérieur* (1931) benannt (vgl. Cohn 1978). Er zeichnet sich dadurch aus, dass der „Erzählrahmen aufgegeben ist", sodass „vollständig aus der Darstellung der Bewusstseinsvorgänge einer Figur" (Martínez und Scheffel 2012, 61) erzählt wird. Aus narratologischer Perspektive nimmt dadurch der Grad an Mittelbarkeit des Erzählens ab (vgl. Martínez und Scheffel 2012, 62). Doch das Arrangement hat seine Grenzen, weil „die Figuren wider alle psychologische Wahrscheinlichkeit wiederholt ihr eigenes Tun und Handeln kommentieren: ‚Ich stehe jetzt auf ...' u. ä." (Martínez und Scheffel 2012, 61). Aufgrund der damit einhergehenden geradezu ostentativen Theatralität tendiert ein innerer Monolog wie der in Schnitzlers *Fräulein Else* (1924) zum Drama. Die Unmittelbarkeit des Erzählens nimmt noch weiter zu, wenn der innere Monolog seine kommunikative Dimension vollends einbüßt. Im sogenannten Bewusstseinsstrom (*stream of consciousness*), der „dem Prinzip der freien Assoziation verpflichtet" ist (Martínez und Scheffel 2012, 62–63), fehlt jede Vermittlung der Ereignisse. Unter dem Einfluss eines in Selbstmordabsicht genommenen Beruhigungsmittels dämmert Else dahin: „Ich fliege ... fliege ... fliege ... schlafe und träume ... und fliege ... nicht wecken ... [...] ich träume ... ich schlafe ... ich träu... träu – ich flie......" (Schnitzler 2012 [1924], 194)

Schnitzler verwendet für den Prozess, in dem Else ihr Bewusstsein verliert, einen sexuellen Topos. Als Zeitgenosse weiß er, dass Freud „die oft so schönen Flugträume, die wir alle kennen", ausdrücklich als „Träume von [...] sexueller Erregung" (XI, 156) bestimmt hat. Zwei Jahre vor Schnitzler hat Joyce' im *Ulysses*, der mit Molly Blooms Bewusstseinsstrom endet, dasselbe narrative Verfahren recht ausdrücklich sexuell verwendet: „[A]nd then he asked me would I yes to say yes my mountain flower and first I put my arms around him yes and drew him down to me so he could feel my breasts all perfume yes and his heart was going like mad and yes I said yes I will Yes." (Joyce 1992 [1922], 933) Wenn aber der Bewusstseinsverlust qua Sedierung formal genauso behandelt wird wie die sexuelle Erregung, dann zeichnet sich dieses narrative Verfahren durch einen hohen Grad an Vagheit aus.

Weil alles im Bewusstseinsstrom dargestellt werden kann, betrifft seine Unmittelbarkeit – technisch gesprochen – lediglich die medientechnische Simulation der Nähe zur Figur. Dann soll für den Bewusstseinsstrom gelten, was Freud zu Beginn seines *Bruchstücks* sagt, als er die andernorts sich selbst attestierte „Gabe eines phonographischen Gedächtnisses" (XV, 3) offenbar verloren hat: „Die Niederschrift ist [...] nicht absolut – phonographisch – getreu, aber sie darf auf einen hohen Grad von Verläßlichkeit Anspruch machen." (V, 167) Friedrich Kittler leitet von diesem Zitat die „Gründung der Psychoanalyse auf dem Ende des Schriftmonopols" (Kittler 1993, 64) her. So gesehen sind die Bruchstückhaftigkeit und die Quasioralität des Bewusstseinsstroms die narratologische Entsprechung eines modernen Mediendispositivs (→ II.8. MEDIENTHEORIE) – jenes Phonographen, dessen präzise Medientechnik in Bram Stokers *Dracula* (1897) das Unwahrscheinliche der Geschichte zu authentifizieren suggeriert. Im Umkehrschluss bleibt am Ende des Romans (Kittler zitiert Stokers abschließende „Note") „‚kaum ein einziges authentisches Dokument; nichts als eine Masse von Blättern voll Maschinenschrift'" (Kittler 1993, 53).

Im Gegensatz dazu würde sich Prousts Swann durch den „allein vom Phonographen reproduzierte[n] schöne[n] Stimmklang" der Mutter „über ihren Verlust nicht [...] trösten" (Proust 1981 [1913], 508) lassen. Wenn ihn nämlich irgendetwas über den Verlust der Zeit zu trösten vermag, dann ist es nicht die phonographische, sondern die erzählerische Rekonstruktion der Vergangenheit. Hier ähnelt Proust auf schlagende Weise Freud – und das, obwohl er möglicherweise keinen einzigen Text Freuds gelesen hat: „Proust [...] hastened to state that [...] ‚he had not read his books' [...]." (Surprenant 2013, 107) So heißt es über die Liebe des Erzählers zu Gilberte – und damit ist nichts anderes beschrieben als die zugleich mit der „Traumarbeit" erfolgende psychoanalytische „Rekonstruktion" von Erinnerungs-„Bruchstücke[n]" (XII, 71; 60): „Und während meine Liebe" – wie Penelope in Homers *Odyssee* (um 700 v. Chr.) – „jeden Abend die schlecht verrichtete Arbeit des Tages wieder aufdröselte, war im Dunkel meines Selbst eine Unbekannte am Werk, die die abgerissenen Fäden nicht einfach hängen ließ, sondern sie [...] in einer ganz anderen Ordnung [...] wieder zusammenknüpfte." (Proust 1981 [1913], 542) Dadurch „stellte sie alle Handlungen Gilbertes, die mir unerklärlich waren, alle ihre Fehler, die ich bei mir entschuldigt hatte, in einer Folge zusammen. Dadurch bekamen sie einen Sinn." (Proust 1981 [1913], 543) Auch hier führt also die Vorstellung des ‚In-eine-Folge-Bringens' von Bruchstücken, sodass diese Reihe Sinn und Verständlichkeit erzeugt, zu einer Defragmentierung des Subjekts – eine Vorstellung, die wiederum für die im 19. Jahrhundert mit E. T. A. Hoffmanns *Fräulein von Scuderi* (1819/1821) und Edgar Allan Poes Auguste-Dupin-Erzählungen aufkommende Detektivgeschichte genrekonstitutiv ist (→ IV.10. KRIMINALLITERATUR).

7. Die Post-Moderne

Weder beginnt die internationale Moderne um 1900, noch endet sie 1933 in Deutschland mit der Machtergreifung der Nationalsozialisten oder 1945. Vielmehr bestimmt die Moderne vor dem Hintergrund des psychoanalytischen Paradigmas das gesamte lange, von zwei Weltkriegen geprägte 20. Jahrhundert. Ebenso wie der Poststrukturalismus Strukturalismus ist, ist die Postmoderne Moderne – sei es als Fortsetzung, Wiederholung, Verdrängung, Verleugnung oder Überbietung der Klassischen Moderne beziehungsweise Hochmoderne der 1910er und 1920er Jahre. Einerseits greifen die Autorinnen und Autoren nach 1945 sowohl die Verfahren als auch die großen Mythen der Moderne an, wenn es gilt, die jüngste historische Vergangenheit zu bewältigen (→ IV.13. TRAUMALITERATUR; → IV.14. NACHKRIEGSLITERATUR). Andererseits setzt die Freud-Rezeption ein (→ II.4. POSTSTRUKTURALISTISCHE THEORIE), die Freuds Theorie in psychologischer, linguistischer, ethischer, wirtschaftlicher und politischer Hinsicht kritisch überprüft (→ II.3. KRITISCHE THEORIE). Notorisch wurden die lustvollen Beschimpfungen, die Vladimir Nabokov, sicher eine der prominentesten Leitfiguren postmodernen Schreibens, gegen die Psychoanalyse richtet: „I reject completely the vulgar, shabby, fundamentally medieval world of Freud, with its crankish quest for sexual symbols", heißt es etwa in *Speak Memory* (1966; *Erinnerung, sprich*; Nabokov 1966, 20). Jean-Michel Rabaté hat jedoch, insbesondere mit Blick auf die Inzestgeschichte *Ada* (1969) und dann auf *Lolita* (1955), darauf hingewiesen, dass die grellen Anti-Freud-Tiraden Nabokovs die sein Werk durchziehende Auseinandersetzung mit der Psychoanalyse verdecken sollen: „Nabokov's rants conceal the deeper joke that the plot of *Lolita* literalizes the syntagm of ‚the child therapist' by transforming it into ‚the rapist'." (Rabaté 2014, 2) Auf dem Feld klassisch-modernen Schreibens und psychoanalytischer Theorie nimmt im Kontext deutschsprachiger Literatur Peter Weiss 1961 *Abschied von den Eltern* und entwirft später seine *Ästhetik des Widerstands* (1975–1981), erzählen aber auch eine Generation später Elfriede Jelinek und noch eine Generation später Daniel Kehlmann ihre Romane. In den 1970er Jahren radikalisiert Heiner Müller in seinen Stücken die Techniken fragmentierten, seriellen, dezentrierten, subjektlosen Sprechens und objektlosen Begehrens, wie vor allem in der 1977 entstandenen *Hamletmaschine*. Dieser Text prägt nachfolgende Generationen von Dramatikerinnen und Dramatikern bis heute, insbesondere wiederum Jelinek und Sarah Kane.

Doch auch dort, wo keine bewusste Entscheidung für die Psychoanalyse stattfindet, kann man ihr – post-modern – nicht entkommen. In seiner Autobiographie polemisiert Elias Canetti im Hinblick auf die 1930er Jahre:

> Die psychoanalytische Verseuchung hatte Fortschritte gemacht [...]. Im allgemeinen war es [...] so, daß [...] nichts gesagt werden konnte, ohne daß es durch die Motive, die dafür sofort bei der Hand waren, entkräftet wurde. Daß für alles dieselben Motive gefunden wurden, die unsägliche Langeweile, die sich von ihnen verbreitete, die Sterilität, die daraus resultierte, schien wenige zu stören. [...] Wo das Denken *einsetzen* sollte, quakte ein vorlauter Chor von Fröschen. (Canetti 1994 [1985], 138)

Doch Canettis Verhältnis zur Psychoanalyse ist, genau betrachtet, eher Verleugnung als Ablehnung: Zu groß ist seine poetologische Affinität zur – vielleicht mehr noch Lacan'schen als Freud'schen – Psychoanalyse. So bietet etwa seine Jugendgeschichte *Die gerettete Zunge* (1977) eine geradezu lehrbuchmäßig anmutende Illustration von Lacans Theorie der Sprache als Surrogat des begehrten Mutterleibes. *Deutsch am Genfersee* (Canetti 2003 [1977], 84) heißt das Kapitel, das in London beginnt und – wie die „früheste Erinnerung" des kleinen Elias – zu Anfang „in Rot getaucht" (Canetti 2003 [1977], 9) ist. Nicht nur sieht er „verzückt die hohen, roten Autobusse", in denen er – wohlgemerkt – „oben [...] fahren" will (Canetti 2003 [1977], 84) – man könnte hier mit Freud von einem „exquisit sexuelle[n] Sinn" (XI, 167) sprechen –; „rotgeschminkt[ ]" sind auch die „Wangen" beziehungsweise „rot" sind die – wohlgemerkt – „Backen" seiner „blitzenden Tante" Esther, die er in ihrer „klein[en]", „[p]uppenzimmer[artigen]" Wohnung – einem Ort mutterleibartiger Geborgenheit – „immer wieder" „küss[t]", wenn er nicht gerade an ihren „herunter[gelassenen]" „Haare[n]" riecht. Sie sind „parfümiert[ ]", und das findet der kleine Elias zwar anziehend, aber auch „unheimlich" (Canetti 2003 [1977], 84–85). Die Tante ist also ein verruchter Ersatz der – so beschwört es Canetti immer wieder – über alles geliebten Mutter.

Mit der Mutter macht der kleine Elias wenig später Station in Lausanne. „Es war alles sehr hell, immer ging eine leichte Brise, ich liebte das Wasser, den Wind und die Segel, und wenn die Musikkapelle spielte, war ich so glücklich, daß ich die Mutter fragte: ‚Warum bleiben wir nicht hier'", also in der als *locus amoenus* beschriebenen Mutter-Kind-Dyade, „„hier ist es am schönsten.'" Da stößt ihn die Mutter plötzlich von sich und in die Sprache hinein, in der Canetti davon erzählt: „„Du mußt jetzt deutsch lernen', sagte sie, ,du kommst nach Wien in die Schule'." (Canetti 2003 [1977], 85) Canettis Ambivalenz zeigt, dass sich die Autorinnen und Autoren des 20. Jahrhunderts ironischerweise selbst dann, wenn sie die Psychoanalyse ablehnen oder leugnen, ihr gegenüber in einer Situation befinden, die dem von Freud beschriebenen Traum ähnelt. Denn auch für sie gilt, dass „Gegensätze" nicht von „Übereinstimmungen" unterschieden werden können, dass ein „Nein'" wie „im Traume nicht zu finden ist, wenigstens kein[ ] unzweideutige[s]" (XI, 181). Dass aber das ‚Nein' zur Psychoanalyse, wie es Autorinnen und Autoren der Klassischen Moderne immer wieder artikulierten, zugleich auch, ja gerade deren Bejahung bedeutet, das verwundert insofern nicht, als es sich bei der Psychoanalyse eben um eine Spielart jener modernen Literatur handelt, zu der sich ihre Autorinnen und Autoren emphatisch bekennen.

So oder so zeichnet sich die Psychoanalyse, wie Freud sie einst entworfen hat und wie sie im 20. Jahrhundert weiterentwickelt worden ist, durch zwei Tendenzen aus, die auch die moderne Literatur charakterisieren. Das ist zum einen die Zunahme von Leerstellen, wie Wolfgang Iser sie für den modernen Roman seit dem 18. Jahrhundert bis hin zum *Ulysses* beschrieben hat (vgl. Iser 1971 [1970], 24). Und das ist zum anderen der mit immer größerer theoretischer Aufrüstung betriebene hermeneutische Kampf gegen diese von der Psychoanalyse, dabei dem literarischen Muster des Entwicklungsromans folgenden, pathologisierten Unbestimmtheit. Ein solches Deutungsbemühen aber kann in jenen „‚Beziehungswahn'" (XIII, 199), „Deutungswahn" (Lacan 2002 [1932/1975], 30) oder auch in jene Paranoia umschlagen, zu deren Symptomen, so Freud in der *Traumdeutung*, „[b]arocke Gedankenverbindungen und Schwäche des Urteils" (II/III, 95) zählen. Obwohl weder der Anfang der Moderne noch ihr Ende mit einem einfachen Datum festgelegt werden können, bleibt der Held auch in der Postmoderne zunächst und bis auf Weiteres ein Don Quijote.

Literatur

Baudrillard, Jean. *Simulacra and Simulation*. Übers. von Sheila Faria Glaser. Ann Arbour 1995 [1981].

Blumenberg, Hans. *Paradigmen zu einer Metaphorologie*. Frankfurt a. M. 1998 [1960].

Börnchen, Stefan. „Tristans Gleitakkord. Wagners *Objet petit a*-Moll". *Transmission. Übertragung – Übersetzung – Vermittlung*. Festschrift zu André Michels 60. Geburtstag. Hrsg. von Georg Mein. Wien 2010: 205–229.

Brokoff, Jürgen. *Geschichte der reinen Poesie. Von der Weimarer Klassik bis zur historischen Avantgarde*. 2. Aufl., Göttingen 2010.

Büchner, Georg. „Woyzeck" [1836/1837]. Büchner, Georg. *Werke und Briefe. Mit einem Nachwort von Fritz Begemann*. München 1965: 113–132.

Bürger, Peter. *Theorie der Avantgarde*. Frankfurt a. M. 1974.

Canetti, Elias. *Das Augenspiel. Lebensgeschichte 1931–1937*. München 1994 [1985].

Canetti, Elias. *Die gerettete Zunge. Geschichte einer Jugend*. Frankfurt a. M. 2003 [1977].

Cohn, Dorrit. *Transparent Minds. Narrative Modes for Presenting Consciousness in Fiction*. Princeton 1978.

Derrida, Jacques. *Dissemination*. Hrsg. von Peter Engelmann. Übers. von Hans-Dieter Gondek. Wien 1995 [1972].

Dilthey, Wilhelm. „Die Entstehung der Hermeneutik" [1900]. Dilthey, Wilhelm. *Gesammelte Schriften*, Bd. V: *Die geistige Welt. Einleitung in die Philosophie des Lebens. Erste Hälfte: Abhandlungen zur Grundlegung der Geisteswissenschaften*. 8. Aufl., Stuttgart, Göttingen 1990: 317–338.

Eagleton, Terry. *Einführung in die Literaturtheorie*. Übers. von Elfi Bettinger und Elke Hentschel. 4. Aufl., Stuttgart, Weimar 1997 [1983].

Foucault, Michel. *Die Ordnung der Dinge. Eine Archäologie der Humanwissenschaften*. Übers. von Ulrich Köppen. Frankfurt a. M. 1971 [1966].

Groddeck, Wolfram. *Reden über Rhetorik. Zu einer Stilistik des Lesens*. Basel, Frankfurt a. M. 1995.

Gumbrecht, Hans Ulrich. „Modern, Modernität, Moderne". Gumbrecht, Hans Ulrich. *Dimensionen und Grenzen der Begriffsgeschichte*. München 2006a: 37–80.

Gumbrecht, Hans Ulrich. „Pyramiden des Geistes. Über den schnellen Aufstieg, die unsichtbaren Dimensionen und das plötzliche Abebben der begriffsgeschichtlichen Bewegung". Gumbrecht, Hans Ulrich. *Dimensionen und Grenzen der Begriffsgeschichte*. München 2006b: 7–36.

Habermas, Jürgen. *Der philosophische Diskurs der Moderne. Zwölf Vorlesungen*. 4. Aufl., Frankfurt a. M. 1988.

Hammermeister, Kai. *Jacques Lacan*. München 2008.

Hegel, Georg Wilhelm Friedrich. *Phänomenologie des Geistes*. Hrsg. von Hans-Friedrich Wessels und Heinrich Clairmont. Hamburg 1988 [1807].

Heidegger, Martin. „Wozu Dichter?" [1949]. Heidegger, Martin. *Gesamtausgabe*, Abt. 1, Bd. 5: *Veröffentlichte Schriften. 1914–1970. Holzwege*. Hrsg. von Friedrich-Wilhelm von Herrmann. 8. Aufl., Frankfurt a. M. 2003: 269–320.

Hofmannsthal, Hugo von. „Gabriele d' Annunzio" [1893]. Hofmannsthal, Hugo von. *Gesammelte Werke in zehn Einzelbänden*, Bd. 1: *Reden und Aufsätze. 1891–1913*. Hrsg. von Bernd Scholler et al. Frankfurt a. M. 1979: 170–183.

Hofmannsthal, Hugo von. „Ein Brief" [1902]. Hofmannsthal, Hugo von. *Gesammelte Werke in zehn Einzelbänden*, Bd. 7: *Erzählungen, Erfundene Gespräche und Briefe, Reisen*. Hrsg. von Bernd Scholler et al. Frankfurt a. M. 1979: 461–472.

Iser, Wolfgang. *Die Appellstruktur der Texte. Unbestimmtheit als Wirkungsbedingung literarischer Prosa*. Konstanz 1971 [1970].

Jakobson, Roman. „Closing Statement. Linguistics and Poetics". *Style in Language*. Hrsg. von Thomas A. Sebeok. Cambridge/Mass. 1960: 350–377.

Joyce, James. *Ulysses*. London 1992 [1922].

Kafka, Franz. *Nachgelassene Schriften und Fragmente II*. Hrsg. von Jost Schillemeit. Frankfurt a. M. 1992.

Kafka, Franz. *Nachgelassene Schriften und Fragmente I*. Hrsg. von Malcolm Pasley. Frankfurt a. M. 1993.

Kittler, Friedrich. *Draculas Vermächtnis. Technische Schriften*. Leipzig 1993.

Kleist, Heinrich von. „An Ulrike von Kleist, 5.2.1801". Kleist, Heinrich von. *Sämtliche Briefe*. Hrsg. von Dieter Heimböckel. Stuttgart 1999: 203–208.

Lacan, Jacques. „Was ist ein Bild/Tableau?" [1973]. Lacan, Jacques. *Das Seminar*, Bd. XI: *Die vier Grundbegriffe der Psychoanalyse (1963–1964)*. Übers. von Norbert Haas. 2. Aufl., Olten, Freiburg i. Br. 1980: 112–126.

Lacan, Jacques. „Das Freudsche Unbewußte und das unsere" [1973]. Lacan, Jacques. *Das Seminar*, Bd. XI: *Die vier Grundbegriffe der Psychoanalyse (1963–1964)*. Übers. von Norbert Haas. 2. Aufl., Olten, Freiburg i. Br. 1980: 23–34.

Lacan, Jacques. „Das Seminar über E. A. Poes ,Der entwendete Brief'" [1966]. Übers. von Rodolphe Gasché. Lacan, Jacques. *Schriften I*. Hrsg. von Norbert Haas. 3. Aufl., Weinheim, Berlin 1991: 7–60.

Lacan, Jacques. „Vortrag. Freud im Jahrhundert" [1981]. Lacan, Jacques. *Das Seminar*, Bd. III: *Die Psychosen (1955–1956)*. Hrsg. von Jacques-Alain Miller. Übers. von Michael Turnheim. Berlin 1997 [1981]: 274–289.

Lacan, Jacques. „Über die paranoische Psychose in ihren Beziehungen zur Persönlichkeit" [1932/1975]. Lacan, Jacques. *Über die paranoische Psychose in ihren Beziehungen zur Persönlichkeit und Frühe Schriften über die Paranoia*. Übers. von Hans-Dieter Gondek. Wien 2002: 13–358.

Lange-Kirchheim, Astrid. „Das zergliederte Portrait. *Gender*-Konfigurationen in Thomas Manns *Zauberberg*". *Bei Gefahr des Untergangs. Phantasien des Aufbrechens. Festschrift für Irmgard Roebling*. Hrsg. von Ina Brueckel et al. Würzburg 2000: 173–195.

Liebrand, Claudia. „Im Kabinett der Spiegel. Masken- und Signifikantenspiele, Memoria und Genre in Thomas Manns *Lotte in Weimar*". *Apokrypher Avantgardismus. Thomas Mann und die Klassische Moderne*. Hrsg. von Claudia Liebrand und Stefan Börnchen. München 2008: 267–299.

Lukács, Georg. *Die Theorie des Romans. Ein geschichtsphilosophischer Versuch über die Formen der großen Epik*. München 1994 [1920].

Mann, Thomas. „Einführung in den *Zauberberg*. Für Studenten der Universität Princeton" [1938]. Mann, Thomas. *Gesammelte Werke in XII Bänden*, Bd. XI: *Reden und Aufsätze 3*. 2. Aufl., Frankfurt a. M. 1974: 602–617.

Mann, Thomas. *Der Zauberberg*. Hrsg. von Michael Neumann. Frankfurt a. M. 2002 [1924].

Martínez, Matías und Michael Scheffel. *Einführung in die Erzähltheorie*. 9. Aufl., München 2012.

Nietzsche, Friedrich. „Zur Genealogie der Moral. Eine Streitschrift" [1887]. Nietzsche, Friedrich. *Werke in drei Bänden*, Bd. 2. Hrsg. von Karl Schlechta. 2. Aufl., München 1960: 761–900.

Petrarca, Francesco. *Die Besteigung des Mont Ventoux. Lateinisch/deutsch*. Hrsg. und übers. von Kurt Steinmann. Stuttgart 1995 [1336].

Proust, Marcel. *In Swanns Welt. Auf der Suche nach der verlorenen Zeit. Erster Teil*. Übers. von Eva Rechtel-Mertens. Frankfurt a. M. 1981 [1913].

Ritter, Joachim. „Zur Neufassung des ‚Eisler'. Leitgedanken und Grundsätze eines Historischen Wörterbuchs der Philosophie". *Zeitschrift für philosophische Forschung* 18 (1964): 704–708.

Schiewe, Jürgen. *Die Macht der Sprache. Eine Geschichte der Sprachkritik von der Antike bis zur Gegenwart*. München 1998.

Schlaffer, Hannelore. *Poetik der Novelle*. Stuttgart 1993.

Schnitzler, Arthur. *Traumnovelle. Fräulein Else. Leutnant Gustl*. Berlin 2012.

Seidel, Siegfried. *Der Briefwechsel zwischen Friedrich Schiller und Wilhelm von Humboldt*, Bd. II. Berlin 1962.

Surprenant, Céline. „Freud and psychoanalysis". *Marcel Proust in Context*. Hrsg. von Adam Watt. Cambridge 2013: 107–114.

Vergil [i. e. P. Vergilius Maro]. *Aeneis. Lateinisch/deutsch*. Hrsg. und übers. von Edith und Gerhard Binder. Stuttgart 2008 [1. Jh. v. Chr.].

Weninger, Robert. *The Mookse and the Gripes. Ein Kommentar zu James Joyces „Finnegans Wake"*. München 1984.

IV.12. Traumliteratur

Barbara Hahn

> La realité n'existe que dans la rêve.
> Marcel Proust

1. Einleitung

Überall Träume: Es ist schwer, einen Roman zu finden, in dem Träume keine Rolle spielen. Zahllose Gedichte, Kurzgeschichten, Hörspiele und Theaterstücke sind überliefert, die wie Träume strukturiert oder als Traum bezeichnet wurden. In Briefen, Tagebüchern, Aufzeichnungen – überall finden sich Träume (→ IV.8. LITERATUR DER ROMANTIK). Die Literatur des vergangenen Jahrhunderts ist eine des Traums. An der Schwelle zu dieser neuen Epoche steht Sigmund Freuds *Traumdeutung* – erschienen 1899, vordatiert auf das Jahr 1900 –, ein Buch, das zahllose Traumnotate und Reflexionen über den Traum angeregt hat. Das Nachdenken über den Traum – von Freud bestimmt als *via regia* zum Unbewussten – und das Experimentieren mit Darstellungsweisen für Träume öffnen neue Wege literarischen Schreibens, durchaus nicht nur im deutschsprachigen Raum (→ II.2. RHETORIK UND POETIK). Es erscheint unmöglich, diese Fülle von Texten zu sichten, sie auch nur grob zu ordnen und zu skizzieren, möglich dagegen, den Blick auf eine neue Textart zu richten, die wenige Jahre nach Freuds Buch auf der Bühne der Literatur erschien. Dutzende Bücher wurden publiziert, aus Träumen komponiert, ein neues Genre, so könnte man sagen, *das* Genre dieses von so viel Gewalt geprägten Jahrhunderts. In den ersten Jahrzehnten präsentierten die Verfasser dieser Traumbücher Prosatexte, später kamen Bücher hinzu, die nur Gedichte, Geschichten oder Hörspiele enthalten. Neben chronologisch angeordneten Zusammenstellungen finden sich auch solche, die allererst zu entschlüsseln sind. Denn *ein* Traum ist schwer zu überliefern. Wie andere kleine Formen sind Träume ein Pluraletantum. Sie wollen gesammelt, angeordnet, in Kontexte gestellt sein.

Traumbücher, die fertigen ebenso wie die Fragment gebliebenen, geben etwas zu lesen auf, was sich nicht einfach in andere Diskurse übertragen lässt. Historische Zäsuren, allen voran der Erste Weltkrieg, die Etablierung totalitärer Regime mit ihren Lagern und Massenmorden wurden in Traumnotaten reflektiert. In Zeiten, in denen die Wirklichkeit mehr und mehr einem Alptraum ähnelte, öffnete diese Schreibweise die Möglichkeit, diese neue Welt zumindest zu beschreiben (→ IV.13. TRAUMALITERATUR): „Meine Einträge über den Terror

https://doi.org/10.1515/9783110332681-031

waren – zufällig – nur dort vollständig, wo es um Träume ging. Für die Realität reichte meine Kraft des Beschreibens nicht aus. Ich habe es nicht einmal versucht." (Lydia Tschukowskaja in: Paperno 2009, 161) Wenn im Folgenden vor allem deutschsprachige Texte die wichtigste Rolle spielen, dann ist dies lediglich meinen unzulänglichen Kenntnissen anderer Literaturen geschuldet.

2. Traumbücher

Überliefert sind zahllose Bücher, die Sammlungen oder Montagen von Traumnotaten ohne Deutung enthalten. Manchmal finden sich am Anfang oder am Ende Erläuterungen der Verfasser. Geschrieben wurden sie in vielen Sprachen – im Folgenden wird lediglich von fünf die Rede sein –, wobei es eher unwahrscheinlich ist, dass sich die Verfasser gegenseitig gelesen haben. Das erste dieser Bücher erschien 1904; das neue Genre blühte vor allem in den 1920er und 1930er Jahren, später dann in den 1960er und den 1990er Jahren (→ IV.11. LITERATUR DER MODERNE).

Friedrich Huchs *Träume* (1904) ist ein Buch auf der Schwelle. Methodisch eröffnet die Sammlung das neue, inhaltlich wendet sie sich dem 19. Jahrhundert zu. Anknüpfungspunkte sind wahrscheinlich nicht in der *Traumdeutung* zu suchen, sondern eher in Reflexionen wie der von Friedrich Hebbel: „Wenn sich ein Mensch entschließen könnte, alle seine Träume [...] niederzuschreiben, so würde er der Menschheit ein großes Geschenk machen." (Hebbel 1984 [1885–1887], 199) Alle hundert Notate beginnen mit einem emphatischen ‚Ich‘, alle berichten – ohne Darstellungsprobleme – von nächtlichen Abenteuern in vergangenen Welten, und nur wenige zeigen überraschende Bilder. Ganz anders verhält es sich mit Wieland Herzfeldes *Tragigrotesken der Nacht. Träume*, erschienen im Mai 1920. Angeregt von Harry Graf Kessler, der die Drucklegung finanzierte, veröffentlichte Herzfelde achtzehn Prosastücke – ein weiterer Traum findet sich auf dem Schutzumschlag –, die tiefe historische Zäsuren ausloten. Es handelt sich um Traumgeschichten, die nur manchmal mit dem Aufwachen enden, Szenarien des Schreckens: „Magere, schäbig gekleidete, schmutzige Menschen balgen sich" bereits im Herbst 1914 um das Fleisch erfrorener Kriegsgefangener und schleppen „die besten Stücke der Beute nach Hause" (Herzfelde 1920, 28–29). In „einem blutgefüllten Granatloch" spiegelt sich die Sonne, ein Menschenkopf hebt sich heraus, wird von Schlangen in den „Bluttrichter" (Herzfelde 1920, 58) zurückgezogen. Eine ironische Kritik an Freuds *Traumdeutung* auf dem Schutzumschlag: Herzfelde habe sich „einen Scherz erlaubt" und das Buch „an einige führende Freud-Anhänger" geschickt und „sie – wahrheitsgemäß – darauf aufmerksam [gemacht], daß einer der Träume nicht geträumt wurde, sondern frei erfunden ist.

Und ich bat sie, mir mitzuteilen, ob es für sie als Traumspezialisten erkennbar sei, welcher. Ich bekam nur eine Antwort. Sie lautete sinngemäß: Das ließe sich nicht feststellen, denn auch die Phantasie folge den Gesetzen des Traums." (Herzfelde 1920, Schutzumschlag)

1920 erschien Isolde Kurz' *Traumland*. Träume haben eine Geschichte, so die Grundannahme des Buches; in verschiedenen Lebensphasen zeigten Träume unterschiedliche Strukturen. Ein bewusster Träumer könne seine Gänge im ‚Traumland' bis zu einem gewissen Grad kontrollieren und beeinflussen. Kurz spricht von einem „bewußten Entschluß", mit der sich im Traum die „Macht des Unbewußten" (Kurz 1920, 28) brechen ließe. Dann aber geschieht etwas, was diese Intervention außer Kraft zu setzen scheint. Hatte die Träumerin zuvor bemerkt, dass sie in Italien, wo sie lange gelebt hatte, anders träumte als in Deutschland, so wirft nun ein historischer Einschnitt ihr Traumleben nachhaltig durcheinander: der Erste Weltkrieg. Serien des immer gleichen Traums stellen sich ein, weitere Serien kommen zur Zeit der Revolution hinzu. Ein Traum, datiert auf den 29. Dezember 1918, ist besonders furchterregend. Die Träumerin steht an einem Fluss, breit wie die Isar, in dem Menschen treiben. Die Reiter der Apokalypse in Sichtweite. Keine Möglichkeit, die Ertrinkenden zu retten. „Ich bezog damals das Geschaute auf einen zur gleichen Stunde eingetretenen plötzlichen Todesfall [...]. Als aber die Räterepublik mit dem schrecklichen nachfolgenden Blutbad kam, da verstand ich erst den wahren Sinn des Traumes." (Kurz 1920, 102–103) Auch Heinrich Vierordt begann sein *Das Büchlein der Träume* von 1922 lange vor dem Ersten Weltkrieg – und weit entfernt von der *Traumdeutung*. Doch dann werden seine Träume immer unheimlicher, je weiter sie sich ins 20. Jahrhundert bewegen. Einmal stopft er sich Makkaroni in die Harnröhre, weil er gelesen hat, dass die Nahrungsaufnahme durch den Mund nicht mehr ausreichend sei. Bedrohliche Eisenbahnträume; seine kleine Tochter wird von einem Schnellzug erfasst etc. Im Frühjahr 1914 begegnet er dem Tod. Danach werden die Traumnotate immer weniger; 1915 versiegen sie ganz. Dem Träumer hat es die Sprache verschlagen. In einem der letzten Träume schreibt er, im Bett liegend, mit Rotstift „auf das Leintuch unter mir, an den Rändern beginnend, rings herum und dann immer mehr in das Innere der Leinwand hineinschreibend; zuletzt richtete ich mich auf und kritzelte die Worte auf die Stelle unter mir" (Vierordt 1922, 110). Träume zu schreiben scheint so schwierig geworden zu sein, dass die Verfasser von Traumnotaten von der Unmöglichkeit des Schreibens träumen. In Lina Neumeyers *Traumwege* (1929) findet sich ein Traum, in dem die Verfasserin eine Stelle als Buchhalterin bekommen hat. Alles, was man ihr für ihre Arbeit gibt – Papier, Stifte –, alles verflüchtigt sich in eine „vierte Dimension": „So ging es weiter, bis die sämtlichen Anwesenden in Alarm gesetzt und alles vorhandene Papier unter meinen Händen geistweis verschwunden war." (Neumeyer 1929, 45) Immer mehr Träume von verdoppelten, von verdreifachten Identitäten: „Es träumte mir, ich hätte drei Gesichter nebeneinander: ein ganz kindliches, ein altes, in dem sich alle Erfahrung spiegelte und in der Mitte mein Wohlbekanntes. Die drei hockten zusammen an einem Fenster wie Kinder, die an einem Regensonntag durch die tropfnassen Scheiben auf die Straße sehen und die Leute zählen, die mit Regenschirmen und verdrossenen Gesichtern durch das schlechte Wetter laufen." (Neumeyer 1929, 48)

Paula Ludwigs *Traumlandschaft* erschien 1935 in einer anderen Welt. Die österreichische Verfasserin, noch in den kurzen Jahren der Weimarer Republik nach Berlin gezogen, war vor der Nazidiktatur nach Frankreich geflohen. Ihr Buch, eine Komposition aus sechsunddreißig Träumen, gerahmt von drei Prosaskizzen, geschrieben in poetischer Sprache, im Wechsel von Präsens und Präteritum, zeigt eine Besonderheit, die sich in keinem anderen Traumbuch findet: Traum*serien*, überschrieben mit *Kaiser von China* und *Das fremde Herz*. Als die Autorin 1961 nach der Rückkehr aus dem französischen und brasilianischen Exil eine neue Sammlung von Träumen zusammenstellte, wurden die Rahmentexte weggelassen, die Träume ganz neu und anders arrangiert und zweiundneunzig Träume hinzugefügt. Die Traumserien wurden kürzer, sie umfassten nicht vier Teile wie im ersten Buch, sondern nur noch zwei oder drei. Im Nachkriegsbuch herrscht ein schärferer Ton, es sind Träume, die Licht auf die Katastrophen des Jahrhunderts werfen (→ IV.14. NACHKRIEGSLITERATUR).

Kurz nach Ludwigs erstem Buch, in einer ganz anderen historischen Konstellation, publizierte Marguerite Yourcenar 1938 *Les songes et les sorts* (*Träume und Schicksale*), eine Sammlung von zweiundzwanzig Träumen. Sie wolle keine Träume erzählen, die „im Traumland so etwas wie Nationalstraßen und öffentliche Parks sind" (Yourcenar 2009, 726). Nichts also, das viele teilen, nichts, so könnte man ergänzen, was in vorliegenden Traumtheorien bereits analysiert wurde.

> Mich interessiert vielmehr, wie das Schicksal des einzelnen den Traum prägt, die unnachahmliche Legierung, die entsteht, wenn ein Träumender allgemeine seelische und sinnliche Elemente nach seinen eigenen chemischen Gesetzen verbindet und sie mit den Bedeutungen eines Schicksals auflädt, das einmalig ist. Es gibt Träume, und es gibt Schicksale: mich interessiert der Moment, wenn ein Schicksal sich durch Träume offenbart. (Yourcenar 2009, 726)

Diese Schicksalsträume sind durchaus nicht so einmalig, wie die Autorin vermutete. Zusammen mit vielen anderen bilden sie ein kollektives Traumarchiv der 1930er und 1940er Jahre, das erst viel später bekannt wurde. Die meisten Traumbücher, die damals entstanden, erschienen erst seit den 1960er Jahren. In diese Welt wollte auch Yourcenar ein erweitertes Traumbuch stellen. Doch im Unterschied zu Paula Ludwig publizierte die in die USA ausgewanderte Französin weder später aufgezeichnete Träume noch ihre vielen Reflexionen über das Träumen; sie wurden erst postum in den *Essais et mémoires* (1991) veröffentlicht.

Dass die 1930er und 1940er Jahre zur Traumzeit wurden, lässt sich durchaus politisch lesen. In Mussolinis Italien, in Hitlers Deutschland und ebenso in Stalins Russland wollten viele aufzeichnen, was diese neuen und so unerhört zerstörerischen Regime anrichteten: eine Zeit der nicht abgeschlossenen, der nicht veröffentlichten Traumbücher. Charlotte Beradt begann 1933, gleich nachdem Hitler Reichskanzler geworden war, Freunde und Bekannte nach ihren Träumen zu fragen. 1943 veröffentlichte sie einen kurzen englischen Essay mit Auszügen aus diesen Träumen; *Das Dritte Reich des Traums* erschien erst 1966. Walter Benjamin wollte im Pariser Exil einen „Bilderatlas zur geheimen Geschichte des Nationalsozialismus" zusammenstellen, wie er am 3. März 1934 an Gershom Scholem in Jerusalem schrieb: „In dieser Zeit, die tagsüber meine Phantasie mit den entwürdigendsten Problemen beschäftigt, erlebe ich nachts, öfter und öfter, ihre Emanzipation in Träumen, die fast immer einen politischen Gegenstand haben." (Benjamin 1998, 357) Wie so viele andere Projekte konnte er auch dieses nicht abschließen. Theodor W. Adorno begann im Januar 1934 mit Traumaufzeichnungen; Anna Achmatowa hätte es gerne getan, musste aber davon Abstand nehmen, da dies in Stalins Imperium viel zu gefährlich war. Elsa Morante protokollierte 1938 ein Jahr lang ihre Träume; veröffentlicht wurden diese Aufzeichnungen erst 1989. Ricarda Huch führte während des Krieges ein Traumtagebuch, das sich in Privatbesitz befindet und nicht zugänglich ist; Ernst Wiechert wollte das seine ausdrücklich nicht veröffentlicht wissen: „Ich habe im Krieg ein großes Buch über meine Träume eines Jahres geschrieben, nur für mich, denn ich fürchte mich vor den Psychoanalytikern." So heißt es in einer 1964 publizierten Notiz (Wiechert 1976 [1964], 225).

Gleich nach seiner Befreiung aus deutschen Konzentrationslagern schrieb Jean Cayrol 1945 seinen Essay *Les rêves lazarenes*. Einen der „düstersten Aspekte" der vergangenen Jahre gelte es zu beleuchten, „die Träume aus den Konzentrationslagern" (Cayrol 1959 [1950], 15). Gleich morgens nach dem Aufwachen hätten sich die Gefangenen ihre Träume erzählt; dabei sei eine kollektive Traumlandschaft entstanden, ein Bilderatlas von Traumszenarien. Von diesen Nächten in Lagern hat – soweit mir bekannt – nur ein Inhaftierter kontinuierlich berichtet. Am 28. Mai 1941 begann Rudolf Leonhard im südfranzösischen Internierungslager Le Vernet mit seinen Aufzeichnungen; am 1. Juli 1944 brechen sie ab. Auf mehr als 1200 beidseitig beschriebenen Blättern finden sich Texte, die mit den in Cayrols Buch mitgeteilten nichts zu tun haben. Am Horizont von Leonhards Traumaufzeichnungen steht eine detaillierte Autobiographie – nicht des Lebens im Lager, sondern des Lebens vor dem Lager. Auf seinen nächtlichen Exkursionen begegnet der Träumer Freunden und Geliebten in – meist – bekannten Welten.

Der Traum ist ein Szenarium von immer neu durchgearbeiteten Erinnerungen. In den Träumen bedeutet das Leben im Lager keine Zäsur. 1955 erschienen fünfundzwanzig dieser Träume, von denen achtzehn aus unerfindlichen Gründen nicht in die postum besorgte Ausgabe aufgenommen wurden. Leonhards Reflexionen über das Träumen blieben bis heute unveröffentlicht, wie der Herausgeber der Traumsammlung bemerkt (vgl. Leonhard 2001, 515).

Womöglich konnte Horst Bienek sein *Traumbuch eines Gefangenen* (1957) nur deshalb veröffentlichen, weil Leonhard einen Weg gebahnt hatte. Die Umstände hätten unterschiedlicher nicht sein können. Während Leonhard im französischen Exil inhaftiert war und nach dem Krieg – mit seinen Aufzeichnungen – in die DDR zog, wurde Bienek in der DDR verhaftet und nach Workuta deportiert. Mit einem kurzen Text über die Verhaftung beginnt das Buch, gefolgt von zweiundzwanzig Prosaskizzen, alle in einem drängenden Präsens erzählt, in Traumlandschaften ohne Konturen und ohne andere Menschen angesiedelt. In Bieneks Buch ist ‚Traum' ein Modus des Schreibens, mit dem etwas ausgelotet wird, das sich jedem Verstehen entzieht, so neu, dass keinerlei Erinnerung an Früheres hilft. Das träumende ‚Ich' ist Statthalter von Erfahrungen, die viele Insassen der sibirischen Lager teilen. Bieneks *Traumbuch* kann als ‚lazarenische' Literatur gelten, wie sie Cayrol entworfen hatte.

1961 erscheinen zwei Traumbücher, Michel Leiris' *Nuits sans nuit et jours sans jour* sowie Jack Kerouacs *Book of Dreams* (*Traum-Tagebuch*). Mit diesen beiden Veröffentlichungen tritt das Genre Traumbuch aus der Welt der Lager; beide, Leiris und Kerouac, sammeln fast spielerisch Texte, die als ‚Traum' bezeichnet werden, aber ebenso unter anderen Namen in der Welt der Literatur stehen könnten. Ähnlich Georges Perecs Buch *La boutique obscure. 124 rêves* (1973), aufgezeichnet zwischen 1968 und 1971. Eine der durchnummerierten Aufzeichnungen, die Nummer 96, hat zwar einen Titel, „Das Fenster", aber keinen ‚Inhalt'. Denn dieser besteht nur aus zwei Strichen. Auffallend viele Architekturträume wurden hier gesammelt, Wohnungen mit unbekannten Zimmern, mit unerwarteten Ausgängen zur Straße etc., des Weiteren viele Träume über Geld, ein überschaubarer Kreis von Personen, verflossene Geliebte, ein paar Freunde. Buchstabenspiele.

Anders die Bücher von Wolfgang Bächler: Sie führen 1972 wieder in die Welt der Kriege, Deportationen, Aufstände. Einmal findet sich der Träumer eingesperrt mit „insektenartigen, vielfüßigen Tierchen mit flachen schwarzen Körpern, laus- oder wanzenartig. Ich bin selbst eines davon." (Bächler 1972, 24) All diese Tiere waren – wie Gregor Samsa in Franz Kafkas *Verwandlung* (1915) – Menschen. Mit Stalin, der zu Besuch in Berlin weilt, verwickelt sich der Träumer in ein Gespräch über Literatur: „Bei Stalins Freundschaftlichkeit ist mir etwas unbehaglich zumute. Aber ich fühle mich auch geschmeichelt." (Bächler 1972, 55) In der Nacht vom 10. zum 11. Mai 1955, zehn Jahre nach Kriegsende, will der Träumer ein Zimmer in Augsburg mieten, doch „kurz vor mir war Hitler da und hat es für sich gemietet". Zwei Männer bringen „zwei kleine Sprengstoffbündel" (Bächler 1972, 68), wollen Hitler umbringen, weil die Behörden ja doch nicht gegen ihn vorgingen. In einem zweiten Band, *Traumprosa* (1988), in dem der Verfasser seine Traumnotate vom Frühjahr 1972 bis zum Ende 1985 mitteilt, finden sich Skizzen fast alltäglicher Szenen, in die das Grauen einbricht: Eine Gasse in Paris oder Porto, ein „weißes, makellos weißes Huhn" stürzt sich auf eine „frische Leiche" und „frißt sie mit unheimlicher Geschwindigkeit auf" (Bächler 1988, 108).

Wieder anders strukturiert sind Heinar Kipphardts *Traumprotokolle* von 1981. Aufgezeichnet vom November 1978 bis Juli 1981, begleiten sie die Arbeit an einem Stück, *März, ein Künstlerleben*. Der Traum sei „auf eine übertriebene Weise der Poesie ganz nahe und dem Wahnsinn", so Kipphardt in seiner Einleitung, wobei vor allem die „Nähe von psychotischer Produktivität zur Produktivität des Traums" (Kipphardt 1981, 6–9) auszuleuchten sei. Auch hier gibt es historische Szenarien, der Träumer als Kriegsgefangener mit Fußlappen, in einem Zug mit unbestimmtem Ziel, eine junge Jüdin soll in der Wohnung versteckt werden, die Gestapo will seine Frau Pia verhaften. Immer wieder erscheint auch der Vater, der in Buchenwald inhaftiert war und Hilfe und Rettung braucht. Der Traum ist hier Modus des Erinnerns, des Vergegenwärtigens von Geschichte, denn „auch im Träumen findet sich die Kategorie des Historischen" (Kipphardt 1981, 8).

Luigi Malerbas *Diario di un sognatore* (*Tagebuch eines Träumers*) von 1984 präsentiert fast täglich aufgezeichnete Träume, Erkundungen, präzise datiert; es ist somit strukturiert wie Elsa Morantes Aufzeichnungen aus dem Jahr 1938. Graham Greenes *A World of My Own. A Dream Diary* (1992; *In meiner eigenen Welt. Ein Traumjournal*) ähnelt diesen Tagebüchern nur von Weitem. Es handelt sich um eine durchgearbeitete Sammlung von thematisch gegliederten Aufzeichnungen, „in a sense it is an autobiography, beginning with Happiness and ending with Death" (Greene 1992, 7). Siebzehn weitere Kapitel präsentieren Träume von sprechenden Tieren, Begegnungen mit „Statesmen and Politicians" (Greene 1992, 26–37), mit Königen oder auch mit „Some Famous Writers I Have Known" (Greene 1992, 6–14).

Unter dem Nom de Plume Alice Koch veröffentlichte Else Meister 1988 zwanzig ausgearbeitete, oft mehrseitige *Traumerzählungen*, so der Untertitel von *Der weinende Fisch*. Alle wurden mit Überschriften versehen, alle sind datiert: 18./19. Februar 1942 bis 2./3. Juni 1982; eine „Auswahl aus viel mehr Traumprotokollen" (Koch [i. e. Else Meister] 1988, 91), wie Hans Bender in seinem Nachwort schreibt. Den sorgfältig ausgearbeiteten Texten ist die Handschrift einer Lyrikerin anzumerken: trauernde, sich immer wieder verwandelnde Tiere, belebte Natur als Zeugin der Zerstörung, „wie der Wald zu meinem Weinen weinte" (Koch [i. e. Else Meister] 1988, 86).

Als Nagib Machfus 1994 von einem Islamisten mit dem Messer so schwer verletzt wurde, dass er monatelang im Krankenhaus liegen musste, schrieb er seine Träume auf. Sein *Ahlam fatrat al-naqaha* (*Das Buch der Träume*), 2004 in Kairo erschienen, wurde schnell in mehrere Sprachen übersetzt. Es präsentiert Szenarien der Gewalt: Wohnungen werden von Polizisten gestürmt, ausgeraubt und zerstört. Immer wieder Verhaftungen, Folter, Träume von Ort- und Heimatlosigkeit, von Wegen, die nie ans Ziel führen. Einer endet an einem Tor, dahinter ein See, „aus dem Raketen aufstiegen. Mit jeder Rakete, die das Firmament erreichte, trat aus der Finsternis ein geliebtes Gesicht hervor. So kam es, daß sich der Himmel mit all den Wesen füllte, die mir einst lieb und teuer gewesen waren. Doch ein Gesicht fehlte, jenes, das mich die Liebe gelehrt und mir die Ewigkeit verheißen hatte. Auf dieses Gesicht wartete ich, würde ich immer warten." (Machfus 2007 [2004], 132) Die englischen Ausgaben sind umfangreicher als die deutsche; unter den zwölf Träumen, die hinzugefügt wurden, finden sich auch solche, die erst nach Machfus' Tod erschienen, von ihm selbst aber noch fertiggestellt wurden – besonders eindrucksvoll ist der letzte: „I was setting the table and the invitees were in the next room. Their voices came to me – those of my mother, and of my brothers and sisters – while, in the interval, sleep stole me away. For a moment, terror gripped me, before my memory came back to me. I recalled that they had all gone to dwell close to their Lord – and that I had walked in their funerals, one after the other." (Machfus 2007, 111)

Mit einem der zuletzt erschienenen Traumbücher, Hélène Cixous' *Rêve, je te dis* (2003), schließt sich ein Kreis: Das Buch beginnt mit einer Eloge auf Freud, den „Shakespeare de la Nuit, des ruses et des passions, des subterfuges et stratagèmes" [Shakespeare der Nacht, Schliche und Leidenschaften, Ausflüchte und Tricks] (Cixous 2003, 13), um dann ein „livre des rêves sans interprétation" [Traumbuch ohne Deutung] (Cixous 2003, 17) anzukündigen. Der Traum selbst habe die – unkorrigierten und unzensierten – Aufzeichnungen diktiert; beim Sammeln sei der Schreiberin aufgefallen, dass „mon usine à rêves avait été construite dans les années 40, sous le bombardements, pendant la guerre" [meine Traummaschine in den 40er Jahren konstruiert worden war, unter dem Bombenhagel, während des Krieges] (Cixous 2003, 19). Fünfzig Träume mit deutlichen Motivketten, die diese These nicht recht bestätigen wollen: Immer wieder findet die Träumerin ein Baby, das sie füttern und pflegen muss. Großmutter, Mutter und Tochter, ein schwieriger Geliebter bevölkern die Träume, in denen manchmal auch historische Figuren einen Auftritt haben: Martin Heidegger kommt nach Paris, Charles de Gaulle besucht die Familie. Eingestreut in die nicht chronologisch angeordneten Notate der Einschlag einer Bombe, wahrscheinlich in Paris, ein touristischer Besuch in Auschwitz.

3. Traumbücher – unveröffentlicht und postum

Nur zwei postum veröffentlichte Traumbücher stellten deren Herausgeber vor keine Probleme, weil sie publikationsfertig im Nachlass lagen: Meret Oppenheims *Aufzeichnungen 1928–1985*. *Träume* erschien 1986: ein langes Menschenleben in Traumskizzen, eine Autobiographie als Schnipsel fragmentierter Erinnerungen. Skizzen und Zeichnungen begleiten die Texte. Theodor W. Adornos neunzehn *Traumprotokolle*, „aus einem umfangreichen Bestand ausgewählt, sind authentisch. Ich habe sie jeweils gleich beim Erwachen niedergeschrieben und für die Publikation nur die empfindlichsten sprachlichen Mängel korrigiert" (Adorno 2005, 88), so eine Notiz Adornos. Niemand hat so viele Sterbeprotokolle notiert wie Adorno. Der Träumer soll – wieder einmal – gekreuzigt, von Krokodilen gefressen, in einem Bottich mit kochendem Wasser getötet werden – es sind gleichsam Übungen im Sterben. Geschrieben sind die Texte in einem lakonischen Ton, der sich über die Jahrzehnte nicht ändert.

Die folgenden Traumprojekte stützten sich auf ausgiebige Freud-Lektüren und stießen dabei auf die größten Probleme. Franz Fühmann konnte die Publikation seiner *Dreizehn Träume* zwar noch autorisieren, doch erschienen ist das Buch erst 1985, nach seinem Tod: „Diese Versuche, den Traum – auf durchaus verschiedene Weisen – als literarische Form zu behandeln, gründen auf Niederschriften von bislang etwa fünfhundert Träumen, wie ich sie beim Erwachen erinnert habe. Meine Bemühungen, ein Träume-Buch größeren Umfangs hervorzubringen, setze ich gegen den hartnäckigen Widerstand des Materials fort." (Fühmann 1985, 38) Seit den 1970er Jahren hatte er an diesem großen Projekt gearbeitet; es blieb wie so vieles andere unfertig. Überliefert sind eine Gliederung, Traumnotate, Lektürenotizen sowie Entwürfe für Essays, die 1988 unter dem Titel *Unter den Paranyas* erschienen. Da von einigen Träumen Skizzen sowie ausgearbeitete Fassungen überliefert sind, lässt sich die Literarisierung der Traumnotate genau studieren. Dies trifft auch auf Heiner Müllers Aufzeichnungen zu. Nach dem Krieg schrieb er an einem „Traumbuch", das nicht fertiggestellt wurde; auch später notierte er seine Träume, die ausgearbeitet wurden, begleitet von Reflexionen, die den Traum als Kunst etablieren: „Der ganze Sinn jeder künstlerischen Anstrengung ist ja eigentlich, den eigenen Träumen nachzujagen." (Müller 2009, 110)

4. Traumsammlungen und -montagen; Spiel mit den Genres

Traumsammlungen, die aus Texten von Kafka, Arthur Schnitzler, Benjamin, Hermann Hesse und Louis Althusser zusammengestellt wurden, lassen sich auf keine Publikationsabsichten der Schreiber zurückführen. Es handelt sich um Projekte der jeweiligen Herausgeber. Zwei seien herausgegriffen; sie tragen den gleichen Titel: 1928 erschien Ignaz Jezowers *Buch der Träume*, 1976 Jorge Luis Borges' *Libro de Sueños*. Auf Deutsch kam Letzteres in zwei sehr unterschiedlichen Fassungen heraus: 1981 von Curt Meyer-Clason übertragen, 1994 von Gisbert Haefs. Meyer-Clason verstand das Buch als Anthologie und suchte daher für jeden Text eine entsprechende Übersetzung ins Deutsche; Haefs dagegen las es als Montage, weshalb er es als Ganzes in Deutsche übertrug. Er nahm ernst, dass Borges seine Träume mit Texten verwoben hatte, die er alle in *sein* Spanisch übertragen hatte. Das *Libro de Sueños* konstruiert eine äußerst eigenwillige Geschichte des Traums: In aufgebrochener Chronologie und durchaus nicht thematisch gegliedert wurde Vielsprachigkeit in eine Sprache überführt. Die Anordnung der Notate stellt jedoch eine hermeneutische Herausforderung dar, wenn beispielsweise ein Traum von Mohammad Mossadegh neben einem Auszug aus dem *Sohar* stehen kann (vgl. Borges 1994 [1976], 208–209).

Auch Jezowers Buch ist nur auf den ersten Blick eine Anthologie. Es beginnt mit einer Einleitung ohne Titel, gefolgt von 777 Träumen in 33 Kapiteln. Je mehr sich der Band der Gegenwart nähert, desto mehr entfernt er sich von der Chronologie. Und während die ersten Kapitel eine Welt des Traums zu ergründen scheinen, präsentieren die späteren fast nur noch europäische – und unter ihnen sehr viele deutsche – Träume. *Das bist du. Träume zeitgenössischer deutscher Dichter und Schriftsteller*, mit Abstand das längste Kapitel, zeigt eine Welt im Übergang, Träume von zerbrechenden Traditionen, von sozialem und politischem Aufruhr. Rudolf Leonhard und Walter Benjamin steuerten Träume bei, die hier zum ersten Mal veröffentlicht wurden. Im zweiten Teil, *Feststellungen zu den Träumen*, überschrieben und fast so lang wie der erste, werden die Träume annotiert und erläutert. Am Ende finden sich neben einer Bibliographie drei Register, von denen eines die Personen, die in den Träumen erwähnt werden, verzeichnet. Diese zwei Bücher stehen durchaus nicht in der langen Tradition von Traumanthologien. Sie etablieren etwas Neues: eine Geschichte des Traums, eine Theorie des Träumens, komponiert und arrangiert in Träumen.

Yi Sha, ein chinesischer Dichter, hat inzwischen mehr als fünfhundert Traumgedichte veröffentlicht – im Internet. Sie sind nicht ganz einfach zu finden, weil sich die Adresse immer wieder ändert. Eine Art lyrisches Tagebuch – die Gedichte sind datiert –, begonnen 2010, Erinnerungen an und Rückblicke auf Ereignisse, die im heutigen China nicht gerade zum Kanon gehören. Peking im Juni 1989, Obdachlose, die in Parkhäusern wohnen etc. – eine Chronik dessen, was eher vergessen werden soll. Blicke in andere Welten: „DREAM #474 / one month in America / feels like one big dream / feels more like a dream / than any real dream / I ever dreamt / my whole life in china / Nov. 2014" (Sha 2014). Ein

Buch aus Traumgedichten hat bisher wohl nur John Berryman komponiert. Seine *77 Dreamsongs*, alle gleich lang, drei Strophen mit jeweils sechs Versen, kreisen um Henry, eine eher unsympathische Figur, die sich durchs Leben kämpft.

Als Günter Eich 1953 seine *Träume. Vier Spiele* veröffentlichte, stand die Auseinandersetzung mit all dem Verdrängtem im Mittelpunkt, das die deutsche Nachkriegsgesellschaft auf beiden Seiten der Mauer prägte. Der erste Traum in seinem Hörspiel führt den Hörer in den verschlossenen Waggon eines Güterzugs, in dem Menschen seit undenkbar langer Zeit irgendwohin fahren. Löwenzahn, Feld, Wald, alle diese Wörter haben längst ihre Bedeutung eingebüßt. Als plötzlich ein Lichtstrahl in das Dunkel des Waggons dringt, entscheiden sich die Insassen, lieber nicht hinauszusehen.

In allen Ecken einer unglücklichen Welt, in China und Australien, in Moskau und New York – überall gleicht die Wirklichkeit einem Alptraum. Eher spielerisch fallen dagegen Experimente mit – nicht mitgeteilten oder überlieferten – Träumen aus, auf die sich Antonio Fians Kurzgeschichten stützen oder auch H. C. Artmanns in aphoristische Nonsenssentenzen gegossene Szenerien. Überall Träume: Im Rückblick könnte man sagen, dass ‚Traum‘ die privilegierte Darstellungsweise der Literatur des vergangenen Jahrhunderts war – so unterschiedlich die einzelnen Texte auch ausfielen.

Literatur

Adorno, Theodor W. *Traumprotokolle*. Hrsg. von Christoph Gödde und Henri Lonitz. Frankfurt a. M. 2005.

Althusser, Louis. *Des rêves d'angoisse sans fin. Récits de rêves (1941–1967) suivi de Un meurtre à deux (1985)*. Paris 2015.

Artmann, H. C. *Grünverschlossene Botschaft. 90 Träume*. Salzburg, Wien 1989.

Bächler, Wolfgang. *Traumprotokolle. Ein Auskunftsbuch*. München 1972.

Bächler, Wolfgang. *Im Schlaf. Traumprosa*. Frankfurt a. M. 1988.

Benjamin, Walter. *Gesammelte Briefe*, Bd. IV. Hrsg. von Christoph Gödde und Henri Lonitz. Frankfurt a. M. 1998.

Benjamin, Walter. *Träume*. Hrsg. von Burkhardt Lindner. Frankfurt a. M. 2008.

Beradt, Charlotte. „Dreams under Dictatorship". *Free World* (1943): 333–337.

Beradt, Charlotte. *Das Dritte Reich des Traums*. München 1966.

Berryman, John. *77 Dreamsongs*. New York 1964.

Bienek, Horst. *Traumbuch eines Gefangenen. Prosa und Gedichte*. München 1957.

Borges, Jorge Luis. *Buch der Träume*. Übers. von Curt Meyer-Clason. München 1981 [1976].

Borges, Jorge Luis. *Buch der Träume*. Übers. von Gisbert Haefs. Frankfurt a. M. 1994 [1976].

Brandenburg, Hans. *Traumroman*. Leipzig 1926.

Burroughs, William S. *My Education. A Book of Dreams*. New York 1995.

Cayrol, Jean. *Lazare parmi nous*. Paris 1950.

Cayrol, Jean. *Lazarus unter uns*. Übers. von Sigrid von Massenbach. Stuttgart 1959 [1950].

Cixous, Hélène. *Rêve, je te dis*. Paris 2003.

Eich, Günter. *Träume. Vier Spiele*. Frankfurt a. M. 1953.

Fian, Antonio. *Im Schlaf. Erzählungen nach Träumen*. Graz, Wien 2009.

Fühmann, Franz. *Dreizehn Träume mit 6 Originallithographien von Nuria Quevedo*. Leipzig 1985.

Fühmann, Franz. *Unter den Paranyas. Traum-Erzählungen und -Notate*. Hrsg. von Ingrid Prignitz. Rostock 1988.

Greene, Graham. *A World of My Own. A Dream Diary*. London 1992.

Hebbel, Friedrich. *Tagebücher*, Bd. 1: *1835–1843*. Hrsg. von Karl Pörnbacher. München 1984 [1885–1887].

Herzfelde, Wieland. *Tragigrotesken der Nacht. Träume*. Berlin 1920.

Hesse, Hermann. *Traumgeschenk. Betrachtungen, Tagebücher, Erzählungen und Gedichte über das Träumen*. Hrsg. von Volker Michels. Frankfurt a. M. 1996.

Jezower, Ignaz. *Buch der Träume*. Berlin 1928.

Kafka, Franz. *Sogni*. Hrsg. von Gaspare Giudice. Palermo 1990.

Kafka, Franz. *Träume. „Ringkämpfe jede Nacht"*. Hrsg. von Gaspare Giudice und Michael Müller. Frankfurt a. M. 1993.

Kerouac, Jack. *Book of Dreams*. San Francisco, New York 1961.

Kießig, Martin (Hrsg.). *Dichter erzählen ihre Träume. Selbstzeugnisse deutscher Dichter aus zwei Jahrhunderten*. 2. Aufl., Stuttgart 1976.

Kipphardt, Heinar. *Traumprotokolle*. München, Königstein 1981.

Koch, Alice [i. e. Else Meister]. *Der weinende Fisch. Traumerzählungen*. Aachen 1988.

Kurz, Isolde. *Traumland*. Stuttgart 1920.

Leiris, Michel. *Nuits sans nuit et jours sans jour*. Paris 1961.

Leiris, Michel. *Lichte Nächte und mancher dunkle Tag*. Frankfurt a. M. 1981.

Leonhard, Rudolf. *Rudolf Leonhard erzählt*. Berlin 1955.

Leonhard, Rudolf. *In derselben Nacht. Das Traumbuch des Exils*. Hrsg. von Steffen Mensching. Berlin 2001.

Ludwig, Paula. *Traumlandschaft*. Berlin 1935.

Ludwig, Paula. *Träume. Aufzeichnungen aus den Jahren zwischen 1920 und 1960*. Ebenhausen 1962.

Machfus, Nagib. *Das Buch der Träume*. Übers. von Doris Kilias. Zürich 2007 [2004].

Machfus, Nagib. *Dreams Departure. The Last Dreams Published in the Nobel Laureate's Lifetime*. Übers. von Raymond Stock. Kairo, New York 2007 [2005].

Malerba, Luigi. *Tagebuch eines Träumers*. Übers. von Joachim A. Frank. Frankfurt a. M. 1984 [1981].

Morante, Elsa. *Traumtagebuch. Diario 1938*. Übers. von Maja Pflug. Zürich 1990 [1989].

Müller, Heiner. *Traumtexte*. Hrsg. von Gerhard Ahrend. Frankfurt a. M. 2009.

Neumeyer, Lina. *Traumwege*. Heilbronn 1929.

Oppenheim, Meret. *Aufzeichnungen. 1928–1985. Träume*. Hrsg. von Christine Meyer-Thoss. Bern, Berlin 1986.

Oppenheim, Meret. *Träume. Aufzeichnungen. 1928–1985*. Hrsg. von Christine Meyer-Thoss. Berlin 2010.

Paperno, Irina. *Stories of the Soviet Experience. Memoirs, Diaries, Dreams*. Ithaca 2009.

Perec, Georges. *La boutique obscure. 124 rêves*. Paris 1973.

Schnitzler, Arthur. *Träume. Das Traumtagebuch. 1875–1931*. Hrsg. von Peter Michael Braunwarth und Leo A. Lensing. Göttingen 2012.

Sha, Yi. *DREAM #474*. http://blog.sina.com.cn/s/blog_68d111990102v8lk.html. 2014 (16. April 2016).

Vierordt, Heinrich. *Das Büchlein der Träume*. Konstanz 1922.

Yourcenar, Marguerite. *Les songes et les sorts*. Paris 1938.

Yourcenar, Marguerite. *Essais et mémoires*. Paris 1991.

Yourcenar, Marguerite. „Träume und Schicksale". *Sinn und Form* 6 (2009): 725–740.

IV.13. Traumaliteratur

Dania Hückmann

1. Einleitung: Geschichte und Trauma

Jean Améry sieht in seiner Reaktion auf Auschwitz nichts Neurotisches: „Ich muß wohl zu dem Ergebnis kommen, daß nicht ich gestört bin oder gestört war, sondern daß die Neurose auf seiten des geschichtlichen Geschehens liegt." (Améry 2002a [1966], 171) Damit lehnt er als Augenzeuge und Überlebender eine psychoanalytische Diagnose seiner Erlebnisse in Auschwitz ab, welche er in seinen essayistischen wie fiktionalen Texten detailliert beschreibt und vor dem Hintergrund der Nachkriegszeit reflektiert. Sein Genre ist das des Essays, in dem jede Analyse an der persönlichen Erfahrung ansetzt. Wenn Améry die Neurose beziehungsweise das Trauma in der Geschichte verortet, positioniert er sich ebenso deutlich wie vorzeitig in einer Debatte, die darum kreist, wie das Verhältnis von Geschichte und Trauma zu denken ist, welche die Traumaforschung bis heute beschäftigt.

Während sich die US-amerikanische Traumaforschung weitgehend im Dialog zwischen Literatur, Geschichte und Psychoanalyse entwickelte, zeichnet sich im deutschen Kontext eine Tendenz zu kultur- und gedächtnistheoretischen Überlegungen ab (→ II.5. KULTURTHEORIE). Im Hinblick auf kulturwissenschaftliche Ansätze warnen Forscherinnen und Forscher davor, dass das Trauma zum interdisziplinären, „kulturelle[n] Deutungskonzept" (Erdle 1999, 29) verallgemeinert und damit verwässert werde. Gegenstand dieser Kritik ist etwa ein Standpunkt, wie ihn Cathy Caruth in *Unclaimed Experiences* (1996) einnimmt: „For history to be a history of trauma means that it is referential precisely to the extent that is not fully perceived as it occurs; or to put it somewhat differently, that a history can be grasped only in the very inaccessibility of its occurrence." (Caruth 1996, 18) Wird hier tatsächlich „,Geschichte' *als* ,Trauma'" (Weigel 1999, 52) umdefiniert und damit implizit ein ahistorischer Traumabegriff entwickelt? Caruth schreibt in ihrem *close reading* von Freuds *Der Mann Moses und die monotheistische Religion* (1939) von *einer* Geschichte mit unbestimmtem Artikel und keinesfalls von *der* Geschichte generell. In Sigrid Weigels Kritik an Caruth wird problematisiert, wie ein Trauma theoretisch gefasst werden kann. Jede Theorie tendiert ins Allgemeine; und genau hier droht eine entleerende Verallgemeinerung des Phänomens ,Trauma', das gerade darin besteht, dass es sich normativen Erfahrungs- und Interpretationsmustern entzieht. Traumata fordern also in gewisser Weise Theorie und Hermeneutik auf, ihr generalisierendes Moment zu reflektieren. Kurz, wenn es um das Interpretieren von Traumata geht, scheint paradoxerweise

https://doi.org/10.1515/9783110332681-032

die einzige fruchtbare Verallgemeinerung die zu sein, dass jedes Trauma danach verlangt, in seiner Singularität gehört zu werden.

Wenn ich im Folgenden über Traumata schreibe, beziehe ich mich auf eine Vorstellung des Traumas als eines Bruchs mit vertrauten Erfahrungs- und Denkmustern. Da Traumata nachträglich erfahren werden, liegt die Schwierigkeit, sie zu fassen, nicht nur aufseiten der Erzählstimmen, sondern bedeutet auch eine Herausforderung zu entscheiden, wie diese Texte gehört beziehungsweise gelesen werden (können). Mein methodischer Ansatz kristallisiert sich um das Konzept der Zeugenschaft, da dieses sowohl den Bereich der Psychoanalyse mit dem des Rechts verklammert als auch eine Schnittstelle zwischen Literatur und Psychoanalyse bezeichnet. Anstatt einen epochenübergreifenden Überblick über die Entwicklung des Traumabegriffs vorzustellen oder einen konkreten literarischen zu entwerfen (vgl. Leys 2000), soll hier mithilfe des *close readings* beispielhafter Texte nachgezeichnet werden, wie traumatische Erlebnisse in Psychoanalyse und Literatur repräsentiert werden und wie ihnen begegnet wird. Die Texte von Jean Améry, Paul Celan, Christa Wolf und W. G. Sebald, die den Kern meiner Lektüre bilden, verlangen nach einem vielschichtigen Verständnis von Traumata, da sie zum einen historische Katastrophen thematisieren und zum anderen den Effekt eines Traumas auf das Erzählen selbst. Diese hier diskutierten Texte lassen sich nicht unter einem einheitlichen Traumabegriff subsumieren, sondern beleuchten unterschiedliche Aspekte des Phänomens. Anstelle eines Vergleichs historischer Traumata steht hier im Vordergrund, wie in der Literatur nach 1945 der Effekt des Nationalsozialismus auf Sprache (Celan), Selbst (Wolf), Gemeinschaft (Améry) und folgende Generationen (Sebald) zur Darstellung kommt. Der zentralen psychoanalytischen Prämisse – der Dynamik von Erzählen und Hören beziehungsweise Lesen – folgend, beschäftigen sich die folgenden Lektüren zum einen mit der Schwierigkeit, Zeugnis abzulegen, und zum anderen damit, welches Erzählen sich angesichts dieser Schwierigkeit ereignet.

2. Sigmund Freuds Hysteriestudien: Erzählen und Zuhören

Als Sigmund Freud und Josef Breuer mit der Psychoanalyse eine *talking cure* entwickelten – um Anna O.s beziehungsweise Bertha Pappenheims Formulierung zu borgen –, erfanden sie zugleich das Zuhören neu. Die Phänomene, entlang derer sich die Psychoanalyse entwickelte – Hysterie, Kriegsneurose, Trauma –, bewirkten in den Betroffenen eine Krise des Erzählens und verlangten dementsprechend nach einem ganz besonderen Zuhörverhalten. Jean-Martin Charcot ist nicht für sein Zuhören bekannt, sondern dafür, dass er seine Hysteriestudien öffentlich vor einem breiten Publikum inszenierte, zu dem neben Medizinerinnen und Medizinern, Autorinnen und Autoren auch Schauspielerinnen und Schauspieler gehörten. Freud, Breuer und Pierre Janet hingegen, deren Überlegungen viel gemein haben (vgl. van der Kolk und van der Hart 1995, 164–169), waren unter den ersten Hysterieforschern, die ihre Patientinnen und Patienten nicht nur beobachteten, sondern ihnen auch zuhörten. Sie interessierten sich für die Geschichte hinter den Symptomen und dafür, wann diese anfängt, zur Krankheitsgeschichte zu werden. Freud spricht anfangs von einer „gleichschwebenden Aufmerksamkeit" (VIII, 376), die der Psychoanalytiker seinen Patientinnen und Patienten entgegenbringen solle. Die Rolle des Analytikers sei es, ihnen mit ganzer Offenheit zuzuhören – und zwar ganz frei von Erwartungen, Neigungen, Zensur oder einem zu scharfen Fokus auf Details. Die ‚Redekur' beginnt also mit einem Neudenken, was es bedeutet, zuzuhören (→ IV.6. FALLGESCHICHTE).

Als Zuhörer solle der Analytiker „dem gebenden Unbewußten des Kranken sein eigenes Unbewußtes als empfangendes Organ zuwenden, sich auf den Analysierten einstellen wie der Receiver des Telephons zum Teller eingestellt ist" (VIII, 381; vgl. Ronell 1989). Diese fast transparente Idee eines Zuhörers schwingt auch in der Beschreibung des Psychiaters Dori Laub mit, wenn er an die Offenheit des Zuhörers appelliert: „The testimony to the trauma thus includes its hearer, who is, so to speak, the blank screen on which the event comes to be inscribed for the first time." (Laub 1992, 57) Mit jedem Zeugnis stellt sich dann erneut die Herausforderung, wie von Traumata erzählt und wie sie gehört werden können. Was Freud und Breuer von ihren Patientinnen, zumeist Frauen aus gutbürgerlichen Kreisen, hörten, waren Geschichten des Missbrauchs und Inzests. Angesichts dieser Befunde stieß Freud auf starken gesellschaftlichen Widerstand und revidierte letztlich seine Theorie der Hysterie radikal. Er deutete nun das, was er gehört hatte, nicht mehr als Erinnerungen an realen Missbrauch, sondern als mögliche sexuelle Phantasie.

Mit der Diagnose Hysterie wurde dem, was die Patientinnen erzählten, der Bezug zur Wirklichkeit abgesprochen. Anders gesagt: Freud entwickelte die Psychoanalyse „out of the ruins of the traumatic theory of hysteria, [...] founded in the denial of women's reality" (Herman 1997 [1992], 14). In diesem Sinne ist die Geschichte des Traumas in der Psychoanalyse bis heute immer auch „one of episodic amnesia" (Herman 1997 [1992], 7), eine Geschichte des Hin- und Weghörens. Die Geschichte der Hysterieforschung und insbesondere Freuds Revisionen legen offen, dass der Umstand, ob ein Ereignis rechtlich (wie sozial) als traumatisch definiert wird, immer davon abhängt, ob dieses Trauma von der Gesellschaft als solches anerkannt wird (vgl. Herman 1997 [1992], 9). Wie kann das grundlegende Verhältnis der Psychoanalyse, das zwischen Erzählen und Hören, vor dem Hintergrund des Holocaust gedacht werden, das heißt in Bezug auf eine Wirklichkeit, die unbestreitbar und zugleich sprachlich wie kognitiv schwer zu fassen ist?

3. Paul Celan: Trauma, Sprache, Tradition

Vernetzt man das psychoanalytische Traumakonzept mit dem Zeugnisbegriff, wird es möglich, sich von Freuds revidiertem Verständnis des Traumas abzugrenzen, das den Bezug auf eine erlebte Wirklichkeit der Patientinnen und Patienten mit dem auf sexuelle Phantasien ersetzte. Der Begriff des Zeugnisses markiert dagegen den Wirklichkeitsbezug der Texte auf individuelle Geschichten und historischen Kontext. Die Frage nach dem Wirklichkeitsbezug eines Zeugnisses muss dabei, wie Geoffrey Hartman – Literaturwissenschaftler und Mitbegründer des *Fortunoff Video Archive for Holocaust Testimonies* – herausstellt, von der Frage nach „Authentizität" abgegrenzt werden: „Die Qualität der Authentizität ist leichter zu spüren als zu definieren" und sei damit ähnlich unzuverlässig wie das Kriterium der Exaktheit, „denn die Bedingungen unter denen Zeugenschaft entsteht, sind nicht immer gleich" (Hartman 2004, 99). Während etwa Victor Klemperer den Alltag während des Nationalsozialismus im Detail dokumentiert, schreibt Améry über den Intellektuellen in Auschwitz. Celans Gedichte hingegen bezeugen, wie der Nationalsozialismus in der Sprache nachwirkt: „Sie, die Sprache blieb unverloren, ja, trotz allem. Aber sie mußte [...] hindurchgehen durch furchtbares Verstummen, hindurchgehen durch die tausend Finsternisse todbringender Rede. Sie ging hindurch und gab keine Worte her für das, was geschah; aber sie ging durch dieses Geschehen. Ging hindurch und durfte wieder zutage treten, ‚angereichert' von all dem." (Celan 2000a [1958], 185–186) Diese Texte verbildlichen und literarisieren zugleich, wie die Traumata der Geschichte an der Sprache haften, sie ‚an-Reich-ern', sodass die Sterne im Himmel, die das unendliche Universum oder auch den Schicksalsgedanken der Astrologie symbolisieren, in *Todesfuge* (1948) als Judensterne der Ermordeten lesbar werden, die als Asche in den Himmel aufsteigen. Dass dieses Nachwirken auch Celans Perspektive auf die literarische Tradition färbt, wird in seiner Interpretation von Georg Büchners *Lenz* (1839) deutlich. Bei Büchner heißt es über Lenz: „[N]ur war es ihm manchmal unangenehm, daß er nicht auf dem Kopf gehn konnte." (Büchner 2006 [1839], 137) Dieses Bild wandelt sich, wenn Celan darüber in *Meridian* (1960) spricht: „Wer auf dem Kopf geht, meine Damen und Herren, – wer auf dem Kopf geht, der hat den Himmel als Abgrund unter sich." (Celan 2000c [1960], 195) Celan geht einen Dialog mit Büchner ein und konfiguriert das Bild von Lenz' Wunsch, auf dem Kopf gehen zu können, aus der Perspektive des ‚Post-1945' neu. Dabei übersetzt er das Bild des Himmels als Abgrund – rein temporal gesprochen – von Büchners Präteritum ins Präsens. Die Ansprache „meine Damen und Herren", die in das Zitat eingeschoben ist, zieht die Zuhörenden mit in diese Gegenwart hinein. Der eine Generation später schreibende Heiner Müller nimmt das Motiv des Himmels als Abgrund – wie Celan – im Präsens auf und assoziiert es mit Walter Benjamins Engel der Geschichte, wenn es in *Der Auftrag* (1979) heißt: „Ich bin der Engel der Verzweiflung. [...] Ich bin das Messer mit dem der Tote seinen Sarg aufsprengt. Ich bin der sein wird. Mein Flug ist der Aufstand, mein Himmel der Abgrund von morgen." (Müller 2002 [1979], 16) Anders als Benjamins Engel der Geschichte, der „das Antlitz der Vergangenheit zugewendet" (Benjamin 1980 [1940], 255) in die Zukunft treibt, faltet der Engel der Verzweiflung den Abgrund temporal von der Gegenwart in die Zukunft, sodass der Himmel als Abgrund, der sich durch dieses Referenznetzwerk zieht, zu dem wird, was vor uns liegt.

Die wiederkehrenden Bilder von Himmel, Engel und Abgrund erinnern an das von Benjamin im *Passagen-Werk* (1982) beschriebene dialektische Bild, das mit einer Zeitordnung bricht, welche Zeit als Kontinuität oder Dauer denkt: „Bild ist dasjenige, worin das Gewesene mit dem Jetzt blitzhaft zu einer Konstellation zusammentrifft." (Benjamin 2001 [1961], 578) Wenn Celan auf Büchner verweist und später Müller Celan und Benjamin – im Präsens – zitiert, ziehen sie damit die Bilder von Himmel und Abgrund ins Jetzt. Anhand dieser Bilder wird die literarische Tradition als eine zeitlich und kausal gebrochene präsentiert, worin das Gewesene nur in einem kurzen Moment im Zitat aufblitzt. Die Weitergabe dieser Bilder von Himmel, Engel und Abgrund erinnert an Jacques Lacans Auffassung, dass Metaphern dieselben Mechanismen wie das „Symptom im analytischen Sinne" innehaben. Dabei werde das Trauma in Form „rätselhafte[r] Signifikanten" (Lacan 1996 [1957], 203) verborgen und zugleich bewahrt (→ II.4. POSTSTRUKTURALISTISCHE THEORIE). Abgrund und Himmel zeichnen sich dann als Symptome ab, die durch diese Texte hindurch den Effekt des Nationalsozialismus nachzeichnen, den Celan beschreibt, ohne dass die Rätselhaftigkeit dieser Signifikanten jemals gänzlich dekodiert werden kann. Jeder dieser Texte nimmt die Sprache der anderen auf und repräsentiert mittels jeder Neukonfiguration der Bilder, wie sich der Bruch von bestehenden Lese- und Interpretationsrahmen von einer Epoche in die nächste zieht. Durch die direkte Ansprache der Zuhörenden sowie die Wechsel ins Präsens verweisen diese Texte auch auf das Gegenwärtige, das dieser Anreicherung der Sprache eigen ist. Zugleich repräsentieren die Zitate im Präsens das fragmentarische Wesen des Traumas, das in Form von Flashbacks als Gegenwärtiges aufblitzt (→ II.1. SEMIOTIK).

Traumata folgen einer geradezu paradoxen Zeitlichkeit, die sich beispielsweise in dem Spannungsverhältnis von Nachträglichkeit, mit der es erfahren wird, und Gegenwärtigkeit von Flashbacks abzeichnet: „The history that a flash-back tells – as psychiatry, psychoanalysis, and neurobiology equally suggest – is, therefore a history that literally *has no place*, neither in the past, in which it was not fully experienced, nor in the present, in which its precise images and enactments are not fully understood." (Caruth 1995, 153) Diese paradoxe Tem-poralität des Traumas fordert die Zuhörenden auf, jenseits bekannter zeitlicher Rahmen zu denken beziehungsweise zu hören. Vor diesem Hintergrund und in Hinblick auf Celans Sprachverständnis wird im Folgenden untersucht, wie sich Traumata auf die grammatikalischen Strukturen, also auf die Bausteine des Erzählens, auswirken.

4. Christa Wolf: Trauma, Krise der ersten Person Singular

Zeugenschaft vor Gericht verlangt nach einem Subjekt, das kohärent und linear von Ereignissen berichtet. In Christa Wolfs *Kindheitsmuster* (1976) ist es jedoch gerade diese Fähigkeit, in der ersten Person Singular zu sprechen, kurz, die Fähigkeit, ‚Ich' zu sagen, die zum Problem wird. In *Kindheitsmuster* reist die Protagonistin mit ihrer Tochter Lenka an die Orte, an denen sie während ihrer Kindheit zur Zeit des Nationalsozialismus lebte. Um die Nachwirkungen aufzu-zeigen, die eine Kindheit im Nationalsozialismus auf das Selbst haben kann, kon-struiert der Text eine Erzählstimme, die in einen Dialog zwischen ‚du' und ‚sie' zerfällt, wobei das ‚du' für das Erwachsenen-Ich einsteht und das Kindheits-Ich mit ‚sie' oder als Nelly bezeichnet wird. Während eines Dialogs im klassischen Sinne wechseln die Pronomina ‚ich' und ‚du' (auch ‚Verschieber' genannt) flie-ßend, und man nimmt einmal die Position des ‚ich' und dann die des ‚du' ein (vgl. Benveniste 1974 [1966]; Jakobson 1971 [1957]; Weinrich 2001 [1964]). Mit dem ‚sie' verhält es sich jedoch ganz anders. Die dritte Person ist kein Verschieber, ‚sie' hat nichts von dem intimen Verhältnis von ‚ich' und ‚du', sondern ist referenziell (vgl. Benveniste 1974 [1966], 258–259). In *Kindheitsmuster* kann das Kindheits-Sie, Nelly, nicht in einen direkten Dialog mit dem Erwachsenen-Du treten, sondern ist Objekt von dessen Reflexionen. Jedes ‚du' spricht zugleich implizit Lenka (und mit ihr die folgenden Generationen) sowie die Lesenden an und versetzt uns in die Position eines Gegenübers, das dieses Zeugnis hört. Der Personen-wechsel zwischen ‚du' und ‚sie' generiert dabei eine ganz eigene Erzählstimme, kurz, eine Subjektposition, die zugleich eine doppelte Entfremdung des Selbst in zwei Stimmen vollzieht. Diese Stimme beinhaltet immer auch „the impending collapse of a stable narrative instance" und erlaubt dadurch „to *let* something else be written" (Levine 1997, 110–111) – in einer singulären, wenngleich polyphonen Zeugenstimme. Wenn im Folgenden von Subjektposition beziehungsweise von Subjektstatus die Rede ist, bezieht sich dies nicht auf ein metaphysisches Verständnis des Subjekts, sondern verweist zum einen auf das grammatikalische Subjekt im Satz und zum anderen auf die Position des Zeugen, dessen Subjektstatus, wie wir sehen werden, in den einzelnen Texten sehr unterschiedlich konzipiert und repräsentiert wird.

Was ist jedoch das Prekäre an der ersten Person Singular? Warum changiert der Text zwischen ‚du‘ und ‚sie‘ und nicht zwischen ‚ich‘ und ‚sie‘? Das Abgründige des Subjekts eröffnet sich in dem Moment, in dem das ‚ich‘ mit einem Verb in Verbindung kommt: „Weil es nämlich unerträglich ist, bei dem Wort ‚Auschwitz‘ das kleine Wort ‚ich‘ mitdenken zu müssen: ‚Ich‘ im Konjunktiv Imperfekt: Ich hätte. Ich könnte. Ich würde. Getan haben. Gehorcht haben." (Wolf 1994 [1976], 295) Sobald der Text vom Konjunktiv beziehungsweise Irrealis in das Imperfekt kippt, fällt das Ich aus dem Satz. Was bleibt, sind Verbfragmente. Selbst in der Reflexion werden dem Ich also lediglich Modalverben zur Seite gestellt, ‚tun‘ beziehungsweise ‚getan haben‘ verbleiben subjektlos. In dieser Passage wird die Schwierigkeit, Ich zu sagen bzw. zu denken, direkt an Auschwitz gebunden. Der Effekt des Holocaust auf das grammatikalische Gewebe des Textes löst eine existenzielle Störung zwischen Subjekt und Verb aus. Als Bruch mit bekannten Erfahrungs- und Interpretationsmustern zeichnet sich das Trauma in *Kindheitsmuster* darin ab, dass es dem ‚ich‘ (vor dem Hintergrund der Geschichte des Nationalsozialismus) „unerträglich" erscheint, Selbst (Pronomina), Handeln (Verben) und Auschwitz in einem Satz zusammenzudenken. Dadurch wird die Krise, Kindheits-Sie und Erwachsenen-Du in einem Ich zu vereinen, im historischen Kontext des Holocaust verortet. Der Roman legt damit nicht nur von einem spezifischen traumatischen Ereignis Zeugnis ab, sondern auch von dem Effekt der (eigenen) Geschichte, der das Zusammenspiel von Selbst, Subjektposition, Erinnerung und Geschichte neu konfiguriert (→ II.2. Rhetorik und Poetik).

5. Jean Améry: Trauma, zwischen Ich und Wir

Eine Analyse von Amérys Texten als Traumaliteratur wäre bei ihm auf vehementen Widerspruch gestoßen: „Bin ich vielleicht psychisch krank und laboriere ich nicht an einem unheilbaren Leiden, nur an Hysterie? Die Frage ist bloß rhetorisch. Die Antwort habe ich mir längst in voller Bündigkeit erteilt. Ich weiß, was mich bedrängt, ist keine Neurose, sondern die genau reflektierte Realität." (Améry 2002a [1966], 170) Wenn er hier von Hysterie und Neurose schreibt, bezieht er sich begrifflich auf die Hysteriestudien von Charcot, Janet, Freud und Breuer und auf deren Studien der sogenannten Kriegsneurosen nach dem Ersten Weltkrieg, aus denen sich der psychoanalytische Traumabegriff speist. Améry insistiert darauf, dass er nicht an Hysterie leide, sondern an der „genau reflektierte[n] Realität". Wenn er der Neurose die Realität gegenüberstellt, grenzt er sich von Freuds psychoanalytischer Traumatheorie ab, die der Hysterie einen konkreten Wirklichkeitsbezug abspricht. Améry betont den Wirklichkeitsgehalt seiner Texte, der, seinem Verständnis zufolge, in dem Moment zweifelhaft würde, in dem man den Autor als traumatisiert diagnostizierte. Damit läge die Pathologisierung auf seiner Seite, in ihm und nicht in dem, was ihm geschehen ist. Amérys wie auch Wolfs Texte zeugen weniger von individueller Pathologie, sondern zeichnen jeweils spezifische Effekte von Traumata auf das Erzählen von Geschichte(n) nach. Auch Amérys Texte loten mittels eines innovativen Gebrauchs von Personalpronomina aus, wie sich individuelle, zwischenmenschliche und historische Bezüge angesichts des Nationalsozialismus verschieben.

In *Jenseits von Schuld und Sühne* (1966) schreibt Améry, er wolle „nichts tun als mein Zeugnis ablegen" (Améry 2002a [1966], 14). Seine Texte, in denen er über den Effekt von Auschwitz auf seine Beziehung zu Sprache, Welt und Gemeinschaft reflektiert, beinhalten eine Enzyklopädie der Verluste von „Heimat", „Sicherheit", „Mitmenschen" und „Weltvertrauen" (Améry 2002a [1966], 11–177) und sind in seiner Position als Augenzeuge verankert: „Man war da. Ich war da. Wenig Sinn hat es, ein anonymisierendes Fürwort zu wählen." (Améry 2002c [1971], 185) In seiner fundierten Analyse der Pronomina in Amérys Werk schreibt Jan Philipp Reemtsma über die erste Person Singular bei Améry: „Ein sehr souveränes ‚ich' scheint es, aber doch kein Souverän; eines, das seine Selbstgewißheit nicht aus einer irgendwie transzendentalen Verfügungsgewalt bezieht, sondern nur im Verein mit den grammatikalischen Kollegen." (Reemtsma 1996, 65) Améry denkt ‚ich' immer in Verbindung mit ‚wir' und fächert anhand dieses Verhältnisses die zwischenmenschlichen Auswirkungen von Traumata auf: „Ich war ein Mensch, der nicht mehr wir sagen konnte und darum nur noch gewohnheitsmäßig, aber nicht im Gefühl vollen Selbstbesitzes ‚ich' sagte. [...] Ich war kein Ich mehr und lebte nicht mehr in einem Wir. Ich hatte keinen Paß und keine Vergangenheit und kein Geld und keine Geschichte." (Améry 2002a [1966], 90)

Flucht und Exil in Brüssel beschreibt Améry hier als einen Verlust des Selbst, der daraus entsteht, dass ihm die Zugehörigkeit zu einem Wir, zu einer Gemeinschaft abgesprochen wird. Und doch erzählt er weiter in der ersten Person Singular, die seinen Subjektstatus zumindest grammatikalisch bewahrt und für seine Position als Zeuge unabdingbar ist. Hier spricht ein ‚ich', das kein ‚ich' mehr ist und dessen Status als grammatikalisches Subjekt von jeglichen als absolut setzbaren Konzeptionen von ‚ich' und ‚wir' abgekoppelt ist. Wie Reemtsma aufzeigt, ist Amérys Verständnis des Ichs eng mit Freuds Konzept verwandt (vgl. Reemtsma

1996, 77). Für beide entwickelt sich das Ich in Bezug auf Kollektiv und Außenwelt und ist dabei, um mit Freud zu sprechen, „vor allem ein Körper-Ich" (XIII, 255). Améry politisiert diesen Gedanken radikal in seinem Essay *Tortur* (1966), wenn er im Gegenklang zu Ludwig Wittgenstein schreibt, „[d]ie Grenzen meines Körpers sind die Grenzen meines Ichs"; werden diese Grenzen verletzt, bedeutet dies nicht den Verlust der „Menschenwürde", sondern den des „Weltvertrauens" (Améry 2002a [1966], 65–66).

In diesem Sinne betont Judith Herman, auf welche existenzielle Weise Traumata das Zwischenmenschliche erschüttern: „They breach the attachments of family, friendship, love, and community. They shatter the construction of the self that is formed and sustained in relation to others." (Herman 1997 [1992], 51) Reemtsma schließt an diese Überlegungen an, wenn er über die Nachkriegszeit reflektierend folgert: „Ein Trauma entfaltet oft erst dann seine zerstörerische Kraft ganz, wenn die Gesellschaft oder Gemeinschaft sich weigert, das Erlebnis zu erkennen und anzuerkennen." (Reemtsma 1996, 80) Damit hebt er die Problematik, dass ein Trauma nicht vom Umfeld anerkannt wird, die auch Amérys Texte durchzieht und bis auf Freuds therapeutisches Verhältnis zu seinen Patientinnen zurückreicht, auf eine gesamtgesellschaftliche und generationsübergreifende Ebene. Der Historiker Dan Diner schreibt über die Nachkriegszeit: „Seit Auschwitz – welch traurige List – kann tatsächlich von einer ‚deutsch-jüdischen Symbiose' gesprochen werden – freilich einer negativen": „[...] Deutsche wie Juden", so Diner, „sind durch dieses Ereignis neu aufeinander bezogen worden." (Diner 1986, 9; → IV.14. NACHKRIEGSLITERATUR)

Diese Formulierung, die Auschwitz nicht als trennenden, sondern gemeinsamen, wenngleich ‚negativen' Referenzpunkt denkt, veranschaulicht, wie heikel es ist, ‚Trauma' begrifflich zu umschreiben. Während der Begriff der Symbiose (gewiss von Diner unbeabsichtigt) ein Überschreiben des Bruchs impliziert, den Auschwitz bedeutet, etabliert die Gegenüberstellung von Juden und Deutschen einen elementaren Antagonismus beider. Die Diskussion über adäquate Terminologie spitzt sich in der Debatte um den Begriff des Tätertraumas radikal zu. Während Aleida Assmann das Konzept generell ablehnt (vgl. Assmann 2006b), befasst sich Freud implizit mit dem Konzept, wenn er anhand der Geschichte von Tankred und Clorinda in *Jenseits des Lustprinzips* (1920) den unbewussten Wiederholungszwang entwickelt. Die Problematik, wie und ob Tätertraumata überhaupt begrifflich gefasst werden können, ohne sich mit dem Bereich des Opfertraumas zu vermischen, unterstreicht die Annahme, dass schablonenhafte Definitionen das Phänomen Trauma nur verfehlen können (vgl. LaCapra 1999). Jedes Trauma verlangt, dass die darauf angewendete Terminologie immer wieder überdacht wird – in all ihren historischen und konzeptionellen Komplikationen.

Amérys Schriften sind von einem beständigen Abwägen und Abtasten geprägt, mit welchen Worten er den Holocaust beschreiben kann. In seinem Romanessay *Lefeu oder Der Abbruch* (1974) etwa überlegt der Protagonist Lefeu, wie er den Tod seiner Eltern erinnern kann, die in einem Konzentrationslager ermordet wurden: „[I]ch gedenke, daß sie gestorben sind. Ein furchtbar großer Pluralkreis: sie. Eux. Les autres. Und wenn ich rede, ich, im Singular, dann ist mein Geplapper das Zeugnis eines unbegreiflichen Fehlgeschicks." (Améry 2007 [1974], 429) Seiner Eltern zu gedenken wird zu einem Gedenken der anonymen Opfer, die er nur als ‚sie' zu bezeichnen vermag. Lefeus Wechsel in die französische Sprache, um ‚die Anderen' zu benennen, zeugt von einem sprachlichen Schlingern, das in einer Geste auf einen furchtbar großen Pluralkreis mündet. Primo Levi spitzt die Schwierigkeit, Zeugnis abzulegen, in aller Radikalität zu, wenn er schreibt: „Nicht wir, die Überlebenden, sind die wirklichen Zeugen. [...] Vielmehr sind sie, die Muselmänner, die Untergegangenen, die eigentlichen Zeugen, jene, deren Aussage eine allgemeine Bedeutung gehabt hätte." (Levi 1990 [1986], 83–84) Levis Gedanken bedeuten eine Neuausrichtung des Zeugnisbegriffs, demzufolge jede „allgemeine" Aussage mit den Toten von uns gegangen ist (vgl. Agamben 2002; Hartman 2004). Mit dem Verlauf der Zeit stellt sich auch die Frage, inwiefern Trauma und Zeugenschaft im Hinblick auf die folgenden Generationen betrachtet werden können.

6. W. G. Sebald: Zeugenschaft – von Generation zu Generation

„Trauma is contagious" (Herman 1997 [1992], 140), schreibt Herman in *Trauma and Recovery.* Im psychoanalytischen Kontext wird dieser ansteckende Effekt, der sich von den Traumatisierten auf das zuhörende Gegenüber erstreckt, etwa als „traumatic countertransference" oder als „vicarious traumatization" (Herman 1997 [1992], 140) bezeichnet. Diese Reaktion kann Gefühle von Wut, Schrecken und Verzweiflung beinhalten, die Zuhörende den Erzählenden nachempfinden. Da im Begriff der stellvertretenden Traumatisierung die problematische Implikation mitschwingt, dass die Hörenden an die Stelle der Zeugen treten können, werde ich den Begriff der sekundären Zeugenschaft verwenden, um die Position der Zuhörenden zu benennen, die gewissermaßen zu Zeugen der Zeugen werden.

„Niemand / zeugt für den / Zeugen" (Celan 2000b [1967], 72; vgl. Baer 2000), schreibt Celan in *Aschenglorie* (1967). Das Insistieren darauf, dass jedes Zeugnis singulär ist und niemand im Namen anderer Zeugnis ablegen kann, liegt im Kern der traumatheoretischen Überlegungen des Historikers Dominick LaCapra (vgl. auch Weissman 2004). Er warnt davor, die Grenzen der sekundären Zeugenschaft zu überschreiten und sich mit den Überlebenden zu identifizieren: „Historical trauma is specific and not everyone is subject to it or entitled to the subject-position associated with it. It is dubious to identify with the vicitim to the point of making oneself a surrogate victim who has a right to the victim's voice or subject position." (LaCapra 1999, 722) Was LaCapra hier als ‚dubious' beschreibt, kommt einem ethischen Imperativ sekundärer Zeugenschaft gleich. Stimme und Subjektposition stehen allein den Überlebenden zu – darin besteht ihre Position als Zeuge im psychologischen, juristischen wie im literarischen Kontext. Die Subjektposition – das heißt hier die Position des Zeugen – und damit die Schwierigkeit, die dieser inhärent ist, spielt eine entscheidende Rolle, wenn es um die Singularität eines Zeugnisses geht.

Dadurch eröffnet sich ein Grenzbereich zwischen Zeugenschaft, Literatur und Fiktion (vgl. Derrida 2003 [1998]; Felman 2002; Lyotard 1989 [1983]). Selbst wenn man die Reflexion über Erzählen und Erzählstimme, die Wolfs und Amérys Texten eigen ist, als poetische Elemente betrachtet, beeinträchtigt dies nicht den bezeugenden Status dieser Texte, sondern schärft den Blick auf ihr Potenzial als mehrdimensionale Zeugnisse. Das Wechselspiel der Personalpronomina differenziert diese Texte von juridischen Zeugniskonzeptionen. Assmann hebt in Bezug auf juridische Zeugenschaft deshalb hervor: „[A]fter the trial, it loses its function, as it has no independent value outside the legal frame." (Assmann 2006a, 270) Sie kontrastiert diese Kurzzeitbedeutung ferner mit der von *Video-Testimony*-Archiven: „The video testimony also relies on a pact between a narrator and a listener, but this time, a special responsibility is conferred on the listener, who must be willing to share the testimony and become a co-witness or secondary witness of the memory that he or she helps to extend in space and time." (Assmann 2006a, 265) Dass in Videoarchiven wie dem *Fortunoff Video Archive for Holocaust Testimonies* in Yale die Zeugnisse Überlebender für kommende Generationen bewahrt werden, erhält natürlich eine immer signifikantere Bedeutung, da immer weniger Augenzeugen noch am Leben sind (vgl. *Poetics Today* 2006). Allerdings erscheint es mir unerlässlich, die unterschiedlichen Medien der Zeugenschaft nicht zu hierarchisieren. Jedes Medium generiert eine ihm eigene Form der Zeugenschaft, da es die Bedeutung von Zeit und Raum zwischen Zeugnis und sekundären Zeugen auf idiosynkratische Weise thematisiert und zu überwinden sucht (→ II.8. MEDIENTHEORIE).

Unter literarischen Zeugnissen verstehe ich an dieser Stelle Texte, die nicht allein historische Fakten wiedergeben, sondern gerade durch sprachliche und syntaktische Eigenheiten den Effekt bezeugen, den Trauma und Geschichte auf die Fähigkeit des Erzählens selbst haben. Dementsprechend verlangen sie ein Zuhören, das „both urgently demands historical awareness and yet denies our usual modes of access" (Caruth 1995, 151). Der Zugang sekundärer Zeugen ist kein direkter, sondern ein radikal durch Distanz in Zeit und Raum modifizierter. In diesem Sinne schreibt der Literaturwissenschaftler Lawrence L. Langer über den Unterschied von Zeugen und Erinnernden: „In some way, too, with the exception of surviving victims, all are witnesses to memory rather than rememberers themselves." (Langer 1991, 39) Distanz wird in Bezug auf diejenigen, die ein Trauma nicht selbst erlebt haben, zur ethischen Notwendigkeit, klar zwischen Positionen des Sichhineinversetzens, Identifikation und Empathie zu differenzieren. Ob in juridischem, psychoanalytischem oder literarischem Kontext, Zeugenschaft bleibt einer ethischen Dimension verhaftet, wie nicht allein die Kontroverse um Binjamin Wilkomirski (alias Bruno Dössekker) gezeigt hat, der erfundene Erinnerungen als Zeugnisse des Holocaust ausgab (vgl. Diekmann 2002).

Die Subjektposition des Zeugen ist unantastbar – auch von der Imagination, sobald diese sich zur Identifikation zu verdichten droht (vgl. Weissman 2004, 22). Laut LaCapra beinhaltet sekundäre Zeugenschaft „empathic unsettlement in the attentive secondary witness [...]; it involves a kind of virtual experience through which one puts oneself in the other's position while recognizing the difference of that position and hence not taking the other's place" (LaCapra 2001, 78). Dieses Verständnis des Zuhörens als *empathic unsettling* zeigt eine weitere wesentliche Schnittmenge psychoanalytischer und literarischer Zeugenschaft auf, nämlich dass Zuhören bestehende Denk- und Erfahrungsmuster erschüttern kann. Diese Destabilisierung verlangt nach einem Bewusstsein der Hörenden/Lesenden sowohl für die Virtualität der Erfahrung als auch für die eigene sekundäre Zeugenschaft. Es stellt sich nun die Frage, wie Literatur die kommenden Generationen anspricht (vgl. Hirsch 2012): Welche Strategien wenden Narrative an, um das Geschehene zu vergegenwärtigen? Welche Entwürfe über das Verhältnis von Zeugen und sekundären Zeugen gibt es?

W. G. Sebalds *Die Ausgewanderten* (1992) beinhaltet einen Entwurf, wie man mit Geschichte(n) umgehen kann, die man selbst nicht erlebt hat. Die Erzähler, die sich in den vier Erzählungen auf die Suche nach den Geschichten Verstorbener machen, verfolgen die Spuren von Freunden, Bekannten und Verwandten und versuchen, deren Geschichten zu rekonstruieren. Sie erheben nicht den Anspruch, die Lebensgeschichten der Ausgewanderten vollständig erfassen zu können, sondern verweisen immer auf Lücken in ihrem Wissen. In der Erzählung *Max Aurach* etwa schreibt der Erzähler, dass er Seiten um Seiten mit „Bleistift- und Kugelschreibergekritzel" füllt, sodass vieles „durchgestrichen, verworfen oder bis zur Unleserlichkeit mit Zusätzen überschmiert" (Sebald 2002 [1992], 345) ist. Er beschreibt den Schreibprozess als ein von Zweifeln durchzogenes, ständiges Überarbeiten. Die Erzählungen fungieren damit auch als Dokumentation sekundärer Zeugenschaft, des Schreibens also über das Verhältnis zu Zeugen traumatischer Ereignisse. Damit thematisieren sie direkt die Gefahr, dass man im Schreiben die Vergangenheit verfälschen kann, anstatt ihr näher zu kommen. Zugleich erinnert der Schreibprozess des Erzählers an Max Aurachs Maltechnik, über die es heißt: „[D]ieses Zeichnen und Hinundherfahren auf dem dicken, lederartigen Papier sowohl als auch das mit dem Zeichnen verbundene andauernde Verwischen des Gezeichneten mit einem von der Kohle völlig durchdrungenen Wollappen war in Wirklichkeit eine einzige, nur in den Stunden der Nacht zum Stillstand kommende Staubproduktion." (Sebald 2002 [1992], 238–239)

Das entstandene Bild erscheine „als sei es hervorgegangen aus einer langen Ahnenreihe grauer, eingeäscherter, in dem zerschundenen Papier nach wie vor herumgeisternder Gesichter" (Sebald 2002 [1992], 239–240). Ist dieses Bild also ein „failed portraiture. The past, the person, replaced by the process of its reproduction?" (Jacobs 2004, 911), fragt die Komparatistin Carol Jacobs. Ähnlich könnte man fragen, ob es dem Erzähler gelingt, ein Porträt des Künstlers zu präsentieren. Jacobs liest gerade das vermeintliche Scheitern der Porträts als Erfolg: „[T]heir greatest achievement is their refusal to portray, won by long labors of obliteration." (Jacobs 2004, 913) Anstelle klassischer Porträts entstehen skizzierte geisterhafte Gesichter. Ebenso geht es dem Erzähler weniger um ein akkurates oder authentisches Porträt des Malers, wie auch immer ein solches aussehen könnte, sondern um einen Dialog, der sich auch nach dem Tod des Ausgewanderten fortsetzt, und zwar als Auseinandersetzung mit der Geschichte des Anderen, auf inhaltlicher wie auf formaler Ebene. Der destabilisierende Effekt, den diese Maltechnik auf den Schreibprozess des Erzählers hat, erinnert an LaCapras *empathic unsettling*. Die Ausgewanderten enthält damit auch eine mediale sekundäre Zeugenschaft des Malens im Schreiben. Es entstehen nicht nur Zeugnisse über das Leben der Ausgewanderten, sondern auch über deren Verlust. Zur Rolle von Staub und Asche in Sebalds Werk bemerkt der Literaturwissenschaftler Eric Santner treffend: „Sebald's entire project is, we might say, an effort to tease out the testimony of dust and ash, to see in such material deposits the very ‚matter' of historical deposition." (Santner 2006, 102)

Die Erzählstruktur von Sebalds Texten entwirft einen Vergangenheitsbezug, der von den Erzählern als dialogischer Umgang mit den Geschichten Anderer vollzogen wird. Die Erzählenden werden im Prozess ihrer Recherchen also von einem *empathic unsettling* im Sinne LaCapras ergriffen, ohne dass es dabei jemals zu einer Identifikation mit den Ausgewanderten kommt. In *Die Ausgewanderten* werden die Positionen von Zeugen und sekundärer Zeugenschaft immer klar auseinanderdividiert. Dabei ist es bisweilen die Imagination, die die Distanz punktuell überbrücken kann, sodass der geschriebene Text die Bilder in solch realitätsnaher Weise animiert, dass eine tatsächliche Begegnung mit den Verstorbenen imaginiert wird.

Sebalds Texte sind zudem von Fotographien durchzogen, und um eine solche Fotographie geht es auch am Ende von *Die Ausgewanderten* (vgl. Harris 2001; LaCapra 2013; Santner 2006). Der Erzähler schreibt von alten Fotographien, die in einem Antiquariat gefunden worden waren, darunter Bilder aus dem Ghetto in Litzmannstadt: „Dokumentiert hatte der Fotograf sodann die beispielgebende innere Organisation des Ghettos, die Post, die Polizei, den Gerichtssaal [...]." (Sebald 2002 [1992], 354) In diesem Sinne lokalisieren die Beschreibungen die Bilder zunächst in der Vergangenheit; doch dann bricht plötzlich ein Gedankenstrich diese Temporalität auf: „– Hinter einem lotrechten Webrahmen sitzen drei junge, vielleicht zwanzigjährige Frauen. [...] Die Weberin zu ihrer Linken hält den Kopf ein wenig seitwärts geneigt, während die auf der rechten Seite so unverwandt und unerbittlich mich ansieht, daß ich es nicht lange auszuhalten vermag. Ich überlege, wie die drei wohl geheißen haben – Roza, Lusia und Lea oder [...]." (Sebald 2002 [1992], 355) Für einen Augenblick bricht der Text aus der abgeschlossenen Vergangenheit ins Präsens. Ist dies einer der Augenblicke, in dem, wie Roland Barthes meint, im Medium der Fotographie die Toten wiederkehren (vgl. Barthes [1980] 1989)? Doch wie in Barthes' Text das Bild seiner Mutter fehlt, das im Zentrum seiner Überlegungen steht, so enthält auch Sebalds Text kein Bild der Frauen am Webrahmen. Es ist also der Text, der hier, zwischen zwei Gedankenstrichen, ins Präsens wechselt und mittels einer langen Aufreihung von Details diese Vergegenwärtigung leistet.

Das Präsens fungiert hier nicht schlicht als formale Dramatisierung, wie Käte Hamburger es in ihrer rein strukturellen, fiktionstheoretischen Analyse des historischen Präsens thematisiert (vgl. Hamburger 1977 [1957], 84–92). Während Hamburger den Gebrauch des Präsens über lange Passagen hinweg diskutiert, geht es mir hier gerade um kurze Wechsel von der Vergangenheitsform in die Gegenwart und zurück. Wenn man an dieser Stelle in Sebalds Werk Inhalt und Form zusammenliest, dann verweist der Wechsel ins Präsens auf etwas, das nicht in die Temporalität der Erzählstruktur eingegliedert werden kann, sondern, wie es für die Temporalität eines Traumas charakteristisch ist, im Präsens verharrt. Ich bezeichne solche Präsenswechsel als *traumatisches Präsens*, das heißt, die grammatikalische Setzung einer Zäsur, die im Kontrast zu einem in der Vergangenheitsform verfassten Text als Moment lesbar wird, in dem sich etwas weigert, Vergangenheit zu werden. Es ist kein ausschließlich temporales beziehungsweise strukturelles Phänomen: Die zeitliche Zäsur geht mit einer inhaltlichen einher – einem Bruch mit gängigen Wahrnehmungs-, Bedeutungs- und Erfahrungsmustern (vgl. Hückmann 2012). Natürlich ist nicht jeder Wechsel ins Präsens traumatischer Natur; aber wenn man an dieser Stelle Formales und Inhaltliches zusammendenkt, dann handelt es sich hier nicht um eine schlichte Dramatisierung, die in einem kurzen temporalen Wechsel stattfindet. Hier ereignet sich ein Bild, das in der Gegenwart verharrt.

Nähert sich der Erzähler diesem Bild jedoch zu sehr und beginnt, sich Namen für die Frauen zu überlegen, wechselt der Text sofort wieder in die Vergangenheit. An dieser Stelle wird LaCapras *empathic unsettling* im grammatikalischen Gewebe des Textes lesbar. Traumatisches Präsens bedeutet eine Repräsentation der traumatischen Zeitlichkeit, die keinen Anfang, keine Mitte und kein Ende hat (vgl. Langer 1996, 55; Laub 1992, 69). Celan, Améry, Wolf und Sebald entwickeln Strategien, um den Bruch mit bestehenden Erfahrungs-, Interpretations- und Repräsentationsmustern darzustellen, und richten sich dabei auch an die Lesenden als sekundäre Zeugen. Diese beispielhaften Texte repräsentieren den Effekt einer traumatischen Vergangenheit, die in der Gegenwart verhaftet bleibt, und bewahren Motive – ob Engel, Himmel oder Abgrund – durch temporale und pronominale Wechsel. Damit reichen diese Texte bis in die Gegenwart der Lesenden hinein, sprechen uns mit ‚du' oder mit ‚Meine Damen und Herren' an. Dergestalt konstruieren sie eine Zuhörerposition, laden zur sekundären Zeugenschaft ein oder – anders gesagt – zum Erinnern. Es ist dann an jeder Generation bzw. an allen Leserinnen und Lesern, immer neue Zugänge zum Vergangenen und zu historischen Traumata zu entwerfen.

7. Fazit

Psychoanalyse und Literatur treffen und überschneiden sich im Wechselspiel von Erzählen und Hören. Theodor W. Adornos beständiges Überdenken seines eigenen Diktums, „nach Auschwitz ein Gedicht zu schreiben, ist barbarisch" (Adorno 2003b [1969], 30), legt nahe, dass diese Dynamik für Texte im weitesten Sinne gelten mag. Adorno hat sein Diktum im Dialog mit anderen Texten wiederholt durchdacht und umformuliert – und so schreibt er, nachdem er Amérys *Tortur*-Aufsatz gelesen hat, in Anlehnung an dessen Sprache: „Das perennierende Leiden hat soviel Recht auf Ausdruck wie der Gemarterte zu brüllen." (Adorno 2003b [1970], 355; vgl. Heidelberger-Leonard 2004) Vollends revidiert er seine Absage an die Dichtung nach Auschwitz schließlich angesichts des dichterischen Zeugnisses Celans (vgl. Adorno 2000 [1970], 477). In Adornos Antworten auf Celan und Améry schwingt ein empathischer Imperativ mit, wenn er auf das „Recht auf Ausdruck" insistiert. Es ist in diesem Antworten auf Celans und Amérys Stimmen, dass sich sein Denken wieder und wieder neu orientiert. Adorno geht einen Dialog mit ihnen ein, indem er seine Position angesichts dieser Texte ändert. Dabei öffnet sich in Adornos Werk ein Raum, in dem ein Dialog zwischen

598 ── Dania Hückmann

Literatur und Theorie entsteht. Ob Gedicht, Video, Text oder Film: Als Zeugnisse eines Traumas entwickeln diese Medien immer neue Entwürfe, um zu sprechen und uns anzusprechen. Diese Entwürfe verlangen nach kreativen Ansätzen, die Zeugnisse zu hören – denn darin liegt, wie Adorno zeigt, der Beginn eines jeden Antwortens.

Literatur

Adorno, Theodor W. „Nach Auschwitz". Adorno, Theodor W. *Gesammelte Schriften*, Bd. 6: *Negative Dialektik. Jargon der Eigentlichkeit*. Hrsg. von Rolf Tiedemann. Frankfurt a. M. 2003a [1970]: 354–358.

Adorno, Theodor W. „Kulturkritik und Gesellschaft" [1951]. Adorno, Theodor W. *Gesammelte Schriften*, Bd. 10.1: *Kulturkritik und Gesellschaft I. Prismen. Ohne Leitbild*. Hrsg. von Rolf Tiedemann. Frankfurt a. M. 2003b [1969]: 11–30.

Adorno, Theodor W. *Ästhetische Theorie*. Hrsg. von Gretel Adorno und Rolf Tiedemann. Frankfurt a. M. 2000 [1970].

Agamben, Giorgio. *Homo Sacer. Die souveräne Macht und das nackte Leben*. Übers. von Hubert Thüring. Frankfurt a. M. 2002.

Améry, Jean. „Jenseits von Schuld und Sühne" [1966]. Améry, Jean. *Werke*, Bd. 2: *Jenseits von Schuld und Sühne. Unmeisterliche Wanderjahre. Örtlichkeiten*. Hrsg. von Irene Heidelberger-Leonard. Stuttgart 2002a: 11–177.

Améry, Jean. „Vorwort zur Neuausgabe 1966" [1966]. Améry, Jean. *Werke*, Bd. 2: *Jenseits von Schuld und Sühne. Unmeisterliche Wanderjahre. Örtlichkeiten*. Hrsg. von Irene Heidelberger-Leonard. Stuttgart 2002b: 20–22.

Améry, Jean. „Unmeisterliche Wanderjahre" [1971]. Améry, Jean. *Werke*, Bd. 2: *Jenseits von Schuld und Sühne. Unmeisterliche Wanderjahre. Örtlichkeiten*. Hrsg. von Irene Heidelberger-Leonard. Stuttgart 2002c: 179–350.

Améry, Jean. „Lefeu oder Der Abbruch" [1974]. Améry, Jean. *Werke*, Bd. 1: *Die Schiffbrüchigen. Lefeu oder Der Abbruch*. Hrsg. von Irene Heidelberger-Leonard. Stuttgart 2007: 291–509.

Assmann, Aleida. „History, Memory, and the Genre of Testimony". *Poetics Today* 27.2 (2006a): 261–273.

Assmann, Aleida. *Der lange Schatten der Vergangenheit. Erinnerungskultur und Geschichtspolitik*. München 2006b.

Baer, Ulrich (Hrsg.). *‚Niemand zeugt für den Zeugen'. Erinnerungskultur nach der Shoah*. Frankfurt a. M. 2000.

Barthes, Roland. *Die helle Kammer. Bemerkung zur Photographie*. Übers. von Dietrich Leube. Frankfurt a. M. 1989 [1980].

Benjamin, Walter. „Über den Begriff der Geschichte" [1940]. Benjamin, Walter. *Gesammelte Werke*, Bd. I. 2. Hrsg. von Rolf Tiedemann. Frankfurt a. M. 1991: 691–706.

Benjamin, Walter. *Das Passagen-Werk*. Hrsg. von Rolf Tiedemann. Frankfurt a. M. 1982.

Benveniste, Émile. *Probleme der allgemeinen Sprachwissenschaft*. Übers. von Wilhelm Bolle. München 1974 [1966].

Büchner, Georg. „Lenz" [1839]. Büchner, Georg. *Werke und Briefe*. Hrsg. von Karl Pörnbacher et al. München 2006: 135–158.

Caruth, Cathy. „Introduction. Recapturing the Past". *Trauma. Explorations in Memory*. Hrsg. von Cathy Caruth. Baltimore 1995: 151–157.

Caruth, Cathy. *Unclaimed Experience. Trauma, Narrative, and History*. Baltimore 1996.

Celan, Paul. „Ansprache anlässlich der Entgegennahme des Literaturpreises der freien Hansestadt Bremen" [1958]. Celan, Paul. *Gesammelte Werke in sieben Bänden*, Bd. 3: *Gedichte III. Prosa. Reden*. Hrsg. von Beda Allemann und Stefan Reichert. Frankfurt a. M. 2000a: 185–186.

Celan, Paul. „Aschenglorie" [1967]. Celan, Paul. *Gesammelte Werke in sieben Bänden*, Bd. 2: *Gedichte II*. Hrsg. von Beda Allemann und Stefan Reichert. Frankfurt a. M. 2000b: 72.

Celan, Paul. „Meridian" [1960]. Celan, Paul. *Gesammelte Werke in sieben Bänden*, Bd. 3: *Gedichte III. Prosa. Reden*. Hrsg. von Beda Allemann und Stefan Reichert. Frankfurt a. M. 2000c: 187–202.

Derrida, Jacques. *Bleibe*. Hrsg. von Peter Engelmann. Übers. von Hans-Dieter Gondek. Wien 2003 [1998].

Diekmann, Irene und Julius H. Schoeps (Hrsg.). *Das Wilkomirski-Syndrom. Eingebildete Erinnerungen oder Von der Sehnsucht, Opfer zu sein*. Hrsg. von Irene Diekmann und Julius H. Schoeps. Zürich 2002.

Diner, Dan. „Negative Symbiose. Deutsche und Juden nach Auschwitz". *Babylon* 1 (1986): 9–20.

Erdle, Birgit R. „Die Verführung der Parallelen. Zu Übertragungsverhältnissen zwischen Ereignis, Ort und Zitat". *Trauma. Zwischen Psychoanalyse und kulturellem Deutungsmuster*. Hrsg. von Elisabeth Bronfen, Birgit R. Erdle und Sigrid Weigel. Köln 1999: 27–50.

Felman, Shoshana. *The Juridical Unconscious. Trials and Trauma in the Twentieth Century*. Cambridge 2002.

Hamburger, Käte. *Die Logik der Dichtung*. 3. Aufl., Stuttgart 1977 [1957].

Hartman, Geoffrey. „Zeugnis und Authentizität. Reflexionen über Giorgio Agambens *Quel che resta di Auschwitz*". *Der Holocaust und die Künste. Medialität und Authentizität von Holocaust-Darstellungen in Literatur, Film, Video, Malerei, Denkmälern, Comic und Musik*. Hrsg. von Matías Martínez. Bielefeld 2004: 99–118.

Harris, Stefanie. „The Return of the Dead. Memory and Photography in W. G. Sebald's *Die Ausgewanderten*". *The German Quarterly* 75.4 (2001): 379–391.

Heidelberger-Leonard, Irene. *Jean Améry. Revolte in der Resignation. Biographie*. Stuttgart 2004.

Herman, Judith. *Trauma and Recovery. The Aftermath of Violence – From Domestic Abuse to Political Terror*. New York 1997 [1992].

Hirsch, Marianne. *The Generation of Postmemory. Writing and Visual Culture after the Holocaust*. New York 2012.

Hückmann, Dania. „Topographie des Schweigens in Thomas Bernhards *Auslöschung. Ein Zerfall*". *Thomas Bernhard. Gesellschaftliche und politische Bedeutung der Literatur*. Hrsg. von Johann Georg Lughofer. Wien 2012: 201–216.

Jacobs, Carol. „What Does It Mean to Count? W. G. Sebald's *The Emigrants*". *Modern Language Notes* 119.5 (2004): 905–929.

Jakobson, Roman. „Verschieber, Verbkategorien und das russische Verb" [1957]. Jakobson, Roman. *Form und Sinn. Sprachwissenschaftliche Betrachtungen*. Übers. von Gabriele Stein. München 1971: 35–54.

van der Kolk, Bessel und van der Hart, Onno. „The Intrusive Past. The Flexibility of Memory and the Engraving of Trauma". *Trauma: Explorations in Memory*. Hrsg. Cathy Caruth. Baltimore 1995: 158–182.

Lacan, Jacques. „Das Drängen des Buchstabens im Unbewussten oder die Vernunft seit Freud" [1966]. *Theorie der Metapher. Studienausgabe*. Hrsg. von Anselm Haverkamp. Übers. von Norbert Haas. Darmstadt 1996: 175–215.

LaCapra, Dominick. „Trauma, Absence, Loss". *Critical Inquiry* 25.4 (1999): 696–727.

LaCapra, Dominick. *Writing History. Writing Trauma*. Baltimore 2001.

LaCapra, Dominick. „Coetzee, Sebald, and the Narrative of Trauma". *History, Literature, Critical Theory*. Ithaca 2013: 54–94.

Langer, Lawrence L. *Holocaust Testimonies. The Ruins of Memory*. New Haven 1991.

Langer, Lawrence L. „The Alarmed Vision. Social Suffering and Holocaust Atrocity". *Daedalus* 125.1 (1996): 47–65.

Laub, Dori. „Bearing Witness or the Vicissitudes of Listening". *Testimony. Crisis of Witnessing in Literature, Psychoanalysis, and History*. Hrsg. von Shoshana Felman and Dori Laub. New York 1992: 55–74.

Levi, Primo. *Die Untergegangenen und die Geretteten*. Übers. von Moshe Kahn. München 1990 [1986].

Levine, Michael. „Writing Anxiety. Christa Wolf's *Kindheitsmuster*". *Diacritics* 27.2 (1997): 106–123.

Leys, Ruth. *Trauma. A Genealogy*. Chicago 2000.

Lyotard, Jean-François. *Der Widerstreit*. Übers. von Joseph Vogl. München 1989 [1983].

Müller, Heiner. „Der Auftrag" [1979]. Müller, Heiner. *Werke*, Bd. 5: *Die Stücke 3*. Hrsg. von Frank Hörnigk. Frankfurt a. M. 2002: 11–42.

Poetics Today. The Humanities of Testimony. 27.2 (2006).

Reemtsma, Jan Philipp. „172364. Gedanken über den Gebrauch der ersten Person Singular bei Jean Améry". *Jean Améry [Hans Maier]*. Hrsg. von Stephan Steiner. Frankfurt a. M. 1996: 63–86.

Ronell, Avital. *The Telephone Book. Technology, Schizophrenica, Electric Speech*. Lincoln 1989.

Santner, Eric L. *On Creaturely Life*. Chicago 2006.

Sebald, W. G. *Die Ausgewanderten. Vier lange Erzählungen*. Frankfurt a. M. 2002 [1992].

Weigel, Sigrid. „Télescopage im Unbewußten. Zum Verhältnis von Trauma, Geschichtsbegriff und Literatur". *Trauma. Zwischen Psychoanalyse und kulturellem Deutungsmuster*. Hrsg. von Elisabeth Bronfen, Birgit R. Erdle und Sigrid Weigel. Köln 1999: 51–76.

Weinrich, Harald. *Tempus. Besprochene und erzählte Welt*. München 2001 [1964].

Weissman, Gary. *Fantasies of Witnessing. Postwar Efforts to Experience the Holocaust*. Ithaca 2004.

Wolf, Christa. *Kindheitsmuster*. München 1994 [1976].

IV.14. Nachkriegsliteratur

John T. Hamilton

1. Einleitung

Analyse kann sehr lieblos sein. Um etwas zu erfahren, zergliedert sie die synthetisierte Ganzheit der sinnlichen Erfahrung in erkennbare Teile, die dadurch messbar und beherrschbar werden. Unter der Rubrik ‚Analyse‘ (griech. *analyein*: auflösen, losbinden) werden Wissensobjekte aus den verworrenen Knoten des Unwissens gelöst. Aus einer affektbetonten, nahezu allegorischen Perspektive trennt sie, was die Liebe zusammengefügt hat, und muss fortan danach streben, aggressiv mit der bindenden Anziehungskraft der Illusionen zu brechen. Klarheit und Begrenzungen müssen Vagheit und Unbegrenztheit ersetzen, komplexe Verbindungen aufgelöst, entscheidende Linien gezeichnet werden – das ist der Lebensberuf der Analytikerinnen und Analytiker, die sich der Rationalität hingeben.

Aus diesen Gründen – um seinen Standpunkt klarzustellen und auf diese Weise alle anderen etwaigen Erwartungen einzuschränken – schreibt Sigmund Freud kurz vor der Fertigstellung seiner Abhandlung *Das Unbehagen in der Kultur* (1930) am 20. Juli 1929 an seinen Freund Romain Rolland: „Erwarten Sie von ihr aber keine Würdigung des ‚ozeanischen‘ Gefühls, ich versuche mich nur an einer analytischen Ableitung desselben, räume es mir sozusagen aus dem Weg. In welchen mir fremden Welten bewegen Sie sich doch! Die Mystik ist mir ebenso verschlossen wie die Musik." (Freud 1960, 406) Wie wir in *Das Unbehagen in der Kultur* lesen, hat Rolland das ‚ozeanische‘ Gefühl als „die eigentliche Quelle der Religiosität" bezeichnet – „ein Gefühl wie von etwas Unbegrenztem, Schrankenlosem", „ein Gefühl der *unauflösbaren Verbundenheit*" (XIV, 421–422; Hervorh. J. H.) –, und eben das muss von einem Psychoanalytiker wie Freud aus dem Weg geräumt werden, der per definitionem alle Phänomene durch eine ‚analytische Ableitung‘ behandeln möchte. Bereits auf den ersten Seiten des *Unbehagen*-Essays spüren wir also das Werk des Eros, dessen Macht Freud erst später als die Kraft identifizieren wird, die „vereinzelte menschliche Individuen, später Familien, dann Stämme, Völker, Nationen zu einer großen Einheit, der Menschheit, zusammenfassen wolle" (XIV, 481). Dem eigenen Selbsterhaltungstrieb folgend widersteht Freud, eben als Individuum, der erotischen kulturellen Kraft der Religion, die er als infantil beurteilt: „Für die religiösen Bedürfnisse scheint mir die Ableitung von der infantilen Hilflosigkeit und der durch sie geweckten Vatersehnsucht unabweisbar [...]." (XIV, 430) Freud, der Vater der Psychoanalyse, benötigt

https://doi.org/10.1515/9783110332681-033

keinen Vater. Er verhält sich seinem Freund gegenüber feindselig und löst damit die Bindung der zivilisierten Bekanntschaft auf. Während Rolland ihm den bindenden Eros der Freundschaft anbietet, antwortet Freud mit dem analytischen Thanatos der Feindschaft. Freuds Wissenschaft ist gerettet, nicht trotz, sondern genau durch ihre Lieblosigkeit.

Freuds Projekt war von jeher ein Projekt der Aufklärung. Es setzt ein rigoroses Ideal, das Illusionen mit Vorsicht behandelt – ein Ideal, das die Augen von mystischen Versuchungen abwendet und die Ohren vor musikalischen Verlockungen verschließt: „Die Mystik ist mir ebenso verschlossen wie die Musik." (Freud 1960, 406) Wenigstens seit seiner Selbstanalyse ist Freud so aufgeklärt wie Homers Odysseus, aber vielleicht nicht so listig. In ihrem berühmten Exkurs über die Figur des Odysseus zeigen Max Horkheimer und Theodor W. Adorno, wie die *Odyssee* (um 700 v. Chr.) „Zeugnis [...] von der Dialektik der Aufklärung" ablegt, besonders darin, dass „die Erzählung von den Sirenen die Verschränktheit von Mythos und rationaler Arbeit in sich beschließt" (Horkheimer und Adorno 1997 [1944], 61). Laut Horkheimer und Adorno löst Odysseus, ebenso wie Freud, die Bindung mit anderen auf: Odysseus steht aufrecht, bewegungslos, allein; seine analytische Denkweise hebt ihn vom Kollektiv ab. Aber es sind freilich die Seeleute, die mit verstopften Ohren rudern – ihnen ist die Musik verschlossen –, während Odysseus, als Einziger an einen Mast gebunden, den verführerischen, mythischen Gesang der Sirenen genießt. Odysseus' List hat für alle Eventualitäten vorgesorgt: Auch wenn er seinen Gefährten befehlen sollte, „die Bande zu lösen" (*lysai*) (Homer 1979, 199), können sie ihn nicht hören. „Die Sirenen haben das Ihre, aber es ist in der bürgerlichen Urgeschichte schon neutralisiert zur Sehnsucht dessen, der vorüberfährt." (Horkheimer und Adorno 1997 [1944], 78; → II.3. KRITISCHE THEORIE)

Wie Odysseus ist auch Freud „technisch aufgeklärt" (Horkheimer und Adorno 1997 [1944], 78); auch er hat eine Lösung gefunden, die Macht der Mythen zu neutralisieren, und zwar, indem er sie für seine Zwecke instrumentalisiert. Allerdings hält Freud streng an seinem Vorhaben fest und will nicht einmal in die Versuchung geraten, den lieblichen Tönen Gehör zu schenken. Er räumt dieses Begehren sozusagen aus dem Weg. Tut er das, weil seine auf Analyse gegründete Wissenschaft noch zu schwach ist, weil sie nicht hinreichend listig ist? Hat dieser Analytiker vielleicht Angst, dass in seiner Art der Analyse tatsächlich eine unbewusste Sehnsucht mitschwingt, sich selbst loszubinden, sich in die Gewässer zu stürzen, um mit seinem Freund wieder zusammenzukommen? Will er, wenn auch nur unbewusst, vom Mastbaum seiner Methode befreit werden, um die Musik und die Mystik des ozeanischen Gefühls zu genießen, um seine rationalen Bande aufzulösen? Die Frage ist: Inwieweit kann Freuds Methode an den Mythen vorbeisteuern, ohne von ihnen gesteuert zu werden? Vielleicht liefert Literatur den Schlüssel zur Beantwortung dieser Frage.

Im Folgenden soll nun zunächst gezeigt werden, dass die literarisch überlieferte Mythologie Europas für Freud eine Instanz war, die das kühne Unternehmen legitimierte, psychologische Einsichten, die zuerst aus dem Studium des Individuums gewonnen worden waren, auch für die Analyse von Kollektiven nutzbar zu machen. Abschließend wird – am Beispiel Heinrich Bölls – die radikal veränderte Funktion der Mythologie in der deutschsprachigen Literatur nach dem Zweiten Weltkrieg bestimmt. Der Mythos Europas wird nach dessen nationalsozialistischem Missbrauch zwar einerseits dem ungläubigen Spott ausgesetzt, bekundet andererseits jedoch seine Wirkmacht auch noch in der entzaubernden Ironisierung – und dies womöglich bis heute.

2. Politische Mythologie

Indem Freuds spekulative Werke psychoanalytische Verfahren verwenden, um soziale Themen zu verstehen, wiederholen viele seiner Texte die gleiche Spannung auf der methodischen Ebene, die sie bereits auf der inhaltlichen durchspielen, nämlich die Spannung zwischen Individuum und Kollektiv. Wichtige Essays wie *Totem und Tabu* (1913) und *Die Zukunft einer Illusion* (1927) sowie *Das Unbehagen in der Kultur* thematisieren nicht nur explizit den Konflikt zwischen einzelnem Subjekt und Gemeinschaft, sondern heben diesen Konflikt auch methodologisch hervor, wenn sie die Mechanik der Gruppe durch die Psychoanalyse erklären, die primär als eine Wissenschaft der individuellen Psyche verstanden wird. Diese methodologische Voraussetzung, die es erlaubt, soziale Phänomene durch individuelle Analyse zu verstehen, reflektiert das objektive Thema dieser Werke: das Verhältnis zwischen Individuum und Gesellschaft (→ II.5. KULTURTHEORIE). Die Grundmuster, die Freud im Rahmen der Analyse der Neurotiker entdeckt hat, wären demnach auch in den Kräften erkennbar, die auf soziale und kulturelle Institutionen einwirken. Entsprechend fasst Freud sein Argument von *Totem und Tabu* zusammen: „Es kann zunächst niemandem entgangen sein, daß wir überall die Annahme einer Massenpsyche zugrunde legen, in welcher sich die seelischen Vorgänge vollziehen wie im Seelenleben eines einzelnen." (IX, 189) Die postulierte Übereinstimmung zwischen der einzelnen Psyche mit der Massenpsyche ist kein geringfügiger Nachtrag zu seiner ärztlichen Arbeit, sondern steht von Beginn an im Zentrum von Freuds Aspirationen (vgl. Kaye 2003).

Um die Basis für diese Entsprechungen und Analogien zu identifizieren und zu beschreiben, greift Freud bekanntlich auf Figuren und Handlungen aus der klassischen Mythologie zurück. Bereits in der *Traumdeutung* (1900) behauptet er, dass seine Beobachtungen des menschlichen Verhaltens von den kollektiven, mythischen Erzählungen bestätigt würden. Diese Idee reicht bis zu seiner berühmten ‚Selbstanalyse' zurück, die er in seinem Brief vom 15. Oktober 1897 an Wilhelm Fließ mitteilt (→ III.6. ÖDIPUS):

> Ich habe die Verliebtheit in die Mutter und die Eifersucht gegen den Vater auch bei mir gefunden und halte sie jetzt für ein allgemeines Ereignis früher Kindheit [...]. Wenn das so ist, so versteht man die packende Macht des Königs Ödipus trotz aller Einwendungen, die der Verstand gegen die Fatumsvoraussetzung erhebt, und versteht, warum das spätere Schicksalsdrama so elend scheitern mußte. Gegen jeden willkürlichen Einzelzwang [...] bäumt sich unsere Empfindung, aber die griechische Sage greift einen Zwang auf, den jeder anerkennt, weil er dessen Existenz in sich verspürt hat. Jeder der Hörer war einmal im Keime und in der Phantasie ein solcher Ödipus [...]. (Freud 1962, 193)

Anders gesagt, die individuelle Erfahrung reflektiert diejenige des Kollektivs, und das ist am deutlichsten in der Mythologie wahrnehmbar. Wie Jean Starobinski es formuliert: *„Es ist mit mir wie mit Ödipus;* diese Behauptung kehrt sich plötzlich um und wird eine allgemeingültige historische Wahrheit, die folgendermaßen formuliert wird: *Ödipus, das waren wir.* Das Ich-Verständnis ist in der Selbstanalyse nur als Wiedererkennen des Mythos möglich, und der Mythos, der auf diese Weise interiorisiert ist, wird von nun an als Dramaturgie des Triebes begriffen." (Starobinski 1973 [1970], 137)

Es ist wichtig festzuhalten, dass diese Dramaturgie spezifisch auf dem Konflikt zwischen der ‚Verliebtheit' gegenüber der Mutter und der ‚Eifersucht' gegenüber dem Vater beruht, einem Konflikt, der bei Freud später in *Das Unbehagen in der Kultur* unter den Zeichen von Eros und Thanatos wieder auftreten wird, und zwar als Kampf zwischen individueller Freiheit und kulturellem Konformismus. In *Totem und Tabu* operiert das Aufkommen von Religion, Moral und Kunst im Rahmen des Ödipuskomplexes auf ganz ähnliche Weise, wie das Erscheinen von Narziss, Prometheus und vielen anderen mythischen Figuren dazu dient, Freuds Betrachtungen zur Stellung des Menschen im Verhältnis zu der ihn umgebenden Welt zu organisieren.

Für Freud manifestiert sich die Kraft des Mythos in dessen psychoanalytischer Relevanz, der insofern eine soziale Bedeutung innewohnt, als sie die unbewusste Motivation des Ichs in der Gesellschaft geschickt präzisiert. In den ersten Jahrzehnten des 20. Jahrhunderts ist der Fokus auf das Individuum nicht von Themen wie der individuellen Integration und der subversiven Widerstandskraft zu trennen, die zahlreiche literarische und künstlerische Bewegungen der Zeit beschäftigen. In dieser Hinsicht dient Freuds Beschäftigung mit den Mythen dem allgemeinen Protest gegen Industrialisierung, Bürokratisierung und Materialismus, dem wir zum Beispiel auch bei den Expressionisten begegnen. Während Freud jedoch die alten Geschichten in einer Kur neutralisiert, aktivieren die Schriftsteller gerade deren mythische Kraft. In seinem Aufsatz über *Expressionismus und Psychiatrie* (1920) behauptete der Kunsthistoriker Ernst Jolowicz etwa, dass es „kaum ein Kunstwerk der jungen Dichtung [gebe], das nicht den Einfluß der psychoanalytischen Forschungsrichtung erkennen ließe" (Jolowicz 1920, 274). Für Radikale, wie den berüchtigten Anarchisten Otto Gross, bieten die psychoanalytischen Theorien darüber hinaus die Möglichkeit, einen politischen Aufruhr zu entfachen: „Der Revolutionär von heute, der mit Hilfe der Psychologie des Unbewussten die Beziehungen der Geschlechter in einer freien und glückverheissenden Zukunft sieht, kämpft gegen Vergewaltigung in ursprünglichster Form, gegen den Vater und gegen das Vaterrecht." (Gross 1913, 387) Während der Mythos von Ödipus es Freud erlaubte, die gespannte Dynamik in der Kultur zu diagnostizieren, wirkte er auf die Künstler und Rebellen wie ein kraftvoller Ruf zu den Waffen.

Obwohl Freud solche gewalttätigen Aufwiegelungen verabscheut – für ihn als Arzt war die ödipale Phase etwas, durch das man sich durcharbeiten und das man schließlich bewältigen muss –, kann er natürlich ihre mythischen Beweggründe wohl erkennen, und zwar als die tödliche Aggressivität des Ichs gegen die verbindende und deshalb erotische Kraft der Kultur, die immer danach strebt, individuelle Verschiedenheiten aufzulösen. Es ist ihm ein Leichtes, diese aggressiven Tendenzen in den Werken von Literaten, Dichtern und Künstlern zu entdecken, wie er sie in seinem Aufsatz *Dostojewski und die Vatertötung* (1928) explizit beschreibt – Tendenzen, die auch unter den Expressionisten wahrnehmbar waren. Walter Hasenclevers Drama *Der Sohn* (1914) ist in diesem Sinne exemplarisch für den ganzen Zeitraum, der nicht anders als ödipal bezeichnet werden kann. Trotz seiner Abneigung gegen politische Umwälzungen zeigt Freuds analytische Arbeit die gleiche ödipale Motivierung. Analyse ist dem griechischen Wortsinn nach Auflösung.

3. Der Europa-Mythos in der Literatur

Nach Freud ist der Psychoanalytiker im Bunde mit dem Aufklärer, insofern dieser eine Methode verwendet, die den Menschen von seinen Ängsten und unbewussten Wünschen löst. Trotz der Annäherung zwischen der entbindenden und deshalb unsozialen Kraft der Psychoanalyse und dem Todestrieb – einer Näherung, die Freud in *Die endliche und unendliche Analyse* (1937) klar artikuliert – soll die Wissenschaft entschieden vor der brutalen Aggression warnen, die auch im Kollektiv lesbar ist. Obwohl die alten Mythen sicher einen aufklärerischen Zweck erfüllen, können sie doch auch das Volk an Gewalt heranführen. Mit dem Nationalsozialismus der 1930er Jahre tauchen autoritäre Mythen auf, in denen sich die ödipale Aggressivität gegen die Obrigkeit in eine radikale Hingabe an die ‚neue Weltordnung' verwandelt, Mythen, in welchen der Angriff des Thanatos-Triebes mit der verbindenden Kraft des Eros-Triebes auf gefährliche Weise zusammentrifft. Statt Ödipus und der individuellen Macht der Vatertötung ist nun eine andere, hinterlistigere Gewalt zum Leben erwacht: der Mythos des deutschen Volkes und die bedrohliche Verheißung eines Liebestodes. Die nazistische Aneignung griechisch-römischer und germanischer Mythologien wirkte anziehend auf die angriffslustige Macht des Individuums, die dann nicht mehr gegen den Vater, sondern im Dienst des Vaterlandes operiert. Kurz, diese Pervertierung der Mythen vereinigte das ‚arische' Volk als Massenindividuum durch die Trennung von einem ‚nichtarischen' Außen. Aus genau diesem Grunde beschreibt Freuds ehemaliger Kollege Wilhelm Reich den Faschismus als die alarmierende Mischung von revolutionären und reaktionären Ideologien (vgl. Reich 1933): Thanatos plus Eros.

Die nazistische Instrumentalisierung des Mythos, die das Massenindividuum zum Massenmord führte, lanciert nach 1945 dann das, was Karl Heinz Bohrer als ein „politisch motivierte[s] Mythos-Verbot nach dem Zweiten Weltkrieg" identifiziert hat: „Die faschistische Perversion [...] führte dazu, daß der Mythos, sein Begriff und seine Wirklichkeit, tabuisiert worden ist." (Bohrer 1983, 10) Aber statt von einem ‚Verbot' oder einem ‚Tabu' wäre es richtiger von einer allgemeinen Mythosdiskreditierung zu sprechen. Der Auftakt von Wolfgang Koeppens *Der Tod in Rom* (1954), der Touristen in Roms Pantheon darstellt, ist hier aufschlussreich:

> Die Reisenden stehen staunend im antiken Gewölbe [...]. Danae läßt sich von Cook und vom Italienischen Staatsverband für den Fremdenverkehr wohl führen; doch Lust empfindet sie nicht. So hebt sie auch nicht ihr Kleid, den Gott zu empfangen. Perseus wird nicht geboren. Die Meduse behält ihr Haupt und richtet sich bürgerlich ein. Und Jupiter? Weilt er, ein kleiner Pensionär, unter uns Sterblichen? Ist er vielleicht der alte Herr in der American-Express-Gesellschaft, der Betreute des Deutsch-Europäischen Reisebüros? Oder haust er hinter Mauern am Stadtrand, in die Irrenanstalt gesperrt und von neugierigen Psychiatern analysiert, in die Gefängnisse des Staates geworfen? (Koeppen 1975 [1954], 7)

Im Allgemeinen suggerieren Koeppens Erzählungen des Scheiterns, dass eine Rückkehr zur klassischen Antike unzulänglich bleibt; nicht allerdings, weil diese Tradition dabei versagt hätte, die Massenverbrechen der Nazis zu verhindern, sondern weil ihre Gewalt für diese Gräueltaten mitverantwortlich ist. In dieser Passage sind die alten Götter nicht tot; sie werden eher banalisiert: nicht mehr fähig, etwas Substanzielles mitzuteilen. Nachdem sie ihr Geld bei Thomas Cook oder bei der American-Express-Gesellschaft gewechselt haben, laufen die ‚Reisenden' schnell an den Sehenswürdigkeiten vorbei, indem sie sich nunmehr an den Mastbaum des Konsumismus fesseln lassen. Das einzige Opfer für ihren Genuss ist der Preis für eine begleitete Tour. Sie leben in einer entzauberten beziehungsweise entmythologisierten Welt. Wie Koeppens Roman bereits bezeugt, ist die Faszination für autoritäre Mythen nach der Katastrophe des Zweiten Weltkriegs gleichwohl nicht verschwunden. Wolfgang Emmerich erklärt:

> Wo, gerade seit dem Faschismus, das Prinzip Zweckrationalität und das Vernunftvermögen des Menschen als pur instrumentelles, pietätloses [...] zum allgegenwärtigen Schreckgespenst geworden ist, bietet sich der Mythos, statt als bloßes Analyseobjekt (für Wissenschaftler) und anregendes motivisches Reservoir (für Künstler) zu fungieren, als sinnstiftende Alternative zum gesellschaftlichen und kulturellen *Status quo* an. (Emmerich 2005, 413–414)

Der stürmische Frühling 1968 lässt sich als Moment verstehen, in dem subversive Stimmen laut wurden, die eine neue erotische Bindung zelebrieren, die nicht auf die trennende Kraft des Individuums verzichtet. Der psychologische Kampf gegen den Faschismus war dabei auch als Liebestod strukturiert, allerdings als ein Liebestod, der die Überschreitung des Individuellen befürwortet, um jeden Übergang zum Transindividuum aufzuhalten. Auffallend ist, dass man sich zur klassischen Mythologie hinwendete, besonders während des ikonoklastischen Zeitraums der Proteste und Demonstrationen, der Unruhen und Happenings; denn genau zu dieser Zeit beauftragt der Nymphenberg Verlag in München gemeinsam mit Radio Bremen vierzehn Schriftsteller damit, Geschichten zu schreiben, die auf Mythen des Zeus und dessen amourösen Seitensprüngen basieren. Die 1969 erschienene Sammlung *Die Liebschaften des Zeus. Eine moderne Eroto-Mythologie*, herausgegeben von Maria Dessauer, enthält Beiträge von Adolf Muschg über Antiope, von Peter Chotjewitz über Ganymed, von Christa Reinig über Alkmene und am wichtigsten von Heinrich Böll, dessen *Er kam als Bierfahrer* (1969) indirekt die Entführung der Europa nacherzählt.

Bölls Variante des Europa-Mythos ist weder versöhnlich noch subversiv, sondern situiert sich an der prekären Grenze, die wohl das Politische und das Psychoanalytische darstellt, und zwar in all ihrer Komplexität und Zweideutigkeit. Einerseits ließe sich die Erzählung als eine Parodie lesen, als Ausdruck einer satirischen, jeglicher Homogenisierung widerstehenden Stimme. Erst kurz zuvor hatte Böll bei der Gruppe 47 eine heftige Debatte über die Rolle der Literatur in der Politik erlebt – ein erbittertes Gefecht, das viele führende Mitglieder involvierte und letztendlich zur Auflösung der Gruppe im November 1967 führte. Zu dieser Zeit äußerte Böll seine Empörung über die Erschießung Rudi Dutschkes, die die gewalttätigen Studentenproteste seiner Ansicht nach klar rechtfertigte.

Bölls Europa-Geschichte, die Zeus in die Rolle eines Bierfahrers schickt, ist folglich bespickt mit Angriffen gegen die Machthaber. Sein Zeus schläft in seinen Kleidern, schnäuzt sich mit seinen Fingern die Nase und wäscht sich auf der Bahnhofstoilette. Man kann die Erzählung nachgerade als das Umschreiben der klassischen Tradition lesen, das Böll nur vollzieht, um sich über ein leeres und nicht mehr wirksames literarisches Erbe lustig zu machen. Wie Heinrich Heines Wolken schweben auch Bölls Götter, umtost von den Winden der Satire.

Andererseits ließe sich behaupten, dass das mythische Erbe, gerade weil es sich als würdiges Angriffsziel anbietet, verewigt und beibehalten wird. Dementsprechend erscheint Böll wie ein Reaktionär, der eine gefährdete Tradition aufrechterhalten will. Seine ‚moderne Eroto-Mythologie' würde dann das Begehren der Moderne dokumentieren, das Mythische sicher zu bewahren. In dieser Hinsicht gehört Bölls Umschreiben eines klassischen Mythos zu einem breiteren humanistisch-sozialistischen Programm – dem Versuch eines westdeutschen Schriftstellers, die Auseinandersetzung mit der Antike aufzunehmen, die mit Karl Marx angefangen hatte und sich mit Bertolt Brechts Antigone oder Horkheimers und Adornos Odysseus fortsetzte, nämlich als eine ernste Kritik an politischer Unterdrückung, am Kapitalismus, Konsumismus und der Kulturindustrie. Gerade in dieser Zeit gibt Alfred Kurella, Verwalter des Instituts für Literatur in Leipzig, die Bedeutung von Europas „kulturellem Erbe" bekannt: „[I]ch kann mir keinen Sozialisten denken, der nicht verstünde, daß die Welt der Ideen und Bilder, der Begriffe und Gestalten, der Mythen und Theorien, die die europäische Antike hervorgebracht hat, nicht nur zur selten in Anspruch genommenen eisernen Ration, sondern zur täglichen Nahrung der sozialistischen Persönlichkeit gehört." (Zinserling 1969, 6) In diesem Sinne könnte man die Beiträge zum *Liebschaften*-Projekt in der Nachbarschaft von Peter Hacks' *Amphitryon* (1967), Heiner Müllers *Philoket* (1968) und anderen ostdeutschen Experimenten verorten.

Bölls *Er kam als Bierfahrer* ist gewissermaßen das Paradebeispiel der Sammlung, wie es von der Herausgeberin beschrieben wird. Dessauer betont das politische Potenzial der Mythen: „Wer unser kleines Buch gelesen hat, weiß, daß es diesen zahlreichen, reizvollen Untersuchungen und Nachdichtungen nicht eine weitere hinzufügen, vielmehr den Versuch entgegensetzen will, die alten Mythen auf ihre Geltung in der Gegenwart hin zu prüfen." (Dessauer 1969, 265) Wie Marx sowie Freud bewiesen haben, überschreitet die klassische Literatur ihre ursprünglichen sozialpolitischen Bedingungen. Die Frage ist: Wie wirken die alten Mythen auf die Gegenwart? Welche Rolle spielt die Vergangenheit in unserem Leben? – Fragen, die auch einen psychoanalytischen Wert haben. Die Idee der Vergangenheit verweist auf ein beständiges Thema der Nachkriegsliteratur, nämlich auf das Thema Vergangenheitsbewältigung, allerdings nicht auf die Antike, sondern auf den Krieg und den Holocaust bezogen, die jetzt leider zu Deutschlands Vergangenheit gehören (→ IV.13. TRAUMALITERATUR). Während Freud noch glaubt, dass alles Vergangene durch die psychoanalytische Methode bewältigt werden könne, bleiben Bölls Zweifel bestehen. Kurz nach dem Umschreiben des Europa-Mythos erklärt er:

> Wir leben in einer Gegenwart, die alles Vergangene enthält. Ich weiß nicht, wer die barbarischen Wortbildungen ‚Bewältigung der Vergangenheit‘ und ‚Wiedergutmachung‘ zu verantworten hat. Ich erkläre mich unschuldig an diesen Wortbildungen, unschuldig auch daran, sie benutzt zu haben. Ich glaube nicht, daß zwischen einem Deutschen und einem Juden meines Alters je Unbefangenheit entstehen kann. Es mag Freundschaft möglich sein, Vertrautheit, Unbefangenheit nicht. (Böll 1978 [1969], 338)

Nach Böll wäre jegliche Versöhnung oder Entschädigung eine hinterhältige Strategie, das Vergangene zu meistern und zu beherrschen. Schon aus moralischen Gründen kann die Vergangenheit nicht beherrscht werden, vielmehr müsse die Gegenwart ‚alles Vergangene‘ enthalten. Da die Herausgeberin der *Liebschaften*-Sammlung gefordert hat, dass die Beiträge „die alten Mythen auf ihre Geltung in der Gegenwart hin [...] prüfen", zeigen die Erzählungen bestenfalls, wie das Vergangene – die alten Mythen sowie die Schrecken der jüngsten Vergangenheit – immer noch anwesend, noch gültig, noch relevant ist. Zu diesem Zweck beauftragte sie ihre Autoren, Geschichten zu schreiben, „die ohne ausdrückliche Anspielung auf die zugrunde liegenden Mythen auskommen, insofern ‚entmythologisiert‘ sein und in unserer Zeit spielen sollten" (Dessauer 1969, 265).

Als „Kulturbegriff, Kontinentalbezeichnung und ökonomisch-politischen ‚Staatenverbund‘" (Renger und Ißler 2009, 9) hat Europa immer ein zumindest latentes Verhältnis zu der entsprechenden Figur der griechischen Mythologie. Dieser Mythos verspricht viel: Das von Zeus geraubte Mädchen verzichtet auf ihr früheres Leben in Phönizien, um ein ewiges Leben zu gewinnen. Sie ist in Gefahr, als sie in die Anziehungskraft eines als Stier auftretenden Gottes gerät. Von des Tieres weiß glänzender Form gelockt, wird sie zunächst von seiner scheinbaren Sanftheit angezogen. Plötzlich aber, mit Gewalt gezwungen, landet sie in einer Art Jungfernfahrt, die sie von allem, was sie bis dahin gekannt hat, losreißen wird. Ihre individuelle, vergängliche Existenz wird für eine stabile Ansiedlung im Schutzort der Allgemeinheit eingetauscht. Dem Leib nach ist sie sterblich, aber ihr Name wird Unsterblichkeit erlangen. Das Argument der Sublimierung überzeugt immer dadurch, dass es die Bedrohung des Todes betont. Die Fatalität der Differenz beziehungsweise des Thanatos wird durch die Unsterblichkeit der Kultur beziehungsweise des Eros erlöst. Dieses bekannte Schema wird durch die mythische Verschmelzung von Mädchen und Kontinent gesichert. Indem sie sich also von der Jungfräulichkeit hin zur Geopolitik bewegt – von Europa nach Europa –, wiederholt die Geschichte eine idealisierende Erzählung, in welcher die Differenz in einer gemeinsamen Identität aufgeht (→ II.6. POSTCOLONIAL UND CRITICAL RACE STUDIES). Die Wunde im Leben, die Tod heißt, wird durch die Langlebigkeit einer Idee wie Europa geheilt: eine Idee, die fähig ist, fast jede Katastrophe zu überleben.

4. Bilanz: Der Bund der Nationen

Während die Geschichte von Ödipus die psychologische Spannung zwischen Individuum und Gesellschaft artikuliert, adressiert der Europa-Mythos die politische Spannung zwischen dem einzelnen Staat und dem Bund der Nationen. Die Eingliederung in ein politisches Ideal kommt nie ohne ein Opfer aus. Die Zukunft wird auf Kosten der Vergangenheit erkauft. Hier ist die Figur der Europa exemplarisch: Nach der Entführung und ihrer Fahrt auf hoher See drückt Horaz' Europa Zweifel aus: „Oder täuscht ein leeres Bild / mich Schuldlose, // welches einen Traum, dem elfenbeinernen Tor enteilend, / mir zugeführt hat?" („ludit imago // vana, quae porta fugiens eburna / somnium ducit?") (Horaz 1981 [1. Jh. v. Chr.], 252–253). Sie hinterfragt die Glaubwürdigkeit einer Idee, die nichts anderes als ein ‚leeres Bild' (*imago vana*) sein mag. Wie viel Vertrauen soll auf eine Idee verwandt werden, die in einer unabsehbaren Zukunft liegt? Gegen Ende des Gedichts ist Horaz fähig, diese subversiven Fragen zu unterdrücken. Indem er die größte Belohnung anbietet, verwandelt er das Mädchen in das Traumbild. Venus selbst versichert Europa: „[D]er halbe Erdkreis / wird deinen Namen führen." („tua sectus orbis / nomina ducet") (Horaz 1981 [1. Jh. v. Chr.], 256–257) Das Ergebnis ist paradox: Nur das Vergängliche kann das Zukünftige ausfüllen. Die Idee von Europa wäre nur ein leeres Bild – eine *imago vana* –, wenn sie das Leben der Individuen nicht anziehen und behalten könnte. Die integrierende Haltbarkeit einer internationalen Ordnung muss auf individuelle Kulturen setzen, die potenziell subversiv und desintegrationsfähig sind.

Bölls anspruchsloser Zeus erscheint verkappt nicht als ein glänzender Stier, sondern als ein schmutziger, strubbeliger *Gastarbeiter* aus Griechenland. Amüsant genug heißt er Tauros und kommt immer wohlhabender daher, als er scheint: „[N]ie hatte er mehr Gepäck als in seine Manteltasche paßte", und doch saß er im Intercity-Zug immer in der ersten Klasse – „jedesmal dann die leise Spannung, wenn der Schaffner kam und das Vorzeigen der Karte fällig wurde, und dann beides: Erstaunen und Erleichterung, wenn er das grüne und das weiße Pappding aus der Tasche zog und vorzeigte." (Böll 1969, 203) Außerdem erobert er ein Mädchen namens Europa, nicht eine phönizische Prinzessin, sondern eine verwaiste Teenagerin, die die Schule geschmissen hat, um Fremde im Wald zu verführen. Jetzt wohnt sie mit einem Mann namens Schmitz zusammen, der einmal als Elektriker in einer Papierfabrik gearbeitet hat, bevor er eine „Verkaufsstelle für Flaschenbier übernahm" (Böll 1969, 209). Als Tauros sich als Bierfahrer entpuppt, geht Europa geradewegs auf den Lastwagen zu, als ob sie ihn erwartet hätte. Am Ende der Geschichte sind die beiden ruhig und unbemerkt in den Wald „vergangen" (Böll 1969, 210). Angesichts Bölls oben zitierter Bemerkung über die Unmöglichkeit einer Vergangenheitsbewältigung „zwischen einem Deutschen und einem Juden [s]eines Alters" sind Tauros' erste Worte an Europa besonders vielsagend: „Komm, [...] vergehen wir." (Böll 1969, 210) Obgleich die Szene als grundsätzlich friedlich dargestellt wird, impliziert das Verb ,vergehen' die Gewalt in der Begegnung eines Griechen mit einer semitischen Frau. Wie Europa Schmitz gegenüber einräumt: „Das schönste Wort in eurer Sprache ––– vergehen." (Böll 1969, 209)

Böll aktiviert die Ambiguität des Europa-Mythos und stellt dadurch eine Kernidee der Europa dar: Die Polyvalenz des Vergehens – als ein ,Vorbeigehen' oder ,Sterben', als ein ,Gegen-ein-Gesetz-Verstoßen' und sogar ,Sich-in-Nichts-Auflösen' – wiederholt die Spannung zwischen Unsterblichkeit und Sterblichkeit, zwischen Liebe und Tod. Die Idee der Europa, die Bölls Geschichte vorstellt, beruht auf einem mythischen Paradox: Nur das Vergängliche kann das Zukünftige ausfüllen. Entweder folgen wir Tauros und Europa in die *selva oscura* der unbegrenzten Zeitlosigkeit oder wir bleiben bei Schmitz, dem es „schien [...], als habe er die Ewigkeit hinter sich und die Zeit noch vor sich" (Böll 1969, 209). Auf jeden Fall ist der Mythos von Europa göttlich – glänzend und unsterblich, ganz anziehend, Liebe versprechend – und auf das Vergängliche lauernd. Die Voraussetzung jeder Analyse ist immer eine Synthese.

Literatur

Bohrer, Karl Heinz. „Vorwort". *Mythos und Moderne. Begriff und Bild einer Rekonstruktion.* Hrsg. von Karl Heinz Bohrer. Frankfurt a. M. 1983: 7–11.

Böll, Heinrich. „Er kam als Bierfahrer". *Die Liebschaften des Zeus. Eine moderne Eroto-Mythologie.* Hrsg. von Maria Dessauer. München 1969: 199–210.

Böll, Heinrich. „Deutsche Meisterschaft" [1969]. Böll, Heinrich. *Werke, B. 2: Essayistische Schriften und Reden.* Hrsg. von Bernd Balzer. Köln 1978: 335–341.

Dessauer, Maria (Hrsg.). *Die Liebschaften des Zeus. Eine moderne Eroto-Mythologie.* München 1969.

Emmerich, Wolfgang. „Entzauberung – Wiederverzauberung. Die Maschine Mythos im 20. Jahrhundert". *Mythenkorrekturen. Zu einer paradoxalen Form der Mythenrezeption.* Hrsg. von Martin Vöhler und Bernd Seidensticker. Berlin, New York 2005: 411–435.

Freud, Sigmund. *Briefe. 1873–1939.* Hrsg. von Ernst und Lucie Freud. 2. Aufl., Frankfurt a. M. 1960.

Freud, Sigmund. *Aus den Anfängen der Psychoanalyse. Briefe an Wilhelm Fließ. Abhandlungen und Notizen aus den Jahren 1887–1902*. Hrsg. von Marie Bonaparte, Anna Freud und Ernst Kries. Frankfurt a. M. 1962 [1950].

Gross, Otto. „Zur Überwindung der kulturellen Krise". *Die Aktion* 3.14 (1913): Sp. 384–387.

Homer. *Odyssee*. Übers. von Roland Hampe. Stuttgart 1979 [um 700 v. Chr.].

Horaz. *Oden und Epoden. Lateinisch und deutsch*. Übers. von Christian Friedrich Karl Herzlieb und Johann Peter Uz. Zürich, München 1981 [1. Jh. v. Chr.].

Horkheimer, Max und Theodor W. Adorno. *Dialektik der Aufklärung. Philosophische Fragmente*. Adorno, Theodor W. *Gesammelte Schriften*, Bd. 3. Hrsg. von Rolf Tiedemann. Frankfurt a. M. 1997 [1944].

Jolowicz, Ernst. „Expressionismus und Psychiatrie". *Das Kunstblatt* 4 (1920): 273–276.

Kaye, Howard. „Was Freud a Medical Scientist or a Social Theorist? The Mysterious ‚Development of the Hero'". *Sociological Theory* 21 (2003): 375–397.

Koeppen, Wolfgang. *Der Tod in Rom*. Frankfurt a. M. 1975 [1954].

Reich, Wilhelm. *Massenpsychologie des Faschismus. Zur Sexualökonomie der politischen Reaktion und zur proletarischen Sexualpolitik*. Kopenhagen, Prag, Zürich 1933.

Renger, Almut-Barbara und Roland Alexander Ißler. „Vorwort". *Europa – Stier und Sternenkranz. Von der Union mit Zeus zum Staatenverbund*. Hrsg. von Almut-Barbara Renger und Roland Alexander Ißler. Göttingen 2009: 9–14.

Starobinski, Jean. *Psychoanalyse und Literatur*. Übers. von Eckhard Rohloff. Frankfurt a. M. 1973 [1970].

Zinserling, Gerhard. „Einleitung zur Arbeitskonferenz. Das klassische Altertum in der sozialistischen Kultur". *Wissenschaftliche Zeitschrift der Universität-Jena* 18.4 (1969): 5–8.

V. Glossar zentraler Begriffe

Affekt – Seit dem 18. Jahrhundert bezeichnet Affekt (von lat. *adficere/afficere; affectus*) eine plötzliche, meist heftige, kurze Gemütsbewegung, die durch einen äußeren Reiz ausgelöst wird, im Gegensatz zu den länger anhaltenden Leidenschaften. Physiologie und Psychologie bilden dabei die Kehrseiten eines jeden Affekts. Seit dem 19. Jahrhundert werden sie von Empfindungen, Stimmungen, Gefühlen und seit dem 20. Jahrhundert auch noch von Emotionen unterschieden. Bei Freud sind Affekte Triebrepräsentanzen (→ II.1. SEMIOTIK), deren Aufgabe es ist, Handlungen zu motivieren: Zur erfolgreichen Abfuhr muss ein Affekt mit einer passenden Vorstellung verbunden werden; sie können sich aber auch voneinander trennen, wodurch neue (auch fehlerhafte) Verbindungen möglich werden. In einem dynamischen Modell der Psyche bezeichnet der Begriff die komplexen Prozesse der Entstehung, Bewusstwerdung und Abwehr von Affekten sowie die Reproduktion psychischer Störungen. In seinem Frühwerk betont Freud, dass Affekte neuronale Energieverschiebungen mit reflexartigen, beobachtbaren Körperbewegungen vermitteln. An kulturwissenschaftliche Fragestellungen ist seine intersubjektive Konzeption insofern anschlussfähig, als mit ihr universelle affektive Prototypen in Form bestimmter Ausdruckskonfigurationen der Stimme, Gestik und Mimik zur Diskussion stehen (→ II.2. RHETORIK UND POETIK). In der Literatur dient die Darstellung von Emotionen der Identifizierung mit den Figuren und ist daher seit dem 18. Jahrhundert ihr Erfolgsrezept.

Benedikt Rittweiler

Ambivalenz – Den Begriff hat Bleuler auf der ‚Ordentlichen Winterversammlung des Vereins schweizerischer Irrenärzte' in Bern am 26. und 27. November 1910 erfunden. Dort definiert er Ambivalenz als eine doppelt gegensätzliche Wertung, wie sie in der Literatur Goethes Titelhelden *Werther* und *Clavigo* sowohl Menschen als auch Dingen gegenüber an den Tag legen (→ IV.8. LITERATUR DER ROMANTIK). Von den Texten schließt Bleuler metonymisch auf den Autor. Ambivalenz bilde die triebökonomische Grundlage der Literatur und organisiere gewissermaßen deren poetische Energie. Für Bleuler resultiert diese Struktur allerdings in stets offenen Ambivalenzkonflikten der Schriftstellerinnen und Schriftsteller, deren Werke von keinen abgeschlossenen Ideen zeugen. Den Begriff wendet er zunächst auf die Schizophrenie an, weitet ihn dann aber aus, indem er zwischen der auf das Wollen (voluntäre Ambivalenz/Ambitendenz), auf Meinungen (intellektuelle Ambivalenz) oder auf Gefühle (affektive Ambivalenz) bezogenen Ambivalenz unterscheidet. Auf Letztere reduziert sie Sigmund Freud, der sie als negative, von der Vaterimago abhängige Übertragung versteht. In der frühkindlichen Libido-

https://doi.org/10.1515/9783110332681-034

entwicklung bestimmt Abraham die Ambivalenz als Übergang von Objekthass zu Objektliebe, sodass Klein Triebe und ihre Objekte generell für ambivalent hält. Die Kulturwissenschaften greifen Freuds Idee der Ambivalenz als phylogenetisches Erbe auf. Adorno und Frenkel-Brunswik sehen in der Ambivalenz-Toleranz eine kulturstiftende und -erhaltende Fähigkeit. Bei Derrida oder Butler erscheint Ambivalenz als nie zum Abschluss kommende Unentschiedenheit in sprachlich-diskursiven Praktiken, durch die bestehende Werte fluide bleiben.

Benedikt Rittweiler

Amnesie – Allgemein bezeichnet Amnesie den nachträglichen Erinnerungsverlust sowie die Unfähigkeit, Erinnerungen zu speichern. Im Kontext ihrer Hysteriestudien verstehen Breuer und Freud das Vergessen traumatischer Erlebnisse als einen nur scheinbar gelungenen Verdrängungsprozess. Freud führt diesen Zusammenhang in die *Psychopathologie des Alltagslebens* ein, indem er auch die infantile Amnesie als Effekt der Verdrängung auffasst und nicht als Unfähigkeit, Erinnerungen zu fixieren. Die infantile Amnesie verdeckt die traumatischen Erfahrungen, die das Kind im Rahmen seiner psychosexuellen Entwicklung durchlebt, gemeinsam mit Deckerinnerungen, die analog zur Traumarbeit durch Verschiebung und Verdichtung gebildet werden. So kehren die verdrängten Erlebnisse in entstellter Form insbesondere im Traumleben wieder und verlangen entsprechend nach den Mitteln der Traumdeutung. Als ein enthüllendes Verhüllen weisen die infantile Amnesie sowie die pathologische Form der hysterischen Amnesie als Leerstellen auf das Verdrängte hin, indem sie es gerade verdecken. Die Amnesie aufzuheben, steht demgemäß im Zentrum der psychoanalytischen Tätigkeit. Diese vergleicht Freud mit Sophokles' analytischem Drama *König Ödipus* (→ III.6. ÖDIPUS), dessen Struktur ebenso dem Weg vom Nichtwissen zum Wissen folgt.

Max Roehl

Analität → ANUS

Angst – Kierkegaard setzt Angst in Bezug zur biblischen Genesis und weist ihr eine besondere Bedeutung in der Überwindung ursprünglicher Unschuld zu. So erweckt das Verbot neben der Lust auch die Angst Adams, indem es die Möglichkeit von Freiheit eröffnet. Angst bezieht sich somit nicht auf etwas Bestimmtes, sondern als ‚Schwindel der Freiheit' auf die Möglichkeit, zu *können*. In den *Studien über Hysterie* führen Freud und Breuer die Angstneurose auf sexuelle Ursachen, insbesondere auf sexuelle Frustration zurück. Hierbei wird abgelenkte libidinöse Energie einer unbewussten Besetzung als unlustvoll empfunden und als Angst abgeführt. Dieser Annahme, dass Angst infolge von Verdrängung entsteht, stellt Freud in *Hemmung, Symptom und Angst* die umgekehrte Annahme gegenüber, dass Angst der ‚Motor der Verdrängung' ist. So mündet auch die Kastrationsangst als Angst vor einer real drohenden Gefahr in die Verdrängung der inzestuösen Strebungen und in den Untergang des Ödipuskomplexes, wobei sich die Angst in Form von Phobien erhalten kann. Die neurotische Angst zeichnet sich demnach dadurch aus, dass die Gefahrenquelle nicht bewusst ist, sondern verdrängt wurde. Bei Lacan erwächst Angst aus dem Einbruch des Realen. Das Reale steht jenseits des Symbolischen und entzieht sich somit sowohl der Sprache als auch der Struktur aus Mangel und Begehren. Als ‚Angstobjekt par excellence' widersteht das Reale jeder Symbolisierung, womit etwa das Horrorgenre oder der ‚Krimi' spielen (→ IV.10. KRIMINALLITERATUR).

Max Roehl

Animismus – Als Lehre von geistigen Wesen bildet Animismus in Tylors Religionsethnologie zum Ende des 19. Jahrhunderts die erste Stufe eines evolutionistischen Kulturmodells (→ II.6. POSTCOLONIAL UND CRITICAL RACE STUDIES). Diese ‚primitive' Vorstellung einer Geisterseele, die das Leben der Menschen bedingt, in Träumen und Visionen erscheint und auch Tiere und leblose Objekte besetzen kann, hat nach Tylor nunmehr seine gesellschaftliche Realität verloren und findet sich lediglich noch in der Metaphysik der (monotheistischen) Religion. Freud, der ebenfalls von einer universalen Kulturentwicklung ausgeht, setzt die animistische Weltsicht in Analogie zur kindlichen und neurotischen. Was sich als animistische Seele durch die Welt bewegt, folgt nach Freud den Strukturprinzipien der menschlichen Psyche: Ähnlichkeit und Kontiguität. Der Animismus gründet so in der narzisstischen Überschätzung eigener seelischer Vorgänge, der ‚Allmacht der Gedanken', deren Wirksamkeit auf die äußere Welt übertragen wird (→ II.5. KULTURTHEORIE). Auch für Freuds Konzeption des Unheimlichen ist der Animismus von Bedeutung. Piaget verwendet den Begriff des kindlichen Animismus, um eine Phase der Kindheitsentwicklung zu bezeichnen, in der das Kind die Außenwelt noch nicht von seinem Ich, das Psychische noch nicht vom Physischen getrennt auffasst, sodass ihm auch leblose Gegenstände lebendig und mit Bewusstsein ausgestattet zu sein scheinen. Mythen und Märchen, aber auch die phantastische Literatur greifen auf den Animismus zurück.

Max Roehl

Anus (Analität) – Der Anus ist als Organ ein Körperteil mit vielfältigen Funktionen. In der Freud'schen Entwicklungslehre, die in orale, anale und phallische beziehungsweise ödipale Phase eingeteilt ist, umfasst die Analität den Zeitraum zwischen zweitem und drittem Lebensjahr, in dem die Aufmerksamkeit des Kindes noch von Partialtrieben abhängt und von der Oralität (Mundzone) zur Analität

(Afterzone) wechselt. Durch Reizungen der Aftergegend kommt es zu Lustempfindungen, die Freud als prägenitale Sexualorganisation bezeichnet. ‚Kotstangen' sind mit dem Phallus assoziiert; außerdem verbinden sich mit dem Akt der Defäkation infantile Gebärphantasien. Freud sieht im Zusammenhang mit den Funktionen des Zurückhaltens und Ausstoßens von Exkrementen in dieser Phase sowohl die Ursache für die Entwicklung sadistischer oder masochistischer Perversionen als auch von Zwangsneurosen. Anale Charaktere zeichnen sich durch Ordentlichkeit, Sparsamkeit und Genauigkeit aus. Die postfreudianische Psychoanalyse geht indes davon aus, dass sich im Verlauf der analen Phase einerseits der Kampf des Kindes mit der Umwelt um Selbstbestimmung und andererseits um Sicherheit innerhalb der sozialen Gemeinschaft abspielt (Trotzphase). In ihrer kulturanthropologischen Studie zeigt Douglas, dass der symbolische Ort des Anus ein Dispositiv bildet, das die Ordnung der Kultur in seinen basalen Formen organisiert: innen/außen, oben/unten, sauber/schmutzig, heilig/profan. In der Literatur spielt Analität immer dann eine Rolle, wenn es um bedrohte Grenzen von Körpern, Gesellschaften, Ländern, Ideologien etc. geht – so in karnevalesken Texten, wie zum Beispiel in Rabelais' *Gargantua et Pantagruel*, aber auch in solchen, in denen Begehrensökonomien verhandelt werden (→ II.7. GENDER UND QUEER STUDIES), wie zum Beispiel in Manns *Tod in Venedig* oder Roches *Feuchtgebiete*. Insbesondere in der Gattung der Idylle bildet der Anus das symbolische Zentrum.

Frauke Berndt

Assoziation – Freie Assoziation bezeichnet eine von Freud entwickelte Behandlungstechnik, die darin besteht, dass sich Patientinnen und Patienten während der psychoanalytischen Sitzung dem spontanen Gedankenspiel hingeben, ohne etwas zurückzuhalten. Diese psychoanalytische Grundregel basiert auf der Annahme, dass alles, was den Patientinnen und Patienten zu einem bestimmten Ausgangspunkt einfällt, einem gewissen inneren Zusammenhang folgt (die Assoziation also *unfrei* im Sinne von *motiviert* ist). Die Emergenz des unbewussten Materials soll verdrängte Komplexe und abgewehrte (Trieb-)Konflikte zugänglich machen. Dabei kommt die freie Assoziation, die ihr Gegenstück in der gleichschwebenden Aufmerksamkeit der Analytikerinnen und Analytiker findet, insbesondere bei der Traumdeutung zur Anwendung. Mit ihrer Hilfe wird in einem hermeneutischen Verfahren der latente Traumgedanke erschlossen. Die Verpflichtung auf völlige Offenheit bringt nicht selten Konflikte mit Normen und Idealen mit sich, wobei Assoziationswiderstände als Widerstände gegen pathogene Erinnerungen lesbar werden. Deshalb gilt die Fähigkeit zur freien Assoziation als Ausdruck innerer Freiheit (auch im Sinne der Einsicht in eigene Unfreiheiten). Freuds Konzept steht wie Jungs Assoziationsexperiment in der Tradition der Assoziationspsychologie Wundts, deren Methode eine enge Verbindung zu künstlerisch-schöpferischen Prozessen, wie zum Beispiel intuitiv-ungesteuerten Schreibverfahren aufweist. Sie prägen vor allem Techniken wie die surrealistische *écriture automatique* oder den *stream of consciousness* wie in Joyces *Ulysses* (→ IV.11. LITERATUR DER MODERNE).

Julia Kerscher

Auge (Blick) – Das Auge ist das wichtigste Sinnesorgan für die Psychoanalyse und das Feld des Sehens ihr Schauplatz. Den Hintergrund bildet die moderne Epistemologie des Auges, die aus der Theologie und Metaphysik in die Physik (Optik) und Medizin (Anatomie) hinüberwandert. Freud geht davon aus, dass sich der sexuelle Partialtrieb des Auges bedienen kann. Auge und Phallus bilden insofern symbolische Substitute, als die Akte des Penis in sublimierter Form dem Vermögen des Auges entsprechen. Sexuelle Schaulust hat drei Aspekte: das Schauen, das Beschautwerden und das Sichzeigen (Exhibitionslust), deren Triebökonomie Freud anhand psychogener Sehstörungen in Hypnose- und Hysteriestudien analysiert. Vor allem auf dem ödipalen Schauplatz hat das Auge eine zentrale Funktion inne, die Freud nicht zuletzt in Auseinandersetzung mit Hoffmanns *Der Sandmann* veranschaulicht. Es ist Medium des Unheimlichen – des ‚bösen Blicks‘ – ebenso wie der Urszene, der Kastrationsangst ebenso wie der Fetischbildung. Mit Lacan rückt die komplexe Epistemologie des Auges ins Zentrum der Theoriebildung. Im sogenannten Spiegelstadium vermittelt das Auge dem Subjekt das Bild imaginärer Integrität. Im *Seminar 11* schematisiert Lacan darüber hinaus die Schaulust (*scoptophilie*) als Form der Wiederkehr des Verdrängten (Trieb/ Reales) im Wiederholungszwang. Grund dafür ist die Spaltung des Subjekts, die das ichkonforme Sehen des Auges vom triebgestimmten Sehen des Blicks trennt. Mittels zentralperspektivisch-despotischer Bilder des Auges ermächtigt sich das Subjekt des Objekts (*image*). Der Blick hingegen erblickt das Subjekt; das sehende und begehrende Subjekt wird dergestalt zum Objekt des Anblicks Anderer (*tableau*). Vor allem in den visuellen Medien (→ IV.9. LITERATUR – FILM: DOPPELGÄNGER) sind Blick und Auge zentrale Motive. Nicht nur in der mystischen (→ IV.3. MITTELALTERLICHE EPIK), der romantischen Literatur (→ IV.8. LITERATUR DER ROMANTIK) und in der Literatur der Jahrhundertwende (→ IV.11. LITERATUR DER MODERNE), sondern immer dann, wenn es um intellektuelle wie sexuelle (Selbst-)Erkenntnis geht, spielt der Motivkomplex eine entscheidende Rolle – und das nicht nur bei Narziss, der sich in sein eigenes Spiegelbild verliebt und stirbt (→ III.8. NARZISS UND ECHO), oder Ödipus, der sich zur Strafe für Vatermord und Mutterehe selbst blendet (→ III.6. ÖDIPUS).

Frauke Berndt

Begehren – Der Begriff des Begehrens (franz. *désir*) entstammt der strukturalen Psychoanalyse und hat nicht die gleiche Bedeutung wie der deutsche Begriff des Wunsches. Lacan entwickelt den Begriff aus der Differenz zwischen ‚Bedürfnis‘ nach etwas und ‚Anspruch‘ auf jemanden (→ II.4. POSTSTRUKTURALISTISCHE THEORIE). Schon mit dem ersten Schrei artikuliert das Kind seine instinktiven, biologischen Bedürfnisse im Symbolischen als einen Anspruch auf absolute Liebe. Das Begehren entsteht schließlich aus dem Raum dazwischen; es ist weder ein konkret zu befriedigendes Bedürfnis noch der in seiner Absolutheit unerfüllbare Anspruch auf Liebe, sondern, so Lacan, das Resultat der Differenz selbst. Da das Begehren nie gestillt werden, sondern sich nur verschieben kann, schließt Lacan, dass das Begehren eine Metonymie ist. Es gleitet im Unbewussten wie die Bedeutung in der Sprache. Lacan versteht das Unbewusste ebenso wie die Sprache als eine Struktur, eine Kette von Signifikanten. In einem fortwährenden Aufschieben von Bedeutung verweist ein Signifikant stets auf einen anderen. Entwicklungspsychologisch weckt die Trennung von der Mutter das Begehren, symbolisch steht es für einen Mangel an Sein und Präsenz. Es schiebt sich unersättlich von Ersatzobjekt zu Ersatzobjekt, wie Gallas 1981 beispielhaft an Kleists *Michael Kohlhaas* gezeigt hat.

Lily Tonger-Erk

Besetzung – Besetzung bezeichnet die Bindung von psychischer Energie an eine Vorstellung, einen Wunsch, ein Körperteil oder ein anderes Objekt. Freud konzeptualisiert sie zunächst physiologisch, indem er die Neuronen als Träger der psychischen Energie bestimmt. Im Zuge der Triebtheorie wird die Besetzung von physiologischen Prozessen entkoppelt und auf die Ebene des psychischen Apparats übertragen. Libidinöse Besetzung meint hier die Aufladung mit sexueller Energie, die insofern beweglich ist, als sie auf andere Objekte verschoben oder auch sublimiert werden kann (→ II.1. SEMIOTIK). Der Besetzung weist Freud eine bedeutende Rolle im Prozess der Verdrängung zu. Wird eine Vorstellung verdrängt, so verliert sie ihre Besetzung im System des Vorbewussten, behält beziehungsweise erhält jedoch ihre Besetzungsenergie im System des Unbewussten. Die verdrängte Vorstellung bleibt auf diese Weise unbewusst wirksam, während ihr durch die Gegenbesetzung der nun freigewordenen Energie der Zugang zum Bewusstsein verwehrt wird. Der Vorgang der Besetzung reguliert demnach das psychische Geschehen, wobei sich insbesondere die unbewusste Besetzung von Vorstellungen, Wünschen oder Objekten als Bedingung der Neurosenbildung erweist. Den Prozess der Verdrängung rückgängig und die im Unbewussten besetzten Vorstellungen bewusst zu machen, ist zentrales Ziel psychoanalytischer Tätigkeit (→ II.2. RHETORIK UND POETIK).

Max Roehl

Bewusstsein → Topik

Bild – Das Konzept des Bildes steht im Zentrum der psychoanalytischen Hermeneutik (→ II.2. Rhetorik und Poetik), die davon ausgeht, dass sämtliche bewussten sowie vor allem unbewussten Inhalte in der Psyche repräsentiert sind. Unter Repräsentationen fasst Freud sowohl körperliche Symptome als auch psychisch besetzte Dinge, wie zum Beispiel Fetische. Vor allem aber den mentalen Repräsentationen – Erinnerungen, Visionen oder einfachen bildlichen Vorstellungen – schenkt Freud große Aufmerksamkeit (→ II.1. Semiotik). Deshalb kann die Traumdeutung auch als genuin psychoanalytische Bildtheorie gelten. In die rätselhaften Bilder des manifesten Trauminhalts verschiebt und verdichtet der Traum seinen latenten Traumgedanken in einem ebenso komplexen wie offenen Signifikationsprozess. Bilder sind für Freud also die an der Oberfläche der Darstellung in Erscheinung tretenden Zeichen für unbewusste Inhalte. Mit Lacan rückt das Bild ins Zentrum der psychoanalytischen Subjekttheorie. Für ihn ist das (Spiegel-)Bild das Medium, in dem die psychogenetische Subjektkonstitution durch das (V)erkennen eines ganzheitlichen Ideal-Ichs (*moi*) im Bereich des Imaginären stattfindet und das Subjekt spaltet: Das Bild ist der Ort, an dem das Objekt des Begehrens (Objekt klein a) anzusiedeln ist, dessen sich das Subjekt sehenden Auges bemächtigt (*image*). Als Bild konfiguriert ist aber auch der Blick des Anderen; er macht das Subjekt zum Objekt (*tableau*) des Begehrens. In der Literatur ist die Vorstellung einer genuinen Poetizität der in Träumen (→ IV.12. Traumliteratur), Halluzinationen, Trance- und Wahnzuständen vorkommenden Bilder unter anderem für die Romantik zentral (→ IV.8. Literatur der Romantik). Unmittelbar von Freud beeinflusst versucht der französische literarische Surrealismus durch Techniken einer *écriture automatique* zu den verborgenen und poetisch wertvollen Schichten der psychischen Realität vorzudringen (Breton; → IV.11. Literatur der Moderne) Sowohl Poetik als auch Literaturtheorie greifen immer wieder auf Bildkonzepte zurück, insbesondere in der Metapherntheorie.

Johannes Hees

Blick → Auge

Deckerinnerung – Als Deckerinnerung bezeichnet Freud eine Kindheitserinnerung, deren Deutlichkeit im Gegensatz zu ihrer biographischen Relevanz steht. Das erinnerte Ereignis tendiert meist zur Bedeutungslosigkeit, ist aber für das Individuum überaus präsent, während wichtigere biographische Ereignisse keine Spuren im Gedächtnis hinterlassen haben. Nach Freud überlagert diese Erinnerung eine verdrängte sexuelle Erfahrung oder ein sexuelles Phantasma, mit dem die Deckerinnerung assoziativ beziehungsweise metonymisch in Verbindung steht. Unterschieden wird zwischen positiven und negativen Deckerinnerungen: Während Erstere zu Wiederholungshandlungen führen, resultieren aus Letzteren Hemmungen und Phobien. Freud differenziert außerdem zwischen rückgreifenden, vorgreifenden und gleichzeitigen Deckerinnerungen: Bei rückgreifenden verdeckt ein früheres Ereignis ein späteres, bei vorgreifenden ist die Deckerinnerung dem Ereignis nachgängig; von einer Gleichzeitigkeit geht Freud aus, wenn beide Ereignisse zeitlich nah beieinanderliegen. Aus seiner Beschäftigung mit Deckerinnerungen leitet Freud die grundlegende These ab, dass Erinnerungen generell tendenziös seien und vom Individuum – unbewusst – einer nachträglichen Bearbeitung unterzogen würden. In einer kulturtheoretischen Wende überträgt Freud sein Konzept der Deckerinnerung auch auf Sagen und Mythen, die er als bearbeitete Kindheitserinnerungen der Völker versteht. In literarischen Texten werden Deckerinnerungen immer wieder inszeniert, zum Beispiel in Droste-Hülshoffs *Judenbuche* (→ IV.8. LITERATUR DER ROMANTIK).

Thomas Wortmann

Dyade – In der Psychoanalyse spielen wie in anderen metapsychologischen Modellen Strukturen eine entscheidende Rolle. Die Dyade (griech. *dyas*: Zweiheit) ist eine zweistellige Struktur; ihre Matrix findet Freud im Narziss-Mythos (→ III.8. NARZISS UND ECHO). Dort bildet die Beziehung zwischen Narziss und seinem Spiegelbild eine zweistellige Relation, deren Positionen nicht zuletzt in Literatur und vor allem Bildender Kunst mit Mutter und Kind besetzt werden. Für Freud und insbesondere für die feministische Psychoanalyse steht mit der Dyade die präödipale Beziehung von Kind und Mutter zur Diskussion (→ II.7. GENDER UND QUEER STUDIES) – eine Beziehung, in welcher der Vater (noch) fehlt. Dabei wird vor allem dem weiblichen Kind neue Aufmerksamkeit gezollt. Diese Phase kann bis ins vierte Lebensjahr anhalten, wobei die Entwicklungspsychologie die triadische Kompetenz bereits von Geburt des Kindes an betont. Sowohl bei Freud als auch bei Lacan ist die dyadische Struktur gleichzeitig die Matrix imaginärer, das heißt nicht realitätsgerechter Objektbeziehungen des Subjekts. Die Positionen werden dann vom Ich und dem Objekt des Begehrens (Objekt klein a) besetzt, sodass die Position des Gesetzes (des großen Anderen) frei bleibt, welche die symbolische Ordnung garantiert. Medium dieser Beziehung ist daher eher das imaginäre (Spiegel-)Bild als die Sprache. Dyadische Strukturen spielen in Religion, Mythologie und insbesondere in der Mystik eine zentrale Rolle. In der Literatur organisieren sie vor allem den Bildungs- und Entwicklungsroman (→ IV.5. FAMILIENROMAN), diejenigen literarischen Texte, in denen es um die Konstitution des Subjekts geht (→ IV.4. BEKENNTNISLITERATUR), aber auch sämtliche Spielarten der ‚romantischen' Liebe werden als dyadische Beziehungen inszeniert.

Katrin Wild

Einbildungskraft → PHANTASIE

Eros – Eros bezeichnet den griechischen Gott der Liebe. Nach Hederich vereint die Etymologie das ,Suchen' und das ,Sehen', womit das Begehren als sinnliche Anziehung angesprochen ist. Besonders wirkmächtig ist die Erzählung des Sokrates in Platons *Symposion*, die Liebe als Sehnsucht nach der Überwindung von Trennung bestimmt. Auch weist der Mythos Eros als schöpferisches, verbindendes Prinzip aus, das das ursprüngliche Chaos überwindet. In der Freud'schen Psychoanalyse bezeichnet Eros den Lebens- oder Sexualtrieb, der – triebökonomisch formuliert – Objekte mit libidinöser Energie besetzt. Jene Körperstellen, deren Stimulation Lustempfinden erzeugt, sind als erogene Zonen bekannt. Als Gegenprinzip zum Todestrieb vertritt Eros im Rahmen des Triebdualismus das Prinzip der Bindung, nicht der Auflösung und Zerstörung. Beide Triebarten, Eros und Aggression, zeigen sich, wenngleich in unterschiedlichen Verhältnissen, stets gemischt, wie Sadismus und Masochismus veranschaulichen (→ IV.6. FALL-GESCHICHTE). Der auf Lustgewinn abzielende Trieb Eros bildet auch das Prinzip, das unter dem Wirken der Sublimierung zu großen Kulturleistungen anregt (→ II.5. KULTURTHEORIE). Als ,Ja-Sagen zum Leben bis in den Tod' wird die Erotik schließlich bei Bataille als Genuss, Exzess und Transgression bestimmt, der stets ein gewalttätiges Moment innewohnt, der jedoch auch eine gesellschaftskonstitutive Funktion zukommt. Wird Erotik in der Literatur dargestellt, so bewegt sie sich häufig im Spiel von Implizitem und Explizitem. Auch wird sie, zum Beispiel in Goethes *5. Römischer Elegie*, mit der dichterischen Tätigkeit verknüpft.

Max Roehl

Erzählen (Erzählung) – Erzählen ist – obwohl kein psychoanalytischer Grundbegriff – Teil der analytischen Praxis und Gegenstand der Theoriebildung. Die Psychoanalyse ist eine *talking cure*, ihre Methode das Sprechen. Grundsätzlich soll im analytischen Prozess alles mitgeteilt werden, gerade auch Assoziatives und Amorphes. Zwei wesentliche Bestandteile der Redekur – das Erinnern und das Durcharbeiten von Konflikten – gehen mit dem Erzählen Hand in Hand. Analysanden generieren Traumerzählungen und (re-)konstruieren die Geschichten ihres Lebens, insbesondere die von Wünschen entstellte Kindheitsgeschichte, den von Freud sogenannten ,Familienroman' (→ IV.5. FAMILIENROMAN). Die Erzählungen bringen schwer zu bewältigendes Geschehen nachträglich in eine zeitliche und sinnhafte Ordnung, sind dabei aber selbst symptomatisch: Sofern Wünsche, Ängste oder Abwehr das Erzählen gestalten, gibt es – das heißt, die Weise, *wie* und *was* oder aber *was gerade nicht* erzählt wird – über die Psychodynamik der Erzählenden Aufschluss. So kann Erzählen Konflikte erhellen, einen Erkenntnisprozess in Gang setzen und helfen, der Affekte Herr zu werden. Von der kathartischen Dimension des Erzählens weiß die Literatur, etwa die autobiographische (→ IV.4. BEKENNTNISLITERATUR), lange vor der Psychoanalyse. Auch stellen literarische Texte nicht nur immer wieder Wahn- und Angstzustände, Melancholie und Trauer, Übertragungsdynamiken, Traumata sowie Redekuren in der erzählten Welt dar, sondern sie gestalten auch den Erzählakt selbst als eine Art Kur. Die Psychoanalyse greift ihrerseits zur Veranschaulichung ihrer zentralen Theoreme sowie zu interpretatorischen Zwecken auf paradigmatische Narrative aus Dramen, Mythen und Märchen zurück. Wo der analytische Prozess in ‚novellistische' Krankengeschichten mündet, werden Analytikerinnen und Analytiker – wie Freud in den *Studien zur Hysterie* – nicht zuletzt selbst zu Erzählern (→ IV.6. FALLGESCHICHTE). Schließlich ist die strukturale Psychoanalyse auch modellbildend für die literaturwissenschaftliche Erzählanalyse, die wiederum der klinischen Narratologie Impulse gibt.

Corinna Sauter

Es → INSTANZEN

Fehlleistung – Mit dem Begriff der Fehlleistung meint Freud ein Versehen, das nicht wie üblich das Ergebnis von Ermüdung, Erregung oder Zerstreutheit ist, sondern das durch die Interferenz von zwei verschiedenen Absichten entsteht, wobei sich die eine – verdrängte – Absicht durch die Störung der anderen – bewussten – Absicht äußert, indem sie diese ersetzt oder entstellt. Damit dienen Freud alltägliche, vermeintlich marginale Phänomene zum Aufweis unbewusster psychischer Tätigkeit: Versprechen, Vergessen von Namen, Fremdwörtern oder Vorsätzen, Verhören, Verlegen, Verlieren etc. Die häufige Inszenierung von Fehlleistungen in der Literatur gilt Freud als Indiz dafür, dass die Dichter Fehlleistungen ebenfalls für sinnvoll und motiviert halten. In literarischen Texten findet sich dabei besonders das Versprechen, das als ein den Figuren selbst unbewusstes Wahrsprechen komische Effekte – etwa in Kleists *Zerbrochnem Krug* (→ IV.2. KOMÖDIE) – oder tragische Ironie (→ IV.1. TRAGÖDIE) erzeugt. Freud selbst führt Schillers *Die Piccolomini* und – nach Rank (→ III.10. DER FÜRST) – auch Shakespeares *Kaufmann von Venedig* als Beispiele an, in denen Figuren versehentlich Absichten äußern, die gerade verschwiegen werden sollten. Indem das Versprechen in der Figur eine zweite Sprechinstanz installiert, dient es in der Literatur – vor allem nach Begründung der Psychoanalyse – nicht nur der Inszenierung eines Unbewussten, sondern es destabilisiert damit auch den Status der Figur als Sinneinheit.

Max Roehl

Fetisch (Fetischismus) – Der Begriff Fetisch (lat. *facticius, -a, -um*: (künstlich) gemacht) entsteht im postkolonialen 19. Jahrhundert (→ II.6. POSTCOLONIAL UND CRITICAL RACE STUDIES). Als Form des Animismus bezeichnet er ein Ding, das für eine Gemeinschaft magische Kräfte hat, die es als ‚normaler‘ Gegenstand nicht hätte, sodass unter anderem bei Böhme dem die Kräfte auf das Objekt projizierenden Subjekt ebenso viel Aufmerksamkeit zukommt wie dem Objekt selbst (→ II.5. KULTURTHEORIE). Freud macht sich den Begriff zu eigen, um ihn im Umfeld der Perversionen zu platzieren: Dort zeugt ein Fetisch von einem insofern gelungenen Kompromiss, als das (männliche) Subjekt auf einer frühen Entwicklungsstufe mithilfe der Bildung eines Fetischs seine Kastrationsangst bewältigt (→ II.7. GENDER UND QUEER STUDIES). Für ihn ist der Fetisch ein Penisersatz. Den Schreck, vom Vater kastriert werden zu können, löse der Anblick des weiblichen Genitals aus, das davon zeuge, dass die Mutter keinen Penis besitze. Gegen diese Wahrnehmung schützt sich der Narzissmus durch die Bildung eines symbolischen Ersatzes für den fehlenden weiblichen Phallus, der eine Verleugnung der Kastration darstelle. Als *stigma indelebile* (untilgbares Zeichen) der Verdrängung schützt und triumphiert der Fetisch über die Kastrationsdrohung – so beispielsweise der Fuß, ein Wäschestück oder Freuds ‚glance at the nose‘. Fetischismus ist heute weniger ein subkulturelles Phänomen als vielmehr alltäglicher Bestandteil sexueller Skripte (Wäsche, *toys* etc.). Darüber hinaus ist er ein diachron wie synchron breit erforschtes Thema in den Material Culture Studies, der Ästhetik und Literaturwissenschaft. In diesem Zusammenhang rückt die sexuelle Bedeutung des Fetischs in den Hintergrund, die kulturelle in den Vordergrund. Der Fetisch ist in diesem Sinn ein besonders leistungsstarkes Symbol. Vom mittelalterlichen Gral bis zur Currywurst in Timms gleichnamiger Novelle kann eigentlich jedes Objekt zum kulturellen Fetisch werden.

Frauke Berndt

Fixierung – Fixierung bezeichnet bei Freud einerseits eine besonders starke und anhaltende libidinöse Bindung an Objekte in frühen Phasen der psychosexuellen Entwicklung. Diese (orale, anale oder ödipale) Fixierung begünstigt charakterliche Dispositionen, bestimmte Präferenzen der Sexualtätigkeit bis hin zu Perversionen. Dabei steht sie in engem Zusammenhang mit der Regression: Als Widerstand gegen sexuelle Frustration weicht die Libido bei äußeren Hindernissen auf jene früheren Formen der Befriedigung zurück, die Objekt einer Fixierung sind. Wird auch diese regressive Form der Befriedigung nicht ausgelebt, sondern verdrängt, so kann jene Versagung zu psychischen Konflikten und über Ersatzbefriedigungen zu Übertragungsneurosen, also zur Hysterie und zur Zwangsneurose führen. Als Teil der Urverdrängung ist die Fixierung Voraussetzung für die spätere Verdrängung von Vorstellungen oder Wünschen, die in einer Beziehung zum Urverdrängten stehen. Die Fixierung ist andererseits für das Trauma von Bedeutung (→ IV.13. TRAUMALITERATUR). Der traumatischen Neurose liegt ein Wiederholungszwang zugrunde, der sich aus der Fixierung an eine traumatische Situation speist, die besonders in Träumen wiederholt als unbewältigt erlebt wird (→ IV.12. TRAUMLITERATUR). Die Träume lösen in diesem Fall Angst aus und scheitern in der Umbildung des Traummaterials zum Zwecke einer Wunscherfüllung.

Max Roehl

Hysterie – Angeregt durch Charcot rückt Freud die seit der Antike als Krankheitsbegriff bekannte Hysterie in den Fokus seines Forschungsinteresses und gelangt so zur Konzeption des Unbewussten. Seine gemeinsam mit Breuer verfassten *Studien über Hysterie* erklären die Krankheit nicht mehr als organisch oder neurologisch, sondern als psychodynamisch bedingt: durch eine traumatische (oftmals sexuelle) Erfahrung, die verdrängt wird und deren begleitende Affekte nicht abreagiert werden. In der hysterischen Konversion werden diese unterdrückten Affekte in körperliche Symptome transformiert, die als Zeichen die unbewussten Konflikte symbolisieren. Als kulturabhängige Störung avanciert die Hysterie Ende des 19. Jahrhunderts zur Frauenkrankheit schlechthin, die in literarischen Figuren wie Flauberts *Madame Bovary*, Ibsens *Hedda Gabler*, Wildes *Salomé*, Hofmannsthals *Elektra* oder Schnitzlers *Fräulein Else* ihren Ausdruck findet. Die poststrukturalistische (→ II.4. POSTSTRUKTURALISTISCHE THEORIE) sowie feministische Literaturwissenschaft diskutiert die Hysterie als Infragestellung der patriarchalen Identitätslogik beziehungsweise als Möglichkeit eines weiblichen Diskurses (→ II.7. GENDER UND QUEER STUDIES). Heute gilt Hysterie nicht mehr als Neurosentypus und ist aus den medizinischen Diagnosekatalogen verschwunden.

Lily Tonger-Erk

Ich → INSTANZEN

Ideal – Das Konzept des Ideals ist für die Individual- wie für die Massenpsychologie entscheidend. Besteht der primäre Narzissmus nach Freud in der Idealisierung des Ichs (→ III.3. NARZISS UND ECHO), so ist der ihn aufhebende Ödipuskomplex durch die Idealisierung der Eltern sowie die anschließende Identifizierung mit ihnen geprägt (→ III.6. ÖDIPUS). Die Introjektion der elterlichen Autorität etabliert einerseits das Ich-Ideal als fiktives Bild, dem sich das Ich zu gleichen wünscht, andererseits das über das Ich richtende Gewissen, dessen pathogene Steigerung zu paranoiden Zuständen führt, dessen Abschwächung hingegen die Bildung von Perversionen begünstigt. Die konstitutive Diskrepanz zwischen Ich und Ideal führt dabei nicht nur zu Angst- und Schuldgefühlen, sondern ist auch Grundlage von Verdrängung und Sublimierung. In der Massenpsychologie ersetzen die Individuen ihr jeweiliges Ich-Ideal durch dasselbe äußere Objekt. Die Hingebung an ein äußeres Ideal befördert die Aufgabe egoistischer Wünsche, aber auch des je individuellen Gewissens. Lacan fasst das Ideal-Ich (*moi*) als ein am Spiegelbild entworfenes imaginäres Bild des eigenen Ichs, das gegenüber dem als zerstückelt erfahrenen Körper als integrierte Gestalt erscheint. Die antizipierte Identifikation mit diesem Bild setzt die Identifikation mit weiteren Imagines in Gang, die das Ich zur ständigen Ich-Prüfung anhält, darin jedoch stets frustrieren muss (→ II.4. POSTSTRUKTURALISTISCHE THEORIE). Literatur, Kunst und Film zeigen nicht nur unzählige Figuren, die als ideale Leitbilder fungieren. Sie können auch den Mechanismus der Idealisierung selbst reflektieren und unter Umständen ideologische Funktionen von Idealen offenlegen, wovon unter anderem Schillers dramatisches Werk zeugt.

Max Roehl

Identifizierung (Identifikation) – In Freuds *Traumdeutung* meint Identifizierung ein Darstellungsmittel des Traums, das nur eine von mehreren im Traum miteinander verknüpften Personen erscheinen lässt, wodurch verdrängte Wünsche oder feindselige Gefühle gewissen Personen gegenüber die Zensur umgehen können. Im Rahmen der psychosexuellen Entwicklung bezeichnet Identifizierung dagegen die früheste Bindung an eine andere Person: Das männliche Kind nimmt den Vater zu seinem Ideal – komplementär zur Objektbesetzung der Mutter –, woraus sich der Ödipuskomplex ergibt (→ III.6. ÖDIPUS). In der Regression kann die Identifizierung zum Ersatz für eine libidinöse Objektbindung werden. Sie rückt damit in die Nähe zur Projektion, die ihre Quelle in den eigenen Wünschen hat und im Anderen nur das Eigene findet. Lacan unterscheidet zwischen der imaginären Identifizierung im Spiegelstadium, durch die das Ideal-Ich (*moi*) gebildet wird, und der symbolischen Identifizierung mit dem Vater in der letzten Phase des Ödipuskomplexes, die zur Bildung des Ich-Ideals und zur Einführung in die symbolische Ordnung führt (→ II.4. POSTSTRUKTURALISTISCHE THEORIE). In der Literatur spielen Einfühlung und Identifizierung seit dem 18. Jahrhundert eine wichtige Rolle, wovon prominent die Welle der *Werther*-Nachahmer zeugt. Lessing fordert in der *Hamburgischen Dramaturgie* vom bürgerlichen Theater, dass es zuallererst Menschen darstellt, mit denen man Mitleid haben kann. Brechts Verfremdungseffekt ist indes gegen eine solch identifikatorische Rezeption gerichtet. In der Literaturkritik oszilliert die Wertung von Texten mit großem Identifikationspotenzial der Figuren zwischen Gütekriterium und Abwertung als Kitsch.

Max Roehl

Das Imaginäre – Seit dem 18. Jahrhundert wird die Imagination (lat. *imago*: Bild) zur produktiven Einbildungskraft aufgewertet. Während der Begriff der Imagination in der Psychoanalyse die allgemeine Phantasietätigkeit bezeichnet, verweist der Begriff des Imaginären (lat. *imaginarius, -a, -um*: (nur) in der Einbildung bestehend) auf eine bestimmte Triebökonomie subjektiver Vorstellungsbilder. Nach Lacan ist das Imaginäre neben dem Symbolischen und dem Realen eines von drei psychischen Registern (→ II.4. POSTSTRUKTURALISTISCHE THEORIE). Dabei steht das Imaginäre für das Reich der Bilder, mit dem sich das Ich identifiziert. Die Grundlage des Imaginären bildet das Spiegelstadium: eine Szene in der Entwicklung des Kleinkindes, die den imaginären Charakter der Ich-Konstitution verbildlicht. Das Kleinkind erkennt im Spiegel sein eigenes Bild, das ihm eine Vorstellung von sich als Ganzheit vermittelt (wohingegen es sich aus der Leibperspektive als ,zerstückelt' erlebt). Diese Ganzheit bestätigt der bewundernde Blick der Mutter. Das Erkennen des eigenen Spiegelbilds ist jedoch zugleich ein Verkennen, insofern das Kind (*je*) im Spiegel nicht sich selbst, sondern ein vollkommenes Ideal-Ich (*moi*) wahrnimmt und sich erst danach formt. Die Entfremdung zwischen *je* und *moi*, der Mangel in der Uneinholbarkeit des *moi* im Außen des Subjekts und der Narzissmus der libidinösen Identifikation mit dem Ähnlichen sind konstitutiv für das Imaginäre (→ III.8. NARZISS UND ECHO). Das Begehren, sich zu spiegeln und in dieser Spiegelung bestätigt zu werden, äußert sich später im Symbolischen, in der Sprache (und Literatur). Wie das Ich Bilder entwirft und findet, die es sein will, spielt etwa musterhaft die Gattung des Bildungsromans seit Goethes *Wilhelm Meister* (→ IV.5. FAMILIENROMAN) durch.

Lily Tonger-Erk

Imagination → PHANTASIE

Instanzen (Es – Ich – Über-Ich) – Ab 1920 entwickelt Freud ein dreiteiliges Modell der Psyche, welches das topische Modell ablöst (Unbewusstes – Vorbewusstes – Bewusstes): Das Es ist die primäre Instanz, aus der die anderen beiden hervorgehen. Es umfasst Lust, Aggression, Wünsche etc., die im Unbewussten kompromisslos nach Befriedigung drängen, während Ich und Über-Ich auf deren Regulierung pochen. Phylogenetisch ist die Herausbildung des Über-Ichs nach Freud Resultat des Vatermords, ontogenetisch des Ödipuskomplexes. Es internalisiert die väterlichen Gebote und Verbote und darüber hinaus die soziokulturellen Ansprüche von Erziehung, Religion und Moral. Indem das Über-Ich beobachtet, vergleicht, wertet, richtet und zensiert, übernimmt es die Funktion des Gewissens, eines Richters, Grenzwächters und Vorbilds. Das Ich schließlich vermittelt nicht nur zwischen dem libidosüchtigen Es und dem unerbittlichen Über-Ich, sondern auch zwischen der Innen- und der Außenwelt. Es ist die Instanz der Wahrnehmung und des Bewusstseins, des Denkens, Fühlens, Erinnerns und Phantasierens, auch wenn es unbewusste Anteile hat: Abwehr und Verdrängung.

Die Interaktion der drei Instanzen (Trieb, Abwehr, Verbot) lässt sich als komplexer Konflikt zwischen primärem Drang nach Triebbefriedigung und deren soziokultureller Restriktion, Realität und Ideal, Leidenschaft und Vernunft, Lust- und Realitätsprinzip erzählen. Freuds dreiteiliges Modell ermöglicht so die Analyse des Zusammenwirkens von psychischen und soziokulturellen Prozessen und ist ab 1900 die anthropologische Grundlage der modernen Literatur (→ IV.11. LITERATUR DER MODERNE).

Lily Tonger-Erk

Introjektion – In der psychoanalytischen Theorie stellt die Introjektion, neben der Inkorporation und der Identifikation, eine der drei Hauptmodalitäten der Internalisierung (Aneignung) von Objekten dar. Terminologisch ist sie zugleich System- und Prozessbegriff, das heißt, mit Introjektion wird sowohl der Umstand als auch der Vorgang der mentalen Wiederaufrichtung eines Objekts im Seelenleben bezeichnet. Konzeptionell unterscheidet die Introjektion von der Inkorporation, dass sie differenzierte Vorstellungen von Subjekt und Objekt voraussetzt und bestehen lässt: Wo durch die Einverleibung – typischerweise in der oralen Phase verortet – ein Objekt komplett ge- beziehungsweise vertilgt wird, besteht es bei der Introjektion als Phantasie des Subjekts fort. Ferenczi führt sie zuerst als Spiegelbegriff zur Projektion ein, um den Unterschied zwischen psychotischen und neurotischen Psychodynamiken zu markieren: Wo Psychotikerinnen und Psychotiker ihr Inneres in die Umwelt projizieren, da introjizieren Neurotikerinnen und Neurotiker große Teile der externen Welt. Bei Freud wird die Introjektion alsdann zum Korrelat der Aufgabe ödipaler Objekte und zum Wegbereiter der Identifikation (→ III.6. ÖDIPUS). Diese unterscheidet sich von der Introjektion dadurch, dass sie das Objekt schließlich zum integralen Bestandteil des Subjekts macht.

Stefan Breitrück

Inzest – Inzest dient als Motiv und Sujet in unzähligen literarischen Texten, während Inzesttabu und -verbot überkulturell in Recht und Gesellschaft wirksam sind. Zwar kennt die Ethnologie Kulturen, in denen etwa die Cousinenheirat nicht nur erlaubt, sondern auch vorgeschrieben ist. Auch ist die Institution der Geschwisterehe in der Geschichte belegt. Doch sind in diesen Fällen wiederum andere Beziehungen verboten, sodass das Inzestverbot universal zu sein scheint, die Verwandtschaftskategorien, die es berührt, jedoch kulturspezifisch sind (→ II.5. KULTURTHEORIE). Lévi-Strauss betont die gesellschaftsstiftende Funktion des Inzestverbots, das die Differenz von Verwandtschafts- und Heiratsbeziehungen erst konstituiert und damit die Grenze von Natur und Kultur markiert. Freud führt die Wirksamkeit des Inzesttabus auf die Universalität inzestuöser Wünsche zurück, die sich auch nach Etablierung des Inzestverbots im Ödipuskomplex in Träumen und Phantasien zeigen. Nach Lacan bedeutet der Verzicht auf die Mutter als Liebesobjekt den Eintritt des Subjekts in die symbolische Ordnung. In der Literatur – paradigmatisch in Sophokles' Tragödie *König Ödipus* (→ III.6. ÖDIPUS) – steht der unwissentlich begangene Inzest, ob als Beischlaf oder Eheschließung, häufig im Zusammenhang mit einer Kritik menschlicher Erkenntnisfähigkeit.

Max Roehl

Kastration – Der Begriff der Kastration nimmt insbesondere in Freuds Lehre vom Ödipuskomplex eine zentrale Stellung ein. Der von Freud postulierte Penisneid des Mädchens aufgrund vermeintlich vollzogener Kastration und die Angst des Jungen vor künftiger Kastration sind die beiden Seiten der frühkindlichen Entdeckung der biologischen Geschlechterdifferenz. Während die Kastrationsdrohung den Jungen den Ödipuskomplex überwinden lässt und das Inzestverbot als Kern des Über-Ichs installiert (→ III.6. ÖDIPUS), tritt das Mädchen, das – im Glauben durch Kastration beraubt zu sein – den Wunsch nach einem Kind vom Vater ausbildet, erst in den Ödipuskomplex ein. Nach Lacan weckt das frustrierte Begehren nach der Mutter die Aggression des Subjekts gegenüber dem Vater, der jene Untersagung repräsentiert und als imaginärer Rivale erscheint, der von der Mutter vorgezogen wird. Die Kastrationsangst bildet dabei eine Projektion, mittels derer die aggressiven Strebungen auf den Vater übertragen werden. Diese Konstellation mündet in die Identifizierung mit dem Vater, indem das Subjekt die Privation der Mutter anerkennt. In Literatur und Mythos dienen häufig, wie Rank zeigt, die Abtrennung von Finger, Fuß und Nase als symbolischer Ersatz der Kastration, die eine eifersüchtige Rache am Vater oder eine reuige Selbstbestrafung anzeigen kann. In seiner Lektüre von Hoffmanns *Sandmann* deutet Freud die Angst um die Augen als Kastrationsangst und liest in diesem Rahmen auch die Selbstblendung des Ödipus als ermäßigte Bestrafung des Inzests (→ IV.8. LITERATUR DER ROMANTIK).

Max Roehl

Komplex – Wird ein theoretisches System als Komplex bezeichnet, so wird die Interdependenz zwischen dem Gefüge und den Elementen, die es umfasst, sowie zwischen den Elementen untereinander explizit betont. Als Komplex ist ein System ausschließlich über die Systemstellen, die es auf sich vereint, definiert; vice versa schärfen sich die Systemstellen als komplexe ausschließlich darüber, dass sie im Gefüge miteinander interagieren und sich dadurch reziprok schärfen. Lacan rekurriert auf diesen Sachverhalt, wenn er die Kasuistik des Komplexes nicht am Register einer temporär-linear, sondern einer logisch-simultan verstandenen Zeit organisiert. Freud definiert psychoanalytische Komplexe als unbewusst wirkende, affektmächtige Gedanken- und Interessenkreise, die in der frühkindlichen Entwicklung durchlaufen werden und diese bestimmen. Hieran anschließend werden sie auch zum wichtigsten Referenzrahmen und Ausgangspunkt bei der Erklärung pathologischer Psychodynamiken. Gerade in der Nomenklatur und Strukturierung ihrer Komplexe zeigt die Psychoanalyse eine augenfällige Affinität für poetische Figuren und Stoffe, insofern beispielsweise die Konstellationen der Laios-, Ödipus-, Medea-, Elektra-, oder Iokastekomplexe (→ III.5. Laios; III.6. Ödipus; III.3. Medea; III.4. Elektra) am mythischen Vorbild orientiert sind.

Stefan Breitrück

Konflikt – Die Psychoanalyse sieht das seelische Leben durch latente, ungelöste Konflikte bestimmt, die nicht nur maßgeblich das Spiel aus Versagung, Ersatzbefriedigung und Objektwahl in Gang setzen, sondern darüber hinaus für die Entstehung von Neurosen und die damit verbundene Symptombildung verantwortlich sind. Den wichtigsten Konflikt – Inbegriff und Ursache weiterer Konflikte zwischen Wunsch und Zensur, zwischen Lust- und Realitätsprinzip – bildet der ödipale Konflikt. Hier wird der frühkindliche Inzestwunsch durch die Versagung und das Verbot des begehrten Objekts ins Unbewusste verdrängt und bleibt dort – verdeckt durch die frühkindliche Amnesie – latent wirksam. Daneben ist der Konflikt ein zentraler Begriff der Theorie und Analyse von Literatur zur Beschreibung von Handlungsstrukturen. Insbesondere Ästhetik und Poetik des Dramas im 18. und 19. Jahrhundert stellen den Konflikt zwischen widerstreitenden, für sich je berechtigten Zwecken (Hegel), zwischen den Prinzipien Freiheit und Notwendigkeit (Schelling) oder Gesellschaft und Individuum (Hebbel) als Gattungsmerkmal heraus. Wird er im klassischen Drama als Konflikt zwischen Figuren – in der Komödie (→ IV.2. Komödie) prinzipiell lösbar, in der Tragödie (→ IV.1. Tragödie) unlösbar – dargestellt, so verschiebt er sich im lyrischen Drama in das Innere einer Figur, während er im epischen Theater wiederum dominant in Form gesellschaftlicher Widersprüche erscheint.

Max Roehl

Konversion – Im Gegensatz zur alltagssprachlichen Bedeutung des Bekenntniswechsels bezeichnet Konversion in der Psychoanalyse einen Mechanismus, bei dem psychische Erregungen in körperliche Symptome umgewandelt werden. Freud führt den Begriff im Kontext seiner Forschungen zur Hysterie ein. Noch bevor der Mechanismus seinen Namen erhält, beschreiben Freud und Breuer bereits 1893 in der Studie *Über den psychischen Mechanismus hysterischer Phänomene*, wie ein psychischer Konflikt in somatische, motorische oder sensible Störungen umgewandelt wird (→ IV.6. Fallgeschichte). Konversionssymptome entstehen überall dort, wo ein Konflikt nicht mehr gelöst werden kann und durch

Verdrängung bewältigt wird. Triebökonomisch gesprochen schlägt sich die verdrängte Innervationsenergie in körperlichen Symptomen nieder. Die Konversion beschreibt damit auch eine symbolische Struktur (→ II.1. SEMIOTIK). Denn die Symptome stehen in einer symbolischen Beziehung zu ihrer Bedeutung, die in den unbewussten Phantasien des Subjekts zu suchen ist. Dadurch wird der Körper als Zeichensystem der Triebrepräsentanz lesbar, sodass Lacan das Symptom als Metapher bezeichnet. Seit der Antike geht in der Literatur, insbesondere in der Bekenntnisliteratur, das zunächst religiös konnotierte Modell der Konversion mit einer starken Betonung von Körperlichkeit einher, wie sich exemplarisch etwa in Goethes *Bekenntnissen einer schönen Seele* zeigt (→ IV.4. BEKENNTNISLITERATUR).

Sebastian Meixner

Masochismus – Als Perversion, die Lust an das eigene Erleiden von körperlichen oder seelischen Schmerzen koppelt, benennt Krafft-Ebing die sexuellen Praktiken nach dem Schriftsteller Sacher-Masoch, der das Phänomen in seinen Novellen inszeniert (→ IV.6. FALLGESCHICHTE). Auf der Grundlage seiner dualistischen Triebökonomie versteht Freud Masochismus und Sadismus als Kehrseiten einer Medaille. Beide basieren auf einer Triebentmischung, die von einem dominanten, eine tyrannische Vaterimago erzeugenden Über-Ich abhängt. Im Masochismus tritt der Todestrieb als ein transformierter Sadismus in Erscheinung. Auf dieser Grundlage unterscheidet Freud drei Formen des Masochismus: Der primäre erogene Masochismus bezeichnet die sexuelle Lust am Schmerz; der feminine die passive Einstellung zum Sexualobjekt, die das weibliche Sexualleben grundsätzlich auszeichne, und der sekundäre moralische Masochismus ein allgemeines Schuldgefühl und Strafbedürfnis (→ III.6. ÖDIPUS). Klein hält ihn für eine Charakterstörung, während masochistische Phantasien nach Kohut der magischen Teilhabe an der Überlegenheit des allmächtigen Selbstobjekts dienen. Mit Evolutionsbiologie, Soziobiologie und Verhaltensökologie rückt die sexuelle Funktion des Masochismus in den Hintergrund, die kulturelle in den Vordergrund (→ II.5. KULTURTHEORIE). Vor allem Literatur und Kunst inszenieren und reflektieren die ethischen und ästhetischen Dimensionen des Masochismus, der das kulturelle Imaginäre speist.

Frauke Berndt

Melancholie – Als klinische Trauerkrankheit ist Melancholie eine psychische Erkrankung, charakterisiert durch Angstzustände, lähmende Depression, das ‚Gefühl der Gefühllosigkeit' und Suizidneigung. Als Charakterzug bezeichnet Melancholie die Tendenz zu Pessimismus, Verzagtheit und Schwermut im Unterschied zum sanguinischen, cholerischen und phlegmatischen ‚Temperament'. In der Rede von vier Temperamenten lebt die antike Humoralpathologie bis heute fort. Melancholie adressiert drittens einen transitorischen Seelenzustand, eine ‚depressive Verstimmung' oder Nostalgie beziehungsweise Wehmut. Als subjektive ‚Stimmung' kann Melancholie besonders in Literatur und Bildender Kunst auf Objekte oder Landschaften projiziert werden. Aus der Perspektive christlicher Theologie bezeichnet Melancholie als *acedia* oder ‚Trägheit des Herzens' schließlich eine der sieben Todsünden, insofern sie hier als verworfene Undankbarkeit gegenüber Gott, seiner Schöpfung und dem Erlösungswerk Christi interpretiert wird. Das christliche Erbe mischt der Depression das Element schwerer Schuldgefühle bei. Die Forschung zur Melancholie zeigt die in der Terminologie hörbare historische Tiefe der Problematik auf, während sie zugleich die Stabilität eines komplexen Syndroms durch die Zeiten erkennbar macht, dessen Charakteristik fortgesetzt zwischen Krankheit, Temperament, flüchtiger Empfindung und einer Todsünde schwankt. Paradigmatische Melancholiker sind etwa Shakespeares Hamlet (→ III.9. HAMLET) oder Schillers Wallenstein (→ III.10. DER FÜRST).

Eckart Goebel

Mund (Oralität) – Der Mund ist als Organ in der Psychoanalyse ein Körperteil mit vielfältigen Funktionen. In der Literatur markiert er einen symbolischen Ort. In der Freud'schen Entwicklungslehre, die in orale, anale und phallische beziehungsweise ödipale Phase eingeteilt ist, umfasst die Oralität den Zeitraum zwischen erstem und zweitem Lebensjahr, in dem die Aufmerksamkeit des Kindes noch von Partialtrieben und von der Oralität (Mundzone) abhängt. Im Saugen und durch Berührungen der Mundgegend kommt es zu Lustempfindungen, die Freud als prägenitale Sexualorganisation bezeichnet. Während die frühe orale (Saug-)Stufe autoerotisch und objektlos sei, trete mit der späteren kannibalistischen Stufe eine orale Ambivalenz ein (Lebenserhaltung/-zerstörung), vermutet Abraham, die sich durch Gier und den Wunsch nach Einverleibung des Objekts (mütterliche Brust) auszeichne. In dieser Phase entstehen die ersten ‚primitiven' Schuldgefühle, aber auch Angst vor Vernichtung beziehungsweise Strafe. Klein beschreibt den Übergang von einer paranoid-schizoiden Position (bis zum sechsten Lebensmonat) zu einer depressiven Position. Frühe oral-sadistische Vorstellungen bilden für Kristeva im kulturellen Imaginären den Bereich der Abjektion. Bei Derrida begründet Oralität eine Ethik der Gastfreundschaft. In der Literatur – nicht zuletzt präfiguriert durch eine große Anzahl an Mythen und Märchen – ist der Mund einerseits sowohl paranoid-schizoid, zum Beispiel in Moritz' *Anton Reiser*, als auch oral-sadistisch repräsentiert, zum Beispiel in Shakespeares *Titus Andronicus*, Raabes *Stopfkuchen* oder Süskinds *Parfum*. Andererseits bildet der Mund das symbolische Zentrum erotischer Literatur, was nicht selten mit einer Fetischisierung des ausgestellten, etwa stark geschminkten (weiblichen) Mundes einhergeht (→ II.7. GENDER UND QUEER STUDIES). Neben Völlerei und Sauferei prägen vor allem Motive wie Kannibalismus und Vampirismus literarische und filmische Gattungen. Sowohl Mund und Anus als vor allem auch Mund und Auge treten in der Kultur komplementär in Erscheinung – sowohl in ihrer aggressiven als auch in ihrer sublimierten, auf idealisierte Objekte bezogenen Form, zum Beispiel in Eat-Art oder Food-Styling.

Frauke Berndt

Mutter – In der psychoanalytischen Theorie ist die Mutter das erste und wichtigste Liebesobjekt des Kindes, die Mutterbrust das erste Sexualobjekt, nach deren Verlust jede Objektfindung eigentlich eine ‚Wiederfindung' sei, wie Freud annimmt. Als symbolische Position repräsentiert die Mutter Präsenz, Einheit und Körperlichkeit (→ III.3. MEDEA; III.4. ELEKTRA); der auf dem Inzestverbot beharrende Vater hingegen Absenz, Trennung und Sprachlichkeit (→ III.6. ÖDIPUS). Lacan zufolge ist die Trennung von der mütterlichen Präsenz Voraussetzung für das Symbolische. So zeigt er anhand des bereits von Freud beschriebenen Fort-da-Spiels den Zusammenhang von Spracherwerb, Subjektwerdung und Bedeutungskonstitution auf. Ein Kind, das die Abwesenheit seiner Mutter verschmerzen muss, spielt mit seiner Spule an einem Faden: Ist die Spule (das Objekt) da, so wirft sie das Kind fort, und ist sie nicht da, so zieht es sie heran. Dabei artikuliert es die Phoneme ‚o' für ‚fort' und ‚a' für ‚da' und symbolisiert so die Pole von Anwesenheit und Abwesenheit. Im Fort-da-Spiel realisiert das Kind zum einen, nicht eins mit der Mutter zu sein, und ersetzt sie zum anderen durch Sprache. Dem Verlust des ursprünglichen mütterlichen Objekts folgt eine endlose metonymische Verschiebung des Begehrens von Ersatzobjekt zu Ersatzobjekt. Eagleton erkennt darin das Grundmuster und die Voraussetzung literarischen Erzählens: Wenn nichts verloren wäre, gäbe es nichts zu erzählen.

Lily Tonger-Erk

Nachträglichkeit – Nachträglichkeit ist ein Merkmal (fast) jeder in psychoanalytischer Behandlung freigelegten Erinnerung, die unter den gegenwärtigen Bedingungen des Subjekts verändert werden, sodass zuletzt ‚manifester Erinnerungsinhalt' (Vorstellung) und ‚latente Erinnerungsspuren' differieren. Der Grund für eine solche nachträgliche Umarbeitung ist etwa das Erreichen einer neuen (sexuellen) Entwicklungsstufe, die ein anderes Verständnis archaischer Erinnerungsspuren ermöglicht. Erst die Umarbeitung konstituiert dabei den traumatischen Charakter oder Effekt der Erinnerung, wodurch diese zum Gegenstand der Verdrängung wird. Dadurch ist Nachträglichkeit etwa im Rahmen der für Freud bis 1897 zentralen Verführungshypothese eine notwendige Bedingung der Hysterie: Die unbewusste Erinnerung des Kindes an die Verführung wird erst nachträglich in ihrem sexuellen Gehalt erkannt und dadurch zum verdrängten Trauma und Kern der Neurose. Nachträglichkeit ist maßgeblich für die psychoanalytische Konzeption von Wahrheit und Wirklichkeit. Mit ihr verlieren Erinnerungen an empirisch messbarem Wahrheitswert, gewinnen aber an psychischer Bedeutung und Wirksamkeit. Damit ist Nachträglichkeit für die psychische Realität der Modus, in dem die Unterscheidung von empirischer Realität und Phantasie vonstattengeht (→ IV.8. LITERATUR DER ROMANTIK). Mit der Nachträglichkeit kommt deshalb die Fiktionalität sowie die Sensibilität für die (psychische) Realität der Fiktion in den Blick.

Johannes Hees

Narzissmus – Als auf den Ovid'schen Mythos des Jünglings Narziss, der sich in sein eigenes Spiegelbild verliebt, zurückgehenden Begriff bezeichnet in der Psychopathologie des 19. Jahrhunderts erstmals Näcke Narzissmus als Selbstverliebtheit sowie als eine Form des Autoerotismus, in der sich sexuelle Lust auf den eigenen Körper richtet. In der Psychoanalyse verankert Freud den Narzissmus dann als primäre und sekundäre Phase in der Sexualentwicklung des Menschen. Während der primäre Narzissmus die Ausrichtung des kindlichen Begehrens auf das eigene vermeintlich vollkommene Ich vor jeder libidinösen Prägung darstellt, fällt im sekundären Narzissmus die Objektwahl auf das eigene Ich gerade durch die und nach der libidinösen Objektbesetzung. Im Zuge dieser Objektwahl erzeugt das Ich ein Ideal-Ich, auf das es im sekundären Narzissmus sein Begehren richtet. Dieses Ideal-Ich stellt dem Ich einerseits seine begehrte Vollkommenheit aus, andererseits zwingt es das Ich auch, seine eigene Unvollkommenheit anzuerkennen. Lacan erklärt diese Ambiguität von begehrter Vollkommenheit und erlebter Unvollkommenheit in seinem Spiegelstadium zum integralen Bestandteil der Subjektbildung (→ II.4. POSTSTRUKTURALISTISCHE THEORIE). In den Narzissmustheorien von Kohut, Krauß, Ziehe, Battegay und Irigaray ändert sich das Krankheitsbild: Narzissmus rückt vom Kontext der Individualpsychologie in den eines Kulturmusters. Die Narzissmustheorien kommen dabei nicht ohne die Bilder, Szenen und Narrative aus, die insbesondere Literatur und Bildende Kunst zur Verfügung stellen (→ III.8. NARZISS UND ECHO).

David Pister

Negation → VERNEINUNG

Objekt – In der Psychoanalyse ist Objekt ein Begriff der Triebtheorie: Freud unterscheidet zwischen Quelle, Objekt und Ziel des Triebes, das heißt erstens zwischen der somatischen Zone (z. B. in der oralen Phase: dem Mund), zweitens der begehrten Person, Sache oder dem Körperteil (z. B. der Mutterbrust) und drittens der angestrebten Handlung (z. B. Einverleibung). Dieses sogenannte Triebobjekt,

Sexualobjekt oder Partialobjekt ist insofern relativ austauschbar, als es auf seine mechanische Eignung für das Triebziel reduziert wird. Hingegen ist für das sogenannte Liebesobjekt nicht die Relation Trieb/Objekt ausschlaggebend, sondern die Relation Gesamt-Ich/Objekt: Das (psychogenetisch fortgeschrittene) Ich wählt eine andere Person in ihrer Ganzheit zum Liebesobjekt (Objektwahl). Diese Wahl (Objektfindung) ist freilich determiniert durch das infantile Erleben, die Findung des Liebesobjekts gleicht einem Wiederfinden des ersten Objekts, der Mutter, und die Möglichkeiten der ‚Verirrung' (laut Freud eine andauernd inzestuöse, homosexuelle Objektwahl) sind zahlreich. Freud betont ebenso wie später Klein, dass es sich bei den Objekten oftmals um Imagines, um in der Phantasie erstellte und entstellte Bilder realer Objekte handelt, es bei Objektbeziehungen also um psychische Beziehungen geht. Im Phantasieleben des Kindes, so Klein, erscheint das (partiale oder totale) Triebobjekt gespalten in ein ‚gutes Objekt' und ‚böses Objekt', auf die das Kind libidinöse beziehungsweise destruktive Triebe projiziert, um Angst abzuwehren (→ III.7. ANTIGONE).

Lily Tonger-Erk

Ökonomie – Freud unterscheidet zwischen einem dynamischen, einem topischen und einem ökonomischen Aspekt aller psychosexuellen Vorgänge. In ökonomischer Hinsicht werden Triebe als Quantität beschrieben. Solche Triebenergien sind unabhängig von ihrer qualitativen Bestimmtheit frei verschieb- und austauschbar. So werden konkret im Prozess der Verdrängung Triebbesetzungen von den ihnen korrespondierenden Objekten, Vorstellungs- oder Trauminhalten abgelöst und anschließend verschoben, verwandelt und verkehrt; sie werden aber auch verkannt und für das Bewusstsein somit zunichtegemacht. Aufgabe der psychoanalytischen Tätigkeit ist es dann, die unbewussten und für das Symptom ursächlichen Besetzungen zu rekonstruieren. Bei Freud und Lacan zumindest in ihrer Abstammung sexuell markiert, wird die Ökonomie der Libido bei Jung zum Synonym für allgemeine Lebensenergie. Von der ökonomischen Funktionsweise im Psychismus legt unter anderem Freuds der Energetik entliehene Terminologie Rechnung ab (Widerstand, Besetzung, Triebenergie etc.). Die aufgedeckten Mechanismen bieten darüber hinaus einen Anknüpfungspunkt für Semiotik (→ II.1. SEMIOTIK), Rhetorik und Poetik (→ II.2. RHETORIK UND POETIK); insbesondere die postmoderne Literaturtheorie, zum Beispiel Barthes' *Le Plaisir du texte* oder Ecos *Semiotica e filosofia del linguaggio*, greift für Modelle literarischer Bedeutungskonstitution auf die Triebökonomie zurück.

Niklas Schlottmann

Oralität → MUND

Perversion – Krafft-Ebing bestimmt die Perversion in der *Psychopathia Sexualis* als Erregbarkeit des Sexuallebens durch Reize, die sonst mit Unlustgefühlen verbunden sind. Im Rahmen jener klinisch-forensischen Studie, die auch Beispiele aus der Literatur verwendet (→ IV.6. FALLGESCHICHTE), perspektiviert Krafft-Ebing die Perversion mit Blick auf Kriminalität und unterscheidet die Krankheit (Perversion) vom strafwürdigen Laster (Perversität) (→ IV.10. KRIMINALLITERATUR). Freud klassifiziert die Perversionen nach der Abweichung im Hinblick auf das Sexualobjekt und auf das Sexualziel (Handlung). Die frühkindliche Sexualität gilt Freud als polymorph pervers. Erst infolge der psychischen und organischen Entwicklung schränkt sich das Sexualverhalten auf den heterosexuellen Genitalverkehr ein. In dieser Perspektive zeigt die Perversion – bei Freud unter anderem Inversion, Fetischismus, Sadismus und Masochismus – eine Entwicklungshemmung oder eine Regression an. Als Kehrseite der Neurose lebt sie aus, was in der Neurose durch Verdrängung zu Symptomen führt. Freud betont, dass auch der gewöhnlichste Sexualvorgang abweichende Formen der Befriedigung enthält und diese erst dann pathologisch sind, wenn sie die alleinige Form der Befriedigung bilden. Nach Lacan gründet die Perversion in der Verleugnung des mütterlichen Mangels am Phallus und besteht darin, dass sich das Subjekt im Phantasma zum Instrument des Genusses des Anderen macht (→ II.4. POSTSTRUKTURALISTISCHE THEORIE).

Max Roehl

Phallus – Phallus und männliches Genital sind nicht identisch; Letzterer ist ein Organ, Ersterer ein Symbol. In der Kunst- und Kulturgeschichte finden sich allerorten Phallus-Symbole, die zumeist mit Fruchtbarkeit, Macht und Männlichkeit verbunden sind. In der Psychoanalyse ist der Phallus als Symbol und Konzept wichtiger Teil der Theoriebildung. Freud bezeichnet die dritte Phase der kindlichen Sexualentwicklung als phallische Phase, analog zur oralen und analen Phase mit ihrem Vorrang des jeweiligen Partialobjekts. Im Unterschied zur Pubertät spielt hier für beide Geschlechter nur das männliche Genital eine Rolle, weshalb Freud vom ‚Primat des Phallus‘ spricht. Das weibliche Genital wird als ‚Penismangel‘ lediglich negativ bestimmt, wodurch der Kastrationskomplex in Gang gesetzt und der Ödipuskomplex schließlich überwunden wird. Auch für Lacans Verständnis des Ödipuskomplexes ist der Phallus als imaginärer und symbolischer Phallus zentral. Psychopathologische Zustände sind wesentlich dadurch bestimmt, wie sich das Verhältnis zum Phallus gestaltet. Das Kind begehrt das Begehren der Mutter, findet ihr Begehren jedoch auf etwas anderes – den Phallus – gerichtet, weshalb es danach strebt, selbst diese Position innezuhaben. Indem ihm der Vater als imaginärer Rivale von der Mutter vorgezogen wird, weist sich jedoch der Vater als Träger des Phallus’ aus. Durch diese Kastration wird das Subjekt in die symbolische Ordnung eingeführt, zu deren Bedingungen es sich nun situieren und artikulieren muss. Dasjenige am basalen (Liebes-)Anspruch, das sich durch die sprachliche Entfremdung als konkretes Bedürfnis nicht befriedigen lässt, ist das Begehren. Der Phallus ist das Symbol jenes konstitutiven Mangels, das heißt der Distanz zwischen Anspruch und Begehren, die die stetige metonymische Dynamik des Begehrens in Gang setzt. Derrida erkennt in Lacans Privilegierung des Phallus einen phallogozentrischen Transzendentalismus, der ebenso wie das mit ihm verbundene heteronormative Begehren in der Kritik steht (→ II.7. GENDER UND QUEER STUDIES).

Max Roehl

Phantasie (Imagination, Einbildungskraft) – Phantasie (griech. *phantasía*: Erscheinung, Vorstellung, geistiges Bild, Einbildung) und Imagination bezeichnen als weitgehend synonyme Begriffe das Vermögen, innere Bilder zu erzeugen. Wird Imagination im 18. Jahrhundert zum produktiven Vermögen der Einbildungskraft im Kontext von Psychologie, Ästhetik und Poetik aufgewertet, so wird mit dem Begriff der Phantasie das Diffuse, Ausufernde, mithin Pathologische der Vorstellungstätigkeit betont. In seiner Fallstudie zu Anna O. nennt Breuer als eine der Dispositionen zur Hysterie die fortwährende Phantasietätigkeit, die im Überschuss von psychischer Energie gründet (→ IV.6. FALLGESCHICHTE). Der zunächst nicht pathologische Hang zu ausführlichen Tagträumen schlägt durch einen Angstaffekt in halluzinatorische Zustände bis hin zum sogenannten *double conscience* um. Freud rückt die Phantasie als Medium des Lustprinzips nach der Einsetzung des Realitätsprinzips nicht nur ins Zentrum des psychischen Geschehens, sondern auch seiner Dichtungstheorie. In der Phantasie können unbefriedigte – ehrgeizige oder erotische – Wünsche angesichts einer von Versagung und Frustration geprägten gesellschaftlichen Wirklichkeit zum Ausdruck kommen. So ist dem Erwachsenen der Tagtraum das Surrogat des kindlichen Spiels, das jedoch aufgrund von Schamgefühlen nach innen verlegt wurde. In der Literatur können Phantasien durch die ästhetische Qualität und die Verkleidung ihrer Egozentrik öffentlich dargestellt werden. Ob das Phantasieren pathologisch ist und die Bildung von Neurosen und Psychosen begünstigt, hängt dabei nicht allein von seinem Ausmaß ab, sondern auch vom fehlenden Sinn der Unterscheidung von Phantasie und Wirklichkeit. So zeigt etwa Goethe in seinem Schauspiel *Torquato Tasso*, wie sich die übermäßige Einbildungskraft des melancholischen Helden mit der Paranoia verknüpft. Darüber hinaus bildet die Literatur eine Reihe phantastischer Genres aus, wie etwa E. T. A. Hoffmanns *Fantasiestücke in Callot's Manier* (→ IV.8. LITERATUR DER ROMANTIK).

Max Roehl

Projektion – Mit dem Begriff der Projektion bezeichnet Freud einen Abwehrme-chanismus, bei dem innere Vorgänge, die Unlust erzeugen, anderen Personen oder Objekten in der Außenwelt zugeschrieben werden. So können sich zum Bei-spiel Selbstvorwürfe als Vorwürfe gegenüber anderen Personen zeigen. Auf diese Weise verschleiert die Projektion die Herkunft eigener Gefühle oder Wünsche. Neben der Bedeutung, die ihr allgemein im psychischen Geschehen zukommt, spielt sie außerdem als ein Symptom eine Rolle: Sie ist einerseits Symptom der hysterischen Phobie, bei der eine äußere Gefahr an die Stelle eines inneren Trieb-anspruchs tritt und als solche vermieden wird, sowie andererseits der Paranoia, bei der sich unterdrückte Libido als bedrohlicher Hass von außen manifestiert. Furcht wird damit zum Preis der Abwehr durch Projektion. In der Literatur ist die Veräußerlichung innerer Vorgänge ein bedeutendes Darstellungsmittel und findet sich etwa in der Figur des Doppelgängers (→ IV.9. LITERATUR – FILM: DOPPELGÄNGER), die auch Freud im Rahmen seiner Theorie des Unheimlichen behandelt (→ IV.8. LITERATUR DER ROMANTIK). In seiner Kulturtheorie führt Freud schließlich auch den Glauben an Dämonen und Geister auf die Projektion von Gefühlsregungen zurück (→ II.5. KULTURTHEORIE). So kann die eigene unter-drückte Feindseligkeit gegen einen Verstorbenen als dämonische Gefahr von außen empfunden werden.

Max Roehl

Rätsel (Rebus) – Das Rätsel – Freud nennt es Rebus – kann als ein ästhetisches Modell der epistemologischen und hermeneutischen Grundstrukturen der Psy-choanalyse gelesen werden (→ II.2. RHETORIK UND POETIK). In der *Traumdeutung* führt es Freud als den zentralen Darstellungs- und Existenzmodus des Traums und damit zuletzt als eine wichtige Struktur psychischer Phänomene insgesamt ein. Der manifeste Trauminhalt ist ein Rebus, das heißt eine Anordnung von Bildern, die es aber nicht in ihrer Bildlichkeit zu betrachten, sondern auf eine assoziativ mit ihnen verknüpfte und sprachlich fassbare Bedeutung – die laten-ten Traumgedanken – hin zu durchdringen gilt (→ II.1. SEMIOTIK). Als Chiffre für Freuds Begriff der Traumarbeit macht das Rebus damit auf Freuds ,szien-tistisches Missverständnis' (Habermas) aufmerksam, weil die Beschreibung des Traums als Rebus die Inkommensurabilität seiner ästhetischen Dimension immer schon voraussetzt. Als ,Tiefenhermeneutik' (Lorenzer) befindet sich die Psychoanalyse immer auf der katabatischen Spur von Geheimnissen des Indivi-duums. Sie partizipiert damit an Suchbewegungen durch die Welt der Bilder und Bedeutungen, welche die Literatur paradigmatisch entwirft, prominent etwa in den romantischen Varianten des Bildungsromans wie Novalis' *Heinrich von Ofter-dingen* (→ IV.8. LITERATUR DER ROMANTIK) oder Kafkas rätselhaften Romanen (→ IV.11. LITERATUR DER MODERNE). Die am Modell des Rätsels exemplifizierte

‚Ästhetik des Psychischen' wird insbesondere durch ästhetische Praktiken von Dadaismus, Surrealismus oder Expressionismus imitiert.

Johannes Hees

Das Reale – Von der Realität, wie sie im Anschluss an Freud in der Psychoanalyse verstanden wird, unterscheidet Lacan das sogenannte Reale. Es bildet neben dem Imaginären und dem Symbolischen die dritte Position in der Trias, die das Fundament der Lacan'schen Psychoanalyse ausmacht. Wie die beiden anderen Begriffe auch bezeichnet das Reale eine psychische Struktur, die allerdings im Verhältnis zum Imaginären und zum Symbolischen keinen bloßen Rest darstellt, obwohl es unfassbar, undenkbar, unmöglich und vor allem unsagbar ist. Vielmehr bestimmt Lacan das Reale als das, was sich der Symbolisierung (und Imagination) entzieht, ja als Widerstand gegen das Symbolische gewissermaßen einen Schnitt (*coupure*) im Symbolischen darstellt. Insofern schließt es an Phänomene an, die Freud mit anderen Begriffen beschreibt: Wiederholungszwang, Traum und Trauma. Lacan ordnet das Reale der Sexualität (*jouissance*), der Gewalt und dem Tod zu. Žižek findet das Reale in Popkultur und Film, etwa Hitchcocks *The Birds*; dort sind weniger die Vögel als der mit ihnen einhergehende Horror ‚real'. Deshalb ist das Reale in der Literatur einerseits an die Gattungen anschlussfähig, in denen Sex, Gewalt, Tod beziehungsweise das Unheimliche überhaupt eine Rolle spielen, insbesondere in der romantischen Literatur (→ IV.8. LITERATUR DER ROMANTIK) sowie den historischen Avantgarden (→ IV.11. LITERATUR DER MODERNE). In systematischer Hinsicht bricht es immer genau dort ein, wo weder das Symbolische noch das Imaginäre walten: ‚Real' ist die Präsenz der sprachlichen Materialität in der Repräsentation (Klang, Reim, Metrum und Rhythmus). ‚Real' ist aber auch das Inkommensurable an den Figuren und Tropen – das Unangemessene, Unpassende, Schräge, Überbordende, das auf eigene Rechnung wirtschaftet –, die genau deshalb keine Substitutionsfiguren, das heißt ‚uneigentliche' Ausdrücke für etwas sind, was man auch ‚eigentlich' sagen könnte.

Frauke Berndt

Realität – Die Psychoanalyse unterscheidet zwischen materieller und psychischer Realität. Während der Gehalt an materieller Realität der für die Psychoanalyse interessanten psychischen Phänomene (unbewusste Erinnerungen, Wünsche, Phantasien) – ihre Referenz – oft unbestimmbar bleibt, ist ihre psychische Wirksamkeit und Realität nicht zu bestreiten. Mehr noch: Die psychologischen Paradigmen der Neurose und der Psychose zeugen geradezu von einem Primat der psychischen Realität und sind damit gewissermaßen als ‚Realitätsprobleme' bestimmbar (→ III.10. DER FÜRST): Im Fall von Neurose und Psychose ‚überschreibt' die psychische Realität die materielle, das heißt, verbotene Triebregungen werden verdrängt und erzeugen dadurch eine psychische Realität, eben die ‚Welt der Neurosen und Psychosen' mit ihren Ersatzwünschen und -trieben oder gar Halluzinationen. Die psychische Realität wird damit als Kategorie eigenen Rechts eingesetzt, die nicht auf die ontologische oder empirische Verankerung in einer materiellen Realität angewiesen ist. Psychische Realität ist als fiktionaler Existenzmodus konzeptualisiert; damit rücken einmal mehr literaturaffine Konzepte ins Zentrum der psychoanalytischen Begriffsbildung. In der Literatur bestimmt der Realitätsbegriff das lange 19. Jahrhundert. Auch hier markiert er in den epochalen Ausprägungen des europäischen Realismus und Naturalismus keine Abbildung der Wirklichkeit, sondern die ästhetische Modellierung von Realitäten, sodass Realität und Fiktionalität in den entsprechenden poetologischen Konzepten zusammenfallen. Der Realitätsbegriff, der den großen Romanen dieser Zeit zugrunde liegt, trennt die fiktionalen ‚Textwelten' von der realen Welt (Keller, Fontane, Zola).

Johannes Hees

Rebus → Rätsel

Regression – Freud verwendet den Begriff der Regression zunächst, um einen bestimmten Aspekt der Traumarbeit zu bezeichnen. Anders als der gewöhnliche psychische Vorgang, der von der Wahrnehmung zum Vorbewussten führt, durchschreitet der Traum den psychischen Apparat rückwärts von den Gedanken hin zu den Wahrnehmungen und erhält somit regredierenden Charakter. Bereits in der *Traumdeutung* weist Freud darauf hin, dass die bildhaften Vorstellungen bei Hysterie und Paranoia verdrängte und unter dem Einfluss der Zensur in Bilder verwandelte Gedanken sind, die meist mit einer infantilen Erinnerung in Verbindung stehen. Von besonderer Bedeutung für die Symptombildung ist die Regression auch im Rahmen der Triebtheorie. Eine Regression tritt hier ein, wenn sich die Libido aufgrund der äußeren Versagung sexueller Befriedigung jenen früheren Sexualobjekten zuwendet, die Gegenstand einer Fixierung waren, oder wenn sie auf eine frühe Stufe der gesamten Sexualorganisation zurückfällt. Wird diese regressive Strebung ausgelebt, entsteht nach Freud eine Perversion, wird sie verdrängt eine Neurose. So steht etwa die Zwangsneurose in einem Zusammenhang mit der Regression auf die sadistisch-anale Sexualorganisation. In der Literatur können solche Regressionen dargestellt werden. So inszenieren auch moderne Mythenverarbeitungen etwa die Regression auf die dyadische Mutter-Kind-Beziehung (→ III.3. Medea; III.4. Elektra; III.6. Ödipus).

Max Roehl

Repräsentation (Repräsentanz) – Der Begriff der Repräsentation entstammt der Triebtheorie und verweist auf die Rolle von mentalen Vorstellungen sowie Affekten, die Freud als psychische Umsetzungen von Trieben auffasst. Repräsentation bezeichnet also die Art und Weise seiner psychischen Erscheinungsweise sowie psychologischen Konzeptualisierung. Die Repräsentation eines Triebes umfasst dabei zwei Komponenten: die Vorstellungsrepräsentanz (Ausdruck des Triebs in libidinös besetzten Vorstellungen, Phantasien, Bildern, Gedanken) und das Affektquantum (Ausdruck der Triebquantität in Affekten). Letztlich ist diese sogenannte Triebrepräsentanz ein Mechanismus zur psychischen ‚Aushandlung‘ von Trieben: In Form von Vorstellungen können Triebe verdrängt oder verschoben, in Form von Affekten unterdrückt werden. Strukturell betrachtet verschaltet die Repräsentation Physiologie mit Psychologie im Theoriegebäude der Psychoanalyse. Als Projektionen des Somatischen sind Repräsentationen die Medien des Seelenlebens. Das Konzept der Triebrepräsentanz macht die Triebtheorie damit zu einer hybriden Unternehmung: Das Studium von Trieben erfordert die empirische, physiologische Untersuchung ihrer somatischen Quellen ebenso wie die hermeneutische, fast ikonographische Interpretation ihrer Repräsentationen (→ II.1. SEMIOTIK).

Johannes Hees

Sadismus – Als Perversion, die Lust an das Zufügen von körperlichen oder seelischen Schmerzen, das heißt, Lust an das Leid anderer koppelt, benennt Krafft-Ebing die sexuellen Praktiken nach dem Schriftsteller Marquis de Sade, der das Phänomen in seinen Romanen inszeniert (→ IV.6. FALLGESCHICHTE). Auf der Grundlage seiner dualistischen Triebökonomie basiert Sadismus nach Freud auf einer Triebentmischung, die von einem dominanten, eine tyrannische Vaterimago erzeugenden Über-Ich abhängt. Im Sadismus tritt der Todestrieb in Erscheinung. Aufgrund seiner paranoid-schizoiden Züge löst Klein den Sadismus aus dem sexuellen Kontext und betont den Aspekt des Todestriebes. Ich-Psychologen unterscheiden zwischen Sadismus (mit sexueller Konnotation) und Aggression (ohne sexuelle Konnotation). Glaser vertritt die Vorstellung, Sadismus schütze durch seinen hohen Grad an Ritualisierung vor der rein destruktiven Form der Aggression. Dass der Sadismus Selbstwert und Identität in Reaktion auf erlittene Traumata stabilisiert (→ IV.13. TRAUMALITERATUR), betonen Selbstpsychologen, während die britische Objektbeziehungsschule ihn für eine Aktivierung grausamer Objektrepräsentanzen hält, die mit dem Gefühl von Allmacht in der projektiven Identifikation einhergeht. Mit Evolutionsbiologie, Soziobiologie und Verhaltensökologie rückt die sexuelle Funktion des Sadismus in den Hintergrund, die kulturelle in den Vordergrund (→ II.5. KULTURTHEORIE). Vor allem Literatur und

Kunst inszenieren und reflektieren die ethischen und ästhetischen Dimensionen des Sadismus, der das kulturelle Imaginäre speist.

Frauke Berndt

Schizophrenie – Systematisch hat sich die Schizophrenie im Laufe des 20. Jahrhunderts in der psychoanalytischen und psychiatrischen Diagnostik neben der Paranoia und der manisch-depressiven Variante als eine der drei Hauptformen in der Gruppe der Psychosen durchgesetzt. Im öffentlichen Diskurs gilt sie bis heute, ähnlich wie zuvor die Hysterie, als Sinnbild des Wahnsinns und ist deshalb als Motiv in der modernen Literatur omnipräsent – seit dem 19. Jahrhundert bereits in Novellen wie Hauptmanns *Bahnwärter Thiel*, später dann vor allem in Erzählungen und Romanen des Expressionismus (→ IV.6. FALLGESCHICHTE). Ausgehend von der *dementia praecox* im Sinne Kraepelins ist es Bleuler, der sie im Jahr 1911 terminologisch als Erster auf den Begriff bringt. Ihre Symptomatik zeichnet sich durch Delirien, Autismus sowie vor allem durch eine Zusammenhanglosigkeit im Denken, Affekthaushalt, sprachlichen Ausdruck und Handeln aus – jene Inkonsistenzen, auf welche die Namen gebende Spaltung (*schizein*) rekurriert. Dabei handelt es sich bei der Schizophrenie um das Extrem eines Kontinuums, auf dem schizoides Denken, Erleben und Verhalten gemäß ihrer Ausprägung skaliert werden. In der postfreudianischen Psychoanalyse erfährt der schizoide Modus eine gewisse Entpathologisierung, ja Aufwertung. Klein setzt eine schizoid-paranoide Position als ,normale' und zu überwindende Situation des Kleinkindes voraus. Deleuze und Guattari leiten von Schizophrenen das Verfahren ihrer Wunschmaschinen ab, die sie als Widerstand gegen das einengende Paradigma des Ödipuskomplexes starkmachen (→ III.6. ÖDIPUS). Eine solche Wunschmaschine ahmt etwa Heiner Müller mit der postmodernen *Hamletmaschine* nach (→ III.9. HAMLET).

Stefan Breitrück

Spur – Mit dem Begriff der Spur verbinden sich zwei theoretische Konzepte, die für die wissensgeschichtliche Situierung der Psychoanalyse und ihre Rezeption von Bedeutung sind: erstens das epistemologische Indizienparadigma, das um 1900 Kultur- und Humanwissenschaften dominiert; zweitens die von Derrida formulierte These, dass Freuds Theorie des psychischen Apparats einem Modell der Graphie aufsitzt. Ginzburg hat rekonstruiert, wie seit den 1870er Jahren ein zunächst in der medizinischen Semiotik virulentes Paradigma der Spurensicherung in Kunstgeschichte, Kriminalistik, Anthropometrie, allgemeiner Semiotik und schließlich auch Psychoanalyse eingegangen ist (→ II.1. SEMIOTIK). Die hauptsächliche epistemische Leistung dieser Expansion besteht darin, Artikulationen kultureller Zeichensysteme so lesbar (d. h. zum Gegenstand abduktiven

Schließens) machen zu können, als wären sie unwillkürliche, natürliche Zeichen mit indexikalischem Status – so etwa in Freuds Analyse der sprachbezogenen Fehlleistungen. Derrida nimmt auf das in Freuds *Entwurf einer Psychologie* zentrale Konzept der Bahnung Bezug, um dort mit der Spur die erste graphisch-grammatologische Begriffsbildung im psychoanalytischen Theoriegebäude auszumachen. Materialität einer Einschreibung und Iterabilität sind dabei die einschlägigen Kriterien einer generalisierten Graphie, die auch nach den Anfängen der Psychoanalyse in verschiedenen Theoriekonstellationen wiederaufgenommen werden; in Freuds Œuvre zuletzt im Modell des ‚Wunderblocks‘. Pragmatisch verbindet sich damit eine Fokussierung des scheinbar bedeutungslosen, nebensächlichen Details, wie sie in einer Literaturgeschichte des Spurenlesens längst verbürgt ist – insbesondere in den Gattungen der Kriminalliteratur seit dem 18. Jahrhundert (→ IV.10. KRIMINALLITERATUR).

Stephan Kammer

Sublimierung – Nietzsche etabliert Sublimierung als psychologischen Terminus, um Prozesse kultureller Verfeinerung und Ritualisierung zu beschreiben, zum Beispiel Kampfspiele als Sublimierung sozialer Konflikte. Bei Nietzsche dient der Begriff dem Aufweis verborgener Spuren von Grausamkeit, Rache und Macht, Altruismus etwa als Sublimierung egoistischen Lustgewinns. Bei Freud bezeichnet Sublimierung die Fähigkeit, das Objekt des Triebes zu wechseln: Substitution und Ablenkung. Sublimierung, über der stets der Schatten des Surrogates hängt, avanciert zum Schlüsselbegriff der Kulturtheorie, da nicht nur ein Liebesobjekt durch ein anderes ersetzt wird, sondern Sublimierung als Affekt-Management die Fähigkeit bezeichnet, auch andere, ‚höhere‘ Objekte libidinös zu besetzen. Kultur ist das Resultat von Sublimierung (→ II.5. KULTURTHEORIE). Da die Architektur aus Sublimierung chronisch instabil bleibt, muss sie durch ein System sanktionsfähiger Institutionen, die ihrerseits auskristallisierte Sublimierung sind, gesichert werden. Im späteren Werk Freuds ist eine Verhärtung des Begriffs der Sublimierung zu beobachten. Seit dem Ersten Weltkrieg ist Sublimierung nicht mehr der psychoanalytische Begriff einer Liebe zur Theorie. Sublimierung fällt zunehmend mit dem Postulat der ‚notwendigen Triebunterdrückung‘ zusammen.

Eckart Goebel

Symbol (Symbolisierung) – Die massiven Bedeutungsänderungen und -verlagerungen sowie die Inkonsistenzen der Begriffsverwendung schon in Freuds Œuvre machen eine konzise Bestimmung des Symbolbegriffs unmöglich, die über dessen im Wesentlichen repräsentationslogischen Zeichencharakter hinausgeht. Freud zieht den Terminus heran (1.) in der Traumatheorie der frühen Hysterieschriften, wo das Symptom als Erinnerungssymbol der traumatisierenden Ereignisse und

Erlebnisse bezeichnet wird; (2.) für eine genuin sprachbezogene Ersatzbildung, die beispielsweise metaphorische Wendungen wörtlich nimmt und inkorporiert (*Symbolisierung*); (3.) für eine von ihm verworfene Deutungspraxis, die den unverständlichen Trauminhalt als Ganzes in eine ‚analogische' Bedeutung überführt (symbolische Deutung); (4.) für einzelne Traumbestandteile mit überindividueller, ja universeller Bedeutung, die gleichsam als Fertigelemente ins Syntagma des Traumtexts übernommen werden und an denen die Assoziationstätigkeit bei der Deutung blockiert wird (Traumsymbole). Zu dieser heterogenen Verwendung, die auch nicht auf eine einheitliche begriffliche Grundlage zurückgeführt werden kann, kommt die Funktion des Symbolbegriffs in der Geschichte der psychoanalytischen Bewegung und ihrer Spaltungen: Er dient geradezu als Katalysator, an dem die Strategien von Orthodoxie und Abweichung ausgehandelt werden (Silberer, Jones, Jung; → II.1. SEMIOTIK).

Stephan Kammer

Das Symbolische – Von den repräsentationsbezogenen Verwendungsweisen der ‚klassischen' Psychoanalyse und ihrer Abspaltungen unterscheidet sich Lacans Begriff des Symbolischen, der streng strukturbezogen sprachliche beziehungsweise sprachanaloge Ordnungsgefüge nach der Bauweise von Saussures *langue* begreift: Das Symbolische ist der Signifikant (→ II.1. SEMIOTIK). Neben dem Imaginären und dem Realen ist es die dritte Position in der Trias, die das Fundament der Lacan'schen Psychoanalyse bildet (→ II.4. POSTSTRUKTURALISTISCHE THEORIE); vielleicht insofern die Dominante als das Imaginäre symbolisch überbildet und das Reale auf das Symbolische bezogen ist. Allerdings institutionalisiert das Symbolische keine stabile ‚symbolische Ordnung', sondern verbindet in einer paradoxalen Struktur Ordnung mit Unordnung sowohl innerhalb des ödipalen Dreiecks als auch in den Sphären der politischen und juristischen Macht (Gesetz) oder der Ökonomie – und zwar im ‚Namen-des-Vaters' (*nom-du-père*). Denn die Genese buchstabiert Lacan entwicklungspsychologisch aus: In dem Augenblick, in dem das Subjekt in die Sprache eintritt, entsteht – mit ihr – das Unbewusste, das wie die Sprache strukturiert, das heißt, metonymisch (Wort für Wort) und metaphorisch (ein Wort für ein anderes) verfährt (→ II.2. RHETORIK UND POETIK). Die erste Besetzung des Symbolischen erfolgt eigentlich durch die Mutter, auch wenn es im Lacan'schen Narrativ schließlich der Vater ist, der das Kind sowohl der Sprache als auch der symbolischen Ordnung unterwirft, nachdem er die Mutter-Kind-Dyade trianguliert hat (*non-du-père*). Mit dieser Sprache des Anderen entsteht gleichzeitig das Begehren des Anderen, das den Mangel der Sprache ebenso ausstellt, wie imaginär auszugleichen trachtet – nicht nur in Träumen, Fehlleistungen und Symptomen, sondern insbesondere in literarischen Texten. Einerseits steht also Literatur im Dienst einer permanenten Wunscherfüllung im

Spannungsfeld von Symbolischem, Imaginärem und Realem. Andererseits kann das Symbolische – auf inhaltlicher Ebene – in der Literatur thematisch werden, in Texten, in denen die symbolische Ordnung inszeniert wird, geradezu emblematisch etwa in Kafkas Parabel *Vor dem Gesetz*.

Stephan Kammer

Thanatos – Der Begriff (griech. *thanatos*: Tod) steht seit Freuds zweiter und letzter Triebtheorie in *Jenseits des Lustprinzips* komplementär zu den mit Eros bezeichneten Lebenstrieben für den sogenannten Todestrieb. Als eine neue Art von Trieb, die nicht dem Lustprinzip untersteht, zeichnet sich der Todestrieb durch einen regressiven Charakter aus, der sich in der zwanghaften Wiederholung, der psychischen Reproduktion von qualvollen, traumatischen Ereignissen, niederschlägt. Mit der Rückführung des Organismus in einen anorganischen Zustand strebt der Todestrieb letztlich nach der endgültigen Aufhebung aller Spannungen und Triebreize (→ IV.1. TRAGÖDIE). Gegen die Objekte der Außenwelt gerichtet erscheint er als Aggression; libidinös gebunden schlägt sich sein aggressives Potenzial als Sadismus und Masochismus nieder. Eros und Thanatos kommt paradigmatische Bedeutung in der Beziehung von Literatur und Psychoanalyse zu. Brooks führt sie mit den grundlegenden Strukturen literarischer Texte eng: Metapher, Metonymie und Wiederholung (→ II.2. RHETORIK UND POETIK). Mit dem schon auf rhetorischer Ebene fundamentalen Prinzip der zergliedernden, reihenbildenden und damit zunächst die Figur der Metonymie beschreibenden Wiederholung wirkt im literarischen Text der Todestrieb. Zugleich aber erzeugt die Wiederholung einen dem Eros und der Metapher entsprechenden Kohäsionseffekt: Die Elemente des literarischen Texts werden zu komplexen Einheiten (Handlung, Plot) verschaltet, nur um auf diesem Weg das finale Ziel der Handlungsauflösung, das heißt, den Tod herbeizuführen. Die paradoxal aufeinander bezogenen Pole der Freud'schen Triebtheorie und die fundamentalen Prinzipien des literarischen Textes reflektieren einander also gegenseitig.

Johannes Hees

Topik (Bewusstsein – Vorbewusstes – Unbewusstes) – In der *Traumdeutung* entwirft Freud zur Erläuterung der Traumvorgänge eine psychische Topik des seelischen Apparats, die drei Systeme verbindet: Bewusstsein, Vorbewusstes und Unbewusstes. Dabei geht es ihm nicht um deren anatomische Lokalisierung, sondern vor allem um die zeitliche Folge der Systeme, die ein psychischer Akt durchläuft. Die Aufnahme einer Wahrnehmung hinterlässt zunächst eine Erinnerungsspur im System des Unbewussten (Ubw). Unbewusste Vorgänge entfalten eine starke Wirkung, sind jedoch lediglich aus ihren Effekten auf die anderen psychischen Systeme oder auf den Körper abzulesen. Um ins Bewusstsein zu dringen, muss die Spur nun das System des Vorbewussten (Vbw) durchlaufen, wobei sie unter dem Einfluss der (Widerstands-)Zensur abgeändert wird oder gar von ihrer Bewusstwerdung abgehalten, also verdrängt werden kann (→ II.8. MEDIENTHE-ORIE). Der Übergang von dem einen in das andere System vollzieht sich durch einen Wandel der Besetzung. Ist eine Vorstellung bereits vorbewusst, das heißt bewusstseinsfähig, so kann sie durch die Aufwendung einer gewissen Aufmerksamkeit, also durch eine Überbesetzung, bewusst werden. Die Traumbildung durchschreitet diese psychische Topik regressiv von den unbewussten Gedanken zu den wahrnehmbaren Traumbildern. Dieses topische Modell liegt quer zum späteren Instanzen-Modell, sind doch sowohl das Es als auch Anteile des Über-Ichs und des Ichs unbewusst.

Max Roehl

Trauer – In *Trauer und Melancholie* bestimmt Freud Trauer im Gegensatz zur Melancholie als nicht behandlungsbedürftigen ‚Normalaffekt‘, der sich als Reaktion auf den Realverlust eines geliebten Objekts (i. d. R. einer Person, ggf. eines an deren Stelle gerückten Abstraktums) einstellt. Die Trauer absorbiert zunächst alle Energien des Ichs, was unter anderem zu Desinteresse an der Außenwelt sowie zu Liebes- und Arbeitsunfähigkeit führen kann. Im Prozess der Trauerarbeit akzeptiert das Ich schrittweise den Verlust des Objekts. Die gebundene Libido wird sukzessive von diesem abgezogen und für andere Besetzungen zur Verfügung gestellt. Als pathologische Varianten der Trauer gelten gegenwärtig die ausbleibende sowie die chronische Trauer. Ausbleibende Trauer wird in der Objektbeziehungstheorie als Indiz für ein Fehlen/Verlorenbleiben guter innerer Objekte (d. h. intrapsychischer Repräsentanzen äußerer Bezugsobjekte) gewertet (Klein); chronische Trauer resultiert der Bindungstheorie zufolge aus unverarbeiteten früheren Verlusten oder Traumata. In selbstpsychologischer Perspektive steht die narzisstische Verletzung, die der Objektverlust mit sich bringt, im Zentrum; die Ich-Psychologie fokussiert die die pathologische Trauer auszeichnende Hilf- und Hoffnungslosigkeit. Kulturgeschichtlich stiften die Mythen um Orpheus, Elektra, Antigone oder Niobe Modelle des Trauerns (→ III.4. ELEKTRA; III.7. ANTIGONE). Die bevorzugte literarische Gattung der Trauer ist die Elegie; nach Schiller betrauert die elegische Dichtung den modernen Verlust antiker Einheit. Das Trauerspiel steht seit seinen Ursprüngen in der antiken Tragödie im Zeichen einer Arbeit am Affekt, nicht aber einer Trauerarbeit im engen Sinn (→ IV.1. TRAGÖDIE). In der Exil- und Nachkriegsliteratur ist das Verhältnis von Erinnerungs- und Trauerarbeit zentral und äußert sich als Trauerpostulat, Trauervermeidung oder Unfähigkeit zur Trauer im Sinne Mitscherlichs (→ IV.14. NACHKRIEGSLITERATUR).

Julia Kerscher

Traum – In der Literatur stehen Träume seit der Antike in der Nähe zu Weissagung, Offenbarung und Vision. Sie haben prophetischen oder warnenden Charakter und können als Übermittler höheren Wissens und göttlicher Aufträge fungieren. Dabei stehen sie jedoch gerade aufgrund ihrer üblichen Wahrheitsfunktion immer auch im Verdacht zu täuschen oder durch (Fehl-)Deutungen fehlzuleiten. Insbesondere in der Romantik ist der Traum auch Symbol der Poesie (→ IV.8. LITERATUR DER ROMANTIK). Freud bestimmt die Deutung von Träumen als *via regia* zum Unbewussten. Ihm zufolge stellt der Traum eine Wunscherfüllung dar, die unter dem Einfluss der Zensur mittels gewisser Darstellungsmittel – unter anderem Verschiebung und Verdichtung sowie Verbildlichung – entstellt wird. Angereichert mit weiteren Traumquellen, zum Beispiel aktuellen Tagesresten entsteht auf diesem Weg ein Bilderrätsel (Rebus), aus dem die Traumdeutung wiederum den zugrunde liegenden Wunsch zu rekonstruieren sucht. Jung beschreibt den Traum als eine spontane, unwillkürliche psychische Tätigkeit, die gleichsam ein objektives Naturprodukt der Psyche darstellt und damit den psychischen Lebensprozess selbst abzubilden imstande ist. Aus dieser Perspektive eröffnen Träume – ebenso wie Phantasien, Mythen und Märchen – Zugang zu den Archetypen, den universalen Formen des kollektiven Unbewussten (→ IV.12. TRAUMLITERATUR).

Max Roehl

Trauma – Der aus der Medizin entlehnte Begriff bezeichnet ursprünglich eine durch äußerliche Einwirkung erfolgte körperliche Verletzung (griech. *trauma*: Wunde). In der Psychoanalyse werden damit ein einzelnes oder mehrere sich in ihrer Wirkung verstärkende Ereignisse bezeichnet, deren Intensität vom psychischen Apparat nicht verarbeitet werden kann. Freud selbst fasst das Trauma als einen überwältigenden Reizzuwachs, der eine bleibende Störung im seelischen Energiehaushalt zur Folge hat. Als eine Art Fremdkörper im Seelenleben hat das Trauma auf die psychische Organisation des Individuums dauernden Einfluss und äußert sich wiederkehrend in Träumen, Halluzinationen oder Flashbacks. Das Vergangene kann nicht als Vergangenes verstanden werden, es bricht in die Gegenwart des Individuums ein. Gleichzeitig entzieht sich das Ereignis selbst der Rekonstruktion beziehungsweise der Verarbeitung, sodass der Eindruck einer Erinnerungslücke entsteht, die das Individuum narrativ zu schließen versucht, ohne dabei zu einer kohärenten Erzählung gelangen zu können. In Bezug auf die Genese eines Traumas etabliert Freud, der das Trauma zunächst im Bereich der infantilen Sexualität verortet und erst später auf andere Bereiche ausweitet, ein zweistufiges Modell: Demnach löst nicht das Ereignis selbst das Trauma aus, vielmehr ruft eine oftmals viele Jahre später erfolgende Assoziation das Ereignis wach und konstituiert dadurch nachträglich das Trauma. Die kultur- und literaturwissenschaftliche Forschung hat sich – vor allem im Anschluss an Caruth – mit der

Frage beschäftigt, inwiefern das Trauma, das sich *qua definitionem* der Versprachlichung entzieht, literarisch artikuliert werden kann. Ein Beispiel dafür ist Kleists Erzählung *Die Marquise von O...*, in der das Trauma der Vergewaltigung durch einen Bindestrich ersetzt wird. Diskutiert wurde weiterhin, inwiefern das Trauma, das eigentlich individualpsychologisch konzipiert ist, als eine kollektive Erfahrung gedacht werden kann; vor allem Arbeiten zur literarischen Verhandlung der Shoah haben sich hiermit auseinandergesetzt (→ IV.13. TRAUMALITERATUR).

Thomas Wortmann

Traumarbeit (Verschiebung – Verdichtung) – In der *Traumdeutung* bestimmt Freud Verschiebung und Verdichtung als die zwei wichtigsten Vorgänge der Traumarbeit, die den latenten Traumgedanken, der grob gesprochen eine Wunscherfüllung bildet, unter dem Einfluss der Zensur und unter Rücksicht auf Darstellbarkeit in den manifesten Trauminhalt umwandelt (→ II.2. RHETORIK UND POETIK). Verschiebung und Verdichtung stellen damit die Übersetzung der Sprache des Traumgedankens in eine Bilderschrift dar (Rebus); ein Prozess, den die Psychoanalyse mittels Traumdeutung rückwärts zu durchschreiten sucht. Verdichtung bezeichnet die Darstellung mehrerer Traumgedanken durch ein Element des Trauminhalts sowie die mehrfache Repräsentation eines Traumgedankens im Trauminhalt (→ II.1. SEMIOTIK). Verschiebung meint, dass die zentralen Traumgedanken im manifesten Traum eher nebensächlich erscheinen und umgekehrt. Denselben Prinzipien gehorcht nach Freud auch der Witz, unterschieden nach Wort- und Gedankenwitz (→ IV.7. WITZ). Lacan identifiziert die beiden Prinzipien der Traumarbeit mit Tropen der Rhetorik: die Verdichtung mit der Metapher und die Verschiebung mit der Metonymie. Der Traum erhält damit den Charakter einer Sprache, werden Metapher und Metonymie doch bei Jakobson mit den sprachlichen Grundoperationen der Selektion und Kombination eng geführt. Nach Jakobson zeichnet sich die Literatur der Romantik und des Symbolismus durch den metaphorischen (Similarität), diejenige des Realismus durch den metonymischen (Kontiguität) Weg der Gedankenverknüpfung aus.

Max Roehl

Triade – In der Psychoanalyse spielen wie in anderen metapsychologischen Modellen Strukturen eine entscheidende Rolle. Die Triade (griech. *triás*: Dreiheit) ist eine dreistellige Struktur; ihre Matrix findet Freud im Ödipus-Mythos (→ III.6. ÖDIPUS). Dort bilden die Beziehungen zwischen dem (männlichen) Kind, seiner Mutter und seinem Vater das Familiendreieck. Es ist der Schauplatz des ödipalen Dramas: Begehren nach der Mutter (Inzest), Kastrationsdrohung, Identifikation mit dem Vater. Diese sexuelle Orientierung findet in Freuds Entwicklungspsychologie in der phallischen beziehungsweise ödipalen Phase, also nach der oralen und der analen ab dem vierten Lebensjahr statt. In der unter anderem von Minuchin und später Bowen entwickelten systemischen Familientheorie dient der Begriff dazu, dynamische Vorgänge in Familien und anderen Beziehungskonstellationen zu beschreiben. Sowohl bei Freud als auch bei Lacan ist die triadische Struktur gleichzeitig die Matrix aller Objektbeziehungen des Subjekts. Die Positionen werden dann vom Objekt des Begehrens (Objekt klein a) und dem Gesetz (dem großen Anderen) besetzt, das die symbolische Ordnung garantiert; sie wird sowohl mit der Sprache als auch mit dem Namen des Vaters assoziiert (→ II.4. Poststrukturalistische Theorie). Triadische Strukturen spielen in Religion, Mythologie und vor allem auch Philosophie, etwa in Hegels Dialektik, eine zentrale Rolle. In der Literatur organisieren sie vornehmlich den Bildungs- und Entwicklungsroman (→ IV.5. Familienroman), diejenigen literarischen Texte, in denen es um die Konstitution des Subjekts geht (→ IV.4. Bekenntnisliteratur), aber auch sämtliche Spielarten der ‚verbotenen‘ Liebe werden als triadische Beziehungen inszeniert.

Katrin Wild

Trieb – Als ‚unsere Mythologie‘ bezeichnet Freud seine Trieblehre. Unter einem Trieb versteht er eine aus dem Körperinnern wirkende Kraft (Reiz), die dem psychischen Apparat ein Bedürfnis auferlegt; dessen Aufhebung bringt Befriedigung. Der von Freud häufig verwendete Begriff des Triebschicksals verweist auf die deterministische Komponente des Triebkonzepts, die in der Literatur etwa im Naturalismus ausgehandelt wird (→ IV.5. Familienroman), im sozialen Drama ebenso wie etwa in Zolas großen Romanzyklen. Freud kennt vier wichtige Lemmata zur Beschreibung des Triebs: a) Quelle (somatischer Ursprung des Triebs); b) Ziel (Aktivität, die der Trieb fordert, die jedoch auch sublimiert werden kann); c) Objekt (materiale Mittel zum Erreichen des Triebziels); d) Drang (Manifestationsweise des Triebs als Druck auf den psychischen Apparat). Die Triebe fügen sich zu Gesamtkonstellationen, deren Pole Freud im Verlauf seines Schaffens unterschiedlich bestimmt: Auf die erste, dualistische Gegenüberstellung von Sexual- und Ich- oder Selbsterhaltungstrieben folgen mit der Einführung des Narzissmusbegriffs Ansätze zu einer monistischen Triebtheorie, in der die Ichtriebe als ein spezifischer Modus der Libido gefasst sind (→ III.8. Narziss und Echo). In den kulturwissenschaftlichen Schriften löst der Dualismus von Lebens- und Todestrieb(en) diese Ansätze ab. Für die Literaturwissenschaft ist insbesondere die dem Trieb eingeschriebene Dichotomie ‚physisch/psychisch‘ interessant. Denn Triebe werden eben nicht nur als rein somatische Reize betrachtet, sondern stets auch als psychische Repräsentationen im psychischen Rätsel- und Bedeutungsspiel (Triebrepräsentanzen). Konzeptualisierungen von Trieben werden daher durch literarische Darstellungsverfahren (z. B. Bilder, Szenen, Narrative) oder mythologische Personifikationen (z. B. Eros und Thanatos) vermittelt.

Johannes Hees

Über-Ich → INSTANZEN

Übersetzung – Eine entwickelte Begrifflichkeit der Übersetzung ist im Unterschied zu dem auf vertrackte Weise damit verwandten Konzept der Übertragung in Freuds Psychoanalyse nicht zu finden. Wohl aber zeichnet sich in ihre Genealogie eine reichhaltige (Metaphoro-)Logik der Übersetzung ein. Die Übersetzung ‚psychischen Materials‘ ist Freud zufolge ein Basisprinzip des psychischen Apparats (→ II.8. MEDIENTHEORIE); Neurosenbildung erklärt er sich in einem Brief an Fließ vom 6. Dezember 1896 aus unübersetzten beziehungsweise unübersetzbaren Resten: ‚Fueros‘. In der *Traumdeutung* regiert die Vorstellung der Un-/ Übersetzbarkeit dann gleich mehrere Argumentationsebenen, ohne dass ein Begriff des Übersetzens eigens entfaltet würde: das Verhältnis von unbewusster Traumlogik und Bewusstsein, die Methodik der Deutung, die Rekonstruktion der Traumarbeit, das die Praxis der Deutung illustrierende beziehungsweise organisierende Vorstellungsgefüge sprachlicher und medialer Transfers. Ebenso wie die verwandten Implikationen von Fremd- und Mehrsprachigkeit für die beziehungsweise in der Analyse bleibt die Übersetzung damit selbst gewissermaßen ein *fuero* im Freud'schen Theoriegebäude, der erst im Gefolge der strukturalistischen Revision der Psychoanalyse in den Fokus geraten ist. Für die Literaturwissenschaften ist die Übersetzung ein wichtiger Begriff – nicht nur, wenn es um das Problem literarischer Übersetzungen geht, wie bereits Benjamin in seinem Essay *Die Aufgabe des Übersetzers* ausführt, sondern auch, wenn es um die Übertragung von Bedeutung zwischen den Geschlechtern (→ II.7. GENDER UND QUEER STUDIES) oder Kulturen (→ II.6. POSTCOLONIAL UND CRITICAL RACE STUDIES) geht; insofern ist Übersetzung eines der zentralen hermeneutischen Paradigmen (→ II.2. RHETORIK UND POETIK).

Stephan Kammer

Übertragung – Die Übertragung wird gemeinhin der Therapiesituation zugerechnet, und auch wenn sie sich während der Psychoanalyse notwendig vollzieht, hat sie doch, wie sowohl Ferenczi als auch Freud ausführen, ihren Ursprung in der je zu behandelnden Neurose. Übertragung bezeichnet ein Wiederholungsphänomen, das verdrängte libidinöse (positive Übertragung) oder aggressive (negative Übertragung) Regungen durch die Verschiebung auf ein erreichbares Objekt, hier die Analytikerin oder den Analytiker, aktualisiert. Die Übertragung bildet für Freud einerseits den stärksten Widerstand gegen die Behandlung, weil sie dem

Wiederholungszwang unterliegt, andererseits die Möglichkeit der Heilung, weil sie dem Analysanden die Einsicht in den Mechanismus der Neurose und in den Wiederholungszwang ermöglicht. Insbesondere Klein hat ihre Bedeutung für den psychoanalytischen Prozess betont. Negative und positive Übertragung können gleichzeitig auftreten und reflektieren damit das Prinzip der Gefühlsambivalenz. Gewinnt die Übertragung an Bedeutung, so ersetzt sie als ‚Übertragungsneurose‘, wie Freud zu verstehen gibt, die ursprüngliche Neurose, wobei die Auflösung der einen auch die Überwindung der anderen bedeutet. Lacan zählt die Übertragung neben Unbewusstem, Wiederholung und Trieb zu den vier Grundbegriffen der Psychoanalyse. Wird traditionell die Gegenübertragung als Reaktion der Analytiker auf die Übertragung des Analysanden gefasst, so wird nach Lacan die Übertragung auch von den Analytikern immer schon vollzogen (→ II.2. RHETORIK UND POETIK).

Max Roehl

Unbewusstes → TOPIK

Das Unheimliche – In einem 1919 publizierten Essay entwickelt Freud seine spezifische Konzeption des Unheimlichen. Dazu widmet er sich der Etymologie des Begriffs und verweist auf die Möglichkeit, dass die Bedeutungen von ‚unheimlich‘ und ‚heimlich‘ zusammenfallen können. Unheimlich sei nicht das Fremde und Unbekannte, sondern das Eigene, das ‚Längstvertraute‘, all das, was dem Ich am nächsten liegt. Das Phänomen des Unheimlichen ist in diesem Sinne als Moment der Wiederkehr des Verdrängten in entfremdeter Form zu verstehen. Dessen Ursprung ist die ‚Kindheit‘ – im doppelten Sinne: Erstens kann damit im anthropologischen Sinne die Wiederkehr überkommener animistischer Vorstellungen gemeint sein (die Belebtheit unbelebter Dinge, die Vorstellung, dass Flüche wahr werden können etc.), die Freud als Reste einer infantilen Entwicklungsstufe der Menschheit versteht. Zweitens kann es ein Kindheitserlebnis sein, das im Erwachsenenalter verschoben wieder aufgerufen wird: E. T. A. Hoffmanns *Sandmann* interpretiert Freud in diesem Sinne als literarische Verhandlung einer verdrängten Kastrationsangst (→ IV.8. LITERATUR DER ROMANTIK). Freuds Essay kann als Gründungsdokument der psychoanalytischen Literaturwissenschaft gelten, weil sein Verfasser umfangreiche Überlegungen zur Eigengesetzlichkeit der Dichtung anstellt, etwa im Hinblick auf die Frage, inwiefern fiktive Ereignisse, das Gefühl des Unheimlichen evozieren können. In kulturtheoretischer Wendung hat Bhabha das spezifische Verhältnis von Eigenem und Fremdem beziehungsweise die Konzeption des Unheimlichen als ein Zusammenfallen von Vertrautem und Unvertrautem produktiv gemacht (→ II.6. POSTCOLONIAL UND CRITICAL RACE STUDIES).

Thomas Wortmann

Urszene – Unter dem Begriff der Urszene fasst Freud zunächst traumatische Erfahrungen jeder Art im frühkindlichen Alter zusammen. Später erfährt der Begriff dann eine inhaltliche Präzisierung und zuletzt auch eine konzeptuelle Neuausrichtung (→ IV.5. FAMILIENROMAN). Nun versteht Freud unter der Urszene – dem Kern der zu behandelnden Neurose – die frühkindliche Beobachtung eines Koitus zwischen den Eltern. Dabei erscheint der Vater als das aggressive Element in einer sadomasochistischen Beziehung, wodurch die Urszene zum Ursprung der Kastrationsangst (und/oder des Traumas) wird. Zunächst beharrt Freud tendenziell noch auf der Realität der Urszene, obgleich er zugibt, dass diese auch das Resultat der nachträglichen Umarbeitung oder Besetzung von Erinnerungsspuren sein kann. Darüber hinaus lässt sich als Reaktion auf die Jung'sche These vom Phantasiestatus der Urszene eine tendenzielle Entwicklung des Begriffs zu dem der Urphantasie feststellen. Eine Urphantasie bezeichnet die universalen, hereditären oder phylogenetischen Strukturen, in denen die Bildung von Urszenen verläuft. Letztere sind damit des Anspruchs auf unmittelbare Realität enthoben, ohne ihre Relevanz für den psychischen Apparat einzubüßen. Brooks betont die Nähe von psychoanalytischer Theorie und Literatur. Mit dem Wegfall der Realität oder Referenz der Urszene ist jede Erzählung ein Konstrukt der Phantasie. Umgekehrt werden ‚Literatur' oder ‚Erzählen' mit der nicht auf eine Referenz angewiesenen Urszene als grundlegende Strukturen in die Abläufe des psychischen Apparats integriert.

Johannes Hees

Vater – Der Vater markiert die dritte Position in der triangulären ödipalen Konstellation. Das Kind begehrt seine Mutter und rivalisiert mit dem Vater, dessen Platz es einnehmen will. In der Phantasie des Vatermords fallen Individualpsychologie und Kulturtheorie in eins (→ III.1. MOSES); in letzterer tritt neben den Vater- auch der Brudermord (→ III.2. KAIN UND ABEL). Der Vater verbietet den Inzest und versperrt den Zugang zum begehrten Objekt, zur Mutter. Das Kind überwindet den Konflikt, indem es unter dem Schock der Kastrationsdrohung die Objektbesetzung aufgibt und durch die Identifikation mit dem Vater ersetzt. Der Vater wird dadurch zu seinem Ideal, dessen Autorität – ins Ich introjiziert – den Kern des Über-Ichs bildet. Lacan interpretiert den leiblichen Vater als symbolische Position (Name-des-Vaters: *nom-du-père*), die das Gesetz (das Inzestverbot: *non-du-père*) und die Sprache repräsentiert, indem sie für die Trennung des Sohnes aus der präödipalen Symbiose mit der Mutter verantwortlich ist. Indem sich der Sohn dieser Position anerkennend unterwirft, wird er in die symbolische Ordnung eingeführt. In der Literatur fordert die ambivalente Mischung aus Angst, Eifersucht, Schuldbewusstsein und Bestrafungsphantasie in Vater-Sohn-Beziehungen zu psychoanalytischen Interpretationen heraus, wie etwa in Goethes *Der Sammler* *und die Seinigen*, wo das Bild des Vaters hinter einer Tür verrottet, dominant im Werk Kafkas oder in der sogenannten Vaterliteratur der 1970er und 1980er Jahre. Bloom deutet jene Angst als ‚Einflussangst' und entwirft die Literatur als einen Kampfplatz junger Dichter gegen große Väter.

Lily Tonger-Erk

Verdichtung → Traumarbeit

Verdrängung – Verdrängung bezeichnet einen Vorgang zur Vermeidung von Unlust, in dem bestimmte an Gefühle gebundene Vorstellungen aus dem Bewusstsein ausgeschlossen werden, wobei die Aufrechterhaltung dieses Ausschlusses – der Widerstand – Energie erfordert. Verdrängung ist daher ein zentraler Aspekt in der Theorie des Unbewussten: Alles, was verdrängt wird, ist unbewusst; nicht alles Unbewusste wurde indes verdrängt. Die verdrängten Vorstellungen bleiben im Unbewussten wirksam und trachten danach zurückzukehren. Die Wiederkehr des Verdrängten lässt sich in entstellter Form (Verschiebung, Verdichtung und Konversion) in Träumen, Versprechern, Witzen oder Symptomen beobachten (→ IV.7. Witz). Aufgabe der psychoanalytischen Therapie ist es, die Widerstände abzubauen, mit denen sich das Ich gegen die Beschäftigung mit dem Verdrängten schützt (Abwehr), um das Verdrängte affektiv durchzuarbeiten. Die strukturelle Symmetrie von Verdrängendem und Verdrängtem beschreibt Freud in seiner Analyse von Jensens Novelle *Gradiva. Ein pompejanisches Phantasiestück*: Der Archäologe Norbert Hanold reist auf den Spuren eines erregenden Mädchen-Reliefs nach Pompeji und findet an Stelle des Gradiva-Reliefs seine Kindheitsfreundin wieder, deren Existenz er verdrängt hat. Pompejis Untergang setzt Freud in Analogie zur Verdrängung, die seelische Inhalte zugleich verschüttet und konserviert. Lacan zufolge sind Verdrängung und Rückkehr des Verdrängten zwei Seiten einer Medaille: Er bezeichnet die Verdrängung als Metapher, in der sich beides verdichtet (→ II.2. Rhetorik und Poetik).

Lily Tonger-Erk

Verneinung (Negation) – Das sprachliche Manöver der Negation beschreibt Freud als psychischen Abwehrmechanismus (→ II.2. Rhetorik und Poetik), der zum Einsatz kommt, wenn Analysandinnen oder Analysanden einen Einfall, der von Unlustgefühlen begleitet ist, abweisen. Da der Einfall zwar negiert, aber durchaus artikuliert wird, kommt das Verdrängte in der Verneinung in entstellter Form zu Bewusstsein (→ IV.7. Witz). Diese intellektuelle Kenntnisnahme des Verdrängten bedeutet eine (zumindest teilweise) Aufhebung des Verdrängungsmechanismus, nicht aber eine emotionale Akzeptanz der verdrängten Inhalte. Die Verneinung ermöglicht Analytikerinnen und Analytikern jedoch klare Rückschlüsse auf die verdrängten, *un*bewussten Wünsche. Als (ursprünglich orales) Ausschlussprinzip und negatives Urteil, das Handlungen unterbindet, ordnet Freud die Verneinung dem Destruktionstrieb zu. Die Beobachtung aus der *Traumdeutung*, dass die Traumarbeit keine Verneinung kennt, sondern vielmehr Gegensätzliches in eins setzt, greift Freud in *Über den Gegensinn der Urworte* auf, wobei er auch auf Abels gleichnamige Abhandlung referiert. Dessen Nachweis kontradiktorischer Urbedeutungen eines Begriffs und das Phänomen der Lautumdrehung erklärt Freud zu ursprachlichen Analoga der Traumarbeit und schließt aus dieser Übereinstimmung auf eine Regressivität und Archaik auch des bildlichen Gedankenausdrucks im Traum. Die psychoanalytische Rezeption des Strukturalismus (Lacan) impliziert auch eine Anknüpfung an das sprachtheoretische Paradigma der (unabschließbaren) Bedeutungskonstitution durch Negation(en) (→ II.4. POSTSTRUKTURALISTISCHE THEORIE). In Rhetorik, Theologie, Philosophie und Ästhetik ist Negativität seit der Antike ein zentrales Modell, das insbesondere in der Mystik literarische Darstellungsverfahren entwickelt, die bis in die Gegenwart die Erfahrung der Unerfahrbarkeit – zum Beispiel Gottes oder des Erhabenen – in Szene setzen. Auch die (Frage nach der) Darstellbarkeit der Holocausterfahrung steht im Zeichen der Negativität (→ IV.13. TRAUMALITERATUR).

Julia Kerscher

Verschiebung → TRAUMARBEIT

Vorbewusstes → TOPIK

Wiederholung – Wiederholungsphänomene im allgemeinen Sinne beobachtet die Psychoanalyse bei der Wiederkehr des Verdrängten, z. B. in Symptomen, Zwangsritualen und Träumen (→ II.1. SEMIOTIK). Wiederholung im engeren Sinne meint die dem Lustprinzip widersprechende, triebhafte Tendenz, mit Unlust besetzte Erfahrungen, Verhaltensweisen, Beziehungskonstellationen, Träume etc. zu wiederholen, ohne sich an das Vorbild zu erinnern (→ II.2. RHETORIK UND POETIK). In *Erinnern, Wiederholen und Durcharbeiten* bezeichnet Freud die unwillentliche und unwissentliche Wiederholung einer Aktion an Stelle der Erinnerung als Wiederholungszwang: Was nicht erinnert werden kann, wird wiederholt. Die psychoanalytische Kur zielt darauf, dass Patientinnen oder Patienten durch die Wiederholung in der Übertragung erinnern. In *Jenseits des Lustprinzips* führt Freud den Wiederholungszwang auf den Todestrieb zurück, um den unbezwingbaren Drang zur Wiederherstellung eines früheren Zustandes zu erklären. In *Das Unheimliche* präpariert Freud die Wiederholung des Gleichartigen als Quelle des Unheimlichen in E. T. A. Hoffmanns *Die Elixiere des Teufels* heraus (→ IV.8. LITERATUR DER ROMANTIK), bezieht dies auf den dämonischen, infantilen Wiederholungszwang zurück und verbildlicht es im Doppelgängermotiv (→ IV.9. Literatur – Film: Doppelgänger). Darüber hinaus kennt Freud auch eine sprachspielerische Wiederholung, welche durch die unvermutete Einsparung an psychischem Aufwand im Wiederfinden des Bekannten einen Lustgewinn generiert und sich unter anderem in kindlichen Sprachspielen ebenso wie in Vers, Reim und den rhetorischen Figuren der Wiederholung zeigt.

Lily Tonger-Erk

Wunsch – Es gehört zu den Grundannahmen der Freud'schen Psychoanalyse, dass die menschliche Psyche wesentlich von unbewussten Wünschen und von den durch sie verursachten Konflikten bestimmt ist. Was den Wunsch vom Trieb, als Quelle psychischer Energie, unterscheidet, ist seine Bezogenheit auf ein Objekt. Freud führt seine Neurosenlehre und die damit verbundenen Symptome wesentlich auf die Verdrängung von Wünschen zurück. Die Aufgabe der Psychoanalyse liegt demgemäß darin, verdrängte Wünsche zu rekonstruieren. In Freuds Konzeption ist der Wunsch egoistischer, das heißt ehrgeiziger oder sexueller Natur und kommt in Träumen und Phantasien – auch im sogenannten Familienroman (→ IV.5. Familienroman) – zum Ausdruck, wobei sich deren manifester Inhalt immer schon als Kompromiss zwischen dem Wunsch und der Abwehr, die ihn entstellt, erweist. Auch die Literatur, die Freud als Analogon des Tagtraums behandelt, stellt eine Wunscherfüllung dar, die jedoch auf den Helden verschoben ist und so dem Rezipienten nur indirekt Lust verschafft. Thematisch wird der Wunsch vor allem in Märchen, die die Wunscherfüllung als Korrektur der unbefriedigenden Wirklichkeit etwa als finale Belohnung inszenieren oder aber die Tücke rein egoistischer Wünsche aufzeigen. Dem sich in Phantasien äußernden Wunsch in der Freud'schen Tradition sowie dem im Mangel gründenden Begehren bei Lacan setzen Deleuze und Guattari ihr Modell der Wunschmaschine (*machine désirante*) entgegen, das den Wunsch als produktives Prinzip direkt mit der gesellschaftlichen Produktion verbindet (→ III.6. Ödipus).

Max Roehl

Zensur – Den Begriff der Zensur entnimmt Freud der zeitgenössischen Zensurpraxis in Russland, in Zeitungen Satzteile bis hin zu ganzen Sätzen zu schwärzen, sodass der Text unverständlich wird, wie er im Brief an Fließ vom 21. Dezember 1897 festhält. Als Zensur bezeichnet Freud Operationen, die unbewussten Vorstellungen und Wünschen den Zugang zum (Vor-)Bewusstsein untersagen. Um diese Funktion zu erklären, entwirft Freud ein topisches Modell des Bewusstseins, das die unbewussten Vorstellungen von den bewussten trennt. Auf der Schwelle dazwischen waltet ein Wächter seines Amtes: die Zensur – ab 1920 im Rahmen des Modells der drei Instanzen, welches das topische Modell ablöst, dann auch als Ich-Zensor oder Über-Ich personifiziert. Dieser Wächter mustert alle Vorstellungen und Wünsche, die – vor allem wenn es sexuelle oder aggressive Vorstellungen sind – die Schwelle nicht passieren dürfen und ins Un- beziehungsweise Vorbewusste zurückgedrängt werden. Durch eine Maskierung, das heißt Verschiebung und Verdichtung zensierter Inhalte kann die Zensur indes umgangen werden. Anhand der Analyse von Träumen analysiert Freud die Zensur als eine Maßnahme, die für die Verdrängung (Lücken) und Entstellung (Abschwächung, Anspielung, Verschiebung und Verdichtung) ethisch, sozial oder ästhetisch unannehmbarer Vorstellungen verantwortlich ist. Nicht nur der Traum, sondern auch der Witz (→ IV.7. Witz) und vor allem die Literatur in ihren komischen und grotesken Gattungen umgehen und unterlaufen die Zensur beziehungsweise fordern sie durch Überbietung und Übertreibung heraus (→ IV.2. Komödie).

Lily Tonger-Erk

VI. Auswahlbibliographie

Abraham, Karl. „Traum und Mythus. Eine Studie zur Völkerpsychologie" [1909]. *Psychoanalytische Studien zur Charakterbildung und andere Schriften.* Hrsg. von Johannes Cremerius. Frankfurt a. M. 1969: 261–323.

Ackermann, Christiane. „Mediävistik und psychoanalytische Literaturtheorie (mit einer Annäherung an den ‚Armen Heinrich' Hartmanns von Aue)". *Literaturwissenschaftliches Jahrbuch N. F.* 48 (2007): 9–44.

Alford, C. Fred. „Melanie Klein and the ‚Oresteia Complex'. Love, Hate, and the Tragic Worldview". *Cultural Critique* 15 (1990): 167–189.

Alt, Peter-André. *Der Schlaf der Vernunft. Literatur und Traum in der Kulturgeschichte der Neuzeit.* München 2002.

Alt, Peter-André. „Katharsis und Ekstasis. Die Restitution der Tragödie als Ritual aus dem Geist der Psychoanalyse". *Die Tragödie der Moderne. Gattungsgeschichte – Kulturtheorie – Epochendiagnose.* Hrsg. von Daniel Fulda und Thorsten Valk. Berlin, New York 2010: 177–205.

Alt, Peter-André. „Eine Bühne für das Unbewusste. Über Freuds Ansichten vom Drama". *Von den Rändern zur Moderne. Studien zur deutschsprachigen Literatur zwischen Jahrhundertwende und Zweitem Weltkrieg.* Hrsg. von Tim Lörke et al. Würzburg 2014: 251–265.

Alt, Peter-André. *Sigmund Freud. Der Arzt der Moderne. Eine Biographie.* München 2016.

Alt, Peter, André. „Wie Kafka der Psychoanalyse zuvorkam". *Zeitschrift für Ideengeschichte* 10.4 (2016): 57–64.

Alt, Peter-André und Christiane Leiteritz (Hrsg.). *Traum-Diskurse der Romantik.* Berlin 2005.

Alt, Peter-André und Thomas Anz (Hrsg.). *Sigmund Freud und das Wissen der Literatur.* Berlin, New York 2008.

Angeloch, Dominic. *Die Beziehung zwischen Text und Leser. Grundlagen und Methodik psychoanalytischen Lesens.* Gießen 2014.

Angeloch, Dominic. „Psychoanalyse und Literaturtheorie". *Handbuch Literatur & Emotionen.* Hrsg. von Martin von Koppenfels und Cornelia Zumbusch. Berlin, Boston 2016: 100–121.

Angeloch, Dominic et al. (Hrsg.). *Freiburger literaturpsychologische Gespräche. Jahrbuch für Literatur und Psychoanalyse.* 36 Bde. Würzburg 1981–2017.

Anz, Thomas (Hrsg.). *Psychoanalyse in der modernen Literatur. Kooperation und Konkurrenz.* Würzburg 1999.

Appignanesi, Lisa und John Forrester. *Die Frauen Sigmund Freuds.* Übers. von Brigitte Rapp und Uta Szyszkowitz. München, Leipzig 1994 [1993].

Argelander, Hermann. „Die szenische Funktion des Ichs und ihr Anteil an der Symptom- und Charakterbildung". *Psyche. Zeitschrift für Psychoanalyse und ihre Anwendungen* 24 (1970): 325–345.

Argelander, Hermann. *Das Erstinterview in der Psychotherapie.* Darmstadt 1970.

Assoun, Paul-Laurent. *Freud et Nietzsche.* Paris 1980.

Balmary, Marie. *Psychoanalyzing Psychoanalysis. Freud and the Hidden Fault of the Father.* Übers. von Ned Lukacher. Baltimore 1982 [1979].

Balter, Leon. „The Mother as Source of Power. A Psychoanalytic Study of Three Greek Myths". *Psychoanalytic Quarterly* 38 (1969): 217–274.

https://doi.org/10.1515/9783110332681-035

Bartels, Martin. *Selbstbewusstsein und Unbewusstes. Studien zu Freud und Heidegger*. Berlin, New York 1976.

Barthes, Roland. *S/Z*. Übers. von Jürgen Hoch. Frankfurt a. M. 1976 [1970].

Barthes, Roland. *Die Lust am Text*. Übers. von Traugott König. Frankfurt a. M. 1974 [1973].

Battegay, Raymond. *Narzißmus und Objektbeziehungen. Über das Selbst zum Objekt*. Bern, Stuttgart, Wien 1977.

Bell, Matthew. *The German Tradition of Psychology in Literature and Thought. 1700–1840*. Cambridge 2005.

Bender, John und David Wellbery (Hrsg.). *The Ends of Rhetoric*. Stanford 1990.

Benjamin, Jessica. *Die Fesseln der Liebe. Psychoanalyse, Feminismus und das Problem der Macht*. Übers. von Nils Thomas Lindquist und Diana Müller. Frankfurt a. M. 1990.

Benthien, Claudia, Hartmut Böhme und Inge Stephan (Hrsg.). *Freud und die Antike*. Göttingen 2011.

Benveniste, Émile. „Remarques sur la fonction du langage dans la découverte freudienne" [1956]. Benveniste, Émile. *Problèmes de linguistique générale*. Paris 1966: 75–87.

Benveniste, Émile. *Probleme der allgemeinen Sprachwissenschaft*. Übers. von Wilhelm Bolle. München 1974 [1966].

Berg, Henk de. *Freuds Psychoanalyse in der Literatur- und Kulturwissenschaft. Eine Einführung*. Übers. von Stephan Dietrich. Tübingen, Basel 2005 [2003].

Berndt, Frauke. *Anamnesis. Studien zur Topik der Erinnerung in der erzählenden Literatur zwischen 1800 und 1900 (Moritz – Keller – Raabe)*. Tübingen 1999.

Berndt, Frauke. „Einleitung". *figurationen. gender – literatur – kultur* 12.1 (2011): 6–11.

Berndt, Frauke und Heinz J. Drügh (Hrsg.). *Symbol. Grundlagentexte aus Ästhetik, Poetik und Kulturwissenschaft*. Frankfurt a. M. 2009.

Berndt, Frauke und Stephan Kammer (Hrsg.). *Amphibolie, Ambiguität, Ambivalenz*. Würzburg 2009.

Bernstein, Doris. „The Female Oedipal Complex". *The Personal Myth in Psychoanalytic Theory*. Hrsg. von Peter Hartocollis und Ian Davidson Graham. Madison/Ct. 1991: 183–219.

Bernstein, Richard J. *Freud and the Legacy of Moses*. Cambridge 1998.

Beutin, Wolfgang. „Ältere deutsche Literatur und Psychoanalyse". *Germanistik – Forschungsstand und Perspektiven. Deutscher Germanistentag 1984, Passau*, Teil 2. Hrsg. von Georg Stötzel. Berlin, New York 1985: 199–222.

Bischoff, Doerte. *Poetischer Fetischismus. Der Kult der Dinge im 19. Jahrhundert*. München 2013.

Bloom, Harold. *The Anxiety of Influence*. New York 1973.

Bloom, Harold. *Einflußangst. Eine Theorie der Dichtung*. Übers. von Angelika Schweikhart. Basel, Frankfurt a. M. 1995 [1973].

Bloom, Harold. *A Map of Misreading*. New York 1975.

Blümle, Claudia und Anne von der Heiden. *Blickzähmung und Augentäuschung. Zu Jacques Lacans Bildtheorie*. Zürich, Berlin 2005.

Böhme, Hartmut. *Fetischismus und Kultur. Eine andere Theorie der Moderne*. Reinbek bei Hamburg 2006.

Bohnen, Klaus (Hrsg.). *Literatur und Psychoanalyse*. Kopenhagen, München 1981.

Bölts, Stephanie. *Krankheiten und Textgattungen. Gattungsspezifisches Wissen in Literatur und Medizin um 1800*. Berlin, Boston 2016.

Bonaparte, Marie. *The Life and Works of Edgar Allan Poe. A Psychoanalytic Interpretation*. New York 1971 [1933].

Bovenschen, Silvia. *Die imaginierte Weiblichkeit. Exemplarische Untersuchungen zu kulturgeschichtlichen und literarischen Präsentationsformen des Weiblichen.* Frankfurt a. M. 1979.

Boyarin, Daniel. „What Does a Jew Want?; or, The Political Meaning of the Phallus". *The Psychoanalysis of Race.* Hrsg. von Christopher Lane. New York 1998: 211–240.

Braun, Christina von und Inge Stephan (Hrsg.). *Gender@Wissen. Ein Handbuch der Gender-Theorien.* Köln, Weimar, Wien 2005.

Braun, Christina von, Dorothea Dornhof und Eva Johach. „Einleitung. Das Unbewusste. Krisis und Kapital der Wissenschaften". *Das Unbewusste. Krisis und Kapital der Wissenschaften. Studien zum Verhältnis von Wissen und Geschlecht.* Hrsg. von Christina von Braun, Dorothea Dornhof und Eva Johach. Bielefeld 2009: 9–23.

Brickman, Celia. *Aboriginal Populations in the Mind. Race and Primitivity in Psychoanalysis.* New York 2003.

Bronfen, Elisabeth. *Nur über ihre Leiche. Tod, Weiblichkeit und Ästhetik.* Übers. von Thomas Lindquist. München 1994 [1992].

Bronfen, Elisabeth. „Freuds Nachtreisen. Zur Rhetorik der Übertragung in Freuds Traumdeutung". *Rhetorik der Übertragung.* Hrsg. von Daniel Müller Nielaba, Yves Schumacher und Christoph Steier. Würzburg 2013: 101–108.

Bronfen, Elisabeth, Birgit R. Erdle und Sigrid Weigel (Hrsg.). *Trauma. Zwischen Psychoanalyse und kulturellem Denkmuster.* Köln 1999.

Brooks, Peter. *Reading for the plot. Design and intention in narrative.* Cambridge/Mass., London 1984.

Brooks, Peter. *Psychoanalysis and storytelling.* Oxford u. a. 1994.

Brunet-Georget, Jacques. „Trace et symptôme corporels dans la psychanalyse". *Der Spur auf der Spur.* Hrsg. von Sandie Attia et al. Heidelberg 2016: 87–97.

Burkart, Günter (Hrsg.). *Die Ausweitung der Bekenntniskultur – neue Formen der Selbstthematisierung?* Wiesbaden 2006.

Butler, Judith. *Das Unbehagen der Geschlechter.* Übers. von Kathrina Menke. Frankfurt a. M. 1991 [1990].

Butler, Judith. *Psyche der Macht. Das Subjekt der Unterwerfung.* Übers. von Reiner Ansén. Frankfurt a. M. 2001 [1997].

Butler, Judith. *Antigone's Claim.* New York 2002.

Canguilhem, Georges. „Versuch über einige Probleme, das Normale und das Pathologische betreffend" [1943/1950].

Canguilhem, Georges. *Das Normale und das Pathologische. Anthropologie.* Hrsg. von Wolf Lepenies und Henning Ritter. Frankfurt a. M., Berlin, Wien 1977: 11–156.

Caruth, Cathy (Hrsg.). *Trauma. Explorations in Memory.* Baltimore 1995.

Caruth, Cathy. *Unclaimed Experience. Trauma, Narrative, and History.* Baltimore 1996.

Casey, Edward S. „Freud's Theory of Reality. A Critical Account". *The Review of Metaphysics* 25.4 (1972): 659–690.

Catani, Stephanie. *Das fiktive Geschlecht. Weiblichkeit in anthropologischen Entwürfen und literarischen Texten zwischen 1885 und 1925.* Würzburg 2005.

Cayrol, Jean. *Lazare parmi nous.* Paris 1950.

Cayrol, Jean. *Lazarus unter uns.* Übers. von Sigrid von Massenbach. Stuttgart 1959 [1950].

Chaitin, Gilbert D. *Rhetoric and Culture in Lacan.* Cambridge 1996.

Chasseguet-Smirgel, Janine. „Freud and Female Sexuality. The Consideration of Some Blind Spots in the Exploration of the ‚Dark Continent'". *The International Journal of Psycho-Analysis* 57 (1976): 275–286.

Chasseguet-Smirgel, Janine et al. (Hrsg.). *Female Sexuality. New Psychoanalytic Views*. London 1970.

Cheng, Anne Anlin. *The Melancholy of Race. Psychoanalysis, Assimilation and Hidden Grief*. Oxford u. a. 2001.

Chodorow, Nancy. *Das Erbe der Mütter. Psychoanalyse und Soziologie der Geschlechter*. Übers. von Gitta Mühlen-Achs. München 1985 [1978].

Cixous Hélène. „Sorties. Out and Out: attacks/ways out/forays" [1975]. Cixous, Hélène und Catherine Clément. *The Newly Born Woman*. Übers. von Betsy Wing. Minneapolis 1986: 63–132.

Clément, Catherine. *Die Frau in der Oper. Besiegt, verraten und verkauft*. Übers. von Annette Holoch. Stuttgart 1992 [1979].

Cohen, Josh. *How to Read Freud*. New York 2005.

Connell, Robert W. *Masculinities*. Cambridge 1995.

Conrad, Bettina. *Gelehrtentheater. Bühnenmetaphern in der Wissenschaftsgeschichte zwischen 1870 und 1914*. Tübingen 2004.

Copjec, Joan. *Imagine There's No Woman. Ethics and Sublimation*. Cambridge/Mass. 2002.

Critchley, Simon. „Comedy and Finitude. Displacing the Tragic-Heroic Paradigm in Philosophy and Psychoanalysis". Chritchley, Simon. *Ethics – Politics – Subjectivity. Essays on Derrida, Levinas and Contemporary French Thought*. London, New York 1999: 217–238.

Critchley, Simon. *On Humour*. New York 2002a.

Czirak, Adam. *Partizipation der Blicke. Szenerien des Sehens und Gesehenwerdens in Theater und Performance*. Bielefeld 2012.

Davis, Colin. „Psychoanalysis, Detection, and Fiction. Julia Kristeva's Detective Novels". *The Journal of Twentieth-Century/Contemporary French Studies revue d'études français* 6.2 (2002): 294–306.

De Certeau, Michel. *Histoire et psychoanalyse. Entre science et fiction*. Paris 1987.

De Certeau, Michel. „The Fiction of History. The Writing of Moses and Monotheism". De Certeau, Michel. *The Writing of History*. Übers. von Tom Conley. New York 1988: 308–354.

Deleuze, Gilles. „Sacher-Masoch und der Masochismus" [1967]. Sacher-Masoch, Leopold von. *Venus im Pelz. Mit einer Studie über den Masochismus von Gilles Deleuze*. Übers. von Gertrud Müller. Frankfurt a. M. 1968: 163–278.

Deleuze, Gilles. *Logik des Sinns. Aesthetica*. Übers. von Bernhard Dieckmann. 2. Aufl., Frankfurt a. M. 1994 [1969].

Deleuze, Gilles und Félix Guattari. *Anti-Ödipus. Kapitalismus und Schizophrenie I*. Übers. von Bernd Schwibs. 14. Aufl., Frankfurt a. M. 2014 [1972].

Deleuze, Gilles und Félix Guattari. *Kafka. Für eine kleine Literatur*. Übers. von Burkhart Kroeber. 9. Aufl., Frankfurt a. M. 2014 [1975].

Derrida, Jacques. „Freud et la scène de l'écriture" [1966]. Derrida, Jacques. *L'écriture et la différence*. Paris 1967: 293–340.

Derrida, Jacques. „Freud und der Schauplatz der Schrift" [1966]. Derrida, Jacques. *Die Schrift und die Differenz*. Übers. von Rodolphe Gasché. Frankfurt a. M. 1976: 302–350.

Derrida, Jacques. „La mythologie blanche [1971]". Derrida, Jacques. *Marges de la philosophie*. Paris 1972: 247–324.

Derrida, Jacques. *Dissemination*. Hrsg. von Peter Engelmann. Übers. von Hans-Dieter Gondek. Wien 1995 [1972].

Derrida, Jacques. „Der Facteur der Wahrheit" [1975]. Derrida, Jacques. *Die Postkarte von Sokrates bis an Freud und jenseits*. Übers. von Hans-Joachim Metzger. Berlin 1987: 183–281.

Derrida, Jacques. „Das Gesetz der Gattung" [1980]. Derrida, Jacques. *Gestade*. Übers. von Monika Buchmeister und Hans-Walter Schmidt. Wien 1994: 245–284.

Derrida, Jacques. „Mes chances. Au rendez-vous de quelques stéréophonies épicuriennes". *Tijdschrift voor Filosophie* 45.1 (1983): 3–40.

Derrida, Jacques. *Préjugés. Vor dem Gesetz*. Übers. von Detlef Otto und Axel Witte. Hrsg. von Peter Engelmann. Wien 2010 [1984/1985].

Derrida, Jacques. *Die Postkarte. Von Sokrates bis an Freud und jenseits*, 2 Bde. Übers. von Hans-Joachim Metzger. Berlin 1982/1987.

Derrida, Jacques. *Mal d'archive. Une impression freudienne*. Paris 1995.

Dettmering, Peter. „Zum Verhältnis von Literatur und Psychoanalyse" [1979]. Dettmering, Peter. *Konfliktbewältigung durch Kreativität. Studien zu Literatur und Film*. Würzburg 2004: 171–177.

Dettmering, Peter. „Psychoanalyse und Literatur". *Jahrbuch der Psychoanalyse* 67 (2013): 197–216.

Dickson, Sheila, Stefan Goldmann und Christof Wingertszahn (Hrsg.). ‚*Fakta, und kein moralisches Geschwätz'. Zu den Fallgeschichten im ‚Magazin zur Erfahrungsseelenkunde' (1783–1793)*. Göttingen 2011.

Didi-Huberman, Georges. *Erfindung der Hysterie. Die photographische Klinik von Jean-Martin Charcot*. Übers. von Silvia Henke, Martin Stingelin und Hubert Thüring. München 1997 [1982].

Doane, Mary Ann. *Femmes Fatales. Feminism, Film Theory, Psychoanalysis*. Abington/Oxon, New York 1991.

Dolar, Mladen. „The Object Voice". *Gaze and Voice as Love Objects*. Hrsg. von Renata Salecl und Slavoj Žižek. Durham 1996: 7–31.

Dühren, Eugen. *Der Marquis de Sade und seine Zeit. Ein Beitrag zur Kultur- und Sittengeschichte des 18. Jahrhunderts mit besonderer Berücksichtigung auf die Lehre von der Psychopathia Sexualis*. Berlin 1900.

Dühren, Eugen. *Neue Forschungen über den Marquis de Sade und seine Zeit. Mit besonderer Berücksichtigung der Sexualphilosophie de Sade's auf Grund des neuentdeckten Original-Manuskriptes seines Hauptwerkes ‚Die 120 Tage von Sodom'*. Berlin 1904.

Düwell, Susanne und Nicolas Pethes (Hrsg.). *Fall – Fallgeschichte – Fallstudie. Theorie und Geschichte einer Wissensform*. Frankfurt a. M. 2014.

Eckart, Wolfgang U. „Zeichenkonzeptionen in der Medizin vom 19. Jahrhundert bis zur Gegenwart". *Semiotik/Semiotics. Ein Handbuch zu den zeichentheoretischen Grundlagen von Natur und Kultur*, Bd. 2. Hrsg. von Roland Posner, Klaus Robering und Thomas A. Sebeok. Berlin, New York 1998: 1694–1712.

Edelman, Lee. *No Future. Queer Theory and the Death Drive*. Durham, London 2004.

Eissler, Kurt R. „*Diese liebende Verehrung". Essays zu Literatur, Kunst und Gesellschaft*. Frankfurt a. M. 2013.

Ellrich, Lutz. „Psychoanalytische Medientheorien". *Theorien der Medien. Von der Kulturkritik bis zum Konstruktivismus*. Hrsg. von Stefan Weber. 2. Aufl., Konstanz 2010: 232–251.

Emmerich, Wolfgang. „Entzauberung – Wiederverzauberung. Die Maschine Mythos im 20. Jahrhundert". *Mythenkorrekturen. Zu einer paradoxalen Form der Mythenrezeption.* Hrsg. von Martin Vöhler und Bernd Seidensticker. Berlin, New York 2005: 411–435.

Eppensteiner, Barbara, Karl Fallend und Johannes Reichmayr. „Die Psychoanalyse im Film 1925/26 (Berlin/Wien)". *Psyche. Zeitschrift für Psychoanalyse und ihre Anwendungen* 41 (1987): 129–139.

Erdheim, Mario. „Sigmund Freud (1856–1939)". *Klassiker der Kulturanthropologie. Von Montaigne bis Margaret Mead.* Hrsg. von Wolfgang Marschall. München 1990: 137–150.

Erdheim, Mario. „Einleitung. Zur Lektüre von Freuds *Totem und Tabu*". Freud, Sigmund. *Totem und Tabu. Einige Übereinstimmungen im Seelenleben der Wilden und Neurotiker.* Frankfurt a. M. 1991: 7–42.

Erikson, Erik H. *Young Man Luther. A Study in Psychoanalysis and History.* New York 1958.

Ette, Wolfram. „Freud und die Tragödie". *Tragedy and the tragic in German literature, art, and thought.* Hrsg. von Stephen D. Dowden und Thomas P. Quinn. Rochester, New York 2014: 148–170.

Felman, Shoshana (Hrsg.). *Literature and Psychoanalysis. The Question of Reading: Otherwise.* Baltimore, London 1982.

Felman, Shoshana. „On Reading Poetry. Reflections on the Limits and Possibilities of Psychoanalytic Approaches". *The Purloined Poe. Lacan, Derrida and Psychoanalytic Reading.* Hrsg. von John P. Muller und William J. Richardson. Baltimore 1988: 133–155.

Finney, Gail. „Komödie und Obszönität. Der sexuelle Witz bei Jelinek und Freud". *The German Quarterly* 70.1 (1997): 27–38.

Flashar, Hellmut. „König Ödipus. Drama und Theorie". *Gymnasium* 84 (1977): 120–136.

Flashar, Hellmut. *Inszenierung der Antike. Das griechische Drama auf der Bühne der Neuzeit 1585–1990.* München 1991.

Foucault, Michel. *Die Geburt der Klinik. Eine Archäologie des ärztlichen Blicks.* Übers. von Walter Seitter. München 1973 [1963].

Foucault, Michel. *Die Anormalen. Vorlesungen am Collège de France (1974–1975).* Übers. von Michaela Ott und Konrad Honsel. Frankfurt a. M. 2003 [1974–1975].

Foucault, Michel. *Sexualität und Wahrheit*, Bd. 1: *Der Wille zum Wissen.* Übers. von Ulrich Raulff und Walter Seitter. 8. Aufl., Frankfurt a. M. 1995 [1976].

Freud, Sigmund. *Gesammelte Werke. Chronologisch geordnet.* 18 Bde. Hrsg. von Anna Freud et al. London, Frankfurt a. M. 1940–1987. Registerband 18, Frankfurt a. M. 1968, Nachtragsband 19, hrsg. von Angela Richards, Frankfurt a. M. 1987.

Freud, Sigmund. *Aus den Anfängen der Psychoanalyse. Briefe an Wilhelm Fließ. Abhandlungen und Notizen aus den Jahren 1887 – 1902.* Hrsg. von Marie Bonaparte, Anna Freud u. Ernst Kries. Frankfurt a. M. 1962 [1950].

Freud, Sigmund. *Briefe. 1873–1939.* Hrsg. von Ernst und Lucie Freud. Frankfurt a. M. 1960.

Freud, Sigmund. *Briefe an Wilhelm Fließ. 1887–1904. Ungekürzte Ausgabe.* Hrsg. von Jeffrey Moussaieff Masson. Frankfurt a. M. 1986.

Freud, Sigmund und Arnold Zweig. *Briefwechsel.* Hrsg. von Ernst L. Freud. Frankfurt a. M. 1968.

Freytag, Julia. „Der Elektra-Mythos in Literatur und Psychoanalyse um 1900". *Variable Konstanten. Mythen in der Literatur.* Hrsg. von Katarzyna Jaśtal et al. Dresden, Wrocław 2011: 209–216.

Freytag, Julia. *Die Tochter Elektra. Eine verdeckte Figur in Literatur, Psychoanalyse und Film.* Köln, Weimar, Wien 2013.

Frizzoni, Brigitte. „Freud in der Populärkultur". *Schweizerisches Archiv für Volkskunde* 110 (2014): 69–87.

Gabbard, Krin und Glen O. Gabbard. „The Female Psychoanalyst in the Movies". *American Psychological Association* 37 (1989): 1031–1048.

Gabriel, Ayala H. „Living with Medea and Thinking after Freud. Greek Drama, Gender, and Concealments". *Cultural Anthropology* 7 (1992): 346–373.

Gailus, Andreas. „A Case of Individuality. Karl Philipp Moritz and the Magazine for Empirical Psychology". *New German Critique* 79 (2000): 67–105.

Garber, Marjorie. *Vested Interests. Cross Dressing and Cultural Anxiety*. New York 1992.

Gay, Peter. *A Godless Jew. Freud, Atheism, and the Making of Psychoanalysis*. New Haven 1987.

Geisenhanslüke, Achim. *Das Schibboleth der Psychoanalyse. Freuds Passagen der Schrift*. Bielefeld 2008.

Geisenhanslüke, Achim. *Die Sprache der Liebe. Figurationen der Übertragung von Platon zu Lacan*. Paderborn 2016.

Gess, Nicola. *Primitives Denken. Wilde, Kinder und Wahnsinnige in der Literarischen Moderne (Müller, Musil, Benn, Benjamin)*. München 2013.

Gilman, Sander L. *Freud, Race, and Gender*. Princeton, New Jersey 1993.

Gilman, Sander L. *Freud, Identität und Geschlecht*. Übers. von H. Jochen Bussmann. Frankfurt a. M. 1994 [1993].

Ginzburg, Carlo. „Spurensicherung. Der Jäger entziffert die Fährte, Sherlock Holmes nimmt die Lupe, Freud liest Morelli – die Wissenschaft auf der Suche nach sich selbst". Ginzburg, Carlo. *Spurensicherungen. Über verborgene Geschichte, Kunst und soziales Gedächtnis*. München 1988: 78–125.

Glasenapp, Jörn. „Sigmund Freud (1856–1939), *Totem und Tabu*. Einige Übereinstimmungen im Seelenleben der Wilden und der Neurotiker (1912–1913)". *KulturPoetik* 14.2 (2014): 282–292.

Gödde, Günter. „Freud and the Nineteenth-Century Philosophical Sources of the Unconscious". *Thinking the Unconscious. 19th Century German Thought*. Hrsg. von Ansgar Nicholls und Martin Liebscher. Cambridge 2010: 261–286.

Goebel, Eckart. *Jenseits des Unbehagens. ‚Sublimierung' von Goethe bis Lacan*. Bielefeld 2009.

Goebel, Eckart. „Reality Check. Freud Gone Wilde". *Oxford German Studies* 40.2 (2011): 176–188.

Goebel, Eckart und Elisabeth Bronfen (Hrsg.). *Narziss und Eros. Bild oder Text?* Göttingen 2009.

Goldmann, Stefan. „Sigmund Freud und Hermann Sudermann oder die wiedergefundene wie eine Krankengeschichte zu lesende Novelle". *Literatur, Mythos und Freud*. Hrsg. von Helmut Peitsch und Eva Lezzi. Potsdam 2009: 51–70.

Goumegou, Susanne. *Traumtext und Traumdiskurs. Nerval, Breton, Leiris*. München 2007.

Greedharry, Mrinalini. *Postcolonial Theory and Psychoanalysis. From Uneasy Engagement to Effective Critique*. Houndmills/Basingstoke, New York 2008.

Grotjahn, Martin. *Vom Sinn des Lachens. Psychoanalytische Betrachtungen über den Witz, das Komische und den Humor*. München 1974.

Haas, Eberhard Th. (Hrsg.). *100 Jahre „Totem und Tabu". Freud und die Fundamente der Kultur*. Gießen 2012.

Habermas, Jürgen. *Der philosophische Diskurs der Moderne. Zwölf Vorlesungen*. Frankfurt a. M. 1985.

Halberstadt-Freud, Hendrika C. „Electra Versus Oedipus. Femininity Reconsidered". *International Journal of Psycho-Analysis* 79 (1998): 41–56.

Halter, Thomas. *König Oedipus. Von Sophokles zu Cocteau*. Stuttgart 1998.

Hamburger, Andreas. „Das Motiv der Urhorde. Ererbte oder erlebte Erfahrung in Freuds ‚Totem und Tabu'". *Kulturtheorie*. Hrsg. von Ortrud Gutjahr. Würzburg 2005: 45–86.

Hammermeister, Kai. *Jacques Lacan*. München 2008.

Harari, Roberto. *How James Joyce Made His Name. A Reading of the Final Lacan*. Übers. von Luke Thurston. New York 2002.

Haselstein, Ulla. *Entziffernde Hermeneutik. Zum Begriff der Lektüre in der psychoanalytischen Theorie des Unbewußten*. München 1991.

Haß, Ulrike. *Das Drama des Sehens. Auge, Blick und Bühnenform*. München 2005.

Haubl, Rolf und Wolfgang Mertens. *Der Psychoanalytiker als Detektiv. Eine Einführung in die psychoanalytische Erkenntnistheorie*. Stuttgart, Berlin, Köln 1996.

Heinrich, Klaus. *Dahlemer Vorlesungen*, Bd. 3: *Arbeiten mit Ödipus. Begriff der Verdrängung in der Religionswissenschaft*. Hrsg. von Hans-Albrecht Kücken, Wolfgang Albrecht und Irene Tobben. Basel, Frankfurt a. M. 1993.

Herren, Rüdiger. *Freud und die Kriminologie. Einführung in die psychoanalytische Kriminologie*. Stuttgart 1973.

Hidalgo-Xirinachs, Roxana. *Die Medea des Euripides. Zur Psychoanalyse der weiblichen Aggression und Autonomie*. Gießen 2002.

Hinderer, Walter. „Die poetische Psychoanalyse in E. T. A. Hoffmanns Roman *Die Elixiere des Teufels*. ‚Hofmanneske Geschichte'. Zu einer Literaturwissenschaft als Kulturwissenschaft*. Hrsg. von Gerhard Neumann. Würzburg 2005: 43–76.

Hirschmüller, Albrecht. *Freuds Begegnung mit der Psychiatrie*. Tübingen 1991.

Höcker, Arne. *Epistemologie des Extremen. Lustmord in Kriminologie und Literatur um 1900*. München 2012.

Horkheimer, Max. „Geschichte und Psychologie". *Zeitschrift für Sozialforschung* 1 (1932). Reprint München 1980: 125–144

Horkheimer, Max. „Egoismus und Freiheitsbewegung. Zur Anthropologie des bürgerlichen Zeitalters". *Zeitschrift für Sozialforschung* 5 (1936). Reprint München 1980: 161–234.

Horkheimer, Max et al. *Studien über Autorität und Familie*. München 1987 [1936].

Horney, Karen. *Die Psychologie der Frau*. München 1977 [1967].

Illner, Birgit. *Psychoanalyse oder die Kunst der Wissenschaft. Freud, die erste Schülergeneration und ihr Umgang mit Literatur*. Bern u. a. 2000.

Irigaray, Luce. „Körper-an-Körper mit der Mutter" [1980]. Irigaray, Luce. *Genealogie der Geschlechter*. Übers. von Xenia Rajewsky. Freiburg i. Br. 1989: 25–46.

Irigaray, Luce. *Speculum. Spiegel des anderen Geschlechts*. Übers. von Xenia Rajewsky. Frankfurt a. M. 1980 [1974].

Irigaray, Luce. *Das Geschlecht, das nicht eins ist*. Übers. von Eva Meyer und Heidi Paris. Berlin 1979 [1977].

Irigaray, Luce. *Sexes and Genealogies*. Übers. von G. C. Gill. New York 1993 [1982].

Irigaray, Luce. *Die Zeit der Differenz. Für eine friedliche Revolution*. Übers. von Xenia Rajewsky. Frankfurt a. M. 1991 [1989].

Jacobs, Amber. „Towards a Structural Theory of Matricide. Psychoanalysis, the Oresteia and the Maternal Prohibition". *Women. A Cultural Review* 15.1 (2004): 19–34.

Jacobs, Amber. *On Matricide. Myth, Psychoanalysis, and the Law of the Mother*. New York 2007.

Jaffe, Samuel. „Freud as Rhetorician. *Elocutio* and the Dream-Work". *Rhetoric* 1 (1980): 42–69.

Jackson, Leonard. *Literature, psychoanalysis, and the new sciences of the mind*. Harlow u. a. 2000.

Jakobson, Roman. „Two Aspects of Language and Two Types of Aphasic Disturbances". *Fundamentals of Language*. Hrsg. von Roman Jakobson und Morris Halle. 's-Gravenhage 1956: 53–82.

Jakobson, Roman. „Der Doppelcharakter der Sprache und die Polarität zwischen Metaphorik und Metonymik" [1956]. Übers. von Georg Friedrich Meier. *Theorie der Metapher*. Hrsg. von Anselm Haverkamp. 2. Aufl., Darmstadt 1996: 163–174.

Jakobson, Roman. „Verschieber, Verbkategorien und das russische Verb" [1957]. Jakobson, Roman. *Form und Sinn. Sprachwissenschaftliche Betrachtungen*. Hrsg. von Jurij Sriedter. Übers. von Gabriele Stein. München 1971: 35–54.

Jankowiak, Tanja, Karl-Josef Pazzini und Claus-Dieter Rath (Hrsg.). *Von Freud und Lacan aus. Literatur, Medien, Übersetzen. Zur ‚Rücksicht auf Darstellbarkeit' in der Psychoanalyse*. Bielefeld 2006.

Johnson, Barbara. „The Frame of Reference. Poe, Lacan, Derrida". *Yale French Studies* 55/56 (1977): 457–505.

Johnston, Adrian. *Jacques Lacan*. The Stanford Encyclopedia of Philosophy. Hrsg. von Edward N. Zalta. http://plato.stanford.edu/archives/sum2014/entries/lacan/. 2014 (5. Juli 2015).

Jones, Ernest. „The Oedipus-Complex as an Explanation of Hamlet's Mystery. A Study in Motive". *The American Journal of Psychology* 21 (1910): 72–113.

Jones, Ernest. „Die Theorie der Symbolik" [1916]. Jones, Ernest. *Die Theorie der Symbolik und andere Aufsätze*. Frankfurt a. M. 1987: 50–114.

Jones, Ernest. „The Early Development of Female Sexuality". *The International Journal of Psycho-Analysis* 8 (1927): 459–472.

Jones, Ernest. *Hamlet and Oedipus. A Classic Study in Psychoanalytic Criticism*. New York 1949.

Jung, Carl Gustav. *Gesammelte Werke*. 20 Bde. Olten 1951–1994.

Kappelhoff, Hermann. „Kino und Psychoanalyse". *Moderne Film Theorie*. Hrsg. von Jürgen Felix. Mainz 2002: 130–159.

Kaye, Howard. „Was Freud a Medical Scientist or a Social Theorist? The Mysterious ‚Development of the Hero'". *Sociological Theory* 21 (2003): 375–397.

Kerényi, Karl und James Hillman. *Oedipus Variations. Studies in Literature and Psychoanalysis*. Dallas 1990.

Khanna, Ranjana. *Dark Continents. Psychoanalysis and Colonialism*. Durham, London 2003.

Kirchhoff, Christine (Hrsg.). *Freud und Adorno. Zur Urgeschichte der Moderne*. Berlin 2014.

Kistner, Ulrike. „Das Ereignis des Unaussprechlichen. Traumdeutung, Sprachmagie, Poesie – und Kritik". *Magie und Sprache. Jahrbuch für Internationale Germanistik*. Hrsg. von Carlotta von Maltzan. Bern u. a. 2012: 239–258.

Kittler, Friedrich. „‚Das Phantom unseres Ichs' und die Literaturpsychologie. E. T. A. Hoffmann – Freud – Lacan". *Urszenen. Literaturwissenschaft als Diskursanalyse und Diskurskritik*. Hrsg. von Friedrich Kittler und Horst Turk. Frankfurt a. M. 1977: 139–166.

Kittler, Friedrich. *Aufschreibesysteme 1800/1900*. München 1985.

Kittler, Friedrich A. *Dichter – Mutter – Kind*. München 1991.

Kittler, Friedrich. *Eine Kulturgeschichte der Kulturwissenschaft*. München 2001.

Klammer, Markus. „Mimicry, ekphrasis, construction. ‚Reading' in Freudian psychoanalysis". *Aisthesis* 9.2 (2016): 139–151.

Klein, Melanie. *Gesammelte Schriften*. 6 Bde. Hrsg von Ruth Cycon. Stuttgart/Bad Cannstatt 1995–2002.

Knafo, Danielle. *Dancing with the unconscious. The art of psychoanalysis and the psychoanalysis of art*. London, New York 2012.

Kofman, Sarah. *Die lachenden Dritten. Freud und der Witz*. Übers. von Monika Buchgeister und Hans-Walter Schmidt. München, Wien 1990 [1986].

Kohon, Gregorio. *Reflections on the aesthetic experience. Psychoanalysis and the uncanny*. London, New York 2016.

Koppenfels, Martin von. *Immune Erzähler. Flaubert und die Affektpolitik des modernen Romans*. München 2007.

Koppenfels, Martin von. „Ein Schloss am Meer. Freuds Traum vom Frühstücksschiff und das Affektkapitel der Traumdeutung". *Traum. Theorie und Deutung. Sonderheft Psyche* 66.9/10 (2012): 968–991.

Kory, Beate Petra. *Im Spannungsfeld zwischen Literatur und Psychoanalyse. Die Auseinandersetzung von Karl Kraus, Fritz Wittels und Stefan Zweig mit dem „großen Zauberer" Sigmund Freud*. Stuttgart 2007.

Koschorke, Albrecht. *Leopold von Sacher-Masoch. Die Inszenierung einer Perversion*. München 1988.

Koschorke, Albrecht. „Götterzeichen und Gründungsverbrechen. Die zwei Anfänge des Staates". *Neue Rundschau* 1 (2004): 40–55.

Kossek, Brigitte. „Begehren, Fantasie, Fetisch: Postkoloniale Theorie und die Psychoanalyse (Sigmund Freud und Jacques Lacan)". *Schlüsselwerke der Postcolonial Studies*. Hrsg. von Julia Reuter und Alexandra Karentzos. Wiesbaden 2012: 51–68.

Krafft-Ebing, Richard von. *Psychopathia sexualis. Mit besonderer Berücksichtigung der conträren Sexualempfindung*. Hrsg. von Alfred Fuchs. 14., verm. Aufl., München 1993 [1886].

Krafft-Ebing, Richard von. *Neue Forschungen auf dem Gebiet der Psychopathia Sexualis. Eine medicinisch-psychologische Studie*. Stuttgart 1890.

Krämer, Sybille, Werner Kogge und Gernot Grube (Hrsg.). *Spur. Spurenlesen als Orientierungstechnik und Wissenskunst*. Frankfurt a. M. 2007.

Kristeva, Julia. *Das weibliche Genie – Melanie Klein. Das Leben, der Wahn, die Wörter*. Übers. von Johanna Naumann. Gießen 2008 [1999].

Kroeber, Alfred L. „Totem and Taboo. An ethnologic psychoanalysis". *American Anthropologist* 22 (1920): 48–55.

Kroeber, Alfred L. „Totem and Taboo in Retrospect". *American Journal of Sociology* 45.3 (1939): 446–451.

Kulish, Nancy und Deanna Holtzman. *A Story of Her Own. The Female Oedipus Complex Reexamined and Renamed*. New York 2008.

Labbie, Erin Felicia. *Lacan's Medievalism*. Minneapolis, London 2006.

Lacan, Jacques. *Écrits*. Paris 1966.

Lacan, Jacques. *Écrits I–II*. Nouvelle édition. Texte intégral. Paris 1999.

Lacan, Jacques. *Schriften I–III*. Hrsg. von Norbert Haas. Übers. von Rodolphe Gasché et al. Olten, Freiburg i. Br. 1973–1980.

Lacan, Jacques. *Schriften I–II*. Vollständiger Text. Übers. von Hans-Dieter Gondek. Wien, Berlin 2015–2016.

Lacan, Jacques. *Das Seminar*.

– *Buch I (1953–1954): Freuds technische Schriften*. Übers. von Werner Hamacher nach dem von Jacques-Alain Miller hergestellten französischen Text. Olten, Freiburg i. Br. 1978. Weinheim, Berlin 1991.

– *Buch II (1954–1955): Das Ich in der Theorie Freuds und in der Technik der Psychoanalyse.* Übers. von Hans-Joachirn Metzger nach dem von Jacques-Alain Miller hergestellten französischen Text. Olten, Freiburg i. Br. 1980. Weinheim, Berlin 1991.
– *Buch III (1955–1956): Die Psychosen.* Übers. von Michael Turnheim nach dem von Jacques-Alain Miller hergestellten französischen Text. Weinheim, Berlin 1997.
– *Buch IV (1956–1957): Die Objektbeziehung.* Übers. von Hans-Dieter Gondek nach dem von Jacques-Alain Miller hergestellten französischen Text. Wien 2003.
– *Buch V (1957–1958): Die Bildungen des Unbewussten.* Übers. von Hans-Dieter Gondek nach dem von Jacques-Alain Miller hergestellten französischen Text. Wien 2006.
– *Buch VII (1959–1960): Die Ethik der Psychoanalyse.* Übers. von Norbert Haas nach dem von Jacques-Alain Miller hergestellten französischen Text. Weinheim, Berlin 1996.
– *Buch VIII (1960–1961): Die Übertragung.* Übers. von Hans-Dieter Gondek nach dem von Jacques-Alain Miller hergestellten französischen Text in der zweiten, korrigierten Auflage von 2002. Wien 2008.
– *Buch X (1962–1963): Die Angst.* Übers. von Hans-Dieter Gondek nach dem von Jacques-Alain Miller hergestellten französischen Text. Wien 2010.
– *Buch XI (1964): Die vier Grundbegriffe der Psychoanalyse.* Übers. von Norbert Haas nach dem von Jacques-Alain Miller hergestellten französischen Text. Olten, Freiburg i. Br. 1978.
– *Buch XX: Encore.* Übers. von Norbert Haas, Vreni Haas und Hans-Joachim Metzger. Weinheim, Berlin 1986.
LaCapra, Dominick. „Trauma, Absence, Loss". *Critical Inquiry* 25.4 (1999): 696–727.
LaCapra, Dominick. *Writing History. Writing Trauma.* Baltimore 2001.
Lange, Carsten. *Architekturen der Psyche. Raumdarstellung in der Literatur der Romantik.* Würzburg 2007.
Laplanche, J.[ean] und J.[ean]-B.[ertrand] Pontalis. *Urphantasie. Phantasien über den Ursprung, Ursprünge der Phantasie.* Übers. von Max Looser. Frankfurt a. M. 1992 [1964].
Laplanche, J.[ean] und J.[ean]-B.[ertrand] Pontalis. *Das Vokabular der Psychoanalyse.* Übers. von Emma Moersch. Frankfurt a. M. 1973 [1967].
Laub, Tanja. „Familie. Realität – Familienroman – Mythos. Die Familie zu Freuds Zeit". *Fesselnde Familie. Realität – Mythos – Familienroman.* Hrsg. von Christine Borer und Katharina Ley. Tübingen 1991: 12–43.
Lauretis, Teresa de. *Die andere Szene. Psychoanalyse und lesbische Sexualität.* Übers. von Karin Wördemann. Berlin 1996 [1994].
Lauretis, Teresa de. *Freud's Drive. Psychoanalysis, Literature and Film.* New York 2010.
Lefèvre, Alain. *La passe dans le roman. Cure analytique et roman familial.* Paris 2014.
Lehmann, Florian. „Einführung. Das Unheimliche als Phänomen und Konzept". *Ordnungen des Unheimlichen. Kultur – Literatur – Medien.* Hrsg. von Florian Lehmann. Würzburg 2016: 9–28.
Lehmann, Johannes F. „Erfinden, was der Fall ist. Fallgeschichte und Rahmen bei Schiller, Büchner und Musil". *Zeitschrift für Germanistik* 19 (2009): 361–380.
Leys, Ruth. *Trauma. A Genealogy.* Chicago 2000.
Librett, Jeffrey S. *The Rhetoric of Cultural Dialogue. Jews and Germans from Moses Mendelssohn to Richard Wagner and Beyond.* Stanford 2000.
Librett, Jeffrey S. *Orientalism and the Figure of the Jew.* New York 2015.
Liebrand, Claudia. „Totgesagte leben länger? Psychoanalyse und Film Studies". *Freuds Aktualität. Jahrbuch für Literatur und Psychoanalyse* 26. Würzburg 2007: 71–84.
Lindorfer, Bettine. *Roland Barthes. Zeichen und Psychoanalyse.* München 1998.

Liu, Lydia. *The Freudian Robot. Digital Media and the Future of the Unconscious.* Chicago 2010.
Löchel, Elfriede. „Umgehen (mit) der Differenz". *Psyche. Zeitschrift für Psychoanalyse und ihre Anwendungen* 44 (1990): 826–847.
Lohmann, Hans-Martin und Joachim Pfeiffer (Hrsg.). *Freud-Handbuch. Leben – Werk – Wirkung. Sonderausgabe.* Stuttgart, Weimar 2013.
Lorenzer, Alfred. *Kritik des psychoanalytischen Symbolbegriffs.* Frankfurt a. M. 1970.
Lorenzer, Alfred. *Sprachzerstörung und Rekonstruktion. Vorarbeiten zu einer Metatheorie der Psychoanalyse.* Frankfurt a. M. 1970.
Lorenzer, Alfred. *Die Wahrheit der psychoanalytischen Erkenntnis.* Frankfurt a. M. 1974.
Lorenzer, Alfred. „Der Analytiker als Detektiv, der Detektiv als Analytiker". *Psyche. Zeitschrift für Psychoanalyse und ihre Anwendungen* 39.1 (1985): 1–11.
Lorenzer, Alfred. *Die Sprache, der Sinn, das Unbewusste. Psychoanalytisches Grundverständnis und Neurowissenschaften.* Hrsg. von Ulrike Prokop. Stuttgart 2002.
Lüdemann, Susanne. *Mythos und Selbstdarstellung. Zur Poetik der Psychoanalyse.* Freiburg i. Br. 1994.
Lüdemann, Susanne. „,As the case may be'. Über Fallgeschichten in Literatur und Psychoanalyse". *Was der Fall ist. Casus und Lapsus.* Hrsg. von Inka Mülder Bach und Michael Ott. Paderborn 2014: 115–127.
Luhmann, Niklas. *Liebe als Passion. Zur Codierung von Intimität.* Frankfurt a. M. 1982.
Lyotard, Jean-François. *Der Widerstreit.* Übers. von Joseph Vogl. München 1989 [1983].
Maaz, Wolfgang. „Psychologie und Mediävistik. Geschichte und Tendenzen der Forschung". *Klio und Psyche.* Hrsg. von Thomas Kornbichler. Pfaffenweiler 1990: 49–72.
Mahler-Bungers, Annegret. „Versuch über die Kunst einer psychoanalytischen Aisthesis und einige Konsequenzen für die psychoanalytische Literaturinterpretation". *Psyche. Zeitschrift für Psychoanalyse und ihre Anwendungen* 67.6 (2013): 501–525.
Manlove, Clifford T. „On the ,Split' Between the Eye and the Gaze in Literature". *(Re)-Turn. A Journal of Lacanian Studies* 3/4 (2008): 71–95.
Mann, Thomas. „Die Stellung Freuds in der modernen Geistesgeschichte". *Die Psychoanalytische Bewegung* 1.1 (1929): 3–32.
Mann, Thomas. „Freud und die Zukunft" [1936]. Mann, Thomas. *Gesammelte Werke*, Bd. 9: *Reden und Aufsätze I.* Hrsg. von Peter de Mendelssohn. Frankfurt a. M. 1960: 478–501.
Marcus, Steven. „Freud und Dora. Roman, Geschichte, Krankengeschichte". *Psyche. Zeitschrift für Psychoanalyse und ihre Anwendungen* 28.1 (1974): 32–79.
Marcuse, Herbert. *Eros and Civilization. A Philosophical Inquiry into Freud.* New York 1955.
Marcuse, Herbert. „Triebstruktur und Gesellschaft" [1955]. Marcuse, Herbert. *Schriften*, Bd. 5: *Triebstruktur und Gesellschaft.* Übers. von Marianne von Eckardt-Jaffe. Frankfurt a. M. 1979.
Marquard, Odo. „Zur Bedeutung der Theorie des Unbewußten für eine Theorie der nicht mehr schönen Künste". *Die nicht mehr schönen Künste. Grenzphänomene des Ästhetischen.* Hrsg. von Hans Robert Jauß. München 1968: 374–392.
Marquard, Odo. *Transzendentaler Idealismus, romantische Naturphilosophie, Psychoanalyse.* Köln 1987.
Matt, Peter von. *Literaturwissenschaft und Psychoanalyse.* Freiburg i. Br. 1972.
Matt, Peter von. *Verkommene Söhne, mißratene Töchter. Familiendesaster in der Literatur.* München 1997.
Mauerer, Gesine. *Medeas Erbe. Kindsmord und Mutterideal.* Wien 2002.

Mauser, Wolfram und Carl Pietzcker (Hrsg.). *Literatur und Psychoanalyse. Erinnerungen als Bausteine einer Wissenschaftsgeschichte.* Würzburg 2008.

Mayer, Andreas. *Sigmund Freud zur Einführung.* Hamburg 2016.

McDougall, Joyce. *Theater der Seele. Illusion und Wahrheit auf der Bühne der Psychoanalyse.* Übers. von Klaus Laermann. München, Wien 1988 [1982].

McDougall, Joyce. *Theater des Körpers.* Übers. von Klaus Laermann. Weinheim 1991 [1989].

Meltzer, Donald. *Traumleben. Eine Überprüfung der psychoanalytischen Theorie und Technik.* München, Wien 1988.

Métraux, Alexandre. „Metamorphosen der Hirnwissenschaft. Warum Sigmund Freuds ‚Entwurf einer Psychologie' aufgegeben wurde". *Ecce Cortex. Beiträge zur Geschichte des modernen Gehirns.* Hrsg. von Michael Hagner. Göttingen 1999: 75–109.

Metz, Christian. „Der fiktionale Film und sein Zuschauer. Eine metapsychologische Untersuchung" [1975]. Übers. von Max Looser. *Psyche. Zeitschrift für Psychoanalyse und ihre Anwendungen* 48.11 (1994): 1004–1046.

Metz, Christian. *Der Imaginäre Signifikant. Psychoanalyse und Kino.* Übers. von Dominique Blüher et al. Münster 2000 [1977].

Meyer, Adolf-Ernst. „Nieder mit der Novelle als Psychoanalysedarstellung – Hoch lebe die Interaktionsgeschichte". *Die Fallgeschichte. Beiträge zu ihrer Bedeutung als Forschungsinstrument.* Hrsg. von Ulrich Stuhr und Friedrich-Wilhelm Deneke. Heidelberg 1993: 61–84.

Mitchell, Juliet. *Psychoanalyse und Feminismus. Freud, Reich, Laing und die Frauenbewegung.* Übers. von Brigitte Stein und Holger Fliessbach. Frankfurt a. M. 1976 [1974].

Mitscherlich, Alexander und Margarete Mitscherlich. *Die Unfähigkeit zu trauern. Grundlagen kollektiven Verhaltens.* München 1967.

Möbius, Paul J. *Ueber das Pathologische bei Goethe.* Leipzig 1898.

Möbius, Paul J. *Ueber das Pathologische bei Nietzsche.* Wiesbaden 1902.

Möhring, Peter. *Verbrecher, Bürger und das Unbewusste. Kriminologie mit psychoanalytischem Blick.* Gießen 2014.

Moretti, Franco. „The Slaughterhouse of Literature". *Modern Language Quarterly* 61 (2000): 207–227.

Moritz, Karl Philipp. *Dichtungen und Schriften zur Erfahrungsseelenkunde.* Hrsg. von Heide Hollmer und Albert Meier. Frankfurt a. M. 2006.

Moser, Tilmann (Hrsg.). *Psychoanalyse und Justiz.* Frankfurt a. M. 1974.

Mosès, Stéphane. „Der Familienroman der biblischen Patriarchen". *Trajekte* 8 (2004): 22–31.

Müller-Funk, Wolfgang. „Murder and Monotheism. A Detective Story in Close Reading".

Müller-Funk, Wolfgang. *The Architecture of Modern Culture. Towards a Narrative Cultural Theory.* Berlin 2012: 97–108.

Mulvey, Laura. „Visual Pleasure and Narrative Cinema". *Screen* 16.3 (1975): 6–18.

Mulvey, Laura. „Visuelle Lust und narratives Kino". Übers. von Karola Gramann. *Weiblichkeit als Maskerade.* Hrsg. von Liliane Weissberg. Frankfurt a. M. 1994 [1975]: 48–65.

Nägele, Rainer. *Reading After Freud. Essays on Goethe, Hölderlin, Habermas, Nietzsche, Brecht, Celan, and Freud.* New York 1987.

Neale, Steve. „Psychoanalysis and Comedy". *Screen* 22.2 (1981): 29–43.

Newman, Beth. *Subjects on Display. Psychoanalysis, Social Expectation, and Victorian Femininity.* Athens 2004.

Niehaus, Michael und Hans-Walter Schmidt-Hannisa (Hrsg.): *Unzurechnungsfähigkeiten.*
Diskursivierungen unfreier Bewußtseinszustände seit dem 18. Jahrhundert. Frankfurt a. M.
1998.
Nunberg, Herman und Ernst Federn (Hrsg.). *Protokolle der Wiener Psychoanalytischen*
Vereinigung. 4 Bde.. Frankfurt a. M. 1976–1981.
Pethes, Nicolas. „Vom Einzelfall zur Menschheit. Die Fallgeschichte als Medium der
Wissenspopularisierung zwischen Recht, Medizin und Literatur". *Popularität und*
Popularisierung. Hrsg. von Gereon Blaseio, Hedwig Pompe und Jens Juchatz. Köln 2005:
63–92.
Pfaller, Robert. „Die Komödie der Psychoanalyse". *Maske und Kothurn* 52.1 (2006): 37–52.
Pietzcker, Carl. „Zum Verhältnis von Traum und literarischem Kunstwerk". *Psychoanalytische*
Textinterpretation. Hrsg. von Johannes Cremerius. Hamburg 1974: 57–68.
Pietzcker, Carl. „Überblick über die psychoanalytische Forschung zur literarischen Form". *Die*
Psychoanalyse der literarischen Form(en). Hrsg. von Johannes Cremerius et al. Würzburg
1990: 9–32.
Pietzcker, Carl. *Psychoanalytische Studien zur Literatur.* Würzburg 2011.
Platthaus, Isabel. *Höllenfahrten. Die epische katábasis und die Unterwelten der Moderne.*
München 2004.
Prasse, Jutta. *Sprache und Fremdsprache. Psychoanalytische Aufsätze.* Hrsg. von Claus-Dieter
Rath. Bielefeld 2004.
Rabelhofer, Bettina. „Erzählen in der Psychoanalyse". *Kultur – Wissen – Narration.*
Perspektiven transdisziplinärer Erzählforschung für die Kulturwissenschaften. Hrsg. von
Alexandra Strohmeier. Bielefeld 2013: 343–358.
Rall, Veronika. *Kinoanalyse – Plädoyer für eine Re-Vision von Kino und Psychoanalyse.* Marburg
2011.
Rank, Otto. *Der Mythus von der Geburt des Helden. Versuch einer psychologischen*
Mythendeutung. Leipzig u. a. 1909.
Rank, Otto. „Der Doppelgänger" [1914]. *Imago. Zeitschrift für Anwendung der Psychoanalyse*
auf die Geisteswissenschaften, Bd. III. Hrsg. von Prof. Dr. Sigmund Freud: 97–164.
Wiederabdruck in selbstständiger Buchform: Internationaler psychoanalytischer Verlag.
Leipzig [u. a.] 1925. Reprint: Treuchtlingen 2015.
Rank, Otto. *Traum und Dichtung. Traum und Mythus. Zwei unbekannte Texte aus Sigmund*
Freuds „Traumdeutung". Hrsg. von Lydia Marinelli. Wien 1995 [1914].
Rank, Otto und Hanns Sachs. *Die Bedeutung der Psychoanalyse für die Geisteswissenschaften.*
Wiesbaden 1913.
Rattner, Josef und Gerhard Danzer. *Literatur und Psychoanalyse. Studienausgabe.* Würzburg
2010.
Reich, Wilhelm. *Charakteranalyse. Technik und Grundlagen für Studierende und praktizierende*
Analytiker. Wien 1933.
Reich, Wilhelm. *Massenpsychologie des Faschismus. Zur Sexualökonomie der politischen*
Reaktion und zur proletarischen Sexualpolitik. Kopenhagen, Prag, Zürich 1933.
Reik, Theodor. *Probleme der Religionspsychologie. 1. Teil. Das Ritual.* Leipzig, Wien 1919.
Reik, Theodor. *Geständniszwang und Strafbedürfnis. Probleme der Psychoanalyse und der*
Kriminologie. Leipzig 1925.
Renger, Almut-Barbara (Hrsg.). *Mythos Narziss. Texte von Ovid bis Jacques Lacan.* Leipzig 1999.
Renger, Almut-Barbara (Hrsg.). *Narcissus. Ein Mythos von der Antike bis zum Cyberspace.*
Stuttgart, Weimar 2002.

Renger, Almut-Barbara. *Oedipus and the Sphinx. The Threshold Myth from Sophokles through Freud to Cocteau*. Chicago 2013.

Rickels, Laurence A. *Die Unterwelt der Psychoanalyse*. Übers. v. Sigrid Berke et al. Wien 2014.

Ricœur, Paul. *De l'interprétation. Essai sur Freud*. Paris 1965.

Ricœur, Paul. *Die Interpretation. Ein Versuch über Freud*. Übers. von Eva Moldenhauer. Frankfurt a. M. 1993 [1965].

Robert, Marthe. *D'Oedipe à Moïse. Freud et la conscience juive*. Paris 1974.

Rohde-Dachser, Christa. *Expedition in den dunklen Kontinent. Weiblichkeit im Diskurs der Psychoanalyse*. Berlin, Heidelberg 1991.

Rohrwasser, Michael. *Freuds Lektüren. Von Arthur Conan Doyle bis zu Arthur Schnitzler*. Gießen 2005.

Rolf, Eckhard. *Symboltheorien. Der Symbolbegriff im Theoriekontext*. Berlin, New York 2006.

Roos, Esa (Hrsg.). *Medea. Myth and Unconscious Fantasy*. London 2015.

Roßbach, Nikola. *Mythos Ödipus. Texte von Homer bis Pasolini*. Leipzig 2005.

Roudinesco, Elisabeth. *Jacques Lacan & Co. A History of Psychoanalysis in France, 1925–1985*. Translated, with a Foreword, by Jeffrey Mehlman. Chicago 1990.

Roudinesco, Elisabeth. „Freud on Regicide". *American Imago* 68.4 (2011): 605–623.

Rubin, Gabrielle. *Le roman familial de Freud*. Paris 2002.

Samsonow, Elisabeth von. *Anti-Elektra. Totemismus und Schizogamie*. Zürich 2007.

Sawyer, Dylan. *Lyotard, Literature and the Trauma of the Differend*. London 2014.

Schadewaldt, Wolfgang. „Der König Oedipus des Sophokles in neuer Deutung". Schadewaldt, Wolfgang. *Hellas und Hesperien*. Zürich 1970: 466–476.

Schadewaldt, Wolfgang. *Die griechische Tragödie. Tübinger Vorlesungen*, Bd. 4. Frankfurt a. M. 1991.

Schlesier, Renate. *Konstruktionen der Weiblichkeit bei Sigmund Freud. Zum Problem von Entmythologisierung und Remythologisierung in der psychoanalytischen Theorie*. Frankfurt a. M. 1981.

Schmidgen, Henning. *Das Unbewusste der Maschinen. Konzeptionen des Psychischen bei Guattari, Deleuze und Lacan*. München 1997.

Schmitt, Carl. *Hamlet oder Hekuba. Der Einbruch der Zeit in das Spiel*. Düsseldorf, Köln 1956.

Schönau, Walter und Joachim Pfeiffer. *Einführung in die psychoanalytische Literaturwissenschaft*. 2. Aufl. Stuttgart, Weimar 2003.

Schuller, Marianne. „‚Weibliche Neurose' und ‚kranke Kultur'. Zur Literarisierung einer Krankheit um die Jahrhundertwende". Schuller, Marianne. *Im Unterschied. Lesen, Korrespondieren, Adressieren*. Frankfurt a. M. 1990: 13–45.

Schuller, Marianne. „Literatur und Psychoanalyse. Zum Fall der hysterischen Krankengeschichte bei Sigmund Freud". Schuller, Marianne. *Im Unterschied. Lesen, Korrespondieren, Adressieren*. Frankfurt a. M. 1990: 67–80.

Schuller, Marianne. „Erzählen Machen. Narrative Wendungen in der Psychoanalyse nach Freud". *Wissen. Erzählen. Narrative der Humanwissenschaften*. Hrsg. von Arne Höcker, Jeannie Moser und Philippe Weber. Bielefeld 2006: 207–220.

Schuster, Aaron. *The Trouble with Pleasure. Deleuze and Psychoanalysis*. Cambridge/Mass. 2016.

Scott, Jill. *Electra After Freud. Myth and Culture*. Ithaca/NY 2005.

Segal, Charles. *Oedipus Tyrannus. Tragic Heroism and the Limits of Knowledge*. New York 1992.

Seshadri-Crooks, Kalpana. *Desiring Whiteness. A Lacanian Analysis of Race*. London, New York 2000.

Simon, Bennett. *Tragic Drama and the Family. Psychoanalytic Studies from Aeschylus to Beckett*. New Haven u. a. 1988.

Sirola, Riitta. „The Myth of Medea from the Point of View of Psychoanalysis". *Scandinavian Psychoanalytic Review* 27 (2004): 94–104.

Sjöholm, Cecilia. *The Antigone Complex. Ethics and the Invention of Feminine Desire*. Stanford 2004.

Smuts, Aaron. „Art and Negative Affect". *Philosophy Compass* 4.1 (2009): 39–55.

Spector, Jack J. *Freud und die Ästhetik. Psychoanalyse, Literatur und Kunst*. Übers. von Grete Felten und Karl-Eberhard Felten. München 1973 [1972].

Starobinski, Jean. *Psychoanalyse und Literatur*. Übers. von Eckhart Rohloff. Frankfurt a. M. 1990 [1970].

Stephan, Inge. *Medea. Multimediale Karriere einer mythologischen Figur*. Köln, Weimar, Wien 2006.

Stern, Edward S. „The Medea Complex. The Mother's Homicidal Wishes to her Child". *Journal of Mental Science* 94 (1948): 321–331.

Stuhr, Ulrich. „Die Bedeutung der Fallgeschichte für die Entwicklung der Psychoanalyse und heutige Schlussfolgerungen". *Psyche* 61.9/10 (2007): 943–965.

Surprenant, Céline. „Freud and psychoanalysis". *Marcel Proust in Context*. Hrsg. von Adam Watt. Cambridge 2013: 107–114.

Süßmann, Johannes, Susanne Scholz und Gisela Engel (Hrsg.). *Fallstudien. Theorie – Geschichte – Methode*. Berlin 2007.

Szlezák, Thomas A. „Ödipus nach Sophokles". *Antike Mythen in der europäischen Tradition*. Hrsg. von Heinz Hofmann. Tübingen 1999: 199–220.

Szondi, Leopold. *Schicksalsanalyse. Wahl in Liebe, Freundschaft, Beruf, Krankheit und Tod*. Basel, Stuttgart 1965.

Tambling, Jeremy. *Literature and psychoanalysis*. Manchester, New York 2012.

Thurston, Luke. *James Joyce and the Problem of Psychoanalysis*. Cambridge 2010.

Tißberger, Martina. *Dark Continents und das UnBehagen in der weißen Kultur. Rassismus, Gender und Psychoanalyse aus einer Critical-Whiteness-Perspektive*. Münster 2013.

Traverso, Paola. „,Psyche ist ein griechisches Wort ...'. Rezeption und Wirkung der Antike im Werk von Sigmund Freud*. Übers. von Leonie Schröder. Frankfurt a. M. 2003 [2000].

Trilling, Lionel. „Freud and Literature" [1950]. *The Liberal Imagination. Essays on Literature and Society*. London 1951: 34–57.

Tuhkanen, Mikko. *The American Optic. Psychoanalysis, Critical Race Theory and Richard Wright*. Albany, New York 2009.

Tuschling, Anna. „Psychoanalytische Medientheorie". *Handbuch Medienwissenschaft*. Hrsg. von Jens Schröter. Stuttgart 2014: 131–136.

Tyminski, Robert. „The Medea Complex. Myth and Modern Manifestation". *Jung Journal* 8.1 (2014): 28–40.

Urban, Bernd (Hrsg.). *Psychoanalyse und Literaturwissenschaft. Texte zur Geschichte ihrer Beziehungen*. Tübingen 1973.

Vine, Steven (Hrsg.). *Literature in psychoanalysis. A reader*. Oxford 2005.

Vining, Edward P. *The Mystery of Hamlet*. Philadelphia 1881.

Vogl, Joseph. „Technologien des Unbewussten". *Kursbuch Medienkultur. Die maßgeblichen Theorien von Brecht bis Baudrillard*. Hrsg. von Claus Pias et al. Stuttgart 1999: 373–376.

Walther, Lutz (Hrsg.). *Mythos Elektra. Texte von Aischylos bis Elfriede Jelinek*. Stuttgart 2010.

Warner, Marina. „Freuds Couch. Das Narrativ der Nächte und die Erfindung der Psychoanalyse". *Lettre International* 096 (2012): 104–108.

Weber, Samuel. *The Legend of Freud. Expanded Edition.* Stanford 2000 [1979].

Weber, Samuel. *Freud-Legende. Drei Studien zum psychoanalytischen Denken.* Olten, Freiburg i. Br. 1979.

Wegener, Mai. *Neuronen und Neurosen. Der psychische Apparat bei Freud und Lacan. Ein historisch-theoretischer Entwurf zu Freuds Entwurf von 1895.* München 2004.

Weigel, Sigrid (Hrsg.). *Heine und Freud. Die Enden der Literatur und die Anfänge der Kulturwissenschaft.* Berlin 2010.

Weigel, Sigrid. „Jenseits des Todestriebs. Freuds Lebenswissenschaft an der Schwelle von Natur- und Kulturwissenschaft". *KulturPoetik* 1.1 (2012): 41–57.

Weineck, Silke-Maria. „Heteros Autos. Freud's Fatherhood". *The Dreams of Interpretation. A Century Down the Royal Road.* Hrsg. von Catherine Liu, John Mowitt und Thomas Pepper. Minneapolis 2007: 97–114.

Weineck, Silke-Maria. *The Tragedy of Fatherhood. King Laius and the Politics of Paternity in the West.* London, New York 2014.

Weissberg, Liliane. „Sehnsucht nach Goethe. Sigmund Freud und der Sommer 1931". *Meine Sprache ist Deutsch. Deutsche Sprachkultur von Juden und die Geisteswissenschaften 1870–1970.* Hrsg. von Stephan Braese et al. Berlin 2015: 201–214.

Werkmeister, Sven. *Kulturen jenseits der Schrift. Zur Figur des Primitiven in Ethnologie, Kulturtheorie und Literatur um 1900.* München 2010.

Wertheimer, Max. *Experimentelle Untersuchungen zur Tatbestandsdiagnostik.* Leipzig 1905.

Wertheimer, Max und Julius Klein. „Psychologische Tatbestandsdiagnostik. Ideen zu psychologisch-experimentellen Methoden zum Zwecke der Feststellung der Anteilnahme eines Menschen an einem Tatbestande". *Archiv für Kriminal-Anthropologie und Kriminalistik* 15 (1904): 72–113.

White, Hayden. „Freud's Tropology of Dreaming". White, Hayden. *Figural Realism. Studies in the Mimesis Effect.* Baltimore 1999: 101–125.

Whitebook, Joel. *Perversion and Utopia. A Study in Psychoanalysis and Critical Theory.* Cambridge/Mass. 1995.

Wolff, Reinhold (Hrsg.). *Psychoanalytische Literaturkritik.* München 1975.

Wolfzettel, Friedrich. „Psychoanalyse". *Literatur- und Kulturtheorien in der Germanistischen Mediävistik. Ein Handbuch.* Hrsg. von Christiane Ackermann und Michael Egerding. Berlin, Boston 2015: 404–431.

Worbs, Michael. *Nervenkunst. Literatur und Psychoanalyse im Wien der Jahrhundertwende.* Frankfurt a. M. 1983.

Worbs, Michael. „Katharsis in Wien um 1900". *Grenzen der Katharsis in den modernen Künsten. Transformationen des aristotelischen Modells seit Bernays, Nietzsche und Freud.* Hrsg. von Martin Vöhler und Dirck Linck. Berlin, New York 2009: 93–113.

Wundt, Wilhelm. *Grundzüge der physiologischen Psychologie.* Leipzig 1880.

Wundt, Wilhelm. „Die Aufgaben der experimentellen Psychologie". Wundt, Wilhelm. *Essays.* 2. Aufl., Leipzig 1906: 187–212.

Wurmser, Léon. *Das Rätsel des Masochismus. Psychoanalytische Untersuchungen von Über-Ich Konflikten und Masochismus.* Berlin, Heidelberg 1993.

Yang, Amy. „Psychoanalysis and Detective Fiction. A Tale of Freud and Criminal Storytelling". *Perspectives in Biology and Medicine* 53.4 (2010): 596–604.

Zeitschrift für Germanistik. Fallgeschichten. Von der Dokumentation zur Fiktion 19 (2009).

Zimmermann, Bernhard (Hrsg.). *Mythische Wiederkehr. Der Ödipus- und Medea-Mythos im Wandel der Zeiten*. Freiburg i. Br. 2009.

Žižek, Slavoj. „In His Bold Gaze My Ruin Is Writ Large". *Everything You Always Wanted to Know about Lacan ... But Were Afraid to Ask Hitchcock*. Hrsg. von Slavoj Žižek. London, New York 1992: 211–273.

Žižek, Slavoj. „Zusatz. Minne und Masochismus" [1994]. *Die Metastasen des Genießens. Sechs erotisch-politische Versuche*. Übers. von Karl Bruckschwaiger. Wien 1996: 45–59.

Žižek, Slavoj. *The Ticklish Subject*. London 2000.

Žižek, Slavoj. „Hamlet vor Ödipus. Die Postmoderne als Mythos der Moderne". *texte. psychoanalyse. ästhetik. kulturkritik* 2 (2001): 92–116.

Zupančič, Alenka. *Die Ethik des Realen*. Wien 1995.

Zwaal, Peter van der. „A Rhetorical Approach to Psychoanalysis". *Rhetorik. Ein internationales Jahrbuch*, Bd. 6: *Rhetorik und Psychoanalyse*. Hrsg. von Joachim Dyck. Tübingen 1987: 129–144.

VII. Register

VII.1. Namensregister

VII.2. Sachregister

VIII. Abbildungsnachweise

II.6. Franziska Bergmann
Abb. 1: Huffstutter, Robert: *Sigmund Freud's Sofa*. 2012. https://de.wikipedia.org/wiki/Freud_Museum_(London) (28. Juni 2017)

III.3. Frauke Berndt
Abb. 1: Velázquez, Diego. *Infant Philipp Prosper*. 1659. Wien. Kunsthistorisches Museum Wien, Gemäldegalerie.
Abb. 2: Velázquez, Diego. *Las Meninas*. 1656. Madrid. Museo del Prado.
Abb. 3: Picasso, Pablo. *Las Meninas*. 1957. Barcelona. Museu Picasso.

III.6. Frauke Berndt & Almut-Barbara Renger
Abb. 1: *Oedipus Wrecks*. Reg. Woody Allen. Touchstone Pictures, 1989 (Detail).
Abb. 2: Bellucci, Antonio. *Antiochus und Stratonike* (Der kranke Königssohn). Ca. 1691–1705. Kassel. Gemäldegalerie Alte Meister.

III.8. David Pister
Abb. 1: Runge, Philipp Otto. *Mutter und Kind an der Quelle*. 1804. Hamburg. Hamburger Kunsthalle (verbrannt). Georg Jacob Wolf mit der Glaspalast-Künstlerhilfe München (Hrsg.). *Verlorene Meisterwerke deutscher Romantiker*. München 1931.
Abb. 2: *Leather Narcissus*. Reg. Avery Willard. P. M. Productions, 1967 (Detail).
Abb. 3: *Pink Narcissus*. Reg. James Bidgood. Pink Pictures Ltd., 1971 (Detail).
Abb. 4: *Pink Narcissus*. Reg. James Bidgood. Pink Pictures Ltd., 1971 (Detail).
Abb. 5: *Pink Narcissus*. Reg. James Bidgood. Pink Pictures Ltd., 1971 (Detail).

III.9. Andreas Kraß
Abb. 1 Vom Autor erstellte Abbildungen
Abb. 2 Vom Autor erstellte Abbildungen
Abb. 3 Vom Autor erstellte Abbildungen
Abb. 4 Vom Autor erstellte Abbildungen
Abb. 5 Vom Autor erstellte Abbildungen
Abb. 6 Vom Autor erstellte Abbildungen

IV.9. Ortrud Gutjahr
Abb. 1: *Der Student von Prag*. Reg. Stellan Rye. Apex Film Company, 1913 (Detail, 0:14:48).
Abb. 2: *Der Student von Prag*. Reg. Stellan Rye. Apex Film Company, 1913 (Detail, 0:22:59).
Abb. 3: *Der Student von Prag*. Reg. Stellan Rye. Apex Film Company, 1913 (Detail, 1:19:10).
Abb. 4: *Der Student von Prag*. Reg. Stellan Rye. Apex Film Company, 1913 (Detail, 1:21:48).
Abb. 5: *Der Student von Prag*. Reg. Henrik Galeen. Sokal-Film GmbH, 1926 (Detail, 0:23:16).
Abb. 6: *Der Student von Prag*. Reg. Arthur Robison. Tobis-Sascha Film-Vertrieb, 1935 (Detail, 0:36:43).
Abb. 7: *Black Swan*. Reg. Darren Aronofsky. Twentieth Century Fox, 2010 (Detail, 1:14:12).
Abb. 8: *Black Swan*. Reg. Darren Aronofsky. Twentieth Century Fox, 2010 (Detail, 1:14:14).

https://doi.org/10.1515/9783110332681-037

IV.11. Stefan Börnchen

Abb. 1: Tristan-Akkord aus: Richard Wagner: *Tristan und Isolde*, Einleitung.
https://de.wikipedia.org/wiki/Tristan-Akkord#/media/File:Tristanakkord_2.jpg (9. August 2017)

IX. Autorinnen und Autoren

Christiane Ackermann, Dr. phil., ist Privatdozentin und Akademische Rätin a. Z. an der Eberhard Karls Universität Tübingen.

Franziska Bergmann, Dr. phil., ist Juniorprofessorin für Gender-Forschung an der Universität Trier.

Frauke Berndt, Dr. phil., ist Professorin für Neuere deutsche Literaturwissenschaft an der Universität Zürich.

Stefan Börnchen, Dr. phil., ist Privatdozent und Akademischer Rat a. Z. an der Universität zu Köln.

Mladen Dolar, Ph.D., ist Professor für Philosophie an der Universität Ljubljana und an der European Graduate School.

Paul Fleming, Ph.D., ist Professor of German Studies an der Cornell University.

Achim Geisenhanslüke, Dr. phil., ist Professor für Allgemeine und Vergleichende Literaturwissenschaft an der Goethe Universität Frankfurt am Main.

Eckart Goebel, Dr. phil., ist Professor für Komparatistik und Deutsche Philologie an der Eberhard Karls Universität Tübingen.

Irina Gradinari, Dr. phil., ist Wissenschaftliche Mitarbeiterin an der Humboldt-Universität zu Berlin.

Ortrud Gutjahr, Dr. phil., ist Professorin für Neuere deutsche Literatur und Interkulturelle Literaturwissenschaft an der Universität Hamburg.

Barbara Hahn, Ph.D., ist Distinguished Professor of German an der Vanderbilt University.

John T. Hamilton, Ph.D., ist Professor of German und Comparative Literature an der Harvard University.

Arne Höcker, Ph.D., ist Assistant Professor of German an der University of Colorado Boulder.

Dania Hückmann, Ph.D., ist Dozentin an der New York University Berlin.

Stephan Kammer, Dr. phil., ist Professor für Neuere deutsche Literatur an der Ludwig-Maximilians-Universität München..

Jonathan Kassner, M.A., ist Wissenschaftlicher Mitarbeiter an der Eberhard Karls Universität Tübingen.

https://doi.org/10.1515/9783110332681-038

Dorothee Kimmich, Dr. phil., ist Professorin für Literaturwissenschaftliche Kulturwissenschaft und Kulturtheorie an der Eberhard Karls Universität Tübingen.

Martin von Koppenfels, Dr. phil., ist Professor für Allgemeine und Vergleichende Literaturwissenschaft an der Ludwig-Maximilians-Universität München.

Andreas Kraß, Dr. phil., ist Professor für Ältere deutsche Literatur an der Humboldt Universität zu Berlin.

Jeffrey S. Librett, Ph.D., ist Professor of German an der University of Oregon.

Sebastian Meixner, Dr. phil., ist Oberassistent an der Universität Zürich.

Paul North, Ph.D., ist Professor of German an der Yale University.

David Pister, Staatsex., ist Ph.D. Candidate an der Harvard University.

Almut-Barbara Renger, Dr. phil., ist Professorin für Antike Religion und Kultur sowie deren Rezeptionsgeschichte an der Freien Universität Berlin.

Max Roehl, M.A., ist Doktorand an der Eberhard Karls Universität Tübingen.

Franziska Schößler, Dr. phil., ist Professorin für Neuere deutsche Literaturwissenschaft an der Universität Trier.

Elke Siegel, Ph.D., ist Associate Professor of German Studies an der Cornell University.

Cecilia Sjöholm, Ph.D., ist Professor of Aesthetics an der Södertörn University.

Lily Tonger-Erk, Dr. phil., ist Akademische Rätin a. Z. an der Eberhard Karls Universität Tübingen.

Leif Weatherby, Ph.D., ist Assistant Professor of German an der New York University.

Silke-Maria Weineck, Ph.D., ist Professor of German und Comparative Literature an der University of Michigan.

Stefan Willer, Dr. phil., ist stellvertretender Direktor des Zentrums für Literatur- und Kulturforschung und Professor für Kulturforschung an der Humboldt Universität zu Berlin.

Thomas Wortmann, Dr. phil., ist Juniorprofessor für Neuere deutsche Literaturwissenschaft an der Universität Mannheim.

CPSIA information can be obtained
at www.ICGtesting.com
Printed in the USA
BVHW031403100719
553057BV00010B/909/P

9 783110 652574